DE L'ORIGINE DES BOVRGONGNONS, ET

ANTIQVITE' DES ESTATS DE BOVRGONGNE,

DEVX LIVRES.

PLVS,

Des antiquitez d'Autun, liure	1
De Chalon,	2
De Mafcon,	3
De l'Abbaye & ville de Tournus,	1

PAR
PIERRE DE SAINCT IVLIEN, *de la maison de Balleurre, Doyen de Chalon.*

A PARIS,
Chez Nicolas CHESNEAV, ruë Sainct Iacques, au Chefne verd.

M. D. LXXXI.

PAR PRIVILEGE DV ROY.

EXTRAICT DV PRIVILEGE DV ROY.

PAR grace, & priuilege general du Roy, donné & octroyé à Nicolas Chesneau, Libraire Iuré en l'Vniuerſité de Paris, pour imprimer tous & chacuns les liures & traductions qu'il recouurera non encor' publiees & imprimees, il eſt defendu à tous autres Libraires & Imprimeurs de ce Royaume, de n'imprimer, vendre, ou diſtribuer en cedict Royaume ce preſent liure intitulé: *De l'origine des Bourgongnons, & antiquité des Eſtats de Bourgongne, &c. Par Pierre de S. Iulien, de la maiſon de Balleurre, Doyen de Chalon*, ſinon de ceux qu'aura imprimé ou faict imprimer ledict Cheſneau, ou de ſon conſentement, iuſques apres le temps & terme de ſept ans finis & accomplis, apres la premiere impreſſion: à peine de confiſcation de ce qui ſ'en trouueroit d'imprimez ou venduz au contraire, & d'amende arbitraire: comme plus amplement eſt declaré par les lettres dudict Seigneur, ſur ce donnees à Paris, le 30. iour de May 1567.

Signees ROBERTET.

Acheué d'imprimer la premiere fois, le 10. *Iuin* 1581.

A MESSIEVRS, MESSIEVRS LES ECCLESIASTIQVES, NOBLES, ET GENS DV TIERS ESTAT, DE L'VNE & de l'autre Bourgongne.

MESSIEVRS, il a esté fort bien dit, & de bonne part, que le pays auquel nous sommes nays, a en soy certaine attrayante doulceur, qui ne nous permet de l'auoir en oubly. Mais quand Ciceron (duquel le nom n'est moins celebre pour son excellēce en Philosophie, que pour l'art de sçauoir bien & eloquemment parler) traicte en infinis passages du deuoir de chacun enuers sa patrie, il profonde bien d'autre sorte ceste matiere: mesmemēt au songe de Scipion, fragment qui nous reste de la perte de ses liures de la Republique. Là il introduit le grand Africain discourant ainsi auec son fils: *Afin que tu sois plus prompt à la protection de la chose publique, sçaches que à tous ceux qui ont conserué, secouru, ou augmenté leur patrie, certain lieu est asseuré au Ciel, pour y viure à iamais heureusement.* Telz propos ioincts au dire de celuy qui estime qu'il n'importe pas peu à l'homme de bien, d'estre nay en vn pays signalé de marques d'hōneur & de gloire: ie suis tombé en l'opinion de Platon prince des Philosophes: & cōme (entre autres choses) il loüoit Dieu de ce qu'il estoit nay en Grece, notāment à Athenes, & non ailleurs: ainsi me sens-ie infiniment redeuable à Dieu, d'autant qu'il luy a pleu me faire naistre en celle portion de la Gaule Celtique, qu'on appelle Bourgongne. Car oultre beaucoup de raisons qui m'induysent à ce contentemēt, i'adiouste la bōté du pays, telle que les deux Bourgōgnes ioincētes ensemble, se peuuent fort cōmodement passer de ce qu'on emprunte des autres regions. Et s'il faut contendre de la gloire & hōneur, il se trouuera peu de gens, qui en ayent plus heureusement iouy que les Bourgongnons, perpetuellemēt libres: ou si quelques Princes leur ont commandé (comme il est bien cer-

Epiſtre liminaire

tain que ouy) ils les ont pluſtoſt prins & choiſi, qu'ils n'ont eſté contrainѧts les receuoir. Auſſi ont ils ſurpaſſé tous autres peuples, en l'amour de leurs princes. A tãt de ſingularitez ſ'adioinѧt que ſi les François ont eu ceſt heur de conqueſter les Gaules, les Bourgongnons ont auſſi l'honneur de leur auoir ouuert les paſſages du Rhin, & donné occaſion aux Gaulois de ſecoüer le ioug Romain. Mais pour ſingulier trophee leur ſert d'auoir cõtrainѧt l'Empire Romain leur eſtre tributaire: ce que les hiſtoriens Latins & Romains ne peuuent confeſſer ſans extreme regret: teſmoing Pṍponius Lætus au ſommaire de la vie de l'Empereur Gallus. Au contraire moy le liſant, & m'en eſiouyſſant, prins ſi grande ioye, que d'allegreſſe i'en dreſſay vne Sylue, de laquelle i'ay extraiѧt ces trois vers:

Sum Burgundus ego: ſed non me pœnitet huius
Nominis, hoc Aquilas quondam tremeſecit: & ipſos
Pendere Romanos inſueta tributa coëgit. Or ne doubte-ie pas que ceſte hiſtoire, de la contrainѧte que les Bourgongnons, lors Scythes, c'eſt à dire demourãs en Scythie, feirẽt à C. Virius Trebonianus Gallus Empereur, de rẽdre l'Empire Romain tributaire, & faire tribut annuel aux Bourgongnõs, n'eſt encores expliquee ſi clairement, que chacun croye que ainſi ſoit. Mais le temps, pere de verité, & qui ne laiſſe l'honneur deu à vn chacun demourer caché, reuelera tout appoinѧt comme il en va, ſil plaiſt à Dieu me preſter la vie, & faire la grace de mettre en lumiere l'entiere hiſtoire des Bourgongnons, depuis qu'ils abãdonnerẽt les Gaules, iuſques à leur retour en icelles. Car quant à ce qu'il leur eſt aduenu, depuis qu'ils reuindrent és Gaules, iuſques au temps qu'ils ſe ſont rengez en l'obeïſſance des Rois de France: cela a eſté tant de fois & ſi diligemmẽt eſcrit, par diuerſes ſortes d'hommes de grand eſprit, & de ſçauoir excellent, que ie ne congnois pas mon labeur y eſtre neceſſaire: ny (quand ie m'en tairay) que pour tant celle partie de l'hiſtoire des Bourgongnons doibue demourer mancque: comme a faiѧt iuſques à preſent, la plus ancienne & precedãt le temps des Ceſars, que maintenant ie metz en euidence. Ce dit, il faut (MESSIEVRS) que ie vous cõfeſſe, le deſir de mettre en execution ceſte entreprinſe, tendant à deſcouurir l'origine des Bourgongnons, m'auoir tenu en grandiſſime peine, quand i'ay leu en quelques non contemptibles autheurs, que de Iaphet, filz de Noé, vint Iauan, duquel

de l'Autheur.

duquel le fils (qu'ils nomment Dodanin) fut chef & souche de la race des Bourgongnons. Car cognoissant que les modernes (qui n'ont esté esclairez, que par la lanterne des Romains, & n'ont sceu penetrer oultre le temps des Cesars) tant plus ils se tourmentent, sont comme perdrix, qui prinses au tramaillier, se emmaillent & enueloppent d'auantage: ou plustost que suyuans des conducteurs aueugles, ils sont tombez en fosses d'erreurs inextricables, ie perdois la congnoissance du chemin que ie deuois tenir. Pource fuz ie solicité, & enuie me print, non seulement de me departir de l'œuure que i'auois entreprins: mais aussi de faire courir à ce que i'en auois escrit en Latin, pareille fortune que Auguste Cesar feit souffrir à son Aiax. Toutesfois la longueur du temps que i'y auois employé, me sembla si chere, que i'attribuois à cruauté, d'estouffer tout en vn moment, ce que mon labeur & mon industrie auoient peu produire en plusieurs annees. A ceste cause ie vins à me resouldre, de plustost tenir en surseance mō premier escrit Latin, que de faillir du tout à rendre le deuoir à ma patrie: & priuer mes compatriotes de la congnoissance de la vraye source & origine de noz vieux Bourgongnōs: laquelle i'espere leur si bien declarer, que (quand ores ma plume mācquera de la suffisance qui seroit requise) le lieu que ie maintien estre premier siege des Bourgōgnons, & vraye cause de leur nominatiō, rēdra tousiours tel tesmoignage de soy (quād on le vouldra visiter) q̃ les contredisans se cōfesseront vaincuz. Que si la cause du nom de nostre patrie a esté iusques à cy ignoree, encores nous est ce insigne faueur de l'auoir en fin sçeuë. Les Romains alleguent diuerses causes de leur appellatiō, & ne sont certains de la plus vraye. Les Gaulois, Frāçois, Germains & Allemans, n'ont faute d'hōmes qui raisonnent diuersemēt de l'occasion pourquoy ils sont ainsi appellez: les differēs en sont certains, mais la resolution est encores attēduë. Il n'y a nom entre les Romains plus fameux que celuy de Cesar: demandez leur en la source, ils vous en proposeront quatre, ou cinq raisons: mais de se resouldre de la plus pertinente, nul ne l'a encores faict. Ceux qui s'amusent aux etymologies (que Laurens Valle declare trompeuses) ou à la conformité des motz de diuerses langues, troublent quasi toute la certitude de l'imposition des noms. Qu'ainsi soit, combien que Cesar ayt rendu arrest que le mot de Celtes est Celtique, & celuy des

ã iij

Epiſtre liminaire de l'Autheur.

Gaulois eſt Latin: ſi n'y a il faute de fretillarts, qui y cherchent à redire. Pour le faire court, celuy eſt digne d'eſtre creu, qui a dit les origines eſtre incertaines. Car tous Peuples, Regnes, & Empires eſtans procedez de petits commencemens, ces petiteſſes ont ſemblé moins que dignes d'eſtre cõſiderees à leurs naiſſances: mais quand on y a remarqué des grandeurs, on les a voulu rechercher & recongnoiſtre: & lors il ſ'eſt trouué que ce qui auoit eſté negligé, comme obſcur, n'a peu eſtre ratainct, quand on l'a voulu illuſtrer. Ains eſt aduenu qu'en telles incertitudes chacun ſ'eſt donné licéce de dire ce qu'il luy a pleu. Tellement que defaillant le vray, les inuentions ont ſeruy de ſupplement. De ma part, ayant de mon hiſtoire Latine, dreſſé des memoires en Frãçois: i'ay recueilly de tous les autheurs que i'ay peu, tout ce qu'il m'a ſemblé pouuoir ſeruir à l'hiſtoire des Bourgongnons. Ayant d'auantage trouué Ongne, lieu auquel fut iadis le Bourg Ongne, premiere habitation, & (comme i'ay eſperance montrer) vraye cauſe du nom des Bourgongnons: ie me ſuis peiné de ſçauoir quand, par qui, & à quelle occaſion ce Bourg fut ruiné: que deuindrent lors les Bourgongnons. Trouuant qu'ils auoiẽt paſſé le Rhin: que entrez en Allemaigne, ils ſ'eſtoiẽt faicts Vandales, c'eſt à dire coureurs: puis que arreſtez en Gothie, ils furent tenuz pour Gothz: cõme auſſi que paſſez en Scythie, ils ont eſté nommez Scythes: ie les ay ſuiuy, en tous ces voyages, & en ay dreſſé mon ſecond liure de leurs antiquitez, attendant lequel il vous plaira Mᴇꜱꜱɪᴇᴠʀꜱ receuoir ce premier auſſi agreablemẽt, que de cœur bien affectionné au ſeruice du pays, & au voſtre le vous preſente

Voſtre plus humble & obeïſſant compatriote
P. de ſainct Iulien, Doyen de Chalon.

DE CERTISSIMA NOMINIS
BVRGVNDIONVM RATIONE, EX IPSORVM
PRIMÆVA SEDE BVRGO ONGNE: QVI (IVXTA LINGVÆ
patriæ proprietatem) ex articuli propositi numero & Burgum
Dei, & Burgum Deorum significabat:

ELEGIA AD LECTOREM.

SI quis Burgundæ cupiat primordia gentis
  Discere, & ex vero scire quæ, & vnde fuit.
Hunc legat (exiguo lecturus tempore) librum :
  Qui quoque de Gallis multa notanda refert.
Ne verò mirum sit cuiquam, si improbat author
  Plurima, quæ doctis scit placuisse viris.
Multa quidem celata diu, manifesta patescunt:
  Et sensim in sensus singula quæq́ cadunt.
Quum nondum certum ratio quæ nominis esset
  Burgundi, inuentis ludere tunc licuit.
Parcendum est æuo, vixdum sublustribus illis
  Temporibus: nam res non bene nota fuit.
De verbo tantùm disceptabatur, origo
  Nulli hominum prorsus cognita gentis erat.
Et quum de Burgo sermo generaliter esset,
  Diuersum à vero nil magis emicuit.
Partibus ex geminis quum sit Burgundia nomen
  Compositum, nondum est cognita posterior.
Quid Dia significet (Græcum licet esse vocamen
  Sit certum) nemo est dicere visus adhuc.
Hæreat vsque licet Burgus Deïonibus, extat
  Nemo qui Diones sciuerit esse viros.
IPSORVM inuenta primæua sede, facessat
  Quisquis in authorem dicere promptus erit.
Quòd si quæratur, cur nam fastidiat author
  Hanc in rem à multis antea scripta viris.
In promptu causa est: hi nesciuere vetustæ
  Burgundæ gentis principium, at que genus.
Non vltra potuere animos intendere tempus,
  Quo res Romanis publica deperijt.
Vnius in votum quum res Romana recessit,
  Cæsaris & subijt Roma subacta iugum.

Burgi dictio miserè tractata ab Etymologia quærentibus. Burgundia ex Burgo, & dia.
Deïones contractè Diones.

TVM de priuatis si nata est quæstio rebus,
  Illáne ad externos est referenda viros?
An peregrinorum quæri testatio debet,
  Est vbi (si videas) res manifesta satis?

Fallacem Etymologiam dicit Valla. Perfacile est etymo fallaci illudere: verbis
  Sed quid opus, quum res sit satis ipsa loquax?
Quidve peregrinis etymis instare necesse,
  Quando de patria quæstio voce oritur?

Nomina Gallica Græca respuunt Etymologiā. Gallica qui Græci dixere vocabula iuris,
  Errant à veri (Cæsare teste) via.
Qui dixit literas similes, non dixit easdem
  Gallis, & Græcis: non ita desipuit.
Arguit ad Quintum Ciceronem littera, Gallis
  Cognita Græcorum verba fuisse minùs.
Sicut in humanis mira est connexio rebus,
  Sic linguæ inter se quid paritatis habent.

Lingua prima periit, reliquæ sunt seriores. Nec tamen hanc aliàs genuisse putare necesse est:
  Vna est alterius (sed sine matre) soror.
Vnde igitur linguæ? primæuam Iuppiter vltor
  Abstulit, & reliquis semina certa dedit.

Græci ab heri, aut nudiustertius. DISCANT magniloqui dignoscere tēpora: Græcos
  Tarda vetustatis signa referre scient.

Literæ à Gallis ad Græcos. Quas Græcis literas Cadmus dedit, antè fuerunt
  Gallorum, has Galatis Gallia tradiderat.
Et si Græca licet conferre vocabula nostris:
  Quis non nostra illis anteferenda putet?
Si coniecturis nixos audire iuuauit,
  Quin magis ipsam rem subijcientem oculis?
Vt quicunque volet campos lustrare patentes,
  Nominis antiqui signa vetusta notet.

Burgus Ongue. QVI verò in præsens campi memorentur, habeto:
  Annua nam seges est hic vbi Burgus erat.
Fragmenta antiqui tantum modò pauca supersunt
  Ruderis: & solo nomine viuit adhuc.

Ogne Deū & Deos significat. Vna duobus item constabat dictio verbis,
  Postremo nobis significante Deos.

Burgus Deoum. Burgūdiones tardè Romanis cogniti. Burgūdiones Burgū suum exciderunt. Constitit ex illis vox patria: at ipsa resolui
  In Burgum Diuûm iure potest merito.
Hinc Burgundiones: quæ vox audita Latinis,
  Notitiam gentis tardius exhibuit.
Namque graues Diuûm Burgundio pertulit iras,
  Post Burgi propria damna operata manu.
Capta cremare suas persuasit opinio sedes:

Famáque

 Famáque tunc gentis penè cremata fuit.
Si tamen absumpta est cum Burgo prima vetusti
 Portio, posterior nominis extat adhuc.
Próque Dia Græco, superest nunc consona sensu   Ongne, &
 Dictio vulgaris, significánsque Deos.   Dia sunt
Nolo putet quisquam nomen Burgundia nostrum: synonima.
 Effictum est Græca commoditate recens.   Burgundia
De nostris rebus Græcos scripsisse priores   Greca est
 Romanis, nulli credimus ambiguum.   dictio:
Ipsi (more suo) quæ Barbara verba putarunt,   quod nos
 Sic molliuerunt, Attica vt esse putes.   Bourg-
                      Ongne di-
                      cimus sig-
                      nificans.

Nos autem nostrum seruauimus hactenus: estq́;
 In patria natum: frustra aliunde petas.   Ongne di-
Quis (nisi mentis inops) sine sede, & nomine certis   ctio patria,
 Credat gentem aliquam posse coïre diu?   & vernacula.
Protinus vt pauci socias coniungere dextras
 Constituunt, illis nomen, & author adest.
Ergóne Burgundis primùm coeuntibus, atque
 In populos multos turba abeunte virûm:
Genti nulla fuit iam tum appellatio? nomen
 An terra missum suspicer? án ve mari?   Ridiculū
Istud ineptire est. Fuerant sua nomina nostris,   est Burgū-
 Anteà quàm Græcis Gallia nota foret.   diones à
Quùm foris, atq; domi fuerint sua nomina, nostros   Græcis no-
 Expectasse putem Græcia adusque daret?   men acce-
                      pisse.

PLANITIES *expassa aliquot per iugera terræ,*   Situs Bur-
 Non multum Tiliæ distat ab alueolis.   gi Ongne.
Ognia vulgari patriæ quæ idiomate dicta,   Tilia fluuius.
 Grammaticis linguis in Dia abire solet.   Ogne vallis.
Saucia vomeribus tellus sua vulnera monstrat,
 Et nuda in facie nomina prima tenet.
Illic Burgus erat, qui tunc Burgundia dictus,   Burgus
 Nomen Burgundis, principiúmque dedit.   Ongne.
Ergo vide quantum fallatur nominis huius
 Ad Græcos ortum quisquis adhuc referet.
Et gaude clarum esse tibi, quod nuper & ipsis
 Obscurum doctis, edita scripta docent.
Qui locus antè diu latuit, malè cognitus Orbi,
 Se proprij prodit nominis indicio.
Depulsis tenebris nos circunstantibus, ecce
 (Ceu rediuiuum aliquem) Lector amice vides.
Siue videre potes, quoties se occasio promptam
 Offeret, aut tua res otia tanta dabit.

Plaudite Burgundi, vestríque agnoscite campos
  Nominis authores, qui modo Burgus erant.
Abijcitote alias causas, ut somnia cessent:
  Cúmque suo valeant puluere Grammatici.

PHILIBERTVS REPLONGEVS IN GRATIAM
sui Mæcenatis faciebat.

AD PETRVM TAMISIERIVM TRENOR-
CHIENSEM, REGIORVM ELECTORVM IN
Matisconensibus Præsidem.

Si dabitur laudi, si quidue meretur honoris
  Principij patriæ commeminisse tuæ:
Vix mihi deberi fateor quæsita labore
  Non facili, in præsens quòd mea scripta legas.
Non animus fuerat Tornutia visere Castra,
  Dum Matiscenses à Cabilone peto.
Sed tua me pietas, patriǽq́ amor impulit, ut nec
  Id tibi, nec patriæ posse negare velim.

TVI AMANTISSIMVS P. SANIVLIANVS
Balleurreus, Cab. Ecclesiæ Decanus.

SONNET

SONNET DE L'AVTHEVR.

JE sçay que maintes gens trouueront à redire
 En la simplicité, & debile foiblesse
 De mon stil, & sçauoir: que i'aduoüe & confesse
 Plus bas, & moindre encor' qu'on ne me sçauroit dire.
Mais ie dy vray pourtant: & si quelcun veult lire
 Ce qu'ainsi bassement aux Bourgongnons i'addresse,
 Prouuant que nostre nom n'est venu de la Grece,
 Il iugera (exempt de passion, & d'ire)
Que ie n'ay pas peu faict, de mettre en euidence
 Des premiers Bourgongnons l'origine, & naissance,
 Reseruant à traicter puis apres de leurs faicts.
Si quelque lycantrop, & n'ayant autre affaire,
 Veult mon dire impugner, ou la guerre me faire,
 Lise en terre premier ses vices, & messaicts.

ANAGRAMMATISMES DV NOM DE PIERRE DE SAINCT IVLIEN.

IL N'I A PRINCE RESTE DIEV.
DIEV T'INCLINE A PRIERES.

A MONSIEVR LE PROTONOTAIRE DE BALLEVRRE DOYEN DE CHALON.

VOVS nous auez premier, & bien admonesté,
 Qu'en nostre coustumier il ne falloit pas lire
 Gens de Poëte, mais faisant é masle dire
 Gens soubz pouuoir d'autruy, & Gens de Poëté.
Du fied d'haubert, aussi auons par vous esté
 Aduertis qu'il falloit fied de hault Ber escrire:
 Et que Ber, & Baron est tout vn. Mais suffire
 Tout celà ne peut pas à nostre auidité.
Nous vous prions encor vouloir mettre en lumiere
 De noz vieils Bourgongnons l'origine premiere
 Pour faire aux Grecs, Latins, & Allemans vergongne,
Qui n'ont pas sceu au vray d'où nostre nation
 Eust raison de son nom, & son extraction:
 Ny que les Bourgongnós sont dits de leur Bourg-Ongne.
     F. D. M.

SVR LES ANTIQVITEZ DES BOVRGONGNONS RECVEILLIES PAR MONSIEVR DE SAINCT IVLIEN, DE LA MAISON DE BALLEVRRE, DOYEN DE CHALON.

Les plus beaux faicts, & les gestes antiques
 Des Bourgongnons vaillans & belliqueux,
 Seroient vaincuz du temps injurieux,
 Et n'en aurions ny marques ny reliques,
Si les escrits, & les plumes Delphiques
 Ne les vengeoient de l'effort oublieux,
 Faisant renaistre & reuiure aux neueux
 Des deuanciers les actes heroïques.
Or l'estranger jaloux, ou ennemy
 Des Bourgongnons, n'a descrit qu'à demy,
 Ou desguisé leur plus insigne gloire.
Au lieu duquel icy SAINCT IVLIEN
 Ornant soy-mesme, orne le pays sien,
 Et en escrit l'entiere & vraye histoire.

AVDIT SIEVR DE SAINCT IVLIEN.

Hevrevx celuy qui peut à sa patrie
 Rendre l'honneur & deuoir de bon filz,
 Et luy dresser des cartelz de deffis
 Contre les ans, l'ignorance, & l'enuie.
Iadis aucuns auec la main hardie,
 Et le fer teint au sang des ennemis,
 Autres auec leurs celebres escrits
 Luy ont acquis vne immortelle vie.
Ainsi ont faict le Grec & le Romain,
 Et par le fer, & par la plume en main
 De leur patrie eternizé la gloire:
Et toy mettant la Bourgongne en ce rang,
 Fais voir que plus sur le temps a victoire
 La plume en main, que le fer & le sang.
       P. TAMISIER.

LES LIVRES ET CHAPI-
TRES CONTENVZ EN CE
PRESENT VOLVME.

Icy nous auons suiuy l'ordre qui y deuoit estre gardé, lequel a esté transposé & peruerty pour les raisons deduictes en l'Epistre de l'Imprimeur au Lecteur, fueillet 540.

E premier liure du recueil de l'antiquité & vraye origine des Bourgongnons, & des Estats de Bourgongne.

Des Celtes, ou Gaulois en general, Chap. I.   fueil. 1

Du nom des Bourgongnons, & que ceux n'ont pas raison, qui mettent en auant, que Bourg diction Celtique aye sa deriuation de πυργος mot Grec: & que telle inuetion est plus subtile & louable, que vraye & receuable. Chap. II.   7

Du Bourg Ongne, vnique & plus vraye cause du nom des Bourgongnons. Chap. III.   15

Que ce n'est au seul Bourg Ongne que le malheur est aduenu, d'auoir esté tellement aneanty, qu'il n'en reste aucune exterieure apparence: & que plusieurs bourgs & villes du circonuoisinage ont couru semblable fortune. Chap. IIII.   24

De la diction Ongne & de ce qu'elle signifioit iadis entre les Celtes. Chap. V.   27

De l'ancien estat des Gaules. Chap. VI.   31

Continuation du discours de l'ancien estat des Gaules. Chap. VII.   38

Que les Gaules estoient habitees de trois sortes d'hommes, desquels les trois Estats ont prins origine. Chap. VIII.   44

Des Druides. Chap. IX.   46

Du second Estat des hommes Gaulois. Chap. X.   52

Du peuple, troisiesme sorte d'hommes entre les Gaulois. Chap. XI.   54

Comme iadis les Estats s'assembloient par le mandement & authorité du Magistrat souuerain, que nous auons nommé Grand Pardessus: ainsi à present les Estats generaux, tant de toute la France que des Gouuernemens particuliers, s'assemblent par le commandement du Roy, qui est chef de l'Estat. Chap. XII.   57

De certaines choses restantes encores és Estats de Bourgongne: & qu'on ne peut nier procedees des bien anciennes façons vsitees és assemblees generales des Gaulois. Chap. XIII.   64

Incident seruant de remonstrance à ceux qui commencent d'entrer en Noblesse, que ce n'est à eux d'auoir voix, & moins place, en la chambre des Nobles aux Estats de Bourgongne. Chap. XIIII.   66

Du temps de la tenue des Estats, tant anciens, que modernes: de plusieurs choses concernantes les Estats: auec le pourtraict de la Roüe, par laquelle sont designez les Esleuz. Chap. XV.   72

De l'Estat des Ecclesiastiques en general. Chap. XVI.   81

Que ceux de l'Estat Ecclesiasticq ont succedé au sort des enfans de Leui: & que de là ils ont esté nommez Clercs. Chap. XVII.   91

Que ceux qui nient que les gens d'Eglise ayent esté appellez aux affaires d'Estat, & tinssent rang és Conseils & Parlements de France, ne sont pas bien versez és antiquitez Galliques, & Françoises: ou pechent de propre malice contre la verité. Chap. XVIII.   94

De l'ancienne police Ecclesiastique obseruee iadis entre les premiers Chrestiens Gaulois, François & Bourgongnons. Chap. XIX.   97

Des causes principales pourquoy l'Estat Ecclesiasticq est descheu de ses anciennes splendeurs: & pourquoy on ne luy rend la reuerence qu'on luy souloit porter au temps passé. Chap. XX.   104

ẽ

Table des liures

Des Nobles, & de la Nobleſſe, ordre ſecond des Eſtats de Bourgongne. Chap. xxi.	124
Des degrez, & ordres de Nobleſſe. Chap. xxij.	133
Des Princes. Chap. xxiij.	137
Des Barons. Chap. xxiiij.	139
Des Herauds, & de leur droict. Chap. xxv.	143
Des Bannerets. Chap. xxvi.	146
De Cheualerie. Chap. xxvij.	147
Des Cheualiers de l'Ordre. Chap. xxviij.	149
Des Seigneurs hauts Iuſticiers, moindres que les Barons & Bannerets. Chap. xxix.	158
Des anciens Iuges Gaulois: & que iadis és Gaules la iudicature s'exerçoit par les femmes. Chapitre xxx.	159
De ce que l'autheur a peu trouuer, & recueillir touchant l'exercice de la iuſtice, entre les Bourgongnons.	165
De l'erection du Parlement de Paris. Chap. xxxij.	173
De l'inſtitution du Parlement de Bourgongne. Chap. xxxiij.	175

Le ſecond liure de l'antique hiſtoire & vraye origine des Bourgongnons. Auant-propos.	549
D'vne querelle meuë entre les Heduois, & Senonois, cauſe de bataille, en laquelle la victoire fut aux Heduois par le moyen des Bourgongnons. Chap. I.	550
De l'accord faict entre les Heduois & Senonois, auquel les Bourgongnös ne furent pas comprins: & du Grand par-deſſus prouué par Strabo, T. Liuius, & Ceſar. Chap. ij.	553
L vne des deux opinions, touchant la ruine & deſtruction du Bourg-Ongne. Chap. iij.	556
Autre opinion de la ruine du Bourg-Ongne. Chap. iiij.	565
Les Bourgongnons abandonnent leur pays, & ſe retirent en Germanie. Chap. v.	572
La maſſe & generalité des Bourgongnons arriuez en Allemagne tous y furent receuz: les laboureurs & gens de peine s'y arreſterent: mais les gens de guerre deuindrent Vandales. Chap. vi.	574
Des Vandales, & de la ſocieté & confederatiõ dreſſee entre eux, & les Bourgongnons. Ch. vij.	576
Les Goths ſe faſchent du voiſinage des Vandales & Bourgongnons: veulent enuahir leurs terres: ſur ce guerre ſe meut: les Vandales & Bourgongnons vaincuz, ſont cõtraincts ſe retirer en Scythie, vers les Mareſts Meotides. Eſtans là ils ſont nommez & tenuz pour Scythes. Chap. viij.	579
Entrepriſe generale contre le nom & empire des Romains, par tous les peuples Septentrionaux, liguez & aſſociez auec les Orientaux, & auec les Daces & Illyriens. Chap. ix.	584
Les entrepriſes des Septentrionaux & des Orientaux, liguez à la ruine des Romains, ne ſuccederent ſi heureuſement, comme affectionnément elles auoient eſté pourpenſees: & pourquoy. Chap. x.	594
Du premier grand eſchet, que la ligue donna à l'Eſtat des Romains, par la valeur des Bourgongnös Scythes, qui aſſaillis en leur Dardanie, de l'Empereur Decius, demeurerent victorieux: & paſſans outre, rendirent l'Empire Romain tributaire. Chap. xi.	598
De la tranſaction, par laquelle l'Empereur Gallus rendit le Senat & peuple Romain tributaire des Bourgongnons Scythes: & quelle fut la ſomme du tribut. Chap. xij.	604
Aemilianus Coronnel des legions ordonnees pour la garde des limites de Myſie, ſans auoir eſgard aux tranſactions ſuſdictes, ſe ruë ſur les Bourgongnons eſcartez & trouuez ſans ordonnance de gens de guerre, & en faict cruel carnage. Chap. xiij.	606
Du l'Hendin, & du Siniſt des Bourgongnons: & pourquoy ces noms ont eſté ordinaires aux Rois, & Archidruides des Bourgongnons. Chap. xiiij.	609
De ce qui aduint aux Bourgongnons, apres le malheureux deſaſtre ſouffert au mont Hæmus. Chap. xv.	612
La ligue quaſi tombee en meſpris, eſt renouuellee: & quand plus elle eſt auancee ſoubs les Galiens, plus elle eſt opprimee par autres Empereurs particuliers. Chap. xvi.	614
D'vne fille deuinereſſe trouuee entre les Bourgongnons: qui fut cauſe qu'ils ſe retirerent en Allemagne. Chap. xvij.	618
Les Bourgongnons retournent en Allemagne, en eſperance de rentrer és Gaules: les Allemans refuſent	

& des Chapitres.

fusent de les receuoir force est combattre: les Allemans sont vaincuz. Chap. xviij. 620
La victoire ne rendit les Bourgongnons insolens, ains se comporterent fort modestement auec les Allemans. Chap. xix. 625
De l'accord faict entre les Bourgongnons, & les Allemans: & de la diuision de leurs quartiers, pour viure mieux en paix. Chap. xx. 628
De la premiere rentree des Bourgongnons és Gaules. Chap. xxi. 630
De l'estat des Gaules, lois que les Bourgongnons y renterent pour la premiere fois. Chap. xxij. 637
Aurelianus Empereur arriué és Gaules se saisit de Tetricus, remet les legions en son obeyssance, ruine le nouueau Bourg-Ongne, & des ruines d'iceluy construit Dyon. Chap. xxiij. 641
Les François entrent en la ligue generale contre les Romains, & traictent en particulier auec les Bourgongnons. Chap. xxiiij. 645
De ce qui aduint aux Bourgongnons qui tenoient Ausbourg assiegé, & des Bagaudes defaicts au pays Langrou par l'Empereur Maximien, collegue de Diocletien. Chap. xxv. 649
De Constantius mary de Theodore, belle fille de Maximien Herculien: & de la bataille que luy creé Cesar par Diocletien eut aupres de Langres contre les Bourgongnons Allemans. Chap. xxvi. 655
Des Bourgongnons miraculeusement conuertis: & que baptizez ils vainquirent les Huns qui les tourmentoient desesperément. Chap. xxvij. 661
Que ceux qui ont pensé les Bourgongnons auoir esté infectez de l'heresie Arrienne, se sont bien fort mescomptez. Chap. xxviij. 662
Preparatifs des Bourgongnons pour entrer és Gaules. Chap. xxix. 665
De l'entree des Bourgongnons és Gaules: qu'ils s'emparerent des pays à present comprins soubs le nom de Bourgongne: & que deuindrent les Vandales & Goths Chap. xxx. 668
Appendice ou addition de l'amplitude & estendue de la Bourgongne: extraicte de Iean le Maire de Belges au 3. liure de ses Illustrations de Gaule. 672

Discours de l'illustre & tres-ancienne cité d'Autun, Auguste & capitale des Heduois. 193

Deux discours des antiquitez de la ville & cité de Chalon sur Saone. Le premier. 375
Le second: auquel est recueilly tout ce qu'il a esté possible de recouurer des iadis Euesques, & affaires des Eglises dudit lieu. 433

Trois liures des antiquitez de Mascon. Le premier. 231
Le second. 264
Le troisiesme: auquel est traicté de l'Estat & iurisdiction, ensemble des maisons Nobles du Masconnois. 298

Recueil de l'antiquité & choses plus memorables de l'Abbaye & ville de Tournus. 501

ẽ ij

Faultes suruenuës en l'impreßion.

Page 2.ligne 17.lisez que les extremitez
Pag.11.lig.27 lisez Brief si la langue.
pa.5.lig.3.ostez ledict.
pag.17.lig.26.iuxte lisez iouxte.
pag.20.lig.25.Constance lisez Basle.lig. 41. lisez d'vn extraict faict.
pag.23.lig.16.verite lisez virile.
pag.24.lig.21.non lisez nom.
pag.30.lig. 6. fault oster la parenthese, & ces mots de laquelle.lig.9.na lisez ma.
pa 35.lig.34.expedition lisez expeditions.
pag. 49. lig.36.lisez puis que le sens.
pa.49.dern.lig soullier lisez souiller.
pag.54.lig.14.faut oster ce mot ou.
pag.61.lig.17.quant lisez quand.
pag.63.lig.5.qu'ilz lisez qu'il.
pag.69.dern.ligne sterelité lisez sterilité.
Pag.71.lig.14.par lisez pas.
pag.76.lig 23 lisez Chalon:dern. lig. faut adiouster ces mots, autour que.
pag.97.lig.9.assayé lisez essayé. En ladite page au lieu de ne nyent lisez me nyent.
pag.100.lig.16.decendente lisez decedente.
pag.112 lig.14.inspiree lisez inspiré.
pa.114.lig.9.thelogise lisez theologise.
pa.116.lig.penult.trauaillee lisez trauaillé.
pa.118.prem. lig. fault mettre le sieur de Pollignac.
pag.127.lig.2. nobesse lisez noblesse.
pag.134.lig.17.tant au texte qu'en marge lisez Hendins.
pa 143.lig.14.lisez a esté donné.
pag.147.lig. 2. antiques lisez antiquées
pag.157.lig.21.clefs lisez chefs.
pa.161.lig. 22.engoissa lisez engroissa.
pa.162.prem.lig.lisez combié que ce soit chose.lig.7.nom lisez mon.
pa.166 lig.27.lisez Hendin.
pa.169.lig.6.obiuré lisez abiuré.
pag.173.lig.5.a esté oubliee, qu'ils, qui doit immediatement suiure la parenthese.

pag.174.sommeraiment lisez souuerainemét.
pag 181.lig. 33.iouer lisez ioueur.
pag.196.lig.36.effacez le premier.
pag.201.lig.29.lisez bannies.
pag.205.lig.antepenult.lisez grace.
pag.211.lig.35. lisez ayse.
pag.219.lig.prem.lisez nons de declarer.
pa. 275.lig 21.Lambertut lisez Lambertus.
Ibidem,lig.25. pronommé lisez prenommé.
289.lig.8.& aduint que faut oster que.
pa.292.lig.8.Ramenay lisez Romenay.
Ibid.lig.30. lasserand lisez Iosserand.
pa.315.lig.36.Lugny lisez Ligny.
pag.341.lig.35. Depuis ce mot cestuy Gaspard iusques à la penul.ligne faut lire ainsi,Cestuy Gaspar espousa Emonde de Nanton fille vnique & heritiere de P. de Nanton, & de N. de Riez de la maison de Balaçon, à cause de laquelle Emonde il fut seigneur de Crusilles, & de tout le bien de ladite maison. Icelle Emonde mourant fort ieune, suruiuant Fràçoise de Bellecombe de la maison de Vinzelles, vefue de Philibert de Nanton, & sa grande mere paternelle fit tous les auâtages qu'elle peut audit sieur de Saillant son mary,&c.
page 387.lig.35.Lethaire lisez Lothaire.
pa.422.lig.23. Guilme lisez Guillaume.
pag.431.dern.lig.vaillant lisez valant.
pa.467.lig.6.vint lisez vnit.
pa.533 lig. 4. sont peu lisez sont de peu.
pa.582.lig 35.sorce lisez source.
pa 595.li.29.ligne lisez ligue.
Ibid.lig penult. l'homme lisez l'honneur.
pa.601.lig.10.Fontueils lisez Fontenils.
pa.666.lig.15.Samates.lisez Sarmates.
pag.673 soubz l'Archeuesché d'Ambrun sont six Eueschez, n'en y a que quatre nommées. Les deux autres appellees par Iean le Maire Claudat & Venne, sont.

AVANT

AVANT-PROPOS.

I DE CE que ne concerne la Religion, qui n'est offensif des consciences, ne trouble l'estat, ny la police receuë, & ne porte dommage à personne, il est permis de tout temps à vn chacun proposer son aduis: & (pourueu que ce soit sans se departir de ce qui est iuste & honeste) dire librement ce que bon luy semble: Si personne n'a encores gaigné tel rang de grandeur & authorité en l'histoire que de s'en pouuoir faire croire, auec si expresse rigueur, que ce soit crime de contredire à son assertion: Ie (qui ne suis astrainct, lié, ny obligé à l'opinion seule d'aucun particulier, de tous ceux, qui auāt moy, ont escrit des Bourgongnons, de l'antiquité & vraye origine desquelz ie delibere traicter) ne pense aussi pouuoir estre contrainct m'arrester court en si belle carriere, ny que (pour toute resolution) ie doibue receuoir vn nouueau IL L'A DIT. — Liberté de l'Autheur.

I'OSERAY doncques (comme ceux qui presentent leurs vers à la sacree assemblee des Poëtes, & par maniere de recueil des choses pretermises, par ceux qui ont desia moissonné les champs, esquelz i'ay apres eux, amassé ces petites poignees d'espicz) offrir aux amateurs d'antiquitez les glenes de ma recolte. Qui ne sera sans prier singulierement tous Lecteurs (si aucuns daignent lire le present traicté) que l'excellence, & recommēdation du nom des hommes doctes, que nous auons en general dit auoir trauaillé apres l'histoire des Bourgongnons, ne preiudicie à ce que i'en ay à dire: ny que ce qu'ils en ont dit, soit tellement tenu pour preiugé, ou arresté, que la production que ie fay de pieces nouuellement trouuees, & à grādissime peine recouuertes, ne soit receuë au souuerain iugement d'equité, pour y auoir tel esgard, que la verité du faict le merite, & raison le requiert. Ie les supplie d'auantage cōsiderer, que s'il faut adiouster foy à vn autheur, c'est singulierement à celuy, qui (comme il appartient aux vrays historiens) escrit de la chose qu'il a veu, & dont il parle asseuremēt, ainsi que tesmoing oculaire, & l'ayant descouuert à l'œil, sens sur tous les autres plus certain. Car quāt à la renommee (que nous interpretōs bruict commun, & ouy-dire) le Poëte n'a pour neant dit, qu'elle se fortifie en allant. Estant certain, que si elle pouuoit auoir vn corps, pour se rendre — A qui foy doibt estre adioustee au faict de l'histoire. De la renōmee & bruict cōmun.

Auant-propos.

visible, & que (apres quelque temps) on la peust rapporter au lieu auquel elle a eu son commencement, ceux qui l'auroient les premiers veu, la trouueroient si changee, si bigarree, desguisee & contrefaicte, qu'ils ne la pourroient recongnoistre.

<small>Diodore Sicilien.
Herodote.
Polybe.
Empedocles.
Pline.</small>

POVRCE Diodore Sicilien, ayant entreprins d'escrire ses histoires, employa trente ans en peregrinations. Les voyages d'Herodote sont admirables: Et Polybe vint veoir le Rhosne, pour mieux se resouldre du passage d'Annibal. Si Empedocles, & Pline se fussent voulu contenter de ce que vulgairement se comptoit des montaignes ardantes, l'vn n'eust esté consommé par le feu d'Ætna, ny l'autre par celuy du Vesuue. Beau-

<small>L'histoire des Bourgongnons a esté mal traictee.</small>

coup s'en faut que l'histoire des Bourgongnons ayt esté traictee auec diligence: & congnoistra tout homme qui en sera loyallement soingneux, qu'elle a esté tiree, par pieces & par lābeaux, des escrits des estrangers: qui (oultre ce qu'ils n'en parlent que par ouy-dire, &(comme on dit vulgairement) à taston, n'ont (pour tout fondement) que la simple assertion de

<small>Pline.
Paul Orose.</small>

Pline, quant à sçauoir de quelle gent ils estoiét: & l'opinion de Paul Orose, quant à la raison de leur nom. Lesquelz deux tesmoings ont eu cest heur, que d'en auoir (iusques à cy) esté creuz sans contradiction. Mais sils eussent esté contraincts raisonner leus dire, deuāt vn Iuge, qui n'eust sceu que c'est d'auoir acception des personnes, ils n'eussent peu soustenir vaillablement leur deposition. Et vn simple paysant qu'on eust trouué

<small>Val d'Ongne.</small>

(comme encores il s'en pourroit rencontrer) labourant au val d'Ongne (vraye cause que les Bourgongnons furent ainsi nommez) les eust rendu vergongneux & confuz, d'auoir osé affirmer chose qui leur estoit incongneuë, & dont ils ne sçauoient rien. Mais si eux & leurs semblables, qui(ignorans les propres affaires de leur patrie) se meslent d'ainsi effrōtément vouloir parler par asseurance, de l'origine des peuples estrangers, & de ceux qui sont coustumiers nommer Barbares, n'ont failly qu'en

<small>Erreur de Trogus, & de Iustin.</small>

cest endroit, Dieu le leur vueille pardōner: comme aussi à Trogus Pompeius, & à son abreuiateur Iustin, qui n'ont eu honte d'escrire & publier, que Moyse fut fils de Ioseph, fils d'Israël.

VOYLA pourquoy de deux hommes doctes & de bon iugement, ie suis coustumier plus estimer celuy qui a plus veu, que celuy qui a plus leu. Et combien que (au reste) ie ne vueille, ny ne puisse empescher que chacun demoure en sa franche liberté d'opiner ce que bon luy semble, si est-ce que(quant à moy) mon aduis a tousiours esté tel, que comme la

<small>Opinion de l'Autheur.</small>

Theorique mise en practique, est de trop plus excellent fruict, que la Theorique non practiquee: ainsi entre personnes de iugement solide, celuy est plus croyable, en la congnoissance, & exposition des choses visibles, qui rapporte ce qu'il a veu, que celuy qui veut estre absoluëment

<small>Roy François I.</small>

creu de ce qu'il a leu. SELON ce fut iugé par le Roy François premier du nom, en certaine dispute contentieuse, meuë deuant luy, entre Iaques

Colin,

Auant-propos.

Colin, Abbé de S. Ambrois, & Pierre du Chaſtel mieux congneu par le nom de Caſtellanus: quand iceluy S. Ambrois (ne parlant que ſelon ſes liures) Caſtellanus (qui auoit eſté ſur le lieu, & n'ignoroit pas ce que les autheurs auoient eſcrit de la choſe miſe en queſtion) ſouſtint, & prouua par teſmoins, que ladite choſe eſtoit autrement, que l'eſcrit ne portoit. Cauſe que Caſtellanus entra en tel credit, qu'il fut retenu aupres du Roy, & faict Eueſque de Tules, puis de Maſcon, & finablement d'Orleans. *P. Caſtellanus.*

A la verité la licence des autheurs a iadis eſté ſi grande, notamment en ce que concerne l'hiſtoire (ſelon que Ioſeph Hebreu, en le reprochãt à Appion Grammarien, le deſcouure amplement, de ceux qui auoient eſcrit auant luy: & que plus expreſſément nous pouuons recongnoiſtre en ceux qui depuis ont mis la main à la plume en qualité d'hiſtoriens, pour eſcrire en quelque langage que ce ſoit) qu'il eſt comme force, ne nous arreſter aux depoſitions de tels teſmoings: ains (pour auoir entiere, & bien certaine congnoiſſance de ce dont nous faiſons recherche) en faire veüe de lieu, & deſcendre en la choſe de laquelle il s'agit. *Ioſephus aduerſus Appionem.*

CHACVN ſçait que les Grecs fauoriſez de la commodité de leur langage, ont (comme dit Salluſte) autant hault loüé leurs affaires, que leurs paroles ont peu ſuffire. On ſçait d'auantage que Valerius Max. au 2. chapitre de ſon 3. liure, où il parle de Cynegirus taxe la verboſité des Grecs en ce qu'ilz ſont abondans quand il eſt queſtion de chanter leurs loüanges, mais au reſte, couſtumiers faire fort peu de compte des autres nations, que trop arrogamment ilz deſdaignent, & que mal courtoiſemẽt ilz appellent Barbares. Car quel plus grand intereſt a vn eſtranger de ne ſçauoir bien prononcer le Grec, & le Latin; qu'vn Grec ou Romain de ne ſçauoir parler & prononcer le langage d'vn pays eſtráge auquel il auroit à negocier? Si nous ne ſommes Grecz, ny Romains, auſſi les Grecz & les Romains ne ſont ny Bourgongnons ny François. Et dés longtẽps i'ay dit: *Malo Burgundus, quàm vel Romanus haberi, vel Græcus.* Ioinct que ſi les Grecz, & Romains n'euſſent eux-meſmes eſcrit leurs propres loüanges, ils euſſent eu plus faulte de trompettes, que n'auoit Alexandre quand il ſen plaignoit. A ce propos, Corn. Tacitus eſt autheur que les peuples eſtrangers, par reuanche, ſe mocquoient & communément, & publiquement d'iceux Grecs, chantans en leurs voix-de-villes, qu'ilz ne faiſoient cas, & n'auoient en admiration, que ce ſeulement qui procedoit d'eux-meſmes. *Des Grecs. Salluſte. Val. Max. Tacitus.*

D'AVTRE-PART les Romains (deſquels les premiers Annaliſtes, & hiſtoriens ont eſté ou Grecs naturelz, ou ont eſcrit en langage Grec) imbus de ſemblables humeurs que leurs maiſtres, & comme frappez tous d'vn coing, ont formé leurs eſcrits ſur vn meſme modelle. Qui eſt à dire, que ne faiſants que tel quel eſtat des temps, & des noms des Princes, Capitaines, ou Magiſtrats plus remarquez, & en ce ſuyuants aucunement *Les premiers qui ont traicté l'hiſt. Ro. ont eſcrit en Grec. Les Romains ſe cõtentoiẽt*

ẽ iiij

Auant-propos.

de l'obseruance du temps des Rois,Confulz & Empereurs.

l'ordre des Annales, ils ne fe font arrefté, ny(au refte)rendu fubiectz à la verité : ains fe ioüants en inuentions & difcours, toufiours à l'auantage du peuple qu'ils ont entreprins loüer : & dreffans des harangues felon la fuffifance de leur fçauoir & dexterité d'efprit, nous ont laiffé des narrations,qu'on ne peut nyer belles, doctes & bien elabourees:mais auffi que toutes perfonnes de bon & fain iugement cognoiftrōt eftre au demourant fort defchargees de verité.

Romans François.

CE que certains noz François ont voulu imiter, en leurs Romans : & euffent faict, fi la folidité du fçauoir, & la congnoiffance des bonnes lettres euffent fecondé la volonté qu'ils auoient de difcourir. Mais faute d'eftre inftruicts en la verité hiftoriale (dont la malice du temps les doit excufer) & faute d'auoir choifi, & fuiuy vn fubiect de ce que vrayement feft faict , ils fe font employez (non fans prefque autant de labeur, que fi la matiere euft efté bien ferieufe) à dreffer des liures fabuleux , & en fi grand nombre, que quafi moins de temps feroit requis à lire tout ce qui a efté efcrit fur le droict des Romains, q̄ à tranfcourir tout ce qui eft imprimé en François des Cheualiers de la grand' Bretaigne, Paladins de France, & autres femblables. Laquelle façon d'efcrire, a encores (depuis quelque temps en çà) efté renouuellee és liures faicts d'Amadıs, Palmerin,& leur pofterité, de laquelle on ne peut trouuer la fin:& f'y montrent plufieurs bons efprits fi affectionnez, qu'il n'y a apparence que telle maniere d'efcrits doibue fi toft ceffer.

Factu non fcriptis gloriā quarendam putauerunt Galli.

LE refte des François,imitateurs des anciēs Gaulois,& plus foingneux de Pallas,que d'elle mefme,foubs le nom de Minerue,aymoit mieux dōner aux efcriuains matiere fuffifante,pour cōfacrer leurs actes belliqueux à la memoire de leur pofterité,que f'amufer à les efcrire de leur main: aymoit mieux(dy̠ ie) acquerir loüange par les armes, que f'adonner à la vie fedentaire,pour f'ayder de la plume.

Reftauration des bōnes lettres apres le fac de Conftantinople.

DE là eft aduenu,que quand(apres le fac de Conftātinople) les hommes de fçauoir qui en efchapperent, eurent reftauré les bonnes lettres (pour la plufpart en Italie, & quelques-vns en Allemaigne) les Allemans commencerent les premiers à traicter l'hiftoire tant Gallique, Françoife & Bourgógne,que Germaine. Et(comme c'eft la couftume, que les premiers f'en veulent toufiours faire croire)ont tout tiré à leur auantage, ne

Iniquité de quelques Allemans.

laiffans en leurs efcrits aux Gaulois, François & Bourgongnons, que ce de gloire & loüanges,qu'il ne leur ont peu defrober. Voire que de freres

Strabo.

des Gaulois (car Strabo dit q̄ les Germains ont efté ainfi nōmez,pource qu'ils eftoient freres des Gaulois)ils font depuis quelques annees(par ne

Creuz-fon gee interpretation du nom des Germains.

fçay quelle metamorphofe)deuenuz peres. Et le pretendu German eft à leur dire deuenu comme vn *Germen*, duquel font bourgeonnez tous les plus braues,& excellens peuples qui habitent auiourd'huy les Gaules. Ce qui eft tant faulx que rien plus : & meritent reproche fempiternelle tous

les

Auant-propos.

les Gaulois, François & Bourgongnons, qui se abastardiront tant que de se confesser yssuz de la plus mal à propos arrogante & superbe nation du mōde: & laquelle n'ayant d'hommes que la semblance, a tant de fois exercé la furie de ses brutalitez sur les Gaules, que les paroles de ceux qui en ont parlé auec horreur, n'ont sceu satisfaire, pour assez suffisamment exprimer leurs plus-que Tigresques cruautez. Que si les malheurs passez, & les miseres que les Gaules ont souffert, par les enuahissemens & excursiōs de ceste gēt, nee(ou du moins accoustumee) à rauager, brusler, piller & saccager la France, sont aucunement oubliez, & que le temps en ayt par le remede d'oubly, adoulcy la souuenance: la recence des feux, meurtres, cruautez, inhumanitez, volleries, pillages & larreçins, que les Reistres venuz en ce Royaume, pour maintenir la querelle des rebelles de France, contre leur Roy, n'en peut(sinon aux ladres d'esprit)effacer la memoire: & quelque obliuion d'iniures que l'on nous commāde, il faudroit estre souches, & non hommes pour y satisfaire. Aillent maintenāt le sieur Greffier du Tillet, & ses partisans, nous venter extraicts des Germains: vrayement ils nous ont bien montré actes de peres, & en doiuent estre louez, si Medee merite le nom de bonne & chere mere. Que Procopius, Agathias, Iornandes, & tous les Rhenanistes dient ce qu'il leur plaira, ils me donnerōt autre seureté que leur parole, ou ie ne croiray iamais ce qu'ils ont escrit, que les François & Bourgongnons soient originelz Germains: ains cōme le feu sieur de Conan a maintenu que les François sont indigenes, & nayz au pays que presentement nous appellons Frāce: ainsi pretend-ie montrer(comme au doigt)que le lieu où premierement les Bourgongnōs habiterent, & duquel ils ont prins leur nom, est encores comme au centre & milieu des pays que l'on nomme de present les Duché & Comté de Bourgongne. Vray est, que(à l'imitation d'Ouide) on en peut dire: *Iam seges est vbi Burgus erat:* ou

  Le laboureur trauailler s'embesongne
   Au champ auquel fut iadis le Bourg-Ongne.

Pour mettre fin à tout ce que (à tort & à trauers) a cy deuant esté querellé touchant l'origine des Bourgongnons, & en esclaircir l'esprit des Lecteurs, i'espere estre comme celuy, qui(és contentions Comiques) suruient à l'improuiste: &(sans estre congneu)donne si bōnes enseignes de ce qui estoit obscur, que les troubles appaisez, la Comedie reçoit ioyeuse yssuë. Ce que n'ayant peu faire, sans incroyables trauaux & de corps & d'esprit: ie prie encores vne bonne fois les Lecteurs, vouloir prendre en bonne part ce mien labeur: sans le condamner, auant que l'auoir vn peu soingneusement examiné. Et quant à ceux qui arrestez obstinement en la vieille routine des opiniōs de certains estrāgers (c'est à dire mal aduertis)ne vouldrōt croire à ma parole, sans(comme ie disois tantost)presenter autre gaige: les circonuoisins du val d'Ongne ne refuseront de mon-

Contre les Allemans, ennemis des Gaulois.

Reistres.

Le Greffier du Tillet.

Procopiº. Agathias, Iornādes, &c. parlēt des Bourgongnons comme aueugles des couleurs.

Franc. de Conan tiēt les Frāçois indigenes.

Bourg-Ongne.

Cautiō de l'Autheur.

Auant-propos.

trer en leurs champs, le lieu, où fut iadis le Bourg-Ongne: par la veuë duquel il fera ayfé coniecturer, voire recongnoiftre ce qu'il a efté : & par la furuiuance & conferuation du nom, iuger que d'iceluy Bourg furent iadis nommez les Bourgongnons.

Du Bourg Ongne, font dits Bourgongnons.

CE premis, & referuant de plus expreffement profonder cefte matiere, lors qu'il fera plus pertinent d'en parler : il eft temps de venir à mon principal inftitut, & extraire de ce que (long temps a) i'auois conmencé d'efcrire en Latin, celà des affaires des Bourgongnons que i'ay toufiours penfé deuoir eftre entendu, & fceu d'vn chacun.

SVPER SANIVLIANORVM INSI-
GNIA, TETRASTICHON.

Spes, Amor, atque Fides tria sunt expressa gemellis
  Tergeminis, omni & candiora niue.
Area, sed si cur rubro est signata colore
  Quæritur: hostili sanguine tincta rubet.

ALIVD.
Rubra parallelis niueis tribus arma refulgent:
  Sunt quia Spes, & Amor tergeminanda Fide.
Cana Fides, rubicundus Amor, Spes denique certa,
  Nos gratos reddant summæ (utinam) Triadi.

SANIVLIANORVM GENTILIVM STEMMA.

NICOLAS CHESNEAV AVX LE-
cteurs Bourgongnons.

YANT finy l'impression de ces antiquitez de Bourgongne, & y voyant la curieuse & docte recherche des faicts genereux de voz deuâciers, & l'ancienne origine de voz estats, i'ay voulu embellir l'œuure des plants & pourtraits des villes d'Autun, Chalon, Mascon, & Tournus, desquelles l'auteur a faict des traictez & discours particuliers: & estimant que ce vous seroit chose aggreable d'y voir aussi les plants, & vne sommaire description des villes de Dijon, & Beaulne: l'vne desquelles est la capitale de vostre Prouince, & l'autre nombree entre les principales, & renommee pour les vins excellents qu'elle produit, ie me suis ingeré sans le sceu & aduis de l'auteur, auquel pour la distance des lieux ie n'ay peu en communiquer, d'adiouster à la fin de son œuure le plant desdites villes, & vn bref discours des choses plus remarquables en icelles, dont l'auteur m'excusera s'il luy plaist, si en cela i'ay excedé la charge que i'auois de luy, & vous lecteurs amateurs de vostre patrie receurez de bonne part la bonne volonté que i'ay à la decoration d'icelle, & prendrez ce mien petit labeur en gré. A Dieu. De Paris ce 14. Iuin 1581.

PLANT, ET DESCRIPTION DE DIION,
capitale de Bourgongne.

A gloire & puissance des Heduois anciens, feit que leur cité Autun fut aussi chef, & maistresse non seulemêt du païs habité de ce peuple, ains encor presque de la pluspart de la Celtique qui l'auoisinoit: & a dué ceste preminence iusqu'à ce que les Romains altererent l'estat des Gaules, & que de leurs alliez ils en teirent des tributaires, abaissans ceux qui les auoyent introduits, & ruinans ceux qui leur auoyent fait le pont pour les rêdre seigneurs de Gaule. Apres ceste descheute Gauloise, le temps feit rouer ce malheur, qui tombant sur les Romains les priua de leur conqueste, pour en faire iouyr les Bourgongnons, qui donnerent depuis nom à la Prouince, laquelle estant de grande estêdué, ny Autun ny Dijon estoyent les citez capitales, ains se tenoyent les rois plus auant en la Celtique: soit pour accabler les Romains, ou les Goths, ou fuyr les forces des François, qui commençoyent s'aggrandir en Gaule. Ainsi Dijon, bien que place ancienne, est nouuelle en sa grandeur & primauté: d'autant que ce n'est que depuis que les Ducs s'y sont arrestez, & y ont choisy leur demeure & residence ordinaire. Or est ceste ville posee en vne belle planure, costoyee d'vne môtagne continuee iusques à Marseille, & au pendant duquel mont est assise: & ce mont tourne à l'orient vers Talent, au midy regarde la ville de Beaulne, iusqu'à Tournus, & Mascon: & est Dijon esloigné de Paris au Ponant septentrional, ou Nordouest quelques 66. lieuës: & du costé du Nord, ou septêtrion elle auoisine Lyon d'enuiron 35. lieues. Au midy la laue le fleuue Ousche, que aucuns nommêt *Oscara* en Latin: & vn cours de fontaine qui source des rochers estans pres la Chartrousse d'icelle ville, & d'icelle se fait vn lac appellé le lac de la Reine. Au septentrion passe vn autre fleuue, dit en Latin *Susio*, & par ceux du païs latinisans, est nommé Suson, qui n'est qu'vn torrent, & se perd par le moyen des sables mouuans qui le tarrissent, là où l'Ousche ne peut estre destourné de sa course. Dijon est à present vne des fortes villes du royaume, pour estre presque sur les limites & frontiere de France, comme iadis qu'elle ne portoit que tiltre de chasteau, elle fut iugee pour tresforte: veu que Gregoire de Tours dit que ce chasteau estoit ceint de muraille grandement espaisse, & spacieuse, que la forteresse estoit artousee du fleuue Ousche: que en ce fort y auoit quatre portes, regardans les quatre coings & plages du monde, voire l'edifice estoit embelly & renforcé de 33. Tours, les murs faits de pierres carrees, ayants 30. pieds de haulteur, & quinze de large, & l'eau n'y manquant point, à cause que tout à l'entour les fontaines y abondent, & que le vin y croist plantureusement ès monts voisins touts couuers de beau vignoble. De ces portes voit on encor les ruines au dedans de la ville nouuelle: car celle qui fut deffaicte l'an 1568. à cause des troubles, en estoit l'vne, qui ioignoit à l'eglise sainct Estienne. Celle qui estoit vis à vis de sainct Michel, regardoit l'orient: & a esté abatuë, pour ce que elle empeschoit clairté à icelle eglise. La meridionale se voit encor en la juë qui va de la place de la saincte Chappelle vers la porte sainct Pierre: & la quatriesme qui regardoit l'occident est entre le Bourg & l'eglise de la Magdelaine: & la septentrionale est celle que encor on appelle la porte au Lyon. Ainsi voyez vous aisément en contemplant ce pourtraict, de combien Dijon est accreu, & s'il ne meritoit pas iadis plustost le tiltre de ville que de chasteau, veu son ancienne estenduë: laquelle vous cognoistrez mieux par ce plant & figure, que si par discours ie vous en traçoy la forme, grandeur & assiette. Quant à son antiquité ie l'estime estre fort grande, eu esgard à ce que sainct Benigne y vint prescher la parolle de Dieu, & le salut par Iesus

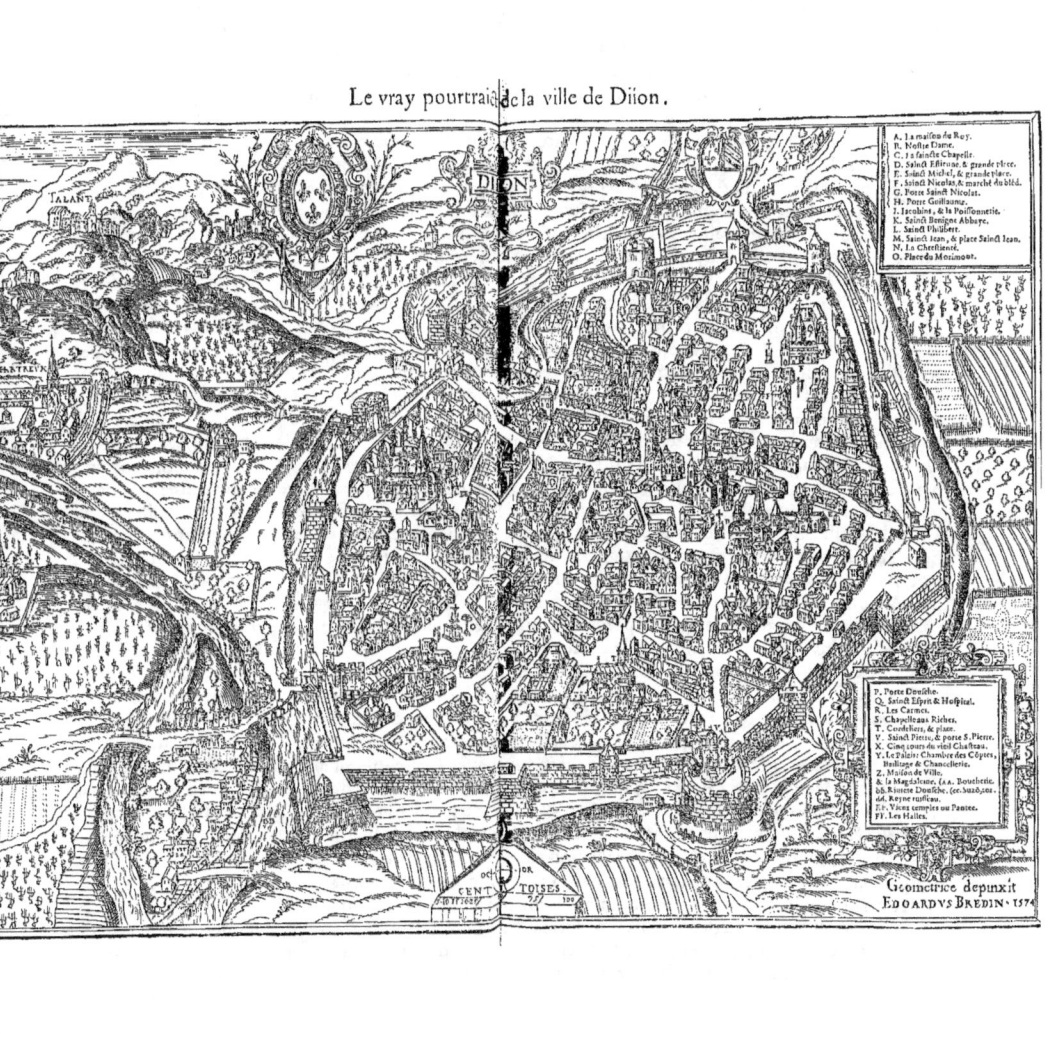

Description de Dijon.

Christ mort, & crucifié ia soubs l'empire de Seuere, qui fut enuiron l'an de grace 170. Ce qui monstre assez que Dijon estoit quelque cas plus que de simple chasteau, & deuoit auoir preeminécee en la Prouince, puis que (comme escrit Vsuard, qui viuoit & escriuoit du temps de Charles le grand) il y auoit vn gouuerneur, ou Comte, appellé Terence, au nom de l'Empereur, & par le commandement & iniuste sentence duquel Comte, ce sainct Prelat fut mis à mort, & martyrisé. Ainsi ie ne peuz receuoir que l'Empereur Aurelian ait esté fondateur de Dijon, veu que desia le lieu estoit fondé, & sainct Benigne y estoit mort long temps auparauant: car cest Aurelian vint à l'Empire l'an 273. & cent trois ans apres la mort de sainct Benigne : & ainsi ne luy peut on attribuer ceste fondation, mais bien accorder qu'il repara le lieu, tout ainsi que il en feit d'Orleans, de Geneue, & autres places de Gaule fondees plusieurs siecles auant luy, mais lesquelles il remit en leur splendeur & force, ou bien accreut l'enceint de leurs murailles. Et quant à ce que on dit que il donna à Dijon le nom de Diuion, comme qui diroit ville des Dieux, pource que ce mot Latin *Diui* signifie Dieux & hommes diuins, ie ne sçauroy accepter ceste raison, ains croy que la place estant ancienne, & Gauloise, auoit aussi bien naturel & propre nom, pris du païs, que les autres : & que s'appellant Diuion, ou Dijon, ou Digon, ce vocable n'est point Latin, ains du creu de la Prouince en laquelle est assise ceste place, y posee par les Gaulois plus anciens fondateurs de villes, que ne furent onc les Romains. A Dijon y a seize Eglises, à sçauoir deux Abbayes, l'vne de sainct Estienne, & l'autre de sainct Benigne patron de la ville: la saincte Chappelle y fondee par le Duc Philippe, surnommé le Bon: & les autres sont celles de nostre-Dame, de sainct Michel, sainct Pierre, sainct Nicolas, sainct Medard, sainct Iean, sainct Philibert, la Magdelaine, les Cordeliers, les Iacobins, & les Carmes, la Chappelle aux riches, & le val des Choux. Il y a cinq hospitaux pour l'entretien & retraicte des paures, à sçauoir celuy de sainct Benigne, de la Chappelle aux riches, de sainct Iacques, de nostre-Dame, & du sainct Esprit, & cestuy est le pl⁹ riche, & basty par Eude Duc de Bourgongne. Hors la ville sont le prieuré de l'Aren, sainct Iacques des Vignes, & les Chartreux, ancien tombeau des Ducs de Bourgongne. Au Conuent des freres Prescheurs est enterré Boleslas roy de Poloigne, & auparauant religieux de cest ordre, & issu du sang de Iagellon, lequel fut dispensé par le Pape de quicter le froc, & retourner au monde, pour venir à cette couronne, & qui mourat ordonna que son corps fust porté au lieu de sa profession. Les edifices plus signalez de ceste ville sont le Palais, où sied le Parlement de Bourgongne, la maison du Roy y bastie par les Ducs; qui est ores en ruine: la Chambre des comptes, qui est aussi le logis des Estats, & l'Hostel de ville : puis les hostels de plusieurs seigneurs du païs, comme d'Orenge, de Vergy, Ruffé, Conches, Luz, Brion, Tauanes, Ventoux, Senefcey, & autres. Pour la police, à Dijon y a Parlement estably depuis que ce Duché a este par la mort de Charles de Charollois reüny à la couronne, soubs lequel Parlement sont & ressortent les Bailliages de Dijon, Autun, Chalon, Auxois, & la montaigne. Il y a Chambre de Comptes, Bailliage, gruerie, monnoye, & Chancellerie, le droict du gouuerneur de laquelle est d'auoir cognoissance de tous côtracts que les notaires royaux y reçoiuent. Pour l'estat en particulier de la ville on eslit tous les ans vn Magistrat appellé Vicomte Maieur de la ville, lequel a en premiere instance iustice sur tous les habitans d'icelle, les clefs de laquelle il garde, & est chef perpetuel du tiers estat de Bourgongne. Auec luy sont ioints vingt & vn Escheuins, qui ont le temps passé porté le nom de Senateurs & Patrices, à la façon des Romains, ainsi que anciennement toute la Gaule presque estoit façonnee à la maniere de viure & loix de la cité de Rome. L'on pourroit alleguer icy le siege de la Chrestienté, mais pource que l'vsage en est failly, & que la iurisdiction n'a plus force, nous n'en ferons point aussi mention. Les Dijonnois ont de grands & beaux priuileges, & sur tout que chacun d'eux peut tenir toutes terres en fief, sans payer finance : & les estrangers en ceste ville ne sont subiets au droict d'Aubene. Ce peuple est doux, affable, & açostable, non trop curieux de nouuelleté, il est vray que ils sont vn petit durs de ceruelle, & opiniastres en ce que ils ont vne fois imprimé en leur esprit: aiment Dieu, & reuerent leur Prince, sont bons Catholiques, ennemis d'heresie & diuision, vaillans & hardis, ayans les femmes braues & bien parees, & ce nonobstant pudicques, chastes, honnestes, & loyales à leurs espoux. Le terroir passable, mais non plus fertil que pour suffire simplement à la nourriture des citoyens qui y habitent, qui ne se soucient guere du traffic, & ainsi la ville n'est guere riche, & moins frequentee que de ceux qui y ont affaire pour la iustice, & y auoir droict des querelles, & differents qui peuuent naistre entre eux. Et voilà quant à Dijon au plus purement & brieuement que nous l'auons peu effigier, & descrire, sans y mettre rien de superfluz, & qui ne se puisse voir à l'œil, & experimenter à l'effect plusque facilement.

PLANT

PLANT ET DESCRIPTION DE BEAVLNE.

ES miseres du temps & la malice des hommes, ou plustost l'ignorance & faictneantise de noz anceftres, nous ont ofté la congnoiffance de plufieurs chofes tres-neceffaires, & lefquelles donneroient contentement, & à noz efprits, & à toute la pofterité. Car il eft vray-femblable qu'il y a vne infinité de villes en ce Royaume, que fi leur origine ne nous auoit efté celée par noz peres, ou fi les vfurpateurs n'en euffent caché enuieufement les efcrits & antiquitez, elles feroiēt tefte en excellence & luftre d'ancienneté, & (peut eftre) de police, à celles qui fe glorifient d'eftre les premieres de l'Europe : & les aucunes defquelles fe contenteroient de ce qu'on fçauroit au moins qu'elles eftoient auant que ceux, des efcrits defquels on tafche de pefcher noz premieres origines, fceuffent de qui eft ce qu'ils ont eu leur fource. Ie dis cecy pour la ville de Beaulne, de laquelle nous vous reprefentons icy le plant & pourtraict, laquelle eftant ancienne, fi eft-ce qu'on ne fçauroit dire pour l'afseurer, dés quel temps elle eft fondee, qui en fut le baftiffeur, & qui luy donna le nom qu'elle porte. Quant à fa fondation il y en a qui la rapportent à l'Empereur Aurelian, tout ainfi que celle de Dijon: mais ils me femblent eftre vn peu moins curieux qu'ils ne doiuent, entant qu'il eft impoffible que ceftuy n'ayant regné que fix ans, & durant iceux eftant employé en diuerfes guerres, & contre des peuples vaillans & farouches, & efloignez eftrangement de Gaule, eft impoffible (dis-ie) qu'il ait tant bafty de villes Gauloifes qu'on luy attribue. Et ainfi ie croy & tiens, iufqu'à tant qu'on me donne preuue plus euidente, que Beaulne eft plus ancienne que les premieres courfes des Romains en Gaule, & que les originaires du pays l'ont baftie ayans efgard à la beauté, fertilité, & commodité du paifage, ainfi qu'ils en ont vfé és autres contrees de Gaule. Et ce qui plus m'induit à coniecturer cecy, eft celle Vniuerfité, & Efcholes publiques qui eftoient à Autun cité des Heduois, ruinee par l'enuie des Romains, laquelle fut caufe que ce pays fe peupla de belles villes, & que le peuple s'adonna au labour des champs, & à planter des vignes: lefquelles par edict du cruel Domitian furent auffi bien arrachees, que Tybere auoit ofté les Efcholes publiques : & defquelles vignes, s'il y a lieu abondant en la Gaule Celtique, ie croy que Beaulne en a fa part & du meilleur, du plans delicat, & en grande abondance. Ie ne veux pourtant nier, que les Romains n'ayent, & remparé, & aggrandy Beaulne, auffi bien que Dijon, la voyans affife au beau milieu du pays, en pleine campagne, quoy que pres de la montagne, & ayant des eaux à commandement, & icelles doulces, viues, bonnes, & perpetuelles : fi bien que vous y voyez deux fontaines: l'vne defquelles coule dedans la ville auec vn canal fi enflé que fi c'eftoit quelque groffe riuiere : & l'autre entrant és foffez les empliſt, & enceint tout l'enclos des murailles, & fait mouldre plufieurs moulins pour le feruice de la place. Ioinct que par apparence on voit que ce lieu a feruy de retraicte aux garnifons Romaines, d'autant que les vieux edifices d'iceluy fe reffentent fort de l'antiquité, & fe rapportet aux materiaux de ceux de Dijon, fi bien maçonnez, ioints & cimentez, qu'il eft prefque impoffible de les defmolir. Auffi en ce Chafteau que le Roy Louys 12. y feit baftir, & qui eft fi bien flanqué, armé, & fourny de tout poinct & artifice de fortification, qu'on le tient pour imprenable, on a trouué en creufant és entours pour gaigner place, des groffes pieces de pierres blanches, taillees & reueftues de moulures non fans figne euident qu'en cefte ville il y auoit des edifices & plus beaux & de plus grande eftendue, qu'elle n'eft à prefent. Laquelle neantmoins eft telle que par ce pourtraict vous la iugetez & forte, & d'artifice admirable voyans ces quatre gros & effroyables Bouleuers qui defendent le Chafteau ; & l'enceinct bien flanqué & foffoyé des murailles de la ville. Et oultre vous y voyez ce beau & fomptueux Hofpital, y bafty par Raulin Chancelier du Duc Philippe le Bon de Bourgongne. Comme encore à Beaulne eft le Monaftere des Chartreux y fondé par Eude Duc de Bourgongne l'an de noftre falut 1312. Et au terroir de cefte ville eft pofee cefte faincte folitude en la profondeur effroyable d'vn bois obfcur de Cifteaux chef de 1800. Monafteres d'hommes, & de prefque autant de maifons de vierges voilees pour le feruice de Dieu, & les tous feparez, pour vacquer à la contemplation, des foucis, & delices de ce monde. En la ville outre font les Eglifes de Noftre Dame, de fainct Pierre, S. Eftienne, S. Martin, la Magdelaine, & les Conuents de S. François, & S. Dominique. Il y a Palais, pour ce que ce fut là au commencement que les Rois eftablirent le Parlement de Bourgongne, que depuis ils ont tranfporté à Dijon : ce neantmoins la Chancelerie eft demouree à Beaulne, comme auffi il y a fiege de Bailliage reffortant à la Court fouueraine. Les Beaulnois font la plus part gens de iuftice, ou marchands, ou vignerons, & faifeurs de draperie de laine, lin, & chanure à commandement, mais ces derniers font choifis des plus bas, & fimples d'emmy le peuple: lequel eft fidele à fon Roy, ennemy de fedition, & zelateur de l'honneur de Dieu, & embraffant affectueufement l'vnion, en & fouz la foy & obeïffance de la faincte Eglife Catholique & Apoftolique. Et voilà quant à la defcription de la ville de Beaulne.

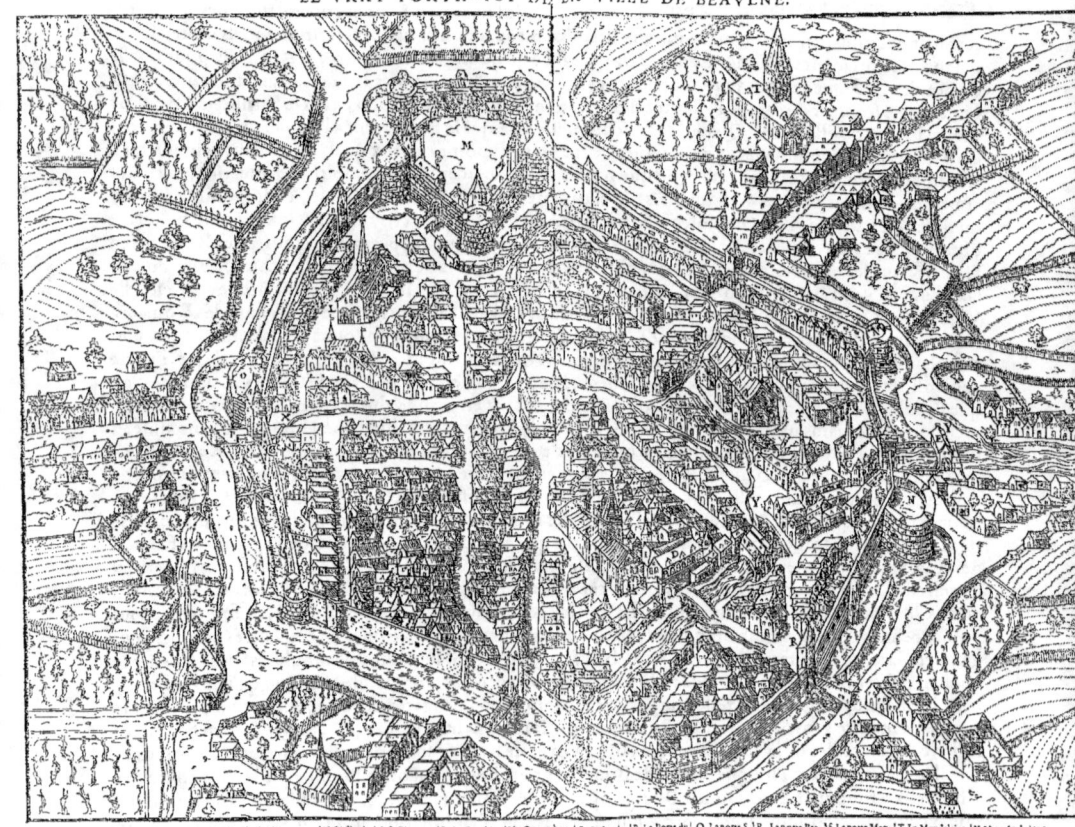

LE VRAY PORTRAICT DE LA VILLE DE BEAVLNE.

PREMIER LIVRE DV RECVEIL DE L'ANTIQVITE', ET VRAYE ORIGINE DES BOVR-GONGNONS, ET DES ESTATZ DE BOVRGONGNE.

Par Pierre DE SAINCT IVLIEN, de la maison de Balleurre, Doyen de Chalon, & grand Archidiacre de Mascon.

Des Celtes, ou Gaulois en general. CHAP. I.

LE PAYS de Bourgongne estant portion de la Gaule Celtique, & appendence, voire premier fleuron, & premiere Pairrie du tres-florissant Royaume de France : il m'a semblé n'estre seulement requis, mais aussi tres-necessaire, de discourir vn peu du tout, pour auoir plus facile intelligéce de ce que n'en est que portion. Sur ce encores que ie n'ignore pas, que maints autheurs ont (selon la diuersité des temps) diuersement partaigé la generalité des pays, sur lesquels s'est plus communément estendu le nom des Gaules : si est ce que nulle de toutes icelles diuisions, ne me contente plus, que celle de Iules Cesar, au commencement de ses Commentaires de la guerre Gallique, quand il dit : *Toute la Gaule est diuisee en trois parties, desquelles les Belges habitent l'vne, les Aquitains l'autre, la troisiesme ceux, qui en leur langaige sont appellez Celtes, & au nostre Gaulois. Tous ceux-cy different entr'eux en langaige, coustumes, & loix. Les Gaulois sont separez des Aquitains, par la riuiere de Garonne : des Belges, par la Marne, & la Seine.* A laquelle diuision soubscrit Amm. Marcellinus au xv. liure de son histoire. Ses mots sont tels : *On croit qu'au teps iadis, quãd ces païs là estoient encores incongneuz, & cachez comme barbares, ils estoient diuisez en trois : en Celtes (qui aussi sont Gaulois) en Aquitains, & Belges : tous trois differents en langaige, coustumes, & loix. & que les Gaulois, qui sont les Celtes &c.* Selon lesquels cousins Ioseph Hebreu borne aussi les Gaules, au xvj. chap. du deuxiesme liure de la guerre Iudaïque. Outre le fruict qui se peut recueillir de celle tant claire diuision, deux poincts sont bien fort remarquables en la resolu-

Bourgõ-gne portion de la Gaule Celtique.

Diuision des Gaules selon Iules Cesar.

Amm. Marcellinus.

Iosephus.

A

tion donnée par Cesar, & suiuie quasi de mot à mot par Marcellin. L'vn, que la diction Celte n'est pas estrangiere, ains originelle, & du creu du païs duquel elle signifie les habitans, & (sans aucun doubte) purement Celtique: comme aussi que le mot Gallus, est Romain. L'autre, que ces deux vocables Celte, & Gaulois, sont synonymes, & consignificatifs. Pausanias dit des Celtes, au premier des Attiques: *Galli serò dicti sunt. Celtæ enim antiquitus domi à se ipsis, forisque ab alijs nominabantur.*

<small>Le mot Celte est diction Gallique. Pausanias.</small>

<small>Les seuls Celtes sōt propremēt Gaulois.</small>

CE sont tesmoignages auantaigeux pour les Celtes, qui (à vrayemēt dire) sont seulement ceux, que les riuieres de Loyre, & de Garonne separent des Aquitains: & Seine, & Marne d'auecque les Belges. Tellemēt que soubs ceste appellation de Celtes, & Gaulois, ne deburoient estre cōprins les Belges, ny les Aquitains: & moins les Germains, & Allemās, ou (au reste) ceux qu'Appian Alexandrin a nommé Gaulois Orientaux. Mais l'ignorance des Grecs, qui ont (s'il vaut, si vaille) voulu traicter des affaires des estrangiers (desquels ils n'auoiēt que bien grossiere cognoissāce, noꝰ a produit ces abus: & faict vne si excessiue meslāge de peuples, tous cōprins soubs les noms de Celtes, & Gaulois, ꝗ les extremitez des Celtes seroiēt (à leur cōpte) d'vn costé les Celtoscythes, de l'autre les Celtiberes: voire ꝗ Herodote noꝰ en dit par où il en sçait, en ses 2. & 4. liures.

<small>Appian Alexandrin. Ignorāce des Grecs.</small>
<small>Celtoscythes. Celtiberes. Herodote. Contre certains songe-creux.</small>

AYANT cest arrest esté rendu par iuges de telle qualité, & suffisance que Cesar, & Amm. Marcellin, ie ne puis assez m'esbaïr, cōme quelques hōmes qui sont venus apres eux, ont osé mettre en publicꝗ' les caprices de leurs fantaisies, & se rōpre la teste, pour inutilement essayer, de tirer de quelques mots Grecs, ces dictions Celte, & Gaulois, resolües estre, la premiere Celtique, & l'autre Latine. Pensoient ces introducteurs de resueries, estre mieux versez, & mieux entenduz en la langue Grecque, ou que Cesar, ou que Marcellin? desquels le premier a tant de tesmoings exēpts de reproche, qu'il a esté diligent auditeur d'Apollonius Rhodiē, fils de Molo, duquel aussi Ciceron auoit esté escholier: & le second, se declaire luy-mesme Grec naturel, en la fin du dernier liure de son histoire?

<small>Cesar auditeur d'Apollonius. Amm. Marcellin natif Grec.</small>

TELLE maniere de gés est fort taxee par *Hieronymus Frobenius*, quād il dit en son epistre liminaire sur Amm. Marcellin, ꝗ les fātastiꝗues cōiectures sont le plus souuent trompeuses: mesmement lors que chacun se delecte à cōtrouuer, & inuēter. A quoy il adiouste, que deux sortes d'hōmes brouillent les editiōs des liures des autheurs desquels nous restent les escrits: sçauoir est ceux qui se fiēt trop és exēplaires escrits à la main, cōme si de plain-saut il failloit approuuer tout ce que s'y trouue: & ceux qui de leur propre ceruelle, ne changent, & adioustēt seulemēt és liures anciens, ains en ostent, & retranchent cōme il leur plaist. A vray dire, si quiconque change, adiouste, ou diminue à vn traicté, & instrument publicꝗ', est non seulement criminel de faulx, & en telle qualité reprehensible: mais d'auātaige rēd tel tiltre mancque, & le fait deschoir de sa bōté, valeur, & integrité: que doibt on estimer des particuliers, qui (de priuée authorité) prenēt loy, non seulement de iuger des escrits des anciēs autheurs,

<small>Hieronymus Frobenius. D'vne Epistre digne qu'on la lise. Deux sortes de brouilleurs des editions de liures.</small>

<small>Cōtre vn abus fort commun.</small>

des Bourgongnons, & de leurs estats.

autheurs, ains (cóme si leurs iugemẽts estoient arreftz) procedent tellement à l'execution d'iceux, qu'ils ne craignent effacer en plain texte, ce que ne leur plaist, & y supposer d'autres mots, plus à leur fantaisie? Mais (dira vn Imprimeur) ce sont hommes si sçauants, de si grand iugement, & profonde erudition, que leur refuser croyance seroit fait impertinemment. Autre, & plus sage a esté l'aduis de P. Victorius en ses castigations des liures de Ciceron en l'article *ex Oratore*: & de Io. Alexander Brassicanus en ses annotations sur Saluianus: Que s'il y auoit des hómes à ce deputez par le publicq, ce seroit chose mal-seante, à vn particulier d'y trouuer à redire: mais puis que se sont personnes priuees, qui entreprenent faire offices magistraux, il est licite pareillement aux particuliers, protester contre telles entreprinses, & les remonstrer abusiues. Ce que ie n'enten estre dit, pour fauoriser l'erreur, ny par desir de vieillir en iceluy: ains pour ne permettre tãt de licence à vn chacun, que d'oser attempter, sur ce que receu par consentement publicq, ne se doibt pas muer, sans vser de prudence, & discretion publique. *Cõtre les trop hardis correcteurs des liures.*

Certainement cóme ce n'est és termes de nostre religion, qu'il se faut monstrer ingenieux; aussi n'est ce de l'histoire comme de la Grammaire. Les mots qui pechent contre les reigles Grammatiques, se peuuent corriger sans offense de personne: mais les dictions, desquelles depẽd la verité de l'histoire, ne se peuuent changer, ny immuer sans encourir quelque resentimẽt de sacrilege. Ie ne veux toutesfois laisser de loüer, & rédre honneur aux hommes doctes, qui se sont employez, & s'employent encores de present, à la restitution des liures anciens, que les siecles ennemis des bonnes lettres auoient souffert deprauer: pourueu que telles castigatiõs, & animaduersions soyent separees du texte, ou que ce qu'on pretend deuoir estre chãgé, demeure en quelque endroit, soit en fin du chapitre, ou du liure, soit en marge, ou ailleurs, où il puisse estre veu. Car il aduient quelquesfois, voire fort souuent, que ce qu'on oste d'vn texte vault mieux que ce qu'on y met. Si toutesfois il est force, suffrir ce que ne peut estre autrement: ie suis d'aduis de mettre fin à cest incident, pour reuenir au propos commencé des Celtes; à fin de succesiuement parler des Bourgongnons, l'appellation desquels comprenoit iadis bien grande portion de la vraye Celtique. *Bourgongne est grãde portiõ de la Celtique.*

L'authorité de Cesar (que Corn. Tacitus qualifie souuerain entre tous autheurs) tiét tel rãg entre les personnes serieuses, qu'il n'y a hóme de bõ iugemẽt, qui ne confesse, que si bié és choses qui cócernent son hõneur (pour lesquelles haut loüer il n'a rié espargné de son eloquéce, ne craignant pas bié souuent, faire de mouches des elephants) il a eu, & peut auoir encores des cõtradicteurs: si est-ce qu'és matieres de doctrine, chacun luy rend tesmoignage, qu'il doit auoir rãg entre les premiers. Pource me pouuoit-il suffire, d'auoir cy dessus desia dit, q̃ par arrest definitif il a prononcé, le nom de Celtes estre du creu de leur propre païs, & purement Celtique: comme aussi que le mot Gallus est vrayement Latin: *Cesar authoriũ summus à Corn. Tacito dicitur. Cesar doctissime, mais glãdventard. Le mot Gallus est purement Latin.*

A ij

n'eſtoit que l'opinion d'Appian Alexandrin pourroit induire quelques vns de trop facile croyáce, à tenir pour verité, ce qu'il dit en ſon Illyricq. C'eſt que Polyphemus (nom fabuleux, inueté par Homere) euſt (entre autres enfants) Celtus, & Gallus; deſquels les Celtes, & les Gaulois tiennét la raiſon de leurs appellatiós: n'eſtoit auſſi, qu'infiniz hômes, (qui en la renaiſſance des lágues Hebraïque, & Grecque, n'auoiét plus expres exercice, que d'eſtre en queſte côtinuelle des racines, & themes) ſe ſont laiſſé couler en ceſte trop erronee perſuaſió, que toutes lágues eſtoiét de la iuriſdictió de ces deux, qu'ils péſent nõ ſeulement primitiues, mais auſſi ſources, & meres de toutes autres: & pource ſubiectes à prédre racines, origine, & etymologies d'icelles. Mais eſtãt neceſſaire moindrir l'opinió de l'vn: & montrer oyſiue, & inutile la curioſité des autres: Quát à Appiã Alexandrin, ie ſuis d'aduis qu'il réde ſon Polyphemus à Homere, qui le laiſſera rauder à taſtõ par ſa cauerne, en queſte de celuy, qui (ſe nõmãt Pas-negun) luy auoit creué ſon ſeul œil. Et quãt aux autres, Gaudentius Merula, ſecõdé de l'aduis d'vne infinité d'hõmes excelléts en ſçauoir, en parle autant pertinemment qu'il eſt poſſible. Ses motz Latins tournez en François ſont tels: *Il ne faut preſter l'oreille aux Grecs, qui fauoriſez de la cõmodité de leur langaige, ont deprauẽ tels mots (cõme auſſi beaucoup d'autres) prenãts la hardieſſe de donner etymologies Grecques aux noms barbares*. Si celà ne ſuffit, tãt cõtre le Sophiſte Alexandrin, que cõtre ces Grecolatres, qui deferent tant à la lãgue Grecque, qu'ils l'eſtimét cõme ſied dominant ſur toutes les autres: i'employe (outre la Prophetie de Caton) le dire de Lactance, lequel en parle ainſi: *Il n'eſt poſſible croire, cõbien l'incõſtãce des Grecs, inſtruicte en l'art de bien & copieuſement dire, a eſmeu de brouillards de menſonges.* Mais qui ne ſçait ce qu'en dit vn Poëte?

  Et tout celà que menteuſe notoire,
  Grece a oſé ſuppoſer pour hiſtoire.

POVR reprédre noſtre propos des Celtes, Strabo liure 4. de ſa Geographie, au lieu où il parle des Narbonnois, dit, qu'au parauãt ils eſtoiét nõmez Celtes: & qu'il penſe que d'eux les Grecs ont appellé tous les autres Gaulois generalemét Celtes, pour leur excelléce, & renõ. Mais pour cõgnoiſtre que Strabo n'eſt pas bõ chirurgié, (car il penſe mal) luy peuuent eſtre oppoſées les authoritez de Pauſanias, & d'Amm. Marcellin és lieux deſia cy deſſus quotez. Le premier dit qu'anciennemét ceux qui tard ont eſté appellez Gaulois, ſe nõmoiét eux-meſmes chez eux Celtes, & n'auoiét autre nom entre les eſtrãgiers. L'autre (qui eſt Marcellin) tiét qu'auãt que ces parties (il parle des Gaules) fuſſent ny cõgneües, ny deſcouuertes, ains eſtãts encores cachees cõme barbares, deſia elles eſtoiét diuiſees en trois, en Celtes, qui auſſi ſont Gaulois, &c. Or puiſque anciẽnemét, & auãt que les Gaules fuſſent deſcouuertes, & congneües par les eſtrãgiers, deſia les Gaulois auoiét le nom de Celtes, il eſt ayſé à iuger q̃ ceux ſe trõpét, qui péſent q̃ les Narbõnois, ou que les Phocéſes de Marſeille, ſoiét cauſe, ou autheurs q̃ les Gaulois ayét eſté nommez Celtes. Ce ſont

des Bourgongnons, & de leurs estats. 5

sõt trop tard venus. Aucũs(cõme chacũ se dõne loy, de pouuoir libremẽt dire ce que luy semble, des choses qu'il tiét pour nõ resolues) ne prenãts garde que ledict Laurés Valla tient l'etymologie trompeuse, ont estimé que les Celtes ont esté ainsi nommez, pour le sçauoir, dexterité, & experiéce qu'ils ont de bien dresser, picquer, & manier cheuaux: autres qu'ils sont dicts Celtes, par sincope du nom Latin Cœlites, signifiãt Celestes. Voylà comme chacun se plaist en ses inuentions, & ceux qui ont moins de certitude, parlent plus asseurément, & en veulent sur tous estre creuz.

RESTE encores l'opinion de frere Iean Annius de Viterbe, hõme de si rare sçauoir, & personnaige si excellent en la cõgnoissance, & interpretation des choses plus anciennes, que mon aduis est, que si Beatus Rhenanus eust daigné prendre la peine de lire les labeurs de ce simple bon homme, sans transport d'affection, & excuser qu'en ce temps là, la purité de la diction Latine n'estoit telle, ny si elegãte, que depuis elle est deuenue par la restauration des bonnes lettres: il eust pensé trois fois, auant que d'attaquer si outrageusement (ou plustost furieusemẽt) la memoire de ce bon vieillard, qui (malgré les tenebres d'ignorance, que la malice du temps d'adoncq auoit produit) s'est trouué instruict en tãt de langues, que celà ne semble mãcquer de miracle. Moins eust il aussi vomi sa cholere contre Berose, autheur tant recommandé par diuersité de tesmoings, que si ceux, qui és siecles pieça passez, se sont aydez de son authorité, & ceux qui depuis (voire de nostre aage) ont reçeu non seulemẽt fruicts inestimables de la succincte briefueté de son dire, mais aussi esclaircissement incroiable (pour le regard des mots, & affaires desia demy obliez, à cause de leur vieillesse, & antiquité) se rencontroient en vne assemblee, où Rhenanus voulust soustenir ce qu'en courroux il a desgorgé: il est certain que s'il y auoit aucune pudence en luy, voyant vne si nõbreuse, & de toutes parts venerable compaignie, cõtraire à ses cuydãces, il se trouueroit si estonné de la maiesté, & multitude de tant d'illustres personnaiges, aggreants ce qu'il rabroüe: qu'il ne pẽseroit plus estre celle souueraine puissance, qui peut prouuer & improuuer ce que bõ luy semble, & en iuger comme en dernier ressort. Ains se hontoyant de son paradoxe, mettroit le genoil en terre, & prieroit (cõme feit Stesicorus à Helene) estre quitte, pour s'en desdire. De vray, si cõme rien ne se trouue tellemẽt absolut, & perfaict, que quelqu'vn (tãt la malice est ingenieuse) n'y trouue à redire, si ce bon Religieux Annius (duquel les escrits sont tesmoins de sõ eruditiõ) auoit failly en quelq part, il eust esté trop mieux seant à Beatus Rhenanus, de modestemẽt quoter ses fautes, & en aduertir par escrit la posterité, q d'vser de prouerbes expressémẽt cherchez, & en cholere (en laquelle fureur fournit les armes) trouuez, pour descrier & le prícipal autheur Berose, & Anniꝰ sõ cõmẽtateur. Desqls ce dernier apres auoir employé tãt de bõnes heures, iours & nuits, à l'esclarcissemẽt d'vne infinité de mots, & choses singulieres (cõme i'ay desia dit) lesqlles sãs luy

Nouuelle opiniõ sur le nom des Celtes.

Cœlites.

F. Iean Annius de Viterbe.
Contre B. Rhenanꝰ.

Berose.

Pour vn qui mesdit de Berose, & Annius, cét les suyuẽt, & approuuent.

Palinodie de Stesicorus.

Annius de Viterbe.
Contre Rhenanꝰ.

A iij

fussent demourees sepuelies au sein de l'antiquité, ne meritoit si mauuaise recompense, qu'il en reçoit de Rhenanus, & ses sectaires. Ce que congnoissant mieux Valerius Anselmus Ryd, medecin, & homme d'excellente erudition entre les Bernois, parle ainsi dudit Annius : *Annio Viterbiense antiquitatũ perscrutatore, omniũ facilè, quos eo tempore videre mihi licuit, diligentissimo &c.* Et vn peu apres comme picqué contre ceux, qui ingenieux pour trouuer à redire és autheurs des plus vieilles histoires, se contentent de nier, & destruire, sans (ce pendant) auoir riẽ de bon, ny de seur, qu'ils puissent mettre en place, dit: *In Monarchiarum autẽ deductione, in prima, & secunda, posthabitis magnisciorum quorundam in Græcæ sapientiæ authores, calumniis, Berosi Chaldæi, Manethonis Ægyptij, & Metasthenis sacerdotum &c.* Sa conclusion est qu'il entend s'aider de leurs escrits, & qu'il les estime dignes qu'on y adiouste foy. Raphaël Volaterran tombé en propos du liure qui court soubs le nom de Berose, faict bien difficulté de l'approuuer : mais si en parle-il modestement, & sans cholere. Sebast. Munsterus (personnaige signalé entre les Allemãs, & tenu pour homme qui a beaucoup trauaillé apres la langue Hebraïque, & la Cosmographie) portoit grand honneur à Rhenanus: & toutesfois il n'est de son opinion, pour le regard de Berose, & d'Annius son commentateur: ains quand il en fait mẽtion au 3. liure de sa Cosmographie vniuerselle, il en dit ces mots: *Berosum quidem reiiciunt, idque ob id quòd ille, aut liber sub eius nomine euulgatus, non concordet cum reliquis scriptoribus. Quicquid sit, hoc vnum scio, quantum attinet ad Hebraïca vocabula, quorum multa sunt in eius fragmentis, nullam in eis inueniri imposturam: quin hæc cogunt me fidem adhibere authori, & libro eius: potissimùm quòd eo tempore, quando Berosus per Monachum quendam est publicatus, nemo fuerit inter Christianos, qui Hebraïca calluerit linguam.* Vray est, que pour se conseruer en la bonne grace des Rhenanistes, & pour aussi n'estre veu se vouloir separer de la commune opinion de ses compatriotes, il adiouste ceste clause ; *Non tamen inficias eo, quin bono authori aliquid falsi sit admixtum.* Voylà quant à Berose. Pour le regard d'Annius, il est autheur simple, & sans fard, & qui ne dit quasi rien du sien: ains toutes choses tirees auec singuliere dexterité, & labeur admirable, d'autheurs fort signalez, & hors de toute exceptiõ. Ie n'ignore pas ce pendant, qu'il y a certaine maniere d'hommes, qui ne se souuenants que Euripides dit le langaige de verité estre simple, n'ayant besoing de fards, ny embellissemens, sont si delicats, qu'ils ne peuuent rien trouuer bon, s'il n'est succré de la delicate bien-disance, & doux-coulant parler des Grecs, ou des Latins. Cõme si riere ceux là, desquels les escrits dressez à plaisir, ne contiennent que fables, & bien agéees menteries, estoit, & non ailleurs, l'expresse, & plus espurée verité. Mais puis que tel est leur appetit, qu'ils prenent pour historiens, ceux qui dressent des histoires à leurs fantaisies, cõme Heliodore, cõme Philostrate &c. Au rãg desquels peuuẽt estre mis ceux, qui traictants de quelque peuple, en

font

font les commencements, & origine si fabuleux, que les fables d'Æsope ne le sont pas d'auantage. Dont Ciceron prenant honte au commencement du premier de ses liures des loix, prie qu'on ne soit trop curieux en la recherche des choses qui sont escrites en ceste sorte. Ce que ie trouuerois luy deuoir estre accordé, d'autant que (côme dit quelqu'vn) les origines se trouuét quasi toutes incertaines: mais il n'est pas raisonnable condonner aux vns, ce qu'on ne veut pas excuser és autres.

<small>Ciceron.

Origines incertaines.</small>

Or (pour ne nous esgarer de nostre premier institut) Annius dit que Celtus, & Celtæ sont mots Phœniciens: & par le discours de ses propos, monstre qu'ils signifient conflagration & embrasemét. Toutesfois aymant trop mieux suyure (comme les Physiciens) les causes prochaines, que (comme les Astrologues) les trop remotes & esloignées: ie ne suis d'aduis, que (pour le regard des prementionnées dictions *Celtæ & Galli*) nous facions ce tort à Cesar, fauorisé aucunement par Pausanias, que de le vouloir desdire, & (pour parler en vray terme) desmentir. Ains que nous recongnoissions certain ce qu'il a resolu: à sçauoir que l'vn est mot vrayement Celtique, & l'autre purement Latin.

<small>Annius. Celtus, & Celtæ.

Celtæ, & Galli.</small>

Du nom des Bourgongnons, & que ceux n'ont pas raison, qui mettent en auant, que Bourg diction Celtique aye sa deriuation de πύργος mot Grec: & que telle inuention est plus subtile, & louable, que vraye, & receuable.

Chap. II.

COMBIEN que le nom des Bourgongnons (peuple comprins entre les Celtes, desquels les limites ont esté specifiez au Chapitre precedent) soit de bien frequente rencontre en l'histoire Gallique; & que les autheurs, qui (depuis le temps des Cesars) ont trauaillé apres l'histoire des Empereurs, en parlent assez souuent: aussi que depuis eux, infinis hommes ayent esté fort soigneux de s'enquerir de l'occasion de tel nom: si n'y a-il encores (que ie sçache) personne, qui ait bien suffisammét attaint la raison pourquoy il fut donné, & receu. Premierement l'opinion de ceux qui pretendent les noms des nations estranges, & desquelles les Grecs n'eurent iamais (ou bien tard) congnoissance, deuoir receuoir etymologies Grecques, confutée, & explose, par ce que cy deuant dit est: Ie prie toutes personnes d'esprit bien composé, & qui ne se laissent transporter par extrauagance ou d'opinion, ou d'affection, ou de desir de contredire, congnoistre vray, ce que dit Moïse au 10. de son Genese: qu'au commencement tous les hommes n'auoient qu'vn seul langage: mais que l'entreprinse de Nembroth, en l'edification de la tour de Babel, fut cause de la confusion du parler commun. De façon que celle premierement vnique langue, commune à tous, fut diuisée, sinon en

<small>La cause du nom des Bourgongnôs iusques à icy ignorée.

Moyse. Origine des langages. Nebroth. Tour de Babel. Côfusion des lâgues. Langue primitiue.</small>

A iiij

autant de diuers langages qu'il y auoit d'ouuriers, du moins en tant de differentes sortes, que (pour le present) ainsi que les pays sont distinguez de Princes, aussi sont-ils quasi de façons de parler. Voire que (bien souuent) vn mesme Prince (comme Mithridates, qui commandoit à peuples de vingt deux langues) a sa domination sur nations si differentes en langages, que les vnes n'entendent pas les autres. Or est-il que si bien ceste diuersité de langues a eu sa source, & son origine, de celle que nous auons aduoüé premierement vnique & vniuerselle : soit qu'on la nomme lágue saincte, ou Aramée (cóme les Thalmudistes, & ceux qui l'ont apprins d'eux l'appellent) soit qu'elle soit autrement dicte : nulle de celles qui en sont prouenues, n'a acquis droict sur les autres, de s'en pouuoir dire mere, ou autrement pretendre les auoir produit. Que si quelques vnes ont eu cest heur, d'auoir esté mieux illustrées, & quasi cultiuées, tant par estre reduictes soubs preceptes de Grammaire, qu'autres agencements, combien que celà serue à leur gloire, & les rende plus aggreables : si ne leur acquiert-il aucune iurisdiction, & moins souueraineté sur les autres. Et (pour en peu de propos finir chose qui meriteroit biẽ plus ample discours) si entre les langues il se trouue quelque conformité, elle leur reste de celle dont elles sourdirent premierement : qui est à dire qu'elles se ressemblent comme sœurs, mais non pas comme filles les vnes des autres.

Lágue premieremẽt vnique, & vniuerselle.

Les lágues sont sœurs.

Causes de la corruption des langues.

IA ne soit toutesfois que ie vueille affermer que les langues soient à present en celle premiere, & primitiue purité, qu'elles estoient lors que (pour cause de leur confusion) l'ouurage de la tour de Babel cessa. Ie sçay que les peuples vaincus ont souuent esté contraincts s'accommoder au langage des victorieux : mesmement de ceux qui donnoient aux subiuguez loix escrites en leur langue, & ordonnoient de plaider en icelle. Ie sçay d'auantage, que les meslanges des peuples de diuerses nations, ont occasionné grandes corruptions és langages : & qu'il n'y a region, de laquelle les habitans se puissent venter de parler encores, en tout & par tout, comme les premiers habitateurs de leur patrie. Car outre ce que l'ancien langage Latin n'estoit plus en vsage du temps de Ciceron : & que si lors quelqu'vn en vsoit, on luy reprochoit, qu'il parloit comme auec la mere d'Euander : les Italiens, & les Espagnols ne peuuent ignorer combien les Goths, Huns & Vandales ont depraué, & corrompu leur ancienne façon de parler.

Dure condition dõnée aux peuples vaincus.

Parler cõme auec la mere d'Euander.

Les lágues Italiẽne, & Espagnolle corrompues.

MAIS qu'auons nous besoin chercher ailleurs tesmoignages que vers nous? Quel fut l'ancien langage des Gaulois, nul ne le peut sçauoir : & ne nous en reste q̃ quelques mots curieusemẽt recherchez, & trouuez çà & là, en diuers autheurs. L'antique façon de mettre les Chartres, & Panchartes, ensemble tous autres anciens tiltres en Latin, est cause que nous n'auons pas congnoissance du plus vieil parler Gallique. Aucuns modernes ont voulu inferer, que d'autant que non seulement esdicts anciens

Les anciẽs Gaulois ne parloient pas Allemand.

des Bourgongnons, & de leurs estats. 9

anciens tiltres Latins, mais aussi és vieilles loix des Bourgongnons, & decrets des premiers Rois, & Chapitres, ou Capitulaires de noz Rois Empereurs se trouue infinité de mots, qui ne sont rié moins que Latins, ains Allemands latinisez, noz Gaulois parloient Allemand. Mais outre la manifeste difference qui se congnoit auoir esté entre la langue Gallique, & la Germanique, par le dire de Cesar, quãd il parle d'Ariouiste Roy de Germanie, qui parloit l'vne, & l'autre: encores est-il à noter, que nosdits premiers Rois (& mesmement ceux qui estoiét Empeteurs) demouroient, & faisoient leur plus ordinaire residence en Allemagne, se seruoient de Secretaires, & Notaires Allemands, qui nous ont dressé les tiltres, Chartres, Panchartes, Chapitres, & Capitulaires prementionnez, & les ont entre-lardé de mots de leur creu. Pour ne parler de si loing, ceux qui pourront auoir patiéce de lire ces vieils Romans, qui sont en rithme Françoise (dont plusieurs maisons de Gétils-hommes sont encores bien fournies) trouueront que la façon de pàrler d'adoncq' est si estrange (encores qu'elle ne soit pas bien fort ancienne, tesmoin le Romant du vœu du Paon, fait du temps du bon Duc Philippe de Bourgógne) & les mots (pour la plusˌpart) si differens de ceux dont nous vsons: que (outre ce qu'ils sont fort mal-aysez à entendre) encores descouurent-ils assez, que les Gaulois, & François n'ont pas tousiours (non plus que les autres nations) esté inuiolables obseruateurs de leur premier langage.

Cesar. Ariouiste accoustumé és langues Gallique & Germanique. Raison notable. Des Romans.

D'AVANTAGE si les peuples des trois parties des Gaules auoient langues distinctes, & differentes, comme Cesar le declare: & si les Germains (entre lesquels le vulgaire est coustumier loger les Bourgongnós) auoient à part leur peculier parler, selon que le mesme Cesar le donne suffisamment à entendre, quand il faict mention qu'Ariouiste auoit (ainsi que nous venõs de dire) apprins la lãgue des Gaulois: si (de rechef) tant s'en faut que les Belges eussent congnoissance de la lãgue Grecque, que Cesar aduerty du piteux & dangereux estat auquel estoit reduit Q. Cicero, fut en grandissime peine de luy faire sçauoir de ses nouuelles: & en fin dressa ses missiues en Grec, de peur (dit-il) que si elles eussent esté surprinses, ses conseils & deliberations fussent descouuerts, sçeuz & entendus de ses ennemis: Il n'est pas facile de diuiner, comment il se seroit peu faire que la lãgue Grecque (sans laisser de soy aucunes traces és Gaules) ait trauersé tous les pays qui sont depuis le lieu où fut fondee Marseille, iusques au Rhin, & du Rhin iusques aux extremitez des pays Septentrionaux; pour de propos deliberé, & par faueur speciale & expresse, aller choisir les Bourgongnons parmy les Vandales, & en pitié de ce qu'ils estoient anonymes, leur donner vn nom de son creu. Ie m'esbays comme les personnes qui ont sens & raison, se laissent persuader telles faribolles: m'asseurant que le nom de noz Bourgongnons est trop plus ancien, que l'arriuee des Phocenses au lieu, où (soit vray, soit faux) l'on dit qu'ils fonderent Marseille.

Cesar. Autre raison. Les Belges n'entendoient la langue Grecque. Q. Cicero. Il n'est possible que les Bourgongnons aiẽt eu leur nom des Grecs.

<small>Tanais dit Don, ou Donk. Munster°. Du Pinet.</small>

Qve plus eſt, tous ceux qui ont eſcrit des emigrations des Bourgongnons iuſques en Gothie, iuſques au fleuue *Tanais*, que les Moſcouites(dit Munſterus nomment Don(le Sieur du Noroy en ſon Pline François eſcrit Donk) voire iuſques bien auant en Aſie, tiennent de commun accord, que telles emigrations ſont aduenuës bien fort long temps au parauant qu'ils contraingniſſent les Allemands de leur donner portion de leurs terres : & par conſequent auant qu'ils ſ'arreſtaſſent

<small>Oroſe.</small>

és enuirons du Rhin : où Oroſe a penſé qu'ils auoient eſté premierement diéts Bourgongnons, à cauſe de leurs Bourgs. Sont d'auantage tous autheurs d'vnanime opinion, que lors deſia ils eſtoient nommez Bourgongnons. Et ne ſe trouuera homme qui puiſſe prouuer, ny verifier qu'ils ayent eſté appellez autrement, ſinon par vn ſeul Agathias

<small>Agathias. Burguʒiones.</small>

Grec, qui les dit *Burguziones*, & pourroit eſtre que ce ſoit par pure ignorance de leur vray nom, ou que l'eſcriuain de l'exemplaire, ſur lequel les liures que nous auons ont eſté imprimez, n'a pas bien receu, mais mal

<small>Couſtume ancienne de dicter.</small>

eſcrit le vray mot, que le lecteur(qui dictoit ſelon la couſtume d'alors) auoit prononcé.

<small>Mamertinus.</small>

A ce propos Mamertinus Panegyriſte(mot odieux en l'hiſtoire)parlant d'eux, & recitant qu'ils furent deffaicts par les Goths, les nomme deſia Bourgongnós. Et toutesfois telle deffaicte(ſ'il en eſt quelque choſe)car ſi elle euſt eſté ſi grande que ledit Panegyriſte(c'eſt à dire flatteur) la veut faire croire, ils fuſſent pas toſt apres entré par force en Allemagne, & n'euſſent peu contraindre les Allemands de leur donner portion de leurs terres : & eſt certain que ladite contrainte aduint long téps au parauant qu'ils euſſent mis les bornes, & limites de pierres entre eux,

<small>Amm. Marcellin.</small>

& les Allemands, dont Amm. Marcellin fait mention en ſon 18. liure: long temps (de rechef) au parauant qu'ils baſtiſſent les Bourgs, à cauſe

<small>Côtre Paul Oroſe.</small>

deſquels Paul Oroſe(hóme Eſpagnol, qui compila ſon hiſtoire en Afrique) a penſé qu'ils auoient eſté nommez Bourgongnós : & l'ayant eſcrit, a trouué vne infinité de perſonnes, qui luy ont preſté croyance ſi efficace, que ceſte opinion(toute fauſſe qu'elle eſt) ayant prins racines, ne peut eſtre deſplantée.

<small>Beatus Rhenan°.</small>

Si eſt-ce toutesfois que Beatus Rhenanus n'a peu tant flatter Oroſe, qu'il ait confeſſé vraye telle ſienne aſſertion : ains au premier liure de

<small>Pline.</small>

l'œuure qu'il a eſcrit des affaires Germaniques, il dit : *Que Pline met les Bourgongnons au premier rang des Germains, & les eſtime d'origine Vandales, qui ſont des derniers peuples qui habitent és parties Septentrionnales. Que luy faict penſer, que leur nom eſt plus ancien, que ne l'ont cuidé ceux, qui ont mis en auant, qu'il auoit eu ſon commencement du temps de Tybere Ceſar ſeulement : & qu'il leur auoit eſté baillé à cauſe de leurs Bourgs, qui eſtoient Chaſtels ſur les limites, &c.* Voilà comme (pour ce coup là) en parle Rhenanus, & fort ſelon la verité.

Mais

des Bourgongnons, & de leurs estats. 11

MAIS quand se fouruoyant de l'histoire, il vient à troubler la clarté des choses antiques, remuant la poulsiere pedantesque : & quand d'authorité priuee il met en auant que Bourg (diction fort frequente entre les Germains, & Gaulois) est tiré de πύργος (ce que par plusieurs est receu, comme si c'estoit verité) ie ne puis admettre ses raisons, fondées sur la fable que Tacitus, en son liure des mœurs des Germains, racompte d'Vlysses en Germanie : & moins approuuer ce que d'vne hardiesse (qui luy est trop familiere) il a osé changer le vieil mot de l'ancienne edition, & y mettre (selon son humeur) ἀσυπύργιον. Car si bien l'ancien mot n'estoit de luy bien entendu, si ne luy estoit-il licite en remettre vn autre à sa fantasie: & par apres recourir aux fables, pour trouuer excuse. Aussi la verité (qui ne peut estre tant cachée, qu'en fin elle ne se descouure) l'a contraint changer de langage, quand en vne castigation, ou plustost annotation, sur le prementioné liure de Tacitus des mœurs des Germains, au lieu où il est dit que les peuples de la Germanie n'habitoiët point és villes (apres auoir allegué de Iustin, que les Gaulois auoiët apprins, entre beaucoup de belles besongnes qu'il racompte, à clorre leur villes) il adiouste: *Mais quant aux Germains, il ne leur en a pas dit ainsi : car d'autant qu'ils sont mediterrains, & que l'Ocean Germanique est perilleux, & incongneu, fort peu de nauires venants d'Italie, ou de Grece, se hazardent d'y passer.* Et pour le regard de ce qu'il fait pauois de sainct Hierome pour defendre son opinion, que la lâgue Grecque a eu cours par tout : & que les Grecs ont habité toutes les Isles, & lieux maritimes de l'vniuers; la Germanie (qu'il vient de dire mediterranée, n'est à son compte comprinse entre les Isles, & moins entre les lieux assis sur mer. Dôt faut inferer, ou que les Bourgongnons ne sont peuple de Germanie, ou que leur nom n'est (en partie, ny en tout) venu des Grecs. Brief la langue Grecque est passée en Germanie, ce n'a esté sinon bien tard. Et comme les anciens Grecs n'ont pas eu congnoissance des regions Germaniques, ny des voisines de la Germanie : ainsi que le mesme Rhenanus le maintient au premier liure des choses Germaniques, au chapitre *Boij in Germaniam* : aussi les Germains (auant que sentir les efforts des Romains) n'ont pas eu gueres de congnoissance des Grecs, ny des lettres Grecques. Mais encores moins les Bourgongnons, soit qu'ils fussent cachez és païs plus Septentrionnaux, soit qu'ils fussent sur le Rhin.

FINALEMENT qui (tant soit-il lourdaut) pourroit croire, que ces hommes, qui auoient bien telle persuasion d'eux, que de penser exceller le reste des viuans, en toutes les suffisances dont ils faisoient cas, eussent voulu endurer aggreablemét, que la nation que toutes autres estimoiét ne seruir que pour effeminer les cœurs des gens des païs où on la receuoit, leur eust forgé vn nom à son plaisir ? Ceux qui ne peurent iamais estre contraints de souffrir le ioug des Romains, & qui n'ont cessé, si on le leur a imposé, qu'ils ne l'ayent tantost secoux : nonobstant le nombre

Contre Rhenan.

Iustin.

S. Hierome.

Rhenanus.

Les Bourgongnons n'eussent iamais aggrée les Grecs pour parrains.

des legions, & forces choisies, pour les retenir en l'obeïssance des Empereurs, eussent-ils de bonne volonté receu, & retenu vn nom que quelque estrangier leur eust inuenté? Ceste façon d'imposer noms est si inusitée, & si odieuse, que les plus simples gens de villages ne voudroient souffrir qu'ainsi en fust vsé à leur endroit. Auec tout celà ie sçaurois volontiers de Rhenanus & des Rhenanistes, pourquoy les Bourgongnons doiuent plustost souffrir leur nom estre tiré du Grec, que les Allemans; pour lesquels il combat contre les Grecs en son liure *de rebus Germ.*

Impertinence.

OR ne faut-il trouuer estrange, si les modernes, qui n'ont qu'estudié en Grec, se trompent souuent en la declaration de la vraye origine des noms des peuples estrangers: veu que les Grecs naturels mesmes s'y sont bien mescóptez. Qu'ainsi soit, Amm. Marcellin en son vingt-troisiesme liure dit ces mots: *Iuxta hunc circuitum Adiabena est, Assyria priscis temporibus vocitata, longáque assuetudine ad hoc translata vocabulum ea re, quòd inter Oenam, & Tigridem sita nauigeros fluuios, adiri vado nunquam potuit: transire enim διαβαίνειν dicimus Græci. & veteres quidem hoc arbitrantur. Nos autem didicimus, quòd in his terris amnes sunt duo perpetui, quos & transiuimus: Diabas, & Adiabas, iuncti naualibus pontibus. Ideóque intelligi Adiabenam cognominatam, &c.* Par là appert, que le vieil erreur ayant gagné lieu de verité, n'a esté descouuert sinon quand on est venu sur le lieu. Et pour-ce desirerois-ie, que Beatus Rhenanus eust esté aduerty de la place où fut iadis le Bourg Ongne, qu'il eust veu les marques qui en restent: car ie m'asseure que changeant d'opinion il eust renuoyé πύργος en Grece, & voyant ce qu'il n'auoit iamais veu, eust estimé vray ce qu'il n'auoit iamais creu. Sur tout que les Bourgongnons n'vsoient de tours. Ce que se fust trouué confirmé par le dire de Tacitus (son plus peculier autheur) qui maintient que les Germains (entre lesquels il comprenoit selon la vulgaire opinion, les Bourgongnós) n'auoient aucuns braues bastimés, tant s'en faut qu'ils eussent des tours. Dit d'auantage le mesme Tacitus, qu'ils n'habitoient pas és villes, ains comme en Hameaux, sans que les maisons des vns ioignissent à celles des autres. Tellement que ces seules maisons d'vn mesnage particulier, & separé des autres, eussent eu bien peu de suffisance, pour defendre les limites des Romains, comme aucuns l'entendent.

Erreur des Grecs. Amm. Marcellin.

Etymologie est trópeuse.

B. Rhenanus.

Tacitus. Les Germains n'vsoient de tours, ny pas de braues bastimens. Hameaux.

Outre tout celà, qui voudra conferer πύργος, qui signifie vne tour, auec Bourg, selon sa propre signification, il ne trouuera non plus de similitude entre les deux, qu'entre vn asne & vn cheual. Qu'ainsi soit, le nom de Bourg est attribué aux amas de maisons moindres que les villes, & plus gros que les villages communs. Et different les Bourgs d'auec les villes, de ce que combien qu'il y ait és Bourgs foires & marchez, si ne sont-ils pas clos de murs & de fossez comme les villes. Brief le moindre sergent Royal, du nombre de ceux qui vont executer les mandements Royaux au fait

πύργος.

Bourg.

Argument de ce qui se fait iournellement.

des Bourgongnons, & de leurs estats. 13

au fait des impositions qui se leuent sur les villes, bourgs & bourgades, monstreroit (en cest endroit) la leçon à tous les Rhenanistes: & leur apprendroit que Bourgs ne sont pas tours, ny Bourgades tournelles.

Et quant à ce qu'on pourroit obiecter de Flauius Vegetius, qui dit: *Que si outre le iect d'vne pierre, & toutesfois en la pente, la veine est cachée, il est expedient bastir vn petit chastel, qu'on appelle Bourg, entre la ville & la fontaine, &c.* Auec ce que desia Bourg ne signifie plus là vne tour, ains (qui plus est) vn chastel: qui est l'homme si elloigné de toute raison, qui puisse penser que ce que Vegece traictant de l'art militaire, prend pour vn machinament, soit vn Bourg, pour l'habitation commune de qui que ce soit? Certainemét celuy meriteroit estre non vn fabuleux Acteon, ains porter à bon escient les cornes, qui en ceste façon se persuaderoit qu'il falust prendre ce que ceux qui traictent des sieges mis deuant les villes, nomment cerfs, pour des cerfs, tels que ceux qui courent par les forests: ou qui voudroient que l'vn seruist de modelle, & donnast forme à l'autre. Autant s'en peut dire des autres mots Latins, desquels par metaphore, les ingenieux en matiere de fortifications, tant pour defendre, que pour assaillir, sont coustumiers vser, pour signifier les creneaux, taudis, barbacanes, parapects, clayes, gabions, &c. lesquels mots ainsi employez par translation, ne sont à propos, quand il est question de leurs vraye, plus propre & directe signification. Car s'il falloit interpreter ces deux mots de Virgile, *loricam induitur*, qui (tant asne fut-il) voudroit dire, il vestit vne claye, ou vn gabion?

Povr ces raisons, ie suis d'aduis que πύργος, renuoyé (comme i'ay desia dit) en Grece, d'autát qu'il ne faict à receuoir en ceste part; nostre Bourg nous demeure, & vaille, en la signification qu'il a tousiours esté vniformément prins, tant par noz ancestres, que par nous. De noz maieurs, il est certain qu'ils en ont vsé aussi coustumierement, que les Thraciens ont faict de *Bria*, les Grecs de πόλις, les Lorrains, & Rhetelois de Court, & les Neustriens de ville: selon que de ce peuuent faire foy tant de villes, desquelles les noms terminent en Bourg: façon non tant propre aux Bourgongnons, qu'elle n'ait aussi esté aggreablement receuë quasi par tous les hommes de iadis; de façon qu'il n'y a nation en l'Europe, qui n'en porte des marques: comme il seroit aisé deduire par le menu, si celà seruoit de quelque chose à nostre matiere principale. Au reste ie suis aussi d'aduis, que l'ingenieuse inuention de Rhenanus louée plustost que tenuë pour vraye; nous nous contentions d'en dire, comme font les Italiens de choses semblables: *S'il ne fut vray, il n'a pas esté mal trouué.* Car iouxte le dire de Diodore Sicilien: *Quando ratio opinionem superat, laudandum est ingenium scribentis, sed haud quaquàm adhibenda fides.*

Avtant en diray-ie pour le regard de M. Pierre Turreaul Diionnois, qui auoit laissé vne table Chorographique de Bourgongne, & fait amas de tout ce qu'il auoit peu trouuer és tresors des Eglises, & des

Vegetius.

Bourg machinament.

Cerfs.

Le mot Bourg vsurpé par toute l'Europe.

Diodorus Siculus.

M. Pierre Turreaul.

Princes, és archiues des bonnes villes, & maisons des Gentils hommes seruant aux affaires des Bourgongnons, desquels il nous promettoit l'histoire. Iceluy recongnoissant (comme il estoit de grand, & vehement esprit) les Bourgongnons estre plus anciens, que Paul Orose, & ses adherants n'auoient cuidé : & (ce que peu de gens ont voulu croire) estre indigenes, c'est à dire du mesme lieu que de present ils habitent : a laissé par escrit en son Periode du monde, qu'ils auoient esté nommez *Burgundiones*, *quasi Gurgundiones*, *à gurgitibus* : Pour-ce que par vn ancien commun dire, la Bourgongne est nommée mere des eaux. Surquoy (combien que ie defere beaucoup audit Turreaul, & que ie sçache les anciens auoir appellé la Bourgongne mere des chefs d'ordres, mere des forests, & mere des eaux: à raison que (prinse selon son ancienne estenduë) les plus insignes riuieres des Gaules, y ont ou leur cours, ou leurs sources) ie ne puis toutesfois tant me commander, qu'il me soit possible plus fauoriser en ceste part son opinion, que i'ay faict celle de Rhenanus. Mais (au reste) ie desirerois fort, que ou ledit Turreaul eust acheué son histoire, ou que ses memoires fussent tombez és mains de quelque homme non seulement de bonnes lettres, mais aussi ayant bien veu : qui (trouuant besongne presque faicte) l'eust mis en lumiere, au contentement de tant d'hommes qui en sont desireux : & au soulagement du trauail que i'ay presentemét osé entreprendre : pour eschapper duquel, le filet de quelque Ariadne me seroit bien fort necessaire. Car iamais vn labyrinthe ne fut plus perplex en chemins, ny plus malaisé à s'en desmesler des tours, & retours ; que l'histoire des Bourgongnons est embarrassée de diuerses opinions, procedées de la temerité de plusieurs estrangiers : entre lesquels ceux qui en sçauoient le moins, ont esté les plus hardis à publier des faussetez.

DONCQVES puis que (par-ce que dit est) l'opinion de Rhenanus est monstrée plus ingenieuse, que vraye : & celle de Turreaul luy est laissée : pour ne tenir les lecteurs suspens, ny plus longuement en attente de ce que me semble plus digne d'estre creu, tenu, & suiuy: pour aussi ne pecher en ce que ie suis plus coustumier detester : c'est à dire pour ne penser que ce soit assez de nier, & en niant destruire : sans (au lieu de ce que nous nions, destruisons, & maintenons faux) remplacer vne affirmatiue veritable: ie diray en bref de la vraye cause du nom des Bourgongnons, ce que s'ensuit.

Du Bourg

Marginalia:

Bourgongnons indigenes.
Burgundiones quasi Gurgundiones.

Burgundia mater ordinum, nemorum & aquarum.

Turreaul auoit entrepris l'histoire de Bourgongne.

Preparatif à l'opinion de l'Autheur.

Chose en laquelle plusieurs pechent.

des Bourgongnons, & de leurs estats.

Du Bourg Ongne, vnique, & plus vraye cause du nom des Bourgongnons.
CHAP. III.

COMME ceux qui foüillent en terre, soit és champs, soit és fondements des maisons publiques, ou priuées, s'ils trouuent quelques statuës, medailles, ou monnoyes antiques, sont coustumiers employer vne soigneuse peine, pour apprendre de qui elles peuuent estre: Et comme pour sçauoir les inscriptions (si aucunes y a) est requise si grande diligence, que sans bien nettoyer la piece, la descharger de terre, & de roüille, il n'est possible y lire commodément, ny en auoir asseurée congnoissance: Tellement que plusieurs tenus entre les plus signalez en sçauoir, & bon iugement, s'y trouuent non seulement empeschez, mais aussi bien souuent trompez, s'ils se hastent trop de prononcer leur aduis: & tombe la disceptation de ces choses en telle incertitude, que maintes questions sur-ce dressées, manquent plustost de resolution, que de differentes opinions. Selon que plusieurs ont peu veoir à Rome, où la dispute n'est petite, si vne statuë posée entre les autres en vne niche au Bel-vedere du Pape, est vn Hercules, ou vn Commodus. Au semblable, si vne autre statuë (qui est des plus belles, & plus entieres qu'on voye en ladite ville, & laquelle est en maison priuée) est vn Adonis, comme le commun le tiët, ou vn Meleager, comme ie l'ay mieux aimé croire. AVSSI quand il est question de rechercher les vrayes sources, & origines des peuples, que la plus-part des hommes serieux tient incertaines: il ne s'en faut legeremét fier à quiconque en parle, ny (selon que les bonnes simples gens du téps passé l'ont peu croire) estimer que toutes choses publiées par impressió, soient necessairement vrayes.

CICERON en son liure *de fin. bon. & malorum* dit diuinement bien, que *Omnium rerum principia parua sunt, sed suis progressibus augentur.* Et iouxte son propos, ie puis dire, que quasi tous les peuples, nations, & villes paruenuz à grandeur, ont eu leurs commencements de bien peu. Et pour-ce leur petitesse n'estoit en sa naissance respectée, ny obseruée: ny les actions des premiers habitants enregistrées, pour les conseruer en memoire. Mais leur grandeur venant en admiration, ç'a esté lors qu'on a voulu profonder leur origine. A laquelle quand il n'a esté possible paruenir, obstant l'obscurité, il a esté force, que les inuentions ayent seruy de supplement. Ce que les peuples qui n'ont eu des trompettes, & preconiseurs de leurs antiquitez, & actes celebres, doiuent prendre en patience: d'autant mesmement que les deux villes plus illustrées par les armes, & par les lettres, qu'autres que l'on sçache, & qui n'ont eu faute d'hommes doctes, affectionnez, & soigneux de leur honneur, Athenes, & Rome, ne sont assez bien resoluës de la pure verité de leurs commencements: & ceux qui en ont traicté,

Diligence requise en la recongnoissance des medailles.

Diuerses opiniós sur quelques medailles & statuës de Rome. Hercules, ou Commodus. Adonis, ou Meleager. Origines de peuples incertaines.

Cause de l'ignoráce des origines des peuples.

Les origines des Atheniés, & des Romains ignorées.

ont esté contraincts auoir recours aux fables, d'autant ou que la verité n'eust pas esté trop belle à dire, ou qu'ils ne l'ont iamais peu sçauoir. Vray est que les Atheniens comme trop plus anciens que les Romains, ont esté plus hardis à magnifier tant l'amplitude de leur domination, que l'excellece de leur origine, ainsi que dit Iustin abbreuiateur de Trogus en son second liure.

OR est-il que l'honneur des Bourgongnōs m'ayant esté dés ma ieunesse, en singuliere recommandation : desir de sçauoir leur origine, m'a tant sollicité, que ie n'auois plus grand plaisir des liures, que quand i'y trouuois quelque chose seruant à l'esclarcissement des affaires d'iceux. Mais ne trouuant en aucun vieil autheur mention, quelle qu'elle soit, de Bourgongne tout en vn mot, ny aussi de *Burgundia* en Latin : & neantmoins le nom des Bourgongnōs estre de fort frequente rencōtre : ie fus (de plain-sault) esmerueillé, que quasi toutes les nations Septentrionales, notamment celles que nous lisons auoir passé le Rhin, soit pour entrer, soit pour rentrer és Gaules, auoient noms, desquels la source ne se peut referer à aucune ville, comme de la plus-part des autres peuples & nations, plus celebrez par les histoires Grecques, & Romaines. Car Germains, Allemands, Goths, Visigoths, Huns, Herules, Vādales, Cimbres, Saxons, Picts, Bourgongnons, François, Alains, Hongres, Danois, &c. sont noms que ie trouuois auoir leur deriuatiō si incertaine, que si quelqu'vn s'est voulu mōstrer subtil à dōner raison de l'occasiō de tels noms, son opinion n'a peu estre si bien fondee, qu'elle n'ayt trouué raisons au contraire, non seulement pour l'esbranler, mais aussi pour l'infirmer. Ne m'arrestant toutesfois aux autres peuples, que cōme accessoirement, & d'aurāt que la cognoissance d'iceux pouuoit seruir à l'intelligēce du faict de noz Bourgongnons. Ie ne trouuois moins estrange, que, selon le dire d'Orosius, & Paulus Diaconus, vniques autheurs (que ie sçache) de l'opinion vulgairement reueüe, que les Bourgongnons ayent commencé d'estre ainsi nommez du temps des premiers Cesars, & quand ils se furent arrestez & eurent choisi leur demeurance és enuirons du Rhin.

IE ne pouuois ignorer, que les plus renommez autheurs qui ont escrit des Bourgongnons, ont pensé les vns qu'ils estoient de la race des Romains : selon qu'il est rapporté par Amm. Marcellin, au vingt-huictiesme liure de son histoire : dont nous ferons plus ample mention en nostre second liure. Autres qu'ils estoient Scythes de premiere origine, & les logeoient és enuirons de ces grands paludz, & marests Meotides, desquels aucuns ont creu la mer Mediterranée prendre naissance. Ie sçauois d'autre-part que Agathias, homme Grec (deceu de la proximité de leur demeurance à celle des Goths) a laissé par escrit qu'ils estoient de race Gothique. N'y auoit aussi faute d'escriuants, qui posoient en faicts, que les Bourgongnons auoient couru, & rauagé les païs de Thrace, Macedoine, & Grece, & que

passants

Affection de l'autheur.
Burgundia.

Noms desquels la vraye raison n'est sceüe.

Orosius.
Paulus Diaconus.

Diuerses opinions sur l'origine des Bourgongnons
Marests Meotides.
Mer Mediterranée.
Agathias.

des Bourgongnons, & de leurs estats. 17

paſſants la mer, ils eſtoient entrez (ſans mauuaiſe rencontre) iuſques bien auant en Aſie: d'où reuenans, qu'ils auoient tant fait d'hoſtilité en l'Eſclauonie, que les Empereurs Romains furẽt cõtraincts (pour auoir paix auec eux) leur faire tribut, & payer annuelle penſion. D'ailleurs il me ſouuenoit, que Mamertinus Panegyriſte (mot que i'ay deſia dit mal propre pour obtenir croyance, d'autant que ceſte maniere d'hommes qui employe toutes les forces de ſa bien-diſance à flatter, & qui n'a plus grãd ſoing que de plaire aux grands, auſquels elle addreſſe ſes propos, ſert tãt à l'affection, que bien ſouuent la verité eſt oubliée) ſouſtiẽt qu'il y auoit alliance, & confederation entre les Bourgongnons, & les Allemands, iceux Bourgongnons demeurans au voiſinage des Goths. *L'Empire Ro. tributaire des Bourgongnons. Mamertin° Panegyriſte.*

Toutes opinions rapportées enſemble, il ne m'eſtoit pas facile de reſouldre, comme il ſe pouuoit faire que les Bourgongnons fuſſent portion des Vandales premiers en rang entre les Germains: confinez és extremitez des païs Septentrionnaux: Scythes, habitans entour les mareſts Meotides: peuples Aſiatiques; de nation Gothique demourans en Scandinauie: race des Romains: & qu'ils euſſent ſocieté, ligue, & compagnie iurée auec les Allemands, que tous autheurs confeſſent marchiſants du Rhin. Deſquelles diuerſitez d'aduis il n'en y a pas vne, qui ne ſoit eſcrite par autheurs deſquels le teſmoignage eſt au reſte bien receu. *Embarraſſement de l'hiſtoire des Bourgongnõs.*

Ces embarraſſements d'opinions, & formelles contradictions, ne nous laiſſent autre occaſion d'en iuger, ſinon que ceux qui ont ainſi tracaſſé l'hiſtoire des Bourgongnons, en ont plus parlé par ouy dire, & de gros en gros, que (cõme il eſtoit requis) de choſes veuës, ou bien ſceuës, par biẽ certains, & bien aſſeurez teſmoignages, iuxte le deuoir des vrais hiſtoriens. Car ſi des choſes immobiles ils ont eſté ſi mal aduertis, qu'ils ayent (en la foy de ceux qui leur en comptoient) mis par eſcrit, que Scãdinauie eſt vne Iſle, ce qui ſe trouue manifeſtement faux: comme pourroit-on croire, ce qu'ils diſcourent des affaires muables des Bourgongnons, quand l'vn les fait Scythes, l'autre Gothiques, & autres les diſent Vandales, c'eſt à dire coureurs, & n'ayants ſieges certains? A la verité celà nous monſtre aſſez, que l'hiſtoire des Bourgongnons a eſté miſerablemẽt traictée: & que d'autant qu'icelle nation eſt trouuée fort illuſtre, par le teſmoignage de toutes hiſtoires qui en font mention: que ſelon l'humeur de ceux qui en ont eſcrit, ils ont eſté ou hault loüez, ou outragez. Ceux qui les ont voulu faire leurs, ont magnifié leurs proëſſes, & vertuz, en eſperance d'y participer: les autres auſquels ils ont fait ſentir les incommoditez, ſans leſquelles la guerre ne peut eſtre practiquée, les ont appellé plus que barbares: & ne ſe pouuants venger debout, les armes au poing, des outrages qu'ils pretendent auoir receu des Bourgongnons, ont (ainſi que pluſieurs eſtrangiers, meſmement les Romains à l'endroit des Gaulois) entreprins de les combattre aſſis, *Scandinauie n'eſt pas Iſle. Les Bourgongnons loüez, & blaſmez.*

B iij

la plume en main : & sur le papier (qui souffre tout, & duquel il ne se trouue que les Gaulois se soient trop affectionnément seruy) employer tout ce qu'ils auoiét d'esprit, (façon ordinaire de tous ceux qui ont mauuaise, ou douteuse cause) afin de rendre les leurs & leur cause aggreables, & les aduersaires odieux.

L'autheur rompt ses premiers desseings.

VOYANT doncques que comme és vns, és autres aussi l'affection commandoit plus, que la verité: ie fus fort diuerty de mes premieres volontez, & desirs de rechercher, & congnoistre au vray l'ancien estat des Bourgongnons: & la vehemence qui m'incitoit à en escrire, se cómença à refroidir, à cause de la difficulté qui s'y trouuoit. Tellemét que sçachát

M. Begat.

M. Begat lors Conseiller, & depuis President au Parlement de Bourgongne, auec lequel i'auois singuliere amitié, auoir enuie de trauailler apres l'histoire des Bourgongnós: ie luy remis en main les deux liures que i'auois dressé en Latin de l'enfance, & de l'adolescence d'iceux Bourgongnons, ensemble plusieurs memoires, & extraicts que i'auois ramassé pour la suitte desdits premiers deux liures.

QVELQVES années apres, & lors que l'affection de m'enquerir plus auant de l'origine des Bourgongnons estoit quasi du tout amortie en

Is sur Thille.

moy, aduint que certaines affaires me conduirent à Is sur Thille, Bourg situé en aussi belle & plaisante assiette, qu'autre de Bourgógne: & auquel

Roy François 1.

le Roy François premier du nom, s'aymoit fort, tant pour le plaisir de la chasse, & de la volerie, qu'autres commoditez fauorisantes son naturel.

Isis.

On dit que Is est ainsi nommé d'Isis deesse Ægyptienne, qui y estoit adorée du temps du Paganisme, aussi bien qu'en Soüaue, seló Corn. Ta-

Corn. Tacit⁹ de moribus Germ.

citus, aussi bien (de rechef) qu'à Paris, & (cóme nous dirons quelquefois) au païs des Mandubiens, que nous appellons de present l'Auxois. Audit

M. de Cirey.

lieu de Is sur Thille ie trouuay M. de Cirey Conseiller du Roy au Parlement de Bourgongne, & seigneur de Ville-conte. Lequel (tant pour vne particuliere amitié qu'il me portoit, que pour l'ancienne congnoissance

Ville-conte acquis du sieur de Balleurre.

que i'auois auec luy, à cause que sa seigneurie de Ville-conte estoit sortie par acquest de nostre maison) me receut, & festoia fort humainement. Aduint que (cóme c'estoit en téps de vacáces) plusieurs personnes signalées de la ville de Dijon, se trouuerét sur le lieu. Entre autres M. Guy Ta-

Tabourots hómes fort ingenieux.

bourot, auditeur des cóptes du Roy, & Conteroolleur en la Chácellerie de Bourgongne : lequel (par son seul surnom) peut estre congneu pour issu d'vne race d'hommes autant ingenieux, & de bon esprit, qu'il en y ait point en tout le païs. Il venoit tout à l'heure de faire terrailler, &

Medaille trouuée és champs de Ongne.

bescher és champs d'Ongne, pour essayer s'il y pourroit rencótrer quelque chose, qui peust confirmer partie des merueilles, que les laboureurs estoient coustumiers en compter. La fortune luy auoit esté si bóne, que (outre quelques pieces de monnoye ancíéne) il auoit trouué vne petite

Feciales. Pater Patratus.

statuë d'vn de ces heraulds, q̃ les Romains nómoient *Feciales*, ou bié de leur chef, dit *Pater patrat*⁹. Il auoit vne truye à ses pieds, tenoit vne pierre, & sem-

des Bourgongnons, & de leurs estats. 19

& sembloit l'en vouloir frapper. Apres que la bronze fut bien frotee, & nettoyee, rié ne se pouuoit trouuer mieux faict, ny mieux elaboure: soit pour le regard de l'obseruáce de la proportió, soit pour l'industrieuse representation des muscles, & extension de la personne, qui s'efforce donner à pied ferme, vn bien grand coup.

CESTE medaille bien soingneusement veüe, & recongneüe par la compaignie, fut cause que nous entrasmes en propos de la campaigne où elle auoit esté trouuee. Laquelle non trop esloingnee de là, est encores de present appellee Ongne, & toute la contree circonuoisine dicte le val d'Ongne. Fut dauantaige dit entre autres choses, que audit lieu d'Ongne souloit iadis estre vn Bourg, ou ville de grande renommee: voire que les anciens voisins, & laboureurs du lieu, maintenoient qu'il n'y auoit pas soixante ans, qu'encores on trouuoit en labourant, plusieurs fondements des edifices qui autrefois y auoient esté. *Ongne. Val d'Ongne.*

OR ce que le val d'Ongne (duquel nous parlions) retient encores auiourd'huy son ancienne appellation: & ce que le tesmoignage des habitans des lieux prochains rapportoit, que là y auoit eu vne ville, ou Bourg fort celebre, me feit coniecturer, & de tant de coniectures, qui fauorisoient mon ancienne opinió, prendre seurté, que là deuoit auoir esté iadis celuy Bourg Ongne, duquel certains vieux Romants François (que i'auois autrefois leu) & d'iceux faict extraits, faisoient frequente mentió, & le logent au territoire des Lengrois. Lequel mot de territoire (representant ce que depuis le Christianisme receu, les anciens ont dit *in agro*), ne peut estre mieux exprimé, que par nostre commune diction de diocese. *Le Bourg Ongne au territoire Lengrois.*

TELLE mienne premiere coniecture print plus grandes forces, quand reuenu à Dijon, & me promenant deuant le Palaïs (où n'y auoit faulte de gés de diuerses qualitez, qui n'estoiét sans affaires) M. l'aduocat Tabourot (homme de fort gentil esprit, de profond sçauoir, & de bóne rencontre) sortant de chez luy, qui est vis à vis dudit Palais: & me saluant amyablement (comme tousiours) apres quelques autres propos, entra en celuy de la statue, que nous auós n'agueres dit auoir esté trouuee par son frere, és champs d'Ongne. Et comme ie faisois difficulté de croire, que là y eust eu Bourg, ou ville de renom; attendu que ny Cesar, ny aucuns autres Historiés, Annalistes, ny Chroniqueurs Latins, ou François, de tant qu'il en y a qui ont exposé en publicq' leurs labeurs, n'en font aucune mention: Il me replicqua, que luy-mesme auoit autrefois esté en ces difficultez: mais que pour s'en esclaircir, il auoit prins à diuerses fois, plusieurs hommes, qu'il auoit faict foüiller és lieux, esquels de plus recéte memoire, on auoit descouuert quelques marques de fondements: & que comme, d'auenture, ses gens auoient donné en lieu, auquel (peut estre) auoit esté ou vn temple, ou quelque edifice singulier, il auoit trouué vne pierre verde, mais diaphane, & transparente, peu moins longue *M. Guillaume Tabourot.*

Pierre trouuee és champs d'Ongne.

B iiij

d'vn pied, en laquelle se voyoit vne infinité de diuerses choses. Disoit d'auantaige, que le dernier Euesque d'Auxerre de la maison d'Inteville, personnaige curieusement amateur d'antiquitez, auquel il auoit donné icelle pierre, l'auoit en grande admiratiõ: & estimoit, qu'elle (brisee par vn bout) debuoit estre (ce qu'estoit aussi à presumer) portion, & fragmẽt de quelque bien fort excellent ouurage.

D'Inteville Euesque d'Auxerre.

A CES coniectures succeda, que (au bout de quelque temps) messire Claude Patarin Cheualier sieur de Vareilles, & de Croy (personnaige que ses illustres vertus, & recommendable erudition auoient tant auancé, que de Potestat de Milan, & Vicechancelier de là les monts, au commencement du regne du Roy François premier du nom, apres que les François eurent perdu Milan, il fut faict premier President de Bourgongne au Parlement de Dijon) vint à deceder: laissant tous les Estatz du païs fort attristez, pour la perte d'vn tel pere du peuple, duquel l'integrité donnoit grand lustre à tout le Parlement, & auec lequel Astree fut quasi preste de reuoler au ciel. Me trouuant à Dijon, auec Monsieur le Baron de Senecey, seigneur auquel (pour plusieurs raisons) ie me suis tousiours fort affectionné, auec conuenable promptitude de luy obeïr: ie trouuay en la tresbien instruicte Bibliotheque du defunct, vne farragine, & amas de choses fort notables, escrittes pour la pluspart de sa main. Entre autres, deux me pleurent singulierement: & pource qu'elles seruoient à l'histoire de Bourgongne, i'en prins copie. L'vne estoit la harangue que messire Iean Germain, lors Euesque de Neuers, & depuis de Chalon, Chancellier de l'ordre de la Toison d'or, prononça au Concile de Constance, pour Philippe Duc de Bourgongne, surnommé le bon, lors que le droict de preseance estoit contentieux entre luy, & les princes Electeurs de l'Empire, non Roys. Contre lesquels iceluy Duc de Bourgongne obtint le premier rang auec declaration, & resolution du Concile, que combien qu'au sacre, & couronnement des Empereurs, les premiers lieux appartiennent aux Electeurs, ce neantmoins és assemblees generales de la Chrestienté, le Duc de Bourgongne est le premier Prince apres les Roys. Ledict arrest fut pronõcé le 26. de May, & executé le Mardy 16. de Iuing 1433. Et par ordonnance du Concile furent remis les gens du Duc de Bourgongne, au lieu deu audict Duc apres les Roys. Et depuis ne comparurent les Electeurs, ny leurs gens. Ce m'est fort grand desplaisir de n'auoir plus telle oraison, & que la mort surprenant M. le President Begat, m'ayt priué d'vn si bon, & singulier amy, & quant & quant faict perdre tant ladite harangue, que plusieurs autres bõs liures & papiers que ie luy auois presté. L'autre copie prinse du liure des memoires, & singularitez du susdit sieur President Patarin, estoit d'vn extraict par le sieur President de Ville-neufue Baron de Ioug pres de Tarare en Lyõnois: lequel extrait portoit, que luy prisõnier des Suisses, il y auoit veu & leu vne vieille Chronique de Bourgongne (ce pourroit

Messire Cl. Patarin premier President en Bourgongne.

Monsieur le Barõ de Senecey.

M. I. Germain Euesque Chancelier de l'ordre de Bourgongne. Philippe le Bõ Duc de Bourgõgne declaré premier prince apres les Roys.

President de Villeneufue.

des Bourgongnons, & de leurs estats.

roit estre celle dont Gesnerus, autheur de la grande Bibliotheque faict mention, laquelle neantmoins ie n'ay iamais sceu recouurer, ny veoir) & que là estoit contenu que long-temps auāt que Cesar entrast és Gaules, discord se meut entre les Heduois, & les Senonois: lequel conuerti en hostilité, & guerre ouuerte, engendra si aigres animositez, que force fut commettre la resolution de telles querelles, à ce qu'en aduiendroit par le hazard d'vne iournee. L'euenemēt de Mars, cōmunemēt douteux, fut alors si resolu au desauantaige des Heduois, que (sans l'inesperé secours, qui leur suruint du Bourg des Dieux, vne de leur dependances) leurs affaires tournoient à mal party. Mais comme Mars, & Fortune sont deitez trompeuses, qui pour vn peu de temps caressent, & font semblāt de vouloir fauoriser vn parti, pour apres, auec plus grand interest, le ruiner, & destruire; ainsi en aduint aux Senonois, qui menans leurs ennemis à volonté, & criants victoire à plaines gorges, sentirent à leur dos vne force si viue, & vne attaque si furieuse, que contraincts de tourner visage, les moyens d'auancer ou reculer perdus, force leur fut eschapper par les flancs, dont s'ensuyuit vn grand carnage. Si que le gain de la victoire fut attribué aux habitans du Bourg des Dieux, dicts depuis Bourgongnons. Voilà le sommaire de ce que l'auant nommé President de Villeneufue auoit recueilly de la susdit Chronique, cōme chose plus anciēne qui se trouue escritte du faict des Bourgongnons.

Guerre entre les Heduois & les Senonois.

Bourg des Dieux.
Mars & Fortune deitez trōpeuses.

Senonois vaincus.

TEL eschantillon de l'histoire de Bourgongne me donna souuenāce d'auoir leu en Chasseneus Commentateur des coustumes de Bourgongne, quelque chose cōcernant la matiere mise en terme: eu recours au liure, i'ay trouué qu'au proëme d'icelles coustumes, sur le mot Duc, nombres 7. & 8. son dire est de telle substance: *De l'origine des Bourgongnōs parle Gaguin en ses Chroniques, liure 1. en l'histoire du Roy Clouis: mais quoy qu'en soit, ie ne croy pas que les Bourgongnōs fussent lors ainsi appellez: ains qu'on les nommoit Heduois, desquels la domination & seigneurie s'estendoit quasi sur toute la Gaule Celtique: & furent dicts Bourgongnōs, du Bourg de Dijon, pource que les Heduois ayans esté vne fois vaincuz & defaicts par les Gaulois Senonois, certaine trouppe du Bourg de Dijon (lequel estoit adoncq' en l'obeyssance des Heduois) s'esleua, vainquit & surmonta les Senonois. Et lors le commū bruit fut, que les Senonois auoient esté rompus & defaicts par certains du Bourg de Dijon: desquels les Bourgongnons prindrent depuis leur nom &c.* Peu de lignes apres il adiouste: *Cela ay-ie appris d'vn de bonne memoire President de Bourgongne, qui a esté prisonnier des Suisses, & disoit qu'il auoit leu ce que dit est, au pays desdicts Suisses, lors qu'il estoit en leur puissance.* C'est ce qu'en dit le President de Chasseneu.

Chassenē.

OR encores qu'il soit aisé iuger que Chasseneus vouloit rapporter en ses commentaires sur nostre Coustumier, le contenu en l'extraict cy dessus briefuement tiré des memoires du sieur President de Villeneufue: si peut-on aussi facilement congnoistre qu'il a faict comme

Chassenē s'est trōpé.

les nouueaux herbiers, qui (deceuz de la reſſemblance que quelques ſimples ont entr'eux) prennent ſouuent l'vn pour l'autre : Ou bien comme quelques correcteurs és Imprimeries, qui (quád ils ne ſont pas bien verſez en l'art duquel le liure qui s'imprime traicte) y chágent quelquesfois les mots qu'ils n'entendent pas, en autres plus vulgaires, & communs: Selon que iadis il me fut faict par vn correcteur, qui n'entendant que c'eſt de mener vn limier par le traict, penſa que i'auois failly, & qu'il falloit dire leurier, & de faict le feit ainſi imprimer, à mon bien grand regret. Ainſi le ſieur de Chaſſeneu, premierement Aduocat au Bailliage d'Autun, puis Preſident d'Aix en Prouéce, n'ayant iamais ouy parler du Bourg des Dieux, qu'eſt noſtre Bourg Ongne, duquel la Chronique veuë en Suiſſe faiſoit métion: & ſçachát que *Diuio*, c'eſt Dijon, a ſon nom à *Diuis*, c'eſt à dire des Dieux, eſtima que Dijon eſtoit ce Bourg des Dieux, duquel ſortit celle trouppe des Bourgongnons, qui defeit les Senonois. En quoy il ſeroit excuſable, d'autant que ces mots *Dij*, & Dius ſont ſynonymes, ſignifiants Dieux, & qu'il a eſté fort facile s'abuſer en la ſimilitude qu'ont les dictions *Burgundeïones*, & par contraction *Burgundiones*, & *Burgundiuionenſes*: n'eſtoit que toutes hiſtoires repugnent à ce que l'on puiſſe aſſeurer, que le victorieux ſecours du Bourg des Dieux, ſoit prins pour hommes de Dijon. Car les Heduois, & Senonois, n'ont faict chef de par eux, ny n'ont peu auoir querelle entr'eux, pour les propres affaires de leurs Republiques, ſinon du temps que les Gaules eſtoient encores diuiſees en factiós, & Cantons. Ce que ceſſa depuis qu'elles ſouffrirent le ioug Romain. Auát lequel téps de l'aneantiſſemét de la liberté Gallique, ny pas long temps depuis, il n'eſtoit nouuelle de Dijon: duquel les autheurs de marque, & plus prochains de ces temps là, maintiennent l'Empereur Aurelien auoir eſté fondateur.

Dijon. Aurelien Emp. fondateur de Dijon.

DE dire que telle querelle des Heduois, & Senonois, prouint pour le different qui ſourdit entre Charles le Chauue Empereur, & Roy de France, & Girard de Roſſillon Duc de Bourgongne, ſur la ſucceſſion du Comte de Sens, n'ayant laiſſé que deux filles, deſquelles Girard auoit eſpouſé l'aiſnee, & Charles la puiſnee, il n'y auroit apparence de raiſon. Et ſeroit honte de penſer, que le nom des Bourgongnons ne fuſt beaucoup plus ancien que ny Charles le Chauue, ny Girard de Roſſillon. Auſſi vne infinité d'autheurs declareroiét erronee l'opinion de tous ceux qui voudroient ainſi le pretendre.

Charles le Chauue. Girard de Roſſillon. Eudes Cõte de Sens.

DONCQVES le lieu où fut iadis le Bourg Ongne rendant ſuffiſant teſmoignage de ſoy-meſme, & reuelát à plain ſon antiquité, par les choſes exquiſes, & ſingulieres, qu'encores iournellement on y trouue: le cõmun conſentement de tout le voiſinage, qu'en ces cháps fut iadis Bourg, ou ville de grand renom: ce qu'il n'y a eu auant Ceſar, és confins Langrois, & Heduois, autre Bourg des Dieux que ceſtuy-cy: & (outre tout celà) que les eſtrangers, par ladite Chronique trouuee en Suiſſe, font foy,

que les

des Bourgongnons, & de leurs estats.

que les Prouinces Heduoise, & Senonoise estants encores gouuernees par forme de Republiques, il y auoit entre les pays agencez au Canton Heduois vn Bourg des Dieux, duquel la vertu des habitants (pour auoir secouru ses Princes, & rescouz l'armee Heduoise des mains des Senonois, qui la mal-menoient, & par consequent affranchy la Republ. de la seruitude qui luy estoit apparente) a mis les Bourgnognons en bruit: Tout celà auecq' l'approbation de plusieurs personnes signalees, desquelles la solidité de sçauoir, & bon iugement est tenuë pour oracles en la resolution de toutes difficultez, m'a cötraint croire, que ce que les modernes Latins ont nommé Bourg des Dieux, n'estoit autre que nostre Bourg Ongne. Et auec ce tenir pour certain, que les Bourgongnós (que le commun a iusques à ores, tenu pour estrágiers) sont vrays peuples Celtiques, indigenes, & premierement naiz au mesme pays que de present ils habitent.

Bourg des Dieux, & Bourg Ongne n'est qu'vn. Bourgongnons indigenes.

POVRCE est-il que cóme Isis ramassant toutes les parties du corps de son mary, ne peut trouuer la verité: aussi tous ceux qui sont en queste de la vraye source, & origine de Bourgongne, & des Bourgongnons, n'en trouueront iamais la virile souche, c'est à dire celle qui les a produit, & d'où ils ont eu commencement, s'ils ne viennent terrailler, & fouiller és champs du val d'Ongne: assis entre les illustres maisons de Luz, & de Trichasteau (que ie penserois deuoir estre appellé Thilchasteau, à cause de la riuiere Thille) desquelles maisons les Seigneurs ont du commun appellation de Barons: & n'y a d'icelles iusques à Dijon, qu'enuiron quatre lieuës Françoises. Le feu ne se descouure point mieux au remuement des cendres qui le couuent, que la source des Bourgnognons se manifeste au lieu, où nonobstant l'extermination du Bourg, reste encores l'ancien nom d'Ongne. Mais qui voudra par la suruiuance de la memoire, du Bourg, & par ce des fondements d'iceluy que peut rester, s'ils estoient profondez, & descouuerts, iuger de ce qu'il a esté (comme on est contraint par vn petit village, duquel le nom n'est desia plus bien entierement correspondant à l'ancien, recongnoistre Athenes: & les villes de Troye, de Lacedemon, & de Carthage, par quelques telles quelles restes, & fragments qui les ont surduré) on congnoistra que les liures ne sont point necessaires, où la chose se reuele, & parle pour soymesme.

Isis.

Entre Luz & Thilchasteau est Ongne. Thilchasteau plustost que Trichasteau.

Athenes. Troye. Lacedemon. Carthage.

Que ce n'est au seul Bourg Ongne que le malheur est aduenu, d'auoir esté tellement aneanti, qu'il n'en reste aucune exterieure apparence : & que plusieurs bourgs & villes du circonuoisinage ont couru semblable fortune.

CHAP. IIII.

VL ne doit trouuer estrange, si (combien qu'és champs d'Ongne, ne se voyent de present aucuns bastimens, cóme à Athenes & Lacedemone, ny matieres ou restes de ruines, cóme à Troie & à Carthage) ce neantmoins nous pretendons, & si le bruit cómun est sur le lieu confirmé par antique, & bié certaine asseurāce, que là fut le Bourg Ongne, duquel les Bourgongnós ont eu leur denomination. Car s'il suffisoit de dire, Il ne s'en monstre rien, il n'en fut doncques iamais rien : maintes grandes villes, & gros bourgs demoureroient par mesme consequence estouffez, & leur memoire si aneantie, qu'on pourroit inferer, que tout ce qu'en a esté dit sont pures fables, & ingenieuses mensonges.

Alexia. En tel rang pourroit estre mise Alexia, laquelle, combien que (graces à Cesar) elle soit plus renómee, & mieux cogneuë, que nostre Bourg Ongne, ne monstre aucune chose de ses anciennes marques : De mode que quiconque y ira de present, y trouuera moins de la vieille Alexia, métionnee par Cesar, qu'en nostredit Bourg Ongne, duquel reste encores que le lieu est appellé Ongne, & n'y a perdu que le Bourg. Car quànt au village d'Alise (non qui semble retenu de celuy d'*Alesia* métionnee par Diodore Sicilien) prochain du lieu où estoit *Alexia*, combien qu'il puisse seruir de quelque argument, que là estoit celle ancienne ville capitale des Mandubiens, de la prinse de laquelle Cesar fait si grand cas : si n'est tel village en la place mesme d'icelle, ains elle estoit vn peu plus auant en la montagne, deuers Flauigny, au lieu que les hommes du pays nomment à present Mont-auxois.

Mais pour plus amplement monstrer que ce n'est au seul Bourg Ongne, que le desastre est aduenu, d'estre ruiné de fond en cime : il se trouuera assez d'autres villes dedans les enclauemēs de l'ancienne Bourgógne, que le temps (qui deuore tout, & les guerres qui ne respectent, ny ne pardonnent à rien) ont tellement aneanty, qu'il ne reste des vnes marques quelconques, & des autres fort peu. Dont aussi est aduenu, qu'il n'y a que les bien voisins de ces lieux là, & ceux qui l'ont peu apprendre d'eux, qui en ayent sceu, ny qui en sçachent rien.

Aupres de Molesmes (Abbaye fort celebre, & de grand reuenu) est vne grande campagne de terres labourables, où ne se voit ny mur, ny masure, & neantmoins ceux qui y labourēt, disent que là estoit iadis vne *Lansuyne* grande, & belle ville, qu'ils nomment Lansuyne la grand.
La grand. Qui est-ce qui a iamais leu, ny ouy parler d'Afrique en Bourgongne?
Nous

des Bourgongnons, & de leurs estats. 25

Nous trouuôs toutesfois qu'il y a eu vne ville de grande estédue, és mótagnes prochaines de Fleurey, au voisinage de Flauignerot, seigneurie appartenant aux enfans de feu M. Sayue Aduocat du Roy au Parlemét de Dijon: laquelle ville estoit nómee Afrique, lors qu'elle estoit en son entier, & de present les hommes du voisinage nomment encores ainsi le lieu, bien aises d'en monstrer aux estrangiers les puitz, cisternes, & autres marques qui restent. *Fleurey. Flauignerot.* *Afrique en Bourgongne.*

Ceux de Pótalier (desquels portion sont François, & du Duché de Bourgongne, & portion de la franche-Cóté, subiets au Roy d'Espagne) maintiénent que prés d'eux souloit estre vne ample & spacieuse ville, de laquelle ne reste plus que la memoire qui en est venue à eux de peres à fils. Et est certain que si exacte, & bien diligente recherche estoit faite és lieux comprins soubs l'estendue de l'antique Bourgongne, plusieurs endroits se trouueroient reduits en solitudes, qui ont esté iadis ornez de braues, & superbes villes. *Pontalier.*

Mais que sert-il de trouuer estrange, si les bourgs, & villes dont le temps a effacé la memoire, & que la tout consumant antiquité a tellement aneanty, que toute visible apparence en est perdue, sont à present difficiles à recognoistre? & si à ceux qui les manifestét, & font sentir, cóme au doigt, est contredit, mesmement par aucuns, qui (plus prompts à nier, que nouueaux Sommulistes) n'ont dequoy reparer ce que leurs negatiós destruisent; ny ne sçauroiét fournir vne plus certaine verité, de la chose mise en termes, que celle qu'ils impugnent? Il y a trop plus grande occasion de s'esbahir, commét il s'est faict, que restáts plusieurs noms de villes tres-celebres, & desquelles la memoire durera plus que du chesne de Marius, duquel Ciceron parle au cómencement de ses liures des loix: il est tant mal-aisé leur donner assiette certaine, que si quelqu'vn pense estre bien asseuré du lieu où telle ville fut, il se trouuera soudain quelqu'vn, qui n'ayát faute de tesmoignages escrits, ou de raisons preignantes, viendra à contredire, & proposer vne autre place.

Quelle ville (entre toutes celles des Gaules) a esté plus en bruit (par le propre tesmoignage de Cesar) que fut iadis *Bibracte*, ville capitale des Heduois, premier Cátó des Gaules? Il dit qu'elle estoit sur toutes autres, la de beaucoup plus gráde, & plus populeuse de tout le païs, & Canton, duquel elle estoit chef. Ce-pendát toutesfois, la certitude du lieu où elle fut, est si petite, qu'il faut quasi plustot deuiner, ou du moins cóiecturer, q̃ s'asseurer de le bié sçauoir. Vn faux bruit, authorisé par l'indiscretió du vulgaire, a cótraint plusieurs hómes, de se laisser tróper, q̃ *Bibracte* estoit en la mótagne de Beuuray. Et neátmoins s'il falloit faire veuë du lieu, on ne trouueroit en ces rochers place, en laquelle il fust possible imaginer vne si grande, & si populeuse ville q̃ *Bibracte* a esté, pouuoir estre posee. D'autres ont pésé q̃ Beaulne, ville d'hier, ou de l'autre iour, fust la *Bibracte* des Heduois. Et quát à moy, ie tié q̃ *Bibracte* ruinee par le cómádemét de Cesar, & restauree par les Heduois fut nómee *Augustodunũ*, q̃ est celle *Bibracte. Beuuray. Beaulne.*

C

mesme ville, que nous appellons de present Autun : selon que ceux qui voudrõt sçauoir mes raisons, les pourront plus amplemẽt entendre, par les memoires q̃ i'ay dressé dudit Autũ, q̃ i'espere ioindre au preset recueil.

LA difficulté de dõner assiette aux noms desquels Cesar vse, pour la significatiõ des païs, & villes dont il fait mention, ne tiẽt les Heduois, & Bourgongnõs seuls en perplexité : assez d'autres prouinces en sont bien empeschees. *Aulerci* sont frequẽtemẽt nommez en Cesar, & n'y a faute d'hõmes de signalee erudition, qui ont doctemẽt escrit sur les Cõmentaires d'iceluy : mais nul de tous ceux que i'ay leu, ne me satisfaict suffisammẽt, en l'exposition du mot : lequel en Cesar semble n'estre propre, ains cõmun à plusieurs peuples distincts de Cantõs, & de diuerses contrees. Aucuns ont pensé que *Genabũ* estoit Orleans, autres que c'est Gyã sur Loire. *Rhedones* sont interpretez ceux de Rhenes en Bretaigne : & neantmoins il y a au voisinage vne Abbaye nõmee Rhedon, à laquelle tel nom semble mieux appartenir. Il n'est encores assez biẽ certain, à qui est deu le nom de *Auaricũ*. Car combien que Bourges le pretẽde, & que beaucoup d'hõmes de nom luy en ayent adiugé la recreance, si n'en est encores Viarron condãné disinitiuement. La Cité des Auuergnatz, dite de present Clermõt, est estimee celle *Gergouia*, la conqueste de laquelle fut à Cesar si difficile : & toutesfois certains rechercheurs des choses anciẽnes, tiennent que *Gergouia* n'estoit pas proprement où est Clermont, ains assez prés de là, en la mõtagne qu'õ nõme encores auiourd'huy Gergoye. Diray-ie que non seulement ceux qui ont escrit par le passé, mais encores ceux qui auec loüäge, & reputation traitent les histoires, ou exposent les noms anciens, se trõpent bien souuent, en ce qu'ils confondẽt la significatiõ de ces mots *Cabillonũ, Cabullinũ, Cauillunũ, Cauillunnũ, Cabillon, Cabillona* (qui ne signifiẽt tous autre que Chalon sur Saone) auec *Catalaunũ*, qu'est Chaalõs en Chãpagne, & *Cabellio*, dict en François Cauaillon ? i'espere le monstrer, & deduire plus particulierement, quand en vn traicté à part nous parlerõs de la ville de Chalon sur Saone. Nous auons aussi quelquefois pensé, que *Segusiani* fussent noz voisins Bressants : mais il se trouue que les Foresiés estiment tel nom leur appartenir : & q̃ leur ville Furs est *Forũ Segusianorũ*. MAINTES autres semblables disputes se pourroient proposer, si le but de nostre desseing tendoit là : mais non : ains ce que nous en auõs dit, n'est que pour faire paroistre que puis que nostre Bourg Ongne est à present en telle desolatiõ, qu'il ne reste aucune chose du Bourg ; & à la place où il fut, que le simple nom d'Ongne : Il ne se faut esbahir, si ceux qui l'ont ignoré, & moins sçeu que de là sont issus les Bourgongnõs, se sont trõpez, quand les cuidants trouuer autrepart, & en entrãts en queste, ils n'ont senti que simplement leur trace, ny recogneu que les lieux par où ils auoient passé. Ne se faut (dy-ie de rechef) esbahir si ces recognoissances de diuers particuliers, ont engendré diuersité d'opiniõs, quãd (comme cy deuant est dit, & redit) ils sont ores

estimez

des Bourgongnons,& de leurs estats.

estimez Scythes, ores Goths, ores Vandales, & ores mis au premier rang des cinq sortes de Germains, desquels Pline fait mention. Car si des lieux bien entiers, habitez, & frequentez, chacun n'est pas de bon accord, ains se trouuent sur leurs noms des contentions mal-aisees à pacifier : si aussi les dictions anciennes ne peuuent obtenir droict bien certain de loyal retour en leurs naturels, & propres lieux, sans que de quelque part y soit formee opposition: ce n'est pas de merueille si le Bourg Ongne ruiné plusieurs siecles auant que Cesar entrast és Gaules, & son plant desfiguré dés si long temps, par tant de ballaffres que les soc, & coultre de charrues luy ont faict, est à present mal-aisé à recongnoistre.

Pvis toutesfois (qu'apres plusieurs incroyables peines, & difficultez) nous auons trouué le lieu où fut le Bourg Ongne, certaine, & bien asseuree cause de l'appellation des Bourgongnons : il me semble (auant que passer plus auant) estre necessaire sonder par tous moyens que ceste diction Ongne a signifié iadis, & ce que par icelle les vieils Bourgongnons ont entendu.

De la diction Ongne, & de ce qu'elle signifioit iadis entre les Celtes. CHAP. V.

ENCORES que par ce que nous auõs allegué des Sieurs Presidents de Villeneufue, & de Chasseneu, il soit facile à entendre, que le Bourg, que les Celtes (entre lesquels sont les Bourgongnons) nõmoient Bourg Ongne, estoit dit en Latin *Burgus Deorum* : & par là soit aisé rendre à chacune portion de tel nom, mot consignificatif : tellement qu'à Bourg responde *Burgus*, & à Ongne *Deorum* : si me semble ceste besongne requerir vn peu plus d'esclaircissement. En premier lieu est bien à remarquer, que, apres que les Bourgongnons furent reuenus és Gaules, & eurent conquis sur les Romains (& par force, & par composition) ce de pays, qu'ils nommerent Bourgongne, ceux qui depuis ont voulu traicter de tel pays de nouuelle conqueste, l'exprimerent par ce mot *Burgundia*, & dit-on que Cassiodorus en a vsé le premier: lequel mot retient l'ancienne signification de Bourgongne, & du Bourg des Dieux. Est aussi facile à iuger, qu'il n'y a deriuatif qui conserue tant de l'aloy, (soit au son, soit ailleurs) de son primitif, que faict le pays de Bourgongne, prenant appellation du Bourg Ongne. Quelle plus aisee, & bien sonante deriuation se pourroit exprimer, que quãd il se propose que du Bourg Ongne est venu le nom des Bourgongnons ? A la verité ie despite tout hõme qui me voudra opiniastrement nier le Bourg Ongne, qu'il me sçache trouuer raison qui vaille, de la nomination des Bourgongnons. Car il n'y a analogie, ny autre raison de composer mots, qui permette que de ceste seule, & simple particule Bourg, puisse estre basti ce mot de Bourgõgnos, sans ineptitude, & redõdãce. Ce que neãtmoins aduiendroit, s'il falloit suiure l'ãcien erreur, fondé sur l'opinion de Paul Orose, & de Paul Diacre, & leurs sectateurs. Plus

Bourg Ongne, Burgus Deorum.

Burgundia.

Bourgongnons ne sont nommez de Bourg simplement.

Paul Orose. Paulus Diaconus.

C ij

Agathias.
BurguZiones.

tollerable seroit, qu'ils fussent appellez, comme Agathias les nomme, *BurguZiones*. Et toutesfois on sent bien, que tel nom n'est pas leur vraye, & naïfue appellation.

Bourgeois

LE mot vulgaire de Bourgeois est, sans doute, venu de Bourg: & suffiroit d'exprimer par iceluy les Bourgongnons, si tant estoit que seulement, & simplement, le lieu duquel ils ont leur denomination eust esté appellé Bourg, iouxte l'opinion des autheurs sus nommez, ausquels le vulgaire (non pour-neant dit iuge sans discretion) a donné faueur, & accordé croyance: comme il pourroit plus apparemment faire, à quel-

Gausserie.

que gausseur, qui diroit qu'à cause de l'abondáce des Ongnós qui croissoient autour du Bourg (comme à la Ferté aux ongnons) les habitants furent nommez Bourgongnons: ou que l'ongnon riuiere au Conté de Bourgongne, eust son vocable d'vn ongnon. Mais les ongnons ne sont considerables ceste part.

Villes, & pays desquels les noms sont terminez en Ongne.

SOIT doncques chose resoluë, que non de Bourg seulement, mais de Bourg Ongne sont dits les Bourgongnons, suyuant l'analogie, similitude, proportion, & rapport aux autres noms des peuples. Que si quelques vns de ceux qui ont aussi leur termination en ongne, soit des villes, comme Colongne, & Boulongne: soit des pays, comme Polongne, Catalongne, Solongne, &c. sont empeschez par la force, & violence des premieres syllabes de leur primitif, d'auoir leurs noms terminez en ons: si est-ce que ceux de Saxongne, & de Gascongne ne laissent pourtant d'estre nommez Saxons, & Gascons. Et n'y a doute, que s'il nous restoit encores quelqu'vn, qui sceust entendre la langue Celtique, il luy seroit

Ongne en singulier nombre signifie Dieu, en plurier Dieux.

aussi aisé resouldre les premieres parcelles desdits noms de pays, & villes, que à nous d'auoir sceu (par la tradition de ceux qui nous ont precedé) qu'Ongne signifie Dieu, & Dieux, *numeri nulla habita distinctione*, ains iouxte la commodité de qui employe ce mot.

ICY ne veux-ie taire, qu'és vieils Romans, esquels i'ay premierement leu ce vocable Ongne, & de l'authorité desquels i'ay à m'ayder par cy apres, n'est pas escrit Ongne, ains Ogne. Mais & les Gaulois, Celtes, &

Les anciés disoient Ogne.
Redoublemét de lettres cósonantes.
Le Françcois met n. apres o.
Qu'il faut dire Bourgongne,& non Bourgoigne, &c.

Allemans tiennent encores cela de la vieille obseruance de leurs predecesseurs, qu'ils se plaisent fort au redoublement des consonantes. Notáment il est facile à iuger, qu'ils, & les François sont fort coustumiers de mettre la lettre. n. apres celle de. o. & de doubler les. m. & .n. és dictions prinses, ou approchantes des Latines. Ainsi disent-ils homme, honneur, donner, &c. combien que les Latins escriuent *homo, honor, donare, &c.*

SE peut d'auantage congnoistre, que le mot de Bourgongne tiré du Bourg Ongne, il faut dire, & escrire Bourgongne, & non Bourgoigne, ny Bourgoingne: Bourgongnons, & non Bourgoignons, Bourgoingnons, ny Bourguignós. Et que sans s'arrester à la vieille routtine, ny fauoriser la vieille ignoráce, il faut renuoyer ceste badaude pronóciation de Bourgoigne, & Bourgoingne à quelque mere sotte, & ioueurs de farces de la Trinité de Paris.

PAR-

des Bourgongnons, & de leurs estats.

PARVENVS à ce poinct, que le Bourg des Dieux, duquel la Chronique de Bourgongne trouuee en Suisse par le Presidēt de Villeneufue, & que le President de Chasseneu cuidoit rapporter en ses Commentaires sur le coustumier de Bourgongne, n'est autre que nostre vieil Bourg Ongne: apres aussi auoir declaré, que Dijon (dit en Latin *Diuio*) ne pourroit estre employé ceste part, sans perturbation de l'ordre des temps, & sans destruire la verité de toutes les histoires, esquelles est faite mention de la fondation de Dijon: il me semble n'estre à oublier, que comme le nom des Bourgongnons fut premierement propre, & peculier aux seuls habitans du Bourg Ongne, aussi depuis que les Bourgongnons eurent estendu leur domination sur grande portion de la Gaule Celtique (ainsi que nous auons à dire cy apres) le nom particulier de leur Bourg Ongne s'estendit sur tous les pays de leur obeïssance. Dont est aduenu, qu'à traict, & cōsequution de temps, vne admirable amplitude de pays a esté comprinse sous le nom de Bourgongne, mesmement du temps des Rois Guntran, & Boson. *Bourg Ongne est le Bourg des Dieux. Dijon. Guntran, & Boson rois de Bourgongne.*

COMBIEN toutesfois que toutes les prouinces possedees par les Bourgongnons, fussent cōprinses par vne seule, & generale appellation de Bourgongne; ainsi que tous les peuples qui sont en l'obeïssance des Rois François, sont comprins sous le nom des habitans de France: si est-ce que les regions de l'amplitude de Bourgongne, n'ont pas toutes receu, ny retenu le vieil nom Latin du Bourg Ongne formellemēt, mais si ont bien equiualemment. Car au lieu de *Burgus Deorum*, il se trouue (vray est que c'est bien tard) que quelques-vns (notamment Cassiodore) ont mis en termes, & introduit le mot de *Burgundia*, lequel consiste de deux accusatifs *Burgum*, & *Dia*. Que si les deux mots assemblez, n. tient la place de. m. il faut referer celà à l'ancienne obseruance, par laquelle il n'estoit iadis permis mettre en Latin, ny en François. m. deuant d. Mais qui voudroit rechercher de si pres toutes compositions de vocables, il s'en trouueroit bien d'autres, qui passeroient beaucoup plus mal-aisément, par deuant vn bien exact, & rigoureux Commissaire. *Burgundia. Obseruāce ancienne.*

CES accusatifs ioints ensemble, pour composer ce mot *Burgundia*, signifient autant, que noz deux dictions Bourg Ongne: eu esgard à ce que Ongne est singulier & plurier, valant autant que ces mots Dieu, & Dieux, selon les articles qui luy sont preposez. Que si ce vocable *Burgundia* n'estoit agencé à la Grecque, & à la Latine, par ceux qui s'en sont seruy esdites langues, il est bien certain qu'il seroit indeclinable, comme les autres dictions Celtiques: & ce qu'a esté dit qu'il est composé d'accusatifs, n'auroit lieu sinon pour le regard du son, ainsi que plusieurs autres mots Galliques, & Germains, qui semblablement ont plus du son de l'accusatif, que veritablement ils ne sont dudit cas accusatif. Ainsi les premieres parties, desquelles sont cōposez ces noms propres de villes, & autres places, Lucembourg, Mariambourg, Nuremberg, Virtem- *Son accusatif.*

C iij

berg, &c. ont conformément à la cóposition de nostre *Burgundia*, quelque chose du son de l'accusatif. Est d'auantage singulierement à noter, que ceux qui ont introduit, & mis en vsage la susdite diction *Burgundia*, n'ont moins soingneusement prins garde, de representer par icelle ce que vulgairemēt signifioit nostre Bourg Ongne, qu'a faict Pline, quād faisant mention de la sexte de la Lune (de laquelle il dit, que les Gaulois l'appelloient en leur langage *omnia sanantem*, c'est à dire guerissant tout) mais du mot Gallique il ne l'a pas exprimé.

<small>Pline.</small>

<small>Luna sexta omnia sanans.</small>

VOILA ce que n'a esté possible sçauoir, & (où les moyēs de pouuoir sçauoir m'ont mancqué) ce que i'ay peu atteindre par coniectures, & conferance, ou confrontation des noms d'vne mesme chose, rapportez en diuers langages, pour l'interpretation du mot Ongne. Lequel (cōme il se peut entendre, par ce que nous disions tantost) n'est si particulierement propre aux Bourgongnons, que plusieurs pays, & villes, n'ayent leurs noms en mesme desinance, & pareille termination.

SI ce que nous en disons, & que nous auōs tiré de si hautes tenebres, qu'il estoit prest de tōber en perpetuelle oubliance, n'est toutesfois suffisant pour plaire, & contenter quelques hommes trop difficiles és choses, où benignité, & faueur seroient beaucoup plus requises, que l'estroicte rigueur: ie les supplie biē fort vouloir apporter, & cōtribuer quelque chose de meilleur, & de plus certain pour l'intelligence du mot Ongne, & pour mieux descouurir la source, origine, & vraye cause de l'appellation des Bourgongnons. Et outre la gloire que ce leur sera d'auoir esclaircy vn poinct, duquel les autheurs sont (entr'eux) assez mal resoluz: ie tiendray à grād bien-faict, s'ils me font apprendre choses plus vrayes, que celles que (ce-pendant) ie tien pour bien certaines. A raison dequoy ie les prie aussi ne trouuer mauuais, si insistant sur ce que i'en ay dit, ie poursuy mon propos de nostre Bourg Ongne, pour expliquer les causes de l'ancienne, & premiere ruine d'iceluy. Ce que bonnement ie ne puis, sans remettre ce discours au second liure, & ce-pendant dire quelque chose de l'ancien estat des Gaules, duquel (comme de genre generalissime) dependoit le gouuernement des affaires des Bourgongnons.

AVANT toutesfois que cesser le present propos, ie prendray la hardiesse de dire que Ongne (ou comme ie trouue escrit par les plus anciés Ogne) signifiant Dieu, & Dieux, il y a lieu de coniecture, que *Ognios* soit à dire diuin, & plain de deïté. Ce qu'estant, pourroit (aussi) bien estre, ou que Lucien en son Herculés Gallique, n'a pas bien au vray rapporté le nom que les Gaulois donnoient audit Herculés, quand il l'a nommé *Ogmion* (faute trop commune aux estrangiers, & fort aisée à recognoistre, tant en leur parler, que escrits, quand ils s'entremettent de representer les propres noms François, & encores plus, s'ils mettent en ieu ceux des Septentrionnaux, & autres peuples, desquels les paroles sont tresmal-aisées à escrire, & les escrits tres-facheux à prononcer. Ou l'erreur,

<small>Ognios signifie diuin. Herculés Ognios. Erreur de Lucien.</small>

qui a

des Bourgongnons, & de leurs estats. 31

qui a causé qu'on lit Ogmion, au lieu d'Ognion, pourroit estre prouenu des imprimeurs, ou (au-parauāt) des transcripteurs. Ou (finablemēt) que les Grecs n'ont pas fuy. m. comme lettre bouine, & mugiente, dit Quintilien.

De l'ancien estat des Gaules. CHAP. VI.

ESTANT bien certain, que les Gaules ont esté du commencement peuplées, & habitées, en la mesme façon que les autres regions: il ne faut pas penser que la police qui y a esté receuë (soit en forme de Monarchie, soit d'Aristocratie, soit de Democratie, selon la diuersité des temps, & le changement de l'humeur des hommes) y ait esté introduicte, par autres moyés, que ceux qui furent dés le commencement communs à tous. Pource parlant en general comme les Polices ont esté premierement establies (afin de sçauoir en particulier quel fut iadis l'ancien estat des Gaulois) ie puis dire, que depuis que par souuerain arrest de la diuinité, l'homme (outre la mort salaire de son peché) fut condamné de viure à la sueur de son corps, chacun fut contrainct suyure les moyens qu'il iugea plus cōmodes, pour se rendre exempt de faim, & de necessité. Ceux qui estoiēt plus doüez de dexterité d'esprit, que de forces corporelles, nous ont inuenté les sciences: & les plus robustes se mirent à cultiuer la terre: en fouïllant, & remuant laquelle, se descouurit l'inuention des metaux. Entre lesquels en traictant, & maniant le fer, & l'acier, plusieurs instrumēts furent excogitez. Et par ce moyen maintes sciēces, desquelles la Theorique demeuroit inutile, tomberent en practique, & les arts mechaniques eurent commencement.

Inuention des scieces.
Inuention des metaux.
Inuention des instruments.

IE ne veux icy entrer en contention auec les Rabins, ny disputer, si les enfants de Seth, que l'escriture saincte nomme fils de Dieu, & les enfants de Cain, qu'elle appelle fils des hommes, ont de leur simple, & pure naïfueté d'esprit, inuenté les sciences, & les artz: ou si les premiers par la reuelation des bons Anges leurs pedagogues, les seconds instruicts par les malings esprits (qui combien qu'ils soient hors de grace, & descheuz de gloire, ne manquent de pouuoir, & ne laissent d'estre Demōs, c'est à dire sçauants) ont mis en vsage choses de si admirables inuentiōs. Il me suffit de dire que (soit que les bons rengez soubz la pedagogie des Anges, soit que les mauuais ayēt apprins des diables, ausquels ils se laissoient guider, en esperance de paruenir à l'effect de la promesse que Sathan feit à noz premiers parens, quand il leur dist, *Vous serez sçauants*) apres que les sciences, & artz furent inuentez, chacun choisit telle façō de viure, & s'employa à ce à quoy son inclination naturelle le tiroit. Et combien qu'vn mesme personnage diuersifiast ses actions, en varieté d'exercices d'esprit, & de corps, ou de l'vn des deux: si auoit-il vn but

Enfans de Dieu.
Enfans des hommes.
Anges pedagogues.
Malings esprits.
Demons.
Promesse du diable à noz premiers parens.

C iiij

principal, & vne profession, ou vacation, de laquelle il faisoit plus expressément estat. Car de maistres aliborons qui de tout se meslent, les fruicts en ont tousiours esté tels, qu'ils ne viennent gueres à bout de choses qu'ils entreprennent. Contre quoy ne peut faire Hippias Eleus, ny tout ce que la Grece en pourroit dire. Voilà doncques comme de libre election chacun choisit au commencement telle maniere de viure, qu'il iugea necessaire, pour la nourriture, & entretien de soy, & de sa famille. Aduint depuis, que la naturelle bonté fut corrompuë par enuie, & conuoitise: de là proceda plus de danger, où la force, & la malice abondoient le plus. La force mettoit maintes violences en effect; & la malice practiquoit plusieurs choses, que les bons, & simples sont coustumiers detester, & auoir en horreur. Celà fut cause, que ceux qui desiroient se rendre exempts de telles insupportables fascheries, aduiserent premierement de se renger plusieurs familles ensemble: afin que ce à quoy vn seul mesnage ne pouuoit resister, fust chastié, & reprimé par la vertu de plusieurs. Mais (comme le mal est coustumier de se multiplier par dessus le bien, & comme (iouxte le commun dire) la plus grand part la meilleure surmonte) les mauuais feirent ligues, & societez, & se banderent de façon, que les desireux de bien, & pacifiquement viure, ne trouuoiēt repos, ny lieu de seureté. Pour-ce force leur fut commencer des villes, par la closture desquelles l'audace des faict-neants, coustumiers viure de brigandages, & volleries, fust arrestée.

OR estoit-ce peu de chose de s'estre assemblez en trouppes, & par vn commun aduis auoir dressé vn fort, pour s'asseurer contre la violence des meschants, si les moyens de s'entretenir en vne paisible, & concordante societé, n'estoient aussi trouuez. A ces causes, il ne fut seulement expedient, mais d'auantage tres-necessaire, que comme au commencement chacun mesnage auoit eu son chef, fust pere, fust frere aisné, fust autre, duquel le reste de sa mesgnee receuoit les commandements, tant en spirituel, qu'en temporel: ainsi ceste nouuelle assemblée de plusieurs hameaux, reduicts en vne ville, eust quelque superieur, duquel la vertu, & authorité eussent tel lustre, que les esprits des inferieurs fussent contraincts non seulement l'aimer, mais aussi l'honnorer, & le craindre. Car toute chose excellente, merite d'estre honorée. Les premiers qui furent esleuz à cest effect, furent choisis gens de bien, craignāts Dieu, & marchants deuant luy en sainteté, & iustice. Ceux-là furent indifferemmēt nommez Rois, & Tyrans: car ny la mauuaistié, ny la cupidité, ny la dissolution des superieurs, n'auoit pas encores produit les insolences, par lesquelles le mot de Tyrant est deuenu tant odieux, & abominable, qu'vn diable (prototype de toute meschanceté, & de tout malencontre) n'est point plus à haïr, ny à detester, que le Tyrant, & meschant Prince.

EST à noter que les premiers Rois furent electifs: & n'estoiēt communément mis en ce rang, sinon personnages vertueux, & (sur tout) bōs politi-

des Bourgongnons, & de leurs estats. 33

politiques, & bien versez és matieres d'estat: qui causoit que leurs commandements tendoient directement au bien publicq, & estoient fondez en si apparente equité, que personne ne pouuoit (sinon à tort) leur refuser obeissance. Auec ce, la frugalité estoit telle, que (comme dit Herodote) la Royne mesme apprestoit le boire, & le manger du Roy son mary. Ces vertuz de l'esprit bien pesées, la beauté du personnage ne manquoit d'estre en particulieres considerations: d'autant que la majesté est fort enrichie, quand elle est soustenuë par hômes qu'il faict beau veoir: & desquels la face (digne de commander) merite d'estre aimée, & reuerée. La force corporelle, & bonne disposition du corps, rendoient les appellez au regne bien fort recommédables: par-ce qu'és premiers téps, l'vne des parties plus requises en vn Roy, estoit de garder le peuple qu'il auoit à regir, de l'effort, & violence des estrangiers. Pour à quoy satisfaire, estoit le plus souuent necessaire que les querelles des peuples se vuidassent par le duel, & combat singulier des Rois des deux parties. Ce qui se faisoit auec si grand preiudice du vaincu, & de ses subiects, que le victorieux acqueroit droict de souueraine puissance sur le vaincu (s'il suruiuoit) & totale seigneurie, & domination sur ses hommes aussi, sans aucune reclamation, ny contredit: sinon que le matté vint à eschapper, ou eust d'ailleurs moyen de recouurer forces.

Frugalité des premiers Rois. Herodote. Beauté bié requise en vn Roy. Vaillantise estoit iadis necessaire aux Rois.

SVR-CE toute histoire consent au dire de Salluste, que le premier nom de souueraine puissance fut celuy des Rois: ainsi que nous auons plus amplement à dire, au commencement de nostre discours de la ville d'Autun. Et n'y a eu ville, prouince, ny païs, qui (à leur commencement) n'ayent esté gouuernez par Rois: iusques à ce que venans les Rois à trop grád pouuoir, ils se sont emancipez d'authorité priuée, & ont prins (par excés, & debordement de volonté) licence de pouuoir, plus que n'estoit de leur deuoir. Lors se rendans insolents, & insupportables, ou bien inutiles pour l'exercice des charges Royalles, ils sont deuenuz si odieux, & en si grand desdain, qu'il a esté force de trouuer moyen de s'en defaire: & en choisir d'autres, desquels on auoit meilleur espoir. Car l'election des Rois ayant esté faicte par le peuple, à son vtilité, & non pour en receuoir les maux, ennuis, & vexations, dont la tyrannie est diligente inuentrice, & n'a iamais faute de prompts executeurs: il semble au peuple, que puis qu'il deschoit de sa premiere intention, & que celuy qui luy doit secours, faueur, & protection, s'oublie en son deuoir, ou (qui pis est) se desuoye tant de la decence Royalle, que (combien qu'il ne soit que tuteur, & protecteur du publicq) ce neantmoins il enuahist la proprieté, de laquelle il n'a de droit que l'administration: &(contre toute honnesteté, & bien-seance) conuertit à ses volontez, & plaisirs, la substance de ses hommes, qui auec labeurs, & sueurs accompagnez de toutes sortes de miseres, ne cessent de regretter l'infelicité de leur condition: il semble (diray-ie de rechef) que licite luy soit se departir de l'obeissance de tel

Primũ Imperij nomẽ Regum fuit. Sallust. Les Rois electifs deuenãs Tyrants ont esté expulsez. Cause pourquoy les subiets se faschent côtre leurs Rois.

De l'antiquité & origine

Prince, & (d'autāt qu'il s'est perjuré le premier) que les pactions reciproques enfraintes, on peut l'abiurer, & en choisir, voire eslire vn autre, qui ait la reputation d'estre excellent en sagesse, prudence, & vigilance, vertuz Royalles, desquelles les superieurs tirent plus de loüange, & les subiects plus de soulagement.

COMBIEN qu'il soit certain que les premiers Rois ont esté esleuz, & suiuis plustost de bonne volonté, que par force : si est-ce qu'aucuns se sont trouuez si fiers, & audacieux, qu'ils ont osé manier comme leur propre ce que ne leur estoit que comis, & de comme ayants les Royaumes en depost, faire en sorte qu'ils en disposoient à leur volonté : & faisoient les Royaumes hereditaires aux leurs, tant que la patiēce des subiects l'a peu souffrir.

Les Gaules premieremēt regies par Rois.

EN ceste comme vniuerselle generalité des peuples, & païs, qui du commencement ont esté regiz & gouuernez par Roys, se trouuent cōprins les premiers habitateurs des Gaules. Mais les noms de tels Roys sont quasi incertains, & des discours de leurs gestes, ne nous reste que bien peu, que les autheurs biē fort estrangiers (ausquels nous en deuons graces infinies) nous ont cōserué. Car sans eux (comme ie diray tantost) nous n'aurions auiourd'huy aucune cōgnoissance des actions plus anciennes des Gaulois. La verité de l'histoire Gallique a esté malicieusemēt ie ne diray obscurcie, mais presque esteincte, par les Romains, quand ils rauirent par cauteleuses surprinses, la liberté des peuples Galliques : contre lesquels ils n'eussent rien osé attépter de viue force, estans les Gaulois

Les Gaulois redoutez des Romains.

le peuple qui a le plus trauaillé, & tenu en fieures poltrōnesques les Romains. Pour ceste seule cause ont iceux Romains manifesté la grāde enuie qu'ils leur portoient, si aspre, & inueterée, qu'ils n'en ont iamais sçeu biē dire. Ou si Cesar, & quelques autres de son humeur, c'est à dire beaux diseurs, & dōneurs de paroles, les ont quelquesfois loüé, ç'a esté à mesme

Homere.

intentiō que Homere loüe Hector : c'est à sçauoir pour plus illustrer son Achilles. Aussi dit le docte Glarean, parlant de Cesar, qu'il a eu ceste ruse,

Glarean. De Cesar.

de loüër ses ennemis, afin q̄ sa gloire fust plus grāde, de les auoir vaincu. Mais remettant la querelle que les Gaulois ont contre Cesar, T. Liue, & autres enuieux de leur hōneur, pour (à plus propre cōmodité) en parler à loisir, ie suis d'aduis de suiure le propos principal q̄ nous auōs cōmencé.

ENTRE tous ceux qui piaffent plus en l'histoire, & qui (de brauade) s'en veulent plus faire croire, sont les Grecs, & leurs disciples, & apprétifs les Latins. Et toutesfois ny les vns ny les autres (qui n'ont iamais entēdu,

Ignorance des Grecs & Latins.

ou du moins osé dire la verité de leur propre origine, tant elle est obscure, & de peu : & qui (ce pendant) font tant de cas d'eux, & si peu de compte de toutes autres nations) n'ont oncques peu sçauoir qui furent les premiers habitateurs des Gaules, ny quels hommes y ont au commencement commandé. Aussi n'est-ce à eux que (comme ie suis contrainct repeter) nous deuons rendre graces, de ce peu de congnoissance

des Bourgongnons, & de leurs estats.

qui nous reste du nom de noz premiers Rois, & de quelques petites parcelles de leurs gestes: ains c'est aux bien estrágiers, ausquels estoit iadis cõmise, par authorité publique, à chacun en sa patrie, la charge d'escrire, & enregistrer les choses memorables, & rediger les histoires en briefue, pure, & simple verité: iouxte le dire de Flauius Vopiscus au cõmencement de ce qu'il escrit de Tacitus: ses mots sont: *Pontifices, penes quos scribendæ historiæ potestas fuit.* Ce pendant toutesfois l'emulation des Grecs, & Latins a esté telle contre ces commis & deputez par les Magistrats, à enregistrer les actes publiques, que les appellant Barbares, ils les traictent tant indignement qu'il leur est possible. Et neantmoins ils n'ont sçeu empescher que les escrits de tels Commissaires n'ayét en leur briefue simplicité obtenu plus de croyance, entre les hommes, qui ne se laissent abuser de paroles, & moins mener par le nez: que ceux d'vn tas d'autres, qui nous proposent pour histoires, ce qu'ils ont dressé selõ que l'affection leur commandoit, ou sur simple ouy dire: & qui en se trompant eux-mesmes les premiers, ont consequemment abusé vn chacun.

C'est doncques à Berose Babylonien, de dignité Chaldée, à Manethon d'Ægypte, & autres tels hommes celebres en reputation, & illustres en authorité, que nous deuons la conseruation de ce peu de l'histoire qui nous reste des premiers Gaulois, & des Rois qui leur commãdoient. Ce sont eux qui en peu de propos, & sans fard, & apparat, nous ont laissé par escrit l'ordre successif des premiers Rois Celtiques: lequel on ne peut nier auoir esté ignoré par les Romains. Notamment si T. Liue l'eust sçeu, ses decades en eussent esté enrichies. Mais tant sen faut qu'il en ait eu congnoissance, que pour toute preuue de ses suffisances en ceste part, il ne peut parler de l'antiquité des Gaulois plus haut que le temps de Tarquin Prisque cinquiesme Roy des Romains. Amm. Marcellin a vn peu plus abondamment parlé des affaires, & de l'origine des peuples Galliques: mais ne pouuant atteindre leur vraye source, il est cõtrainct excuser son ignorãce, sur ce que ces païs ont esté cachez comme Barbares: qui est vn subterfuge trop euidét: car qui n'a voulu aller recognoistre les Gaulois chez eux, ils n'ont laissé pour celà de faire congnoistre leur vertu, & puissance aux nations estrangieres, & estendre leur domination iusques bien auant en Asie, és expedition de Galathas 2. & emigrations publiques soubz Sigouesus, & Bellouesus. Lesquelles ignorées par la plus part des historiens Grecs, & Latins; n'ont esté traictées ainsi qu'elles le meritoient: ains cõfonduës pour la plus-part, auec celles qui long temps apres les suyuirent, soubz Brennus, & Belgius. Bref sans le sommaire de Berose, & le supplément de Manethon, nous ne sçauriõs pas, que celuy *Dis*, duquel Cesar rapporte que les Gaulois s'en ventent extraicts, fut Samothés, fils quatriesme de Iaphet, fils de Noé. Combien aussi qu'en quelques autheurs soit faicte mention des Philosophes Samothées, Saronides, Druydes, Bardes, &c. si ne pourrions nous rendre

Les bien estrangiers conseruateurs des antiquitez Galliques.

Berose. Manethõ.

T. Liuius.

Amm. Marcellin.

Galathas 2. Roy des Gaulois. Sigouesus. Bellouesus.

Dis. Cesar. Samothes. Philosophes Gaulois.

raison de la cause de tels noms:& moins dire comme il est aduenu, que tant de villes ayent leur appellation terminée en *Magus*: ny parler pertinemment de la fondation des Galathes en Asie : si de tout celà nous n'eussions esté instruicts par ces deux venerables personnages, & autres hommes, que les Grecs, & Latins sont coustumiers nommer trop arrogamment Barbares. D'auantage (sans eux) nous n'eussions peu deuiner, qu'au susdit *Samothes* eussent succedé (quasi de pere à fils) *Magus, Saron, Dryius, Bardus, Longho, Bardus 2, Lucus, Celtes,* pere de Galathée : laquelle (du faict d'Hercules Ægyptien) fut mere de *Galathas*, à qui pareillement succederent de pere à fils, *Harbon* (que quelques-vns nommēt *Narbon*) *Lugdus, & Belgius.* Ny qu'en cestuy *Belgius* faillit la ligne directe, & passa la succession à *Iasius*, frere de *Dardanus* fondateur de Troye la grand. Auquel *Iasius*, succeda son proche parent *Allobrox*, & consecutiuement *Paris, Lemanus, Olbius, Galathas 2.* qui subiuga les Polonois, & fonda les Galates en Asie: puis *Namnés, & Rhemus.* La fin du regne duquel *Rhemus*, est suyuie de grands troubles en l'histoire. Car si ceux qui (pourroit estre à tort) s'opiniastrent en l'opinion des Allemands, embrassée de trop grande affection par le Greffier du Tillet, persistent à nyer l'arriuée des Troyens és Gaules, sans remplacer au lieu de ladite vieille opinion touchant *Francus*, & ses descendants, quelque plus certaine verité, quel fut l'estat, & le gouuernement des Gaules apres le trespas de *Rhemus*; bon Dieu en quelle desolation ils laissent l'histoire Gallique! & en quelle profondité de tenebres ils confinent ceste portion des affaires des Gaules! nous en voilà comme au pied du mur sans eschelle: le filet d'Ariadne nous defaillant, en ceste part, il nous sera force errer par les tours, & retours du labyrinthe d'incertitude, sans moyen de nous en pouuoir demesler, ny d'atraindre la verité de ce qui s'est fait par noz predecesseurs, & en nostre patrie, par l'espace d'enuiron six cens ans. Car depuis le regne de *Rhemus*, iusques au temps de Tarquin l'ancien, cinquiesme Roy de Rome, il n'y a pas moins de temps: & neantmoins si nous sortons de la commune assertion de quasi tous noz historiens François, pour complaire aux susdits Allemands, & à leur adherant du Tillet; force est que l'histoire Gallique demeure manque, & que comme le Nil fleuue Ægyptien entrant en terre se cache, & demeure perdu, iusques à ce que sortant bien loing du lieu où il estoit entré, il se remonstre, & se remet à prendre son cours : ainsi l'histoire des Gaulois souffre eclypse, puis recouure lueur du temps du prenommé Tarquin. Regnant lequel, aduint la grande & memorable emigration des Gaulois, faicte lors que *Ambigatus* de Bourges, fut donné par le Canton de Berry, Grand par dessus à toutes les Prouinces des Gaules: & laquelle emigration il diuisa en deux armées, conduictes par ses neueux *Siguesus*, & *Belluesus*. Ce que les Romains ne se contentent d'auoir dit fort sommairement, ains traictent le reste des affaires Galliques si espargnément, que les vns s'en taisent

des Bourgongnons, & de leurs estats.

s'en taisent du tout, & les autres n'en disent quasi rien, ou si peu, que le fil de l'histoire demeure (de rechef) interrompu, iusques fort tard, qu'ils font mention seulement des conquestes que certains peuples Gaulois suyuis les vns des autres feirent en Italie. Mais de ce que se faisoit és Gaules, il n'en est nomplus de memoire, que si elles n'eussent pas esté. Encores parlant des susdites conquestes, ils extenuent tant la vaillance des nations Gauloises, qu'ils ne se soucient de mentir pour veu qu'ils en disent mal. En quoy si quelqu'vn a trop monstré sa mauuaise affection, T. Liue s'en trouuera des plus coulpables. Ce que nous autres François naturels deuons bien trouuer mauuais, veu que Glarean (singulier personnage entre les Suisses) s'en sent merueilleusement offensé: & ne peut s'abstenir d'en dire ce que s'ensuit: *Gallos herculè, gentem omni ætate illustrem, & bellicosam, maximè autem eo tempore quo Liuiana decurrit historia, nunquàm desinit odiosè tractare, eleuare, nonnunquàm etiam pugnantia de ea dicere, homo in Cisalpina Gallia natus.* Il n'est à oublier que le mesme T. Liue, & ses semblables, qui tordent le nez à l'histoire comme il leur plaist, contraints parler d'vne fort signalée emigration des Gaulois, soubs la conduicte de Brennus, & Belgius, ont esté trop plus soingneux de couurir la honte, & dissimuler la vergongne des Romains, que (suyuãt le deuoir de vrais Historiens) d'auoir respect à la pure verité, & escrire les choses au vray, cõme elles sont passées. Nous mettans (à leur mode) pures bourdes au lieu de ce que s'est faict, ils ont osé escrire, quo certain Camillus, banny, & relegué, ait attaqué vne tousiours victorieuse armee de plus de trois cẽs mille hommes, l'ait defaicte, & destroussée. Ce qu'est si faux, qu'eux-mesmes sont cõtraints confesser qu'icelle braue armee traversa par force l'Esclauonie nation belliqueuse, foudroyant tout en Pannonie, en la Grece, & en Asie. Tellement que les Roys circonuoisins tombez en extreme frayeur, n'attendoient d'estre sommez, ny assaillis, ains alloient briguer leur alliance, & acheptans la paix, se rendre leurs tributaires. Est aussi fort remarquable, que ny Polybe, ny aucun de ceux qui ont precedé la domination d'Auguste, ne fauorisent la fable de ce Camillus, quant à la destrousse que T. Liue a controuué auoir esté par luy faicte sur les Gaulois de l'armee de Brennus. Au contraire ledit Polybe, (qui comme plus prochain du temps que les Gaulois donnerent le sac à Rome, en peut parler plus vrayement) ne faict nomplus de mention de Camillus, ny de la recousse pretẽduë faicte par luy, que s'il ne fust pas lors esté au monde. Ains rendãt raison pourquoy Brennus, & sa suitte abandonnerent Rome, apres l'auoir tenuë six mois, dit ainsi: *Sed Venetis per id tempus regionem eorum infestãtibus, retrocedere coacti, fœdere cum Romanis percusso, ac restituta Vrbi libertate, domum remigrarũt.* Au reste quant aux hommes de nom, qui depuis ont escrit, il s'en trouue

Contre T. Liue.

Glarean.

Brennus, & Belgius.

Camillus.

Le mis en auant que Camillus ait destroussé Brennus, & les Gaulois, est pure meterie.

Polybe.

Pourquoy Brennus abandonna Rome.

D

38   De l'antiquité & origine

Trogus, & Iuſtin.

peu de plus excellente marque que Trogus, duquel le ſommaire nous reſte par le labeur de Iuſtin ſon abbreuiateur. Iceluy en ſon 38. liure en l'oraiſon de Mithridatés, certifie que les Gaulois ne furent leuez de Rome par armes, mais par pris d'argent. Son dire eſt tel. *Nec victam ſolum dici Romam à Gallis, ſed etiam captam: ita vt vnius illis montis cacumen relinqueretur, nec bello hoſtem, ſed pretio remotum.* D'autrepart Suetone (au-

Suetonius.

theur exempt de reproche) parle de cecy plus hardiment, & plus appertement, quand il dit en la vie de Tybere, que le bruit qu'on auoit faict, que l'or liuré aux Gaulois, pour le rachapt de Rome, & ranço͂ des Romains, auoit eſté recouuert à force par Camillus, eſtoit faux, & méteur. Et qu'au contraire, Druſus eſtant Propreteur és Gaules, auoit contrainct les Gaulois le reſtablir, & redre. Mais il vaut mieux ouyr parler l'autheur meſme : *Druſus, hoſtium duce Druſo cominus trucidato, ſibi, poſteriſque ſuis cognomen inuenit. Traditur etiam Propraetore ex prouincia Gallia retuliſſe aurum Senonibus olim in obſidione Capitolij datum, nec (vt fama eſt) extortum à Camillo.* Voylà (ce me ſemble) l'impoſture de T. Liue ſuffiſamment deſcouuerte.

Plutarque.

Vne choſe ſeulement eſt à regretter, que ce bon perſonnage Plutarque ſe ſoit laiſſé couler en l'opinion de ce do͂neur de paroles, qui faiſant plus

Fables de T. Liue.

eſtat de Poëte, que de vray Hiſtorié, feinct que Mars, l'vn de ſes Dieux, cogneut charnellemét Rhea fille de Numitor, & en eut Remus & Romulus : qui nous veut faire croire, qu'vne pierre ayguiſoire a eſté taillee d'vn raſoir, comme ſi c'eſtoit vn naueau : qui (comme Homere) fait co͂battre les Dieux, notamment Caſtor, & Pollux, pour les Romains : qui faict parler beufs, & vaches ; & a (cependant) penſé que la poſterité deuoit croire ſes bien elabourees menteries, que ie ne crain ainſi nommer, attendu que *Vopiſcus* (autheur fort affectionné à l'ho͂neur des Romains) le met au rang des Hiſtoriens menteurs. Mais il vaut mieux que ie réuoye telle diſpute par deuant Ceſar Caligula, & que ie ſorte de ceſte digreſſion. Le reſte des affaires Galliques (ſoubs la generalité deſquels ſont co͂prins ceux des Bourgongnons) pour auoir eſté traicté par les exprez ennemis d'iceux, nous eſt ſi ſuſpectement laiſſé, que nous n'en daignerions rien rapporter icy.

Continuation du diſcours de l'ancien eſtat des Gaules.
CHAHP. VII.

Notable difference entre le regne des Medes, & celuy des Perſes.

REVENANT à l'ancien eſtat des Gaules, eſt à noter la differéce, que Mandané mere de Cyrus met en Xenophon, entre le regne des Medes, & la faço͂ de regner ſur les Perſes. Car quand les Roys des Gaules, ou de portion d'icelles, ne co͂mandoiét rié qu'eux-meſmes n'obſeruaſſent exactement,

des Bourgongnons, & de leurs eſtats. 39

exactement, à l'imitatiõ des Roys de Perſe, leur regne a eſté & aymable, & heureux. Mais ſi à la façon des Roys des Medes, ils penſoiẽt pouuoir tout ce qu'ils vouloient, & ſur ce laſchoient la bride à leur volõté, ils deuenoient tant odieux, que le peuple, ſe mutinant, trouuoit moyẽ de s'en deffaire. Ainſi quand Ceſar vint és Gaules, l'ordre y eſtoit tel, que combien qu'en quelques lieux reſtaſſent des Roys, (qui n'eſtoient quaſi que Capitaines) ſi eſt-ce que preſque toutes, elles ſe gouuernoient en forme de Cantons, & que pluſieurs particulieres cõmunautez faiſoient toutes enſẽble vn ſeul corps de Republique generale, cõpoſé de ſi bõs accords, que tous les ans ils tenoiẽt les Eſtats generaux, eſquels chacune particuliere communauté ne failloit d'enuoyer ſes deputez, pour par l'aduis de toute l'aſſemblee, vuider, & pacifier les differẽs qu'on pouuoit ſçauoir eſtre ou creuz, ou ſuruenuz entre diuers Cantõs. Là auſſi eſtoit ſoigneuſemẽt aduiſé pour le cõmun profit d'entreprendre vne guerre, ou reſiſter à qui la leur faiſoit, ou auoit enuie la leur faire. Leur ſoin n'eſtoit petit de donner ordre que le païs ne fuſt chargé de plus de gens que la bonté de la terre en pouuoit ayſemẽt nourrir. De là ſont procedees tãt d'emigrations faictes par les Gaulois en general, ou par certains Cantons en particulier.

L'ordre des Gaules à la venuë de Ceſar.

Les Eſtats generaux des Gaules tenuz tous les ans.

Cauſe des emigratiõs des Gaulois.

CESTE police auoit ſes commencemens fort long-temps auparauant la venuë de Ceſar és Gaules: ſelõ que i'ay trouué en vn vieil Romãt à demy Vvallon, & biẽ mal-ayſé à entendre: par ce que la violence de la rithme, contraint ſouuent l'autheur de ſortir de ſon principal propos, & s'eſpancher çà, & là, où les mots le tranſportent: choſe commune à quaſi tous ces vieux rithmaſſeurs, qui nõ defournis de beaucoup de bõnes conceptions, & gaillardes inuentions, les ont ſeulement mal dit, pource qu'ils les ont voulu dire en vers, & rithme. La ſubſtance du diſcours de mondict Romant (quant à ce que ſert à la matiere miſe en termes) eſt telle que ie l'ay recueilly en ce qui s'enſuit.

Vieil Romant.

Vieils Romans.

LES Gaules non encores cõgneuës par les Romains, qui (comme les hommes de mauuaiſe veuë, leſquels outre l'arreſt de leur regard, ne penſent qu'il y ait plus que tenebres, & obſcuritez) eſtimoient que tout ce dont ils n'auoient familiere cõgnoiſſance, n'eſtoit que pure Barbarie: les affaires des Gaules eſtoiẽt en tel eſtat, que maintes de leurs Citez ſe gouuernoient par le conſeil de pluſieurs hommes d'auctorité, pluſtoſt que par le commandement d'vn ſeul. Il y auoit en la premiere ſocieté, & confederation des Gaulois, vne ſi eſtroicte vnion, & paiſible accord, que chacun an ſe faiſoit vne aſſemblee generale, qu'ils nommoient Eſtats, où ſe retrouuoiẽt deputez, & enuoyez de toutes les Citez Galliques. Le rang auoit eſté ſi prudémẽt, & de gré à gré aſſigné à chacune Cité, que nul ne pouuoit rien quereller au cõtraire, ſinon auec manifeſte tort. Et la modeſtie y eſtoit ſi requiſe, que vouloir outrepaſſer ſon rang, ou pretendre ſeance plus haute qu'il n'appartenoit, eſtoit

De la police generale des Gaules, extraict d'vn vieil Romant.

Eſtats generaux tenus tous les ans.

Rang d'vn chacun biẽ ordonné.

D ij

chose tres-odieuse, & fort contraire à la concorde publique. Celà rēdoit la Cité de tel presumptueux deputé, soupçonnee de machiner quelques nouueaux remuëmens: ce que l'assemblee craignoit tant, & auoit si fort à contrecœur, qu'incontinent commandement estoit faict à tel garbugeur, sur peine de l'interdict, qu'il eust à se comporter gracieusement, & paisiblemēt en son deuoir, ou sortir de l'assemblee. Que s'il luy aduenoit de plustost sortir, que patienter en modestie: le Canton duquel il estoit enuoyé, demouroit toute l'annee en interdict. Tellement que ce que d'autres pourroient interpreter magnanimité (pour ne vouloir ceder à son voisin) estoit abominable entre les Gaulois, qui desiroiēt leurs establissemens estre estroictement obseruez, & qui n'aymoient d'ouyr raisonner contre le droit, qu'ils vouloient estre obserué, & non disputé.

Le droict des Gaulois deuoit estre obserué non disputé.

L'APPOSITION de l'interdict importoit, que toutes traffiques, & negociations auec les voisins, estoiēt rigoureusement defenduës: tellement que les mis soubs l'interdict, ne pouuoiēt sortir des limites de leur Cantō, sans perdre tout espoir de trouuer qui les osast receuoir. Et si des autres Citez quelqu'vn fust entré vers eux, l'amende arbitraire estoit si certaine, que tant pour n'offenser la religion (par laquelle il n'estoit licite converser, & moins negocier auec les excommuniez) que par crainte de payer l'amende, le peuple d'vn tel Canton portoit griefue penitence, d'auoir enuoyé à l'assemblee du grād corps mystic d'vne si bien composee vnion de plusieurs republiques en vne, personnage qui eust la teste tant mal-faicte, que de vouloir rompre l'accord des establissemens anciens, & publiques, si expressemēt receuz; que la Roüe seruoit de maistre des cerimonies, pour donner lieu de seance à vn chacun.

Importance de l'interdict Gallique.

Roüe des Estats.

EN ceste assemblee des Estats generaux ne se traictoit, que (comme i'ay desià touché) du faict public, & des affaires qu'on nomme d'Estat. Et sur tout l'affection d'vn chacun tendoit à ce, que la concorde publique ne fust aucunement offensee: ains que pour la conseruation d'icelle, chacune Cité fust retenuë en son deuoir. A quoy ne manquoiēt remonstrāces, & frequentes exhortations: ausquelles (si besoin faisoit) estoient adioustees menaces suffisantes pour arrester les mauuaises volontez des mutins, & remueurs de besoignes.

Concorde publique.

SI (contre la commune obseruance, par laquelle les affaires des particuliers deuoient estre traictez deuant leurs Iuges ordinaires) il aduenoit qu'vn Maire (c'est vn ancien comparatif Celtique, signifiant Maieur, par ce que son authorité s'estendant sur tous, il precedoit vn chacun) proposast en l'assemblee, qu'en la Cité, en laquelle il commādoit, querelle fust esmeüe, entre deux si puissans personnages, que toute la Cité fust en dāgier de tomber en tel inconuenient, que l'authorité des Magistrats ne pourroit preualoir contre la force: ou que les affectiōs fussent si opiniastrement fortes, qu'il n'y eust espoir de les pouuoir vaincre par raison, ny que

Maire cōparatif Gallique.

des Bourgongnons, & de leurs estats. 41

ny que le droict y puisse trouuer lieu: & que sur-ce le chef de telle Cité, ou bien le deputé d'icelle, fondé d'instructions, & pouuoir suffisant, feist conuenables remonstrances, tendant à implorer l'aide de l'assemblée, & requerir son authorité, pour composer telz differents, que la Cité ne pourroit assouppir par ses seuls moyens, ny tant faire, que de ramener telles aspres dissentions à pacification durable comme il seroit necessaire: lors par commun aduis de tous les Estatz, estoient nommez, & commis trois personnages, qui (aux fraiz du Canton plaintif) se transportoient sur les lieux, & ayants entendu les causes, & l'origine des querelles, ne cessoiét qu'ils n'eussent mis les parties d'accord, ou vuidé leur different par main souueraine, auec commandement de viure par ensemble en si bon voisinage, que l'vn eust à cóseruer l'autre: & que sur peine de confiscation de corps, & de biens, ils donnassent ordre, que par leurs moyens le publicq' ne fust (comme que ce soit) offensé. *Prouision aux cas extraordinaires.*

ENTRE plusieurs choses qui authorisoient la commission de tels Commissaires, estoient la reuerence que chacun, tant en general, que particulier, portoit à tels Iuges deleguez, qui representoient le corps des Estatz generaux, riere lesquels estoit la souueraineté des Gaules: & la rigueur, dont aux nouueaux Estatz, reuenants au bout de l'an, on vsoit enuers les rebelles, & desobeïssants. Contre lesquels estoit procedé par sentence de mort, sans aucun espoir de grace, ny de remission. Car les anciens Gaulois n'auoient aucun plus-grand soing, que d'exterminer les hommes mutins, scandaleux, rebelles, & introducteurs de pernicieuses nouueautez. *Commissaires des Estats respectez.*

ENCORES que Corn. Tacitus face mention que soixante quatre Citez des Gaules se departirent tout d'vn coup de l'obeïssance des Romains, si ne dit-il pas qu'il n'en y eust non plus: & n'y a autheur qui nous ait acertené du nombre. Bien est-il contenu en nostre vieil Romant (duquel quasi tout ce chapitre est prins) que tous les noms des Citez, ou Cantons faisants chef de par eux, estoient escrits en vn rondeau tornoyant en forme de rouë: de façon qu'en le virant, & tournant, on pouuoit mettre ores en haut, ores en bas ceux qu'on vouloit, ainsi que nous dirons tantost. *Tacitus. Soixante quatre Citez Galliques reuoltées tout à vn coup contre les Romains.*

OR est-il sur-ce à noter, que depuis qu'és principales Citez la tyrannie eut supprimé le nom des Rois, & que la domination d'vn seul fut deuenuë odieuse, & intollerable, le commandement de plusieurs fut essayé par quelque temps: mais il fut forcé (à la longue) remettre sus quelque image du regne, comme la plus digne, plus seure, & plus excellente forme de bon gouuernement, que tous les sages du passé ayent peu imaginer. Comme doncques les Romains (ennemis iurez de la Royauté) ont esté tousiours contraincts en leurs plus vrgents affaires, eslire vn Dictateur: duquel (combien que le nom fust changé) la puissance neantmoins estoit de vrayement Roy, pour le téps qu'elle duroit: *Mutation de l'ancien estat des Gaules. Il est force auoir vn Roy, ou qui soit autant que Roy. Dictateur Romain.*

D iij

ainsi les Gaulois pour retenir tant de particulieres Republiques en vne bonne, ferme, & stable vnion, adviserent d'auoir sur eux vn souuerain Magistrat, duquel T. Liue ignorant le vray nom, l'appelle Roy, & nostre vieil Romant le nomme Grand pardessus. Mais de peur que tel Magistrat paruenu à trop grande authorité, ne print si fermes racines, qu'il fust par apres mal-aisé l'esbranler, & impossible l'arracher, il fut sagemét aduisé que la domination, & souueraine authorité de ce Grand pardessus des Gaules ne dureroit qu'vn an. Sur la fin duquel an les nouueaux Estats generaux (tandis que les Gaulois ont esté maistres de leurs droits) se tenoient en la ville principale de la Cité, ou Canton, qui (à son tour) deuoit donner le Grand pardessus.

<small>Grand pardessus des Gaules. L'authorité du Grād pardessus fut annale. Lieu de la tenuë des Estats des Gaules.</small>

EN l'election de ce souuerain Magistrat, n'estoit procedé par suffrages, ny celuy qui sortoit de l'estat ne nommoit pas son successeur, comme souuent le Consul auoit droict de nommer le Dictateur Romain: ains en ceste part estoit obserué vn ordre Politicq', qui seruoit beaucoup pour ne rendre personne mal contant. Car dés le commencement de la premiere ligue, & confederation des citez les vnes auec les autres, les Heduois, Auuergnats, Sequanois, & Senonois furent les premiers, qui par vn admirable consentement, dresserent les fondemés d'icelle ligue, & association. Depuis elle print tels accroissements, que successiuement toutes les autres citez des Gaules, tant celles qui estoient encores gouuernees par Roys, que les autres formees en Republiques, feirent la ligue generalé & vniuerselle.

<small>De l'election du Grād pardessus. Commencement de la ligue generale des Gaules.</small>

CELA pourroit sembler à quelques-vns, non seulement estrange, mais aussi impossible, attendu qu'il se trouue, que (au priudice de telle confederation vniuerselle) il y a eu entre quelques particuliers Cantons des Gaules, plusieurs dissentions, & guerres, lesquelles cessantes pour vn téps, ont si souuét recómencé, qu'à la parfin les Gaulois (qui sont du naturel du Diamāt, en ce, que comme le Diamant ne peut estre taillé, que par vn Diamant, aussi les Gaulois ne peuuét estre vaincuz, ny surmótez que par les Gaulois) se sont plus ruinez eux-mesmes, que les Romains ne les ont ruiné. Mais quand ceux qui ne nous ayment, ny bien ne nous veulent, sont contraincts confesser ceste vnion des Gaulois, & l'annuelle tenuë des Estats generaux, nous les en pouuons croire: & estimer que s'il n'eust esté bien vray, ny Cesar, ny les autres Latins ne l'eussent pas dit à nostre aduantage. Sur-ce ie pren seurté, que l'autheur de nostre vieil Romant auoit fort bonnes instructions, quand il deduisoit ce que sommairement extraict de ses labeurs, nous auons dit en ce chapitre.

<small>Cóparaisó du gaulois & du Diamant.</small>

POVR doncques continuer ce qu'il racompte, du faict qui concerne le present affaire: est à sçauoir, qu'apres que les quatre auant-nómez Cantós des Gaules, Heduois, Auuergnats, Sequanois, & Senonois, eurét commencé particulierement entr'eux la confederation prementiónee, portant ligue offensiue, & defensiue, enuers tous, & contre tous ; les autres

<small>Accroissement de la ligue Gallique.</small>

des Bourgongnons, & de leurs estats. 43

tres Citez, & Cantons, entrerent peu à peu, en mesme confederation, & ligue: les premiets associez les y receurent. On les enroolloit, & inscriuoit en la Rouë de l'estat: pour (selon leur rãg de reception) auoir droict, & tour de donner à tous les autres Gaulois, le souuerain Magistrat, que nous auons dit auoir esté nommé Grand par dessus. Et à fin que ce fust chose à tous notoire, & manifeste à vn chacun, estoit ordonné, qu'au principal Temple de chacune Cité seroit dressee vne Rouë (tournoyant quand on voudroit) en laquelle seroient escrits tous les noms des Cantons confederez & liguez, comme dit est. Ladite Rouë mise au lieu le plus patent du Temple, estoit tous les ans arrestee, de sorte que le nom de la Cité qui auoit ceste annee-là donné le Grand pardessus, estoit au sommet de la circonferance de la Rouë: comme en certains horologes est principalement en monstre le planette du iour: ou comme quelques peintres voulants designer, & representer l'inconstance de fortune, mettẽt en parade au plus haut de sa Rouë celuy qui regne, celuy qui a regné descheant, & celuy qui a à regner grimpant, pour paruenir au feste, & sommet. *Rouë de l'estat.*

IL semble que de tel establissement de ce souuerain Magistrat des Gaules, Strabo en eust eu quelque (mais grossier) aduertissement. Car au quatriesme liure de sa Geographie, où il parle de l'estat, & gouuernemẽt des Gaulois, il dit que *la pluspart des Citez estoient gouuernees par les plus apparents, & principaux d'icelles: qui iadis souloient choisir vn superieur, ainsi que en temps de guerre la commune eslisoit vn Capitaine en chef.* *Strabo.*

D'AVANTAGE sans auoir intelligence de la façon qui s'obseruoit iadis en la deputation du Grand par dessus, il n'est pas facile d'expliquer ces mots de T. Liue au cinquiesme de sa premiere decade: *Tarquinio Prisco regnante, Celtarum, quæ pars Galliæ tertia est, penes Bituriges summa Imperij fuit: ij Regem Celtico dabant: Ambigatus is fuit, &.* Que la puissance souueraine fut riere le Canton de ceux de Berry, qui donnoient le Roy aux Celtes: que celuy qu'ils donnerent fut Ambigatus: sont toutes paroles si expressiues de ce que nous disions tãtost du Grãd par dessus, qui se donnoit, & ne s'imposoit pas, qui estoit gracieusement presenté, & fauorablement receu (iouxte ce que nostre vieil Romant en a rapporté) qu'en bien pesant, & examinant parcelle par parcelle, le dire, de T. Liue en cest endroit, le lecteur trouuera, qu'il n'y a aucune discrepance entre ce qu'il dit, & ce que nous auons rapporté du contenu en nostre vieil Romant: sinon que T. Liue (comme desia dit est) appelle Roy, celuy que nostre autheur nomme Grand pardessus: & que le premier ne donne puissance à Ambigatus, que sur les Celtes, qu'il dit estre la tierce partie des Gaules: & l'autre (qui a escrit trop plus modernémẽt) tient que l'authorité, & commandement du Grand pardessus, s'estẽdoit generalement sur l'vniuersité des Gaules. Surquoy se peut dire, que cõme T. Liue a trop restrainct le pouuoir souuerain du supreme Magistrat *Passage de T. Liue expliqué.* *Conciliation de T. Liue auec le vieil Romant.*

D iiij

44 De l'antiquité & origine

Cesar.

Gallique, aussi pourroit-il bien estre que l'autheur de nostre Romāt l'auroit trop amplifié. Mais i'estime qu'il se soit fondé sur le dire de Cesar, qui parlant de l'assemblee, & tenue des Estats des Gaulois, ne les diuise, ny en deux, ny en trois, ains parle generalemēt ainsi: *Concilium totius Galliæ.* Et que pour la conuocation de tant de diuerses Citez, & Cantons, il estoit expedient qu'il y eust quelqu'vn, qui sur ce eust commandement, & pouuoir.

Que les Gaules estoient habitees de trois sortes d'hommes, desquels les trois estats ont prins origine. CHAP. VIII.

PAR ce que nous auons discouru és deux derniers Chapitres, s'est peu facilement cognoistre, que dés le commencement l'homme prins seul, a choisi, ou a esté contrainct de suiure vne maniere de viure, pour s'exempter de la faim, & des necessitez desquelles nostre infirmité est copieusement

L'homme animal sociable.

suyuie: & que cest animal plus sociable qu'aucunes mouches à miel, se rengea premierement en famille; & là viuoit en communion si œconomiquemēt reiglee, que chacun s'emploioit soubs vn chef: & ne se trouuoit refus en aucun, de faire ce que luy estoit enioinct, ou qu'il sçauoit debuoir estre faict. Nous auons dict d'auantage, que de plusieurs familles se dresserent des villes, esquelles les familles vnanimement rēdoient autant de debuoir, & d'obeïssance, qu'elles faisoient, lors qu'elles estoiēt encores dispersees, & separees, à celuy qui pour son aage, ou sagesse, auoit plus de commandement.

Droict priué.
Droict public.

EN ces premiers temps l'œconomie des familles estoit reglee par droict priué, & par particulier: & la police des villes par droict publicq'. Depuis toutesfois que les Roys s'estimerent suffisants, non seulement pour commander à plusieurs villes, mais aussi à tout vn monde: & qu'ils iugerent la grandeur de leur honneur, & authorité consister en l'estendue de leur seigneurie, & Empire: le droict publicq' fut appellé celuy duquel tous les subiects d'vn Seigneur, ou d'vne Seigneurie souueraine vsoient: & droict priué celuy duquel chacune ville. Et quant aux Estats, vacations, & mestiers ausquels les particuliers habitants se sont addōné, & employé, iceux prouenuz d'vn premier, qui s'y est appliqué, sont paruenuz à tel accroissement, que si le nombre n'en est infiny, si n'est il en la puissance d'aucun d'en faire denombrement bien certain. Pour ne laisser le tout en confusion, le prudēt aduis de nos ancestres a esté dés le commencement, ou du moins dés si long temps, qu'il n'est memoire du contraire, de les reduire en trois classes, & ordres.

Trois Estats.

Ciceron.
loy de nature.

OR si ce qu'est religieusement obserué par toutes natiōs, doit (iouxte l'opinion de Cicerō) estre estimé comme loy de nature: ceste diuision des Estats en trois se trouuera louee, & approuuee, voire receuë par toutes

des Bourgongnons, & de leurs estats. 45

tes sortes de gens & par consequent naturelle. Se trouuera aussi vray, que tous peuples ont eu certain ordre d'hommes, par lesquels vn chacun estoit contenu en la religiō qu'il auoit receuë de ses predecesseurs, toutes nouueautez interdictes: desquels aussi il prenoit droit en la decision des differés meuz pourquoy que ce fust, & adiudicatiō des choses mises(cōment que fust)en cōtrouerse. IL Y AVOIT vn autre ordre de gés de guerre, pour la tuitiō de la patrie, & amplificatiō des limites d'icelle. PLVS, vne tierce sorte d'hōmes tāt de mestiers pour seruir aux necessitez communes, que de peine, reseruez pour le labeur, & culture des heritaiges: depeur que les chāps demourans sans estre cultiuez, famine vniuerselle ne s'en ensuiuist és pays où la cessatiō du labeur aduiendroit. En ces trois ordres de personnes les plus anciens regnes & Republiques se trouueront diuisez. Qu'ainsi soit (outre ce que Diodore Sicilien sur la fin du 2. chapitre de son premier liure dit des Egyptiens, & Atheniés) il est certain que la Republique Romaine (qui est tenue pour auoir esté des mieux policees, & fondee en dignes establissemens, estoit cōposee desdits trois ordres. Pour certification de ce, quād ores le dire de certain Poëte duquel est ce vers:

Martia Roma triplex, Equitatu, Plebe, Senatu,

ne meriteroit tomber en consideration, Ciceron en plusieurs passages, & vne grād trouppe d'autheurs de marque, l'ont assez testifié par leurs escrits. I'adiousterois encores volōtiers, que chacun desdits trois Estats, que nous disons si ordinairement remplir toutes les parties de la Rep. que tel ordre semble naturel, se peut encores subdiuiser en trois: de façon que l'estat Ecclesiastique, se trouuera conster de Prelats, Colleges, & Curez: la noblesse de Princes, gentils-hōmes du ban, & gentils-hommes d'arriere-ban du Roy, & le tiers estat de bourgeois, artisans, & laboureurs.

SOIT donques que l'excellēce du nōbre de trois ait produit ceste cōmēlcy de nature, soit que les premiers hōmes ayent induit la posterité à suiure leur institut, & continuer leurs bonnes façons, nostre Gaule est du nōbre des regions, & pays, qui ont diuisé leurs habitans en trois: à sçauoir en Druides, gens de guerre & Plebeïens. En ces trois sortes d'hōmes, il n'y auoit que les Druides & les gens de guerre, qui participassēnt aux honneurs, & administrations publiques. Le vulgaire (dit Cesar) estoit si peu respecté, que tenu comme serf, il n'eust rien peu, ny osé de soy-mesme, & n'estoit appellé à aucune assemblee publique: ny faict participer des affaires d'Estat, ou autres deliberatiōs ciuiles. Mais à fin qu'il ne semble que ie vueille escorcher l'anguille par la queüe, & cōmēcer à parler premierement du moindre: il vaut mieux dire de chacun desdits ordres separément, & en premier lieu parler des Druides.

Estats cōposez de trois sortes d'hōmes.
Sacrificateurs.
Gens de guerre.
Laboureurs, & artisans.
Diod. Sic.
Ægyptiēs, Atheniens Romains.
Rome triple.
Ciceron.
Triplicité en chacun des trois Estats.
Nombre de trois.

Des Druides. CHAP. IX.

CE N'ESTOIT sans bien grande raison, qu'Alexandre le Grand venu au tombeau d'Achillés (où il l'honnora des ceremonies qu'on faisoit en ce teps là pour les morts) ses cria: ô heureux ieune hôme, qui as esté si biê fortuné, que d'auoir eu pour trompette de tes louanges, vn si excellêt personnage qu'Homere! Car à la verité, combien que le bien-faire soit de tout temps, & en toutes personnes fort recommédable: si est-ce que les actes genereusement entreprins, & vaillamment executez, & l'administration des choses ciuiles (quoy qu'elles ayent esté guidees par discretion, & prudence) demeurêt comme sepuelies en oubly, si elles ne sont escrittes, & consacrees à memoire: laquelle n'est sans bien grand mystere dicte mere des Muses. Entre plusieurs maux qui naissent à faute de recueillir les valeureux faicts des personnes illustres, les magnanimes entreprinses, braues executions des peuples, & bonnes institutions és Republiques, sont que l'antiquité est priuee de la louange qui luy est deüe, & la posterité perd le fruict de l'imitation. Mais si Alexandre a eu occasion de se plaindre, pour n'auoir eu vn Homere, qui mist en bruit ses proüesses & conquestes: à plus forte raison, les Gaulois ont plus que iuste cause de se douloir, & regretter la nonchallance des Historiens du passé, qui trouuans és Gaules infinies excellentes matieres d'escrire, des hommes du lieu, tant pour l'illustration de leurs genereuses vaillances en guerre, que grandeur d'esprit en la cognoissance des sciences, & contemplation des choses si hautes, qu'elles ne se peuuent comprendre, ny pas estre attaintes, que par singuliere gêtillesse, & rare dexterité d'esprit: ont neantmoins negligé de rendre tesmoignage fidele des vertus belliques, & ciuiles des premiers Gaulois, & de l'admirable vehemence d'entendemêt de leurs sacrificateurs, & Philosophes, tant Samothees, & Saronides, que Druides, desquels nous auons à parler.

Les suffisances des Gaulois mal recôgneuës par les Historiens.

SVR-CE qui voudra peser, & examiner ce qu'est fort remarquable, en ceste part, c'est chose digne d'admiratiô, que les Chaldees, Egyptiês, Perses, & autres bien fort esloignees nations, ont eu des personnages si soigneusement diligens à recueillir les antiquitez Galliques, qu'à eux seuls sont deües actions de graces, de ce de cognoissance que nous auôs des plus anciens, voire des premiers habitateurs du païs des Celtes, que les Romains ont depuis nommé en leur langage Gaulois. Ce n'est cas moins esmerueillable, que combien que tous les autres peuples ayent esté contraincts mendier du sçauoir és regions loingtaines, comme les Grecs en Egypte, & les Romains en Grece; ce neantmoins les Gaulois n'en ont emprunté de personne: & moins se trouue vray (quoy qu'aucuns ayent voulu controuuer) qu'aucuns estrangiers les soient allé instruire sur leur lieu: comme Pythagoras, Carmentis (dicte autrement *Nicostrata*) & autres, ont faict en Italie. Toutes sciéces, & sortes de Philosophie

La Philosophie, & les sciéces crües és Gaules.

Pythagoras.
Carmentis Nicostrata.

des Bourgongnons, & de leurs estats. 47

losophie ont si heureusement illustré les Gaules, sans riē en emprunter de voisins, ny loingtains quels que soient, que les lettres, les sciences, & (sur tout) la Philosophie y semblent estre nées. Pour la verificatiō de mō dire sert que Berose de nation Babylonien, & de professiō Chaldee, dit que Samothés, nommé aussi Dis, a esté le premier qui a habité la region Celtique. Ce que les Gaulois tenoient pour tres-certain du temps de Cesar: lequel en parle ainsi au 6. de ses Commentaires de la guerre Gallique: *Galli se omnes à Dite patre prognatos prædicant*. Berose adiouste que Samothés fut le plus sage homme qu'on trouuast de son temps: & qu'il inuenta les seize characteres, desquels depuis les Grecs se sont aidé. Frere Iean Annius de Viterbe (que ie cite volōtiers, tant pource qu'il ne dit rien sans auctorité, & sans raison, que pour faire despit à ceux qui ne luy veulent mal, sinon pource que *Beatus Rhenanus* ne l'aimoit pas) affirme que du nom de Samothés furent nommez les Samothees Philosophes, & Theologiés ses sectateurs: desquels Diogenes Laërtius au commencement de son liure de la vie des Philosophes dit ce que sensuit: *Philosophiam à Barbaris initia sumpsisse complures auctores asserunt. Constat enim apud Persas claruisse Magos, apud Babylonios & Assyrios floruisse Chaldæos, apud Celtas & Gallos Druidas, & qui Samothei dicūtur: qui teste Aristotele in Magico, & Sectione in 23. successionū libro, diuini, atque humani iuris fuerunt peritissimi, & ob id religioni deditissimi, ac propterea Samothei appellati sunt.* Voylà le dire de Berose, & de son Commentateur Annius, cōfirmé par Diogenes Laërtius, alleguant pour ses autheurs Aristote, & Seciō. Sur ce toutesfois est interuenu, que certain Pedāt, ou autre plus hardy, que discret, lors du premier bouillon du reflorissemēt des bonnes lettres, qui estoit adonc qu'elles non bien cuictes, rendoient encores leur escume, a osé corōpre le vray, & anciē nom des Samothees: & pour cuider (cōme desia dit est) assubiectir à la langue Grecque les propres noms dont vsent les nations que les Grecs appelloient Barbares, a mis en place vn mot purement Grec σεμνοθθει, lequel (à la verité) est bien de semblable signification que celuy des Samothees: mais si n'est-ce pas leur nom propre: nomplus que combien que Pape Paul 4. fust dit Caraffe en son surnom, si n'auoir-il pas nom Boucal, ny esguiere: ny ceux de la Rouere du Chesne, ny Rutilius n'est pas Splendian, ny Flauius Blondeau, &c. J'aymerois autant qu'on me dist que Cneus (qui fut le nom de Pōpee) signifie Guenard, Guenin, ou Guenaud. Pource ceux qui pensent auoir plus de licence de façōner les mots estrangiers sur le modelle de leurs langages, ou de leurs opinions, sont bien souuent ceux qui faillent plus reprehensiblemēt. Car (sans rechercher les autres mots autāt, ou pirement desguisez) qui ne sçait que Memorátius n'est pas à dire de Momorácy, ou Montmorancy, comme l'on le voudra escrire: ny Sciabotus Chabot?

MAIS (pour laisser desmesler ceste querelle à qui en aura plus affaire)

[marginalia:] Samothés Dis. Cesar. Berose. Samothés inuenteur des lettres dont les Grecs ont vsé depuis. Fr. Ieā Annius de Viterbe. B. Rhenan°. Samothei Philosophes. Diogenes Laërtius. Erreur d'vn correcteur de Diog. Laërtius. Σεμνοθθει. Contre les corrupteurs des noms propres. Erreur cōmun aux Italiens.

ie collige des dire, & allegations premises, que les Gaules dés le premier temps qu'elles furent habitees, eurent l'vsage des lettres, & auec celà des Philosophes, & Theologiens: qui est vne grace speciale de Dieu, que nul autre peuple (i'excepte les Hebreux) ne se peut venter d'auoir eu. Quant à l'inuention des lettres attribuee à Samothés, pour ce qu'il faudroit sortir de nostre principal desseing, aux fins de rebarrer les opiniõs de ceux qui ne le veulent croire, & que telle digression seroit (peut estre) odieuse, i'ayme trop mieux en remettre le discours à plus ample cõmodité, que de retarder le lecteur d'entendre ce qu'est de nostre principal institut. Et cependant dire que si Cesar eust congneu que les lettres Galliques, fussent Grecques, il ne l'eust pas teu.

Saronides.
Saron.
Diod. Sic.

Aux Samothees succederent (quant à la Philosophie, & Theologie) les Saronides; qui furent ainsi nommez de Saron fils de Magus, fils de Samothés. D'eux rend tesmoignage Diodore Sicilien liure 6. ses mots sont tels: *Philosophi quòque, ac Theologi, quos vocant Saronidas, precipuè ab eis coluntur.* Leur renommee fut telle, & si grande, qu'elle passa iusques en Grece, & donna occasion au goulphe que la mer Ægee fait à Corinthe, du costé du leuant, d'estre nommé Saronique: Saron signifiant (tant entre les Celtes, qu'en la primitiue langue des Grecs) vn chesne.

Sinus Saronicus.

Dryius.
Berose.

DRYIVS fut successeur de son pere Saron. Berose le qualifie plain de sçauoir, & d'experience: mais il eust mieux dit, s'il l'eust appellé destructeur de la pieté, & vraye-religiõ de ses predecesseurs. Car comme l'ame maligne n'est pas susceptible de l'esprit de sapiéce: ainsi ce fut chose fort preiudiciable à Dryius d'auoir l'entendemẽt plus arresté en la cógnoissance des lettres, & des sciences, que l'affection tournee à la pieté. Le sçauoir est veritablement chose fort excellente, & digne d'estre honoree; mais si le subiet qu'il a rencontré n'est solide en foy, & resolu en bonne opiniõ (outre le propre de la sciéce, qui est d'enfler d'orgueil, & presumption celuy qui la possede) l'ancien ennemy du genre humain (qui a biẽ osé solliciter le sainct des saincts de l'adorer) s'insinuë secretement en l'esprit de ceux qui presumẽt, & s'enorgueillissent de leur sçauoir, & leur persuade que les oppositions qu'il controuue, contre les points de la religion que nous tenons plus importans, sont tant bien fondees en raisons, qu'il n'y a rien plus selon l'ordre de nature: & au cõtraire que les articles sur lesquels la substãce de la foy est fõdee ne sont que pures bayes, & choses friuoles: puis le sens commun, & la raison naturelle y contrarient. Lesquelles persuasions ne tendent à autres fins, sinõ à ce que Dieu deplacé de la cõsciéce de celuy qui n'est pas digne qu'il habite en luy: tel indigne se dispose (perduë toute la crainte de Dieu, & se departant de la reuerence qu'il doit aux choses sacrees, & aux saincts Sacremẽs) de receuoir le diable, qui se logera au large en telle conscience abandonnee, & y vendra ses illusions pour miracles, & ses faulses inuentions pour vraye doctrine. Voylà pourquoy les Philosophes Indiens n'admettoient à l'estude

Le sçauoir dommageable à Dryius.

Ruse du diable pour infirmer la foy des hõmes sçauans.

La cõsciẽce indigne que Dieu y habite, est tãtost possedee du diable.

Louable façon des Philosophes Indiens.

des Bourgongnons, & de leurs estats.

stude de Philosophie tous ceux qui se presentoient: ains vsoient des diligentes preuues, & espreuues que Philostrate racompte en son 2. liure. A quoy adherant Erasme en son œuure *de recta pronunciatione*, dit ainsi: *Ad liberales disciplinas prisci non admittebant nisi bonis prognatos.*

OR estoit Dryius fils d'vn bon pere, mais & le desir de trop sçauoir, & la curiosité d'auoir l'intelligence des choses desquelles l'esprit de l'homme n'est capable, occasionnerent sa perdition. Ayant fort experimentee congnoissance de toutes les Mathematiques, il fut le premier entre les Celtes qui s'addonna à la Goëtie, & Necromãtie. A l'ayde desquelles il inuoquoit les mauuais demons, euoquoit les morts, & faisoit mille autres diableries, par lesquelles (ayant premierement acquis opinion (comme depuis eut Simon Magus) de faire miracles, & d'auoir communication auec la diuinité) il esbranla tellement la purité de l'ancienne foy des Celtes, qu'en fin il la tira en ses superstitions, destruisant la pieté que Samothés, Magus, & Saron auoient continué de pere à fils: & changea la vraye religion en maudicte impieté, & diabolique idolatrie. Paruenu à ce poinct auquel il auoit longuement aspiré, & les hommes desia deuenuz faciles à destruire les lois bien ordonnees, & aneantir les saincts establissemens & sacrees constitutions: il fut merueilleusement bien suiuy des amateurs de nouueautez, dont les Gaules ne furent iamais desfournies. Si ne print il toutesfois tant d'asseurance en ce que ses sectilles luy promettoient, que (à la mode de tous autres autheurs de sectes, qui poussez du malin esprit, singe, & emulateur de Dieu, vsurpent beaucoup des mysteres, & façõs religieusemẽt gardees en la vraye Eglise) il ne fist obliger ses sectateurs par exprez serment, à l'obseruance, & maintien de ses nouuelles inuentions.

CESTE impieté fauorisee par la puissance du Prince de ce monde, print tels accroissemẽs és Gaules, qu'en fin l'hõneur deu à vn seul Dieu, fut mis à nonchalloir, & les Gaules demourerent priuees des graces, & faueurs, que la diuinité est coustumiere departir à ceux qui l'inuoquent auec croyance. Mais (que pis est) tout le mal que ceste secte de Druides apporta à l'vniuers, ne prouint des Gaules, sinon comme de cause remote. Car les societez qui se dresserent en Italie soubs le nom de Druides, se trouuerent composees d'hommes extraicts de la race de Cam, autheur de toutes les plus execrables infidelitez, & abominables meschancetez que l'on pourroit imaginer. Combien doncques que Rome (nõmee cõmune patrie) soit esté de tout temps (cõme receptacle de tous estrangiers, qui la pluspart n'ont abandonné leur païs, sinõ pource qu'ils en ont esté bannis, ou qu'ils n'y osent retourner de peur d'estre puniz) l'vne des villes du monde plus abondante en dissolution & vices: si est ce que les iniquitez, & maluersations des Druides n'y peurent estre souffertes à la longue. Et dit Suetone, qu'Auguste Cesar defendit aux Citoiẽs de Rome de se mesler des cerimonies des Druides, & de se soullier de

Philostrate. Erasme.

Dryius abandonne le seruice de Dieu, pour seruir au diable. Dryius sectateur de la Goëtie, & Necromantie.

Introductiõ d'impieté és Gaules.

Gaulois amateurs de nouueautez.

Chacune secte a son peculier serment.

Cam renouateur de toute impieté. Rome villicẽtieuse, & retraicte d'estrãgiers. Suetone. Auguste Cesar. Druides chassez de Rome.

E

Claude Emp. Pline. leurs superstitions: mais Claude cinquiesme Empereur aneantit, & extermina du tout telle secte, Pline toutesfois dit que ce fut Tybere.

Tybere Cesar. Druides Gaulois. Pline des Druides. OR defaicts de ceux-là, venons maintenant aux Druides des Gaules, la superstition desquels estoit fondee sur mesmes principes, mais les vices, & abominatiōs estoient beaucoup moindres. Pline au dernier chapitre du 16. liure de son histoire naturelle, parle d'eux en ceste façon: *Les Druides (les Gaulois nomment ainsi leurs Philosophes, & sacrificateurs) n'estiment rien si sacré, & digne d'estre reueré, que le guy, & l'arbre auquel il croist, pourueu que ce soit vn Chesne. D'eux mesmes ils choisissent les forests de Chesnes, pour y habiter, & ne font aucun sacrifice sans auoir des branches, & fueilles dudit arbre: tellement qu'outre l'ancienne cause de leur nomination, il y auroit aussi apparence de raison, pour les nommer Dryides par interpretation Grecque. Certainement ils estiment, que tout ce qui croist sur les Chesnes leur est enuoyé du ciel, &*

Guy de Chesne. *que telle surcroissance est signe que l'arbre est choisi de Dieu. Or est le guy de Chesne mal-aysé à trouuer, & trouué on le va cueillir auec deuotes cerimonies. Pre-*

Sexte de la Lune. *mieremēt ils obseruent que la Lune soit en sa sexte: car lors cōmencent leurs moys, & leurs iours, cōme aussi leur siecle, qui dure trente ans. Elle est adōc suffisamment grande, & toutesfois non encores demie: ils l'appellent en leur langage guerissant tout. Le sacrifice, & les viandes deuëment preparez soubs l'arbre, ils amenēt deux taureaux blancs, & lors commencent à premierement les applier, & leur faire souffrir le ioug. Le sacrificateur vestu d'vne robbe blanche, monte sur l'arbre, & couppe le guy auec vne faucille d'or: on le reçoit sur vn saye blanc. Ce faict ils font leurs sacrifices, prians Dieu qu'il luy plaise accompagner de tant de bon-heur le don qu'il leur a enuoyé, qu'il puisse profiter à tous ceux ausquels il en sera donné. Leur opinion est que ce guy beu rend feconds tous animaux auparauant steriles. Ils croyent d'auantage que c'est vn souuerain remede contre tous venins.* Voylà

Modestie de Pline. ce que Pline, en dit: & par sō dire ie remarque sa modestie: en ce qu'il n'a pas voulu de plain sault (cōme a faict le correcteur de Laërtius du nom des Samothees, &cōme ceux qui ont osé effrōtémēt dire que Burgus est infalliblemēt venu de πύργος) dire que le mot des Druides fust asseurémēt Grec: mais biē qu'il semble qu'il pourroit aussi receuoir l'interpretation Grecque. Et quāt à la sexte de la Lune, il n'a pas exprimé la diction Gallique, ains dit seulemēt qu'en leur lāgage ils l'appelloient guerissant tout.

Rameau d'or de Virgile. IE ne veux entrer en dispute, si ce que Virgile a escrit du rameau d'or, est prins de la superstition de laquelle les Gaulois vsoient apres le guy de Chesne. Et moins m'arrester si soubs tel guy se trouuent ces fadezes, que les Euangiles des quenoilles nomment Mandegloires, au lieu

Mandragores. Matthiol. de dire Mandragores: & que les hommes serieux estiment pures impostures: selon que Matthiolus Medecin Senois le declare liure. 4. chap. 61. auquel remettāt le lecteur, qui en sera curieux, ie reuiē à noz Druides.

Amm. Marcellin des Druides. AMM. Marcellin apres auoir dit que les Bardes, & Eubages ont fait profession d'apprendre les sciences aux Gaulois, parle ainsi des Druides: *Inter hos Druidæ ingeniis celsiores, vt auctoritas Pythagoræ decreuit, sodalitiis astricti consortiis, quæstionibus occultarum rerum, altarúmque erecti* *sunt, & despectantes humana, pronuntiauerunt animas immortales.*

VOYLA ce que de gros en gros les autheurs auant-nommez ont dit des Druides. Mais Cesar qu'on presuppose en auoir escrit ce qu'il a veu, & appris sur le lieu, semble bien digne d'estre ouy en ceste part, comme plus specificatif de la dignité des Druides: & plus faisant à l'intelligence de la function qu'ils auoient en la Republique des Gaulois. Ce qu'il en dit en Latin au 6. liure de ses Commétaires de la guerre Gallique, est de telle substance en nostre langage François: *Les Druides assistent aux seruices diuins, donnent ordre aux sacrifices publiques, & particuliers, expliquent les points de la religion. Vers eux abborde grosse multitude de ieunes gens, pour apprendre: & n'est petit l'honneur qu'on leur rend. Car ils vuident quasi tous les differends publiques, & particuliers: S'il est aduenu quelque mesfaict, si vn meurtre a esté commis, s'il y a procez de quelque heritage, ou des bornes, & limites, ils en congnoissent, adiugent interests, & amendes. Si quelque particulier, ou communauté se redoit desobeyssant à ce que par eux auroit esté iugé, ils leur defendoiēt d'assister aux sacrifices. Ceste peine estoit entr'eux tres-griefue. Car ces excommuniez estoient estimez plains d'impieté, & de meschanceté: vn chacun les fuit, leur presence est odieuse, & nul ne daigne parler à eux, de peur de s'infecter de leur contagion. S'ils demandent droict, ils ne sont pas ouys, ny ne sont faicts participans d'aucuns honneurs. Tous ces Druides ont vn chef, qui a entr'eux supreme auctorité. Luy mort, si entre les autres il y a quelqu'vn excellent en dignité, il luy succede: mais s'ils sont plusieurs pareils, il s'eslist à la pluralité des voix des autres Druides: bien souuent que l'affaire est terminé par les armes. Ils s'assemblent en certaine saison de l'an au païs Chartrain, qu'est vne region quasi au milieu des Gaules, & assis en vn lieu consacré, tiennent vne forme d'assises. Là se rendent de toutes parts ceux qui ont des procez, & s'en submettent à leur iugement, sans desobeïr à ce que par eux en est ordonné. L'opinion commune tient que ceste discipline a esté trouuee en Angleterre, & que delà elle fut transportee és Gaules. Encores de present ceux qui desirent en estre plus à plain instruicts, vont souuent là, pour mieux apprendre. Les Druides ne suyuent point les guerres, & ne contribuent à aucuns subsides: ils sont exempts de porter les armes, & ont immunité de toutes charges, attirez de tant de franchises, plusieurs s'addonnent d'eux-mesmes à la suitte de telle discipline, ou y sont enuoyez par leurs prochains, & parens. On dit que là ils apprennent gros nombre de vers: & pource aucuns demeurent vingt ans en ladicte obseruance: & ne pensent qu'il soit licite mettre par escrit tels vers, combien que quasi par tout au reste de leurs affaires publiques, & priuez ils vsent de lettres. Il me semble que cela a esté ordonné par eux, pour deux raisons: pour ce qu'ils ne veulent pas que les secrets de leur religion soiēt diuulguez, ny que leurs escolliers se fient tant en l'escriture, qu'ils laissent d'apprēdre par cœur, & soigneusemēt exercer leur memoire. D'auantage ils sont frequens en disputes des astres, & de leurs mouuemens, de la grandeur de la terre, & de ses parties: de la nature des choses: de la force, & puissance des Dieux immortels: & en font leçō à la ieunesse.*

E ij

Voylà ce que Cefar efcrit des Druides, premier ordre d'hommes entre les Gaulois. Refte à parler des deux autres fortes de gens qui habitoient les Gaules: & premierement des gens de guerre.

Du second eftat des hommes Gaulois. CHAP. X.

PVISQVE le defaftre a efté fi grãd pour tous les peuples naiz és Gaules, qu'il ne nous refte aucun tefmoignage efcrit, de ce que les Gaulois ont faict chez eux, & dehors, finon tel que les eftrangiers, & mefmement les Romains leurs iurez ennemis, en ont voulu laiffer: il eft force (comme quelques Apothicaires faydent, à faute de vray Rheubarbe, de la racine du Raintre, que vulgairement on appelle Rheubarbe des Moynes) nous feruir de leur dire: d'autant que nous n'auons aucune bien expreffe verité reftãte, pour emplacer au lieu de ce que(foit vray,foit faux) ils nous ont mis en euidence,& laiffé par efcrit. Pour ce fuis-ie contrainct employer icy le tefmoignage de Cefar: encores que ie n'ignore pas qu'il a auffi affectionnément combattu l'honneur des Gaulois auec la plume, qu'il a faict leur liberté auec l'efpee. Or eft-il à noter, que Cefar parlant du fecond ordre des hômes Gaulois, faict côme nous auons dit cy deuant de T. Liue: car comme ceftuy (foit par ignorance du mot Gallique, foit pour parler plus intelligiblement, ou autrement) nôme Ambigatus de Berry, Roy des Gaules; auffi Cefar laiffant la diction Celtique, vfitee entre les Gaulois, pour fignifier les hommes de leur fecond eftat, il leur donne la mefme appellation qu'auoit le fecond ordre des hommes Romains dits *Equites*. Son dire mis en Frãcois, eft de telle fubftance. *L'autre forte d'hommes frequente ordinairement la guerre: & felon le befoing, & que les affaires fe prefentent, foit pour offenfer, foit pour fe defendre (ce qu'auant l'arriuee de Cefar aduenoit tous les ans) fe rendent prompts à marcher en armes où il eft ordonné. Et felon que chacun eft iffu de bône race, ou riche, il meine en fa fuitte gros nombre de vaffaux, & fubiets. A cela feulement font recongneuz les grands Seigneurs, & hommes de credit, & pouuoir.*

IE ne veux icy nier que ie ne me foye trouué bien empefché, pour n'auoir en prompt en noftre langue Françoife, mot fuffifant, par lequel ie peuffe bien à plain exprimer la condition de tous les hommes du fecond eftat Gallique. D'autant qu'il n'eft pas à croire, que les Gaulois allaffent tous à la guerre à cheual, côme les Mofcouites. Ce que feroit neceffaire entendre, fi *Equites* eftoient icy prins pour cheuaucheurs, ou gẽs de cheual, iouxte le mot Latin, duquel Cefar feft ferui, comme plus intelligible aux Romains. Mes difficultez eftoiẽt fortifiees, d'autãt que les Druides fe trouuans exẽpts d'aller à la guerre, & le peuple ne practiquãt que le labourage, & les arts mechaniques, cefte forte d'hômes que Cefar

nomme

Qui ne peut ce qu'il veut, eft contraint vouloir ce qu'il peut.

Cefar n'a efté moins diligent à combattre l'honneur des Gaulois par efcrit, que leur liberté par armes.

Secõde forte d'hommes Gaulois. Equites.

Le mot Latin Equites ne peut eftre reprefenté en vn mot François.

des Bourgongnons,& de leurs estats.

nomme *Equites*,demoureroit seule dediee aux armes : De les dire Cheualiers,il ne m'a semblé raisonnable:par ce que ce nom de dignité ne fut iamais si auili, qu'il fust indiscretement commun à tous. Ioint que Cesar faict particuliere mention des nobles. I'aymerois doncq' mieux interpreter, non la dictió *Equites*, mais ce que Cesar veut estre icy entédu par icelle, gens de guerre, (comme ie les ay nommé cy dessus) qu'autrement comme que ce soit. Si i'eusse dit gens de villes,il me semble que ie n'eusse suffisamment satisfaict à l'intelligence de toutes les personnes du secód estat des Gaules, auquel (outre iceux hommes de villes) sont comprins les Nobles, qui(du moins plusieurs)demouroient adonc hors des villes, aussi bien que ceux d'apresent. Disant dócques gens d'armes, ou gens de guerre, ie suiuray Diodore qui diuise les Ægyptiens en prestres, gensdarmes, & artisans. <small>Cheualier.</small>

Qvelqve nom qu'on leur vueille bailler,il est certain que la police des villes, bourgs, bourgades, & villages leur appartenoit : comme aussi que la iustice ordinaire estoit administree par eux. C'est pourquoy Cesar parlant des Druides, ne leur attribuë pas la congnoissance de toutes choses qui tomboient en different : ains se restrainct par cest aduerbe *ferè*, signifiant autát que quasi, & que peu s'en faut. Ainsi lisons nous que le Maire, & chef de la iustice d'Autun estoit iadis nommé *Vergobretus*, & auoit puissance de vie, & de mort sur ceux de sa iurisdiction. Auiourd'huy son pouuoir est reduict à la forme des autres Maires de Bourgongne. Restent en son appellation quelques marques du nom ancien: car encores que le vulgaire (grand déprauateur de la naïfueté des mots) le nomme Vierg, si doit il estre dit Verg, qu'est vne diction Celtique signifiant craint, & crainte, seló qu'il se peut congnoistre par ce mot Vergongne, qui(à bié l'exposer) deuroit signifier crainte de Dieu, mais il est employé pour vne naturellemét sincere, & louable honte en toutes personnes, & principalement és ieunes gés. Les Latins vsent(pour la signifier) de ce vocable *Verecundia*, cóposé de *Vereor*, & de אי, dont nous auós parlé cy dessus au chap.5. où nous disions qu'Ongne, & אי, sont de mesme significatió. A quoy se pourroit adiouster, que les premiers fondateurs des païs, & des villes, ont eu ce soing de retenir le nom de Dieu en l'impositió de la pluspart des noms d'iceux païs, & villes: & que ia fut au cómecemét vn nom de Dieu entre les Grecs, & Latins, cóme iah entre les Hebreux. Surquoy vn grand personnage dit apres les Rabbins, qu'il n'y a gent, peuple, ny nation qui n'ait son Ange tutelaire (ce que Daniel fait aussi entendre, quand il parle de l'Ange des Perses) ny Ange en qui ne soit l'vn des noms de Dieu iah,ou el. Celà touché cóme en passant, pour seruir (selon qu'il pourra) de raison, pourquoy tant de cótrees ont leurs noms terminez en ïa, il est besoin de reuenir à noz gés du secód estat des Gaules. Quoy que ia est vn affirmatif de verité, & nostre ouy de mesmes, & verité est vn nom de Dieu? <small>Cesar.</small> <small>Vergobretus, chef des Autunois.</small> <small>Vierg & Verg. Vergógne.</small> <small>ia,& iah.</small> <small>Daniel. Maxime des Rabbins.</small>

E iij

Il a peu apparoir par ce que nous auōs dit cy deuāt, que tout le soin, & maniement des armes estoit riere ce second Estat:& quāt à la cōduite des armees,nous auons allegué Strabo, au 4. liure de sa Geographie: lequel tient que comme la pluspart des Citez Gauloises estoient gouuernees par les hommes plus signalez d'icelles, qui en eslisoiēt vn, qui estoit comme supreme, ou (selon que nous l'auons souuent nómé) Grand pardessus: aussi la commune (il entend ceux qui auoient pouuoir d'assister, auec droict de suffrage, aux assemblees des villes) eslisoit vn chef & Capitaine pour la guerre. Ce General se transportoit de quartiers en quartiers, pour euiter confusion, & y faisoit les enroollemens, quand il s'agissoit d'vne leuee de gens pour vn Canton en particulier. Mais quand il estoit question de faire vne emigration generale, ou que l'entreprise d'vn de guerre(fust pour assaillir, fust pour se defendre) se faisoit par vniuerselle deliberation, & resolution de toute l'assemblee des Gaulois: où les chefs, & aduoüez des Cantons se leuoient, & estans debout (selon l'ancienne vsance Celtique) promettoient chacun pour sa Cité, certain nōbre d'hommes de guerre, qui par apres conduits par vn Capitaine particulier dú mesme Cantō, au lieu, où estoit assigné le rendez-vous, faisoiēt serement és mains des Commissaires, de faire bon, & loyal seruice, à la Republique Gauloise:& n'espargner leurs personnes,ains employer leurs vies d'entiere affectiō, pour le bien commun de toute la patrie, soubs la charge de leur Capitaine, selon les commandemens du General de l'armee. Voylà ce que i'ay peu colliger de ceste seconde sorte d'hōmes Gaulois:reste à parler du peuple,duquel depuis le ioug Romain secouz, & la liberté publique recouuerte, a esté composé le tiers Estat des Frāçois, & des Bourgongnons.

Souurain magistrat des Gaules.

Cōme leuees se faisoient és Gaules.

Coustume Celtique.

Du peuple, troisiesme sorte d'hommes entre les Gaulois. CHAP. XI.

Ç'A ESTÉ de tout temps vne chose fort cōmune entre les animaux, que là où la force a esté, la volonté de commander, & maistriser luy ait esté compagne, si mal-aysee à separer, que la bōne education, & l'affectation de preud'hommie ont (bien peu souuent) sçeu ie ne diray dompter, mais seulement diuertir, ceste brutale affection des hōmes, esquels la partie animale est plus forte que la raison. Delà sont proueuuës pour la pluspart les premieres dominations: lesquelles creuës en regnes, & la douceur du regne ayant incité le desir des Roys d'amplifier l'ayse, & cōtentement dont ils estoient peuz, & abbreuuez par telle douceur de regner, ont produit les guerres, & les guerres les seruitutes. Car le vainqueur s'estant acquis pouuoir sur la vie, & les biens des vaincuz, il estoit en luy, ou de les faire passer au fil de l'espee, ou de renger les personnes (que bien souuent on vendoit à trouppeaux, comme chieures, moutons,

Force maistrise bien souuent la raison.

Origine du regne.

Les guerres ont introduit les seruitutes.

des Bourgongnons, & de leurs estats.

moutons, & autre bestail) à tel office, & exercice qu'il leur plaisoit: selō qu'encores il est practiqué par les Princes infideles: & vn peu plus doucement en quelques portions de la Chrestienté. Quant à la France, tant sen faut qu'elle imite ces inhumanitez, que depuis le Christianisme y receu, elle est deuenuë impatiente de serfs de corps. Et si vn serf de corps estoit si heureux que de pouuoir entrer en France, telle entree le rendroit franc, sinon que par acte, ou conuention precedente, il en fust arresté quelque chose au contraire. Car soubs ceste restriction nous auons souuent veu aduenir, que les Ambassadeurs, & enuoyez, ou agēts, du Turc, du Roy d'Argier, ou autres sont venuz en Frāce, auec suitte de plusieurs personnes, sans qu'on se soit enquis s'il y auoit point de serfs, ny qu'on se soit essayé d'estēdre en leur faueur le benefice du priuilege de la France: ains comme librement tels Ambassadeurs estoient entrez en ce Royaume par sauf-conduit, ainsi en sont ils sortis sans contradiction.

OR les seruitutes que les victorieux imposoient sur les vaincuz, estoient ou sur les corps, ou sur les biens, ou sur l'vn & l'autre. La seruitute de corps emportoit que la naturelle, & premiere liberté de l'homme esteincte & estouffee, sa personne demouroit asseruie au vouloir de son maistre, & deputable aux exercices penibles, sans en auoir plus de pitié, misericorde & compassion, que d'vn cheual, ou d'vn asne. Celle qui a esté sur les biēs cōme la plus douce, & plus tollerable, a esté la plus ordinaire, & plus practiquee. Et fut frequente la façon de iadis, qu'és païs conquestez, ou le victorieux y menoit de ses hommes naturels, comme fit Charlemaigne en Saxongne, ou y fondoit des Colonies (comme fit Plancus à Lyon, & à Basle) ou mettoit des garnisons pour conseruer iceux païs à sa deuotion: chose tant ordinaire, que d'infinis exemples on seroit bien empesché lequel mettre deuāt. Outre telle conseruation du droict de souueraineté, encores le victorieux se faisoit seigneur, proprietaire des fonds tant abandōnez par les auant-possesseurs, ou morts, ou fugitifs pour cause de la guerre, qu'autrement vaques, & sans tenementiers. Lors tel conquerant sen reseruoit ce que mieux luy plaisoit, ou diuisoit le tout entre ses Capitaines & compagnons de victoire: ausquels (selon la faueur, laquelle a tousiours esté plus puissante que le merite) il infeodoit ce que chacun iugeoit luy estre plus commode. Ces seigneurs faicts vassaux du Prince conquereur, ou de la Republique victorieuse, en vertu de telle infeodation, & nouuelle obligation acquise sur eux, quelque portion de peuple conuenoit secondairement: & comme desprouueuz de tous biens, & consequemment de moyēs de viure, prioiēt que les heritages labourables, ou defrischeables leurs fussēt donez à cultiuer, à conditions de tel canon, cens, rente, & seruiz qu'il seroit conuenu: ainsi les seigneurs directs donnoient l'vtilité des fonds, & heritages, dont ils se reseruoient à pertuité la directe seigneurie, selon que

Point de serfs de corps en France.

Trois sortes de seruitute. Seruitute de corps.

Seruitute de biens.

Charlemaigne transporta les Flimāds en Saxe. Colonies posees par Plancus à Lyon, & à Basle.

E iiij

56 De l'antiquité & origine

Souueraineté.
Directé.
Propriété.

par l'infeodation le Prince se reserue la souueraineté. De façon qu'vne mesme parcelle d'heritage est en la souueraineté du Prince, en la directe du Seigneur duquel elle est mouuante, & propre à celuy auquel elle est donnee à cense, & asseruisee, ou amasee, pour en faire les fruicts siens, en payant le cens mis dessus, & aggree par le reteneur, qui oblige à mesmes charges soy & les siens, tenementiers de l'heritage, ou heritages ainsi baillez.

Mainmorte.

LA troisiesme sorte de seruitute (que nous auons dit estre sur les personnes, & sur les biens) est celle des hommes de main-morte: lesquels (outre que leurs heritages sont subiects à la secōde seruitute, dont nous venons de parler) doiuent des seruices corporels, comme faire des coruees, & iournees pour leur Seigneur quād il en a besoing, porter des lettres çà, & là, &c. ne peuuent vendre leurs biens, sinon à gens de mesme condition: ou si quelqu'vn en achette, il est tenu (si le Seigneur le luy cōmande) en vuider ses mains dans l'an, & iour: & mourans sans enfans, ou bien sans heritiers de leur expresse communion, saisissent leur Seigneur de tous leurs biens.

COMBIEN que Cesar ne dise expressément que le menu peuple Gallique fust serf d'aucunes des trois sortes de seruitutes cy deuant mentionnees; si est-il aisé à congnoistre, par le discours de ses propos, que ces pauures gens n'estoient aucunement prisez, ny estimez entre les Gaulois. Ils n'osoient rien entreprendre d'eux mesmes, qu'est à dire sans congé, & authorité de leurs superieurs: & n'estoient admis, ny appellez à aucunes assemblees, ny deliberations publiques.

BEAVCOVP de gens de ce menu peuple, se voyans oppressez ores de debtes, ores d'excessiueté de tailles, & tributs, ores de vexations que les hommes de pouuoir leur donnoient, se dedioient d'eux-mesmes au seruice, ou plustost seruage des Nobles, qui acqueroient sur ces pauures gens tous les droicts que les maistres auoient sur leurs seruiteurs.

Gens du plat pays.
Serfs és villes aussi biē qu'és villages.
Cense de Mars.
Maraults.
Trois sortes d'habitans és villes.

QVELQV'VN pourroit alleguer, que tout ce mien propos n'est que des Païsans, & (comme diuersement on les appelle) peuple des champs, ou gens du plat païs: mais si les anciennes obseruances estoient bien recherchees, on trouueroit que iadis il y auoit en certaines parties des villes, d'aussi dures seruitutes, qu'és villages mesmes. De ce sont foy (entre autres choses) innumerables affranchissemens d'vne infinité de villes: comme aussi les antiques censes de Mars, desquelles quelques-vns ont estimé estre prouenue l'appellation des Maraults. Auec ce quand en vne ville se trouuent particulieres nominations de rues franches, & franchises, c'est signe de quelque prerogatiue, ou priuilege particulier nō commun au reste. Pour doncques se bien resouldre de cest affaire, il est à sçauoir, que comme la generalité du païs estoit habitee d'hommes de trois estats distincts, ainsi chacune ville estoit composee de trois sortes d'habitans: les Nobles auoient leur rang à part, & quant aux affaires de ville,

ne sen

des Bourgongnons, & de leurs estats.

ne sen mesloient nóplus que les Ecclesiastiques, sils n'en estoient priez ou si l'eminent peril ne pressoit vn chacun, pour nó manquer de secours à la Republique assaillie. Or d'autát que & les Nobles, & les gens d'Eglise estoient exempts de toutes charges, subsides, & impositions, on les rangeoit ensemble. Apres ceux-cy estoiët en principal honneur, & auctorité les honorables, lesquels comme ils estoient seuls Bourgeois, auoient aussi seuls l'administation, & maniement des affaires des villes, & seuls auoient voix és assemblees d'icelles. Ceux-là estoiët de franche condition: mais quant aux artisans, & reste du menu peuple, ou le tout ou la pluspart estoient serfs, ou comme serfs. C'est-ce qu'il m'a semblé deuoir (pour ceste heure) estre dit du peuple, & troisiesme sorte d'hómes Gaulois: reseruant à discourir de ce que pourroit estre icy desiré, quád nous parlerons de la comparaison de telles gens de iadis, auec ceux qui de present leur ont succedé.

Honorables.
Bourgeois.

Comme iadis les Estats s'assembloient par le mandement & auctorité du Magistrat souuerain, que nous auons nommé Grand pardessus: ainsi à present les Estats generaux, tant de toute la France, que des Gouuernemens particuliers, s'assemblent par le commandement du Roy, qui est chef de l'Estat.

CHAP. XII.

TOVS ceux qui ont eu desir de traicter des especes de domination, se sont trouuez fort empeschez, quand ils ont voulu conferer les parcelles de l'vne, auec celles de l'autre, ou des autres. Mais encores me semblent estre demourez plus courts, & ne s'estre assez suffisammét satisfaicts, & moins s'estre bien expliquez de la difficulté qui se trouue au parágon des dignitez de la Republique Romaine, auec les degrez d'honneur, magistrats, & offices du royaume de France. Tant en choses si differentes, il y a peu de similitude. Surquoy sil falloit s'estendre en paroles, pour rendre ce faict mieux entendu, ie craindrois que la digression qu'il seroit expedient faire, ne montast plus, que ce que nous auós à deduire en principal.

Ceux s'abusent qui veulét employer les noms des magistrats Romains, sur les magistrats de France.

Novs dirons dócques, que combien que les anciénes Republiques des Gaules se gouuernassent en leur particulier par l'auctorité, & códucte de plusieurs tendans à mesmes fins: si est-ce que le rang que le Grád pardessus (duquel nous auons faict ample mention cy deuant) tenoit sur la generalité d'icelles Gaules, conseruoit vne espece de Monarchie. Et ne differoit le grade, & auctorité du Grand pardessus, d'auec la puissance Royale, sinon par le temps: d'autant que le Grand pardessus n'estoit en dignité, que pour vn an; & le Royaume faict hereditaire, a acquis celle parfaicte, & omnimode dominatió que l'Aristote nóme παμβασιλέα, & en dónc l'interpretation. Celà premis, nous trouuerons la dif-

Grand pardessus.

cuſſion du ſurplus moins difficile. Car comme le Grand pardeſſus cōuoquoit les anciens Gaulois: auſſi les Roys ordónent au temps preſent les conuocations des Eſtats, ſoient generaux de toute la France, ſoient particuliers des païs gouuernez par Eſtats. Or d'autant que tout ce Royaume eſt compoſé des Gens de Poëté, (c'eſt à dire qui ſont ſoubs pouuoir d'autruy) ils ne peuuēt faire aſſemblees legitimes, pour traicter, & diſpoſer des affaires publiques, ſans le gré, vouloir, & conſentement, voire ſās iuſſion eſcrite, & commādemēt expres du Roy, qui eſt ſouuerain chef de l'Eſtat.

<small>Gens de Poëté.</small>

<small>Le Roy chef de l'Eſtat.</small>

<small>Du Roy, & des Eſtats.</small>

IE n'ignore pas (ce pendant) que la diſpute, à ſçauoir ſi le Roy eſt par deſſus les Eſtats, ou ſi les Eſtats generaux ſōt par deſſus le Roy, n'eſt tenue de tous pour bien reſoluë: nomplus que celle du Concile, & du Pape. Entre pluſieurs mal reſoluz de ce faict, il ſ'en trouue, qui ont imité les mauuais couſturiers, qui non contens de tailler vn meſme habillement à poil, & à contrepoil, le couſent auſſi ſans diſcretion. Celà eſt ayſé à iuger par leurs eſcrits, dreſſez comme ſ'ils faiſoient complot de vengence auec Baſin Roy de Thoringe, & ſans diſtinction des temps (qui neantmoins ont produict grandiſſimes differences) traictent de noz Roys d'à preſent, cōme des Roys iadis electifs, qu'on ſouloit eſleuer ſur vn bouclier ou (pluſtoſt) pauois, & les porter ſur les eſpaules. Sās laquelle diſtinction, les hommes mal meuz pourroient penſer qu'ils ont raiſon, & inferer que comme qui a droict de baſtir, & edifier, a auſſi puiſſance de ruiner, & de deſtruire: ainſi ceux qui ont l'auctorité de faire des Roys, ont pouuoir de les depoſer. Toutesfois (outre ce que les Roys ne ſe font plus du biez de iadis) entrer en vne obligation, eſt acte de volōté: mais depuis qu'on y eſt entré, l'acte induict neceſſité. De façon que cōbiē qu'il ſeroit en la puiſſance du peuple d'eſlire le Roy, ſi ne ſ'enſuiuroit il qu'il fuſt en luy, apres l'auoir eſleu, & approuué, & apres luy auoir donné la foy, remis le droit publicq, promis, & iuré obeïſſance, de le priuer de ſon Royaume: nomplus qu'il eſtoit aux Chapitres, du temps des elections, de depoſer l'Eueſque eſleu, confirmé, & reçeu. Auſſi comme le mariage qui ſe faict, & cōtracte entre l'homme, & la femme, eſt indiſſoluble par autre moyen que par mort (i'excepte les cauſes cōtenues en l'Euangile) ainſi le mariage myſticq d'vn Roy auec le Royaume, ne ſe doit diſſouldre ſinon par ce Dieu tout puiſſant, duquel l'eſcriture ſaincte certifie que toute puiſſance depend. Ioinct que le Regne eſtant deuenu hereditaire il n'eſt plus queſtion de rebroſſer pour en chercher les vielles deferres.

<small>Superfluës recherches.</small>

<small>Les Roys anciens eſtoient Eſleuz.</small>

<small>Faulſe illation.</small>

<small>L'obligation volōtaire, l'obſeruance neceſſaire.</small>

<small>Comparaiſon.</small>

<small>Le regne hereditaire.</small>

LORS que les François, & Bourgongnons ſ'arreſterent és Gaules, ilz ne faiſoient que venir tout freſchement de Germanie: où ils auoient eſté ſi deſuoyez de leur ancien naturel, & ſi imbuz de cruauté, que le moindre deſplaiſir qui leur eſtoit faict en general, eſtoit cauſe de guerre: & le moindre deſpit, ou offenſe faicts aux particuliers, eſtoit occaſion

<small>Deprauation du bōn aturel des François, & Bourgōgnons.</small>

des Bourgongnons, & de leurs estats.

sion de querelle: sans que la raison peust commander à la puissance irascible. En ces impatiences d'esprit, beaucoup de choses se faisoient, que les hommes de bon iugement ne voudroient approuuer: sinon que par mesme moyen ils deliberassent de priser, louer, & estimer les mutineries des soldats Romains, contre leurs Empereurs: celles des Anglois côtre leurs Roys: & celles des Venitiés côtre leurs Ducz: desquels ils ont tous faict si horribles carnages, que les Senats, camps, rues, & places de Rome en ont esté souillez, infectez, & empuátiz. Et quand aux Anglois & Venitiens, non seulement la mentió que les histoires en font rend horreur aux lecteurs, mais aussi faict grád mal au cœur de ceux qui les entédent. Et ne peut estre bon François, quiconque desire que les François se mesurent à telle aulne. *Cruautez reprouuables.*

SVRQVOY quand ie confesseray que les Empereurs, Roys, & Ducs susdits ne valoient rien, & qu'ils estoient indignes du rang qu'ils tenoiét: si est ce que ceux qui detestent, & abhorrent les executions faictes à la S. Bertelemy 1572. sur ceux qui lors, & au lieu où ils se trouuerent, estoiét tenuz, estimez (voire iugez les aucuns) ennemis de la patrie, & perturbateurs de l'estat, & du repos publicq, seront de mon opinion, que telles voyes de faict ne sont dignes d'estre loüees, & moins approuuees: ains que les fureurs populaires sont plus dignes d'estre reprimees, que tolerees, tant s'en fault auctorisees. Vray est que la commune façon est de donner le tort aux morts. Mais les exéples de cruauté, & remuëmét de mesnage, ne doiuét iamais estre communiquez, & moins proposez au peuple, pour l'induire au massacre de ses Princes: contre lesquels ayát prins curee, il ne cesseroit iamais de lauer ses mains en leur sang. Et ne peut estre acte d'homme sage, ains de personne aueuglee de desordóné appetit de vengence, ne se soucier par qui, ny comment elle luy soit faicte, pourueu que par l'execution d'icelle, il ayt son cœur content d'affliger son Prince, & luy troubler son Estat. *On ne doit fauoriser les cruautez.* *Desir de vengence.*

SI donques noz anciens François, & Bourgongnons, encores tous brutz, de la frequentation qu'ils auoiét eu auec les Allemans, desquels la France viét tout freschemét d'esprouuer la Barbarie, (qui s'interprete cruaulté) ont vsé de violence enuers leurs anciens Roys de la race de Merouee: ce n'est chose qu'il faille loüer, en fournir exemples, & moins les tirer en consequéce. Autát en faudroit il dóc faire de la pluralité des fémes des Roys d'adóc: autát des massacres que Clotilde feit faire de to⁹ les Princes du sang, & maison de Bourgongne: & d'infinies autres choses, qui en ces temps s'exerceoient contre Dieu, & raison: entre lesquelles est à compter la puissance absoluë dont Clotaire, & plusieurs autres Roys, pretendoiét pouuoir vser, d'exiger sur le peuple tout ce qu'il leur plaisoit. Et par ce moyen estant leur opinion renouuellee, ne deburoit estre trouuee mauuaise. Tant d'autres choses se trouuent auoir esté practiquees en ces temps-là, lesquelles il seroit plus que mal seant remettre *poligamie.* *Clotilde Royne.* *Clotaire Roy.*

de present en vsage, que ie n'aurois iamais faict, s'il m'en failloit denombrer la centiesme partie.

Le royaume de Frãce hereditaire.

AV reste qui peut ignorer, que le Royaume de France est dés si lógtemps passé en heritage, & vray patrimoine de noz Roys, qui par tant de degrez de successions en sont possesseurs, qu'on ne sçait quel tiltre y pourroient pretendre ceux qui s'efforcent de violer les loix de legitime possession? Bien cuidé-ie que l'opinion de religion (laquelle est de pouuoir admirable) a separé quelqu'vns de l'obeïssance qu'ils doiuent à leur Roy: ie sçay d'auantage que certains personnages, plus mal-contents de propre fantaisie, que par offenses receuës, se sont rengez du costé de ceux qui se sont emparez du nom de reformez: & que par ligues, & practiques ils cherchẽt tous moyẽs, de (cõme que ce soit) renuerser l'ordre ancien, & saincts establissemens posez en la Monarchie de France. Mais que profitẽt ils? pensent ils qu'il leur en puisse mieux aduenir, qu'à tant d'autres, qui iadis poussez de mesme esprit, apres auoir employé leurs forces en semblables attemptats, ont ruiné & eux, & leurs maisons? Certainement si gẽs reformez, comme les autheurs, & entreteneurs de noz guerres Ciuiles, sõt coustumiers de s'estimer, auoiẽt quelque practique de raison, ils ne deuroient faire à autruy sinon ce qu'ils voudroient leur estre faict. Comme doncques ils soustiennẽt n'estre licite aux Roys, les deposseder de leurs patrimoines, ou biẽ qu'ils pensent leur estre legitimemẽt acquis, encores qu'ils se soient separez de l'obeïssance que tous subiects doiuent à leur Prince, encores aussi qu'ils se soient saisis de ses villes, porté les armes, fourny argent pour luy faire la guerre, & commis tous les actes qu'ils ont prié leur estre remis par les Edicts de pacificatiõ: ainsi doiuent ils iuger, qu'il ne leur affiert, ny appartient, de rien oser, ny attempter cõtre leur Roy, contre son Estat, ny contre tout ce qu'est sien iuridiquemẽt, & qui luy est legitimemẽt acquis. Que s'ils alleguẽt que les Roys ne font pas leur deuoir: ce n'est pas pourtant à eux de les chastier. Car (comme nous auõs dit) si la verité nous a apprins, que toute puissance est de Dieu, & qu'il faut obeir aux Seigneurs, sans entrer en consideration s'ils sont bons ou mauuais: faire le contraire n'est-ce pas propremẽt ce que les Poëtes ont entendu par les Geãts, qui faisoiẽt aux Dieux la guerre? Qui ne sçait que non seulement les Roys, mais aussi les Iuges, sont appellez Dieux en la saincte Escriture? Doncques si Dieu veut chastier vn peuple, en luy donnant de mauuais Roys: est-ce à faire au peuple d'y resister, autrement que par les moyens propres pour appaiser Dieu? Ignorẽt ceux qui garbugent, que qui resiste à celuy auquel la puissance est commise, resiste à l'ordonnance de Dieu? Mais qu'est-il besoing d'estendre ce propos d'auantage, veu que ceste doctrine Chrestiéne ne peut estre, ie ne diray ignoree, mais dissimulee, sinõ par ceux qui n'ont de Chrestien que le nom? Par pauureté, mespris, & douleur IESVS CHRIST est entré en sa gloire: & faut que tous ceux qui veulent estre

Opinion de religiõ.

Malcontẽs sãs raison.

Autheurs des troubles.

Les Roys doiuent estre inuiolables.

Faire guerre aux Dieux.

Imiter IESVS CHRIST.

des Bourgongnons, & de leurs estats.

estre vrayemēt Euāgeliques, & le suyure, portēt par semblables degrez leur croix apres luy. De reuoltes, mutineries, seditiōs, & attētats cōtre les Rois, il se trouué biē que Dieu en a permis, comme il permet au diable d'exercer ses meschācetez: mais qu'il les ait approuué, & fauorisé, il n'en est riē. Au cōtraire, si les Rois (desquels le cœur est en la main de Dieu) ont fait offése cōtre la majesté de Dieu, il a plus coustumieremēt enuoyé ses Prophetes, pour les en reprēdre, aduertir de s'amēder & faire penitēce: autremēt les obstinez sōt tōbez en la mercy de leurs ennemis, esté emmenez captifs, & sōt restez en seruitute, iusqu'à ce que, s'estās recōciliez à Dieu, il les restituoit en leur Royaume, & premiere dignité. SANS point de faute si Dieu nº dōne des mauuais Rois, c'est pour exercer sa iustice, en la punition de noz pechez: & sa fureur ne cessera, que nous ne cessions de l'irriter, & offenser. Au reste quant à la licence que les Princes se sont donné, les subiets en sont en partie cause. Car s'ils n'eussent laissé la ratelle tant s'enfler, c'est à dire le fisq', le corps, qui est la Republique, ne fust deuenu si etique. Mais c'est follie de penser qu'il soit aysé rabiller tout soudain ce que tant d'annees ont enduccy.

QVANT Pharamōd premier Roy des Frāçois (quoy q̄ quelques-vns niēt qu'il ait esté) fut esleu de cōmune & vnanime volōté: les Frāçois (qui neantmoins auoiēt biē bōne opiniō de ses suffisāces & vertus) ne se fierēt tāt en ce qu'il estoit, quād il fut choisi pour Roy, qu'ils ne preueissēt biē ce qu'il pourroit par apres deuenir: cōme aussi que (iouxte le cōmū dire) les hōneurs chāgēt les meurs: & pourtāt que la licēce le pourroit faire deuenir pire, s'il n'y estoit obuié. Pource (du propre consentemēt de Pharamōd) luy furēt baillez quatre assesseurs, sçauoir est Salagast, Vuesogast, Vuyndegast, & Besogast: par l'aduis desquels (non autremēt) le Roy ordonneroit des affaires d'Estat.

CES noms de Princes Frāçois me dōnēt souuenāce d'vn propos que i'entēdy, moy estāt encores de premiere barbe: à sçauoir que Gast entre les anciēs Frāçois, signifioit Mōsieur: & que desia dés ce tēps-là, les Princes estoiēt remarquez par ceste differēce, d'auec les autres de l'estat des Nobles, qu'eux auoiēt l'appellatiō de Monsieur apres leurs propres noms, & le reste des Nobles l'auoient auāt leur nom: ce que n'est encores hors d'obseruāce, entre les Princes modernes. Quāt à la maison de Frāce, cela n'a point de lieu: car les enfās des Rois sont nōmez par la qualité de l'appanage designé. Mais au reste ie m'esbahis biē fort cōme plusieurs personnes (entre lesquelles ie plain Guillaume Budé estre trouué) ont surnōmé noz Rois de Valois, par la seule, & mal-aduisee opiniō de Iean le Maire de Belges; qui donna au Roy François premier cest anagrāmatisme: *De façō suis Royal*: auquel sont les mesmes lettres de *Frāçois de Valois*. Au parauāt ny Loys 12. ny Charles 8. ny Loys 11. ny tous leurs predecesseurs, ne s'estoiēt surnōmez de Valois: ains se trouue seul entre tous noz Rois Philippe 6. qui ait esté dit de Valois: pource qu'il estoit fils de Charles auquel la Cōté de Valois auoit esté dōnee en appanage. I'ay (di-ie) veu en la maison de Vēdosme trois ieunes Princes, François Mōsieur, Ieā Mōsieur, & Loys Mōsieur. Au premier, qui fut dit Duc d'Anguiē la Frāce doit la victoire de Cerisoles. Le secōd fut tué en cōbattāt vaillāmēt à la iournee S. Quētin. Loys Prince de Cōdé mourut en la bataille dōnee entre

Punition des Rois.

Mauuais subiets cause des mauuais Rois.
Faute ancienne.

Pharamōd Roy.

Bon aduis des premiers Frāçois.

Compagnons du Roy.
Ancienne obseruāce. Gast.

Cōtreceux qui cuidēt noz Rois estre surnommez de Valois.

Princes de la maison de Vendosme.

F

Iarnac, & Chasteauneuf. I'ay d'auātage veu obseruer ladite mesme façon de postposer le mot de Mōsieur aux propres noms en plusieurs autres maisōs.

Aduertisse-mēt cōtre les Alle-mans. Gast.
IE preuoy que les Allemās (qui auec les lettres Grecques, sont imbeuz de la façō des Grecs anciēs, qu'estoit ne laisser aucune natiō, ville, riuiere, ny mō-taigne, à qui ils ne trouuassēt quelque etymologie Grecque) resisterōt à mō mis en auāt: & allegueront que Gast est de leur creu: mais cōme il ne m'in-porte de riē que la dictiō Gast soit en vn sens vsitee en Allemagne, & en Frā-ce en vn autre, quand ie le cōfesseray, ie ne feray riē pour eux: aussi ne suis-ie hors d'espoir qu'il n'y aura faute d'hōmes, q̄ trouuerōt ce miē aduertissemēt ne deuoir estre reietté; recōgnoissans que si bien le mot Gast est Allemād, nostre diction Monsieur luy a succedé, pour estre aussi postposee au propre nom des Princes de ce Royaume. OR cōme ie ne veux opiniastrement soustenir ce q̄ ie viē de reciter, ne l'ayāt autremēt appris q̄ par ouy dire, aussi ne veux-ie trop affectionnement pretēdre vray ce que neātmoins ie ne puis passer souz silēce. Dōcques apres auoir leu, q̄ les Frāçois estās encores és en-uirōs du Rhin, indifferēmēt nōmez Frāçois, & Sycābriēs, cesserēt de souffrir

François Sycābriēs.
estre gouuernez par Rois, ainsi que lōguemēt ils auoiēt esté, se cōtentās d'a-uoir des Ducs: i'ay leu aussi qu'ils aduiserēt de remettre sus l'estat royal, cōme sorte de dominatiō plus louable, & plus necessaire: & qu'à ces fins ils esleurēt

Pharamōd.
Pharamōd, persōnage entr'eux fort estimé, tāt pour la Noblesse de sa race, q̄ pour l'excellēce de ses vertus. Est toutesfois à cōgnoistre que le nom, & sie-

Pharaon.
ge Royal reseruez à Pharamōd (comme Pharaon disoit à Ioseph) les quatre Seigneurs cy dessus nōmez, & que nous auōs dit luy auoir esté baillez pour assesseurs, luy furēt adioustez cōme collegues, ou plustost correcteurs de ses volōtez, s'il en auoit aucunes mauuaises: & q̄ delà est venuē la premiere insti-

Premiere institution des Pairs de France. Douze Pairs. Douze A-postres.
tutiō des Pairs de Frāce, du cōmecemēt de laquelle tāt d'hōmes serieux sōt mal d'accord. Il est certain aussi q̄ croissāt la dominatiō des Rois de Frāce, le nōbre des Pairs est creu iusqu'au nōbre de 12. Et n'ont voulu les Rois exceder la douzaine, pour reuerēce du sacré-sainct college des 12. Apostres, desquels Iesus Christ se'st accōpagné. Aussi ce nōbre a tāt pleu à Dieu, que Iudas y a-yāt fait bresche, il la repara tost apres, y mettant S. Matthias en place.

Cōtre ceux qui nient Pharamōd Roy de France.
CEVX qui pretēdēt nier q̄ Pharamōd ait iamais esté Roy des Frāçois, n'ōt autre argumēt, sinon pource q̄ *Greg. Turon.* n'en fait aucune mētiō. Mais cest argumēt n'estāt valable, ie ne laisseray de poursuiure mon propos cōmēcé. C'est q̄ les premētiōnez Pairs en la recēce de leur erectiō, & tādis qu'ils ont esté en la plenitude de leur auctorité, ont seruy à l'vtilité publique de corre-cteurs de la licēce des Rois, & ne permettoiēt que le Prince fist de sō propre mouuemēt chose preiudiciable à ses subiets. Mais cōme toutes bōnes insti-

Deprauati-ō de bōs & legiti-mes insti-tutz.
tutiōs reçoiuēt deprauatiōs; & les choses humaines sōt subiettes à telles infir-mitez, q̄lles ne peuuēt lōguemēt perseuerer en leur perfectiō, sās la grace de celuy, qui seul rēd ce qu'il luy plaist parfait: ainsi depuis q̄ le naturel des Rois fut desuoyé de sō deuoir, & eux s'enyurerēt de plaisirs, & de voluptez: les pl⁹ accorts d'entre ces Pairs, & autres officiers de la courōne, eurēt pour fort ag-greable la fait-neātise des Rois, qui estoiēt de leurs temps: lesq̄ls inutiles aux charges publiques, en ne riē faisāt n'apprenoiēt qu'à mal-faire: & ne pēsoiēt

des Bourgongnons, & de leurs estats.

auoir autre meilleur moyē de se maintenir, qu'en donnāt infinimēt, & sans biē iuger du merite des personnes. Cependant lesdits officiers manioiēt tout, & disposoiēt de tout dedās, & dehors à volōté: cōme faisoit Perēnis soubs Cōmodus. De là aduint, que certains Maires du Palais entrerēt en telles grādeurs, qu'ils ne s'en failloit que l'vnctiō, & cerimonies du couronnemēt, qu'ils ne fussent Roys. Encores les aucūs ont frāchy le sault & se sōt peu à peu emparez du regne. Mais craignāt que ce ne soit pas biē icy le lieu, où telles matieres doiuēt estre traictees, ie reprēdray nostre premier & prīcipal propos des Estats, q̄ i'ay dit ne se pouuoir legitimemēt assēbler, sās l'expresse permissiō du chef de l'estat, qui est le Roy.

IL est dōcques à sçauoir que l'excez de la despēse des Rois, la superfluité de leurs bombāces, & l'immēsité des dōs, & presents qu'ils faisoiēt, cōme ignorās ce que les deniers coustoiēt d'amasser, & cōme ne sçachās q̄ c'estoit la substāce ostee par exactiōs aux pupilles & aux vefues: ausquels ne restoiēt que les pleurs, gemissemēs, & regrets de leurs infortunes & miseres: les païs gouuernez par estats, faschez de se veoir tyraniser de tailles, subsides, & infinies autres sortes d'impositiōs extraordinaires, entrerēt en grād mescontētemēt, fort prochains de reuoltes. Pour obuier ausquelles, les Rois furēt contraints remettre quelques choses des rigueurs accoustumees, & permettre aux Estats d'auoir des Esleuz, qui seroiēt en leurs païs, cōme les Tribuns du peuple estoient iadis à Rome: c'est à dire protecteurs des biens, franchises, immunitez, & libertez de leur patrie.

CES Esleuz, ou Tribūs, estoiēt (cōme ils sont encores de present) trois en nōbre: l'vn Esleu de l'Estat des Ecclesiastiques: l'autre dē l'Estat des Nobles: & le troisiesme du tiers Estat. Ils n'estoient moins inuiolables, & sacrez Magistrats, que les Tribūs du peuple Romain. Entre autres Estats, ceux de Bourgōgne se trouuēt fondez en tiltres, & cōuentiōs faictes nō seulemēt auec Carlomā fils de Loys de Begue, quād les Bourgōgnōs luy adhererent, au preiudice de Bosō, qui s'intituloit Roy de Bourgongne: mais aussi auec le Roy Robert, quād ils laisserēt Lādry Conte d'Auxerre, pour suyure le party de Héry, frere du Roy Robert (selō les Chroniques de S. Benigne, ausquelles i'adiouste plus de foy, qu'à maistre Nicole Gilles, qui dit Robert fils du Roy Robert.) Quoy qu'en soit toutesfois, il est biē certain, que les Bourgōgnons (qui ne sont aysez à chāger de Prince, si la necessité ne les y cōtraint, & encores que ce ne soit auec asseurāce de se maintenir en leurs libertez, & frāchises, moyennant toutes les seurtez qu'ils peuuent prendre, & auoir d'vn Prince, en la main duquel est la foy publique, & le chastiemēt des violateurs d'icelle) n'exherederent Othe Guillaume leur vray Duc, ny ne desaduouerēt l'electiō de l'auāt-nommé Lādry Cōte d'Auxerre, faite par plusieurs hōmes signalez de Bourgongne, que ce ne fust auec grād auātage pour le païs, auec aussi renouuellemēt (voire augmētatiō) de leurs priuileges: & (sur tout) cōfirmatiō des Estats, & du pouuoir des Esleuz d'iceux. Car ce sont points que les vrays Bourgōgnōs ont tousiours eu en si grāde recōmēdation, q̄ ie ne me puis

F ij

Perennis soubs Cōmodus.
Maires du Palais.
Inuasion du regne.

Origine de l'erection des Estats, & institution de leurs Esleuz.
Esleuz des Estats sont Tribuns du peuple.
Magistrats sacrez, & inuiolables.
Antiquité des Estats de Bourgōgne.
Carloman Roy.
Boson soy disant Roy de Bourgongne.
Robert Roy.
Landry Cōte d'Auxerre.
Chroniqs S. Benigne.
Nic. Gilles repris.
Pourquoy Bourgōgnōs sont dicts opiniastres.
Othe Guillaume.
Landry Cōte d'Auxerre.

assez esbahir, quád on me dit, que la Bourgõgne n'a faute de mutins, qui (pour ce qu'ils n'ont ny sçauoir, ny pouuoir, pour cõmander aux Estats) en souhaittẽt la suppressiõ: & (taisans la vraye cause de leur maling desir) mettẽt en auant, pour toute excuse, que c'est vne grande honte de veoir qu'iceux Estats ne se manient, ny gouuernent, que par ceux de Dijon.

Cõtreceux qui desirẽt la suppressiõ des Estats de Bourgongne.

MAIS osent ces ignorans les affaires d'Estat, instables en religiõ, irresoluz en leur croyáce, & plus façõnez à quelque routtine, que fondez en sçauoir, opposer leurs capriches, à vn si anciẽ, & approuué establissemẽt, q̃ celuy des Estats, que les Bourgõgnos ont acquis au pris de leur sang, & cõserué auec toutes les peines, diligẽces, & despẽses qu'il leur a esté possible? Certes les Estats sont la pl⁹ belle marque, que les Bourgõgnos sçauroiẽt auoir. Et vaudroit mieux à la Bourgongne auoir perdu le tiltre de premiere Pairrie de Fráce, que l'vsage des Estats. S'ils les auoiẽt perdus, cõme Democrite apres s'estre creué les yeux, sçeut cõbiẽ la veuë vaut mieux que la cecité, ils sçauroiẽt pareillement qu'auoir des Estats, est infinimẽt meilleur q̃ de n'en point auoir. Aussi ne sçay-ie personne d'esprit biẽ cõposé, qui ne soit en ce croire, que les Estats sont le nez de la face de la Republique des Bourgõgnos: lequel on ne luy sçauroit arracher, sans quát & quát luy gaster le visage. Les païs de Languedoc, du Daulphiné, & de Bretaigne ne font si peu de cas des leurs, qu'ils sçauent fort bien estre le fondemẽt de leurs libertez, & le vray lien qui tiẽt les hommes qui sont d'vn mesme gouuernemẽt, en societé, & amitié. Et quelques-vns de noz voisins qui ont esté priuez des leurs, sçauẽt cõbiẽ ils ont perdu. Ce dict, ie suis d'aduis que nous parliõs de la forme qu'on obserue de presẽt à la tenuë des Estats de Bourgõgne, à fin que le lecteur y puisse recõgnoistre ce qu'ils retiẽnent encores de l'antiquité, dõt nous auons depeinct quelques traicts cy dessus.

Les Estats ornent singulieremẽt vn païs.

Democrite.

Estats en Dauphiné, Lãguedoc, & Bretagne.

De certaines choses restátes encores és Estats de Bourgõgne: & qu'on ne peut nier procedees des bien anciennes façons vsitees és assemblees generales des Gaulois.

CHAP. XIII.

CE que Cesar appelle *Concilium totius Galliæ*, & que quelques autres nõmẽt *Conuentus Gallorũ*, sont ce que de presẽt nous disons Estats generaux de toute la Fráce. A l'imitation desquels, tát la Bourgõgne, que plusieurs autres païs de ce royaume, ont leurs Estats: qu'on peut dire particuliers, au respect desdits generaux de Fráce: & aussi generaux pour tous les païs qui en ressortissent. Quád noz anciẽs Roys (& notámẽt ceux qui aussi ont esté Empereurs) tenoiẽt cour planiere, deux choses estoiẽt principalemẽt mises en effet: l'vne estoit la tenuë des Estats, l'autre la tenuë des Grãds iours. En la premiere les affaires d'Estat estoiẽt disputez, examinez, & resolus: & és Grãds iours punitiõ griefue estoit faite des delinquãs & malfaicteurs. Or cõme l'assemblee generale des Gaulois estoit iadis signifiee en deux sortes, sçauoir est, quád auát q̃ les deputez se separassẽt, on faisoit publier q̃ l'annee suyuante

Cesar.

Estats generaux.

Estats particuliers.

Cour planiere tenuë par les ROIS Empereurs.

Estats.

Grands iours.

des Bourgongnons, & de leurs eſtats.

ſuyuante prochainement on ſe trouueroit au lieu deſigné, qui eſtoit la voye ordinaire: Et quand la neceſſité requeroit conuocation extraordinaire, le ſouuerain Magiſtrat(que nous auõs tant de fois nommé Grand pardeſſus) l'enuoyoit ſignifier: ainſi les Eſtats ſe conuoquent par le Roy. Vne choſe eſt changee, à ſçauoir que les aſſemblees des Gaulois ſe faiſoient tous les ans, & la tenuë des Eſtats de Bourgongne n'eſchet ordinairement que de trois ans en trois ans. *Conuocation des Eſtats ordinaire, & extraordinaire. Tenuë des Eſtats de Bourgongne de trois en trois ans.*

CESAR ne declare pas apertement quelles ſortes d'hommes conuenoient aux aſſemblees generales: & pourroit eſtre que de là aucuns prédroiẽt occaſiõ de pẽſer, que les ſeuls hommes du ſecond Eſtat, leſquels il appelle *Equites*, auoient accouſtumé de ſy trouuer. Mais quiconque peſera bien l'eſtime en laquelle eſtoient entr'eux leurs Philoſophes, il cõgnoiſtra facilemẽt qu'ils ne faiſoiẽt ny ſacrifice, ny autre acte ſolénel (quel qu'il fuſt) ſás eux. Que ſi quelqu'vn ne m'en veut croire, ſans autre teſmoignage exprés; ie luy prieray bien examiner ce qu'en dit Diodore Sicilien en ſon 6. liure. chap. 9. & y accouppler ces mots de Ceſar: *Nam ferè de omnibus controuerſiis publicis, priuatíſque conſtituunt*: la difficulté ſera leuee: attendu qu'il n'y auoit aucunes plus publiques controuerſes, que celles qui ſe demeſloient en l'aſſemblee generale. Ie n'ignore pas ce pédant à quelles fins tendent ceux qui taſchent exclurre les Druides des aſſemblees des Gaulois: mais qu'ils ſoiẽt ſouuenãs du viel prouerbe, TÃt gratte Chieure que mal giſt: gardẽt auſſi qu'eux-meſmes ne ſe couppẽt les nerfs. Pour ce que ce poinct requerroit eſtre traité vn peu plꝰ clairemẽt, & diffuſémẽt, ie ſuis d'aduis le remettre iuſqu'à ce qu'il rencõtre lieu biẽ propre: & ce pédãt ie n'en diray pas d'auãtage pour ceſte heure. *Ceſar. Les Druides auoiẽt rang és Eſtats generaux des Gaules. Diod. Sic. Preoccupatiue admonition. Prouerbe François.*

ENTRE toutes les choſes que nous auons retenu en noz Eſtats de Bourgongne, & qui portent plus expreſſe marque de l'antiquité, eſt la Rouë, par laquelle les trois Eſleuz ſont deſignez, auec ſi expreſſe auctorité, que celle Rouë eſt le Iuge de tous les differés qui en peuuẽt aduenir. Telle Rouë eſt en vn tableau pendant en la chambre des Eſleuz: & cõtient en ſoy trois cercles, l'vn auquel ſont ſimplement nommez les trois chefs des trois ſortes d'hommes Eccleſiaſtiques, ſçauoir eſt Eueſques, chefs des dioceſes: Abbez, chefs des Prieurs, Moynes, & Reguliers: & les Doyẽs, chefs des Chapitres. Car combien qu'il ſe puiſſe trouuer és dioceſes certains Preſtres, qui ont de naturel, & d'acquis plus que quelques Eueſques: & des Prieurs, ou Moynes plus ſuffiſans que leurs Abbez: des dignitez, ou ſimples Chanoines qui ſatisferoient mieux à la function d'Eſleu, que leur Doyẽ: ſi n'ont iamais les Bourgõgnós voulu q̃ leur premier Eſleu, & chef de l'eſlectiõ, fuſt autre que chef en ſa qualité. Auſſi outre ce que (comme i'ay dit) l'Eſleu de l'Egliſe preſide en la chambre des Eſleuz, & que l'Eſleu des Nobles peut eſtre vn Marquis, vn Conte, vn Viconte, vn haut Ber, ou Baron &c. il a eſté prudemment aduiſé par noz maieurs, de ne laiſſer preceder en ſeance ces Seigneurs, *De la rouë des Eſtats. Qui ſont les capables d'eſtre Eſleuz pour l'eſtat de l'Egliſe. Solution d'obiection.*

F iij

par autre que par vn chef de l'vn des trois ordres qui sont en l'estat Ecclesiastique: desquels celuy qui est à present reputé le moindre, estoit iadis plus honoré & respecté, que n'est maintenant le premier des trois.

QVANT aux Nobles, la Rouë ne determine rien pour leur regard, dont on puisse prédre seurté: il n'y a en icelle aucune distinction de grade, ny de dignité. Aucuns ont voulu dire que iadis les Contes, les Bers, ou Barons, & les Cheualiers d'armes, tenoient seuls rang entre les Nobles, pour pouuoir estre Esleuz à tour, ainsi qu'entre les gens d'Eglise sont lés Euesques, Abbez, & Doyens. Mais n'en ayant rien veu par escrit, ie n'en veux rien asseurer. Bien est-il certain qu'en la chambre des Nobles ne doiuent estre receuz que Gentils-hommes d'ancienne race: & pource fut-il long-temps a ordonné, qu'vn vieil & bien experimenté Gentil-homme, qui auroit bien suyui les armees, dressees pour le seruice des Ducs, seroit commis huissier, & luy seroient donnez gages du publicq, pour garder la porte de la chambre des Nobles, & empescher que nul (sans estre bien qualifié de Noblesse) n'y entrast. Mais depuis que soubs le Roy François premier entre autres tors que l'estat des Nobles souffrit, cestuy luy fut faict, que les compagnies des ordonnances furent bigarrees, & meslangees de Censiers, & de gens de villes, voire de valets qui ne se sont contenté d'auoir faict haïr les bans & riere-bans, & desgousté la Noblesse des ordonnances, par ce qu'elle ne veut estre cópagnónee par gens de telle liste, encores qu'ils soient tát braues, vaillans, & accorts soldats que l'on voudra: mais d'auátage s'ingerét d'entrer en la chambre, y prendre places de rencontre, & dire leurs opinions ainsi que les anciés Nobles: & leurs voix (quoy que tousiours quelqu'vn en murmure) sont comptees, aussi bien que celles des Marquis, Contes & Barons. Qui leur en dit quelque chose, ils alleguent qu'ils sont Gentils-hommes, annoblis par le maniement des armes.

Vieil gétil-homme huissier de la châbre des Nobles.

Desordre en la châbre des nobles.

Incident seruant de remonstrance à ceux qui commencent d'entrer en Noblesse, que ce n'est à eux d'auoir voix, & moins place, en la chambre des Nobles, aux Estats de Bourgongne. CHAP. XIIII.

LE PROPOS cy deuant commencé, touchant ceux qui aspirants à l'estat de Noblesse, n'attendent qu'il soit iugé s'ils en sont dignes, ou non: ains sans tiltre, longue profession, ny tesmoignage plus suffisant que le leur propre, prennent d'auctorité priuee vn rang, que nul maistre des cerimonies ne leur voudroit accorder: faict que ie desire en eux plus de modestie; & voudrois qu'ils ne fussent si soigneux de se pousser mal à propos, que consideratifs de l'occasion pourquoy les Nobles sont appellez, & conuoquez aux Estats: & ils sçauroient que ce n'est pource qu'ils ont le principal maniement des armes, ny pour leurs proüesses, & vaillantises.

des Bourgongnons, & de leurs estats. 67

lantifes. Ie n'ignore(ce pedant)que (côbien que la plufgrâd part la meilleure furmonte) entre vn nombre infini d'hommes, qui tout frefchemét fortét de l'exercice de quelque meftier, ou art mechanique, il ne se trouue des perfonnes fi bié creées, & fi bien accouftumees, que leurs fuffifances, tant en dexterité d'efprit, qu'addreffe, & bonne difpofition de corps, feroient contrepois à toutes les qualitez (i'excepte la Nobleffe) qui fe trouuent en plufieurs Gentils-hommes d'ancien eftoc, & peut eftre l'emporteroient. Mais comme il eft à croire que nos anciens predeceffeurs, ou (pour mieux dire) toutes nations, ont voulu qu'il y euft entre les hommes diftinction d'Eftats: ainfi eft il à tenir pour feur & certain que la confufion d'iceux n'eftoit permife: & par confequent qu'il n'eftoit licite à aucun particulier d'abandonner de fa propre auctorité, fa premiere vocation, & vacation, pour en fuyure vne autre, fans tenir, & fuyure les moyens que la police a introduit, & veut eftre obferuez. Les Cenfeurs Romains, entre leurs principales charges, auoient de commandement de veiller, & auoir l'œil fur ce faict. Et nous auons cy apres à dire, que c'eftoit du deuoir, & office des Heraults, de prédre foigneufement garde, que nul n'entraft en l'eftat de Nobleffe, finô par les moiés legitimes, receuz, & approuuez.

Quelques roturiers peuuent eftre trouuez plus mettables qu'aucuns nobles. La diftinction des Eftats eft fort ancienne. Il n'eft permis à perfonne laiffer fon Eftat de fa priuee auctorité. Cenfeurs Romains. Charges des Heraults.

OR pource que plufieurs fe font perfuadé, qu'és affemblées de Nobleffe, ceux qui portent l'efpee pour le feruice du Roy, f'y peuuent legitimement trouuer: il me femble neceffaire de moindrir leur opinion. Car combien que l'efpee ait d'ancienneté efté permife aux Gentils-hômes, comme marque, & fignal de leur grade; fi eft ce que ce n'eft pas côfequence receuable, de dire: Il porte l'efpee, il faut doncques inferer qu'il eft Noble.

Le port de l'efpee ne rend pas l'homme Noble.

DES autres affemblees ie n'en veux point parler pour le prefent, mais quant à celle des Eftats generaux de Bourgongne, fi l'ancien droict auoit lieu, nul n'y deuroit eftre receu, finon ceux qui y ont efté mandez, & qui ont fied noble en Bourgongne. Voire que fi iadis vn pere y menoit fon fils, il eftoit bien permis au fils d'entrer en la chambre des Nobles, affifter aux deliberations, & ouyr(pour apprendre comme les affaires y font traictez, & en eftre mieux inftruict à l'aduenir) mais il n'auoit pas voix deliberatiue, finon qu'il fuft de tel aage & experience que l'affemblee fuft bien contente d'ouïr fon opinion.

Les receuables en la châbre des Nobles. Des fils de famille.

BRIEF, les caufes pour lefquelles les Nobles font conuoquez, & affiftent aux affemblees des Eftats generaux, môftrent affez fuffifamment, que ceux qui ne font vrayement dudit eftat, n'ont que faire de fintrure, & fourrer parmy eux en telles affemblees d'Eftats.

LE Duc Charles (dernier hoir mafle de la maifon de Bourgongne, auquel fut verifié le dire commun entre les Bourgonghons: *Bien acqueru, mal acqueru, quand fol y fiert, tout eft perdu*) ne mefuroit toutes chofes qu'à l'aulne de fa volonté, & de fon profit particulier:& côme fi les exe-

Charles Duc de Bourgongne.

F iiij

cutions eussent deu estre aussi volontairement promptes, que les commandemens estoiét soudains, fit proposer aux Estats tant de nouueaux subsides, & impositiós si estranges, que toutes les chambres en estoient estonnees. Mais le sieur de Ionuelle, qui aussi estoit sieur de Charny, le sieur de Myrebeaul, & autres vrays Bourgongnons, c'est à dire, resoluz de ne rien dissimuler, ny ceder contre le deuoir que chacun doit auoir à sa patrie, prindrent charge de faire la response pour tout le corps des Estats: sans preiudice de ce que coustumierement c'est à celuy qui preside en la chambre des Ecclesiastiques de la faire. Leur response fut Laconique & briefue, mais plaine de braue substance, soubs ces mots: *Dictes à Monsieur, que nous luy sommes treshübles & tresobeyssans subiects, & seruiteurs: mais quant à ce que vous nous auez proposé de sa part, il ne se fit iamais, il ne se peut faire, il ne se fera pas*. Petits cópagnons n'eussent pas osé tenir ce lágage. Qui faict colliger que les gráds Seigneurs sont plusque necessaires aux assemblees des Estats, quand ils ont l'affection bien tournee à l'auantaige de la chose publique, comme eurent les Seigneurs susnommez: mais quand ils veulent maintenir, ou accroistre les faueurs qu'ils ont en Cour, aux despens du peuple, & interest general du publicq, il vaudroit mieux qu'ils n'eussent iamais esté sceuz, ny veuz.

<small>Sieur de Ionuelle, & Charny. Sieur de Myrebeaul.</small>

<small>Response magnanime.</small>

<small>Henry 2.</small>

Il me griefue de dire, que quand durant le regne du Roy Henry 2. pour faire cesser les tenemens des champs (que les gens de guerre ont par trop plus cruellement remis sus qu'ils ne furét oncques) il fut question d'introduire vn nouueau subside, nommé le Taillon, à fin de faire croistre les gaiges des gens des ordonnances, qui se plaignoient de la tenuité d'iceux, eu esgard à l'encherissement des viures: ceste matiere (cóbié qu'elle fust desia resolue aux affaires du Roy, & que les Gouuerneurs y assistans eussent promis faire consentir les hommes de leurs gouuernemés, & accepter le departement sur ce faict) fut proposee aux Estats generaux de Bourgongne: où M. le Gouuerneur Claude de Lorraine Duc de Guyse estoit expressément venu pour le Roy: là se trouua vn Euesque d'Auxerre, de la maison d'Inteville, qui (comme President en la chambre des gens d'Eglise) eut chargé à la resolution des trois chambres assemblees en vne, de faire la response au sieur Gouuerneur: que la Bourgongne accepteroit l'imposition du Taillon, pour sa portion ancienne, qui est pour la 36. partie du Royaume de France, en espoir que comme volontairement ils receuoient ceste charge, le Roy aussi de sa part donneroit si bon ordre à faire cesser le tenement des champs, que la gensdarmerie & infanterie auoiét mis en vsaige, que cy apres le peuple n'en seroit plus molesté. Cest Euesque, qui sçauoit que le proiect faict au Conseil priué, contenoit que la Bourgongne porteroit la seziesme partie de la quote faite sur tout le Royaume, tumultua tant en la conclusion des Estats, que sans ouyr toutes les opinions, il allà trouuer le sieur Gouuerneur, & auát que se mettre à table, pour disner auec luy,

<small>Subside du Taillon.</small>

<small>Claude de Lorraine Duc de Guyse gouuerneur de Bourgongne. d'Inteville Euesque d'Auxerre. Quote ancienne de la Bourgógne és departemens de la Fráce.</small>

des Bourgongnons, & de leurs estats. 69

luy, declara que les Estats consentoient, que la 16. partie de toute la somme que le Roy vouloit departir sur son Royaume aux fins susdicts, demourast à leur charge, pour la supporter chacun an. Ceux qui auoient faict compagnie à cest Euesque, oyants qu'il rapportoit directement contre la resolution generale, prinse en l'assemblee des trois chambres, feirent ce qu'ils peurent pour faire entendre au vray l'intentiõ des Bourgongnons: mais le Prince se mettant à table, chacun se retira.

L APRES-DISNEE le murmure fut grãd cõtre l'Euesque d'Auxerre: & les Esleuz (chacun pour le regard de son Estat) enuoyerẽt par tous les logis, signifier aux personnages de leurs chambres, vne assemblee commune, à vne heure apres midy, attẽdant deux. Chacũ cõgregé, du general consentement de tous, & vnanimité d'opinions, fut faict vn acte de desadueu contre ledit Euesque, reuestu de protestatiõs pertinẽtes. Mais auant que l'assemblee fust separee, & le Prince, & l'Euesque s'en estoient allez. Qui fut cause que le païs de Bourgongne (qui iamais n'auoit esté censé que la 36. partie du Royaume de France) fut dés lors mis au general departemẽt du Taillõ pour la 16. part dudit Royaume. Voilà comme (disoit le sieur Cõnestable de Mõmorancy) plusieurs sçauẽt beaucoup plus nuire, qu'ils ne peuuent ayder. Cest Euesque fut cause d'vne playe à la Bourgongne, qui n'a sçeu encores trouuer guerison. Tous les Esleuz qui depuis ont faict voiages en Cour, ont tousiours eu memoires d'en faire plaintes au Roy, & requerir que la Bourgõgne fust remise à sa iuste quote: mais ça esté en vain. Lors que i'estois Esleu pour l'Estat de l'Eglise, les Seigneurs du Cõseil priué m'alleguoiẽt que le departemẽt du Taillõ auoit esté fait en la presence, & par l'aduis de tant de Princes, & officiers de la Couronne, que dissouldre ce que par eux auoit esté estably & arresté, seroit leur faire tort. Pourtãt qu'il faudroit attẽdre que nostre reduction se peust faire en vne assemblee aussi frequente, que celle là où nous auions esté quotizez, comme dit est. Ce pendant ie iugeois clairemẽt, que celà n'estoit qu'vne excuse. Car comme ie dis qu'entre les Gentils-hõmes, Noblesse ne reçoit point de plus, ny de moins; aussi ne font les Cõseils, ny les auctoritez des Parlemens. Que si bien vn Cõseil a plus de parade par l'assistance de beaucoup de Princes, & grands Seigneurs, si n'en a il plus de pouuoir ny d'auctorité. Et si biẽ les arrests qui sont rendus en robbe rouge sont plus solennels, si ne sont les rendus ordinairemẽt en robbe noire, sans l'efficace necessaire pour estre valables, & suiuis d'execution. Aussi descouuris-ie bien que les susdits sieurs du Cõseil priué n'ont but plus affectionné que le profit, bien, & auantage des affaires du Roy: ne voulans se formaliser, pour à la plainẽte d'vne seule Prouince, proceder à nouueau departement: ny adiouster la diminutiõ que nostre Bourgõgne pretẽd, aux quotes des autres païs, qui se sentent desia trop greuez. Ioinẽt que les Courtisans, qui n'ont iamais sçeu la sterelité de plusieurs endroicts de la Bourgongne, pensent qu'elle soit par

Quelle part fait la Bourgongne en Frãce. Connestable Momorency. L'Euesque d'Auxerre cause de grand mal eu Bourgongne.

tout telle, que la môtre de ce petit espace, qui flanque le grand chemin de Dijon à Lyon: & à ces causes ne peuuent estre induits à en auoir pitié. Pource ne nous ont ils encores voulu rendre appoinctement de iustice sur noz requestes, ny nous accorder rabat de la moitié de nostre quote. Leur raison est qu'il conuiendroit proceder à nouueau calcul: & reiecter la partie que nous auons de trop, sur les autres Prouinces du Royaume, attendu que le Roy ne la veut supporter, ains auoir ses sommes entieres, de qui que ce soit.

EXPLICQVEE l'vne des causes pourquoy il n'est seulement requis, mais aussi tres-necessaire, que les châbres des Estats soiét fournies d'hómes de suffisance, de pouuoir, & d'estoffe: à fin de resister aux extraordinaires entreprises, parler hardiment (pourueu que sagement) aux Gouuernes, Lieutenás du Roy, & à certains enuoiez de la Cour: qui fondez d'vne lettre de croyáce, voudroient piaffer, & brauer, s'ils ne trouuoient que la Bourgongne est moins susceptible de telles façons que natió du móde. Aussi les asséblees (& mesmemét d'Estats) doiuét abhorrer toutes personnes qui subiectes à estriller Fauueaul, sont tant desuoyees de leur deuoir, que d'oublier le bié de leur patrie, le soulagemét de leurs parêts & amis, & toutes autres charitez, cónexees auec le païs, pour cótreuenir au dire commun de nos peres, *Parentaige est premier que hommaige*. C'est

Licinius Empereur. telle sorte d'hómes, que l'Empereur Licinius appelloit teignes, artizós, & souris de Cour. Tels sont du nombre de ceux que i'ay dit n'auoir soucy si le corps deuiét etique, pourueu que la ratelle s'enfle. L'hóme est cóme vn Dieu aux hómes, quand il est bó: mais aussi on ne pourroit trouuer loup (& fut il garoux) plus pernicieux au publicq' qu'vn mauuais hóme. Soit donques assez dit (pour le present) de la premiere cause, que ie desirerois estre entenduë par ceux qui ne sont bien fondez en antiquité de Noblesse: à fin qu'ils sçachent, que ce n'a esté sans grande raison, que

Difference entre Gentil-hóme, & Noble. noz ancestres, soigneux de la distinction qui est entre le Gentil-hóme & le Noble (d'autát que tout Gentil-hóme est Noble, mais tout Noble n'est pas Gentil-homme) ont assigné lieu d'honneur aux bien-qualifiez de celle gétillesse de sang, par laquelle sont cógneuz les vraymét Gétilshommes: qu'aussi auec discretió ils ont deputé à la chambre des Nobles

Huissier en la châbre des Nobles. vn huissier de ladite qualité: qui est stipendié du publicq' pour defendre l'entree, & empescher que nul n'entre leans, s'il ne merite y auoir place: ce que ne s'obserue és autres chambres.

L'AVTRE raison est, que les Seigneurs qui ont multitude de subiets en leur protection, ne doiuent manquer d'appuy à la pauure populace

Le peuple en la protectió des Seigneurs. châpestre: qui ne peut esperer ayde, ny sauuegarde cótre toutes oppressiós, que de ses bós Seigneurs, peres, & protecteurs. C'est soubs leur bouclier que ce miserable peuple se doit mettre à couuert, comme le petit Teucer se mettoit soubs le grand pauois de son Aiax. Est aussi bien có-

Le tiers Estat diuisé. siderable que le tiers Estat est composé de gens de villes, & de gens de plat

des Bourgongnons, & de leurs estats.

plat païs: sur lesquels seuls se font tous les departemẽts des deniers que la Bourgongne doit contribuer, & fournir au Roy. Que si la prudence des anciens n'eust esté diligẽte à prouuoir au simple peuple des champs de remede conuenable, par l'assistance de l'Esleu des Nobles aux departemẽts des deniers prementionnez; les gens des villes(par les mains desquels il leur eust esté force passer: & qui, nõ sans cause, sont par tresantique appellatiõ nommez *Astuti*) les eussent rudoyé par trop aigremẽt. Encores(quoy qu'on y face) on ne les en peut empescher. *Astuti.*

CES deux raisons deduictes, pour monstrer l'assistance des Nobles necessaire à la tenuë des Estats generaux de Bourgongne, militent aussi pour les gens d'Eglise: desquels les sens, sçauoir & discretiõ ne doiuent estre espargnez pour le bien publicq'. Que si bien ils ne contribuent riẽ és sommes de deniers, qui se departent par les Esleuz des Estats, comme aussi ne fõt par les Nobles: si ont ils force villes, Bourgs, & villages, qui sont à eux; & les hõmes des lieux ont besoin de leur protectiõ, faueur & ayde, pour la mesme raison, que nous auons dit en parlant des subiets des Nobles. Car(comme nous auons dit) il n'y a de tout le tiers estat, qui cõparoisse aux assemblees, & tenuës des Estats que les gẽs des villes: les villageois demourans en la seule protection des gens d'Eglise, & des Nobles leurs Seigneurs. Desia du temps des anciens Gaulois, les hõmes estoient conseruez, & preseruez par leurs Seigneurs: comme il se peut mieux entendre par les mots de Cesar qui sont tels: *Antiquitus institutum videtur, ne quis ex plebe cõtra potentiorem egeret. Suos enim opprimi quisque, & circunueniri nõ patitur: neque aliter si faciat, ullam inter suos habet auctoritatẽ.* Deuoir des Seigneurs enuers leurs subiets.
Ce que(croy ie biẽ) le Roy François 2. du nom n'auoit iamais leu ny entendu: & neantmoins quand le tumulte d'Amboyse fut suscité, en l'an 1559: & que le Barõ de Castelnau(apres la mort de la Renauldie) demouré chef des entrepreneurs, luy dit que ce n'estoit contre luy, ny pour offenser les Roynes qu'ils auoient prins les armes: ains contre aucuns, qui sans auctorité des Estats de Frãce, sans legitime vocation, & au preiudice des Princes du sang, s'estoient emparez de la personne du Roy, de son Estat, & de tout le maniemẽt, & administratiõ des affaires du Royaume: contre aussi certains impatiens de superieurs, & ne pouuans souffrir cõpagnons(car telles allegatiõs estoient ordinaires en la bouche de tous ceux tant de la religion pretendue reformee, que de l'ordre des malcõtans, & desireux de nouueaux Gouuerneurs) le Roy luy feit ceste question: Ie vous prierois volontiers de me dire, si vn Gentil-hõme vostre voisin auoit battu voz seruiteurs, en pourriez vous estre côtẽt? Le Barõ ne respondant à propos, il continua: Et vous voulez que ie trouue bon, que vo⁹ entreprenez de venir tuer mes seruiteurs en ma maisõ. Les Iuges vous en feront sages. Aucuns ont voulu adiouster, qu'il dit en outre: Vous dictes que voz entreprinses ne sont cõtre moy, & toutesfois vous me voulez contraindre de chasser d'aupres de moy, mes bien aggreables Roy François 2. Tumulte d'Amboyse. Apophthegme Royal.

seruiteurs, & accepter ceux que vous auez plus en affectió. Ie vous laisse à penser, si vous en voſtre train ordinaire voudriez eſtre ainſi cómádé.

CE ieune Roy vouloit que ſes ſeruiteurs (ce que chacun doit auſſi procurer pour le regard des ſiens) fuſſent tát & ſi expreſſemét en ſa protection, qu'ils demouraſſent inuiolables, & inoffenſibles. Auſſi eſt-ce la ſeconde raiſon, pour laquelle nous diſions n'agueres, que les gens d'Egliſe, & les Nobles doiuét aſſiſter à la tenuë des Eſtats generaux, pour le bié & ſoulagemét de leurs hommes, & ſubiects. Là ne vaut l'allegatió de Nobleſſe par le maniemét des armes: d'autát que les Eſtats ne ſe tiennent plus en armes, comme les tenoient les anciens Gaulois, quand ils ſe preparoient à la guerre. Il faut à preſent que les armes y ceſſent; & que bonnes volentez, & bons conſeils maintiennent la choſe publique en ſes libertez, franchiſes, & priuileges. Leſquels priuileges (meſmement quand ils ſont fortifiez de tranſactions, & fondez en contrats) ne peuuent legitimement eſtre oſtez, que pour cauſe de rebellion, & de felonnie. Soubs leſquels crimes ne doit eſtre comprinſe iuſte, & bié fondee reſiſtance à l'oppreſſion. La chábre des Comptes de Bourgógne fut n'y a pas lóg-téps cóme ſupprimee, & la generalité tranferee à Lyó, horſmis la recepte d'Auxerre, qui fut attribuee à Paris. La malice de ceux qui l'auoient moyenné deſcouuerte, & congneu que c'eſtoit contre le traicté & conditiós ſouz leſquelles les Bourgongnós ſ'eſtoient réduz au Roy; le tout fut reſtably, & ramené à ſon deu. Mais au ſurplus, c'eſt bien expreſſe felonnie, de reſiſter au Prince, & l'accuſer de tyrannie, quand il eſt contraint faire ſes efforts, pour la cóſeruatió de ſa vie, pour ſe maintenir en ſon Eſtat, & rompre les animoſitez de ſes hommes, & ſubiects naturels, mutinez de particuliers affectiós, qu'ils veulent preualoir contre les anciens eſtabliſſemens, & police publique. Ce dict (comme en paſſant) ſuyuons noſtre principal propos des Eſtats.

Du temps de la tenuë des Eſtats, tant anciens, que modernes: de pluſieurs choſes cócernantes les Eſtats: auec le portraict de la Rouë, par laquelle ſont deſignez les Eſleuz. CHAP. XV.

LE temps de tenir les Eſtats generaux és Gaules, eſtoit le premier iour du mois de May, quant à l'ordinaire: mais s'il les conuenoit tenir hors dudit temps, c'eſt à dire extraordinairement, la neceſſité inuentoit le iour. Encores de preſent le temps prefix & ordinaire de la tenuë des Eſtats de Bourgógne, de trois en trois ans, eſt le premier iour du mois de May. A meſme iour les anciens Rois notez de fait-neátiſe, ſe montroiét iadis à leur peuple. Que fait preſumer que les François, faits poſſeſſeurs de celle partie des Gaules, qui premierement fut nommee France, s'accómoderent (quant à la tenuë des Eſtats) aux façós, & couſtumes des Gaulois,

des Bourgongnons, & de leurs eſtats. 73

lois, auec leſquels ils ſe meſlerent: & qu'ils choiſirét le mois des Maieurs, pour traicter leurs plus ſerieux, & importans affaires. Mais d'autant que tout freſchement, l'Eſtat Monarchicq'(c'eſt à dire le regne) auoit eſté par eux-meſmes reſtitué, & ſur eux; ils donnerent ordre, de ne tant mettre de puiſſance en la main d'vn ſeul, qu'il n'euſt pour correctif, le conſeil des Pairs, & pareils en puiſſance, comme nous diſions n'agueres cy deſſus, en parlant de Pharamond: le regne duquel c'eſt honte de nier, & remettre ceſte partie de l'hiſtoire Françoiſe en cõfuſion, & incertitude. Le conſeil ſuſdit eut quelque image d'Ariſtocratie: & le General du royaume retenãt la iuriſdictiõ des Eſtats, conſerua ſemblablement vne forme de Democratie. Tellement que les trois ſortes de gouuernement mieux eſtimees par les autheurs plus ſignalez, ſont demourees vnies en France. *Monarchie. Cõſeil des Pairs. Ariſtocratie. Democratie.*

POVRROIT toutesfois bien eſtre, que (à la longue) la Monarchie ſe ſoit auãtagee, & fait deſcheoir de leur anciẽ grade, & auctorité l'Ariſtocratie, que nous interpretõs la Cour des Pairs, nõmee vulgairement Parlemẽt: & auſſi la Democratie, c'eſt à dire les Eſtats. Les cauſes du rabais du pouuoir des Cours de Parlemẽt, ont eſté les eſtabliſſemẽs faits, pour rẽdre ladite Cour des Pairs ſtationnaire, & les autres Cours (à ſon exẽple) arreſtees és villes. Car les Rois ſe promenãs par leur royaume, neceſſitez de prouuoir à toutes occurãces d'affaires d'eſtat, & autres, ne voulurẽt eſtre ſans cõſeil: par l'aduis duquel iceux affaires fuſſent meuremẽt examinez, executez, & vuidez. Tel Cõſeil fut nõmé Grand cõſeil. Mais tãt d'affaires & negoces luy ont eſté attribuez, qu'il a cõuenu en faire vne iuriſdiction ordinaire. Les Rois (pource) ont tiercemẽt dreſſé vn Cõſeil priué: auquel (de rechef) tant de perſonnes ont eſté introduites, qu'il n'a ſemblé ſeur communiquer les affaires d'Eſtat à tant d'hommes. Ioint que les Chancelliers (qui ſe ſont emparez de l'auctorité de chefs de la iuſtice de France, combien qu'anciennement ils ne fuſſent que premiers Secretaires d'Eſtat, ayans l'anneau du Prince en garde, pour ſeeler ſes volontez) ont attiré au Cõſeil priué telle fourmilliere d'affaires de communautez, & de particuliers, que les Rois ſe degouſtent de ſ'y trouuer, pour auoir la teſte rompuë. A ces cauſes, les Rois ont finalement dreſſé vn autre plus particulier Conſeil, qu'ils ont nommé leurs affaires. Ces Conſeils derniers erigez ont fort diminué l'auctorité de la Court de Parlement: laquelle ſouloit auoir plain pouuoir de congnoiſtre des Edicts, lettres patentes, mandemens, & conceſſions emanees de la Grand chãcellerie: pour (cõme la iuſtice eſt principalemẽt cõmiſe à ladite Cour) modifier le tout, & le reduire aux termes d'equité. Pluſieurs autres choſes pourroiẽt eſtre icy dictes, que ie laiſſe ſciemmẽt, cõme auſſi celles qui concernẽt la Democratie, qui ſont noz Eſtats: nõ moins deſcheuz de leur anciẽne auctorité, q̃ les Cours de Parlemẽs. Seulemẽt diray-ie q̃ l'auarice ou la malice d'aucũs peu affectiõnez au biẽ public, a eſté cauſe q̃ les remõſtrãces & plaintes deſdits Eſtats ont eſté quelquesfois mal receuës, & q̃ pluſieurs *Erection du grand Conſeil. Les Chancelliers deſireux congnoiſtre de tout. Chancelliers. Cõſeil priué accablé d'affaires de particuliers. Cõſeil des affaires. L'auctorité du Parlement diminuee. Eſtats deſcheuz de leur pouuoir.*

G

nouuelles impositiōs, daces & subsides ont esté mis sus, au grād detrimēt du peuple : & peu de profit & auātage des Rois, lesquels par là ont beaucoup diminué l'affection naturelle que le peuple leur portoit. Car cōme le bō traictemēt que les subiets reçoiuēt de ceux qui leur cōmandēt, les cōtraint aymer, priser & honorer leursdits superieurs : ainsi quād ils sont rudement traictez, la bonne affection moindrissant en eux, les faict deschoir de l'obeïssance, & promptitude de faire honneur & seruice à ceux souz lesquels ils pensent viure miserablement. Aucuns (qui ne cōgnoissent pas bien le naturel des François) ont estimé qu'ils estoient comme les Saulx, & qu'ils en valent pis, s'ils ne sont souuent taillez & tondus : mais c'est au contraire : car il fera plus de sa franche, & bonne volonté, que non pas par contrainte. Le chat estoit l'ancien Symbole des Bourgongnons, par lequel ils signifioiēt & l'amour de liberté, & que la force n'a point si grād pouuoir sur eux, que la franchise de courage : aussi que comme le chat est plus ardent à faire la guerre aux rats, quand il est bien nourry & gras, que quād il est affamé & maigre; ainsi les Bourgongnōs sont plus prompts à bien obeïr, & seruir, quand ils sont bien traictez de leur Prince, que quand ils sont vexez, tourmentez, & engariez. Au reste il n'y a peuple plus aymant ses Princes que les François. Les histoires, & Chroniques des peuples noz voisins, sōt plaines des meurtres, & massacres cōmis en la personne de leurs Princes : noz Annales n'en fōt aucune mention; ains est testifié par tous autheurs, que le François (souz lequel nom ie comprens tous les subiects de la couronne de France) est de son propre naturel autant obeïssant subiect, qu'autre pourroit estre. Et n'est sans bien grand mystere, que tandis que les tiltres de noz Rois ont esté escrits en Latin, non seulement eux se sont dit, mais aussi chacun les à intitulé Rois des François : qu'estoit bien plus, que de les qualifier Rois de France. Car combien que la terre de France soit fort fertile, & plantureuse en tous biés, & que d'elle prouiēnent les richesses Frāçoises : si est-ce que sans l'obeïssance, & prompte fidelité, que les François sont coustumiers rendre à leurs Rois, le regne ne seroit pas de grād pouuoir. Ce que nous ne pouuons mieux recognoistre, que par le discours de ces guerres Ciuiles, qui ne peuuent prendre fin en ce Royaume.

Les Princes, & grands Seigneurs qui se sont separez de l'obeïssance du Roy, & desquels la foiblesse a pour appuy, & soustenail d'vn costé ceux, qui (comme S. Pierre en parle) ignorans le vray sens des escritures, & la vertu de Dieu, & instables en leur premiere vocatiō, ont mieux aymé se separer de l'vnion de l'Eglise Catholique, Apostolique & Romaine, pour suyure les vents de nouuelles opinions, que de chastier leurs corps, & (à l'imitation de S. Paul) les reduire en seruitute, pour porter le ioug de IESVS CHRIST, & demourer en l'Eglise, en laquelle ils ont esté baptisez, & nourris : & de l'autre costé certaine sorte d'hommes, qui (d'autant qu'ils ne peuuent nier qu'ils ne soient subiets naturels

Les bons Rois facilement aymez, les mauuais hays.

Tyrānique opinion.

Le chat Symbole des Bourgongnōs.

Les Gaulois ne sōt carnaciers de Princes.

Estre Roy des Frāçois est plus qu'estre Roy de France.

des Bourgongnons, & de leurs estats.

naturels du Roy) ne sçauroient se fonder en iustes causes, ny valables pour soustenir leur rebellion contre leur Prince souuerain : & moins alleguer qu'ils ayent faict seruices à la couronne de France, si importans, que pour ce regard, & le Roy soit tenu de les preferer en recompenses, & bienfaicts à ses autres subiets de pareille qualité, & eux ayent droict à faute de ce, de se dire mal contans. Ceux-là (di-ie) nous font veoir clairement, & sentir comme au doig, cōbien il est plus aysé de nuire, que d'ayder: cōbien (de rechef) vn Roy est heureux, quād ses subiets luy sōt obeïssans: & cōbien vn peuple est en la grace de Dieu, quand il est biē vny en mesme religiō, & qu'il cōcorde en singuliere deuotiō d'aymer, & obeïr, & seruir son Roy, iouxte les expres commandemens de son souuerain Createur. *Heureux accord d'vn Roy auec ses subiets.*

Av parauant le regne du Roy François premier, & lors que chacun aymoit mieux conseruer son honneur en pure & sincere reputatiō, que vēdre les faueurs qu'il auoit aupres du Roy: mieux (de rechef) laisser son nom & sa memoire recōmendables à la posterité, & à ses heritiers l'hōneur d'estre successeurs d'vn pere vrayemēt homme de bien; que de leur laisser de grans biens, acquis du Mammon d'iniquité: toute la recompēse qu'ils esperoient pour s'estre vertueusement employez au seruice de leur patrie, estoit que les benedictions que le peuple donneroit aux leurs fussent expres tesmoignages, que la grace de Dieu a presidé és operations paternelles. Ils esperoient d'auantage que le nom de tels peres sās reproches, souuēt inuoqué sus les enfās, les inciteroit à imiter la vertu paternelle. Aussi (à la verité) est-ce l'vn des plus beaux heritages qu'vn pere sçauroit laisser à ses enfans, que quand ils sont aymez, & honnorez, pour l'amour de luy. Et n'y a rien qui doiue tant chatoüiller le cœur d'vn enfant, pour le resiouïr, & rendre content, que quand en passant par les ruës, il entēd l'vn qui dit: C'est le fils d'vn tel, duquel le Royaume de France a receu tant de seruices: ou duquel la Frāce auroit à present bon besoing: ou quād quelques bonnes vieilles personnes disent à iointes mains: Mon enfāt Dieu te benie, & vueille garder de mal; & te face la grace d'estre aussi homme de bien, que ton feu pere. *L'homme de bien est plus soigneux de l'honneur que des richesses.*

Heur aux enfans, quand les peres ont esté aymez du peuple.

Beavcovp de ieunes hommes de maintenant, & mesmement ceux qui n'ont l'esprit tourné qu'aux fadezes & corruptions de ce temps, se pourront mocquer de ce bon vieil temps, auquel la seule vertu estoit estimee, & les seuls hommes qui estoient bien affectionnez & vtiles au publicq tenuz en reputation. Mais se mocquent tant qu'ils voudront, la moquerie demourera auecq le mocqueur: & ne pourroient leurs gaudisseries signifier autre chose, sinon qu'ils sont hors d'espoir, que iamais on dise d'eux, ce qu'on a dit par le passé des enfans bien creez, bien accoustumez, & naiz de peres qui ont donné occasion au peuple de se souuenir de bien dire d'eux, & de souhaitter prosperité à leurs enfans. Ce que i'ay bien voulu dire en faueur de la vraye vertu, de *Deprauation de ieunesse Frāçoise.*

G ij

laquelle louange est la recompése: & pour monstrer que c'est abus, de penser preferer la piaffe à la naturelle vertu. Mais sortant de ces digressions, reuenons à nostre principal propos.

<small>Tenuë des Estats.</small>

Nous disions tantost, que le temps ordinaire de tenir les Estats generaux des Gaules estoit le premier iour du mois de May: encores les Estats de Bourgongne obseruent, & retiennent le mesme temps. Nous auós aussi aduerty que les vns, & les autres se tenoient tous les ans: mais à present que ceux de Bourgongne ne se tiennēt que de trois en trois ans.

<small>Absens ne doiuent estre esleuz.
C'est abus aux Esleuz d'auoir des substituts.
Tour successif des Esleuz de l'Eglise.
Les Euesques qui seent aux Estats & leur rang.
Abbez preseants.</small>

D'AVANTAGE parlāt de la Roüe des Estats, a esté dit qu'elle mótre cósecutiuemét de trois ans en trois ans, vn Euesq̃, vn Abbé, ou vn Doyē deuoir estre Esleu, pour l'estat de l'Eglise. Reste à sçauoir, que si à certaine tenuë d'Estat, c'est au tour d'vn Euesque d'estre Esleu, & aucū Euesque ne s'y trouue en personne, pour l'accepter, & en faire luy-mesme les charges: lesquelles (quoy qu'on en ait souuent abusé) ne se doiuent cōmettre à autre, qu'à celuy, duquel l'industrie, & la personne a esté choisie; & duquel les suffisances (dont les Estats ont esperé se preualoir) ont esté cause qu'il ait esté Esleu. Aduenant qu'aucun Euesque ne fust present ausdits Estats, iceux Euesques descheent de leur tour: & les Abbez y entrent: puis aux Abbez succedēt les Doyēs les trois ans prochainemēt suyuās. Lesquels expirez les Euesques reuiennēt en tour comme deuāt.

N'EST semblablement à ignorer, qu'à la tenuë des Estats de Bourgōgne, quatre Euesques ont droict de seance: sçauoir est d'Autun, d'Auxerre, de Chaalon, & de Mascon. Desquels l'ordre est selon que ie les ay nommé. Mais si les Euesques font tous deffaut, les Abbé de Cluny, & Abbé de Cisteaux (comme chefs d'ordres) ont droict de presider, & preceder tous autres Abbez és Estats de Bourgōgne. Apres ces deux là, la preseance appartiēt à l'Abbé de S. Benigne de Dijon. Il n'y a que ces trois Abbez, qui ayent rang priuilegié, & certain droict de preseance. Quant aux autres, combiē que nous teniōs l'ordre S. Basile plus ancien, celuy de S. Augustin apres, puis celuy de S. Benoist, duquel est procedé celuy de Cisteaux (dit de S. Bernard) si est-ce qu'és Estats de Bourgongne tous Abbez (au reste) ne sont respectez pour l'antiquité de leur ordre, ou fondation: ains doiuent seoir comme les Cardinaux à Rome cōme les Euesques és assemblees: comme les Cheualiers de l'ordre aux festes S. Michel: cōme les Cōseillers tāt és Parlemēs, que Cōseils: & cōme les Chanoines en leurs chapitres: qui est selō l'ordre, & antiquité de leur reception: les Abbez Titulaires, & les Cōmendataires rendus par la misere du temps present entieremēt esgaux és assemblees d'Estats de païs. Car quant aux assembleēs puremēt Ecclesiastiques, indites par le Pape, ou par le Metropolitain, ou faites par commū aduis des Ecclesiastiques, la raison en est diuerse. Là les Prestres precedent, & les Commédataires ne sont tenuz pour Abbez: ce qu'ils sont en noz Estats de Bourgongne: où nous auons veu plus d'Abbez Commendataires Esleuz en qualité, &

<small>Ordre de seance par antiquité de reception.
Commendataires, & Titulaires.</small>

au tour

Des Bourgongnons, & de leurs estats.

au tour, que nous n'y auons veu de Titulaires. Ie suis souuenant auoir veu Esleuz pour les Ecclesiastiques, & en qualité d'Abbez les Commendataires d'Ougny, de la Bussiere, & de Saincte Marguerite. Ce qu'ils n'eussent peû, ny deu estre, si les Estats ne tenoient les Commendataires pour Abbez. Et mon aduis a tousiours esté, que sans immuer les anciennes façons des Estats, ainsi deuoit estre obserué, iusques à ce que la reigle *Regularia regularibus*, &c. soit remise en valeur. Abbez Cōmendataires sont Esleuz aussi bié que les Titulaires.

Tovchant les Cheualiers de l'ordre, nous auons veu, & l'ordonnance y est, que chacun seoit selon l'ordre de sa reception: mais ce miserable temps a diuerty, & confondu la police ancienne: & les ieunes Princes osent marcher au rang des plus vieux, & anciens Cheualiers: & neātmoins en la Saincte Chappelle à Dijō, Charles Comte de Charrolois fils du Duc, de l'ordre, n'est que le dixiesme. L'ordre immué entre les Cheualiers de l'ordre. Ordre de Bourgongne.

Es assemblees de la Noblesse l'ordre ancien est perdu: & (comme au reste) s'il s'y faict quelques protestations, iamais point de differens ne s'en vuident, ains sert de commun expedient, dire que (sans preiudice) chacun prenne place.

Qvant au tiers Estat (duquel nous auons dit ne comparoistre aux Estats generaux, que les commis, & deputez des villes) il est certain, que la Rouë souuent mentionnee a (pour leur regard) plus d'image de l'antiquité, & retient plus de la similitude de l'ancienne Rouë des Estats anciens des Gaules, qu'elle ne faict pour le respect des autres deux Estats. Pour mieux entendre ce faict, il m'a semblé estre necessaire mettre icy le pourtraict de la Rouë soigneusement gardee en la chambre des Esleuz à Dijon: afin que voyans celle qui nous reste, nous puissions mieux imaginer l'ancienne, en laquelle estoient mis d'ordre tous les Cantons des Gaules. A cest effect nous l'auōs representé à la fin de ce chapitre. Et nonobstant (pour plus grande explication de la matiere que nous traictons) ie ne laisseray à dire, que ce que plus proprement est comprins soubs l'estenduë du Duché de Bourgongne, est composé de cinq Bailliages, Dijon, Autun, Chalon, l'Auxois, & la Mōtagne. Le Baillif de Dijon a (outre son siege principal) quatre autres sieges, faisans Bailliages separez, Beaulne, Nuiths, Auxonne, & Losne. Autun en a trois. Moncenis, Semur en Brionnois auec son annexe d'Anzy, & Bourbon l'Ancy. Et celuy de l'Auxois (duquel le siege principal est à Semur) a aussi deux autres sieges, Aualon, & Arnay le Duc. Les autres païs qui conuiennent, & ont assistāce, & seance aux Estats, comme les Contez du Masconnois, & du Charrolois, le Viconté d'Auxonne, terres d'outre Saone, & ressort de S. Laurēs, Bar-sur-Saine, & Noyers, sont appellez païs adiacens. Entre ceux de ce nombre les Masconnois, Charrolois, & gens du Viconté d'Auxonne, ont des Estats subalternes. Leurs Esleuz particuliers font le departement par le menu, des sommes ausquelles ils sont (l'esgalité gardee) quotisez en blot par les Esleuz generaux de Bourgongne. Aux Estats d'Auxonne Rouë des Estats. Cinq Bailliages generaux en Bourgongne. Baillif de Dijon, & ses Bailliages subalternes. Baillifs d'Autun. Baillifs d'Auxois. Estats particuliers és pays adiacens. Masconnois. Charrolois. Viconté d'Auxōne. Pays respondans aux Estats d'Auxōne.

G iij

respondent les terres d'outre Saone ressort de S. Laurent, & tout ce que quelques-vns comprennent soubs l'appellation de Bresse Françoise, & terres d'outre Saone.

Côté d'Auxerre.

ET quant à la Conté d'Auxerre (laquelle est aussi de la generalité des Estats de Bourgongne) il y a des Esleuz de par le Roy, erigez en offices, qui departêt les quotes par villages, & feux de l'Auxerrois. Les Chastellenies de Bar-sur-Saine, & de Noyers ont au semblable leurs Esleuz Royaux, qui les traictent à la Françoise.

Bar-sur-Saine.
Noyers.

LES noms des villes cy dessus specifiees, & (outre icelles) celuy de la ville de Montbar, sont (hors-mis celuy d'Arnay le Duc) escrits selon leur tour, en la circonference de la Rouë: de façon que si iadis il apparoissoit bien clairement quelle Cité, ou Canton auoit droict de donner le Grád par dessus aux Gaulois; encores est on à presêt moins en difficulté, quelle ville doit fournir l'Esleu du tiers Estat. Est toutesfois à noter, que le Vicõte Maieur de Dijon, appellé vulgairement Maire, maintient que de toute ancienneté il a ce droit, de se dire, & porter pour Esleu nay des villes. De faict tant en l'assemblee des Estats, qu'en la châbre des Esleuz, il precede celuy, qui specialement est nommé Esleu du tiers Estat. Mais és deliberations en chambre, eux deux n'ont qu'vne voix.

Montbar.

Vicõte Maieur, ou Maire de Dijon.

OVTRE les trois Esleuz, de l'Eglise, de la Noblesse, & du tiers Estat, les Rois ont voulu auoir vn Esleu de leur part: aussi est-il nommé Esleu du Roy. Il a voix deliberatiue en la châbre des Esleuz, & importe beaucoup, non seulement aux Esleuz, pour negocier en paix, mais aussi à tout le païs, que cest Esleu du Roy soit modeste, & exempt de turbulence, Car s'il est riotteux & fascheux, il sera en la chambre, cõme vn Tabouet au Parlement de Chambery.

Esleu pour le Roy.

ON a souuent pensé de supplier le Roy supprimer tel office extraordinaire & supernumeraire: mais les hommes de saine & droicte conscience ont eu crainte, qu'on interpretast que ce fust pour plus licêtieusemêt abuser des deniers du païs. Toutesfois quand cest Esleu ne seroit pas, le Roy ne laisseroit d'auoir en la chambre des officiers, qui ont promis & iuré faire loyal seruice. Ce sont les Sieurs de la chambre des Comptes: desquels deux, tant Presidens que Maistres, & deux Auditeurs, sont ordinairement assistans en la chambre des Esleuz, pour le calcul du departement de l'octroy, & du taillon: d'autant qu'il est à presumer, qu'ils sont mieux experimentez au maniement des gettons: aussi afin que par multiplicité de bons aduis, soit donnee meilleure resolution sur les affaires proposez au bureau. Ces deux Maistres, & deux Auditeurs des Comptes, n'ont tous ensemble qu'vne voix. Tellement que combien qu'en la chambre il y ait ordinairement neuf personnes qui opinent, si n'y a-il que cinq voix: à la pluralité desquelles l'Esleu de l'Eglise qui preside, conclud, & prononce. Aux plus importantes deliberations sont appellez les deux Aduocats, & deux Procureurs, Syndics du païs.

Quatre sieurs des Comptes du corps des Estats. Cinq voix seulement en la châbre des Esleuz.
L'Esleu de l'Eglise preside.
Deux Aduocats.
Deux Procureurs.

Quant

des Bourgongnons, & de leurs estats.

Quant au Greffier, il a les clefs de la chambre, & assiste ordinairement à toutes les assemblees qui se font en icelle: comme aussi faict-il à la tenuë des Estats, & tient en l'vne des trois chambres, le papier des actes. *Vn Greffier.*

CE premis, ie vien à l'accomplissement de m'a promesse, touchant la Rouë gardee en la chambre des Esleuz, à fin que par l'ordre d'icelle fussent tolluz & assoupis tous differens, qui pourroient suruenir, si l'on n'auoit asseuree certitude, quand les villes seront respectiuement en tour de donner l'Esleu au païs. I'en ay doncques mis cy apres le portraict: non toutesfois si superstitieusement, que i'aye en tout, & par tout, mis de mot à mot le contenu en icelle: ains laissees les repetitions superfluës, ie n'ay rien omis qui face à l'intelligéce d'icelle. Reste à sçauoir, que l'anciene Rouë si consommee de vieillesse, que & le bois estant tout vermoulu, & l'escriture effacee, il n'estoit quasi plus possible y lire: les Esleuz(du gré des Estats) la feirent refaire, & accómoder au téps, à l'annee, & autres choses adoncq' presentes. Telle restauration, ou renouuellemét, fut fait l'an 1533. En ce triennal vn Euesque estoit Esleu pour les Ecclesiastiques: & pour le tiers estat, vn de la ville de Montbar. Le reste alloit selon l'ordinaire. Ce que i'ay exprimé au pourtraict suyuant, sans auoir vsé neuf fois de mesme repetition pour le regard des Nobles, des gens des Cómptes, & de l'esleu du Roy: par ce que c'eust esté escriture non moins ennuyeuse, que superfluë. Mais d'autant qu'il se pourra fort bien entendre, par ce que nous auós n'agueres dit des Nobles, de l'Esleu du Roy, & des gens des Comptes, & par l'inspection du pourtraict de la Rouë: mesmement que la distinction d'icelle Rouë en neuf, ne sert qu'à l'intelligence du tour des gens d'Eglise, & des villes, ie n'en diray pas d'auantage pour ce coup. *Rouë des Estats.*

G iiij

De l'antiquité & origine

Pourtraict de la Rouë gardee en la chambre des Esleuz des Estats de Bourgongne; pour discerner au vray ceux qui sont en tour, & deuront estre, ou donner
de trois ans en trois ans les Esleuz d'iceux Estats de Bourgongne.

L'an M. D. XXXIII.

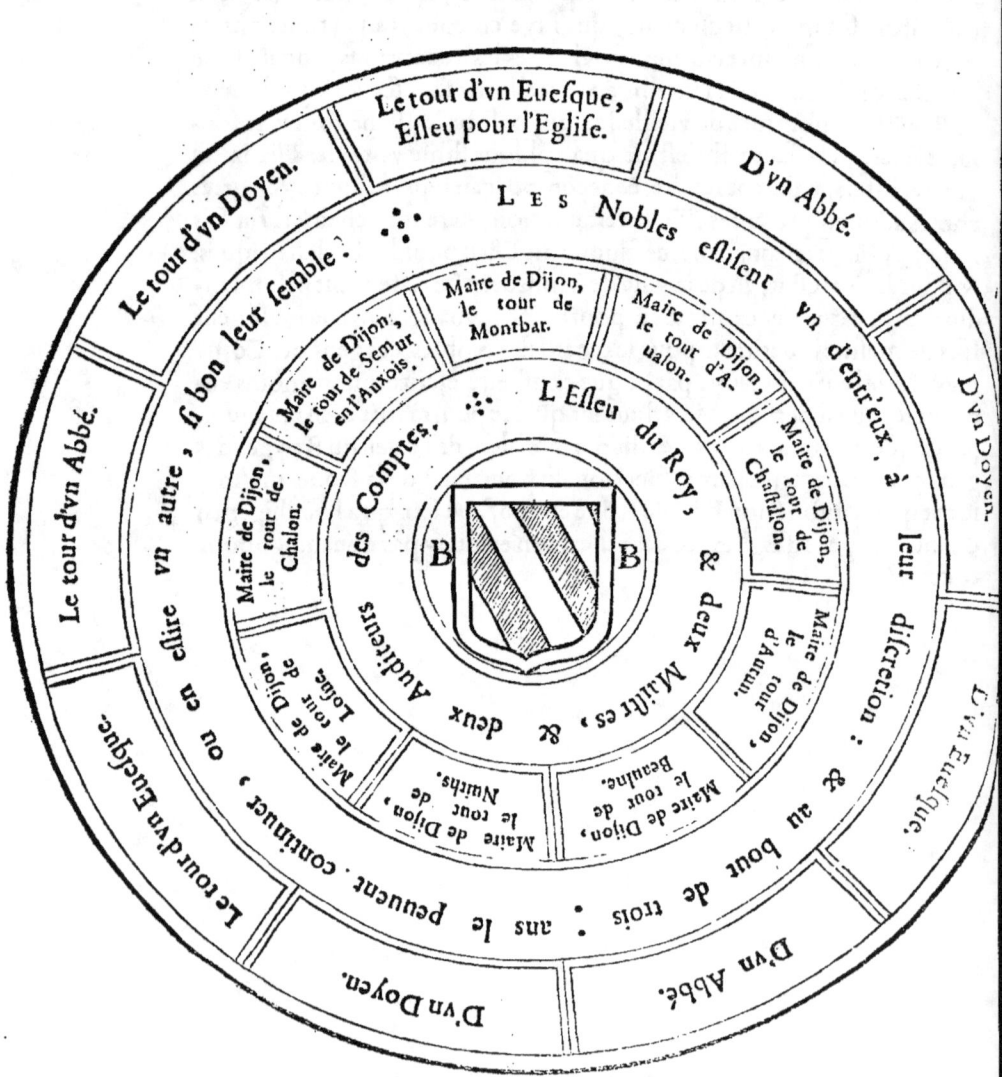

des Bourgongnons, & de leurs estats.

De l'Estat des Ecclesiastiques en general. CHAP. XVI.

NVL ne peut nier, que plusieurs mots desquels nous v-sons en parlāt de la police, ou œconomie Ecclesiastique, soiēt esté prins des Payens: mais le secret est, que depuis qu'ils ont esté employez, & asseruis à telle signification qu'il a pleu à l'Eglise leur donner, il faut que le Chrestiē fils de l'Eglise, se garde (quand il est question de traicter des choses sainctes, & sacrees) de leur permettre libre retour au paganisme, ny les vouloir ramener à ce qu'ils souloiēt signifier, pour les destourner du sens auquel l'Eglise les employe. Car combien que la recherche de l'origine des vocables ait tousiours esté, & soit encores louable, si n'est-il raisonnable en faire fondement cōtre l'auctorité de l'Eglise, & moins sur ce estriuer auec elle. Ainsi *Pontifex* en termes de la religion, ne signifie plus vn faiseur de pōts (comme quelque Poëte l'a dit par mocquerie, & inuectiue) mais vn ministre des choses diuines: qui (selon Sceuola) est dit *de posse & facere*: & *Episcopus* n'est plus le nom d'vn prouiseur, ou Commissaire des viures: ains d'vn Prelat, qui est au guet pour le salut de son peuple: & qui a l'œil vigilent pour cōseruer des loups le trouppeau qui luy est cōmis. Semblablemēt (à fin que ie me taise de maintes autres dictiōs qu'il seroit long, & quasi impossible de nombrer) *Ecclesia* ne se prend plus absoluëment pour toute assemblee, & congregation de peuple: & moins pour l'affluence des gens des champs, conuoquez pour vénir és villes, veoir des ieux, ou autres spectacles. Ains le mot d'Eglise par vne desia visitee, & receuë façon de parler, signifie la congregatiō des fideles: de l'vnion desquels en croyance, resulte vne Cité, & vne Republique non astraincte, ny arrestee en vn lieu, mais esparse, & estenduë par le monde vniuersel. Dieu a honoré icelle son Eglise de tant de beaux tiltres, qu'il la nomme sa sœur, & son espouse. Dit d'auantage que c'est sa colombe, & qu'elle est vnique, qui est à dire qu'il n'en y a pas deux, nōplus que deux arches de Noé.

COMME doncques les personnes, qui par priuilege diuin, furēt retirees dedans l'arche, furent sauuees, & toutes les autres perduës par le deluge des eaux: ainsi ceux qui demoureront fermes, & immuables en l'vnion, & obeïssance de l'Eglise, seront sauuez: mais ceux qui se laisseront transporter à tous vents de nouuelles opinions, seront affoguez, & submergez. De l'obeïssance il en est dit, qu'elle vaut mieux que les victimes, & sacrifices: & quant à l'vnion, elle est tant recommandee de Dieu, que l'Escriture saincte ne nous exhorte à rien plus affectionnemēt: à fin que IESVS CHRIST estant chef de l'Eglise (cōme de vray il est) le corps mysticq d'icelle (que S. Paul dit estre composé de plusieurs membres) ne tombe en desaccod. Ce que IESVS CHRIST cōgneut estre mal-aysé empescher. Pource pria-il son pere, nous conceder de sa grace ladicte

Admonnestement vtile.

Pontifex.

Episcopus.

Ecclesia.

Hors l'Eglise n'y a salut.

Obeïssance. Vniō Chrestienne.

S. Paul.

vnion:à fin que nous qui ne croyons qu'vn Dieu,& qu'vne Eglise,& qui n'auons qu'vne foy,soyons vn entre nous,cōme luy, & son pere ne sont qu'vn. Or est-il que la dignité de sa diuine personne(selon laquelle il est vray Dieu)a merité qu'en sa requeste il ait esté exaulcé par son pere: mais ainsi que quand il est venu en ce monde, les siens propres ne l'ont pas receu, aussi peu d'hommes ont merité de participer au fruict de son oraison:à tous ceux toutesfois qui l'ont receu,il a dōné puissance d'estre faict fils de Dieu, si leurs propres defaux ne les en ont rēdu par trop indignes:& à ceux qui par foy viue luy ont adheré, il a faict grace de participer au fruict de sa petition, pour comme son petit, mais bien-aymé, trouppeau, estre enfans de son espouse l'Eglise, & demourer en icelle vniz en sincerité de mesme croyance.

Gens d'E-glise.
CE tenu pour certain(comme de faict il est)combiē que hors de l'Eglise il n'y ait point de salut, & que(à le bien prēdre)tous hōmes Chrestiens doiuent estre appellez gens d'Eglise: si est-ce que plus principalement ce nom est donné à ceux qui sont vouez, & destinez au ministere de l'Eglise,& leur estat est appellé l'estat Ecclesiastique.

Prestrise primitiue.
DEs le cōmencemēt du monde, iusques au trespas du Patriarche Iacob, les peres,& à faute d'eux les fils aisnez, ont eu la charge des sacrifices & de l'instructiō de leur famille: pour les conseruer en l'amour, & crainte de Dieu, & leur enseigner les vrais moyēs de perseuerer en purité de croyance. Aucuns ont estimé que ce bon Patriarche(chef de sa religiō & des choses sacrees tādis qu'il a vescu)estāt decedé, sō fils Leui(encores qu'il ne fust pas aisné)luy succeda en ladicte auctorité: & qu'en icelle ses enfans ont perseueré, iusques à ce que le voile du temple brisé, la verité Euangelique a cōmācé à reluire, la Synagogue à deschoir,& l'Eglise à prendre force par la vertu du S. Esprit habitant en elle. Autres ont pēsé que Ioseph(comme fils aisné de Iacob, du mariage de sa mieux aymee Rachel, & auquel dés son enfance, auoit esté donnee la robbe bigarree, & diapree)fut souuerain sacrificateur, & chef du peuple Hebraicq', demourant encores en Egypte.Leur argument est tiré du vestement d'aisnesse, appartenant à Esau, duquel il conuint que Rebecca habillast son plus cher enfant Iacob, pour luy faire auoir la benediction de son pere Isaac. Mais ce que les sainctes Escritures ne determinēt rien, qui puisse faire à l'auātage de l'vne, ou de l'autre opiniō, me gardera de rien resouldre de l'estat du Sacerdoce,& des sacrifices Hebraïques, depuis le trespas de Iacob,iusques au sacre d'Aaron. Et qūāt à la robbe de Ioseph, le texte porte que Iacob la luy auoit faict faire, pour ce qu'il estoit son petit,& & bien-aymé mignard.

Iacob. Leui.

Ioseph. Iacob,& Rachel. Robbe du fils aisné.

Esau. Rebecca.

Robbe de Ioseph.

LAISSEE doncq' la dispute prementionnee, touchant ceux qui furēt chefs dēs sacrifices Hebraïques, depuis le decez de Iacob iusques au sacre d'Aaron, il reste bien certain, que combien que la Prestrise ne soit iamais escheuë à ceux qui ont eu le principal commādemēt sur la police seculiere,

des Bourgongnons, & de leurs estats. 79

seculiere, & sur les armees: si est-ce que l'estat de Iuge (qui selon les Hebreux ne differoit qu'en nom d'auec l'estat Royal) a bié esté cómis de Dieu aux grands sacrificateurs Heli, & Samuel. Notamment il est escrit que ceste sorte de gouuernemét pleut tant à Dieu, que ce ne fut sans bié irriter sa majesté, que les enfans d'Israël contraignirét Samuel à la changer, & leur donner vn Roy particulier, ainsi que les peuples voisins en auoiét. Pour les en diuertir, Dieu leur proposa (par maniere de menaces, & nó pour auctoriser le fait) les torts, dommages & outrages qu'ils souffriroient des Rois. Puis voyant que d'vne opiniastre voló[t]é, ils s'estoiét obstinement resoluz d'auoir vn Roy: il declara euidemment combien la desunió de la Prestrise & du regne luy desplaisoit. Mais il vaut mieux inferer ce que Dieu dit à Samuel: *Ils ne te reiettét pas, mais moy, à fin que ie ne regne sur eux: telles ont esté toutes leurs œuures, depuis le iour que ie les retiray d'Egypte, iusques à ce iourd'huy. Comme ils m'ont abandonné, pour seruir aux Dieux estrangiers, ainsi t'ont ils faict &c.* Voilà comment Dieu auoit pour bien fort aggreable la conionction des dignitez Sacerdotale, & Royale. Depuis S. Pierre Apostre reünisát lesdites deux dignitez, en sa premiere Epistre Canonique, chap. 2. appelle la Prestrise Royale. Surquoy pource que S. Paul reprouue assez la iurisdictió puremét seculiere, au 6. chapitre de sa premiere Epistre aux Corinthiens: & que sur son dire sont fondees les defenses faictes aux Ecclesiastiques, de subir iugement par deuant les Iuges layz: aussi que plusieuts personnages de sçauoir excellent, ont exercé la suffisance de leurs esprits à discourir de ceste matiere; ie ne m'y estendray d'auantage. Pource (sans plus curieusement rechercher autres passages de la saincte Escriture) ie me cótenteray des alleguez, qui preuuent assez, que le Sacerdoce (c'est à dire la Prestrise) est capable de la Iudicature: & que les deux ensemble sont fort aggreables à Dieu: qui en ce seul mot CHRISTVS, a voulu que son fils vnique fust entédu excellent Prophete, grand Prestre, & souuerain Roy. Aillent maintenant noz aduersaires, & cherchent à calomnier ce que le Pape est Roy, & que les gens d'Eglise sont seigneurs en toute iustice.

NVL ne pense donques, que ce soit entre les seuls Iuifs, que la Prestrise a esté en grand pris, honneur, & reputation: Car le commun consentement de toutes nations a tousiours esté bien accordant en ce, que les Sacrificateurs estoiét (chacuns en leurs Prouinces) en telle, & si gráde veneration, que (d'autant que peu d'hómes presidoient és sacrifices, qui ne fussent suffisammét instruicts, sinon en toutes les parties de Philosophie, & de leur Theologie, du moins tant que c'estoit assez pour le contentement du peuple) leur credit & auctorité gaignoient sur le reste des hommes du païs, qu'ils se submettoient communement à ce que par ces maistres Philosophes, & Theologiens seroit dit, & arresté de leurs principaux differens. Tellement qu'vn peu de religion (ainsi nommoient-ils leurs superstitions) cójointe à quelque apparence d'equité, faisoit trou-

Les Rois incapables de la Prestrise, & les Prestres ont esté Rois. Samuel.

Les Iuifs veulét vn Roy.

S. Pierre.

S. Paul.

CHRISTVS.

Pagination incorrecte — date incorrecte

NF Z 43-120-12

uer bon(voire aux parties condamnees)ce que par tels Iuges auoit efté fentencié.

Egypte. L'EGYPTE eft la region de laquelle(comme d'vne fource de fçauoir) les autres Prouinces payennes ont eu autant de congnoiffance des principes de toutes chofes, que par la Philofophie il f'en peut fçauoir. Des *Platon.* Egyptiens Platon (qui luy-mefme auoit efté en Egypte pour apprédre) dit que leur couftume eftoit choifir entre les Philofophes, les plus capa*Rois E-* bles d'eftre Preftres, & du nombre des Preftres eflire leur Roy. Autres *gyptiens.* tiennent que Mercure fut nommé par les Egyptiens Trifmegifte, c'eft *Trifme-* à dire trois fois tres-grand : à caufe qu'il eftoit tres-grand Philofophe, *gifte.* tres-grand Preftre,& tres-grand Roy.

Druides. QVANT aux Druides des Gaules,ce que nous en auons cy deffus allegué de Cefar,fert de preuue fuffifante, que riere eux eftoit de difpofer non feulement des facrifices, & chofes facrees, mais auffi de vuider les procez, querelles, contentions, & differens qui fe mouuoient entre les Celtes.

Pontifes A ROME les principaux Pontifes eftoient Senateurs,tefmoing Ci*Romains.* ceró *ad Atticum* liure 4. Qu'eftre Pontife eftoit quelque chofe de grand *Ciceron.* en la Republique Romaine, fe peut affez verifier par les propos que *Cefar Pó-* Cefar tint à fa mere,lors qu'il alloit à la brigue du Pótificat.Auffi entend *tife.* *Horace in* le Poëte Horace, que le Pontificat eftoit l'vn des honneurs qu'il appelle *terpreté.* Trijumeaux. Ce que teu par fes interpretes, fe peut apprendre des me*Tergemini* dailles,& infcriptions que les Empereurs faifoient mettre en leurs mon*honores qui* noyes. Là il eft leu qu'ils eftoiét *Tribunitiæ poteftatis*: (qu'eft vne dignité *fint.* que Iules Cefar vfurpa, penfant par là fe rendre inoffenfible, par ce que *Tribuni Ple-* *Tribuni Plebis* eftoient inuiolables)*Confules*(& le nombre de leurs Con*bis.* *Confules.* fulats y eft exprimé)*Pontifices maximi*(pour auoir la charge des facrifices: *Pontif. Max.* laquelle ils eftimoient tant que Cefar(encores que fa prefence fuft bien *Cefar.* requife és Gaules) fe retiroit quafi tous les ans en hyuer à Rome,à fin de fe trouuer à la nouuelle creation des Confuls, & pour prefider és facrifices.)Voilà comme par vn general cófentement de toutes nations le Sa*LaPreftrife* cerdoce, & la Preftrife ont efté en grand honneur, & finguliere reputa*honoree* tion. General confentement ay-ie dit,par ce que l'obferuance gardee en *en toutes* *nations.* l'ancien teftamét tire cófequence fur tout le peuple Hebraïcq': l'Egypte eft la fource de prefque toutes les religions(ou pluftoft fuperftitions) Payennes, felon le rapport qu'en font Herodote, & Diodore Sicilien. La Celtique(que Cefar faict fynonyme des Gaules)f'eftend dés les Celtofcythes,iufques aux Celtiberiens. Et les Romains(quafi dominateurs de toute la terre)n'ont feulement contrainct les nations fubiectes à leur Empire de receuoir leurs loix, & apprendre leur langage, mais auffi de f'accommoder à leurs facrifices, & faire honneur aux Dieux,ou(pour mieux dire)Idoles, que le Senat, & les Empereurs leur enuoyoiét. Mais d'autant que la Synagogue eft hors de credit,& que le Prince du monde

a perdu

des Bourgongnons, & de leurs estats. 85

a perdu sa puissance, ses oracles & sacrifices sont faillis, que seruiroit-il d'en faire plus ample mentiõ? i'en cesseray dõcques de parler, pour venir vn peu à discourir de l'Eglise Chrestienne, de laquelle ont prins nom les gens d'Eglise, premiers en ordre entre les trois estats de France, & de Bourgongne.

C E S S A N T le Iudaïsme, par la suruenuë de la verité Euangelique, la lumiere qui illumine tout homme venant en ce monde, vainquit les tenebres; de façon que la Synagogue, & ses supposts accablez d'opprobres, mespris, & cõtumelies, l'Eglise de Dieu arrousée du sãg de l'aigneau immaculé I E S V S C H R I S T, commença comme l'aube du iour à mõtrer sa splẽdeur, & peu à peu à reluire si clairemẽt, que nul soleil ne pourroit paragõner sa lumiere, au lustre qu'elle receuoit de son espoux. Lors la distinction des races des Iuifs desia long-temps y auoit confuse, ne fut plus en obseruance. Tous fideles, & bien croyants (sans acceptiõ des personnes) en matiere de foy auoiẽt puissance d'estre faicts fils de Dieu, & de son espouse l'Eglise. A la naissance de ceste S. Eglise Chrestienne (car quãt à l'Eglise, parlãt absoluemẽt, on refere sa source à Abel) le S. Esprit, que Dieu le pere enuoya au nom de son fils, inspira les sẽs des enroollez à son seruice, par la susceptiõ du S. Baptesme: & leur ouurit l'entẽdement pour entẽdre les sainctes Escritures, & auoir l'intelligence des sacrez mysteres de la religiõ Chrestiẽne. Adoncques ce grand departisseur de graces donna aux Apostres, & à leurs successeurs legitimement ordonnez comme Aaron, la vertu de iouyr, & exercer librement, & sans crainte, la commission que peu de temps auparauãt I E S V S C H R I S T leur auoit donné, de prescher l'Euãgile à toutes personnes, & par le monde vniuersel. Qu'ainsi soit, au lieu de ce que craintifs & pauureux ils se tenoiẽt serrez en vn logis, si tost que la grace du S. Esprit fut tombée sur eux, ils furent enflammez d'vn zele si vehement, que sortans hardiment en ruë, ils commencerent à librement exercer leur ministere. D'auantage la vertu d'enhaut en eux suruenuë leur inspira, & dicta les ordres, & moyens necessaires pour dresser, & establir la police Ecclesiastique, nõ encores ordonnee. Oeuure que vrayement tous fideles, & bons Chrestiens doiuẽt admirer, & estimer comme labeur, non des hommes, mais de Dieu: doiuent (di-ie) congnoistre que par telle influence, & suggestion du sainct Esprit, l'ordre a esté mis si bon en l'Eglise Catholique, & les ordonnances, & establissemens si saincts, & si bien dressez, que quand ores les Anges du ciel l'auroient entreprins, ils ne sçauroient inuenter vne meilleure police.

T O V T E S F O I S si l'obseruance a esté intermise, & entrerompuë; le vice des hommes, & la malice du temps ont produict ce desordre. Pour lequel reparer, tous ceux se trompent, qui armez, & empistollez, ne tendent qu'à vne forcée reformation des Prestres seulement. Si tels proiecteurs de reformatiõs n'estoiẽt comme ce *Chorebus*, qui n'auoit

L'Eglise Chrestiẽne.

S. Esprit enhardist les Apostres.

L'abus est general.

Chorebus.

H

iamais peu apprendre à compter outre trois, & neantmoins se vouloit mesler de nombrer les vagues de la mer: ils verroient plus loing que à leurs pieds;& sçauroiét que si vn corps est tout plain d'vlceres, il ne faut pas medicamenter,ny appliquer emplastes à vne partie seulement, ains tendre à vne curation vniuerselle. Sçauroient d'auátage que toute chair a corrompu sa voyé:tous Estats sont deprauez:toutes personnes ont delaissé le vray chemin de vertu:& n'y a aucun qui face bien, & les print on tous vn à vn,depuis le premier iusques au dernier.

CE que ie ne di,ny voudrois dire, pour penser extenuer les vices des gens d'Eglise : lesquels ie ne puis , ny ne veux nyer estre grands . Mais il n'est pas aysé de terminer ces abus,si deux choses ne succedét: l'vne que les Rois s'abstiennent de nõmer aux benefices,pour abolir les elections. Car il a esté fort bien congneu, que quand les Prelats ont esté esleuz par la voye du S.Esprit,ils faisoiét les œuures de leur autheur: & que de present les Euesques des hommes,font des miracles d'hommes plus courtisans qu'Ecclesiastiques.L'autre que les reformations soient faictes selon les saincts Canons,par autres que gens laiz: & qu'icelle reformatiõ procede equitablement tant contre les chefs,que contre les membres.

OR comme ie desire de tout mon cœur vne bonne, & saincte reformatiõ en tous Estats,notámét en celuy de l'Eglise, duquel les vices sont plus reprehensibles, & dignes de plus exacte punition (d'autant qu'eux sont,ou doiuent estre comme la lumiere mise sur le chandelier, pour esclerer à vn chacun)aussi ne puis-ie m'abstenir de dire , que le mot de reformer important autant que remettre, ou ramener à l'ancienne, & legitime forme;c'est tres-mal procedé,quand soubs vmbre de reformation on téd à l'aneantissemét de l'estat Ecclesiasticq', qui est vn des trois piliers du siege royal,& lequel osté il est force que le throsne verse, iouxte l'ancienne Prophetie:*Translato Sacerdotio,trãsferetur & Regnum*.I'adiousteray que c'est tres-mal entendre les affaires d'Estat,de suyure l'opinion d'vn , qui a tout remply de turbulentes nouueautez ; lequel estoit coustumier de dire aux ennemis de l'estat Ecclesiasticq', qu'il n'y auoit meilleur moyen de se defaire des pigeons, ny de les denicher, qu'en rõpant les Colombiers.Ceste parole a esté cause de la ruine d'infinies Eglises, & d'vn million de maisons,qui en dependoient:tant les autheurs,promoteurs,& satellites des guerres Ciuiles soubs vmbre de religion,ont esté prompts à mal-faire.

TOVTESFOIS nous tenõs pour chose bié certaine, que ny les véts contre-soufflás,ny la mer de ce mõde esmeuë outre mesure,ne sont suffisans que pour tourméter,mais nõ pour affoguer la nacelle de S.Pierre, & des Apostres: & que si bié Dieu demeure sur le riuage, & sil laisse tát ses Apostres en cõbat cõtre la tépeste, que la nacelle soit en apparéce de peril:si viédra-il sur l'eau, & par son arriuee apportera plus d'esperáce de seurté aux prochains de naufrage, que ny Castor & Pollux aux Pilotes
Payens,

des Bourgongnons, & de leurs estats. 87

Payens, ny *sancto Hermete* aux mariniers Chrestiens. Dieu eslongne bien quelques-fois sa grace, & fauorable benignité de nous : mais iamais sa puissance, qui tiẽt l'enfer en crainte, & les diables souz bride, ne perd son cours ordinaire. Aucuns estiment (mais c'est à cautele, & pour s'emparer du biẽ de l'Eglise) que la deuotiõ a produit les richesses, les richesses l'orgueil, & luxe, qui ont estouffé la deuotiõ: mais s'il y a estat qui soit exẽpt de mesme corruptiõ, qu'il leue la premiere pierre cõtre les gẽs d'Eglise. Iudas blasmoit ainsi en IESVS-CHRIST l'onction faite sur son chef par la Magdelaine. Il ne se soucioit pas des larmes dont elle arrousoit les pieds. Mais cecy sera dit ailleurs.

AV reste, quãd ores la diuine bõté (laquelle a inspiré tãt de Princes, & autres personnes d'honneur à bastir, fonder, & doter les Eglises) nous auroit (pour l'abõdance de nos vices, & pechez) oublié de tant que nous fussions priuez de sa cõgnoissance, & ignorãts de l'ordre qu'il luy a pleu mettre en son Eglise, selon que le S. Esprit dictoit aux Apostres: si est-ce que toute mutation estant estimee de tout temps dangereuse, ce n'est chose où temerairement il faille toucher, qu'à la rupture de la Trinité des Estats. Ioinct qu'en ceste part ne se peut practiquer la façõ des faulconniers, autruchiers, & autres tels enteurs de pennes. Si l'estat general estoit tant æsleberné, que l'estat particulier des Ecclesiastiques en fust tombé, ie ne sçay quelle suffisance humaine pourroit enter en sa place chose equiualable, & qui se peust autant bien compatir auec les autres deux Estats, comme faict l'estat des gens d'Eglise : auquel & les Nobles, & les gens du tiers estat ont accez libre, pour y entrer par les moyẽs qui leur ont tousiours esté ouuertz legitimemẽt, & de droict. A la verité la cõseruatiõ de l'estat Ecclesiasticq est trop plus importante à sa republique, que ceux qui ignorẽt les affaires d'estat, ou ceux qui desirent entrer en leurs biens, & auctorité, ne sont suffisants pour en bien iuger. Car les premiers ne peuuent parler asseurement de ce qu'ils n'entendent pas : & les autres sont si transportez d'affection qu'ils perdent tout bon aduis.

Toute mutation est dangereuse.

IL y a en Frãce plusieurs maisons de marque, desquelles si les possesseurs estoient adiurez de dire verité, ils ne sçauroient nyer que la splendeur de leurs bastiments, & bonne portion du bien par lequel ils sont grands, ne soient procedez du bien faict de quelque homme d'Eglise. Le Roy François premier estoit assez frequent en ce propos, que quasi toutes les bonnes maisons de France auoient le principal de leur auãcemẽt ou du dommaine du Roy, ou du bien-faict des gens d'Eglise, ou d'auoir mis la main és finances du Prince. Il y a d'auãtage infinies familles, qu'on sçait auoir esté tant chargees d'enfants, que si chacun eust prins la part qui luy deuoit eschoir de droict en la succession, & hoirie de ses parẽts, les pieces du gasteau ainsi diuisé, eussent esté par trop petites. Pour obuier à celà vne partie des enfans se retirãt en la Tribu de Leui, mettoit

Plusieurs maisons ont esté basties, & enrichies par gens d'Eglise. Roy François I.

Chose biẽ à peser.

H ij

les autres à leur ayse:& seruoit celà beaucoup à rendre les maisons meilleures,& la chose publique plus forte.

<small>Côtre certains, qui reprehésibles de toutes façons, exercent mesdisance.</small>

OR sçay-ie que ceux qui bien souuét cherchét à tondre sur vn œuf, & ceux qui ont tout laissé fors le vice de mesdire, se pourront efforcer, aux fins de trouuer, par ablatifs esgarez (comme on dit vulgairemét) des raisons tendantes à impugner telles façons de descharger les maisons du trop gros nombre d'enfans, pour en mettre quelques-vns d'Eglise: mais c'est vne chose si receuë, & approuuee par tous Estats, & en toutes nations Chrestiennes, que nul ny contrarie, sinon ceux qui ne sont susceptibles d'aucune tranquillité de corps, & encores moins d'esprit; ou ceux qui pensent que les biens des gens d'Eglise leur doiuent appartenir par droit deuolu. Ceux-cy presument qu'on les doit non seulement respecter, mais preferer à tous autres hommes; & qu'ils meritent d'estre choisis sur tous, pour estre proueuz des biens, dignitez, & honeurs de la chose publique. Mais chacun peut iuger qu'ils se trópent. Et que nul ne doit estre iuge de sa propre suffisance.

CESTE sorte de gens (qui pour vn voultour que Titius nourrissoit, ont le cœur rongé de toutes les furies, par lesquelles les Poëtes ont voulu exprimer presumptueuse enuie, impitoyable cruauté, & insatiable auarice) deuroit auoir grosse honte d'exercer sa curiosité à faire regiftres

<small>Plutarque.</small>

des vices d'autruy: œuure que Plutarque estime de maigre passe-temps. Car voyans vne paille en l'œil de leur prochain, ils ne sentent pas vne grosse poultre, ou trauon au leur. Qui ne sçait qu'il y a des personnages, qui sont reduicts à presque extremité de miseres, & cependant auoient moyen de profiter au publicq', & en leur patrie, s'ils eussent peu commander à eux mesmes, & posseder leurs ames en patience? mais déuenuz extremement chagrins rien ne leur peut plaire, sinon ce qui est cóforme à leur propre humeur lycanthropicq' & mysanthropicq'. Duquel ils sont si fort tourmentez, & passionnez, que (combien qu'ils ayét assez que reprendre & blasmer chez eux, selon la tenuité de leur famille) ce neantmoins (tout celà pretermis) il est force qu'ils exercét leur curieuse medisance cótre toutes personnes, sans distinctió des grades:& (cóme il se dit du scarabee) vont assaillir les poussins de l'Aigle, iusques au sein de Iuppiter. Certainemét celuy estoit bien de meilleur aduis que ces lamies; qui estimoit que qui poursuit trop aigrement les pechez, a en haine les hommes. Sa raison estoit, que peché est deuenu accident si inseparable de l'homme, qu'il est quasi impossible l'en distraire, sans corruption du subiect. Ie n'ignore pas (ce pendant) que IESVS CHRIST a esté tres-aspre repreneur des vices: ie sçay aussi que Dieu a commandé par le Prophete de crier, & annócer au peuple ses pechez: mais quant au premier, c'estoit sans offenser la reigle Romaine, laquelle veut que celuy soit sans vice, qui s'appreste de reprendre autruy. Et tous les deux tendent à l'instruction & edification d'vn chacun, sans

intention

des Bourgongnons, & de leurs estats. 89

intention d'outrager, & moins de scandalizer personne. J'ay souuét ouy des hommes, qui (parlans de quelques anciens, desquels ils desiroiét extenuer l'auctorité) opposoient pour exception, que c'estoient hommes: pretendans par là les assubiettir à nostre commune infirmité, & faire entédre qu'il n'estoit pas incóuenient qu'ils eussent failly, puis qu'ils estoiét hómes. Lors ie leur mettois la main sur les espaules disant: Et vous, estes vous Anges? ie ne trouue point que vous ayez des esles nomplus qu'eux, ny que nous autres. De vray iusques à ce que nous soyons comme Anges de Dieu, iouxte la declaration que nous en auons de l'expresse verité; & iusques à ce que purgez de toutes iniquitez, & souillure de peché, nous soyons en l'eternelle beatitude, nous ne serós iamais impeccables. Toutesfois d'en venir là, que pour ce que la pluspart des gés d'Eglise sont vicieux, il faille inferer que l'estat Ecclesiastique doit estre ruiné, & exterminé, ce seroit mal conclurre. Car s'il failloit aneantir tous les estats, tant generaux, que particuliers, esquels on voit manifeste corruption, & deprauation, que demoureroit-il de sauf en la terre vniuerselle? Penserions nous bien que le S. Esprit ait esté menteur, quand il a dit par son seruiteur sainct Iean l'Apostre: *Si nous disons que nous sommes sans peché, nous nous seduisons nous mesmes, & verité n'est pas auecq' nous?* Et par sainct Paul, outre ce que nous en auons dit cy deuant: *Tous ont peché, & sont abandonnez de la gloire de Dieu.*

D'AVANTAGE tous ceux qui voudront cósiderer, que ce n'est sans bien grand mystère, que la fleur de lis, que noz Rois portent, a esté enuoyee du ciel, en forme differéte à celle du lis terrestre: & que tous ceux qui ont voulu entrer en discours, sur cest esmerueillable secret, ont vnanimement resolu, que l'Estat Ecclesiastique est le fleuron mitancier d'icelle celeste fleur de lis, & la partie premiere, & pl⁹ respectable des Estats de ce Royaume: iugeront combien il importe au publicq', que tel Estat soit conserué en son entier. Ioinct que quád ores il se trouueroit des hómes si priuez de croyance, & desuoyez de la vraye religion, que de penser qu'on se puisse passer du ministere de la parole de Dieu, pour estre instruits en la foy Chrestiéne, & de l'administration des sacremens, pour laquelle les Prestres sont deputez: si ne seroit-il raisónable que les caprices de tels heteroclites en matieres si serieuses que celles de la foy, soiét preferez à l'expresse parole de Dieu. Or le S. Esprit dit par Malachie son Prophete: *Les leures du Prestre ont la science en garde, & on recherchera la loy de sa bouche, car c'est l'Ange du Seigneur des exercites.* Au reste q̃ l'oblatió des sacrifices soit reseruee aux Prestres, le cómandemét de Dieu, au 2. cha. du Leuitique, est formel sur celà. De dire que les sacrifices soiét abolis, si on parle de ceux de l'ancien testament, qui n'estoient que figure du vray sacrifice, ie le confesseray volontiers: mais de dire que celuy que le Prophete a qualifié sacrifice perpetuel, ait prins fin, nul vrayement Chrestien ne l'a encores publié. Au contraire il nous est commandé

La fleur de lis a representation des 3. Estats.

Deuoirs des Prestres.

Malachie. L'oblatió des sacrifices reseruee aux Prestres.

Iuge sacrifi. cium.

H iij

> Faire.

faire en memoire de IESVS CHRIST, ce que luy-mefme fit le iour auant qu'il fouffrift, quand faifant la cene du nouueau teftamēt, il donna fon corps à manger, & fon fang à boire à fes Apoftres. Plus la depu-

> Sept Diacres.
> S.Luc.

tation des fept Diacres, pour miniftrer aux tables, ainfi qu'il eft biē amplemēt efcrit par S.Luc: l'eftabliffement des Preftres en chacune Eglife, iouxte les mefmes actes des Apoftres:& par toutes les Citez, felon l'or-

> S.Paul.
> S.Iaques.

donnance de S. Paul à Tite: la conuocation d'iceux pour prier pour les malades,& les oindre d'huile,comme S.Iaques le commande,font toutes chofes fuffifantes à gens, qui font fçauans par foy, & croyance(iouxte ce que Trifmegifte femble auoir apprins d'Efaye,quād il dit. *Nifi cre-*

> Trifmegifte.

dideritis non intelligetis &c.) Ceux-là peuuēt entēdre quelle eft la functiō des Preftres,& à quel miniftere ils font choifis,& deputez de Dieu.Mais qui ne croit, ne le fçauroit entendre.

POVR clorre ce pas, ie ne feray iamais d'aduis que les pechez cōgneuz fcandaleux,& verifiez tels, foient laiffez impunis, mefmement ceux des Ecclefiaftiques,pourueu que la punitiō f'en face par ceux aufquels il appartient de droict, & qui ont iurifdiction ordinaire fur eux: mais nō par quiconque la voudroit entreprēdre, foubs couleur d'auoir le Magiftrat ciuil en main. Car bien fouuent telles gens (plus ferfs de leurs paffions,

> Contre la plufpart des fortificateurs d'à prefent.

que bien foigneux de l'equité)imitent les malings fortificateurs, qui arriuez en vn lieu,& armez de l'auctorité du Prince, f'addonnent de plainfault à faire tant de ruines, que ny leur vie, ny celles de fix autres apres eux,ne fçauoiēt fuffire,pour les voir reftaurer:qui(de rechef) pour faire accroire que leur fuffifance furpaffe le fçauoir de tous ceux qui auāt eux fe font meflé de remparer,& fortifier,renuerfent, & deftruifent tous les premiers deffeings,& ouurages(encores que fort auancez) pour ne faire

> Comparaifō des bōs Iardiniers.

chofe qui vaille.Meilleur eft l'aduis des modeftes Iardiniers, qui(cōbien qu'ils fuccedent à vn de leur meftier,qui nonchaillāt en fa charge, ait tāt laiffé croiftre les mauuaifes plantes, que les bonnes en foiēt quafi fuffoquees)n'arrachent toutesfois indifcretement les vnes,& les autres,ny ne renuerfent tout le parterre: ains ont auffi grand foucy de conferuer les bonnes,comme ils font diligens à extirper les fauuages.

ET quād ores il feroit vray, que ceux qui abbayēt à l'Eftat des Ecclefiaftiques,fuffent fondez en quelque bō zele,fi n'eft-ce à eux d'y mettre la main,pour la reformer:nomplus qu'à Oza de toucher à l'arche d'alliā-

> Oza.
> L'arche d'alliance.

ce. Le zele fembloit grand en luy,quand voyant icelle arche fi fort penchāte,qu'il n'efperoit autre chofe,finō qu'elle deuft tōber,il print la hardieffe d'y accourir, & mettre les mains pour la redreffer: mais Dieu ne laiffa de f'en irriter, & faire prōptement mourir Oza. Et eft certain que Dieu eftima plus telle indignité de perfonne deuoir eftre punie,que fon zele meriter eftre fouffert en fa temerité. Ceffent doncq' noz entrepreneurs de reformatiōs d'ofer plus qu'il ne leur appartiēt, & fe fouuiēnent de l'apophthegme vulgaire duquel nous auons cy deffus faict mention:

Soit

des Bourgongnons, & de leurs estats. 91

Soit sans vice celuy, qui veut reprendre autruy. Brief ie dy que combiē que en l'estat Ecclesiastiq' il y ayt beaucoup de corruption, & de deprauatiō (comme de vray il est force le confesser) si ce y trouuera il encores plus de choses bonnes, sainctes, & dignes d'estre conseruees, que de mauuaises. Et d'autant que c'est trop plus mal fait d'arracher le bon bled, que ce n'est de laisser croistre l'yuraye: il y faut proceder par bonne discretion, laquelle ne peut trouuer place és hommes de maligne affection, ny (sur tous) en ceux qui se sont declarez formels ennemis de l'Eglise Catholique, ny en ceux qui nourrissent mesmes opinions en leurs cueurs, & neantmoins n'osent s'en declarer apertement, de peur (comme Pilate) de perdre leurs offices.

Que ceux de l'estat Ecclesiasticq ont succedé au sort des enfans de Leui : & que de là ils ont esté nommez Clercs. CHAP. XVII.

NTRE les choses que l'Eglise inspiree du S. Esprit, a politiquemēt ordōnees, ceste en fut vne, que les voüez au seruice & ministere de Dieu, aux effects, & selon qu'il est dit au precedent chapitre: sçauoir est pour instruire le peuple en la foy Chrestienne, leur declarer autant des mysteres de la religion Catholique, qu'il est necessaire pour leur salut, & leur administrer les sacremens, selon l'institution de saincte Eglise: à laquelle IESVS CHRIST (sans neantmoins perdre ny rien diminuer de sa puissance) a commis les tresors de sa misericorde, ensemble l'efficace & merite de sa passion : succederoient au droict que les enfans de Leui auoient sur le reste des autres enfans d'Israël.

CE droict des enfans de Leui est amplement declaré par la bouche de Dieu, parlant à Aaron, selon qu'il est à plain contenu au 18. chap. du liure de Nombres, où ces mots sont expres: *Dieu dit à Aaron: Vous ne participerez point és heritages & fonds de la terre: & n'aurez point de portion parmy les autres lignees d'Israël. Et quant aux enfans de Leui, voicy ie leur ay donné en heritage tous les dixmes d'Israël, pour la charge du ministere auquel ils s'employent pour mon seruice, apres le tabernacle.* Quasi autant en est dit au 10. chap. du 2. liure d'Esdras, & plusieurs autres lieux. Et est fort remarquable ce que Dieu dit en ces mots: *Pour la charge du ministere, auquel ils s'emploient pour mon seruice, apres le tabernacle.* Et afin qu'on ne pensast que telle donation eust perdu sa force, & cessast d'estre en valeur par la suruenuë de la loy Euāgelique, par laquelle beaucop des preceptes de l'ancienne loy sont supprimez : IESVS CHRIST l'a voulu ratiffier, & cōfirmer en sa nouuelle alliance: son dire est en quasi mesme mots escrit en sainct Matthieu, & en sainct Marc, où il reprend les Pharisiens, qui sçauēt bien exiger ce que leur est deu, & en matiere de recueillir les dixmes sont si diligens qu'ils n'oublient de prendre la decime de la mente, ruë,

Nombres.

Droits des Leuites.
Tous les dixmes dōnez aux enfans de Leui.
Esdras, ou Nehemias.

Dixmes deuz aux Ecclesiastiques.
S. Matthieu, & S. Marc.

H iiij

aneth, comin, & tous autres iardinages: mais à ce qu'est de leur principal deuoir, & charge, comme faire droict, exercer charité, & accomplir les promesses, sont froids, & negligens. Tant s'en faut qu'il blasme la decimation des choses susdites, qu'il dit estre besoing en demander, & perceuoir le dixme; mais qu'il ne faut pas tant s'affectióner à ces menues besongnes, qu'on en delaisse les plus necessaires, & plus importátes qu'il exprime. Au reste quand Dieu faict mention de tous les dixmes, il n'en exēpte personne, ny excepte aucū fruit. Et n'a iamais esté mis en differēt, que chacū ne doiue à Dieu la dixiesme partie des fruits de ses heritages. Mais touchant la recepte des dixmes, pour sçauoir à qui elle appartient: les textes cy dessus alleguez sont si formellemēt pour les enfans de Leui (au sort desquels les gens d'Eglise ont succedé) que nul, sans estre manifeste calomniateur, ne pourroit aller au contraire. Or sçay-ie(ce pédant) qu'il y a eu des hómes si oublieux de la reuerēce, que tous fideles Chrestiens doibuent auoir à l'expresse parole de Dieu, qu'ils ont osé alleguer, que si bien le dixme ne se peut prescrire, la quote n'est pourtant exēpte de prescriptiō. Surquoy ie desirerois sçauoir d'eux, *si decē* en Latin, & dix en François, ne portent pas leur quote: mais encores vouldrois-ie bien apprendre d'eux, comme prescription se peut acquerir contre Dieu, qui n'est subiet à personne, ny à aucun temps, ou lieu: qui n'a point d'hier, ny de demain, ains est tousiours à son auiourd'huy. Si les droits, & dómaines royaux ne peuuēt estre prescrits par aucun laps de temps, les droicts & dommaine diuin dont les Leuites, & Ecclesiastiques ne sont que receueurs, ou (au plus) vsuaires, peuuēt ils estre prescriptibles? Ie n'apprēdrois pas moins volontiers, comme sans encourir vice de faux, nous pouuons changer le mot de decime, tousiours vniformement, & sans alteration exprimé en la S. Bible: & au lieu d'iceluy supposer douziesme, quinziesme, vingtiesme, ou autre telle diction numerale que bó nous semblera. Si l'Eglise, espouse de Dieu, n'a pas puissance de cháger ce qu'est d'ordónance diuine, ie ne sçay cóme vn bon Iuge (soubs telle couleur de police, ou autre qu'il pourroit comme que ce soit, pretendre) s'ose ingerer de faire à son plaisir vn nouueau nombre, de ce que Dieu a voulu terminer, definir, & arrester és termes de dix. Les edits de Dieu ne sont subiets à la modificatiō des hommes: sa majesté a tousiours voulu estre creuë à son mot: & n'est sans extreme presumption que quelques-vns ont estimé Dieu estre en ceste matiere de dixmes par trop rigoureux, & pource qu'il estoit loisible addoucir la durté, & rigueur du commandemēt par luy faict en ceste part. Au cótraire la verité dit en S. Matthieu chapitre 11. que son ioug est doux, & son fardeau legier.

Depvis qu'il eut pleu au S. Esprit subroger les deputez au ministere de son Eglise, au droit des enfans de Leui, l'assemblee d'iceux Ecclesiastiques fut nómee Clergé, & chacun d'eux particulieremēt appellé Clerc. La raisó de tel nom est venue de *Clerus*, dictiō qui en son primitif lāgage
signifie

Marginalia:
Prestation du dixme approuuee en l'Euangile.
Tous doiuēt dixme.
Touchāt la quote du dixme.
Prescriptiō ne peut estre contre Dieu.
Il ne faut adiouster, ny diminuer à la parole de Dieu.
Clergé.
Clercs.

des Bourgongnons, & de leurs estats. 93

signifie sort: par ce que les gens d'Eglise ont succedé aux sort, portion & condition des Leuites. Vray est qu'à traict de temps croissant la deuotion, la superstion (laquelle souuent se transfigure en religion, & soubs ce masque abuse de la simplicité des hommes) fut cause, que les deux glaiues, que l'Euangile (sans autrement les conioindre ny distinguer par mots expres) dit suffire, furent tellement diuisez, que la main du Prince seculier estant du commencemēt trop prompte à empoigner le glaiue spirituel, disposer des Prelatures, & des biēs ausmonnez aux Eglises, fut (par vn contraire succez) du tout & par tout tenue pour incapable de le manier comme que ce fust. De sorte que la pieté des Princes, leur zele, & saincte affection, qui les forçoit s'humilier deuant les Prelats, & Prestres (que nous auons dit estre nommez en l'escriture saincte Anges du Seigneur des exercites) fut comme vne planche aux Ecclesiastiques, pour passer le fossé, par lequel leur iurisdiction estoit separee, d'auecques la laïque. L'Empereur Iustinien estimé le monde merueilleusemēt obbligé à Dieu, de ce qu'il a mis en iceluy deux Magistrats grādemēt necessaires, le Sacerdoce, & les Regne: c'est à dire le magistrat spirituel, & le magistrat temporel: desquels l'vn est commis à l'administratiō de ce que fait pour le seruice diuin: l'autre a commandement sur les affaires seculiers, pour la conseruatiō de la republique, & maintien de la police en icelle. Laquelle distinction de iurisdictions ne fut inuentee au Christianisme, ains s'obseruoit au Paganisme entre les Romains, ainsi que l'escrit Ciceron, au 4. liure de ses epistres *ad Atticum*, où il dit ainsi: *Lucullus de omniū collegarum sententia respondit: Religionis iudices Pontifices fuisse, legis Senatum: se & collegas suos de religione statuisse: in Senatu de lege.*

CESTE distinction ne fut plustost accordee par les Princes, mesmement par les Empereurs (que le Christianisme tenoit en deuotiō incroiable enuers les Prelats, & gens d'Eglise) que non seulement les promeuz aux sainctes ordres, mais aussi les initiez à l'estat Ecclesiasticq, par la simple susception de premiere tonsure, estoient rendus exempts de la iurisdiction seculiere: & alleguants leur priuilege de Clericature, estoient réuoyez (notamment en cas de delict) par deuant leurs Euesques. Chose dont (à la longue) les Roys de France, & sur tous, ceux qui ont esté Empereurs, commencerent à se fascher: non pour le seul regard de leur iurisdictiō, mais pource que tant d'hommes entroient en l'estat de l'Eglise, qu'ils ne pouuoient trouuer assez de gens pour le seruice du païs, à la suytte des guerres. Chacun sçait que le nombre des Monasteres & Conuēts est fort grand en France: il n'y auoit (pour lors) assemblee d'hōmes Reguliers, qui ne fust pour le moins de cent personnes, sans y conprendre les Oblats, & les Conuers. Donques ces Empereurs, & Roys cōgnoissans qu'ils perdoiēt autant d'hommes, qu'il en entroit en l'estat de l'Eglise: feirent faire defenses aux François de ne plus abandonner le monde, ny y renoncer, pour deuenir Moynes, ou Clercs, sans expresse

Superstition.

Deux glaiues.

Iustinien.

Deux magistrats necessaires.

Ecclesiastiques exēps iadis de toute iurisdiction seculiere. Clercs renuoyez à leurs Euesques.

Defenses d'entrer au Monachisme sans licence du Prince.

permiſſion, & licéce du Prince, ou de ſes principaux officiers. Telles licéces ſ'obtenoient par eſcrit, & eſtoient conceuës quaſi en tels termes, que ſont les lettres Parochialles, que noùs appellons de *Recedo*.

<small>On a abuſé du nom de Clerc.</small>

ATRAICT de temps l'ignorance creut tant en France, qu'elle en bannit les bons liures, & les bónes lettres: lors tous hommes de quelque tant ſoit petit, ſçauoir, voire ceux qui ne ſçauoient que lire, & eſcrire, eſtoiét appellez Clercs. Le nom de Secretaire n'eſtoit point ouy par deça. Ceux qui de preſent ſont ainſi appellez, eſtoient ſimplemét dits Notaires. Et n'y a pas long-temps (car c'eſt depuis que le mot de Secretaire eſt venu en vſaige) qu'il n'y auoit que les Roys qui en euſſent. Les Eueſques vſoient de Scribes. Il n'aduint iamais au Duc de Mommorency, Conneſtable de France, de demander ſon Secretaire: auſſi ne fuſt-ce iamais la façon de François Cardinal de Tournon d'vſer de ce mot pour ſignifier celuy ou ceux, qui faiſoient ſes depeſches ſoubs luy: ou il diſoit, Faictes moy venir vn tel, l'appellant par ſon nom, ou il demádoit ſon Clerc. Les gens des Comptes du Roy, & les Treſoriers (horſmis le Treſorier general) eſtoient dits Clercs de Chambre, & Clercs de fináces reſpectiuemét. Encores à Rome le nom de Clerc de Chambre y dure.

<small>Clerc. Secretaires.</small>

<small>Scribes.</small>

<small>Duc de Mómorency. Fr. Cardinal de Tournon.</small>

<small>Clercs de chambre. Clercs de finances.</small>

Que ceux qui nyent que les gens d'Egliſe ayent eſté appellez aux affaires d'Eſtat, & tinſſent rang és Conſeils, & Parlements de France, ne ſont pas bien verſez és antiquitez Galliques, & Françoiſes: ou pechent de propre malice contre la verité. CHAP. XVIII.

<small>Le nom de Clerc ſe trouue, mais improprement, attribué à gens laiz.</small>

QVELQVES-VNs ayás ſçeu que le nom des Clercs eſtoit deſcheu de ſon ancien rang & dignité, pour eſtre employé, par la miſere du temps (comme nous diſions n'agueres) & attribué à quelques perſonnages, qui ne pouuoient eſtre nombrez entre ceux qui auoient ſuccedé au ſort des enfans de Leui (lequel ſort eſt neantmoins la vraye cauſe de la nominatió des Clercs) ont voulu tirer ceſt erreur en conſequéce, & faire que ce que la miſerable condition dudit temps auoit produit, aſſeruiſt generalement tous aages au ſoubſtien de tel abus. Tellemét que le mot de Clerc trouué (encores que ce ſoit abuſiuement) ſ'eſtendre en certain temps, ſur ceux que depuis on a appellé Secretaires, ſur quelques Clercs de fináces, greffiers, & autres perſonnes non Eccleſiaſtiques; ils ont voulu inferer abſolument, que Clercs ne ſont pas gens d'Egliſe: & que ſi bien les vieilles ordónáces de Fráce portent que les Conſeils des Roys, & auſſi les Parlements doiuent eſtre compoſez pour vn tiers de Clercs, ce n'eſt pas à dire de Preſtres, ou initiez en la Preſtriſe, par ſuſception de quelques ordres ſacrez: entre leſquels ſi iadis le Subdiaconat n'eſtoit pas compris, il ne laiſſe pas de l'eſtre maintenant. Mais apprins pourquoy Pierre Duc de Bretaigne fut appellé Maucler, il ſera ſceu que Clerc ſignifioit adoncq'.

<small>Le Subdiaconat eſt à preſent ordre ſacré.</small>

des Bourgongnons, & de leurs estats.

OR entre ceux qui se sont apertemēt declaré ennemis des Prestres, ie sçay que les vns n'adherent du tout à la mal reformee affection, que la pluspart des autres leur porte: & coste par leurs escrits qu'il n'y a de leur costé faute d'hommes doctes, & qui ont les sens exercez en l'histoire Françoise, qui confessent, que de tout temps quelques gens d'Eglise ont esté Conseilliers d'Estat és Conseils & Parlemens des Princes. Mais il n'y a aussi rarité de personnes, dont les vns ne se soucient qu'ils dient, moyēnant que (seruans à leur cause) s'ils ne peuuent aneantir l'estat Ecclesiasticq, du moins ils puissent ayder à l'amener à si basse raison, que les Prestres attachez (comme sont les singes à vn billot) aux sieges du Chœur de leurs Eglises, rien ne leur soit laissé, sinon les vestemens, & aliments, le plus simplemēt, & sobremēt que faire se pourra. Les autres se despouillent tellement de toute humanité enuers les Ecclesiastiques, que sans recongnoistre que Prestres sont hommes, sur lesquels la lumiere du visaige de Dieu est empraincte, & qui n'ont rien plus en recommēdation, que de se conseruer en l'ancienne, & chenue liberté de leurs cōsciences: soingneux de garder le depost qui leur est cōmis, sans se laisser volaigement transporter aux vens d'autres doctrines, que celle de leurs ancestres: laquelle ils ont raison d'approuuer, d'autāt qu'elle est Catholique, & vniuerselle, tresancienne, & si vniformemēt ordonnee, que tous vrays croyants en sont tresbien d'accord: ils voudroient les auoir exterminé. Et pource que leur foible puissance n'est esgale à leur mauuaise volōté: s'ils ne leur peuuent nuyre de faict, s'efforcent par escrit de repousser les Ecclesiastiques du premier rang qui leur appartient és trois Estats, & les nommer non seulement apres les Nobles, ains aussi apres le vulgaire, & commun peuple. Mais qui ne congnoist que telles gens sont du nōbre de ceux qu'on dit chercher maistre?

Deux sortes d'ennemis expres des gens d'Eglise.

QVANT dōcques à ce que les plus ennemis de l'ordre Ecclesiasticq nyent les gens d'Eglise, c'est à dire les Prestres, auoir eu lieu, ny seance és Conseils de nos anciēs Roys de France, il est aisé de congnoistre que la haine qu'ils portent aux gēs dudit premier Estat, leur obfusque le iugemēt, & les fait ainsi incōsideremēt parler. Car (au reste) il est certain, que quand les Roys tenoiēt les Estats generaux, ce n'estoit sans y cōuoquer & appeller les Prelats, Hauts Barōs, & sages (c'est à dire sçauans en droit.) Tels Estats ont esté nommez par d'aucuns Courts planieres: & ceux qui escriuēt en Latin les appellent *Audientias, Placita,* &c. ainsi que nous dōnons le nom d'arrests à certains iours, pour ce que à iceux les arrests se rendent, ou du moins, sont prononcez. Et ne fut iamais veu que le païsant, ou autres hommes du bas populaire (s'ils n'ont esté esleuez en quelque estat és villes) ayēt (depuis que la race de Pepin a esté chef de l'estat) esté appellez, ny eu place és Estats generaux; & moins les Presidens & Conseilliers des Courts de Parlement en ladicte qualité. Surquoy me souuient, qu'vn premier Presidēt debattant seance luy deuoir estre deuë

Diuers noms des Estats.

és tenues d'Eſtats de la Prouince qu'il adminiſtroit, certain perſonnage d'hôneur luy dit: Vous n'eſtes pas Eccleſiaſticq́ pour entrer en la chambre de l'Egliſe: vous n'eſtes pas Gentil-homme pour auoir place entre ceux du ſecond ordre: & vous ne voudriez tant vous abbaiſſer que de vous ráger auec le tiers Eſtat. Auſſi les Cours ſouueraines ſont reſeruees pour eſtre Iuges entre le Roy, & les Eſtats, aduenát qu'il y euſt different.

Cháceliers de l'Eſtat de l'Egliſe. Qvi ne ſçait que les Chanceliers de France (que nous tenons à preſent pour chefs de la iuſtice) notamment ſoubs les Roys Empereurs, eſtoient hommes d'Egliſe? Il ne ſe void gueres de tiltres plus anciés que ceux qui ſont de Charlemaigne. Ie trouue par diuerſes lettres patentes, *Leduard & Vvichard Eueſques Archicháceliers.* qu'il nóme Leduard, & Vvichard (tous deux Eueſques de Maſcon) ſes Archichanceliers. Gregoire Archeueſque de Tours, & Aymoinus Monachus font frequéte métion de pluſieurs Eueſques, Chanceliers des Roys, auant le regne de Charlemaigne: & nomment maints autres hommes d'Egliſe, qu'ils dient Reférédaires, que nous pouuós interpreter Maiſtres des Requeſtes: d'autant que leur charge eſtoit de rapporter au Roy ce *Referendaires maiſtres des requeſtes.* dont il eſtoit requis: & d'appoincter les Requeſtes, ſelon l'intention du Prince. Les meſmes autheurs Gregoire, & Aymoin, teſtifient aſſez, que les Prelats n'eſtoient pas inutilemét appellez à la Cour des Roys: & n'oubliét de faire frequéte mention des abſoubs par le iugement des Eueſques. Auec tout ce que deſſus, qui (tant ſoit peu verſé és affaires d'Eſtat) *Iugement des Eueſques. Eueſques Côſeillers nais.* peut ignorer que tous Eueſques ſont nais Conſeillers du Roy? Et que ſi bien ils n'en exercent actuellement l'eſtat, ſi eſt-ce que le droit leur en appartient de ſi ancienne inſtitution, qu'elle ſemble née, & commencée quant & eux, ſans contradiction? Si ce n'eſt depuis que (par les troubles ſuſcitez en France, ſoúbs pretexte de la religion) les anciens eſtabliſſements, façons de faire, & louables couſtumes, ont eſté diuerties, & peruerties: quád il eſtoit queſtion faire prieres à Dieu, pour la ſanté du Roy proſperité de ſon Eſtat, heureux ſuccez de ſes entrepriſes & ioyeuſe iſſuë de ſes affaires: ou pour rendre actions de graces de quelque victoire, ou autre euenement digne de reſiouyſſance, les lettres ſ'en ſouloient directement addreſſer aux Eueſques, ou à leurs Vicaires, & nó aux Gouuerneurs, & Baillifs, & à gens lays, comme il a eſté faict modernement. *Façon anciéne chágee ſoubs le Roy Fráçois I.* Auant ledit temps les lettres qui ſ'enuoyoiét portoient ceſte ſuperſcription: A noſtre amé, & feal Conſeiller l'Eueſque &c. ou ſon grád Vicaire. Iuſques au regne du Roy François premier l'ancienne obſeruance *Les Eueſques eſtoiét Côſeillers és Parlemés.* fut entretenuë, par laquelle toꝰ Eueſques eſtoiét admis, & receuz és Parlements de France: meſmement en ceux, dedans les enclauements deſquels leurs Eueſchez eſtoient. Mais depuis que les benefices electifs furent conferez par faueur, delaiſſé le merite, & ſuffiſances, ces fauoriſez, *Eueſques courtiſans.* inſuffiſans de porter le Roquet, & le Camail, n'eurét permiſſion d'entrer és Cours ſouueraines en habit de gens d'Egliſe courtiſans. Qui ne ſçait *Paris cachette des Prelats.* que Paris eſt de preſent la taſniere des Eueſque: là ils font l'alchimie, c'eſt

à dire

des Bourgongnons, & de leurs estats. 97

à dire l'espargne: là ils se cachent, comme indignes (pour la pluspart) de se montrer: & n'osans se manifester au conspect de leurs diocesains, de peur que leur insuffisance soit descouuerte, abandonnent les troupeaux qui leur sont commis, à la volonté des loups. Les sangliers faussent la haye de la vigne de Dieu: & les Renards y font leurs terriers. Brief il en aduient ce que se dit en commun prouerbe: Où chats ne sont, les rats y ballent. *Troupeaux abãdonnez.*

Pour suyure nostre propos principal, si ce que nous auons cy deuant dit, ne suffit à ceux qui se sont assayé, & s'essaiét iournellemét, d'exclurre les Ecclesiastiques de la congnoissance des affaires d'Estat, & de iudicature: ie leur prie me dire d'où est venu, & comme il s'est faict, que en la Cour de Parlement (notamment en la grande Chambre où se traictent, & decident les plus grands affaires qui tombent en different au Royaume de France) la tierce partie des Conseillers est choisie de gens d'Eglise. Et s'ils ne nyent que ceste institution soit de si ancien establissement, qu'on en puisse referer l'obseruáce au commencement que noz Roys establirent leurs conseils, soubz tel nom de Parlement, ou autre qu'on leur voudra donner: ne leur soit grief nous quoter (de grace) le temps au vray, que cest establissement a esté premierement mis en vsaige, & l'autheur de qui ils le tiennent. Certainement tout homme de bon iugement peut sans grand' peine descouurir, qu'il n'y a rien qui nous ait produit ces difficultez, que la mauuaise volonté, que quelques hommes, qui souhaittent, & pourchassent l'aneantissemét de l'estat Ecclesiasticq (pour iceluy estaint accabler par après la Noblesse) ne se peuuent tenir de manifester. Mais que font ils, sinon donner de la teste contre la muraille? L'Eglise Catholique est (à leur grand creuecœur) fondee sur la ferme pierre: & les portes d'Enfer (qui sont les fausses, & erronees opinions) n'auront aucun auantaige par dessus elle. C'est celle qui comme l'aube du iour, reçoit peu à peu esclaircissement & illustration: quãd trauaillee de la malice des heretiques, elle vient à se resouldre (par la grace du S. Esprit) des poincts, & articles reuoquez en doubte par gés contentieux. *En la grãd chambre du Parlemét de Paris le tiers sont Ecclesiastiques.* *De l'Eglise.*

De l'anciènne police Ecclesiastique obseruée iadis entre les premiers Chrestiẽs Gaulois, François, & Bourgongnons.   CHAP. XIX.

Nous disions n'agueres que le S. Esprit a inspiré ceux qu'il luy a pleu deputer, & cõmettre pour policer son Eglise, & l'informer d'ordonnances, reigles, & establissemens necessaires pour la conseruation de la foy, & charité d'vn chacun en esperance de salut. Celà se doit entendre de la mesme Eglise visible, de laquelle IESVS CHRIST parloit, quãd il dit: *Dic Ecclesiæ.* Car quant à l'Eglise triomphãte, elle ayãt attaint le poinct de felicité, & beatitude, que luy pourroit on adiouster? Soit doncques

I

de l'Eglise visible, que nous auõs à parler nõ toutesfois en general, mais tãt qu'il suffise, pour le regard du Royaume de Fráce, & particulieremét pour le respect de la Bourgongne: à laquelle (comme l'esguille de la calamité, ou bussole des Nautonniers est tournee à l'estoille de North) nous auons dedié noz intentions: Reseruans neantmoins à parler du Sinistus, qui estoit le grand Pontife des Bourgongnons, lors qu'au second liure de la presente histoire, nous les ramenerons de Germanie és Gaules.

{Deux seules sortes de benefices.} L'EGLISE Gallicane n'auoit du commencement que deux sortes de Beneficiers: les Euesques, & les Plebains: car quánt à tant de sortes de Religieux, que le vulgaire comprend soubs le mot de Moynes, combiẽ {Des Moynes.} qu'il soit certain q̃ (sinõ en la primitiue Eglise) du moins bien-tost apres, il en y eust: si est-ce q̃ les Gaules les receurẽt plus tard. Encores viuoiẽt-ils en cellules, sequestrez du mõde, & fort austeremẽt. Et ne croyoit-on pas lors qu'ils fussent capables de tenir des benefices, ny qu'ils fussẽt dispensables du vœu de pauureté, nomplus que de ceux de chasteté, & obeyssance. Car si ores les premiers grades de leurs ordres estoient deferez, & commis à ceux esquels reluisoit plus de sainċteté, & de suffisance, si n'auoient-ils pourtant aucun maniement de deniers, ny administration de biens temporels, plus qu'auparauant leur election, & promotion.

{Euesques.} LES Euesques sont fondez en l'Escriture saincte, en laquelle ils sont aussi nommez Prestres, c'est à dire anciens: sans toutesfois cõfondre les {Plebains, ou Curez.} ordres d'Euesques, & Prestres, selon l'heresie d'Aërius. LES Plebains, ou Curez, sont de la police, pour le secours des Euesques: d'autãt que croissant la multitude des croyans, comme les Apostres se substituerent sept Diacres, qui furent deputez pour seruir aux tables, ainsi les Euesques qui ne pouuoient suffire à tant de gens (fust pour leur annoncer la parole diuine, & les instruire en la foy, fust pour l'administratiõ des sacremẽs) {Paroches.} furent cõtraints dresser des Paroches, & en chacune establir vn Plebain. Ces Plebains ont depuis esté nõmez Curez, à cause de la cure, & soing qu'ils ont (ou doiuent auoir) des ames qui leur sont cõmises, & desquel- {Diœceses.} les ils sont responsables enuers Dieu. Les Diœceses, & estenduës de la iurisdictiõ spirituelle des Euesques, ont quasi les mesmes limites, que souloient auoir les Prefectures des Romains: & se trouuera vray, que les cõ- {Prefectures Romaines.} fins d'icelles Prefectures, ne conuiennent pas si bien auec ceux des Bailliages Royaux, qu'auec ceux des Diœceses.

{Institutiõ des Chapitres.} D'AILLEVRS les Euesques qui auoient infinis différés à vuider entre les premiers Chrestiens: qui aussi n'estoient pas si bien fondez en la congnoissance du droict, qu'ils se peussent asseurer de tousiours suyure l'equité: furent bien-ayses d'appeller des assesseurs, auec lesquels ils eussent moyen de conferer librement, & s'ayder de leurs aduis. A ces fins ils choisirent certains hommes de sçauoir, & d'experience cõiointe

à la

des Bourgongnons, & de leurs estats.

à la pieté, qu'ils retindrent auprés d'eux. Pour leur entretië ils leur donnerent les dixmes, & patronnaiges de certaines Paroches, les logerent prés des maisons Episcopales, & des Eglises Cathedrales : & dés lors cõmencerent d'y dire les heures Cononicales, selon l'ancienne institutiõ des Chrestiens de l'Eglise primitiue. TOVT leur bien estoit gouuerné & administré par vn homme à ce choisi pour les releuer du soing, & du soucy des affaires seculiers, & de toute negociation prophane. Cestuy estoit differemment nommé, selon la diuersité des lieux, Celerier, Boursier, ou Courrier &c. C'estoit de sa charge de faire distribuer aux Chanoines pain, vin & argent, pour raison, & à ratte de l'assistance par eux faicte au seruice diuin, chacune heure emportant quelque chose de certain. Tels Chapitres estoient le Senat, & Parlement non seulement des Euesques, mais aussi des dieceses. Le bõ menage, & l'espargne les ont plus faict croistre en biens, & possessions, qu'aucune autre chose. Non que ie veille nyer qu'on leur a faict beaucoup d'ausmones, donations & fondatiõs: mais bien puis-ie dire, que tout celà est fort peu au regard des acquests, meliorations, & augmentatiõs qu'ils ont faict petit à petit, viuants sobrement, & conduisant leur peu par bien reglee œconomie. Et est bien certain, que les seulz Ecclesiastiques ont plus faict de biens aux Eglises, que le reste des hommes tout ensemble. Tel Roy ou Prince a le nom, & reputation d'auoir fondé vne Eglise, qui n'y donna iamais cent liures de rente. Le principal du reuenu vient tant des Euesques & Chanoines, qui n'ont voulu auoir autre heritier, que l'Eglise mesme en laquelle ils auoient esté nourriz & esleuez : que des particuliers, qui se donnoient eux, & tous leurs biens, aux cõgregations esquelles ils estoient receuz.

<small>Celerier, Boursier, ou Courrier.</small>

<small>Chapitres Senats des Euesques.</small>

<small>D'où est venu le bië des Eglises.</small>

<small>Fondatiõs royalles.</small>

CES Senats Episcopaux, & Diecesains ne furent premierement dressez, ny erigez en la mesme forme que nous les voyons de present : le temps a apporté peu à peu, les ornements, desquels ils ont prins du lustre, & de la splendeur plus qu'au parauãt. Les Euesques estoiët au commencement chefs des Chapitres des Eglises Cathedrales, auoient tout en commun auec eux, & disposoient de tout. C'est la raison pourquoy lors les Euesques eurent droict de se dire Chanoines. Mais l'ambition des Princes, & grands Seigneurs, fut cause de la premiere rupture de cest ordre : parce qu'ils s'emparerent du reuenu temporel des Euesques, Abbez, & autres Prelats : comme il se lit d'Ebrouyn Maire du Palais, qui se saisit par force des possessions de l'Euesque d'Autun, qui estoit sainct Ligier : auquel (pour ce qu'il luy resistoit) il feit creuer les yeux. Par ce moyen le ministere Episcopal cheut en pitoyable desordre : & s'il ne cessa du tout en plusieurs lieux, du moins il fut fort alteré. Les auant-mentionnez Princes, & Seigneurs se portoient pour Abbez. Ainsi Huë le grand, pere de Hugues Capet, & Conte de Paris, tenoit les Abbayes de sainct Denis en France, & de sainct

<small>Euesques estoient iadis chefs des Chapitres.</small>

<small>Temporel des Eglises saisi & occupé par Princes. Ebrouyn. S. Ligier.</small>

<small>Huë le grand.</small>

I ij

Germain des prez, lez Paris: & n'eſtoit qualifié grand, ſinon pource qu'il

Girard de Vienne. Ymbert de Beaujeu. Ioſſerand de Brácio. Loys le ieune Roy.

eſtoit grand Abbé deſdits lieux. Girard de Vienne Côte de Maſcõ, Ymbert Baron de Beaujeu, & Ioſſerand de Brancion ſieur dudiƈt lieu, voulurent auſſi s'emparer du bien des Egliſes qui leur eſtoiẽt voiſines, mais le Roy Loys le ieune leur fit bien laſcher prinſe, comme nous auõs à dire en noz memoires de Maſcon.

Doyens.

TELS troubles dõnez aux Eueſques, & Abbez legitimes, furẽt cauſe que les Doyens (deſquels le nom eſtoit obſcur, & peu congneu) vindrent en credit & cõgnoiſſance: d'autãt que les Prelats ou eclipſez, ou reduits ſi au petit pied, qu'il ne leur reſtoit, que ce du ſpirituel, que l'on n'auoit peu vſurper, ils tindrent le premier rang, & deuindrẽt chefs en leurs

Doyens chefs des Chapitres & Cõuents.

Chapitres, ou Cõuents. Ce que ſe peut mieux entendre, par ce qu'en dit Aymoinus monachus, cõbien qu'il ne parle que des Abbayes, au 5. liure de ſon hiſtoire, chap. 34. Ses mots ſõt tels: *Ea tempeſtate Gauzlinus Abbas Cænobÿ S. Vincentÿ, ſanƈtíque Germani &c. diſpoſuit tamen, vigore Regum decendente, Robertus Comes Pariſiorum, qui Marchio Francorum vocabatur (frater videlicet Odonis Regis) necnon Hugomannus, quinetiã vſque ad tẽpora Roberti Regis, ea quæ Abbates accipiebãt, ſibi addixerunt: & ſtatuẽtes Decanos monachis, ſibi nomen Abbatis vſurpauerunt, &c.* Ces Doyẽs eſtoient (à mon ad-

Les Doyẽs ont double prebende, & pourquoi.

uis) tels que ceux qu'on appelle de preſent Grands Prieurs. Ils auoient la correƈtion reguliere ſur les moynes: & en ceſte qualité prenoient double prebende. *Nam qui benè præſunt, duplici ſunt honore digni.* Ioinƈt que le plus des frais à ſupporter tombe ſur eux: & ſont les plus employez.

ET quãt à l'ordre du ſeruice diuin, ceremonies en Chœur, deputation des perſonnes, pour ſeruir à l'autel, & par tout autre part, pour euiter ſcãdale, & cõduire tout ce qu'eſt à faire en l'Egliſe Catholique, aux fins que chacun, retenu en l'obſeruance de ſon deuoir, Dieu en fuſt ſeruy & ho-

Chantres és Egliſes.

noré, l'Egliſe decoree, & le peuple rendu content: la dignité de Chantre fut miſe ſus. Pour le ſoulager, luy furẽt ſoubmis ceux qui (ſelon la diuer-

Soubschãtres, & Maiſtres des Chœurs. Pourquoy les Chantres ſe promenent par le Chœur. Archidiacres.

ſité des lieux) on nõme ou Soubs-chantres, ou Maiſtres du Chœur. L'office d'iceux eſt de cõmander en Chœur, & prẽdre ſoigneuſe garde qu'en chantant perſonne ne deſaccorde, & ſi quelqu'vn diſcordoit, le remettre en ſon ton. C'eſt la raiſon pourquoy les Chantres, Soubs-chantres, ou ceux qui tiennent le Chœur ſe promenent. Car il eſt bien malayſé, qu'en vn grand Chœur tous ſe puiſſẽt entendre pour chanter par enſemble de ſi bon accord, que quelqu'vn ne s'auance, ou pauſe trop.

LES Archidiacres ſont dignitez en Chœur, mais nõ pas en Chapitre, ſi elles ne ſont accompagnees d'vn Canonicat, & Prebẽde. Les Eueſques les conferent, & en eſt le nombre diuers, ſelon la diuerſité des Eueſchez, & eſtenduë d'icelles. Au commencement il n'en y auoit qu'vn en chacune Eueſché: depuis la neceſſité a requis, que pour le ſoulagement des

Eueſques,

des Bourgongnons, & de leurs estats.

Euesques, il en y eust d'auantage.

LES autres Chapitres des Eglises qu'on dit Collegiates, sont proue- *Chapitres* nuz principalement par deux moyens: l'vn(qui est le plus ordinaire) a e- *d'Eglises* sté, quand du temps que la deuotiõ estoit plus feruëte, les Curez ne pou- *Collegia-* uoient satisfaire à tant de seruices,& suffrages que la pieté des Parochiés *tes, & cõ-* en desiroit. Lors ils furent contraints associer à la desserte de leurs Cu- *méterigez.* res certain, ou muable nombre de gẽs d'Eglise: qui nommez societaires composerent du commencement des mesparts,& societez:puis venuz à meilleure fortune, feirét cõuertir leurs societez, & mesparts, en colleges de Chanoines. L'autre moyen fut,quand quelque Prince, puissant Seigneur, ou personne d'estoffe a eu ce bon zele au seruice de Dieu, de fonder vn College de Chanoines. Ainsi ont esté fõdees les sainctes Chapelles des Roys, & Princes: ainsi sont creuz plusieurs autres Chapitres. Et se trouuent souuent en vn mesme Chapitre diuers fondateurs : tellement que le premier n'aura fondé que quatre, six, huict, dix, ou douze Chanoines, vn autre aura creu le nombre,& autres auront donné de leurs biens, pour la dotation du reste des Chanoines.

SVIVRE tous les ordres, & degrez Ecclesiastiques, seroit chose de grand labeur, & œuure (en cest endroit) plus plain de curiosité, que de plaisir, & profit: parquoy me contentant d'auoir parlé des principaux, & plus necessaires (& mesmes de ceux qui sont plus ordinaires en Bourgõgne) ie vais reprendre nostre premier desseing, & plus exprez subiet de ce chapitre.

TOVT le recit que Cesar fait des Druides, se peut resouldre en trois *triple fũ-* points: sçauoir est qu'ils congnoissoient quasi de tous les procez, & dif- *ction des* ferents, tãt publiques, que priuez, qui suruenoiẽt entre les Gaulois. Que *Druides.* riere eux estoit le pouuoir de faire, qui est à dire sacrifier, selõ l'interpretation que faict Sceuola, sur l'explication du mot des Pontifes : & à eux *Sceuola.* s'addressoient les ieunes gens, qui desiroient apprendre, pour estre instituez en toutes disciplines. Lesquels trois poincts ont esté (depuis le paganisme, & l'idolatrie abolis, & le Christianisme receu) si exactement retenus, & obseruez par les Ecclesiastiques, que cõme entrez (sans offense de la vraye religion, & auec l'aneantissement de l'idolatrie) au rang des Druides, ils ont succedé pour le seruice de Dieu, aux charges que les Druides, priuez de la lumiere Euangelique faisoient de mauuaise foy, & faulse croyance. Qu'ainsi soit, ce que nous auons dit cy dessus, pour verifier que les gens d'Eglise estoient premiers membres en l'estat des Gaules, soubs les Rois, & qu'ils tenoient le premier lieu és iugements publiques, & priuez, montre qu'ils cõgnoissoient de tous differens. Si toutesfois (nonobstant ce qu'a esté cy deuant proposé) l'affaire estoit reuoqué en doute, il peut estre resolu, par plusieurs anciẽs exempts de reproche. Et sur tous (à fin que ie me taise de *Otto Frisingensis*, qui declare assez le rang, & grandeur que les Prelats auoient) par ce que Gregoire de Tours

I iiij

en dit au 18. chap. de son 5. liure : où il declare apertement, que les Euesques (desquels il estoit l'vn) furent Iuges du procés suscité à l'encôtre de Pretextatus Euesque de Roüen, auquel le Roy Chilperic estoit demandeur. Voire qu'il auantage tant l'auctorité des Prelats, qu'il dit, qu'iceluy Roy comparant en personne, & plaidant sa cause luy-mesme, sagenoilla en plain Conseil deuant iceux Euesques, requerant de toute son affectiõ d'obtenir ses fins. Si celà n'est faire estat de Iuges, ie ne sçay que l'on doit appeller iugement.

<small>Euesques Iuges. Pretextat' Euesque de Roüen. Chilperic Roy.</small>

Pour le regard du ministeriat, soit touchant la distribution des sacremens, soit pour la celebration du sacrifice assidu, & oblation de l'hostie pure & munde, soit pour le don de Prophetie, & annonciation de la parole Euangelique, nul n'a encores faict difficulté de confesser que les Ecclesiastiques en ayẽt eu la charge. Vray est toutesfois, que depuis soixante ans en çà ou enuiron, nous sommes tombez en different, sur l'interpretation des escritures sainctes. L'ancienne intelligence d'icelles, que nous tenons baillee du S. Esprit, & receüe des Apostres, mise en contradiction, pour luy en substituer des nouuelles, & si mal resoluës, que les autheurs mesmes n'en peuuent estre d'accord. Comme Penelopé defaisoit de nuict la toille qu'elle auoit tissu de iour, ainsi les nouueaux introducteurs de sectes, ont si grand deffaut de solidité, que ce que l'vn auoit mis pour maximes, les autres le nyent & impugnent. Vuiclef infecta la Boheme de ses heresies, Hierosme de Prague, & Iean Hus luy ont succedé, mais ce n'a esté en tous les articles de ses inuentiõs. Luther est venu apres, duquel la doctrine a esté si variable, que luy-mesme se contrarie bien souuent. Et Philippe Melancton n'a sceu auoir le cerueau si rassis, que de pouuoir dõner certain tesmoignage de ce que son beau-pere vouloit estre stable, & permanent en sa religion. La confession d'Auguste tant de fois reforgee, est en sa diuersité d'impression si dissemblable à soy-mesme, que ceux qui en auront veu vn exemplaire, ne pourroient iuger que les autres de date differente, soiẽt mesme ou semblable chose. Zuingle, & Oecolompade se sont réduz formels aduersaires de leur precepteur Luther. Caluin ne s'est en tout & par tout voulu rẽdre cõforme ny à l'opiniõ Lutherienne, ny à la secte Zuinglienne. Il a voulu tenir son rang à part. Mais ce n'a peu estre si au gré des Ministres des Suisses protestants, qu'ils n'ayent censuré ses liures, notãment ceux de la predestination, esquels il entre trop auãt au cabinet des secrets de Dieu, & a ouuert le chemin, pour croire que tout ce que IESVS CHRIST a fait, & souffert pour nous, est inutile, & sans fruict, puis que nous ne pouuons estre que ce à quoy la predestination nous necessite. Brief tous ces distillateurs de subtilitez, & autheurs de contentions, ont conuerty la foy de plusieurs milliers de personnes en fumee, & tant diuisé l'vnion de foy, qui deueroit estre entre les Chrestiens, que (pires que les soldats, & satellites des Iuifs, qui diuiserent la robbe de IESVS CHRIST)

<small>Different sur l'intelligẽce des Escritures sainctes. L'opinion des heretiques comparee à la toille de Penelopé. Vuiclef. Hierosme de Prague. Iean Hus. Luther. Ph. Melancton. Confessiõ d'Auguste.</small>

<small>Zuingle. Oecolompade. Caluin.</small>

<small>Distillateurs de subtilitez.</small>

ils

des Bourgongnons, & de leurs estats.

ils ont tant dressé de sectes separees de l'Eglise Catholique (à laquelle est demouree la tunique sans cousture) qu'ils sont causes que hors ladicte Eglise,il y a entre les aduersaires, autant de sortes de croyances, comme de croyans. Mais pour ce que plusieurs excellens hommes ont bien amplement traicté ceste matiere, ie me deporteray d'en dire d'auantage.

R E S T E à parler des escolles, que nul ne peut nier auoir esté appendances des Eglises Cathedrales, & des Monasteres. Aussi faut-il que chacun croye, mesmes les personnes bien instruictes és lettres doiuent sçauoir, que toutes sciences, & les amateurs d'icelles, sont infiniemét tenuz (& plus qu'à aucune autre sorte d'hommes) aux gens d'Eglise, qui ont eu soing de dresser des Librairies, & Bibliotheques, & y amasser le plus qu'il leur a esté possible, de volumes en toutes langues, & sciences. Car sans la bonne diligence dót ils ont vsé en ceste part, & sans le soing qu'ils ont eu, non seulement de les conseruer, mais de les multiplier en les faisant soigneusement transcrire, pour seruir à l'vtilité publique, les œuures d'infinis bós autheurs, eussent couru la fortune de ceux qui sont hors le pouuoir des hómes:& fussent à present auec les liures *de Republica, de gloria, de consolatione* de Ciceron, & auec six liures des Fastes, & la Medee d'Ouide, & innumerables autres labeurs d'esprit, desquels nous n'auons plus que les noms.

Escolles.

Les Eglises conseruatrices des liures.

I L pourroit bien estre toutesfois, que (l'ordre S. Benoist deuenu en si grande recommendation, que quasi toutes les Eglises Cathedrales de France en prindrét l'habit) la recente deuotion les inuita (& au semblable les Monasteres) à embrasser le monachisme, &, sinon la solitude entierement, du moins vne vie retiree de la frequentation auec les hómes qui n'estoient pas de leur profession : estimants s'estre separez du móde, s'ils cessoient de conuerser auec les gens lays:& que lors rien n'auroit esté ouuert chez eux, aux habitants des lieux circonuoisins, fors seulement l'Eglise, encores non entierement, ains seulement la nef. Il pourroit bien estre aussi par consequent, que les enfants non vouez au ministere de l'Eglise, & non initiez au monachisme, n'estoiét pas receuz aux escolles des Reguliers. Mais si est-ce qu'ils deputoiét és villes, és bourgs, és bourgades, & villaiges des Recteurs, & Maistres d'escolles, qui estoient instituez par les Chantres ou Scholastiques des Eglises Cathedrales, ou par les Chantres, ou autres Officiers des Monasteres. Que si tels Recteurs, & Maistres d'escolles n'eussent dependu des Eglises, ce n'eust esté chose raisonnable, qu'à leurs despens les Prebendes preceptoriales ayent esté ordonnees, pour la nouriture, & entretien des Recteurs, & Maistres d'escolles. Auec ce les Prebendes theologales ne sont dónees aux graduez en ladite faculté, pour prescher, & faire lectures aux gens d'Eglise seulement, mais aussi pour instruire en la parole de Dieu, & intelligence d'icelle, tous ceux qui les veulét aller ouïr prescher, & lire. Ce dict ie pése auoir assez suffisamment satisfaict à ce que le tiltre du present chapitre

Ordre S. Benoist.

Deputatió des Maistres d'Escolles.

Prebendes preceptoriales.

Prebendes theologales.

I iiij

promettoit, qui eſt que les Eccleſiaſtiques ont ſuccedé au ſort des enfãs de Leui, & tenu entre les Gaulois Chreſtiens, pour le ſeruice de l'Egliſe Catholique, pareil rang que les Druides tenoient au meſme païs entre les Celtes payens.

Des cauſes principales pourquoy l'Eſtat Eccleſiaſticq' eſt deſcheu de ſes anciennes ſplendeurs: & pourquoy on ne luy rend la reuerence, qu'on luy ſouloit porter au temps paſſé. CHAP. XX.

J'AY deſia confeſſé cy deuant (& la verité en eſt ſi patéte, & deſcouuerte, qu'elle ne ſe pourroit celer, deſguiſer, ou eſtre miſe en ny) q̃ les vices trop ordinaires en l'eſtat Eccleſiaſticq', font que les autres deux eſtats en ſcandaliſez, ne peuuent deteſter les fautes manifeſtes, ſans quãt & quãt abhorrer les perſonnes deſquelles elles procedẽt. Encores doncques confeſſe ie le commun dire eſtre pluſque certain, que tout ce que nous ſouffrons, noz pechez en ſont cauſe. Mais i'ay dit auſſi, que peché eſt comme accident tellemẽt inſeparable d'auec l'homme, qu'il n'eſt poſſible en trouuer vn (i'excepte ceux que noſtre religiõ nous oblige croire n'auoir eſté attainct s de peché) qui ne ſoit pecheur. De façon qu'il eſt bien eſcrit, & de bõne part (ſelon que ſouuent a eſté allegué) que ſi nous diſons que nous ſommes ſãs peché, nous nous ſeduiſons nous-meſmes, & verité n'eſt pas en nous &c. iuſques à la fin du premier chapitre, de la premiere Epiſtre canonique de S. Iean l'Apoſtre. Et ſi apres les premiers centenaires, depuis la publication de l'Euangile, les gens d'Egliſe, qui eſtoient en veneration, & pris, euſſent eſté generalement moins vicieux, que ceux qui les ont ſuyui, & qui ont ſuccedé à leur miniſtere: Ie confeſſerois ingenüement que i'aurois tort, de penſer trouuer autres cauſes de noſtre defaueur, & du meſpris que chacun faict de noſtre eſtat, que la multitude de noz vices, & abondance de noz pechez. Mais ce que Chilperic reprochoit aux Prelats de ſon temps, ſelon que Gregoire de Tours le recite au 46. ch. de ſon 6. liure, nous eſt indice, qu'ils eſtoient hõmes, comme les autres: & que les dignitez qu'ils portoient, ne les rendoient exempts de reprehenſion. Comme doncques ie ne veux reietter ceſte cauſe des vices, encores qu'elle ſoit, ſinon remote, du moins commune à tous eſtats, & à l'vniuerſalité des hommes: ainſi me ſemble-il veoir à l'œil, & toucher quaſi du doigt d'autres cauſes plus prochaines, & ſans l'interuẽtiõ deſquelles, l'eſtat Eccleſiaſticq' n'euſt laiſſé d'eſtre, & demourer en ſes anciens droicts, honneurs & dignitez.

IE ne me puis tenir de repeter vne choſe deſia dicte (& pleuſt à Dieu q̃ pour la dire ſouuẽt, les affaires de l'Egliſe ſen portaſſét mieux; & que les mal-heurs qui nous courẽt ſus finis, noſtre mal receuſt la deſiree guerison) c'eſt que l'vne des plus cruelles, & dangereuſes playes que l'eſtat Eccleſiaſticq'

Les vices des miniſtres rẽdẽt leur miniſtere contemptible.

Peché cõme accidẽt inſeparable en l'homme.

Du temps de Chilperic Roy les Prelats eſtoiẽt plus vicieux qu'à preſent.

des Bourgongnons, & de leurs estats. 105

Ecclesiasticq' ait receu, a esté la sublation des electiós, & l'introduction des Commédes. De là(comme du vaisseau de Pandore)sont sortiz tous les maux desquels l'Eglise est tormentee. Car au parauant les Chapitres, & Monasteres estoient remplis d'hommes ou Nobles, ou d'estoffe. Lesquels (outre ce que d'eux-mesmes ils estoient venerables, voire és lieux où ils n'estoient pas cógneuz)ne máquoient de sçauoir, & pouuoir, pour illustrer, & maintenir leur estat en sa dignité. Ce qu'ils daignoiët se faire ou Chanoines, ou Moynes, estoit en esperáce, les premiers d'estre esleuz Euesques, & les autres ou Abbez, ou Prieurs. *La deformité de l'estat Ecclesiastique procedede la sublatió des electiôns.*

CEVX qui voudroient (comme i'ay desia dit) trouuer à tondre sur vn œuf, & qui (comme les Lamies) ne voyét goutte chez eux ny en leurs affaires, mais au sortir de leurs maisons prénent des yeux pour veoir, & contreroollér le faict d'vn chacun, entreprendront iuger, que telle intétion de se mettre d'Eglise, pour paruenir aux superieures, & premieres dignitez des Chapitres, ou Monasteres ausquels ils se rendent & dediét, soit chose reprehensible, & damnable. Mais s'ils ont tát soit peu de iugement, ils deuront estimer, que naturellement vn chacun desire son bien & son auácemét: & que personne ne veut estre infecté de celle pauureté, qui réd les hommes nó seulemét souffreteux, mais(qui est le creuecueur de toute personne qui a quelque ressentemét d'honneur)cótemptibles, & hors des moyens de se trouuer és compagnies des hommes qui tiennent quelque rang en l'administratió des affaires de la chose publique. Ioinct que S. Paul(auquel nier croyáce, est sortir des termes du deuoir Chrestié)dit qu'aspirer à vn Euesché, est souhaitter bon œuure. Or voyie venir contre moy vn squadron d'hommes, en ferme deliberation de soustenir, que la vraye pauureté Euangelique est ne rien auoir. Mais quád leur fureur permettra à leur raison de iuger de ce faict sans passió, ils s'en retourneront aussi hóteux de telle leur temeraire saillie, comme ils ont esté indiscrets à s'esmouuoir. Qu'ainsi soit, il ne se trouuera qu'entre les Lydiens Crœsus, entre les Phrygiens Midas, entre les Romains Lucullus, ou Crassus, ny en aucune region du móde, aucuns(pour riches qu'ils ayét peu estre)soient comparables en richesses aux Apostres. Car outre le contentement de l'esprit (lequel qui le peut auoir est vrayemét riche)quand IESVS CHRIST demande ausdicts Apostres, si quelque chose leur a manqué, tandis qu'ils ont esté enuoyez par luy, ou aupres de luy, ils ont respôdu, qu'ils n'ont eu faute de rien. Quelle plusgrád' richesse pourroit on imaginer, que n'auoir faute de rien? Qui(autre que les Apostres)est iamais paruenu à ce point? Que si la reigle Apostolique eust porté(cóme quelques-vns le se font accroire)qu'il ne failloit du tout rié auoir, à quoy eust il esté bon de faire Iudas boursier, & luy dóner charge d'vne bourse à diuers boursons sans argent? l'Euangile le declare larron: comme eust il peu ferrer la mule(ainsi parloit l'Empereur Vespasié) s'il n'eust eu aucun maniement de deniers? Nul ne pense dócques que la *Lamies.*

Chacú est desireux de son bié.

S. Paul. Aspirer à la dignité episcopale n'est chose mauuaise.

Les Apostres vrayement riches.

Iudas boursier, ou argétier de nostre Seigneur.

pauureté Euangelique soit ne rien auoir: ains au contraire, quand on a beaucoup de biens, ne faire si grand estat de ses richesses, qu'on s'y affectionne par trop. Mais vouloir rendre vn homme si pauure, que du tout il manéque des choses qui luy sont necessaires, qu'est-ce faire autre que luy oster la vie, & le contraindre de mourir? Trop plus raisonablement en parle Hesiode (encores qu'il soit Poëte, & Ethnique) quãd il dit que l'argent est vne ame aux hommes miserables. Sans poinct de faute combien que les Theologiens appellẽt les biens de fortune externes, & estrangiers, si confessent ils que sans eux il n'est possible viure. Et ce que fut dit en l'Euangile au delicat qui desiroit estre perfaict: Vend tout ce que tu as, & le donne aux pauures: ne peult estre tiré en cõsequence de commandement. Ains est certain que IESVS CHRIST sçauoit bien qu'il ne le feroit pas. Et si celà estoit necessaire, quel renuersement verroit on en toutes Rep. Seroit-ce pas fauoriser l'opinion des Athees, qui disent l'Euangile estre vne loy de belistres? Or parlãt de la pauureté Euangelique, ie n'entends attoucher aucunemẽt les vœuz des Moines, mesmemẽt des Mendiants, car ce sont choses posterieures à la publication de l'Euangile, & à quoy ils se sont obligez volontairement, & iuré obseruer sur peril de serment enfrainct. Cela me meult à pẽser, que ce n'est sans offense de leurdict serment que quelques vns poursuiuent auec effect d'estre Euesques, Abbez, Prieurs, Curez &c. & auoir commãdement sur troupeaux qui ne sont pas de leur ordre & profession. Il me semble aussi, que (puis qu'il n'est licite labourer auec vn bœuf, & vn asne) c'est vne chose non esloingnee de la semblance d'vn monstre, de veoir en vn mesme Chœur l'Euesque vestu de l'habit d'vn Moyne, & les Chanoines estre purement seculiers, & habillez secularierement. Autant s'en peult il dire, où les Commãdataires sont chefs, & les Religieux sont Reguliers. Mais maintenãt que l'abus a peruerty, & subuerty tout ordre & police, il n'est plus question d'y regarder de si pres, que souloient faire noz vieils bons peres, qui ne l'eussent peu souffrir.

Pauureté Euangelique.

Contre les Religieux qui pourchassent auoir des Euesches.

De pauureté.

REVENANT à nostre propos de la pauureté, combien qu'elle ne soit pas vice, si est il certain que c'est vne bien grand' ordure de n'auoir rien. Car comment se pourroit exercer liberalité, comment plusieurs œuures de charité, notamment de faire ausmones, par ceux, qui eux-mesmes sõt si necessiteux qu'ils n'ont riẽ? L'Eglise primitiue auoit aboly la medicité, & pẽsoient les premiers Chrestiẽs que celà leur tournoit à grande ignominie, si quelqu'vn des leurs estoit veu medier. Pource furent introduictes les collectes, & depuis les questes. Mais puis que telles sainctes institutions sont abrogees, que reste-il plus de bien certain moyẽ pour garder les personnes valides, ou pourueuës de santé, & qui n'ont autre mal que de poltronnerie, & faict-neantise, de mendier, sinõ de renouueller les anciẽnes seruitutes de corps? Nature nous apprend par l'exemple des abeilles, & mouches à miel, que la faict-neantise ne

doit

des Bourgongnons, & de leurs estats.

doit estre toleree. L'escripture declare par mots expres que qui ne trauaille n'est pas digne qu'on luy baille à manger. Or ne faut-il icy dire que trauailler soit seulement entendu pour exercer quelque œuure mechanique, mais pour estre soingneux de satisfaire au debuoir de sa vocatiõ, & profession. La poursuitte, & deductiõ de ceste matiere requerroit vn œuure particulier, & expres: pour duquel me deliurer, ie prie les lecteurs auoir recours à ceux, qui ont amplement, & expressemẽt traicté ce subiet: & qui ont fort pertinemment deduict le faict des facultez de l'Eglise, escrit de leur origine, & progrez. Au temps passé que les Ecclesiastiques estoient riches, & opulents, ils estoient si grands ausmoniers que (par vn dire commun) leurs biens estoient plus aux pauures, qu'à eux: &(de verité) c'est vn des plus louables actes que les gẽs d'Eglise sçauroiẽt faire, que d'estre liberaux enuers les pauures, & d'estre grands ausmoniers. Mais si ne faut-il penser que les pauures, & mendiants, puissent auoir tel secours des Ecclesiastiques, qu'ils souloient. Car outre ce que la subuétion que l'Eglise faict au Roy soubs le nom de decimes, est passee en ordinaire : & n'emporte pas moins que la moictié du reuenu de la pluspart des benefices de Bourgõgne : apres que les Eglises ont (quasi toutes) esté ou ruinees, ou pillees, & desnuees de tous leurs ornements: il ne leur est presque rien demouré, qui ne soit litigieux, à cause de la perte de leurs tiltres, & de l'impossibilité à laquelle ils sont reduicts de prouuer leur possession, & iouyssance, & la prestation des payemens. Il ne fault plus esperer de trouuer Prelat en Bourgõgne, qui puisse estre imitateur de ce tant renommé Exupere Euesque de Toulouse, qui distribua si liberalement les vaisseaux, orfebureries, & argenteries de son Eglise aux pauures, que par apres force fut porter aux malades le corps de IESVS CHRIST au sacremẽt de l'Eucharistie, en vn pánier d'osier, & son precieux sang en vn vaisseau de verre. La charité de ceux qui se disent non seulemẽt reformez, mais executeurs du testamẽt de IESVS CHRIST, a si exactemẽt pillé, & vollé les ioyaux des Eglises, qu'elle n'y a du tout riẽ laissé: & si quelque chose auoit esté soigneusemẽt distraicté, & sauuee, certains glaneurs, & regrappeurs sont suruenuz, qui ont tout emporté: tellement qu'il ne faut plus dire pour le regard de la pluspart de la Bourgongne, *Aurum habet Ecclesia*. Comme Iudas eut grand mescontentement de l'vnguent que la Magdelaine espancha sur le chef de nostre Redempteur: ainsi les ennemis de Dieu, de son Eglise, du Roy, & des gens de bien, ne pouuoiẽt veoir de bon œil les vaisseaux, ioyaux, & richesses qu'on mettoit pour la decoration des temples de Dieu sur les autels: & appelloient celà argent mort, allegants qu'il seroit mieux employé, s'il estoit distribué aux pauures; & soubs ce pretexte, ou autre du seruice du Roy, n'ont cessé qu'ils n'en ayent desaisy les gens d'Eglise. Demandez si quand ils les ont eu en leur puissance, ils les ont distribué aux pauures: ils s'en sont bien gardez. Or passons outre. Au pillage de

Moyés de bien faire aux pauures, estõ sté aux Ecclesiastiques.

Le Roy prend plus de la moictié du reuenu des gens d'Eglise.

Exupere Euesque de Thoulouse.

noz meubles, tant d'Eglise, que domestiques; au bruslement de noz tiltres, instructions, documents, Terriers, & Receptes; a presque la moitié de nostre reuenu dont nous sommes côtraincts faire estat, pour le payement des decimes; aux poursuittes, & fraiz excessifz qu'il nous est force faire en iustice, pour conuaincre la malice de noz debteurs: a esté adiou-

Alienatiō du domaine de l'Eglise.
stee la vente, & alienation des fondz, biens, & heritage des Eglises, dont combien que tresgrosses (voire immenses) sommes soient sorties, si est ce que les affaires du Roy n'en reçoiuent aucun meilleurement, ny la Noblesse contentement, ny le peuple n'en est de rien soulaigé. Ce que ie ne di ny pour regret que i'aye à ce qu'il m'a faillu contribuer, ny pour me mutiner de ce que nos malheurs perseuerent, voire s'augmentent de plus en plus: ie sçay que ie doibs à mon Roy, & à la conseruation de ma Religiō trop plus que cela ne monte: mais la douleur apporte ceste violence à ceux qui la sentét, qu'il n'est possible, en cest accablement de tant de maux, pouuoir estre si constát, qu'il ne nous eschappe quelques sou-

Comparaisō fondee sur le dire de M. Phil. de Cómines.
spirs: Et les malades se persuadent sentir quelque tel quel allegement, quand ils se plaingnēt. Mais c'est à Dieu qu'il nous fault faire noz plaintes, attendu que les hommes ne peuuēt (& parauenture ne veulét) nous y estre secourables. C'est Dieu seul, qui (quand les hommes cesseront de presumer estre suffisants pour terminer les contentions suscitees en ce Royaume) montrera son pouuoir, & rēdra si facile ce que nous estimōs de present impossible, que les parties discordantes ne pourrōt assez tost satisfaire au desir qui les sollicitera, de rentrer chacune respectiuement en son deuoir, si nous en sommes dignes.

CEPENDANT le miserable estat de l'Eglise est reduict à si piteux & calamiteux sort, que & ceux qui en sont, & ceux qui n'en sont pas, le voyans plus estroppié, que le pauure hôme descendant de Hierusalem en Iericho, passent sans en auoir pitié. Qui pis est, les noms de dignité en l'Eglise Catholique sōt auiourd'uy tournez en opprobre: le vulgaire vse

On fait iniures des noms de Prestre, & Moyne. Causes d'apostasie.
à present des mots de Prestre, & de Moyne, comme de dictions importātes iniure. A cause dequoy ceux qui sont entrez au parc Ecclesiasticq̄, s'ils ont quelque autre espoir de viure hors d'iceluy, font tous leurs efforts pour en sortir; & s'ils ne trouuét la barriere ouuerte, ne laissent de passer par dessus, ou de faulser la haye. La susception des ordres sacrez (mesmement de la Prestrise) ne les retarde de (par nouueaux contre-vœuz) faire serment, & s'obliger à choses par lesquelles de droict ils deuroient estre declarez infames. D'autre costé les peres voyans l'estat Ecclesiasticq̄

Autre cause pourquoy l'estat Eccl. est laissé.
venu à tel mespris, que les persōnes deputees au train, & seruice d'iceluy, ne sont ny honorees, ny respectees des autres Estats, (si elles ne sont recommandables d'ailleurs que pour raison de leur professiō) ne veulét plus mettre leurs enfants d'Eglise: & ceux qui (apres auoir suiuy les lettres) se fussent volontiers retiré du monde, pour vaquer à la contemplation, en quelque Chapitre, ou Monastere, craingnant qu'au lieu de

trouuer

des Bourgongnons, & de leurs estats. 109

trouuer repos à leurs esprits (selon que de toute leur affection le desirent) ils ne se treuuent enueloppez de tant de difficultez, tant pour la cõseruation des personnes (pour lesquelles les Ecclesiastiques sont forcez deuenir gens d'armes, & faire guets, & garde) que pour ne se laisser priuer des droicts, redeuãces, & reuenuz, sur lesquels consistent les alimens des Chanoines, & Religieux: & pour la defense desquels il est necessairement requis d'abandonner la solitude, & les liures, pour aller suyure les barreaux, & faire la Cour à ceux qui ont presentement le vent tant en pouppe, qu'il n'y a qu'eux, en ces miseres generales, qui ayent l'heur d'estre par la malice du temps laissez plus en entier. Les Philosophes du passé, laissans Dieu à part, duquel ils n'auoient congnoissance, ont esté fort empeschez de se resouldre de la fœlicité, & qui estoit le souuerain bien: mais s'ils auoient bien examiné la condition de toutes les sortes de professions, ils trouueroient que les gens de iustice d'à present surpassent de fort loing l'heur & felicité de tous autres François. Aussi voit-on que l'Eglise abandonnee, chacun, ou du moins la pluspart de la ieunesse, tend à la plume, à fin que par icelle il puisse paruenir (auec les autres moyés plus necessaires, que requis) à l'heur d'obtenir quelque office du Roy. Il n'est plus quasi nouuelle d'enuoyer les enfans aux Escolles publiques, c'est assez qu'ils aillent chez les Escriuains: puis si tost qu'ils sçauent barbouiller le papier, & bien souuent fort mal, ils sont poussez en vn greffe, ou chez quelque Procureur. Celà est cause qu'il ne se trouue plus que bien fort peu de Clercs de greffe qui sçachent lire (tãt s'en faut copier) vn tiltre en latin.

Difficultez qui trauaillent les Ecclesiastiques. Ecclesiastiques contraints traicter les armes.

Les gens de iustice seuls à present heureux.

Inconuenient suruenu en la Rep. Frãçoise.

IE sçay plusieurs doctes personnages, qui se plaignent (& non sans cause) que les bonnes lettres descheantes de leur ancienne splendeur, nous retomberons insensiblement, & petit à petit, au gouffre d'ignorãce, & abisme de barbarie, duquel les siecles passez ont esté tant infectez. Mais de tant d'hommes preuoyans telles miseres, ie n'en sçay pas vn, qui encoree en ait descouuert la cause, & moins qui ait proposé vn seul moyen, par lequel il y puisse estre remedié, & prouueu, sans entrepredre sur les finances du Roy.

Danger de retomber en ignorãce & barbarie.

DE ma part, ie suis en ceste ferme opinion, que l'on n'eust sceu faire vn plus-grand mal au Royaume & à la Republique Françoise, que defendre de plus plaider en latin. Car que seruoit-il que le Roy François premier eust mis peine de laisser sa memoire recommẽdable à la posterité, par auoir ramené en France, & quasi faict renaistre les langues Hebraïque, Grecque, & Latine, pour en laisser perdre la practique, & ne parler que François? Ia ne soit que ie vueille desroguer à la louange, & hõneur deuz à ceux, qui de bõne affectiõ se sõt employez à l'illustratiõ de la langue Françoise. Mais qu'estoit-il de besoin de tãt trauailler apres vn subiet si sterile? Nostre langage est comme plusieurs hommes François, il ne se peut assubiettir à aucunes reigles. L'vsage est son seul mo-

Langage François.

K

derateur. De dix hommes qui efcriuent en François, les trois ne conuiennent ny en façon de parler, ny en façon d'efcrire: chacun eſt luymefme fa loy. Ce pendant ſi nous penſons que l'elegance de la diction Françoife, doiue attirer les hommes d'autres nations à la lecture de noz difcours, nous nous trompons bien fort. Entre les eſtrangers les vns tiennent qu'il eſt impoſſible (à qui n'y a efté inſtruict d'enfance) de bien lire en François: par-ce que ny on n'eſcrit pas ainſi qu'on prononce, ny on ne prononce pas ainſi qu'on efcrit: les autres font comme vn grand perfonnage latin, qui dit ne ſ'eſtre iamais veu ſi oyſif, qu'il euſt loiſir de lire les Poëtes lyriques. Certainement la langue Françoife a receu de ſingulierement beaux ornemens, & a eſté fort enrichie par ceux qui ont trauaillé apres: mais ſi ne la peut-on venter autre, que langue ſimplement populaire. Ce que ne font les trois generales, l'Hebraïque, la Grecque, ny la Latine: lefquelles outre ce qu'elles font Grammatiques, & ſubiectes à reigles, n'ont plus ny peuple, ny nation, qui les ſe puiſſent particulierement approprier. Pourtant ceux qui delaiſſees ces trois, ſe font ſimplement arreſté à la Françoife, ſemblent auoir faict comme les amoureux de Penelopé, quand defperans de pouuoir iouïr de la maiſtreſſe, ils ſe contentoient d'auoir la bonne grace de ſes Damoyſelles, & filles feruantes.

Eſtrãgiers parlẽt fort mal-ayſement Frãçois.

Lãgaiges generaux.

Regrets de ce qu'on ne plaide qu'en François.

QVE ſi ce malheur ne fuſt aduenu aux Cours de Parlement, qu'en la reſtauration des bonnes lettres, lors que les efprits des François (comme efueillez d'vn profond fommeil) auoient acquis la plus digne vigueur, que iamais ils ayent eu, la langue Latine en fuſt bannie: bon Dieu les elegantes oraiſons, braues harangues, & doctes concions qui euſſent eſté prononcees, par tant d'hommes de ſçauoir, qui ont perdu le fruict de leur bien-diſance, à ne parler que le langage de leurs meres! Bon Dieu que de graues, & ſentencieux arreſts, dignes refolutions, & en bons termes, nous euſſions eu de ces venerables Senats, meurs, & bien exercitez cerueaux des Parlemens!

OR comme il ne fut iamais que les fautes, & erreurs (mefmement celles qui fe commettent és matieres d'eſtat) ayent manqué d'excufes, ny d'hommes prompts à ofer interpreter à bien faict, ce qui eſt generalement au dommage de la choſe publique: ainſi le Chancelier Poyet, que l'on dict eſtre autheur de la ſufdicte defenfe, n'a eu faute de perſonnes qui ont voulu ſouſtenir, que ceſte offenſe par luy faicte, fans confiderer les inconueniens qui en pouuoient aduenir (comme de verité nous les voyons aduenuz à la France) eſt choſe merueilleufement vtile. Leurs raiſons font fondees en deux points, qui leur ſemblent tres-importans. Le premier eſt, que chacun trauaillant à faire florir les langues Hebraïque, Grecque, & Latine, il eſtoit plus que raifonnable d'illuſtrer la langue Françoife. Ce que

ne ſe

des Bourgongnons, & de leurs estats. III

ne se pouuoit mieux faire, que la mettant en vogue & practique, és lieux où elle pouuoit estre mieux exercee, que sont les barreaux des Cours de Parlemens, & autres parquez de iustice : lesquels seroient beaucoup plus honorez, quand on y parleroit purement François, que(comme auparauant) grossierement, & ineptement, voire barbarement latin. L'autre, que puis que nous sommes François, il est raisonnable que nous plaidions en la langue du païs, & que les parties puissent entendre tout l'estat de leurs affaires : d'autant qu'il leur importe beaucoup de bien sçauoir entendre elles-mesmes leur faict, sans s'en referer nonchaillamment à la suffisance de leurs Aduocats, & Procureurs, qui bien souuent leur desguisent, & pallient les matieres comme il leur plaist.

LE premier point(s'il ne failloit considerer que ce qui est present,&, còme on dit vulgairement, deuant noz pieds) seroit non seulemét receuable, mais aussi bien fort louable : par ce qu'il semble que ceste affectió de rendre la langue Françoise illustre, au parangon des autres, tende à la gloire, & honneur de la nation. Mais c'est vn grád malheur, que depuis que nous nous sommes addonnez au bié dire, nous sommes tombez en l'erreur des Atheniens du téps de Demosthenés, & en la confusion que l'eloquence engendra à Rome, par les menees de Ciceron. La France estoit nommee tres-florissante, & les François redoutez d'vn chacũ. Ores il semble que nous ayons partagé auec noz predecesseurs : de façon qu'à eux soit demouree la louange du bien faire, & à ceux qui leur ont succedé l'auantage de bien dire. Et quant au compte de Iacques Colin Abbé de S. Ambrois, se vengeant par mocquerie, de ce qu'il auoit esté à bó escient debouté par la Cour ; plusieurs personnages d'excellent sçauoir auoient trauaillé pour purger les Cours de barbarie, par inuention de mots esleuz, & locutions si pertinentes, que les Presidens, Conseillers, & Aduocats, eussent acquis plus de reputation entre les nations estrangieres de parler seló Budee, I. Lucius, &c. que d'vser du langage de leurs femmes. L'AVTRE point est fódé en(ie ne diray semblables) mais mesmes raisons(si raisons il les faut appeller) que celles des nouueaux sectistes : quand ils se parforcent soustenir qu'il est de besoing que l'escriture saincte soit mise en langage vulgaire, à fin que chacun Chrestien soit instruit de ce qu'il faut qu'il croye pour son salut : & que le testament de Dieu, pere commun, soit congneu, & entédu de tous ses enfans, en lisant sa volonté, exprimee és liures de la Bible. Ces persuasions ont penetré si auant en l'esprit de plusieurs personnes, qu'elles y ont gaigné lieu de verité : & si quelqu'vn a voulu remonstrer le contraire, il a trouué bien peu d'oreilles ouuertes à sa deuotion : tant le mensonge, reuestu de l'habillement que verité montant nüe au ciel, laissa en terre, trouue de gés, qui deceuz luy adherent, comme s'il estoit celle, de qui il n'a que les habits! Mais d'autant qu'il y a si long-temps que le faux tient les

Contre la premiere des susdites raisons.

Contre la 2. raison.

Contre ceux qui traictent l'escriture saincte en François.

Mensonge desguisé en verité.

K ij

hommes en cest erreur, il est necessaire que (comme insuffisant de moy-mesme) i'appelle Dieu (pere de verité) & auec luy la verité mesme, pour faire paroistre, que c'est directement contre leur volonté que chacun soit arbitre de ce qu'il doit faire, iuge de ce qu'il luy conuient croire, & capable de manier la loy. En premier lieu, vn Prophete dit en l'ancien testament: *Les leures du Prestre auront la science en garde, & on recherchera la loy de sa bouche: attedu qu'il est l'Ange du Seigneur des armees*. Ceste auctorité montre clairement que l'intelligence des sainctes escritures est donnee en garde au Prestre, & que ce n'est à chacun d'entreprendre l'auoir par priuees lectures, ains qu'il la faut apprēdre par la viue voix de celuy qui est commis de Dieu pour la distribuer. Et faut croire que la response que le Chambellant de la Royne Candace feit à S. Philippe l'Apostre, quād l'ayant trouué lisant en Esaïe, il luy demanda: *Pense tu que tu entende ce que tu lis?* luy fut inspiree de Dieu lors qu'il respondit: *Et comme le pourrois-ie entendre, si ie ne suis enseigné par quelqu'vn?* C'est pourquoy S. Hierome en celle belle Epistre *ad Paulinum*, que (pour son excellence) on a accoustumé mettre au commencement, & faire seruir de prologue à la Bible, se plainct que tous mestiers sont suiects à quelque appretissage, & és sciēces nul ne se peut venter y estre maistre, sans y auoir esté instruict: mais la saincte escriture est entre tous les sçauoirs seule que chacun ose publiquement traicter, sans y auoir esté enseigné, ny apprins. Ce seroit chose lōgue de rapporter tout ce que ledict sainct personnage allegue, pour manifester combien iustes & raisonnables sont les doleāces, qu'il faict contre ceux qui se pensent pouuoir estre sçauants en l'intelligence des lettres sainctes, sans y auoir diligemment estudié. Icy ceux cōtre lesquels S. Hierome parle, sōt coustumiers se couurir de la facilité des sainctes escritures: & neantmoins les autheurs, & defenseurs de leurs sectes ont tant trauaillé, & trauaillent tous les iours apres l'interpretation, & exposition d'icelles, qu'à peine tous les chariots d'Allemaigne, en pourroient trainner les liures: ce que seroit tres-inutilement fait, si l'escriture estoit si aisee à entendre comme ils le publient. Mais tant s'en faut: que S. Paul, declarant que tous ne sont pas capables d'entendre les mysteres de nostre Religiō, dit que les vns ont besoing de laict, comme non suffisants pour digerer la viande solide. Quoy que IESVS CHRIST requis d'interpreter vne parabole, declara à ses Apostres, & à ses disciples qui auec eux estoient autour de luy, que l'on ne doit communiquer les choses secretes aux hommes prophanes? Sa declaration est enregistree par trois Secretaires Euangeliques soubz ces mots: *Vous auez permission de sçauoir les mysteres du Royaume de Dieu, mais les autres non. &c*. Et quant à ce que quelques-vns mettēt en auāt, que la Bible est le testamēt du Seigneur, pere commun d'vn chacun: & pourtāt, qu'il importe à chacū d'en auoir congnoissance, & l'entendre. Encores que l'antecedent soit vray, la consequēce n'est necessaire: ains comme en iugement les testamens

des

Le Prestre doit bailler l'interpretation aux saintes Escritures.

Tous ceux qui lisent n'entēdēt pas. S. Hierome.

Si l'escriture est facile à entēdre.

Ceux qui disent l'escriture facile, ne cessent d'escrire pour l'interpreter.

Cōparaison des testamens.

des Bourgongnons, & de leurs estats.

des hommes demourent secrets, iusques à ce qu'ils soient publiez par le magistrat, duquel on doit prendre droict, & nõ le se faire; ainsi le testament du Seigneur est commis au magistrat Ecclesiastique, legitimemēt institué comme Aaron: & s'il s'y trouue difficulté, c'est à luy de la resouldre, & interpreter. Obiecter que les prestres d'à present sont ignorans & bestes, est alleguer inconuenient, qui ne sert pour souldre l'argument. On ne deuroit faire prestres, qu'anciens, & sçauants.

BRIEF c'est trop profaner ce que doit estre en singuliere reuerence, quand ce que l'Euangile nomme expressement mysteres du Royaume de Dieu (c'est à dire choses secretes) est ainsi abandoné indiscrettement à vn chacun. Aussi voiõs nous la confusion qui en est aduenue: & que par faute d'auoir laissé l'intelligence des escritures en la garde des leures du Prestre, à qui Dieu l'auoit commise, vn chacun a voulu leur controuuer vn sens particulier, cause que la Chrestienté est à present diuisee en plus de sectes, que ne fut Osiris en pieces par son frere; ou Romulus, quand chasque Senateur Romain en emporta sa charbonnee. Depuis ladicte profanation (combien que, tesmoing S. Paul, nul ne se doiue attribuer l'honneur du ministere, ains celuy le doit auoir, qui à iceluy est appellé de Dieu) il n'y a eu si malostru Mareschal, tanneur, cardeur, & autres mechaniques & artisans, qui ne se soit ingeré de prescher & interpreter l'escriture en publiq: voire dire que la condition des Apostres n'estoit de rien meilleure que la leur: tant est temeraire vne presomptueuse & effrontee impudence.

NOVS disons doncques que depuis que les sainctes escritures ont esté diuulguees en François, & la Theologie mise en langages populaires; il est tout euident qu'on a contreuenu directement à ce que defend la verité en sainct Matthieu chapitre septiesme, où il est escrit: Ne donneZ point ce qui est sainct aux chiens, ny ne iettez voZ perles deuant les pourceaux, de peur qu'ils les foulent aux pieds, & que les chiens tournans teste, vous deschirent à coups de dens. Que pourroit-on icy mieux entendre par les chiens, que ceux qui ont enuye contre l'Eglise Catholique, & contre l'estat des Ecclesiastiques? Quoy par les porceaux, sinon les Achristes, & les Athees? lesquelles sortes de personnes sont tant meslees parmy nous, que sans marque de difference, ny de distinction ils se fourrent en nos assemblees, assistent à noz actes: & combien que leur croyance soit toute autre que la nostre, desguisent si bien l'interieur de leurs pensees, qu'en s'accommodant exterieurement à noz façons, les moins accorts les estiment estre des nostres. Ce pendant les premiers ayants en main les escritures sainctes mises en François, & autres liures en langaige vulgaire, s'en seruent soingneusement, mais non comme les mouches à miel, qui tournent tout ce qu'elles recueillent en miel, & en cire; ains comme les

Confusiõ procedant de diuersité d'interpretation.
Osiris.
Romulus.
S. Paul.
Chacun singere destre ministre.
Contre les Predicans.
S. Matthieu.
Qui sont en l'Euangile nommez chiēs, qui pourceaux.
Malheur du temps present.

K iij

serpens, & autres bestes venimeuses, qui conuertissent tout en venin. Toute leur estude ne tend qu'à trouuer passages par lesquels ils puissent satisfaire à l'establissement de leurs nouueautez, & aneantissement des choses posees.

Cõseil des ennemis de l'Eglise.

CE qu'a esté dit des inconueniẽts aduenuz par punitiõ de Dieu, auquel il a despleu que la sainctete de sa parole, ait ainsi esté vulgarisee, & profanee (à fin q̃ ie ne dise prostituee) se peut (toute cõparaison excluse) employer tãt pour tant, aux desordres que nous sentõs en France par la prohibition de plus plaider en latin. Comme depuis que l'on Theologise en François, les Ministres ne sont seulemẽt exempts de sçauoir entẽdre, & parler latin(allegants pour couuerture que ce seroit honte de parler latin deuant les femmes, qui assistent à leurs presches) mais d'estre bien versez en aucun des arts liberaux: Ainsi dés le temps qu'on a commẽcé de plaider en Frãçois, l'vsage du latin est tant(ie ne diray enrouillé) mais perdu entre la pluspart des hommes de plaid, & de practique, que s'il failloit reprendre le train ancien, iamais gens ne furẽt si esbahis: tel cause en vn barreau, comme vne pie en caige, qui seroit plus muet qu'vn poisson, s'il luy failloit pronõcer son plaidé en latin. Et nous nous esbaïssons, nous voyants desia logez és faux-bourgs de barbarie, & ignorance, que les villes soient si proches! En cherchẽt les autres les causes; quant à moy ie suis en ceste ferme opiniõ, que tãdis que la Theologie se traictera en François, & que la iurisprudẽce se practiquera en vulgaire, les Colleges, & escolles demoureront vuides, & les lectures ne seront frequentees, sinon par quelques-vns, qui contens de la simple intelligence des mots de l'art, escrits en latin, si tost qu'ils la cuideront auoir attainct, veulent voler aux sciences de profit, &seoir sur les fleurs de lis, long-temps auant l'aage, & le merite.

Inconueniens aduenuz de plaider en François.

CESTE raison pourquoy nous sommes prochains de retomber en l'ignorance & barbarie, dont l'Italie, & l'Allemaigne estoiẽt plaines auãt le sac de Constantinople, & nostre France estoit infectee auãt la restauratiõ des langues, & sciences, regnãt François premier: a esté(peut estre) vn peu trop prolixement deduicte: mais si pense-ie que les particularitez biẽ pesees, ne seront trouuees manquer de verité. Moins se trouuera impugnable le dire de quelques hommes serieux, qui ont l'honneur de nostre France en singuliere recõmendatiõ, & qui se plaignẽt fort, que nous ayons laissé Lacedemone, pour habiter à Athenes: qu'est ce que nous disions tantost, abandonner le bien faire, pour bien dire au langaige de nos meres. Mais combien que cecy serue à nostre institut, si me semble-il temps de y mettre fin, & de suyure ce qui est de plus principal.

L'ignorãce, & barbarie prestes à retourner.

DEPVIS que le droict d'eslire fut osté aux Chapitres, & Monasteres respectiuemẽt, & que les Roys(en vertu du Cõcordat) s'en sont voulu faire maistres, ils sont quant & quãt rentrez en l'opiniõ que les plus aymez & puissans Roys ont impugné, contre ceux qui se licentioiẽt de disposer

Contre la sublation des elections.

des Bourgongnons, & de leurs eſtats.

diſpoſer en France des benefices electifz : & vſer à volonté du temporel d'iceux. D'ailleurs ceux qui au parauant eſtoient fort ſoingneux de recouurer vne prebende, ou vne place de Moyne, en eſperance de paruenir à eſtre Eueſques, Abbez, ou Prieurs par election, ſ'en ſont du tout refroidis, & retirez: & (comme les arondelles ſuruenant le froid abandonnent les maiſons qu'elles auoient choiſi pour y nidifier) ainſi laiſſans le vray, & ordinaire train mis dés le commencement en l'eſtat de l'Egliſe, ſe ſont rangez à la ſuitte de la Cour des Rois, pour ſ'y faire congnoiſtre, acquerir faueurs, & puis que la porte de la legitime entree aux benefices de la qualité predicte eſt barree, & fermee, ſ'eſſayer d'y entrer par la feneſtre. Surquoy eſt à noter, que ie n'entend comprédre en ce nombre, pluſieurs hommes de vertu, & d'erudition, & qui au reſte ont en eux tant de ſuffiſances, que les Rois ſe ſont faict honeur de les reſpecter: ains ie parle ſeulement de ceux, qui penſent trouuer en Cour des perſonnages qui les iettent en la piſcine, en laquelle (paralytiques de corps, & d'eſprit) ils ne ſçauroient autrement entrer. Mais il n'eſt plus queſtion de reſpecter le ſçauoir, & la vertu: les Rois ont eſté imbeuz de ceſte fauſſe perſuaſion, que les benefices doiuent eſtre employez pour recompenſes des ſeruices publiques que les Capitaines, & Gentils-hommes ont faict: ou pour recongnoiſſance des particuliers plaiſirs qu'ils ont receu des perſonnes de leur ſuitte. De là vient vne bien grande partie du deſordre que nous voyons en l'Egliſe Gallicane: & que (comme nous alleguions tantoſt de l'Euangile) les chiens tournás teſte, deſchirét à coups de dens, & la police Eccleſiaſtique, & la Ciuile. Et quant aux hommes de ſçauoir (qui ſont mieux congneuz en leurs Dieceſes, qu'à la Cour, & que du temps heureux l'on ſouloit rechercher iuſques aux hermitages) eux perdans toute eſperance de iamais eſtre proueuz des biens qu'il ſemble que les Rois ne ſe ſoient reſeruez, que pour les diſtribuer à leurs fauoris: ne ſe ſont ſeulement retirez du train de l'Egliſe: ains les vns ont prins autre party : & les autres irritez outre meſure, ont abiuré noſtre Religion, & au reſte ſe ſont attaqué de telle cholere, meſlee de deſpit, contre les autheurs de telle diſtribution des benefices, que non contens d'en blaſmer la façon, ils ne peuuent recouurer aſſez papier, pour à leur contentement, les remplir d'iniures, meſdiſances, & inuectiues contre la vie, actions, & deportemens des premieres puiſſances du Royaume: encores (leur fureur non aſſouuie d'autant) ils ſont entrez en telles impatiences, & tranſports d'eſprits, qu'il leur a ſemblé (& ils le crient à hautes voix) que celle ne peut eſtre vraye Egliſe, en laquelle tout eſt ainſi peruerty, & deſuoyé de ſes anciennes inſtitutions: & qu'où telles choſes ſe font, le S. Eſprit conſolateur de l'Egliſe, n'y peut habiter. *Deſeſpoir d'aucuns hommes de lettres.*

DE LA mauuaiſe diſpenſation des benefices, dignitez, & offices Eccleſiaſtiques (que chacun bien iugeant eſtime deuoir eſtre la recópenſe du trauail que les hommes ſçauans vertueux peuuent eſperer de leurs *Griefs que la mauuaiſe diſpenſation des benefices a donné.*

estudes) ont eu leur origine les schismes, & troubles qui sont en la Religion. Et pour-ce que les Roys les ont occasionné par les moyens, desquels nous parlions tantost, il a fallu que l'estat Royal en ait souffert: & que le chef affligé, le corps, qui est la chose publique Françoise, ait receu les vexations que les guerres Ciuiles luy ont donné. Voylà comme des hommes de sçauoir, & idoines aux Prelatures, les aucuns desperans de iamais pouuoir paruenir à ce que ne se peut acquerir que par faueur, & bien faict des Roys, se sont diuertiz de l'Estat Ecclesiasticq: & voyants qu'vn veneur, vn maçon, vn nain, ou (au reste) quelques Courtisants, ou Courtisanes, fameux en l'art par lequel ils estoient entrez en credit, auoient quasi seuls la bonne grace dispensatrice des benefices: ils ont tant descrié ceste maniere de prouuoir aux Eueschez, Abbayes, & Priorez electifs, qu'en traictant de l'indignité des Prelats taillez de ce faux biez, ils n'ont laissé la Prelature en general, exempte de contumelie.

Sorte d'hômes de sçauoir malcontens.

Abus.

Avtres hommes doctes de merite, & de cerueau mieux composé, possedants leurs ames en plus-grande patience, sont demourez és vniuersitez plus renommees, pour prendre leur consolation des lettres, en attendant que Dieu inspire meilleur aduis aux Rois: ou que se deschargeants des choses qu'ils font par importunitez contraincts mal manier, ils les remettent aux termes de droict. Ie ne veux aussi taire, que plusieurs contents de ce que fortune (& peut estre de main trop chiche) leur a donné, ont esté trop plus soingneux d'illustrer (comme il est au prouerbe) la Sparte qu'ils ont recouuerte: que de vieillir en miseres à la suitte de la Cour: laquelle n'est desia que trop plaine de Cardinaux, d'Euesques, Abbez, & d'vn nombre si excessif de Protonotaires à faux, qu'il n'en y a pas à beaucoup pres tant de vrays à Rome. Et ce pendant les Cours des Parlemens de France sont en telle necessité de gens d'Eglise, qu'il faut que les gens lays entrent par dispenses en leurs places. Au semblable les Chapitres, & les Monasteres sont si desgarniz de personnages de sçauoir, de pouuoir, & d'estoffe, que ceux qu'on est contrainct y mettre de present à faute d'autres, sont (i'en excepte tousiours quelques-vns) si indignes, & insuffisans, que faisans des-honneur à leur ministere, il n'est possible que le peuple les ait en reuerance. Que pis est, comme coustumieremẽt les bons souffrent pour les mauuais: ainsi ceux qui ou pour le respect du lieu duquel ils sont partiz, & dont ils retiennent quelque generosité, & illustres marques d'honneur; ceux qui ont bien trauaillé aprés les bonnes lettres; & generalement tous ceux qui sont puissans pour de parole &

Autres malcontents.

Encores autre sorte de sçauans malcôtés.

Faute de Conseillers gens d'Eglise és Parlemés.

Chapitres, & Monasteres mal fournis d'hommes capables.

Les bós pa tissẽt pour les mauuais.

de faict

des Bourgongnons, & de leurs eſtats. 117

de faict ſouſtenir les droits de l'Egliſe à laquelle ils ſe ſõt dediez, ne peuuent eſtre exempts des opprobres, reproches, & iniures que l'on fait ordinairement à tout le college, en haine des prementionnez inutiles à bien faire, & tres-experimentez à ſcandaliſer leur eſtat, & profeſſion. Auec ce, le vulgaire (qui n'eſt couſtumier meſurer toutes choſes qu'à l'aulne de ſon particulier profit) ſentant que (depuis les inſignes dommages que l'Egliſe Gallicane a receu par l'aſſiduité de la leuee des decimes, & ſubuentions, par les alienatiõs du temporel, par les volleries, & pilleries faictes de leurs orfebueries, argenteries, & ornemens, bruſlemẽt de leurs liures, tiltres, papiers, & enſeignemens, demolition de leurs Egliſes, & maiſons, & ſpoliation de leurs meubles) ce que noz aduerſaires appellẽt la Marmite, a commencé bouillir à trop moindres bouillons qu'elle ne ſouloit, eſt entré en opinion diuerſe. Les vns ont penſé qu'ils ne pourroient auoir auantage de luy faire eſpaule: les autres qu'il n'y auroit gueres à faire à la renuerſer du tout. *L'appauuriſſement des gens d'Egliſe les a mis en meſpris. Marmite. Diuerſes opiniõs ſur la Marmite.*

LE droict d'electiõ fut oſté aux Egliſes par les menees, & practiques d'Anthoine du Prat Chancelier de France: Il ſe deſigna pour ſucceſſeur au maniement des ſeaux, le Preſident du Bourg, qui n'exerça pas lõguement ledict office. Poyet doncques y entra, & feit vne autre playe à l'eſtat Eccleſiaſticq', oſtant aux Eueſques la iuriſdiction qu'ils auoient eu de tout temps, ſur leurs dioceſains, & l'attribuant au Roy. Qu'ainſi ſoit, il eſt bien certain que les Gaulois, qui les premiers receurẽt le bapteſme, furent mis hors la puiſſance des Romains, quand les Bourgongnons, puis les François, vindrent à leur ſecours: & ne tenoient adoncq' les Empereurs que ce qu'eſt outre la Seine, & iuſques au Rhin: où leurs principales forces eſtoient en garniſon, & en garde expreſſe du limite du Rhin, pour empeſcher le paſſaige aux nations qu'ils eſtimoient Germaniques, leſquelles campees de l'autre coſté du Rhin eſtoient en guet cõtinuel, pour eſpier la commodité de paſſer la riuiere, & entrer és Gaules. Aucuns adiouſtent que Lyon eſtoit encores à la deuotiõ des Romains. Mais (au reſte) les Cantons Gaulois deuenuz dioceſes, & Eueſchez faiſoient chacun particulierement ſa Republique, & chef de par ſoy. Et ſi par boutees quelques Empereurs deuenuz les plus forts, ont rompu ceſt ordre, quand puis apres les Gaulois ont peu recouurer liberté, ils l'ont touſiours remis ſus: iuſques à ce qu'à l'imitation de leurs voiſins Bourgongnons, François, Bretons &c. ils ſe rengerẽt ſoubz la puiſſance des Roys. Vne vieille hiſtoire des Auuergnats nõ imprimee, m'a appris, qu'eux eſtants en deliberation d'eſlire vn Conte d'Auuergne, furent touchez de ſi grand zele enuers la Religion Chreſtienne, & reſpecterẽt tant Sidonius leur Eueſque, qu'ils le feirent leur Conte: ce que depuis la pluſpart des autres Cantons Gaulois imiterent, & feirẽt leurs Eueſques leurs ſeigneurs. Mais depeur que les affaires ſeculiers ne diuertiſſẽt trop les Eueſques du principal de leur deuoir; Sidonius commença de faire *Ant. du Prat Chãcelier de France. Chãcelier du Bourg. Guil. Poyet. Iuriſdictiõ oſtee aux Eueſques: & attribuee au Roy. Notable antiquité des Gaules. Lyon. Eſtat ancien des Gaules. Hiſtoire des Auuergnats. Sidonius Apollinaris fuit Cõte d'Auuergne.*

seigneur de Polignac, ou (pour parler seló le latin) d'Apollinar, qui estoit son frere, Viconte de Velay, qu'estoit vn païs vny à l'Auuergne. Et de ceste façon procederent premieremét les Vicótes: dits ainsi, pource qu'ils estoient lieutenans des Contes. Ce que i'ay exactement remarqué, tant pource que c'est contre la commune opinion, que pour montrer l'antiquité par laquelle les Prelats sont en possession de leurs iustices. Ie ne voudrois toutesfois estriuer auec ceux qui opposeroient, que depuis les Roys & Princes s'en sont emparez, & en ont iouy, pourueu qu'ils me confessent aussi, que c'a esté par puissance absoluë, qui est à dire par force, & côtre droit. Depuis ont succedé d'autres Roys plus zelateurs des Eglises, qui ont liberalemét rendu aux Prelats, ce que tyranniquemét leur auoit esté osté. Mais ie trouue par la visitation que i'ay faict de plusieurs Tresors des Eglises, que plusieurs grands Seigneurs ont (à l'imitatió de Godefroy de Bouillon, & pour semblables causes qu'il vendit la Duché dudict Bouillon à l'Euesque du Liege) vendu leurs iustices, & Contez aux Euesques des lieux. Ainsi Sauary & Geoffroy de Douzy de la maison de Neuers Contes de Chalon, vendirent à Gaultier (les anciens escriuoient Vvalthier) Euesque dudit Chalon la moitié de toute la iurisdiction, & iustice qu'ils auoiét en icelle ville. Et en est le tiltre de venditió au Thresor de l'Eglise Cathedrale. L'Euesque, & Chapitre de Mascon ont aussi la iurisdiction qui leur appartient dedans ladite ville, par eschange côtre leur Chasteau, & maison fort de la Roche Solitri, que les Roys ont laissé ruiner.

OR ce n'est de ceste iurisdictió que nous estiós entrez en termes: ains de celle qui resultoit de leur seellé, dont ils auoient de toute ancienneté, la legitime cógnoissance. Mais par les ordonnances, a esté enerué le seel, & transferé toutes lesdites actions aux sieges Royaux, qui s'en sont bien engressez. Celà a esté cause que l'Eglise spoliee de l'vne des plus belles marques qu'elle eust, & pour le regard de laquelle elle estoit crainte, & honoree, vn chacun a cessé de la redouter, & venerer cóme il souloit. Si est-ce toutesfois que l'on peut dire que crainte a tousiours esté la vraye nourrice de la Religion: & qu'icelle crainte leuee, la Religion ne peut faillir de tomber en desordre. Aussi ne tarda-il pas, que certains affranchisseurs de consciences se meirent à prescher ie ne sçay quelle liberté, pour la faire seruir de voile à leur malice. Lors la reuerence deuë à Dieu, à só espouse l'Eglise, & (pour l'amour d'eux) aux ministres deputez à leur seruice, & appellez de Dieu, comme Aaron, a prins vne si rude entorce, que quelques-vns ont osé attribuer à Nature l'ordre mis en l'vniuers, sans vouloir recongnoistre, ny accorder qu'il y ayt vn Dieu. Et si les moins hors de raison en confessent vn, ils ne laissent de l'estimer tel que celuy qu'on attribuë à Epicure, c'est à sçauoir prenant ses plaisirs au ciel, & ne se souciant des affaires qui se traictent ça bas. Autres pensans que Dieu a bien soing des géres & especes de toutes choses, mais qu'il auroit

la teste

des Bourgongnons, & de leurs estats. 119

la teste rōpue de souciz, s'il luy failloit auoir vn curieux soing des indiuiduz, & des particularitez. Aucūs font bien semblāt de croire vn Dieu, mais (comme s'ils estoiēt sectateurs de l'Alchoran) nyent qu'il ayt point de fils. Et entre ceux qui confessent qu'il a vn fils, plusieurs osent retrācher le pouuoir d'iceluy fils, & reuoquer en doubte sa toute-puissance. Brief depuis que les hommes ont esté dispensez de la crainte des censures de l'Eglise Catholique, ils ont esté quāt & quāt dispensez de ne croire que ce qu'il leur plaira : & de n'auoir la religion en autre estime, que d'vne simple police. *Achristes.*

I'AY desia touché vn mot du malheur qui nous est aduenu par l'introductiō des Decimes: lesquelles mises en ordinaire sōt de tel preiudice à l'estat Ecclesiasticq', que la leuee d'icelles emporte en Bourgōgne la moitié du reuenu des benefices Curez. Et quand sur l'autre moitié les fraiz (qu'il est force aux Curez supporter) seront distraicts, il ne faut quasi point faire d'estat de ce que reste pour les alimēts d'iceux, ains iuger auec la raison, qu'il ne peut estre que celuy qu'on pourroit estimer riche Curé, ayt de rien mieux dequoy en l'Eglise, que le moindre messire Iean de la paroche. Aussi veoid on en Bourgongne, & és païs adiacens, vne infinité de Cures vacātes, & desquelles il n'y a homme qui vueille. *Des Decimes. Curez en Bourgongne fort pauures.*

ENCORES a il semblé aux ennemis de l'Eglise, que toutes les afflictions prementionnees suffisoient bien pour l'extenuer, mais non pour l'accabler. Vne autre pire inuentiō a esté mise sus : & semble que le vieil ennemy persecuteur de l'Eglise de Dieu, ayt appellé en son ayde sept malings esprits, pires que soy, pour d'vn commun effort aneantir l'estat Ecclesiasticq'. Leur entreprise est la vraye sappe des fondements, & qui occasionnera la totale ruine du bastiment, si Dieu n'en a pitié : car cōme la fiebure hectique se saisissant petit à petit des parties solides, cōsomme à la parfin tout le corps ; ainsi ces attemptats faicts pour donner la volte à l'Eglise, rendront les personnes qui se sont vouees, & dediees au seruice d'icelle, sans auoir, & sans pouuoir. C'est l'alienatiō du dommaine ecclesiasticq' commencee M. Michel de l'Hospital estant Chancelier de France, & depuis poursuiuie trop soingneusemēt, pour fauoriser l'affection de ceux qui sont coustumiers de dire, qu'il n'y a meilleur moyen d'effaroucher, & denicher les pigeons, qu'en rompant le colombier. Ce que neātmoins ny la Noblesse, ny le tiers estat ne doiuent souhaitter, estant certain que (comme il se dit en vulgaire) *La teste rase faict la bonne case* : & que toutes les plus braues maisons de France ne reluisent que de l'or des finances du Roy, ou du bien de l'Eglise. Ioinct que la Noblesse ne sçauroit auoir vn plus beau deschargeoir de familles trop chargees d'enfans, que de les mettre d'Eglise. Et quand ainsi ils le feront, celà ne se trouuera de nouuelle inuention : car Dionysius Halicarnasseus, grand rechercheur d'antiquitez, dit qu'entre les Barbares *Commencement tēdant à la ruine de l'Eglise. Bonne cōparaison. Alienatiō du dommaine de l'Eglise. M. de l'Hospital Chācelier de France. Propos d'ennemis de l'Eglise. La teste rase faict la bōne case. Dionysius Halicarnasseus.*

(foubs lequel nom il comprenoit les Gaulois)les aifnez eſtoiét ſeuls heritiers. Et ſ'il y auoit pluſieurs filz, l'vn eſtoit communement faiƈt chef du miniſtere de leur Religion, aux autres eſtoient baillez gens, & moyens, pour aller faire leur profit au loing, & par leur vaillance conqueſter nouueaux païs. De là ſont prouenues tát d'illuſtres emigratiós des Gaulois, dont toutes hiſtoires font celebre mention.

<small>Notable antiquité comprenant les Gaulois.</small>

SI la Nobleſſe a peu d'occaſion de ſouhaitter la ruine de l'eſtat Eccleſiaſtique, encores en ont moins les gens du tiers eſtat. Car ſi les enormes vexations que nous ſouffrons, par decimes, ſubuentions, & alienations, ne tournent en façon (quelle que ce ſoit) à leur profit, & diminution de leurs ſubſides: peuuent-ils eſperer, qu'en la diſſipation du bié de l'Egliſe ils y puiſſent auoir auantage? Qu'ils gardent pluſtoſt qu'il ne leur aduiéne ce que ie di à vne trouppe des leurs, aſſemblee à S.Ouën à Roué, au téps que le Roy Charles 9. y feit ſon entree. Nous eſtions bonne cópagnie de deputez des Prouinces, & Dieceſes de ce Royaume, en pourſuitte de faire reuoquer le premier ediƈt d'alienatió. Lors quelqu'vn de la ſuſditte trouppe ſe gaudiſſant des peines en quoy nous eſtions, dit tout haut: C'eſt à vous à courir Meſſieurs: ie luy reſpondi: C'eſt à nous de vray pour le preſent: mais gardez bié qu'aprés nous ce ne ſoit à vous. Car quand le bien de l'Egliſe ſera ruiné, il ſera force que le Roy prenne ſur vous, ce que maintenant il prend ſur nous. Telle reſponſe bien peſee par les compaignons de ce gaudiſſeur, fut trouuee veritable.

<small>Les autres deux eſtats ne doiuét ſouhaitter la ruine de celuy des Eccleſiaſtiques.</small>

<small>Compte remarquable.</small>

ENCORES ne trouue-ie tant eſtrange que les profez ennemis de l'eſtat Eccleſiaſticq' en pourchaſſent la ruine, que d'auoir veu tant de beaux Monaſteres, ſinon aneantiz, du moins bien fort deſcheuz de leurs luſtres, grandeurs & reputations, par l'auarice & inſatiable cupidité des Eccleſiaſtiques meſmes, qui en eſtans prouueuz, en deuiét eſtre les proteƈteurs, & cóſeruateurs: mais au lieu de ce ils en ont eſté les deſolateurs ſoubz ombre de reformation. Il ne faut toutesfois penſer que le but de tels reformateurs ayt eſté fondé en zele, ou reſpeƈt de pieté, quelque beau ſemblant qu'ils en feiſſent: ains (ſans plus) en deſir de croiſtre leur exceſſif reuenu du bien que les officiers, & les tables Cóuentuelles poſſedoient, & dont les Religieux faiſoiét plus d'auſmones aux pauures, & plus de ſecours aux gés du lieu en vn an, que les attrappe-tout d'Abbez, & Prieurs Comedataires, ny que leurs Protonotaires de Cour, n'en font, ont faiƈt, ou feront en toute leur vie.

<small>Contre les prelats deſolateurs des Monaſteres.</small>

TOVTE reformation bien ordonnee, & regulieremét entreprinſe, doit commencer aux chefs: mais ces ſangſues inſatiables, & ces hydropiques en biens, ont trouué des Iuges ſi à leur poſte, que fauoriſans telles (au parauant non ouyes) reformations, ils ont deſpouillé les officiers des Monaſteres des offices, deſquels ils eſtoient plus canoniquement pourueuz, & mieux titulez, que ne ſçauroit eſtre le Cómendataire. Et quát aux pauures ſimples Religieux, ils leur ont retráché leurs prebédes:
de façon

<small>Reformation.</small>

<small>Offices des Monaſteres vnis à la croſſe.</small>

des Bourgongnons, & de leurs estats. 121

de façon qu'il n'y a maintenant personne d'esprit, qui n'aymast mieux estre en vn Conuent de Mendians, qu'és Monasteres où ces Harpyes commandent. Celà a tellement auilli l'estat monasticq', que les pauures moynes reduits à toutes extremitez de miseres, sont la risee, & la mocquerie d'vn chacun, quand on les veoid dechirez comme s'ils estoiét eschappez de la gueulle des loups. Que pis est le mot de moyne est de preséc tourné en iniure, & le nom de Prestre ne le suit pas de trop loing. Ce sont des fruits de pauureté, laquelle (iouxte le dire d'vn Poëte) n'a rien en soy de plus vilain, sinon qu'elle rend les hommes ridicules. C'est elle, (auec sa compagnie ignorāce) qui est cause que les Eglises sen võt desgarnies d'hommes, & qu'il n'y a quasi plus de personnes serieuses, qui vueillét se faire Prestres, ny Moynes: & encores que la pluspart de ceux qui le sont de present, se gardent bien soingneusement de porter par les champs aucunes marques, par lesquelles leur profession puisse estre recongneuë. *Les mots Moyne, & Prestre sōt deuenuz iniures. Pauureté rend les hommes ridicules. Ignorāce.*

IL y a d'auantaige vne expresse raison pourquoy les Prelats de maintenant sont bien fort mal-vouluz. C'est qu'outre ce qu'ils ont prins coustume d'auoir pour leur suitte des gēs d'espees, desquels aucuns par païs viuent à discretiō, & tiennent les champs: si par fortune il s'en trouue quelques vns qui payent, c'est à vn taux si bas, que l'hoste en souffre foule excessiue: & n'a occasion de bien dire du maistre, ny de ses gens. Encores sont ces Prelats si acharnez aux curees de la Cour, ou alleurrez au seiour de Paris, qu'ils oblient la residence qu'ils sont tenuz de droict faire en leurs benefices. Par la faute de residence, il est aussi aduenu, que (comme i'ay desia dit qu'on tiét en commũ prouerbe) où chats ne sont, les rats y ballent. L'absence des Euesques, & faute qu'eux-mesmes ne font pas les visitations qu'ils doiuent par leurs diœceses, a produit si grāde licence és Curez, Vicaires, & simples Prestres, que la discipline Ecclesiastique perduë en eux, la Prophetie s'y trouue verifiee, qui dit, que le Prestre sera comme le peuple. Autant s'en peut il dire de la non residence des Abbez, & des Prieurs. Mais qu'est il besoing d'en aduertir, veu qu'vn chascu'vn en sçait plus qu'il ne seroit expedient? *Autre raison pourquoy les Prelats sōt hays. Gardes, & suittes des Prelats tiēnent les champs. Viuent au taux de la Cour. Residence des Prelats requise.*

Si les Prelats se tenoient en leurs benefices, ils ne pourroient si miserablemēt estre chiches, que les pauures ne se sentissent de quelques bienfaicts, & ausmones: & que dés les plus petitz iusques au plus grādz, tous leurs diœcesains ne tirassent fruict, & plaisir d'eux. Au contraire arrestez à la Cour, ou viuants les vns à gogo à Paris, les autres y faisans l'alchimie, & l'espergne, il leur est necessaire (cōtre toutes anciēnes façōs) admodier leurs benefices, ce que (puis qu'il en faut venir là, & dire ce qu'en est) ne se fait sinō au plus offrāt, & dernier encherisseur. Les fermiers, & admodiateurs qui ont les baux à fermes si hault qu'ils ne s'y peuuēt sauuer, sont cōtraints nō seulemēt tōdre, mais aussi escorcher les pauures brebis, c'est à dire les *Fruits de la residēce. Inconueniens de l'admodiatiō des benefices.*

L

subiects. S'il y a vne amende adiugee contre quelqu'vn, il ne faut pas qu'il s'attende qu'elle luy soit moderee, & encores moins remise, ou quictee: si quelques lods & profits de ventes escheent, il ne faut esperer que les inuestitures s'en facent, sinon en payant exactement, & iusques au dernier denier. Demandez grace, le fermier respondra qu'il luy est force de se faire payer, pour payer Monsieur. La presence du Prelat effaceroit celà, & y doneroit remede: & les subiects, que les fermiers pressent, & contraingnent par sergents Royaux de payer, auroient quelque soulagement de celuy qui leur estant Seigneur, leur doit aussi estre Pasteur, & protecteur. Telles exactions, & rapines alienent tant les subiects de l'amitié qu'ils doiuent aux Prelats, que venants à murmurer, ils viennēt aussi à rechercher les causes pour lesquelles ils sont redeuables des choses qu'on les contrainct si rigoureusement payer: entre autres discours mettent en auant, que pour la charge, & office est donné le benefice. Et de là entrent en opinion que cessant la cause, aussi deuroit cesser l'effect: qui est à dire, que les Prelats cessantz d'exercer personnellement les deuoirs, & functions de leurs ministeres, ce seroit chose raisonnable, que leurs subiets fussent aussi absouls des redeuances qu'ils leur doiuent: n'estant equitable, qu'vn homme qu'on ne void nomplus au lieu où il doit residence, que s'il n'estoit pas au mode, emporte hors du païs les deniers qui se deuroient despendre là où ils ont esté amassez, & cueillis.

<small>Occasion de murmure & desobeyssance.</small>

TOVTES ces choses sont si expressement cause que les gens d'Eglise sont moins honorez, & aymez que ceux du temps passé, que plusieurs scandalisez des cas reprehensibles en l'estat Ecclesiasticq', ne se sont peu tenir en s'attachant aux Ministres, de s'attacher quant & quand au ministere: & au lieu de ne blasmer que les vices des hommes, se sont prins aux choses plus substancielles, & plus fondamētales de la foy, pour destruire, & aneantir la Religion Catholique. Mais il est escrit au contraire, que les portes d'enfer ne preuaudront contre l'Eglise: comme aussi que ceux qui l'abandonnent sont en voye de damnation, d'autant que hors l'Eglise n'y a salut. Si est-ce toutesfois qu'au temps present (tant est le monde desuoyé des façons, & obseruances anciennes) tous sont quasi difficulté, (voire refus) d'entrer au train de l'Eglise: tous se rengent aux estats de iudicature, & à la suitte des barreaux. De maniere que les Roys (qui ont tant multiplié les offices, que leurs finances n'en peuuent supporter les gages, & le peuple en souffre griefs irreparables) ne peuuent tant en eriger, qu'il ne se trouue encores plus d'hommes prests à les achepter.

<small>Vices des Ministres font mespriser le ministere.

Pour l'Eglise.
Hors l'Eglise n'y a salut.
L'Estat d'Eglise abandōné pour suyure la plume.
Moyés de remettre l'Eglise en son anciēne splendeur.</small>

POVR doncques rendre à l'Eglise sa splendeur, & luy faire recouurer l'honneur, & reuerence desquels elle est descheuë, il n'y a moyē plus certain, que de commander la residence és benefices, & ce si expressement, que nul, de quelque qualité ou condition qu'il soit, n'en puisse

<small>Il ne faut exempter personne de residence.</small>

des Bourgongnons, & de leurs estats.   123

puisse estre exempt. Car le François qui n'a point d'aulne particuliere pour soy, se mesure sans discretion à celle d'vn chacun: & luy semble que ce qui est licite à qui que ce soit, luy doit estre permis. Que si les Roys congnoissent certainement que quelques Prelats soient necessaires aupres d'eux, pour le bien de l'estat, & seruir au publicq: ils ne les doiuent pourtant occuper plus de six mois au plus: à fin que du moins ils ayent loisir seruir à Dieu en leurs Eglises, demy an, & que l'Eglise qui est commise à chacun d'eux respectiuement, & la chose publique (pour laquelle nous sommes tenuz nous employer de tout nostre pouuoir) soient au pis aller seruies par semestres, du personnage qui leur est vtile, plustost que de veoir les Eglises destituees de leurs pasteurs. Naturel du François. Semestri-pour seruir Dieu, & au Roy. Pauureté doit estre bannie de l'Eglise.

LA pauureté necessiteuse doit estre bannie de l'Eglise, pour les raisons que nous auons cy dessus deduit. Ce que se peut faire sans offense de personne. Car il y a assez de biés acquis à l'estat Ecclesiastique: il n'est besoing que de les conseruer, & si bien distribuer par esgallation politique, qu'il n'y soit plus veu ce que sainct Paul reprenoit és Corinthiens faisans la Cene, sçauoir est que les vns soient trop saouls, & les autres opprimez de faim. Pour entrer en ceste dispensation, faudroit que les benefices de plus grand valeur fussent reseruez pour les Princes nais en France: & puis qu'ils sont tres-illustres membres de la Republique, & qu'on espere qu'ils serõt fermes colomnes de l'estat Ecclesiasticq, qu'ils ayent cest auantaige que d'auoir les meilleures pieces, pourueu qu'ils n'en ayent que chacun vne. A quoy ne faut que leurs domestiques trouuét à redire: car qui ne peut viure, & entretenir vn train digne d'vn Prelat pour 40.50. ou 60. mille liures par an, n'en sçauroit venir à bout pour cent, ny pas pour deux cens mille francs. Et quand les Princes (comme premiers en rang en la Republique) auront leur reuenu limité à la valeur d'vn benefice seulement, il sera necessaire penser de l'autre extreme, pour ordonner que nul benefice ne soit de moindre reuenu que de mille ou douze cent liures par chacun an, & que ceste somme entre fráchement, & quittement en la bourse du titulaire. Icy ne deuroit estre oubliee la vieille reigle, que les benefices Reguliers ne puissent estre tenuz que par Reguliers, ny les seculiers que par seculiers. Pour faciliter ces besongnes il seroit aussi bien requis donner ordre, que le nombre excessif des gens d'Eglise fust restrainct, & reprimé: d'autant que la multitude engendre confusion, & toutes choses rares sont estimees plus precieuses. Des biens de l'Eglise. S. Paul. Dispensation Politique des biens d'Eglise. Pour les Princes gens d'Eglise. Pluralité de benefices n'est raisonnable. Qu'il n'est expedient qu'aucun benefice vaille moins de 1200. liures tour. Moynes, ny Mendians ne doiuent estre Curez ny Euesques. Seculiers ne doiuét estre Abbez ny Prieurs. La multitude des gens d'Eglise engédre confusion.

Au reste il n'y a peste si pernicieuse en l'Eglise que l'ignorance: & est certain que si (comme dit vn Prophete) les leures du Prestre gardent la science, & il la faut rechercher de sa bouche, plusieurs milliers de Prestres sont indignes du ministeriat duquel ils se meslent: car leurs leures n'ayans la garde d'aucune science, quiconque s'attendra d'auoir Contre l'ignorance.

L ij

de leur bouche quelque expofition de texte de l'efcriture, ou interpretation de la loy, fe trompera bien fort. A la verité combien que le pluf-grand fçauoir du monde ne foit que beftife, & follie auprés de Dieu, fi eft ce qu'il n'y a rien (aprés la pieté) qui illuftre tant l'efprit d'vn homme de bien, que la fcience, & intelligence de beaucoup de chofes en vn perfonnage bien-nay: car le mal-nay tournera pluftoft le fçauoir acquis en poifon, qu'en edification. Ce que ne pouuant eftre mis en ny, on ne doit auffi faire difficulté de confeffer (auec Trifmegifte) qu'il n'y a plus grand' pefte en l'ame que l'ignorance. Plufieurs autres chofes feruantes à ce propos, pourroient eftre icy alleguees; mais il me femble en auoir affez dit pour ce coup, pourueu que le lecteur fans emulation le prenne en bonne part.

Des nobles, & de la Nobleffe, ordre fecond des Eftats de Bourgongne.
CHAP. XXI.

Ennemis de Nobleſſe.

ENTRE plufieurs propoz bien dicts par Ciceron, celuy me femble fort remarquable, quand il tient pour maxime, que *chacun loüe feulement cela, à quoy il penfe pouuoir paruenir*. Ce que ie dy, pour ce que quelques ennemis de Nobleffe, font couftumiers en faire fi peu de compte, que fi (comme dit vn Poëte François des femmes) Dieu auoit faict

Sottes objections contre la Nobleffe.

efgalle leur puiffance à leur volonté male, & que leur vouloir fuft fecondé de pouuoir, ils la voudroient exterminer, & mettre hors de la memoire des viuants. Leurs plus ordinaires obiections contre les Nobles, font à fçauoir fi Dieu crea deux Adams, & deux Eues, defquels les vns ayent produit les Gentils-hommes, & les autres les perfonnes non illuftrees de la qualité de Nobleffe. Certainement tels faifeurs de deman-

Timon Athenien. Ordre admirable en l'ouurage de l'Vniuers.

des ioyeufes, montrent bien que leur efprit paffionné d'enuie, les declaire mieux verfez en la fecte de ce fameux Timon Athenien, furnommé haïffant les hommes, qu'ils n'ont efté diligents en la contemplation de l'ordre de l'vniuers en ce monde, à fin de rendre & le createur, & les creatures dignes d'admiration: luy pour auoir fi prouidément difpofé toutes chofes: elles pour eftre doüees des graces, & faueurs que celuy qui les a voulu conftituer chacune en fon rang, leur a departi, & donné. Ie ne doute point que ces haynneurs de la Nobleffe, comprenent groffierement en leur efprit tous les hommes fans diftinction: mais quand par le parangon des autres creatures de Dieu ils voudront fçauoir, fi

Diftinctiõ d'ordre entre les Anges.

cefte groffiere congnoiffance fuffift, ils rougiront de honte, lors qu'ils congnoiftront que iuger en gros de quelque chofe, eft en iuger groffierement, & imperfectement. Entre tous les genres des creatures de Dieu, les bons Anges font eftimez plus excellents: & toutesfois qui

les

des Bourgongnons, & de leurs estats. 125

les voudroit comprendre de celle grossiere imagination, de laquelle les hayneurs des Nobles semblét imaginer tous les hommes en vn blot, bon Dieu quelle confusion introduiroit-on en la Hierarchie des Anges, que les hommes bien fondez en croyance tiennent distinguez en neuf ordres! S'il faut descendre plus bas, sans neantmoins abandonner le ciel, les estoilles furent creées à vn instant, & par la vertu d'vne seule parole: toutesfois (outre ce que la veuë, & les demonstrations Mathematiques nous en apprennent) sainct Paul est autheur exempt de reproche, qu'vne estoille differe d'auec l'autre estoille en clarté. Celà dict de ce qui est par dessus l'homme, si nous venons aux choses qui luy sont inferieures, qui ne sçait que des paires d'animaux irraisonnables conseruees par Noé en son arche, tout le reste en est issu? Nous trouuons toutesfois en chacune contree des haraz particuliers, esquels les cheuaux sont trop plus genereux, & appreciez que les autres. Entre les chiens il y a des races si recherchees, que ceux qui ayment la chasse sestiment n'auoir petit contentement, quand ils en peuuent recouurer. Autant s'en peut-il dire des oyseaux de proye, soient de poing, ou de leurre. Les ayres des vns sont plus annoblies, que les vulgaires: & y a és oyseaux qui en sortét certaine genereuse gracieuseté, de laquelle les hommes mesmes sont par quelque metaphore, ou translation appellez debonnaires, quand ils ont la gentillesse des oyseaux de bonnes ayres. Laissant les choses animees, pour venir aux inanimees, ie croy que personne ne sçauroit nier auec raison, que de la labrusque, & vigne sauuage sont sortis tous les plants de vignes que nous auons: & toutesfois les bons vignerons sçauent tres-bien la difference qui est entre lesdicts plants, & combien les vns sont plus excellens que les autres. Aussi sçauent-ils que combien que tous vins soient vins, & que la primitiue origine des vignes soit tout vne, si est-ce que le goust, saueur, & couleur des vins sont si differents, que ce seroit estre (ie ne diray Stoiques) mais stupides, de penser que les vns ne soient plus genereux que les autres.

Les estoilles differét entre elles en clarté. S. Paul.

Haraz de cheuaux plus genereux les vns que les autres. Chiés d'vne race meilleurs qu'autres. Oyseaux de bonne ayre.

Les plants de vigne different entr'eux. Vins meilleurs & plus genereux vns qu'autres.

Le chemin auquel ce propos nous a faict entrer, nous meneroit bien loing, si nous le voulions suyure. Car autant s'en pourroit dire de l'or, & de tous les metaux, qui façonnez selon le commun art, se trouuent neantmoins plus excellens en vn païs, qu'en autre. Et ce que particulierement se dit des metaux se peut dire des bleds, pierres, laines, fourrures &c. si generalement, que nous congnoissons en toutes choses, nature auoir prins plaisir d'elle-mesme, de plus douër ce qu'il luy a pleu de quelques grace, bonté, & valeur, qu'elle n'a esté liberale à l'endroit des autres especes, encores qu'elles soient soubs vn mesme genre. I'ay par exprez dit nature simplement, pour ce que ie ne suis ignorant, que l'art parfaict la nature: & pourtant

Entre especes de mesme gére les vnes excellent.

L'art parfaict la Nature.

L iij

que si ledict art y est adiousté, nous serons hors des termes dedans lesquels il nous faut arrester.

CE que dict est ne têd à autres fins, que pour manifester qu'il ne fut iamais, qu'il n'y ait eu entre les hommes des races de personnes si courtoises, qu'on ne peut refuser de les aymer, & d'vn port si gracieusement genereux, qu'il est force les auoir en reuerence. Ioinct que d'autant que faire ne se peut que bonne amour soit sans crainte (tesmoin Helene, qui en Homere dit à Priam qu'elle l'aymoit, & craignoit) il ne peut estre bonement qu'on ne craigne, & reuere ceux qu'on ayme. C'est vne chose naturellement ordinaire, que si vn enfant de race vrayement noble, se trouue entre d'autres enfans non qualifiez de Noblesse (& fust-il vestu de bureau) il paroistra tousiours (ainsi que Cyrus Persan, & Paris Troyé entre les bergiers) quelque chose plus que les autres de sa trouppe: & vn suruenant qui n'aura eu aucune congnoissance de tous ces enfans, iettera plustost vn regard fauorable sur tel enfant, que sur aucun des autres. Autant s'en peut-il dire des ieunes gens, qui constituez en l'aage qu'estoit l'Hercules de Prodicus, sont au chemin qui (comme la lettre de Pythagoras) se fourche, & depart en deux voyes, desquelles l'vne est aspre, & difficile, mais meine à la vertu, pour apres y reposer en eternel contentement: l'autre ayant son entree plaine de delices, conduisant à volupté, est suyuie de repentance, & perpetuel regret. Que si és enfans, & adolescens ces flammesches de bon naturel se font congnoistre, & si la bien-naissance se descouure en eux, il n'en faut moins penser des hommes, qui bien nays dés le commencement, bien nourris, & bien accoustumez, ont acquis vne habitude, rendant tesmoignage qu'ils sont issuz de bon lieu.

AVSSI seroit-ce faire tort à la condition des hommes, de penser que Dieu, & Nature ayent plus liberalement departy leurs graces, biens, & faueurs aux animaux sans raison, & aux choses inanimees, qu'ils n'ont faict à l'homme, pour lequel les escritures sainctes attestent toutes choses auoir esté creées: que Mercure Trismegiste nomme grand miracle, & que toutes Religions admirent, comme chef d'œuure de Dieu. Soit doncques reiettee ceste seditieuse parole, *Tout esgal*. Car combien que le sainct Esprit ait dit que Dieu n'a point acception des personnes, si n'a-il pas pourtant declaré qu'il ne veut qu'il y ait distinction d'icelles en ce monde: ains (au contraire) commendant aux seruiteurs d'obeyr à leurs maistres, & aux maistres de bien traicter leurs seruiteurs, il approuue manifestement ladicte distinction. Auec ce qu'à mesmes fins tend la similitude du potier, qui faict des pots employables à seruices honorables, & honestes, & d'autres applicables à choses indignes, & vilaines. Ie n'ignore pas ce pendant que telle comparaison est par plusieurs entenduë des esleuz, & des reprouuez: mais (sans faire preiudice à telle interpretation) il me semble que la formation du pot de terre a fort grande

[marginalia: Courtoisie des persónes les réd aymables. Gracieuse generosité merite qu'on l'hónore. Bonne amour n'est iamais sãs crainte. Cyrus. Paris. Hercules de Prodicus. Mercure Trismegiste. Tout esgal. De la similitude du potier de terre & ses pots.]

des Bourgongnons, & de leurs estats. 127

grande conformité auec noz corps, qui vrayement ne sont que terre. Et que l'homme qui a le corps bossu, contrefaict, & mõstrueux ne doit non plus estriuer auec Dieu, & demander pourquoy il l'a faict tel, que le pot auec le potier. A tant reuenons à la Noblesse, dont nous auons à parler.

LA vraye marque de Noblesse est humble, & debonnaire magnanimité. Ce que faict que i'estime beaucoup plus le conseil de Scipion l'African, disant: *Tant plus tu es grand, tant plus monstre toy humble, courtois, & gracieux:* q̃ ie ne fay la superbe deuise d'Odet de Foix sieur de Lautrech: qui taxé de faire trop le hautain & le braue, au lieu de se recongnoistre & s'en chastier, s'y obstina d'auantaige, prenant pour deuise vn fourneau à faire chaux, des ouuertures duquel sortoit v̄ne grande flamme, & du sommet grandissime fumee: L'ame de telle deuise estoit telle en langaige Italien: *Douè è gran fuoco, è gran fumo.* Il ne faut toutesfois iuger par l'apparence exterieure de la fierté, ou courtoisie des personnes. Car tel a le port si haut de soy-mesme, qu'on le iugeroit piaffer, combien que qui l'accostera, le vouldra employer, & requerir, le trouuera tant affable, humain, & officieux, qu'on ne pourroit d'auantaige. Au contraire, d'autres font bien les reuerends, & les doulcets, & neantmoins on n'en sçauroit tirer plaisir, sans l'acheter bien cherement.

AV RESTE, combien que le consentement de tous, porte generallement que Noblesse est fille de Vertu, si ne sont pourtant tous d'accord, de quelle vertu elle est extraicte. Chacũ en cest endroit fauorise son party. Entre les autres Cicerõ (par la virginité de l'espee duquel ce grãd gaudisseur Põpee estoit coustumier de iurer, Cicerõ mesme present) faict vn chapitre expres, en son premier liure des Offices, cuidãt par sõ eloquẽce faire croire aux lecteurs, que ce qui se traicte és Cõseils des villes, n'est de moindre pris, estimation, & louange, que les executions qui se font és bien grosses armees, par la sage, & vaillante conduicte des Generaux & Capitaines en chef. Mais qui ne sçait que ce qu'il en dit, ne tend qu'à illustrer son Consulat, & pour prescher luy-mesme ses reliques, au reffus de Luceïus, auquel il en auoit escrit bien affectueusement? Sans point de faute il sied mieux à Cicerõ (fier menasseur, & hardy comme lieure, si peu accoustumé de voir des hommes en armes, qu'entrant au Senat, pour orer pour Milon, & voyãt des gardes mises és entrees de la salle, il perdit toute asseurance, & ne sçeut qu'il deuoit dire) haut loüer les affaires de Conseil, qu'à Phormion parler de ce que concerne le faict des armes, & le deuoir d'vn grãd Capitaine, en la presence d'Annibal, qui auoit debattu tant d'annees de l'Empire auec les Romains, ausquels l'heur, & la bõne cõduite ont acquis seigneurie sur tous ceux qu'ils ont attaqué. Et certes quand Ciceron loüe les affaires Ciuils, il n'est pas vn brin oublieux de ce que nous auõs allegué de luy cy dessus: *Tantũ quisque laudat, quantum se consequi posse putat.* Quel fruict luy fust aduenu de loüer les

Scipion l'African.

Odet de Foix sieur de Lautrech.

Il ne faut iuger par l'apparẽce.

Noblesse fille de vertu.
Ciceron.
Pompee.

Lucejus.
Mauuaise asseurãce de Cicerõ.

Phormiõ.
Annibal.

L iiij

actes belliqueux, desquels il ne s'estoit oncques meslé que par maniere d'acquict, sinon (peut estre) quelquefois, pource que c'estoit à son rang: & que ce luy eust esté honte de faire la poulle mouillee, sans quelque honneste pretexte, & fauorable excuse: comme quand faisant bien de l'empesché à garder la ville, il laissa C. Antonius son Collegue aller combattre les coniurez, qu'il sçauoit resoluz, & determinez mourir, pour maintenir la coniuration de Catilina, & ses complices, contre l'estat, & le bien de la chose publique Romaine.

C. Antonius.

TOVTESFOIS pource que ce n'est à Cicero que nous auos à nous attaquer, ains simplement à son dire: & que ie pecherois lourdement contre ce que ie suis coustumier reprédre, n'y ayãt rien qui me desplaise tant, que quand laissé le point de question, on vient à s'esgarer sur ce que peut estre de deffault en la personne, cóme si celuy qui est curieux en la recherche des vices d'autruy, estoit pur, & exempt de reprehensió, & sans peché: ie poseray le cas, que les liures des Offices soient nouuellemét trouuez, & qu'on ne sçache qui en a esté l'autheur. Venós maintenant à cósiderer, si Solon a plus profité à Athenes que Themistocles; & si Lacedemone est plus tenue à Lycurgus, qu'à Pausanias, & Lysander. Nul ne peut nier que la louange de Solon, & de Lycurgus, ne soit grande par le discours de toutes histoires: mais le premier n'a faict que raddouber les loix de Dracon, & de trop sanglantes, les rendre plus humaines: l'autre inuenta vne façon de loix, que ny les Spartains ont gardé plusieurs siecles, ny (à leurs reffus) iamais peuples aucuns ont voulu receuoir: On les pourroit comparer aux loix, & Republique de Platon, qui sont tousiours demourees Ideales, iusques à ce que le bon homme Thomas Morus en a logé vne partie en son Vtopie, où seulement elles sont en obseruance. Mais (pour parler serieusement, & à propos) qui ne sçait, que si Themistocles n'eust & prudemment & vaillamment combatu les Persas au Goulphe Sarronide, prés de l'isle de Salamis, & si la victoire n'eust esté de son costé, que le barbare victorieux eust reduit non seulement Athenes, mais aussi toute la Grece, à si miserable estat, que ny des loix de Solon, ny des ordonnances de Lycurgus, il n'eust iamais esté memoire? Ciceron dit que Pompee le remercioit d'auoir sauué Rome des fureurs de la coniuration de Catilina: car si l'intentió des coniurez eust esté accomplie, il n'eust pas eu où triompher: mais si Pausanias n'eust deffaict Mardonius, gendre, & Lieutenant general de Xerxes, les Ephores Lacedemoniens n'eussent eu lieu, où ils eussent peu tenir le peuple en seurté cótre la puissance, & authorité des Roys. Et si Lysander n'eust vaincu Conon, general de l'armee des Atheniens, les loix de Solon eussent osté de la memoire des hommes les constitutions de Lycurgus, & les Areopagites fussent allez tenir leurs Grands iours au parquet des Ephores.

Erreur fort commun.

Solon. Themistocles. Lycurgus. Pausanias, & Lysander. Dracon. Lacedemoniens. Repub. de Platon. Thomas Morus. Vtopie. Ironie.

Victoire pres Salamis.

Mardoniꝰ Lieutenãt de Xerxes. Ephores. Lysander. Conon.

Areopagites.

LAISSONS

des Bourgongnons, & de leurs estats. 129

LAISSONS doncq' Ciceron luxurier en son Paradoxe, & disposons nous plustost à louër sa bien-disance, qu'à croire ce qu'il s'efforce nous persuader. Ou si nous voulons profonder ceste matiere, nous ne sçaurions en sortir auec plus-grād cōtentement, qu'en resoluant que les hōmes de lettres peuuēt estre dicts Nobles: mais le tiltre de Gentils-hōmes ne leur peut appartenir s'il ne leur vient de race. Et quant aux moyens de conioindre & vnir la gentillesse de sang auec la Noblesse ciuile & lettree: c'est vn nouueau secret, que les estats de Cológne sur le Rhin n'ont iamais peu entēdre, selon Munster liure 3. de sa Cosmographie. Au reste sans point de faute tous ceux qui se vouldront enquerir à quel but toutes nations (ou quasi) ont referé la source de Noblesse, ils trouueront que les armes, & la vaillance des hōmes, sont les seuls, & vniques moyēs, par lesquels ils furent premierement annoblis, & que par là leur posterité a esté mise au rang des Gentils-hommes, auec signal, & enseignes de leur illustricité. Que si Cesar est autheur digne d'estre creu, le mot de vertu simplement mis, sera prins pour vertu bellique. Ainsi doit estre entēduë son intention quand il dit: *Ac fuit antea tempus, quum Germanos Galli virtute superarēt, &c.* A ce propos sert que ce que l'on appelle entre les Roturiers marques, est nómé entre les Gētils-hōmes armes, par ce qu'ils les portoiēt en guerre peintes en leurs escuz. Ce que n'a esté ignoré par Lucain, quand il attribuë aux Lengrois ce que Virgile auoit dit des Arcadiens: ses mots sont: *& pictis Lingones armis*. Et n'est cecy hors de nostre principal propos: car combien que les vieils habitans du Bourg Ongne, se fussent agencé, & rengé soubs la protection des Heduois, si estoit leur Bourg au terroir, & dedans le Canton des Lengrois, comme encores la campaigne où il fut posé est au diœcese de Légres. Or passons outre. A Athenes les Nobles auoient priuilege de porter des cigalles d'or en leurs chappeaux. A Rome outre ce qu'ils portoiēt des croissens sur leurs souliers, encores estoient ils coustumiers orner les portaulx de leurs maisons des despouilles de leurs ennemis. Et l'opinion commune portoit, que tant plus vieilles estoient telles choses conquestees, tant plus la Noblesse du seigneur de la maisō estoit ancienne. Les Celtes, & Belges faisoient gloire d'auoir tué beaucoup d'ennemis: & comme nous mettōs aux portes de nos chasteaux, & maisons fortes des testes, & pattes d'ours, & de loups, des hures de sangliers, massacres, & ramures de cerfs, & de cheureux; ainsi ils pensoiēt leurs portails biē ornez, quand il y auoit gros nombre de testes d'ennemis. Celà leur tournoit à grand gloire, & estoit signal d'excelléte Noblesse. Les Egyptiēs, Scythes, Grecs, Perses, & Lydiens estimoient Nobles tous ceux qui faisoient profession des armes: & au contraire, reputoiēt ceux là sans Noblesse, qui exerçoiēt quelqu'vn de ces mestiers qui ont esté dits mechaniques. Auec ceux-cy les Thespienses mettoient en compte les laboureurs. Ce que nos François, & Bourgongnons ont aussi retenu fort estroictemēt. De façon que

Marques. Armes.

Le Bourg Ongne au territoire de Légres.

Nobles Atheniens. Nobles Romains.

Celtes, & Belges.

Noblesse entre diuers peuples. Thespienses. Noblesse entre François, & Bourgongnons.

si (auant le decés du Roy Loys xij) vn Gentilhomme se fust meslé de marchandise, tant en principal, que par associatiõ, party, & compaignie, ce luy eust esté chose reprochable, & n'eust esté en estime, que de Gentilhomme marcadant. Les guerres d'Italie (qui auoient cõmencé soubs le Roy Charles 8. du nom) donnerent congnoissance à beaucoup d'hõmes de Noble qualité, combien le trafficq pourroit augmēter les fruits ordinaires de leurs reuenuz. Dont aduint que quelques vns ont vendu de belles seigneuries, pour faire mieux profiter leurs deniers par les vsures des Banquiers: mais les bancqueroutes leur en ont laissé griefue, & longue repentance. Autres sans rien aliener, bailloient leurs deniers à certains marchans de bon esprit, & grande diligence, pour en tirer profit. Les aucuns prenoient des fermes, & soubz le bruit qu'ils faisoiēt courir, que c'estoit pour auoir des foings, des pailles, & aueines pour la nouriture de leurs cheuaux, en faisoiēt bien leurs besongnes. Les plus accorts ne prenoient pas telles fermes, & admodiations en leurs noms propres: mais faisoient obliger des païsans, & laboureurs leurs subiets, & voisins, & eux recueilloient les reuenuz. Ce qu'ayant esté declaré au Roy François premier du nom, il le trouua si mauuais, qu'il ordonna que tous hommes Nobles qui se mesleroient de fermes, & admodiations directement, ou indirectement, fussent imposez, & quotizez és tailles qui se feroient sur les habitans des lieux où estoient sis leurs domiciles.

ENTRE les François & Bourgongnons le signal visible, & exterieur de Noblesse, est le port de l'espee quant aux Gentils-hommes; & pour le regard des Dames, & Damoyselles, l'atour; qui (selon la difference des temps) leur a esté propre. Combien que par la negligence du magistrat plusieurs non Nobles ont prins droit de porter l'espee: & plusieurs femmes du tiers estat ont chargé l'atour des Damoyselles. Soit donques que (quand le publicq transfera toute souueraine puissance aux Roys, qu'ils choisirent pour commander en chefs d'Estat) les Nobles se reseruerent le port des armes (& notamment de l'espee) soit qu'iceux Roys (que l'escriture saincte atteste ne porter le glaiue sans cause) ont par communication de puissance donné pouuoir aux Gentils-hommes de porter l'espee, pour (soubz eux) vser de iustice, au soulagemēt des oppressez, & protection des bons: soit (que comme plusieurs parlent de leurs ancestres) les Bers & Barons fussent libres seigneurs en leurs terres, ainsi qu'encores sont les Princes de l'Empire, & autres, qui ont droit de battre monnoye, donner graces, & faire autres actes de presque souuerains, ne reseruans à l'Empereur, ou autre superieur, que les deuoirs de bouche, & de main: Si est ce que, comme petit à petit toutes choses se deprauent, & faicte la loy, il n'y a faute d'inuentions, pour luy faire fraude: comme (die) nul fer, ny acier (pour bien poliz qu'ils puissent estre) ne se peuuent exempter de la rouille: ainsi la Noblesse n'a peu se contenir en si grande integrité, qu'il n'y ayt eu (& parauenture trop) à redire, sur beaucoup de

Gentils-

des Bourgongnons, & de leurs estats. 131

Gentils-hommes. Et s'il en faut rechercher la cause iusques à sa source, on ne la peut mieux descouurir, qu'en, iugeant qu'en tels (Nobles, par la vertu de leurs predecesseurs, & vicieux d'eux mesmes) mancque le vray fondement de Noblesse, qui est Magnanimité: Aussi qu'ils ne se sont pas estudiez à sçauoir, que ceste grandeur de couraige, confessee vertu d'vn chacun, est exmpte d'imperfection, & (aussi bié que iustice sa sœur, auec laquelle elle est en communion de biens) contient en soy par concatenation, & liaison ordinaire, toutes vertuz. Au contraire, ils se sont licentiez de vouloir plus que le deuoir: Et indignes des marques d'honneur, acquises par leurs deuanciers, au pris de leur propre sang, se sont apoltronniz à la suitte de cruaulté, ambition, & auarice. La cruauté leur sert comme d'Harpye, au tresgrand interest, non des suiects seulement, mais aussi de tout le circonuoysinaige qui (autrement) se pourroit dire à son ayse. Les Poëtes ne parlent que d'vn Phineus tormété par les Harpyes, mais ceste cruauté fait qu'il s'en trouue infiniz, qui sans estre aueugles, ains à leur veu, congnoissent leurs maisons persecutees d'exactions intolerables, pilleries, & tous autres actes de volonté. L'ambition leur enfle tant le cueur, que si le Roy, qui (comme nous auons dit) est chef de l'estat, & Grand pardessus de la Noblesse, ne satisfaict (ainsi que s'il y estoit bien tenu) à ce qu'ils ont conceu en leurs pensees, pour leur auancement, & pour s'auantaiger par dessus ceux qu'ils se sont designez pour ennemis: incontinent ils se declareront mal contans, & se rendrót prests fauoriser le parti de quiconque voudra offenser celuy, auquel leur seule fantaisie les contrainct nyer le tres-humble seruice qu'ils luy doiuent: & duquel tout leur bien depend: de façon que sans encourir felonnie (laquelle prenant nature de crime de lese Majesté, importe perdition de corps, & de biens) ils ne s'en peuuent desvnir, & moins le s'aduouer pour leur souuerain. Et quant à l'auarice, depuis que les Empereurs, & Roys Chrestiens ont souffert que les estrangiers (par vne flatterie non iamais ouye, mesmemét en ce Royaume, & que les anciés François n'eussent pour rien voulu admettre) ayent commécé de les appeller Majestez (tiltre reserué à Dieu, & que le Diable n'a approprié aux Empereurs Payens, que pour les enfler de plus en plus de vaine gloire, & mieux les confirmer en la folle persuasion qu'ils auoient de deuenir Dieux apres leur mort) il leur a semblé que muniz de ce tiltre diuin, ils estoient quelque choses plus qu'hommes, & que toutes choses leur estát en ceste qualité permises, la vie, & les biens des suiects que Dieu leur a soubs-mis, pour les regir & conseruer, sont tellement en leurs pouuoir, que si leur espargne est espuisee, par leurs folles depéses, & prodigalitez, ils ont puissance d'en prédre où il y en aura. De mesnaige, & proportió de leur despése à leur reuenu, point de nouuelles. Telles Majestez humaines sont differétes de la diuine, en ce que la diuine dóne tout, & n'a faute de rié, & cestes cy prennent tout, & si elles dónét quelques choses auiourd'huy, elles en

Magnanimité.

Licences des Nobles degenerans.

Harpyes faux Nobles.

Cruauté.

Phineus.

Ambition.

Malcontés par fantaisie.

L'auarice.

Majestez humaines differentes de la diuine.

auront faute demain: Puis faudra trouuer nouuelle inuention pour en auoir. Ce que ie di plus par commiseration du desordre, que la malice du temps a amené en l'estat, que pour taxer ceux que tous droits veulēt estre inoffensibles. Car outre ce que ie me suis proposé, d'estre (iusques au dernier souspir de ma vie) loyal suiect, & treshumble seruiteur de mō Roy, ie puis dire de noz trois derniers Roys, fils du Roy Henry 2. ce que fut iadis dit d'vn grād personnage, & excellent Capitaine: c'estoiēt gentils, & braues Princes: mais leur regne est aduenu en fort mauuais temps & tres-fascheuses saisons.

Trois Rois fils de Hēry 2.

DEPVIS donques que les Roys ont permis estre appellez Majestez, seruiz à teste nuë, & à baise mains: non tant seulement les Princes, mais aussi les Gentils-hommes à simple semelle, les Nobles de bas alloy, les Dames mal damees, & Damoyselles de trois leçons, ont vouluz estre seruiz à la Royalle. Dont est aduenu que nous autres pauures gens d'Eglise auons apprins à dire, qu'on ne veid iamais tant de baise-mains, & si peu d'offrandes. Ie ne puis nyer que ie n'en parle d'affection, d'autant que i'estime tort estre faict à Dieu, auquel seul est deuë l'appellatiō de Majesté: d'autant aussi que ie crain aux Roys François, & à la France, comme aux Empereurs, & à l'Empire Romain, entre lesquels (dit Trebellius Pollio en la vie des Galiens) le nom de Majesté commenca à estre ouy apres la prison de l'Empereur Valerien, qui fut lors que l'Empire estoit desia bien fort en son declin. Que si les Empereurs payans se sont attribué le tiltre de Maiestez: il n'affiert aux Chrestiens de les imiter. Et si Iustinien l'a faict, celà montre le paganisme non encores du tout esteinct en luy.

Desordre és estats.

Force baise mains, peu d'offrandes.

Trebellius Pollio.

Or les Princes faisans piaffes de Roys: les Gentils-hommes voulans faires estat, & depense de Princes: les marchans contrefaisants les Gentils hommes: & les laboureurs se desguisants les vns en marchans, les autres en soldats: tout est si confondu, & la despense des vns & des autres est paruenue à debordemēt si excessif, que toutes loix, & mesures d'æquité y sont oultrepassees. Aussi sont les Princes, & grands Seigneurs si en arriere, par leurs superfluitez, & folles despēses, que s'ils ne iouët à remuer mesnaige, pour pescher en eau trouble: ou si le sang du Crucifix ne degoutte en leur plat, soit par ayde de leurs parés gēs d'Eglise, soit (par vne autre tresmauuaise inuention) qu'ils ayent des archiers suiects, & gardiateurs de benefices, leurs affaires se porteroiēt encores plus mal. Et pourroit estre que tel butin (ressemblant l'or de Tholose) est la vraye cause de leur malheur. Ou que le bien de l'Eglise en la main des hommes laiz, soit cōme la plume de l'aigle, qui deuore les autres qui sont meslees auec elle. Ces superfluitez ne se manifestent guerres, pour apres en auoir faute, qu'en noz Princes, & Seigneurs Frāçois: car quant aux estrangiers, ils tiennent pour maxime, que qui ne se sçait mesurer, ne sçauroit durer.

Desordre en tous estats.

Folles despenses.

Prouerbe. Leur mot est: *Chi non si misura, non dura.*

Des

des Bourgongnons, & de leurs estats.

Des degrez, & ordres de Noblesse. CHAP. XXII.

ENCORES que Noblesse soit vne qualité si substancielle, qu'elle n'est susceptible de plus, ny de moins : nóplus que son chef qui est le Roy. Car encores que quelques Rois ayent esté plus magistraulx, & plus grands terriers que les autres, si n'ont-ils pas esté plus Roys. Selon quoy si vn Gentil-hóme pouuoit estre plus Gentil-hóme qu'vn autre, il seroit necessaire que l'autre manquant de suffisance, ne le fust point du tout. Ce neantmoins il y a des ordres, & degrez, non en la Noblesse (laquelle pure, & simple ne reçoit accez, ny recez, cóme la mer, la fieure, &c.) mais en l'estat, qui (pour euiter confusion) a sa hierarchie, aussi bien que la nature des Anges, & leurs consorts les bien-heureux. Si est-ce que les accidens, & accessoires de Noblesse (comme les charges, biens, dignitez, & offices d'estat) donnent principale faueur. Pour ce le mis en auant de celuy qui s'estimant suffisamment qualifié de Noblesse, estoit coustumier se venter Chrestien comme le Pape, & Gentil-homme comme le Roy, ne me semble si bien pourpensé, & preueu, que i'en voulusse prendre la protection. Car combien que par la susceptió du baptesme, nous soyós tous vniformement initiez au Christianisme, & puissance nous soit donnee d'estre faicts fils de Dieu: si est ce que d'autát que la puissáce est vaine & oysiue, si elle n'est mise en effect : il semble que qui mieux croid, & mieux faict, soit aussi meilleur Chrestien: l'escriture saincte nous ayant permis iuger des personnes selon le fruict de leurs œuures. Et quant à ce qu'il se disoit Gentil-homme comme le Roy, qu'il garde que les reigles de grammaire ne se trouuent offensees de sa part: en tant que si comparaisons sont admissibles entre Nobles (ce que iamais homme bien aduisé ne confessera) elles se doiuent faire de pareil à pareil : & le Roy est en son royaume vnique de son espece, & terme transcendant toutes autres qualitez. Mais ayans ceste besongne en main parlons-en plus particulierement, & commençons au chef.

NOVS auons dit cy deuant, que le Roy est chef de l'estat: aussi faut-il estimer qu'il est chef de la Noblesse: & recognoistre que l'escriture saincte le declare le plus excellent, & enioinct de luy faire honneur. Ce qui est deduit en plusieurs discours precedens pourroit suffire, pour ce que concerne la dignité Royale en general: mais d'autant que maints personnages se trouuent en ceste opinion, que le deuoir des Roys consiste plus en la conduicte des armees, & occupations belliques, qu'à tenir leurs subiets en paix, leur rendre droit, les regir en toute equité, & administration de iustice: il m'a semblé necessaire leur remonstrer le cótraire.

TOVS amateurs de verité ont à sçauoir que Dieu n'a pas donné les Royaumes Chrestiens aux administrateurs d'iceux, aux mesmes fins, & intention, qu'il a fait les Royaumes Payens aux Roys infideles: d'autant

Noblesse ne reçoit plus, ny moins.

Propos indiscret.

Pouuoir, & office du Chrestien.

Cóparaison doit estre entre pareils.

Du Roy.

Institutió des Roys.

M

que ceux-cy ne sont que purement ministres de sa diuine iustice, & conseruez par luy, pour estre fleaux, & persecution des pechez des peuples. Mais (au cótraire) les Rois Chrestiés sont esleuez en dignité de par Dieu: à fin que distribuans iustice à vn chacun, ils soient quant & quant ministres de sa misericorde, pour le bien, & consolation des siens. Certainement comme le deuoir des Roys ne consiste pas du tout à estre terribles en menaces, superbes en commandemens, & braues en executions; aussi la bonté de Dieu leur enseigne la voye en laquelle ils doiuent cheminer, pour gouuerner, & administrer leurs Royaumes selon sa volóté. C'est celle loy de charité, que S. Iaques appelle amour Royalle: pour le respect de laquelle tous bons Princes doiuent auoir plus de desir d'acquerir le nom de bons peres, que de tyranniques administrateurs.

IL seroit (peut estre) bien requis, que traictant des affaires de Bourgongne, & entré en propos de l'estat Royal, ie feisse icy mentió du Roy des Bourgongnons, qui comme les Roys d'Egypte estoient d'vn nom commun à tous, nommez Ptolomees; ceux des Parthes Arsaces, & Arsa-
Hédinos. cides, les Empereurs Romains Cesars, &c: aussi estoit appellé Hédinos, selon que le tesmoigne Amm. Marcellin au xviij. liure de son histoire: mais (suyuant ce que i'ay desia dit du grand Pontife des mesmes Bour-
Sinistus. gongnons, duquel le nom estoit *Sinistus*) i'ayme mieux reseruer à en parler, quand au second liure de ceste histoire nous ramenerons les Bourgongnons de la Germanie, en leur ancien, & propre pais. Ce pendant ie poursuiray le fil que i'ay commencé.

Le soing des Roys est adoucy par l'honneur. LE propos de celuy qui disoit, que le soing, & trauail des Roys seroit insupportable, s'il n'estoit sucré de la douceur de l'honneur, me semble merueilleusement bien dit, & fondé en certissime verité : comme aussi faict la declaration d'vn Roy, qui estimé heureux pour cause de sa dignité, respondit que qui sçauroit la peine, & le soucy qu'il faut que les Roys ayët, s'il voyoit la couronne à ses pieds, il ne la daigneroit leuer de terre.

Apophthegme de Diocletié. A quoy conuient ce que Diocletien, non encores Empereur, auoit souuent en bouche, qu'il n'est rien si difficile, que de bien commander. La-
Ciceró du parfaict Orateur. quelle parole se trouue si veritable, que comme Ciceron dit bien quel doit estre l'orateur, & neantmoins nuls ne se trouuent tels: ainsi combié que infinies personnes ayent donné preceptes aux Roys, & aux autres Princes, & que chacun par vn desir commun souhaitte qu'ils soient tels, que le bié publicq, & vtilité des subiects le requirent: si est-ce que (sans
Dict du plaisant de Claudius Emp. m'arrester à ce q̃ le plaisát de Claudius estoit coustumier de dire, que les effigies de to⁹ les bós Princes peuuët estre graues, ou pourtraites dedás le chatõ d'vn anneau) il ne se trouuera Roy, ny Prince, dés la cõstitution
Nul Prince sans vice. du mõde, iusqu'à presẽt, duquel la vie bié recherchee, ne soit incrediblemẽt reprehẽsible. Choisir entre tous les plus estimez vertueux, & bons Rois, pour par eux verifier mon pretendu, ne seruiroit pas tát à la cõfutation de l'opiniõ de ceux qui pensent qu'il en y ait eu de bós, que pour
faire

des Bourgongnons, & de leurs estats.

faire la guerre aux morts, & descouurir leurs imperfections, ou reueler leur turpitude. Il vaut dõcques mieux referer leurs defauts, & insuffisances à la generale loy de nature, par laquelle comme par vne Adrastee necessité, tous hommes sont comprins en la malediction donnee contre le peché de noz premiers parens: & estimer (comme ie disois parlãt des gens d'Eglise) qu'il ne faut chercher en ce monde rien de si parfaict, qu'il ne manque aucunement de quelques parties, qu'on pourroit desirer en luy. Ce cõmun defaut prouenu des premiers hõmes, a decoulé de telle impetuosité sur toute leur posterité, que (horsmis IESVS CHRIST, prototype de toute perfectiõ, & la Vierge sa mere, que Dieu, par priuilege special a preseruée de toute tache, & macule, sans rien excepter, soit peché originel, mortel, & veniel, à fin d'estre pur vaisseau, preparé pour receuoir le sainct des saincts, qui n'est pas compatible auec choses immũdes, & souillees) nul ne s'en trouue exempt. Vray est que de plusieurs pleins de saincteté il se dit, que les aucuns ont esté appellez dés le ventre de leur mere, autres ont esté auec raison nommez Iustes: de façon que de ceux-cy les pechez sont nõmez couuerts, & non imputables. Mais qu'ils ayent esté absoluëmẽt sans peché, ou impeccables, personne (que ie sçache) ne l'a encores aresté. Pource nul ne pense trouuer des Rois, ou autres hommes (tandis qu'ils sont en ce monde) si accomplis, qu'il n'y ait tousiours de l'homme, c'est à dire de l'imperfectiõ. Et qui se voudra desuoyer de leur obeyssance, pour ce qu'ils sont pecheurs, ne cõmence premier sa reuolte, & rebellion, qu'il n'ait diligemment, & soigneusement examiné, iusques à sçauoir, si celuy qu'il aymeroit mieux pour son Roy, ou superieur, est, & sera de beaucoup de grains plus pesant en la balance de probité, equité, & bonne conduicte: s'il est plus homme de bien, moins vicieux, & pour à la longue trop mieux commander, ou s'accommoder, voire seruir, au bien publicq. Quoy faisant il ne faut s'arrester à l'apparence, aux promesses, ny à ce que (peut estre) se pourroit promptement presenter: ains (pour ce que toute mutation est perilleuse) souffrir plustost le commandement d'vn personnage, en qui il y aura quelques defauts, que par vn odieux, & mal asseuré remuëment de mesnage, en introduire vn, qui (tant s'en faut soit meilleur) qu'à la lõgue on l'esprouuera beaucoup pire. Il est facile remonstrer, & alleguer les loix de bien & sainctement verser en l'estat: mais la difficulté gist au faire. Dauid a eu ce tesmoignage de Dieu, qu'il l'auoit trouué selon son cœur. Toutesfois il ne luy a daigné cõmettre l'edification du temple: & ses pechez ont esté cause de la mort de tant de milliers d'hõmes, que le nõbre en est admirable. Salomon auoit eu de Dieu le don de sapience: a-il laissé de deschoir de la grace? a-il laissé d'abandonner Dieu, & suyure les Idoles? Brief, que les chercheurs de perfectiõ, facẽt grauer le nom d'vn Roy qu'ils pretẽdẽt parfait, & s'il ne s'y trouue du defaut, qu'ils me creuẽt les yeux du burin.

Au reste ie suis en ceste opiniõ, que les Princes royalemẽt nourris, ne

Les hõmes sõt subiets à peché.

Exẽpts de tout peché.

Pechez couuerts, & non imputables.

L'homme est pecheur.

Mutatiõs dangereuses.

Dauid.

Salomon.

peuuent estre qu'ils ne soient bons, ce que l'homme peut estre. Et que si leur naturel a esté enclin à quelques vices, moins dignes de leur condi-

Nourriture passe nature.

tion: l'education (qui est vne autre nature) les aura corrigé. Quel Prince pourroit-on nómer plus indigne du lieu qu'il a tenu, quel plus odieux,

Cinq premiers ans de Neron.

& quel de qui les actes soient plus en detestation, que Neron? Si trouuons nous, que ceux qui ont laissé memoires de luy, & de sa vie, tesmoignent, que les premiers cinq ans de son Empire furét tels, que si au bout d'iceux il fust mort, nul Prince luy eust peu estre parangonné en bonne

Traian.

administratió. Aussi disoit Traian qu'il n'y auoit Prince qui approchast du bon gouuernement de Neró, és cinq premieres annees de son regne. Il faut doncques inferer que les excez, vices, & malheurtez, par luy commis és derniers cinq ans de sa principauté, n'estoient pas de propre incli-

Licéce réd pires.

nation naturelle, mais que (iouxte le dire du Poete Comique) *Chasqu'vn est faict pire par trop grande licence.* Or pour sçauoir que c'est que diuertir les Princes de leur naturelle bonté, & droicturiere inclinatió, ie suis d'ad-

Flauius Vopiscus. Propos digne d'estre remarqué.

uis que nous l'apprenións de Flauius Vopiscus, qui en parle ainsi en general: *On demande par quel moyen les Princes sont faicts mauuais. En premier lieu la trop grande licence, & l'abondance des biens, en sont causes. Ioinct que ceux qu'ils choisissent pour amys, ne sont pas gens de bien: leurs gardes, & gensdarmes sont detestables, leurs domestiques excessiuement subiets à l'auarice: leurs Courtisans ou fols, ou abominables, & sur tout (ce que nyer ne se peut) qu'iceux Princes sont ignorants des affaires du publicq.* Puis il adiouste: *Ils seront quatre, ou cinq liguez, qui delibereront de tromper l'Empereur: & discourent de ce que se doit resouldre és affaires d'Estat. L'Empereur qui est enfermé chez luy, ne sçachant pas si on luy dit, ou non, la verité des faicts, est contrainct sçauoir tant seulemét ce qu'ils luy dient: faict Iuges ceux qui ne le deuroient estre, & esloigne de l'administration des affaires de la chose publique, ceux qu'il y deuroit retenir.* Voylà en peu de paroles, beaucoup de bonnes choses comprinses.

POVR ne trop estendre ce discours, contentons nous de dire auec

Cleméce, & liberalité vertuz Royalles.

tous bós autheurs, que les plus propres & peculieres vertus des Rois sont cleméce, & liberalité: & que la plus vraye louáge qu'ils pourroiét receuoir, est quand on les appelle peres du peuple, & sont estimez surpasser

Louange de bon Roy.

tous autres en sagesse, prudence, & vigilance. Que si ordinairement ils ne sont tels, il faut que les peuples ausquels ou les tyrans, ou les fait-neás

Des mauuais Rois.

commandent, congnoissent que Dieu est courroucé contr'eux: que le

Contre les rebelles & seditieux.

murmurer, faire des libelles diffamatoires, se reuolter, & prendre les armes, sót actes qui ne seruét nóplus, que quád la nourrice frappe sur quelque chose qui a fait mal à son enfant, à fin que luy se pensant estre bien

Contre les coniurez.

vengé, appaise son cris, & ses larmes. Et si ceux qui dressent des armees, qui font venir des estrangers, soubs couleur de deliurer le peuple d'oppressiós, & ramener les Rois à leurs deuoirs, auoiét quelque tát soit peu de prudence, & bon iugement, ils sçauroiét que faisans estat de soulager

le menu

des Bourgongnons, & de leurs estats. 137

le menu peuple, ils l'accablent, & ruinent du tout. La gendarmerie mise sus de leur part, ne peut tirer solde, ny nourriture, sinon aux fraiz, & despens des pauures gens, que desia on pretend reduicts à extreme misere. Les tailles, taillõs, & autres subsides ordinaires ne cessent point: les Roys assailliz sont contraincts inuenter nouueaux moyens de recouurer extraordinairement deniers, pour la iuste conseruation de ce que leur est acquis par droict successif, par hoirie, & est si legitimement leur, qu'ils n'y doiuent estre troublez, & moins depossedez. Ie laisse penser à tous bons iuges, & equitables estimateurs de ces affaires, si y proceder par telles voyes, n'est pas plustost tout gaster, &(comme disoiët les Romains, & specialement Catõ, se mocquant d'Albidius) faire proteruie, que secourir le peuple. Soit doncques tenu pour certain, que si les Roys sont tyrans, ou (au reste) vicieux, le premier prouient de la volonté de Dieu, auquel il plaist que telle tyrannie regne, pour la punitiõ de noz pechez: l'autre procede de l'imperfectiõ de l'homme, si depraué en general, qu'il n'y a Potentats, ny Estats exemptz de corruption, ny personne qui face ce qu'il doit. En quoy le crier, tempester, s'esmouuoir, & se rebeller, seruent de peu, ou de rien du tout: ains faut prier, que celuy en la main duquel sont les cueurs des Princes, & superieurs, les meuue, & reforme selon son sainct vouloir. Et (d'autant que luy seul y peut dõner l'ordre necessaire) lire à part nous en noz propres consciences, esquelles soudain nous congnoistrons, ce que trop hardiment nous reprenons en autruy: implorer l'ayde de ce bon Dieu, qui veut que les pecheurs se conuertissent & viuent: & par prieres, & abnegation de nous mesmes (que nous aymons, & flattons trop) esleuer noz esprits vers luy, pour impetrer (au nom de son benoist fils) que sõ courroux diuin appaisé, il daigne ietter sur nous, son regard paternel, auoir pitié de noz miseres, & nous rendre sa grace, sans laquelle nous n'aurons iamais tranquillité d'esprits, la paix Euangelique, ny les Roys, & autres superieurs tels que nous les desirõs. Ce dict des Roys, venõs maintenant aux Princes; lesquels ayants quelque connexité auec le chef, meritent d'auoir aussi le rang plus prochain du souuerain.

Les rebelles au lieu de secourir, accablent le peuple.

Faire Proteruie.

Dieu permet les tyrans.

Il n'y a qu'imperfection és hommes.

Le cueur du roy est en la main de Dieu.

Qui veut reformatiõ la doit cõmencer par soy-mesme.

Quand nous serõs bõs, nous aurons de bõs roys.

Du desaccord qui est en noº, sourdent discordes publiques.

Des Princes. CHAP. XXIII.

PRINCE entre les Latins, & en leur langaige, vaut autant à dire que premier, en laquelle significatiõ plusieurs bõs autheurs nomment & les Empereurs, & les Rois Princes. Ce que nous voyons aussi estre obserué, quand on parle du chef de l'estat, quelque part que ce soit, tant en la monarchie, comme en France; en l'Aristocratie, comme à Venise; qu'en la Democratie, comme entre les Suisses, &c. à Rome il n'y auoit

Des Princes.

M iij

point de Président au Senat, les Consuls absents : chacun seoit selon son ordre, ou de dignité Consulaire, ou de reception en Senateur : & s'appelloit le premier en seance Prince au Senat auquel il auoit presidé. Aussi y auoit-il des Princes de la ieunesse, côme au reste, beaucoup d'autres Princes, que ie mettrois peine de rechercher, si cela seruoit à mon propos.

{Prince du Senat.}
{Prince de la ieunesse.}

EN France nous n'auôs que trois sortes de Princes, à sçauoir Princes du sang : Princes estrangiers, & ceux qui sont Seigneurs d'vne place erigee en Principauté. *Les princes du sang* sont estimez, prisez, & honnorez par dessus tous les autres : & neantmoins il a esté vn temps, que quand leur consanguinité estoit desia par trop de degrez esloingnee de la Couronne, & qu'il la falloit tirer de si loing, que l'enumeratiô des intermediatz estoit trop prolixe, ou q̃ l'espace de plus d'vn Cétenaire d'ans preiudicioit à toute pretédue possession, on les effaçoit du roolle des Princes du sang. Ce que plusieurs Seigneurs de tel rang sçauent bien : & ie ne m'en tairois, si c'estoit chose qui feict à leur auantaige. *Les Princes estrangiers* sont de deux sortes. Car les vns ont leur origine, & source primitiue hors du Royaume, mais toutesfois estants natifz en France, ils ne laissêt d'estre nayz subiects du Roy, ny d'estre François naturels. Les autres ne sont nayz en France : mais ils y sont si bien entez, qu'ils y ont prins tres-fermes racines : ce que manifeste assez qu'ils sont receuz par plus fermes moyens que d'adoptation, & aduouëz François, est quand ils sont non seullement instituez seruiteurs de la Couronne, & illustrez de rang si honnorable que d'estre Pairs de France. Le tiers ordre de Princes (que sont ceux ausquels leurs Seigneuries donnent la qualité) ne sont de ce qualibre, si la grandeur de leur maison, & illustricité de sang ne leur donne particulier auantaige.

{Trois sortes de princes en Fráce.}
{Princes du sang.}

{Princes estrangiers.}

{Princes possesseurs de Principautez.}

ENTRE les Princes du sang les enfants du Roy (ie parle des masles) tiennent les premiers rangs, comme plus proches de succeder à la Couronne. De façon que tant plus vn Roy a de fils, d'autant de degrez sont les freres du Roy esloingnez de sa sucession. Le fils aisné du Roy est (par conuention faicte auec Humbert Dauphin les anciens ont escrit Dalphin de Viennois) nommé Dauphin. Mais si le Roy n'a point de fils, son legitime successeur, & plus prochain heritier, est nommé Monsieur, sans additiô. Vray est qu'en ceste deprauatiô de tout ce que l'antiquité auoit fort prudemment estably pour la distinction des ordres, & degrez de dignitez : depuis que les Roys ont souffert estre d'ordinaire appellez Majestez, aussi les designez Rois, & plus capables de succeder au Roy, aduenant qu'il meure, ont cômencé d'estre appellez, chacun pour son respect, Monseigneur. Tellemêt que ce mot, qui iadis ne côpetoit qu'aux Princes souuerains, n'ayás tiltres de Roys : & notáment aux Ducs qu'on disoit à hauts fleurôs, est par vne flaterie tiree des Italiês, & des Espagnols (& sans raison) fait cômû, voire aux plus simples Gêtils-hômes, & persônes côstituees en telle quelle dignité. Diray-ie (encores q̃ la cômune opinion

{Enfáts du Roy.}

{Dauphin fils aisné de France Môsieur.}

{Monseigneur.}
{Abus.}

des Bourgongnons, & de leurs estats. 139

nió soit au contraire) que i'ay apprins de mes anciés, que iadis le mot de Mósieur, estoit plus signalé, que celuy de Móseigneur? Et que ledit mot Monseigneur (chose dont ie pourrois faire apparoir par tiltres) estoit exprimé en latin par ces dictions *senior meus*? Ainsi parle de Charlemaigue le Sieur, qui donna le chasteau de S. Arbain à l'Eglise de Mascon. Anciennement les Princes du sang parlans au Roy l'appelloient Monsieur: mais à present il n'y a que ceux qui luy sont proches d'vn degré, ou de deux au plus: s'ils ne sont souuerains. Et combié que Charles Duc de Védosme, & Loys Cardinal de Bourbon appellassent le Roy François I. Monsieur, ils ne luy faisoient pas plaisir.

CE lieu pouroit requerir de parler des Officiers de la couróne: Mais ce que tant d'hommes ont trauaillé à escrire des Magistrats de Fráce, & que tel argument est si ample, qu'il y faudroit despendre beaucoup de temps: Ioinct que en ceste partie me trouueroıs fort esloingné de ce que tous ceux que i'ay leu en ont pésé, fera que ie m'en deporteray pour le present. Passant donques oultre: & ayant souuent leu és anciens liures François (desquels combien que les suiects soient fabuleux, la façon de parler est conforme à l'vsage d'alors) que les Roys de France ayans à deliberer de quelques grands, & importants affaires, assembloient leurs haults Barons: Il me semble necessaire de sçauoir quels estoiét ces haults Barons: & que au viel langaige François, Bourgongnon le mot de Baron signifioit.

Des officiers de la Couróne.

Des Barons.   CHAP. XXIIII.

LEs noms de Baron, & de Seigneur sont quasi de mesme signification: ce qu'il sen faut est que Baron a quelque chose de plus-grande marque, que Seigneur. De façon qu'on peut bié dire que tout Baron est Seigneur, mais nó que tout Seigneur soit Baró. M. Iean Bouteillier Conseillier du Roy au Parlemét de Paris, & compilateur du liure intitulé la Sóme rural, m'a apprins que Ber, & Baron sont sinonimes: dont ie collige, que les anciens, qui font souuent mention des haults Barons, auoient aussi en coustume de dire haults Bers: & que de là est procedee l'appellation des fiedz de haut Bers. Ceux qui plus modernemét ont imprimé ladite somme rural, ont (ne sçay pourquoy) obmis, ou negligé de l'imprimer entiere, & selon que l'autheur l'auoit premierement faict mettre en lumiere. Tout ce q̃ cócerne les differéces des seigneuries a esté rescindé, & pretermis. Aussi est il echeu, q̃ les mots ignorez, & mis hors de l'vsage cómun, quád il a esté besoin de les r'appeller, cóme d'exil on n'a sçeu les nómer par leur propre nom, & moins les escrire cóme il falloit. De là est aduenu aussi que par vraye, & pure ignorance, de deux mots on n'en ayt faict qu'vn, & que au lieu de dire fied de haut Ber, que signifie rele-

Des Barons.

M. Iean Bouteillier.

Hauts Bers.

Sóme rural retranchee.

Fied de haut Ber.

M iiij

uant immediatemēt du Roy, on ait dict fied de haulbert: comme si celle sorte d'armures dicte haulbert ou aubert, d'où procede le diminutif auberjon, auoit quelque importance en ceste part. Mais ce n'est de maintenant que les choses bonnes, sainctes, & vrayes trouuent des aduersaires; & les choses ineptes, & faulses des protecteurs. Car depuis que la verité de quoy que ce soit est perdue, chacun se donne loy de diuiner, & dire ce que luy semble plus approchāt d'icelles. Et neātmoins telles coniectures ne peuuēt induire tant de necessité, que force nous soit les croire: ains (d'autant que celuy peche moins, qui faut par l'erreur de sa guide) ceux qui veulent estre creuz de ce que concerne l'antiquité, ne peuuent moins que d'alleguer leurs autheurs: ce que ne sçauroient faire ceux qui (ne sçachants que c'est de Ber, & par consequent de fied de hautBer) ont vsé d'autres termes, qui leurs estoient plus familiers, & mieux congnuz, quand il ont dit fied de haulbert. Laquelle forme de parler ne fut iamais receuë, ny ne se trouuera auoir esté escritte auant nostre siecle, comme aussi n'est il pas croyable qu'on en ayt deu vser.

Erreur aux termes de fied de haut Ber.

Qui pro quo.

POVR monstrer que ie ne parle sans raison, & d'autant que ces matieres ne se peuuent sçauoir des estrāgiers, ie suis contraint employer icy les viels liures Frāçois: & dire, que lise qui voudra tous les liures qui ont esté escripts des Cheualiers de la grand Bretaigne, tous ceux qui sont imprimez des Palladins de France, & les renouuellez soubz le nom des personnes feinctes d'Amadis, Palmerin &c: qu'on ne s'areste aux discours (lesquels on ne peut nyer estre fabuleux, & faicts à plaisir, aussi bié que l'histoire Ethiopique d'Heliodore, & si ie l'osois dire, la pluspart des histoires Greques, & Latines) mais que la façō de parler soit pesee, & cōsideree: on n'y trouuera que deux sortes d'hommes qui feislent profession des armes, sçauoir est Cheualiers, & Escuyers. Encores les Ecuyers n'estoiēt que comme ceux qu'és tornois, & ioustes on appelle Cōstilliers: & (par maniere de dire) comme Paiges, qui apprenoient à bien faire à la suytte des Cheualiers. Mais tout ainsi que les Cheualiers n'estoient pas tous de si grand' maison, qu'il conuint estimer leur fied estre de hault Ber, pource qu'ils auoient priuileige de porter le haulbert; aussi ne faut-il croyre que les Escuyers, qui ne s'armoient communement que de brigandines (qui estoient chemises, ou cottes de mailles) ne fussent de bonnes & hautes maisons.

Deux sortes d'hommes traictoient les armes.
Cheualiers.
Escuyers.

CE QVE ie me suis arresté sur ce poinct, n'a esté à autre fin, que pour esclaircir, & manifester comme se doit entendre le fied de hault Ber, & que c'a esté par finesse ou par faute de l'entēdre, qu'en quelques edicts publiez par la France, on a imprimé fied de haulbert. Ie n'ignore pas (ce pendant) que du temps des vieilles ordonnances, la redebuance des fieds, & riere fieds n'estoit pas vniforme: ains que quand le Roy faisoit ses mandemens à ses haults Barons, de l'aller accompaigner, & seruir en ses guerres, ceux-cy mandoient aussi leurs arriere fieds: & estoit chacun

Des arrierebans anciens.

tenu

des Bourgongnons, & de leurs estats.

tenu se rendre soubz la bāniere de son Baron, & Seigneur, auec l'equippaige requis, selon le deuoir, & qualité de ce qu'il tenoit de luy. Lors les vns se trouuoient armez de haulbert, qui est-ce que nous disons de present en equippage d'hōme d'armes. Mais ceste fuzee est tāt emmeslee, & (cōme disent noz Bourgongnōs) tāt escharbottee, par les nouuelles ordonnances, destructiues des anciennes, que les meilleurs ceruueaux ne la sçauroient demesler, ny deuuider à contentement.

LAISSANT doncques ce propos (qui ne se peut si biē ny resolutiuement sçauoir par les liures soit des legistes, soit d'autres, que de la practique exercee par les Seigneurs qui soubz eux ont beaucoup de vassaulx) i'ay apprins de bonne part, que la Cour de Parlement de Paris n'a pas autresfois eu honte de prendre l'aduis du Baron de Mommorancy, & du Baron de Chasteau-roux, sur le faict d'vn different meu entre le Sieur du fied, & le Vassal: & ce d'autant que les Romains ne practiquoiēt la matiere des fieds, ainsi que de presēt elle est en vsaige, & qu'il a esté premieremēt necessaire se seruir pour ce regard, des loix des Lombards: lesquelles neantmoins n'ont que certaine telle quelle conformité auec les loix des fieds des François, & Bourgongnons: selon que la practique, & anciénes obseruances nous le descouurēt mieux, que tous les liures qui en sont escrits. Pource est il fort à regretter, que quelqu'vn de ces grands Seigneurs qui ont tant de fieds soubz eux, n'ont eu ceste bonne volōté enuers le publicq', de nous laisser instructiōs aussi bonnes & suffisantes, qu'vne diligente reueuë de leurs anciens tiltres, & soingneux examē des vieils roolles des rierebans de leurs ancestres, leur en eust dōné le moyē. Mais ces temps là estoient fort steriles de Gētils-hommes qui meissent volontiers la main à la plume. Et tenoient les anciens François pour reigle & maxime, qu'il n'estoit possible qu'vn mesme homme Noble fust tout ensemble bon homme d'armes, sçauāt homme, & bon mesnager. Passons doncques outre.

Les hōmes de lettres ne peuuēt si pertinēment parler de la nature des fieds, que les Seigneurs ausquels ils sont deuz. Barons de Mommorācy, & de Chasteauroux.

Loix des Lōbards.

Maximē ancienne.

IE trouue par bons memoires, que soubz le nom des Barons, quand il est dit que le Roy mandoit ses haults Barons, sont comprins Ducz, Marquis, Contes, & tous autres Seigneurs de son bā, c'est à dire qui immediatement releuent du Roy en qualité de souuerain. La pluspar des hauts Bers, ou Barons moindres que les Contes, estoient aussi appellez Sires: & ne recognoissoient autre Iuge que le Roy, par deuant lequel, & non autre, ils pouuoient seulement estre appellez. Qu'ainsi soit Iosseraud Sire de Brancion fut deferé au Roy Loys le ieune comme oppresseur de l'Eglise Cathedrale de Chalon: sur les terres de laquelle, notamment sur la Rochette, & Boyer, il vsoit d'entreprinses, & actes de volōté. Le Roy commit Pierre Euesque de Chalon Iuge de tels differents. Mais quand vint à agir cōtre ledit Sire de Branciō, il ne voulut subir iugemēt par deuant ledit Cōmissaire. Dōt l'Euesque se plaignāt au Roy, dit ainsi. *Iosserandus nec obsides, quos promiserat dare, nec iudicium subire, nisi secundum*

Importance du mot Baron.

Sires.

consuetudinem suam, & antecessorum suorum voluit. Voilà cóme il alleguoit son droiĉt, & celuy de ses predecesseurs, libres Seigneurs de Brancion.

<small>M. Iean de Ioinuille.</small>
A ce propos Messire Iehá de Ioinuille, Seneschal hereditaire de Champaigne, qui a escrit les faicts, & gestes du Roy S. Loys, dit souuent qu'i-

<small>S. Loys vuidoit les procez & differens des Nobles.</small>
celuy Roy vuidoit les procez & differents meuz entre les Nobles. Pour le regard des vassaux des Barons, iceux Barons appoinctoient leurs difficultez par conseil. Et pour leurs suiects routturiers, ils auoiét leur Iuge

<small>Distinĉtió de iurisdiĉtion.</small>
ordinaire, comme hauts Iusticiers, & leurs Bailliz comme Barons. Les procés ne passoiét que par ces deux degrez de iurisdictió. Ou s'il y auoit

<small>Ordre de iurisdiction ancienne.</small>
quelques opiniastres plaideurs, qui ne se contentassent d'auoir esté códánez par le Bailly du Seigneur Baron: tel appel s'en alloit de plain à la Cour souueraine, sans que les Bailliz Royaux en eussent aucune congnoissance. Au semblable les hommes des vassaux des Barons estoient iugez par les Iuges ordinaires d'iceux vassaux, mais les appellations alloient par deuant le Bailly du Baron, & non pardeuant le Bailly

<small>Bailliz Royaux.</small>
Royal. Tellemét que cóme les suiets du Roy en ses Preuostez, & Chastellenies n'ont que les susdits deux degrez de iurisdiction, és premieres instances: & le troisiesme, qui est le Parlement, est commun en qualité de Cour souueraine, à tous ceux qui en sont du ressort: ainsi en vsoient les hommes, & iusticiables desdits Bers, Sires, & Barons: és terres, &

<small>Sergent Royal.</small>
iustices desquels vn sergent Royal n'eust osé faire aucun exploict, à peine d'estre constitué prisonnier, declairé auoir mesprins, & condamné en l'amende arbitraire, sans demáder permission au Seigneur, ou à ses Officiers, & requerir assistáce: Ainsi qu'il s'obserue entre les Bailliz Royaux.

<small>Cas Royaux.
Cas priuilegiez.
Bailliz Royaux.</small>
DEPVIS les cas Royaux, & subsecutiuement les cas priuilegiez, ont esté si bien estéduz, que les Bailliz du Roy (lesquels horsmis la cógnoissance d'aucuns desdits cas Royaux n'estoient rien plus en leur iurisdiction, que les Bailliz des Barós és leurs) ont tellemét faict que (outre les deux premiers degrez de iurisdiction des Barons) ils ont introduit vn troisiesme. Et combien qu'il soit dit dés long-temps que *par in parem non habet imperium*, (car la qualité de Roy, ny de souuerain n'estoit en ceste part respectable: ains reseruee pour iuger souuerainemét & en dernier ressort en fin de cause) se sont meslé de cógnoistre si les sentences appellatoires rendues par les Bailliz des Barons, ont esté bien, ou mal renduës. Qu'est autát q si vn Parlemét vouloit entreprédre iurisdictió sur l'autre.

<small>Ancienne obseruáce en France.</small>
AVANT que les Princes des maisons d'Orleans, & apres eux ceux d'Angoulesme fussent paruenuz à la couronne de France (à faute de plus prochains hoirs masles) les fiefs Nobles ne pouuoient estre tenuz, ny possedez, sinon par hommes bien qualifiez de Noblesse, ou (du moins)

<small>Maignien contraint se departir de l'acquest d'Vxelles.</small>
viuans noblement. Tellement qu'vn maistre en la chambre des Comptes de Dijon, nommé N. Maignien auoit bié acquis la seigneurie d'Vxelles, en Chalonnois: mais d'autant qu'il n'estoit capable, ny de la qualité requise pour tenir fied Noble, il n'en peut auoir l'inuestiture: ains fut

des Bourgongnons, & de leurs estats. 143

fut contrainct emprunter le nom de Claude de Sercy, dit de Villars escuyer Seigneur dudict Sercy pres S. Gengoulx, son beaufrere, auquel depuis ledit Vxelles demeura pour luy, & pour les siens. Vn des Laurencins de Lyon acquist la Baronnie de Riuerie (laquelle est encores à ceux de sa maison) on ne sçauroit sçauoir les trauerses que luy donneret les Gentils-hommes vassaulx d'icelle Baronnie. Ils refusoient de s'agenoüiller deuant vn homme de moindre qualité qu'eux: de desceindre l'espee: & en mettant leurs deux mains ioinctes entre les siennes, captiuer tout leur pouuoir soubs son obeïssance, & luy promettre tout humble seruice, enuers tous, & contre tous, horsmis le Prince souuerain.

AVSSI au parauant ledit temps, vn Gentil-homme, quelque vassal qu'il fust, n'eust pour rien faict le debuoir de fied à vne femme. Maintenant l'intention de la loy est biffee: & pour y contreuenir, a esté (quant au premier chef) aux gens des villes priuilege de pouuoir tenir fiedz Nobles: & pour le regard du secod poinct, a esté inuété que les fiedz seront reduictz à la forme, & maniere des autres biens patrimoniaux. Si se trouuera-il certain, que comme l'Eglise a receu vne fort mauuaise strette, depuis que la vieille ordonnance *Regularia regularibus, & secularia secularibus*, a esté cassee, & abolie: ainsi depuis que les Roturiers ont commencé à acquerir fieds Nobles, les affaires de la Republique Françoise s'en sont trouuez grandement interessez.

Claude de Sercy.
Laurencin Baron de Riuerie.

De faire deuoir de fied aux femmes.

Les fieds reduits à la forme de patrimoine.

Des Herauds & de leur droict.   CHAP. XXV.

LEs vieils estats de France auoient iadis craint ce desordre, & pensoient y auoir bien pourueu, par l'introductio des Roys d'armes, & college des Herauds. Non que ie vuille attribuer l'inuentio de ces Herauds à noz anciens Gaulois, ou François: laquelle ceux qui l'ont curieusemét recherchée, donnét à Bacchus, apres sa victoire des Indes. Mais il se trouue escrit que Charlemaigne faict Empereur, ayant leu (car il estoit homme de bonnes lettres) quel honneur le prenommé Bacchus, Alexandre le grand, & Auguste Cesar (trois des plus victorieux, & grands dominateurs dont les histoires facent mention) auoient faict de leurs temps à leurs vieils soldats, & compaignons de conquestes: il voulut pareillement recongnoistre ses anciens gensdarmes, & leur estre aussi liberal departisseur de faueurs, que ces trois monarques, & signalez Capitaines auoient esté à l'endroict des leurs. A ces causes il les dispensa du seruice ordinaire qu'ils luy deuoiét en ses guerres, & de plus porter les harnois. Au lieu de leurs corceletz ordinaires il leur feit faire des Cottes d'armes, selo la diuersité des royaumes, & principales Duchez de so obeïssance. Encores qu'entr'eux il y eust quelqs Rois d'armes, si fut toute ceste copaignie, & chacu d'eux nomez Heraulds. Les curieux d'Etymologies,

Les Herauds.

Bacchus instituteur des Herauds.
Charlemagne.
Alexadre.
Auguste Cesar.
Institutio des Herauds en France.
Cottes d'armes.
Rois d'armes.

De l'antiquité & origine

Refueufe Etymologie. ont licentieufemét penfé que le mot de Heraud ayt fa fource, & deriuation de la diction *Heros*, laquelle entre les Poëtes fignifie demidieu, & felon la verité hiftoriale, vn perfonnage fi excellent, qu'il excede en Nobleffe, proüeffe, & valeur les autres hommes. La confufion de laquelle ie vien de parler, quand i'ay dit que tous font nommez Herauds eft moderne, ou du moins pofterieure au temps de Charlemaigne. Car luy regnát, & commandant à plufieurs Royaumes, il auoit auffi plufieurs perfonnages qui en portoient les tiltres, & ceux là proprement eftoient Roys d'armes : les autres du mefme College nommez Herauds. Depuis toutesfois que l'heritage de ce grád Empereut Charlemaigne fut diuifé puis fubdiuifé par plufieurs fois, noz Roys n'ont pas eu diuers Royaumes pour tituler leurs Roys d'armes : & pource fut il force que les tiltres des Duchez à hauts fleurôs, voire des Contez qui ont autresfois eu fouuerainement des Princes particuliers, ayét efté donnez aux plus fignalez Herauds. Eft icy à noter qu'il n'y eut iamais Heraud qui ayt eu le tiltre de France, & qu'au lieu de ce, Mont-ioye fut introduit. C'eftoit le cry duquel Charlemaigne vfoit és batailles, tant pour donner cueur, & rallier fes gens, que pour inuoquer l'aide de Dieu, par l'interceffion de S. Denis. A traict de temps les affaires de France ont efté tant embarraffez (par les guerres, que les Roys ont efté contraints fouftenir) qu'ils ont efté ramenez au petit pied : de façon que (les chofes plus importátes intermifes, negligees, & delaiffees du tout) l'obferuance ancié̂e de ne cómettre en l'eftat de Roys d'armes, & Herauds finon perfonnes bié qualifiees de Nobleffe, d'aage, & de fuffifances, fi experimétez, qu'il n'y peuft auoir faute au deuoir des charges qui leur eftoiét cómifes, feft perduë.

Solution notable.

Mót-ioye. L'inftitution des Heraulds abaftardie, & leur function prefque oubliee.

Office des Heraulds. *Pater Patratus. Feciales.*

L'OFFICE des Herauds confiftoit en ce à quoy & le *Pater Patratus*, & ceux de fa compagnie, nommez *Feciales* entre les Romains, eftoiét tenuz : qui eftoit denoncer la guerre aux ennemis, affifter au traictement de la paix, & tant en l'vne, qu'en l'autre action, vfer des cerimonies pource ordonnees. Dauantage, portion de la charge des Cenfeurs Romains, eftoit auffi attribuee aux Roys d'armes, & Herauds : & comme ceux là auoiét vn fingulier foing que les trois ordres des Senateurs, des hommes de guerre, & des Plebeïens, fuffent conferuez en la diftinction portee par les roolles publiques, fans qu'aucú peuft entreprendre de priuee volonté, & fans auctorité du magiftrat, d'enjamber oultre fon rang & ordre : ainfi c'eftoit l'vne des principales obligations des Roys d'armes, & Herauds, de fçauoir tous les noms, qualitez, & prerogatiues des Barons, Seigneurs, & tous autres Gentils-hommes, qui demouroiét dedás le païs duquel vn Heraud portoit le tiltre, & en faire regiftre : cóme auffi de leurs armoiries, blafós d'icelles, & cris defdits Nobles, à fin d'empefcher que nul ne chágeaft de nom, de cry, ny d'armes : ainfi que depuis que cefte pratique a ceffé, nous auons leu, veu, & fçeu aduenir fi frequétement, que l'on ne peut bónemét en telle confufion difcerner les races

Cenfeurs Romains.

Nom, cry, & armes. Vfurpatió de nom, & d'armes d'autruy.

des Bourgongnons, & de leurs estats.

ny presentement bien iuger qui sont ceux ausquels il appartient de bon droict de porter les noms, & armes des plus illustres maisons de France, & de Bourgongne. Qui est vne faute irreparable en l'estat. Car ceux qui sont ainsi entrez au rág des Nobles, n'aurót iamais la generosité, & naturelle affection enuers leur patrie, & leur Prince, qu'auoient ceux desquels ils ont prins, & le nom, & les armes, par achapt des seigneuries, ou autrement comme que ce soit. Que si pour raison des bonnes alliances, que leurs ayeulx, & peres ont esté soingneux pratiquer par mariages auec femmes illustres, il se trouue que quelques personnaiges bien nourris viennent à paroistre, & estre ce qu'ils desirét, qui est bien estimez, il se trouuera au lieu d'vn passablement mettable, tant de toüasses, & butons en la mesme race, qu'il est aysé à congnoistre, qu'ils ne furent iamais esclos de bon œuf, & moins extraictz de bonne aire.

Changement de nom & d'armes. Toit faict aux anciénes familles. S'il eust esté aussi hóneste nómer les personnes qu'il est licite les taire, ce propos eust esté plus long.

REVENANT aux Bers, Sires & Barós: ceux qui ont bien visité leurs Pancartes, & vieils tiltres, sçauét bien que iadis (outre les droits que M. Iean Bouteillier en sa somme rural declare leur appartenir) ils seelloiét comme libres Seigneurs, tels que sont les Princes, & autres principaux vassaux de l'Empire. De ma part i'ay veu plusieurs seaulx de diuers Sires, & Barons, esquels est graué vn hóme armé embrassant son escu armoyé de ses armes, & mónté sur vn cheual capparassonné, ou bardé: le tout representant vn Cheualier qui va furieusement au combat.

Sce's de libres Seigneurs.

COMME aux seulz Princes & compaignons de Princes il appartenoit de s'intituler tres-hautz, & tref-puissants seigneurs: aussi n'estoit-il permis qu'aux Sires, Bers, & Barons de se qualifier hautz, & puissants seigneurs. Tellement que si (selon que toutes licences sont auiourd'huy en cours) quelques oultrecuidez se sont voulu attribuer tels tiltres, comme l'Asne Cumain feit la peau du Lyon: telle peau mise de part, ils serót trouuez vrais asnes. Les auant specifiees marques de superiorité ne recognoissant pour seigneur que le Prince souuerain: & les deux degrez de iurisdiction, desquels les appellations alloient sans moyen à la Cour de Parlemét, au ressort de laquelle ils sont, (comme n'agueres nous disiós) estoient singuliers ornements pour les Sires, & Barons: qui aussi menoient és guerres leurs vassaux tant Cheualiers, qu'Escuyers soubz vne banniere à penós, armoyee de leurs armes, ou simples, ou timbrees, & semees de leur cry, ou deuise.

Qualité de tres-haut, & tres-puissant. Haut, & puissant Seigneur. Contre les vsurpateurs de titres non meritez. Marques de hauts Seigneurs. Banniere des Bers, & Barons.

Des Bannerets. CHAA. XXVI.

Bannerets.

APRES les Sires, & Barons, tiennent rang en la Noblesse les Bannerets: desquels & le nom, & la function se commencét fort à oublier, depuis que les vieilles ordonnáces des bás, & arriere-bás ont esté desuoyes de leur premiere institution. Comme les Barons allás seruir les Roys en leurs guerres, menoient leurs vassaux, que Cesar nomme *Ambactos*, & sur ce dit que c'estoit marque de grand' Noblesse, quand ils estoiét suiuiz, & accompaignez de beaucoup d'hommes obligez leur faire seruice: ainsi le Banneret auoit sa trouppe, qu'il conduisoit soubz vne banniere differente d'auec celle des Barons, en ce qu'elle estoit quarree, & non à penons, & queües. Aussi estoit ce chose soingneusement obseruee, que nuls, fors les Bers, Sires, & Barós, ne deussent mettre sur les tours, & portaulx de leurs chasteaux, & places fortes, bannieres (aucuns disent bandieres) banderoles, on penons: ains seulement des penonceaux, qui sont girouëttes quarrees. Ce que ne se doit trouuer estrange, non plus que la façon tant curieusement iadis gardee, que si en vn mesme villaige, ou finaige il y auoit deux Chasteaux; le plus seignorial estoit nommé, & escrit Chasteau, & l'autre Chastel, pour montrer en ces termes François autant de differéce, qu'il y en a en Latin entré *Castrum, & Castellum*. Mais que sert il de rememorer ces choses iadis exactemét obseruees, veu que de present elles sont non seulement negligees, mais aussi mises hors d'vsage, & du tout delaissees? comme sont aussi beaucoup de choses plus importantes, pource qu'elles ne tendoient qu'à l'honneur: celles qui tendent au profit plus soingneusement retenues, & gardees.

Ambacti.

Banniere du Banneret.

Difference du penon, & du penonceau.

Chasteau, & Chastel.

Diuerses opiniós sur le Báneret.

IE ne veux omettre, que l'opinion de plusieurs a porté, que les Bannerets estoient ceux qui auoient eu en leur partaige, & droict successif, quelques membres, ou portion de Baronnie, pour en iouyr (le tiltre de Baron excepté) en mesmes prerogatiues que le Baron. Autres ont estimé Banneret celuy qui en l'arriere-ban du Baron auoit droict de porter sa banniere. Autres tiennent que (comme ie disois tantost) le Baró portoit en guerre sa banniere à penons: & le Banneret la sienne quarree. Et quand les vieilles façons ont esté corrompues, pour dresser les Bans & riere-bans, ainsi que nous les voyons, par les modernes ordónances: l'enseigne a retenu la forme de celles des anciens Barons: & la Cornette celle des Bannerets. Ces antiquitez sont si fort enueloppees d'obscuritez, que se trouuant peu d'hommes qui en ayent escrit (& ne sçay si quelques-vns) ie suis contrainct confesserne sçauoir à la verité, comme ie pourrois bien, & au contentement des lecteurs, en parler plus amplement. Pource prie ie ceux qui ont moyen de mieux sçauoir, & expliquer ceste matiere, & puissance de veoir les plus vielz registres, & roolles des bans, & arriere-bans de France, vouloir

contribuer

des Bourgongnons, & de leurs estats. 147

contribuer quelques bonnes heures, pour l'esclaircissement de ces choses, non tãt antiques, que negligees, & (cõme disent les Latins) antiques. Ce pendant ie viendray à parler des Cheualiers d'armes.

De Cheualerie.   CHAP. XXVII.

'ORDRE de Cheualerie est de si haute antiquité, que les commencemés en sont incertains. Et si quelques vns ont voulu faire paroistre la dexterité de leur esprit, en chose si obscure, il se trouuera plustost qu'ils se sont licentiez d'en dire ce qu'il leur a pleu, que ce qu'estoit bien asseuré, & bien certain. Quoy qu'en soit toutesfois, nul ne sçauroit nyer, que ce ne fust en tout temps vn excellent signal de vertu, que d'estre Cheualier: selon que la lecture des histoires, en quelque langue que ce soit, le faict assez entẽdre. Quãt à la ceremonie qu'on souloit obseruer, lors qu'vn Escuyer estoit fait Cheualier, il est tout notoire par infiniz liures Frãçois, que l'escuyer deuoit estre nay de parens bien qualifiez de noblesse, & exẽpts de toute reprehẽsion. Tant plus celuy qui conferoit l'ordre de Cheualerie, estoit en reputation de pouuoir, & valoir, tant plus esperoit-on, que de ses prouësses & vaillances le nouueau Cheualier seroit rendu participant. Nul ne donnoit l'accollee, si luy-mesme ne l'auoit au parauant receu. Entre toutes les natiõs, riere lesquelles l'ordre de Cheualerie a esté en plus grand pris, il ne se lit qu'aucunes l'ayent plus exalté, que les François, & les Anglois: selon que la renommee des Palladins de France, & des Cheualiers de la grand' Bretaigne le faict suffisãmẽt entẽdre. Desquels si ores les liures sont fabuleux, & faicts à plaisir, si ne sont ils du tout desgarniz de verité. Et quant au but auquel les autheurs tendoient, il estoit cõforme à celuy de Virgile, qui en vn seul Æneas a voulu loger toutes les suffisances qu'Homere diuise en deux, quand il attribue la vaillance, & prouësse à Achilles, & la sagesse à Vlysses. Noz vieilz François qui se sont ainsi meslé d'escrire, ont prins pour subiet tel personnage qu'il leur a pleu, pour inuiter vn chacũ à estre vaillant, saige, courtois, & homme de bien.

LES Roys qui ne se sont contentez d'estre nais Cheualiers, ains ont voulu par l'accollee estre faits Cheualiers d'armes, ont eu en coustume de choisir entre les leurs, quelques bien vaillants Cheualiers pour receuoir d'eux ledit ordre. Ainsi le Roy François premier du nom esleut le bon & vaillant Cheualier messire Pierre Terrel sieur de Bayard en Daulphiné: & Hẽry 2. le sieur Mareschal du Bief &c. La coustume estoit entre les anciens, que celuy qui se preparoit à l'ordre de Cheualerie, ieusnoit la vigile, faisoit en oraisons la veille toute la nuict, se confessoit le matin, oyoit deuotement la Messe, & receuoit l'Eucharistie:

Cheualiers d'armes. De la ceremonie en faisãt Cheualiers. La vertu du conferant Cheualier, insinuoit prouësse au Cheualier nouueau. Qui faict des Cheualiers le doit estre luy-mesme. Cheualerie plus prisee par Frãçois, & Anglois. Les liures fabuleux ne mentẽt es obseruãces anciennes. Intention de Virgile. Homere. Intention des autheurs des vieils Romants. Les Roys sont nais Cheualiers. Le Roy Frãçois 1. Bayard. Henry 2. Mareschal du Bief. Coustume ancienne.

puis le Roy, Prince, ou Cheualier qu'il auoit requis, luy donnoit l'accollee: sãs oublier de l'admonester de ce à quoy l'ordre auquel il entroit, le rendoit tenu, & obligé. Entre autres choses, on luy faisoit iurer (la main mise sur choses saintes) qu'il n'espargneroit sa persone, ny tous les moyens qu'il pourroit auoir, pour le maintien de la Religion Catholique, & augmentation de la foy Chrestienne, seruice de son Prince, defension de sa patrie, protection des vefues, & orphelins, & conseruation de l'honneur des dames. L'accollee receüe, quelque grãd Seigneur luy ceignoit l'espee, & vn autre plus ieune Seigneur, luy mettoit les esperõs dorez. Les paroles que proferoit celuy qui donnoit l'accollee, n'ont esté tousiours si vniformement pareilles en tous païs, qu'on en puisse faire loy. L'Arioste (recherchant l'origine du nom des Princes de Ferrare) met ce que Charlemaigne profera, en faisant vn de leurs ancestres Cheualier, auoir esté cause de leur denominatiõ. Les plus vieils François Chrestiens faisoient les Cheualiers au nom du Pere, du fils, & du S. Esprit. Ce que quelques modernes ont aussi obserué, auec pareille application du signe de la croix que lesdits anciens. Autres conferoient le mesme ordre de Cheualerie soubz l'inuocation de Dieu, & de S. George. Aucuns (au lieu de S. George) nommoient les Machabees. Et certains autres la vierge Marie, S. Maurice, & ses compaignõns de la legion de Thebes &c. La cerimonié susdite accomplie, si le nouueau Cheualier estoit Prince, ou biẽ grand seigneur, & notammẽt si au temps qu'ils (ou plusieurs ensemble) auroiẽt esté faicts Cheualiers, le souuerain tenoit cour planiere, ou faisoit feste, l'apres-dinee ou on couroit és lices, ou à la quintaine, ou on cõbatoit à la barriere; Et là les nouueaux Cheualiers faisoient preuues de leurs proüesses, & suffisances.

Serment des nouueaux Cheualiers.

Ceremonie obseruee en faisant vn Cheualier.

Les paroles dont vsent ceux qui conferent Cheualerie. Arioste. Esté.

Essais des Cheualiers.

TELLE cerimonie de donner solennellement l'ordre à vn seul, ou à plusieurs à vne Eglise, ou chappelle, n'empesche pas que ceux qui aprés vne victoire obtenue par vn Prince souuerain, ou par le Lieutenant general d'vne armee qui aura gaigné la bataille, s'ils sont faicts Cheualiers separement ou en trouppe, ne soient tenuz, censez, & reputez Cheualiers d'armes, ou (comme les mieux stilez disent plus propremẽt) Cheualiers de la Cornette. Car lors (c'est à dire soudain aprés les ennemis deffaicts) tel Prince, ou Lieutenãt general, n'ont pas la commodité d'obseruer les solennitez qu'il conuiendroit ailleurs obseruer tout à loisir : & moins peuuent recongnoistre la qualité des personnes, & examiner si l'ordre de Cheualerie sera bien employé en eux. Ainsi l'Empereur Charles cinquiesme (aprés la bataille qu'il gaigna contre les Protestants, lors que leur chef le gros Duc de Saxe Iehan Federic fut faict prisonnier) voulut bien honorer quelques vaillants hommes; qui auoient bien faict en icelle iournee. Mais voyant qu'en grand desordre, & confusiõ tant d'hommes se presentoient, qu'il n'eust sçeu honnorablement paracheuer la ceremonie : il se contenta d'auoir faict vn raisonnable nõbre de Cheualiers

Cheualerie se peut cõferer en tous lieux.

Charles 5. Emp.

des Bourgongnons, & de leurs estats. 149

Cheualiers: & au reste se scria en Espaignol, *Soyez tous Cheualiers*. Autant en feit Henry fils du Roy François premier, quand (luy n'estant encores que Monsieur) aprés l'auitaillement de Ladrecy faict par ledit Roy François estant en personne, & à la barbe de l'Empereur Charles, qui auoit là deux puissantes armees, vne d'Allemans, & de ses subiects, l'autre d'Anglois: desquels môdit sieur soustiét l'effort. Mais ceux qui par son acclamation auoient esté prononcez, & declairez Cheualiers, ne feirent instāce pour estre maintenuz en ce tiltre, ny pour iouyr du droict de Cheualerie. Le sieur du Tillet faict mentiō des Cheualiers Bacheliers: ce que ayant leu aprés le present recueil desia dressé: il m'a semblé necessaire aduertir, que le mot Bachelier n'est pas là nom de dignité, ou degré: ains a anciennement signifié vn ieune homme non encores marié: & vne bachelette vne fille preste à marier, ou (au reste) non mariee. Ie me suis beaucoup (& peut estre trop) arresté a discourir des Cheualiers d'armes, & Cheualiers de la Cornette: mais attendu que sur ce fondement sont bastiz les Cheualiers de l'ordre: & que ie sçay que M. le Conestable, Duc de Mommorancy (quand quelques-vns luy presentoient les lettres du Roy, pour leur mettre au col l'ordre que leurdit sieur Roy leur auoit donné, & vser des solennitez en tel cas requises, & pertinentes) entre les premiers interrogatz estoit coustumier de demander aux futurs Cheualiers dudit ordre, sils estoient Cheualiers de la Cornette, encores qu'il sçeust bien de quelques-vns qu'ouy: mais pour ne rien premettre de ce qu'est de la cerimonie, a esté cause qu'il m'a semblé estre non seulement requis, ains aussi necessaire vser de ce preparatif, pour entrer en propos d'iceux Cheualiers de l'ordre.

Héry Dauphin en France.

Cheualiers faicts prés Landrecy.

Il est requis à qui veut estre Cheualier de l'ordre estre Cheualier de la Cornette.

Preparatif pour parler des Cheualiers de l'ordre.

Des Cheualiers de l'ordre. CHAP. XXVIII.

ES Homotimes des Perses (que Xenophon escrit auoir esté ainsi nommez, pource qu'ils estoient esgaux en honneurs) auoient quelque chose, que nous pourrions iuger semblable à l'institution des anciens Cheualiers de l'ordre. Et n'est inconuenient qu'en diuers lieux choses semblables ayent esté obseruees: ny que diuers païs sans auoir rien prins, ny appris les vns des autres ayent pratiqué mesmes façons de faire. Moins est esmerueillable, qu'à pareilles fins, ayent esté dressees societez de gens de guerre, lesquelles soubs certains sermens, & ceremonies particulieres, quelques Princes ont obligé & lié à leur seruice plus expressement que le reste de leurs autres subiects. Mais sans peregriner iusques en Perse, pour y chercher l'institution, & le moule, sur lequel ont esté formez ces ordres de Cheualeries dont il s'agit, nous auons ie ne diray à nostre porte, mais dedans les limites, & enclauemés du Royaume de France, où nous pouuons trouuer

Homotimes Persās. Xenophō.

Societé d'armes.

N iij

plus signalees marques de telles societez, qu'en autre lieu qu'on vueille nommer. *Athenæus* rapporte que Nicolas Damascene, Peripateticié bié renommé, a escrit au 116.Commentaire de ses histoires, qu'Adiatonus Roy des Socians (qui est vn peuple Celtique, c'est à dire nóbré entre les Gaulois)auoit six cens hommes choisis, qui en la langue du païs estoiét appellez Soliduns : & que successiuement les autres d'icelle contree ont tousiours eu autant de compaignons, & participants en profits, plaisirs, & honneurs, tandis que le Roy estoit en prosperité : mais aussi s'il tomboit en aduersité, ils souffroient les dangiers, & tristes euenements dót leur Prince pouuoit estre affligé. Le regne s'administroit par eux en cómun, le seul nom de Roy, & l'honneur d'estre chef reserué à leur souuerain. Que s'il aduenoit que le Roy fust occis en guerre, tous se fourroiét de telle impetuosité au trauers des ennemis, qu'ils passoient au fil de l'espee, & se faisoient tuer: & si leur Roy mouroit d'autre sorte de mort, ils n'auoient cesse, qu'ils n'eussent trouué vn moyen pour mourir:sans que iamais il s'en soit trouué vn, si mal confirmé en sa resolution, qu'il ne soit mort en telle determination. *Cesar* au 3. liure de ses Commentaires de la guerre contre les Gaulois, parle de ceste besongne : & combien que la substance de ses propos soit conforme au dire de Nicolas de Damas, si sont les noms aucunement differens. Car le Roy que Damascene nomme Adiatonus, Cesar l'appelle Adcantuannus : au lieu de Socians, ou Sotians, il dit Sotiates; & pour Soliduns, Solduriens. Mais ces differences sont ordinaires, tant pour cause de la diuersité que les nations ont, & en la prononciation, & en la façon d'escrire, que par le vice & erreur des transcripteurs, & copistes. Quant au premier i'ay desia cy deuant touché(en parlant de la licence que Paulus Iouius s'est dóné de façonner les noms estrangers comme il luy a pleu, pour les latiniser) du tort qu'il a faict à l'histoire, donnant aux dictions estrangeres vn si estrange masque, qu'il n'est quasi plus possible les recongnoistre. De ma part ie serois bien de l'aduis de Zoroastres, qui defendoit de ne point changer les mots barbares. Et si ie heurte moy-mesme à la pierre à laquelle quasi tous sont coustumiers bruncher, c'est iouxte le dire de Pasquin : *Chacun faict, ce que faict chacun.* Ie proteste(ce pendant)que c'est bien maulgré moy, que ie suis souuent contrainct faire des masles des femelles, & au lieu de Titus, dire Tite; au lieu de Manlius, Manlie; pour Liuius, Liuie; Virgilius, Virgile; Ouidius, Ouide; Lucretius, Lucrece; Romulus, Romule; Cælius, Cælie, &c. Mais encores trouue-ie plus hors de raison, quand quelques trop curieux de ne parler qu'en François, laissent les noms propres & naturels, & au lieu d'iceux emplacent des mots significatifs, cóme si traduire, & exposer estoit vne mesme chose. En ceste sorte pechét ceux qui pour Fabius diroient Fabuier; pour Lentulus, ou de Lentilly, ou Létillier; pour Cicero, Chicherot; pour L. Piso, L. des pois &c. Toutesfois si ces façons sót trouuees si receuables,

qu'il

des Bourgongnons, & de leurs estats. 151

qu'il les faille souffrir, i'ayme beaucoup mieux suiure l'vsage qui de tout téps a eu cōmandemēt sur les manieres de parler) que de m'opiniastrer à ce que i'en sens en mon particulier, & vouloir estre Iuge de mon pretēdu. Sur ce ie retourne d'où ie suis party.

Pvis qu'il conste que le Roy Adiatomus duquel n'agueres nous faisions mention, estoit Gaulois, & qu'il a introduit particulieres societez, par lesquelles certains Nobles, & vaillants hommes ont esté faicts cōpaignons d'ordre, & confreres des Roys, ie laisseray (au reste) à qui voudra en prendre la peine, le soing, & diligēce de mettre d'accord Nicolas Damascene auec Cesar touchant le differēt qui est és noms & du Roy, & de son peuple, & de ses compaignons, que nous disions obligez de viure, & mourir auec luy. Et ne puis moins que de dire, qu'il est plus aisé, & raisonnable croire, que ces vouez, & dediez de tout poinct, au seruice de leur Roy, qui aussi les faisoit ses compaignons, & les associoit à toutes ses bonnes, & mauuaises fortunes, ont donné commencement aux societez des Cheualiers d'Ordres, qui depuis ont esté erigees en France, qu'il n'est de les referer aux Homotimes Persans: desquels ie suis certain que les Gaulois ont eu bien tardiue, voire moderne congnoissance. *Croyable source de l'institutiō des Cheualiers d'ordre.*

Et ne faut que la parité d'honneur, exprimee tant par l'authorité de Xenophon, que la signification du nom des Homotimes, nous tire iusques là, que de penser que de ceste sorte de parité, ny de tels Homotimes soient paruenuz noz Pairs de France. Car la parité qui estoit entre les Homotimes, estoit entre eux seulement, & non auec le Roy: Mais les Pairs de France estoient Pairs, & pareils au Roy, comme Ioseph fils de Iacob estoit esgal au Roy Pharaon, le seul tiltre de Roy, & le siege Royal (dit le texte) exceptez. I'ay desia dit cy deuant, que (sans vouloir preiudicier à l'opinion de ceux qui en ont escrit auant moy) mon aduis estoit que Visogast, Bosogast, Salagast, & Vuindagast furēt les premiers Pairs de France, donnez à Pharamond premier Roy des François, pour collegues, & compaignons, nō au regne; (qui ne souffre plusieurs Roys, non plus que le monde plusieurs soleils) mais en l'administration des affaires du Royaume. I'ay dit d'auantaige que combien que les Germains (que nous appellons maintenant Allemands) s'efforcent de faire les François leurs, & les noms de ces quatre Seigneurs, que ie dy premiers Pairs de France, auoir etymologie Tudesque: si tenois-ie de bonne part que Gast entre les plus anciens François signifioit Monsieur: de façon que pour exposer lesdicts noms en nostre vulgaire, il fauldroit dire Viso Monsieur, Boso Monsieur, Sala Monsieur, & Vuinda Monsieur. Que si en ceste part ie suis de differente opinion auec lesdicts Allemands, ie leur prie croire, que ce n'est par desir de leur contrarier, mais par singuliere affectiō que i'ay de descouurir la verité. Iouxte laquelle ie puis dire qu'eux ayants traicté l'Histoire Françoise, & Bourgongnonne auant les Gaulois & en plus beau Latin, s'en sont faict croire les premiers: mais

Pairs de France.

Pairs de France estoient pareils au Roy. Ioseph. Pharaon. Premiers Pairs de France.

Gast.

ceux qui ont quelque iugement congnoistront qu'ils n'ont osé rechercher les choses de bié haut, de peur de descouurir faicts contraires à leurs intentions, ainsi qu'a faict Tritemius, & beaucoup d'autres plus diligéts que le commû, & que les modernes, qui n'ont sçeu outrepasser le temps des premiers Cesars: & encores veoid on à l'œil, qu'ils se sont plus aidé de coniectures, & choses vray-semblables, que de veritable narration des actions passees. Ie pourrois mettre en ce rang ce qu'ils ont copieusement escrit, pour expliquer l'etymologie de la diction Salique, aux fins de declarer la loy Salique. Et neantmoins ie ne trouue piece d'eux qui me contente, par tout ce qu'ils ont mis en lumiere de ladite interpretation. Mais reseruant à en dire mes raisons cy après, en lieu plus cômode, ie me deporteray aussi pour le present, & auec mesme espoir, de parler des Pairs de France, pour acheuer de dire ce que me semble n'estre à omettre des Cheualiers d'ordre.

Cautelle d'Histo-
riens Alle-
mands.
Tritemius.

Loy Salique.

ENTRE les plus anciens establissemens de Cheualiers d'ordre, chacun est constumier mettre l'institution que le Roy Iehan feit de l'ordre de l'estoille, laquelle seruât de corps, auoit ces mots pour ame: *Monstrant Regibus astra viam.* Tel ordre fut pour vn peu en bien grand hôneur, mais à traict de temps si profané par apres, qu'il ne seruoit plus que de diuise, que nous auons veu és hocquetons des sergés du guet de Paris. Monsieur le Baron de Senecey (Seigneur auquel ie porte singulier honneur) m'a apprins que le Roy Charles sixiesme auoit mis sus vn ordre de la Cosse de Geneste. Pour preuue dequoy il m'enuoya vne copie de lettres du dict ordre, que i'ay bien voulu transcrire, & inserer icy. CHARLES *par la grace de Dieu Roy de France, à tous ceux qui ces presentes lettres verront Salut. Sçauoir faisons, que nous à plain informez de la bonne, & noble generation dont nostre amé Sergent d'armes Robert de Manny Escuyer est issu, & procreé: à iceluy auons donné, & octroyé, donnons, & octroyons de grace especial par ces presentes, congé, & licence, de doresnauant il puist, & luy loyse porter le collier de nostre ordre de la Cosse de Geneste, en tous lieux, & par toutes places, festes, & compaignies qu'il luy plaira, & bon luy semblera. En tesmoing de ce nous auons faict nostre seel secret mettre à ces presentes. Donné à Paris, en nostre hostel lez Sainct Paul, le septiesme iour de Mars, l'an de grace mil quatre cens & cinq, & le vingtsiziesme de nostre Regne. Signé Par le Roy Ponthieu.* Le lieu d'où ladite copie est venue, & ce que nuls autheurs (que ie sçache) en ont faict mention, ensemble ce que esdites lettres Robert de Manny est qualifié Sergét d'armes du Roy (qui est chose faisant foy de ce que nous auons dit quelque autre-part de tels Sergens d'armes) m'a gardé deceler ce que dessus, touchant ledict ordre de la Cosse de Geneste.

Roy Iean.
Ordre de
l'estoille.

LES ANGLOIS, & Sauoisiens se font ouyr que leurs ordres de la Iartiere bleuë, & de l'Annonciade, sont plus anciens que les nostres: ce que nul versé en leurs histoires pourroit nyer. Polydorus Vergilius au 19. Liure de son histoire Anglesque, dit que Edouard Roy d'Angleterre 3.
du nom

Poly. Vergilius.
Edouard 3.
Roy d'Angleterre.

des Bourgongnons, & de leurs estats. 153

du nom institua l'ordre de la Iartiere : & pour mieux honnorer iceluy, choisit 26. Cheualiers, desquels le Roy Anglois seroit chef. La Iartiere est bleüe enrichie de pierreries , & fermant auec vne boucle , & ardaillon d'or, se porte en la iambe gauche : dessus est en lettres de relief cecy pour ame, *Honni soit qui mal y pense.* Le iour feste S George, en l'Eglise de Vindesore, se celebroit tous les ans , la cerimonie, & solennité dudict ordre. Mais à present que le Royaume d'Angleterre s'est separé de l'vnió Catholique, & que la nouuelle opinion qui y est tenue, n'oste seulemét la feste, mais aussi la veneration des Saincts, & par consequét l'inuocatió de S. George, patron tutelaire dudict ordre : & que presque toutes les cerimonies anciennes sont biffees : ie ne sçay comme le chef de l'Eglise Anglesque depuis que (contre toute bonne Grammaire) il est deuenu *fœminini generis*, peut estre Cheualier, ny se bien acquitter pour satisfaire à l'institution dudict ordre, & à l'intention des fondateurs. La Iartiere d'vne belle ieune Dame, qui luy estoit tombee, fut amassee par le Roy Anglois, qui la gardant pour faueur, en feit si grand cas, qu'à fin d'en laisser memoire à la posterité, il erigea l'ordre de Iartiere bleuë l'an 1348. durant les treues auec les François. Aucuns toutesfois disent que ce fut l'an 1350.

Ordre de la Iartiere.

Cause de l'ordre de la Iartiere.

CE GRAND Dęmon, & trespuissante affection Amour, n'auoit eu moindre puissance sur le Conte Amé de Sauoye, qui esprins de l'amour d'vne Damoyselle excellente en beauté trouua moyen d'obtenir d'elle vn sien bracelet, auquel il donna la forme d'vn laqs d'amour, puis l'ayāt porté par quelque temps pendant à vne collane sur son estomach feit faire xv. colliers d'ordre, & (suyuant la deuotion requise en tel Prince) meit sondict ordre soubz la protection de Dieu, & à l'honeur de nostre Dame : de laquelle la memoire en l'image de l'Annonciation, faicte par l'ange Gabriel, estoit attachee au collier en façon de pedant. Ces colliers estoient, & sont encores, semez de bracelets, façonnez (comme dit est) en laqs d'amour, entremeslez de croix de Sauoye. De ces quinze colliers le Conte en donna 14. à autant de Gentils-hommes, & luy chef de l'ordre se reserua le xv. Depuis quelque téps en çà Emanuel Philibert à present Duc de Sauoye, sans neantmoins offenser, ny preiudicier à son ancien ordre de l'Annonciade, a mis sus vne autre fraternité de Cheualiers de S. Lazare.

Amé Côte de Sauoye.

Ordre de Sauoye.

Em. Philibert Duc de Sauoye.

Cheualiers de S. Lazare.

TOVCHANT les Espaignols qui magnifient l'erection de leur ordre de la bāde, duquel Gueuare faict ample discours en vne epistre pour ce expressement dressee : Et lequel ordre vn Conte d'Armaignac se perforça renouueller en France : i'ayme trop mieux consentir leurs fins, que contester au contraire, & entrer en peine de sur ce faire enqueste.

Ordre de la bande. Côte d'Armaignac.

AV RESTE les querelles, factions, & diuisions que l'enuye de commander suscita en France, entre les Ducz d'Orleans, & de Bourgongne, leur resueilla les esprits, pour ne rié oublier de ce que pouuoit seruir au

Querelles d'Orleans & Bourgógne.

maintien de leur cause. A cest effect ils s'aduiserent de dresser des societez, fraternitez, & ordres: pour lier le plus de grāds Seigneurs & d'hommes Nobles, ayants moyēs, en tirer en leurs partiz le plus qu'il leur seroit possible: & s'asseurer d'autāt de forces (chacun pour son regard) contre leurs ennemis, comme ces associez, & liguez en pourroient contribuer, & ioindre aux forces des autheurs de telles cōiuratiōs, & chefs d'ordres.

<small>Philippe le bon Duc de Bourgongne.</small>
<small>Ordre de la Toison.</small>
<small>Interpretation notable.</small>
<small>Iason.</small>

LE DVC Philippe de Bourgongne, surnommé le bon, commença le premier, en l'an 1430. (qui fut l'annee qu'il se remaria pour la troisiesme fois) il meit sus l'ordre de la Toison d'or: qu'il choisit par exprés, non pour penser se comparer aux fabuleux Iason, tant chanté par les Poëtes: & tant remarqué par les femmes, comme exemplaire de desloyauté: mais pour montrer que la bonté des païs sur lesquels il commādoit, luy rendoit tous les ans vne plusque toison d'or de Iason. Car chacune lettre du nom de Iason, prinse pour nom d'vn mois de l'annee, il interpretoit Iason, Iuillet, Aoust, Septembre, Octobre, & Nouembre. Qui sont les mois esquels la terre est despouillee de ce qu'annuellement elle est coustumiere produire pour les aliments, & nourriture de tous les animaux; qui de la diuersité de ses mammelles tirent la substance dont leur estre est maintenu. Vray est qu'à present il semble que la recolte soit plus auancee qu'elle n'estoit alors : d'autāt que souuent les moissons cōmencent en Iuing. Mais les païs Septentrionaux des Gaules ont tant accoustumé de moissonner en Aoust, qu'il leur est plus commun de dire faire l'Aoust, que faire metiues, ou moissons.

<small>Faire l'Aoust.</small>

<small>Le Duc de Bourgongne premier Prince apres les Rois.</small>
<small>Le Duc de Bourgongne 6. fois Duc, 15. fois Conte.</small>
<small>Institutiō de l'ordre de la Toison d'or.</small>

CE GRAND Prince, iugé le 26. de May 1433. en l'assemblee de l'Eglise vniuerselle, premier apres les Roys: & mis en possession dudict rang, le 16. Iuin suyuant: & qui estoit six fois Duc, & quinze fois Conte, institua au temps quoté cy dessus, que son ordre seroit porté par 24. Cheualiers esleuz, desquels luy faisant le 25. seroit le chef. Leur collier estoit d'or, façonné de maints fuzilz, & pierres à feu, la toison d'or y appēduë, de maniere qu'elle tomboit sur l'estomach du Cheualier. Pour en conseruer la memoire, ce bon Duc feit magnifiquemēt peindre és sieges du Chœur de la Saincte Chappelle à Dijō les armes timbrees des Cheualiers dudit ordre, auec leurs noms, & qualité que i'ay bien voulu transcrire, pour en donner congnoissance aux lecteurs. Ce faisant ie ne veux changer l'ordre, selon lequel ils sont consecutiuemēt mis en ladite saincte Chapelle.

<small>Noms & surnoms des Cheualiers de l'ordre de Bourgongne, selon qu'ils sont à la S. Chapelle à Dijon.</small>

Bien est il besoing sçauoir, que cōme le Chœur est diuisé en deux rangs de sieges, aussi sont les noms des Cheualiers auec leurs armes timbrees (comme dit est) escrits, & peinctes, les vnes au costé droict, les autres au senestre. Ie commenceray donques à les nommer par ceux qui sont au costé droict, à prēdre quād on entre au Chœur par la porte d'embas. Au premier siege, qui est le plus prochain de ladite porte, sont les armes de Bourgongne : & sur icelles est escrit, Philippe Duc de Bourgongne, & au dessoubs, *Autre n'auray*: qui estoit la diuise dudit Duc. Les noms des

autres

des Bourgongnons, & de leurs estats.   155

autres sõt Aphõse par la grace de Dieu Roy d'Arragõ : Charles Duc d'Orleãs, de Milã, & de Valois : Anthoine seigneur de Croy, & de Réty : Pierre de Bauffremont Comte de Charny : Iean de Croï seigneur de Tours : Ichan de Meleun Seigneur d'Anthoing : Ieã de Vergy seigneur de Fouens : Bauldot de Noyelles, seigneur de Chateu : Charles de Bourgongne Comte de Charrolois : Dom Pietre de Cardonne Comte de Goblenne : Iean de Neuf-chastel seigneur de Montesau, & de Rigney : Drien seigneur de Humieres, & de Bequencourt : Domghe de Gueuare Comte d'Auanne : Iean de Portugal Prince d'Antioche : Huë de Launoy seigneur de Santes. *Et à la partie senestre.* Guilbert de Launoy seigneur de Vvilleruäl : Iehan Duc d'Alençon, & Comte du Perche : Besgue de Launoy seigneur de Molembais : Iean seigneur de Crequi : Simon de l'Allain seigneur de Humes : Thibauld seigneur de Neuf-chastel : le Bastard de sainct Paul seigneur de Habourdin : Frãch de Borselle Conte d'Austreuan : Regnain seigneur de Bredrode, & de Vienne : Henry de Birlelle seigneur de la Vere, & de Loudebrez : Iean seigneur, & Ber d'Auxy : Iean Duc de Cleues, & de la Marque : Iean seigneur de Launoy : Anthoine bastard de Bourgongne, seigneur de Beure : Adost de Cleues, seigneur de Rauestrine. Voilà comment les noms, & les armes des susnommez Cheualiers de la Toison d'or sont arrangez, & mis de suytte en ladicte Saincte Chappelle de Dijon, que i'ay bien voulu extraire, à fin que si Dijon tomboit à la mercy de ces pernicieux Huguenots (qui ont à plaisir de destruire toutes choses anciennes, pour introduire leurs nouueautez, lesquelles ne consistantes qu'en paroles, commencét fort à s'en aller à vau le vét) i'eusse riere moy quelque memoire de ces personnes celebres, qui sont nommees és sieges de ladite Saincte Chapelle de Dijon. Mais d'autant que nous auons dit que du commencement le bon Duc Philippe n'institua que 24. Cheualiers, luy (comme chef) faisant le 25. & que de present nous auons fait roolle de 30. voire de 31. le Duc comprins, il est à croire que ce nombre de 31. soit de la seconde institution : laquelle pour auoir esté faicte à Dijon, y en a laissé le tesmoingnage tel que dit est. Est aussi à sçauoir que lors que ladite solennité d'ordre fut celebree le iour de feste S. André (iour auquel d'ordinaire la cerimonie d'iceluy renaissoit tous les ans) & quand les sieges du Chœur de la Saincte Chappelle de Dijon furét illustrez desdictes armes, les Ducz d'Orleans, & de Bourgongne estoient appoinctez : car autrement l'vn n'eust pas accepté l'ordre de l'autre, comme ils auoient faict, tesmoing la liste sus escrite, en laquelle le Duc d'Orleans est mis au nombre des Cheualiers de la Toison d'or,

Les Ducs d'Orleans, & de Bourgõgne cõpagnons d'ordre.

Nous venons de dire que les deux Ducz qui pour leurs querelles particulieres auoient tant troublé la France, que ceux qui ont voulu escrire les miseres de ce temps-là, ne les ont peu suffisamment exprimer : tombants en fin d'accod, confirmerét leur reconciliation, en se faisants

156 De l'antiquité & origine

freres, & compagnons, par ligue & alliáce si ferme, que l'vn se feit Cheualier de l'ordre de l'autre, & l'autre de l'autre. Pour la verificatiõ de quoy comme ce que dit est cy dessus de l'ordre du Duc de Bourgongne, pour le regard de la Toison d'or, est si certain, qu'outre le tesmoignage, que les pierres en portét par tout le monde, encores iceluy ordre a esté gardé par les chefs du nom, & des armes d'Austriche, successeurs de Charles dernier Duc de Bourgongne: il est besoing mõtrer que les Ducs d'Orleans ont aussi eu vn ordre particulier, duquel le Duc de Bourgongne estoit Cheualier, aussi bien que le Duc d'Orleans estoit Cheualier de celuy de la Toison d'or.

Ordre d'Orleans.

FAVT doncques sçauoir que Charles Duc d'Orleans, fils de Loys frere du Roy (lequel Loys fut tué à la porte Barbette) voyant son ennemy le Duc de Bourgongne se liguer, & associer par ordre, & confraternité auec le plus de Princes, & grands Seigneurs qu'il luy estoit possible, en intention de rendre son party plus ferme, & plus asseuré: aduisa de se premunir par semblables moyens. Pource meit-il sus l'ordre du Porc-espic, auquel (dit Paulus Iouius) il adiousta pour ame ces mots, *Cominus, & Eminus* : que depuis le Roy Loys 12. dernier hoir masle de la maison d'Orleans, porta pour sa deuise. Le nombre des Cheualiers de cest ordre fut arresté, à l'imitatiõ des autres ordres. Et mõ bisayeul Messire Claude de sainct Iulien, qui auoit esté nourry paige par le Duc Loys, pere de Charles, & qui accompagnoit ledict Duc Loys quãd il fut tué, eut cest honneur q̃ d'estre creé par le fils, l'vn de ses Cheualiers de l'ordre du Porc-espic. Pour asseurance dequoy i'ay bien voulu inserer icy la copie des lettres qui luy en furent depeschees.

Cominus, & Eminus.

CHARLES Duc d'Orleãs, de Milan, & de Valois, Conte de Blois, de Pauie, & de Beaumont, Seigneur d'Ast, & de Coucy: à tous ceux qui ces presentes lettres verront, Salut. Sçauoir faisons, que pour les bons rapports & tesmoignage que faict nous ont esté de la personne de nostre bien-amé Claude de sainct Iulien Escuyer, & de ses Noblesse & suffisance: Nous à iceluy auons le iourd'huy donné & octroyé, donnons & octroyons de grace especial par ces presentes congé, & licence de porter nostre ordre du Camail, auquel pend le Porc-espic. Dont pour ce auons faict prẽdre, & receuoir le serment en tel cas pertinent, par nostre tres-cher, & bien-amé le Seigneur de Thoulonjon, lequel à ce nous auõs commis, & commettons par cesdictes presentes. Donnees à Chalõ sur la Saone, le vij. iour de Iuillet mil quatre cens cinquãte. Signees par Monseigneur le Duc, Messieurs Remon Friton, Charles d'Arbon-ville Cheualiers, & autres presens. E. le Gout Seellees en cire rouge, sur simple queuë du grand seel dudict Duc. Au dos desquelles lettres est escrit: Auiourd'huy Claude de sainct Iulien Escuyer nommé au blanc, a faict le serment dont en iceluy est faict mention le x. iour de Iuillet, mil quatre cens cinquante, és mains de Monsieur de Toulonjon. Signé E. le Gout. Ledit sieur de Thoulonjon estoit cousin issu de germain de ce Claude de S. Iulien.

Claude de S. Iulien Cheualier de l'ordre d'Orleans.

Sieur de Thoulonjon.

TEL ordre du Porc-espic a esté conserué en la maison d'Orleans, depuis

des Bourgongnons, & de leurs estats. 157

puis sa premiere institution, iusques à ce que faillate la droicte ligne des Rois de France en Charles viij. dernier hoir masle d'icelle, Loys Duc d'Orleans luy succeda comme plus prochain, & fut nómé Loys xij. Lors luy qui auoit souffert beaucoup de trauerses n'estant que Duc d'Orleás, &c. entra au Regne, duquel prenát la couronne il print aussi l'ordre, qui est celuy que nous appellons de S. Michel, & laissa l'autre, duquel au parauant il estoit chef. Par ce moyen ledit ordre d'Orleans n'ayant personne qui le releuast & maintint, fut tellemét delaissé, & oublié, que peu de gens en ont faict mention en leurs escrits publiez, & imprimez.

LOYS xj. du nom Roy de France, cósiderant les façons, menees & deportemés de ces deux Princes, du téps qu'ils estoiét ennemis, & voyát que toutes leurs pratiques & entreprinses ne tendoient qu'à brigues, & à factions, qui occasionneroiét de merueilleux feux de seditions en son Royaume, n'estant possible que les esclats de telles & si animeuses coniuratiós ne luy volassent aux yeux, & feissent pis à ses subiets qu'aucune gresle ou oraige: faisoit bien semblant de fauoriser le party de l'vn, mais (à la verité) il eust bien voulu estre defaict de tous deux. Ce pendát pour de son costé ne demourer oysif, ny comme simple spectateur, s'amuser à regarder les autres, qui trauailloient pour gaigner faueurs, il ne voulut estre seul (entre tát de Princes qui auoiét erigé des ordres, & s'en estoiét faicts clefs) qui n'eust auec pareil moyen des hommes signalez, liez & obligez par plus particulier sermét, que le deuoir qui est de Prince voisin, à Prince voisin, & plus solénel, & exprés que le cómun du vassal à son seigneur. Ceste matiere bien & longuemét examinee en son esprit, sortit en effect l'an 1469. Pour ce mit-il sus l'ordre de S. Michel, pendant à colliers d'or composez de diuerses coquilles mises deux à deux, l'vne portant sur l'autre. Son esperance estoit, que telle institution, cóme prouenát du Prince souuerain, mettroit à neant toutes autres partialitez & ligues, qu'on auoit congneu tenir plus de la conspiration, qu'elles ne faisoient ou de deuotion, ou de desir d'illustrer, par faits d'armes, l'hóneur de Cheualerie. Ie viendrois aux particularitez de cest ordre, n'estoit que Messire Claude de Seyssel premieremét Euesque de Marseille & depuis Archeuesque de Turin, en a si amplement escrit en vn volume expressément pour ce composé, que ce que i'en pourrois rapporter ne seroit que chose desia suffisantement traictee. Cela sera cause que reuenát d'où nous sommes partis, pour reprédre le fil de nostre principal propos, qui est des degrez, & ordres de Noblesse: il me semble qu'ayant assez faict ample mention des Bers, ou Barons, aussi des Bannerets & des Cheualiers; il est temps que ie vienne à toucher quelque chose des autres seigneurs hauts Iusticiers, que les anciens souloient nommer Vauasseurs, mot à present assez estrange.

Institutió de l'ordre S. Michel.

Dissimulation de Loys 11.

M. Cl. de Seyssel.

Vauasseurs.

O

De l'antiquité & origine

Des Seigneurs hauts Iusticiers, moindres que les Barons & Bannerets.
CHAP. XXVIIII.

ENCORES que (comme dit est) Noblesse soit en celà substacielle, qu'elle ne reçoit ny plus ny moins de façon qu'il n'est licite à personne (sans errer en faict & en droict) de se dire plus Gentil-hôme qu'vn autre qui est bien qualifié de Noblesse: & qui l'est moins qu'vn autre, ne l'est pas du tout: si est-ce que les biens, seigneuries, & possessiôs ne se côduisét de mesme sorte: ains elles appliquét plus, ou moins, non de Noblesse, mais de dignité aux persônes qui les possedét. La dignité de Duc (outre ce que le mot signifie en Latin) ne souloit estre (au domaine des Roys Fraçois, ayâs asseurémét estably leur dominatiô és Gaules) qu'vn nom d'office, equiualent à l'estat de ceux que nous appellons de present Gouuerneurs de païs. I'ay dit expressémét Ducs au domaine du Roy, & aduerty que tels ne sont qu'officiers. Mais (au reste) quicôque voudra inferer (côme i'en ay veu y preparez) que toutes Duchez ne fussent que gouuernemés, ny Côtez qu'offices de Baillifs, ou Seneschaux, ils se trouuerôt si lourdemét trompez, que la verité des histoires leur môtrera leur erreur. Car il y auoit des Ducs, & des Côtes non officiers, mais proprietaires, & qui ne tenoiét que de Dieu, & de l'espee. Pour le regard des Côtes, (qui sont moindres que Ducs) meilleur eschâtillô ne s'en peut trouuer que du Côte de Châpagne, qui estoit souuerain: ce que Messire Iean de Iouinuille môtre, disât qu'il n'estoit pas vassal du Roy, ains dudit Côte de Châpagne. Au reste la dignité de Duc (côme qu'on la prenne) a tousiours esté biê plus grâde que celle du Côte, & que celle des ayâs auiourd'huy droit de Barons: mais la personne du Duc, ou du Côte au domaine des Rois, n'estoit (i'excepte les Princes de sang) de rien plus noble que celle d'vn autre Gentil-hôme sans reproche. Estant doncques la dignité, qui est cause du plus, & du moins entre les seigneurs, & nô la Noblesse; il reste à sçauoir, que tous seigneurs, qui sans moyen, c'est à dire immediatemét, relieuent du Roy, ou du Prince souuerain, en ladite qualité de souuerain, sont du moins estimez Sires, Barôs, ou Bânerets. Mais combiê qu'vn seigneur ait tout droit de iustice haute, moyéne, & basse, s'il relieue du Roy, ou autre Prince souuerain, à cause d'vne terre particuliere agencee au domaine: ou s'il tient la seigneurie en fied d'vn autre seigneur, qui relieue du Roy: sans point de faute s'il se dit Barô, il se trouuera qu'il ne l'est que par fâtaisie, & nô pas par effect. C'est de là qu'est procedé le cômun dire, que le nom de Barô est biê souuêt accôpagné de folie. Car côme vrayemét il honore ceux qui indubitablemét sont Barôs: aussi ne peut-il produire que blasme, & occasiô de se mocquer de la sottise, & vaine gloire de ceux qui se disent faulsemét. Dôcques mô opinion est resoluë en ce point, que Vauasseur est à dire vassal de vassal: & que combiê qu'vn Gentil-hôme ait toute iustice, haute, moyenne, & basse, mixte, & mere Impere en sa terre; si ne peut-il nômer auec verité sô fied,

fied,

(marginalia:)
Duc.
Conte.
Contre ceux qui se disent Barons, & ne le sôt pas.
Vauasseur.

des Bourgongnons, & de leurs estats.

fied de haut Ber, s'il ne relieue immediatemēt du Roy, à cause de la cou- | Fied de haut Ber.
ronne de Frāce, ou à cause d'vne Duché, ou Coté qui ait autresfois tenu
rāg souuerain, & faict chef de par soy. Qui est à dire s'il n'est du bā, & nō
du riere-ban du Prince: tenu en fied, & non en riere-fied. Il y a d'autres | Diuerses sortes de seigneuries.
Gentils-hōmes, desquels le bien est de moindre prééminēce & dignité.
Les vns ont iustice moyēne, & basse: autres ne l'ont que basse seulemēt:
& autres n'ont iustice q̄ soubs latte, c'est à dire soubs le couuert de leurs
maisōs, pour estre exēpts des vexatiōs, cricmens, & ennuis que font les
officiers des seigneurs hauts Iusticiers és lieux où ils tiennēt leurs iours:
Autres n'ont point de iustice du tout. Et tous viuās noblemēt sōt exēpts
de to⁹ subsides, & cōtributiōs qu'il faut annuellemēt faire au Prince. Encores entre ceux-cy en y a-il qui tiēnēt leurs biēs de frāc alloud, & par ce
moyē ne sont subiets à aucun bā, ny arriere-bā, & ne recōgnoissent aucū
Seigneur; le gré, & lods duquel ou Inuestiture soient requis, pour faire
passer tel biē de main en autre, par venditiō, ou autremēt cōme q̄ ce soit.
OR puis q̄ nous auōs assez amplemēt discouru de ce que no⁹ a seblé pl⁹
veritable, & cōforme aux establissemēs anciēs, iadis soigneusemēt gardez, pour l'obseruāce de la distinctiō des degrez de dignitez en l'estat des
Nobles: il est tēps clore ce pas, pour le pl⁹ soigneusemēt, & sōmairemēt q̄
no⁹ pourrōs parler desIuges, & de la iudicature Gauloise & Bourgōgnōne.

Des anciens Iuges Gaulois: & que iadis és Gaules la Iudicature s'exerçoit par les
femmes. CHAP. XXX.

IL m'estoit aussi aysé traiter de l'ancienne Iudicature des
Gaulois, & Bourgongnons, qu'il a esté à Pomponius Iu-
riscōsult, & autres de la liste, de discourir de l'origine du
droict des Romains; ie ne serois en si grande perplexité
que ie me trouue, de m'en pouuoir bien expliquer. Mais
la memoire de noz ancestres negligemment mise en oubly, les faicts, &
dits des Romains (qui n'ont iamais eu faute d'hommes soigneux de les
escrire) ont esté (& pourroit estre trop) curieusement recueillis. Surquoy
ie ne puis m'abstenir de souuēt, & fort, detester la malignité, & cruauté,
de laquelle ceste nation Romaine a vsé à l'endroict de tous peuples, sur | Contre les Romains.
lesquels elle a eu cōmandement: & mesmemēt cōtre les Gaulois, peuplé
autāt illustre de sō origine, autāt excellēt au fait des armes, & loüable en
l'administratiō de ses affaires publiq̄s, & particuliers, qu'autre gēt qu'on
sçauroit nōmer: quand iceux Romains n'ont quasi moins esté soigneux
de faire perdre la memoire des choses q̄ seruoiēt à l'hōneur desdites natiōs vaincuës, qu'ils ont esté aspres, & vehemēs à les priuer de leur liberté.
Ie ne puis bōnemēt sçauoir toutes les causes de la haine des Romains cōtre les Gaulois: mais biē sçay-ie que s'il faut dōner quelq̄ coulpe aux hōmes Galliques, ils ne pourroient estre de rien plus taxez, que de s'estre
trop fiez en ceste fausse race du traistre Eneas, & semence adulterine du
bastard, & bandolier Romulus: cōme aussi de s'estre laissé embaboüiner

O ij

de la fraternité de la plus desloyalle race q̃ la terre porta iamais:& s'estre simplement laissez mener par le nez à ces pippeurs d'vn chacun, qui leur promettoient ayde, faueur & protection: pour(ce pendāt) les attrapper & enuelopper és rets de seruitute. Car quant aux Gaulois, l'autheur des Commentaires de la guerre d'Afrique, soit Hirtius soit Oppius, ce m'est tout vn, tous deux sont Romains, & tous deux creatures de Cesar, certifie au premier liure, que les Gaulois ont tousiours esté hōmes ouuerts, sans dol, sans finesses, & sans desir d'vser de surprinses: coustumiers combattre sans offense de leur vraye, pure, & naturelle vertu, en laquelle seule ils s'appuyent. Mais nul ne parle ainsi de Cesar: il pratiquoit le dire d'Eneas auant que Virgile l'eust escrit.

Dolus an virtus quis in hoste requirat? Luy homme populaire, & de basse condition (qui auoit reçeu estranges marques de turpitude en la maison de Nicomedes Roy de Bithynie, d'où redōderent à son hōneur toutes les reproches rapportees par Suetone au chap. 49. de sa vie) ne faisoit tant d'estat de la vraye vertu mere d'hōneur, ny de la foy publique, que de l'ambition, & vaine gloire: tout chemin, & tout party luy estoit bon, pourueu qu'il le menast à la grādeur, & au poinct desiré. Ainsi affecté, & suyuant le naturel de ses semblables, gens venuz de peu, il desdaigna de telle audace la reuerēce qu'il deuoit à sa patrie, & employa si effrōtemēt & les forces, & les tresors de la Republique, qu'aprés auoir(soubs ombre de bōne foy) tiré en son obeissāce les Gaulois, alliez d'icelle, il ne cessa, que(auant tout œuure) ayant dōné routte à Pompee, suiuy de presque toute la Noblesse Romaine, il n'employast tous sinistres moyens, pour s'emparer de Rome, & asseruir à ses commandemens le Senat, les gēs de guerre, & le peuple Romain. De sorte que quelqu'vn s'en est ioüé par escrits, dont ces vers sont tirez:

Quærenti Gallos qua Cæsar vicerit arte,
  Hac, dictum est, vicit qua propriam patriam.
Gallica libertas multos seruata per annos,
  Oppressa est annis Cæsaris arte decem.
Per septingentos Romana potentia victrix,
  Huic parili victas tradidit arte manus.

Pource ie tien qu'il ne fut iamais dit en vain:
  Pis ne pourroit aux peuples aduenir,
  Que veoir chetifs grands seigneurs deuenir.

A quoy s'accorde vnvers si cōmunemēt allegué, qu'il est tenu prouerbial:
  Deterius nihil est misero, quum surgit in altum.

ENTRE infinies pertes, ruines, & rauages faicts és Gaules par les Romains, rien ne fut tāt preiudiciable, que le bruslemēt, ou suppressiō des Chroniq̃s, Annales, Diaires, & papiers d'actes publicqs des Gaulois: lesq̃ls perduz vne fois, ne se sōt iamais peu recouurer. Surquoy ie puis dire que iamais hommes (sinon endiablez) n'ont eu telle peruersité d'esprit, de faire brusler, & perir tous liures, sans en faire distinction. Car quelle
plus

des Bourgongnons, & de leurs estats.

plus grande conformité peut auoir l'homme auec le Diable, qu'en nuy-
sant à autruy, sans se procurer aucun profit? Que si les Romains pour a-
uoir bruslé, & aneãty toutes les antiquitez Gallicanes; & les Empereurs
Caligula, & Licinius, pour auoir faict consommer par feu les plus belles *Caligula.*
Bibliotheques du mõde, sont estimez percluz, forcluz, & excluz de tou- *Licinius.*
te bonne reputation: eux qui ne pechoient point par ignorance, ains de
sanglante & detestable malice: ie ne sçay qui pourra estre si hardy, que
de blasmer les Goths, & les Huns, si auec mesme barbarie, & raige pire *Goths, &*
que celle des chiés, ils ont vengé les peuples outraigez par les Romains, *Huns.*
& si à beau ieu ils ont vsé de belle reuanche. Aussi le dire du Payen qui a
dit, *Ab alio expecta alteri quod feceris*, c'est à dire,

   Tout ainsi qu'à autruy ferons,

   Ainsi d'autruy nous receurons:

est si certain, que la verité mesme(les mots vn peu changez) en a proferé
la substance en son Euangile. Or si ores les Gaulois ont perdu la souuenance des faictz heroïques, & vaillantes proüesses de leurs progeniteurs, quel auantage en sçauroiẽt auoir tiré les Romains? Certainement
ie ne sçay quel, sinon que celà peut auoir facilité les faulsetez, dõt ils ont
licentieusement vsé, és escrits, ausquels ils ont donné le nom d'histoires.
Car si les Chroniques, Annales, & Commẽtaires des Gaulois fussent demourez, on eust eu veritable certitude de l'origine des Romains : on
sçauroit qui fut ce soldat qui engrossa Rhea ; pour couurir l'hõneur de *Rhea.*
laquelle on a feinct(& les principaux historiés Romains, & Latins l'ont
ainsi rapporté) qu'elle fut enceinte du faict de Mars : comme si en leur
païs les Dieux s'amourachoient des femmes. Nous aurions d'auantage
la verité des expeditions de Galath 2. du nom Roy des anciens Gaulois, *Galath 2.*
& comme il fut fondateur des Galathes en Asie: de celles de Sigouesus, *Galathes.*
& Bellouesus: de celles de Brénus, & Belgius: & tout ce que les hommes *Sigouesus,*
nais és Gaules, ou oriundes d'icelles, & retenans le nom de Gaulois ont *Bellouesus.*
exploicté au des-auantaige de l'Italie, durant leur ligue, & association a- *Brennus.*
uec Annibal, sur laquelle nous produirons bien-tost Plutarque, aux fins *Belgius.*
de nous ayder de son tesmoignage. Bref si les escrits de noz ancestres, *Annibal.*
qui ont precedé la venuë de Cesar, nous fussent demourez, ceux qui se
sont qualifiez historiens, & neantmoins nous pensent cõtenter de bourdes, n'eussent osé falsifier l'histoire du sac que les Gaulois donnerẽt à Rome: & moins supposer vn faux fait, qu'vn bãny Camillus, auec quelque
poignee de gens ramassez à la haste ait recoux la rançon que les Ro- *Sac de Ro-*
mains auoient payé à Brennus, pour le rachapt de leurs corps, & de *me par les*
leur ville. Seroit aussi en conferant la verité historiale des nostres, a- *Gaulois.*
uec les escrits des Italiens, soient Romains, soient autres, facile iuger, & *Camillus.*
congnoistre, combien ladicte simple verité representee par les Gaulois,
estoit plus importante, plus receuable, & plus croyable, q̃ l'affecté agẽce-
mẽt de propos, & fardee dictiõ des Grecs, des Latins, & de leurs adherãs.

                             O iij

Icy(combien que ce soit si vulgairement prononcee, que ie ne la puis ignorer,que plourer son mal,& regretter ses pertes sont pauures recompenses)ie ne puis toutesfois que ie ne persiste en la detestation de telles barbares actions, pour auoir esté faictes par ceux, qui estás eux-mesmes Iuges,& parties, se sont declarez (aussi bien que les Grecs) exempts de barbarie. Et encores qu'en si pernicieux accidens les interests publicqs soiét fort deplorables, si est-ce qu'en nom particulier,ie n'en souffre petite affliction:d'autant qu'ayant enuie, pour l'illustration des Gaules en general,& de nostre Bourgongne en special, descouurir comme les anciens Gaulois,& Bourgongnons ont exercé iustice en leurs païs: toutes les diligences que i'y ay sçeu employer, n'ont peu suffire, pour en trouuer tát de choses bien certaines, que les hommes de ce temps pleins d'erudition,& de diligence, en peussent auoir contentement. Lors que ie me suis trauaillé à remuer les cendres pour recouurer du feu, ie l'ay trouué esteinct. Somme i'en ay esté & suis, comme le marinier:qui aprés auoir couru fortune sur la mer,& auoir esté cótraint permettre son vaisseau à la mercy des vens d'vn costé, & des flots de l'element sur tous autres barbare d'autre-part,ne peut toutesfois ny de iour descouurir terre, ny de nuict apperceuoir estoilles ny aucun pharot,fanal, ou lanterne, à la veuë,& splendeur desquels il puisse choisir addresse à bon port.

SI est-ce que n'estát acte de magnanimité de ceder aux inconueniés, & la vertu prenant plaisir en l'entreprinse des choses difficiles,i'auray refuge au conseil de celuy qui dit estre chose raisonnable, que chacun essaye ce qu'il pourra:mesmement quand il est question de choses grandes, & desirables : & s'il aduient que quelqu'vn ne puisse paruenir à ce à quoy il aspire,ce n'est honte(quand on a employé son pouuoir) de faire arrest au but qu'onn'a sçeu surpasser.En ceste opinion, & confirmation d'esperance, i'oseray mettre en auant ce peu que nous reste de plus seur touchant la cómission iadis baillee par les Gaulois à leurs Iuges,& quelles gens ils employent au faict de Iudicature:à fin que par la voye de iustice, &les peuples en general,& les voisins en particulier,fussét retenuz au deuoir cóuenable,pour rédre le païs paysible, & les hómes contens.

Iustice.
Magnanimité.

ENTRE les quatre vertus principales,& que(pour ceste raison)nous sommes coustumiers qualifier Cardinales : iustice, & magnanimité ont esté plus congneuës,cheries,aymees,& exercees par toutes nations. Iustice,pource que sans elle tout iroit ce dessus dessoubs entre les hommes.Magnanimité,d'autant que c'est vne affection née auec vn chacun, de fuïr le mal, & pourchasser son bien.Ce que ne se peut accomplir, sinon auec certaine vigueur d'esprit, pour s'opposer à ce qui est nuysible , & exciter les forces corporelles à la propulsation de tout ce que nous tenons pour aduersaire, & estimós dómageable.C'est d'auantage acte de magnanimité,aspirer tousiours à quelque accroissement:& de là les guerres ont prins leur naissance. Aussi est-ce le subiet pl⁹ propre

à la

des Bourgongnons, & de leurs estats. 163

à la grãdeur de courage, conioncte à la force corporelle, & où sont veuës & se voyent les plus belles espreuues. Car quant à la toleráce des maux, dont les Philosophes font vertu; si tels maux viennent de punition, & espreuue diuine, ou au reste sont ineuitables: tellemẽt que ny la magnanimité d'esprit, ny la force corporelle n'y puissent donner remede, ie suis content qu'on appelle telle souffrance patience: mais si l'homme y peut resister, & ne le faict, ne faut-il pas estimer que tel se soit baigné en la fontaine de Salmacis, plustost qu'en la marescageuse riuiere de Stix, où Thetis plõgea son Achilles? Ie ne sçay qu'ont trouué ceux qui attribuẽt à Socrates acte de grandeur de courage, & à vertu de patience, le plein pot à pisser (soit dit sans offense) que Xantippé l'vne de ses femmes, luy ietta sur la teste: car de ma part ie ne le sçaurois mieux qualifier, que d'acte de niaiserie, & d'hõme si subiet aux courtes chausses, que sil eust trouué quelqu'vn couché auec sa fẽme, son Demõ luy eust cõseillé de ne s'en point fascher: & croire qu'en bonne Philosophie de mariage, les Dieux n'enuoyẽt iamais affliction, qu'ils n'enuoyẽt quãt & quant, ou consolation de n'estre pas seul, ou patience pour tout supporter.

Patience.

Fontaine Salmacis. Stix. Thetis, & Achilles. Socrates. Xantippé.

QVANT aux deux autres vertuz, Prudence, & Temperáce, elles ont plus de pouuoir és hommes qui par l'acquis ont agécé leur naturel, que sur les autres qui viuent en la simple cõduite de leurs naifues inclinatiõs. Et ceux qui font plus grãde profession de la magnanimité, estiment que Prudence soit mere de Poltrõnerie, & qu'il n'y a rien qui rẽde l'homme plus coüard que l'apprehension du danger. Pour y obuier, les Capitaines, & chefs de guerre ont inuenté, & (à fin qu'aucune faulte ne manque de quelque fondement, par lequel elle soit soustenuë, & estimee coniointe à raison) ne se sont oubliez d'alleguer, certains passages de l'escriture, qui prins cruement, & sans catholique discretion, induiroient à croire que les iours d'vn chacun en particulier, sont si predestinement comptez, que nulle prudence, ny precautiõ ne pourroit empescher, que l'hõme ne meure à certain periode de temps, & à heure prefixe. Qui est en nostre Religion vn poinct qui merite long, & plus prolixe esclarcissemẽt, que l'affaire que nous traictõs ne le permet à present. Soit doncq' ceste matiere remise à ceux qui font plus expresse profession de la Theologie: & qui m'en demãdera mon aduis, ie luy en diray selon ce que i'en croy, plus que par sçauoir ie ne me voudrois vãter en pouuoir resouldre. Or ceux qui ont prins, & donné l'opinion susdite, se sont nommez, & aduoüez resoluz, determinez, &c. & ceste, soit resolution, soit determination, a esté cause à la France de perdre vne infinité de braues, & vaillans hommes, qui feroient maintenant bon besoing au Roy, & au païs, pour faire teste aux coniurez, & rebelles: qui ne cessent de plus en plus de ruiner les hommes François, enrichir les estrangiers, & contraindre le Roy de continuer l'entretien de ses garnisons, & armees, pour la iuste conseruation de ce que luy appartient, par legitime succession de ses

Prudence. Tẽperáce.

Paradoxe que Prudẽce engendre couardise.

Si le iour de mourir est ineuitable.

Il faut croire auec l'Eglise ce dõt on ne peut estre sçauant.

Resoluz, determinez &c.

O iiij

freres,peres,ayeul,bifayeul,& anceftres. Voylà dequoy eft accufee prudence, laquelle veritablement eft tres-neceffaire és chefs, Capitaines, & hommes qui ont commandement en vne armee : à fin qu'ils n'entreprenent rien temerairement, & qu'ils ne f'enfournent en entreprinfe aucune, qu'ils ne preuoyent l'iffuë, par où ils deurōt fortir. Mais pour le regard des foldats, ce n'eft à eux à difputer de la iuftice, ou iniuftice de la querelle de ceux defquels ils reçoiuent la folde : ils doiuent f'affeurer de la prudence de leurs chefs, & au refte executer vaillamment. Il eft toutes-fois mal-ayfé que chacun ne fe refente de l'humeur de fon païs. Entre les Italiens quafi chacun voudroit faire eftat de Capitaine, & bien peu de foldat. Au contraire nous auons veu l'Efpagnol tant obëïffant à l'Empereur Charles le quint, que tous fes commãdemēs leur femblóiēt ayfez, & nul peril les retardoit de les executer.

Prudence requife és Capitaines.
Le foldat doit obeyr fans difputer.
L'Italien.
L'Efpagnol.

POVR rentrer en propos des Vertuz Cardinales, dont nous faifions n'y a gueres mention, il eft à noter, que les peuples plus participās de la chaleur du foleil, fōt cōmunémēt plus fubtils, cauts, ingenieux, & fobres que les Septemtriónaux, & Occidētaux. Ceux-cy font plus gourmāds, mais auffi ont ils plus de magnanimité & de force que les autres. Au refte touchant iuftice, toutes nations l'ont eu en fi grande reuerēce, qu'il n'y a peuple qui ne l'ait eftimée fille de Dieu, & pour cefte caufe fait biē grand honneur aux miniftres d'icelle.

Peuples des pays chauds.
Peuples des pays froids.
Iuftice fille de Dieu.

ENTRE autres les premiers Gaulois l'ayās reputée fille du feul Dieu, createur de toutes chofes, leurs fucceffeurs (des-voyez de la vraye croyāce, par leur premier introducteur de faulfe religiō Dryius) l'ont reuerée comme fille de Iupiter. Et d'autant qu'ils reprefentoiēt iuftice par l'image d'vne belle ieune Dame ; il leur fembla indigne de commettre des hommes à l'adminiftration de ce qu'eft requis pour l'exercice d'icelle. Pour ce deputerent ils certain nombre de femmes, pour eftre Iuges des differens qui fourdroient entr'eux. Encores en duroit la façon quand les Gaulois choifirent Annibal pour leur chef, & general de leur armee contre les Romains : comme de ce Plutarque, au liure des femmes illuftres, en eft tefmoing, & digne d'eftre creu en cefte part. Vray eft qu'il ameine vne autre raifon, pourquoy les femmes eftoient commifes à iuger. Il dit donques que les Gaulois, auant qu'auoir paffé les monts, pour entrer en Italie (de laquelle de fon tēps ils tenoient encores vne grande partie) quelque differens fefmurēt entr'eux qui cuiderēt paffer en guerres Ciuiles. Mais ainfi que les deux trouppes eftoient preftes fe ioindre, & mener les mains, les femmes des deux parties fe meirent entre-deux, & auec larmes, prieres, & accollades feirent tant enuers leurs maris, que leur fureur refroidie, elles les meirent d'accord. Pour recongnoiffance duquel bien faict, les Gaulois refolurent, que de là en aprés, nulle deliberation, fuft pour entreprinfe de guerre, fuft pour cōfulter des moyés de donner & auoir la paix, ne fe feroit fans l'affiftance & opinion de femmes.

Femmes Iuges des Gaulois.
Annibal chef des Gaulois. Plutarque.
Caufe pourquoy les femmes eftoiēt Iuges és Gaules.

des Bourgongnons, & de leurs estats. 165

femmes. Pour ce(dit-il) qu'entre les articles passez, & accordez, par eux, auec Annibal, cecy s'y trouue expressément escrit, & arresté, & quasi de mot à mot. Si quelque Gaulois se plaind d'auoir esté outragé, par aucũ des bādes Carthaginoises, le magistrat des Carthaginois, ou les chefs de l'armee laissée en Espagne, en soient les Iuges. Au contraire, si un Gaulois est trouué auoir faict tort à quelque Carthaginien, tel different sera iugé par les femmes Galliques. Ce que nous venõs de dire sera(i'en suis seur) bien peu, ou respect de ce que plusieurs, desireux auoir plº de cõgnoissãce de ceste antiquité, en esperoiẽt: mais ie leur supplie se cõtéter pour le present d'autãt:& s'asseurer que ny veilles, ny labeurs n'ont esté espargnez de ma part, pour penser retirer en outre quelques memoires des choses antiques, seruantes à ce propos: ce que n'ayãt peu faire, ie laisseray au bout de ma carriere, la torche ardãte à vn autre mieux courant. Et si quelques meilleurs, & plus amples enseignemens restent encores, où que ce soit, ie prie celuy qui les a, qu'il ne luy soit grief les mettre en euidence, & nous les communiquer. Ce pendant ie viendray à rechercher la façon que les Bourgongnons tenoient en la vuidange de leurs differens.

Laisser la torche.

De ce que l'autheur a peu trouuer, & recueillir touchant l'exercice de la iustice, entre les Bourgongnons. CHAP. XXXI.

DEPVIS que les Bourgongnons eurent abandóné, voire bruslé, leurs Bourg Ongne, & tous les Hameaux de leur agencement: & qu'ils eurent commencé marcher en armes, pour gaigner païs outre le Rhin: force leur fut entrerompre l'ordre de la vie Politique, pour viure en gens de guerre, & suiure le party que la fortune leur presenteroit. Il est doncques croyable que(les loix cessantes entre les armes) ils se submirẽt tous à l'obeïssance que furent, & encores sont coustumiers rendre à vn chef tous autres peuples, qui sont menez en expeditions loingtaines : mesmement quand il est question de faire des emigrations. Tel chef general d'entreprinse, a soubs luy ses Preuosts, & rechercheurs des meffaicts, pour(sur tout)empescher les mutineries,& chastier les delinquants. Les autres actes de iustice particuliere s'executoient par les Capitaines, chacun sur son regimẽt, & sur ceux qui auoient à marcher soubs leurs enseignes. Et leur dura ce train, tandis qu'ils furent meslez auec les Vandales, où Pline, employé pour le seruice des Romains, les trouua Vespasien estant Empereur. Leur dura d'auãtage, iusques à ce qu'arrestez és enuirõs du Rhin, & és terres que les Allemands furent contraincts leur bailler: ils espierent, & trouuerent la commodité de rentrer és Gaules, & reuenir au païs d'où premierement ils estoient iadis partis : selon que nous auons bonne esperance de le declarer plus par le menu és liures suyuans.

Iustice militaire.

Vandales. Pline.

Av reste estant entré en propos des Iuges des Bourgognons, & n'en pouuant rien dire de bien certain, sinon depuis qu'ils furent retournez és Gaules, par les moyens, & pour les raisons que ie reserue à expliquer: ie crain bié fort, qu'il ne soit trouué mauuais,& contre ce qui est en constumiere obseruance, que ie declare premier quelque chose de leurs actions, que de les auoir ramené deça le Rhin. Mais s'il me failloit traicter à deux fois vne mesme matiere, & retrancher à present, du faict des Iuges(duquel ores il s'agit) ce qui est posterieur à leur retour, ie craindrois d'encourir plus-grand danger de reprehension: d'autant que si(rompant l'ordre que i'ay tenu par cy deuant) ie disois, & retenois à dire quelque chose de la matiere mise comme sur le bureau; telle remise à vne autrefois, pourroit estre trouuee excuse necessaire. Doncques la matiere des Estats de Bourgongne(laquelle i'ay prins pour subiet, aussi bié que l'antiquité des Bourgongnons) m'ayāt rangé à ce point, de me faire suyure, & mettre d'vn contexte, tant ce qui se faisoit iadis, que ce qui presentement est en vsage, sera pareillemét cause, qu'en ceste part ie ne m'esloingneray de ma premiere façon: ains perseuerant en icelle, ne craindray que les choses modernes succedantes aux anciennes, soiēt traictees sans discontinuation, ny dilation.

ENCORES que beaucoup d'autheurs soient en ce commun accord, & consentement, que les Bourgongnons, estās encores en Allemaigne, estoient gouuernez par Rois: si n'est leur opinion si estroittemét tenuë de tous, qu'elle n'ait des contredisans. Surquoy s'il failloit prononcer,& à la pluralité des voix vuider ce different, il nous seroit force iuger, que depuis qu'iceux Bourgongnons ont esté mieux congneuz(qui est aduenu quand ils nous eurent approché de plus pres) nous auíons sçeu, qu'ils obëissoient à vn Hédinos Roy qui auoit le soing des guerres, & de toutes autres choses seculieres: & à vn Sinistus Pontife, ou grand Ministre des choses sacrees, qui estoit plus heuresement obey, & moins calomniable que le Roy: selon que(Dieu aydāt) nous le reseruons à expliquer, au lieu que nous auous promis.

Roy, & pōtife des Bourgonguons. Hendinos, & Sinistus.

D'AVTANT que les gestes de noz premiers Rois de Bourgongne, ont esté fort sommairemét escrits, par noz Chroniqueurs, & Annalistes, & que rien ne se peut apprendre de leurs narrations, touchant l'affaire de Iudicature, que nous auōs mis en termes: force m'est auoir recours à nostre vieil Romant, desia souuent allegué cy dessus. La substance d'vn sien prolixe discours, reduite en peu de paroles, porte, que les Gaulois soustenans fort impatiemment le ioug Romain, ne laissoient pierre à mouuoir, pour tirer secours des peuples d'outre le Rhin, mesmemēt des Bourgongnons, & de leurs confederez, alliez, & amis. Mais(cōme nous dirons ailleurs)telles menees, & entreprinses ne peurent estre si secrettes que les Romains n'en eussent aduertissemét. Pource eux ialoux des Gaules, & incroyablement soigneux de les conseruer en leur obeïssance,

Gaulois soigneux de leur liberté.

Romains diligens à se conseruer les Gaules.

tenoient

des Bourgongnons, & de leurs estats.

tenoient d'ordinaire plusieurs legions en garnison, pour la garde du passage du Rhin. A la lõgue toutesfois les forces de l'Empire Romain foiblissantes de plusieurs endroits, & portion des legions retirees du limite du Rhin, pour les employer ailleurs, où elles estoiẽt estimees plus necessaires: entre tous les peuples priez, & inuitez par les Gaulois, pour auoir pitié de la seruitute en laquelle ils estoient soubs les Romains, les Bourgongnons furent les premiers, qui passerent le Rhin, & faulserent les forces, posees par les Romains, pour la garde du passage. Puis à traict de tẽps, eurẽt pour recõpense, les païs qui sont soubs les dieceses de Besançon, Autun, Chalon, Mascõ, & portiõ de ceux de Lengres, & d'Auxerre. *Declin de l'Empire Romain. Bourgongnons premiers secouirẽt les Gaules.*

OR le Roy des Bourgongnons se voyant defaict de tant de peuples diuers qu'il auoit assemblé, pour plus seurement entrer aux Gaules, & les ayant licentié, les vns amiablement les autres auec menaces; monstra, & aux siens, & aux Gaulois, qu'il n'estoit plus de ces Rois empruntez, & qui n'ayans de Rois que le nom de Hendin, estoient plus esclaues du peuple, que le peuple ne leur estoit subiet. Luy s'estant emparé, & impatronisé des païs confinez par les limites prementionnez, print le plus beau & le meilleur d'iceux: & sur tout en dressant son estat, meit en son domaine presque toutes les bõnes villes. Vray est qu'il y institua des Contes, selon la diuision des Bailliages: & des Ducs, iouxte la distinction des païs. Depuis qu'à traict de temps, le nom de Contes fut supprimé, l'ancien nom des Baillifs fut remis sus, & les Ducs furent appellez Gouuerneurs. Mais quand il aduint que Huẽ Capet Conte de Paris, & Prince des François, feit ses preparatifs, pour occuper la Couronne de France, sur les heritiers du Roy Loys cinquiesme, dernier Roy de la race de Charlemagne: l'vn des plus expres articles accordez auec les Nobles, fut que les Ducs, & Contes, qui ne tenoient leurs Duchez, & Contez sinon en offices, les possederoient en tiltre, & proprieté: pour en faire tels profits, que de leurs propres heritages. Ce que Pepin pouuoit mieux faire, & plus iuridiquement contracter, pour ce que concernoit la Bourgongne, que pour le regard des autres Prouinces: car elle luy appartenoit par droit successif, & luy estoit heritage si legitimement acquis, qu'il luy estoit loysible vendre, engaiger, & comme il luy eust pleu disposer de la Seigneurie d'icelle. *Roy des Bourgonguons. Hendin. Contes. Ducs. Baillifs. Gouuerneurs. Huẽ Capet. Loys 5. Ducs, & Cõtes faits proprietaires. Bourgongne heritage de Pepin.*

ICY seroit quasi necessaire traicter du deuoir des Ducs, & des Contes, du temps qu'ils n'estoient que simples officiers du Prince souuerain: d'autant que les premiers congnoissoient en leurs Prouinces de toutes matieres d'Estat: sauf d'en renuoyer les plus arduës, & importantes au Roy, & que pour les finances ils estoient comme generaux: Et les secõds qui sont les Contes, auoient la charge de la conduite des bans, & arriere-bans: pour raison de laquelle ils ont esté nommez Baillifs, de Baal, Idole, & representatiõ de Mars, que les Payés, & Idolatres ont pẽsé Dieu des batailles: auoient d'auantage l'administration de la iustice, tant au *Ducs. Contes. Baillifs. Baal.*

168   De l'antiquité & origine

ciuil, qu'au criminel: pour vuider les matieres appellatoires, qui ressortissoient par deuant eux, des causes, & procez desia iugez en premiere instāce par les Preuosts, Chastellains, & autres Iuges ordinaires és terres du domaine du Prince, & autres iustices primitiues, tenuës en fied desdites places, & terres Royalles. C'estoit en outre du deuoir du Conte, & charge annexee à son estat, de receuoir les deniers du Prince, & en faire recepte tāt de l'ordinaire, que de l'extraordinaire. Mais s'il aduenoit qu'il conuint employer la Noblesse, & mener les bans, & rierebans, par commandement du Prince souuerain: lors le Conte se substituoit par approbation du siege, vn Lieutenant pour satisfaire à sa charge de iudicature, & commettoit quelqu'vn pour vaquer à la recepte. Tel Lieutenant dit general, estoit mis par le Conte (qui est à present nostre Baillif, sans que le Prince s'en meslast: comme aussi estoit son commis aux finances: duquel neatmoins il demouroit responsable. I'en ay si souuent cy dessus & ailleurs discouru, que s'il failloit aussi obseruer en ceste part les loix des banquets, i'aurois honte de rapporter tant de fois vne mesme viāde sur table, encores que ce soit à diuers repas. Mais il m'a semblé que la matiere mise en termes, eust esté (s'il est loysible ainsi dire) trop baillāte, & mal liee, si ie me fusse contenté de ce que desia i'ay dit des Ducs, & des Contes, sans en plus faire mention en ce lieu, où leur rang à mon aduis se trouuera bien à propos. Dōcques (pour tout ce que i'en puis desia auoir dit) ie ne lairray de rapporter icy, que (combien que multiplication d'officiers soit la ruine du peuple) noz Rois (ou plustost leur conseil) ont tant esté espargneurs de prouidence, que de ces deux simples offices, ils en ont faict proceder vne formiliere. Pour en venir à la verification, ie commēceray par la function du Duc. Iceluy souloit entre les Romains estre nōmé *Præses prouinciæ*: mais depuis sa charge a esté diuisee en deux, sçauoir est en vn Gouuerneur, & vn premier President du Parlement de la Prouince. Au Gouuerneur a esté substitué en l'absence, vn Lieutenāt de Roy: encores en plusieurs païs en y a il deux ou trois. Le voiage que François de Lorraine Duc de Guyse feit en Italie, pour le secours du Pape Paul 4. nous engendra en Bourgongne deux Lieutenans de Roy, qui deslors ont tousiours esté continuez, à la grandissime foule du païs. Celà aduint par la faueur, & amitié que ledit Duc de Guyse portoit au sieur de Tauanes, duquel les suffisances, & dextre cōduite au fait des armes, l'esleuerent tāt qu'il paruint à estre Mareschal de Frāce. Luy cōtraint suyure ledict Duc de Guyse au voyage de Rome, obtint du Roy, que pendant son absence, Messire Guill. de Saux, sieur de Ville-françon son frere aisné, exerceroit la charge de Lieutenant de Roy en Bourgongne. Mais luy de retour ladite commission ne cessa, ains fut entretenuë: voire ledict sieur de Ville-françon decedé, le sieur de Vantoux luy succeda en telle lieutenance. Et ledit sieur de Vantoux mort, le fils aisné du feu sieur Mareschal de Tauanes en a esté pourueu. Les guerres Ciuiles que les

rebelles

Marginalia:
- Charge du Conte d'estre Receueur general.
- Lieutenāt general.
- Multiplicatiō d'officiers ruine du peuple.
- Duc.
- *Præses prouinciæ.*
- Gouuerneur.
- Premier President.
- Lieutenāt de Roy.
- François de Lorraine Duc de Guyse.
- Deux Lieutenans de Roy en Bourgongne.
- D'où est prouenu qu'il y ait deux Lieutenans de Roy en Bourgongne.
- Pape Caraffe.
- Sieur de Ville-françon.
- Sieur de Vantoux.

des Bourgongnons, & de leurs eſtats.

rebelles au Roy, & perturbateurs du repos publicq, ont ſuſcité contre noz Rois fils du Roy Henry 2. & contre les bonnes villes, & plat païs de France, ont contraint iceux Rois de faire fortifier leurs villes, & places d'importances. Et pour ce que tant de gens de villes, & autres eſtoiẽt entrez en la coniuration des Sectaires dits Huguenots, & (faits leurs complices) auoient auec la vraye, & ancienne Religion, obiuré la fidelité deuë à leur Roy, oublié l'amour de leur païs, & renoncé à toutes les amitiez qu'ils ſouloiẽt auoir auec leurs parẽs, voiſins, & combourgeois, ne taſchoient de plus ardente volõté à aucune choſe, qu'à peupler leurs opinions, & à ces fins faire tomber les villes, & places de leur naiſſance, & lieux de leur premiere habitatiõ és mains de gens ſi endiablez, que le principal de leur plaiſir eſtoit tuer, ſaccager, piller, & voler vn chacun, ruiner, demolir, & aneantir les plus ſumpteux baſtimens, & plus excellentes marques des villes, chaſteaux, & places fortes: il fut expedient, voire neceſſaire, dreſſer des Citadelles, & conſtruire des forts, pour tenir les mutins ſoubs bride, & conſeruer les villes à la deuotion du Roy leur ſouuerain. *Occaſion de l'erection des Citadelles. Pourquoy les Citadelles furent dreſſees.*

DE là eſt aduenu, que ſi les Rois, ou Gouuerneurs, ou les Lieutenãs de Roy, n'ont erigé en eſtats à vie pluſieurs Capitaines deſdites Citadelles, & places fortes: ſi eſt-ce que les y commis, & deputez ſen ſont tant & ſi longuement dits Gouuerneurs qu'ils y ont eſté laiſſez, & que les lieux ſuſpects en ont eſté ſuſceptibles. Ie laiſſe les ſoldats, garniſõs, & innumerables autres tels fruits de mauuaiſe cõſequence, que la Huguenoterie (qu'on qualifie Religion pretenduë reformee) a plus copieuſement eſpanché, qu'il n'en ſortit du vaiſſeau de Pandore. Voilà comme l'vne des charges du Duc ancien a eſté attribuee au Gouuerneur de Prouince, & peu à peu ſubdiuiſee. L'autre partie deſdites charges a eſté donnee à vn Magiſtrat de robbe longue, qui retient en Latin l'ancienne appellation de *Præſes*, nous le nõmons en François Preſidẽt. Il eſt chef de la iuſtice, en la Prouince qu'il adminiſtre: & luy appartenoiẽt iadis les emolumẽs du ſel: auquel il auoit droit de cõmettre, & de diſpoſer de tous les offices qui en dependẽt. Mais depuis les Rois ont retiré ceſte puiſſance, & là ſe ſont reſerué, pour la faire exercer, ou par leurs Maiſtres des Requeſtes, ou par des gardes des ſeaux erigez en offices. Et en a eſté dreſſee vne particuliere iuriſdictiõ, ou bureau, où il y a des Audienciers, Cõtroolleurs, &c. tous offices mis en taxe, & dont les Rois font profit. *Gouuerneurs des Citadelles. Preſident.*

AV temps paſſé toutes les Prouinces où de preſent ſont erigez Parlemens, eſtoiẽt (horſmis Paris) à quelques Princes, autres que les Rois de Frãce. Et combiẽ qu'iceux Rois ayẽt en fin obtenu droit de ſouueraineté, voire (qui plus eſt) acquis la proprieté des Duchez, & Contez, qui ont eu tiltre de Pairrie, & qui ſont dedans l'enclauement du Royaume: ſi auoiẽt eſté les Ducs, & Cõtes qui anciennemẽt les poſſedoiẽt, ſouuerains eux-meſmes: & en ceſte qualité auoiẽt chacũ eu leur Preſidẽt, leur Con- *Parlemés. Conſeils d'Eſtat.*

P

seil,& autres officiers neceſſaires pour l'exercice de iuſtice, & vuider en dernier reſſort les differens qui ſe mouuoiét entre les ſeigneurs hauts iuſticiers,ſur leſquels les Baillifs des Princes n'auoient que cógnoiſtre:entre le païs,villes,& Citez,les vns cótre les autres:&(au reſte)affaires concernás l'eſtat,&domaine du Prince.Et qu'it aux cauſes de partie à partie, entre les gés du tiers Eſtat,cóme il n'y a pas lóg-téps,qu'elles n'eſtoiét receuës,ny traictees au Conſeil priué du Roy, ains eſtoient renuoyees aux Cours de Parlemét, d'où les parties reſſortiſſoiét:ainſi en ces Cóſeils d'Eſtat tát des Rois,que des Princes prementionnez, il ne ſen receuoit aucune, ſinon que telle cauſe euſt quelque connexité auec les affaires du ſouuerain.

Conſeil priué.   OR combien que les Rois euſſent tel Cóſeil d'Eſtat,qui les ſuyuoit d'ordinaire, où qu'ils allaſſent; ainſi que faict encores le Conſeil priué,

GrandCóſeil.   & cóme faict(mais vn peu de plus loing)le grád Conſeil,qui iadis eſtoit le Conſeil plus priué: ſi eſt-ce qu'il falloit le plus ſouuent, que le Roy

Le Roy ſeul Iuge des Princes, & cópagnós de Princes.   preſidaſt luy-meſme en ſon Conſeil. Car lors les Ducs,Contes, & libres Seigneurs, deſquels ou les predeceſſeurs,ou eux-meſmes, ſ'eſtoient mis en l'obeiſſance du Roy, auec promeſſe de la fidelité deuë au ſouuerain, eſtoiét encores en ceſte hereſie (c'eſt à dire ferme, & immuable opinió) de ne ſubir iugement,que pardeuant la perſonne du Roy, tenant ſon lis

Cháncelier.   de iuſtice,aſſiſté de ſes Pairs,& ayant à ſes pieds ſon Chácelier qui eſtoit ſon premier Notaire, & (cóme on parle maintenát) Secretaire:ſon Conneſtable, & ſon grand Eſcuyer aſſis ſur chaires baſſes aux deux coings de

Conneſtable. Grand Eſcuyer.   deuant la bancque du Chancelier: le Conneſtable à dextre, tenant l'eſpee nuë, & la poincte en haut: & le grand Eſcuyer tenant l'eſpee Royalle dedans ſon fourreau, le bout repoſant en terre. Tous Princes non Pairs, & les Ambaſſadeurs des Princes, & Potentats, aſſis ſelon leur grade auprés des Pairs:mais c'eſtoit ſans auoir droit d'opiner.

Obſeruation ancien ne.   VOIRE que de ce temps-là, non ſeulemét les Rois, mais auſſi les Ducs de Bourgongne(à fin que ie me taiſe des autres,deſquels ie n'ay ſi ample cógnoiſſance) n'euſſét pas entreprins,de faire ſignifier par vn huiſſier,ou ſergent ordinaire,aucuns leurs mandemés, & moins adiournemés à telles ſortes de Princes, & Seigneurs qui ne recógnoiſſent pour leur Iuge,

Fleſchir deux genoux deuant Dieu, vn deuant le Roy.   que la ſeule perſonne du Roy:deuát laquelle(choſe bien notable) ils ne fleſchiſſoiét qu'vn ſeul genoil, reſeruás les deux à Dieu, au nom duquel tous genoils doiuent fleſchir. Que ſ'il failloit faire enumeratió certaine des outrages,empriſonnemés,procez faits,condánations à amendes,cótraintes de payer icelles,cótre les huiſſiers & ſergens, qui (fondez en ce

Chaſtiement des ſeigens entrepreneurs.   vulgaire, & inſolent dire,A bon maiſtre hardy varlet) ont voulu entreprédre d'aller faire des executiós aux perſonnes, ou domiciles des Princes, & Seigneurs de la qualité prementiónee, & d'autres qui (à la Fráçoiſe) ſe vouloiét meſurer à aulne ſemblable,tel diſcours croiſtroit en vne Iliade. Vray eſt que ceux qui ſe ſót trouuez foibles,ont eſté chaſtiez, & leurs

maiſons

des Bourgongnons, & de leurs estats.

m...s mal accoultrees: mais on ne leur sçauroit faire côfesser, que ce ne soit à tort. Aussi estoit-il bien certain qu'il se trouue entre les huissiers, & sergens, des hommes si insolens, & si outrecuidez, que se couurans de leur clinail, ils pensent estre inoffensibles ; & ce pendant brauer, & vser de propos insupportables, & mesmes à l'endroit de ceux qu'ils cognoissent plus mal endurãs. Sur la relatiõ, & simple plainte de tel chicaneur ou (pour parler à la Rabelaizienne) chiquanoux, vn Procureur general (sans s'en enquerir d'auantage) donnera ses conclusions, & sur icelle vne Cour de Parlement decernera adiournement personnel, & tracassera toute vne ou plusieurs annees vn Gentilhomme, pour contenter vn sergent: qui combien qu'il soit mal content, se gardera bien de se rẽdre partie formelle. Ou s'il s'inscrit partie, ne craindra le hazard d'vne honteuse condãnation, attendu que sa reputation ne fut iamais bonne.

Povrce les Rois & princes souuerains, ou semi-souuerains, auoiẽt des huissiers, & sergẽs d'armes, Nobles, riches & bien esprouuez Gẽtils-hommes, qui executoient les commissions, & mandemens contre les Princes, & Seigneurs de la haute lice, dont nous parlions tantost. En ceste qualité Robert de Manny est en ses lettres de Cheualier de l'ordre de la Geneste, dit sergent d'armes du Roy: selon qu'il appert par sesdites lettres cy deuant inserees au chapitre 28. Tels estoient bien veuz, & biẽ venuz par tout: aussi sçauoient ils en termes de douceur, & honnesteté faire leurs charges : & pour ce regard estoiẽt respectez : là où il n'y a pas long-temps, que le sergẽt estoit tenu pour personne infame, & qu'à faute de bourreau eust esté contraint faire les executiõs de haute iustice.

Ce que ie disois maintenant des huissiers, & sergens d'armes, peut estre sçeu, & recongneu veritable, pour ceux qui ont prins peine de visiter les Tresors, & chambres des tiltres des Princes, & des Abbayes. De ma part ie l'ay apprins tant de plusieurs vieils Gentils-hommes, plus curieux, & mieux souuenãs des choses qui nous ont precedé, que ceux qui ne font recherches des affaires de la France, sinõ és escrits des Grecs, Latins, & Allemãds : qu'aussi pour auoir veu maintes relations de plusieurs Gentils-hõmes, tels que de leur Noblesse on n'en pourroit douter, par lesquelles se confessans sergens d'armes du Duc de Bourgongne, ils faisoiẽt rapport de leur exploit, & en certifioient le Duc. Et à fin que l'on ne pẽse, que (d'autant qu'ils se qualifient sergens d'armes) leur charge ne s'estendoit, que pour le faict des combats, & actions belliques : i'ay noté plus expressément auoir leu au Tresor des tiltres de l'Abbaye de Tournus, vne relation d'exploit faict par vn Seigneur de Sercy pres S. Gengoux le Royal, par commandement du Duc de Bourgongne, & à requeste d'vn Abbé de Tournus, contre Messire Philippe de Vienne Cheualier sieur de Paigny de son chef, & de Cuisery, à cause de S. de Sauoye sa femme : sur ce que ledict Abbé pretendoit plusieurs excez auoir esté faits par les gens d'iceluy de Vienne, és villages de

Huissiers, & sergens d'armes Gentils-hommes.

Sergent iadis personne infame.

Nobles sergẽs d'armes du Duc de Bourgongne. L'Abbaye de Tournus. Le sieur de Sercy. Philippe de Vienne sieur de Paigny &c. S. de Sauoye dame de Cuisery.

172 De l'antiquité & origine

Pristy, & la Crot. — Pristy, & la Crot, appartenans audit Abbé, sur lesquels les sieur & dame de Cuisery pretendoient certaine quantité d'auaine leur estre deuë, pour ne sçay quel droict de garde.

    Depvis les Roys ont petit à petit, reüny, & incorporé à leur dommaine, les Duchez, Contez, & libres Seigneuries, desquelles les proprietaires estoient coustumiers ne tenir compte de tous Iuges, & Commissaires du Roy: s'estimans tels, que (cóme dit est) la seule personne du Roy à laquelle, & non à autre, ils auoiēt faict hommaige à son sacre: & qu'ils recógnoissoiēt leur vnique souuerain: auquel la dignité, puissance & auctorité Royalle estoit si adherente, & inherente, qu'elle ne se pouuoit communiquer, & moins diuiser par participatiō, representation, ou autrement comme que ce soit: ne pouuoit aussi se trāsferer à personne aucune, en tout ny en portion, pour y obliger ceux, qui comme ils ne sont tenuz marcher (s'il ne leur plaist) soubs le commandement, ou soubs la Cornette d'autre que du Roy propre: aussi ne recongnoissent Iuge que le Roy, seant luy-mesme en son throsne, & tenāt son lis de iustice. Toutes ces hautesses rabattues, & comme ramenees au petit pied, les plus-grands punis de leurs outrecuidances, & des presūmptions qu'ils auoiēt prins, de faire teste aux Rois, voire de leur donner la loy: les Duchez de

Retour de Duchez & Contez à la Courōne. — Bourgongne, Normandie, Guyenne, Bretaigne, Berry, Bourbonnois, Auuergne &c. & les Contez de Champagne, & Brye: Tholose, & S. Gilles &c. sont par legitime retour si incorporees à la Couronne de France,

Appanages. — qu'elles n'en peuuent estre separees, sinon par appanages, qui ne sont droicts importans solide proprieté, sinon pour les enfans masles. Icy est

Iustice diuine. — la iustice diuine grandemēt admirable. Chacun sçait que les Ducs, & les Contes des Duchez, & Contez que nous venons de nommer (mesmement les modernes, & plus freschement decedez) ont excessiuemēt tormenté les Rois, & miserablement desolé le Royaume de Frāce, soubs pretexte du bien publicq' pour lequel ils se ventoient auoir prins les armes: mais en fin eux, & leurs races ont esté exterminez. Si quelques-vns restent encores de leur nom, si ne se peuuent ils maintenir estre leurs heritiers. Comme les tourmēte-Rois sont morts, les vns à la poursuitte de leurs vengences; les autres sans auoir rien auancé és affaires ausquels tendoient leurs plus fort affectionnees intentiós: & que le Roy (auquels ils portoient hayne irreconciliable) a recueilly les successions de tous: ainsi Dieu est puissāt assez, pour submettre à la deuotion du Roy, & les personnes, & les biens des coniurez contre luy.

    Sic mare sæpe suos consueuit habere recursus. A brief dire, tandis que les Pairries de France ont esté tenües par Ducz à hauts fleurōs, & par Cótes issuz de Princes souuerains, leur puissance a fauorisé leur audace: mais

Pairs, & Euesques portatifs. — maintenant que les Pairs sont comme les Euesques portatifz, qui empruntent des tiltres en Turquie, sont Euesques sans diœceses, & n'ont où exercer leur pouuoir, sinon en territoires empruntez: il ne se

des Bourgongnons, & de leurs estats. 173

ne se faut esbahir s'ils sõt descheuz de leur primeraine grãdeur & auctorité: & si les Cours de Parlemens(ausquelles aussi les Chãcelliers ont biẽ
retrãché le vol) ne permettẽt plus à ces Pairs imaginaires, ce que souloit *Pairs ima-
estre du droit des anciẽs Pairs de Frãce; ainsi nõmez, pour ce(cõme des- ginaires.*
ja dit est)estoiẽt si pareilz au Roy, qu'il ne les precedoit que du seul nom *Pairs pa-*
& droit de seance au throsne Royal. Certainement d'autant que les an- *reilz au Roy.*
ciens Pairs desdaignoient la Cour de Parlement, & faisoient peu de cas *Cour de*
de son auctorité; d'autant aussi la Cour de Parlement leur vse de brauad- *Parlemẽt.*
des: & montre biẽ que toutes choses ont leurs vicissitudes. Ie n'en puis
toutesfois croire les comptes que plusieurs en font, pour auoir veu pratiquer le contraire à l'endroit de personnes ausquelles n'appartenoit aucun rang de seance, sinon pour estre Conseillers du Conseil priué: tant
s'en faut qu'ils fussent comparables aux Pairs, que nul ne peut ignorer a-
uoir esté le premier Senat de France: de façon qu'au commencemẽt, on *Premier*
ne parloit que du iugement des Pairs. *Senat de*
  LES moyens de l'accroissement des Pairs que nous auõs dit n'auoir *France.*
esté que quatre du cõmencemẽt, c'est à dire lors que Pharamõd fut esleu *Du nõbre*
Roy des François, encores que ce fust és Gaules: sont venuz(comme *des Pairs.*
nous l'auons desia touché) de l'augmentation de la possession des Rois
François. Et neantmoins paruenuz au nõbre de douze, si ne furent ils ny
titulaires, ny proprietaires des Duchez, & Cõtez, que seulés nous tenõs
auoir droict de pairries. Aussi ne l'ont iamais pensé, ny ceux qui serieusement, ny ceux qui fabuleusement, & à plaisir, ont escrit des douze Pairs
de Charlemaigne. Pas vn d'eux ne fait Rolãd, Oliuier, Naymes, Ogier, *Pairs du*
Gannelon, ny tous les autres Ducs, ou Cõtes des païs ausquels a esté de- *temps de*
puis annexé le tiltre de Pairrie, fors Guy de Bourgongne, & Richard de *Charlema-*
Normandie, rencõtrez par hazard. Que plus est, en tous les catalogues, *gne.*
& enumerations des Pairs regnant Charlemagne, il ne se trouue aucun
Pair Ecclesiasticq, que le seul Archeuesque Turpin. Qui me faict croire, *L'assigna-*
que les Pairries de trop plus ancienne institution, n'auoient leur assiette *tion & til-*
selon les tiltres que presentement on leur baille: & que cest ordre d'assi- *tre des*
gnation sur certains tiltres n'est si ancien, que les commencemens de la *Pairries*
troisiesme race des Rois François, de laquelle Hugues Capet fut le pre- *trop plus*
mier. *recent que*
 l'institutiõ
 des Pairs.

De l'erection du Parlement de Paris.   CHAP. XXXII.

DONCQVES quel danger y auroit-il de coniecturer, en
chose si incertaine, lors que le Cõseil du Roy au par- *Erection*
auant ambulatoire, comme est de present le Cõseil pri- *du Parle-*
ué, fust arresté à Paris (où le nom de Parlement luy fut *ment de*
baillé) soit soubs Philippe le Bel, soit soubs son fils Loys *Paris.*
Hutin: les Pairries (desquelles les Rois souloiẽt disposer par l'aduis des *Philippe le Bel.*
 Loys Hu-
P iij *tin.*

autres) furẽt tellemẽt arreſtees dedás les limites de leur domination, & Royaumes, que deſlors les tiltres eſtás cõme inſeparablemẽt attachez à certains fõds, perdirẽt les moyẽs de plus varier: & les Rois furẽt deliurez de l'importunité qu'vn leur pouuoit faire en la brigue de telles Pairries, quand en aduenoit vacatiõ. Tous ceux qui ont traité de la premiere erection du Parlemẽt de Paris, le nõmẽt la Cour des Pairs: pour-ce qu'iceux Pairs, aſſiſtez de quelques Prelats, meſmement de l'Eueſque de Paris, & des Abbez de S. Denis, S. Germain des prez, & S. Geneuieſue (aucuns y adiouſtent l'Abbé de S. Magloire) rendoient droit à chacun, & iugeoiẽt ſommerainement. Vray eſt que depuis (ſoit que le Roy l'ait faict de la plenitude de ſa puiſſance & auctorité Royale, ou autremẽt pource qu'ainſi luy plaiſoit: ſoit que quelques Pairs y ayent conſenty) il eſtablit vn ſiẽ Lieutenát, qui repreſẽteroit ſa perſonne en tous actes de iuſtice: auquel & les Pairs, & les Princes du ſãg (qui auparauãt ne vouloiẽt recõgnoiſtre pour Iuge que la propre perſonne du Roy) ſeroiẽt inferieurs, & deuroiẽt reſpondre par deuant luy. Ce que ne peut eſtre ſi aggreé par quelques vns, qu'il ne ſe trouuaſt beaucoup plus gros nombre de malcontẽs. Tãt y a que ce chef de iuſtice ſoubs le Roy, fut nõmé Preſidẽt au Parlemẽt, à cauſe du droit de preſeance. Il ſied au Parlement de telle grauité, & repreſente le Roy ſi magiſtralement, que pour la ſuruenüe des Pairs, ny des Princes du ſang, il ne bouge de ſa place: qui eſt tout ioignãt le ſiege Royal, ſur lequel en l'abſence du Roy, il peut poſer ſon mortier, & repoſer ſon bras. Ceux des Pairs qui furent mal-cõtens de telle ordonnance faite à leur deſ-auantage, voulurẽt que comme le Roy ſ'eſtoit ſubſtitué vn Preſidẽt, ainſi permis leur fuſt commettre en l'exercice de leur charge, qui eſtoit de premiers Conſeillers du Roy, & de la Courõne de Frãce, tels hommes de ſuffiſances, & dignes que le Roy deuſt auoir occaſiõ de les accepter, & le Royaume en receuoir bien & ſoulagemẽt. Mais celà ne ſe pouuant accorder, les Rois dreſſerent vn Conſeil priué pour les exprés affaires d'Eſtat ſeulement: duquel les Pairs, les plus anciẽs Princes, & principaux officiers de la Couronne (ſ'ils excedoient l'aage de trente ans) eſtoient. Suruindrent quaſi en meſme temps terribles emotions de guerres, non ſeulement contre les Anglois, mais auſſi Ciuiles entre les maiſons d'Orleãs, & de Bourgongne: par leſquelles les Anglois reprindrent forces, & ſ'eſtans ſaiſis de Paris, troublerent de plus en plus l'ordre du Parlement. En fin toutesfois les Princes François reconciliez, par ſuſception de l'ordre les vns des autres: & les Anglois repouſſez iuſques en leur Iſle par le Roy Charles ſeptieſme, qui ne leur laiſſa en terre ferme que Calais: qu'encores il leur euſt peu oſter, ſinon que les tailles auoient eſté accordees aux Rois, iuſques à ce que les Anglois fuſſent entierement expulſez du Royaume de France: & que ſ'il les euſt chaſſé de Calais, les tailles euſſent ceſſé d'eſtre payees, qui euſt eſté perdre le plus pour le moins: iceluy Roy ſe delibera

(puis

des Bourgongnons, & de leurs estats. 175

(puis que Dieu l'auoit ouy en sa requeste, & luy auoit conserué la couronne de France, comme à celuy à qui de droit elle appartenoit) de restablir la iustice en son Royaume: le legitime exercice de laquelle auoit esté non seulement interrompu, mais quasi aneanty par les guerres.

A ces fins il redressa la Cour de Parlemēt de Paris, &(entre les autres establissemens) ordonna que la grand' Chābre seroit cōposee de xxxiiij. personnages, sçauans en droits, & aagez de xxx. ans, pour le moins: qui seroient examinez, & attestez, tant sur la doctrine, croyance, & probité, que sur l'aage. De tel nombre fut ordonné que les quatre seroient Presidés: quinze Conseillers Clercs & initiez aux sacrez ordres de l'Eglise, & xv. Cōseillers lays. Quant aux autres Chambres, il y deputa tel nōbre de Presidés, & Cōseillers que l'institutiō en est fort loüable: & vueille Dieu que son intentiō soit biē suyuie. I'eusse plus curieusemēt, & plus diffusément traicté ceste matiere, concernant le Parlement de Paris, mais ayant en plus singuliere, & expresse recommandation les affaires de ma patrie, il me semble plus raisonnable m'arrester à parler de l'institution du Parlement de Bourgongne, que de me mesler de chose, apres laquelle assez d'hommes de bonnes lettres ont employé beaucoup de leur loisir.

Restauratiō du Parlement de Paris.

Distributiō du rāg des persōnes seantes au Parlement.

De l'institution du parlement de Bourgongne.
CHAP. XXXIII.

TOvs ceux qui ont quelque seure cōgnoissāce du naturel des Bourgongnōs, me cōfesserōt qu'il y a en eux vne incroyable & indicible tenacité de bōne affection enuers leur Prince: & qu'il ne se faut esbahir, si icelle dilectiō de leur superieur, procedāt tant de certaine inclination naturelle, que de la vertu, & bōté de leurs Ducs, qui cōtraignoiēt leurs subiets à les aymer, par le bon, & doux traictement qu'ils receuoient d'eux, les ont tenu comme liez, & enchainez par le cœur en la mesme façon q̄ Lucié escrit Herculés auoir iadis tiré par les oreilles apres soy les Gaulois. Or comme la possession d'vne chose aymee, prisee & estimee, est fort chere, & soigneusement conseruee: ainsi la perte en est merueilleusement triste, & mal-aysee à supporter. C'est pourquoy les Bourgongōs (apres auoir esté par l'espace de pres de xlviij. ans, soubs la domination de Philippe, non sans cause surnommé le Bon, d'autant qu'il ne tint son peuple en guerre que dix ans, durans lesquels il gaigna sept batailles, & n'en perdit pas vne; puis meit ses païs en si haute paix, & heureuse tranquillité, qu'il n'y auoit si petite maison bourgeoise en ses villes, où on ne beust en vaisselle d'argent) estoient si affectionnez au pere, que pour l'amour de luy, & d'autāt qu'ils se voyoiēt prests de tomber en la main de ceux qui leur auoient tousiours esté ennemis, ils eurent infiniment grād regret, & feirent extreme dueil de la mort du Duc Charles,

Le Bourgongnon amateur de son seigneur.

Philippe le Bon Duc de Bourgongne.

Heur du bon Duc Philippe.

Heur de la Bourgongne soubs le Duc Philippe.

Charles Duc de Bourgongne.

P iiij

miserablement tué deuant Nancy : en l'an duquel la date est comprinse és lettres numerales de ces mots Latins : *Nocte Regum succubuit Carolus.*

<small>La persône du Prince ou chef ne doit estre hazardee. Fortune estourdie.</small> CESTE lamentable, & cruelle mort, auec la prinse des Rois Iean, & François premier du nom, & infiniz autres tels exemples, doiuent seruir d'instructiõ aux Princes souuerains, de non ainsi hazarder leurs persones, à la mercy de Fortune, que tous confessent estourdie, sans consideration, & priuee de tout bon aduis : veu que la conseruation de leurs persones est tres-necessaire à leur Estat, & la perte d'icelles ne peut aduenir, sans admirables esclandres, & piteuses desolations, au grandissime interest de leurs subiets. Celà(di-ie) nous doit faire remarquer, qu'il n'est pas si expedient que l'on pourroit dire, d'auoir des Rois, & autres Princes souuerains bien vaillans, & hardis. Car (cóme vn Poëte dit que la beauté est communément accompagnee de gloire) ainsi les Princes souuerains bien hardis, & vaillans de leurs personnes, ont volontiers trop grande opinion d'eux-mesmes : & ceste presumption les rend hazardeux, & temeraires. En ceste façon en print-il à nostre Duc Charles; qui s'estimant l'vn des meilleurs hômes d'armes de son camp, se fourra si furieusement en la bataille, que luy (estant le blanc auquel tant de coniurez visoient) il y fut accablé, & y perdit la vie.

<small>Ce n'est auantage à vn chef d'estre fort vaillant de sa persône. Outrecuidance de Charles Duc de Bourgongne.</small>

<small>Succession du Duc de Bourgongne embrouillee. Droict de pairrie. Roy Iean. Philippe le Hardy.</small> OR luy estãt le dernier hoir masle de sa race, & pere d'vne seule fille, laissa sa succession embrouillee de maintes, & diuerses difficultez. Car il tenoit Bourgongne, & Flandres en Pairries : & pourtãt le Roy pretendoit sa fille en estre incapable. Pretendoit d'auãtage le mesme Roy, que la Bourgongne, auec ses dependances, auoit esté dõnee par le Roy Iean, à Philippe le Hardy sõ fils, en appanage, & à ceste raison, subiette retourner de plain à la Couronne, à faute d'hoir masle, procreé de son corps, ou de ceux des masles descendans de luy en droicte ligne.

<small>Droict d'appanage. Par qui Bourgongne fut donnee à Philippe le Hardy. Pourquoy Philippe surnommé le Hardy.</small> AVCVNS ont pensé que tel appanage fut donné à Philippe par le Roy Charles le quint son frere, surnommé le Saige, mais ils se trompẽt : car ce fut par Iean son pere. Vray est que Charles approuua, & confirma tel appanage. Et me souuient auoir leu, qu'en la Chartre concedee par le Roy Iean, sont ces mots : *& quia nobiscum intrepidus in acie permãsit :* & que ceste dictiõ *intrepidus*, a esté estimee cause, qu'iceluy Philippe fut surnommé le Hardy. Autres dõnẽt autres causes de tel surnom. Et pourroit estre que non vn seul acte, mais que la hardiesse qui luy estoit familiere, & passee en habitude, en fut la vraye, & expresse cause, plustost que les actes singuliers d'auoir ou assisté hardiment à son pere à la bataille prés Poictiers, & luy auoir vaillãment sauué la vie : ou que d'auoir baillé vn soufflet en Angleterre au Prince de Galles, duquel il estoit prisonier : ou d'auoir faict brauade à Loys Duc d'Anjou son frere : quant au sacre du Roy Charles cinquiesme leur frere Philippe entreprint de conseruer le rãg de sa dignité de Pair, Doyẽ des Pairs de Frãce : côtre lequel droict de rãg du Duc de Bourgógne, Loys s'efforceroit opposer sa prenaissãce.

SOMME

des Bourgongnons, & de leurs estats. 177

SOMME que le Roy Loys xi. fondoit sa principale action sur ces deux droicts de Pairrie, & d'appanage. Par le moindre desquels Bourgongne, & Flandres comme Pairries, & tout ce qu'estoit des appendances, & dependances d'icelles, estoiẽt subiects retourner de plain à la Couronne, de laquelle l'vn, & l'autre païs auoit esté distraict aux conditions ordinaires, accoustumees en semblables affaires, & de tout temps obseruees sans contradiction. *Droits de Loys II sur Bourgongue.*

Av contraire (combien que la maison de Bourgongne fust reduicte à desolation digne de pitié: le fais de tant d'affaires tombant sur les bras d'vne simple fille, & ieune damoiselle, insuffisante pour faire teste, & entrer en disceptatió contre l'vn des plus accorts Rois, qui ayent regné en France) Marie de Bourgongne fille vnique, & seule heritiere du Duc Charles, opposoit par son Conseil, & par le ministere de ses deleguez, & agents, que la Bourgongne, & la Flandres, estoient païs, nõ enueloppez, ny circonscrits d'autre droit que le commun. Touchant Flandres, allegueoit que iamais elle ne fut baillee en appanage à aucun fils de France: ains que Bauldoin surnommé bras de fer en estoit seigneur, & ne luy fut qu'erigee en Côté, pour le dot, & mariage de Iudith, que Charles le Chauue pere d'icelle luy donna. Disoit d'auantage, que si Flãdres eust esté subiecte à retour, celà fust aduenu par le decez du Conte Loys, dernier hoir masle de sa race, la fille duquel nommee Marguerite, porta pour son dot icelle Conté à Philippe le Hardy Duc de Bourgongne, sans que le Procureur general pretendist iamais en rien debattre pour le Roy, nomplus que pour le reste des biens dudit Loys Conte de Flandres, desquels icelle Marguerite, & à cause d'elle Philippe le Hardy son mary, demourerẽt paisibles possesseurs. *Desolatiõ des affaires de Bourgongne. Marie de Bourgongne. Baudouin Conte de Flandres. Iudith de France. Marguerite de Flandres.*

ET pour le regard de la Bourgongne, le discours en est fort long: d'autant qu'il commence à Clotilde, par le droict de laquelle ce païs vint à Clouis Roy de France, & à ses successeurs. Continuãt de temps en tẽps, iusques au trespas du ieune Philippe 2. du nom Duc de Bourgõgne, premier mary de la prementionnee Marguerite de Flandres: mettoit en auant, que Iean Roy de France n'apprehenda la successiõ d'iceluy Philippe le ieune, comme, ny en qualité de Roy, par droit de retour, ains par legitime droit d'hoirie, à cause de Ieanne de Bourgongne sa mere, sœur d'Eudes Duc de Bourgongne grand Pere de Philippe le ieune. Brief le Conseil de Madamoiselle de Bourgongne pretendoit, & concluoit, que comme le Roy Iean estoit entré en l'hoirie dudit Philippe le ieune, par le droit de sa mere, laquelle mere en eust esté saisie ellè-mesme, si elle eust esté en vie: ainsi Marie de Bourgongne pouuoit, & deuoit entrer de plain droit en la libre iouyssance du Duché de Bourgongne, luy appartenant ainsi que propre heritage du Duc Charles, duquel elle est fille vnique. Voilà ce que i'en ay bien voulu dire: sans profõder ceste querelle plus auãt, & laquelle il ne faut plus refreschir, puis que les Roys de Frãce *Clotilde de Bourgongne. Clouis Roy. Philippe 2. Duc de Bourgongne. Ieanne de Bourgõgne. Eudes Duc de Bourgongne. La querelle de Bourgongne prescrite.*

en sont en possession de cent ans ou plus. Toutesfois ceux qui seront curieux de plus amplement estre instruits du droit des parties, pourront auoir recours à ce que leurs Aduocats en ont escrit respectiuement. Car encores que tels plaidoyers ne soient imprimez, si n'y a-il faute d'hommes, qui ont esté soigneusement diligens à en faire faire des copies, sans que la prolixité de telles escritures les en aye retardé.

POVR venir donques au poinct, le trespas du Duc Charles bien aueré, & son corps bien recongneu, & enseuely moins honorablement que la grandeur de tel Prince le meritoit: le Roy enuoya gens de tous costez, pour s'emparer de tous les biens du defunt. Ie croy bien que c'estoit à toutes fins: & tant pour la conseruation des droits de la Damoiselle, fille de son vassal: que pour la côtraindre de ne se marier sinô à la deuotiô du Roy, auquel il importoit beaucoup que l'administration des corps, & biês de ceste ieune Princesse, tôbassent és mains de quelqu'vn qui fust plus obeïssant que n'auoient pas esté les derniers Ducs Charles son pere, & Philippe son ayeul. Et où il aduiendroit autremét, le Roy vouloit que sa main fust garnie, & que (s'il failloit entrer en disputes) sa partie fust réduë demanderesse.

Presumée intention du Roy Loys II.

DV costé de la Bourgôgne fut enuoyé le sieur de Craon, hôme superbe, & cruel, qui feit beaucoup de maux aux habitans de l'vne, & de l'autre Bourgongne. Au lieu qu'il se deuoit parforcer de practiquer, gaigner, & attirer les cœurs des Bourgongnons, pour mieux les acquerir à son Roy; il effaroucha estrangement quasi tous les hômes des trois Estats. Notamment Iean de Chalon, Prince d'Orange, qui estoit lors le plus riche, & plus puissant Seigneur des Bourgongnes, fut tant irrité des mauuaises façons dudit de Craô, que se departant de l'amitié, & seruice du Roy, il tira grand nombre de Gétils-hommes à la suitte du party de Marie de Bourgongne. Le Roy le sçeut qui en fut bien fort faché: & en ce mes-côtentemét reuoqua ledit sieur de Craon, au lieu duquel il commit à la negociation de la reduction de Bourgógne Messire Charles d'Amboise Cheualier de l'ordre, & Gouuerneur de Champaigne. Luy homme accort, & de bon esprit, n'ignoroit pas, que non pour neant les anciés Bourgongnôs portoient pour deuise, vn chat en leurs enseignes, auec ces mots, *Tout par amour, & par force rien* : & qu'encores les modernes ne se vouloient auoir par rudesses, entama sa commission en termes si gracieux, & offres si raisonnables, qu'en fin les gens des trois Estats furent d'aduis les accepter.

Le sieur de Craon.

Iean de Chalon Prince d'Orange malcontent.

Charles d'Amboise.

Le chat symbole des Bourgongnôs.

Naturel du Bourgongnon.

Reuiniô de la Bourgógne. Capitulation sur la reddition de Bourgongne.

APRES qu'il fut côuenu, que les priuileges, franchises, libertez, & immunitez dont les trois Estats de Bourgongne iouyssoient d'ancieneté, & depuis par bien faict & souffrance des Princes, leur seroient tant conioinctement, que diuisément gardez, entretenuz, & de nouueau confirmez: fut semblablement accordé, que les Bourgongnons ne pourroient estre tirez hors du païs de Bourgongne, en faict de iustice, de finances,

ny des

des Bourgongnons, & de leurs estats. 179

ny des bans, & arriere-bans: ains que le Roy seroit tenu leur faire administer iustice, bailler Iuges, Tresoriers, Receueurs, & employer les bans, & riere-bans dedans le païs. Toutes choses arrestees entre le sieur d'Amboise, pour & au nom du Roy d'vne part, & les sieurs des trois Estats representans, & faisans pour tous les païs de Bourgongne d'autre part: le Roy, & son Conseil les eurent pour aggreables: côfirma ce qui estoit à confirmer, & au reste ordôna toutes depesches necessaires, pour l'accomplissement de ce qui auoit esté promis de sa part.

Ie ne veux oublier, que le Roy congnoissant ledict sieur d'Amboise fort bien veu, & bien voulu des Bourgôgnons, tant pour ces considerations, que pour le recompenser de ses peines, luy donna le gouuernement de Bourgôgne, sans neantmoins luy oster celuy de Champaigne: faueur si rare, qu'elle m'a semblé digne d'estre bien remarquee.

Qvand Philippe Chabot, dit de Brion Admiral de Fráce, mourut, Claude de Lorraine Duc de Guyse, & Gouuerneur de Chãpagne (qui auoit desia esté commis au gouuernement de Bourgôgne, du temps des defaueurs dudit Admiral) demanda au Roy François premier le gouuernement de Bourgongne: à quoy le Roy luy respôdit, qu'il le luy vouloit bien bailler, pourueu qu'il quittast celuy de Champagne: retorquant ledit Duc de Guyse, que Messire Charles d'Amboise les auoit desia autrefois eu tous deux: le Roy adiousta, Il est vray: mais Charles d'Amboise auoit conquesté au Roy Loys onziesme le Duché de Bourgôgne: conquestez moy quelque nouueau païs, & ie vous en donneray le gouuernement, auc celuy que vous auez desia.

Or pour satisfaire à l'vn des articles passez, & accordez entre le Roy Loys onziesme, & les Bourgongnons, qui estoit qu'ils ne pourroient estre tirez hors du païs de Bourgongne, pour le faict de iustice: le Roy erigea en l'an 1476. vn Parlemêt és païs, Duché, & Côté de Bourgôgne, pour seoir côme s'ensuit: à sçauoir celuy du Duché en la ville de Dijô, par six mois, commenceans le lendemain de la feste S Martin d'hiuer: Et au Côté en la ville de Salins, pour autres six mois, qui commenceroient le lendemain de Quasi modo. Ce parlement fut composé d'vn president, deux Cheualiers, douze Conseillers, deux Aduocats du Roy, vn procureur general, deux Greffiers, & quatre huissiers. Le premier president fut Messire Iean Iaquelin: Cheualiers (les autres parlemens n'en ont point, comme ceux des deux Bourgongnes) Messire Philippe Pot sieur de la Roche, & Messire Henry de Chissey sieur de Buffart: Côseillers Clercs, Maistres Leonard des Potots, Guillaume de Gãnay, Robert Brynô, Estiéne Lauangeot, & Philibert Lassertey: Conseillers lais, Maistres Estienne des Potots, Pierre de Vers, Hugues Noblet, Philibert de la Ferté, Antoinne de Loysie, Guillaume Bataille, & Iean Guiton.

Apres le susdit sieur Iaquelin ont esté Presidens en chef consecutiuement Messires Iean Douhet; Philibert de la Ferté natif de Mascon;

Charles d'Amboise Gouuerneur de Champagne & Bourgongne.
Ph. Chabot Admiral de Fráce.
Cl. de Lorraine Duc de Guyse.
Apophthegme du Roy François I.
Parlement pour les deux Bourgongnes.
Parlement semestre.
Siege du parlement pour le Duché à Dijon.
Salins pour le Conté.
Establissement du Parlement de Bourgongne.
M. Iean Iaquelin president.
Cheualiers de la Cour de parlement.
Côseillers Clercs.
Côseillers lais.
Enumeration des premiers Presidens de Dijon.
Ieã Iaquelin.
Iean Douhet.
Philibert de la Ferté.

Humbert de Ville-neufue Lyonnois, Baron de Iou; Hugues Fournier, au parauant Potestat de Milan; Claude Patarin, sieur de Vareilles, & de Croy, qui auoit esté successeur dudit Fournier au Potestat de Milan, & par le trespas d'iceluy fut premier President à Dijon; Iean Baillet sieur de S. Germain du plain, apres auoir esté Aduocat du Roy à Chalon, & second President en Bourgongne; Claude le Febure, precedemment Cōseiller à Paris; Ieā de la Guesle sieur de la Chaux, qui a esté retiré de Bourgōgne, pour estre employé en l'estat de Procureur General au Parlemēt de Paris; Denis Brulart, qui exerce dignement l'office de President. Cōbien que ceste premiere institution du Parlement fust saincte, & digne, & que le nombre des personnes deputees à la tenue d'iceluy, fust suffisant pour l'administration de la iustice souueraine au païs de Bourgongne: combien (di-ie) que ce Parlement fust esté estably pour l'vne, & l'autre Bourgongne: & neantmoins que (la Franche-Côté rendue, & laissee à Madamoiselle de Bourgongne) les hommes auant-nommez n'eussent plus iurisdiction que sur le Duché, & païs estans de son ressort: si est-ce que regnant le Roy François premier du nom fut augmēté le nombre des Presidens, & celuy des Conseillers. Lequel depuis est tant creu, que telle accroissance portant immunité, & exemption de toutes charges ordinaires, & extraordinaires, les bourgeois, & marchās, & le menu peuple de Dijon en demourent accablez. Qui pis est, ny les meurs, ny le sçauoir, ny la pieté, & moins la maturité de l'aage y sont plus recherchez. Tous sont receuables, & se faict plus diligent examen si leurs escuz sont de pois, que de tout ce que ie vien de dire. Dont vn mien meilleur amy se sentant scandalisé, mesmement de ce que ceux qu'en Latin nous deuriōs nōmer *Patres*, sont ou ieunes esbarbats, ou sōt encores de premiere barbe, en composa les vers Latins qui s'ensuyuent, fondez sur le dire de Vopiscus en son Tacitus: *Dij auertant, Principes pueros, & patres patriæ dici impuberes.*

Romulus Æneadas quum contraxisset in vnum,
   Romæ, & Romanis principiúmque daret:
Nil prius in votis habuit, quàm iure feroces
   Comprimere, & læsis porrigere auxilium.
Annosos legit centum vno nomine Patres,
   Quæ veneranda senum turba Senatus erat.
Iura dabat populo ijs auctoribus, ínque Curuli
   Tantum sede senes ad fora vexit ebur.
TEMPORIBVS priscis ad nos defluxerat ordo
   Ille, senum recta est Gallia consilijs.
Soli iura senes Francis, incanáque menta
   Reddebant, habuit nil iuuenile forum.
Publica res etenim melius committitur illis,
   Qui pertractatas res habuere magis.

Hinc

des Bourgongnons, & de leurs estats. 181

Hinc foris atque domi viguit res Franca, beata hæc
    Tempora, & auratis non nisi digna notis.
Conspicua ordinibus certis Respublica, nunquam
    Admisit iuuenes in loca vota seni.
NVNC verò antiquam mutarunt tempora formam,
    Cernimus heu pueros sede sedere Patrum.
Cernimus imberbes auro in subsellia vectos,
    Cúmque sene haud pudor est conseruisse latus.
Quid tandem inde putas, quid San-Iuliane futurum?
    Accipe, veridicam & dicere crede Themin.
Iura dedere senes, iuuenes iuuenilia vendent,
    *Quique Senatus erat nunc * Iuuenatus erit.*

Mais qu'est il besoing d'irriter les guespes, & les freslons. Si le temps n'a-uoit amené que ceste corruption seulement, il seroit facile y remedier: mais s'il faut examiner les Estats l'vn apres l'autre, vous n'en trouuerez pas vn, où il n'y ait semblable deprauation, & autant à reprendre. Qui verroit en vne assemblee tous les Prelats & Docteurs de l'Eglise, les Iuges auroient bon moyen de retorquer ce vers Latin,

Presbyteratus erat, nunc Iuuenatus erit. Et s'il estoit permis controller les Nobles, qui font plus expresse profession des armes; on renuoyeroit apprendre à obeïr la plus-part des Capitaines d'auiourd'huy, qui sans a-uoir esté commandez, & sans auoir faict bon, & suffisant apprentissaige de leur mestier, s'osent presenter pour estre chefs de compagnies, voire Lieutenans de Roy, en la conduite d'vne armee. Voilà d'où viennent in-croyables mescontétemens. Car si bié les meilleurs hommes de guerre, sçauét que celuy qu'il plaist au Roy esleuer, doit estre obey: si est ce que infiniz bons hômes, & (au reste) soldats bien praticqs, voyás commáder mal à propos, & vne autre-fois laisser eschapper les plus belles occasiós du monde de bien faire, & vaillammét executer, en sont si offensez, que iamais sçauant homme ne se trouua tant fasché d'ouïr faire des incon-gruitez, & mauuaises prononciations, & accens, à quelqu'vn qui se veut mesler de parler Latin: iamais bon musicié n'eut les oreilles tant irritees des mauuais accords d'vn chantre, ou iouer d'instrument ignorant; que les bien esprouuez au faict des armes, & mieux entenduz Capitaines, ou se moquent de tels commandeurs, ou saichás que fautes en guerre sont irreparables, sont bien aises de veoir punir leur temerité, de quelque re-marquable escorne: & puis disent, *Ainsi en prend aux oisons, quand ils veu-lent mener les oyes paistre.* Mais d'autant que ce propos meriteroit estre traicté à part, ie m'en vois departir.

Avant l'erection du Parlement de Bourgongne, le Cóseil d'Estat des Ducs iugeoit desia en dernier ressort: qui est à dire qu'on n'en pou-uoit appeller. Ce droit estoit acquis bien anciennement aux Bourgon-gnons: notamment le Roy Iean ayant prins possession, du Duche de

* sunt enim rebus noui-noua ponen-da nomina Cic. lib. 1. de nat. deorum.

Contre la iunesse Pré-latiéé.

Cótre cer-tais ieunes Capitaines premier que sol-dats.

Erreurs en guerre.

Conseil d'estat du Duc de Bourgon-gne.
Le Roy Iean.

Q

Bourgongne par le trespas du ieune Duc Philippe, confirma ce priuilege, & en tant que de besoing conceda de nouueau aux gens des trois Estats vne forme de presque Parlement, qu'on appelloit Eschiquier. Il y auoit des téps perfix pour tenir ledit Côseil, & telle tenue s'appelloit ou Grands iours, ou Iours generaux. Le lieu desiné pour ladite tenue, estoit Beaulne & S. Laurent lez Chalon. Les Iuges n'estoient pas nommez Conseillers mais Auditeurs.

{.marginalia}
Philippe le ieune Duc de Bourgongne.
Grands Iours ou Iours generaux.
{/.marginalia}

A TRAICT de temps, les Ducs de Bourgongne paruenuz à si grand pouuoir, que (comme i'ay desia dit) ils estoient six fois Ducs, & quinze fois Contes: & ce de Duchez & Contez de premiere liste; & possesseurs de si grands païs, qu'ils suffisoient pour faire teste au Roy: voulurent en vertu du traicté d'Arras, se dire souuerains. Et pource q̃ les reserues faites par le Roy d'auoir son Bailliage à S. Gengoux, où son Bailly congnoistroit de tous cas Royaux: mesmement des causes concernantes ou dependantes des Eglises, Monasteres, & Chapitres de fondatiõ Royale, & de toutes actions prouenantes d'obligations soubs seel Royal: ils meirent en practique & vsaige, que toutes obligations se passeroient soubs le seel de la Chancellerie du Duché de Bourgongne. De façon que deslors le Gouuerneur de ladite Chancellerie, eut en chacun Bailliage vn Lieutenant, qui est Iuge des contentions, & procez qui resultent dudit seellé. Ce Lieutenant en la Cour de la Chancellerie souloit estre institué de plein droict par les Chanceliers de Bourgongne: & depuis la reüniõ du païs à la Couronne, les Chanceliers de France en ont proueu & estoit leur qualité de Lieutenant de monsieur le Chancelier. Mais ores que tous offices sont venaux, les Rois en fõt leur profit, & en disposent. En quelque Bailliage de Bourgongne que ce soit, ledit Lieutenant en la Chancellerie n'a pas beaucoup moins de causes à traicter, que le Lieutenant general au Bailliage. Ce que i'ay bien voulu toucher pour (suyuant nostre premier deseing) montrer que la iustice (au regime de laquelle les seuls Ducs, Contes, & Chastellains souloiẽt iadis suffire) est à present exercee par si gros nõbre d'hommes, que la multitude en est & innumerable, & incroyable, à qui ne se veut formaliser pour considerer que l'administration de ladite iustice (laquelle le Prince nous doit) est deuenue vn mestier de si grand profit à ceux qui s'en meslent, qu'auiourd'huy la tierce partie des hommes François en viuẽt, & s'en font riches; à la grande diminution de tous les biens des gens des trois Estats de ce Royaume. Mais que sert-il d'en parler, veu que par se plaindre, souspirer, ny pas pour plorer, nos maux & malheurs ne sont susceptibles d'amendement: & que toutes sortes d'hommes nous laissent en incertitude quand nous pourrons veoir la fin de noz miseres. Les Theologiens nous proposent (& fort raisonnablemẽt) le courroux de Dieu, & que pour iuste vẽgece de noz pechez nous souffrons toutes persecutions. Icy quel espoir y a-il de veoir Dieu appaisé, veu que tant s'en faut que nous puissions attẽdre

{.marginalia}
Puissance des Ducs de Bourgongne.
Le Duc de Bourgongne souuerain.
S. Gẽgoux le Royal.
Chancellerie de Bourgongne.
Gouuerneur de la Chancellerie de Bourgongne.
Lieutenãt en la Cour de la Chãcellerie.

Le prince doit iustice.
L'estat de iustice est deuenu mestier.

Incertitude de la fin de noz miseres.
Theologiens.
{/.marginalia}

amendement

des Bourgongnons, & de leurs estats.

amendement és hommes, que tous les iours les vices croissent, & chacun faict gloire de se rendre de plus en plus inuenteur de nouueaux pechez? Les Astrologues nous entretiennent de certaines reuolutions de si longues attentes, que la vie d'vn homme, depuis qu'il commence à auoir iugement pour se rendre susceptible de l'intelligence de tels discours, iusques à la fin de ses iours, n'en peut tirer certitude ny resolution. Et (pour laisser les causes remotes, & venir aux plus prochaines) les Politiques Courtisans se font ouyr, qu'il n'est possible que le Roy se puisse abstenir de vexer tous les Estats de son Royaume de frais, subsides & subuentiós ordinaires, & extraordinaires, attendue la grandeur & importance des affaires qu'il a à soubstenir. Ioinct que la pluspart de son reuenu, dommaine, tailles, decimes, gabelles &c. sont alienez, & si quelque chose luy reste, il faict si grád Estat de ce que luy est plus propre, qu'il ne peut suffire aux deux vertus Royalles, qui luy sont plus en recommendatió, qui sont magnificence, & liberalité. Tellement que les guerres qu'il a sur les bras, ne se peuuent demesler, que par la subuention des Ecclesiastiques, attendu qu'il s'y agit de l'extinction de leur religion, & aneantissement de leur estat: & par subsides, qu'il est force mettre sur le peuple, pour le faire iouïr du repos qu'il desire, & pour donner ordre à la trãquillité publique. Ainsi la restitution de la vertu, sçauoir, & preud'hommie, au ráng de leur merite, n'est preste à esperer: ains est tout euident que tandis que les troubles dureront en France, pour contraindre le Roy souffrir deux religiós, & se seruir en ses principales charges, & affaires de ceux que les mutinez, & ayans les armes en main, luy veulent faire aggreables, combien qu'ils luy desplaisent, & soient inutiles: nous ne pouuós veoir que les offices ne se vendent; & que qui aura de l'argent, ne soit preferé au plus sçauant, & plus homme de bien du monde. Alleguez tant que vous voudrez Ciceron, & dictes auecq' luy, *Malè se res habet quum quod virtute effici debet, id tentatur pecunia*: il sera force que vous vous contentiez de ceste responce: le Roy y est contraint: & necessité n'a point de loy. Passons doncq' outre, & nous resoluós auec Dauid, de n'auoir iamais bien, que Dieu ne nous ait faict la grace de le veoir en sa gloire.

AYANT parlé de l'erection du Parlement, & souueraine Cour de Bourgongne, il sembleroit quasi estre necessaire traicter des particulieres iurisdictions; mais en ayant desia fort amplement dit mon aduis, quád il a esté questió des Barós, & autres Seigneurs iusticiers, il me sêble que si ie recómençois à en escrire, ce seroit chose autát, ou plus odieuse, & de mauuais goust que des choux recuits. Parquoy (priát le lecteur se cótenter d'autant) ie mettray quant & quant fin à ce premier: en esperáce (si Dieu le me permet) d'aller au second liure, veoir comme le Bourgongne fut miserablement ruiné: m'enquerir des causes pourquoy les Bourgongnons entrerent en opinion de sortir des Gaules: les suyure, & accópagner iusques outre le Rhin, voire iusques en Gothie, où ils receu-

Marginalia: Opinion d'Astrologues sur la fin des miseres. — Opinion des Politiques Courtisans. — Vertuz Royalles. Force est que le Roy soit exacteur. — Ciceron.

Q ij

rent vne ſtrette par les Goths, & furent contraints ſe retirer és enuirons des Paluz, ou mareſts Meotides en Scythie, & Dardanie : de là paſſer bié auant en Aſie, puis reuenir en Thrace, Macedonie, Pannonie, & Eſclauonie : & de ces lieux là (la paix faicte auec les Empereurs Romains, & l'Empire Romain rédu tributaire) rebroſſer en Gothie, deſcendre en Allemaigne, gaigner part és terres des Allemands, appoincter auec eux : & en fin, meuz des doleances, & prieres des Gaulois) repaſſer le Rhin, venir ſecrettement és Gaules ſoubs le nom de Bagaudes : & finalement auec force ouuerte (malgré les legions Romaines) rentrer non ſeulement en l'ancien heritage de leurs vieux peres, mais eſtédre la dominatió des Bourgongnons, & le nom de Bourgongne, iuſques à la mer de Leuant. Qui ne fera ſans en maints deſtroits eſtre contraint combattre contre les voleurs de l'honneur d'autruy : deſquels les vns (ne manquans de ſçauoir) ſont accompagnez de malice; autres pleins d'ignorance, procedát de croire trop legerement, & quelques-vns de tous les deux.

CE pendant ie prie bien fort les lecteurs (ſi aucuns daignent lire ces miens labeurs) excuſer que mó langage eſt le lágage d'vn Bourgógnon, c'eſt à dire d'vn qui fait plus d'eſtat de la verité, & de ce q ſe deuroit faire, que de l'agécemét des propos, & cóniuence des vices : eſtimát que cóme principalement ceux qui craignent de ſentir mauuais, vſent de ſenteurs : & gueres autres ne ſe fardent, que ceux qui ſe doutent d'eſtre laids : ainſi la verité (luyſante plus qu'aucun Eſcarboucle) porte aſſez de ſplendeur auec ſoy, ſans qu'il luy ſoit beſoing d'eſtre trop curieuſement illuſtree d'autre artifice, que celuy qui eſt retenu és bornes de mediocrité. Si d'auantage ie n'ay ſi plainemét, & exactemét deſcouuert, & expliqué beaucoup de choſes antiques, que pluſieurs euſſent peu deſirer, ie leur prie auſſi croire, que c'eſt moy qui en ay les premiers deſplaiſirs : d'autát qu'il ne m'a eſté poſſible les apprendre de perſonne, ny dire ce que ie ne ſçauois pas. Aduenant que quelqu'vn puiſſe plus, & mieux, i'honoreray ſes eſcrits, & eſtimeray (ſ'il luy plaiſt les publier) que les Bourgongnons luy en deuront eſtre bien fort tenuz.

Fin, graces à Dieu.

DISCOVRS
DE L'ILLVSTRE, ET
TRES-ANCIENNE CITÉ
D'AVTVN, AVGVSTE, ET
CAPITALE DES HEDVOIS.

PAR PIERRE DE SAINCT IVLIEN,
de la maison de Baleurre, Doyen en l'Eglise de Chalon, &
grand Archidiacre en celle de Mascon.

A PARIS,

Chez Nicolas CHESNEAV, ruë S. Iaques,
au chesne verd.

M. D. LXXX.

AVEC PRIVILEGE DV ROY.

A MONSIEVR,
MONSIEVR LE RE-
uerend Euesque d'Autun.

MONSIEVR, s'il y auoit en moy autant de suffisance, que de bonne volonté, ie me tiendroy heureux du moyẽ que vous me presentez de vous obeïr, en mettant la main à la plume, pour m'exercer en matiere si excellente, que la recherche des antiquitez de vostre Autun. Mais sçachant assez combien la foiblesse de mon esprit est insuffisante pour mettre à chef chose de si grand pois, & de si profonde inquisition; si l'enuie que i'ay de ne vous rien refuser, n'eust esté plus forte, que toutes les excuses qui se presentoient, ie vous eusse supplié trãsferer ceste charge à quelque autre, qui en eust esté mieux instruict. Car considerant que l'histoire des Gaulois (en ce mesmemẽt que precede le temps des Cesars) est ignoree de telle façon non seulement par les Grecs, mais aussi par les Romains, que quãd ils en parlent, on diroit plustost qu'ils racomptent quelques songes, fort interrompuz de diuerses resueries, qu'ils ne traittent de choses bien congneuës, & appuyees de verité: ie ne sçauois de qui m'ayder, ny où ie pourrois trouuer secours. Ie voyois d'un costé que les Grecs (pour auoir entendu quelque chose des affaires Galliques, par ceux, qui au moyen de leurs traffiques auoient commerce, & frequentation, auec les païs maritimes des Gaules) s'en sont voulu faire croire: & pensans enrichir les comptes qui leur en auoient esté faits, se sont tant dispensez de dire vray, que ce qu'ils ont voulu nommer histoire, ne s'est trouué que peu de verité, & maintes elegantes menteries. Qu'ainsi soit, à cõmẽcer par Herodote (que le vulgaire est coustumier tenir pour pere des historiẽs) qu'on lise ce qu'il a escrit des Celtes, & on sçaura qu'il en parle cõme ceux qui n'en ont ouy discourir que bien grossieremẽt. Si n'est-ce toutesfois luy seul, qui nous a mis confusion au nom des Celtes: car la plus-part des autres anciens autheurs Grecs nous en comptent par où ils en sçauent: & (à leur compte) la Celtique s'estendoit depuis la Scythie Europee, iusques aux Espagnes: de façon que la lisierie du costé des Scythes, fut par eux nõmee Celtoscythie: & celle deuers l'Espagne, Celtiberie. Dont est aduenu que les Germains, & Allemands, se sentans (selon ceste opinion) estre peuples Celtiques, se sont à tort, & à trauers, si violemmẽt emparez de l'hõneur deu aux vrais Celtes (qui sont les Gaulois par arrest de Cesar) qu'ils se sont osé dire ceux ausquels appartiennẽt les biẽ excellẽs actes, qui par vn general cõsentemẽt de toutes autres natiõs, sont attribuez aux Gaulois. Ce que Beatus Rhenanus (au reste grãd

L'anciéne histoire des Gaulois ignoree.

Herodote.

Extension de la Celtique.
Celtoscythie.
Celtiberie.
Les Allemãdz se diset Celtes.
Gaulois vrays Celtes.
B. Rhenanus.

Q iiij

destructeur des histoires Galliques, & encores plus de celles des François, & Bourgongnons) n'a peu porter patiemment en ses liures de la Germanie, où il discourt de l'emigration des Senonois en Italie, soubs le General Brennus. Aussi quant à Amm. Marcellinus (autheur Grec, encores qu'il ait escrit en Latin) tombant en propos des Gaules (luy qui est trop plus moderne que ceux dont nous parliōs au parauant, lesquels semblent auoir eu quelque plus iuste cause d'ignorance, & par tāt deuoir estre plus excusables) en parle comme d'vn païs nouuellemēt trouué, & depuis quelque peu de temps venu à congnoissance, quand il dit au xv. liure de son histoire: Quum laterent hę partes vt barbarę, &c. Et si (laissez les Grecs) il est question venir aux Romains: tant eux, que tous ceux qui se sont meslé de traicter l'histoire Romaine, ont eu pour maxime, & but principal de leurs intentiōs, d'autant extenuer, & abbaisser par leurs escrits, les Gaulois, & tous les peuples de leur ligue, comme ceux-cy par l'excellence de leurs beaux faits d'armes & aperte vaillantise, auoient des-auancé le nom Romain, prins leur ville, & contraint ces oppresseurs de toutes nations, non seulement rachetter Rome, mais aussi payer rançon, pour acquerir leurs vies, & celles de leurs femmes & enfans. S'estoit d'auantage adioinct à la vieille haine que les Romains portoient aux Gaulois, vn nouueau ressentemēt; d'autāt que les Gaulois auoiēt suscité Annibal, pour faire la guerre aux Romains: & faict en sorte, que qui voudra cōsiderer vn peu exactemēt le voiage d'Annibal en Italie, il luy sera aisé congnoistre, que c'estoient les Gaulois, plustost que les Carthaginiens, qui furent entrepreneurs, & executeurs des victoires qu'il obtint contre les Romains. Voire qu'Annibal ne fut aux Gaulois, que comme vn Xantippus aux Carthaginiens, ou vn Tyrteus aux Lacedemoniens. Ces despits auoient tant exulceré les esprits de ceste nation Italiēne, qu'on peut cōgnoistre l'aigreur de leur vēgence n'auoir peu estre saoulee par les exploits de leurs armes, ains il a esté force (où ils fussent creuez) que leurs plumes s'y soient employees. Et pource qu'en matiere de fort disertement escrire ils se sont parangonnez à la bien-disance des Grecs: la douceur de leur langage, non contredit de personne, a obtenu tant de croyance, que combien qu'ils mentent effrontement, si trouue leur impudence des hommes, qui enyurez de leur bien-dire, ne peuuent estre destournez de leur prester croyāce. Voire (qui plus est) tiennent fort obstinement pour asseuree verité, tout ce que les Romains, & leurs adherants, ont voulu faire endurer (à nostre grād desauātage) au papier tout souffrāt. Brief ce ne leur a esté assez d'auoir saccagé, pillé, volé, & ruiné presque toutes les villes des Gaules, & en asseruir l'anciēne liberté auec les armes, que ie ne me puis abstenir de nōmer traistresses: d'autāt qu'elles auoiēt esté prinses soubs couleur d'amitié, & pour seruir de secours: mais encores leur diligēce a esté si tyrānique & cruelle, que de toº les liures, memoires & escrits des Druides, ny des autres Gaulois, ils ne nous ont pas laissé vn fueillet: à fin qu'il ne noº restast chose quelcōque seruāt à l'honneur de noz ancestres: āfin aussi que nous ne sçeussiōs riē de l'origine des peuples desquels nous sommes issuz, sinō ce qu'il leur plairoit nous en declarer: & que ce qu'ils nous en forgeroiēt, ne peust estre declaré faux, par nōtre opposition, & mis en auāt de ce que quelqu'vn de noz predecesseurs Gaulois en auroit recueilly. Que les Samothees, Bardes, Druides, Eubages, & autres Philosophes,

losophes, sacrificateurs, & Poëtes Celtiques n'ayẽt riẽ laissé par escrit, ny des affaires qui les ont precedé, ny des choses de leur tẽps, est poser vne negatiõ si estrãge, que peu d'hõmes de bon iugemẽt la voudront receuoir, ny admettre. Si est-ce qu'ils nous ont cõtraint en demourer là. Et ceux des nostres qui depuis le ioug Romain secoux, & apres la liberté recouuerte, nous pouuoient gratifier de quelques instructions, pour commencer à rabattre l'impudence de ces ambitieux, & insatiables de domination, ont esté si affectionnez à se venger par armes, & tirer leur raison de ceux qui leur auoient tenu le pied sur la gorge, qu'ayans quasi sans cesse l'espee au poing, ils n'ont eu loisir mettre la main à la plume, pour nous declarer leurs conceptions. DE là est aduenu que nous sommes tombez en vne merueilleuse ignorance des affaires Galliques, & notamment de ceux de nostre Bourgongne, & par cõsequẽt de vostre Autun. Et veritablement si ce n'estoit qu'il reste encores quelques choses és graué en certaines pierres: & ce qui est adherãt aux fonds, marques de fragmẽs, & fondemens: & sur tout si la memoire des hommes qui habitent les lieux remarquables de signalees antiquitez, n'eust esté soigneuse de la conseruation des noms anciens, & de ce que souloient estre les choses signifiees, en quoy (graces à Dieu) se trouue vniformité d'opinions, & publics consentemens, il ne seroit possible, auec la seule aide des liures, tirer si bonne congnoissance des affaires du passé, que nous en puissions faire estat. Cela m'ayant long-temps tenu en suspẽs d'obeir à vostre requeste, faisoit que douteux de l'issuë, ie craignois grandement d'accepter ceste charge. En fin toutesfois ramenant en memoire les commencemens de nostre ancienne congnoissance, & la longue conseruation que nous auons continué en sincerité d'amitié, durant les charges que nous auõs eu par ensemble, tant pour le Clergé de nostre Prouince Lyonnoise, en temps fort turbulẽt, qu'aussi comme deputez pour les diæceses esquels nous estions Chanoines respectiuement: & que durant tout ledit tẽps ie m'estois persuadé, rien ne me pouuoir estre proposé de vostre part, que ie ne m'essayasse d'accomplir, ou du moins y faire ce que seroit en mõ pouuoir, ie n'ay voulu resilir de mon antique institut. Desirãt dõcques autant affectionnemẽt vous obeir, que i'en euz iamais enuie, ie me suis mis à dresser vn brief discours, de ce que i'ay peu recueillir des antiquitez, & choses plus singulieres de vostre Autun: lequel neantmoins ie crains de publier, sçachant qu'en ceste part ie ne mãqueray d'auoir plusieurs contredisans, & beaucoup plus de repreneurs. Mais il ne me chaut qu'ils dient, pourueu que ce mien labeur vous soit aggreable. Car vous Monsieur m'estes autant que Platon estoit à Antimachus: lequel recitant vn sien œuure, & n'ayant auditeur que Platon, ne laissa de parfournir son entreprinse: disant qu'il faisoit autant de cas de Platon seul, que d'vne bien grosse assemblee d'autres auditeurs. Nõ que ie ne desire complaire, & seruir à tous, s'il m'est possible: mais sur tous (& mesmement en ceste part) à vous, pour qui, & en faueur de qui i'ay dressé l'opuscule present: lequel ie vous supplie humblement,

Monsieur, receuoir aussi aggreablemẽt, comme de bien bõ cœur ie vous presente

Vostre bien seruiteur, & humble amy P. de sainct
Iulien, Doyen de Chalon.

Marginalia:
La liberté recouuerte le Gaulois n'entend qu'à poursuyure son ennemy par armes.
L'histoire des Bourgongnons & d'Antũ presque ignoree.
Ce que nous reste de nostre histoire.
L'histoire de Bourgõgne ne se peut sçauoir par les liures.
L'estime qu'Antimachus faisoit de Platon.

AD EVNDEM REVERENDVM PATREM,
& Dominum Carolum Alibosium, Heduorum Episcopum dignissimum.

Ecce tuo in verbo laxaui rete, referri
  Vis ubi Bibracte, quíque Hedui fuerint.
Difficilem dictu rem sanè iniungis, & in qua
  Quærenda exactè non leue crescit opus.
Sed quia firma animo fixa est sententia, quicquid
  Iusseris antiqua strenuitate sequi:
Idcirco expromsi quæ ad rem valitura petitam
  Spes fuerat: bene erit, si placuisse sciam.

Petrus San-Iulianus Balleurreus, Cabilonensis
Ecclesiæ Decanus.

ADVERTISSEMENT

191

ADVERTISSEMENT AV LECTEVR SVR L'ESTAT, ET POINT PRINCIPAL DV
discours suyuant: pour monstrer qu'Autun est celle
ville que Cesar nomme Bibracte.

A multitude des bons esprits, que la felicité de nostre siecle a faict paroistre, & la ferueur de l'abondance des bonnes lettres dont les hommes d'à present sont copieusement instruits, me font preuoir, que la facilité de laquelle i'ay vsé à communiquer mes cōceptions, a dōné loisir à maints hommes d'esprit, & de sçauoir, trouuer verisimilitudes tendantes à impugner mes veritez. Ie preuoy aussi plusieurs, & differētes cōtrouerses preparees contre moy: non que ie me sente auoir failly, en ce que concerne l'antiquité de la ville d'Autun:ains pour auoir esté le premier, qui (non cōme de chose venuë à propos, mais de preparee deliberatiō) ay mis la main à la plume en intention d'essayer ce que ie pourrois pour l'illustration de la plus ancienne ville de nostre Bourgongne, desia du temps de Corn. Tacitus capitale des Heduois, premier Canton des Gaules. Brief ie voy qu'il m'en aduiendra comme à ceux qui és escoles, & disputations publiques (ayans baillé leurs theses,& positions vn peu esloignees de l'opinion commune) trouuēt infiniz assaillās animeux pour l'impugration d'icelles. Mais aussi esperance me conforte, que si ce sont gens de sens, de vertu & de sçauoir, ils embrasseront plustost la bōne affectiō que i'ay euë de ne laisser perir la memoire de maintes particularitez d'Autun, desia presque ensevelies, qu'ils ne s'amuseront auec verisimilitudes, artifices de paroles, & autres choses plus ingenieusemēt, que vrayement excogitees, à vouloir anēantir, & destruire la pure, & simple verité, que ie propose nuë, & mets sans aucun fard, à la veuë d'vn chacun.

Les bruits communs me donnent aduis de combien affectionnee volonté plusieurs desirent soustenir que Beuuray est celle *Bibracte*, pour laquelle Cesar employe ces mots au premier Cōmentaire de la guerre Gallique: *oppido Heduorū lōgè maximo, ac copiosissimo*: & neātmoins ie ne puis iuger, qui les peut tenir si liez en ceste assertiō, sinō le naturel qui est propre aux Bourgongnons, de ne facilement des-mordre vne opinion par eux affectionnémēt receuë: & en quelques-vns le desir de cōtredire. Sur ce ie prie les vns & les autres iuger, qu'estāt Beuuray reduit en solitudes, le labeur semble vain, de le vouloir plus magnifier, qu'vn lieu ruiné de fond en cyme le merite. Mais quant à Autū (qui nous reste pour chef, & Auguste des Autunois) c'est celle qu'il faut que les natifs, alliez, confederez & amis d'icelle taschent, & s'efforcent, ie ne diray conseruer seulement, mais aussi illustrer. Et ne sera l'exercice sans louāge, quand ceux qui nient *Augustodunum* auoir iamais esté *Bibracte*, se monstreront si diligens en la recherche des antiquitez Autunoises, que de nous apprendre comme auāt Auguste, *Augustodunum* estoit nommee. Car de dire qu'Auguste en ait esté fondateur, & qu'auant luy *Augustodunum* (ie parle de la ville, & non du nom) ne fust point: la deductiō de nostre discours d'Autun monstre assez le contraire. Ioint que quand l'Empereur Iulien, surnōmé Apostat, vint és Gaules, Amm. Marcellin son soldat en dit ces mots au commencement de son 16. liure: *comperit Augustoduni ciuitatis antiquæ muros spatiosi quidem ambitus, sed carie vetustatis inualidos, &c.* Surquoy qui voudra noter tant ce qu'en cest endroit est attesté par Marcellin, qu'Autun estoit vne antique Cité: comme aussi que ses murs estoient de fort grand circuit, mais pourris de vieillesse, & pour ceste cause inutiles pour soustenir vn assault: il remarquera aussi, qu'il n'est pas à croire, que les murs d'Autun, cōstruits de la matiere dōt les restes portent tesmoignage, peussent estre consommez de vieillesse, ou pourris en si peu de tēps qu'il y eut entre Auguste Cesar, & ledit Iulien l'apostat. Et par consequent qu'Autun estoit, & auoit vn autre nom auant qu'elle fust nommee *Augustodunum*: lequel nom Iules Cesar n'eust teu, si elle eust esté autre que *Bibracte*. I'adiousteray qu'Amm. Marcellin faisant au xv.

liare compte des villes des Gaules n'oublie encores de rememorer l'antiquité d'Autun, sans en dire autāt d'aucune des autres, quelle qu'elle soit: ses mots sont tels: *& mœ-nium Augustoduni magnitudo vetusta*. Ce que merite bien d'estre pesé par les hommes plus soigneux de la recongnoissance des choses anciennes. Et leur faire iuger que venant Iulien l'Apostat és Gaules il trouua les murs d'Autun plus antiques que de trois cens tant d'ans.

POVR d'auantage congnoistre que *Bibracte*, & *Augustodunum* ne furent, ny ne sont qu'vn, est fort considerable que depuis que le nom d'*Augustodunum* fut introduit & receu, iamais le mot de *Bibracte* n'a esté ouy, ny escrit par aucun historien, ou autre autheur de pris: comme il fust aduenu, si les deux eussent esté choses diuerses, & que *Bibracte* eust suruescu *Augustodunum*.

AV reste i'entend que certains hommes signalez en sçauoir, & authorité, desireux faire preuue de la vehemēce de leur esprit, & ingeniosité, ont enuie nous faire croire, que le nom propre, vrayement deu à Autun, a esté celé, & caché comme ineffable: de façon que les Druides Philosophes, sacrificateurs, & Iuges des Gaulois, le tenoiēt (par admirable mystere) si secret, qu'il n'a peu venir en congnoissance, & moins estre rapporté és histoires. Quant à cela, ne trouuant aucun autheur qui en face mention: & cecy consistant plus en coniecture, que preuues, ie ne puis me condamner tenu de le croire. Bien sçay-ie que quelques autheurs (entre lesquels est Solin) ont voulu dire que Rome auoit vn propre, & particulier nom, tenu si secret, que pour l'auoir osé nōmer en public Valerius Soranus Tribun du peuple en fut condamné à mort. Mais infinis autres bien serieux historiens, s'en sont teuz: estimans la bonne reputation des Romains ne deuoir estre tachee, de telle macule de superstition. Ce moyē d'euoquer les Dieux ou Demons tutelaires n'ayant iamais esté practiqué, pour faciliter la prinse d'vne ville: & la superstitieuse opinion du nom de ville tenu secret, n'estant mentionné, pour le respect de ville du monde, que de Rome: Ie ne puis penser de quel biez il pourra estre mis en taille, pour seruir à Autun. Toutesfois la reputation, & sçauoir des presumez renouateurs dudit secret est telle, que ie desire apprendre d'eux. Biē les prie-ie penser combien il importe à l'histoire Autunoise, de croire qu'*Augustodunum* (ayāt eu ce nom du temps d'Auguste Cesar) est neantmoins trop plus anciē que les Cesars: & que son nom premier estoit *Bibracte*. Et quant à Beuuray, ie n'ignore pas qu'il y a eu bien anciennemēt du bastiment, duquel quelques restes de fondemens rendent tesmoignage: mais que là ait esté *Bibracte*, ville, trop-plus grande, & plus populeuse du Canton (Cesar dit Cité) des Heduois, la vieille amplitude des murs d'Autun y contredit. Tel est mon aduis, protestant (cependant) que si i'eusse pensé les opinions cōtraires plus dignes de faueur, ie ne m'en fusse departy.

DE L'ILLVSTRE

DE L'ILLVSTRE, ET
TRES-ANCIENNE CITE'
D'AVTVN, AVGVSTE, ET
CAPITALE DES HEDVOIS.

COMBIEN que (comme dit Sallufte) le premier nom de fouueraine puiſſance, ait eſté celuy des Rois, ſi n'a peu leur eſtabliſſement ſe trouuer ſi aſſeuré, que le tour, & retour, que nous appellons viciſſitude des choſes, n'ait ſucceſſiuement amené frequentes mutations en l'eſtat: voire telles, que le regne degenerant de ſa naïfueté, & deuenant tyrannie, la Democratie, c'eſt à dire l'eſtat populaire, luy ſuccedoit. Puis le peuple ſe ſubmettoit au gouuernement de certains, par la ſuffiſance deſquels il ſouffroit eſtre regy: & l'appelloit telle domination Ariſtocratie. Mais entre ces Aduoüez, & chefs de Republiques, ſe trouuoit ſouuent quelqu'vn, qui ou par art, comme Piſiſtratus, ou par force comme Ceſar, ſ'emparoit de l'eſtat publicq, & le ramenoit à la domination d'vn ſeul. Quant aux Gaules, tel eſtoit leur eſtat, lors que Ceſar y arriua (car de rechercher pl⁹ haut ce n'eſt à preſent mon deſſeing) que quaſi toutes elles ſe gouuernoient en communautez, diuiſées en Cantons. Vray eſt, que en quelques lieux il y auoit encores des Rois, & en pluſieurs la ſuppreſſion du regne eſtoit ſi recente, que certains fils de Rois aſpiroient encores à la dignité de leurs peres. Le pouuoir toutesfois n'eſtant ſuffiſant pour ſatisfaire à leur vouloir, ils eſtoiēt contrains patiēter, & ronger leur frain, en attendant que le temps pourroit eſclorre.

Icy Ceſar (duquel combien que i'admire la dictiō, ſi ne voudrois-ie par tout receuoir ſon teſmoignage, par ce que comme l'auant-nommé Salluſte parle des Grecs, il a autant haut-loüé ſes dērees, que l'artifice, & les mots ont peu ſuffire) dit qu'entre tous les Cantons des Gaules, les Heduois (ce nom eſt finalement demouré aux Autunois, deſquels nous auons preſentemēt à parler) tenoient le premier rang, nō pour auoir aucā commandement ſur les autres (car chacū Canton eſtoit ſouuerain) mais pour eſtre leur puiſſance plus-grande, & le nombre des hommes qu'ils pouuoient mettre en campagne plus copieux. Surquoy eſt à noter

Sallufte. Premier nom de puiſſance celuy des Rois.

Democratie.

Ariſtocratie.

Piſiſtratus. Ceſar. Eſtat des Gaules.

Cantons. Rois.

Ceſar.

Heduois premier Canton des Gaules. Autunois.

qu'il estime la puissance des Cantons, par la multitude des villes subietes, & agencees à iceux : & celle des Seigneurs par le nombre des vassaux. Les villes subiectes, & agencees, il les nomme Clienteles: & les vassaux Ambactes.

Puissance des Cātōs. Clièteles. Ambactes.

LE nom de *Hedui*, que (suyuant l'interpretation de nos anciens Romains) ie suis coustumier tourner Heduois, s'estendoit iadis sur tout ce que nous appellons auiourd'huy le Duché de Bourgongne, & les païs de Niuernois, Bourbonnois, Charrolois, Masconnois, Auxerrois, Tonnerrois & Bailliage de Bar-sur-Seine. C'estoit vn nom à cause du païs, comme Champenois, Picards, Flamans, Normans, Bretons, Gascōs &c. sans que ceste denomination prouint de l'appellation speciale d'aucune ville, comme faict la diction des Parisiens, Senonois, Angeuins, Poicteuins, &c. Car auant que les Gaulois (à l'ayde des Bourgongnons, & puis des François) se fussent affranchis, de la seruitude à laquelle les Romains les auoiēt reduit, le nom de *Hedua*, nom nouueau, & (comme dit vn autheur Grec des Grecs mesmes) d'hier, & de l'autre-iour, n'auoit iamais esté ouy. Et quant à la signification du mot *Hedui*, c'est abus de penser trouuer, par voye de son origine, ou etymologie : d'autant que c'est vne diction Celtique, & que la langue des Celtes n'a sa deriuation des autres langues : de façon que si elle leur resemble en quelque chose, c'est comme sœur, & non comme fille : selon que nous esperons le declarer plus amplement ailleurs.

Hedui.

Les Bourgongnōs & les François ont remis les Gaules en liberté. Hedua. Le nom des Heduois est Celtique.

A V reste la dispute n'est petite, & les hommes bié versez en l'histoire des païs à present comprins soubs le nom de Bourgongne, ne sont assez d'accord, si ceste grande ville, tant bien marquee d'antiquitez, & laquelle nous nommons Autun, est celle-mesme *Bibracte*, que Cesar tient pour la de beaucoup plus ample, & plus populeuse, qu'aucune des autres de tout le Canton des Heduois. Plusieurs ne traictent l'histoire que de gros en gros, & (comme si la disquisition des choses par le menu offensoit les esprits, ainsi que les menuës lettres offensent la veuë) ne se sont voulu amuser aux recherches des singularitez particulieres, sans la congnoissance desquelles, il est neantmoins impossible bien iuger du tout. Celà les a rendu negligens à esclarcir ceste besongne. Et quant à moy lors que ie dressois vn sommaire recueil des antiquitez de Chalon, en esperance de le reuoir, & de l'amplifier quelque iour plus à loisir : ne pensant rien moins que de deuoir mettre la main à la plume, pour escrire d'Autun : ie remettois ceste fuzee à demesler par tāt de bōs esprits & doctes personnages, dont l'Autunois est bien fourny. Toutesfois requis depuis par Reuerend Pere en Dieu Messire Charles d'Aillebouft Euesque d'Autun (auec lequel i'ay eu vne si entiere amitié cy deuāt, que i'espere que ses promotiōs ne luy en ferōt rien oublier) d'entrer en ceste carriere, en laquelle ie ne recōgnois aucuns pas de precedés coureurs, & en laquelle ie n'auois designé comparoistre : i'ay quāt & quāt cōgneu, qu'ayant

Si Autun est Bibracte.

L'auteur a escrit d'Autun cōtre son esperance.

Messire Charles d'Aillebouft Euesque d'Autun.

Cité d'Autun.

qu'ayant comme Gordius, faict le neud, il fera force que ie foye auffi Alexandre, pour le defnoüer. Mais fi à l'imitation du mefme Alexandre (ne pouuant bié demefler les entrelaceures) ie fuis contraint le coupper, ie diray auec Ferdinand Catholique Roy des Efpagnes (qui portoit la folution de tel neud Gordien pour fa deuife) *Tanto monta*. {Neud de Gordius. Alexãdre. Deuife de Ferdinand Roy des Efpagnes.}

Tovt ce que nous peut tenir perplex, & dont quelque contredifant à l'opinion que i'ay, qu'Autun foit les reftes de l'ancienne *Bibracte*, porroit faire fondement, ne fçauroit eftre, finon que certaine telle quelle conformité des mots Beuuray, & *Bibracte*, a donné occafion au vulgaire (iuge fans difcretion) de ne faire des deux qu'vn. Mais comme il eft certain qu'à ce bruit fe font laiffé tromper quelques hommes fçauans, auffi prieray ie leurs adherans, prendre en bonne part, fi ie di, qu'ils ont efté plus faciles à croire, que diligens à f'enquerir, fi leurs guides eftoient dignes d'eftre fuyuis; & comme il alloit de la chofe mife en queftion. De vray qui voudra examiner cefte befongne fans affection, ne fçauroit trouuer à Beuuray chofe qui merite d'eftre mife en ieu, ny qui puiffe teftifier, que là ait efté, ie ne diray la trop plus-grande, & plus populeufe ville des Heduois (comme Cefar parle de *Bibracte*) mais chofe approchant de là. {Opinion vulgaire de Bibracte. Beuuray. Cefar.}

Av contraire *Auguftodunum* (que les Celtes, defquels le langage eftoit brief, prononcerent premierement Augfdun, puis comme les lettres d. & t. paffent fouuent l'vne pour l'autre, Augftun, & finalement Autun, & par plufieurs Oftun) a tant de marques de fa grandeur, & tant de tefmoignages de fon antiquité, que ce feroit ignorer fciemment, de penfer qu'apres la domination de Iules Cefar, elle ait efté iettee comme en moule, & foit feulement venue en euidence du temps d'Augufte, fucceffeur immediat. Auffi Amm. Marcellinus parlant en fon 15. liure des villes des Gaules, ne f'arrefte à l'antiquité d'aucune, finon à celle d'Autun, quand il dit : *& mœnium Auguftoduni magnitudo vetufta*. Ce que ne luy fuft efchappé, fi Autun n'euft efté grande d'ancienneté, & fi elle n'euft eu fes commencemens que du temps des Cefars. {Auguftodunum. Les Celtes briefs en leur langage. Auguftodunum ne creut en vne nuict. Amm. Marcellinus.}

Povr plus inuinciblement fortifier mon opinion, que *Bibracte* n'eft autre ville, que celle que nous nommons Autun: ie me veux ayder de deux argumens, qui ne peuuent eftre impugnez, finon par gens qui fe vueillent opiniaftrer contre la verité. Quant au premier, les pierres en parlent : & vne fimple veuë de lieu en defcouurira le faict. Perfonne ne nie que Chalõ ne fuft vn magazin de graines pour la nourriture des foldats que Cefar auoit d'ordinaire au païs des Heduois : tant pour tenir ce premier, & plus puiffant Cáton des Gaules en fubiectiõ, que pour en faire fon profit, à la fubuerfiõ de la liberté de tous les autres. Auffi eft-ce chofe certaine, que pour obuier à ce que la multitude, & frequence des voitures & charrois, rompant les chemins, tardoit bien fouuent l'arriuee des munitions : dont pouuoient fourdre mutineries des foldats, {Preuues qu'Autun eft Bibracte. Chalon magazin des bleds de Cefar.}

R ij

desquels les ventres n'estoient patiens de dilations : Cesar feit faire des leuees, & pauer le grand chemin depuis Chalon iusques à *Bibracte*, où il hyuernoit. Or se congnoit-il par les fragmens, & briseures de telles leuees, & pauez, que quand le tout estoit entier, il tendoit droict à Autun. Pour second argument, les hommes bien versez en l'histoire, sçauent assez, que si la ville où est de present *Augustodunum* (comme qu'elle fust au parauant nommee) n'eust esté ville capitale en sa prouince (selon que de faict elle estoit recongnuë pour telle du temps de Tibere, heritier & successeur d'Auguste, tesmoin Tacitus en ces mots. *Augustodunum caput gentis*) il n'eust esté loisible aux Heduois faire requeste à Auguste, que son nom (tenu pour sacré & sainct) luy eust esté donné : & moins l'eussent-ils osé vsurper d'auctorité priuee. C'est d'auantage chose confessee par toutes histoires que quand vne ville estoit nommee *Augusta*, tel nom signifioit autant, que chef, & principale de sa Prouince. De ce sont preuue *Cesar Augusta en Arragõ*, que par corruption de langage, on nomme Sarragosse : *Augusta Taurinorum*, Turin en Piedmond, *Augusta Romanduorum*, laquelle depuis fut du nom de l'Empereur Constantius, appellee Constance en Normandie : *Augusta Treuirorum*, Treues, ville de la Gaule Belgique : *Augusta Rauracorum*, Basle : *Augusta Vindelicorum*, Ausprug &c. Auquel rang doit estre mise *Augusta Heduorum*, autrement dicte ville d'Auguste, par vn mot composé de deux dictions, l'vne Latine, qui est *Augustus*, l'autre Celtique, qui est *Dun*, signifiant ville, & le plus souuent ville en montagne. *Dion Nicæus* au 43. liure de son histoire Ro. parlant du nom d'Auguste, dit qu'il fut baillé à Octauius (autres adioustent par Munatius Plancus) pour declarer qu'il estoit d'vn naturel plus excellent que les autres hõmes. Car (dit il) les choses qui sont les plus dignes d'honneur, & plus sainctes, sont appellees Augustes. Faut aussi noter, que les Heduois, en supprimant l'ancienne appellation de *Bibracte*, leur ville capitale, pensoient bien que ce nom prins, ou (plustost) impetré nouuellement, leur apporteroit quelque fruict d'immunité : & recouurer portion de leur ancienne splendeur, par le lustre du nom de ce grand Empereur Auguste. Mais il leur en print ainsi qu'il faict cõmunément à ceux qui se trauaillent d'honorer les Princes : le Prince iouïst de l'honneur, & ceux qui luy font honte, & des-honneur huillé, auront plus prompte, & recompense, que ceux qui les honnorent, & se tuent à les seruir.

OR si les argumens premis ne satisfont à ceux qui auroient enuye nous contredire, sans prouuer ce qu'ils cuideroient alleguer de meilleur : combien que les deux raisons cy dessus posees soient à mon aduis de tel pois, que rien ne peut estre mis en contre-balance, puissant pour les emporter : si est-ce que pour montrer qu'Autun a tousiours esté de dignité principale, & Imperialle, i'y adiousteray encores (pour valoir

Cité d'Autun. 197

loi# ce qu'elle pourra, & deura (l'auctorité d'Eumenius, Orateur Autunois, lequel dit par ces mots le Panegyricq qu'il prononça à Constantin le grãd. de la maison des Flaues. *Bibracte quidem huc vsque dicta est Iulia, Polia, Florentia, sed Flauia est ciuitas Heduorum.*

Eumenius.

DONCQVES ceste difficulté vuidee, & tenu pour certain, que Bibracte ville capitale des Heduois, fut nommee *Augustodunum*, du temps d'Auguste (car de recourir aux fables, ausquelles quelques bonnes gens du temps passé se sont amusez, s'en pensans faire croire, ie n'en seray iamais d'aduis) nous auons à repeter ce qu'est dit cy dessus: que le Canton des Heduois estoit le premier, & le plus riche & plus populeux Canton des Gaulois: & pourtant qu'eux en particulier, aussi bien que la generalité des Gaulois, ont esté necessairement contraints, ou de dresser expeditions, pour (comme font les mouches à miel se descharger de la multitude, quand ils estoiët trop pressez; ou auoir guerre auec leurs voisins, de peur de l'auoir entr'eux. Car (comme ie suis coustumier de dire) les Gaulois, & les François sont ainsi que l'estomach des hommes, s'ils ne trouuent à quoy agir, il est force qu'ils s'attaquent à eux mesmes. De la premiere de ces necessitez sont prouenües les emigrations des anciens Heduois, tant conioinctement auec la generalité des Gaulois, qu'au reste diuisement par particulieres entreprinses d'eux-mesmes, & de leurs confederez. Les bien anciennes ont esté ignorees par T. Liuius: à la congnoissance duquel les bien tardiues, & quasi dernieres, sont seulement venües. Qu'ainsi soit, pour la plus ancienne histoire qu'il sçaiche des affaires Galliques, il ne peut mettre en euidence chose que soit surpassant le temps du regne de Tarquin l'ancien. Encores en les racomptant plus à son plaisir, que iouxte la verité, luy (comme dit le docte Glareã) homme nay en la Gaule, & neätmoins ennemy iuré des Gaulois, ne se soucie qu'il die, pourueu qu'il parle au des-auãtage de la plus redoutable, & braue nation qui ait iamais attaqué les Romains. Mais remettant ceste querelle à plusgrãd loisir, ie diray que quelque haine qu'il eust aux Gaulois (qu'il mal traicte sans cesse) si n'a-il peu desrobber cest honneur aux Heduois, ny celer, qu'au passage de Bellouesus, ils fonderent la ville de Milan.

Heduois premier Canton des Gaulois. Emigratiõs necessaires és Gaules. Cõparaisõ du Fraçois à l'estomach. Les Grecs & Latins n'ont sceu les anciennes emigratiõs des Gaulois. T. Liuius. Tarquin Prisque. Glarean. Contre T. Liuius.

TANDIS que ceste obseruance de descharger les Gaules de la multitude qui les greuoit a duré, il est bien certain qu'ils ont esté exempts de guerres ciuiles & n'ont souillé leur païs de leur propre sang. Mais cõme rien n'est en ce monde permanent en mesme estat, ceste generale vnion defaillant petit à petit, les Heduois furent contraints soustenir à diuerses fois, deux grandes querelles, auec deux puissans Cantons leurs voisins. La premiere fut contre les Senonois: qui espiee leur commodité, faisans profit de quelques contentiõs, & riottes domestiques, neës entre les Heduois, vindrent les assaillir. Et encores que le cœur ne man-

Moyen d'aquieter les Gaules. Deux querelles soustenües par les Heduois. Contre les Senonois.

R iij

quaſt aux Heduois, qui ſortirent vaillamment au combat: ſi tiét la vieille Chronique de Bourgógne (laquelle M. de Ville-neufue premier Preſident à Dijon, ſe diſoit auoir leu, lors qu'il eſtoit priſonnier des Suiſſes; & de laquelle i'ay leu és recueils de M. Paterin, auſſi premier Preſident à Dijon, l'article qu'en auoit extraict ledit ſieur de Ville-neufue) que ſans vn ſecours qui tout appoinct arriua du Bourg des Dieux (qui eſtoit vne de leurs dependances, que Chaſſeneus interprete Dijon: mais il ſe trompe. Car Aurelié Empereur de long-temps poſterieur à telle meſlee des Heduois, & Senonois, eſt par toutes anciennes hiſtoires confeſſé fondateur de Dijon) les affaires des Heduois tournoient à mal party, Toutesfois ce ſecours du Bourg Ongne leur creut tant le cœur, que les Senonois, qui crioient deſia victoire, furét en fin vaincus, & ſubmis à la diſcretion de l'Heduois: duquel la victoire, fut d'autant plus inſolente, qu'il ſ'eſtoit veu fort prochain de tomber à la mercy de ceux deſquels il n'eſperoit miſericorde.

Chronique de Bourgongne.
M. de Ville-neufue, pr. Preſ. de Dijon.
M. Paterin premier Preſ. de Dijon.
Bourg des Dieux.
M. Chaſſeneus.
Dijon.
Aurelianᵘ Emper. fóda Dijon.
Bourg Ongne.

CE vaillant acte des Bourgógnons, fut cauſe de leur grand mal. Car eſtans entrez en opinion d'eux-meſmes, ils ſ'acquirét deux grands ennemis: à ſçauoir les Senonois, auſquels ils auoient arraché la victoire, & les Heduois, de l'obeïſſance deſquels, & de la contribution qu'annuellemét ils leur faiſoient, ils preſumerent ſe departir, eſtimans en deuoir eſtre exempts, en faueur d'vn ſi ſignalé, & ſi memorable ſecours. D'ailleurs les Heduois (combien qu'ils ſçeuſſent fort bon gré aux Bourgongnons, & loüaſſent grandemét ce qu'ils auoiét faict) ſi le reputoient-ils à deuoir, ſans ſ'en ſentir autrement obligez.

Victoire des Heduois cótre les Senonois.
Bien faict cauſe de mal.

CESTE diſpute dura quelques annees, & n'oſoiét les Heduois prédre les armes contre les Bourgógnons, de peur d'encourir blaſme, & reproche, & eſtre eſtimez rendre mal pour bien. Approchant toutesfois le temps que ce deuoit eſtre au tour des Senonois, de fournir pour vn an le ſupreme Magiſtrat, & Grand par deſſus des Gaules (duquel l'Eſleu du tiers Eſtat de Bourgongne auoit iadis quelque ſemblance, & maintenant à peine en a-il l'ombre) & ſe parlant d'vne emigration, de laquelle les chefs ne pourroient faillir d'eſtre à la deuotion des Senonois, les Heduois aduiſerent de ſe reconcilier auec iceux Senonois, & de faict traiterent accord par lequel vne generale obliuion d'iniures & domages promiſe, ils iurerent ferme alliance, paix, & amitié entre les deux Cantons, ſans faire mention des alliez. Dont aduint que les Bourgongnons entrerent en grand meſcontentement contre les Heduois: & eurent ſi grand deſpit (choſe qui ſur toutes tranſporte plus fort & plus couſtumierement les hommes de grand cœur) que (tant pour ne plus cóuerſer auec tel peuple, que celuy des Heduois, qu'ils eſtimoient ingrat: que pour n'eſtre expoſez à la fierté des Senonois, auſquels le deſir de vengence feroit trop oſer, quand les moyens d'vſer

Notable extraict de l'antiquité.
Grand par deſſus des Gaules.
Reconciliation des Heduois & Senonois.
Les bourgongnons irritez.

des

Cité d'Autun. 199

des forces generales des Gaules, leur seroient mis en main) bruslans eux-mesmes leur Bourgongne, & to⁹ les villages, & hameaux du terroir Bourgongnon, ils trousserent bagages, passerent le Rhin, & entrerēt par viue force en Germanie: où deuenuz Vandales (c'estoit à dire coureurs en lāgue Teutonique, selon qu'il est dit par F. Iaques de Guyse, en ses Chroniques de Haynaud) ils coururent quasi toute la Germanie, & y estoiēt encores du temps de Vespasien, lors que Pline les y trouua, & les meit entre les Germains en premier rang. Mais reuenons aux Heduois. *Bourgongnós abādonnent leur patrie. Bourgongnons deuiennent Vandales. Fr. Iaques de Guyse. Pline.*

VNE autre dissentiō s'esmeut entre les Heduois, & les Sequanois: en laquelle y allāt de restes, les Sequanois (ce sont ceux de la Conté de Bourgongne, Vicōté d'Auxōne, terres d'outre Saone, ressort de sainct Laurēt &c.) s'ay derent des Allemands, & des Suysses: de façon que ces puissāces estrangeres fortifierent leur party auec grand auantage. Ce que cognoissans les Heduois, entrerent en defiāce de leurs seules forces. Celà les cōtraignit demander secours aux Romains, en faueur de leur fraternité: d'autant qu'ils estoient aduouez freres, cōfederez, & amis liguez du Senat, & du peuple Romain. Cecy fut cause non seulement de la ruine des deux parties ennemies, mais aussi des Germains conduits par Ariouist, des Suisses, & de la totalité des Gaules. Voire que comme le prementiōné Ariouist, & les Suisses, qui fauorisoient, & faisoient leur, la querelle des Senonois, furent l'vn exterminé, les autres tellement rōmpuz, & dissipez, que nulle plus-grande aduersité leur suruint oncques: ainsi l'iniquité des Romains (qui contre l'opinion de Caton souffrirēt que soubs ombre de secours Cesar s'emparast des Gaules, & aneantist leur liberté, pour la tuitiō, & protectiō de laquelle il feignoit combattre) ne manqua de punition: car Cesar (apres auoir reduit les Gaules en Prouince) se seruit des forces d'icelles pour opprimer le Senat, & se faire Prince de l'estat de la Republique Romaine. Vray est, que celà fut cause de sa mort, de laquelle il eust esté aysé se consoler, si les coniurez ses meurtriers eussent peu par sa mort remettre Rome en liberté, & resusciter la Republ. mais nenny: selon qu'il est copieusemēt declaré par vne infinité d'histoires. Et quant à ce que i'ay comme hurté en passant, de l'occasion de noz malheurs, c'est chose trop amplement expliquee par infiniz autheurs, la lecture de la pluspart desquels est si commune, qu'il n'est besoing que ie face icy repetition de choses tant chantees à nostre des-auantage. *Querelle des Heduois cōtre les Sequanois. Sequanois. Allemāds & Suisses pour les Sequanois. Heduois appellent les Romains à secours. Ariouist. Caton. Iuste vengence. Cause de la mort de C. Cesar.*

SOIT doncques terminé ce propos, par ceste cōclusion, qu'auec les mesmes foy, & loy que Cesar s'empara, & occupa la Republique Romaine, auec icelles propres il priua les Gaules de leur ancienne liberté. Et combien qu'il passe soubs silence (comme aussi fait-il maintes autres choses, pour excuser lesquelles, toute sa bien-disance n'eust sçeu suffire) si est-il certain que *Bibracte* fut ruinee par son commandemēt. Et si du temps d'Auguste, duquel elle receut le nom, & fut appellee *Augustodunum*, ou du temps de Constantius, pere de Cōstantin, auquel Eu- *Mauuaise foy de Cesar. Bibracte ruinee par Cesar. Diuers noms d'Autun.*

R iiij

menius Panegyriste (mot odieux, & suspect en l'histoire) dit qu'elle fut nōmee *Flauia*, quelques reparatiōs y furēt faictes, ce fut si peu, qu'on n'y congnoissoit rien, quand Iulien l'Apostat, Lieutenant general de Constantius fils dudit Constantin, y arriua. Qu'ainsi soit, Amm. Marcellinus soldat dudit Iulien, & tesmoing oculaire, dit au commencemēt de son 16. liure, que les murs d'Autun estoient (à la verité) de fort grand circuit, mais inutiles pour la defense de la ville, par ce qu'ils estoient pourris de vieillesse. Et quāt à ce qu'Eumenius dit Autun auoir esté nōmé *Flauia*, iamais homme n'en a parlé que luy, & ceux qui l'ont voulu prendre de luy. Que me fait croire q̄ celà soit pronōcé par flatterie, & dict sans qu'il sen soit riē fait. Ou s'il sen est faict quelque chose, celà n'a nō plus duré, que quand Rome fut nommee Commodiane. Aussi Marcellinus n'en faict aucune mention: & neantmoins il est croyable, qu'en tombant en propos, il n'eust pas dissimulé chose si recentement mise en vsage, & faisant tant à l'hōneur des Flaues, de la race desquels son Empereur estoit. Or sans m'embarrasser plus auant en cette difficulté, ie la laisseray demesler aux habitans de Flauigny, qui tiennent que *Flauia Heduorum* est leur ville, & qu'eux sont *Flauienses*.

<small>Flau.a.
Iulien l'A-
post. t.
Amm. Mar-
cellinus.</small>

<small>Rome Cō-
modiane.</small>

<small>Ceux de
Flauigny.</small>

SI les raisonnemēs premis, sur l'identité d'Autun, & de *Bibracte*, ont esté vn peu trop prolixes, ie prendray pour excuse, la necessité que i'auois de combattre vn vieil erreur, qui auoit prins si hautes racines en l'opinion de plusieurs, qu'encores ne sçay-ie si beaucoup d'eux (qui neantmoins ne sçauroient impugner mes raisons) voudront se departir de ce qu'ils ont creu de Beuuray: où le plus subtil, & ingenieux de tous eux ne me sçauroit montrer, soit sur la montaigne, soit au pendant, soit au pied d'icelle, marques raisōnables, ie ne diray pas pour verifier que là ait esté celle *Bibracte* que Cesar estime tāt, mais autre ville d'excellence, & digne de memoire.

MOINS ne m'a gardé d'estre brief le desir que i'ay eu de rēdre cause des noms dōnez à la ville d'Autun. Encores ne-puis ie clorre ce pas, que ie n'aye dit quelque chose du nom *Hedua*. Pour à quoy paruenir, est de besoing premettre, que les Bourgongnons (apres diuerses, & frequentes incursions faictes és Gaules, dont ils auoient esté repoulsez) en fin y reuenuz, lors que les autres Vandales y entrerēt (soit du temps de l'Empereur Valentinien, comme aucuns le tiennent, soit durant l'Empire de Honorius) & à la suasion de Stilicon (selon l'opinion des autres) ils laisserent passer outre les Vandales Germains, leurs iadis compagnons, & associez, & se saisirent non seulement de tout ce que les Heduois (qui auoient autrefois esté cause de leur ancienne emigration, & transport des Gaules en Germanie) possedoiēt, mais aussi de tout ce qui estoit du Cāton des Sequanois. A quoy les efforts des Romains (qui adōc dresserent (mais en vain) diuerses entreprinses) ne peurēt obuier: ains force leur fut souffrir ce qu'ils ne pouuoient empescher.

<small>Hedua.
Bourgongnons entrez és Gaules.
L'Emp.
Valētinié.
Honorius.
Stilicon.</small>

<small>Bourgongnons occupent les païs des Heduois, & Sequanois.</small>

P E V

Cité d'Autun. 201

PEV de temps apres les Fráçois fuyuirent la trace des Bourgógnons auec lefquels ils eftoient confederez, & liguez pour affranchir les Gaules de la feruitute des Romains: ce que la plufpart de ceux qui ont voulu traicter ceft affaire n'ont pas entẽdu. Mais eft certain, & par le difcours de l'hiftoire il fe peut entẽdre, que les Gaulois, par lefquels, & les Bourgongnons, & les François(peuples qui, & l'vn, & l'autre eftoient iffuz, & originels des Gaules) auoient efté appellez en fecours, auoient auffi promis, & affigné certains quartiers pour y habiter: &(comme par droict de retour) rentrer en l'heritage, & ancien fejour de leurs anceftres. Auffi les François fçachans la volte que les Bourgongnons auoiẽt prins, pour non les offenfer, & ne contreuenir à ce qui eftoit capitulé, & accordé, prindrent leur chemin à main droicte, & feirent les conqueftes dõt noz hiftoires font ample mention. *François entrent és Gaules. Intelligãce entre les Fráçois & les Bourgõgnons.*

DESLORS tous les trophees, arcs triomphaux, loues nourrices de iumeaux, minotaures, auec leurs efcharpes femees de quatre lettres, & ces mõftres d'Aigles à deux teftes, cõmencerẽt à eftre abbattuz, brifez, & ruinez: tellemẽt que fi les Romains auoiẽt plus que barbaremẽt prins plaifir à mettre à neant les belleffes, & fingularitez des Gaules, les Gaulois eurent auffi leur paffe-temps à prendre reuanche fur ce que les Romains auoient erigé, ou faict eriger à leur honneur, & pour marque de domination. Lors les Autunois meirẽt toute peine à abolir, & faire perdre la memoire nõ feulemẽt du nom d'*Auguftodunum*, mais auffi de tout autre, fi aucun ils auoient prins des Romains. A ces fins (d'autant qu'ils eftoient nommez *Hedui*) ils voulurent que leur ville capitale fuft appellee *Hedua*. Ce que fut foigneufement obferué, iufques à ce que contre l'edit publiq', confirmé par ferment folennel non feulemẽt par les François, & Bourgongnons, mais generalement par tous les Gaulois, les loix Romaines (lefquelles auec tout le droict Italicq', & toutes chofes fauorifantes l'honneur du nom Romain, auoient fi expreffément efté bainnies des Gaules, que c'eftoit cas reprenfible d'en faire mention) furent auec le langage Latin, fi affectionnément rapportez deçà les mõts, qu'efcolles furent dreffees pour les remettre en practique. Dauantage (combien que les feigneurs doiuent iuftice à leurs hommes, & tous vraymẽt bons Chreftiens fidelle confeil à leurs prochains, & plus neceffairemẽt à leurs fubiets) on n'a laiffé de dreffer, ou pluftoft fouffert fe introduire vn meftier de iuftice, par lequel de noftre temps tous les anciens eftabliffemens ont efté immuez, les polices changees, & les trois anciens eftats de France mis petit à petit en confufion, pour en introduire vn quatriefme du temps du Roy Henry deuxiefme. *Ruines des marques d'hõneur des Romains. Intention des Heduois. Heduai. Les loix Romaines & le droit Italicq defcriez és Gaules. Efcolles Latines erigees és Gaules. Introduction du meftier de iuftice. Effay d'adioufter aux 3. Eftats vn 4. regnant Henry 2.*

OR AFIN qu'en peu ie montre promptement que (quant aux anciẽs eftabliffemens enfrains, & violez) ce mien dire n'eft hors de propos, & que par ce peu on vienne à iuger du plus: il n'y a celuy entre les hommes tant foit peu lettrez, & aucunemẽt verfez és affaires, qui ne fçachẽt,

& plusieurs autres n'ignorét pas, que (par le propre tesmoignage de Cesar) le souuerain Magistrat des Heduois estoit par eux, & en leur langage, nommé *Vergobret*: pour porter lequel, deux hommes de marque estoiét chacun an esleuz par les Citoiens, & leur estoit donnee puissance de vie, & de mort, sur les habitans. Depuis ceste dignité fut attribuee à vn seul personnaige: lequel anciennement nommé Verg (que noz viels Celtes interpretoiét craint, & crainte, d'où est procedé nostre mot Vergongne, signifiant en sa primitiue signification crainte de Dieu) le vulgaire Autunois (par interposition d'vn i, l'appelle encores au iourd'huy Vierg. A luy comme aussi aux Maires des villes (ainsi appellez par vn tres-ácien comparatif Celtique, signifiant maieur: pour faire entendre à tous, que le Maire estoit le maieur en dignité, & auctorité a esté tellemét retrâché le vol, par ceux qui de Referendaires, ou premiers Secretaires d'Estat, se sót (puis n'agueres) attribué le premier rang en la iustice, que ces Vergs, & Maires ne sont plus, le premier que comme vn simple Iuge Chastellain, les autres vmbres de Magistrats, & chefs d'Escheuinages pour tout potage. Et (cóbien que pour marque de leur autrefois dignité, ils ayent encores des sergens embastónez, qui les precedét ainsi que iadis à Rome les licteurs auec coingnees, & trousseaux, ou poignees de verges, precedoient les Consuls, Preteurs, &c) si sont les bastons, & hallebardes de tels sergens inutiles, d'autant que leurs Maires n'ont plus de iustice: & qu'on leur a faict comme aux enfans, ausquels on bride les espees & dagues, de peur qu'ils ne desgainér. Le President Chasseneus sur le proëme du Coustumier de Bourgongne, parlant du Vierg d'Autun, deduit quelques differens dudit Vierg auec les gens du Roy : mais ie n'ay pas pensé que le recit de telles querelles serue de rien à ce que nous auons entreprins declarer.

OVTRE la iustice ordinaire, de laquelle aussi bien que de la Police le Vierg d'Autun estoit chef, il y auoit encores bien anciennement vne certaine façon d'appointer les differens, discordes, & tout ce que de present nous comprenós soubs le mot de procez. C'estoit en sen rapportát, & submettant au iugement des Druides. Ceux-cy vuidoient toutes matieres sommairemét & de plain, sans ministere de Procureurs, ny d'Aduocats. Là n'estoit questió de possessoire, ny de petitoire, ainsi que là où les procez sont nourris pour durer. Comme que l'action fust intentee, le Iuge d'equité, sans s'arrester aux formalitez, condamnoit celuy qui auoit tort. Que si les matieres estoiét de bié grosse importáce, ou le droit des parties trop ambigu : comme il estoit licite decliner le iugement du Vierg par celuy qui faisoit euoquer sa cause aux Estats generaux, qui tenoient chacun an és Gaules: aussi les Druides Autunois remettoient la decision de telles causes à leur grand assemblee, & quasi chapitre general, à Dreux. Et failloit (ce pendant) qu'au regime de la chose cótenticuse vn sequestre fust agreé par les parties. La ceremonie qui se gardoit à la
premiere

Cité d'Autun. 203

premiere affignation, facilitoit la vuidange des procez: car les parties apres auoir expofé elles mefmes, leur faict, ou faits, eftoient tenuës iurer folennellement fur les chofes que pour lors ils tenoient pour plus facrees. Et comme les Gaulois ont efté (dit Iuftin) fort addonnez à la religion, auffi n'aduenoit-il gueres qu'aucū fe pariuraft. Où f'il aduenoit, & qu'il fuft defcouuert, tel periure eftoit irremiffiblement à iamais infame, excommunié, auec denegation du feu, & de l'eau. Cefte ceremonie de iurer ne f'obferue plus, qu'en entrāt au combat, quand vn different fe vuide entre les parties par les armes. Le lieu, où la Synagogue des Druides Autunois eftoit, fe nomme encores à prefent Mont-drud en Latin *Mons Druidum* qu'on interprete Mont des Druides.

Iuftin.
Gaulois religieux.
Excommunicati-
on antique.
Auāt que combattre faut iurer.
Mont-drud.

Puis que nous fommes entrez en propos des lieux qui retiénent auiourd'huy quelque marque de leur ancienneté: ie ne veux oublier de dire, qu'il y auoit dedans, ou pres d'Autun, vn Mōt nommé *Mons Iouis*: duquel les fieurs de Mont-Ieu tirent leur denomination. Aucuns tiennent que c'eftoit le Chafteau du Ryueaul, au plus haut d'Autun, lequel fouloit appartenir aux fufdits fieurs de Mōt-ieu: & qui femble auoir efté ainfi appellé par ce qu'il eft fur la riue, & au haut d'Autun. Autres eftiment que ce fut la montagne, où eft maintenant l'Hermitage S. Claude: autres le cherchent ailleurs. Celle portiō d'Autun qui de prefent eft fermee à part, & qui fe nomme fi eftrangement Marchaut par ceux du lieu, qu'ils femblent pronōcer Marefchaut, eftoit iadis dicte Mars-champ, & en Latin *Campus Martius*. Depuis ce mot de champ, a dōné occafion aux hommes de 200. ans en ça, de penfer que *Campus Martius* eftoit le champ S. Ladre: d'autant que Marchaut eft bafty, & qu'il ne refte plus apparēce de champ dedans les enclauemens du vieil Autun que ledit grād champ deuant le Couuent de S. François. Ce que nous appellons la Genetoye, fe deuroit dire Ianitect, *à Iani tecto*, felon que ie l'ay apprins de bon lieu. Qui fe voudra feruir de l'auctorité d'Eumenius, fans au refte f'arrefter à ce qu'il donne du plat de la lāgue, en faueur de celuy qui luy bailloit par an douze mille efcuz d'eftat, felō le calcul de ce grand I.C. François Balduin, fingulier fcrutateur des chofes anciennes: il trouuera qu'iceluy Eumenius loge fes efcolles Menianes entre le Capitole, & le tēple d'Apollon. Mais fi parauenture, quelques reftes du temple d'Apollon fe peuuēt defcouurir, le lieu du Capitole ne laiffe d'eftre du tout ignoré. Et quand il parle des efcolles Menianes: c'eft fimpleffe d'eftendre fa curiofité fur l'etymologie du nom: car outre ce que telles efcolles n'eftoient pas appellees en vulgaire, c'eft à dire en langage Gallicq, Menianes, & quē manifeftement le mot eft Latin: c'eft pluftoft controuuer, & fe ioüer en fes inuentions, que parler pour verité, de mettre icy en ieu la colonne Meniane, & dire que telles efcolles fuffent portees, ou pluftoft fufpenduës, fur vn tel pilier que celuy de Menius, plaifanteur en fon mauuais mefnage. Qui gardera que l'on ne puiffe par mefme priuilege, eftimer que cés

Mons-Iouis.
Sieurs de Mont-Ieu.
Ryueaul.

L'hermitage fainct Claude.
Marchaut.

Campus Martius.
Champ S. Ladre.

Genetoye, Iani tectū.

Eumenius.

F. Balduin. I.C.
Efcolles Menianes.
Temple d'Apollō.
Capitole.

Menius.

escolles Menianes ont leur nom de quelque Menius Romain, qui les a-uoit faict faire? ou faisant e.diphthōgue, inferer telles escolles auoir esté dictes Menianes, pource qu'elles estoient ou sur les murs de la ville, ou fort prochaines, ou ioignantes à iceux: Des temples de Cupidon, Plutō, & Proserpine, le tout est tōbé en si generale incertitude, que de là chacun a prins licence d'en dire en particulier ce que bon luy a semblé. On mōtre au bas d'Autū pres du pōt d'Arroux (c'est la riuiere qui y passe) vn vieil pan de murailles, à main droicte en entrāt, & vne tour fort antique à main gauche, qu'on estime restes des temples susdits de Plutō, & Proserpine. Et pource qu'icelle tour a plusieurs effigies d'oiseaux: le commun a prins opiniō que c'estoit la tour des Augures: mais le lieu me semble bien bas, pour exercer tel mestier. Car Romulus en voulāt vser contre son frere, monta au mont Auētin. Si i'eusse peu estre icy aidé de plusieurs endroits, où i'auois requis, & esperé secours, i'eusse pl⁹ exactemēt, (mais rien plus vtilemēt) escrit de ces particulieres antiquitez Autunoises, comme de certaine sepulture, qu'on appelle la pierre du Coüard, approchant lourdement la forme d'vne pyramide, qu'on tient neātmoins pour vne chose fort ancienne, qui a donné nom à tout ce faux-bourg, par lequel (au sortir d'Autū) on tire à Marmagne, où estoit iadis vn temple *Martis magni*. Ce mot de Coüard a esté cause, de ce que par risee, on dit communémēt que l'Euesque d'Autun sieur du Coüard a plus de vassaux, que nul autre seigneur: d'autant qu'il se trouue plus de coüards que de vaillans. Quant au temple de Cupidon les bons compagnons tiennent qu'il estoit en des brussailles en la montagne où il y a encores vne fontaine qui a vn nom digne du Dieu auquel elle estoit consacrée. Or me restant plus de regret de ce que ie ne puis parfournir tout ce que seroit requis & necessaire, pour l'illustration de l'vne des plus antiques villes des Gaules, capitale des Heduois premier Canton en la Celtique, que de moyens de satisfaire au desir qu'auois d'en discourir plus au contentement des lecteurs: il m'est force sortir du Paganisme, pour dire quelque chose de ce qui est aduenu aux Autunois, depuis qu'ils sōt deuenuz Chrestiens.

ENCORES que les Bourgongnons (que nous auons dit cy deuant auoir occupé ce où les anciens Cantons des Heduois, & Sequanois souloient seigneurier) fussent Chrestiés: si n'ont-ils esté les premiers, qui ont planté la foy és païs à present cōprins soubs l'appellation de Bourgongne. Car (comme nous auons amplemēt declaré en noz recueils de Chalon, Mascon, & Tournus) long-temps au parauāt, à sçauoir soubs l'Empereur Antoninus Verus, qui commença son Empire l'an de salut 161. S. Marcel, & S.Valerin (apres auoir presché l'euangile, & faict grāds fruits en l'auancement d'iceluy au Chalonnois, & circonuoisinage) auoient souffert martyre, par la sētēce de Priscus, chef de iustice au Chalōnois. Et plus de soixāte ans apres, S. Benigne, & ses cōpagnōs SS. Andochius,

&

Temples de Cudidon Plutō, & Proserpine.

Pierre du Coüard.

Mars magnus.

Antoninꝰ Verus empereur. S. Marcel. & sainct Valerin. Priscus. SS. Benigne, Andoche, & Tyrse.

Cité d'Autun. 205

& Tyrſus, enuoyez par S. Polycarpe: non celuy qui fut auditeur de S. Iean l'Apoſtre (comme quelques-vns en le penſant ſe ſont trompez) mais par vn autre Polycarpe, poſterieur de temps, vindrent à Autun: ou par la vertu de la parole ils gaignerent beaucoup d'ames à Dieu. S. Polycarpe. S. Iean Apoſtre.

LORS eſtoit Conté, ou (ſelon d'aucuns) ſeigneur de Saulieu vn nommé Fauſtus: qui (cőme il eſt rapporté par Meſſire Icã Germain Eueſque de Chalon, en ſes confutations de l'Alchoran) eſtoit deſia Chreſtiẽ. Car il n'y a faute d'hommes ſerieux, qui tiennent que les Gaulois receurent bien-toſt la foy, apres la paſſion de IESVS CHRIST: & qu'outre le paſſage de S. Paul, allant, & venant des Eſpagnes, il y auoit exercice de la Religion Chreſtienne, en pluſieurs lieux des Gaules: notamment que S. Sauien (qui eſtoit diſciple de IESVS CHRIST) auoit preſché l'Euangile aux Senonois, & faict baſtir à Sens des Egliſes: entre autres vne en laquelle eſtoit eſcrit ÆDIFICATA FVI VIVENTE PETRO: dont reſte encores auiourd'huy le nom de S. Pierre le vif. Voire que nous auons bons memoires, que quand S. Marcel vint à Chalon, il y auoit deſia vne Chappelle de ſainct Pierre au village dict adonc *Vbiliacus*: qui eſt le propre lieu où fut depuis baſtie l'Abbaye de ſainct Marcel, reduicte à preſent en vn Prioré de l'ordre, & de la collation de l'Abbé de Cluny. Fauſtus. Iean Germain. S. Paul a viſité l'Eſpagne. S. Sauien. Egliſe de Sẽs baſtie viuant S. Pierre. *Vbiliacus*. S. Marcel.

FAVSTVS (duquel cy deſſus eſt parlé) auoit de ſa femme Auguſta, vn fils de l'aage de trois ans ſelõ d'aucũs, ou de cinq ſelõ les autres: il voulut qu'il fuſt baptiſé par S. Benigne, & leué des fons par S. Andoche: ce q̃ fut accompli, & l'enfant nőmé Symphorien. Eraclius chef de la iuſtice en l'Autunois, pour l'Empereur Aurelië, aduerty que S. Benigne, & S. Andoche baptiſoient à Saulieu, y alla, ſe ſaiſit de SS. Andoche, & Tyrſe, & apres griefs tourmens, les feit mourir martyrs: feit auſſi defenſes à Fauſtus, de ne faire, ny ſouffrir eſtre faict par les ſiens, exercice de la Religiõ Chreſtienne. Mais d'autant que ny luy, ny Auguſta ſa fẽme, ny leur fils Symphorien, ne voulurent ſe ſubmettre à telles defenſes, ils furent quelque temps apres tirez au ſupplice, & moururent Martyrs. Fauſtus, & Auguſta. S. Symphorien. Eraclius. Saulieu.

QVANT à S. Benigne, Dieu (le reſeruant pour plus longuemẽt profiter au miniſtere Euangelique, auquel il eſtoit employé) voulut qu'il ſe ſauuaſt à Dijõ, où Fauſt9 luy enuoya lettres d'addreſſe à Leonille ſa ſœur, riche Dame en la Cité de Lengres: de laquelle il fut fort bien receu: parce qu'elle eſtoit inſtruite, & bien affectionnee à la Religion Chreſtienne. Ceſte Dame auoit vn fils, auquel ſa femme auoit faict trois enfans d'vne portee: ſçauoir eſt Speuſippus, Eleuſippus, & Meleuſippus: leſquels S. Benigne conſecra à Dieu, leur conferant le ſacrement de bapteſme. Et le leur donnant, ces ieunes gens receurẽt, par vne graſſe infuſe, ſi ardante affection au Chriſtianiſme, que depuis tous les tourmens qui leur furent appliquez, ny pas la mort qu'ils ſouffrirent en teſmoignage de leur croyance, ne les en peurent diuertir. Leonille de Lègres. Les gemaux de Lengres.

S

A chef de piece S. Benigne, poulsé du S. Esprit, s'en reuint à Dijon, que l'Empereur Aurelié faisoit bastir des ruines du Bourg Ongne, c'est à dire Bourg des Dieux. Auquel Dijon, pour le contentement des Dieux Tutelaires dudit Bourg Ongne, il donna le nom *Diuio* : à fin que comme il estoit construict des materiaux du Bourg Ongne, il en retint aussi l'appellation. La forme de Dijon est descrite par *Greg. Turonensis*, au 19. chapitre du 3. liure de son histoire des François. Ceux qui ont dressé quelque recueil des actes de S. Benigne, estiment le sejour qu'il feit à Dijon de vingt & vn an: mais quant à moy ie suis d'opinion, qu'audit temps est comprins toute la residence qu'il a faict és païs auiourd'huy entenduz par le mot de Bourgógne. Au bout des annees precomptees, Aurelien venant visiter son nouueau bastiment, & ayant descouuert qu'il baptisoit, le feit prendre par son Preuost Terentius, qui le maltraicta de toutes les façons qu'il se peut aduiser : & neantmoins ne sçeut esbranler sa constance, en laquelle testifiant IESVS CHRIST vray fils de Dieu, & redépteur du genre humain, il rendit à Dieu l'ame qu'il auoit comme en depost.

APRES qu'Autun eut reçeu la foy Chrestienne, ou nouueaux téples furent bastiz à l'hóneur de Dieu, ou ceux des faux Dieux des Payés furent dediez, & consacrez pour l'exercice de la vraye Religion. La premiere, & plus ancienne Eglise fut (selon l'opinion commune) celle de S. Nazare, qu'on tient pour Cathedrale. Ce que plusieurs pourroient trouuer estrange, veu que la seance ordinaire de l'Euesque d'Autun est en l'Eglise S. Lazare, que le vulgaire dit S. Ladre : & que les Chanoines, desquels le Chapitre est le Senat de l'Euesque, sont communement appellez Chanoines de S. Ladre. Mais il en picad ainsi qu'à Lyon, où de droit, & d'antiquité l'Eglise S. Estienne est la Cathedrale, & toutesfois c'est en celle de S. Ieá qui de S. Chappelle, a recouuert l'hóneur d'estre pl⁹ ordinairemét assistee de l'Archeuesque, & seruie par les Chanoines retenans l'ancien nom de Contes, que le plus solennel seruice est faict. Ce que ie presume estre aduenu, parce que les Eglises plus modernement basties, ont outre la situation plus aggreable, leur structure plus excellente : de façon que la sumptuosité des edifices a inuité les hómes de la qualité requise, à les plus frequenter. Et neantmoins le seruice (encores qu'il ne soit faict par si grosse frequence de personnes és Eglises primitiues, qu'és autres) ne laisse d'y estre faict selon les anciénes fondatiós, autát bien qu'il est en la possibilité des hommes à ce deputez & cómis. S. Nazare fut baptisé par S. Lin Pape, & vint és Gaules, où il enseigna Celsus ieune gars, en la foy Chrestienne, puis le baptisa. Et pourroit estre, que les Autunois ayans eu par luy, la premiere congnoissance qui leur a esté donnee de IESVS CHRIST, ont voulu vser enuers luy de telle recongnoissance, que de dedier soubs son nom leur premiere Eglise. Quant à S. Lazare, il est tenu pour frere de Maries Marthe,

Marthe, & Magdelaine: & se môtre en l'Eglise de so nom vne riche chasse, en laquelle on dit que ses restes sont. Auprés l'Eglise S. Ladre, est vne autre Eglise Collegiate, dicte de Nostre dame: fondee par Messire Nicolas Raoulin Cheualier, seigneur d'Autume, d'Emery, de Beauchamp, Sanoisy, Monetoy, Chazeul, &c. Chancelier de Bourgongne, soub le bon Duc Philippe, pere de Charles dernier hoir masle de ladite race. C'est-ce mesme Chancelier qui a fondé l'hospital de Beaulme, qui est aussi beau, polit, & commode qu'autre hospital qui soit en France.

IL y a à Autū deux Monasteres de Religieux. Le plus anciē est soubs l'inuocation de S. Symphorien, que *Greg. Turonensis* dit auoir esté fondé par Eufronius Prestre, & depuis Euesque d'Autun: c'est maintenant vn Prioré de l'ordre S. Augustin, qui est electif, & faict chef de par soy. Là sont les corps de S. Simphorien, de Faustus son pere, & Augusta sa mere, mis au nōbre des Martyrs. L'autre Monastere est l'Abbaye de S. Martin, de l'ordre de S. Benoist, auquel gist la Royne Brunechilde, qu'aucuns appellent Brunehaut, fondatrice d'iceluy, selon Aymoin le moyne au premier chap. de son 4. liure. Et faut que ie die icy, que ce n'est petite merueille d'entendre que noz histoires Françoises font si mauuais rapport d'elle, veu la bōne reputatiō en laquelle S. Gregoire Pape la tenoit. Aussi y a-il deux Monasteres de Moniales: S. Andoche, & S. Iean le grād. Celles de S. Andoche tiēnēt Charlemagne pour leur fōdateur: mais elles se pourroient bien tromper. Car si bien iceluy Charlemagne a faict de grands biens aux Eglises de Bourgongne, tant pour sa coustumiere deuotion aux lieux saincts, que pource que la Bourgongne estoit de l'ancien patrimoine de Pepin son pere, comme nous l'auons touché en nostre recueil de Mascon: il n'y a toutesfois Eglise en tout le païs des Bourgongnōs, qui ait certain tesmoignage d'auoir esté fondee par luy. Ceux de Tournus ont esté fort long-temps en semblable opinion pour le regard de leur Abbaye: & outre la marque de l'Aigle qui (auant les troubles suscitez en France soubs couleur de Religion) souloit estre sur l'vn des clochers, ils se ventoient que de leur fondation estoient tesmoins Roland, Oliuier, & le bon Baron de Senecey. Mais ayant sont plus de vingt ans curieusemēt recherché tel tiltre au thesor de ladite Abbaye de Tournus, en faueur de Messire Nicolas de Bauffremont seigneur Baron de Senecey, à present Cheualier de l'ordre du Roy, son Conseillier d'Estat au Conseil priué, Bailly de Chalon, &c. ie descouuris certainement que c'estoit vn bruit populaire. Ioinct que lors tels tiltres ne se faisoient pas en François, ains en Latin: comme tous ceux, qui ont eu le soing de visiter les thesors des Eglises peuuent mieux sçauoir. De ma part ie n'ay sçeu auoir cest heur que d'auoir peu veoir aucun tiltre de Charlemagne faisant au profit de quelque Eglise de Bourgongne: Bien ay-ie veu la copie de la donation de la ville

L'Eglise Nostre dame. Chancelier Raoulin. L'hospital de Beaulne. Monasteres d'Autun. S. Symphorien. Greg. Turonensis. Eufronius Prestre. S. Martin. Brunechilde. Aym. Monachus. S. Gregoire loue Brunechilde. Monasteres de Moniales. S. Andoche. S. Iean le grand. De Charlemagne. Pepin seigneur de Bourgongne. L'Abbaye de Tournus. Faux bruit. Le seigneur Baron de Senecey.

S ij

Creuan donné à S. Germain d'Auxerre.
Baronnie de Senecey fort illustre.
S. Iean le grand.
S. Gregoire.
Brunechilde.

de Creuan, faite par le mesme Charlemagne, à S. Estiéne d'Auxerre: mais elle est fort succinctemét couchee en Latin. Et (pour reuenir à mon propos) la Baronnie de Senecey, ensemble les sieurs Barós d'icelle, ont suffisance de vrais honneurs, & notorietez de leur tant ancienne, que moderne excellence; de façon que ie ne les pense auoir besoing d'emprunter ces voix de ville, & bruits d'incertains autheurs. L'autre Monastere de Moniales en la ville d'Autũ, est S. Iean le grãd: que pourroit estre celuy des seruantes à Dieu, que S. Gregoire dit auoir esté basty à Autun, par Brunechilde: combien que les armes de ceux de Chalon peuuent testifier, que quelqu'vn de leur nom en auroit esté instaurateur.

Ceux de Chalon.

LA religion Chrestienne plantee à Autun, y fut embrassee de telle & si grande affection, que si les los, & reputation des Autuncis sont grãds par les armes, plus certain honneur leur est deu, pour leur insigne pieté. Aussi veritablement ont ils eu des merueilleusement excellens institueurs: & des Euesques si bruslans par ferueur de charité, que la bonne semence receuë n'a peu manquer à rendre fruits correspondans à l'intention de tels ouuriers enuoyez par le Seigneur à la culture de sa vigne.

Chasseneus.

Le President de Chasseneu en son proëme des Coustumes de Bourgongné auoit entamé le Catalogue des Euesques d'Autun: mais se contentant d'auoir nommé les premiers, que l'antiquité a mis au nombre des Saincts, il a passé le surplus en blot, & somme de 82. Ce neantmoins

Democha-res.

d'autant que la diligence de M. Antoine de Monchy dict Demochares, Docteur en Theologie de l'Vniuersité de Paris, me sẽble mieux meriter d'estre suyuie: ie rapporteray icy ce qu'il en a colligé: à fin que ceux qui n'auront le volume dudit de Monchy, trouuét icy ce que i'en ay extraict sans gueres alterer les noms Larins, sinon quand i'ay veu la commodité de les rendre François si aysee, que parlant François, ie ne pouuois m'en excuser. L'ordre doncq' qu'il tient en l'enumeration des Euesques,

Catalogue des Euesques d'Autun.

d'Autun est tel. 1 S. Amator. 2 Martin. 3 S. Reticius qui assista au second Cõcile d'Arles, l'an 320. reluisoit en sainteté de vie. 4 S. Simpliciᵘ au Cõcile de Colongne 348. 5. S. Cassian. 6 Desiderius. 7 Igonomus. 8 S. Pigmenius. 9 Simplicius second. 10 Eminthius. 11 Leõtius. 12 S. Euphonius. 13 S. Pragmaticus, au Concile Epannense. 14 S. Proculus martyr. 15 Valeolus. 16 Proculus second. 17 S. Racho. 18 Nectasius, ou Nectarius, lequel est mis apres Agripinus, en la vie de saint Germain Euesque de Paris. 19 Eupardus. 20 Remy. 21 S. Agripin nommé assistant és Conciles 2. & 3. tenus à Orleans. Cestuy confera l'ordre de Diacre à sainct Germain d'Autun, qui depuis fut faict Euesque de Paris. 22 Auspicius. 23 Lefastus 24. Flauignianus 25. Odolricus 26. S. Siagrius frere de la Royne Brunechilde, du temps de sainct Gregoire le grand au Concile de Paris 2. & de Mascon premier. 27 Ferreol, au Concile de Chalon. 28 S. Ligier Martyr, qu'Ebroyn Maire du Palais de France feit mourir l'an 676. selon

Sigebert

Cité d'Autun.

Sigebert 29. Proiectus 30. Erminarius 31. Aubert 32. Vascon 33. Amator second 34. Regnaud 35. Martin second 36. Alderic 37. Modoin 38. Artheus 39. Ionas 40. Lindo 41. Adagaire 42. Vato 43. Eruchus 44. Rothmond 45. Gerald 46. Gauthier 47. Helinim 48. Aganō 49. Hilueus 50. Merigald 51. Estienne 52. Robert 53. Humbert 54. Henon 55. Estienne second 56. Gauthier second, qui alla au voiage contre les Sarrazins l'an 1217. 57. Guy 58. Ausel 59. Gerald deuxiesme 60. Iaques 61. Huges 62. Barthelemy 63. Helias 64. Pierre 65. Iean 66. Guillaume 67. Guy deuxiesme 68. Guillaume deuxiesme 69. Regnaud 70. Geoffroy 71. Pierre Bertrand, qui fut Cardinal, & fonda le college d'Autun à Paris 72. Guillaume d'Auxonne l'vn des fondateurs du college de Cambray à Paris 73. Nicolas de Thoulō 74. Millon de Grancey 75. Ferry de Grancey 76. Iean Raoulin Cardinal 77. Anthoine de Chalon 78. Iean 3. Raoullin 79. Loys d'Amboise 80. Philippe de Cleues 81. Iaques Huraut 82. Hippolite d'Est, vulgairement nommé Cardinal de Ferrare. Icy cesseray-ie de suyure de mot à mot le dire de Demochares, pour adiouster que le Roy Henry second donna au bastard d'Escosse l'Euesché d'Autun. Mais luy desia aliené de la Religion Catholique pria Charles Cardinal de Lorraine de luy faire auoir recompense en pieces, desquelles il peust pouruoir quelques siens amis Escossois. Ce que ledit Cardinal feit sçauoir à F. Philibert Dugny de la maison de Courgengoux, & Vacheret; qui donna aux Escossois l'Abbaye de Flauigny & les Priorez de Charlieu, & S. Viuant: & par ce moyen fut 83. Euesque d'Autun. Apres la mort duquel Messire Philibert de Marcilly Cheualier de l'ordre du Roy, Capitaine de Cinquante hommes d'armes, Seigneur de Cipierre &c. Gouuerneur de la personne de Charles Duc d'Orleans, fils du Roy, & depuis Roy neufuiesme de son nom, obtint ledit Euesché d'Autun pour Messire Pierre de Marcilly, son frere Abbé de Mortemer en Normandie, & Prieur de S. Simphorien lez Autun. Par le trespas duquel Messire Charles Aillebouft au parauant Chanoine du lieu, puis Abbé de Sept fonts & du Reclus, fut faict Euesque, au grand contentement de tous les ordres de son diocese, & est auiourd'huy le 85. Euesque d'Autun.

OR n'est-ce petite louange à ceste hierarchie, qu'en icelle se trouuet douze Euesques canonisez: & outre iceux plusieurs autres, lesquels ont faict si digne exercice, en l'œuure de leur villication, qu'on n'en peut autrement esperer, sinon qu'apres vn bon combat, & le cours consommé la couronne de iustice leur a esté deliuree, par ce iuste Iuge, qui ne laisse aucun mal impuny, ny bien faict sans recompense. Suyuant leurs vestiges, le prenōmé Messire Charles Aillebouft qui a marché auec hōneur & reputation par les degrez inferieurs de Chanoine, Prieur, Abbé, & Syndic general du Clergé de France: & non (comme assez inconsiderément on en met de plaine volee au sommet de grandeur, esleué en la dignité qu'il soustient, que premierement il n'eust faict bonnes preuues

12. Euesques d'Autun canonisez.

M. Charles d'Ailleboust Perfectissime.

S iij

de ses suffisances : merite bié que i'employe en sa faueur le mot de *Perfectissime*; au sens que ce singulier ornemét de nostre téps Balduin le rapporte de Lactance és doctes annotations qu'il a faict sur l'oraison d'Eumenius pour les escolles Menianes, desquelles nous auons parlé.

Balduin. Lactance. Eumenius.

Av reste encores qu'Autun soit simplement Euesché, si y a-il peu d'Archeueschez en France, qui ayent leur diœcese de plus-grande estenduë : & s'il n'est Archeuesque si en a-il les marques, par le pouuoir qui luy est concedé par priuilege apostolique de porter le Paille. Suyuát lequel priuilege, S. Gregoire Pape enuoya ledit paille à Siagrius Euesque d'Autun : comme luy-mesme le tesmoigne en ses Epistres. D'auátage escheát que l'Archeuesque de Lyon (duquel il est suffragant) viéne à mourir l'Euesque d'Autun en a l'administration, & en faict les fruits, & profits siés : comme (au semblable) faict l'Archeuesque de Lyon, vacant le siege Episcopal d'Autun. Tel droit donne suffisante cógnoissance, que cest Euesque est le premier des suffragás de Lyon. Et ne sert ce que quelques-vns de Légres ont voulu mettre en auát, que leur Euesque estoit Duc, & Pair de Fráce : car Duc, & Pair ne sont pas tiltres Ecclesiastiques, ny cócernás le spirituel, pour penser s'en preualoir és assemblees d'Eglise : nomplus qu'entre les Cardinaux seans, la qualité des Princes, de quelque sang qu'ils soient, n'est pas respectee, ny n'emporte preseance, ains faut qu'ils suyuent l'ordre de leur reception. Le mesme ordre (tant pour rát) est obserué és Chapitres des Eglises Cathedrales, & Collegiales. Pour le regard de la preseance de l'Euesque d'Autun, n'est à ometre que le prealleguè S. Gregoire resolut toutes les difficultez qui y pourroient estre mises : quád par priuilege special il voulut que l'Eglise d'Autun fust immediatemét apres celle de Lyon, son lieu & hóneur en toutes choses gardé au Metropolitain. Seló qu'il se peut veoit esdites Epistres, liure 7. chap. 110. A ce propos, sont enuiron 25. ans, que certain different se meut entre les deputez de Chalon, & de Mascon : l'assemblee du Clergé de la Prouince Lyonnoise, congregee pour aduiser sur le faict des francz fieds & nouueaux acquests, dont le Roy auoit fait dó à Madame de la Roche-Pot, en fut iuge : & prononca, que les quatre suffragans de l'Archeuesque de Lyon sont Autun, Lengres, Chalon, & Mascó : & que de toute anciéneté tel a esté, & doit estre leur ordre. Ce dit du spirituel, venós à ce que nous reste de clair touchant l'histoire de la ville d'Autun.

Amplitude de l'Euesché d'Autun.

Duc, & Pair, ne sont dignitez Ecclesiastiques.

Rang dóné par S. Gregoire à l'Euesque d'Autun.

Rang, & ordre de seance des Euesques suffragás de Lyon.

Sentence au faict de la preseance.

IL ne m'a iamais peu estre persuadé, & n'est possible que ie croye, que les habitans d'Autun puissent tirer honneur, ny acquerir gloire, pour auoir esté nommez freres des Romains, & les premiers de tous les peuples estrágers admis à estre Senateurs à Rome : car se dire estre freres des Romains qu'est-ce autre chose que se declarer bastards & freres de voleurs ? Que les Romains soiét originellemét bastards (sás rechercher iusques à Eneas, & recourir à la naissáce de Romulus, & Remus leurs fondateurs) le rauissement des Sabines, quád il ne seroit qualifié que du seul mot

C'est plustost hóte qu'hóneur d'estie dits freres des Romains.

Romains bastards de leur origine.

Romins issuz de voleurs, & brigands.

Cité d'Autun.   211

mot de rapt, le manifeste suffisamment. Et quant à leurs voleries, & brigandages, elles ont autant duré, que la force, & les moyens le leur ont permis : Que s'il en faut faire preuues, leurs propres histoires font entiere foy, qu'ils n'ont laissé inoffensez, & exempts de leurs furieux attemptats, sinon ceux qu'ils n'ont peu attaindre, & attrapper. Car quand quelques-vns se sont ioüé à soustenir ce Paradoxe, que toutes les guerres des Romains ont esté fondees en equité: ç'a esté plustost par certain desir de monstrer la dexterité de leur esprit, que pour soustenir verité. De maniere que s'il failloit s'en arrester à leur dire: à mesme raison ceux qui ont loué quelques tyrans, qui ont traicté des loüanges de la fieure quarte, de la mousche, de follie, & finablement celuy qui dit le seul asne meriter d'estre loué, deuroient en estre creuz. Plus pertinément en parle Petronius Arbiter en la personne d'Eumolpus, auquel il faict reciter ces vers satyriques contre les Romains: *Faulx que les guerres des Rom. ayent esté iustes. Maintes assertions faulses. Petronius Arbiter.*

Si qua foret tellus, quæ fuluum mitteret aurum,
Hostis erat, fatisque in tristia bella paratis,
Quærebatur opes, &c. Esquels vers est remarquable cest Hemistiche *Fatis in tristia bella paratis.* Lequel arguë que toute leur Religiõ n'estoit que pipperie: veu qu'ils faisoient respõdre les oracles, augures, &c. selõ leur vouloir. A quoy se peut adiouster cecy d'Amm. Macellin liure 14. *Nec piget dicere auidè magis hanc Insulã*(il parle de Chipre)*populum Rom. inuasisse, quàm iustè.* Brief i'estime que celle adoption fraternelle des Romains, & l'honneur Senatorial concedé aux Heduois, n'ont esté que pures, & vrayes pipperies, pour les attrapper, & acabler, selon que la fin en a faict la preuue. Aussi a ce tousiours esté vne façon practiquee entre les malings, desquels l'esprit fort subtil, est sans cesse au guet, pour surprendre, & ruiner ceux qui faisans plus d'estime de la vertu, s'appuyent seuremẽt en elle, & s'y asseurent comme sur chose sacree & saincte, laquelle ne deuroit estre insidiee & pource ne se premunissent d'autre seurté. Ainsi les Gaulois(desquels la puissãce, & la vertu bellique a esté tousiours redoutee, & mesmement par les Romains) congneuz pour hommes ouuerts, sans finesses, & dol:&(à briefuement dire)tels que(soit Hirtius, soit Oppius, qui a escrit le Commentaire de la guerre d'Afrique)les qualifie: les Romains n'eurent ruse plus propre pour les renger en leur obeïssance, que de les diuiser, & fauoriser les vns, pour(à leur ayde)ruiner les autres: puis dresser à ceux qu'ils feingnoient leurs freres & amis vne querelle d'Allemand, & les defaire: selon qu'ils feirent à la parfin. Vray est que, comme en toutes assemblees de meschãs gens, les vns sont moins mauuais que les autres; ainsi quelques-vns du Senat Romain ne trouuerent pas bonne la mauuaise foy, dont ce mal propre, & mal ceint, homme de toutes femmes, & femme de tous hommes, Iules Cesar vsa enuers les Gaulois en general, & plus specialemẽt enuers les Heduois: attendu qu'il auoit esté enuoyé par le Senat pour les secourir, & non pour les ruiner, *Pipperies des Romains. Les meschans sont en perpetuelle crainte. Le vertueux s'asseure en sõ innocẽce. Gaulois ouuerts & sãs finesse. Hirtius, ou Oppi°. Ruse des Ro. pour dõpter les Gaules. Querelle d'Allemand.*

S iiij

& asseruir comme il feit. Surquoy Caton concluoit que pour expier ceste meschâceté, & purger la Repub. de tel dol, & infidelité, il estoit expediét liurer Cesar és mains des Gaulois : mais le mauuais destin, qui reseruoit Cesar au dommage & exterminatiō d'icelle Republique, ne permit pas que Caton en fust creu. Toutesfois pource que ceste commemoration de noz anciens desastres, n'est que renouuellement de noz vieilles douleurs : (encores qu'on ne puisse moins que de s'en plaindre) ie laisseray ce propos, pour suyure le surplus de nostre institut.

AVTVN dōques apres auoir esté capitale des Heduois, premier Canton des Gaules, & illustre entre les plus excellentes villes de l'Europe, tenuë, & estimee fondatrice de la populeuse Cité de Milan, & du peuple Insubrien, n'a peu euiter, que (comme toutes les autres villes du monde) elle n'ait souffert maints notables dommages, & piteuses ruines. Car à fin que ie me taise des rudesses que les Romains (aussi bons freres qu'Amulius, & Romulus leurs progeniteurs, ont esté enuers Numitor, & Remus) luy ont faict : & des fureurs qu'Attila exerça aussi bien côtre elle, que contre Chalon, & Mascon. Clotilde veufue de Clouis premier Roy Chrestien en France, femme outre mesure vindicatiue, paracheuant les meurtres de tous ses parens Princes Bourgongnons, ne cessa de soliciter ses enfans Clotaire, & Childebert, tant, que force leur fut aller assieger Gondemar Roy de Bourgongne en sa ville d'Autun. Or estoit pour lors le païs de Bourgōgne destitué de forces : par ce que tout recētemēt Sigismond Roy, & ledit Gondemar son frere, & successeur, assaillis par les prenommez fils de la Royne Clotilde, auoient perdu vne bataille, en laquelle Gondemar fut nauré, & gros nombre de Bourgógnons occis : à raison dequoy Sigismond fut cōtraint s'en fuir, & emmener sa femme, & ses enfans en Chablais, où il auoit basty vne magnifique Eglise, soubs l'inuocation de S. Maurice, & de ses compagnons, de la legion de Thebes. La saincteté du lieu celebree de frequens signes, & miracles, ne peut rien diminuer de l'aigreur du courage des François : ains sans autre respect qu'à l'affection de Clotilde leur mere, tendirent à ce que comme ses oncles auoient faict mourir tous les enfans masles de Chilperic son pere, & d'vn sien autre oncle nommé Gothemar : ainsi leur race fust exterminee, & la masse hereditaire de la maison de Bourgógne escheust à ses enfans. Pour y paruenir, les freres, fils de ceste vindicatiue, se saisirent de la personne du Roy Sigismond, de sa femme, & enfans : que tous ils emmenerent à Orleans : où ils les feirét ietter en vn puits : duquel depuis tirez, les corps furent portez à S. Maurice en Chablais, & y est le Roy Sigismond tenu & veneré pour sainct. De tāt toutesfois Clotilde nō contente feit poursuyure la guerre commencee, & ne restant plus de tout le sang des Princes Bourgongnōs, que Godemar, il fut entreprins, & couru à force. Les François aduertis qu'il estoit en l'Antunois, le vindrent charger à l'improuiste ; de façon que s'il se doutoit, c'estoit moins soigneusement

Digne opinion de Caton.
Cesar reserué pour la ruine de la Rep. Ro.

Les Heduois ont fondé Milan.

Fraternité Rom. Attila.

Clotilde.

Clotaire, & Childebert.
Gōdemar de Bourgongne.
Sigismōd & Gondomar freres Bourgongnons.
S. Maurice en Chablais.
Vindication de Clotilde.

Gothemar.

Sigismōd de Bourgongne ietté en vn puirs.
S. Sigismond.

Cité d'Autun. 213

gneufement que le danger qui luy eſtoit preparé, ne le requeroit : auſſi ne ſe perſuadoit-il l'ennemy eſtre ſi voiſin. Dōcques Godemar Roy de Bourgongne rencontré en la campagne, & trouué foible, fut aſſailly ſi vertement, que voyant la partie mal-faicte, & les moyens de reſiſter luy eſtre barrez, à cauſe du petit nombre d'hommes qu'il auoit auec luy, fut contraint quitter la campagne, &(pour ſe ſauuer) prendre le chemin d'Autū. Mais comme il apperçeut que Clodomir, l'vn des freres Frāçois, monté à l'auantage le pourſuyuoit en grande diligence, il tourna viſage contre Clodomir, & luy bailla ſi grand coup de lance, qu'il le faulça de part en part, & l'abbatit mort de ſon cheual en terre, puis ſe ſauua dedās Autun. Où (quelque temps apres) Clotaire Roy de Soiſſons, & Childebert Roy de Paris, freres de l'auant-nommé Clodomir Roy d'Orleans, l'allerent aſſieger, le prindrēt, & tuerēt. Gaguin dit qu'il eſchappa, & que ſa femme fut prinſe priſonniere. Mais ce qu'il ne fut oncques depuis veu, a fait croire qu'il fut tué. C'eſtoit vn treſque vaillant Prince, pour tel cōgneu, & reputé entre les François meſmes : leſquels n'ayans aucuns certains indices de ſa mort, ne penſoient autremēt ſinon qu'il fuſt eſchappé & allé ſe pouruoir de forces, & de ſecours. Notammēt en pillant, & ſaccageant la ville d'Autun au premier bruit ouy, & Godemar nommé, chacun laiſſoit œuure, & tous ſuſpends preſtoient l'oreille, ſans rien oſer, ny attenter. Dont depuis les François feirent gab, & ſ'en moquerēt les vns des autres. De façon que par lōgueur de temps, choſe ſi ſerieuſe ſ'eſt paſſee en ieu ; meſmement à table : où ſi quelqu'vn ſignifie Godemar tous les autres ſe deportent volontairement de boire, & manger, iuſques à ce que ladite ſignification ceſſee, & le Godemar leué, chacun ſoit remis en pleine puiſſance, & liberté d'acheuer ſon repas. Quoy qu'en ſoit, le ſiege fut ſi furieux, que la ville prinſe par force, tout y paſſa à la mercy, & diſcretion du ſoldat victorieux. Ceſte ruine d'Autun fut fort grāde, & touſiours depuis non ſeulement la ville, mais auſſi tout le païs, en ont eu reſentement. Car demourant icelle ville en deſolation, elle fut encores en ſes infortunes tant deſauoriſee, que les autres villes occuperent le rang qui luy ſouloit appartenir. Qu'ainſi ſoit, la Bourgongne eſtant du partage du Roy Gontran, que les Allemands appelent Guntchram, fils du deuant-nommé Clotaire, il laiſſa Autun, parce qu'elle eſtoit ruinee, & deſolee, & choiſit Chalon ſur Saone, pour ſa reſidēce ordinaire, & en feit ſon ſiege Royal.

Toutesfois au bout de quelque-temps, comme Autun auoit iadis eſté l'Auguſte des Heduois, ainſi reuint elle à eſtre la principale ville de Bourgongne. Pour le verifier, Paulus Emylius (parlant à la fin de l'hiſtoire de Loys le Begue, du differēt qui fut entre Richard fils de Theodoric, & Boſon) dit, que combien qu'iceluy Boſon euſt eſté couronné par le Pape, non ſeulement Roy de Prouence, mais auſſi de Bourgōgne, ſi eſt-ce que Richard maintenoit qu'il eſtoit luy-meſme vray Roy de

Godemar prins à l'impourueuſte.

Mort de Clodomir.

Godemar aſſiegé dedans Autun.

Nota de Godemar.

Ruine tres-importante à Autun.

Gontran Roy de Bourgongne.

Chalon ſur Saone ſiege Royal.

Autun redeuiēt ville principale de Bourgongne.

Paulus Emylius.

Richard Conte d'Autun.

Boſon Roy de Bourgongne.

Bourgongne, pour ce qu'Autun ville capitale de Bourgongne luy appartenoit. Depuis, à sçauoir quand l'ancienne race des Ducs de Bourgongne print fin, les enfans de Hugues Capet succederent: la pluspart desquels esleurent Dijon, pour leur plus ordinaire demourance: & s'ils s'en absentoient par fois, c'estoit pour aller passer le temps à Rouure, & Argilly. A ces causes la ville de Dijon creut, non seulement en si gros nombre de maisons que le Bourg y fut comprins, mais en beauté d'edifices, & sumptuosité de bastimens: de façon que d'vn simple chasteau (car ainsi l'appellent *Gregorius Turonensis, & Aymoinus Monachus*) elle est peruenuë à telle grãdeur que nous la voyõs de present. A quoy a beaucoup aydé, que quasi tous les seigneurs de Bourgongne s'y accommoderent de logis; si que croissant la Cour des Ducs, l'enuie d'y bastir des maisons creut pareillemẽt. Toutes ces coucurrẽces ont esleué Dijon à ce poinct, qu'elle est deuenuë Capitale de Bourgõgne, & est à present son amplitude telle, que si *Greg. Turonensis & Aymoinus* la voyoient maintenant, ils auroiẽt plus grãde occasiõ de s'esbahir pourquoy elle n'a esté faite Cité, qu'ils n'auoient de leur temps, de ce qu'elle n'estoit pas comptee entre les villes.

Argumẽt de Richard contre Boson.
Race de Hugues Capet.
Rouure, & Argilly.
Dijon.
Greg. Turonẽ.nsis, & Aymoinus Monachus.
Dijon Capitale de Bourgongne.
Dijon ville, & non Cité.

D'AVANTAGE aduenant la mort de Charles Duc de Bourgongne tué deuãt Nancy l'an 1476. selon le calcul ancien, & comme on compte à present 1477. le Roy Loys vnziesme practiqua les Bourgongons: lesquels assemblez en estats, dresserent des articles, & conditions, iouxte lesquelles ils offroient d'entrer en l'obeïssance du Roy. Ces articles bien veuz par le Roy, & diligemment examinez par son Conseil, furent accordez: & sur ce passez traictez, & transactions, auec obligations reciproques. Entre lesdits articles l'vn des principaux est, que le Roy, & ses successeurs Roys, Ducs de Bourgõgne, seroient tenuz rendre droict aux Bourgongnons, & leur faire faire iustice dedans le païs: tellement qu'il y auroit en Bourgõgne vn Parlemẽt, & Cour souueraine, pour la iustice: vne Chambre des Comptes, pour le faict des fiefs, & cõptes du domaine: & vne recepte generale, pour y rendre les deniers, tant de l'ordinaire, que de l'extraordinaire. Ces Parlement, Chambre des comptes, & recepte generale, estans establiz à Dijon, ont rendu la ville si frequentee & suyuie, que la voyant enrichie de l'argent que chacun y porte, infinies personnes ont esté inuitees de s'y retirer, pour participer à l'heur que l'astre donnant influence au lieu, sembloit proposer à tous venans. A raison dequoy la ville de Dijon est deuenuë si grãde de tous poincts, qu'il a esté force à toutes autres luy ceder le premier rang.

Charles Duc de Bourgongne.
Loys 11. Roy de France.
Les Estats de Bourgongne cõposent de leur reddiciõ auec le Roy.
Articles notables de la composition.
Parlemẽt.
Chambre des Comptes.
Recepte generale.

LA ville de Beaulne, non tant abusee de l'opinion de certains estrangers, qui traictent estrangement les affaires desquels ils n'ont que grossiere congnoissance, & qui ont osé (tant est temeraire vn sçauoir Pedantesque) dire que Beaulne ville fort moderne, estoit celle que Cesar nomme *Bibracte* (comme se sentãt appedance, & siege subalterne du Bailliage de

Beaulne.

Cité d.Autun. 215

de Dijon: &(à ce moyen) estimant que l'accessoire deuoit suyure la nature de son principal: voulut contendre auec Autun de la preseance aux Estats, du temps que i'estois Esleu pour l'Estat de l'Eglise en Bourgógne: mais les trois chambres declareret qu'ils ne faisoient à receuoir. Que deuoit seruir d'arrest, si les droits anciens auoient lieu. Car l'auctorité des Estats representant en corps toutes les personnes, & puissances qui sont soubs le Roy Duc de Bourgongne, n'a(tãt pour tant) moins de maiesté, qu'en auoit le Peuple Romain: mesmemét quand iceux Estats sont congregez par commandement du souuerain, où que la permission leur est baillee de s'assembler, & traicter des affaires du païs. Mais si les droits antiques ne sont peruertis par autres entreprinses que celle dont ie vien de parler, Dieu le leur vueille pardonner. Doncques nenobstãt les sentences renduës particulierement en chacune des trois chambres, & l'arrest d'icelles assemblees en vne: la Cour de Parlement receut les Maire, & Escheuins de Beaulne pour appellans: & fut la matiere plaidee en pleine audience, où il y auoit fort grande affluence de peuple: toutesfois Autũ obtint, & fut dit, qu'és assemblees du païs, ou pour le païs, l'Autunois auroit la premiere seance entre les gés du tiers Estat, apres le Maire, ou Deputé de Dijon.

<small>Entreprinse de mauuais succez pour Beaulne. La Chambre des Estats souloit estre derniere Iuge.</small>

<small>Le Vierg ou deputé d'Autun sed immediatemét apres le deputé de Dijon.</small>

I A Y dit cy dessus, que le Vierg d'Autun souloit iadis auoir l'administration de la iustice en ciuil, & criminel: depuis les Baillifs furét mis en la place de ceux qui plus anciennement exerceoient l'office de Contes: & comme Autun auoit esté Conté, ainsi à l'erectiõ des Baillifs, il deuint Bailliage. Ces Baillifs furent creez Capitaines pour les bans, & arrierebans: Iuges pour pacifier les differens des subiets: & Receueurs des deniers du Prince, pour les rendre en son espargne. Or depuis que la licéce de plaider eut bandon en France, on ordonna des Lieutenans aux Baillifs: sans plus permettre qu'eux, ny le siege y peussét deputer de leur propre auctorité comme auparauant ils souloient. Riere ces Lieutenans est à present la principale administratiõ de la iustice. Aussi a esté le Baillif deschargé de la recepte des deniers, laquelle fut erigee en office particulier, par vne multiplication d'Officiers, qui comme vne autre boitte de Pandore, nous a produit, & ne cesse tous les iours de nous produire infinité de maux.

<small>Vierg d'Autun. Baillifs d'Autun. Charges du Baillif.</small>

<small>Lieutenãs generaux.</small>

<small>Receueur general. Boitte de Pandore.</small>

I L y a enuiron cinquante ans, que l'estat de Baillif d'Autun fut donné par le Roy, à Messire Hugues de Loges, Cheualier de l'ordre du Roy, Lieutenant dudit sieur au gouuernemét de Bourgongne, seigneur de la Boulaye, Chailly, &c. Et a cótinué tousiours depuis en ladite maison iusques à present, qu'encores en est proueu Messire Simon de Loges aussi Cheualier de l'ordre du Roy seigneur de la Boulaye, &c. fils, & heritier dudit Messire Hugues. Ce que i'ay d'autãt plus volõtiers dit, que i'y ay le deuoir: par ce q ledit Messire Hugues de Loges, & mõ ayeule maternelle Françoise de Thoisy, Dame de Belan, &c. fille de Messire Hugues de

<small>Les sieurs de Loges Baillifs d'Autun. Hugues de Loges. Symon de Loges.</small>

Toisy Cheualier, seigneur de Mymeure pres Arnay le Duc, &c. Baillif d'Auxois, apres Messire Geoffroy de Toisy Cheualier son pere, duquel le proëme de nostre coustumier de Bourgongne faict mention, estoiēt enfans de deux sœurs, filles de Guyot seigneur d'Amanges, &c. Et du susdit Messire Hugues de Loges fut frere Messire Simō de Loges l'anciē seigneur de Loges, & de Charrettes.

<small>Hugues de Toisy. Geoffroy de Toisy. Guyot d'Amāges.</small>

SOVBS le Bailliage d'Autun sont plusieurs Bailliages, ou plustost sieges particuliers: à sçauoir Mont-Cenis, Bourbon Lancy, & Semur en Brionnois, auec son alternatif Anzy. Ces sieges ont chacun leur Lieutenant de Baillif, qui se disent respectiuement Lieutenans generaux, d'autant que leurs appellations ressortissent sans mōyē à la souueraine Cour de Parlement, aussi bien que celles du Lieutenāt general au siege d'Autun. De Môt-Cenis on n'en est point en difficulté: mais quant à Semur en Brionnois, & Anzy, les deux ne font qu'vn: de façon que chacune semaine la Cour se tient deux fois audit Bailliage subalterne, mais on va aux plaids l'vn des iours à Semur, & l'autre iour à Anzy. De Bourbō Lancy la difficulté n'est moindre entre les contendans, qu'au faict du nom. Car ce mot Lancy, est par d'aucuns interpreté l'ancien, & par d'autres l'Anseaulme: ainsi les Officiers audit siege de Bourbō Lancy se sont ingerez depuis vingt ans en ça de prendre qualitez tendantes à renuerser l'institution ancienne de leur establissement: d'autāt que le Lieutenāt general s'y dit à present Baillif, & celuy qui auoit esté pourueu en tiltre de Lieutenant general, n'exerce que l'office de Lieutenāt particulier: d'ont sont ensuiuiz infiniz proces, desquels la vuidange donnera esclaircissement à ce que par nouueaux moyens, ou plustost attemptats a esté mis en controuerse, & demoure embarrassé, auec vn obscure expectatiō de ce qu'en aduiendra. Ce pendant ie ne pense que ce soit chose impertinente de dire vn mot de la cause pourquoy la ville de Bourbon est nōmee l'Ancy, & l'Anseaulme: presupposé q̃ s'il est sçeu par plusieurs, si n'est-il pas notaire à vn chacun. Est doncques à sçauoir, qu'auāt le regne du Roy S. Loys, la seigneurie de Bourbōnois ne s'estendoit pas tant, & si auant, que pour le iourd'huy la signification du mot en comprend. Aussi au lieu de ce que Bourbonnois a depuis esté Côté, & presentemēt Duché, ce n'estoit lors simplement que Baronnie: laquelle à traict de temps escheut à deux freres, desquels l'aisné eut nom Anseaulme, & l'autre Archimbaut. Tous deux eurent chacun vne place nommee Bourbon: mais ceste difference y fut adioustee, que celle de l'aisnee fut dicte Bourbō l'Ancy, c'est à dire de l'ancien, ou bien l'Anseaulme du nom du seigneur: L'autre Bourbō d'Archimbaut, & par laps de temps l'Archimbaut du nom de l'autre seigneur. Cest Archimbaut eut vne fort belle fille, de laquelle Robert Conte de Clermont, fils du Roy S. Loys s'amouracha d'vne amour si violēt, qu'il le força de l'espouser, sans le gré & sceu dudit Roy son pere; qui trouua tel mariage si mauuais (de la façon qu'il fut

<small>Diuers sieges subalternes du Bailliage d'Autun.

Mont-Cenis.
Semur en Briōnois.

Bourbon Lancy.

Bourbon l'Ancy, ou l'Anseaulme.
S. Loys.

Bourbonnois baronie faicte Duché.
Anseaulme, & Archimbaut.

Histoire notable.
Robert fils de S. Loys.</small>

Cité d.Autun.   217

fut contracté) que pour ce regard il vsa enuers ledit Robert son fils de fort aigres propos, & imprecations à sa posterité. Toutesfois comme les paroles qui sont prononcees en fureur de courroux, manquent bien souuent d'execution, aussi Dieu ne se rend pas tousiours prompt en l'accomplissement des volontez mal reiglees. Au reste (les affaires des Princes laissez) telle diuision que dit est, d'vn seul Bailliage en plusieurs, auroit esté bien inuentee, pour la commodité des parties, si la facilité de plaider n'estoit cause de la grosse multitude des procez: & si la multiplicité d'officiers n'estoit la certaine ruine d'vn païs. *Multitude d'officiers ruine du peuple.*

Icy pourois-ie pour l'illustration des anciens affaires des Autunois, non oublier l'entreprinse que Iulius Sacrovir Prince Autunois, secondé de Iulius Florus chef du Canton de Treues, feit contre les Romains, Tibere Cesar estant Empereur; & rapporter icy l'histoire que Tacitus en racompte au 3. liure de ses Annales: mais d'autant que son esmotion fut vaine, & qu'elle apporta pl⁹ de perte à la Rep. Autunoise, & à l'vniuersité des Gaules, que d'honneur, ou de profit, i'ayme mieux m'en deporter, qu'exulcerant noz vieilles playes, refrechir noz douleurs. Aucuns pourroient aussi estre d'aduis, que l'histoire de Proculus deuroit estre icy inseree: d'autant qu'il fut faict Empereur és Gaules, pour penser secoüer, ou (plustost) se defaire du ioug, & seruitude des Romains, ausquels les Gaulois n'ont iamais obey, que par force: & de la subiection desquels ils se sont essayé sortir par infinis, & incroiables efforts. Mais que seruiroit-il parler de Proculus, en traictant de ce faict à l'honneur des Autunois, veu qu'en la vie d'iceluy il n'y a rien de bien memorable; qui ne voudra estimer seruir à sa gloire, ce dont luy-mesme se vente, en vne Epistre qu'il escrit à Metianus son allié: que de cent filles Sarmatiennes il en auoit depucellé dix pour vne nuict, & rendu le totage femmes en xv. iours. Laissons doncques le recit de ces vains essais de recouurement de liberté, puis qu'ils ne seruēt que pour aggrauer le seruage de noz predecesseurs, qui faits serfs, ont esté tellement aterrez, qu'ils n'ont eu moyen de ressource, iusques à tant que l'Empire Romain descheu de son ancienne splendeur & puissance, toutes les nations des païs Septétionnaux se sont liguees, & obligees par serment solennel d'aneantir le pouuoir des Romains, & sur tout de remettre les Gaules en leur anciē liberté: selō que de ce nous auons à amplement parler ailleurs. *Iulius Sacrovir. Iulius Florus. Tibere Cesar. Tacitus. Proculus empereur. Ventense de Proculus.*

Il me souuient auoir dit que l'Euesché d'Autun est l'vne des Eueschez de France de plus-grāde estenduë, & certes il est vray. Or entre plusieurs païs sur lesquels elle festend, le païs de l'Auxois en est: & fut nommé Auxois, non de haut, pour ce que le païs est montagneux (car ceste raison est fort posterieure) mais par corruption, ou abbreuiation de langage au lieu de dire Alexois d'*Alexia*, cité chantee par Cesar, pour haut loüer la victoire qu'il y eut contre les Gaulois, & magnifier son industrie, à l'assieger, & prendre. Il dit (entre autres choses) qu'elle *L'Auxois au diæcese d'Autū. Alexia.*

T

estoit ville capitale des Mandubiés: lequel nom signifie hommes venuz des enuirons de la riuiere du Doux, dicte vulgairement *Dubius*, ou *Dubis*: encores que par le mesme Cesar elle soit nommee *Alduabis*, ou (selon d'aucuns) *Alduasdubis*. Quant à *Alexia*, ou *Alesia*, il est certain (s'en mocque qui voudra) qu'elle fut fondee par ce grand Herculés de Lybie, duquel les Grecs ont desrobbé les actes excellés, pour en illustrer leur Hercules Thebain, duquel le pere n'est certain, & la mere fut Alcmena féme d'Amphitrion. Qu'ainsi soit le susdit Herculés fut surnommé *Alexicacus*, qu'est à dire aydant à bien faire, & reiettant, ou dechassant le mal. L'auctorité de Diodore Sicilien sur ce que Herculés Lybien fonda *Alexia*, ou *Alesia*, est corroboree, par preuues restantes auiourd'huy, & cóme adherantes au fond. Car l'vne des deux riuieres (ou pour mieux dire, ruisseaux) qui arrosent (iouxte le dire de Cesar) le mont sur lequel estoit posee *Alexia*: & lequel les hommes du lieu nomment à present Mont-Auxois, s'appele encores Oseri, du nom de Osiris, pere du prenómé Herculés. Et si la malice de quelques hommes ne nous eust faict perdre, ou du moins celé la description topographique de Bourgongne, que M. Pierre Turel Philosophe, & Astrologue Dijonnois, nous auoit tant de fois promis en son liuret du Periode, & fin du monde: nous y eussions trouué maintes riuieres, forests, & mótagnes auoir esté nómees par ledit Herculés de Lybie, du nom de ses parés: à fin que tels noms dónassent vraye asseuráce à la posterité, qu'il auoit esté és Gaules en si grande auctorité, que d'auoir eu pouuoir d'imposer noms ausdis lieux. Ie n'ignore pas (cependant) cóbien plusieurs trouuent ceste histoire estráge, & sont coustumiers de s'en mocquer: mais que fót-ils en ce faisant, sinó manifester qu'ils sont ignorans de l'antiquité, & que pensans badiner en calomniát ceste verité, ils sont (comme disent les Picards) badins tout à faict? Et fussent-ils les plus sçauans du monde, si n'est ce à eux de contredire aux anciens autheurs, mesmement quand ils verifient leur dire par preuues visibles, & permanentes. Si le nom d'Herculés de Lybie leur faict mal au cœur, qu'ils le surnommét (s'ils veulét) comme leur Lucien, Herculés Gallique. Et s'ils ont quelque plus asseuree certitude de la fondation d'*Alexia*; qu'en destruisant celle de Diodore, & l'opinion de tant d'hommes ánci&, & modernes qui l'ont escrit, ils aduisent de remplir le vuide qu'ils font en l'histoire; & soiét tenuz remplacer vne mieux fódee, & plus receuáble verité. Car ny ceux de l'Auxois, ny tous les autres peuples Bourgongnons, ne sont coustumiers se departir des opinions qu'ils ont vne fois conceuës: s'ils ne sont suffisammét persuadez, par raisons si pregnantes, que le contraire de ce qu'ils ont creu, leur soit tres-bien prouué. De ma part, iusques à ce que l'on m'ait montré par histoires dignes que l'on y adiouste foy, qui fut fondateur d'*Alexia*, ie me tiendray du costé de Diodore, le party duquel a esté suiuy par tous noz Bourgongnons, qui ont traicté ceste histoire. Et si on m'allegue que si l'antiquité d'*Alexia* eust esté telle que nous la venons

Cité d'Autun. 219

nons declarer, Cesar ne s'en sust pas teu: Ie respondray que iamais homme Romain n'ayma Gaulois: & que tant s'en faut qu'ils ayent eu soucy de ce que pouuoit faire à l'honneur des Gaules, qu'ils n'ont eu aucun plus-grand soing que de ruiner tout celà qu'ils ont pensé excellér, & tout ce que pouuoit seruir à l'illustration Gallique: cóme nous auons touché cy dessus, & esperons dire plus amplemét ailleurs. Mais à fin que mó dire soit fortifié d'auctorité: i'emploieray icy ce qui est d'Am. Marcellinus parlant de l'origine des Gaulois. Alleguant donccques diuerses opiniós il dit entre autres, liure 15. *Regionum autem incolæ id magis omnibus asseuerant, quod etiam nos legimus in monumentis eorum incisum: Amphitrionis filium Herculem ad Gerionis, & Taurisci sæuorum tyrannorum perniciem festinasse: quorum alter Hispanias, alter Gallias infestabat, superatisque ambobus, cū generosis fœminis coïsse, suscepissèque liberos plures, & eos partes, quibus imperabāt, suis nominibus appellasse.* Est toutesfois à noter, qu'Amm. Marcellinus (suyuāt l'humeur des Grecs) a attribué à leur Hercules Grec, ce qu'appartenoit à l'Egyptien, duquel parle Herodote.

Responfe à obiectió.
Male voló té des Romains.

OR depuis qu'*Alexia* selon Cesar, & *Alesia* selon Diodore, fut deschenüe de la liberté que perpetuellemét elle auoit gardé, quād Cesar l'extermina, à son defaut Semur commença à deuenir capitale des Mandubiens: qui ayans perdu la ville, pour raison de laquelle ils estoient appellez Alexois, ne furent plus nommez que d'Auxois; soit par syncope cóme *Matiscon* Mascon: soit (par corruption de langage, procedant de desir d'abbreger, selon qu'il en a prins aux Lotharingiens, qu'on n'appelle plus que Lorrains: comme Sauoye, qu'on disoit premierement Sauuevoye; &c. Or sçay-ie bien que la renommee d'*Alexia* presque esteincte, par l'outrage qu'elle receut de Cesar, les hommes du païs n'eurent plus deuotion de conseruer leur ancien nom de Mandubiens: ains choisissans vn autre mot conforme au naturel du païs, nommerent leur patrie *Alsetum*: comme s'ils eussent voulu dire *Altetum*, c'est à dire païs haut, & montagneux: de façon que de present on ne se soucie plus trop de referer le mot Auxois à *Alexia*, ains à la hauteur de la region. Quoy qu'en soit, il est certain que Semur est à present ville capitale de l'Auxois: là est le principal siege du Baillif, qui est Messire Iean de la Magdelaine, Cheualier de l'ordre du Roy, Seigneur de Raigny, &c. gēdre du feu sieur de Cipierre. Ie parlerois icy de la raison du nom de Semur: mais pour euiter prolixité, ie prie les lecteurs auoir recours à M. Chasseneus en son proëme du Coustumier de Bourgongne, nombres 27. & 28. où il en parle amplement: & entre autres choses remarquables, est qu'il appelle ceux de l'Auxois *Alexienses*. Ce pendant ie me mettray à rechercher la raison pourquoy ceux de l'Auxois sont appellez Buteaux. Quoy faisant si ie suis trouué vn peu plus lōg q̃ la chose cósideree de gros en gros ne séble meriter, ie prie estre excusé, d'autāt qu'auāt qu'en pouuoir dóner l'explicatió satisfaisāte, il m'est force trauerser maintes mers, & peregriner par

Semur Capitale de l'Auxois.
Alexois & Auxois.

Immutation du nom d'Auxois.

Alsetum.

Semur siege du Bailly.
Sieur de Raigny Baillif d'Auxois.
Du nom de Semur.
Chasseneüs.
Alexienses.
Buteaux.

T ij

païs si loingtains, que le temps n'en peut pareillement estre que bien long. Mais aussi i'espere que le fruit qui en reüssira donnera & plaisir & profit aux lecteurs. Doncques (auec leur licence) ie commenceray ainsi.

Brief discours de la Religion.

TOVS ceux qui ont traicté de l'efficace de la Religion, l'ont estimée quasi l'ame de l'ame de l'homme: d'autāt qu'elle informe les esprits de la cognoissance de la diuinité: sans laquelle les hōmes seroient moins que les bestes. Car si l'homme mescongnoit, ou (pour mieux dire) s'il n'ayme, & reuere celuy qu'il croit luy administrer les choses necessaires à la vie: les animaux (qui tous se peuuent adoucir: & appriuoisez ne manquent point de crainte, & amitié enuers leurs maistres, mesmement enuers ceux qui les nourrissent) luy feront facilement paroistre, que leur sens commun est plus à estimer, qu'vne oysiue, & inexercitee raison. Combien toutesfois que tous les hommes ne soient d'accord de la vraye Religion: chacun presumant que la sienne soit la meilleure: si est-ce qu'entre tous ceux qui ont quelque sentiment de Religion (car quant aux

Athees.
Puissance d'opinion.

Athees, d'autant qu'ils n'ont point de foy, & moins de Religion, il n'est expedient en faire ny recepte, ny mise) nul n'y a qui ne confesse, que l'opinion qu'il a prins du Dieu, ou des Dieux qu'il adore, a si grande puissance en son ame, que naturellement il ne peut croire autrement, que ce à quoy sa Religion l'oblige. De là est aduenu, que depuis que la saincte culture du vray, & vnique Dieu, createur de l'vniuers, a esté destour-

Princes téporels autheurs d'Idolatrie.

nee par l'apprehension d'autres deitez: & notamment par ce que les Princes temporels (inuenteurs de l'Idolatrie) proposoient au peuple des, ie ne diray Dieux, mais Idoles visibles: par l'aspect desquels la congnoissance du grand & souuerain Dieu (lequel personne ne vit iamais) fut petit à petit oubliee, & l'Idolatrie mise en place: les affectionnez à seruir leur Dieu en esprit, ont esté en si aigres discordes, & contentions, que les plus forts n'ont cessé d'insidier à la vie des au-

Iuifs.

tres. Entre tous, les Iuifs ont esté les premiers seruiteurs du vray Dieu:

Egyptiés.

& au contraire les Egyptiens les plus formels propugnateurs de l'Idolatrie. De façon que les mysteres des Egyptiens ont empoisonné tous les Gentils de fausse persuasion de pieté: & les plus renommez entre

Grecs en Egypte.

les Grecs, n'ont pas estimé pouuoir estre bien instruits au seruice de leurs Dieux, ny bien apprins en l'amour de sapience, ou (comme ils parlent) en Philosophie, s'ils n'auoient esté disciples des anciens

Pythagoras.
La grand Grece.
T. Liuius.
Numa Pōpilius.

sacrificateurs d'Egypte. De ce nombre Pythagoras passant en celle part d'Italie, qui fut appellee la grande Grece, donna (selon l'opinion des anciens, à laquelle T. Liue ne consent pas) l'instruction à Numa Pompilius, pour dresser ses liures de la Religion qu'il establit à Rome. De qui qu'elle fust venuë, il est bien certain qu'icelle Religion Pompiliane fut par traict de temps si changee & alteree,

L. Petilius.

que les liures de Numa troüuez par Lucius Petilius Greffier, faisant
fouïller

Cité d'Autun.   221

fouïller en Tranftybre, furent bruflez en l'affemblee publique du peuple Ro. pource qu'ils contenoient plufieurs chofes deftructiues de la Religion receue & eftablie. Rien ne peut retarder le zele que les Tribuns du peuple, & le Senat Romain auoient à leur Religiõ: non la fageffe, ny l'auctorité Royale de Numa, iadis tant exaulfee, que plus-grande pieté ny fainteté ne f'eft nommee à Rome, que celle de ce fecond Roy des Romains. Brief il n'y eut iamais fi cruelle, fi fale, ny fi folle, ou follaftre Religiõ, que prinfe d'affection par les hõmes, & (fi Dieu ne f'en mefle) elle ne retiéne l'hõme fi fort encheueftré, & lié à fa deuotiõ qu'il aymera mieux perdre la vie, que fa Religiõ. Encores y a-il vn'fecret, mais nõ fi fecret, qu'il ne fe manifefte iournellemēt: q̃ quicõque f'eft addõné à vne Religiõ, eft ennemy formel de toutes autres. Et f'il fe trouue fauorifer quelque autre Religion q̃ la fienne, ce fera pour ce que cefte moins haye aura plus grande fymbolifation auec celle à laquelle il f'eft voüé, & confacré. C'eft pourquoy i'ay toufiours penfé qu'il eft impoffible entretenir foubs vn mefme Prince deux diuerfes Religiõs. Icy on m'a obiecté qu'en Turquie tous hommes, de quelque Religion qu'ils foient, y font foufferts, en payant tribut: & que pourueu qu'ils n'offenfent point le Prince, ny le voifin, ils ne font point recherchez. Mais il eft bien facile fouffrir les perfonnes qui ne fe meflent d'autre chofe que de leur fimple trafficq', marchandife, & meftier: car ainfi font foufferts les Iuifs és terres Papales, & en quelques autres païs: mais que le Roy des Turcs fouffre qu'autres que gens de fa Religion ayent commandement en fes armees, en fes finances, adminiftration de la iuftice, facent prefches, & exercices publiques de Religions contraires à la fienne, il f'en eft iufques à prefent bien gardé. Et quant à dire qu'en l'Empire d'Allemagne y a diuerfes fectes: ce n'eft foubs vn mefme potentat. Ioinct auffi quand il eft queftiõ de parler d'vn Prince peu craint, & mal obey, l'Empereur eft mis en auant. Notamment il me fouuiēt auoir ouy dire à feu M. de Cipierre que luy eftant allé en Allemagne pour la negociation du mariage du feu Roy Charles neufuiefme, auec la fille de Maximilien Roy des Romains, l'Empereur Ferdinand grand pere de l'infante, luy auoit dit entre autres propos: Ie fuis obey comme l'Empereur en Allemagne. Auffi fi Dieu n'a plus de pitié de nous, que nous n'en fommes dignes, les diuifions que la diuerfité de Religions a produict en Allemagne, dõneront entree au Turc iufques aux entrailles de la France. Et lors fentiront quel eft le traictement de ce cruel tyran, ceux qui ofent dire qu'ils ayment mieux tomber en l'obeïffance du Turc, que viure en liberté à la deuotion du Pape. Mais qui ne congnoift que ce tranfport d'efprit ne leur prouient finon (iouxte noftre propos) d'vne trop vehemente affection qu'ils ont à la Religion (fi Religion fe doit appeller) à laquelle ils fe font afferuy? Ce dit en general des Religions, (combien qu'à la verité il n'en y ait qu'vne) il eft

Liures de la Religiõ de Numa bruflez.

Incompatibilité de deux Religions.

Refponfe à obiection.

En quelque façon font fouffertes plufieurs Religions en Turquie.

Prudence du Turc.

L'Empereur mal obey en Allemagne.

Le fieur de Cipierre.

Ferdinand Empereur.

Dãgers des diuifions d'Allemagne.

T iij

temps que ie vienne apertemẽt à celle des hommes du païs de l'Auxois: à raison de laquelle ils furent nommez Buteaux. Toute l'histoire plus ancienne de l'Auxois, retombe tousiours à la fortification de l'assertion de Diodore Sicilien, que Hercules fils d'Osiris, & Isis, fut és Gaules, & notamment au païs des Mandubiens, où il fonda *Alesia*, dicte par Cesar *Alexia*. Amm. Marcellinus en son liure 15. semble en auoir ouy parler: mais d'autant qu'il estoit Grec de nation, & que les Grecs auoient desrobbé à Samson, & à cestuy nostre Herculés l'excellence de leurs beaux faits, pour en honnorer, & reuestir leur Herculés bastard d'Alcmene: il n'osa contredire l'opinion de ses compatriotes. Pource a-il dit que ce fut Herculés Grec qui vint és Gaules. Mais au reste la verité de l'histoire se montre, tant en ce qu'il est question de la fondatiõ d'Alexia que de l'impositiõ des noms & de Semur, & de la riuiere Osery, (qui est l'vne de celles dont Cesar faict si grãd cas, encores que ce ne soit qu'vn ruisseau) & de plusieurs autres lieux de nostre Bourgongne, qui ont eu leur denomination d'Isis: & neantmoins n'en retiennent qu'vne bien sommaire abbreuiation reduicte à vne syllabe *Is*: ou à deux *Iss*: qui se deuroit dire *Isi*, n'estoit que la frequentation que noz Bourgongnons ont eu auec les Allemands, a faict qu'ils se sont pleu, & encores nous nous plaisons au redoublement des consonãtes, & bien souuent au peril, & contre la quantité des dictions originellement Latines. Ainsi cõbien que nous escriuions facile, si ne sommes nous si scrupuleux que nous ne doublions l. en facillement: & pour vn qui s'en gardera, cent n'en feront difficulté. Nous sçauons que nostre mot homme est deriué de *Homo*: & honneur de *Honor*: mais si n'y a-il si supersticieux Pindarisseur qui escriue home, ny honeur. N'estant toutesfois icy le lieu où nous nous voulons arrester pour enseigner l'orthographie, ie reuien à nostre matiere principale. Herculés de Lybie estant és Gaules, & ayant esleu entre les pais de Bourgongne, la region des Mandubiens: semble auoir eu cest enseignement de son pere, de choisir les lieux hauts pour trouuer meilleur aër. Car Osiris entré en ses conquestes, & congnoissant que la peste persecutoit son armee, ne trouua meilleur expedient pour l'en nettoyer, que de la transporter és montagnes, où les vens ont plus de pouuoir de dissiper le mauuais aër, qu'és vallees, où il est estouffé. Cela fut cause qu'il se retira en mont Auxois, où il fonda *Alexia*, ou *Alesia*: sur le nom de laquelle s'est mis sus vne troisiesme opiniõ de ceux qui soustiénent qu'il faut dire *Alisia*, & que ce nom est cõposé de al, article retenu par les Arabes, & *Isis*, auec la desinence & termination de ceste particule *ïa*: en laquelle finissent la plus-part des noms propres des païs, comme *Asia, Lybia, Græcia, Gallia, Germania, Italia, Hispania, Burgũdia, Anglia* &c. estant icelle fin cõmune à toutes prouinces, tiree de *iah*, qui est l'vn des noms de Dieu en la lãgue primitiue, de laquelle (à ce qu'ils disẽt) toutes les autres lãgues ses filles retiénẽt quelque chose, cõme par
droict

Amm. Marcellin se trompe.

Osery petit ruisseau.

Isis. Is, & Issi.

Redoublement de consonãtes.

Le François n'a esgard à la quantité des mots issus du Latin.

Bon aduis d'Osiris.

Mont-Auxois.
Nouuelle etymologie d'Alisia.

Infinis noms de pays terminez en ïa.

Iah mot Hebraicq' & nom de Dieu.

Cité d'Autun. 223

droict de succession. Pour tesmoignage de la verité de leur dire, & pour marque non effacee d'antiquité, ils montrent vn village assis sur le bord de la montagne, au sommet de laquelle fut iadis posee *Alexia ou Alesia*, & font grand piuot de ce que tel village retient encores à present le nom d'Alise. Qui sont indices plus preignás, que tout ce que pourroient alleguer ceux qui opiniastrent que Beuuray est *Bibracte*: ou ceux qui ont songé que c'estoit Beaulne. Et quant à ceux qui ont voulu inferer qu'Aluse (village haut esleué, sur vne montagne par dessus le Bourg neuf, sur le chemin de Chalon à Autun) estoit *l'Alesia* de Diodore, ie ne fay non plus de compte de leur dire pour ce regard, que de ceux qui ont osé mettre en auant qu'Arras estoit *l'Alexia* de Cesar. Ce que i'ay volontiers declaré, pour môtrer que les bien fort anciés affaires de Bourgógne ont esté auec peu de soing recherchez par ceux qui en ont voulu traicter l'histoire: & encores piremét par plusieurs, qui (sans s'en enquerir sur les lieux) ont voulu approprier les anciens noms, desquels les Latins ont vsé, aux plus celebres places comprinses en l'estat des Heduois Mais d'autant que nous en auons à parler ailleurs, contentons nous à tát pour ceste heure, & reuenons à Herculés, que nous auons laissé en l'Auxois.

Alise village.

Aluse.

COMBIEN que la vaillance d'Hercules l'ait rendu celebre, craint & redouté par tout le móde: si est-ce que sa iustice, & sa pieté ont faict qu'il a esté fort aymé, & honoré de toutes gens, & mesmement des Heduois, desquels les Mandubiens estoient portion, & sont encores du diecese d'Autun. Quant à sa vaillance, elle a esté remarquee par ses prouesses, & actes heroiques, dont les Grecs ont honoré leur Herculés: & par ce que (comme le rapporte Tacitus, au 2. liure de ses Annales) à l'imitatió de cestuy nostre Herculés Egyptien, toutes les autres contrees ont nommé les tres-vaillans entre leurs Princes, Herculés. Touchât sa iustice, la haine qu'il portoit aux Tyrans, ausquels (suyuant l'institut de son pere Osiris, surnommé Iuppiter iuste) il a sans cesse faict la guerre, entrant en queste pour les combattre, & exterminer, quelque part qu'il les pouuoit rencótrer, en faict preuue assez suffisante. De sa pieté elle a esté telle, que combien que Dieu ne luy eust cómuniqué sa lumiere pour le congnoistre, aydé toutesfois de son instinct naturel, il n'a moins esté soigneux de dompter les vices, que les monstres, & les Princes oppresseurs. Et si (de rechef) só ignorâce du vray Dieu l'a empesché d'vser de pieté en premier chef, il n'a laissé de l'exercer au reste, & de tous poincts enuers son païs, ses parés, & ses amis. Enuers son païs, en le rendât illustre, par la grâdeur de ses faits, ausquels la patrie a participé, en ce qu'ils ont esté dits actes d'Herculés de Lybie, ou (cóme dit Tacitus) Egyptien, le plus ancié de tous: & sur le modele duquel to⁹ les autres ont esté forgez, & inuétez.

Iustice, & pieté d'Herculés.

Vaillance d'Herculés.

Tacitus.

pieté d'Hercules.

OR est-il à noter que nostre Herculés indifferemment surnommé Lybien, & Egyptien, faict paroistre, que de son temps l'Egypte n'estoit pas (comme aucuns l'ont pensé) neutre entre l'Asie & l'Afrique: ains qu'il

Diuerses opinions des cófins d'Afrique.

T iiij

estoit portion de l'Afrique, autrement nommee Lybie. De façon que ny le Catabathme, ny le Nil, ains le goulfe Arabique (q̃ vulgairemẽt on dit la mer rouge) est (au compte des anciens) la separation de l'Asie, & de l'Afrique: ce que n'est encores bien vuidé par arrest: ains les opinions en sont diuerses, selõ que ie le pourrois icy rapporter, si la pieté d'Hercules ne m'attendoit, pour la mettre en euidence. Pour mieux expliquer ladite pieté, est de besoin premettre, qu'Osiris apres plusieurs tres-excellentes victoires, que les Grecs (falsificateurs de toutes histoires, & vsurpateurs de l'hõneur d'autruy) ont attribué à leur Bacchus: en fin surprins par son frere Typhon, fut si secrettement tué, qu'Isis sa femme n'en fut auertie que bien tard: encores ne peut-elle sçauoir le lieu où estoit le corps mort. S'en mettant doncques en queste, elle feit beaucoup de chemin auãt que de le trouuer. A la longue toutesfois elle le trouua pres de Syene, en vn lieu nommé Phylé: & apres longs cris, & maintes lamentatiõs le feit ensepulturer en *Abatos*, isle inaccessible, dedans le marest Stygié, lequel de son nom signifie tristesse. Les sacrificateurs Egyptiens eurent charge d'y faire seruices à leur mode, mais non que à certains iours soigneusement choisis & esleuz: encores n'y eussent-ils osé entrer sans mitres. Quelque temps apres fut trouué en Egypte vn beuf noir, si estrangement marqué, que les sacrificateurs en feirent premierement vn miracle: puis publierẽt (à la Pythagorique) que ce beuf estoit Osiris ressuscité en nouuelle forme. L'estrangeté des marques du beuf feirent que facilement le peuple creut ce qu'on luy persuadoit. Car ce beuf tout noir fors le frõt, & vne marque blãche sur le cimier, auoit la queuë de deux pelaiges, blanc, & noir: & en la langue vne tache noire, en forme d'vn Escrabot. Et est à croire, que les sacrificateurs ennuyez de la difficulté du passage en l'isle inaccessible, trouuerent ceste inuention, pour se releuer de peines. Ioinct qu'ils vouloient bien que la deification d'Osiris, faicte en leur congregation, vint en publique euidence: à fin que le seruice, & commemoration de luy, qui ne se faisoit qu'en vn lieu, s'estẽdist par toute l'Egypte, à leur grãd profit, & à l'hõneur de la maison Royale. Par ces moyés Osiris aduoué, & creu Dieu (qui estoit le plus excellẽt hõneur que les femmes vefues pouuoiẽt procurer à leurs maris trespassez, les enfans à leurs parens, & les Senateurs à leurs Empereurs) fut adoré en la forme d'vn beuf, duquel tant d'hommes ont escrit, que le repetant, ie semblerois mettre sur vn reschaud vne viande cuitte il y a bien long-temps. Au reste, il ne faut trouuer estrange, si les sacrificateurs Egyptiẽs ont faict Osiris beuf apres sa mort, veu que les Mithologues auoient feint Io sa femme muee en vache de son viuant. Par là peut-on congnoistre, que ces mysteres Egyptiens, ont quelque symbolisation auec leurs lettres hierogliphiques: d'autant que les vns, & les autres mettent en euidence vne chose, & neantmoins en signifient vne autre.

AYANT doncques esté Osiris deifié comme dit est, Herculés son fils

Cité d'Autun.   225

fils ne se monstra oncques negligent à en publier la gloire, & faire par tout venerer son pere le Dieu beuf, que les Egyptiens auoient nommé *Apis, & Serapis*. Notamment il enseigna aux Mandubiens, & Alexiens les ceremonies instituees pour la veneration de son beuf Dieu: lesquelles ledit peuple embrassa de si ardente affection, que post-posees toutes autres, cestes principalement luy demourerent en obseruance: iusques au temps que Iulien surnommé l'Apostat, adopté par Constantius, & faict Cesar, vint és Gaules, & alla contre les Allemans. Lors ses soldats, qui (à l'imitation de leur chef) faisoient plus d'estat de la langue Grecque, que de la Latine, congnoissans qu'Apis estoit adoré au païs d'Auxois, & que communement les villages, & carrefours des chemins estoiēt marquez de simulachres d'Apis: ainsi que les chemins de leurs païs estoiēt remarquez de Mercures: & le Canton Bernois d'Ours, s'en mocquans en passant, & les mōstrās l'vn à l'autre du doigt, s'escrioiēt Βῦς θέος. Ce qu'entēdu par les peuples circōuoisins, ne tomba pas à terre: ains fut si bien recueilly, que ceux qui n'estoient obseruateurs des ceremonies Egyptiennes, & ne recongnoissoient Apis pour Dieu, vserent bien long-temps de la susdite mocquerie, laquelle à traict de temps est degeneree en ce mot de Buteaux. Et ie ne penserois faillir, quand ie dirois que Viteaux en l'Auxois a sa nominatiō de la mesme source q̄ les Buteaux. Que s'il s'y trouue quelque dissimilitude entre Βῦς θέος, & Viteaux, il s'en trouuera ou plus, ou autant pour le moins entre le nom Latin, & le mot vulgaire des autres villes, lieux, & places. Combien doncques que ce mot de Buteaux ne soit iniure, si est-il le plus souuent prononcé par ceux qui ne l'entendent pas, en façon d'iniure & reproche du naturel du beuf, qui est d'estre lourdaut, & grossier? Ce qu'il ne faut trouuer trop estrāge: car nous voyōs que plusieurs mots, qui ont significances de dignité, & d'honneur sont par le vulgaire, c'est à dire par les ignorans, appliquez à moqueries, & à iniures. De ce nōbre sōt les mots Matrone, Virago, &c. partis de mesme forge, ou du moins semblable, que le prouerbe *Gerræ Siculæ*, & le nom de Buteaux: en l'explication duquel ie pourois auoir faict les fauxbourgs plus-grands que la ville: & auoir esté plus long que de besoing. Qui sera cause que ie me deporteray de plus auant magnifier la pieté de nostre Hercules: combien que celle dont il a vsé enuers Isis sa mere ait laissé infinies marques, & tesmoignages non seulement és Gaules, mais aussi iusques en Allemagne, où il dōna instruction aux Soūaues du seruice qu'ils deuoient faire à Osiris, & Isis, ses pere, & mere, comme dit Tacitus.

VOYLA ce que i'ay peu atteindre, & sçauoir des antiquitez de la Cité d'Autun: ville si anciēne, que plusieurs n'ont craint l'estimer fōdee par Samothés fils de Iaphet, fils de Noé. Bien adiousteray-ie cecy, qu'elle est posee au pied des mōts, qui (aussi biē que ceux de Sauoye) sont nommez Cenis. La riuiere passant au dessoubs est Arroux: laquelle visitant Thou-

Apis, & Serapis.

Iulien l'Apostat. Constantius Empereur.

Βῦς θέος dont Buteaux.

Buteau n'est iniure, mais employé pour iniure.

Matrone & Virago noms de dignité. *Gerræ Siculæ.*

Isis adoree en Soūaue.

Tacitus.

Samothés. Mōts-Cenis. Arroux riuiere.

lon, va se rendre en Loyre, soubs le Chasteau de la motte S. Iean. A Autun n'y a de clos que le Chasteau, dedãs lequel est l'Eglise S. Ladre, & vn autre fort plus bas, que i'ay dit estre nommé Marchaut. Tout le reste est vague, & espanché. Mais à en bien contempler le plant, & les restes, on ne peut nier, que de tout temps ce n'ait esté quelque chose de grãd. De ma part ie suis contrainct (à l'imitation de ceux qui ont escrit de Rome) dire d'Autun:

Ædua quanta fuit ipsa ruina docet.

Au reste, ie prie les lecteurs (si toutesfois, comme dit Macrobius, au proëme de ses Saturnales, quelques-vns parauenture auront le loisir, & la volonté de lire ce present discours) excuser, & mon lãgage, & la mauuaise liaison de mes propos. Si i'eusse peu estre aydé des memoires des signeurs Chantre Cheruot d'Autun, & Du pin Doyen d'Aualó, personnages doctes, & diligens rechercheurs de l'antiquité, i'en eusse fait part à vn chacú, sans celer de qui i'eusse apprins. Mais tãt de faueur m'ayant esté espargnee, i'ay esté cõtrainct soustenir ce fais tout seul, sans auoir iamais faict plus de seiour à Autú, que les voyageurs sont coustumiers faire en passant. Il plaira aux lecteurs auoir ce mien labeur pour aggreable: & s'il y a quelque autre qui ait meilleures instructions, & sçache mieux faire, ie l'honnoreray, s'il luy plaist le mettre en euidence.

Fin graces à Dieu.

DEVX LIVRES DES AN-
TIQVITEZ DE
MASCON.

*PAR PIERRE DE S. IVLIEN, DE LA
maison de Baleurre*, Doyen de Chalon, grand Archidiacre
de S. Vincent de Mascon.

A PARIS,

Chez Nicolas CHESNEAV, ruë S. Iaques,
au Chesne verd.

M. D. LXXX.

AVEC PRIVILEGE DV ROY.

A MONSIEVR,

MONSIEVR LE REVEREND
Euesque de Mascon.

MONSIEVR, ie ne fus iamais si ieune, que si l'aage a esté accompagnée de iugement, ie ne me soye trouué esmeu de certain naturel desir d'entendre quel auoit esté le maniement des affaires de noz anciens predecesseurs, mesmement en ce que concernoit l'estat publicq'. Mais voyant que combien que ie aspirasse à grandes choses, ce neantmoins en beaucoup recherchant, ie profitois si peu, que mon propre labeur me sembloit à moy mesme inutile: ie ne peux autre que accompagner de mes regrets, les plaintes d'une infinité de doctes personnages, & auec eux deplorer la misere des Gaules, ausquelles la bonté, & fertilité a esté si dommaigeable, que principallemët pour icelle les Romains, & les Septemtrionnaux ont esté quasi en continuel debatteux pour les se conseruer, non seulemët obeissantes, mais aussi tributaires: & ceux-cy pour s'y eslargir, & auoir part en la gresse, & abondäce de si fructueux païs. Et toutesfois tant s'en faut que ny les uns, ny les autres en ayent iamais sceu bien dire, que la pluspart de leurs histories n'ont à rien plus employé le fard de leurs paroles, qu'à detracter sans cesse des Gaulois: peuple (quoy qu'ils sçachent dire) de tout temps memorable, & digne de louange. Certainement leurs actiös eussent esté moins reprehensibles, & le nom d'historiens leur eust mieux conuenu, s'ils se fussent simplement proposé la pure, & vraye deduction des choses, comme elles sont passees, que de se laisser transporter d'affection, & faire que raison deffaillant, la cholere, comme pour supplemët, luy aye succedé. Mais que peut-on trouuer de meilleur és autheurs par trop affectionnez? Les premiers qui ont plausiblement traicté l'histoire (l'excepte les Hebreux) ont esté les Grecs, desquels Salluste rëd tesmoignage, qu'ils ont autant haut loüé leurs affaires, comme les paroles se sont peu estëdre. Les seuls Gaulois se trouuent n'auoir rien escrit, que la posterité ayt peu recognoistre du creu des Gaules: & n'est pourtant à croire, que le païs ayt eu faute de bons hommes, grands esprits, & sçauans personnages. Ou si (comme l'opinion d'aucuns porte) ils ont mieux aymé donner aux historiens matieres d'escrire, que mettre la main à la plume, pour ainsi que Ciceron & Cesar, chanter eux-mesmes leur victoires, & louanges: ou (au reste) si la generosité de leur courage n'a peu permettre qu'ils n'ayent dressé memoires des faits de leurs contemporains, & des gestes de leurs predecesseurs: la haine que certains Empereurs ont porté aux lettres, & la

Difficulté de bié traicter l'histoire Masconnoise.

La fertilité des Gaules leur a esté dömaigeable.

Enuye des esträgers sur les Gaules.

Les Gaules mal traictées par les escrits des estrangers.

Salluste.

Gaulois plus studieux de bié faire, que de bien escrire.

Empereurs ennemis des lettres.

V

fureur des soldats saccaigeurs de toutes les richesses, & bellesses des Gaules, nous ont priué de tels escrits: choses trop plus regrettables, que la subuersion de tant de magnifiques bastimēs, & villes superbes, desquelles nous ne remarquons plus que quelques restes, & fragmens. Cela m'a osté les moyens de rendre l'histoire Masconconnoise si pleine que vous (Monsieur) pourriez desirer, & que r'eusse bié voulu.

<small>Fustaillier.
Bugnyon.</small>

M. Fustaillier auoit desia traité cest argument en Latin, & M Bugnyon I.C. Masc̄onois l'a mis en lumiere nō sans louange de l'vn, & de l'autre. Si toutesfois ie n'ay en tout, & par tout suiuy leur aduis, les raisons s'en trouueront au recueil suyuant: lequel i'ay prins la hardiesse vous presenter, & dedier, & auec iceluy vous voüer tresaffectionné seruice: en attendant que ma deuotion vous face mieux paroistre, combien soingneusement ie suis comme au guet de quelque occasion, par laquelle ie puisse acquiter portion des obligations dōt ie vous suis redeuable. De vostre Mascon ce x Iuillet, M.D.LXXVII.

A MONSIEVR DE SAINCT IVLIEN DE LA
MAISON DE BALLEVRRE, DOYEN DE
Chalon, & grand Archidiacre à Mascon, sur son recueil des antiquitez dudit Mascon.

Le temps, la mort, l'oubly, le changement,
 Rauit, consomme, efface, & diminue,
 Le los, l'estat, la memoire, & la creüe
De toute chose, ayant commencement.
Mainte Cité a braué grandement,
 Que temps & mort en cendres ont rendue:
 Mainte qui fut par l'oubly n'est congneue,
 Mainte se veoid changee entierement.
Mais de ta main l'heureuse diligence
 Venge Mascon du temps, & du silence,
 De mort, d'oubly, & de mutations.
Et la voüant au temple de memoire,
 Le tien labeur eternise sa gloire,
 Maugré temps, mort, oubly, diuisions.

P. TAMISIER.

Pourtraict de la ville de Mascon.

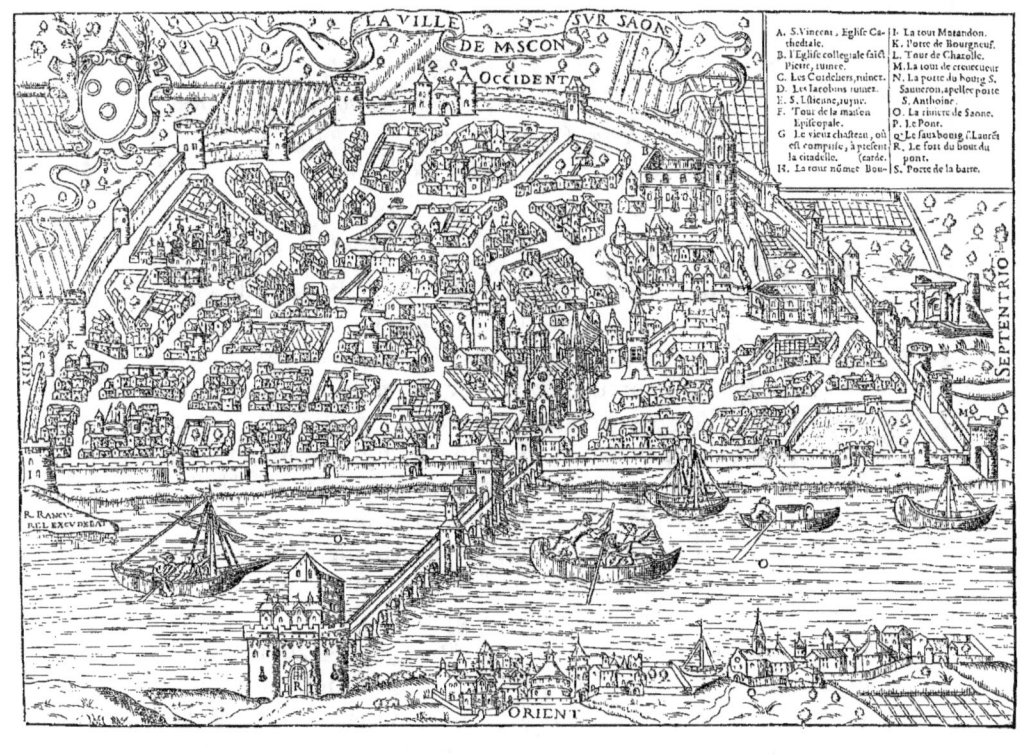

LIVRE PREMIER
DES ANTIQVITEZ DE MASCON.

PAR PIERRE DE SAINCT IVLIEN, DE la maison de Balleurre, Doyen de Chalon, grand Archidiacre de S. Vincent de Mascon, & premier Chanoine seculier en l'illustre Eglise Collegiate S. Pierre dudict Mascon.

MATISCON, & par syncope Mascon, ville, & Cité de la Gaule Celtique, & Prouince Lyonnoise, est par aucuns qui ont escrit en Latin, nommee *Vrbs Matissana*, & par autres *Maticensis*: la raison desquels noms n'est à present congneüe de personne. M. Fustaillier Aduocat Masconnois, auoit extraict tant d'vn liure enchainé au tresor de l'Eglise Cathedrale, que d'autres memoires qu'il auoit peu recueillir, vn sommaire de l'histoire Masconnoise, qu'il pretédoit enrichir de la copie des tiltres, & chartres vidimées en iceluy liure. Mais preuenu par mort, son desseing demoura simplement reuestu des dates d'iceux, sans autres preuues, & approbations. Or ce liure enchainé bruslé au saccagement dudit tresor, par les autheurs des troubles de l'an M. D. LXII. & les copies extraictes par ledit Fustaillier perdues; ne restoit plus que certain sommaire, qui vaguoit par les mains de bon nombre d'hommes curieux de le faire transcrire. Pour doncques releuer vn chacun de ceste peine, & pour satisfaire au desir d'vne infinité de personnes, M. Bugnyon I.C. Masconnois, demourāt à Lyon, l'a faict imprimer & traduire en Frāçois à l'vtilité publique. L'intention de Fustaillier estoit de dedier son œuure à R. P. en Dieu Messire Claude de Longuy lors Euesque de Mascō, & depuis Cardinal surnommé de Giury. Qu'ainsi soit, en la copie que i'en ay il y a plus de trente ans, est vne epistre audit sieur.

LA conformité que Fustaillier a pensé recongnoistre és noms de Castico (mentionné par Cesar) & *Matisco*, ou *Matiscon*, est de son inuention, comme aussi sont plusieurs digressions, dont il a augmenté son

Mascon.

Fustaillier.

Liure enchainé.

Bugnyon.

Cardinal de Giury.

Fustaillier. Castico.

V ij

escrit en faueur de ses amis. Ne voulant en celà du tout luy adherer, il m'a semblé meilleur imiter ce grand personnage, & singulier ornement de la France Guil. Budé, que le docte Glarean loüe beaucoup, & principalement d'autant qu'il aymoit mieux confesser ingenuement ne pas sçauoir vne chose, qu'en estant ignorant, faire semblant la bien sçauoir, & en parler par asseurance. I'ayme mieux (di-ie) confesser qu'il ne m'a esté possible trouuer l'etymologie de Mascô, qu'en cuidant me môtrer ingenieux en mes inuentions, manifester ma sottise. Aucuns l'ont voulu tirer du Grec, mais c'est faire tort aux Gaulois, que tous ceux qui ont les sens bien erudits en l'histoire, & supputation des temps, trouueront trop plus anciés que les Grecs, qui (comme les leurs mesmes le confessent) ne sont que d'hier, ou de l'autre-iour.

{.sidenote}
Guil. Budé.
Hen. Glarean.

L'etymologie de Mascô est ignorée.

Cesar.

QVANT à ce que Cesar dit de Mascon à la fin du vij. de ses Commentaires de la guerre Gallique, c'est si peu, qu'il n'en faut faire estat, sinon pour verifier que Mascon estoit desia quelque chose de grand, auparauant que les Romains eussent acquis commandement és Gaules. Et neantmoins force nous est de nous contenter d'autant, puis-que la mauuaise volonté d'iceux Romains nous a reduict à ce point, que la souuenance des noms, & faits de noz Majeurs perduë, il ne nous reste de l'histoire, & antiquitez Galliques, sinon ce qu'ils ne nous ont peu oster, & ce que les bien estrangers autheurs nous en ont conserué. Laissants doncques les choses qui ne se peuuent sçauoir, seuelies au goulfe d'oubliance, l'expresse contrainte nous force de ployer à la necessité: & si nous ne pouuons attindre à ce que nous voudrions, estre simplement contens de ce que nous pourrons. En ceste resolution ayant à traicter de Mascon, & des habitans en icelle, qui côsistent de gens Ecclesiastiques, Bourgeois, & artisans, soubz lequel nom dernier ie côprens tout le menu peuple, il me semble cóme necessaire de cómencer par ce que concerne les Eglises, & les Ecclesiastiques, cóme par le principal fleurô de la triade mise en termes. Ioinct que tout ainsi que les Eglises sont les plus sumptueux, & magnifiques bastimés des villes, aussi sont ils pl⁹ en veüe, & les plus signalez, & mieux remarquez edifices d'icelles.

Les Romains n'ont faict perdre la congnoissance de toutes noz antiquitez.

Trois sortes d'habitâs à Mascon.
Ecclesiastiques.
Bourgeois.
Artisans.
Eglises.

C'EST chose si coustumiere, qu'elle est passee en ordinaire, que quád quelques peuples, ou communautez, se voyent tant affligees, que d'eux mesmes ils n'esperent moyens de se pouuoir releuer des afflictions dont ils se sentent oppressez, auoir recours ou à la protectiô de quelque puissant Prince, ou autres communautez pour se fortifier, & trouuer ressource en leurs miseres. En ceste sorte sentans les Gaulois leur liberté opprimee par la violence de la tyrannie des Romains, & congnoissans en fin tous les essaiz que d'eux mesmes ils auoiét fait pour s'affranchir, & soustraire de telle seruitute, auoir mal succedé: ils furét côtrains implorer l'aide des Bourgôgnós, & des Frâçois, peuples originellemét Gaulois. A ces fins leur ayât declairé le piteux estat des Gaulois, & les inuitât a y entrer

Tyrannie des Romains.

Bourgongnons.
François.

entrer, ils feirēt tāt que lefdits peuples induits à cōpaffiō de la patrie qui auoit efleué leurs anceftres, eurent pitié de leurs anciēs cōpatriotes. Ces pratiques, & fecrettes intelligences conuerties en aperte focieté (cōme nous auons à plus amplement dire ailleurs) furent caufe que premierement les Bourgongnons rentrerent és Gaules, puis les Frāçois: à l'ayde defquels icelles Gaules deliurees du ioug Romain, & de la tyrannie des Empereurs, les loix Romaines, & ce qu'on nommoit droict Italicq', *Ius Italicū.* (vrays appafts de feruitute) furent rembarrez, & par viue force renuoyez de là les monts. Lors les Bourgongnons, & François prenans fieges arreftez, & demourance és Gaules (iouxte les conuentions, & articles de la ligue) les Goths, Hūs, Alains, & autres peuples Septemtrionnaux venuz, ou comme gleneurs en moiffons, ou comme regrappeurs en vendanges, furent (non incontinent, mais à traict de temps) contraints paffer és Efpagnes, voire biē aucūs iufques en Afrique. Tel paffage de diuers peuples trauerfans les Gaules, ne peut aduenir, fans fuitte de calamitez infinies aux villes, & à la campagne. Entre autres Mafcon fouffrit lors extreme defolation. Mais inftauree petit à petit, elle receut de grandes faueurs du Roy Childebert. C'eft luy qui reuenant des Efpagnes, auec vne finguliere deuotion qu'il portoit à S. Vincent, feit de grands biens à l'Eglife principale de Mafcon: laquelle fondee au commencement, de SS. Pierre, & Bartholomé Apoftres, SS. Eftienne, Geruais, & Prothais Martyrs, changēa de nom, & eut celuy de S. Vincēt, à caufe de la renommee des reliques & memoires de ce fainct, y laiffees par iceluy Roy Childebert.

Gots, Hūs, Alains. Mafcon ruinee par Attila. Childebert Roy. L'Eglife S. Vincent. Guntran Roy. Premiere fondation de S. Vincent. S. Eftiēne, S. Clemēt, & S. Laurent vnis à S. Vincēt. Fuftaillier reprins.

Aux faueurs de Childebert fuccederent celles de Guntran, ou (cōme les Allemands, qui ont faict reimprimer l'hiftoire de Gregoire Euefque de Tours, efcriuent) Guntchram Roy de Bourgongne: qui feit vnir à icelle les Monafteres de S. Eftienne, S. Clement, & S. Laurent.

Mafcon erigé Euefché.

FVSTAILLIER a efcrit, que Guntran moyēna auec effect (aprés qu'il eut vaincu Manibodus d'Auignon) que Mafcon fut erigé en Euefché: & l'Eglife S. Vincent, (laquelle comme les autres de France, eftoit reguliere) en Cathedrale: mais il fe trompe. Car il fe trouue par les liures des Conciles, qu'auant Nicetius (qu'il nomme premier Euefque de Mafcon) Placidius Euefque du mefme lieu, a affifté, & foubfigné à trois Cōciles tenuz à Orleans, viuant Childebert premier, & enuiron le temps de Pelagius 1. Notamment au 3. affemblé l'an 26. du regne de Childebert, qui fut l'an de grace 540. qui font pres de 20. ans auant que Clotaire, pere de Guntran, fuft Roy de France.

L'Eglife de Mafcō eftoit reguliere. Nicetius Euefque. Placidius Euefque.

CE propos des Conciles me donne fouuenāce de deux tenuz à Mafcon, l'vn foubs Pelagius 2. Maurice eftant Empereur, l'autre le 24. an du regne du Roy Guntran, qui fut l'an de falut 588. Aufquels affifta Eufebius Euefque du lieu, qui les foubfigna.

Deux Cōciles tenus à Mafcon.

L'ORDRE eftoit adōcq' tel en l'Eglife de Mafcō, que l'Euefque, & fon

L'ordre en l'ancienne Eglife de Mafcon.

Des antiquitez

Senat auoient tout en commun: & les personnes Ecclesiastiques, tant Moynes, que Chanoines reguliers, conuenoient toutes les sepmaines à S. Vincent. Là ils auoient soubs l'Euesque, vn Abbé (au lieu duquel est depuis succedé le Doyen) qui departoit à chacun ses charges iournallieres: mesmement aux Chanoines reguliers de S. Pierre, & de S. Estienne. Car quant aux autres Abbayes, tant S. Clement, que S. Laurent, l'exercice regulier y a bien peu duré. Et ce pourautant que S. Clement (qui auoit esté long-temps au parauant vn Monastere de filles, & pour lors inhabité & reduict à extreme desolation par les guerres) fut vny au Chapitre: & S. Laurent fut infeodé au sieur de Beaugey, par l'Euesque de Mascon. C'estoit aussi de la charge de l'Abbé sus mentionné, ordonner du seruice diuin: & (d'autant qu'il n'y auoit encores point d'ordinaire dressé, & moins de Breuiaires portatifs) disposer de ce qu'en chacune Eglise seroit faict, & dict. Telle charge d'ordoner du seruice de l'Eglise fut aux Abbez, & depuis aux Doyens, iusques à ce que par nouuelles, & au parauant non ouïes façons de faire, les Euesques voulurent auoir leur table separee de celle de leurs Chapitres: & consequemment les Chapitres se feirent exempter de la iurisdiction des Euesques: lors les Doyens deuenuz chefs des Chapitres, l'office des Chantres fut erigé en dignité: à laquelle fut attribuee la puissance d'ordonner dudit seruice, & des ceremonies qu'il faut garder au Chœur. Depuis ils ont eu soubs eux des soubs-chantres, & maistres de Chœur qui les soulagent, & relieuent de peines.

Or ceste Eglise cathedrale (pour la deuotion qu'on auoit aux memoires de S. Vincent, & pour l'exemplarité de bonne vie des Euesques, & Religieux) accreut en grands biens, & fust plus, s'il eust pleu à l'Euesque, & Conuent receuoir tous ceux, qui vouloient donner eux & leurs biens à icelle: mais non. Aussi (outre la police sur ce mise de tous temps, & en toutes Religions, Chrestienne, Iuisue & Payenne) les Rois, signamment ceux qui eurent tiltre d'Empereurs, furent contraints y pouruoir, à cause qu'ils perdoient autant d'hommes, qu'il en y auoit qui renonçoient au môde, & entroiét en l'estat Ecclesiasticq'. N'ont manqué toutesfois les Rois (mesmemét Pepin, Charlemagne, Loys le debonnairé, Charles le Chauue, Loys le begue, Loys le ieune, Philippe Dieu-donné, autrement Auguste, & (sur tous) Philippe 3. fils de S. Loys, de fauoriser l'Eglise S. Vincent, de donations, priuileges, franchises, immunitez, & grands bien-faits.

Est à noter que côbié que l'Eglise S. Vincét fust Cathedrale, & principale en la Cité de Mascon, si n'estoit-elle la plus ancienne: ains est laissé en la memoire des hommes, par les chartulaires tant d'icelle Eglise que de sainct Pierre, que sainct Benigne, Apostole des Autunois, & Dijonnois, allant au païs à present nommé Bourgongne, laissa deux de ses compagnons à Mascon (quelqu'vn en a faict vn nom propre

de Mascon.   235

pre *Gemini* (qui par la vertu de la parole) acquirent beaucoup d'ames à IESVS CHRIST: lesquelles multipliees en bon nôbre, bastirent vne Eglise en l'honneur de S. Pierre, & S. Paul Apostres, au lieu où de present est la parochiale de mesme nom: qui estoit adoncq dehors la ville, ainsi que le monstrent à l'œil, les restes des vieilles murailles, qui sont entre ce lieu là, & S. Vincēt. Depuis (croissant tousiours de plus en plus la multitude des croyans) force fut dresser vn secours à ceste parochiale, qui fut dedié en l'honneur de S. Nicier. Icy quelques-vns pourroient penser (& il n'y a faute d'hômes qui l'ont tant dit, qu'il est quasi passé en voix de ville) que ceste petite Eglise de S. Nicier fut la premiere, & plus ancienne de Mascon: mais outre ce que le nom de Nicier, ou *Nicetius* en Latin, n'est pas si ancien que la predication de SS. Marcel, & Valerin, l'integrité du bastiment faict assez paroistre qu'elle n'estoit encores lors que les autres Eglises furent ruinees: autrement elle eust couru pareille fortune que S. Vincent, S. Pierre, & S. Estienne.

L'Eglise S. Pierre.

S. Nicier.

DE dire quel estoit en ce temps là le sit, & le plât de la ville de Mascon, ce ne seroit seulement chose mal-aysee, mais aussi impossible: tant à cause des frequens degasts, & ruines presque totales y aduenuës souuēt, que d'autāt qu'en ses restaurations les rebastisseurs ne s'assubiectissoiēt pas à l'ancien modelle, pour luy rendre sa premiere forme. De là est aduenu qu'és tiltres anciēs nous trouuons souuent choses, qui de premier front, paroissent repugnantes, ou (autrement) paradoxales: mais comme les temps bien distinguez, donnēt grand esclarcissemēt à l'histoire, aussi quand auec soing, & labeur, les enseignemens antiques sont bien examinez, il est facile concilier ce qui auoit apparence de contrarieté: & vne infinité de choses, qui suruiennent iournellement, & que nous ne pourrions croire estre aduenuës, si la veuë ne nous en dōnoit certitude, nous faict adiouster foy à ce qu'on nous recite des euens du tēps iadis. Quasi tous les tiltres plus anciens de l'Eglise de Mascon portent qu'elle estoit *in vrbe, aut ciuitate Matisconen.* depuis les notaires prindrent vne façon de dire *infra muros Matisconen.* & ce si ordinairement qu'il se trouue vne infinité de lettres, & autres enseignemens contenans tels mots: dont i'ay veu mouuoir de grandes disputes, entre personnages de sçauoir. Mais ayant visité les anciennes restes des vieils murs qui ceignoient Mascon auant l'an 1222. que les murs d'à present furent construits (come ie diray tantost) i'ay congneu qu'il n'est possible, que l'Eglise, & cloistre S. Vincent, ayent esté dehors la ville: ains qu'ils en ont esté comme le centre, és circonferences duquel la ville a esté bastie. Et le temps auquel commēça cest erreur (qui fut durant les querelles, que Loys 4. dict d'outre mer, fils de Charles le simple, fut contrainct auoir contre Raoul le Bourgōgnon pour le recouuremēt de son Royaume) le doit excuser. Ioinct que Mascon a esté tant, & de fois ruiné, qu'il n'y a gueres ville, qui ait plus souuēt, ny plus aigrement senty les maux, & rauages, que les guerres, hostilitez,

Le sit de Mascō est changé.

Ligiere difficulté.

Loys d'outre-mer Roy en querelle auec Raoul le Bourgōgnon.

Mascon souuent ruiné.

V iiij

Des antiquitez

Ruine par Attila.
Sarrazins.
Theodoric 2.
Cheles.
Aymoinus Monachº.
Fustaillier.
Charles le Chauue.

& incursiós d'ennemis, ont accoustumé produire. Qu'ansi soit, ramenāt en memoire, ce que i'ay cy deuāt dit de la barbarie, dont les Huns de la suitte d'Attila, vierent enuers elle; i'y puis adiouster le sac qu'elle souffrit, par la violence des Sarrazins, du temps de Theodoric 2. Roy de France, qui (pour auoir esté nourry ieune enfant à Cheles, Religion de Dames, pres Gournay sur Marne, entre Paris, & Laigny) fut surnómé de Cheles. Aussi (combien qu'Aymoinus Monachus semble estre d'autre aduis, au 15. chapitre de son 5. liure) tient Fustaillier, & sur ce allegue les lettres patentes du Roy Charles le Chauue, qu'il dit luy en auoir faict foy, comme encores eussent elles peu faire à nous, si les fureurs de ceux qui surprindrent Mascó l'an 1562. ne nous eussent priué de tant de belles chartres, tiltres, & documens dont l'Eglise de Mascon estoit plantureusemēt doüee: & dont (comme d'vn nauire apres le naufrage) nous ne pouuons recueillir que quelques parcelles, & fragmēs: qu'en haine de Vvarin Cōte de Chalon, & Mascon (Paulus Emylius le nōme seul que ie sçache, Anseaulme) Lothaire fils de Loys le debónaire, brusla Mascon, aussi biē que Chalon. Encores trouuons nous d'auantage, par tiltres faits, & passez entre Maymbodus Euesque, Hugues Marquis, & Leotalde Conte de Mascon, du temps que regnoit en France le prenommé Loys 4. dit d'outremer, qu'icelle ville de Mascon auoit esté si entierement consommee par feu, que l'Eglise S. Vincent auec tout son cloistre, auoient esté reduits à neant. Surquoy Maymbodus ayant fait remonstrance à iceux Marquis, & Conte, ils en eurent telle compassion & pitié, qu'ils rendirēt à S. Vincent, l'Eglise, Abbaye, & terre de S. Clement, dont ils s'estoient emparez par force. Et pource que tel tiltre testificatif du feu de Mascon, est fort notable, d'autant qu'il se trouue par là, qu'en vn mesme temps il y auoit Marquis, & Cōte: il m'a semblé bō de rapporter icy ce qu'est du narratif, & dispositif d'iceluy, omettant (pour euiter prolixité) le proëme, & tout ce qui est du stile des Notaires.

Vvarin Conte de Chalon, & Mascon.
Paulus Emylius.
Maymbodus Euesque.
Hugues Marquis.
Leotalde Conte.
Ruine de Mascon.
L'abbaye S. Clemēt rendue à l'Eglise.

Quamobrem intimare maluimus omni cœtui regi poli obsequenti, quia peccatis nostris præpedientibus, olim vrbs nostra Matisconensis ignis concremationale depopulata est, & ad nihilum penitus redacta: vbi omnia sarta tecta basilicæ gloriosi martyris Christi Vincentij vastata, & ex toto diruta sunt. Sed domnus Maymbodus præsul reuerendus in quanta potuit diligētia, ea restaurare curauit. Non habentibus verò Canonicis, ipso in loco commorantibus, qualiter viuere regulariter quirent, dolore cordis tactus, sedulò angebatur, non reperire valens quomodo fratribus sibi subditis, prout optabat, misericorditer subuenire posset. Vnde alloquens domnum Hugonem Marchionem insignem, ac

Egestas Canonicorum.

domnum Leotaldum pijssimum Comitem, cuius mens corde tenus in augmento prædictæ ecclesiæ dedita erat, deprecatus est serenitatem eorum, vt præfatorum inopiæ Canonicorum miserando subuenirent. Cuius petitionem gratā suscipientes, & diu inter se quid agendum inde foret tractantes, tam Pontifex, quàm Comites, ad vltimum decreuerunt, vt has ecclesias, cum rebus, & decimis, cum beneficijs presbyteratis, & omnibus ibi adiacētibus, in vsus prænominatorū fratrū, vnde quottidianam

de Mascon. 237

dianam sumerent alimoniam, paterno ducti amore, condonare deberent: quod, & fecerūt, Præsul decimas, Comites beneficia. Videlicet S. Clemētis Papæ, & martyris caput Abbatiæ, quæ est in suburbio præscriptæ Ciuitatis, vbi corporaliter requiescunt hi Sancti: qui olim in ipsa vrbe extiterūt Episcopi, & Confessores: S. Mommolus, S. Eusebius, S. Nicetius, & S. Iustus: omnem ipsam Abbatiam, cum suis appendicijs, & integritate: atque ecclesiam S. Romani ex Cadenaco, cum omni sua integritate, & nouas, ac decimas, ex eodem fisco, quæ quondam eis ablatæ fuerant: nec non Ecclesiam S. Desiderij martyris in ipso pago, sitam in villa Verziaco cum omnibus inibi pertinentibus. Prælibatus autem Antistes in ipsa villa, de terra sua indominicata ex ratione S. Petri, sicut Ramfredus tenuit, dedit eis quantū videbatur habere, &c.

CESTE donation se trouue confirmee par lettres patentes du Roy Loys 4. que nous auons dit estre surnommé d'outre mer: & les mesmes personnes y sont mentionnees auec les qualitez que le tiltre sus escrit leur donne. Ce que de premier regard ie trouuay fort estrange, n'ayant encores sçeu, qu'il y eust eu Marquis, & Côte en la mesme ville de Mascon. Cóme doncques ie trauaillois, pour m'esclarcir de ce doute, ie trouuay d'vn costé que Fustaillier tient cest Hugues pour Conte de Baulgey: mais ie ne pouuois pêser d'où le tiltre de Marquis luy seroit aduenu: iusques à ce que lisant en Aymoin Moyne chapitre 34. de son. 5. liure, que Robert Conte de Paris, estoit aussi appellé Marquis des Fráçois: ie vins à coniecturer, que ce tiltre de Marquis estoit pour lors plustost personnel, que adherant au fond: ou que le mot de Marquis, auoit iadis vne signification, qui de present n'est pas congnuë. Le mesme Fustaillier parlant de Vvigo, autrement nómé Hugues de Baulgey, dit que luy enrichy du patrimoine de sainct Vincent, à sçauoir Baulgey, & S. Laurēt, s'en feit confirmer les infeodations, par Loys debonnaire Roy, & Empereur. Et pour les rendre plus vaillables, y feit interuenir le consentement de Hildebald Euesque de Mascon. Feit d'auantage mettre en icelles lettres que c'estoit en recompense des fraiz par luy faits, à la suitte dudit Empereur, & Roy, en ses guerres, & pour payemēt de ses gages. Saisi desquelles lettres de confirmation d'infeodation, il commença à se dire Marquis de Bresse, & Conte de Baulgey: combien qu'il ne se trouue, qu'aucun de ses successeurs s'en soit intitulé Marquis. Ce q toutesfois n'eust esté oublié, mesmement lors que Philippe dernier du nom Duc de Sauoye, viuant encores son pere, n'estoit qualifié que Seigneur de Bresse.

Sert aussi à la corroboration de l'opinió que i'ay prins, que la dignité de Marquis estoit personnelle, cóme encores sont les offices de la Fráce, lesquels (combien que quelques-vns les ayent voulu pretendre hereditaires) vaquēt par le decez de ceux qui en estoient pourueuz: i'ay trouué par lettres patentes du Roy Charles le Chauue, que Vvarin (que nous tenons pour premier Conte de Mascon) est nommé Marquis. Ce que m'a semblé si rare, que pour en conseruer la memoire, i'ay bien voulu in-

Loys 4. Roy.

Marquis.

Nota de Baugy, & de S. Laurent.
Loys debonnaire.
Hildebald Euesque.
Hugues se dit Marquis de Bresse, Côte de Baugy.
Philippe Seigneur de Bresse.
Marquis estoit iadis dignité personelle.
Offices de la Courónne ne sont hereditaires en France.
Vvarin nommé Marquis.

serer icy les propres mots d'icelles lettres. Notū esse volumus omnibus sanctæ Dei ecclesiæ fidelibus, & nostris, præsentibus scilicet, & futuris, qualiter veniens olim Raginardus vassalus scilicet charissimi quondam Marchionis nostri Vuarini, innotuit serenitati nostræ (quamuis mendaciter) quod quædam cellula in pago Lugdunensi sita, quæ vocatur S. Imitterius, ex nostra proprietatis fisco iure attineret, &c. Ie laisse à iuger aux lecteurs si ces Marquis auroiēt point esté tels, que de present sont les Mareschaux de France, que tous les etymologistes tirent de *Marcha, al. Marka* interpreté cheual : Et que pource il conuint par abbreuiation dire Marchal : ou si Marquis seroiēt ceux que les Romains appelloiēt *Præfectos limitū* : Et que Marquis soit dit de *Marca* signifiant marche, c'est à dire frontiere.

<small>Mareschaux de France.</small>
<small>*Præfecti limitum*.</small>

Quoy qu'en soit la misere des Chanoines de S. Vincent esmeut ces seigneurs (au parauant opiniastres en l'vsurpation du biē de leur Eglise) à si grande pitié, & compassion, que (outre la restitution de l'Abbaye, & terre de S. Clement) encores leur rendirent-ils aussi la portion de forest du bois Chetif, que le Chapitre a possedé depuis, & possede encores.

MAIS quant à l'Eglise parochialle, nommee de S. Pierre, elle auoit esté non seulement ruinee, ains aussi aneantie ; de façon que le peuple perdit (pour lors) la volonté de la rebastir. Fut dōcques aduisé, de (à communs fraiz) edifier de nouueau vne autre Eglise, soubs mesme inuocatiō de S. Pierre, & S. Paul Apostres : & vn tel quel manoir pour les Chanoines Reguliers. Leur fut aussi adioinct vn hospital, ou aufmōnerie, & pres d'iceluy le cimitiere publicq'. Le tout enuiron cent, ou six vingts pas plus auant que les mesures de la vieille Eglise parochialle en tirant contre le soleil couchant.

<small>L'Eglise S. Pierre demolie.</small>
<small>Nouuelle Eglise S. Pierre.</small>
<small>Hospital à S. Pierre.</small>

Nous auons dit cy deuant, que l'Abbé de S. Vincent (auquel depuis le Doyen a succedé) ordonnoit pour chacū iour, du seruice que les Chanoines Reguliers de S. Pierre, & S. Estienne auoient à faire. A traict de temps toutesfois, & l'Eglise dudit S. Pierre remise aucunement en reparation, Adon Euesque changea celle façō : & l'an 696. du temps du Roy Lotaire, fils de Loys 4. feit le Chanoine Odo premier Abbé en tiltre de S. Pierre. Est neātmoins à sçauoir que ceste nouuelle ordonnāce ne dura que iusques enuiron l'an 1206. que certaine vermine d'hommes, nayz au dommage d'autruy, s'esleua és enuirōs du Masconnois, & print licēce de piller, voller, saccager, & brusler les Eglises, & monasteres : auquel nombre cestuy de S. Pierre fut comprins. Et furent les affaires des Chanoines dudit S. Pierre reduits à ce poinct, que eux (libres seigneurs de plusieurs lieux, adoncq'nommez Obedienceries, enclauees dedans les seigneuries de Bresse, & de Baulgey) furent contrains recourir à Vlrich seigneur dudit Baulgey ; lequel ils associerent en la moitié de portion de leurs biens, pour estre conseruez, & maintenuz en l'autre moitié. Mais pource qu'il se congnoistra mieux qu'iceux de S. Pierre estoient libres Seigneurs en Bresse, & que la portion que d'eux ont eu les Seigneurs, ou Contes de Baulgey,

<small>Adon Euesque.</small>
<small>Lotaire Roy.</small>
<small>Odo premier Abbé de sainct Pierre. 1206.</small>
<small>Voleurs & brusleurs d'Eglises.</small>
<small>Ruine de l'Eglise S. Pierre.</small>
<small>Chanoines de S. Pierre libres seigneurs en Bresse.</small>
<small>Vlrich seigneur de l'augy.</small>

Baulgey, est de leur fied, il m'a semblé pertinent d'inserer icy copie de l'vn des tiltres d'icelles paches, & conuentions: & seruira ce(comme eschantillon) de montre du droit d'celle Eglise S. Pierre. *In nomine sanctæ & indiuiduæ Trinitatis. P. Dei gratia Matisconensis Epicopus omnibus Christi fidelibus salutem in perpetuum. Notum facimus vniuersis tam præsentibus,quàm futuris,quòd Obedientia de Marçonaco, quæ specialiter pertinet ad dominium, & iurisdictionē Ecclesiæ sancti Petri Matisconensis, ad tantam propter incursus latronum, & raptorum desolationem redacta fuerat, quòd in eadem pauci remanere poterant, vel auderent. Vnde P. Prior, & totus eiusdem Ecclesiæ Conuentus, plurimum dolentes, patrocinium nobilissimi Vlrici de Baugiaco humiliter requirētes, ad ipsum confugerunt: & pro bono pacis, & quiete prædictæ Obedientiæ, eum (prout sequentia declarabunt)in ipsam admiserunt,& receperunt.Dominus Vlricus recognouit in præsentia nostra in Capitulo beati Petri hominium fecisse Priori de medietate Obedientiæ Domni Martini: & pari modo in augmentū casamenti, hominium fecit iam dicto Priori de Obedientia de Marçonaco: & tam Ecclesiæ sancti Petri,quàm Priori fidelitatem tenendam in perpetuum, tactis sacrosanctis Euangelijs iurauit. Voluit etiam vt hæredes eius in perpetuum ad consimilem fidelitatem obseruandā iuramentis interpositis astricti teneantur. Medietatem verò iustitiarum,& omnium reddituum quòd Ecclesia sancti Petri infra terminos Parochiæ de Marçonaco tunc possidebat, Dominus V.& hæredes ipsius in perpetuū habebunt exceptis duobus mansis,videlicet de Colongia, & de Tortoreia. Qui ipsi ad ius,& proprietatem Celerarij sancti Petri remanebunt.Obedientiarius qui ibidem aderit reliquam medietatem,& totum cimiterium,cum censu ipsius cimiterij, & decimas totius Obedientiæ,& alia iura Parochialia possidebit,& eorum perceptionem habebit, & Dominus V.nullam in eis partem accipiet.Dominus V. plastrum proprium habebit,in quo firmitatē, & defensionem faciat, & munimen ad arcendos raptores,& malefactores ipsius Obedientiæ,& totius Ecclesiæ beati Petri.Obedientiarius verò alium plastrum æquiualens habebit,in quo qualem ei placuerit mansionem ædificabit. Si Dominus V.aliquid ibidē acquisierit, & Prior,vel Obedientiarius medium pretij dederit,medietatem adquisitionis habebit, alioquin tota aquisitio Domini V.erit,& econuerso.hora autem solutionis pretij aliqua necessitate interueniens, neutri parti præiudicium faciet:immò cum temporis opportunitas se obtulerit, vtrique parti pretium inuicem soluere licebit. Si aliquid in prædicta obedientia Priori,& Obediētiario gratis fuerit collatum, aut in eleemosynam datum,illud totum in pace possidebunt, & Dominus V. nullam in eo partē habebit.Obedientiam verò Deo volente sub fidelitate debita custodiet illæsam,& defendet.Talique conditione hoc à Priore, & ab Ecclesia recepit beneficium,quod tam ipse V.quàm hæredes ipsius, in manu sua donum istud in perpetuum pro indiuiso retinebūt: nec à Domino Balgiaci vllo modo poterit separari. Si verò guerrā habuerit,Obedientiā in aliquo excepto fœno,& palea,nō grauabit. Ad fœnū verò & paleam Obediētiarij,& familiæ suæ,manus suas nulla tenus extēdere debebit. Ministerialis autem qui ibidē à Domino V.positus fuerit,Priori,vel Obedientiario fidelitatem faciet, sub iuramēto,alioquin Ministerialis esse nō poterit. Nullā*

<small>Contes de Baugy vassaux de S. Pierre de Mascon. Transactiō faicte par ceux de S. Pierre de Mascon auec le Cōte de Baugy.</small>

in Obedientia inire faciet exactionem: sed omnis prouētus Obediētiæ quoquo modo, & vndecunque per occasionem Obedientiæ eos habuerit vel acquisierit, Domino V. & Obediētiario fideliter dimidiabit. Homines Prioris, & Obediētiarij cōtra eos nō manutenebit. Si familia Obediētiarij sanguine humanū fuderit, vel furtū, vel adulterium, vel aliquid huiusmodi, vnde puniri debeat, comm:serit, Obediētiarius à Ministeriali requisitus, eam iustitiabit:alioquin iustitia Ministerialis erit: & quod exactum fuerit pro maleficio, Obedientiario cōmunicabit. Propter iustitiam verò quam tunc Ministerialis exercebit, obedientiario, & eius familiæ nullū in futurum generabitur præiudicium. Hoc idem fieri de propria familia Ministerialis fideliter, intelligimus. Quod vt firmum maneat, & ratum; & perpetuæ stabilitatis obtineat munimentum, scripto commendari iussu, & precibus Domini V. & filij sui, sigilli nostri munimine præsentem chartulam fecimus roborari. Dominus verò Lugdunensis Archiepiscopus ad instantiam sæpedicti nobilis V. per appositionem sigilli sui, quæ suprà scripta sunt confirmauit. Et vt hæc omnia de libero assensu partium intelligantur esse facta: Dominus V. & Conuētus beati Petri, præsens scriptum proprijs sigillis appositis cōfirmauerunt. Præcepit etiam Dominus V. quòd si ipse, vel hæres ipsius, præscriptas pactiones non obseruauerit, tam de se, quàm de tota terra sua debitam per Ecclesiam fieri iustitiam, & districtam. Hæc acta sunt anno Dominicæ incarnationis millesimo ducentesimo octauo. La-

Obediéceries de S. Pierre de Mascon.
S. Martin. Marçonnaz.
Lōg cháp. Cursia.

Sibyle de Baulgy.
Amé Cōte de Sauoye.
Fiedz faicts par les Côtes & Ducz de Sauoye à l'Eglise S. Pierre de Mascō.
Edouard Conte de Sauoye.
Conte Amé.
Bonne de Bourbon.
Conte Amé.
Philippe seigneur de Bresse.
Charles Duc de Sauoye.

dite transaction est seellee de trois seaux sur cordons de soye verte. Telles, & semblables pachés se trouuent auoir esté faites entre les mesmes parties, au fait de l'Obediēcerie de S. Martin. Et encores autres de pareille substance, touchāt les Obediēceries de Marçonnaz, S. Martin, Longchamp, & Cursia, de l'an 1237. lesquelles transactiōs, & conuenāces, pour estre quasi en mesmes termes que la cy dessus inseree, il m'a seblé superflu, & ennuyeux de rapporter icy. Bien diray-ie, que le Conté de Baulgey passant en la maisō de Sauoye, par le mariage de Sibylle heritiere dudit Baulgey, le Cōte Amé mary d'icelle les recōfirmant, recōgneut tenir en fied audit nom la moitié des prenommees Obediēceries : & en feit hōmage à l'Eglise de S. Pierre de Mascō, à la persōne du Prieur, le Mercredy iour des cendres 1296. Aussi que lesdites cōuentions furent ratifiees par le Conte Edouard de Sauoye, fils des nōmez Cōte de Sauoye, & Cōtesse de Baulgey: le tiltre sur ce en passé, en date du Mercredy vieille de feste S. Pierre, & S. Paul 1320. Semblablement par vn autre Conte Amé, duquel les lettres sōt du 13. Auril 1350. seellees en cire rouge, sur laqz de soye rouge. Se trouuēt d'auātage icelles pachés cōfirmees, & les debuoirs de fied & hommage faicts (comme dit est) és annees 1341. 1346. & 1350. par des Contes Amez. Et (outre celà) par Madame Bonne de Bourbon Contesse de Sauoye comme mere, tutrix, & administratrix du Cōte Amé: les lettres en date du 17. Iāuier 1392. signees de Croso, & seellees de cire rouge sur queuë de parchemin. Plus par vn Conte Amé 1411. Et par Philippe Sieur de Bresse & Cōte de Baulgey, le 4. d'Aoust 1480. Toutes lesquelles choses remōstrees à feu d'heureuse memoire Charles Duc de Sauoye, pa-
re

du preſentemēt Duc, il auoit promis au ſeigneur de Loiſſey ſon Bailly de Beugeay, & Veromey, & Cōſeiller en ſonCōſeil d'Eſtat, de faire(à l'imitatiō de ſes predeceſſeurs)tout deuoir enuers Dieu, & l'Egliſe S.Pierre.Mais il aduint q̄ ſon neueu Frāçois I. Roy de Frāce, ſe ſaiſit tātoſt apres de la Breſſe,& de la Sauoye, qui fut cauſe q̄ ledict affaire demoura accroché. *Charles-Duc de Sauoye. Le ſieur de Loiſſey. Frāçoys I. Roy.*

VOILA les maux que les voleurs, & pillards, prementionnez, ont occaſionné à l'Egliſe S.Pierre: & comme ils furent contrains aſſocier en la moitié de la iuſtice & reuenu de leurs Obediēceries de Marçonnaz S. Martin le Chaſtel, Long-cham, & Curſia, les Côtes de Baulgey ſoubs les pactions portees par les tranſactions ſur ce paſſees. Leſquelles ſont (depuis cinquante, ou ſoixante ans) ſi mal obſeruees de la part des aſſociez, que l'hommage, & deuoir de fied reffuſez, toute la iuſtice occupee, la libre iouyſſance, & traicte des grainnes empeſchees, l'ancienne liuraiſon de pain (laquelle ſouloit eſtre autant belle, & bonne à S.Pierre, qu'en College de France) ceſſee, les auſmonnes ne ſy peuuent faire, ny la charité Chreſtienne y eſtre exercee comme elle ſouloit. A quoy a eſté adiouſtee nouuelle introductiō de leuees de Decimes, ſi exceſſiues que le reſte ne ſert que pour esbahir vn chacū des preſentes calamitez: & faire regretter que les choſes ſoyent tombees d'vn grand, & heureux repos, en ſi profondes, & deplorables miſeres: deſquelles nous ne pouuons eſperer relief, ſinon par quelques moyens, que la toute puiſſance diuine ſ'eſt reſerué, & qu'elle nous manifeſtera, quand il luy plaira que nous en ſoyons dignes. Attendant ie retourne au diſcours de noſtre hiſtoire. *Aſſociatiō dommaigeable à l'Egliſe S. Pierre Griefs faits à l'Egliſe S.Pierre.*

Miſeres preſentes.

CESSANS les troubles que les pendartz, voleurs & ennemis d'vn chacun auoient ſuſcité: & les chefs d'iceux puniz, les affaires des Egliſes de Maſcon demourerent en quelque tranquillité: mais non toutesfois ſi durable, qu'elle n'ait eſté interrompue d'infortunes, & incōueniens par trop frequens.

D'AVANTAGE, combien que de la generalité des deſaſtres aduenuz à la ville de Maſcon, les Egliſes en ayent touſiours ſouffert leur pire part: ſi eſt-ce qu'encores ſeparément elles ont eſté perſecutees de maints eſtranges accidens. Specialemēt l'Egliſe Cathedrale fut cōſommee par feu accidental, le premier an de la principauté de Pepin, pere de Charlemagne. Et quant & quant quaſi tous tiltres, & chartres du Treſor d'icelle furent bruſlez. Entre autres vn tiltre fort ſingulier touchant les priuileges, immunitez, franchiſes, amortiſſemens, ſouffrance, & exēptions octroyees à Domnol Eueſque de Maſcon, & à ſon Egliſe. Mais la Nobleſſe de cueur de Pepin fut ſi gentille, qu'aduerty par le meſme Eueſque Domnol de l'inconuenient aduenu par le feu, comme dit eſt, il renouuella & conceda de nouueau à l'Egliſe S. Vincent ce que l'an auparauant luy auoit eſté octroyé. Le tiltre de tel bien faict eſt dés plus anciens que lon voye gueres, & meriteroit d'eſtre icy inſeré en faueur de l'antiquité: mais d'autant que les lettres de chartre de Loys

X

debonnaire Empereur & Roy (lesquelles nous transcrirons cy apres) sont narratiues, & confimatiues de ladite concession de Pepin, nous nous contenterons d'en mettre icy les mots principaux qui sont tels: *Pipinus maior domus &c. pro æterna retributione visi fuimus indulsisse, ut in villis Ecclesiæ illius, quas moderno tempore, aut nostro, aut cuiuslibet munere, habere videtur, vel quas deinceps in iure ipsius loci voluerit diuina pietas ampliare, nullus Iudex publicus ad causas audiēdas, aut fregda vndique exigenda vllo omnino tempore præsumat accedere: ac loci illi Domnolus, vel successores eius, propter nomen Dei sub integro immunitatis nomine valeant dominari. Statuètes ergo vt neque vos, neque iuniores, neque successores vestri, nec vlla publica iudiciaria potestas, quocunque tempore, in villas vbicūque ipsi Ecclesiæ aut Regū, aut priuatorum largitate cōlatas, aut quæ in antea fuerint casas indominicatas, ad audiendas altercationes ingredi, aut fregda de qualibet agere, nec mansiones, aut paradas, aut fideiussores tollere non præsumatis. Sed quicquid exinde in agris, vel finibus, seu super terris prædicta Ecclesiæ, aut manēn, fiscus aut de fregda, aut vndecunque potuerit sperare, ex nostra indulgētia, pro futura salute, in luminaribus ipsius Ecclesiæ, per manus agentium eorum proficiat in perpetuum. Et quod nos propter nomen Domini, & animæ nostræ remediū, simúlque pro nostra subsequēte progenie plena deuotione indulsimus &c. Signum Pipini maioris domus. Ego Rodalgus iussus scripsi. Actum Kal. Ianuarij in anno secundo Principatus eiusdem Pipini, in Ciuitate Metis, in Palatio Regio.* I'ay apprins d'ailleurs, & où il est traicté des plus anciens Maires du Palais, qu'ils estoient nōmez Princes des Frāçois. Toutesfois aucuns sont d'aduis que ceste principauté de Pepin prouenoit d'autāt qu'il estoit Prince de Bourgōgne, lequel pais comprenoit les deux Bourgongnes. Soit au chois du lecteur de le prendre en l'vne, ou en l'autre sorte, comme mieux il luy plaira.

PAR semblable accident de feu que le prementionné (sinon que ce deuxiesme prouenoit de la faute du Marguillier) l'Eglise S. Pierre fut aussi bruslee durant le regne du Roy Robert. Auquel tēps Gauslenus Euesque, moyenna qu'elle fust reparee, & non seulement accreut en biens ce Monastere, ains aussi la Parochialle, qu'il vnit à iceluy. Mais le malheur fut tel, que à peine estoit acheué de reparer ledit Monastere S. Pierre, quād de rechef il souffrit nouueau embrasemēt, Ladric estāt adōc Euesque de Mascon. Ce bō pasteur plein d'vn zele vehemēt, & tressoigneux de ce que le deuoir luy cōmandoit, meit grādissime peine à la restaurer. C'est luy qui reünit le tiltre d'Abbé à la dignité Episcopale: & reduit le lieu regulier en Prioré, duquel Varulph fut faict premier Prieur, & non pas Gausmar, ou Iosmar de Sallornay, cōme Fustaillier l'a escrit, & dōné occasion à plusieurs de le croire. Car ce Gausmar fut le second, comme il se veoid au vieil Martyrologe de S. Vincent, où il est dit qu'il deceda le 10. des Kal. de Mars. Au mesme Martyrologe se lit, qu'Estienne qui trespassa le 21. de May, fut 4. Prieur de S. Pierre, & Hugues le troisiesme. Bien est-il vray que ce fut soubs Gausmar que tel Prioré deuint hospital de Noblesse,

L'Eglise S. Pierre bruslee deux fois.
Ladric Euesque.
S. Pierre reduit en prieuré.
Varulph premier Prieur.
Gausmar de Sallornay.
Fustaillier reprins.
Hugues Prieur.

de Mascon. 243

Noblesse, & retraicte d'enfans de Gētils-hommes, pour la descharge des familles Nobles, où il en y auoit plus que le reuenu paternel, & maternel n'en pouuoient bonnement nourrir. Lors commença la coustume depuis y obseruee soingneusement que nul n'y seroit receu Chanoine, s'il n'estoit extraict de parens nobles, viuant noblement. *Estienne prieur.*

ESTANS doncques les Chanoines reguliers de S. Pierre, hommes de maisons, appuyez de gros parentage, & le lieu deuenu riche: la souuenance des miseres iadis souffertes, leur feit prendre aduis de se mieux asseurer. Pour ce feirent ils ceindre leur Monastere de forts murs, quatre grosses tours és quatre coings, & quatre autres sur les flancs: lesquelles auec les tours de deux superbes portaux à ponts leuiz, faisoient vne forteresse de furieux aspect. Mais (comme rien n'est si prouidemment disposé par les hommes en ce monde, qu'il ne se trouue quoy qu'il tarde, subiect aux euents, & incommoditez communes) ainsi en aduint-il à ce lieu cy. *Les Chanoines S. Pierre sōt gentilshōmes. Monastere S. Pierre fortifié. Rien permanent.*

POVR en auoir meilleure intelligēce, est à sçauoir, que le Roy Loys XI. ne pouuant esperer son estat bien asseurement paisible, s'il ne trouuoit moyen d'abbaisser, ou plustost exterminer ceux qui soubz couleur du biē publicq', auoient voulu non seulement moindrir ses auctoritez, mais aussi partaiger son Royaume: n'eut riē tant en recōmendation, que de matter les rebelles fureurs du Duc Charles de Bourgongne: sçachāt que luy ramené au deuoir, il cheuiroit aysemēt des autres ses moindres ennemis. A ces fins (ayant renuoyé Edoüart Roy d'Angleterre de la mer, & voyant le Duc Charles opiniastremēt affairé) il meit sus les plus grosses leuees de gēs de guerre qu'il luy fut possible: pour de tous costez assaillir, & nuyre à celuy qu'il tenoit pour son plus exprés ennemy. Du costé de Picardie il remit en son obeïssance S. Quentin, Amiés, Royé, & Mōtdidier. D'auātage le Duc venu pour les pēser recouurer, & s'estāt à cest effect cāpé entre Amiés, & Bapaulmes, fut inuesty de toutes parts, dedās son parc, & tenu si à l'estroit, que (viures luy defaillans) force luy eust esté se rēdre, si quelques grāds personnages du cōseil priué du Roy, de l'humeur de ceux qui ne veulēt point q̄ les guerres & differens meuz entre les Princes cessent: ou biē du naturel de ceux qui (à la Corinthienne) peschent en deux eaux: desquels les premiers entretiennent les troubles, pour (durās iceux) profiter, sans estre recherchez: & il sēble aux autres qu'vn seul Prince n'a pas assez, pour les enrichir si tost qu'ils desirēt. Du costé du Duché de Bourgōgne, les bōs seruiteurs du Roy ne demouroiēt pas aussi oisifz. Tellemēt que s'il y eust de grādes, & merueilleuses descōfitures faites sur les Flamās, & Picards, tāt pour empescher l'auitaillemēt du parc du Duc, que pour rēbarrer ses saillies, aussi plusieurs belles destrousses se faisoiēt d'autre part audit Duché de Bourgongne, & Cōtez de Masconnois, & Charrolois. Où les gēs du Roy gaignerēt force riches, & beaux butins: prindrent plusieurs bons prisonniers: & feirent *Loys xi. Roy. Edouart Roy d'Angleterre. Charles Duc de Bourgongne. Guerre au Masconnois.*

X ij

grand carnaige de Bourgongnons. La ville de Cluny prinse, non sans forte meslee, le cáp du Roy s'alla refreschir à Belle-ville en Beaujolois. Au partir de là, le Conte Dauphin d'Auuergne, fils du Conte de Montpensier, les Sires de Comminges, & de Combronde, & autres Capitaines, feirent contenance d'aller assaillir la ville de Mascon: en laquelle cōmādoit Messire Claude de Mont-martin Cheualier, sieur de Belle-fon, Capitaine de valeur inestimable, & tant affectionné au parti de Bourgongne, que depuis il mourut en combattant pour son Duc: & combiē qu'il fust nauré de dixneuf playes, ne se voulut iamais rendre. Ceux qui ont imprimé de nouueau les Annales de Frāce, ont en la vie du Roy Loys xj. depraué quasi tous les noms des Capitaines, & gētils-hommes Bourgongnons, c'est à dire (à proprement parler) du Duché, & Côté de Bourgongne. Au fueillet 115. pag 2. des miennes, est parlé du sieur de Couches tué à Grey: l'impression porte de Conches: trois lignes après tout y est corrompu: il y faut lire le seigneur de Longvi, le Bailly d'Auxois, le fils du seigneur de Mont-martin du Côté. &c. Ce que ie pēse estre plustost aduenu par la faute des Imprimeurs, que par erreur de maistre Nicole Gilles. Combien que (à vray dire) & luy, & tous noz Chroniqueurs, & escriuans les histoires Françoises, semblent auoir eu bien petite congnoissance de la Noblesse des deux Bourgōgnes: lesquelles neantmoins ont esté, & sont encores, autant honorees de personnes illustres, qu'autres prouinces de ce grand tout, qui a esté comprins soubz le nom des Gaules. Mais remettant ce propos à meilleure commodité, ie reuien à celuy, duquel ceste petite digression m'auoit mis hors.

Les gens du Roy assemblez en camp à Belle-ville, auoient grand enuie de tourner visaige contre Mascon: & de faict leurs coureurs en approchoient souuent fort prés. Estans doncques les Masconnois en attente du siege, aduint qu'vn Chanoine regulier de S. Pierre, de la maison de Chintrey, qui auoit la cōduicte de l'horologe, monta de nuict au clochier, pour y rabiller quelque chose. Mais d'autāt qu'il portoit vne lanterne, les Masconnois allerent interpreter, qu'il auoit intelligence auec les ennemis logez à Vinzelles, & és enuirons: & qu'il leur estoit allé donner signal auec son feu. Ce bruict de ville eschauffa si fort les esprits des soldats, & de la populace, que d'vne fureur (à laquelle l'auctorité du Gouuerneur ne peut resister) ils enuahirēt ce monastere, & y exercerēt leur raige de si grandes animositez, que (tous les meubles prins, & enleuez) tous les bastimens furent ruinez, & abbatuz en trois iours. Tellement que ce beau, & sumptueux Monastere fut reduit en mazures, & amas de ruines l'an 1470. enuirō Caresme-prenant. Et le mesme iour que S. Pierre fut ainsi en proye, les chasteaux, & maisons fortes de Vinzelles & d'Estoldz (qu'on dit vulgairement des-Tours) furent arses, & bruslees.

Ceste desolation estonna grandement les Chanoines, qui se voyantz
priuez

de Mascon.

privez de manfion, furent contrains fe retirer feparement chez leurs parens. A l'ayde defquels & par l'interceſſion du ſeigneur de Saillant, & d'Eſpoiſſe Chancellier de Bourgongne, ils feirēt entendre au Duc Charles leur innocēce, & la violēce qui leur auoit eſté faicte. Ne pouuāt toutesfois la chofe eſtre nō aduenue: ce qu'iceluy Duc peut faire pour les pauures Chanoines defpourueuz de certaine demourāce, fut de (à leur requeſte) fupplier le Sainct pere, de les vouloir trāsferer en l'Egliſe parochialle de S. Pierre dedans la ville, laquelle eſtoit defia de leur patronnage. D'auantage pour commencer de les accommoder dedans la ville, le meſme Duc leur donna fa maiſon, enſemble certaine comme halle, appellee la monnoye. Pape Sixte, inclinant à la ſupplication à luy faite par le Duc, conceda fes bulles en tel cas requiſes, l'an 1471. an premier de fon Pontificat. A la fulmination, & execution de telles bulles, y eut de grandes contentions, & difputes: procedantes principalement (combiē qu'autres pretextes fuſſent employez) de ce que les materiaux du n'agueres monaſtere, auoient eſté prins par les Citadins, & employez à leurs profits particuliers: & ils en craingnoient la repetition. Mais toutes chofes pacifiees par la prudence, & difcretion de Meſſire Iean de Damas, Cheualier, ſeigneur de Cleſſey, & de S. Amour Conſeiller & Chamberlan dudit Duc, Bailly, Iuge, & Gouuerneur de Maſcon (auquel ledit Duc en auoit & fort effectionnement eſcrit, de Coucy le xx. iour de Iuillet 1472.) la ſufdite reductiō, & tranſlation eut lieu: & les Chanoines commencerent à fe loger dedans la ville: où ils ont continué leur regularité, en tres-bōne reputatiō, bien veuz, & bien aymez de toutes gens de bien.

Bienſfaits du Duc enuers les Chanoines S. Pierre. Tranſlatiō des Chanoines en l'Egliſe S. Pierre dedans la ville. Pape Sixte.

Iean de Damas Bailly de Maſcon.

ADVINT neantmoins ſur la fin du regne du Roy François premier, que (comme les elections euſſent au parauant eſté par luy oſtees, & les Commēdes miſes en cours) vne nouuelle, & au parauāt nō ouye, ſorte de reformation, auoit eſté expoſee en pratique: par laquelle celuy qui ſe diſoit chef (auquel de droict elle deuoit commencer) non comprins, & (comme tranſcendant) laiſſé au bandon de ſes volontez, pour ne feruir que de prendre au benefice, qu'auſſi il n'auoit qu'en commende, & n'en pouuoit auoir le tiltre (d'autant qu'il eſtoit incapable de choſes regulieres, & bien ſouuent inutile à toutes autres bonnes) ſe faiſoit adiuger indifferemment & le bien de l'Abbé, & celuy du Conuent, & des officiers ayans canoniques prouiſions, & tiltres plus vaillables par droict, que la Commende du pretendu monſieur. Vraye ſappe de l'eſtat monaſticq', & ruine des bons monaſteres. Car (outre ce que naturellement chacun eſt ſoingneux de ſoy) peu de gents ayans quelque moyen, & encores moins les hommes de ſçauoir & d'eſprit, ſont depuis voulu entrer en ces congregations acephales, & lieux defquels la miſere eſt redoublee, par la ſouuenance des bons Abbez du temps paſſé. Qui pis eſt, les hommes laiz (voire les femmes) apres auoir eu congnoiſſance, combien il eſtoit aiſé en mettant vn grand Prieur, & donnant que bien

François I. Roy.

Cōmedes. Nouuelle ſorte de reformatiō.

Ruine de Monaſteres.

Pernicieuſe introduction.

X iij

que mal, la vie, à quelque petit nombre de trupeluz moynes, prendre tout le reuenu d'vne bien riche Abbaye, l'ont si bien pratiqué, qu'il passa auiourd'huy en ordinaire. Les Prelats mesmes ont ouuert ceste porte, & facilité ceste entree. Eux sans autres, ont satisfaict au desir de noz ennemis: qui disoient, qu'on ne pourroit mieux chasser les pigeons, qu'en ruinant les colombiers. Les premiers introducteurs de telles (ie ne diray reformations, mais difformations) sçauent ores si ça esté chose à Dieu aggreable, les autres le sçauront tout à temps.

OR pource que (comme disoit quelque fois Pasquin) chacun faict ce que faict chacun: le dernier mort Prieur Commendataire de S. Pierre, homme d'Eglise courtisan, se voulut preualoir de ceste inuentee reformation: que i'ay ouy attribuer à vn Turc, nommé Gosco: & de faict feit (pour y paruenir) tout ce qu'vn Courtisan, fauorisé d'vn Châcelier, sçauroit faire: & n'oublia rien de ce que pouuoit seruir à ses intentiõs, en esperance de trouuer le chemin frayé, par beaucoup de preiugez. Mais ce pendant il mourut: & laissa occasion aux Chanoines reguliers de S. Pierre (qui d'vne vertueuse resistance s'estoient maintenuz en leur entier) de penser se faire seculiers.

L'AFFAIRE mis en termes, sortit son effect, par l'aide, & moyés de Messire Gabriel de la Guiche, Cheualier de l'ordre du Roy, Capitaine de cinquante hommes d'armes, Gouuerneur des pais de Bresse, Beugey, & Veromey pour S.M. Ce fut en l'an 1557. estans Pape Paul 4. Roy Henry 2. Euesque de Mascon M. Baptiste Alamani, Prieur de S. Pierre M. Oddet Cardinal de Chastillon: qui (car les defenses Romaines n'ont lieu en France) le gardoit adoncq pour M. Frãçois de la Guiche, fils dudit Seigneur de la Guiche, & à present Preuost, & premiere dignité en ladicte Eglise Collegiate.

OR le mauuais traictememẽt que les Chanoines de S. Pierre auoiẽt receu de leur prementionné premier Commendataire, auoit decouragé les Gentils-hommes du circonuoisinage d'y loger leurs enfans durans lesdits differens d'entre le Commendataire, & les Chanoines. Tellement que luy mort, & la secularisation mise en auant, ils n'estoient plus que dix Chanoines. Et pource qu'ils desiroient de faire eriger vn Chapitre, constant d'vn Preuost, & douze Chanoines, nous fusmes deux adioints à leur nombre: & ie fus creé le premier Chanoine seculier, qui ait esté en ladite Eglise S. Pierre. Le Preuost est à la nomination du Roy: & les prebendes se conferent par le Preuost en Ianuier, par Chapitre en Feurier, & ainsi alternatiuement de mois en mois. Mais (comme que ce soit) elles ne se peuuent conferer, qu'à personnes biẽ qualifiees de Noblesse, par quatre lignes paternelles, & quatre maternelles, à peine d'incapacité. De ce faut faire preuues en plein Chapitre, auant que pouuoir perceuoir aucũs fruits. Car ainsi est accordé entre le Pape & le Roy, ayãt tel accord force de contract entre le S. siege Apostolique, & sa Maiesté.

Si

de Mascon.   247

SI les Eglises de S. Pierre, tant couentuelle, que parochialle, ont souffert griefues persecutions, & frequentes ruines en diuers temps; l'ancienne Eglise S. Estienne n'en a pas esté exempté. En ce lieu estoient au commencemēt Chanoines reguliers, comme à S. Pierre, qui est la plus ancienne forme de vie conuentuelle que nous trouuions. Qu'ainsi soit Raph. Volaterranus, allegant S. Thomas, soustiēt que les Apostres fonderent vn Conuent de Chanoines, au mōt de Syon, desquels l'habit estoit vne robbe de lin (nous l'appellons surpelis) sur le reste de leur vestement. De telle robbe (dit-il) S. Iaques Apostre, Euesque de Hierusalē, vsa le premier, iouxte l'ancienne vsance des Leuites, & prestres du vieil testament : & apres luy S. Marc Euesque d'Alexandrie. Si est-ce que ny la saincteté du lieu, ny la pieté des personnes, ne les rendit exempts de la cōmune misere, lors que Mascō fut mis à sac, par Lothaire, selō que dessus dit est, & q̄ Fustaillier afferme luy auoir apparu par lettres patentes du Roy Charles le Chauue : ains fut tout ce qui estoit de S. Estiēne hors la ville, reduit à si piteux estat, qu'on fut cōtraint le laisser long-tēps depuis en herbes.

L'Eglise S. Estienne. Des Chanoines reguliers. Raph. Volaterran. S. Thomas. Antiquité des Chanoines Reguliers. S. Iaques Apostre. S. Marc. Ruine de S. Estiēne. Lothaire Roy d'Italie. Fustaillier. Charles le Chauue.

QVELQVES annees apres, aduenant que les Iuifs admis en France fussent receuz à Mascon, la place où, au parauant, estoit le monastere S. Estienne leur fut donnee auec le circonuoisinage : qui s'estendoit depuis l'endroit où encores de present sont les vignes, qui retiennent le nom de Sabath, iusques au pont des Iuifs. Que i'estime estre ce petit pont que nous voyons au pied de la colline S. Estienne tirant à ces masures, & restes de la Commenderie S. Antoine. Non que i'ignore celle grand'place, en laquelle estoit bastie l'escolle auant les troubles, & qui comprenoit depuis les iardins de quelques maisons Canonicales, iusques aux Iacobins, & iusques au Chasteau (tout lequel espace est quasi enclos en la nouuelle Citadelle) auoir le nom de Pont-jeu, qu'aucuns escriuent Pont-jud, & estiment deuoir estre dit en Latin *Pons-Iudæorum*. Mais, & ce qu'il ne se trouue par anciens, & authentiques enseignemens, que les Iuifs ayent rien eu sur ce plus haut sommet, & relief de la ville, & quasi en la basse-court du Palais des Côtes : & qu'il n'est croyable, & moins apparent, que là iamais y ait eu Pont : laisse occasion de cōiecturer, que celle grand'place, iadis laissee pour jeux, ait (par corruption de lāgage, selō qu'il est assez frequēt, pour le regard des propres noms) au lieu de pour jeu, esté nommeé Pont-jeu.

Iuifs à Mascon. Sabath vignoble. Pont des Iuifs. Pont jeu. Pour jeu.

QVOY qu'en soit, i'ay trouué vne histoire en vn vieil Chartulaire de S. Pierre, qui m'a semblé deuoir estre rapportee en cest endroit. Là est dit, qu'estant la coustume obseruee en l'Eglise de Mascon, de baptiser vn enfant apres la benedictiō de l'eau des fons, Dieu voulut, qu'vn Samedy veille de Pasques, aucun enfant ne fut presenté : Dont toute la compagnie se trouüa fort surprinse, & estonnee. Gauffredus doncques Conte de Mascon, accompagné de bonne trouppe d'hommes, qui auoient assisté au seruice, courut au pont des Hebreux, où trouuāt vn petit enfant

Histoire notable. Geoffroy Conte.

X iiij

Des antiquitez

desia toutesfois circoncis, & nommé Iacob, le porterent à l'Eglise, & le feirent baptiser. La Contesse nommee Beatrix le tint sur les fons, luy dōna le nom du Côte son mary, le nourrist, & feit instruire aux lettres. Puis deuenu grand, il donna soy, & ses biens, au monastere de S. Pierre, & S. Paul, de la gent desquels il se disoit estre issu.

Iacob.
Beatrix Contesse.

AVANT les troubles suscitez 1562. soubs pretexte de Religiō, estoiēt (autour du lieu, où auoit esté rebastie vne Eglise parochialle de S. Estiēnne hors la ville) maintes tombes, inscriptes de characteres Hebraïques, que (moy present) M. François Tartaret Chanoine de Mascon, & Curé dudit S. Estienne, homme bien instruict és bonnes lettres, montra à ce grand personnage Guil. Postel, & autres practiqs en ladite langue. Qui les recognoissoiēt Epitaphes à la Iudaique: & qu'au lieu de ce que les Chrestiens (par vne pie obseruāce) font mettre sur leurs tombeaux *requiescat,* ou *requiescant in pace:* lesdites tombes quasi toutes portoiēt en Hebreu, la substāce de ces mots Latins: *fasciculus eius myrrhæ bene habeat.* Telle Eglise S. Estienne a vn secours dedans la ville: lequel (comme les autres Eglises de Mascon) a eu sa part des fruits du nouueau Euangile, planté à feu, & sang, l'an susdit 1562.

Tombes de Iuifs.
François Tartaret.
Guil. Postel.

Chose remarquable.

Fruits du nouueau Euangile.

CE dict des Eglises Cathedrales, Collegiates, & parochialles, & leurs secours, & remettant à parler des deux Conuents de S. Dominique, & S. François à vne autre commodité: ie ne puis passer soubs silence, la troisiesme desolation de Mascon apres celles qui estoient desia aduenuës par la rage des Huns soubs Attila, & depuis, par la fureur des Sarrazins, lors que Theodoric de Cheles estāt Roy, Charles Martel auoit la pleine & libre disposition des affaires de la couronne de France. Mais trouuant que ceste troisiesme ruine est contentieuse: & que sur chose de si haute memoire, & d'auantage qui gist en fait, il est non seulemēt malaysé, mais impossible asseoir iugement, ains en faut venir aux preuues: ie n'entreprendray vuider ce different, ains allegueray briefuemēt, & simplement, ce que deux tesmoings, chacun singulier en sa deposition, en ont dit.

AYMOINVS Monachus au 5. liure de sō histoire des gestes des Frāçois chap. 15. semble fauoriser grandement Lothaire, fils de l'Empereur Loys premier, & frere de Charles le Chauue: Et cōbien que du cōmecement il ait dit, que son camp estant deuant Chalō, tout le plat païs d'alentour eust esté consommé par feu, & que luy-mesme vint au siege, & apres que les assiegez se furent vaillamment defenduz, combatans cinq iours durant, ils furēt cōtraints se rendre par composition: puis, que l'insolence du soldat victorieux fut si grande, que toutes choses tāt sacrees que prophanes, tomberent à sa discretiō, mercy & volonté: il dit que ce n'estoit l'intention de Lothaire, que la ville de Chalon fust bruslee. Dit d'auātage, que Lothaire (apres auoir ainsi saccagé, & bruslé Chalō) print son chemin contre Autun, & de là à Orleans. Tellemēt qu'à son cōpte

Aymoinus Monachus.
Lothaire Roy d'Italie.

Chalon Bruslé.

Lothaire

de Mascon.

Lothaire n'auroit pas passé par le Masconois. Mais tous ceux qui ont vn peu d'experiéce en la Cosmographie, trouuerōt d'autre-part biē estrāge, que Lothaire, pour s'en retourner en Italie, soit allé chercher sō chemin à Orleans, & au Mans, au partir de Chalon. Voylà neantmoins ce qu'en dit & depose *Aymoinus Monachus*.

Cecy est mieux declaré au discours de Chalō.

Av contraire M. Fustaillier (hōme à la verité moderne, mais se fondant en tiltre) dit auoir leu és lettres patentes de Charles le Chauue, fils de Loys de bonnaire, & frere de Lothaire, que l'armee d'iceluy Lothaire pilla, ruina, & brusla Mascon.

Fustaillier: Mascon bruslé.

Or voulsist Dieu, que noz ancestres eussent esté aussi diligens à biē escrire, qu'à bien faire: à fin que par leur soing, & labeur, nous fussions non seulement hors de ces doubtes, mais dauātage, resoluz de plusieurs autres difficultez, de trop plus-grande importance.

Vne autre ruine, & desolation de Mascon, apparoist auoir esté soufferte en temps non assez certain: Et neantmoins testifié par lettres patētes, en forme de Chartre, du Roy Loys le ieune, desquelles les mots sont tels: *Persidorum hominum malignitate, vastata, & solo fuit æquata vrbs Matisconensis*. C'est à dire, que par la malice de certains traistres, & desloyaux, la ville de Mascon fut destruicte, & razee. Mais comme il ne faict mention qui ils estoient, aussi ne dit-il soubs quelle querelle, ou couleur celà aduint. Ce pourroient estre ces Barbançōs, qui conduits par Guillaume Conte de Chalon, pillerent Cluny, selon le recit *d'Aymoinus Monachus*, au 56. chap. de son 5. liure: car ces choses sōt quasi de mesme tēps. Il est certain neantmoins, qu'en contēplation de ceste ruine, & en pitié du miserable estat, auquel l'Euesque, & son Chapitre estoient reduits, ledit Roy Loys le ieune feit de grāds biens à l'eglise Cathedrale, le 13. an de son regne, qui estoit l'an de grace 1150. Au vieil Martyrologe est faicte mentiō de plusieurs Chanoines, tuez *per Barbantiones*.

Loys le Ieune. Roy. Destrucction de Mascon. Barbāçōs. Guillaume Conte de Chalō. Cluny pillé. Le Roy. Loys le ieune. Barbāçōs.

Telle miserable ruine de Mascō extenua tous les habitās, & les rēdit fort longuemēt si pauures, qu'ils furēt plusieurs ans, auāt que se pouuoir resoudre. Toutesfois prenans courage, sur la fin du regne de Philippe Dieu donné (auquel fut adiousté le surnom d'Auguste) à sçauoir l'an 1222. la ville de Mascon fut cluse de nouueau. Adoncq' y furent faictes six portes. Desquelles la premiere (qui est celle du Pont) fut à l'Euesque: qui y deputoit portiers, & cōmettoit gardes. Les portes de Bourg-neuf, & de la Barre, estoient en la garde des hommes de l'Euesque. La porte pour sortir du costé de la fontaine de Leyritā, (qui est à present la fausse porte de la Citadelle) & la porte Guichard Vigier (depuis cluse, & muree) furent en la garde du Conte. Et la vj. (dicte du Bourg d'enhaut, & depuis de S. Antoine) estoit commise à quelque preud'homme, aggreée de la part du Chapitre, & du Conte.

Ph. Auguste Roy. Mascon cluse de nouueau. Portes de Mascon.

Cest ordre a esté prins du liure enchainé: duquel est à noter, que quelque auctorité, & grādeur, que les Cōtes de Mascō eussent attainct,

L'Euesque estoit plus que le Conte.

si est-ce que l'Euesque, & son Chapitre, auoiët tousiours le premier rang d'honneur, & de iurisdiction. Est d'auantage à recongnoistre, que comme l'insolence des mauuais Princes, a apporté desordre, & donné beaucoup de vexations aux Euesques, & Clergé du Masconois, ainsi les bons retenuz és termes de leur deuoir, ont grandement prosperé les affaires d'iceux Ecclesiastiques. Quant aux mauuais si iamais en quelque part le Prouerbe ancien s'est trouué vray,

Contre les vsurpateurs du bié de l'Eglise.

Iamais chien le verroul d'Eglise n'a rongé,
Qu'il n'ait sentu le fouet, ou ne soit enragé:

ç'a esté par exprés au Masconnois. Car d'vne grande tourbe de Princes, Contes, & Seigneurs, qui ont iadis enuahy le bien de l'Eglise, nul n'en est en fin demouré impuny. Tous (quoy qu'il ait tardé) ont esté prins, & (comme bestes eschappees) ramenez à leur attache, & contraints ceder à l'equité. Que si la force des hommes, ou leur bonne volonté, ont manqué à faire droicture, Dieu (par les moyens qu'il est coustumier tenir) enuoyant afflictions, pour donner souuenance de soy, y a operé, inspirant ceux desquels la malice n'estoit deploree, de reuenir à bon party. Mais si l'obstination s'est voulu exempter de toute crainte, & trop grand pouuoir a produit trop vicieux bandon, & excessiue licence: le diable est interuenu executeur de iustice diuine. Les histoires de ce temps-là, sont pleines d'exemples seruás à ce propos: desquels si les lecteurs ont perdu la memoire, ils pourront recouurer portion de ce que touche le Masconois, par le brief discours des choses cy apres touchees. *Theotelmus*, ou *Theotelinus*, Euesque de Mascó du temps du Roy Lothaire (comme nous dirons cy apres parlans de luy en son rang) auoit mis en oubly ce qui est de l'Euangile, Nul mettant la main à la charruë, & regardát derriere soy, est apte au Royaume des cieux. Ne se souuenant aussi de l'exemple que IESVS CHRIT, nostre vraye reigle, donna aux gens d'Eglise principalement, quand on luy vint dire, que ses pere, & mere le cherchoient: voulut fauoriser vn sien parent, nommé Hugues, d'vn bien duquel il n'auoit que l'administratió. Il luy infeoda la Seigneurie de Baulgey, que depuis on a nommé Côté. Et dit sur cecy Fustaillier, que Lothaire adonq' Roy de France, confirma telle infeodation, par ses lettres patentes de l'an 13. de son regne, & de nostre salut 967. Mais d'autant que les vassaux, & beneficiez de l'Eglise, ne sont obligez à suyure leur Seigneur feodal en ses guerres: car comme Dieu n'est pas Dieu de dissention (dit S. Paul) ains de paix: aussi nous commande-il en S. Marc, & quasi par tout) auoir la paix entre nous. Il côuint dôner quelque charge gracieuse, pour colorer telle alienation. Ce fut doncques d'vn quintal de cire, soubs le nom de *Clypeus ceræ*. Tel poids de cire conuenu, fut payé par Hugues, & ses successeurs: mesmemët par Vlrich, qui (pour pëser coupper la voye à tous differés, que ses hoirs pourroient sur ce mouuoir) renouuella le tiltre de l'hommage, fidelité, & redeuáce, qu'il deuoit à l'Eglise de Mascó, y obligea ses successeurs,

Punition des ennemis de l'Eglise.

Theotelin Euesque.

Hugues.

Infeodatió de Baugy.

Il y a trois sortes de fiedz, de danger, de profit, & de deuotion.

Redeuáce annuelle du fied de Baugy.

Cire qu'on offre tous les ans pour Baugy.

Vlrich de Baugy.

Vlrich heimite.

de Mascon.   251

successeurs, & ayas cause. Et quelques ans apres se retira en l'hermitage, où il mourut. Son fils Reynald, ou (comme on dit en vulgaire) Regnaud, ieune homme, plein de volontez, folles cuidances, estima que flechir le genoil deuant vn Prestre, fust chose mal-seante à vn Conte, & Prince de son rang. Pource refusa-il tout à plat l'hommage, & la redeuance qu'il deuoit à l'Euesque de Mascon. Mais d'autant qu'il est predit de l'Eglise, que les Rois seront ses nourriciers, & que le visage baissé contre terre, ils l'adoreront, & lecherōt la poussiere de ses pieds: & que ce que ne se peut exercer à l'endroit de l'Eglise inuisible, se doit practiquer à l'endroit des chefs de l'Eglise visible, appellez de Dieu comme Aaron: Dieu estāt ceste part plus mesprisé, que l'Euesque (qui n'estoit que ministre, pour receuoir ce qui estoit voüé à Dieu, à S. Vincent, & à leur Eglise) permit que ce Conte se trouua tant enueloppé d'afflictiōs en son corps, & persecutions en ses enfans, en son bien, & autres choses dependētes de luy: que la vehemence de l'apprehension de ses tourmens, luy donna aduis de se recognoistre, & de s'humilier enuers Dieu, & son Ministre l'Euesque de Mascon, iouxte la Prophetie du mesme Esaye, disant, Et les enfans de ceux qui t'ont abbaissé, viendront courbez à toy, adoreront la trace de tes pieds. Ce fut en confessant sa coulpe, recognoissant, & satisfaisant aux charges, sans lesquelles, il ne pouuoit iustement se dire seigneur de Baulgey. Le tiltre de sa recognoissance est en tels mots. *Sciant præsentes, & posteri, quòd discordia fuit orta inter Dominum Raynaldũ Balgiacensem, & Ecclesiam Matisconensem: quia ipse R. dicebat se habere gardam, & tailliam in villa de Montibus, & alia quædam calumniabatur in terra S. Vincentij. Negabat quoque hominium Episcopi, & casamenta pro quibus debebat hominium Episcopo: & plenum scutum de cera singulis annis, in festo sancti Vincentij. Propter hoc igitur conuenit pars vtraque Matiscone in Curia D. Pontij tunc Matisconensis Episcopi. Ibi prædictus R. recognouit, & proprio ore testatus est quòd ipse habebat casamenta, pro quibus debebat hominium Episcopo Matisconensi, & ceram in festo S. Vincentij. Et laudauit, & concessit se in hominium Episcopi, quod ipse, & antecessores, & debuerant, & fecerant. Concessit quoque, & voluit, vt hæredes sui, & hominium in perpetuum facerēt, & ceram persoluerent. Præterea finiuit, & verpiuit calumniam quam faciebat in villa de Mōtibus, & in alijs terris S. Vincentij, à ripa Sagone, per terram suam, excepta gardia de Agrois, & de manso de Curtj. Et exceptis quatuor metearijs auenæ ad veterem mensuram in manso de Bo. & si quid iuris in supradictis terris S. Vincentij habebat, donauit, & concessit liberè, & absolutè Ecclesiæ Beati Vincētij, in perpetuũ, præter supradictam exceptionem. Hoc autem totum laudauerunt, & concesserunt vxor Domini Raynaldi, & filij eius Vlricus, & Raynaldus. Igitur pro verpicione, & cæteris quæ in hoc scripto continentur, donauit Ecclesia S. Vincentij præfato Raynaldo mille solidos Matisconensis monetæ, & vxori eius marcham argētī, & supradictis filijs eius alteram marcham. Hanc etiam chartam ad confirmādam, & testificandam huius cōuenientiæ veritatem, voluit, & mandauit Domi-*

Reynald de Baugy.

Punition diuine.

Tiltre de la redeuāce de la cite de Baugy.

Recōgnoissance de l'hōmage, & de la cire.

Hōmage deu à l'Euesque de Mascon. Aliàs agris.

Vxor laudat. Filij laudant.

Achapt.

nus Raynaldus imprimi sigillo suo, & sigillo Domini Humberti fratris sui tunc Lugdunensis Archiepiscopi, & sigillo Pontij tunc Matisconensis Episcopi. Acta sunt hæc anno ab incarnatione Domini millesimo centesimo quadragesimo nono Epacta ix. Concurrente v. Indictione xij. Regnante Lodouico filio Lodouici Regis Francorum. In præsentia Domini Pontij tunc Matisconensis Epicopi, D. Hugonis Cantoris, D. Stephani tunc Dapiferi, D. Gauffridi Gastinelli, D. Guichardi de Leuiniaco, D. Garini de Vgiaco, D. Vilelmi de Castellione, D. Hugonis Ruis, D. Humberti de Brancione, D. Bernardini de Chastenay, D. Bernardi de Mongirbert, D. Vidonis Syluestris, Vlrici de Felins, Mayolj Rebutini, Vgonis de Veila, Bernardi Pagani, Gauffridi de Maisiaco, Vichardi Vigerij, Stephani de Baisencrys, Guidonis Barmundi, Bernardi Bermundi, Vgonis de Ponte, Guidonis Dapiferi, & aliorum plurium qui ibidem interfuerunt. Sigillatum tribus sigillis super cordis ex filo lineo tannato. Depuis pour ceste redeuance, a esté veu ordinairement, qu'à l'offerande de la grād' messe, le iour feste S. Vincent ont esté offerts vne maille d'or, & vn pain de cire muny des armes du Duc de Sauoye. Et pource que ledit pain de cire n'estoit d'vn quintal (qui sōt cent liures) comme il affiert, les officiers dudit Duc donnent caution bourgeoise, pour seurté de l'outreplus. N'est à oublier que depuis les troubles suscitez soubs couleur de religion, aucuns des prementionnez officiers dudit Duc, ausquels il ne plaisoit assister à la messe, ont mieux aymé differer leur offrande iusques apres le seruice diuin, que de se trouuer au tēps deu, pour la presenter à l'offertoire. Ceste querelle appoinctee, s'en redressa vne autre: mais les promoteurs d'icelle, n'y profiterent pas. En l'an de salut 1181. que fut le premier an du regne de Philippe Auguste, dit Dieu donné, Ymbert de Beau-jeu, & le Conte de Mascon, & Chalon, persecutoient les Eglises de leurs païs, côtre les immunitez que les Rois leur auoient donné. Mais quand le Roy le sçeut, il alla contre eux en personne, & (comme on disoit pour lors) à grand Cour: print, & abbatit leurs places, ne cessant les trauailler, iusques à ce, qu'ils vindrent à satisfactiō, & qu'ils eussent restitué par effect, ce qu'ils leur auoiēt rauy. Autant en auoit faict Loys le ieune, pere dudit Auguste, côtre Gerard Conte de Mascon. Et quant au sieur de Berzey, le cierge de cinquante liures de cire, anniuersairemēt mis le iour feste S. Vincēt, & les vers y attachez (encores qu'ils soient fort grossieremēt faits) seruēt de cōme annuelle amēde honnorable, de l'outrage, & excés faict volontairement, & licentieusement en la personne de M. Pierre de Mōt-verdun, Archidiacre de Mascon, battu au chasteau dē Virizet.

S E dit aussi, que Raculphe Conte de Mascon, ayant prins occasion d'enuahir le biē de l'Eglise, sur le peu de compte qu'il faisoit de Guntard Euesque dudit lieu, homme du tout dedié au seruice de Dieu, & à la vie cōtēplatiue, fut cité au Cōcile Prouincial, qu'Austerius Archeuesque de Lyon, tint au Prioré S. Marcel lez Chalon, accompagné tant des Prelats ses suffragants, qu'autres cōuoquez, & priez d'assister audit Concile:

de Mascon.

& que les raisons de l'vn, & de l'autre ouyes bien à plein, le Cōte fut cōdamné de rēdre à peine d'estre excōmunié, tout ce que fut verifié estre des Eglises. Or pensoit ce Conte se preualoir de l'auctorité & faueur du Roy Carlomā: mais voyāt qu'il ne vouloit pas espouser ceste cause, ains qu'il l'auoit rénuoyée par deuāt les definiteurs dudit Cōcile de S. Marcel, Raculphe acquiesça, & souffrit que la definition, & sentence contre luy rendue, fust à plein executee.

Carloman Roy. Condamnation de Raculphe Conte.

CES rabais d'outrecuidance sont certes fort remarquables, à gens qui ont la crainte de Dieu deuant les yeux. Mais aux autres endurcis en malice, abandonnez à toutes licēces, & qui pensent tout ce qu'ils presument estre permis à leurs grandeurs: l'histoire de Guillaume l'Allemāt Conte de Mascon, Chalō, Auxerre, Ioingny, Tōnerre, & (selon d'aucuns) de Viēne, deuroit faire herisser les cheueux en teste, quand ils rememoreront que (à la terreur des mauuais Princes, cōme dit Pierre Venerable Abbé de Cluny) Dieu permit que visiblemēt il fust saisi du diable, & emporté en lieu, d'où iamais depuis il ne reuit, ny ne fut veu entre les hōmes.

Guil. l'Allemana Conte.

Petrus Venerabilis. Le Conte emporté par le diable.

LES Ministres de tels Princes, qui bien souuēt mettent de l'huile au feu, & enflamment la cupidité de leurs maistres, ont aussi, bel exemple, en vn Preuost de Mascon, nommé Ogier, principal Conseiller du Cōte. Lequel Ogier abandonné de Dieu, duquel il desdaignoit la iustice, tomba (par secret iugement de la maiesté diuine) en la mercy du diable.

Aux ministres des Princes. Ogier Preuost de Mascō rauy par le diable.

MAIS laissant ce propos, qui, pour la diuersité des croyances, sera prins & interpreté diuersement, chacun differāt de croire, ce que sa foy ne peut atteindre: il me semble expedient reprēdre le fil de nostre principal institut, qui est de la ville de Mascon.

MASCON estoit anciennement l'vn des premiers sieges de iustice, & l'vn des quatre Bailliages generaux du Royaume de France. La Seneschaucée de Lyon estoit iadis membre & appendance du Bailliage de Mascon. Et quoy que les Ducs de Bourgōgne (paruenus au sommet de leur grandeur) ayent par traictez, arraché de la main des Roys, la Conté du Masconnois: si n'a ce iamais esté auec si absoluë plenitude de iurisdictiō, que les Roys ne s'y soyēt reserué vn siege pour leur Bailly. C'estoit en la ville de S. Gengoulx, pour ceste cause nommee tousiours depuis S. Gengoulx le Royal. Non seulemēt les cas Royaux, & du dommainé des Roys, mais aussi les causes des Euesques, Chapitres, & Abbayes de fondatiō Royalle (voire de ceux du Chalonnois) y estoiēt (en vertu de leurs gardes gardiennes) traictees, & decidees.

Mascon l'vn des quatre Bailliages generaux de France.

S. Gengoulx le Royal, pourquoy ainsi nommé.

Chose notable.

LE Roy Loys 12. estoit coustumier dire, qu'il auoit quatre villes, sinon semblables, du moins fort pareilles en assiette, Bloys, Mascon, Chasteau Thierry, & Ioingny. Et de vray toutes quatre sont exposees à l'oriēt, se releuent petit à petit, dois l'eau, iusques au sommet du terrain: lequel par apres s'estend en plaine fertile, & de fort bon rapport. Chacune

Le Roy Loys 12. Villes de semblables assiettes

Y

flancquee de sa grosse riuiere, a son pont de pierres, vn gros faux-bourg au bout, & consecutiuement la belle, & grande prairie. Mais comme Mascon est entre toutes la moins esleuee, aussi est elle la moins penible. Que faict coniecturer, que si les Rois eussent prins coustume d'y frequenter, le seiour y eust esté aussi gracieux, qu'en aucune des autres. L'air y est fort bon, & la terre fertile en bleds, & en vins. La riuiere qui y passe, est la Saone, dicte par Cesar, & infiniz autres autheurs Latins, Arar: par Amm. Marcellin *Sauconna*, & en vulgaire Latin *Sagona*. Ce fleuue coulant à merueilles lentement, est accreu depuis Chalon d'vn costé, des riuieres Deroupt, Grosne, Nattouze, Bourbace, Mouge, & plusieurs ruisseaux de nom obscur, ou incertain. Et de l'autre costé, deuers les terres d'outre Saone, & de Bresse, des riuieres Tenarre, Seille, Roissouze, & maints torrens, ou (comme on les nomme sur le lieu) Biefs. Puis s'estend diffusement à l'vtilité publique.

<small>Mascon gracieux seiour.
Saone.
Arar.
Amm. Marcellin.
Sauconna, Sagona.
Petites riuieres qui entrent en Saone.</small>

D'AVTANT qu'il y a liures en Latin & François, par lesquels se peuuët colliger les sommaires de ce que regarde les Côtes de Mascon, ie me deporteray d'y faire long arrest. Bien diray-ie, auec tous hommes bien versez en l'histoire Françoise, qu'és terres, & dommaine du Roy, au commencement les noms des Contes estoient noms d'offices, & n'estoient que ce que de present nous appellons Baillifs: sinon qu'outre la charge de rendre droict aux parties en temps de paix, & de conduire les bans & arriere-bans en téps de guerre, la recepte des deniers du Prince estoit conioincte à leur estat. Et les Ducs François audit dommaine auoient telle auctorité, que de la part des Romains souloient auoir ceux qu'ils nõmoient *Præsides Prouinciarum*. Mais depuis cest office fut diuisé en trois: à sçauoir en President, Gouuerneur, & Tresorier general: comme nous reseruons à plus amplement expliquer quelque iour autre-part.

<small>Côte nom d'office.
Bailly.
Charges vnies à l'estat de Conte.
Ducz.
Præses Prouinciæ.
President, Gouuerneur, & tresorier.</small>

IE pourrois aussi (& auec raison) dire, qu'auant qu'Vvarin, ou Guerin, fust Conte de Mascon, Teütbert, duquel Pepin, fils de Loys debonnaire, espousa la fille, l'auoit desia esté. Qu'ainsi soit, *Aymoinus Monachus* liure 4. chap. 110. parlant dudit mariage, dit ainsi: *Pipinum autem in Aquitaniam ire præcepit: quem tamen prius filiam Teütberti, Comitis Matticensis, in coniugium fecit accipere, &c.*

<small>Teütbert.
Aym. Monachus.</small>

D'AVANTAGE, ny par le souuent nommé liure enchainé de S. Vincent, ny par le vieil Chartulaire de S. Pierre, Vvarin, ou Guerin, ny Bernard Plante peluë, ny Bernard de Clermont, ny Raculphe son fils, ne sont point nõmez entre les Côtes de Mascon, ainsi que les y mettët Fustaillier, & ses adherás. Le cõtenu au liure enchaine fueil. 4. & audit Chartulaire, en la marge du fueillet 3. pag. 1. est vniforme: & traduict de Latin en François de mot à mot, porte ainsi. *Ce sont les noms des Contes de Mascon, Premier, Alberic de Narbonne: qui prenant la fille de Raculphe Vicomte, apres le trespas de Don Berno Euesque de Mascon, se feit Conte. Apres cestuy Leotald*

<small>Des Côtes de Mascõ.
Côtre Fustaillier.
Catalogue des Contes.</small>

son

son fils, & apres cestuy là Alberic fils du Côte Leotald. Lequel mort, messire Guillaume Conte print sa femme. Apres cestuy-cy Otho fut Conte & apres Guerin son neueu fut Côte. Apres cestuy-cy Geoffroy Conte. Apres cestuy Guy. Iceluy mort, Guillaume fils du Côte Renald fut Côte. Et apres luy Renald son fils. Apres cestuy là Estienne & puis Guillaume l'Allemant. Le Latin en est tel. *Hæc sunt nomina Comitum Matisconensium: Primus Albericus Narbonensis: qui accipiens filiā Raculfi Vicecomitis, post mortem Domini Bernonis Matiscensis Episcopi, Comitē se fecit. Post hunc Leotaldus filius eius. Atque post illum Albericus filius Leotaldi Comitis. Quo mortuo Dominus Guillelmus Comes vxorem illius accepit. Atque post hunc Otho Comes fuit. Et post hunc Gaufridus, post Gaufridum Guido. Illo mortuo Dominus Guillelmus filius Raynaldi Comitis. Et post hunc Raynaldus filius eius. Post hunc Stephanus: & postea Guillelmus Alemannus.*

Or en conferant ce Catalogue, auec ce qu'est imprimé en Latin & François, soubz le tiltre de Chronique de la ville de Mascō, se pourra aisemēt descouurir en quoy gist leur different. Et se pourroit faire que Fustaillier se soit trompé, quand il met en rang de Contes, ceux que les auant-mentionnez liure & chartulaire ne qualifient que Vicontes. Se trouuera d'auātage, que telles Chroniques de Mascō ne cōuiennēt auec les Annales de maistre Nicole Gilles, touchant l'acquest que S. Loys Roy de France, feit du Conté du Masconnois. Car lesdites Chroniques portent icelle vendition auoir esté faicte par vn Guillaume dernier Conte de Mascon : & au contraire Gilles dit ainsi: *Au mois de Feurier mil deux cens trente-neuf Iean Conte de Mascon, & Aelis sa femme, vendirent à tousiours, eschāgerent, & quitterent au Roy S. Loys, & à ses enfans successeurs, la Conté de Masconnois, & ses appartenances : moyennant dix mille liures tournois en deniers, qu'ils en receurent: & mille liures tournois en reuenu, à asseoir en Normandie.*

Aucuns tiennent que ce Conte Iean estoit Conte de Brenc: & les tiltres du Thesor de l'Abbaye de Tournus m'ont appris qu'il estoit fils de Guillaume Conte de Vienne, & de Mascon: & que Ælis sa femme estoit fille de messire Girard de Vienne. Dont se peut inferer que puisque le mary estoit fils du Conte de Vienne, & la femme du nom & des armes de Vienne, elle doit estre issue de celle grand' maison des Sires de Paigny, de Seurre, de Louhans, saincte Croix, Cuysery, Antigny, &c. Ce que ie dy plus par simple aduis, prins d'apparente cōiecture, que pour en vouloir rien determiner.

Au reste le prementionné Guillaume, qualifié (comme dit est) és tiltres de Tournus Conte de Vienne & de Mascon, affranchist l'Abbé & Religieux dudit Tournus en l'an 1222. de tout le peage qu'ils pourroient deuoir en ses terres. Ce que le sus-nommé Conte Iean & ladite Ælis sa femme, ratifierent & confirmerent en l'an 1233. Et adioustans au bien faict dudit Conte Guillaume pere, ensepulturé en

De Iean Conte de Mascon, qui estoit de la maison de Vienne Guillaume de Vienne Conte. Aelis fille de Gerard de Vienne. De ceux de Vienne. Guillaume Côte. Biē faict à l'Abbaye de Tournus.

Y ij

l'Abbaye de Tournus, donnerent à icelle Abbaye Noſtre dame de l'Iſle pres Maſcon, auec le droict de peſcherie à l'enuiron d'icelle Iſle. Eſt auſſi congneu par vn tiltre de Henry fils du ſuſdit Conte Guillaume, (auquel eſt nommé teſmoing Odde de Montagu, & daté de l'an mil deux cens vingt-quatre) que ledit Iean n'eſtoit ſeul fils dudit Guillaume enterré à Tournus.

<small>Guillaume Conte enterré en l'Abbaye de Tournus. Henry frere du Côte Iean.</small>

IE trouue d'auantage dudit Iean, qu'il eſtoit en reputation & eſtime de fort homme de bien, & hayneur de diſcordes. Et que par ſa prudence il pacifia, & appoincta les differents meuz entre Pierre Conte de Sauoye, & le Conte du Geneué: procedez de ce que le Conte Pierre eſtāt en Angleterre, vers le Roy Edouard, duquel il auoit eſpouſé la niepce Leonore, les Geneuiſtes auoient couru és terres, & ſur les hommes du Conte de Sauoye.

<small>Preud'hōmie du Côte Iean. Pierre Conte de Sauoye. Conte du Geneué. Edouard Roy d'Angleterre.</small>

M'ESTANT arreſté à diſcourir ce peu, que i'ay peu apprendre par les tiltres de l'Abbaye de Tournus de Iean Conte de Maſcō, Ælis ſa femme, & de Guillaume pere dudit Iean: ie n'ay ce pendant oublié la difficulté que i'ay dit cy deuāt eſtre entre l'Annaliſte de France, & les Chroniqueurs Maſconnois, touchant les Contes de Maſcon. Icelle difficulté eſtant (à mon iugement) ſi malayſee à reſouldre, que i'ayme trop mieux me deporter d'entrer en tel labyrinthe, qu'y entrant ne m'en pouuoir demeſler: i'ay deliberé de ne m'arreſter, ny ſuyure le catalogue vulgaire des Contes de Maſcon, ny ſciemment conſentir à vn erreur notoire. I'en parle ainſi d'aſſeurance, par-ce que i'ay preſentement riere moy vne copie des anciens tiltres de S. Vincent, auec pluſieurs extraicts: & en original, le vieil Chartulaire de S. Pierre de Maſcon, auec leſquels la Chronique Maſcōnoiſe dreſſee par M. Fuſtaillier, & publiee par M. Bugnyon, ne s'accorde en façon que ce ſoit, quāt à l'hiſtoire, & catalogue deſdits Contes. Notamment leſdits liure enchaîné, & Chartulaire, ne font mention d'aucun Conte de Maſcon, apres Guillaume l'Allemant, qu'on tiét eſtre celuy, que Dieu permit au diable. Ioinct qu'en l'Abbaye de Cluny au dehors du crouppon d'vne Chapelle, à la part d'vn petit preau, eſt vne inſcription grauee en vn tableau de pierre, contenant ces mots. *Hic requieſcit Vvido Comes Matiſconeſis, boni exēpli memoria: qui nullum hæredem ſeculo relinquens, conuerſionis gratia Domino ducente, Cluniacum venit cum vxore, filijs, ac filiabus, & xxx. militibus ſuis, qui omnes Monachi facti ſunt.* Et la commune opinion tient, qu'en ceſtuy faillit la race des Contes de Maſcon. En quoy ſe peult cognoiſtre ceſte partie de l'hiſtoire des Contes fort emmeſlee, & embaraſſee: & que telles perturbations d'hiſtoires, donnent grandiſſimes peines à qui les veult eſclarcir. L'heur eſt grand à ceux qui eſcriuent les premiers: car ils s'en font les premiers croire.

<small>Difficulté au catalogue des Contes de Maſcon.</small>

<small>L'autheur ayme mieux ſe taire, que fauoriſer l'erreur.</small>

<small>Epitaphe de Vvido Conte de Maſcon.</small>

PVIS doncques que l'epitaphe de Cluny porte, que Vvido Conte

de

de Mascon se rendit moyne, sans laisser aucun hoir au monde ; & que le Chroniqueur de Mascó dit que Guillaume Lallemant laissa pour son successeur vn fils nómé Reynard, qui eut vn fils Guillaume : dés lequel il cótinue sa race iusques au téps de S. Loys, encores que ie ne doute pas qu'vne telle, & si importante hoirie, que celle d'vn Conte de Mascon, ne soit demouree sans trouuer qui se soit rendu capable de la recueillir : & que si fils ont manqué, les collateraux (mesmement les Contes de Vienne) ne s'y sont montrez paresseux : l'obscurité de ce faict me presse, voire commande, de me retirer de ceste perquisition, & recherche : la laissant à qui aura meilleur loisir de s'y employer. L'autheur preterit le Catalogue des Contes.

COMME que les choses soient passees, il est certain q̃ S. Loys Roy de Fráce, ayãt acquis la Cóté du Mascónois, fonda vn beau, & somptueux Cóuent de freres Prescheurs, de l'ordre de S. Dominique, au mesme lieu où estoit le Palais des Cótes de Mascó. Lequel par la raige, & rauage, de celle peste d'hommes, qui vsurpants le nom de reformez, difformoient toutes choses : fut commencé de ruiner, & aneantir au commencement du mois de May 1562. & acheué 1567. Au parauant estoit graué en vne pierre quarree, mise au portail d'iceluy Conuent, que Pape Innocent 4. à la requeste du Roy S. Loys present & accompagné de Charles, & Robert ses freres, auoit dedié, & cósacré ladite Eglise des Iacobins de Mascon. Mais ladite pierre fut brisee lors du rauage. En a esté sauuee vne autre, sur laquelle est escrit, *S. Ludouicus pijssimus Rex Frãcorum huius loci fundator: anno* CIƆ. CC. LV. On dit pareillement que le mesme Pape estant venu si opportunement de Lyon à Mascon, que lors le bastiment de S. Pierre hors les murs (dés long-temps commencé par l'Euesque Landric) se trouua parfaict, il dedia aussi l'Eglise dudit S. Pierre. S. Loys Roy. Fondatió des Iacobins de Mascon. Ruine dudit Conuent. Pape Innocent 4.

LE gast faict au sus mentionné Conuent des Iacobins, par ce barbare, & seditieux genre d'hommes (duquel ny la brisure des pierres, iadis bié elaborees, ny le feu des superbes bastimés, ny le meurtre des hómes bourrelez, auec toutes les inhumanitez, que les plus fameux en cruauté qui furét oncques, eussent peu inueter, ne contétoit les fureurs) laissant vn perpetuel desespoir de le pouuoir rebastir : occasionna, que (pour tenir par cy aprés la ville en subiection, & pour garder les habitans d'vne troisiesme reuolte) on y commença vne Citadelle : en laquelle est comprins le vieil chasteau. Cótre les rompeurs d'Eglises. Citadelle dressee à Mascon.

PAR ce moyen (outre la perte de tel excellent Conuent, & si magnifiquement basti) plusieurs choses desquelles Mascon estoit pour lors bien orné, luy manquent de present. Le Bailliage de Mascon (qui est l'vn des quatre Bailliages generaux de France) n'a ores plus d'auditoire, ny de siege de iustice Royalle, & seculiere. Les prisons sót en la maison d'vn particulier, que le Geollier tient de louaige. Et (que ie plains beaucoup) l'ancienne escolle rasee, le Recteur & ses escolliers sont reduicts à l'hospital. L'auditoire Royal ruiné. Prisons occupees. L'escolle rasee.

Des antiquitez

Les Iacobins retirez au Bourg S. Iean.

QVANT aux Iacobins, le Chapitre de l'Eglise S. Vincent (qui est la Cathedrale) touché de pitié de leurs infortunes, & pauureté, les a accomodé d'vne Chapelle, & maisons au Bourg S. Iean, où ils se sont rangez, & temporisent, faisans leur seruice en ce petit lieu, attendant meilleure prouision de Dieu.

Ruines des Eglises de Mascon.

Richesse des sieges du Chœur de S. Vincent.

A ces calamitez s'adiousta en mesme téps, & par mesmes autheurs la ruine de toutes les Eglises de Mascon, &(chose singulieremét à deplorer) par especial de l'Eglise Cathedrale: laquelle despoüillee de toutes ses bellesses, & ornemens (mesmement des sieges du Chœur, qui estoient bien des plus riches, & singuliers de France, tous peints, & historiez de personnages du vieil, & nouueau testamentz, auec vn art incroiable effigiez sur certaine paste, quasi toute recouuerte d'or, & azur) estoit reseruee pour en faire vn temple à la Geneuiste.

Le conuét des Cordeliers ruiné.

Ceste ruine ne fut du tout par les rebelles.

TOVTES les Eglises sus mentiónees courans mesme fortune, celle des Cordeliers, ensemble le Conuent qui estoit fort beau, de grand estédue, & tres-belle structure, par le bié faict de diuerses personnes, eut pareil traictement, que l'Eglise des Iacobins. Vray est qu'il y eust eu encores quelques moyens, de (à traict de temps) y rebastir, & faire quelque chose de bon, si ceux qui entrerent en pouuoir, eussent eu bien grand & diligent soing, de conseruer à S. François, les materiaux qui restoient.

Fruicts du nouueau Euangile. Comparaison.

VOILA les fruits du nouueau Euangile! Voilà que nous auons rapporté de la promesse de ceux, qui se ventoient d'enseigner la verité, & faire veoir les taulpes. Il nous en a prins comme à Adam, & Eue, quand Sathan leur promist qu'ils seroient sçauans. Que sceurét ils? qu'ils estoiét nuds, hors de la grace de Dieu, & códánez à mort. Qu'auós nous apprins de ces preteduz reformez? Qu'ils estoient loups couuerts d'vne peau de brebis: que leur malice a d'autant plus esté cruelle, & sanglante, qu'elle a esté par quelque téps dissimulee. Brief ils se sót fait cógnoistre par leurs fruits: desquels nous ne pouuons auoir plus certain sommaire, que ce que par les effects s'en est ensuiuy. Mais d'autant qu'il y a des hommes, qui ont entreprins d'escrire par le menu, des miseres que Mascon a souffert, par les trames, menees, & pratiques de tels introducteurs de nouueaux Prestres, nouuelle religion, & nouuelle police; ie me deporteray de profonder plus auant ceste matiere.

Iean Roy. Charles Dauphin. Ies Conte de Poictiers. Mascó erigé en Pairie.

DONCQVES reprenát (si ie ne puis tout) les principaux points de ce que no9 reste au vray de l'histoire Masconoise: ie trouue entre les choses plus certaines, que le Roy Iean estant prisonnier en Angleterre, Charles son fils aisné, Duc de Normandie, & Dauphin de Viennois, vsant de son pouuoir de Regent en France, plus amplement que l'intention du Roy son pere ne portoit, donna à son frere Iean Conte de Poictiers, la Conté du Masconnois. Et pour plus l'honnorer en l'instituant Conte de Mascon, le feit Pair de France, au lieu du Conte de Tholose, duquel le

Conté

de Mascon.

Conté estoit vny à la couronne. Et fut telle institution de Pairrie, pour luy, & ses hoirs masles decendāts de luy en droicte ligne, Côtes de Mascon. Ces lettres furent donnees à S. Denis en France l'an 1359. au mois de Septembre: signees sur le reply, *Per dominum Regētem*. Michiel: & seellees du grand seel.

Depvis le Roy Iean reuenu en France, cassa, & adnulla telle donation du Conté de Masconnois. Et pour ne mal-contēter ledit Iean Côte de Poictiers, son fils, il luy donna les Duchez de Berry, & d'Auuergne, aux conditions apposees aux lettres sur ce expediees. Pour contenter aussi les Masconnois, qui portoient fort impatiemmēt d'auoir esté desvniz de la couronne de France (contre les priuileges par eux obtenuz, au pris de leur sang, & à eux concedez par les precedēts Roys) il leur confirma leursdits priuileges: declarant le don prementioné nul & de nulle valeur: ordonnant que ce Conté de Mascon demourera perpetuellemēt & inseparablement vny au dommaine Royal, & à la couronne de France. Ceste declaration est de Nouembre 1360. Aduint toutesfois depuis que pour pacifier les troubles de la Fráce, meuz pour les querelles d'Orleans, & de Bourgongne, & pour acquietter le mescontentemēt du Duc Philippe de Bourgōgne, meu de iuste douleur, pour le meurtre commis indignement en la personne du Duc Iean son pere: le Roy Loys xj. fut contrainct (pour le bien de la paix traittee à Arras) ceder, & remettre audit Duc Philippe, entre beaucoup de choses, le Conté du Masconnois, & permettre que les gés du Duc tinssent, pour siege de la iustice de leur maistre, la ville de Mascon: le Bailly Royal reduict à S. Gēgoulx, comme desia cy deuant a esté dit. Mais faillant la ligne masculine des Ducs de Bourgongne, en Charles, fils dudit Philippe, qui mourut prés Nancy: le Roy Loys xj. ayant congneu que de prompte & gracieuse volonté, les Masconnois estoient entrez en son obeïssance, il embrassa ceste deuotieuse promptitude, & plein gré, de telle affection, que facilement il leur accorda la confirmation de leurs priuileges. Et porte la teneur d'icelle confirmation, qu'eu esgard à la courtoisie des Masconnois, combiē que contre la teneur d'iceux priuileges ledit Côté ayt esté par cy deuāt baillé & trasporté au Duc Philippe de Bourgongne par le traicté d'Arras, pour le bien de paix: ce neantmoins en reintegrāt iceux priuileges, le Roy declare, que quelque bail, ou transport qui en ayt esté faict le temps passé, il ne sera baillé, ou transporté par cy aprés, en autres mains que les siennes, & de ses successeurs Roys de France. Par les mesmes lettres il rend, & restitue le siege du Bailliage Royal du Masconois à ladite ville de Mascon: ainsi, & en la forme que ledit Baillage, & les limites d'iceluy s'estendoient au parauant que ladite ville & païs de Masconnois fussent baillez au susdit Duc Philippe, par le traicté d'Arras. Ces lettres furent donnees à Arras au mois de Mars, l'an de grace 1476. & du regne dudit Roy le 16.

Ces choses ainsi disposees, le Masconnois demoura en grande tran-

Le Roy Iean.
Iean Côte de Poictiers faict Duc de Berry, & d'Auuergne.

Mascon reüny à la Courōne de France.

Philippe Duc de Bourgongne.
Loys xj. Roy.
Traicté d'Arras.
Mascon donné au Duc de Bourgongne.
Reserue de Bailliage royal à S. Gēgoulx.
Retour du Masconnois au Roy.
Priuileges cōfirmez aux Masconnois.
Le Mascōnois vny inseparablement à la courōne.
Restitution du Bailliage à Mascon.

Y iiij

quillité soubs l'obeïssance des Roys: iusques à ce que quelques grands, mal contents de ce qu'ils n'auoient du Roy toutes les faueurs qu'ils desiroient: mal contents aussi de ce que d'autres (qu'ils n'aymoient pas) leur faisoient si fort contrepois, qu'ils ne les pouuoiët emporter en la balãce de la Cour, & maniement des affaires d'estat: chercherent moyẽs de pratiquer ceux de la Religion pretẽdue reformee. Qui estãs en gros nombre, mais espars çà, & là, ne demandoient qu'vn chef, soubs lequel ils peussent esclorre ce que dés long-temps ils couuoiët. Les practiques ne peurent si secretement estre menees, que tant par la descouuerte de l'entreprinse sur Lyon, que par le tumulte d'Amboise, ceux qui auoient bõs aduertissemẽs, n'en eussẽt certitude. Mais l'importãce des personnes, & le besoing de se premunir cõtre des preparatifs faits de lõgue main, qu'on vouloit empescher, sans rien hazarder temerairement, suspendit ce que s'il eust peu estre executé sommairement, & de plain, eust suffoqué l'infinité des maux, desquels l'enormité est pour iamais à detester, & la naissance de ceux qui en sont causes digne d'estre solẽnellement execree, & leur memoire damnee à iamais.

<small>Origines des troubles. Histoire veritable.</small>

<small>practiques descouuertes.</small>

<small>m'n s non laissa suffer.</small>

PENDANT que ces practiques estoient encores sourdes, & que aucuns qui du baiser de Iudas auoient faict hommage à leur Roy à la solẽnité de son sacre, faisoient bonne mine en Cour soubs la semblance de vrais Apostres, & neantmoins auoiët intelligence auec la Synagogue de Geneue, en intentiõ de liurer leur Seigneur és mains des trouppes, & ministres de rebellion assemblez à cest effect: certains hommes choisiz eurent (selon qu'il fut descouuert à Amboyse) charge de transcourir en diligence tout le Royaume de France, pour gaigner gẽs, & faire descriptions, & enrollements des personnes qui auroient affection de suiure le parti, que depuis on a appellé la Cause.

<small>Baiser de Iudas.</small>

<small>La Cause.</small>

L'VN de ces Cõmissaires, ou plustost emissaires, vint à Mascõ: & trouuant que quelques hommes ambitieux, estrangers pour la pluspart, ou du moins non natifs du lieu, auoiẽt les principaux maniemẽs en la ville, sçeut si bien amorcer leur ambitiõ, par paroles, & promesses (ausquelles ils donnoient lustre de quelques lettres de croyance) & par ces artifices les paistre de si grandes esperances, que le temps leur tardoit de veoir le premier iour du mois de May, pour mettre en effect les choses designees, & pouriectees. Entre plusieurs ruses, dont les enfans de ce siecle ont affronté les enfans de lumiere, ceste fut l'vne des plus signalees, quand ils trouuerent moyen de faire mettre en inuentaires l'or, & argenterie des Eglises, pour apres s'en saisir, & en faire fond pour le maintien de leur rebellion. Moins cauteleuse ne fut celle association qu'ils feirent auec les Catholiques, quand s'estãs mis & receuz reciproquemẽt en la protectiõ les vns des autres, les Catholiques, y allants de droict pied, & à la bonne foy, se trouuerent saisiz, & inuestiz au commencement du mois de May l'an 1562. Et ce pendant si on se retire tãt soit peu, des iniques, & forcees pro-

<small>Commissaires de la cause pour enroller gẽs. Mascon gouuerné par estrangers.
Premier iour de May prefixion de malfaire.
L'argenterie des Eglises inuẽtorisee, puis saisie.
Infidele societé.
Mascon occupé.</small>

promesses qu'on leur peut auoir faict, Dieu sçait comme ils sont coustumiers d'exclamer, & se plaindre de la foy violee! Or pour ne point perdre temps, ceux de Mascon marchans à la cadance de ceux qui auoient charge de surprendre Lyon, donnerent ordre, que les Escheuins furent tous choisiz d'hommes de la nouuelle opinion, & complices de la coniuration. Ce que leur fut fort aisé. Car d'autant que la charge d'Escheuin auoit esté au temps passé fort honorable, & que les bōs Bourgeois, zelateurs du bien publicq' auoiēt esté bien aises de s'y employer lors que les charges, & impositions estoient certaines : d'autant depuis que pour la necessité des affaires du Royaume au lieu de ne s'assēbler qu'vne fois l'an, ou deux au plus, pour faire geētz, & imposts : il est necessaire faire quasi tous les mois nouueaux departements de sommes commandees extraordinairement, l'Escheuinage est deuenu si odieux, que personne ne se veut quasi plus mesler d'vne charge si penible, si fascheuse, & sans profit. Ioinct que ceux qui pour lors auoient les principaux maniemēs des affaires de France, & cependant n'appuyoient leurs desseings que sur vne prudence humaine, faisoient tellement pancher la balance de iustice en faueur des coniurez, que bien aduertiz que le peuple estoit presque par tout ennemy des nouueautez qu'on se parforçoit introduire, ils ne laisserent aux Maires, & Escheuins, ny aux maisons de villes en corps aucun droit de iustice. De façon que si bien ils auoient la police en main, si n'auoient ils aucun pouuoir de chastier ceux qui transgressoient les loix politiques. Voyants doncques les hommes accorts, que la reprehension des vices & offenses estoit inutile, puisque la punition en estoit remise à d'autres : ils aymoient mieux negocier leurs affaires particuliers, sans rompement de teste, que de s'ennasser és publiques, & n'en pouuoir sortir sans offense de la bonne reputation qu'ils s'estoient efforcez acquerir. Mais reuenons à l'Escheuinage de Mascon. Philippe de Valois Roy de France donna permission & pouuoir aux Citoiens de Mascon de s'assembler en corps de ville, d'eslire, & auoir sur eux des Escheuins. Au parauant, selon la generale condition des hommes que noz maieurs disoiēt de poëté, qui n'est pas à dire de main morte, comme quelques-vns ont pensé, mais gens soubs puissance d'autruy, les habitants de Mascon ne se pouuoient assembler, faire geēts ny collectes sur eux, & moins passer procuration en qualité d'habitants sans cōgé du Roy, ou de ses officiers. Les lettres de la susdite concession sont de la teneur que sensuit.

PHILIPPE par la grace de Dieu Roy de Frāce. Sçauoir faisons à tous presens, & à venir, que nous euë consideration aux bons seruices, obëissance, & aydes aggreables, que noz amez Citoiens, Bourgeois, & habitants de nostre ville de Mascon, à nous & à noz predecesseurs Roys de France ont fait, & font de iour en iour : & que à present & de nouuel nous ont octroyé gracieusemēt certain nombre de gēsdarmes, ou les gages d'iceux, pour la defense de nostre Royaume : Lesquels n'ont corps ny commune, ainçois quand ils ont d'aucune chose affaire, & cōseiller

Infideles se plaingnent de violation de foy.

Des Escheuins de Mascon 1562. l'Escheuinage de Mascon plus fuy, que requis.

Subsides sans fin.

Contre les mauuais ministres des affaires de France. Pourquoy la iustice ostee aux maisons des villes.

Roy Philippe de Valois.

Gens de poëté.

Priuilege d'Escheuinage dōné à Mascon.

ensemble des besongnes touchant nous, & le commun de ladite ville, leur conuient auoir recours & demander licence à nous, & à noz Baillif ou à noz autres gens du païs, & qu'aucunes fois les vns sont absens, les autres reffusants de venir: Nous voulans à eux pouruoir sur ce de remede gracieux, leur auons octroyé, & octroyons par la teneur de ces presentes de grace especial, & de nostre plein pouuoir, & auctorité Royal, que eux, & leurs successeurs, appellez auec eux nostre Baillif, ou son Lieutenant, ou nostre Iuge maieur, ou nostre Procureur de Mascon, se puissent assembler en aucun lieu cōuenable de ladite ville, toutesfois & quantesfois qu'il leur plaira, pour parler, conseiller & ordonner de leurs faicts au profit commun de ladite ville, sans preiudice de nous, & de la couronne de France. Et qu'ils puissent tous les ans eslire entre eux six preud'hōmes de ladite ville naïs du Royaume, iceux changer & muer tous les ans, si bō leur semble. Lesquels Esleuz appellez auec eux lesditz Baillif, Lieutenāt, ou nostre Iuge ou Procureur en la maniere que dict est, se puissent assembler, & les droicts, & besongnes de ladite ville & chose publique, tant en demandant qu'en defendāt, en iugement & dehors, poursuiure, demener, requerre & demander: & de faire & establir au nom & pour le profit desdits habitants & de chacun d'eux, vn ou plusieurs procureurs & sindics, qui ayent & chacun d'eux auctorité & puissance de demander, requerir & poursuiure l'honneur & profit d'eux & du bien commun, & de ladite ville, & d'iceux rappeller & changer toutesfois que bon leur semblera de faire, & imposer collectes, tant sur les personnes, comme sur les possessions & heritages d'icelle ville, & en la maniere accoustumee icelles recouurer, leuer ou faire leuer & cueillir, & conuertir au profit cōmun de ladite ville, & là ou il sera necessaire: & de faire toutes autres manieres de choses qui à office de Conseillers appartiennent, ou peuuent & doiuent appartenir. Toutesvoyes n'est il mie nostre entente, que pource ils ayent, ou doiuent auoir, autre corps ne commune ny iurisdiction ordinaire. Si mandons & commandons par la teneur de ces lettres, au Baillif & à nostre Preuost de Mascon, & à tous noz autres Iusticiers & à leurs Lieutenants qui à present sont & seront pour le temps, que de nostredicte grace laissent & facent vser & iouir chacun endroit soy, si comme à luy appartiendra, lesdits habitants & leursdits Esleuz, d'oresenauant sans contredit & sans autre mandement attendre. Nonobstant quelconques allegatiōs, oppositions, ordonnances, statuts ou lettres octroyees ou à octroyer au cōtraire: sauf nostre droict en autres choses, & l'autruy en toutes. Et pource que ce soit ferme chose & stable à touſiours-mais, nous auōs faict mettre nostre seel en ces presentes lettres. Donné au boys de Vincennes l'an de grace mil trois cens quarante & six, au mois de Feburier. Combiē que telle concession, & grace soit fort belle, & merite bien d'estre conseruee, si est-ce que plusieurs fois, & notamment és preparatifs des troubles, il fut contreuenu à l'ordonnance Royalle, par laquelle les nō natifs du Royaume sont excluz de pouuoir estre Escheuins de Mascon. Chacun se retirât du maniemēt des affaires publiques, pour les causes cy dessus touchees: tāt les natifs hors du Royaume, qu'autres non arrestez par mariage, sont entrez en l'administration du faict commū, en charge d'Escheuins. Ce desordre aduenu quasi insensiblement

Ieā Rousset apoticaire.

Les nō natifs de Frāce ne doiuent estre Escheuins.

Auant qu'auoir esté marié nul ne doit estre Escheuin. Desordre cause de maux inestimable.

blement, a esté suiuy d'autres si pernicieux dereiglements, que les nays & à naistre s'en sentiront à iamais, ou (du moins) tant que le païs Mascōnois demourera habité. Mais pour (comme i'ay desia dit) n'entreprendre sur ceux qu'on tient traicter par le menu l'histoire des afflictiōs Mascōnoises, ie me contenteray de sommairement dire, que la ville de Mascon fut prinse, & mise en trespiteuse desolation, par ceux qu'on nommoit lors Huguenots, le 5. May 1562 : & tenue iusques au 19. d'Aoust suyuant. Auquel iour elle fut brauement surprinse, par le commandement de M. de Tauanes, Lieutenant de Roy au gouuernement de Bourgongne, & païs adiacents: & par la dextre & vaillante executiō du Capitaine Canteperdrix, fauorisé de chariots arrestez aux portes, & suiuy d'autre infanterie, & deux trouppes de caualerie, l'vne de Bourgōgnōs, l'autre de Daulphinois.

Prinse premiere de Mascon. Reprinse de Mascō. Monsieur de Tauanes. Capitaine Canteperdrix.

LE Dimenche 28. Septembre 1567. auant iour, Mascon fut pour la seconde fois prins, par aucuns de la ligue, & conspiration de ceux, qui (au mesme temps) attempterent sur la personne du Roy, & auoient faict sur la pluspart des bonnes villes de France l'entreprinse qu'on nomme de la S. Michel.

Seconde prinse de Mascon. Le Roy en danger à Meaux.

LE 4. iour de Decembre, au mesme an, elle fut remise en l'obeïssance du Roy par M. le Duc de Neuers de la maisō des Ducs ne Mātoué. Qui (comme il est clement) vsa de misericorde, & permit à ces perturbateurs du repos publicq', de s'en aller en Bresse, auec tout le butin qu'ils peurent emporter.

Seconde reprinse de Mascō. Monsieur de Neuers.

CESTE ville de Mascon s'estant trop permise aux estrangers, & ayant donné trop d'auctorité, ou (pour mieux dire) de licence, aux non-natifs du lieu, seruira (apres Geneue) d'exéple perpetuel à toutes villes, pour se garder de tomber en semblables erreurs, & pareils inconueniens. Audit temps i'en feis vn Epigramme Latin tel, que s'ensuit.

Aduertissement.

    Dum peregrina leues sectantur dogmata Galli,
        Et positis certant vim facere ordinibus:
    Ciue nouo gaudens, nimiúmque innixa Matiscon
        Pro coniuratis, sensibus orba, stetit.
    Sed quæ vi nulla frangi se posse putarat,
        Non obsessa quidem, est arte recepta leui.
    Quæq́, suo Regi Regalia iura negabat,
        Militis arbitrio colla subacta dedit.
    Sit (coniurati) quàm fœda rebellio vestra,
        Discite, quámque parum relligionis habet.
            I. S.

LIVRE SECOND DV RECVEIL DES ANTIQVITEZ DE MASCON.

PAR PIERRE DE SAINCT IVLIEN de la maison de Baleurre, Doyen de Chalon, grand Archidiacre de Mascon, & premier Chanoine seculier en l'Eglise Collegiate S. Pierre dudict lieu.

L'estat Ecclesiasticq' vilipendé.

Appellez comme Aaron.

Proposition.

L'Eglise agitee ne peut estre affoguee.

Il ne reste aucũ eicrit des vieux heretiques.

LE peu de compte que la pluspart des hõmes d'à present faict de l'estat Ecclesiasticq', & des personnes, qui dediees à iceluy, perseuerent en la vocation a laquelle elles ont esté appellees comme Aarõ: & sont legitimement entrees au ministere par l'imposition des mains de ceux, qui sont fondez en puissance, & successiõ, telle que les anciẽs Peres sont coustumiers approuuer, & en faire rampart contre les assaulx des heretiques: m'a quasi retardé de poursuyure mon labeur des Antiquitez de Mascon, par ce second liure: Auquel mon intention est traicter principalement des Euesques: sans neantmoins oublier les occurrances des choses non assez exprimees au liure precedent, touchant ce que les Princes, & Seigneurs ont traicté, passé & demeslé, en faueur des Prelats, & Eglises de Mascon. Mais sçaichant (& de bonne part) que la nacelle où est IESVS CHRIST, peut bien estre agitee des vents, tormentee des vagues de la mer, & si esbranlee que (au iugemẽt des hommes de petite foy) elle semblera prochaine d'estre affoguee: & toutesfois que Dieu qui sçait commander aux vents de non souffler, qui à son mot cõtrainct la mer de deuenir calme, cõduit tousiours icelle sa nacelle à bon port: Sçaichant d'auantage, que de tant d'heresies, qui ont (és temps passez) excessiuement, & longuemẽt trauaillé l'Eglise, encores qu'elles n'ayent eu faute de sçauants asserteurs, & doctes propugnateurs selon le monde, si est ce que de leurs liures il n'en reste pas vn fueillet: ains (iouxte le dire du Royal Prophete Dauid) ils sont deuenuz comme poulsiere, que le vent iecte, & espart sur la face de la terre: I'ay prins seurté en la parole de celuy qui a dit, que les portes d'enfer ne seront les plus fortes, & n'auront auantage contre l'Eglise. Et en ceste foy ay esperé, que si bien l'impression a tant

fauorisé

fauorisé les opinions modernes, que d'auoir peuplé & multiplié les liures qui en sont escrits, de façon qu'ils semblent ne deuoir iamais estre en danger de faillir. Dieu toutesfois n'a faute des mesmes moyens dont il vsa en Ephese, quand à la predication de S. Paul, les Magiciens, sorciers & enchanteurs, eux-mesmes deliurerent leurs liures pour estre bruslez, sans estre retenuz, ny du pris qu'ils valoient, (lequel neantmoins est hautement apprecié par S. Luc aux Actes des Apostres) ny par la souuenance de la grande affection qu'ils auoient porté aux mysteres contenuz en tels liures. Tant d'autres opinions ont esté par le passé embrassees de si vehemente incitation d'esprit, que quasi tous ceux qui s'attribuoient le nom de Chrestiens, panchoient en icelles: selon que (à fin que ie ne m'areste à parler des autres) il se trouue escrit de l'heresie des Arriens, & des Donatistes: par l'impetuosité desquelles, chacun pensoit le vray lustre, & purité de la foy Catholique, estre estouffé, & esteinct. Mais ce grãd Dieu, qui en moins d'vn clin d'œil, sçait dissiper les efforts de ses aduersaires, & qui se plaist à monstrer son pouuoir, quand on luy contrarie, ou quand on pense que les siens manquent de moyens, pour soustenir sa querelle: est celuy mesme qui respondit à Helie, (se pensant rester seul, pour soustenir l'integrité du seruice diuin) qu'il s'estoit reseruê sept mille hommes, qui n'auoient point fleschi le genoil deuãt Baal: c'est celuy qui n'a iamais laissé son Eglise si despourueuë, qu'elle n'ait tousiours eu en prompt des S. Hilaire, S. Athanase, S. Augustin, &c. & qui (à la confusion de Sathan, & de ses complices, & enroollez au seruice d'iceluy) conseruera son espouse bien aymee l'Eglise, en l'honneur & veneration qui luy sont deuz, à cause de l'vnion, & sacrement de mariage, que S. Paul dit estre grand entr'eux: & ne permettra que la hierarchie, & ordre que le sainct Esprit a mis, & estably dés le commencement de l'Eglise naissante, en ce corps mysticq' des fideles (qui sans se desuoyer de leur premiere croyance, ont perseueré en leur saincte religion iusques à la fin) puisse estre aneanty. En ceste confiance, & sans desperer que plusieurs gens de bien auront pour aggreable de veoir plus entier qu'il n'a encores esté escrit, le Catalogue des Euesques de Mascõ, ie me suis mis en peine de recueillir leurs noms, & les rapporter icy selon l'ordre de leur successiõ: sans oublier de quoter soubs quels Rois ils ont, chacun en leur particulier, exercé leur ministere.

CE que faisant ie ne veux offenser la memoire, & reputation du sieur Fustaillier, duquel i'ay souuent faict mention au liure precedent. Il a fort bien trauaillé pour son temps, auquel les bonnes lettres n'estoient pas encores fort communes : & ne peut on luy oster l'honneur d'auoir colligé l'histoire Masconnoise, ainsi que nous la voyons imprimee. Ie ne sçay s'il auoit intention de permettre aux presses son labeur, pour le publier : mais en ma copie escrite à la main (que i'ay il y a

Z

plus de trente ans)eſt vne Epiſtre dedicatoire à Monſieur le Cardinal de Giury, nommé Claude de Long-vy, lors ſeulement Eueſque de Maſcon, dattee au chef du douzieſme Aouſt mil cinq cens trente deux. Or comme il eſt mal-ayſé ſi bien vendanger, qu'on ne laiſſe quelques raiſins, que les regrappeurs trouuent par apres : ainſi Fuſtaillier, ſ'eſtant par trop fié aux Chartulaires, Martyrologes, & liures des obits des Egliſes de Maſcon, n'a pas touſiours, & par tout rendu l'hiſtoire plaine & entiere, ains a beaucoup omis de noms d'Eueſques, que i'ay inſeré au preſent Catalogue, pour taſcher le rendre plus complet. Ce qu'ayant faict de bonne volonté, mais non ſans peine, ie prie ceux qui auront quelque choſe ſeruant à rendre le nombre & ſuitte des Eueſques de Maſcon plus entier, qu'il leur plaiſe la contribuer : afin que ſi nous n'auons peu atteindre ce qu'ils ont ſceu, les lecteurs ayent par tel bien faict de contribution, ce que nous confeſſons ne leur auoir peu fournir. Ce premis', ſi ie ne puis aſſeurer qui ont eſté les premiers Eueſques de Maſcon, du moins ie ne laiſſeray de rechercher, comment les Gaulois, & par conſequent les Maſconnois, ont receu les principes de la foy Chreſtienne.

ENCORES que les Gaules ayent de tout temps, eu grande reputation, d'auoir affectionnément, & d'vn feruent zele embraſſé la religion Chreſtienne, depuis qu'elle leur fut annoncee : ſi eſt-ce que peu d'hommes ont laiſſé par eſcrit, quand, & par qui les Gaulois commencerent d'eſtre initiez au Chriſtianiſme, par ſuſception du baptefme. Et, qui pis eſt, ſi quelques vns en ont voulu dire quelque choſe, celle ſorte d'hommes, qui hardis à nyer, & par conſequent à deſtruire, ſans remplacer au lieu de ce qu'ils nyent quelque plus expreſſe & pertinente verité : a tellement calomnié ce que les bons peres anciens en ont eſcrit, que iamais Poulpe ny Seiche ne troublerent tant la peſche, que ces forgeurs de negations ont obſcurcy la verité. Ny l'authorité de ſainct Auguſtin (duquel ce pendant ils font ſemblant faire grand cas) ny la depoſition de Paulus Oroſius ſon diſciple, ny ce qu'Optatus en affirme, auec vne infinité d'autres bons autheurs, ne les eſmeut en rien : voire combien que les pierres en parlent à Rome, on ne leur ſçauroit faire entrer en ceruelle, & moins confeſſer, que iamais ſainct Pierre y ayt eſté.

MAIS aymant mieux embraſſer la verité, teſtifiee par tant de ſaincts peres & inſignes perſonnages, que de m'arreſter au peu d'arreſt de ces Sceptiques, qui (còme dit quelqu'vn de Fortune) ne ſont conſtans qu'en leur perpetuelle inconſtàce : ie ne craindray de dire, que ceux ont eu gràd tort, qui ont impoſé aux Apoſtres S. Pierre & S. Paul, qu'il y ayt eu entr'eux ſimultez, emulations & enuies. Moins ne ſont reprehéſibles ceux qui ont inuenté, que S. Luc (ſecretaire de la verité) ayt (cóme partiſan de S. Paul, & hayneur de ſainct Pierre) expreſſément teu les actes de ſainct
Pierre.

Pierre: & par telle taciturnité donné occasion aux malings de penser, que ce que se dit de S. Pierre est faux, veu que sainct Luc n'en parle point. Car tels personnages (desquels la verité dit que leurs noms estoient escrits au ciel: & sur lesquels le sainct Esprit estoit non seulement descendu visiblement, mais leur faisoit ordinaire assistance, tant en l'efficace de la parole, que operation des miracles) doiuent estre tenuz (par les hommes Chrestiens) exempts de ces perturbations, contraires à la charité Chrestienne, de laquelle ils estoient embrasez, & qu'ils preschoient sans intermission.

Les actes de S. Pierre ne laissent d'estre vrais, encor que S. Luc ne les ayt escrit. Les Apostres estoiét sans rancune.

Laissant doncques ce que telles gens mettent en ny, non seulement du Primat de sainct Pierre (lequel n'est sans excellent mystere tousiours en l'Euangile nommé le premier des Apostres) mais aussi ce qu'ils nyent auec opiniastre obstination, l'establissement de sa souveraine chaire au lieu de Rome: ie viens à la pure & simple deduction de l'histoire (telle que ie l'ay trouuée çà & là, disperséméte escrite) comment, & par qui les Gaules ont receu la foy Chrestienne. I'ay dit expressément, que ie n'entends dire icy sinon ce que i'ay (non sans labeur) recueilly de toutes les parts, d'où i'ay pensé tirer secours, pour le faict que ie poursuis: afin que nul ne pense que ie vueille (mesmement en ceste part) abonder en mes inuentions, ny rien publier que ie n'aye desia trouué escrit, ou en autheurs exempts de reproche, ou en parchemins & papiers si vieils, que leur antiquité leur doit auoir acquis authorité.

Primat de S. Pierre.

Comment les Gaulois furét faicts Chrestiés.

L'autheur ne veut icy rien dire du sien.

Tovs autheurs Catholiques (sans faire estat de ceux qui ne sont de ladite qualité) sont en ceste opinion (& entre autres sainct Iean Chrysostome, & Nicolas de Lyra) que la foy Chrestienne fut apportee és Gaules, du viuant, & par l'ordonnance de sainct Pierre. A quoy se rendent conformes les Chartulaires anciens de plusieurs Eglises Gallicanes, par lesquels il appert, que d'vne mesme entreprinse, & (comme on dit vulgairement) d'vne mesme volee, ce qu'on ne peut interpreter faict sans inspiration du sainct Esprit, & sans auoir esté congregez, & sur ce auoir receu l'expres commandement de celuy qui auoit de Dieu la puissance de les enuoyer. *Car comme eussent-ils legitimement presché sans estre enuoyez?* Sainct Pierre enuoya és Gaules Simon le lepreux, qui fut conduit par l'esprit sainct, iusques au Mans, où il est nommé sainct Iulien: car tant les Manceaux, que les peuples leurs voisins, ne reçoiuent la douceur de la prononciation des autres Celtes, qui sont coustumiers, tant que la bien-sonance le leur permet, changer, a, Latin en e, François. Entre les autres enuoyez sont aussi comptez sainct Martial, Apostole des Lymosins: sainct Sauinien, qui passa iusques à Sens: où il se dit de luy, qu'il y feist bastir vne Eglise en l'hóneur de sainct Pierre vif. Ce qu'estoit encores testifié auant les troubles suscitez souz couleur de la Religion, par vne antique inscriptió, contenát ces mots: *Ædificata fui viuéte Petro.* Sainct Memmius alla prescher les Catalauniques, qui sont ceux du dio-

Du premier Christianisme des Gaulois. S.Ieá Chrysostome. Nicolas de Lyra. Euangile presché és Gaules par ordonnáce de S. Pierre. Enuoyez és Gaules par S.Pierre. Simon le lepreux. S.Iulien du Mans. S.Martial. S.Sauiniē. Sens. Eglise de S. Pierre vif. S.Mémin.

cese de Challons en Champagne. S.Nazare euangeliza aux Autunois, & y planta les premiers rudimens de la foy: dont (pour recognoissance) l'Eglise premiere, & Cathedrale d'Autun, est dediee soubs l'inuocation de son nom.

<small>Chalôs en Chápagne. S.Nazare. Autun.</small>

CESTE venue des disciples de IESVS CHRIST, & de ses Apostres, fut suyuie d'vne autre, & non moins reuoquee en doute (par les hommes de foible croyance) que la premiere: & pour laquelle mieux entendre, est à sçauoir, que (selon que portent les antiquitez de Vienne) sainct Paul, apres auoir esté, non tant prisonnier, qu'aux arrests par la ville de Rome, l'espace de deux ans, se purgea en fin deuant Neron, non encores rengé aux cruautez, ausquelles depuis il s'addonna : & absouls à pur & à plain, entreprint de passer (selon sa promesse) en Occident, & és Espaignes, pour y annoncer l'Euangile. Qui est propos conforme au dire de sainct Hierosme, duquel les mots emportent, que Neron relascha sainct Paul, afin qu'il peust aussi euangeliser és parties d'Occident. Et Abdias en son histoire Apostolique, parlant de sainct Paul, dit que par permission diuine il eschappa du martyre, afin que par luy les Gentils fussent edifiez & remplis de la predication de l'Euangile. Aussi sainct Paul n'ayant pour son sort (comme les autres Apostres) aucune particuliere Prouince, estoit vniuersellement Apostre des Gentils.

<small>Secóde cópagnie de SS. prescheurs és Gaules. Antiquitez de Vienne. S.Paul és Gaules.</small>

<small>S.Hierosme de S.Paul. Abdias de S.Paul. S.Paul Apostre des Gentils.</small>

ALLANT doncques aux Espaignes, il passa par Vienne, lors ville capitale des Allobroges; & à present du Daulphiné: & bien suiuy de plusieurs saincts personnages, tant ses compagnons, que disciples, il y feit quelque sejour: pendant lequel, certains riches citoyens de la ville, conuertis par ses predications, & initiez au Christianisme, par susception du sainct sacrement de Baptesme, dresserent vne Eglise, que sainct Paul mesme consacra en l'honneur de Dieu & des Machabees. Depuis restauree & rebastie fort magnifiquement, comme elle estoit la primitiue, aussi est elle demeuree la Cathedrale, soubs le nom de sainct Maurice. Auant que partir de Vienne, il y establit, & ordonna superintendant & Euesque vn de ses disciples, nommé Crescés, qui est celuy duquel le mesme sainct Paul parle sur la fin de la seconde Epistre à Timothee, quand il dit, *Crescens in Galatiam*. Surquoy est à noter, que (par le consentement de presque tous les hommes doctes d'à present) Galatie signifie les Gaules en cest endroit, & non le païs des Galates d'Asie. Aussi outre ce que Strabo au quatriesme liure de sa Geographie, parlant des Gaulois, dit ces mots: *Vniuersa natio, quam hæc ætas Gallicam, siue Galaticam nominat &c.* Amm.Marcellin au 15. de son histoire tiet, que les Gaulois sont en lágage Grec appellez Galates. Mais puis qu'il est certain que sainct Paul a escrit ses Epistres à Timothee en Grec, que sert-il s'arrester en si beau chemin?

<small>S. Paul à Vienne.</small>

<small>Eglise de Vienne.</small>

<small>Crescens premier Euesque de Vienne. Galatie c'est gaule. Galates d'Asie. Strabo. Amm.Marcellin.</small>

I'AY eu autresfois longuement (mais par emprunt) vn fort vieil liure en parchemin, escrit à la main, & qui auoit esté preserué du degast faict

en

en l'Eglife & monaftere de fainct Irigny de Lyon és troubles de l'an mil cinq cens foixante deux. Duquel liure (combien qu'il contienne chofes non feulement differentes, mais auffi repugnantes à la commune opinion, notamment à ce que i'ay cy deffus inferé) i'ay prins, fans rien changer de la fubftance, ce que f'enfuyt. *Saturninus, & Paradocus difciples de fainct Iean Baptifte, font ceux, qui enuoyez par luy vers* IESVS CHRIST, *l'interroguerēt, Tu es celuy qui doibs venir, ou &c. & oüye la refponfe, & veuz les miracles faits en leur prefence, fuyuirent* IESVS CHRIST, *& furent deux de fes feptantedeux difciples. Or apres la paſſion, & afcenſiō de noftre Seigneur, apres auſſi la miſſion du fainct Efprit, & les Apoftres diuifez par le monde, afin que le fon de leur predication fuft entendu par toute la terre: Lors fainct Paul auec groſſe fuitte de difciples (combien qu'il n'euft aucune charge de prouince en particulier, d'autant qu'il eſtoit predicateur vniuerfel) vint à Lyon: & là laiſſa fainct Irenee Euefque, qui termina fa vie par glorieux martyre. Puis venant fainct Paul à Vienne, il y baftit & dedia vne Eglife en l'hōneur de la vierge Marie viuante:& ordonna Clement Euefque de Vienne. Defcendant à Valence, il y laiſſa Ruffus, fils de Simon Cyreneien, qui fut contrainct par les Iuifs d'ayder à* IESVS CHRIST *à porter fa croix. Puis fainct Reftiturus, qui auoit efté aueugle dés fa naiſſance, fut par fainct Paul enuoyé à Marfeille. Paſſant par Narbonne, il enuoya auſſi en Arles fainct Trophime, & confacra fainct Saturnin Euefque de Tholofe. Et auant qu'entrer és Efpagnes, donna commiſſion aux principaux de fa fuitte d'aller, à fçauoir, à Aftronomius difciple en Auuergne; aux Heduois, nommez à prefent Autunois, Andoche. De fon ordonnance fainct Vrfin, qui auſſi eft nommé Nathanaël, alla en Berry: fainct Iulien, qu'on croit eftre Simon le lepreux, alla au Mans: fainct Gratien à Tours: fainct Martial (duquel, mis par noftre Seigneur au milieu de fes Apoftres, il fut dit, Si vous n'eftes faicts comme ce bien petit enfant &c.) alla en Lymofin: fainct Paradocus à Geneue:& SS. Denys, Ruſtic, & Eleuthere à Paris.*

VOILA le contenu au liure prementionné, que ie n'ay pas tant inferé cefte part, pour en faire loy de verité, que pour rendre honneur à l'antiquité de noftre religion: de laquelle i'ayme mieux eftre quelque peu fuperſtitieufement curieux, que nonchallamment oublieux.

COMME que les chofes fufdites foient paſſees, f'il n'eft aſſeurément fceu par qui, fi eft il bien certain, que toft apres la difperſiō des Apoftrés par le monde vniuerfel, les Gaules receurent l'Euangile. Et ne faut que nous penſions, que S. Marcel, & S. Valerin, efchappez des prifons de Lyō, du temps d'Antoninus Verus:& depuis martyrifez, le premier à Chalon, l'autre à Tournus, & tous deux fouz Prifque, chef de la Iuſtice au Chalonois, enuiron l'an de falut 162. ou que S. Benigne, SS. Andoche, & Tyrfe (venuz apres) ayent planté les premiers rudimens de la foy Chreſtienne, és dioceſes fuffragans de l'Archeuefché de Lyon, & païs comprins fouhs l'eſtendue du gouuernement de Bourgongne. Car (long temps auant S. Marcel, & auant que fon nom fuft ouy par decà) le mefme village, où de

Extraict d'vn fort vieil liure de S. Irigny de Lyon.
Saturninus & Paradocus.
S. Paul à Lyon.
S. Irenee.
S. Paul à Vienne.
Eglife S. Marie viuante.
Clement.
S. Paul à Valence.
S. Ruf.
S. Reſtiturus.
S. Paul à Narbône.
S. Trophime.
S. Saturnin.
Aſtronomius.
S. Andoche.
S. Vrſin.
S. Iulien.
S. Gratien.
S. Martial.
S. Paradocus.
SS. Denis, Ruſtic, & Eleuthere.
Les Gaules receurent toſt l'Euangile apres l'Aſcenſion.
SS. Marcel & Valerin ne pūbliērēt les premiers la foy en Bourgongne.
Antoninus Verus.
Prifque.
S. Benigne, S. Andoche, S. Tyrfe.

Des antiquitez

Prioré S. Marcel. Vbiliacus. present est le Prioré dedié soubs son nom, estoit appellé *Vbiliacus*. Et se trouue par bons, & anciens tiltres dudit Prioré, que desia il y auoit vne *Chappelle S.Pierre.* Chappelle de S. Pierre. Ioinct que (cōme i'ay autresfois dit, traictāt d'Au-
Faustus de Saulieu. tun) tous ceux qui ont parlé de Faustus, Conte, ou seigneur de Saulieu, & pere de S.Simphorien, tiennent que lors que S.Benigne, S.Andoche,
S.Simphorien. & S.Tyrse arriuerent audit Saulieu, iceluy Faustus estoit desia Chrestié.
Leonille de Lāgres. Ce que se dit aussi de Leonille de Langres, sœur de Faustus. Tellement
Masconois Chrestiés. que si nous n'auons resolution certaine, & asseurance fondee en tres-expres tesmoignage, par qui les Masconnois ont esté instruicts en la foy Chrestienne: si ne deuons nous douter qu'ils n'ayent esté Chrestiens, aussi tost qu'aucuns des autres habitans en la Prouince Lyonnoise. Ce n'est toutesfois là, que gist le nœud de l'affaire presentement mis en question. Car si bien (comme il est bien certain) il m'est accordé, que les Mas-
Les premiers Euesques de Mascō ignorez. connois ont esté de bonne heure initiez au Christianisme: si ne se trouue-il toutesfois qui ont esté leurs premiers Euesques. Si doncques nous ne pouuons rapporter à la verité les noms des premiers Ministres de l'Eglise de Mascon, il est force que nous nous contentions d'en dire ce que nous en auons peu apprendre.

Fustaillier se trōpe. Le souvent nommé Fustaillier (sans neantmoins alleguer son au-
Roy Guntrand. theur) dit que le Roy Guntrand (apres la victoire par luy obtenue con-
Manybod d'Auignō. tre Manybod d'Auignon) moyenna que douze villes furent erigees en Citez & Eueschez, dont Mascon fut l'vne: & que Nicetius en fut le
Nicetius, S.Nicier. premier Euesque. Mais, selon que i'ay desia dit au liure precedent, il se
Tomes des Conciles. trompe bien fort: par ce que (comme i'alleguois des Tomes des Conciles) il se trouue que Placidius auoit desia au parauant esté Euesque de
Placidius Euesque. Mascon.

Placidius Euesque plus anciē que S.Nicetius. PLACIDIVS doncques estant le plus ancien que i'aye peu sçauoir Euesque de Mascon, tiendra icy le premier rang: attendant que (si Dieu me fait la grace de recouurer les noms de ses predecesseurs, ou que quelqu'vn supplee ce mien deffaut) ce Catalogue puisse estre plus perfaict. Pour parler de cest Euesque Placidius, ie suis contrainct repeter ce que i'en ay desia dit au liure precedent, à sçauoir qu'il a assisté, & soubs-signé
Conciles d'Orleans. à trois Conciles tenuz à Orleans, viuant Childebert premier du nom,
Childebert Roy. Roy de France, & enuiron le temps du Pape Pelagius premier. Notam-
Pelagius Pape. ment au troisiesme assemblé l'an 26. du regne de Childebert, qui fut l'an de grace 540. qui sont enuiron vingt ans, auant que Clotaire monarque des Gaules, & pere de Guntrand, fust paruenu à la couronne.

S.Saluinus Euesque. Le successeur, ou successeurs de Placidius ne se trouuent point, sinon qu'on vueille y mettre S. Saluinus: lequel és plus vieils breuiaires imprimez à l'vsage de Mascon, est nommé Euesque dudit Mascon, & sa feste marquee le 10. de Septembre, sans qu'autre chose s'en trouue, dont on puisse cognoistre de quel temps, & souz quel Roy il viuoit. Ce dict, force est venir à Nicetius.

NICETIVS

NICETIVS.

AVCVNS ont esté d'opinion, & (pourroit estre) auec quelque raison, que comme Lyon estoit iadis du ressort de Mascon en temporel, tellement que les plus anciens Baillifs de Mascon se qualifioient Seneschaux de Lyon: aussi Mascon estoit au commencement de la iurisdiction spirituelle de l'Archeuesque de Lyon. De façon que Nicetius, & Iustus, soyẽt noms d'Archeuesques de Lyon, icy nommez Euesques de Mascon. Si est-ce que la reuerence que ie porte à l'antiquité (desmentir laquelle seroit s'oublier en son deuoir) me contrainct tenir auec elle, que le sepulchre qu'on montre à S. Clement lez Mascon, soit de cest Euesque Nicetius, que nous appellons en vulgaire S. Nicier. La commune opinion est qu'il exerçoit le ministere d'Euesque à Mascon du temps du Roy Guntrand. Et toutesfois Gregorius Turonensis contemporain, & qui rend honorable tesmoignage d'Agricola, Flauius, & Veranus Euesques de Chalon en ce temps là, n'en faict aucune mention. Bien, dit-il, parlant du Concile tenu à Mascon, liure 8. chap. 30. qu'vn Nicetius homme lay, fut faict Euesque d'Aix, par la deposition de Faustinianus.

Nicetius. Bailly de Mascõ Seneschal de Lyon. S. Clemẽt sepulture de plusieurs Euesques Masconnois. Nicetius du temps du Roy Guntrãd. Obiectiõ. Gregorius Turonensis. Euesques de Chalõ. Cõcile de Mascon. Nicetius Euesque d'Aix.

ALMVS. Ceux se trompent lourdement, qui pensent que ce soit vn nom d'Euesque: car c'est vn epithete de Iustus: comme pourront mieux cõgnoistre ceux qui ont vn extraict du nom des premiers Euesques, prins du liure enchainé. Les mots sont tels: *Nomina Antistitum sanctæ Matisconensis Ecclesiæ, primus Nicetius confessor. 2. almus Iustus. 3. sanctus Eusebius. 4. inclytus Decius. 5. egregius Momulus. 6. beatus Florentinus. 7. sanctus item Decius &c.*

Erreur commun. Catalogue des Euesques de Mascõ.

IVSTVS est tenu en reputation de sainct: mais au reste il ne se trouue rien de luy, sinon que l'opinion commune, conseruee dés l'antiquité, tiẽt qu'il fut inhumé à sainct Clement.

Iustus Euesque.

EVSEBIVS tenu semblablemẽt pour sainct, & qui fut aussi mis en sepulture auec les deux Euesques precedens à sainct Clement, est celuy duquel i'ay dit au liure precedent, qu'il assista aux deux Conciles de Mascõ, & en soubsigna les decrets. Le premier tenu du tẽps de l'Empereur Maurice, & du Pape Pelagius 2: l'autre le 24. an du regne de Guntran, qui fut enuiron l'an de grace 588.

Eusebius Euesque. 2. Cõciles de Mascõ.

DECIVS, Mommolus, Florentinus, & Decius 2. tous estimez saincts, sont au Catalogue commun nommez l'vn apres l'autre: mais d'eux ne se trouuent que les simples noms.

Deciᵘ, Mõmulus, Florentinus, Decius 2. Euesques.

DEODATVS (duquel ny les Chartulaires, ny Fustaillier, ne font aucune mention) est nommé par le compilateur des Conciles, Euesque de Mascon, & attesté qu'il fut l'vn de ceux qui assisterent, & soubsignerent le premier Concile de Chalon, tenu enuiron le temps du Pape Eugene, qui fut durant le regne de Clouis 2. du nom, Roy de France. Mention en est faicte aussi par le docteur Demochares, liure *De diuino sacrificio Missæ*, chapitre 19.

Deodatus Euesque. Cõcile de Chalon. Pape Eugene. Clouis 2. Roy. Demochares.

Z iiij

Des antiquitez

Dõnolus Euesque. Pepin Prince des François. Pepin Roy. Priuileges dõnez par Pepin à l'Eglise Masconn.

DOMNOLVS commença d'estre Euesque, du téps que Pepin le brief estoit(sans tiltre de Roy)Prince des François & Seigneur de Bourgõgne: & continua,iceluy Pepin estant paruenu à la couronne de France. Nous auons inseré au liure precedent, que cest Euesque Domnolus obtint dudit Pepin Maire du Palais,&Seigneur de Bourgongne,confirmation des immunitez, franchises & exemption de Iurisdiction seculiere, que les Roys de France, & les precedents proprietaires de Boùrgongne,auoient donné à l'Eglise, & Clergé du Masconnois: & montré, que les lettres patentes furent donnees à Metz , l'an deuxiesme de sa principauté.

Leduardus Euesque. Charlemaigne. Leduard Atchichãcelier.

LEDVARDVS.Charlemaigne le nomme son Archichancelier, par ses lettres,desquelles la teneur est telle: *In nomine sanctæ, & indiuiduæ Trinitatis. Carolus diuina clementia Imperator Augustus. Notum sit cunctis Ecclesiæ sanctæ filijs,præsentibus scilicet & futuris, quia Leduardus venerabilis Episcopus,atque dilectus Archicancellarius noster, nostram adijt clementiam, vt Canonicis Ecclesiæ S. Vincentij, quæ est constructa in Ciuitate Matisconensi, redderemus aliquas res iniustè ablatas, pro remedio animæ nostræ, & parentum nostrorum, vt beatus Vincentius Christi martyr,apud pijssimum Dominum pro nobis sit*

Donation de S. Gengoulx de Chissey, &c. à S. Vincent.

perpetuus intercessor. Cuius saluberrimam petitionem audientes,eam etiam profuturam cognouimus. Quapropter concessimus iam dicto S. Vincentio,agente supradicto Episcopo villam Ciciaci,cum Ecclesia S. Gengulphi,&   cum Ecclesia S.Martini, & mensa xiiii.in vsum-fructum ibi Deo seruientium, vt per futura secula illis maneant, absque vllo contradictore. Si quis autem(quod fieri non credimus)horum contradictor extiterit. x x x. auri libr. culpabilis iudicetur. Vt autem hæc verius credantur,diligentius obseruëtur,manu propria firmamus, & annuli nostri impressione sigillari præcipimùs. Signum Domini Karoli pijssimi Imperatoris. Madalbertus notarius scripsit. Il ne se fault pas beaucoup esbaïr,si les actions, & affaires des Euesques demouroient mal congneuz, & en

Les Princes occupoiẽt iadis les benefices. Bulle de Pape Adrian. Charlemaigne. Les Prelats restituez en leurs droicts. Charlemai gne à Rome.

obscurité: car les Princes, & Seigneurs tenoient alors les benefices, & estoit l'honneur deu aux Prelats,si assouppi, qu'ils n'estoient que comme vicaires pour l'exercice du spirituel. Dequoy ayant trouué vne bulle de Pape Adrien, qui en faict ample mention, comme aussi que Charlemaigne y commença à donner ordre : i'ay bien voulu prẽdre la peine de trãscrire icelle bulle, pour l'inserer icy: afin que chacun, qui lire la vouldra, en ayt congnoissance.Sa teneur est telle. ADRIANVS *seruus seruorum Dei Bertherio Viennensi Episcopo salutem. Dilectus, & illustris ac religiosus filius noster Karolus Rex,Patricius Romanorum,Romam venit, & Pascha Domini apud S. Petrum nobiscum egit . Vbi inter alia,eum monuimus de Metropolitanorum honore, & de Ciuitatibus quæ laicis hominibus traditæ erant: & quia Episcopalis dignitas ferè per lxxx. annos esset conculcata. Cũ hæc, & alia similia gloriosus Rex audisset , permisit ante corpus beati Petri Apostoli ,quòd omnia ad emendationem nostram venirent.Vnde placuit nobis, vt omnibus Archiepiscopis, & Episcopis authoritatem nostrarum literarum mitteremus; vt sicut antiquis priuilegijs singulæ Metropolitanæ vrbes fundatæ sunt, ita maneant : vt habeat*

vnaquæque

de Mascon.

vnaquæque Metropolis Ciuitates sibi subditas, quas beatus Leo & alij prædecessores, ac successores ipsius, post Chalcedonēsem sinodum singulis Metropol. distinxit. Nec propterea vlla Metropolis præiudicium patiatur, si alicui suffraganeorum, aut nos, aut prædecessor noster, rogantibus piis Francorum Ducibus, Palliū largiti sumus. Nec debet Ecclesia vllum damnum sui ordinis inde sustinere, si per lx. aut lxxx. & eo amplius annos, incuria quorumcunque Præsulum, & vastatione Barbarorum, dignitatem antiquam, & Romanorum Antistitum firmitate roboratam perdidit, & amisit: quādo innumeris penè annis illa Spiritu Dei disponente vsa fuerit. Auctoritate igitur beati Petri principis Apostolorum singulis Metropolis antiquo more, potestatem suam reddidimus, & filium nostrum gloriosum, & inclytum Regem Karolum, ante corpus beati Petri inde rogauimus, vt antiquam dignitatem omnis Metropolis haberet. Ideò hanc epistolam auctoritatis nostræ omnibus misimus, quam & tu vt haberes voluimus, & vt tu nosceres Ecclesiæ tuæ priuilegium, quod à tempore beati Papæ Leonis habuit, esse integrè reformatum. Datà Calendis Ianuarij, imperante piissimo Augusto Constantino, annuēte Deo, coronato piissimo Rege Karolo, anno primo Patriciatus eius.

Ceste ne sera (peut estre) trouuee pertinēte à l'histoire Masconoise: mais elle faict tant pour illustration de l'histoire Ecclesiastique des Gaules, & pour monstrer que l'abus, que les anciens Roys François, de la race de Merouee, auoiēt introduict, de disposer à leur volōté, des Archeueschez, Eueschez, & Abbayes, commença beaucoup à moindrir soubs Charlemaigne: par la faueur duquel les Ecclesiastiques recouurerent beaucoup de leurs honneurs, & droictures anciennes.

VVICHARDVS, ou Guichardus, Gundulphus, & Adelrannus, autrement nommé par aucuns Adelinus, ont aussi esté Euesques durant le regne de Charlemaigne: & ledict Vvichard Archichancelier.

HILDEBALDVS seoit regnant Loys Debonnaire, Roy & Empereur. Iceluy Roy Loys auoit donné à S. Vincent la ville de Cluny, qui lors n'estoit pas grand chose, mais cest Euesque Hildebald la transporta en eschange à Vvarin, ou Guerin, Cōte de Chalon, & de Mascon: lequel, & sa femme Albana (que ie trouue aussi nōmee Eua) furent fondateurs de l'Abbaye de Cluny. Et pleut tant ce sainct œuure audict Euesque, qu'il ne se contenta de consacrer luy-mesme, & dedier l'Eglise, soubs l'inuocation de S. Pierre, & S. Paul Apostres, mais d'abondant donna à icelle Abbaye les Eglises de Cotte, & de Ialloigny, lesquelles estoient des biés de S. Vincent. Ce que le Conte Guerin, & sa femme donnerent à S. Vincent pour contr'eschange, sont seigneuries en Niuernois, & en Auuergne. Le tiltre sur ce expedié est de l'an xij. dudit Loys Roy, & Empereur: qui fut l'an de salut 826. Le mesme Empereur confirma les lettres, que Domnolus Euesque auoit (comme nous auons dit amplement au liure precedent) obtenu de son ayeul Pepin. Et pour ce que la chartre de ladicte confirmation est fort prolixe, ie n'en mettray icy que le dispositif. *Præcipiētes igitur iubemus, vt nullus Iudex publicus neque quilibet ex iusticiaria*

[marginalia: Vvichardº, Gundulphus, & Adelrānus Euesques. Vvichard Atchichācelier. Hildebauld Euesque. Loys Debonnaire Roy. De Cluny. Vvarin Cōte de Chalō, & Mascon fondateur de Cluny. Dedicatiō de Cluny. Cotte, & Ialloigny. Cōfirmatiō de priuileges.]

potestate,nec aliquis ex fidelibus nostris,in Ecclesias, aut loca, vel agros, seu reliquas possessiones memoratæ Ecclesiæ,quas moderno tempore,in quibuslibet Pagis, & territoriis, infra ditionem Imperij nostri iustè habere,& possidere cognoscitur. Quicquid etiam deinceps in iure ipsius sancti loci voluerit diuina pietas augeri,nemo ad causas audiendas,vel freda,aut tributa exigenda,aut mansiones, vel paratas faciendas,aut fideiussores tollendos,aut homines ipsius Ecclesiæ, tam ingenuos, quámque seruos,super terram eiusdem commanentes,distringendos, nec ullas redibitiones,aut illicitas occasiones requirendas, ullo unquam tempore ingredi audeat,vel exactare præsumat.Sed liceat memorato Pontifici,suisque successoribus, res prædicta Ecclesiæ sub immunitatis tuitione, quieto ordine possidere, & nobis fideliter parere:pro Imperio,atque pro stabilitate nostra, vel totius Imperij à Deo nobis collati,atque coseruandi,unà cum Clero,atque populo sibi subiecto, Domini misericordiam exorare delectentur.Hanc itaque auctoritatem, ut pleniorè in Dei nomine obtineat vigorem,& à fidelibus sanctæ Dei Ecclesiæ, & nostris verius, certiúsque credatur,manu propria subter firmauimus,& annuli nostri impressione signari iussimus.Signum H. Ludouici serenissimi Imperatoris, Helisachar recognouit.Datum iij. Kal.Decembris anno primo Christo propitio Imperij domini nostri,inditione viij. Actum Aquisgrani,in Palatio Regio.

Immunité donnée à l'Eglise de Mascon.

BRANDAVICVS, que ie trouue autrement auoir esté nommé Bréduicus,& Breidingus,estoit du temps de Charles le Chauue Roy,& Empereur.Plusieurs lettres patentes se trouuent de ce Roy,concedees en faueur dudict Euesque y nommé Brenduicus: mesmement une donation de Tournus, dit là *Tornotium*, à la charge, ut idem Pontifex, & successores eius,in die obitus genitoris nostri Augusti H.Ludouici,quæ est xij. Cal. Iulij,& in die obitus genitricis nostræ Iudith, Augustæ,quæ est xij.Kal. Maij, & in die natiuitatis nostræ,quæ est Id.Iunij, & in die inunctionis nostræ per misericordiã Dei in Regem,quæ est viij. Idus Iunij: & post vocationem ex hoc seculo nostra, in die migrationis nostra,volumus agi superius dicta sanctæ matris Ecclesiæ fratribus refectionis prandia,quæ pro tempore, & rerum possibilitate parari non negligantur:quatenus nostri memoriam recolentes,deuotiori supplicatione diuinam propitiationem pro nobis implorare contendant. Du temps de cest Euesque, Charles le Chauue donna à un nommé Landric la terre, & seigneurie de S.Albain,qui depuis la donna à l'Eglise S. Vincent, comme nous dirons apres.

Bréduicus Euesque. Charles le Chauue Roy.

Dates remarquables.

Landric. Terre S. Arbain.

EVICINVS. C'est Euesque n'est pas au catalogue commun: mais ie trouue qu'il doit auoir icy place,d'autant qu'il assista à Gilbodus, ou Gilbardus, (car les deux noms sont d'un mesme)Euesque de Chalõ,lors que le corps de S. Loup (aussi Euesque dudict Chalõ)fut releué.Ce qu'aduint le 29. d'Aoust,l'an 877. qui fut l'an 37.du regne de Charles le Chauue.

Euicinus Euesque. Gilbodus Euesque de Chalõ. S.Loup releué.

QVANT à Conrardus qui se trouue nommé Euesque de Mascon, en l'election de ce Roy Boson, que ceux de Charlieu (Prioré dependant de Cluny)appellent vulgairemét le Roy bœuf, & disent qu'il gist en l'Eglise dudict Prioré: toute celle histoire m'est bien fort suspecte. Car il faudroit

Conrad Euesque. Boson. Charlieu. Histoire suspecte.

de Mascon. 275

droit (à leur compte) qu'il y eust eu deux Rois Bosons, l'vn enterré en l'Eglise Cathedrale de Vienne (où il a son Epitaphe, qui commence ainsi: *Regis in hoc tumulo requiescut ossa Bosonis*) l'autre inhumé au dit Chat-lieu. Ce que ne se trouue en aucunes histoires. Mais pour venir à la verité, il est à croire que ce Roy Beuf, soit Beuues Conte d'Ardaines, pere de Boson.

BERNARDVS commença d'estre Euesque le dernier an du regne de Charles le Chauue, qui fut de nostre redemption le 878. Pendant son Episcopat, certain noble homme dóna à l'Eglise S. Vincent la seigneurie de S. Albain. De laquelle donation (combien que le latin soit fort grossier) ie mettray icy le commencement, pour remarque de la façon de laquelle le seigneur Landric donateur parloit du Roy Charles le Chauué. *Sacrosanctæ matris Ecclesiæ S. Vincentij, quæ est constructa infra murum ciuitatis Matisconensis, quàm venerabilis Præsul Bernaldus ad regendum habere videtur. Siquidem ego in Dei nomine Landricus cogitans casum humanæ fragilitatis &c. dono ad præfatam casam Dei S. Vincentij, suisque Canonicis Deo ibidem famulantibus, ad eorum alimoniam, vel luminaria &c. res quasdam meas, sitas in pago Matisconensi Gisarius locum, & capellam in honore S. Albani, iure proprietario ad habendum, quàm Domnus, & Senior meus pijssimus Rex Corolus mihi largiri dignatus est, cum mancipijs desuper manentibus, cum peculiarijs eorum &c.*

LAMBERTVT entra au siege Episcopal, sur la fin du regne de Charles le Chauue, & mourut Loys le Begué estant Roy. Il se trouue que ce Lambert eut bien gros different auec Gibard Euesque de Chalon, sur ce qu'iceluy Gilbard pretendoit l'Eglise de S. Albain estre de sa iurisdiction. Mais telle querelle fut vuidee par le pronómé Roy, & Empereur Charles le Chauue, au profit de l'Euesque de Mascon.

GVNTARDVS exerça son ministere, soubs Loys, & Carlomá Rois, fils de Loys le Begue. Ce pourroit estre luy, qui est nommé en l'election de Boso, Conrardus.

S. GERALDVS, ou Girardus selon le vulgaire fut vn bon & sainct personnaige, duquel se trouuent plusieurs tiltres és archiues de Mascon, mais la pluspart ne traictent que de la commune disposition d'affaires. Et tous portent tesmoignage, qu'il seoit au siege Pontifical de Mascon regnant Odo l'Angeuin, & Charles le simple: puis mourut durát le regne de Raoul le Bourgongnon. De son temps il y eut gros differét entre les Chanoines de S. Vincent de Mascon, seigneurs de S. Albain d'vne part, & les Religieux du Monastere de S. Oyan, dict à present S. Claude en la fráche Conté, desquels depend le Prioré prés Mont-belet, assis sur vne petite flumare, nommee Borbance, d'autre part. La questió procedoit à cause des dismes du terroir S. Albain, sur lequel lesdits Religieux vouloient vsurper: Mais l'Archeuesque de Lyon, & S. Girad Euesque de Mascó descendants sur les lieux, & s'enquerants diligemment du droict, & tort des parties, sentencierent pour les Chanoines de Mascon, l'an de l'incarnatió

Deux Bosons. Beuues pere de Boso. Bernard Euesque. Charles le Chauue Roy. Donation de S. Albai à S. Vincét. Landric donateur. Senior dictió bié remarquable. Lambert Euesque. Charles le Chauue Roy. Loys le Begue Roy. Gilbard Euesque de Chaló. La iurisdiction, sur S. Arbain adiugee à l'Euesque de Mascó. Guntard Euesque. Loys, & Carlomá Rois. S. Girard Euesque. Odo l'Angeui, Charles le simple, Raoul le Bourgógnó, Rois. Differend pour les dismes S. Arbain. Prioré de S. Oyan. Borbance, petite riuiere. Chapitre obtient.

noſtre Seigneur 906. qui fut l'an 7. du regne de Charles le ſimple. N'eſt à oublier, que ſeant au ſiege Epiſcopal de Maſcon ce ſainct perſonnaige Girard, Raculphe Conte de Maſcon interpretant la bôté de tel Eueſque, ſimplicité, & ſottiſe, luy rauit beaucoup de ſon temporel: pilla l'Abbaye de S. Clemét, & feit autres actes tyranniques. Pour leſquels cité au Concile tenu en l'Abbaye de S. Marcel lez Chalon, il fut condamné par ſentence, & contrainct reſtituer ce qu'il auoit violemment vſurpé, vollé, & pillé du bien de ladite Egliſe de Maſcon.

Berno.

BERNO tint le ſiege Pontifical de Maſcon, ſoubs le Roy Raoul. Il eſtoit de la maiſon des Contes de Maſcon. Pour teſmoingnage dequoy ſert l'extraict que nous auons inſeré au liure precedent, & lequel commence ainſi: *Hæc ſunt nomina Comitum Matiſconenſium. Primus, Albericus Narbonenſis: qui accipiens filiam Raculſi vicecomitis, poſt mortem Domini Bernonis Matiſconenſis Epiſcopi, Comitem ſe fecit &c.* Entre pluſieurs tiltres qui ſe trouuent de luy, auec atteſtatiō d'auoir eſté paſſez du tēps du Roy Raoul, il en y a vn daté du Mardy Cal. Ianuier l'an 8. du regne du Roy Raoul. Par lequel tiltre eſt infirmee l'opinion du ſieur du Tiller, Greffier au Parlement de Paris, qui (contre ce que tiennent les autheurs par luy-meſme alleguez) termine le temps que Raoul a eſté Roy, à deux ans ſeulement. L'Epiſcopat de Berno a duré iuſques au temps de Loys 4. ſurnommé d'oultre-mer: auquel Raoul ceda le droit qu'il pretendoit en la couronne. Il ſe trouue en quelques tiltres particuliers, que ce Berno eſt auſſi appellé Bernoldus. Et par ce que de trois tiltres, où ie le veoy ainſi nommé, l'vn (pour toute date) n'a autre, ſinon, *Actum eſt hoc regnante Carolo Rege*: il eſt neceſſaire en inferer, que Berno, ou Bernold commença d'eſtre Eueſque, viuant Charles le ſimple. Car de dire que Bernold, & Berno ſont deux: il n'y a moyen de le ſouſtenir, & moins de le prouuer.

MAYMBODVS ſucceda à Berno, du temps de Loys 4. que ie diſois tantoſt auoir eſté ſurnommé d'oultre-mer: & à ſon entree en l'exercice du miniſterial, trouua tant les Egliſes, que la ville de Maſcon en grandiſſime deſordre: le feu d'vn coſté auoit preſque tout conſommé: les graines, & prouiſiōs des Chanoines auoiēt eſté bruſlees: & d'autre coſté chacun des ſeigneurs tant de la ville, que du plat païs, ſ'eſtoit ſaiſi de ce des biens des Egliſes, qu'il auoit iugé luy eſtre plus commode. Entre tous Hugues, Conte de Baugé, ſ'eſtoit rendu fort aſpre à la curee: & ſ'eſtoit ſaiſi ſi affectionnémēt du reuenu de l'Abbaye de S. Clement lez Maſcon, qu'il n'y auoit moyen, ny eſpoir de luy faire laſcher prinſe, que par vne puiſſante force. Maymbod homme de cœur & d'entendement, & qui ne ſ'amuſoit tant apres ſon Breuiaire (comme auoient faict quelques-vēs de ſes modernes predeceſſeurs) qu'il ne penſaſt de la conſeruation du biē qui luy eſtoit commis, alla en Cour, où il feit ſes plaintes au Roy, implorāt ſa main ſouueraine, cōtre les vſurpateurs du bien de ſon Egliſe.

Le Roy

Marginalia:
Contre du Tiller du Roy Raoul.
Roy Loys 4.
Berno, & Bernold n'eſt qu'vn.
Maymbod Eueſque.
Grand deſordre à Maſcon.
Hugues Conte de Baugey.
Maymbod homme de cœur.
Prouiſion contre les vſurpateurs du bien de l'Egliſe.

Le Roy octroya ses lettres patentes à Maymbod, qu'il feit signifier au Marquis Hugues, & au Conte Leutold. Il faschoit fort au premier de se departir d'vn bien auquel il n'auoit autre droict que de bien seance : le Conte (auquel Hugues auoit lasché la moitié du reuenu de l'Abbaye de sainct Clement) feit conscience de l'accepter de celuy qui n'en estoit qu'vsurpateur. Au contraire il ramena le Marquis Hugues à termes de si bonne raison, que l'ayant induict à auoir pitié du miserable estat auquel les Chanoines de S. Vincent estoient reduits, il quitta à l'Euesque, & à son Chapitre, non seulement tout ce qu'il pouuoit pretédre en l'Abbaye S. Clement, mais aussi la querelle qu'il auoit suscité sur le Bois chetif: selon que bien amplement nous l'auons dit au liure precedent. Ayant l'Euesque Maymbod donné ordre (tel qu'il auoit peu) au temporel de son Eglise, il ne voulut demourer sans soucy du spirituel. Pour doncques obuier à beaucoup de menees qui se faisoient impertinemment és electiós des Euesques de Mascon, il obtint du Pape Agapit priuilege tel que s'ensuit.

Le Conte Leotald.

L'Abbye S. Clemét.

Bois chetif.

AGAPITVS *Episcopus seruus seruorum Dei reuerendißimo & sanctißimo Maymbodo Matiscensis Ecclesiæ Episcopo, eiúsque successoribus in perpetuũ, Cùm enim omnium Ecclesiarum status à beatorum Apostolorum principis Petri doctrinis prouehatur, & ab eius fulcimine lapsa quæ sunt resolidentur, oportet merito sanctam Matiscensem Ecclesiam minorationem suæ dioceseos patientem, suarúmque dignitatum copia carentem, citò restitui, vt honorem suum nõ amittat. Cognoscentes igitur ipsam in omnibus cassatam, conuenit ad eius releuationis statum, auxiliatricẽ nostram porrigere dextram: quatinus beati Petri Apostoli fonte potata, Christo iuuante, suis redintegretur honoribus. Et ideo omnes omnium sanctarum Ecclesiarum cultores cóperiant, atque fideles sciant, quòd Maymbodus dilectus Episcopus, spiritualis filius noster, suggeßit Apostolicæ almitati nostræ, quatinus concederemus suis Canonicis, & laicis in Ecclesia sancti Vincentij martyris commorantibus, aliundè ibidem non ordinare Episcopum, nisi qualem Canonici, vnà cum prædictis Religiosis laicis, inter se elegerint, sicut sacri censent Canones. Etiam concedimus sibi, suísque successoribus, vt honor debitus omni tempore impendatur prænominatis. Etiam concedimus Canonicis, & confirmamus omnes res, quæ per præcepta Regum, vel largitionem bonorum vel Christi fidelium vtriusque sexus in eodem loco collata sunt, vt irrefragabiliter sine alicuius contradictione in perpetuum habeant. Abbatiam verò S. Clementis martyris, quæ est in suburbio præfatæ Ciuitatis, cum omni integritate, & Ecclesijs, atque seruis, & ancillis, colonus, & colonabus sibi, pertinentibus: necnon & Ecclesiam S. Desiderij in Verziaco villa sitam, cum terrula S. Petri ex episcopatu, in prænominata villa coniacente: simúlque Ecclesiam S. Romani in Cadunaco villa sitam: verùm etiam nonas, & decimas, & ex fiscis præfati Pagi: atque tertiam partem nemoris iuxta Ararim fluuium, ab amne Vellæ vsq; ad Ollam lacum, sicut pius Hludouicus Rex dilectus filius noster, annuente prætaxato Maymbodo Præsule de decimis & terra: pariterque consentientibus Hugone Marchione, & Leotaldo moderantißimo Comite,*

Priuilege d'election.

Notez de l'election de l'euesq.

S. Clemét.

Verzey.
S. Romain.
Bois chetif.

Aa

cuius animus in augmento præfatæ Ecclesiæ omnino flagrabat,concessit.Itaque nos per hoc nostrum Apostolicū priuilegium concedimus detinendum perpetualiter,cum decimis S.Albani martyris, & Gisarno. Ita vt amodò,& deinceps quicquid in eodem loco donatum,ac quacunque concessa sunt,vel quæ diuina pietas in posterū augeri voluerit per quascunque personas,absque alicuius impulsionis molestia teneant.Ea verò ratione,vt nullus Rex,Dux,Comes,aut exactor, vel publicus minister,super eis aliquam angariam,aut districtionem,seu grauamen,atque imperationem imponere præsumat,nisi quantum fideles Canonici prædicti loci alicui personæ ob suam bonitatem concedere voluerint.Statuentes,atque promulgantes corā Deo,& terribili eius examine,&c. Au reste cest Euesque Maymbod fut personnage d'honneur, & de pouuoir, & donna fort prudemmét ordre aux affaires de son Euesché. Fustaillier dit qu'il fut esleué en la dignité d'Euesque l'an 922. qu'il quote(contre l'opinion de tous les modernes) an 24.du regne de Loïs surnommé d'oultre mer,mais il se pourroit bien tróper.Car outre ce que ie ne trouue Annales, Chroniques,ny histoires Françoises conformes à son dire,quant au temps que Loïs 4.fut Roy : si Maymbod auoit commécé d'estre Euesque l'an susdit 922.ce auroit esté (selon le calcul de du Tillet) l'an 23.de Charles le simple. Or de 34. tiltres esquels est faicte mention de Maymbod,il n'en y a pas vn auquel il soit dit en fin, *Faict du temps du Roy Charles*:ains ou il n'est rien dit dudit Roy, ou les Rois Loïs,Lothaire, & Cōrad y sont seulemét nōmez.Il n'y a rien qui trauaille tant le cerueau des hommes curieux de l'exacte congnoissance des choses du passé,que la conciliation des dates, si diuerses entre les autheurs anciens,les vieils tiltres, & les hommes qui ont escrit puis cent ans,que nul ne le pourroit croire,s'il n'a bien fort sué apres telle besongne.

TEOTELINVS fut apres le trespas de Maymbodus installé Euesque de Mascon. Il estoit de la maison de Baugey : & en ce nom fauorisa de tant Hugues Marquis de Baugey son proche parent,que combié que par Bulles Apostoliques il fust commandé audit Hugues de vuider ses mains de la seigneurie de Baugey,& de l'Abbaye S.Laurés,au pied du pōt de Mascon, ce neantmoins Teotelin les luy infeoda à la charge d'vn quintal de cire,& d'vne maille d'or chacun an,payables à l'offrāde le iour S.Vincent,selon que nous auons assez amplemét deduit au liure precedent.La seance de cest Euesque fut durant le regne du Roy Lothaire.

ADO successeur de Teotelinus exerça sa function Episcopale regnāt aussi Lothaire.Entre gros nombre de tiltres qui se trouuét de luy, est en quelques vns fort remarquable,que le Bourg qu'on appelle de present Sauerou : & que l'ignorance de quelques Notaires a nommé en latin *Burgum saporosum*, est dit *Burgus superior*. Qui faict que ie ne doubte que anciennement son vray nom estoit Bourg souuerain.Les murs de la ville separoient adoncq' ledit Bourg d'auec icelle ville. Cest Ado est celuy que

que nous auons dit au premier liure auoir premierement immué l'ancien estat de sainct Pierre, & auoir transferé le tiltre Abbatial d'icelle Eglise,(lequel au parauant estoit cōjoinct à la crosse Episcopale) à vn particulier nommé Odo, Chanoine de Mascon. Les mots de la concession sont tels : *In nomine verbi incarnati notum habeatur omnibus filijs fidelibusq́ sanctæ Matiscensis Ecclesiæ, præsentibus scilicet atque futuris, quia Dominus Ado Reuerendus Antistes, per deprecationem Canonicorum, & fidelium suorum, Ioannis videlicet Præpositi, atque Aymari Archidiaconi, ac reliquorum, contulit cuidam Clerico, nomine Odoni, Canonico inclyti martyris Christi Vincentij, quasdam Ecclesias, & res præmemorati martyris, Abbatiam scilicet S. Petri, cuius Ecclesia fundata est in suburbio Ciuitatis Matisconensis, & est hospitalis, & ibi conuenit sepultura præfatæ vrbis, cuius duæ partes sunt Canonicorum, tertia verò ipsius loci est. Denique capella in honore S. Petri dicata, & in villa Carnaco sita. Alia verò capella in vico Bußiaco sita, in honore S. Petri. Est & Ecclesia sancti Petri, quæ vetus dicitur, & ipsa suburbana est &c.*

> Odo premier Abbé de S. Pierre de Mascon.
> Tiltre de l'Abbé Odo.
> Deux pars de Chanoines, l'autre tiers de natifs de Mascon. Charnay.

I'A Y esté bien content extraire ce que dessus d'vn bien prolixe original, afin que les lecteurs sçachent & entendent, que lors non seulement le monastere de S. Pierre, mais aussi la vieille Eglise parochiale, laquelle est à present vnique souz l'inuocation de S. Pierre, estoient toutes deux hors la ville. Aussi que oultre les Chanoines dudit monastere S. Pierre, il y auoit auec eux(pour faire l'office diuin)certain nombre d'enfants de la ville, & iusques au tiers, qui estoiēt habituez tant qu'ils seroient trouuez bien faire, ou bien perpetuels. D'où i'estime estre procedez les Chappelains du Tour, qui sont encores auiourd'huy. Sans neantmoins vouloir nier, qu'il n'y ait à dire pour & contre, selon l'intention de ceux qui en voudroient entrer en discours. Or (pour finir cest article de l'Euesque Ado)tous les tiltres esquels est faicte mention de luy, sont, comme on disoit iadis, *sine Consule* (nous pourriōs dire *sine Rege*)ou si quelque Roy y est nommé,ce sont seulement Lothaire Roy de Frāce, & Conrard Roy de Bourgongne.

> La Parochialle hors la ville.
> Chappelains du Tour.
> Lothaire Roy de France.
> Conrard Roy de Bourgōg.

I O A N N E S fut esleu Euesque de Mascon, apres le trespas d'Ado. Le nom de son pere ne se trouue pas, mais bien que sa mere estoit appellee *Landrada*. De luy ne reste par escrit chose qui merite estre icy rapportee, sinon qu'il vesquit fort gracieusement auec Leotald Conte de Mascon, qui pour ce luy confirma les donations que son ayeul Leotald auoit fait tant à l'Euesque Maymbod, qu'à l'Eglise de Mascon. Ce Prelat Iean fut receu pasteur des Chrestiens Masconnois du temps du Roy Lothaire, & mourut iceluy encores regnant.

> Iean euesque.
> Leotald Conte.
> Lothaire.

A R E M B E R T V S n'est par personne(que ie sçache) mis au Catalogue des Euesques de Mascon : aussi combien que i'aye trouué par certains tiltres, que luy & le Chapitre disposoient des affaires de l'Euesché, ne le puis ie recongnoistre pour Euesque, ains seulemēt pour Preuost, qui e-

> Arembert.

Aa ij

Preuost, premiere dignité du Chapitre de Mascō.
Lothaire Roy.
Droict de Regale.
Milon Euesque.
Hugues Capet roy.
Conrard filz de Raoul le Bourgongnō Roy.
Alberic Conte.

stoit la premiere dignité de Chapitre: & tien que lors (c'estoit viuant le Roy Lotaire) ce que se depeschoit souz son nom, & des autres freres, estoit le siege Episcopal vacant, & eux ayans le droict de Regale.

MILO fut Euesque regnant Hugues surnommé Capet: & de son temps viuoit encores Conrad Roy de Bourgongne, que M. Nicole Gilles dit fils de Raoul le Bourgongnon iadis Roy de France, & successeur d'iceluy au Royaume de Bourgongne. Aduint durant l'Episcopat de Milo, que le trespas d'Alberic Conte de Mascon (mort en la fleur de son aage, & sans enfans) occasionna de grands altercats, entre ceux qui pretendoient luy deuoir succeder. Berthe mere du defunct n'auoit faute d'hommes versez en la loy, qui maintenoient que le droict escrit fauorisoit son action: d'ailleurs Guillaume oncle de feu Alberic, estoit conseillé de ne souffrir qu'vn tel fied que la Conté de Mascon (duquel vne femme ne pourroit accomplir les charges) tombast en autres mains que és siennes, qui estoit plus prochain parent du trespassé. Les deux parties abondoient en bons parens & amis, prests reciproquement à soustenir leur querelle, & en venir aux mains. Mais Milon vsant du deuoir de bon Pasteur appaisa le tout, au contentement des vns & des autres. Ce fut moyennant le mariage de Guillaume, & de Berthe: lesquels à ces fins, & pour l'vtilité publique, il dispensa de toute la consanguinité, & affinité qui estoit entr'eux. Ceste inuention augmenta fort la bonne reputation de Milon, & fut cause que par apres le Masconnois resta en grand' tranquillité, & repos. Il mourut le 14. Ianuier.

Prudence de Milon.

Ledbauld Euesque.
Hugue Capet & Robert Rois.

LEDBALDVS fut longuement Euesque. Il commença soubs Hugues Capet, & continua soubs Robert. Ie trouue vn tiltre signé par luy le 25. an du regne dudit Robert. Maintes autres memoires se trouuent de luy, mais qui ne seruent au faict de l'histoire.

Gauslenus euesque.
Raoul sieur de Baugey.
Infeodation de S. Laurens.
L'eglise S. Pierre bruslee.

GAVSLENVS. Qu'il fut successeur immediat de Ledbald, il en appert, par vn tiltre duquel la teneur s'ensuit: *Notum sit omnibus fidei cultoribus, quia quidam miles nomine Elduinus, calumniam intulit rectoribus sancti Vincentij ecclesiæ, quæ sita est in Matisconensi ciuitate, scilicet Ledbaldo Episcopo, fratribusque sub eius regimine Deo militantibus, ac post Ledbaldi Præsulis excessum, Gausleno Episcopo, qui post eum prædictæ Ecclesiæ regimen suscepit, &c.* Ce Gauslenus infeoda à Raoul sieur de Baugey, l'Abbaye S. Laurens, situee au pied du pont de Mascon. Et par le tiltre sur-ce expedié, (contenant beaucoup d'autres) consent qu'il porte ladite Abbaye sainct Laurens, auec Baugey, & ses appendances. Estant aduenu que l'Eglise Collegiate sainct Pierre fust consommee par feu, cest Euesque Gauslenus mit fort grand peine à la restaurer. Et de faict donna grand commencement au nouuel œuure: sans pour cela laisser de faire de bien necessaires reparations aux maisons de l'Euesché. Finablement (plein de vieux iours) il trespassa le huictiesme iour de Iuillet, regnant le

De Mascon.

le Roy Robert. N'est à omettre que viuát encores Gauslenus, les Abbé, & Religieux de Cluny troubloient desia l'estat mis en l'Eglise dés sa naissance, pour s'exempter de la iurisdiction ordinaire de leur diocesain. Celà fut cause que Gauslenus en feit plainte à l'Archeuesque de Lyon, son Metropolitain : lequel preuoyant l'importance de cest affaire, assigna la tenue du Concile prouincial en la ville de Anse. Là se trouueret l'an 1025. plusieurs Archeuesques & Euesques, tant de la prouince Lyonnoise, que autres. Leurs noms sont, Burchardus Archeuesque de Lyó: vn autre Burchardus Archeuesque de Viéne : Amizo Archeuesque de Tarétaise : Helmimus d'Autun : Geoffroy de Chalon : Gauslenus de Mascó : Hugues Cóte d'Auxerre : Guigo de Valence : Humbert de Grenoble : Anbald d'Vzés: Anseaulme d'Aoste : & Vrard de Maurienne, Euesques. Apres qu'en l'Eglise S. Romain dudit Anse on eut vuidé plusieurs affaires Ecclesiastiques, & autres concernans l'vtilité publique : Gauslenus se leuant, dit qu'il auoit à se plaindre bien fort de l'auant nommé Burchard de Vienne: qui sans son gré & licence, & contre les sanctions Canoniques, auoit fait les ordres en son diocese, & iceux conferé à certains moynes dedans l'Abbayé de Cluny. A quoy respondant l'Archeuesque, appella à garant Odile Abbé de Cluny present. L'Abbé & ses moynes se presentans, exhibét les bulles Apostoliques, par lesquelles le Pape les declare exépts de la iurisdiction de tous Euesques, quelque part qu'ils se puissent trouuer. Auec puissance de choisir tel Euesque qu'il leur plaira, pour faire les ordres & consecrations en leur monastere. Les peres apres auoir entédu le proposé de l'Abbé Odile, vindrent à rechercher ce que tant par les Cóciles de Chalcedone, qu'autres authétiques auoit esté determiné en semblables matieres. Ayans trouué que par iceux il est ordoné qu'en toutes contrees les Abbez & moynes doiuent estre subiets à leur propre Euesque: & defendu à tous Euesques de faire ordres & consecrations au diocese d'autruy, sans expresse permission: ils declarerent telles lettres d'exéption non valables, d'autant que tant s'en failloit qu'elles fussent cóformes aux saincts decrets, qu'elles leur estoient directement contraires. Iugerent aussi que l'Abbé Odile ne pouuoit entrer en garantie, ny prendre le faict en main pour l'Archeuesque de Vienne. A raison dequoy l'Archeuesque conuaincu par raisons, pria Gauslenus luy pardóner: & luy promit que pour satisfaction, tát qu'il viuroit, il luy enuoyeroit tous les ans en Caresme, autant d'huille d'oliue qu'il luy en faudroit, pour faire le Cresme. Ce qu'il a obserué de bonne foy tout le temps de sa vie.

VVALTERIVS, ou Galterius successeur de Gauslenus, ne trouua Odile Abbé de Cluny hors des termes de se vouloir aider des bulles cy dessus mentionnees. Entre autres actes contraires à la iurisdiction ordinaire de l'Euesque de Mascon, l'Euesque du Puis (estant allé voir l'Abbaye de Cluny) fut sollicité par les moynes du lieu, de consacrer vn autel, ce qu'il feit. Dont aduerty Vvalterius, feit sçauoir à Odile, qu'il auoit eu

Robert Roy. L'Abbé, & Religieux de Cluny taschent se émaciper. Concile d'Anse. Euesques assemblez au Concile d'Anse, nómez selò le liure enchainé au tresor de Mascó. Ces noms sont differents de ceux que i'ay mis en nostre discours de Chalon. S. Romain d'Anse. Plaintif de Gauslen. Odile Abbé de Cluny. Bulles d'exemptió. Cócile de Chalcedone. Notable contre les exéptions. Bulles declarees nó valables, & pourquoy. Abbé debouté de ses fins. L'Archeuesque de Vienne requiert pardon. Huille pour améde. Gaultier Euesque. Odile. L'Euesque du Puis.*

tort, de faire proceder à chose contraire à ses droicts : sçachant bien qu'à nul, fors luy, n'appartenoit de consacrer autel au diocese de Mascon : & que s'il ne luy en faisoit raison, il employeroit tous ses moyens, pour l'auoir. Odile pour ses defenses alleguoit, que lors que ces choses se faisoient, il estoit absent de son Abbaye : mais qu'il dôneroit ordre de tout reparer au contentement de l'Euesque. A ces fins il pria Gaultier de luy nômer iour & lieu, pour parler ensemble. Ce qu'il luy octroya. Estâs assemblez, apres diuers propos, ils tomberent d'accord : & l'Abbé donna à l'Euesque par maniere de satisfaction & d'amêde vn cheual estimé dix liures, & vn vase d'argent doré, d'excellente manufacture. D'auâtage Odile requist à Gaultier, qu'és prochains quatre temps il allast à Cluny faire les ordres, & les conferer à ses moynes. Ce qu'il feit. Depuis Odile vint à S. Martin, prioré prochain de Mascon, dependât de Cluny, où il coucha : puis le matin partit à pied auec ses moynes, pour entrer au chapitre. A sô entree tous les Chanoines se leuerent de leurs sieges pour luy faire l'honneur deu à vn personnage de sa qualité. Luy se mit à genoux au milieu du chapitre, & pria que ce en quoy il auoit offensé côtre le lieu, & les freres, luy fust remis & pardôné. Adiousta qu'il se repêtoit bien fort, de ce qu'il ne s'estoit redu obeïssant à l'Eglise de Mascon, côme à sa mere. Protestant de rendre d'oresenauant tout deuoir enuers elle, & ceux qui auroient cômâdemêt en icelle. Toutes choses pacifiees, outre les presens particuliers que l'Abbé Odile dôna aux Chanoines, il feit don à S. Vincent de deux somptueux tapis de Turquie, de cêt sols de mônoye Casinine, & autres choses. N'est à negliger que Odile, auât qu'auoir esté Abbé de Cluny, se trouue en vne infinité de tiltres du chapitre de Mascon, nômé Preuost, & quelques fois Abbé, qui est ce que de present nous disons Doyen. Et est biê notable q du têps de Vvalterius, le Preuost estoit la premiere dignité de chapitre, l'Archidiacre la seconde, & le Doyen, ou Abbé la troisiesme. VVALTERIVS eut de fascheux differents auec Vvichard, ou Guichard Barô de Beaujeu, & d'ailleurs auec Bernard de Brâcion, surnômé le Gros, seigneur d'Vxelles : à cause des entreprises, & vsurpations que chacun de son costé faisoit sur les dismes, & autres biês de l'Eglise de Mascô. Mais eux touchez de propre remord de leurs consciences, vindrent aux pieds de l'Euesque luy demander pardon, auec protestatiôs de ne plus retourner à leurs mauuaises & damnables accoustumâces. Plusieurs autres choses se trouuent ou faites par Vaulthier, ou aduenues de son temps : mais pource qu'elles ne sont de tel pris, qu'il en faille de nouueau brouiller le papier, i'ayme mieux m'en taire. Bien diray-ie que luy se voyant vieil, & assailly tant en son bien, que celuy de son Eglise, par gens qui auoient sa simple bonté en derision, il s'alla (pour mettre fin à tous affaires seculiers) rêdre moyne à Cluny. Il fut Euesque du temps du Roy Henry premier : & mourut le 29. de Iuillet.

DROGO a bon tesmoignage escrit, qu'il a succedé à Vvalterius : mais

ce ne

Marginalia:
- Excuses de l'Abbé Odile.
- Accord entre l'Euesque & l'Abbé.
- S. Martin pres Mascon.
- Satisfaction de l'Abbé à l'Euesque. Acte notable.
- Presents faits par l'Abbé.
- Monnoye Casinine.
- Odile auoit esté Preuost de S. Vincêt.
- Ordre des dignitez de chapitre à Mascon.
- Guichard de Beaujeu.
- Bernard de Brâcion dit le Gros.
- Vsurpatiôs sur l'Eglise.
- Remord de conscience.
- Gaultier fait moyne.
- Roy Henry premier.
- Diogo Euesque.

ce ne fut sans bien grand regret des Diocesains, qui l'auoient en me-spris, pour ce qu'il estoit trop simple & ne pouuoit mettre ordre aux grands affaires qui suruenoiét. De son téps la Preuosté (qui estoit la premiere dignité en l'Eglise de Mascon, fut par luy supprimée, à la requeste des Chanoines. Et la raison fut, pource que Gaulthier dernier Preuost, homme fort subiect à son profit, & rigoreux exacteur des amendes, & autres fruicts de sa Preuosté, auoit esté massacré en allant à matines, le 19. de Nouembre 1064. regnant Philippe premier du nom, & estant Vvido Conte de Mascon. Les Abbé & Religieux de Cluny renouellerent la poursuitte de leur exemption: & au Concile Prouincial de Chalon, (auquel assisterent 13. Euesques, & Pierre Cardinal d'Hostie, Legat du Pape presidoit) feirent tant par practiques, & (sur tout) par grands presents faicts audict Legat, qu'iceluy Legat reprint fort aigrement Drogo, de ce qu'il estoit entré de force à Cluny, auoit tourmenté les Moynes, fasché l'Abbé, mesprisé l'authorité du Pape, sans tenir compte des priuileges à eux octroiez par le sainct siege Apostolique. Ne voulut d'auantage ouyr ledict Euesque en ses defenses : ains à l'instáce des autres Euesques, luy fut seulement permis de se purger de ce qu'on luy mettoit sus, qu'il auoit contreuenu aux susdits priuileges, & mesprisé l'authorité du Pape. Deslors les Religieux de l'ordre de Cluny se sont dicts exemptz, & ont refusé l'obeissance qu'ils deuoient à leur Euesque, hormis ceux de S. Rigauld, qui se sont maintenuz en leur ancien deuoir enuers leur ordinaire. Car cóbié que Pape Alexádre 2. ayt par bulles Apostoliques, mis tous les biens, & reuenuz du monastere S. Rigauld (duquel adoncq Eustorgius estoit Abbé) souz la protection de la S. Eglise Romaine, & qu'il ayt octroyé au moynes libre pouuoir d'eslire sur eux vn Abbé: si est ce toutesfois qu'il a voulu que telle election fust confirmee par l'Euesque de Mascon, &(à ceste condition) a declaré l'esleu confirmé, pourueu que l'Euesque n'en préne rié. La copie de telles bulles se trouue souz ceste date : *Data Romæ apud Lateranum* XVI. *Cal. April. anno Domini* M. LXXI. *Pontificatus verò illius* X. Drogo a esté Euesque souz le Roy Philippe premier. Et se trouue que l'an 12. du regne d'iceluy, qui estoit l'an de grace 1072. il estoit trespassé, & le siege Episcopal de Mascó vacant. Car lors l'esleu Abbé de S. Rigauld, nómé Hugues Religieux dudict lieu, à faute d'Euesque de Mascon fut cófirmé par Humbert Archeuesque de Lyon.

LANDRICVS homme accort, & de fort bon esprit, succedant à tant d'hommes simples, & cruement bons, ne se trouua sans bié grandz affaires. Si fit il toutesfois si bien, qu'ayant gagné la faueur & amitié de Guy Conte de Mascon, & de Vlrich sieur de Baugey, il obtint du premier fond, dismes, & reuenuz à Cenve, où il erigea vne Eglise, qu'il feit parochiale : l'autre luy ceda, quicta, & remit solemnellement entre les mains de Hugues Euesque de Die Nunce du Pape, tout ce qu'il auoit accoustumé leuer, fust à droict, fust à tort, au village de Mons: y renonçant pour

Trop gra̅de simplicité inutile pour bien administrer.
Dignité du Preuost supprimée, & pourquoy.
Preuost massacré.
Roy Philippe 1.
Vvido Conte.
Nouueaux troubles de Cluny.
Cócile de Chalon.
Pierre Cardinal d'Hostie.
Legat corrompu.
Iniquité du Legat.
Drogo intimidé.
Fondemét de l'exéprion de Cluny.
S. Rigauld.
Pape Alexandre 2.
Eustorgius Abbé.
Priuilege de S. Rigauld.
Confirmation de l'Abbé S. Rigauld.
Humbert Arch. de Lyon.
Landric Euesque.
Guy Cóte de Mascó.
Vlrich sieur de Baugey.
Cenve.
Hugues Euesque de Die.
Mons.

luy, & les siës és presences d'Alard de Villars, Berard de Mespilly, Bernard de Iayac, Geoffroy de Miseria, & André de Rougemont ses hommes. Il pacifia aussi vne vieille & ancienne querelle, qui estoit entre les Chanoines de S. Vincent, & les Chanoines reguliers de S. Pierre, au faict des sepultures. Dudict accord furent arbitres Hugues Archeuesque de Lyon, Legat du Pape Gregoire, Aganó Euesque d'Autun, & Gauthier Euesque de Chalon. La façon d'alors estoit saincte & bonne, quand tous les ans il y auoit Concile prouincial, auquel estoient vuidez & decidez tous les differentz que les Ecclesiastiques pouuoient auoir les vns contre les autres. Tous ces moyens affaires terminez, luy en restoit vn sur les bras, de fort difficile conduicte. C'estoit contre ceux de l'Abbaye de Cluny, qui se vouloient exempter de sa iurisdiction ordinaire, ce qu'il empescha. Dont irrité l'Abbe de Cluny, se retira vers le Pape: auquel il se plaignit, de ce que Landric auoit enfraint leurs priuileges Apostoliques. Or auoit cest Abbé tant de credit enuers le Pape Gregoire 7. que (comme dit Platine) iceluy Pape (à la requeste dudit Abbé) receut en grace l'Empereur Henry, qui ne pouuoit trouuer moyen de se reconcilier à luy. D'auantage ce Pape favorisát du tout l'ordre de Cluny, pour l'amour dudit Abbé, confirma tous les priuileges que ses predecesseurs auoient donné à l'Abbaye de Cluny : & donna commission à l'Euesque d'Albe au païs Latin, Legat en France, de les confirmer. Mais Landric ne luy voulut obeïr, & fit protestations contre tels priuileges, qu'il maintenoit contraires à ses droicts, & pernicieux pour son Eglise. Dont estant aduerti le Pape, enuoya son rescript à Landric, l'exhortant de n'empescher la confirmation desdits priuileges. Et que si quelque different se trouuoit entre luy, & l'Abbé, il en commettoit la cognoissance & la decision, au iugement de l'Euesque de Die. D'autre-part il admonesta l'Abbé de viure en paix auec Landric, sans riē vsurper des droicts de son Eglise de Mascon: & que s'ils tomboient en quelque discord, qu'il en demeure à ce q̄ par l'Euesque de Die en sera resolu. Il semble toutesfois à ceux qui lisent les lettres dudit Pape enuoyees en forme de brief à l'Euesque de Die susdit, que à la lōgue Gregoire 7. se fascha des importunes poursuyttes dudit Abbé cōtre son Euesque, & qu'il diminua beaucoup de la bonne opinion qu'il en auoit eu. Mais pource qu'il se cognoistra mieux par le texte dudit brief, i'en ay bien voulu inserer icy le commencement. *G. Episcopus seruus seruorum Dei confratri & Coëpiscopo H. salutem, & Apostolicam benedictionem. Causam Matisconensis Episcopi, quæ est inter illum, & fidelē nostrum Abbatem Cluniacensem, fraternitati tuæ determinandam mandauimus: Episcopo multum condolentes, videntes in illo columbæ simplicitatem, in Abbate autem serpentis astutiam: neque ad dextram, neque ad sinistram amplius declinare volumus, sed ex vtroque vnum temperamentum facere, & secundum Canones quod iustum est iudicare &c.*

LES bienfaicts que l'Eglise conuentuelle de S. Pierre receut de l'Euesque

De Mascon. 285

uesque Landric ne doiuent icy estre teuz: & combien que i'en aye desia faict mention au liure premier, si ne craindray-ie de repeter, qu'encores que Gauslenus eust (n'y auoit pas long temps) rebasty ledit lieu, si est-ce que nouueau accident de feu l'ayant quasi du tout aneanty, peu auparauant que Landric sust receu pour Euesque de Mascon, il feit de grandissimes deuoirs pour le restaurer. Et (sans s'estôner de l'excez des frais qu'il y conuenoit faire) adiousta d'autres grands dons, & donations, qu'il seit aux Chanoines, & autres gens d'Eglise dudit S. Pierre. Puis sentât approcher la fin de ses iours, il ordôna d'estre enterré au monastere de S. Pierre, qu'il auoit reduict en Prioré, & vny le tiltre d'Abbé à sa crosse Episcopale. Le iour de son obit escheut le 25. d'Aoust regnant Philippe premier, soubs lequel il auoit commencé d'estre Euesque. Quelques ans auant les troubles de l'an 1562. vn manœuure fouillant és ruines & fondeméts de S. Pierre hors la ville, pour en tirer des quartiers de pierres, descouurit le tombeau dudit Euesque Landric, auquel il fut trouué vestu d'habits Pontificaulx: lesquels (aussi bien que le corps) furent incontinent reduits en poulsiere: & ne demoura que sa crosse de cuiure doré, son anneau de mesme, & grosse quantité de pierres de petite valeur, dont sa mitre, & les orfrois de sa chasuble estoient industrieusement semez.

Restauration de S. Pierre de Mascon.

Le Roy Philippe premier.

Le tôbeau de Landric trouué, & ouuert.

BERARDVS (duql le pere fut Milo, la mere Engeltrude, & la sœur Vmberge. Ce Milo fut longuement lay, puis se feit moyne, laissant l'administration de ses biens à Estiéne son fils desia Cheualier d'armes) fut esleu & sacré Euesque, Philippe premier de ce nom estant Roy. Qu'il fut successeur de Landric, il m'en a apparu par vn tiltre, auquel ces mots sont: *Diu demorata est querela inter Dominum Landricum Matiscensem Episcopum, & Dominum Berardum successorem eius, cum Guichardo de Marriaco, & filiis eius de Colonica de Peirol, in qua iniustè accipiebant super captionem, &c.* La querelle des Euesques de Mascon, contre l'Abbé & Religieux de Cluny, continua du temps de ce Berard: lesdits de Cluny ne le voulants recongnoistre pour leur Euesque, dont il se plaignit à Hugues Archeuesque de Lyon: qui pour-ce assembla les Euesques d'Autun, de Langres, & de Chalon ses suffragants: mais il n'y eut moyen de les pouuoir appointer. Finablement Berard mourut l'an 11. du regne de Loïs le Gros, & dé nostre salut 1120. le 20. Iuillet, ayant esté Euesque 16. ans. Il auoit fait le voyage de la terre saincte, à la suitte de Godefroy de Buillon.

Berard Euesque.

Querele de Cluny.

Loys le gros Roy.

IOCERANNVS, aucuns escriuent IOSSERANNVS, autres le nomment GAVCERANNVS, entra en son ministere du temps du Roy Loïs le Gros, & mourut durant le regne de Loïs le ieune, le 16. Septembre. Il fut (comme vn autre Samuel) nourry enfant à l'Eglise, puis de degré en degré paruint à la dignité Episcopale.

Iocetan euesque.

Loys le ieune roy.

PONTIVS premier du nom commença d'estre Euesque de Mascon, enuiron l'an 1144. regnant Loïs le ieune. Il eut gros different auec Reynald, ou Regnauld, sieur de Bangey: sur-ce que ledit Reynald refusoit de

Ponce j. euesque.

Different auec le sieur de Baugey.

Des antiquitez

De la cire deue à S. Vincent.
Hugues de Baugey.
Vlrich de Baugey,
payer à S.Vincēt le bouclier de cire pesant cent liures, dōt par l'infeodation de ladite seigneurie de Baugey, Hugues premier seigneur seculier d'icelle, s'estoit chargé, y obligeant luy & ses successeurs seigneurs dudit lieu: & que peu auparauant Vlrich pere du prenommé Reynald auoit recogneu, payé, & ordonné estre perpetuellemēt payé chacun an le iour de feste S. Vincent à l'offrande de la grand Messe. Mais en fin Reynald (touché d'vn remors de conscience) passa condamnation, feit hommage

Reynald passe condamnatiō.
à l'Euesque, & paya tous les ans le quintal de cire à l'Eglise S.Vincent aux iour & heure qu'il estoit tenu: Selon que par le tiltre d'accord, que nous auons inseré au liure precedent, il en peut apparoir. Du temps de cest E-uesque Ponce, viuoit en la franche Conté de Bourgongne vn illustre

Geofroy de l'Aubespin.
Du dixme S. Amour.
Seigneur, nommé Geoffroy de l'Aubespin, qui donna à l'Eglise de Mascon les dixmes de S. Amour en Reuermont, & de la chapelle de Nant. Et quant à plusieurs parcelles d'autres dixmes qui luy appartenoient, il en remit la seigneurie feodale à la mesme Eglise, & luy-mesme en feit le fied.

Fied faict à l'Eglise S. Vincent.
Moyenna d'auantage que maints autres gentils-hommes ses vassaux, védirent à ladite Eglise toutes les portions de dixmes que riere lesdits lieux ils tenoient du fied dudit sieur de l'Aubespin. En ce temps aussi viuoit

Guillaume & Girard, Contes.
Girard Conte de Mascon, fils de ce Guillaume qui feit le voiage de Hierusalem auec l'Euesque Berard. Ce Ponce consacra l'an 1158. l'Eglise de

Dedicace de Belleville.
l'Abbaye de Belle ville, que Humbert de Beau-jeu auoit commencé de bastir. Aucuns disent qu'il ne consacra que le grand Autel, & que la dedicace fut faicte par l'Archeuesque de Lyon, duquel nous ferons mention en parlant de l'Euesque Estienne successeur de Ponce. Ce Ponce fut

Humbert de Beaujeu.
La Grange du bois.
Euesque 22. ans: & feit bastir l'Eglise de S.Iulien de la Roche, qu'on dit la Grange du bois.

Estienne euesque.
STEPHANVS tourmenté par Girard de Vienne (comme nous auōs touché au premier liure) fut secouru de fort grande affection, par le Roy Loïs le Ieune. Qui venu en Bourgongne & au Masconnois, se saisit de Vinzelles principale maison dudit Girard, & (au reste) le tint si à l'estroit, qu'il le contraingnit quitter, & rendre à l'Euesque Estienne tout ce qu'il auoit vsurpé sur son Eglise. Le contraingnit d'auantage ledit Roy de luy estre vassal, & de reprendre en fied de luy & de la couronne de France, ses maisons fortes, & seigneuries de Vinzelles, Montbelet, & la Sale. Cecy aduint l'an 1172. Enuiron lequel temps la Conté de Baugey, & la seigneurie de Bresse entrerent en la maison de Sauoye: à cause que Amé 4. Conte de Sauoye espousa Sibylle fille vnique & heritiere vniuerselle de

Vlrich.
Vlrich Conte de Baugey, & sieur de Bresse. Dont aduint que l'offrande

Fustaillier.
Reynald de Baugey.
Commenderie de la Musse.
de cire, accoustumee d'estre offerte tous les ans le iour de feste S.Vincēt à la grand Messe, ne fut plus armoyee des armes de Baugey, mais de celles de Sauoye. Fustaillier dit que Reynald, ou Regnauld, pere d'Vlrich, dernier de son nom Conte de Baugey, fut enterré à la Musse (le vulgaire l'appelle l'Aulmusse, & est à present vne Cōmenderie de l'ordre de S. Iean

De Mascon.

Hierusalé, tenue par les Cheualiers de Malte) & qu'à ses obseques assista son frere Hubert Archeuesque de Lyon, leql depuis se redit Chartreux, & fonda le Monastere de Silló pres de Bourg: & auec lui Estiéne Euesque de Mascó. Mais quãd il dit q̃ ce fut l'an 1185. ie trouue qu'il ne s'accorde auec des vieils memoires, desquels i'ay extraict, qu'Estiéne mourut, regnãt encores Loys le ieune: car à son compte il auroit vescu iusques bien auãt au regne de Philippe Auguste. Toutesfois ceux de Belle-ville donnent couleur au dire du susdict Fustaillier, qui ont tiltre en leurs archiues, par lequel appert que en l'an 1179. cest Estienne assista à la dedication de l'Eglise de l'Abbaye dudict Belle-ville, faicte par Guichard Archeuesque de Lyon. Au reste les Euesques de Mascon ayãts quasi tous esté fort trauaillez, & molestez en la possession, & libre iouïssance qui leur appartenoit és bois qui sont entre Vele, & Bey, ensemble au bois chetif, Estiéne trouua moyen de sur ce differét tomber d'accord auec la Dame de Vele (nous disons communemét Pont de Vele) de façon qu'elle quitta audict Euesque, & à son Eglise, la troisiesme & neufiesme partie desdicts bois d'entre Vele, & Bey, & la troisiesme partie du bois chetif. Et en fut passé le tiltre en chapitre, auquel estoiét Raynald de Vergyé Chantre, Humbert de Salornay, Ogier d'Igyé &c. Cest accord est de l'an 1182. Qu'est selon du Tillet le deuxiesme an de Philippe Auguste Roy.

<small>Humbert Archeuesque de Lió chartreux. Chartrouse de Silló. Difficulté en date.</small>

<small>Dedicace de Belleville.</small>

<small>Guichard Archeuesque de Lyon. Accord auec la Dame de Vele. Bois de Chapitre.</small>

REYNALDVS, ou REGINALDVS, qui entre les presens à l'accord de l'Euesque Estienne, auec la Dame de Vele, se trouue en simple qualité de Chantre (comme nous disions tantost) estoit de ceux de Vergyé, bonne, & ancienne famille noble au pays de Masconnois: de laquelle fut le dernier hoir masle Messire Pierre de Vergyé sieur de Dulphey, de Flaccé &c. qui feit commencer, & perfaire la maison de Dulphey, œuure que ceux qui l'auront bien visité, trouuerõt de loüable desseing: mais au reste si massif, & de telle coustange, que peu de seigneurs plus auantagez en biens que luy, oseroient entreprendre en faire bastir vn pareil. Il eut de sa femme Claude d'Andelot de la maison de Pressia (que n'estoit iadis qu'vne auec celle de Seürya) quatre filles, Françoyse mariee auec Gabriel de sainct Iulien seigneur de Balleurre: qui est celuy que Paulo Iouio dit auoir esté blessé d'vne pierre deuant Tuscanelle, au voyage du Roy Charles 8. dont les François irritez donnerent l'assault à la ville, la prindrent, & saccagerent: Pernette femme du seigneur de sainct Poinct en Masconnois: Claudine espouse du seigneur de Gorreuod, frere de Messire Laurens de Gorreuod Cheualier de l'ordre de la toison d'or, grand Maistre d'Espaigne soubs l'Empereur Charles 5. &c. Denise, qui contracta mariage auec Claude de Chauanes, seigneur de sainct Nicier en Bresse: duquel mariage issit Messire Antoine de Chauanes Cheualier, seigneur de S. Nicier & Malaual, Bailly de Bresse &c. qui védit Dulphey aux seigneurs de la Plainne. Puis ladicte Claudine fut en secondes nopces mariee à vn Seigneur de la maison Depinac en Forests, oncle germain de Monsieur

<small>Regnauld de Vergyé Euesque. Vergyé.</small>

<small>Pierre de Vergyé Cheualier. Dulphey.</small>

<small>Claude d'Andelot. Pressia, & Seürya. Gabriel de S. Iulien. Paulo Iouio. Tuscanelle pillee, & pourquoy Filles de Vergyé.</small>

Depinac Cheualier de l'ordre du Roy, Lieutenant dudict sieur en Bourgongne, Capitaine de cinquante hommes d'armes &c. qui en eut vn fils. Cest Euesque fut fort molesté par Girard de Viéne, qui (depuis le trespas du Roy Loys le ieune, son chastieur) auoit reprins ses mauuaises accoustumances, & animositez contre les Eglises. Surquoy (à la plainte dudict Euesque Reynald) le Roy Philippe Auguste donna bon ordre. Tellemēt que l'importāce du faict bien examinee, & mesmemēt que Girard auoit enfraint l'ordonnāce, & cōtreuenu aux defenses à luy faictes personnellemēt par le feu Roy Loys le ieune, pere dudict Auguste, il le condamna, & (auec effect) contraingnit, d'ester à son deuoir. Dauantage (pour mieux rabattre ses outrecuydances, & luy oster les moyens de se rebeller, ou autremēt faire le mauuais) il luy defendit de mettre en forteresse chose que ce fust, hors-mis la tour que d'ancienneté luy appartenoit. Au contraire il permit à l'Euesque, & au Chapitre, de se fortifier, tant en leur grād cloistre, que en leur maison forte de sainct Clemēt. Cest Euesque est seul, de tous les Euesques cy dessus mentionez, duquel le surnom se trouue inseré expressemēt és tiltres de l'Eglise de Mascon. Aussi croy-ie qu'il ayt cōmencé de signer par son nom, & surnom ainsi, *R. de Vergeyo Episcopus Matisconensis*. Car au parauant les autres ne signoient que par leur propre nom seul, auec addition de la qualité de leur dignité. Et en beaucoup de tiltres authentiques ne se trouuent que les premieres lettres de leurs propres noms. Ce qu'auoit esté introduict expressement, afin que les Euesques cogneussent, que paruenus à ladicte dignité ils deuoient oublier le nom de leur maison paternelle, n'employer tout leur soing, qu'apres la charge qui leur est commise, cōseruation, & (si possible est) augmētation du reuenu duquel ils ne sont que simplement administrateurs.

Ponce deuxiesme du nom receut la charge d'Euesque du temps du Roy Philippe Auguste autrement Dieudonné. Il n'espargna rien de ce qu'il peut pour l'auancement du bien & des droicts de son Euesché. Le Chasteau de Viriset n'estoit auant luy que simplement fossoyé, & clos de hayes & de buissons : mais il le feit clorre de haultes murailles, garnies de tours, defenses, & portail à pont leuis. Il posseda l'Euesché en bonne paix par l'espace de 22. ans, puis trespassa fort vieil, le 17. iour d'Octobre, estant Roy sainct Loys.

Aymo ne fut si heureux en repos que Ponce 2. son predecesseur. Surquoy est à sçauoir, que comme soingneux du bien & augmentation du reuenu de son Eglise, il achetta ou plustost rachetta de messire Ponce de Mont sainct Iean Cheualier, le Chasteau de la Roche Solitrey, qu'iceluy Cheualier auoit enleué par ruse, & à l'ayde de Ponce dernier Euesque de Mascon, à Girard fils du Cōte Guillaume : lequel Girard l'auoit aussi emporté de force, sur les Chanoines demourans leans. Le pris qu'Aymo en dōna audict de Mont sainct Iean, fut trois cés marcz d'argent, & vn cheual vaillāt 25. liures. Auec ce, Ponce obtint lettres du Roy (duquel il estoit

Chastellain

Chaſtellain audict chaſteau) pour eſtre rembourſé des frais qu'il ſe diſoit auoir faict, tant en baſtimens, pour mettre le chaſteau en defenſe, qu'à la garde d'iceluy: à quoy force fut à Aymo ſatisfaire. Mais le pis fut, que Iean Conte de Maſcon, portant mal patiemment que le chaſteau de la Roche fuſt retombé à la deuotiõ de l'Egliſe, ſe ſaiſit de la perſonne de l'Eueſque Aymõ, le meit en priſon cruelle, & luy feit ſouffrir de griefues peines: mais la cruaulté du Côte ne pouuoit vaincre la patience de ce bõ Prelat. Et aduint que (comme par vengeance, & punition diuine) que le don-jon du chaſteau de Maſcon (que le Côte Guillaume auoit faict garnir de tours de bois, de bouleuarts, & remparts) tomba, de façon que rien n'y reſta d'entier. De ſon temps les Doyen & Chapitre de Beſançon auoient part au peage de Maſcon: & pource que c'eſtoit ſans charge de rien faire au lieu où les deniers ſe leuoient, Aymon feit ſaiſir bonne ſomme d'iceux deniers, qu'il feit employer à faire les portes ſur le pont. De quoy indigné le Doyen de Beſançon, moyenna enuers le Côte de Vienne, qu'Aymo fut prins, mis en priſon, & y detenu longuement en grande pauureté. Mais les Doyen, & Chapitre ſuſdict n'en demourerẽt ſans punition: car chacun d'eux perdit quarante liures du reuenu qu'ils auoient ſur ledict peage. Et furent telles quatre vingts liures acquiſes perpetuellement à Aymo, & à ſes ſucceſſeurs Eueſques de Maſcon. Durant auſſi l'Epiſcopat d'Aymon, le grand cloiſtre de ſainct Vincent fut fermé de portes, & clos de murailles. Finablemẽt il feit reueſtir le chaſteau ſuſdict de la Roche, de forts murs, & belles tours. Il feit dauantage baſtir en toutes les maiſons de l'Eueſché, &(entre autres) feit faire la Chapelle du chaſteau de Verizet. Puis reuenant de la Cour du Roy, pour les affaires de ſon Clergé, il mourut au Monaſtere d'Aulbe-riue le dixneufieſme iour d'Octobre, regnant ſainct Loys.

Iean Conte.
Cruaulté du Conte.
Punition diuine.
Different auec le Doyen, & Chapitre de Beſançon. L'Eueſque priſonnier.
Le grand Cloiſtre fermé.

Icy finit le Catalogue des Eueſques de Maſcon, tant és Chartulaires des Egliſes, que en Fuſtaillier, & és Chroniques imprimees.

CONTINVATION DE L'HISTOIRE DES
Eueſques de Maſcon, ſelon leur ordre ſucceßif.

SEGVINVS, yſſu de la maiſon de Lugny en Maſconnois, fut (apres le treſpas d'Aymõ, qui mourut à Aulbe-riue) eſleu Eueſque de Maſcon. Il aſſiſta au Concile de Lyon, tenu par le Pape Innocent 4. l'an 1246. regnant ſainct Loys. Finablement il rendit l'ame à Dieu le 19. de May 1262. Il auoit eſté Doyen en l'Egliſe de Maſcon.

IOANNES DALMACII. Ceſt Eueſque ſucceſſeur de Seguin de Lugny, n'a peu eſtre trouué par moy autre-part qu'en vn vieil liure de diuiſiõs des gros fruicts des Chanoines S. Vincẽt de Maſcon: que venerable M. Pierre Trauayon (premier Chanoine en receptiõ en ladicte Egliſe, & perſonnage duquel la prudence & maturité de ſens ont preuenu l'aage)

Seguin de Lugny Eueſque.
Cõcile de Lyon. Innocent 4. Pape. S. Loys Roy.
Ieã de Damas Eueſque.
M. Trauayon.

Bb

m'a presté. Il se trouue audict liure, que ce Iean de Damas, au parauant Chanoine, estant esleu Euesque de Mascon, les gros fruicts de sa prebende furent diuisez l'an mil deux cens soixante & deux. Il ne sçauroit auoir esté Euesque que enuiron deux ans.

Guichard Euesque.
GVICHARDVS de Iarmole successeur de Iean de Damas, eut ce bôheur que d'obtenir la premiere annee qu'il fut Euesque, vn arrest de Paris: par lequel il estoit ordonné, que son Chapitre leueroit sur chacune liure de monnoye qui se battroit à Mascon, ou au bois saincte Marie, ou ailleurs au Masconnois, vn denier. Lequel droict prouenoit d'vne donation anciennement faicte à l'Eglise sainct Vincent. Du temps aussi de cest Euesque Guichard, sçauoir est l'an 1279. par sentence du Bailly de Mascon les Doyen, Chanoines, & Chapitre de ladicte Eglise furent maintenuz & gardez en possession, ou quasi de la totale Iustice & iurisdiction, sur les manans & habitans de sainct Clement: en laquelle ils auoient esté troublez, par Geoffroy Preuost de Mascon. Quelque temps apres Guichard deceda l'an dixseptiesme de son Episcopat au mois de Nouembre. Ie ne veux mettre l'annee, par ce que la date m'a semblé suspecte. I'ay trouué au vieil liure des diuisions, que la diuision des gros fruicts de sa prebende, vacans par son election en Euesque, fut faicte le Ieudy apres Pasques, l'an 1264.

Monnoye battue à Mascô, & au bois S. Marie.

Iustice de S. Clemêt.

Geoffroy Preuost de Mascon.

Pierre de la Iaisse Euesque. Priuileges.
PETRVS DE IASSIA fut Euesque par le decez de feu Guichard. A sa poursuitte Philippe fils de sainct Loys côfirma les priuileges de l'Eglise de Mascon. Specialemét celuy par lequel Pepin, & autres Rois ses successeurs, auoient concedé, que les cloistres d'icelle Eglise de Mascon seroient exempts de toute puissance iudiciaire, & iustice seculiere: ordonnant que les Doyen, & Chapitre de sainct Vincent, soient maintenuz & gardez en ce droict, qu'à eux seulz est loisible, faire prédre, emprisonner, & punir les delinquans en leur Eglise, & leurs Cloistres. Et pource que le Preuost Royal, Iuge ordinaire de Mascon voulut empescher la verification, & publication desdictes lettres du Roy Philippe, l'actiô de ce different fut discutee en la souueraine Cour du Parlement de Paris: où l'Euesque, les Doyen, & Chapitre obtindrêt leurs fins: ce fut l'an 1282. Quatre ans apres, au mois de Iuillet, & enuirô la feste saincte Marie Magdeleine, le mesme Roy Philippe 3. enuoya seconde iussion au Bailly de Mascon, pour faire iouyr les Doyen, & Chapitre du lieu du droict que leur appartenoit de leuer, & perceuoir vn denier sur chacune liure de monnoye qui se battroit au Masconnois. Pierre de la Iaisse deceda tost apres: & assista à ses obseques Madame Marguerite fille du Conte de Prouéce, veufue du Roy sainct Loys, accompagnee de plusieurs Dames, & dôna trois beaux dez, ou poisles (on les appelloit iadis baldaquins) à l'Eglise S. Vincent.

Franchise & exêptiô notable.

Contre le Preuost Royal.

Arrest pour Chapitre.

Roy Philippe 3.

Marguerite de Prouence.

Hugues de Fontaines Euesque.
HVGO DE FONTANIS. I'ay trouué de luy, qu'il trespassa en Decembre (le vieil Martyrologe porte le 8. des Calédes de Nouembre, qui est le 25. Octobre) 1300. ce que côferé auec le temps du decez de Pierre de la Iaisse,

la Iaſſe, deſcouure euidemment qu'il a eſté Eueſque peu plus, peu moins de 14. ans. Au liure des diuiſiōs cy deſſus allegué, ſe lit qu'il fut eſleu Eueſque apres auoir eſté lōg temps Archediacre, puis Doyen. La diuiſion des gros fruicts de ſa prebende fut faicte l'an 1284. apres la Pentecoſte.

NICOLAVS tint le ſiege Episcopal pres de 30. ans. Car ayāt eſté eſleu en Decēbre l'an 1300. il veſquit iuſques en l'an 1330. De ſon tēps Edouard Côte de Sauoye, & de Baugey, & ſieur de Breſſe, & les ſieurs de Beau-jeu, & de Berzé feirent (chacun de ſa part) pluſieurs grās preiudices, & dōmages à l'Egliſe de Maſcon. Entre autres le ſieur de Berzé feit battre & oultrager au Chaſteau de Viriſet M. Pierre de Môt-verdun Archidiacre dudict Viriſet en l'Egliſe de Maſcon. Mais le Chapitre en eut reparatiō, par Arreſt de la Cour de Parlemēt, aux fraiz & diligēce du Doyen Simon de ſaincte Croix. Car ledict ſieur de Berzé pour amende de tel delict fut cōdamné, luy, & ſes heritiers payer tous les ans à perpetuité, le iour & feſte S. Vincent vn cierge de cinquante liures de cire. Ce que ſobſerue annuellemēt, & y eſt pēdu vn tableau en vers biē-fort groſſiers, mais toutesfois declaratifs de tout ce faict. Ce que deſſus aduint l'an de ſalut 1315. Simon de ſaincte Croix, Doyen ſuſdict, eſtoit hōme de grād pouuoir : il feit baſtir les chaſteaux de S. Clemēt, & de Verzé : puis mourut le 5. Feurier 1345. Au reſte, ceſt Eueſque Nicolas feit de grās biēs à l'Egliſe de Maſcon : Car oultre les reuenuz & ornemens qu'il y donna, il feit la fabrique d'icelle heritiere de tous ſes biens. Dauantage il ſouſtint vaillamment les droicts de ſadicte Egliſe, contre leſquels les Religieux de Cluny faiſoient tous leurs efforts : & feit en ſorte que tant en Cour de Rome, qu'en la Cour du Roy, il obtint touſiours contre iceux de Cluny.

Nicolas Eueſque.
Edouard de Sauoye.
Sieurs de Beau-jeu, & de Berzé.
Contre le ſieur de Berzé.
Pierre de Môt-verdun battu.
Amédé du ſieur de Berzé.
Simon de ſaincte Croix Doyen.
Contre Cluny.

IOANNES DE SALAGNY. Quelque part que i'aye trouué mention eſtre faicte de luy, i'ay auſſi congneu que par ignorance de la maiſon de Salagny en Beau-iolois, on auoit eſcrit Saligny, ſeigneurie appartenāt au ſieur Baron du Rouſſet, & de la Motte ſainct Iean. En fin conſiderant les reſtes de la Chapelle ſainct Yues baſtie d'vne admirable ſtructure, eſtant tout le fond ſuſpendu en l'air, ſans autre ſouſtenail que de la muraille d'vn coſté, ie deſcouuris que tout à l'entour de ce qui eſt ſuſpendu il y auoit vne eſcriture : mais en lettres ſi diſſemblables aux cōmunes, qu'elles m'empeſchoient beaucoup (de prime face) de pouuoir lire ledict eſcrit. Si feis-ie tant que i'en euz ma raiſon, & leuz qu'il y auoit, que Reuerend pere en Dieu meſſire Iean de Salagny auoit faict faire ladicte Chapelle, l'an 1349. Oultre ſon ſimple nom (depraué comme i'ay dict) ie n'en ay peu apprendre autre choſe.

Iean de Salagny Eueſque.
Erreur amendé.
Chapelle S. Yues.

ODO. Pour confeſſer ingenuement la verité, ie ne ſuis pas bien certain que ceſt Odo ſoit ſucceſſeur de Iean de Salagny : mais ayant trouué ſimplement ſon nom, au Martyrologe de ſainct Vincēt, & qu'il treſpaſſa le 22. de Mars, ſans aucune ſpecificatiō de l'annee, ie n'ay ſceu luy trouuer place plus commodement que icy. Tant pour ce qu'il eſt mal-ayſé croi-

Odo Eueſque.
Coniecture.

re que Iean de Salagny aye duré iufques au temps de Philippe de faincte Croix, qu'auſſi pource que nous auons aſſez bonne certitude du temps auquel les apres nommez ont eſté Eueſques.

PHILIPPVS DE SANCTA CRVCE, nepueu de Simō de faincte Croix Doyen, duquel nous auōs parlé cy deſſus, fut premieremēt Doyē, par la mort de ſon oncle: puis vacant l'Eueſché, deuint Eueſque, mais ce fut pour auoir beaucoup de maulx: Car en premier lieu, Iean de Chalon ſieur d'Arguel print, & occupa le Chaſteau de Ramenay, pour rauoir lequel, Philippe de faincte Croix fut contrainct payer cinq mille florins pour le moins, ce que ne demeura impuny: car ledict Ieā d'Arguel, & pluſieurs ſes cōplices, par iuſte iugement de Dieu) finirēt malheureuſemēt. Encores depuis (& non pas trop long tēps apres) le meſme Eueſque Philippe eſtāt à la meſſe à Romenay, fut ſurprins par Hugues ſieur de ſainct Triuier en Dombes, ſon parent, accōpagné de Ioſſerand ſurnōmé preunid'homme de Romenay, vaſſal de l'Egliſe de Maſcon, & pluſieurs autres leurs ſatalites: qui (apres auoir pillé, & ſaccagé le Chaſteau de Romenay) meirent l'Eueſque en priſon, & le y tindrēt par plus de ſix ſepmaines, les fers aux piedz, luy faiſans le plus rude traictement qu'il leur eſtoit poſſible, pour le faire venir à telle compoſition qu'ils deſiroient. Le Chapitre cōgnoiſſant combien indignemēt ces choſes ſe faiſoient, eut recours au Roy Charles le quint. Les parens de l'Eueſque ſuſciterent d'autre coſté Guillaume Archeueſque de Beſançon, & Amé Conte de Sauoye, contre Hugues de S. Triuier, & ſes adherās. Qui ſe voyans pourſuiuiz par Iuſtice, & par armes, furent cōtraincts tomber en cōpoſition deſauantageuſe pour eux, & telle que ſ'enſuit. En premier lieu Hugues, tant pour luy, que pour ſes ſucceſſeurs, & ayans cauſe, ſe declara, & feit hōme lige de l'Eueſque, & Egliſe de Maſcon, ſans preiudice du droict des ſeigneurs auſquels il eſtoit au parauant obligé. Reſeruoit toutesfois pour ſes ſucceſſeurs, qu'en baillant à l'Egliſe de Maſcon cinq cens frācs d'or pour vne fois, ils ſeroient libres & quittes de ladicte ſubiection. Et quant à Iaſſerād preud'homme, il fut condamné de payer (par maniere d'amende hōnorable) tous les ans le iour de feſte S. Vincent deux cierges de 25. liures de cire. Et pour vne fois deux plats d'argent du poix de cinq marcz, eſquels ſeroient grauees les armoiries deſdicts Hugues, & Ioſſerand. Dauantage leurs cōplices ne furent exempts de punition: car oultre ce qu'ils furent tous enſemble condamnez à faire amende honnorable vne torche au poing en l'Egliſe de Maſcon; ils demeurerent toute leur vie hommes, & feaulx de ladicte Egliſe. Ce que fut ſi exactemēt mis en execution, à la diligēce dudict Eueſque, que rien n'y fut oublié. Entre les plus excellētes vertuz de Philippe de faincte Croix, il eſtoit eſtimé fort grand aumoſnier. Il fonda, & dota quelques Hoſpitaux, notammēt celuy de Cologne la vineuſe au dioceſe d'Auxerre. Et apres tout celà, il treſpaſſa aagé d'enuiron 80. ans le 10. d'Octobre l'an 1382. lors regnant Charles 6.

IOANNES.

de Mascon.   293

IOANNES. De luy ne se trouue que le simple nom.   *Iean Euesque.*

THEOBALDVS estoit Euesque de Mascon l'an 1390. ainsi qu'il m'en a apparu par actes de l'offrande de la cire, offerte le iour sainct Vincent, de la part du Conte de Sauoye, en ladicte annee.   *Thibauld Euesque. Cire offerte.*

PETRVS DE IVYS fut esleu Euesque par le Chapitre de Mascon, & par l'Archeuesque confirmé de Lion. I'ay leu de luy, qu'il estoit Euesque en l'an 1408. & porte le Martyrologe de Mascon qu'il mourut le 18. de May, l'an 1412. La maison de Iuys, de laquelle il estoit, est en Dombes: & comme les seigneuries sont subiettes passer de mains en autres, fut possedee par le sieur d'Vrphé de Forest, qui pour ses merites & suffisances, fut choisy par le Roy François premier, pour estre Gouuerneur de François fils aisné de Henry son fils, & successeur à la courône de France. Mais depuis ledict sieur d'Vrphé pour s'agencer en sa maison de la Bastie, changea l'auant nommee seigneurie de Iuys, contre la seigneurie de saincte Agathe, possedee par ceux de Mars.   *Pierre de Iuys Euesque. Iuys. Sieur d'Vrphé. Eschange de Iuys cötre saincte Agathe.*

GAVFFREDVS DE SANCTO AMORE, auant que d'estre Euesque, auoit esté Chantre & Chanoine de Mascon. Estát atteinct de la maladie dont il mourut, il feit son testament, par lequel il institua ses heritiers, les Doyen, Chanoines, & Chapitre de Mascon: les Doyen, & Chapitre de Beau-lieu, où il auoit iadis esté Chanoine: & les pauures de Dieu de la ville de Mascon: chacun pour vn tiers esgalement. Le iour de son obit fut le premier d'Octobre 1430.   *Geoffroy de sainct Amour Euesque. Testament d'Euesque.*

IOANNES MACETI dedia l'Eglise parochiale de S. Pierre de Mascon, le premier iour de May, l'an 1441. il estoit de la maison de Treuernay en Bresse, & y feit faire vne tour, que long téps apres (ne sçay si encores) on appelloit la tour de l'Euesque. La peste estant à Mascon, il la pensa euiter, en se retirát au chasteau de Virizet: mais soit qu'il fust attainct dudict mal (comme disent aucuns) soit de frayeur (selô les autres) il mourut audict Virizet, où aussi il fut enterré. Le iour de son trespas fut le 3. des Calendes de Septembre, qui est le penultime d'Aoust l'an 1448.   *Iean Macet Euesque. Treuernay.*

IOANNES IVVENIS fut fort long téps simple Euesque de Mascon: mais sa vertu, & suffisance le feirent si bien congnoistre, qu'il fut appellé au College des Cardinaulx, & faict Cardinal Prestre soubs le tiltre de S. Laurés *in Lucina*. Aucuns ont doubté qu'il ayt esté Euesque de Mascon, se fondans sur ce que quand il feit sa fondation du 10. Septembre, il ne se dit Euesque de Mascon, ains de Therouanne. Surquoy est à noter, que veritablement lors de sadicte fondation, il auoit esté transferé audict Therouanne: mais il ne laissoit d'auoir esté Euesque de Mascon, selon que ie l'ay par extraict du vieil Martyrologe de l'Eglise dudict lieu: auquel il est enregistré, qu'il passa de ce monde à l'autre, le dixiesme iour de Septembre 1452.   *I. Iuuenis Euesque. Iuuenis Cardinal. Iuuenis transferé à Therouanne.*

STEPHANVS HVGONET fut successeur immediat de I. Iuuenis. Combien que i'aye beaucoup & souuent ouy disputer de son origine, si   *Estienne Hugônet Euesque.*

Bb iij

est-ce que ayant apprins de bonne part, qu'il ne doit chaloir où bon vin creust, ny aussi d'où hôme de bien fust, ie ne veux entrer en ceste recherche, laquelle ne seruiroit de rien presentement. Bien diray-ie, que ce sage Prelat, fut si soingneux de faire bien instruire en vertu, & és bonnes lettres deux de ses nepueux, que tous deux paruindrent reciproquement au sommet des plus haults honneurs qu'ils eussent peu pretendre : Car l'aisné, nommé Guillaume (apres auoir suiuy assez long temps auec honneur, & bonne reputation, le barreau du Bailliage de Masconois) appellé au conseil d'Estat du Duc de Bourgongne, fut en fin faict son Chancelier. Ce fut ce bon seigneur de Saillant, d'Espoisse &c. qui pour auoir gardé sa constance, en la fidele seruitute qu'il deuoit à son Prince, & son maistre, ne voulut iamais fauoriser les mutines factions des Gantois: dont eux irritez oultre mesure, & se sentans sans Seigneur qu'ils redoutassent (d'autant que Charles Duc de Bourgongne, leur souuerain, auoit esté tué deuant Nancy) entrerent en tel desbordement de fureurs, & vindication, qu'ils feirēt separer la teste d'auec le corps, non seulemēt dudict seigneur de Saillant, mais aussi du seigneur d'Imbercourt. L'autre nepueu est celuy qui succeda audict Estiéne Hugonet en l'Euesché de Mascon, & duquel nous auons à parler prochainement. Mais auant qu'en entrer en propos, ie ne veux oublier de dire, que ce fut soubs ledict Estiéne Hugonet, que les Chanoines reguliers de sainct Pierre de Mascon, ayans perdu par les guerres leur ancienne & sumptueuse mansion de dehors la ville, furent transferez, & reduits à l'Eglise parochiale dedans la ville, où ils sont de present.

Guillaume Hugōnet Chācelier de Bourgongne.

Les sieurs de Saillāt, & d'Imbercourt decapitez.

Reductiō des Chanoines S. Pierre en la ville.

PHILIBERTVS HVGONET nepueu de l'Euesque Estienne, duquel nous parlions tantost, fut homme aussi pertinent en sçauoir & vertuz, qu'il s'en trouuast gueres de son temps. La bonne reputation que ses recommendables accoustumances luy auoient acquis, fut cause qu'il fut creé Cardinal. Non que ie vueille nyer, que les authorité & credit que le bon sieur de Saillant son frere auoit aupres de Charles Duc de Bourgongne, duquel il estoit Chancelier, y ayēt beaucoup seruy: Car il n'y a hôme si plein de suffisances, qui n'aye besoin de quelque grand personnage qui luy dône entree, & le pousse, pour le faire paruenir à ce à quoy il aspire, & dōt il est digne. Or ce Philibert Euesque de Mascon, & Cardinal, voulut aller à Rome, pour remercier le Pape, & le College des Cardinaulx, de sa promotion au Cardinalat, & pour auoir (côme ils disent) *os apertum*, afin d'auoir aussi pouuoir de porter le chapeau rouge, & iouyr du priuilege des actuellemēt Cardinaulx. Mais estant à Rome, il y mourut l'an 1484. le 14. de Septembre.

Philibert Hugonet Euesque.

Philibert Hugonet Cardinal.

STEPHANVS DE LONGO-VICO, appellé au par-auant le Protonotaire de Giury, fut par le trespas du Cardinal de Saillant, esleu Euesque de Mascon. Et fut si fauorisé, qu'encores que son predecesseur fust decedé en Cour de Rome, si est-ce que l'election eut lieu, & luy demoura Euesque,

Estienne de Lōg-vy Euesque. Faueur.

Euefque, au grand contentement de tous ses diocesains, desquels il estoit aimé, & honoré: aussi estoit-il fort vertueux Prelat. Son plus ordinaire seiour estoit à Romenay.

CLAVDIVS DE LONGO-VICO, c'est à dire de Long-vy, n'estant au commencement que Chanoine, & Archidiacre, fut par la resignatiō de son oncle, Euesque de Mascon: puis transferé à l'Euesché de Langres. Lors que le Pape Clement 7. vint à Marseille, pour le mariage de Henry Duc d'Orleans, auec Catherine de Medicis niepce dudit Pape, depuis Roy, & Royne de France: icelui Clement feit plusieurs Cardinaux en faueur des grands seigneurs, fauoris du Roy François premier du nom, pere dudit Henry. Audit nombre fut cest Euesque de Langres, qui déslors fut appellé Cardinal de Giury. Il eut de grands biens: car il fut Euesque de Langres, & de Poictiers, Abbé de S. Benigne, & S. Estienne de Dijon, & de Poultieres, Prieur de S. Leger, & Thesaurier de Tours tout ensemble. Tous lesquels biens sont en fin demourez à ses nepueux, & alliez. Son corps fut porté de Mussy l'Euesque (sa plus ordinaire demourance) en l'Eglise Cathedrale de Langres, où il a vne belle & riche sepulture. *Claude de Long-vy euesque. Cardinal de Giury. 1533. Clement Pape 7.*

FR. LVDOVICVS CHANTEREAV Religieux de l'ordre des hermites de S. Augustin, estoit Docteur en Theologie: & auoit esté Cōfesseur du Roy Loïs 12. Il cōmença d'estre Euesque de Mascon, l'an 1529. & d'entree (selon l'ordinaire de quasi tous ceux qui de peu, paruiennent aux grands maniemens, en spirituel ou temporel, ou en tous deux) se porta fort hagardement, en volonté de brouiller & mal faire, s'il eust eu autant de moyens, que de maltalant. Mais ayant trouué souliers à son pied, il fut contrainct digerer ses choleres, & se retirer à Paris, où il mourut le 13. Septembre 1530. *Chantereaul euesq. Maltalant de Chantereaul.*

CAROLVS DE EMARD, vulgairement appellé le Cardinal de Mascon, auparauant Euesque d'Amiens succeda au susdit Chantreau en l'Euesché de Mascon, l'an 1531. Ce fut vn grand personnage, & duquel le Roy François premier du nom tira grandissimes seruices (ainsi suis-ie contrainct parler, puis que les Cardinaux mesmes n'ont honte de prostituer leur dignité, & se rendre seruiteurs des Princes seculiers, par dessus lesquels ils souloiēt auoir rāg). Or ce Cardinal deceda le 23. d'Aoust. 1540. *Charles de Emard euesque Cardinal de Mascon.*

ANTONIVS DE NARBONA obtint l'Euesché de Mascon, vacant par le decés du Cardinal Emard & en entra en possession par procureur au mois de Nouembre, 1541. Il ne fut gueres Euesque, car il trespassa le 6. Octobre 1542. *Antoine de Narbone euesq.*

PETRVS CASTELLANVS, personnage qui outre le singulier sçauoir qui estoit en lui, auoit beaucoup voyagé, & veu, fut par le Roy François premier du nom retenu, pour en ses repas lui souldre les questions qu'il lui feroit, & lui discourir des faicts qui se proposeroient. En *Pierre du Chastel euesque. Roy François 1.*

Bb iiij

Des antiquitez

quoy il fut si heureux, qu'il satisfeit tousiours bien à la curiosité de son Prince. Vacant doncques l'Euesché de Mascon, le Roy la lui donna. Mais il s'y trouua vn competiteur, auquel il donna l'Euesché de Tulles, & par ce moyen demoura paisible de Mascon, & en print possession en Decēbre 1544. Depuis il permuta Mascon auec Orleans, où il mourut faisant le deuoir de bon Euesque: ce que ses domestiques & autres ne pensoiēt estre aduenu, sans que ses iours lui eussent esté abbregez par poison.

Du Chastel premieremēt euesque de Tulles. Euesque d'Orleans.

FRANCISCVS FAVLCON est celuy auec lequel nous auons dit que du Chastel permuta Mascon à Orleans. Ce Faulcon estoit grand negotiateur en matieres beneficiales: & ne cessa de changer & permuter, iusques à ce que paruenu à son desir, il se fut fait Euesque de Carcassonne, de laquelle il estoit diœcesain. Il feit prendre possession de Mascon, l'an 1550.

François Faulcon euesque. Euesque de Carcassonne.

AMANEVS DE FOIX donna audit Faulcon Carcassonne, & recouura Mascon: & eu fut prinse possession pour lui, le premier iour de Decembre 1556.

Amaneu de Foix euesque.

BAPTISTA ALAMANNI fils de cest excellent Poëte Tuscan, qui (pour le soustenement de la liberté de la Republique de Florence, que Pape Clement 7. vouloit, contre tout deuoir, asseruir, pour y introduire la tyrannie, en faueur de ceux de sa maison) souffrit le martyre de bon citoyen: selon que Paulo Iouio (encores qu'il fust stipendiaire du Pape) exprime suffisamment: fut pourueu de l'Euesché de Mascon, en l'an 1558. Laquelle il administre encores de present, auec grand honneur, & au contentement de ses diœcesains.

Baptiste Alamanni euesque. Alamanni Poete Tuscan. Liberté de Florence opprimee. Paulo Iouio.

Voilà ce que i'ay peu recueillir, des noms, & choses plus singulieres des actions des Euesques de Mascon. Que si ceci ne satisfait à ceux qui le liront, & qu'ils ayent en prompt quelque chose que i'aye pretermis, ne la sçachant, ie leur supplie vouloir (de grace) suppleer mon deffault, & reparer ce en quoy ie puis auoir failly par faulte de meilleures, & plus amples instructions que celles que i'ay peu recouurer.

Cōclusion

Av reste il est fort mal aisé de representer par escrit, quel estoit bien anciennement l'estat du Chapitre de Mascon. Le nombre des Chanoines n'estoit arresté, ains en y auoit autant que l'on pensoit le bien pouuoir suffire pour les nourrir. Il y auoit des Chanoines, des Moynes, des Chanoines Reguliers, des Chanoines laïcs, & (pour la grand part) Cheualiers d'armes, des Chanoinesses, des Conuerts, & tant de sortes de personnes de differentes qualitez, qu'il n'est facile les exprimer. Bien diray-ie, que les Chanoines & Chapitre ont eu long temps en singuliere recommendation de n'admettre en leur compagnie que Gentils-hommes, ou graduez: selon qu'il est encores obserué en l'Eglise Cathedale de Besançon. Sur tout ils craignoient de receuoir des enfans de la ville, qui prochains de leurs parens, & soustenuz de leurs Concitoyens sont plus prompts à garbuges, & mutineries. Le premier homme de ville qui fut receu, fut

Diuersité de personnes à S. Vincent. Chanoines gētils-hōmes ou graduez. Besançon. Enfans de ville.

de Mascon. 297

vn Morisot, qui feit de grands biens, & fondations à l'Eglise. Mesmemét y dôna vne belle maison qu'a tenu l'official Gayand. Au demeurât l'Euesque, & le Chapitre auoient tout en commun: mais l'Euesque côme chef presidoit sur tout, & disposoit de tout. Depuis Pape Clemét 6. feit certain le nôbre des Chanoines auparauant incertain, & l'arresta à vingt, dont l'vn seroit Doyen, & prendroit double. Ce que depuis fut accepté, aggreé, & statué par Chapitre l'an 1381. Philippe de saincte Croix estant lors Euesque. Quant à la structure de l'Eglise, il ne faut pas penser que ce soit œuure faicte aux frais & despens d'vn homme seul, ny sans discontinuation de temps: plusieurs, & à diuerses fois, l'ont esleué en la façon qu'elle est. Mais la principale despense, est partie de l'espargne du Chapitre. D'antiques inscriptions, medailles, statues, arcs triomphaux, & autres telles choses, il n'en faut point chercher à Mascon: car la ville a esté si souuét ruinee, que s'il en y a eu, les guerres les ont abolies & destruictes. Trois tombes s'y trouuent assez anciénes: l'vne au petit cloistre, tout aupres l'entree du nouueau Chapitre, à main droicte, sur laquelle ces mots sont grauez en lettres qu'on appelle Gothiques: *Hic iacet Comitissa de Baugiaco, vxor quondam Petri lo gras, quæ obijt anno 1250. 15. Kal. &c.* Vne autre deuant la Chapelle S. Anne, certifiant que G. de Regny Chanoine de ladite Eglise, trespassa l'an 1251. La troisiesme est de messire Guillaume de Chauanes Doyen qui deceda l'an 1270. & est enterré en la Chapelle du feu Archidiacre Furet, au cloistre. Ie croy bien qu'il en y auoit de plus vieille date au cimitiere de S. Pierre dehors la ville, où estoit le grand cimitiere de Mascon: mais les guerres nous en ont fait perdre toute congnoissance. Or Dieu soit loüé de tout, & plaise à sa diuine majesté mieux fortuner les affaires du Masconnois pour l'aduenir. AMEN.

Morisot. L'euesque souloit estre chef du Chapitre.
Nombre certain prefix à S. Vincent.
Doyé chef de Chapitre.
De l'Eglise S. Vincent.
Antiquitez.
3. vieilles tombes.
Le cimitiere general estoit à S. Pierre.

LIVRE TROISIESME DES ANTIQVITEZ MASCON-
NOISES: AVQVEL EST TRAICTE' DE
L'ESTAT, ET IVRISDICTION, ENSEMBLE
DES MAISONS NOBLES DV
MASCONNOIS.

Par Pierre DE SAINCT IVLIEN, de la maison de Balleurre, Doyen de Chalon, & grand Archidiacre de Mascon.

<small>Eglises.</small>

APRES que par le contenu au premier liure de nostre discours de Mascon, nous auons (selon la grace qu'il a pleu à Dieu nous faire) dit de la ville, & conioinctement des Eglises, principaux ornemés de la structure d'icelle, ce que nous auons peu extraire de la diuersité des escrits de plusieurs hommes, qui ont par cy par là faict mention de Mascon: & que par le second liure, nous auons tant soingneusement qu'il nous a esté possible rapporté par ordre les noms des Euesques, trouuez auoir presidé en la <small>Catalogue d'Euesques de Mascó.</small> Hierarchie Ecclesiastique Masconnoise: ie n'eusse pensé auoir satisfaict à mon intention (laquelle est de ne pretermettre sciemment chose que ie puisse penser seruir à l'honneur de la ville en laquelle i'ay esté receu, & <small>Cic. liu. 1. des loix.</small> qui, iouxte l'opinion de Ciceron, m'est seconde patrie) s'il me fust aduenu de passer soubz silence, quel a esté iadis, & quel est de present l'estat, & Iurisdiction du Conté de Masconnois: quelle l'estédue de son ressort, l'amplitude du Ban du Conte, & riereban de ses Barons: sans oublier de toucher quelque chose du peu de cognoissance (qui est peut-estre plus que plusieurs ne pensoient) que i'ay eu des illustres & nobles maisons dudit pays. Non que ie vueille curieusement rechercher la source & origine d'icelles, ny discourir de toutes (car cela n'est pas en mon pouuoir) ains seulement parler des plus signalees: & en dire ce que par longue frequentation auec les hommes mieux instruicts, i'en ay apprins. Que si ce mien labeur n'est si plein, & si entier que quelques vns desirerót, pour le moins ceux qui voudront mieux faire, & plus exactement rechercher les races (ce qui ne pourra plaire à tous) auront ce mien labeur pour auātcoureur, sur qui tombera la premiere charge, & attaque. Protestant que

comme

comme ie me prepare de ne me foucier de ceux qui ne fçauent que dire : auffi me refoulz-ie d'honorer ceux qui fçauent mieux faire; & qui en faueur du publicq, & à l'honneur de la Patrie, publieront par efcrit, chofes qui (fur la matiere que ie traicte) pourront mieux fatisfaire vn chacun, & contenter tout le monde.

Il eft tres-certain que les plus anciens Contes de Mafcon dont nous pouuons auoir memoires (car quant aux premiers qui f'en pourroit fouuenir?) eftoient libres feigneurs en leurs pays, fans recognoiftre par deffus eux aucun feigneur fouuerain:ains (felon la façon de parler adoncq) ne tenoient que de Dieu, & de l'efpee: Ce que nous efperós deduire plus amplement, en noftre traicté dés antiquitez des Bourgongnons, & de leurs eftats. Telle liberté de Seigneurie a toufiours efté odieufe aux Rois: qui n'ont faulte d'hommes prompts à mettre de l'huyle au feu de leur ambition. Ceux qui font plus authorifez au Confeil plus fecret des Princes, ne fe fouciét de rien tant, que (iouxte l'ancien prouerbe) d'eftriller faiueaul: & en cefte qualité induifent les Rois à trouuer mauuais, que quelques feigneurs, qui n'entreprennent rien, oultre ce qu'ils ont trouué leur eftre acquis par leurs predeceffeurs, ofent commander en repos, & à leur aife, fouffrants viure leurs fubiects en tranquillité. Auec ce ils font entendre à leurs maiftres que ceux qui ne les vont vifiter, & courtifer, les defdaignent, & mefprifent: combien que (à la verité) plufieurs Princes craingnent d'entrer és Cours de quelques Rois, pour la difficulté qu'ils ont de fe taire, quand ils voyent qu'on leur inuente des affaires, pour les pipper, & ruiner tous leurs Eftats, de diuerfes molefties, & inaudites vexations. Ioinct que qui les fouffre fans f'y oppofer, femble y confentir. Sans rechercher les exemples de ces chofes de trop loing : nous auons veu courir fus à Charles Duc de Sauoye, & le priuer de fes pays. Et (que ie trouue plus eftrange) plufieurs hommes de marque, non feulement fauorifer telle inuafion, mais la defendre par efcrits, & liures imprimez: combien qu'ils ne peuffent ignorer, que toutes & quantes fois que Commiffaires, & deputez d'vne part & d'autre, ont mis papiers fur table, le droict ait efté trouué du cofté des Ducs de Sauoye. En mefme temps nous vifmes Antoine Duc de Lorraine en tels termes, qu'il ne fçauoit qu'en efperer: & quiconque luy parloit de Sauoye, oyoit ces mots : *A telles cheuilles pendent mes manteaux.* Combien qu'en tels cas il ne foit poffible exempter les Princes de coulpe, d'autant qu'ils executent euxmefmes, ou confentent apertement à l'execution des inuentions : fi eft trop plus digne de note, & reprehenfion la malice de ceux qui trouuans tels Princes enclins à grandes chofes, & defireux de laiffer leur nom, & leur memoire celebre, forcent (auec perfuafions, & paroles colorees, felon qu'ils leur vuellent bailler le tainct) iceux Princes deuenir tels qu'ils ont propofé les rendre. Brief il n'eft poffible tant exceller en diffimulation, qu'on ne foit contrainct iuger, que comme les miniftres de turpitude

Contes de Mafcon libres feigneurs.

Les Rois ennemis de libres Seigneuries.

Charles Duc de Sauoye.

Antoine Duc de Lorraine.

Miniftres de turpitude.

font caufes de l'effemination, lubricité, & lafciues ordures, aufquelles

Mauuais Côfeillers. quelques Princes fe font iadis adonnez: auffi les mauuais Côfeillers d'eftat font caufes des iniuftices, tyrannies, & oppreffions que le peuple fouffre, fouz l'employ du nom & authorité des fouuerains. Auffi deux

Deux maux caufes d'infinis autres. maux (dont font procedez infiniz autres) ont tellemét terni, & obfcurcy l'ancien luftre & fplendeur de la France, que nous en fommes deuenuz non feulement en mefpris à noz voifins, mais la fable de l'vniuers. Et quand nous nous vouldrons récongnoiftre, noftre mifere nous fera confeffer que *fuimus Franci*. Le premier mal fut qu'au temps du Roy François premier, les paroles commencerent en France à eftre plus fauorifees que les beaux faicts: les caufeurs, mocqueurs, & brocardeurs eftoient plus eftimez, que les anciens, braues, & vaillants Capitaines: les

Mefpris des perfonnes dignes. vieux feruiteurs de la Couronne de France, les plus experimentez chefs des armees Françoifes, les plus praticqs guerriers réduz en peu de temps mal contans, &(les Princes negligez) ceux qui furent employez au maniement & conduicte des affaires, n'en eftoient pas dignes: ou fi quelques vns auoient efté bien choifis (comme perfonnages de merite) on les laiffoit perdre par grandiffime faute. Qui eft quant au fait de la guerre: en laquelle(plus qu'en autre chofe)il eft tres-dágereux de faillir: d'au-

Fautes en guerre fôt irreparables. tant que les fautes faictes en combatant, ne fe peuuent reparer: & que fi en quelques actiós humaines il eft perilleux de laiffer efchapper l'occafion quand elle fe prefente, c'eft au maniement des armes.

Royne Anne.
Anne de France. L'AVTRE, & fecond mal fut, que comme la Royne Anne, Ducheffe de Bretaigne, & Madame Anne de France Ducheffe de Bourbonnois, (cefte là deux fois Royne de France, & cefte-cy fille du Roy Loïs vnziefme, & Regente en France, pendant la minorité du Roy Charles viij. fon

Loy de chafteté. frere) auoient fi vertueufement extirpé l'impudicité, & planté l'honneur au cœur des Dames, Damoyfelles, femes de villes, & toutes autres fortes de femmes Françoifes, que celles qu'on pouuoit fçauoir auoir offenfé leur honneur, eftoient fi ahonties, & mifes hors des rangs, que les femes de bien euffent penfé faire tort à leur reputation, fi elles les euffent

Proftitution de l'honneur des femes. fouffert en leur compagnie: ce neantmoins le regne de Fráçois premier exhaulfa tellement les femmes preftes à tout party, que depuis nulles n'ont tant hauffé le nez, ny penfé mieux meriter d'eftre veuës, que celles qui fouuent vaincues, demouroiét toufiours victorieufes. Et celle eftoit eftimee fotte, qui ne fçauoit, ou n'ofoit tromper fon mary.

Antoine du Prat. A tous ces maux s'adioufta, qu'Antoine du Prat ayant gaigné le premier rang en la Iuftice, eftendit l'authorité de Chancelier plus auant qu'elle n'auoit iamais efté. Et pour s'y maintenir, s'employa de corps & d'ame à la feule vtilité de fon Roy. Pour auquel gratifier & aggrandir la

Synderefe de du Prat. gloire(felon fon opinion)il ne craingnoit preiudicier à tous autres. Dót touché de repentance, inftant l'heure de fa mort, il dift, que s'il euft efté auffi foigneux du feruice de Dieu, que de celuy de fon maiftre le Roy, il

penferoit

de Mascon.

penseroit estre logé en Paradis, par dessus tous les Apostres. C'est luy qui le premier de nostre siecle a corrōpu l'Estat: desvnissant le profit du Roy, d'auec l'vtilité publique. C'est luy qui a mis la volóté du Prince par dessus la Iustice: dont aucuns qui l'ont suiuy, ont prins occasion de vouloir maintenir, que les Edicts Royaux ne doiuēt estre modifiez par les Cours des Parlements: qui est vne opinion tres-pernicieuse en matieres d'Estat. C'est luy qui moyenna l'abbouchemēt du Pape Leon x. auec le Roy Frāçois 1. au lieu de Boulongne la grace. Où ce qui y fut accordé pour le fait des annates, & nomination aux benefices electifs, a esté si dōmageable, nō seulemēt à la Frāce, mais aussi à toute la Chrestiēté, que tous les maux que depuis nous auōs souffert, & souffrōs encores, en ont eu leur source. Mais pour mieux suiure nostre propos des libres seigneuries: iamais hōme n'en fut tant ennemy que ledit Chancelier du Prat. Luy maniāt tous les affaires de France, durant la verdeur des ans du Roy François, pensoit estre Roy luy-mesme. En ce pensement il moyenna que le Roy feit vn Edict portant que nulle terre seroit possedee, sans recognoistre quelque seigneur: pensant oster tous droicts de franc aloud. D'auantage sollicité de remonstrer au Roy qu'il conseruast aux seigneurs en son Royaume, les droicts de fieds, qui leur appartiennent: & qu'à l'imitation de ses predecesseurs Rois, il lui pleust estre au deuoir: il respōdit, *S. Antoine* (c'estoit son serment) *chacun tient du Roy, le Roy ne tient de personne*. Et par ce rebut osta tout espoir aux pretendās, de pouuoir auoir leur raison. Pire fut son iniquité, quand (apres auoir fait publier que tous Chapitres pretendans droict d'electiō eussent à luy cōmuniquer leurs tiltres) il print les Bulles, & Chartres desdits priuileges, & les ietta au feu. Sōme, il a (sur to9) esté de ces mauuais Medecins d'Estat, qui laissās enfler la ratelle, sōt cause que le corps deuiēt phthisicq'. Car pourueu qu'il ne māquast de moyēs, & inuentiōs pour faire auoir argēt au Roy, il cōptoit à peu que le corps de la chose publiq deuint etique. La Frāce estoit pour lors opulāte, & le Royaume florissant en cōcorde, & prosperitez: & les afflictiōs naissantes estoiēt encores moins sētiues: mais ces principes, & introductiōs ont produit le progrez des miseres, & persecutiōs q no9 souffrōs. Tāt il est facile adiouster aux inuentiōs: & souffrāt vieilles iniures, on en inuite de nouuelles.

Corruptiō d'Estat.

Heresie en matiere d'Estat.

Boytte de Pandore.

Du Prat.

Nulle terre sans seigneur.

Frāc aloud osté.

Histoire notable.

Prouerbe. Iniquité.

Contre du Prat.

AVANT que sortir des termes des libres seigneuries, ie ne puis q ie ne die, q la cognoissance de ceste liberté ne depend pas des liures, q chacun tiēt propres, pour (en les lisāt) acquerir bruit, & reputation de sçauāt hōme. Qu'ainsi soit, quelque hōme de bonnes lettres (au nom duql ie veux bien pardōner) allegant Sigismond libre Baron de Herberstain, &c. autheur de l'histoire des Moscouites, a interpreté ces deux dictions Latines *Liber Baro* (qui signifient libre Baron) de façon qu'il prend, & employe *Liber* pour surnom, & *Baro* pour qualité de sa seigneurie.

Sigismōd libre Baron, &c.

CE dit (comme en passant) ie ne trouue aucun plus ancien Conte de Mascon, que Tëutbert, duquel nous auōs parlé au premier liure des presens recueils. Cestuy (comme pareillement estoient adoncq' plusieurs

Tëutbert Conte de Mascon.

Cc

autres)eſtoit libre ſeigneur en ſes terres,& pays;c'eſt à dire qu'il ne rele-
uoit de perſonne.De laquelle condition ſont encores à preſent certains
ſeigneurs voiſins des deux Bourgongnes,és terres que vulgairement on
appelle Terres de ſouffrance,ou de ſurſeance:comme eſtoit Luxeul, &
ſont encors de preſent Lure,Vauvillers,Remiremont, Eſpinau, & cæt.
LOYS DEBONNAIRE Empereur & Roy, fils & heritier de Charlemaigne,conſiderant que Tëutbert,Conte riche,& ancié n'auoit qu'vne
fille,il la feit eſpouſer à Pepin ſon fils du premier mariage,auquel il donna le Royaume d'Aquitaine.

<small>Libres ſei-
gneuries és
marches
de Bour-
gongne.</small>

<small>Pepin gen-
dre du Cō-
te de Maſ-
con.</small>

VRAY eſt que la faute des Imprimeurs, qui ont mis *Matricenſis* au
lieu de *Matticenſis*,pourroit occaſionner quelque difficulté, ſi elle eſtoit
affectionnément prinſe,par quelqu'vn qui ſ'y voudroit opiniaſtrer.Car
comme l'eſprit deſireux d'entrer en contradiction,n'a faute de moyens,
ſ'il eſt docte,ſubtil,& ingenieux:ainſi la diction *Matricum*,de laquelle eſt
procedee celle de *Mediomatricum*, fourniroit(qu'à tort,qu'à droict) matiere de contrarier.Mais d'autant que telles antiquitez doiuent pluſtoſt
eſtre creuës que diſputees:& que(auec bonne & ſeure guide)i'ay dit que
Tëutbert eſtoit Conte de Maſcon ; ie ne ſuis preſt à changer d'opinion,
ſi on ne me produit meilleurs,& plus ſignalez teſmoins, que ceux deſquels ie l'ay prins,& appris.

<small>Facile nier
& contre-
dire.</small>

CE n'eſt pas l'vnique,& plus ſignalee deprauatiō des noms des lieux
& perſonnes de Bourgongne,& du Maſconnois.Ie ne ſçay ſi ie dois attribuer à malheur du païs,ou à ignorance des eſcriuains, ce que de tous
temps,& quaſi par tous autheurs, noz Bourgongnons, & leurs voiſins
ont eſté traictez tant deſauantageuſement,que oultre ce qu'infinis corrompent la naïfue diction de Bourg-ongne, pour dire ou Bourgoigne,
ou Bourgoingne, & eſcrire Bourguignons:il n'eſt poſſible mettre en teſte à la pluſpart des hommes, qu'il faille dire, & eſcrire Chalon par vn
ſimple *a*: tous,(ou du moins la pluſpart des eſtrangers)redoublent ledit
a,par faute de conſiderer que *Cabilon* eſt Chalon, & *Catalaunū* eſt Chaalons,le premier en Bourgongne,&l'autre en Champagne.Au ſemblable
fort peu de noms des perſonnes illuſtres, & nobles deſdits pays ont eſté
rapportez,& eſcrits en leur integrité.En l'hiſtoire S.Loïs compoſée par
le Seigneur de Ioin-ville, Ioſſerand eſt dit de Brancon, l'Imprimeur deuoit faire lire de Brancion:& ainſi il eſt nommé par tous autres, qui ont
parlé de luy, ſinon par ceux qui ont penſé qu'il eſtoit de la maiſon de
Bourgongne,ce qu'il n'eſtoit pas.I'ay deſia aduerty,qu'en moins de cinq
lignes des Chroniques, & Annales de Maiſtre Nicole Gilles au diſcours
de l'an 1475.il y a cinq fautes:ſçauoir eſt Conches,pour Couches:Lōgny
pour Longvi: Ampois,pour Auxois: Le fils du Cōte de S.Martin, au lieu
de dire Le fils du ſieur de Mommartin du Conté.Il y a d'auātage vne infinité d'autres fautres audit liure,qui ſont plus viſibles en liſant, q̃ ayſees
à rapporter preſentement. Pluſieurs ſe ſont employez à les reueoir,ie ne
ſçay ſ'ils les auront rēdu telles qu'elles deuroiēt eſtre.Cōbien q̃ les correcteurs

<small>Deprauati-
on des
noms Bour-
gongnōs.</small>

<small>Chalon,
non Chaa-
lon, ny
Chaalons.</small>

<small>Ioſſerand
de Brācio.</small>

&ceurs d'Imprimeries soiēt doctes, & biē choisis, si ne sont-ils tousiours biē soigneux de prēdre garde par tout, mesmemēt aux noms propres & és dates, esquels faillir, est faire faute de grosse importance. A ce propos l'histoire des troubles de nostre tēps, est escrite en Frāçois doctement, & soingneusemēt par deux personnages de diuers humeurs, & differēte faction: l'vn cele son nom, & toutesfois ie l'ay ouy nōmer la Popeliniere, qui semble nous promettre l'histoire de Frāce: l'autre est Iean le Frere de Laual, qui sans taire son nom, a d'vne vertueuse asseurāce fait mettre en lumiere ce qui s'est passé entre le Roy defendāt sō Estat, & ses subiets naturels, qui l'en vouloiēt priuer. De ces deux autheurs ny l'vn ny l'autre n'a esté bien soingneux de representer en leur naïueté les noms propres de quelques Gētilshōmes de nostre Bourgōgne. Qu'ainsi soit traictās tous deux, en mesmes termes, certaine entreprinse, cōspiree à Geneue, cōtre la ville de Mascō: l'vn nōme Traues chef des designez pour l'execution de ladite surprise: l'autre au lieu de Traues dit Trans. L'vn nōme le sieur de Ventoux Rentrou, l'autre Rentou. Et faillēt tous deux, quād ils qualifiēt simplemēt ledit sieur de Vētoux Lieutenāt de Monsieur de Tauanes au Masconnois. Car il estoit Lieutenāt de Roy en Bourgongne en l'absence de Mōsieur le Duc d'Aumalle Gouuerneur en chef, & du sieur de Tauanes Lieutenant de Roy en premier chef. Tous deux se sont aussi mescomptez, quand au mesme lieu ils ont dit Cuyseaul, au lieu de Cuyseri.

Histoire des troubles.
La Popeliniere.
Iea̅ le Frere de Laual.
Traues.
Ventoux.
Cuyseaul pour Cuysery.

Telles fautes ainsi faites en cōmettant sont (à la verité) odieuses, & reprehēsibles, d'autāt qu'elles troublent l'histoire, & empeschent qu'on ne peut entēdre de qui il est parlé: mais encores sont elles (à mō aduis) plus excusables qu'vne infinité d'autres, faites par omission. Car les premieres n'offensent que peu de gēs: & les autres desrobbēt l'hōneur (vray salaire deuertu) à quasi vn chacun. De façō qu'il y a biē peu de familles signalees en Bourgongne, qui n'ayēt à s'en plaindre. De vray ce ne sont seulement les arts sedētaires, qui sont nourris d'hōneur: ains sur tout l'art militaire, vraye professiō de la noblesse, quād le besoin les y appelle. Et est à croire que le mespris de la mort, qui les poulse és plus perilleux cōflicts, & dangereux assauts, leur persuade aussi que y mourir, est finir ses iours au lict d'hōneur. Mais si la memoire en est esteinte auec la vie, quel fruict ont ils de s'estre sacrifiez pour le seruice de leur Prince, & pour le salut de la Patrie? qu'est-ce que peut inuiter les nobles suruiuants, à imiter les vaillāces de leurs ancestres, & deuāciers, sinon l'espoir d'acquerir loüange, & rēdre leur nom glorieux à la posterité? C'est vn ancien prouerbe entre les Frāçois, q̄ le gētilhōme cōbat pour l'hōneur, & le soldat pour le profit. L'hōneur est le principal motif de faire aller volōtairemēt les nobles hōmes à la guerre. Et sans ce poinct, il seroit trop pl⁹ expediēt d'estre casanier, & faire valoir son biē, q̄ suiure les armes en qualité de volōtaire. Voire que le marcadāt seroit pl⁹ heureux q̄ le guerrier qui se tuē, & se destruit à credit, sans qu'il en soit memoire. Laissāt toutefois à chacū ses plaintes, pour ce que ie ne suis suffisāt pour y remedier: ie ne parleray (pour ce coup) que

Les armes profession des nobles
L'hōneur Le profit.

Cc ij

Des antiquitez

304

de ce qui me touche de plus pres, & dőt i'ay plus certaine cognoiſſance.

Balleurre. Nous n'auons en noſtre maiſon de Balleurre faulte de bons & cer-
Meſſ. Lois tains teſmoignages, des excellens faits d'armes de noz deuāciers, & pre-
de S. Iuliē. deceſſeurs, nommez de noſtre nom de S. Iulien : mais ſi Meſſire Loïs de
S. Iulien Cheualier ſeigneur de Simandres, fils de Meſſire Hugues de S.
Iean de Iulien Cheualier ſieur audit lieu, & de Morual, apres auoir prins ſon par-
Chalon. tage en argent, par l'aduis de hault & puiſſant ſeigneur Iean de Chalon
Cueux(c'eſt à dire Côte) d'Auxerre, & ſire de Boutauét, ſelon qu'il m'en
a apparu, par l'amiable compoſition ſur ce paſſee l'an mil trois cens qua-
rante deux, au mois d'Auril : ſi (di-ie) ledit Meſſire Loïs ſ'eſtant marié au
Froiſſart. loing, a eſté recogneu, & ſa proëſſe mentionnee par Froiſſard en ſon hi-
ſtoire : ſi eſt-ce que ceux qui ſont yſſuz de ſes freres aiſnez, Hugard, &
Hugard, & Pierre de S. Iulien (deſquels le dernier fut Cheualier d'armes) n'ont eu tāt
Pierre de de faueur, que leurs noms ayent eſté conſacrez au temple de memoire.
S. Iulien. Non que leurs vaillances ne l'ayent bien merité. Car quaſi tous ſuyuans
le train des armes, & la pluſpart en qualité de Capitaines, ſont paruenuz
Claude de au degré de Cheualerie : voire que l'vn (qui fut Claude de S. Iulien, fils
S. Iulien d'André) fut faict pour ſa vaillantiſe Cheualier d'Ordre, & (en ceſte qua-
Cheualier lité) compagnon des Princes. Mais ils ne ſont ſeuls deſquels les actes bel-
de l'ordre liqueux ſont ſepulis ſouz hault ſilence : pluſieurs maiſons de grands ſei-
d'Orleans. gneurs auroient bien iuſtes occaſions de ſemblablement ſ'en complain-
dre. Que ſi (pour mon regard) i'eſſayois de venger mes anceſtres de l'oubly auquel leurs bien faits ont eſté mis, ie craindrois qu'on m'obiectaſt
que loüans les noſtres, nous nous fauoriſons nous-meſmes. Et neantmoins ie ne puis penſer qu'il me ſoit moins licite de faire ſçauoir à la poſterité que mes predeceſſeurs ont eſté vertueux, vaillans, & vtiles au pu-
Ceſar. blicq : qu'il a eſté honneſte à Ceſar, ou bien ſeant à Cicerō, d'eſtre eux-
Ciceron. meſmes trompettes de leurs propres loüanges. Toutesfois n'eſtant icy
le lieu d'en parler d'auantage, ie remettray ceſt exercice à quelque meilleure & plus propre commodité.

Pepin Cō- Estant la Cōté du Maſconnois, apres le treſpas de Teütbert, eſ-
te de Maſ- cheuë à Pepin de Fráce, à cauſe de ſa féme, fille heritiere dudit Teütbert :
con. luy mort (encores qu'il euſt laiſſé vn ſecond Pepin ſon fils, que les haults
Barons d'Aquitaine vouloiēt faire ſucceſſeur à l'eſtat de ſon pere, & couronner leur Roy) Loïs debonnaire vaincu des prieres de ſa Iudith, & de
la mignardiſe de Charles, ſon petit Benjamin, ſ'empara dudit eſtat d'A-
quitaine, que depuis il donna audit Charles, qui depuis fut ſurnommé le
Conté de Chaulue. Et par ce moyen en priua les enfans du prenómé Pepin. Et quāt
Maſcon à la Conté du Maſconnois, il la feit auſſi ſiéne : iuſques à ce que ſorty des
retournee affaires qu'il eut, il fut ſolennellement tiré du Monaſtere de S. Marc, ou
au Roy. S. Medard de Soiſſons, receint du bauldrier militaire, reueſtu des habits
Erreur en Royaux, & ornements Imperiaux. Avcvns (cōme l'Egliſe ne fut iamais
l'hiſtoire ſans ennemis, ny ſon eſtat ſans emulateurs) ont penſé que ledit Loïs de-
Loys De- bonnaire auoit eſté faict Moyne, par les Eccleſiaſtiques de France, pour
bonnaire.

ce

ce qu'il auoit entreprins de les reformer,& qu'il leur auoit defendu l'v- *Paradoxe.*
sage des robbes de soye. Ceste opinion est tenuë par plusieurs pour veritable, comme souuent le faux s'imprime en la fantasie des personnes,
& s'y affermit de façon qu'il n'en peut estre deplacé: mais la vraye cause
est trop mieux rapportee par Tritemius és Chroniques du Monastere *Tritemius.*
de Hirsauge, que par nul autre autheur. Il dit doncques que Iudith (de
laquelle aucuns ont ignoré l'origine) fut fille du Duc de Bauieres, belle *Vraye cau-*
par excellence. Loïs frappé de son amour,& n'en pouuant iouïr, sinon en *se pour-*
l'espousant, la print en mariage. Or fut-il trouué qu'elle estoit sa parente *quoy Lois*
si proche, que le droict ne permettoit qu'il la peust legitimement auoir. *Debōnai-*
Ses enfans du premier lict n'auoient pour aggreable ce mariage: & leur *re fut mis*
faschoit fort que leur pere desia ancien, eust prins vne si ieune femme. Et *en religiō.*
en ce fait couuroient leur maltalant, d'vn dissimulé zele de religion. Ils
solliciterent les Prelats pour faire remonstrance audit Empereur, & instāce sur ce qu'il ne luy estoit licite auoir vne femme, qui luy fust parēte
en si prochains degrez. La crainte nourrissoit encores adōcq̄ la religiō,
ou (pour mieux dire) la pieté. La religion rendoit les Prelats si redouta- *Censures*
bles, que leurs censures faisoient trembler toutes consciences. Toutes- *craintes.*
fois l'Empereur Loïs (homme subiect aux courtes chausses) estoit telle- *Loys De-*
ment embeguiné de sa Iudith, que ny le mescontentement de ses enfās, *bonnaire*
ny les poursuittes des Prelats, ne peurent gaigner, de luy faire abandon- *trop aimāt*
ner sa bien-aymee. Interuenant la force, pour l'execution des contuma- *sa Iudith.*
ces iugees, il fut prins, deuestu des accoustremens Imperiaux,& Royaux,
& confiné en vne Abbaye, comme dit est.

Qvoy qu'en soit, il est facile congnoistre, que ceste histoire a esté
plus sommairement, que diffusemēt escrite: & que les autheurs qui l'ont
traicté, se sont contentez de nous en parler de gros en gros, & declarer
seulement ce qui ne se pouuoit taire: faschez qu'il leur fust force dire de
ce Debonnaire autre chose que les articles de son accusation, la sentence
renduë,& executee. Laissans à tant à rechercher les causes du procés, l'information & condamnation.

De ma part, ie ne puis penser que les François, qui ont tousiours esté *Les Fran-*
estimez tres-humains, obsequieux à leurs Princes,& estroictement liez *çois aimēt*
en l'obseruance de leur religiō, mesmement lors que les Gaules estoiēt *&honorēt*
sans monstres, c'est à dire sans heretiques) & que la douceur des païs où *leurs Rois.*
ils estoient retournez, leur auoit fait reprendre leurs anciennes doulces *Gaules sās*
façons, eussent contre tous exemples de leurs predecesseurs, vsé de vio- *monstres.*
lence enuers leur Roy, s'il n'eust offensé la religion, ou les loix de l'estat. *L'air des*
Mais n'estant cecy du principal de nostre institut, nous le laisserons, *Gaules est*
pour suyure nostre premier propos: apres auoir dit, qu'il n'est pas croya- *plus cle-*
ble, que les gens d'Eglise (sur lesquels ces nouueaux Empereurs auoiēt *ment que*
entreprins Iurisdiction, tesmoings les Conciles tenuz soubz leur autho- *le Germa-*
rité,& selon que leurs Capitulaires en font foy) eussent peu tellement *nique.*
Contre les
calomnia-
teurs des
Ecclesia-
stiques.

Cc iij

mener à baguette vn si grand Empereur, que de le deuestir des marques Cheualeresques, & Imperiales, le tondre, & confiner en vn Monastere. Les François auoient desia trop reprins leur ancien humeur Gallicq', repurgé de tous accidens estrangers, pour le permettre. Si doncques en matiere si obscure, & si mal expliquee, il est permis vser de coniectures, ie croyrois bien, que Loïs debonnaire s'opiniastrant sur la retention de sa Iudith, femme de si grande maison qu'il ne la pouuoit abandonner auec la bonne grace de ses parens (ioinct qu'il eust esté impossible luy reparer son honneur) voyant qu'elle estoit iugee sa parente si proche qu'il ne la pouuoit legitimement auoir, refusa de subir iugement par deuant les Commissaires deputez pour luy faire son procés: & que par contumace il ayt encouru les censures de droict. Dont seroit aduenu que ses propres enfans (mal contants comme dit est) auroient fourny la force pour se saisir de sa personne, le degrader, & confiner comme il fut. I'estime d'auantage que telle prison luy fut donnee pour peine. Que depuis il obtint dispense, & conuint que luy, & Iudith, fussent separez: que tous deux feissent penitence: pour apres estre rejoints par mariage, si tous deux le requeroient.

Vrayes causes pourquoy Loys Debonnaire fut desmis.

APRES doncques que Loïs Debonnaire Empereur fut restitué en ses premiers honneurs & dignitez; & qu'il vint à rememorer, que de tous les Princes, & haults Barons de son Estat, nul n'auoit vsé enuers luy de meilleurs offices q̃ Warin, ou Guerin Côte de Chalon (Paulus Æmylius en son histoire des François le nomme, ne sçay pourquoy, Anseaulme) il luy infeoda la Conté de Masconnois. Mais ce ne fut auec telle preeminence & prerogatiue de souueraine seigneurie, que le vieil Conte Teutbert la souloit posseder. La plenitude de puissance ancienne fut restrainte, par la reserue de la bouche, & de la main, qui demouroient obligees au Roy.

Warin Conte. Paulus Æmylius.

Bouche, & main.

CESTE inuention est fort antique, & a esté practiquee par les Romains: qui donnoient des Royaumes, & creoyent des Rois, à condition, que (comme Massinissa) ils ne pourroient, ny deuroient se separer de l'alliance & amitié du peuple Romain, ains luy adherer en tout & par tout. Vray est qu'ils y adioustoient quelquesfois vn treu, ou tribut annuel. Telle façon d'eriger des Royaumes, a esté practiquee par plusieurs Monarques, & Republiques. Notamment les Empereurs Rois de France, en ont vsé, pour montre de leur grandeur, magnificence, & pouuoir. Car quant au reuenu prouenant (comme que ce fut) de tels pays, ainsi donnez en tiltre de Royaume, ils n'en faisoient estat, ny recepte: ains se contantoiẽt de dominer aux Rois, les auoir pour vassaux, & les tenir si liez par la bouche, qu'ils ne pouuoient aduoüer autre Seigneur, ny dire vn ouy, ou nenny preiudiciable à leur Monarque. Ne pouuoient aussi mener les mains (c'est à dire entrer en guerre, contre le gré de celuy, entre les mains duquel ils auoient mis les leurs: en signe que captiuant & assubiectissant

Royaumes dõnez par les Romains. Massinissa.

Bouche.

Mains.

toute

tout ce de moyens que Dieu a donné, & donnera à eux, à leurs enfants, & successeurs, qui possederont tels fieds, seroit pour l'employer au seruice de la Couronne du seigneur du fied sursouuerain, ou du seigneur du fied dominant.

CESTE matiere des fieds ne se peut apprendre par les liures: & se trompent tous ceux qui employent les loix Lombardes, pour former les fieds Frãçois sur le modele d'icelles: ou de quelques glossateurs de droict. C'est aux seigneurs qui ont plusieurs vassaux soubs eux de traicter de la matiere des fieds: laquelle plus anciennement n'estoit decidee qu'en la seule Cour des Pairs. C'est à eux que i'adresse ce mot de Sur-souuerain: lequel m'a semblé propre pour representer celuy, qui est comme genre generalissime sur les souuerains subalternes. I'estime que nul ne reuoque en doubte, que les Ducz de Milan, de Saxe, de Bauieres, Sauoye, Lorraine, & autres qu'on appelle Ducz à haults fleurons, sont en ce souuerains, qu'ils donnent graces, battent monnoye, fondent artillerie sans congé de personne, ont en leur estat iurisdiction en dernier ressort, auec droict d'imposer sur leurs subiects sans permission d'autruy, &c. Mais chacun sçait aussi que les prenómez sont Princes de l'Empire, & doyuent foy, & hómage à l'Empereur: & peuuent estre adiournez & tirez en cause à la Chãbre de l'Empire. Brief, ie ne craindray de dire, qu'il n'y a, ny Empereur, ny Roy, qui ne tienne quelque chose mouuant d'autruy.

POVR ne rien dissimuler, quand ores les affaires Romains auroient esté dignes d'estre comparez auec les Galliques & Frãçois (ce que ie n'ay iamais peu penser, & moins voulu croire, ne nous sentãt inferieurs à eux, ny à nation quelcõque, sinon en ce que nostre histoire a esté negligee) si trouuerois-ie bien estrange, ou plustost indigne, que la raison (qui est l'ame de la loy) manquast aux François: & que nous fussions cótraincts de mendier, & emprunter du cerueau des Italiens. Ce pendant, cóme ie confesse que c'est relief de peine, de trouuer les matieres presque digerees; & en si beau langage, qu'il attire les lecteurs: aussi me semble-il, que les François ont souffert tache en leur honneur, quand (contreuenans à l'ordonnãce de leurs ancestres) ils ont de tant auili la dignité, ou (comme on a puis quelque temps en ça cómencé de parler) la maiesté de l'Estat François, que de reuoquer & rappeller d'exil les loix Romaines: y assubiectir les Gaules: & quasi remettre la France (pour ce chef) soubs le ioug Romain. Que si on m'oppose qu'on ne s'en sert, que cóme de chose fondee en raison, sans prendre authorité d'icelles: que sert il doncques de les alleguer és sieges souuerains, & autres parquets de Iustice Françoise, si elles n'ont authorité? Ie plains plus que d'elles soit procedee vne Chiquanerie, dont on fait vn mestier à part, qui ruinant tous Estats, a gaigné tant de faueur, par les practiques, menees, & excessif credit des symmistes; que peu s'en a fally, que de noz iours on n'en ayt faict vn quatriesme Estat en France, & rendu monstrueuse la triplicité des Fleurs de Lis.

Fied Sursouuerain.

Ducz à haults fleurons.

Raison ame de la loy.

Maiesté mot nouueau en France.
Loix Romaines.

Chiquanerie faite mestier.

Cc iiij

Vvarin Cóte à vie.

COMBIEN que tous ceux qui ont escrit de Warin, ou Guerin, consentent qu'il fut Conte de Chalon de son estoc, & Conte de Mascon par don, & bien-faict de l'Empereur, & Roy Loys debónaire: Si ne trouue-ie aucun tesmoignage, que telle donation du Masconois, ayt plus longuement duré, que la vie dudict Vvarin. Luy estant Conte, il obtint de Hildebauld Euesque de Mascon, le village de Cluny, & (selon que i'ay dit cy deuant) y fonda vne Eglise de sainct Pierre, & sainct Paul Apostres: laquelle dediee par ledict Hildebauld, & creuë en l'vn des plus celebres & renommez Monasteres de la Chrestienté, a esté cause que le village soit deuenu vne bonne ville. Ceste fondation de Cluny par Vvarin, & Eue, ou Albane sa femme, precede de long temps le siecle de ce Duc Guillaume, que le vulgaire tiét pour fondateur de Cluny. Tant les origines (voire des maisons insignes & celebres) sont incertainement traictees.

Hildebauld Euesque. Cluny.

Vvarin fondateur de Cluny. Guillaume d'Aquitaine. Fustaillier. Boson.

L'ADVOCAT Fustaillier en ses recueilz de l'histoire de Mascon, a escrit, que Charles le Chauue Empereur, & Roy, dóna à Boson, frere de l'Imperatrice Richilde (autres la nomment Richent, & plusieurs se mescomptent quand ils disent Iudith : car Iudith secóde femme de Loys debónaire estoit mere du Chauue) fils de Beuues Conte d'Ardennes, la Cóté du Masconnois. Mais estant l'histoire de Boson fort embarrasée, & pleine de difficultez, i'ay opinion (selon que i'en ay touché quelque chose cy dessus, au second liure, quand ie parlois de l'Euesque Conrard) qu'il est necessaire confesser qu'il y a eu deux Bosons de suitte : ou s'il n'en faut admettre qu'vn, fils du Conte Beuues, & pere du Roy Loys, iuger qu'il a plus vescu, que le terme de vie ordinaire ne porte. Et faudra resouldre que le sepulchre qui est à Vienne soit du Roy Boson, & celuy de Charlieu (en Lyonnois quant au Bailliage; & Masconois quant au diocese) est du Conte Beuues pere dudict Boson, mal nommé par le vulgaire le Roy Beuf.

Richent Royne.

Beuues d'Ardennes.

De l'histoire de Boson. Deux Bosons.

Boson sepulturé à Vienne. Beuues só pere à Charlieu. Cótie Fustaillier.

MAIS quant à ce que Fustaillier dit, que Richard Cóte d'Autun estoit frere de Boson, ie ne sçay de qui il l'auoit apprins : car tous autheurs conuiennent en ce qu'il y a eu entr'eux tresaspre malueillance, & inimitié mortelle : procedant de la contétion auquel d'eux appartiendroit domination sur les Bourgongnons. D'vn costé Boson se pretendoit Roy de Bourgongne, alleguant non seulement l'inuestiture à luy faicte par l'Empereur Charles le Chauue, sur l'election des Estats du pays, mais aussi la confirmation du Pape. D'autre part Richard (ne luy voulát en rien ceder) soustenoit que celuy deuoit estre chef des Bourgógnons, qui possedoit la ville capitale : qu'Autun ville capitale estoit sienne, & par consequent qu'il estoit le vray chef des Bourgógnons. Voire que Richard se sentant foible pour soustenir les efforts de Boson, implora l'ayde, & demanda secours à Loys, & Carloman freres Roys, enfans de Loys le Begue, Roy de France : lesquels portoient vne vieille hayne, ou rancune contre Boson, pource qu'il leur auoit esté non seulement contraire, mais aussi competiteur, en la poursuitte de la Couronne de France, apres le trespas du Roy

Richard Côte d'Autun.

Different pourl la seigneurie de Bourgongne. Raisons de Boson. Raison de Richard.

Richard tire en son party Loys & Carloman Rois, contre Boson.

Loys

Loys leur pere. Ce leur fut plaisir d'auoir trouué occasion de descharger leur cholere, longuement couuee contre Boson. Ils l'attaquerent donc si vertemēt; que l'animosité de ceste querelle fut cause de la ruine des deux freres Rois, & iamais Boson ne cessa de deschoir, selon que les histoires & chroniques le rapportent. *Cause de ruine de Princes.*

AYANS ces Rois freres rembarré Boson iusques à Vienne, ils le priuerent du tiltre de Conte de Masconnois, & en inuestirent vn leur feal Capitaine Bernard surnommé Plante peluë, qui en mourut possesseur: & laissa son fils Raculfe son heritier audict Conté. Et neantmoins les textes tant du liure enchainé de sainct Vincent, que du Chartulaire de sainct Pierre de Mascon, inserez au premier liure des presens memoires, ne qualifient ledict Raculfe que Viconte. Laquelle difficulté (auec plusieurs autres) m'a retardé d'entreprendre l'enumeration & catalogue des Contes de Mascon. I'ay mieux aymé que ceux qui en seront curieux, cherchent leur contentement vers les autres autheurs, qui en ont escrit, que de me tormenter à demesler histoires si embrouillees, qu'il n'est pas possible satisfaire pour ce regard à verité: & moins en la puissance des hommes, esclaircir choses desquelles l'antiquité a tant effacé la certitude. *Boson priué du Cōté de Masconnois. Bernard Plante peluë Conte de Mascō. Raculfe. Raculfe Viconte. Excuse de l'autheur. Incertitude des affaires de Mascon.*

LAISSANT dōcques en arriere la curiosité de la Genealogie des Cōtes de Mascon, pour n'estriuer auec les morts, mesmement auec Fustaillier, auquel ie defere beaucoup, d'autant qu'il estoit hōme de bien, & qui a beaucoup employé de son labeur apres la recherche des antiquitez de Mascon : il est bien certain (au reste) que le Roy S. Loys acquist (comme nous auōs dict) la Cōté de Mascon, de Iean, & Ælis sa femme, tous deux du nom, & armes de Vienne. Il est certain aussi que ce Cōté vny à la Couronne, fut faict l'vn des quatre principaulx Bailliages de France. *Fustaillier. S. Loys achetta la Conté de Mascon. Ieā & Ælis de Vienne vendirent Mascon.*

ICY EST A NOTER que cōbien que tous Bailliages Royaux ayent iadis esté Contez, & que communement tous Contes au dommaine du Roy estoiēt Officiers soubs le bon plaisir du Prince : si est-ce qu'il ne fut iamais qu'il n'y ayt eu és Gaules des Ducz, & des Contes hereditaires. Et ne faut croyre que la proprieté de toutes choses foncieres fust du dommaine des Rois, encores que la souueraineté fust à eux. Il ne fut iamais que les Rois n'ayent eu leur dommaine à part, l'Eglise le sien, qui auoit beaucoup des qualitez, & conditions du dommaine Royal: attendu que l'vn, & l'autre estoit estimé sacré. Et celuy des Nobles (distinguez par dignitez en Ducz, Contes, Barons, Seigneurs, Chastellains, & Vauasseurs) estoit proprement leur, saufz les deuoirs, selon la nature de leurs fieds. Tous trois (ie parle du Roy, des Prelats, & des haults Barōs) auoient leurs Baillifs esgaux respectiuement en leurs iurisdictions. Et vn Bailly n'auoit authorité, ny commandement sur l'autre. Chacun auoit assez de cōmander, & rendre droict à ses iusticiables, sans rien entreprendre, ny pretēdre sur son voisin, & ne fut oncques ouy le nom de Bailly souuerain. Or (pour le regard de Mascon) apres qu'il fut vny à la Couronne (comme dit *Mascō l'vn des quatre Bailliages generaux de France. Contes Officiers. Ducz, & Cōtes hereditaires. Dōmaines distincts. Baillifs esgaux.*

Des antiquitez

Bailly de Mascon.
est) vn Bailly y fut deputé, & commis. Son estat, & sa charge estoient telz que nous les auons exprimé ailleurs. Selon le premier establissement des Baillifs, c'estoit à eux de donner leur Lieutenance à tel qu'il leur plaisoit, pour le faict de la guerre, & mesinement pour la conduicte des bans, & arrierebans: & pour la tenue du siege de Iustice aux fins de dire, & rendre droict aux parties. Ou s'ils ne se nommoient vn Lieutenant au faict de la Iustice, quelqu'vn estoit choisy par l'aduis de tout le siege, pour presider és iours: ou le plus ancien Aduocat en reception entroit en place de Iuge.

Pouuoir des Baillys, Lieutenāt du Bailly, pour le Riereban. Lieutenāt en Iustice.

Commis à la recepte ordinaire.
Et quāt à la recepte generale (laquelle estoit des charges du Bailly en son Bailliage) il commettoit tel qu'il luy plaisoit: mais luy en demouroit responsable. Depuis les Rois modernes n'ont pas seulemēt erigé en Offices les Estats des Lieutenans generaux, mais aussi des particuliers: & quoy non? pour en tirer finances: & pensans faire valoir leurs parties casuelles, ruiner leur espargne?

Offices nouueaux.

Amplitude du Bailliage de Mascon. Bailly de Mascō, & Seneschal de Lyon. Romenay. Pristy, & la Crot. Bresse Frāçoise. M. Philippe de Viēne, & Sibylle de Baugey. Eudes Duc de Bourgongne. Nicolas Abbé de Tournus.
LE BAILLIAGE du Masconnois estoit iadis de fort grande estenduë: voire que i'ay entendu de bonne part, que iadis il y auoit à Vienne vne ruë du ressort, & Bailliage de Mascon. Et n'y a faute d'hōmes qui asseurēt qu'vn temps fut que l'Estat de Seneschal de Lyon estoit conioinct à celuy du Bailly Mascōnois. Et que lors les mādemens Royaux s'addressoiēt au Bailly de Mascon, Seneschal de Lyon. Oultre, & delà la Saone, ce Bailliage s'estend sur la Baronnie de Romenay, & sur ses dependances, appartenant au reuerend Euesque de Mascon. Il a aussi quelques autres villages, qui sont la plusspart au reuerend Abbé de Tournus. En ce nōbre sont Pristy, la Crot, &c. que lon estime auoir esté portion de celle Bresse Françoise, que ceux de Vienne, Seigneurs de saincte Croix, Louhans, Sagy, Cuisery, &c. possedoient: & que messire Philippe de Vienne eut de sa femme Sibylle Contesse de Baugey, vefue du Conte de Sauoye: & aussi que depuis Eudes Duc de Bourgongne acquist, & d'vne partie feit le fied à Nicolas Abbé de Tournus. Ce fut l'an de salut mil trois cens dixhuict, comme nous dirons en nostre discours de Tournus.

Limite entre le Chalonnois, & Masconnois. Ce Ruisseau est nōmé peu honnestemēt Merderi. Mascōniere dicte Massōnierea Chalō. Genius Masconnois.
LE RVISSEAV qui passe soubs Rougepōt entre Boyer, & Senecey, est à present la limite, & separation des deux Bailliages de Mascō, & Chalon: Mais anciennement celuy de Mascon s'estēdoit sur celle portion de la ville de Chalon, qui iadis nommee Masconniere, est par corruption de langage, dicte de present Massonniere. Au milieu d'icelle est encores presentemēt vne pierre, sur laquelle se faisoiēt les subhastations, & deliurances des choses vendues par authorité du Bailly de Mascon. Et combien que les Politiques de Chalon ayēt faict ce qu'ils ont peu, pour employer la place du iadis marché Masconnois en vn marché à Porceaux de leur ville, si n'en ont ils iamais sceu venir au bout. Il semble que le Genius Mascōnois y ayt faict resistāce. Vn autre tesmoingnage que ladicte Massonniere ayt esté du Masconnois luy reste: c'est que là on vse encores de present de la pinte de Mascon, dicte autremēt la pinte S. Loys. Dauātage, il n'y

Il n'y a pas long temps, que tant la Maſſonniere, que dixſept villages enclauez au Chalonnois, entre leſquels ſont Fontaines, Ruilly, Champforgeul, Farges, Alercy, &c. ne receuoiẽt leurs quotes des departemens faicts pour les foüages, & autres ſubuétions, par les Eſleuz generaux des Eſtats de Bourgongne: ains ils auoient leurs Eſleuz particuliers, qui leur faiſoiẽt leurs quotes. Les derniers Eſleuz auſdicts fins, furent maiſtres Iean le Queulx, & Claude Bouteneri. Le premier a longuement exercé l'eſtat de Greffier és Cours Royales: & le ſecond a long temps eſté Secretaire en l'Eueſché de Chalon. Eux viuans leurs Elections furẽt ſupprimees, à l'inſtance, & pourſuitte des Eſtats generaux de Bourgongne.

Villages enclauez.
Eſleuz particuliers à Chalon.
Elections ſupprimees.

LE RESTE du Bailliage Maſconnois ſ'eſtẽd ſur pluſieurs, tant Chaſtellenies, que Preuoſtez Royales: leſquelles par les roolles du Ban, & riereban dudict Conté ſont reduictes à ce qu'on appelle Baillief, Chaſtellenies de Criche, d'Igyé, de Priſſey, de ſainct Gengoulx: la Preuoſté ſainct André, Chaſtellenies du Bois ſaincte Marie, & de Chaſteau-neuf. De chacune deſquelles, enſemble des maiſons Nobles ſituees en icelles, i'eſpere parler, de façon, que ſi ie dy peu des vnes, ce ne ſera pour taire ſciemment leur antiquité, ou celer leur merite: mais par faute d'en auoir meilleures, & plus amples inſtructiõs. Auſſi que ce que ie diray plus amplement des autres, ſera ſans y adiouſter rien du mien, ains ſeulement ce que i'en auray appris de bonne part.

Chaſtellenies & Preuoſtez du Maſconnois.
Proteſtation de l'autheur.

LE ROOLLE du Ban, & Riereban du Maſconnois, ſera la guide que i'ay entrepris de ſuyure: tant pour euiter calomnie, que pour decliner l'enuie qui pourroit naiſtre, ſi de moy-meſme i'auois emplacé les ſeigneurs des maiſons deſquelles i'ay à parler, en autre rang, que celuy qu'ils pẽſent leur appartenir. I'ay choiſy ce moyẽ, & l'ay iugé plus requis, pour (comme auec l'eſcu de Pallas) rendre les hommes (ſinon pierres) à tout le moins muetz. Car quand ie ſuiuray le roolle du Roy, qu'y pourra-il auoir de ma coulpe?

L'autheur ſuyt le roolle du Riereban.

LE TILTRE du premier article du roolle porte ces mots Baillief de Maſcon. On pourroit penſer qu'il y doit auoir Banlieuë, ainſi qu'en la Preuoſté de Paris: mais comme nulle raiſon me pouuãt induire à le croire, ie ſuis tiré à penſer autrement. Et (comme en choſe non reſoluë, il eſt permis librement opiner) ie ſuis d'aduis, que bien anciennement les enroollez en ce Chapitre, eſtoient comme ceux, qui furẽt dicts par les Romains *Cohors Prætoria*, ou ceux qu'on appelloit *Triarios*, de noſtre mot François Triez, qui ſignifie choiſis: d'autant qu'ils eſtoiẽt deſignez pour la garde, & protection du Bailly: qui (en ceſte part) tiẽt le rang que tenoit à Rome le Preteur. AV RESTE l'eſtat de Chaſtellain ſelõ les loix Galliques, obſeruees ſoingneuſement par les François, & Bourgongnons, n'eſtoit iadis baillé qu'à perſonnes ſignalees de Nobleſſe. Et audict eſtat de Chaſtellain eſtoit ioinct celuy de Capitaine, enſemble l'office de Iuge en premiere inſtãce. Ses appellations eſtoiẽt vuydees par le Bailly Royal,

Baillief de Maſcon.
Cohors Prætoria. Triarij.
Du Chaſtellain.
Les Chaſtellaïs iadis eſtoiẽt Gentils-hommes.

ou par son Lieutenant, quand il alloit tenir ses assises. Es places plus importantes les Chastellains se qualifient à present Gouuerneurs: on les a aussi quelquesfois nommé Capitaines; & neantmoins l'estat de Capitaine est accessoire à celuy de Chastellain.

Nous commencerõs doncques (au nom de Dieu) selon le roolle qui m'a esté communiqué, par M. Charles Decriuieux, Aduocat du Roy au Bailliage du Masconnois.

Berze. BERZE. Le seigneur de ce lieu est estimé l'vn des quatre premiers Barons du Masconnois. Il a sa maison peu destournee du grand chemin tendant de Mascon à Cluny: mais beaucoup plus pres de Cluny. Les anciens seigneurs dudict lieu portoient le nom de Berzé: & leurs armes Armes de Berzé. estoient de gueule, à trois estoilles d'or: selon que ie l'ay apprins, par vne sepulture qui est en l'Abbaye de Tournus, en la Chappelle sainct George. Là sur vne large tõbe est grauee l'effigie d'vne Dame, en atour tel que les Princesses le portent encores à present le iour de leurs nopces: & autour de ladicte tombe sont ces motz: *Cy gist Simũne de Berzé, qui fut femme de Monseigneur Mille de Frelois Cheualier, qui trespassa l'auant-veille S. An-*

Frolois. *drié, l'an M. CCC. xxvij.* Ledict seigneur de Frelois, ou Frolois (selon le lãgage de Bourgongne) estoit d'vn puisnay de la maison de Bourgongne, Armes de Frolois. & en portoit les armes, sans autre difference, que d'vne denteleure autour du bord. Depuis la maison de Berzé est escheue à ceux de Roche-baron, Roche-baron. issuz de Roche-baron d'Auuergne, maison à present possedee par ceux de Chalaçon: qui ne sont plus ny du nom, ny des armes de Roche-baron: pourtant en est deuenu chef le sieur de Berzé: qui porte de gueule, à vn Armes de Roche-baron. chef eschiqueté d'argent, & d'azur. Le presentement seigneur de Berzé est nõmé René de Roche-baron, fils de messire Geoffroy de Roche-ba-René de Roc. e-baron. ron Cheualier, & de Dame Claire de Choyseul, fille du sieur de Clemõt. Choyseul. GEOFFROY fut fils de Philibert de Roche-baron, & de Catherine de Rossillon en Bourgongne. Rossillon, Dame de Roche-taillé, ayant au parauant esté mariee en la maison de Lugny. PHILIBERT de Roche-barõ seigneur de Cenves Roche-taillé. Berzé, &c. fut fils de François de Roche-baron, & de Loyse de Saillãt: fil-Cenves. Saillant. le du bon sieur de Saillant Chancelier de Bourgõgne. FRANÇOIS fut fils de messire Claude de Roche-baron Cheualier, & de Dame Guye Angleure. Dyo. d'Angleure, au parauãt veufue de messire Pierre Palatin de Dyo: & desia Ioncy. Dame de Ioncy: selon qu'il appert par son Epitaphe, sauué de la ruine des Iacobins de Mascon, où elle auoit esté enterree. CLAVDE fut fils de messire Antoine de Roche-baron, & de Dame Philippe bastarde de Bourgon-gne. Bourgongne: donnee du bon Duc Philippe, qu'aucuns tiennẽt luy auoir dõné la terre de Ioncy en mariage. ANTOINE fut fils de messire Ma-Rossillon ou Parpi-gnan. cé de Roche-barõ, & de Dame Alis de Rossillon pres Parpignan, niepce du Duc de Bretaigne, & portoit les armes d'Arragon. MACE estoit La Cueille. fils de Henry de Roche-baron, & de Dame Marthau-ville de la Cueille, dit du Drac en Auuergne. HENRY estoit fils de Bryen de Roche-baron, &

de Mascon. 313

ron, & de Dame Ieanne, sœur de messire Robert Dauphin d'Auuergne. BRYEN fut fils de messire Iean de Roche-baron Conte de Forest, seigneur si puissant, que (selō le recit de Froissart) il liura vne bataille au Roy de France. BERZE' est l'ancien estoc de ceste brāche de Roche-baron. CENVES est vne piece de la Baronnie de Beau-ioūlois. IONCY mariage d'vne femme. ROCHETAILLE' fut le partage de Catherine de Rossillon, fille d'vn seigneur dudict lieu, & d'vne fille de sainct Seigne sur Vigenne. LIS est vn acquest faict du seigneur de Saillant. Qui est ce que i'ay apprins des affaires de Berzé, par la familiere amitié que i'ay eu auec le feu seigneur dudict lieu.

 LVGNY. Les affaires concernans le nom, & les armes de Lugny, sont bien difficiles à demesler. Car (à dire la verité) sans vn bien grand esclaircissement, il n'est pas possible les bien entēdre. Pource est-il à noter, qu'il y a eu deux races de Lugny. Les vns sont anciennement Masconnois: les autres sont originels de Lauxois: & tous neantmoins portent mesme nom, & armes: à sçauoir d'azur, à trois quintes fueilles, & sept billettes d'or. Ceux du Masconnois ont esté diuisez en trois brāches: Loyse, Igyé, & Dracy soubs Couches. Et quant à ceux de Lauxois, le premier qui s'arresta par deçà, fut Iaques de Lugny seigneur de Gissey le vieux. Cestuy espousa en premieres nopces Ieanne de Nanton, fille heritiere de Hardouyn de Nanton seigneur dudict lieu, & de Ruffey en Chalonnois: & se vint tenir audict Ruffey. Entre autres enfans il eut Lyebauld, & Claude de Lugny. Lyebauld qui fut l'aisné, eut auec autres choses la part qui leur appartenoit à Lugny. Claude eut Ruffey, qu'il feit bastir, comme on le void de present: feit clorre le parc, edifia la Chapelle en l'Eglise sainct Iulien leur paroche: y fonda des Chapellains, & feit de grans acquests. On dit que à Ruffey souloit estre vn Prioré de Dames, dependant de Laucharre, & que ledict Claude feit son profit des materiaux du bastiment, & appliqua le reuenu à son vsage: mais n'en ayant autre tesmoignage, que le dire des anciens, & vne commune renommee, ie n'en veux rien asseurer. LIEBAVLD fut homme affectionné à la suitte des armes: & en les practiquant paruint au grade de Cheualerie. Il espousa Marguerite de sainct Triuier, Dame de Branges, pour la moytié: Car le Baron de sainct Triuier en Dombes, frere de ladicte Marguerite, estoit seigneur dudict Branges pour l'autre moytié. Ce Baron eut à femme Dame Pierrette de Ferrieres, fille du seigneur de Maligny, ayeul du presentement Vidame de Chartres. De leur mariage ne resta qu'vne fille, nommee Catherine de sainct Triuier, que Pierrette de Ferrieres sa mere eut en sa ballisterie. CLAVDE de Lugny (que nous auons dit frere de Liebauld) se maria à Alis de la Baulme: de laquelle il eut vn fils nommé Iean: qui en premieres nopces espousa Ieanne de Bauffremont, sœur de messire Pierre de Bauffremont Cheualier, libre seigneur de Vauvillers, sire de Soye, Baron de Senecey, seigneur de Nan, Courchatton, Chaste-

Dd

Marginalia: Dauphin d'Auuergue. Cenves. Ioncy. Rochetaillé. Lis. LVGNY. Deux races de Lugny. Armes de Lugny. Loyse. Igyé. Dracy soubs Couches. Gissey le vieux. Nanton. Ruffey en Chalonnois. Liebauld de Lugny. Claude de Lugny. S. Triuier. Branges. Ferrieres. Maligny. La Baulme. Bauffremont.

nay, Federic, &c. de laquelle il eut Philibert de Lugny seigneur de Mon-
coüet, & Colette de Lugny, femme de messire Iean de Monconnis Cheualier seigneur dudict lieu, &c. dont, sont issus messire Philibert de Monconnis Cheualier de l'ordre du Roy seigneur dudict Monconnis: Gouuerneur de la ville, & Citadelle de Chalon. Iean de Monconnis à present seigneur dudict lieu, de Moncoüel, sainct Estienne en Bresse, Bellefond, &c. Et Guillaume de Monconnis seigneur de Champrongeroux, Cersot, &c. LADICTE Ieanne de Bauffremont decedee, le susdict messire Iean de Lugny Bailly de Chalon, &c. espousa la sus nommee Pierrette de Ferrieres: & n'en sortirent aucuns enfans. En traictant ledict mariage, en fut aussi traicté vn autre, de Philibert de Lugny seigneur de Moncoüet, fils du prenommé Bailly de Chalon, auec Catherine de sainct Triuier, fille vnique de ladicte de Ferrieres. D'eux issirent Esme de Lugny Baron de sainct Triuier, Anne, Philiberte, & Veronne. Esme mourut en son adolescence. ANNE fut Dame de Ruffey, Nanton, &c. mariee auec messire Philibert de la Chambre seigneur de Montfort, &c. fils de messire Charles de la Chambre Cheualier de l'ordre de Sauoye, seigneur de Sermoya, la Cueille, Verdun, Messimieux, Arento, Sauigny en Reuermont, &c. PHILIBERTE fut femme de messire Claude de Cuysance seigneur de Beluoir, de Cuysance, &c. & fut Dame d'Allerey en Chalonois. VERONNE fut mariee auec messire N. d'Igny, dit Rizaucourt, seigneur de Fontenay. POVR le regard de l'autre branche de Lugny, concernant Liebauld, & ses successeurs: de luy & de la susdicte Marguerite de sainct Triuier, issit Iean de Lugny: qui s'allia par mariage, auec Catherine de Rossillon: laquelle en fin demoura Dame, & heritiere de Rochetaillé. Estant veufue du seigneur de Lugny, elle se maria pour la seconde fois auec Philibert de Rochebaron, comme nous auōs dit en l'article de Berzé. IEAN de Lugny, & Catherine de Rossillon, eurent deux fils, Iean & Godefroy: desquels ce dernier seigneur de Lexart mourut en fleur d'aage, faisant seruice au Roy en Piedmōt. IEAN fut le dernier hoir masle des deux maisons Lugny, & Ruffey. Estant demouré fort ieune son maistre, il se trouua enueloppé de diuers affaires: & auoir vn ennemy en teste, qui luy donnoit infinies trauerses. Ce fut Iean de Lugny Bailly de Chalon, & seigneur de Ruffey, vieillard prenant singulier plaisir à trauailler par procez chacun de ses voisins. Il auoit la veufue de son fils Catherine de sainct Triuier Dame dudict lieu, & de Branges pour la moytié, partant auec ledict seigneur de Lugny: & de là naissoient infinis procez, lesquels quelquesfois ont excité grosses querelles. Pour les terminer, & pour se venger de son ennemy, le seigneur de Lugny ne pensa meilleur moyen, que d'espouser ladicte veufue. Ce qu'il feit au grand regret, & desplaisir dudict Bailly de Chalon. Auec ladicte Catherine il emporta la Barōnie de S. Triuier en Dombes,

& la

& la prementionnee moytié de Branges. Mais la diuersité des traictez que ladicte Catherine a faict, pour reciproquement obeïr, & auoir paix, auec ceux desquels elle dependoit, a tant embarrassé de proces les deux maisons de Lugny, & Ruffey, qu'elles n'en peuuent veoir la fin. Or pource que lesdicts Iean, & Catherine, estoient si proches, par consanguinité, & affinité, que (sans dispense) leur mariage eust esté illegitime : ils en eurent dispésé, de Pape Clemét septiesme, de la maison des Medicis, lors qu'il fut à Marseille, pour marier sa niepce auec Henry de France, Duc d'Orleans, & secód fils du Roy Fráçois premier : qui fut l'an 1533. Auquel temps ledict seigneur de Lugny, auoit le guydon en la cópagnie dudict Duc d'Orleans, depuis Roy. LESDICTS Iean de Lugny, & Catherine de S. Triuier eurét plusieurs enfans : mais nuls les ont suruescu, fors Emóde de Lugny, Dame de Serrieres en Dauphiné. CATHERINE de S. Triuier decedee, Messire Iean de Lugny lors seigneur dudict lieu, & de l'Exart, Baron de Branges, & de S. Triuier en Dombes, se prepara à nouueau mariage : lequel il cósomma auec Madame Fráçoise de Polligniac, desia veufue de trois maris : mais encores de bó aage. Le premier fut le seigneur Baron de Grammót : par le decez duquel elle eut la Terre de Mussidan : qu'elle a laissé, pour auoir Blaignac. Le secód fut seigneur, & Baron de Lers, sur le Rhosne. Et le tiers, le seigneur de S. Valier, du nom, & armes de Poictiers : pere du dernier hoir masle de ladicte maison : pere aussi de Madame Diane de Poictiers, Duchesse de Valétinois. Laquelle succedát à sondict frere, & pleine de grans biens, & faueurs, maria deux filles vniques, qu'elle auoit eu du seigneur Grád Seneschal de Normádie, si haultement que l'aisnee espousa Messire Robert de la Marche, Duc de Bouilló, &c. La plus ieune fut femme du tres-illustre Claude de Lorraine, Duc d'Aumalle. LE prenommé Iean de Lugny, & ladicte Dame de Polligniac sa femme, ont acquis tout ce que les autres Conseigneurs auoient, tant en la maison, qu'en la terre de Lugny : & oultre celà, ont faict maints beaux, & grás acquests. De plusieurs enfans il ne leur resta que Fráçoyse de Lugny : qui fut femme de Messire François Chabot, Cheualier de l'ordre du Roy, Capitaine de cinquante hommes d'armes des Ordonnances dudict Seigneur, Marquis de Myrebeau, Sire de Fontaine-Fráçoise, & de Charroux, seigneur de Beaumont sur Vigenne, Bryon, &c. Duquel mariage est procedee Catherine Chabot, femme de Messire Iean de Saulx, dit Tauanes, Viconte de Lugny, &c. Cheualier de l'ordre du Roy, Capitaine de cinquáte hommes d'armes : Gouuerneur de la ville, & Chasteau d'Auxonne.

MONTBELET. Alard de la Tour seigneur dudict lieu, Baró de Mótbelet, & de la Salle, estoit bien grand seigneur : mais cruel, & si plein de ses volontez, qu'ayant cómis cas reprehensibles, la Cour du Parlemét de Paris proceda rigoureusemét contre luy : De façon que par souuerain iugemét, son chasteau, & maison fort de Mótbelet fut rasee, & le pal y platé.

Mariage du Roy Henry.

Serrieres.

Polligniac.

Grammót.
Mussidan.
Blaignac.
Lers.
S. Valier.

Seigneur de Bryon.

Seigneur Viconte Tauanes.

MONTBELET.

Montbelet rasee.

Des antiquitez

Mais (à traict de téps) ses successeurs n'ont laissé de se rebastir là pres, & y faire leur demourance. La ligne masculine dudict Alard faillie, sa terre & Baronie de Montbelet escheut à ceux de Montregnard : desquels Pierre de Môtregnard a esté le dernier seigneur dudict Môtbelet, dudict nom. Luy estant en la fleur de son aage, non marié, & meilleur mesnager que son aage ne le sembloit requerir, fut assailly en sa maison, & massacré par ses propres seruiteurs, cuydans luy trouuer & butiner vn grand tresor. Luy mort, Philippe de Lugny, fille vnique, & heritiere du seigneur d'Igyé, tant par son propre droict, que aydee de la donation à luy faicte, par vne sœur du defunct, qui estoit femme du seigneur de la Feolle, surnomé de Disemieux, apprehenda la possession de l'hoirie dudict feu Baron de Montbelet : encores que les autres sœurs dudict Baron (notamment la Damoyselle du Terreaul) pretendist estre substituee audict feu Pierre, son frere. Messire Guillaume de Maugyron Cheualier fils aisné du seigneur de Maugyron, espousa ladicte Philippe de Lugny : & à cause d'elle, fut seigneur Baron de Montbelet, d'Igyé, Flaccey, &c. luy estant Lieutenant, & conducteur de la compagnie des hommes d'armes de son pere, au siege de Valfrenieres, fut frappé d'vn boulet de grosse piece, qui luy emporta son arçon, & la cuisse : dont il mourut fort plainct de l'amy, & de l'ennemy. Car c'estoit vn beau, vaillant, sage, gracieux, & fort accomply ieune Gentilhomme : qui alloit à la guerre sagement, & heureusement. Il ne laissa qu'vne fille, laquelle en premieres nopces espousa le fils aisné du seigneur de Montaigny sur Aulbe, surnommé d'Amoncourt, & puisné de Piepape. Deuenue veufue, elle eut pour deuxiesme mary le seigneur de Harqet, de la maison de Bassompierre : mais elle n'eut point d'enfans. Parquoy sa succession escheut à Messeigneurs de Maugyron, ses oncles paternels. Qui de par elle iouyssent de Montbelet, Igyé, Flassey, &c.

LA SALLE. Il faut que ie côfesse franchement, que ie ne suis instruict à mô contentemét, du faict de ladicte maison. Mais (sauf meilleur aduis) ie penserois que la Salle soit vn partage de Mont-belet, qui est aduenu en fin aux seigneurs de sainct Poinct : & que tant ceste terre de la Salle, que celle de la Tour, ont esté eclypsees de Mont-belet, & que ces accessoires ayans côserué la nature de leur principal, se sont qualifiez de la qualité de Baronnies, à la mode d'Allemaigne. Quoy qu'en soit, Philibert de sainct Poinct seigneur dudict lieu, & de la Salle, laissa de Ancelis de Châp-dieu, sœur du sieur de Pole, trois enfans : vn fils, & deux filles. Le fils fut Guillaume de S. Poinct sieur dudict lieu, duquel nous auons à faire mention en l'article plus prochain. Les filles furent Marie, & Philiberte, desquelles la premiere fut féme de messire Emard de Seissel, seigneur de Bordeaux, & de sainct Cassin en Sauoye. Philiberte espousa Iean de la Balme seigneur de Verfey en Bresse : à ces deux sœurs la Salle escheut en partage. Mais messire Iaques de Myolans Cheualier de l'ordre du Roy, seigneur

de

Marginalia: Montregnard. Assassinat cruel. Lugny d'Igyé. La Feolle Disemieux. Maugyrô. Amoncourt. Bassompierre. LA SALLE. S. Poinct. La Tour. Champ-dieu. Seissel. La Balme.

de Cheurieres, du Parc, Senouzan, &c. a acquis des beaux-fils, ou gendres de ladicte Philiberte, leur part de la Salle. *Seigneur de Cheurieres.*

SAINCT POINCT. Nous venons de dire, que Philibert de S. Poinct seigneur dudict lieu, & de la Salle, eut vn fils, & deux filles: & que le fils eut nom Guillaume de sainct Poinct. Aussi auons nous reserué à dire de luy, que ayāt seruy de quelque aduis, pour la reprinse de Mascon, executee le dixneufiesme iour d'Aoust, l'an mil cinq cens soixāte & deux, il fut mis à Mascon, pour y commander, par le seigneur de Tauanes, lors Lieutenant de Roy, au Gouuernemēt de Bourgongne. Or comme il est bien certain que les honneurs changent les meurs, aussi cest homme deuenu de Lieutenant du seigneur de Pierrecloux, commādeur à Mascon, s'intitula Gouuerneur: comme si celuy qui n'est que Lieutenāt au Gouuernement, auoit pouuoir de creer des Gouuerneurs. Entré (au reste) en trop grande opinion de luy-mesme, & impatient de compagnons de profit: il ne se peut entretenir longuement en l'amitié de ceux qu'au parauant il souloit honorer. Mesmemēt ayant braué (par vn rigoureux refuz de traicte de vin) à Messire Frāçois de la Baulme Cheualier, Conte de Montreuel, Baron de sainct Sorlin, &c. Gouuerneur de Bresse, Bengey, & Veromey, pour l'altesse du Duc de Sauoye, il s'accoustuma de ne respecter personne. Dont aduint que l'vn des freres d'Achon (ieune Gentil-homme, qui auoit vne compagnie de gens de pied au Masconnois) se sentant offensé de luy, luy feit perdre la vie. Il laissa vne fille, son vnique heritiere, laquelle (quelque temps apres) fut mariee au seigneur de sainct Vidal en Velay. *S. POINCT.* *Gouuerneur.* *Cōte de Mōtreuel.* *Achon.* *S. Vidal.*

LE PARC, & SENOVZAN ont esté autresfois seigneuries possedees par diuers seigneurs: mesmement portion d'icelles est issue de la maison de Busseul. A traict de temps elles furent vnies en la puissance de Noble Iaques Mareschal. Ce Iaques espousa la Dame de la Veiliere, reputee Baronnie, és montaignes par dessus sainct Rambert en Sauoye: & n'en eut qu'vne fille, fēme du seigneur de Cheurieres: qui de par elle deuint seigneur de tous lesdicts biés, & en a laissé son fils paisible possesseur. *LE PARC, & SENOVZAN.* *Busseul.* *Mareschal.* *Cheurieres.*

SALORNAY est vne ancienne maison noble, prochaine de Mascon: de laquelle fut iadis Iean Euesque de Chalon, qui auoit vn frere Chantre, & Chanoine de Mascon. Les seigneurs de Salornay portēt en leurs armes cinq poincts d'eschiquier d'or, & quatre de gueule: ou (comme il plaist à quelques-vns) vn quartier d'eschiquier d'or, & de gueule. Ceux de ce nom ont faict plusieurs fondations és Eglises de Mascon. L'vne des principales est celle des Catherins, ou Chapellains saincte Catherine, incorporez en l'Eglise cathedrale sainct Vincent de Mascon. *SALORNAY. Iean Euesque de Chalon. Armes de Salornay. Catherins fondez à Mascon.*

FRANÇOIS de Salornay fut mary de Marie de Ponceau, & en eut vingt & trois enfans: & toutesfois peu l'ont suruescu. L'aisné des restans Iean de Salornay, sieur dudict lieu, & de Montanay, espousa en premieres nopces Georgette de Chauaigneux, sœur du seigneur de Messimieux *Ponceau.* *Chauaigneux & Messimieux.*

Dd iij

en Dombes, de Chauaigneux, Arbain, &c. dont il a eu deux filles. En second mariage il a Hieronyme d'Oncieux, fille de Charles d'Oncieux, seigneur dudict lieu, de Montierno, sainct Aulbin au Canton de Fribourg,
le Deau en Dombes, &c. Le seigneur de Messimieux du nom, & armes
de Laye (dőt nous auős à parler en l'article de Cormatain) se voyant sans
enfans, accorda auec sa femme, que luy prendroit vn fils de son beau frere, sieur de Chauaigneux : & elle (qui estoit de Chamousset) vne sienne
niepce de Cremeaux, qu'ils marieroient ensemble, & feroient leurs heritiers. Ce qui fut faict.

D'Onci-eux Montierno.

Cremeaux

SAINCT SARNIN est vn partage de Busseul. Les seigneurs du lieu
portét en leurs armes d'or, & de sable, en face de six pieces, sans differéce,
cőbien que Moulins soit chef des armes. CHARLES de Busseul ayant
espousé vne fille de Veré, en eut messire Philibert de Busseul Cheualier
sieur de S. Sarnin. Ceste maison (desia bône) est accreuë du bien qui fut à
Iean de Veré seigneur de Vaulx sur Esne, ieune hőme, vaillát, & determiné au possible. Luy incité par secrette practique des grans, de troubler le
repos de Charles v. Empereur, pour par ces petits remuemés venir à plus
grans; qui occasionneroiét vne entiere rupture auec ledict Empereur : receut volőtiers ceste charge, à ce poussé par despit, & mescontentemét, de
ce qu'il ne pouuoit auoir sa raison en Iustice, du Parlement de Dole : au
faict du procez y intenté dés long téps, pour raison de l'hoirie de Iean de
Veré, dit la Mousche, dont le sieur de Courlaou, Cheualier audict Parlemét, s'estoit emparé. Il comméça doncques à remuer les mains en Charrolois, où est situee la Barónie du mont S. Vincent. Ceste terre est du dő-
maine des Cőtes de Charrolois : mais la Mousche de Veré la portoit pour
assignation de deniers, que l'Empereur son maistre luy deuoit. Aduint
toutesfois que ledict sieur de Vaulx fut abandonné de la faueur de ceux
qui l'auoiét mis en ieu. Et (côme c'est chose mal seure de se fier aux hommes, sans meilleur gage que la foy) ceux mesmes qui luy auoient mis en
teste d'entreprendre, & oser remuer mesnage, & qui luy auoient enuoyé
instructions à ces fins, donnerent passage, & assistáce aux Contois, pour
venir le surprendre, lors qu'il ne se doutoit de rien. Surprins dőcques par
tels artifices, & par la trahison de ses domestiques, il fut traicté auec telle
charité que les Contois sont coustumiers prester aux Fráçois, s'il aduient
qu'ils ayent auantage sur eux. Les moyens par lesquels messire Philibert
de Busseul Cheualier seigneur de S. Sarnin, oncle dudict de Vaulx, luy
succeda, seroient trop longs à racőpter : assez sera de dire que Germolles,
Courcelles, la Bastie, la Tour de Mailly, celle de Senecey pres Mascő, &c.
sont de l'hoirie dudict seigneur de Vaulx. Et ne me puis tenir de remarquer que ledict seigneur de Vaulx a laissé exemple à tous Gentils-hőmes
de ne se mesler des querelles des Princes que sagement, & bien appoinct.
Messire PHILIBERT de Busseul susdict eut à femme Magdeleine de
Sercy, sœur de Claude de Sercy Escuyer seigneur dudict lieu, & d'Vxelles:

*S. SAR-NIN.
Busseul.
Armes de Busseul.
Veré.*

*Iean de Veré sieur de Vaulx.
Histoire notable.*

Courlaou.

Mont S. Vincent.

Admonition.

Sercy.

les : duquel nous parlerons en son rang cy apres. Il en eut plusieurs enfans, mesmement Antoine, Iaques, Philippe, Iean, Charles, & Philibert. CHARLES a suruescu son pere, & luy a succedé comme nommé principal heritier. Sa femme est Antoinette de Gorreuod, sœur de Messire Laurens de Gorreuod, Cheualier de l'ordre de Sauoye, Conte du Pont de Vaulx, Gouuerneur de Bresse, &c. ledit Charles de Busseul est presentement Bailly du Masconnois. Gorreuod.

DVLPHEY est vne seigneurie en la paroche de Mancey, sur le grand chemin de Tournus à S. Gengoulx. La maison est en forme de Tour salle, ayant vne ample vis par le milieu, & autres sur les coings en chacune tournelle. La structure est des plus materielles de tout le pays : œuure de Messire Pierre de Vergyé Cheualier seigneur dudit Dulphey, de Royer, de Flassey pres Mascon, &c. duquel i'ay fait mention cy dessus, en parlāt de Reynald, ou Regnauld de Vergyé, Euesque de Mascō : ou i'ay dit aussi que Messire Antoine de Chauanes Cheualier seigneur de S. Nizy, & de Malaual, Bailly de Bresse, fils de Denise de Vergyé, fille dudit Messire Pierre, auoit vendu ladite seigneurie de Dulphey, à Philibert naturel seigneur de la Playne, de Chauanes, &c. CE lieu ne me semble mal propre, pour sommairement deduire la genealogie de ceux de Vergyé, qui sont vn quartier de mes alliances paternelles. Ie diray dōcques que par tiltres authétiques il m'a apparu que GVYOT de Vergyé Cheualier espousa Alis de Brancion, fille de Martin de Brancion, dit le fils, à la differéce de Messire Martin de Brancion Cheualier pere du prenommé : lequel Martin pere, fut fils de Nicolas de Brancion. De Guyot de Vergyé & Alis de Brancion fut fils IEAN de Vergyé, qui eut pour sa femme Marguerite d'Anzié, portionnaire en la seigneurie d'Igyé. Et d'eux yssit ANTOINE de Vergyé mary de Ieanne de Marchiseul, qui laissant vn fils nómé Pierre, mourut viuās sesdits pere & mere. MESSIRE PIERRE de Vergyé Cheualier(duquel est cy dessus parlé) espousa Madame Claude d'Andelot, de la maison de Pressia, & Seurya, qui portent de gueule à vne fleur de lis d'or. Et n'en laissa que quatre filles, Françoise, Denise, Perrenette, & Ieanne. FRANÇOISE l'aisnee fut féme de Gabriel de S. Iulien, seigneur dudit lieu en partie, de Balleurre, & Chastenay pour le tout, &c. Elle fut mere de mon pere. DENISE fut mariee auec Claude de Chauanes seigneur de S. Nizy en Bresse : & d'eux yssit Messire Antoine de Chauanes Cheualier, duquel nous auons parlé. PERRENETTE eut pour mary Claude de S. Poinct, seigneur de la Salle en Masconnois, & n'en laissa aucuns enfans. IEANNE fut féme de Claude de Gorreuod, frere de Messire Laurens de Gorreuod Cheualier de l'ordre de la toison d'or, Grand maistre d'Espagne, Gouuerneur de Bresse, Conte du Pont de Vaux, &c. frere aussi du Reuerendissime Loïs Cardinal de Gorreuod, Legat en Sauoye, & Bresse, Euesquè de Morienne, &c. Desdits Claude de Gorreuod & Ieanne de Vergyé nasquit Loïs de Gorreuod seigneur dudit lieu, qui

Marginalia: DVLPHEY. Mess. P. de Vergyé. De ceux de Vergyé. Brancion. Anzié. Marchiseul. Andelot. Pressia, & Seurya. Armes d'Andelot. S. Iulien. Chauanes. S. Poinct. Gorreuod.

mourut en Espagne en la fleur de son aage, & laissa des sœurs, desquelles l'vne fut Dame de Beuiers, & vne autre d'Esguerandes. Les armes de Vergyé sont de sable, à vne bande d'or, & trois estoilles d'argent. Ce a esté vne façon antique de mettre apres y, vn e, comme ils font en Bresse vn a. Ainsi les anciens escriuoient Lugny, Lugnye, Loysy, Loysye, Vgny, Vgnye, &c.

Beuiers. Esguerandes. Armes de Vergyé.

CHAVANES seigneurie accouplee auec Dulphey, pour-ce que (n'y a pas lōg temps) toutes deux appartenoiēt à vn mesme seigneur Philibert naturel seigneur de la Plainne : est aduenuë en partage à Antoine naturel, frere dudit Philibert : & est ledit Antoine seigneur de Courgengoulx en Chalonnois, de Chauanes, & Courcelles en Masconois. Et est à croire que ce mot Chauanes signifioit anciennement quelque chose plus que les maisons qui sont ainsi nommees : veu qu'en tant de diuers lieux il se trouue employé. S'il faut donner lieu aux coniectures, nous trouuerons que Chabanes (qui est le surnom des seigneurs de la Palice) & Chauanes noble famille en Bresse, reçoiuent mesme etymologie. Car ceux de Bresse sont dicts en Latin *à Cabanis*, qui a grāde cōformité auec Chabanes. Autant s'en peut-il dire du Chauanes, duquel il s'agit à present. Au bout de S. Laurens (faux-bourg de Chalon) est vn pont nōmé des Chauanes, à cause des Cabanes, & loges, qui estoient au plus pres d'iceluy.

CHAVANES. La Plainne. Courgengoulx. Chauanes nom plurier.

Chabanes.

Pont des Chauanes.

OR Chauanes auquel cest article est affecté, est és enuirons de Dun le Roy au Masconnois. Ce Dun (conformément à l'antique signification du mot) est vne haulte montaigne, sur laquelle souloit estre vne ville de mesme nom. Les voisins de ce lieu tiennent qu'en temps bien serain, on peut veoir de nostre Dun le Roy, l'autre Dun le Roy qui est en Berry. CESTE ville qui a esté sur la montaigne de Dun en Masconnois, n'est sans raison estimee auoir esté quelque chose de grād : car les marques du circuit donnent congnoissance de son amplitude. On y montre la place de quatre portes de ville : & veut la commune renommee, que chacune estoit en la protection de son Cheualier : dont le seigneur de Chauanes en estoit l'vn, les seigneurs de la Clayette, de Sancenyer, & d'Angleure estoient les autres trois. Encores y a-il vne place, en laquelle on danse le iour de la feste, qui est dicte la place des quatre Cheualiers. Non que ce soit vne qualité acquise pour tousiours à tous les seigneurs des lieux prenommez, (car tous ne sont, ny ont esté tousiours sans intermission chenaliers) mais les premiers ausquels la ville de Dun commit sa protectiō, & la garde du fort, basty sur chacune porté, furēt cheualiers, & seigneurs des lieux auant nommez. DE toute l'antique ville de Dun le Roy en Masconnois, ne reste quasi plus que l'Eglise, & Presbytere d'vne parochiale dependant du Chapitre d'Aigüe-Perse en Beaujolois. Elle est dediee de nostre Dame, & y a grand apport. Leans est vne Chapelle de S. Fremy, de laquelle (sans obliger personne de le croire) ie diray ce qui s'en dit sur le lieu. Ils tiennent pour tout vray, que chacun an le iour de feste

Dun le roy en Masconnois. Chose notable. Dun le roy en Berry. Dun le roy en Masconois estoit iadis grād ville.

Quatre cheualiers à Dun le Roy.

Chapitre d'Aigüe-perse. Chapelle S. Fremy. Chose estrange.

sainct

sainct Fremy, les fourmis arriuent à trouppes en ladite Chapelle, font vn tour deuant l'Autel, puis meurent : & la place baliee, on en fait vn gros monceau, & iette l'on ces fourmis mortes hors du lieu. Si Gentilshómes voisins, & bien dignes de foy ne m'eussent asseuré l'auoir veu, ie ne me fusse hazardé de le coucher icy par escrit. QVANT à rechercher la cause de ce fait: qui ne voudra la referer à la sainctété du lieu, cause du miracle; il fauldra venir aux causes naturelles, & recognoistre l'antipathie. A Rome les mousches ne pouuoient entrer au temple d'Hercules: quelques pays ne souffrent viure les loups: on parle d'vne tour sans venin: ceste chapelle ne souffre les fourmis y viure. LES seigneurs de la Plainne, & de Cheuanes ont eu de grands personnages en leur maison. Entre autres Reueréd Pere en Dieu Messire Philibert naturel Don Preuost d'Vtrech, Abbé de Villars, d'Aisnay, &c. Chancelier de l'ordre de la Toison d'or, & longuement Ambassadeur en France, pour les Empereurs Maximilien, & Charles 5. C'est ce Don Preuost d'Vtrech, mentionné par le seigneur de Langey en ses memoires : & par qui l'Empereur Charles denonça la guerre au Roy Fráçois estant à Dijon. OVLTRE le seigneur de la Plainne, il eut des freres hommes d'Eglise: à sçauoir Pierre, & Guillaume. Le premier fut Chanoine de Chalon, l'autre Preuost de Salins Prieur de S. Iulien en Gerays, &c.

PIERRECLOVX a esté long temps tenu, & possedé par ceux du nom & des armes des Bletterans: qui aussi auoient bonne part au peage de Mascon: combien que plusieurs tiennent que ce peage est sorty de la maison de Busseul, par vne femme de ladite maison mariee au Parc: & qu'iceluy peage, est le peage de Mouge, qui (pour la commodité) se leue à Mascon. Depuis les seigneurs de Rougemót en Sauoye, au Baillage de Beugey, ont esté, & sont encores seigneurs de Pierrecloux. Entre iceux Messire Antoine de Rougemont Cheualier de l'ordre du Roy, seigneur desdits Rougemont, & Pierrecloux, ayant voué sa vie pour le seruice de Dieu, du Roy, & du pays, souffrit excessiues persecutions, par ceux qui auoient à plaisir d'estre nommez huguenots. Ils luy bruslerent (en saine cóscience à leur mode) sa maison de Pierrecloux: lors que s'estás saisis de Mascon, ils commencerent manifester, que leur intention estoit de ruiner, voire aneantir la noblesse en Masconnois, & y dresser vn canton. Les pere & mere dudit messire Antoine estoient tous deux du nom, & des armes de Rougemont, qui sont de gueule, à vn lion d'or. Sa grand mere fut de la Geliere en Bresse. Sa femme fut Claudine de Clugny, fille de messire Loïs de Clugny cheualier seigneur de Conforgien, & de Iaqueline de Dree, fille vnique, & heritiere de Guyard de Dree seigneur d'Aisy, de Montachon, & de Varennes lez Chalon. D'eux est yssu Iean de Rougemont leur principal heritier, qui a espousé Beatrix de Grollee, sœur du Conte de Vieille-ville en Dauphiné. Il n'a qu'vne sœur mariee au seigneur de Chandee en Bresse.

Temple d'Hercules à Rome.
Tour sans venin.
De Messieurs naturels seigneurs de la Plainne, &c.
Dom Preuost de Vtrech.
M. de Langey.

PIERRECLOVX. Bletterás.
Peage de Mouge.
Rougemont.

Pierrecloux bruslé par les huguenots.
Intention des huguenots.
Armes de Rougemont.
La Geliere.
Clugny Cóforgié.
Dree.

Chandee.

S.MAVRIS. Cheuriers. Marmont. Peage de Mafcon.
SAINCT MAVRIS des Preys appartient à ceux de Cheuriers : defquels le dernier decedé eut pour femme l'heritiere de Marmõt en Breffe : acquift beaucoup de biens tant en Chalonnois, qu'ailleurs. Il leur reuient vn grãd profit de la part qu'ils ont de haulte antiquité au peage de Mafcon. Le prefentement feigneur de S. Mauris a efpoufé vne de Varennes Nagu, vefue du feigneur du Thy en Beaujolois.

Varennes Nagu.

MARIGNY. Vichy.
MARIGNY fouloit eftre appellé la Cour de Virizet : mais le long tẽps que les feigneurs de Marigny en Charrolois, du nom, & armes de Vichy l'ont poffedé, luy a acquis le nom de Marigny.

SIVOLIERES. Senecey.
SIVOLIERES eft vn meix noble, en la paroche S. Germain des Buys, voifin de Iugy, & Boyer. Vn Baron de Senecey, portant le nom, & armes de Senecey (auãt que ceux de Thoulonjon y entraffent par femme) dõna ledit meix à vn fien baftard, pour le tenir, & poffeder en fied, & iouxte les conditions appofees au bail. Des defcendãs dudit baftard fut Maiftre Guillaume de Senecey, Iuge ordinaire de Tournus, qui pourtant ne fut feigneur de Siuolieres, mais (au refte homme fort riche. Il print en

Bureteau.
amitié Iean Bureteau de Tournus, & luy feit prefent de tout l'or, & l'argent qu'il auoit amaffé : luy recommendant vne fienne donnee. Ce Iean fut pere de Guillaume Bureteau, pere de Philibert prefentemẽt feigneur de Iugy pres dudit Siuolieres. LA race du baftard de Senecey eftant faillie

Cadots.
(quant aux mafles) la fille qui refta fut mariee à Pierre Cadot, qui fut pere d'Alexandre, pere de Pierre, & Loïs Cadot : defquels Pierre print féme en la maifon de Ioudes, fille d'vn puifné de Montjouuent. Ceftuy

Ioudes Montjouuent.
fut le dernier de fon nom : car quant à Loïs, il fut moyne, & Secretain en l'Abbaye de Tournus. Les Cadots portoiẽt d'azur, à trois croiffants d'or. Le decedz du dernier Pierre (mort fans laiffer enfans) fut la defolation de

Armes des Cadots.
fa maifon. Car certains Contois fes heritiers diffiperent tout, auant que fçauoir que le bien valoit. Noble Iean Boyer lors feigneur de Tremoles, & à prefent de Saillant, achetta Champ-lecy, Baron, & Rabutin. Siuolieres tomba au pouuoir de gens, fur lefquels il fe revent par decret.

MERZé. La Baulme.
MERZé appartenoit anciennement à ceux de la Baulme, feigneurs de Ratte, d'Orme, &c. Et fut donné en mariage à vne fille de ladite maifon, quand elle fut mariee à François de Ciry, dit feigneur de Charnailles : mais le Chapitre de Chalon eft feigneur dudit Charnailles.

Ciry Charnailles.
LA GRANGE.
LA GRANGE. I'employerois volontiers icy, ce que i'ay dit de Marigny. Et ne fçay pourquoy cefte Grange fut mife au roolle du Riereban. Car anciennemẽt c'eftoit vne metairie de l'Abbaye de Tournus : laquel-

Grimoulds
le à traiẽt de temps appartint aux Grimoulds, qui eftoit lors vne des premieres familles de Tournus. Et pourroit eftre qu'on en ait fait à l'Abbé

Tort fait à l'Abbé de Tournus.
dudit Tournus, cõme il lui fut fait iadis du droiẽt de directe qu'il auoit en la ruë de Bourg-neuf à Mafcon, où prefentement il n'a rien, ny n'en fçauroit monftrer aucuns tiltres, par la mauuaife foy de ceux qui les ont

Couchais.
eu en charge. Apres les Grimoulds, les Couchains dudit Tournus furent

furent possesseurs de ladite Grange. Encores à present icelle Grange est tenuë par vne fille du dernier masle des Couchains.

 OZENAY estoit de l'ancien patrimoine des Chassepols. En fin il tõba en quenouille: & vn de Châtemerle (yssu d'vn bastard de la Clayette) espousa l'heritiere, de laquelle il eut vn fils: qui mourut sans estre marié. En secondes nopces elle espousa Iean de Chenay Capitaine de Tournus: qui acquist de beaux biens, & agençea fort la seigneurie d'Ozenay. Il eut plusieurs enfans, desquels l'aisné est George de Chenay, presentement seigneur d'Ozenay, mary de de Ferrieres, fille de Nicolas de Ferrieres seigneur de Chassaigne, pres Chaigny. OZENAY. Chassepols. Chantemerle. De Chenay. Ferrieres.

 CHASSIPOL est en la terre, & seigneurie de Huchisy, membre de l'Abbaye de Tournus. Pierre de Chassipol (que pour difference on nommoit Iubilé, comme aussi faisoit on son pere) tient ladite seigneurie de Chassepol: & est fils d'vne fille de Tenarre, de la maison de Septchaines. La maison de Chassipol estoit anciennement bonne: & outre les seigneurs d'Ozenay, l'vne des maisons de Leal en Bresse en estoit: & ceux de Siuolieres auoiẽt vne belle rente à Senecey, qui estoit des Chassepols. Monsieur de Senecey l'a acquis. CHASSIPOL. Iubilé. Tenarre Sept-chaignes. Leal en Bresse.

 GRENOVX est aussi en la terre de Huchisy. Vn puisné de Mont-richard de Collignya au Conté de Bourgongne, en espousa l'heritiere, de laquelle il eut vn fils, qui mourant sans enfans, a laissé ses cousins de Mont-richard, & le seigneur de Malfontaine ses heritiers. GRENOVX. Mont-richard.

 FAVERGE est semblablement à Huchisy. Les anciens seigneurs de ce Fauerges estoient Preuosts hereditaires dudict Huchisy. Et (pour ce regard) auoient la tierce partie des lodz, & amendes, en ladicte terre, auec le seigneur Abbé de Tournus. Vn puisné de Charno au Conté de Bourgongne, se vint marier à Fauerges, duquel en fin descendit Loïs de Charno, dernier de sa branche, qui ne fut iamais marié. Vne sienne sœur fut femme de Iulien de Gaillon seigneur de la Gaillardiere. Il y a eu de ceste maison deux grands Prieurs de Tournus. Ceux de Charno portent de sable à vn Lion rampant d'argent, armé lampassé, & couronné de gueule. Felice de Charno, fille de Huguenin de Charno, & de Ieanne de sainct Iulien, seigneur, & Dame de Bussy en Moruant, de l'Esperuiere, pres la Colomme en Chalonnois, &c. fut en secondes nopces, femme de Thiebault de Cossé, premier Panetier du Roy François premier, & mere de René de Cossé seigneur de Brissac, pere de Charles, & Artur de Cossé Mareschaulx de France: & de Philippe de Cossé Euesque de Constance en Normandie, grand Aumosnier de France, &c. FAVERGES Preuosté de Huchisy. Charno. De Gaillõ. Armes de Charno. S. Iulien. Cossé Brissac.

 MALFONTAINE, ET PERRONE estoient n'agueres à deux MALFÕTAINE, ET PERRONE.

freres. Le lieu de leur naiſſance eſtoit Perrone, village duquel l'Abbé de Cluny eſt principal ſeigneur. Le ieune Perrone print l'heritiere de Malfontaine, & en a laiſſé vn fils, lequel a eſpouſé la fille du ſeigneur de Burnan pres S. Gengoulx.

LA PALLY.
LA PALLY ſemble au ſeul nom teſtifier qu'elle ſoit ſortie de la maiſon de Varas, auſſi bien que Iarnoſſe: d'autant que les Contes de Varas ſ'appelloient de la Pallu: mais n'en ayant certitude, ie n'en oſerois rien aſſeurer. Bien ay-ie apprins, que long temps a ceſte ſeigneurie eſt

Berjots.
poſſedee par les Berjots: & que Guillaume Barjot Secretaire du Roy, fut pere de Claude, & Guillaume Barjots, deſquels le premier fut maiſtre des cóptes du Roy, en la Chábre de Dijon: & pere de deux Preſidents au grand Conſeil. Le ſecond fut ſeigneur de la Pallu, & de la Salle: & furent ſes enfans entre autres Guillaume, & Philibert Barjots. L'aiſné ſeigneur de la Pallu, eſtoit maiſtre d'hoſtel ordinaire du Roy Charles neufieſme. Le puiſnay eſt ſeigneur de la Salle, & Lieutenant General au Baillage du Maſconnois, ſeigneur que (pour ſes ſaiges ſuffiſances au maniement des affaires du pays, & conſeruation de la ville de Maſcon) ie loue, & honore beaucoup.

VOILA quant au Baillief de Maſconnois. Vient apres la Chaſtellenie de Criche, en laquelle ſont les maiſons ſuiuantes.

VINZELLES.
Maſcon.
Loy d'Appanaiges.
VINZELLES fut iadis donné en partage à vn fils du Conte de Maſcon, auec autres pieces. Et comme c'a eſté, & eſt encores, la couſtume, que chacun porte le nom de ſon appannage, ſi le tronc eſt tel, qu'aux branches le nom d'appannage doiue competer: ainſi (combien que le premier ſeigneur de Vinzelles fuſt de maiſon de Maſcon, & qu'il en portaſt le nom tant qu'il veſquit) les enfants, & leurs ſucceſſeurs de pere à fils, furent ſurnommez de Vinzelles: iuſques à tant qu'il n'y euſt plus d'enfants maſles, habiles à ſucceder. De dire comme faillant la race de Vinzelles ceux qui leur ſuccederent eurent nom, ie ne le puis faire pour-ce que ie ne le ſçay pas, ny n'ay peu trouuer apres qui ie l'euſſe oſé veritablement dire. Bien ay-ie entendu qu'apres ceux de Germolles, & de ſainct Amour, vn de Bellecombe du Daulphiné, vint

Germolles.
S. Amour.
Bellecôbe.
gendre (le Bourgóngon dit fillaſtre) à Vinzelles: & que de luy eſt (en fin) deſcendu Iaques de Bellecombe, qui a vendu ladite ſeigneurie de Vinzelles: lequel mort moins dignemẽt qu'il n'auoit preueu, a laiſſé ſa maiſon en grands troubles.

ESTOVRS.
Feurs, & armes de feurs.
Cordeliers de Maſcon.
ESTOVRS, que ie trouue en tiltres anciens eſcrit Eſtould, & en d'autres les Tours, a eſté dés long-temps poſſedé par ceux de Feurs: qui portent d'or, & de ſable lozangé. Les Cordeliers de Maſcon eſtiment que ſi ceux de Feurs ne ſont leurs fondateurs, du moins ils ſont leurs principaux bienfacteurs: d'autant que bonne portion de leur Conuent, eſt fon-

est fõdee en ce que souloit estre du pourpris de la maison que les sieurs d'Estours ont à Mascon, pres la porte de Bourg-neuf, par laquelle on va à Lyon. Aussi l'vne des portes du Cloistre sainct Vincẽt dudit Mascon, est (par corruption de langage) dicte porte de fer, au lieu de porte de Feurs. Les armoyries de Feurs, qui sont sur ladicte porte en dedans, en font foy indubitable. IL ME desplaist que ie ne puis rechercher de bien fort hault ceste race de Feurs: laquelle i'ay entendu estre tiree par d'aucuns, d'Allemaigne: & suis contrainct me contenter d'en dire, que Messire Iean de Feurs sieur d'Estours, & de la vieille Bastie de vers, fut mary d'Antoinette de Sachins, fille du sieur d'Asnieres en Bresse, desquels fut fils Messire George de Feurs Cheualier sieur desdits Estours, & de la Bastie: qui eut à femme Helie de Bellecombe, fille de Messire Iaques de Bellecombe, seigneur de Vinzelles, & de Banains: & de Marguerite de Germolles. Ledit Messire George fut pere de Claude de Feurs, dernier hoir masle dudit nom. Ce Claude eut vne sœur nommee Françoise de Feurs, laquelle fut femme d'Antoine d'Oncieux seigneur de Montierno, & de sainct Aulbin en Suisse. Ie trouue és vieux Chartulaires de sainct Pierre de Mascon, que le mesme iour que le Monastere dudict sainct Pierre hors la ville fut bruslé & ruiné, les maisons de Vinzelles, & d'Estours furent aussi bruslees. Depuis vn de Feurs Euesque de Neuers, & Doyen de Lyon, a bien restauré la maison d'Estours: & vn Cheualier de Rhodes enfant de leans, l'a aussi bien agencé.

Porte de Furs, non porte de fer.

Sachins.

Bellecõbe.

Germolles.

Montierno.

De Feurs Euesque de Neuers, Doyen de Lyon.

LÔYSE, ou (commé plusieurs escriuent) Lôuayse, est vne des trois maisons, que i'ay dit cy deuant, estre procedees de la souche de Lugny en Masconnois. Elle est (aussi bien que Igyé) tombee en quenoille. Le dernier sieur du lieu se laissa pratiquer par les seditieux, qui ayant occupé Mascon, le cuidoient tenir côtre la puissance du Roy: mais se sentans assiegez de trois costez, ils furent tous ayses de rendre la ville, & cõposer auec Monsieur le Duc de Niuernois, de la maison de Gonzague. Depuis ledit sieur de Lôyse ne la feit pas longue: & mourant ne laissa qu'vne fille, femme du sieur d'Essertaux.

LÔYSE. Lugny.

Duc de Neuers reprend Mascon.

LA TOVR estoit iadis du bien d'Alard Baron de Montbelet, & la source de son nom. Aussi portoit-il de gueule à trois tours crenelees, ou chastelles d'or. Il gist en l'Abbaye de Tournus, au fond de la nef, du costé de la Chappelle S. George. La seigneurie de la Tour a esté long tẽps litigieuse: mais en fin elle a esté adiugee au fils du sieur de Meraige, sieur de la Colonge, au pays de Dombes.

LA TOVR. Armes de Alard de Montbelet.

Meraige.

VARENNES, ET CHINTREY seigneuries à vne lieuë Françoise de Mascon, ont esté longuement tenuës par ceux du nom, & des armes de Chintrey, hõmes d'ancienne noblesse. Mais Chintrey ayant changé de possesseurs: Varennes aussi (à faute d'hoir masle) est tombé en la puis-

VARÊNNES, ET CHINTREY.

Ee

Poizieux. sance d'vn bien vertueux Gentilhomme de la maison de Poizieux en Dauphiné, qui a espousé l'heritiere.

Toiria. Corsant. TOYRIA appartenoit à ce Baron de Corsant, duquel les ancestres estoient surnommez Andriuetz. Luy suyuant le party de ceux de la nouuelle opinion, lors qu'ils se saisirent de Lyon, fut attainct d'vne maladie, dont il mourut, sans laisser enfans. A raison dequoy son hoirie fut diuisee en plusieurs parcelles : & ceste seigneurie de Toyria est demouree au sieur de Beo, pour le mariage de sa femme, sœur dudit Baron de Corsant.

Beo.

La Chastellenie d'Igyé.

Igyé. IGYE' est vne Chastellenie royale. Et neanmoins au village dudit Igyé est vne maison noble, laquelle a acquis à ses possesseurs le tiltre de seigneurs d'Igyé. Ceste maison est l'vne de celles que i'ay dit estre de la source de Lugny du Masconnois : & laquelle accouplee auec la Baronnie de Montbelet, est en fin tombee au sieur de Maugyron, par les moyens declarez cy dessus, en l'article de Montbelet.

Lugny.

Maugyron.

EN ladicte Chastellenie d'Igyé, comme aussi en celle de Prissey, sont plusieurs autres maisons nobles, desquelles ignorant les seigneurs, i'ay esté contrainct me taire.

La Chastellenie de sainct Gengoulx.

S. Gengoulx. SAINCT GENGOVLX est vne iolie villette, assise en montaignes, qui produisent vins excellens. Elle a son nom de ce S. Gengoulx, qui fut homme de fort illustre maison, & viuoit sainctement, du temps que Pepin, pere du Roy Charlemaigne, estoit Prince, & seigneur proprietaire des pays de Bourgongne. Hors-mis ce que sa bonté, & pieté l'ont fait enroller au nombre des saincts, il ne se dit de luy chose, qui ne soit plus ridicule, que digne d'estre recitee. Et neanmoins (soit pour memoire de la fontaine miraculeuse, dont sa legende faict mention, soit pour autre cause, ou euent) il ne se trouue (que ie sache) aucune Eglise dediee sous l'inuocation de S. Gengoulx, qui n'ait vne fontaine voisine. Nous auons dit cy deuāt, qu'en la ville de sainct Gengoulx estoit le Bailliage royal, reserué par expres quād les Roys ont alié né, & separé de la Couronne la Conté du Masconnois : voire que le Bailly dudict sainct Gengoulx eut du commencement vn siege (pour traicter les causes de la iurisdiction royale en Lyonnois) à nostre Dame de l'Isle Barbe. Puis peu à peu entra à Lyon, où depuis fut establie vne Seneschaulcee particuliere. C'est pourquoy on appella S. Gengoulx le royal.

Bailliage royal à S. Gēgoulx.

Nota.

Sercy. SERCY, est vne ancienne, & noble maison, de laquelle les seigneurs sou-

de Mascon.

souloiēt estre originellemēt du nom, & des armes de Sercy. Aduint que le dernier dudit nom, se sentāt sans enfans, & ne rester plus aucū de son nom, institua Claude de Vilars son nepueu, de par sa sœur, son heritier: à la charge de prēdre son nom de Sercy, & ses armes ; qui sont d'azur, à trois vndes d'argēt. Ce que ledit nepueu accepta. Faict dōques seigneur de Sercy, il laissa vn fils, & deux filles. Le fils nōmé Philibert, estoit ieune homme de tres-bonne esperance : mais (par malheur) il fut accablé, de la cheutte, & ruine du logis du Porcelet, pres sainct Eloy à Lyon : & auec luy, tout en vn lict, les Barons de Senecey, & de Corberon. Et aduint ce desastre l'an mil cinq cens quarante. *Villars. Armes de Sercy. Inconueniét estrāge.*

CATHERINE fille aisnee de Sercy, fut femme de Petracque du Blé, sieur de Cormatain, &c. presentement Cheualier de l'ordre du Roy. Elle eut apres la mort de son frere, en premier partage Sercy : mais (pour certaines considerations, ayant obtenu lettres de relief) ledit premier partage rompu, elle eut en fin la seigneurie d'Vxelles, plus prochaine de Cormatain. *Du Blé Cormatain. Vxelles.*

IAQVELINE seconde fille de Sercy, fut mariee auec Antoine de Semur sieur de Tremont, de Sancenyer, &c. qui depuis fut Chevalier de l'Ordre du Roy, Gouuerneur dě Mascon : & est mort Esleu de la Noblesse, és Estats de Masconnois. Ladite Iaqueline eut pour sa part en la succession de son feu frere, la terre, & seigneurie de Sercy, pres S. Gengoulx. De ses enfans sera parlé en l'article de Sancenier cy apres. Ie ne veux oublier que du temps des Ducz de Bourgongne, le sieur de Sercy estoit estimé le plus riche Escuyer de tout le pays. *Semur Tremōt.*

SAVIGNY pres S. Gengoulx est maison principale de ceux du nom & des armes de Colombier : qui portent de gueule, à vn chef d'argent, & sur iceluy trois coquilles de Gueule. GVILLAVME de Colombier espousa Huguette de Ianly : de laquelle le pere estoit yssu de celle maison de Ianly qui est escheüe à ceux de Tenarre, seigneurs dudit lieu, & de Mommain : & est assise au vicōté d'Auxōne. Dudit nom de Ianly l'Eglise de Chalon a eu deux Chanoines, dont l'vn fut Doyen, homme de singuliere erudition, & doctement versé en la lāgue Hebraique. Les sieurs de Ianly souloient estre seigneurs de Verchisy en l'Auxois, entre Charny, & S. Thibauld : mais defaillantes les personnes du nom de Ianly, ladicte seigneurie de Verchisy a esté acquise par gens d'autre famille. Desdits Guillaume de Colombier, & Huguette de Ianly, fut fils Iehan de Colombier, lequel fut mary de Claude de Neuf-ville, fille de Philippe de Neuf-ville, & de Loyse de Bernauld, sieur & Dame d'Vxelles, & de S. Germain du plain. Duquel mariage dudit Iean de Colombier, & Claude de Neuf-ville sont yssuz Guillaume, & Antoine de Colombier freres. Guillaume fut sieur de S. Loup pres Chalō, de Seruille outre Saone, &c. Anthoine eut Sauigny sur Grosne (duquel il s'agit) Colōbier en l'Auxois, S. Remy pres Chalō, &c. Il acquit Courtenaix en la paroche de *SAVIGNY. Colombier. Armes de ceux de Colombier. Ianly. De ceux de Ianly. Neuf-ville. Bernauld.*

E e ij

Confrancon, lors que le Roy aliena son dommaine. Quant à la succession du sieur de S. Loup (tous ses enfans decedez) elle est quasi toute retournee au sieur de Sauigny, fils dudit Antoine, & de Loyse de Mandelot, de la maison de Passy.

Mãdelot.

LA SAR-REE.
Du Boys.
LA SARREE en la paroche de Curtil, pres S. Gengoulx a esté long temps possedee par ceux du BOYS: desquels la ligne masculine est faillie en ceste branche, par le trespas de Guy du BOYS. Ce sieur de la Sarree espousa Claude de Chauanes, de la maison de S. Nizy en Bresse: & en laissa Philiberte du Boys sa fille vnique, & heritiere: laquelle fut mariee par l'aduis de ses parés, à Philibert de Dree sieur de Gissey le vieux en l'Auxois. POVR. duquel mieux entendre l'origine, est à sçauoir que Ieanne de sainct Iulien, fille de Messire Claude de sainct Iulien, Cheualier de l'ordre d'Orleans, sieur de Balleurre, &c. & de Dame Claude de Chastenay, Dame dudit lieu, fut mariee en premieres nopces au sieur de la Motte de Bresses, seigneurie situee sur le chemin de Tournus à S. Gengoulx: mais elle n'en eut aucuns enfans. A raison dequoy le sieur de Cornon, en la Baronnie de Romenay, fut son heritier & depuis la donna en mariage (ou du moins en assignal) à vne fille de sa maison mariee au sieur d'Aisy soubs Thil, & de Gissey le vieux en l'Auxois: par les hoirs duquel ladicte seigneurie de la Motte fut trãsportee à Philippe de Messey sieur de Sassangy, pour portion du mariage de Philiberte de Cluny, fille du sieur de Conforgien sa premiere femme. IEANNE de sainct Iulien, vefue dudit sieur de la Motte, conuola à secondes nopces, & fut femme de Guillaume de Dree, sieur dudit lieu, d'Aisy, & de Gissey susdit. Duquel mariage yssirent Guyard, & Iean de Dree freres.

Chauanes S. Nizy.
Dree Gissey.

S Iulien.
Chastenay.

Cornon.

Messey Sassangy.
Cluny.

Dree.

Lãtaiges.
GVYARD espousa Marguerite de Lantaiges, sœur de Girard de Lãtaiges sieur de Belan, au Bailliage de la Montaigne: & fut leur fille vnique, & heritiere Iaqueline de Dree, femme de Messire Loys de Cluny Cheualier sieur de Conforgien, &c. Leurs enfans furent Barthelemy sieur d'Aisy, des grands Varennes pres Chalon, &c. Guyard sieur de Conforgien, de Beurry beau Guey, &c. Michiel sieur de Montachon: Guillemette religieuse au Puitz d'Orbe: Claudine femme de Messire Antoine de Rougemõt Cheualier de l'ordre du Roy, sieur dudit Rougemont en Sauoye, & de Pierre-cloux en Masconnois: Philiberte premiere femme du desia nommé Philippe de Messey, sieur de Sassangy.

Cluny
Conforgien.

Rougemont.

Mãdelot.
ET POVR le regard de Iean de Dree (que nous auõs dit auoir eu en son partage Gissey le vieux) il fut mary d'vne fille de Mandelot, fille du sieur de Cussy la Colõne, & dudit Mãdelot: & eut vne sœur mariee à Hugues de Layé sieur de Coulãges pres Chatroles: lequel appellé à la succession de son oncle, & prenãt le nom, & les armes de ceux du Blé, deuint seig. de Cormatain, cõme nous dirons tantost. CE IEAN de Dree eut de ladite de Mãdelot, Philibert de Dree, que nous auons dit auoir esté mary de Phileberte du Bois Dame de la Sarree. De ces Philibert, & Philiberte

Layé.

fut

de Mascon. 329

fut fils Antoine de Dree. En secondes nopces ledit Philibett de Dree espousa Anne de Saulx Dame de Bere, de la maison d'Arc sur Tille de Saulx, vefue d'vn de Vauldrey, sieur de Montz, au Conté de Bourgongne. Ce mariage en engendra vn autre, entre les enfans desdites parties. C'est qu'Antoine de Dree prenommé, espousa Claire de Vauldrey fille vnique, & heritiere dudit de Vauldrey sieur de Montz. De Philibert de Dree, & Anne de Saulx, fut fils Messire Guillaume de Dree Cheualier de l'ordre du Roy, sieur de Gissey le vieux, de Bere, &c. Dv mariage de Antoine de Dree, & de Claire de Vauldrey sont yssuz plusieurs enfans sieurs de la Sarree.

De Saulx.
Vauldrey

LA CHAPELLE DE BRAIGNY est vn village, sur les limites du Chalonnois, & Masconois. Pres dudit lieu passe la riuiere de Grosne: laquelle (comme toutes les riuieres du Chalonnois) est fort subiecte à se deborder, & espancher. Aduint qu'vne Duchesse de Bourgongne allee en deuotion à Tournus, en s'en retournant à Germolles en Chalonnois, se trouua en fort grand danger de se noyer au passage de la Grosne. Mais les habitans de la Chapelle de Braigny feirent si grand deuoir, qu'ils la meirent à sauueté, & l'exempterent de peril. Pour recompenser ce bien-faict, la Duchesse leur promit de leur faire obtenir du Duc son mary tel priuilege qu'ils demanderoient. Leur requeste ne tendit qu'à ce que tous appellans de la sentence de leur Iuge ordinaire, eussent option de releuer leur appellation, & faire assigner leurs parties, par deuant le Bailly de Chalon, ou celuy de Mascon, à leur chois. Ce que leur fut accordé, & en iouyssent encores de present. La terre, & seigneurie est à plusieurs Seigneurs: entre autres le sieur Palatin de Dyo, y a de beaux biés, & droicts, à cause de sa seigneurie de Bresses. La maison fort estoit à ceux de Champigny: mais faillans hoirs masles, elle demoura à Loyse de Champigny, laquelle fut mariee à Iehan de Symon, sieur de Boyer. Qui laissant plusieurs filles, n'eut qu'vn fils, nommé comme luy Iehan de Simon sieur de ladite Chapelle, & de Fles, en l'Auxois.

LA CHA-
PELLE DE
BRAI-
GNY.

Histoire notable.
Germolles.

Priuilege.

Dyo.

Champigny.
Symon.

COVRMATAIN.) Le sieur de Courmatain n'est pas appellé au Ban du Masconnois, à cause de sa maison de Courmatain, car elle est au Bailliage de Chalon : mais puis qu'il est sur le roolle du Masconnois, ie ne laisseray d'en dire quelque chose, sans preiudice. Ceste maison bastie sur la Grosne, souloit iadis appartenir à ceux du nom, & des armes du Blé: desquels le dernier fut Huguenin du Blé: qui se sentant sans enfans, appella à sa succession Hugues de Layé, son neueu, & son filleul, yssu de ceux de Messimieux en Dombes, & d'Arbain : qui portoient en leurs armes de sable à quatre angletz d'argent: ou (pour parler plus clairement, auec le vulgaire) vne croix de sable en champ d'argent. Cest Hugues nepueu estoit sieur de Colanges pres Charroles, en partie de par son pere: & de Cussy la colomme (ou plustost colonne) & de Mandelot de par sa mere. La grandeur de la succession de son oncle luy feit laisser

COVRMA-
TAIN.

Du Blé.

Layé.
Armes de Layé.

Ee iij

Des antiquitez

Armes du Blé. son nom, & armes de Laye, pour prendre le nom, & armes du Blé: qui sont d'azur, à trois cheurons brisez d'or. De vray la race de ceux du Blé

De Oblato Euesque de Chalon. estoit fort ancienne, & se nommoient estrangemét en Latin de *Oblato*. Il en y a eu vn Euesque de Chalon. Ils pretédent que la Tour du Blé, qui appartient presentement à l'Abbaye de Cluny, estoit de leur ancien pa-

La Tour du Blé. trimoine. Aussi se trouue il par escrit, que celle grand' maison qui fait vn coin du grád Cloistre du Chapitre sainct Vincent de Chalon, estoit

M. Nic. Raoulin Chancelier de Bourgõ-gne. Discours de la maison d'E-mery. anciennement appellee la Tour du Blé. Mais venduë à Messire Nicolas Raoulin, Cheualier seigneur d'Emery, d'Authume, &c. il luy donna nouuelle forme: la feit rebastir tout à neuf: & la feit nommer maison d'Emery. Depuis luy deuenu Chancelier de Bourgongne, le vulgaire la nomma la Chancelière, & Chancelerie. Elle escheut par hoirie à la Dame de Chasteau-villain, de laquelle la fille fut femme de Messire Marc de la Baulme Cheualier, appellé, viuát son pere, sieur de Bussy, & depuis Conte de Montreuel, il l'espousa en secondes nopces (car de son premier mariage il auoit desia eu Iean de la Baulme Cheualier de l'or-dre du Roy, Conte de Montreuel, gouuerneur de Bresse, &c.) Ladicte fille fut heritiere de tout le bien de ladicte maison de Chasteau-villain: & n'en eut d'enfans masles, que Messire Ioachin de la Baulme Cheua-lier de l'ordre du Roy, & Lieutenant au Gouuernement de Bourgon-gne, en l'absence de tres-illustre Prince Claude de Lorraine Duc de Guyse, Gouuerneur en chef dudit pays. Ledit seigneur de Chasteau-

Chasteau villain est erigé en Conté. villain feit eriger son Chasteau-villain en Conté, & en fut le premier Conte. Ce fut luy qui vendit ladite maison d'Emery à M. Iehan Tisse-rand, lors Conseiller du Roy au Parlement de Dijon: qui eut quant & quant, beaucoup de bons biens qui en dependoient, & sont à Sassenay, Bougerot, Gergy, &c. En fin son fils M. Benigne Tisserand, aussi Cõseil-ler audit Parlement de Dijon, sentant ladite maison luy estre inutile, & enclauee dedans le Cloistre des Chanoines susdits, l'a des-vny du re-ste de la seigneurie, & eschangé auec ledit Chapitre, côtre vne maison dedãs la ville, & separee dudit Cloistre. OR pour reuenir à Hugues der-nier dudit nom, seigneur de Courmatain: il espousa Anne de la Magde-

De la Magde-laine. laine, sœur de Girard de la Magdelaine, Bailly d'Auxois, Seigneur de Raigny, & Songy de par sa femme, de Colanges en Charrolois, Cour-celles, la Bazolle, Chasteau-neuf, &c. par acquestz. REVEREND Pere en Dieu Frere Iehã de la Magdelaine, Grãd-Prieur, & vicaire general en l'ordre de Cluny, Prieur de la Charité, de Mortauld, &c. oncle paternel desdits Girard & Anne, fut moyéneur du mariage de ladite Anne, auec le prenommé HUGUES adopté en la famille de ceux du Blé. Ce fut aussi ledit sieur Prieur de la Charité, qui ayãt acquis portiõ de Colãges pres

Colãges. Charroles, pour, & au nom de sondit nepueu Girard, & desirant l'en rẽ-dre seul seigneur, acheta la rẽte, & cheuãce, que les sieurs de la Rôue en

La Rôue. Auuergne auoient à Courmatain: & la dõna audit Hugues en eschãge

de ce

de Mascon. 331

de ce qu'il auoit audit Colanges. Brief si iamais le Prouerbe fut vray, *La teste rase faict la bonne case* : il s'est bien expressement verifié par luy : comme l'ont à confesser ceux de son nom, qui (croy-ie bien) ne le mettent pas en ny. DE HVGVES du Blé, appellé audit nom, & de Anne de la Magdeleine sa femme, sont sortiz plusieurs enfans. Entre autres Reuerend pere en Dieu frere Iean du Blé filz aisné, fut Prieur de S. Marcel lez Chalon, de Ruilly en Berry, Losne, &c. & succeda à son grãd oncle, & parrain au vicariat, & maniement des affaires de l'Abbaye de Cluny : mais non incontinent apres, ny auec telle plenitude de puissance : s'en faillant autant qu'il y auoit de difference entre le naturel de Iean, & celuy de Charles Cardinaux de Lorraine. I'ose dire dauantage, que si faueur n'eust esté plus puissante que iustice, le Prioré de la Charité, qui luy auoit esté resigné par sondit grand oncle, ne luy eust esté osté. MESSIRE Petracque du Blé second fils, est Cheualier de l'ordre du Roy, sieur de Courmatain, d'Vxelles, &c. C'est luy que nous auons dit en l'article de Sercy auoir esté mary de Catherine de Sercy, & de par elle auoir eu la seigneurie d'Vxelles. Girard du Blé a esté Chanoine de Chalõ, &c. ANTOINE du Blé est sieur de Mãdelot, & de Cussy la Colône. Ysabeau du Blé fut Archiprieuse de Lancharre. Lequel mot d'Archiprieuse est rare, & prouenu (comme i'estime) d'autant qu'elle a d'autres sanctimoniales soubs elle : nommément le Prioré du Puley. Vne autre sœur des auantnommez, religieuse de Marcigny les Nonnains, est paruenue au grade de Prieuse audit lieu. Marguerite du Blé fut aussi religieuse & Prieuse du Puley, dit en Latin *Puellare*. Blaise du Blé fut femme de Pantaleon de S. Clement, sieur de Taisey pres Chalon, de Battanges, du Deueul, &c.

S. Marcel.

Sercy.

Archiprieuse de Lanchare.

De S. Clemét Taisey.

LE RESTE des autres sieurs nommez au roolle, à la fin du tiltre de la Chastelleine S. Gengoulx, m'excuseront (s'il leur plaist) si ie me tais d'eux, n'ayant suffisantes instructions, pour en parler à contentement. Eux doncques pretermis, ie viendray à la Preuosté S. André, en laquelle sont :

LA GVICHE. Encores que i'aye mis grand peine à m'enquerir des antiquitez de cette maison, estimee dés long temps entre les plus signalees du Masconnois, y ayant imploré l'ayde d'vn seigneur, qui ne veut estre nommé en ceste part : si n'ay ie peu estre assez suffisamment instruict à mon gré, pour repeter l'origine des sieurs de la Guiche, de si hault que i'eusse desiré. I'en attribue la cause à ce que l'an mil quatre cens soixante sept (apres que Charles Duc de Bourgongne eut esté tué pres Nancy) la Bourgongne fut occupee par le Roy Loys II. & lors la maison de la Guiche fut prinse, & pillee par les François, auec perte de la pluspart des tiltres d'importance. Qui plus est, messire Claude de la Guiche Cheualier, sieur dudit lieu, desia fort ancien, fut prins, & mené à Blois : pource que messire Iean de la Guiche son fils, homme vaillant,

LA GVICHE.

La maisõ de la Guiche pillee.

Vindication trop aigre.

Ee iiij

& cheualleureux, eſtoit au ſeruice de madamoyſelle Marie de Bourgongne, fille vnique dudit feu Duc Charles. Apres vn an le bon vieillard mis en liberté, fut par ledit Roy retenu à ſon ſeruice, auec bon & auantageux appoinctement, comme auſſi depuis furét ſes enfans. Telle perte de tiltres, (auec ce que les preſentemét ſieurs de la Guiche nourriz enfans d'honneur auec le Roy François deuxieſme, nómé pour lors Roy Dauphin, viuant encores le Roy Henry deuxieſme ſon pere, ſont demourez fort ieunes orphelins de pere, & de mere : & ont plus continué le ſeruice des Rois, qu'ils ne ſe ſont arreſtez au maniement de leurs affaires domeſtiques) m'oſte le moyen de ſçauoir, & declarer leur genealogie. Si ſe trouue-il par quelques anciens papiers, mention eſtre faicte d'vn meſſire Phœnix de la Guiche, & au ſemblable d'vn de meſſire Ioſſerand la Guiche : mais il n'eſt certain en quel temps ils veſquirent, ny qui furent leurs femmes. Il ſe trouue pareillement vne repriſe de fied de la maiſon fort de la Guiche, faicte par meſſire Regnauld de la Guiche en l'an mille deux cens. Et en autres tiltres mention eſtre faicte de meſſire Hugues de la Guiche, & de madame Agnes de la Guiche ſa ſœur. Apres tous ceux-là ſe trouue vn meſſire Guillaume de la Guiche, qui eut à femme Yſabeau de Nanton, fille vnique & heritiere de l'vn des ſieurs de Nanton 1340. Et appert par les enſeignemens d'adoncq, que ladite part de Nanton eſtoit de beaucoup meilleure que de preſent. D'autant que l'eſtang de Groſſault en eſtoit, auec pluſieurs autres biens, qui furent deſuniz de ladite ſeigneurie de Nanton, par meſſire Girard de la Guiche ſieur dudit Nanton, & donnez à Catherine de la Guiche ſa fille, en traictant ſon mariage auec Robert de Damas ſieur de Digoine : leſquels biens ont depuis eſté acquis par le ſieur de Sercy, les heritiers duquel les portent à preſent. Deſdits meſſire Guillaume de la Guiche, & Yſabeau de Nanton fut fils meſſire Iean de la Guiche : lequel en l'an 1365. eſpouſa madame Marie de l'Eſpinaſſe : & eſtoyent pour lors ſieurs de Combronde, & autres biens, aduenus de preſent aux ſieurs de Barbeſieux. Leſdits ſieurs mariez furét tous deux enterrez au cloiſtre des Iacobins de Maſcon, deuant la porte du chapitre. Ce coúet a eſté ruiné par les Huguenots, & y a eſté dreſſee vne citadelle, pour la conſeruation dudit Maſcon. Leſdits Iean, & Marie eurent pour filz meſſire Girard de la Guiche, duquel cy-deuant eſt faicte mention. Il eſpouſa Marie de Poquiere en l'an 1402. laquelle maiſon de Poquiere eſtoit bóne, & ancienne au pays de la Marche, & auoit pluſieurs biens és enuirons de Beaulne : mais à preſent elle eſt faillie, par faute d'hoirs maſles dudit nom. Le Baron de Ris en a eſpouſé l'heritiere, fille du ſieur de Bellarbre. GIRARD de la Guiche, & Ieanne ſa femme acquirent la terre, & ſeigneurie de Chaulmont en Charrolois, de ceux de Corgeron, & de Thoulonjon. Ce meſſire Girard fut Bailly de Maſcon : & eut deux fils, Iean, & Claude de la Guiche. L'aiſné mourut en
fleur

fleur d'aage, estant au seruice du Roy, soubs le Comte de Neuers: & fut enterré aux Cordeliers dudit Neuers. CLAVDE de la Guiche fut tres-notable Cheualier, & eut à femme Claude de la Baulme fille du Comte de Montreuel en Bresse, 1455. D'eux yssirent six filles, desquelles deux furēt religieuses à Marcigny les Nonnains, où l'vne fut Prieuse. Les autres quatre furent mariees. L'vne à la maison de Digoine: l'autre à vn de Chandieu sieur de Pole, & Pourprieres en Beaujolois:& les deux autres à Frachelain en Dombes, l'vne au pere, & l'autre au fils. D'où vient par retour de mariage la terre de Garnerens, appartenant à ceux de la Guiche. N'est à omettre que ledit messire Claude estant sur ses vieils iours, acquist du sieur de Chaseron la terre de Martigny le Conte. D'vn second mariage il eut six fils, & vne fille: laquelle fut femme de messire Philippe de Vienne sieur de Cleruan, & de Momvy, au Conté de Bourgongne. Desdits six filz les trois furent d'Eglise: assauoir dom Philibert de la Guiche, Prieur de Sauxillanges, par le bienfait de messire Iaques d'Amboyse Abbé de Cluny. Le deuxiesme fut messire Antoine de la Guiche Protonotaire du sainct siege Apostolicq, Chanoine de Mascon. Le troisiesme fut Iean Prieur de Losne. Les autres trois du monde, furent Iean, Pierre, & Girard. Desquels Iean fils aisné, fut Cheualier sieur de la Guiche: qui apres auoir longuement seruy le Duc Charles de Bourgongne en ses guerres, le voyant mort, se retira au seruice des Rois Charles huictiesme, & Loys douziesme: où il vsa le reste de ses iours en honneur, & reputation de vaillant Cheualier. Il ne fut point marié, & laissa sa terre, & seigneurie de la Guiche, à messire Pierre son second frere: aucuns adioustent & à son fils aisné. Les curieux en seront faicts certains par le testament, & institution d'heritier. MESSIRE PIERRE DE LA GVICHE Cheualier eut pour son partage la seigneurie de Chaulmont en Charrolois: & en l'an 1491. print pour sa femme & espouse Françoise de Chaseron, fille de messire Antoine de Chaseron, & de madame Anne d'Amboise, fille de messire Pierre d'Amboise, & de madame Anne du Buel, maison des Contes de Sancerre. Oultre la vaillance, & prouësse de messire Pierre de la Guiche, il y auoit en luy vne naturelle sagesse, accompagnee de prudēce mondaine, & sçauoir si politique, que pour ce regard il a esté fort estimé entre les hommes de son temps. Et combien que sa maison soit ancienne, si l'a-il bien illustree par ses bós sens, & suffisances. La Cour des Rois de France estant fort peu frequentee de Bourgongnons, ce sieur de la Guiche fut des premiers qui se sont affectionnemēt addonnez à la suitte d'icelle. Il seruit quatre Rois, auāt que se retirer du tout, & choisir le repos en sa maison. Il fut nourry, & esleué chez le Roy Loys onziesme: puis luy fit seruices en ses ordonnāces: puis fut appellé par Charles huictiesme pour estre de sa maison: honneur qui n'estoit faict qu'aux hommes bien signalez de noblesse

La Baulme Mōtreuel.

Digoine. Chādieu.

Frachelain. Garnerans.

Martigny le Conte. Vienne Cleruan. Sauxillanges.

Losne.

Chaserō. Amboise.

Bourgongnons mauuais courtizants. Les seuls Gentilshommes estoyent de la maison des Rois.

informée de vertu. Loys douziesme estant paruenu à la couronne, & cognoissant les sens, & suffisances dudit sieur de la Guiche, eut fort à cher de l'auoir pres de luy. Pource le feit-il son Chambrelan, ou (comme le vulgaire est coustumier de dire) Chamberlā: qui est ce que le Roy François voulut estre nommé gentilhomme de la Chambre. Chacun sçait que regnant le Roy Loys douziesme, le Reuerendissime George Cardinal d'Amboise, Legat en France, & Auignon, Archeuesque de Roüen, auoit le singulier maniement, & superintendance des affaires de France: en laquelle charge il se portoit si vertueusement, & dextrement, qu'il ne luy aduint oncques de separer l'vtilité du Roy, d'auec le soulagement du peuple, & vtilité publique. Luy doncques ayāt de longue-main cogneu la preud'hommie dudit sieur de la Guiche, consentit aisément le mariage de luy auec sa niepce la fille du sieur de Chazeron, cy-deuant mentionnee: & ceste alliance aida beaucoup à faire cognoistre au Roy, combien le sieur de la Guiche luy estoit vtile seruiteur. Aussi l'ayāt cogneu selon son cœur, il l'employa en plusieurs Ambassades, tāt en Espaigne, vers Ferdinand Roy d'Arragon de son estoc, & de Castille de par sa femme, où il seiourna deux ans: vers le Pape Leon dixiesme, de la maison de Medicis: vers l'Empereur Maximilian: vers le Roy Héry d'Angleterre: vers les Suysses: & le Duc de Gueldres: que autres: où il s'acquitta si heureusement de ses charges, que son Roy en eut grand contentement. Et pendant qu'il estoit employé esdictes charges, le Roy luy donna le Bailliage d'Autun: duquel il se deffit vtilement. Ce qu'ayant sceu le Roy il l'eut fort à gré: & vaquant le Bailliage de Mascon il le luy bailla. Ledit Roy decedé, vint à la courōne François premier du nom: qui ayant cogneu ledit sieur de la Guiche bon seruiteur des Rois ses predecesseurs, s'en voulut aussi seruir, tant en ses ambassades qu'au faict de ses guerres. Venant l'Empereur Maximilian deuant Milan, où estoit Charles de Bourbon, dit de Montpensier, Duc de Bourbonnois Connestable de France, auec grosse armee, il dōna audit sieur de la Guiche charge de dix mille Suysses, desquels il fut Corōnal. Ce fut la premiere fois que Milan fut gardé: car (pour lors) qui estoit maistre de la campagne, estoit maistre de ladicte ville de Milan. Finablement ledit messire Pierre de la Guiche plein d'ans, & de bon heur, se retira en sa maison. Mais son absence n'empescha que à Ardres, à la veüe, & abouchement des Rois, Henry Roy d'Angleterre ne demandast au Roy Frāçois où estoit la Guiche: & lors ledit Roy de France s'enquerant pareillement où il estoit, sceut par Robertet son Secretaire, qu'il estoit chez luy: sur quoy il ordonna qu'on luy mandast de sa part qu'il vint en Cour. A quoy Robertet bien amy dudit sieur de la Guiche ne feit faute. Quand ledit sieur de la Guiche receut ces lettres, il y auoit bon nombre de gentils-hommes ses voisins: entre lesquels estoit vn mien oncle, frere de feu monsieur de Balleurre mon pere, auquel il

Chambellan.
Gentilhôme de la Chambre.
Legat d'Amboise.
L'vtilité du Roy doit estre conioincte au bié publicq'.
La Guiche employé en plusieurs ambassades.
La Guiche Bailly d'Autun.
La Guiche Bailly de Mascon.
Siege deuant Milan.
La Guiche Coronnal de dix mille Suysses.
Rois à Ardres.
Robertet amy du sieur de la Guiche.

quel il les communiqua, & luy demanda son aduis, s'il deuoit aller à la Cour, ou non. Et comme mondit oncle luy eut dit, qu'il luy sembloit que ouy: luy repliqua qu'il estoit d'autre opinion: disant que la Cour estoit composee de ieunes gens, entre lesquels luy desia vieil ne pourroit estre bien venu, d'autant qu'il y conuient estre flatteur, & menteur, vices impertinēts à toutes personnes, & sur tous aux vieux gentishommes, qui ont esté songneux de la vertu, & d'acquerir bonne reputation. Mais qu'il auoit des enfants en Cour, ausquels il seroit moins mauuais de flatter, & mentir: & que leur aage les dispenseroit s'ils se sçauoyent accommoder au temps. Cest apophthegme m'a tant pleu, qu'encores que ie l'aye appris fort ieune, ie l'ay songneusemēt retenu: & m'a semblé que ie ne le debuois icy passer soubs silence. Or il fina ses iours en sa maison de Chaulmont, sans iamais auoir esté persecuté de gouttes, ny autres empeschements de maladies, qui sont coustumieres d'accompagner la vieillesse de presque toutes autres personnes. Voire que tout vieil qu'il estoit aagé de pres de quatre vingts ans, il ne portoit plus ordinairement qu'vn simple bonnet de Mantoüe, ou pareil, sans aucune coiffe, ny petit bonnet dessoubs. Son trespas occasionna grād dueil en tout le pays: car il estoit honoré de chacun, & singulierement aymé de toute la Noblesse. Aussi estoit-il sage, secourable, & grand ausmonnier. Il feit plusieurs beaux acquests notammēt de la moitié de la seigneurie de la Perriere en l'Autunois, & maints agencements en ses terres, & seigneuries de la Guiche, & de Chaulmont. Il eut la seigneurie de Siuignon par les moyens qui seront declarez en l'article dudit Siuignon. C'est luy qui à l'ayde de messire Iaques d'Amboise Euesque de Clermont, & Abbé de Cluny oncle de sa femme, feit bastir le corps du logis de Chaulmont du costé du soleil leuāt. C'est luy (derechef) qui fit eriger l'Eglise de la Guiche, où il est inhumé. Nous remettrons à dire de ses enfants, pour parler de son frere puisné, qui eut nom GIRARD de la Guiche, & eut pour son partage la terre de Martigny le Conte, sainte Foy, & Bois Cheuenon en Brionnois: qui furent iadis de la maison de Poquiere, dont estoit leur grand mere. Ce sieur de Martigny fut lieutenant du sieur d'Alegre au gouuernement de Sauonne, lors que le Roy Charles huictiesme cōquesta le Royaume de Naples. Il eut pour femme Anne de Iaucourt de la maison de Vilarnou: & acquirent du sieur de Digoine la terre de Noyers en Bryōnois. Il est inhumé à Martigny. Lesdits Girard de la Guiche, & Anne de Iaucourt eurēt plusieurs enfants, qui moururent en bas aage, ne restants que Esme, & Anne. ESME de la Guiche mourut en l'aage de vingt-deux ans, à Paris, à l'entree du Roy Henry deuxiesme: & ne fut point marié. Anne sa sœur demoura fille vnique, & heritiere de ceste seconde branche de la Guiche. Elle fut femme de messire François de Choyseul, sieur & Baron de Clemon en Bassigny. CE DIT de la branche de Martigny, il est tēps

Apophthegme du sieur de la Guiche.

Heureuse vieillesse du sieur de la Guiche.

Acquests du sieur de la Guiche. La Perriere. Siuignō. Iaques d'Amboise Abbé de Cluny. Chaulmont. Du sieur de Martigny le Conte.

Iaucourt Villarnoud. Noyers en Bryonnois.

Choyseul Clemon.

de parler des enfants de meſſire Pierre de la Guiche, & de la ſuſditte dame Françoiſe de Chaſeron. Et faut noter qu'ils eurent dix filz, & trois filles. Des dix filz les trois decederent auant leur pere. Aſſauoir Iaques aiſné de tous, mourut en l'aage de ſeize ans au lieu de Chaulmont, & fut enterré en la chapelle dudit lieu, à l'entree du chœur. L'autre nommé Pierre, fut religieux de Cluny, & Prieur de noſtre dame de Loſne, par bien-faict de meſſire Iaques d'Amboiſe Abbé de Cluny. Eſtât aux eſtudes à Paris, il y mourut, & giſt à S. Martin des champs. LE TIERS fut Iean de la Guiche: qui eſtant de la compagnie de meſſire Anne de Montmorancy, pour lors capitaine d'hommes-d'armes, & depuis grãd Maiſtre, & Conneſtable de Frãce, mourut à la iournee de la Bicocque, ſuyuant ſon Capitaine, qui s'eſtoit mis à pied auec les Suyſſes, cuidant les animer, & inciter à combattre, ce que neantmoins ils ne voulurent faire. DIX autres enfants ſuruesquirent leur pere: aſſauoir ſept filz, & trois filles. De ces ſept trois furẽt retenuz du monde, & quatre prindrẽt le train de l'Egliſe, pour non diſſiper, & mettre en pieces leur maiſon: ains la conſeruer en ſa grandeur. Les filz furent Gabriel, Claude, François, Philibert, George, Charles, & Sebaſtien: les filles Ieanne, Marguerite, & Suſanne de la Guiche: deſquels ie parleray ſuyuant l'ordre que ie les ay nommé. GABRIEL de la Guiche fut nourry page en Eſpaigne, & au ſortir de là entra au ſeruice du Roy Frãçois premier, en eſtat de gentilhomme ſeruãt. Dés lors il ſuyuit ledit Roy en toutes ſes guerres, auec honneur, & au contentemẽt de ſon Prince. Sa valeur, & proueſſe fut bien ſouuent cogneuë: mais lors prouuee, & louee de ſon Roy, quand au veu, & ſceu d'iceluy, & luy eſtant fort prochain, il receut vne arquebouſade à la bataille de Pauie, & en eut l'os du bras gauche au deſſus du coulde, tout froiſſé. S'en ſoubuenant le Roy François, à ſon retour d'Eſpaigne, il l'honnora de l'eſtat de gentilhomme de ſa chambre: faueur qui pour lors n'eſtoit communiquee, ſinon aux hommes plus ſignalez de vertus, ou des premieres maiſons de FRANCE. Auſſi luy donna le Roy le Bailliage de Maſcon, par ſuruiuãce auec ſon pere, qui en eſtoit pourueu. A traict de temps il fut pourueu de la lieutenance en la compagnie de cent hommes-d'armes du ſire de Montmorancy, grand Maiſtre, & Conneſtable de FRANCE: où il acquit bonne, & grande reputation. Car (outre la conſtance dont il vſa, à ne vouloir abandonner ſon capitaine tombé en defaueur, & retiré chez luy, encores qu'il en fuſt ſollicité par ceux qui eſtoyent mieulx authoriſez en Cour, qui luy faiſoyent offrir la lieutenance de monſieur le Duc d'Orleans fils du Roy) l'honneur de la conſeruation de la ville de Monſtreul luy eſt deu: & la magnanimité dont il vſa, quand il ſouſtint l'effort d'vn gros oſt d'Anglois au Pont de Brique, & leur empeſcha le paſſage, eſt digne que la memoire en demoure à iamais grauee en la ſoubuenance des hommes. Eſtant ſollicité (comme i'ay dit) d'abandonner le party de

monſieur

Enfants de M. Pierre de la Guiche.

Anne de Montmorancy.

Bataille de Pauie. G. de la Guiche bleſſé. Gentilhomme de la Chambre. Bailliage de Maſcon. La Guiche lieutenant du ſieur grãd Maiſtre, & Conneſtable. Conſtãce du ſieur de la Guiche. Magnanimité de la Guiche.

monsieur le Connestable, à fin de manifester à tous la constance de sa resolution, il print pour deuise ces mots, LA FERA FIN LA GVI-CHE. Au reste il estoit si bien nay, & bien accoustumé, que entre les Princes, & plus-grands seigneurs il paroissoit leur compagnon : & entre les gentilshommes il estoit fort courtois, gracieux & affable. Apres le trespas du Roy François premier, le Roy Henry deuxiesme du nom donna tout en vn temps audit sieur de la Guiche le Collier de son ordre (qui lors n'estoit si commun qu'il a esté depuis) luy donna aussi le gouuernement de Bresse, Beugey, & Veromey : auec vne compagnie de cinquante hommes d'armes. Desquels bien-faicts il a iouy toute sa vie : encores que sur ses vieils iours il fust deuenu fort goutteux. Il eut pour femme madame Anne de Soreau, vnique fille, & heritiere du sieur de S. Geran, & de la dame de Maignac. Duquel mariage sont yssus Philibert, Claude, Iean, & François, auec vne fille. PHILIBERT de la Guiche est Cheualier de l'ordre du Roy, Capitaine de cinquante hommes-d'armes, gouuerneur de Bourbonnois, grand Maistre de l'artillerie de France, sieur de la Guiche, Chaulmont, &c. CLAVDE de la Guiche est Cheualier de l'ordre du Roy, sieur de S. Geran, &c. IEAN Prieur de Sauxillanges en Auuergne. FRANÇOIS Abbé de S. Satur pres Sancerre, Preuost de S. Pierre de Mascon, Prieur de Perrecy, &c. La fille est mariee au Conte de Pompadour. VOILA QVANT au chef des armes de la Guiche, qui sont de synople, à vn saultoir d'or. CLAVDE de la Guiche fut Protonotaire Apostolicq, & administrateur de Gaillac, par le bien-fait du Reuerédissime Cardinal d'Amboise, Legat en Fráce & Auignó, Archeuesque de Roüen : lequel (en faueur de madame de la Guiche, fille de sa niepce de Chazeron Anne d'Amboise, dót est faicte métion cy dessus) portoit singuliere amitié à ceux de la Guiche. Depuis ledit Claude fut Prieur de Losne, par le decez de Pierre son frere prementionné. Et encores fut Prieur Comendataire de S. Pierre de Mascon, par la resignatió qu'en feit en sa faueur messire Remód de l'Espinasse, sieur de Siuignon. Il fut aussi Abbé de Beaubec en Normandie : & (pour vn temps) Abbé de Haultecombe en Sauoye : puis Euesque d'Agde : & lors fut l'vn des Euesques deputez par le Roy pour aller au Concile de Trente, où il se porta fort vertueusement. Pource venant à vacquer l'Euesché de Mirepoix, il fut transferé d'Agde à icelle. Il fut enuoyé Ambassadeur en Portugal à la requeste de la Royne Alienor, laquelle desiroit dresser le mariage de l'Infante de Portugal sa fille, auec l'Illustrissime Antoine de Bourbon Duc de Vendosmois, de Beaumont, &c. Mais le Roy de Portugal ne s'y voulut accorder. Depuis ledit Prince espousa Ieanne d'Albret Princesse heritiere de Nauarre, & par elle en fut Roy. Nostre Euesque de Mirepoix sur ses derniers iours se retira à Rome : & y estant fut employé par le Roy en estat d'Ambassadeur. Là il mourut, & est enterré à sainct Loys : où l'autheur de l'inscri-

Constáce de la Guiche.
Deuise.

Recompense faicte à la Guiche.

Soreau S. Geran.

Pompadour.
Armes de la Guiche.

Concile de Trête.

Ambassade en Portugal à quelles fins.
Duc de Vendosme.
Ieanne d'Albret.

Ff

Erreur en l'Epitaphe.

ption mise sur son monument s'est mescompté, l'appellant Sequanois: car il estoit de la Bourgongne Françoise, & non de la Franche-Conté. FRANÇOIS fut aussi homme d'Eglise, à son aduenement Archidiacre de Tours: puis Preuost de Sureine pres S. Cloud. Et pource que c'est vn beau lieu sur la riuiere de Seine, entre Paris, & sainct Germain en Laye, le Cardinal de Grandmont la voulut recouurer. Pour recompense il donna l'Abbaye de la Lucerne, en la basse Normandie. Il fut aussi Doyen, & Chanoine en l'Eglise Cathedrale de Mascon, par le decez du Doyen de Coursaut. Finablement messire Bertrand de Keneringhen Allemand Doyen de Poictiers, luy resigna son Abbaye de sainct Satur soubs Sanxerre. Laquelle (se sentant malade à l'extremité) il a remise à M. François de la Guiche son nepueu, & filleul: auquel aussi il a laissé le Prioré de Moustiers en Bourbonnois. PHILIBERT de la Guiche fut religieux de l'ordre de Cluny, & Prieur de Sauxillages, par le bien-faict de son oncle, qui luy resigna. GEORGE de la Guiche Cheualier de l'ordre du Roy, eut pour son premier tiltre la seigneurie de la Perriere: & le premier estat qu'il eut en Cour fut d'estre Panetier: puis il fut Escuyer d'escuyerie chez la Royne Alienor d'Austriche, seconde femme du Roy François premier. En fin (le pere trespassé) il eut pour son partage Siuignon, Nanton, Garnerans, &c. Ledit Siuignon estoit venu de la maison de l'Espinasse, comme nous auons à dire en l'article prochainement suyuant. Nous auons dit cy dessus, que Nanton estoit aduenu à la maison de la Guiche par Ysabeau de Nanton, femme de messire Guillaume de la Guiche. Ledit messire George fut pourueu par le Roy François premier de la Capitainerie du chasteau de Semur en l'Auxois: & du Bailliage de Chalon sur Saone, vacquant par le trespas de messire Iean de Lugny sieur de Ruffey en Chalonnois. Mais pour certaines considerations, il s'en est defaict en faueur du sieur Baron de Senecey son cousin. Il se maria à dame Marguerite de Beauvau 1549. Et la print à Ioinville, où elle eut nourriture soubs madame Antoinette de Bourbó Duchesse de Guyse. Laquelle Princesse faisoit cest honneur à ladicte de Beauvau, de l'apparenter: par ce que la grãd mere de ladite dame estoit sortie de Beauvau, par vne fille de feu messire René de Beauvau Seneschal de Barrois, seigneur de Beauvau en Anjou, de Manoville, Noman, Rouertes en Barrois: & de dame Claude de Bádoche, dame de Pãge, & de plusieurs autres terres au vau de Mets. Laquelle Claude fut fille de messire Claude de Bádoche sieur de Molins pres de Mets: & de Ieanne de Serriere fille vnique de messire Conrad de Serriere aduoüé de Nomeny en Lorraine, qui auoit plusieurs grands biens. Du mariage dudit messire George de la Guiche, auec ladite dame Marguerite de Beauvau, sont sortis huit enfants, six filz, & deux filles. Le dernier filz, & l'vne des filles moururent en bas aage. L'aisné des autres filz, nommé Antoine de la Guiche, aagé de vingt & quatre ans, estoit lieutenant en la compagnie code Mascon.

gnie colonnelle du sieur Strossy, Colonnel de l'Infanterie de France, quand il fut tué à l'assault donné à sainct Lo en Normandie, le iour de la feste Dieu, 1574. Qui est peu apres que le Conte de Mongommery eut esté prins à Donfront. Iean Baptiste frere dudit Antoine fut aussi tué pres Montpellier, ayant tiltre de Capitaine és trouppes de Languedoc, à la suitte du sieur Mareschal Danuille, duquel il estoit fort aimé, & estimé. Gabriel Chevalier, & Commandeur en l'ordre de Malte, fut tué en combattant sur mer dedans vne nauire Turquesque, qu'ils gaignerent. Deux autres filz viuent encores: l'vn nommé Pierre Calais, & l'autre Iaques de la Guiche. La fille restante est Françoise, qui en ceste annee mille cinq cens septante huit a esté mariee auec Guillaume d'Amanzey, filz aisné du sieur de Choffailles. Messire George de la Guiche a acquis la terre de la Garde sur Loyre, la seigneurie des Murgiers, & la Berthenanche. CHARLES de la Guiche sieur de sainct Aulbin, & de la Perriere, fut l'vn des cent gentils-hommes de la maison du Roy, & depuis Port'enseigne de l'vne des compagnies, soubs la charge du sieur de Lanssac. Ayant fait longuement seruice en son estat, il fut faict Chevalier de l'ordre du Roy, en l'an mille cinq cens soixante sept, apres la bataille sainct Denis, où le Duc de Mommorancy Connestable fut blessé, & en mourut. Le Roy continuant la guerre contre ses rebelles, dits Huguenots, Monsieur frere, & lieutenant general du Roy, leur donna la bataille pres Moncontour, en la plaine de Malcouet, & les deffeit. Charles de la Guiche y faisant deuoir de vaillant Chevalier, y fut blessé, & son cheual tué soubs luy. Il mourut le lendemain de ladite blesseure. Et ne fut iamais marié. SEBASTIEN de la Guiche Docteur és droicts, fut par le bien-faict de son frere Euesque de Mirepoix, administrateur de Gaillac, où il mourut, & eut le Prioré de Losne, apres s'estre defaict de Tauues. QVANT aux filles, IEANNE fut femme de Iaques Palatin de Dyo, comme nous dirons cy-apres. MARGVERITE fut espouse de messire Antoine de Montmorin, sieur dudit lieu, & du Chastellard. SVZANNE fut religieuse à Marcigny.

SIVIGNON. Ceste seigneurie est partie de la maison de l'Espinasse, laquelle fut tellemét destituee d'hoirs habiles à succeder, que tout le biē de Siuignon escheut à messire Remōd de l'Espinasse, Prieur de S. Pierre de Mascō, lors de l'ordre S. Augustin. Lequel tāt affligé de gouttes, que les iābes luy estoyét inutiles, & n'ayāt aucun proche parét duquel il esperast aide, & secours: aduisa de prédre pour son ptectēur messire Pierre de la Guiche, Bailly de Mascon, chez lequel vne fille de l'Espinasse auoit iadis esté mariee. En grace dudit sō choisy protectēur, il resigna sō Prioré à M. Claude de la Guiche, filz dudit sieur Bailly. Dont ledit de l'Espinasse deuint fort odieux à ses Chanoines reguliers, tous gētilshōmes: qui portoyét fort impatiémēnt, que luy qui auoit esté esleu par ses

Ff ij

ST6.
Mongō-
mery.
Dōfront.

Amāzey
Choffail-
les.
LaGarde.
Les Murgiers.
La Berthenan-
che.
Sieur de
Lanssac.
Bataille
S. Denis.
Mort de
M. le Cō-
nestable.
Bataille à
Moncontour.

Gaillac.
Losne.
Tauues.
Dyo.

Montmorin.

SIVIGNON
L'Espinasse.
Remond
de l'Espinasse.

confreres, & qui ne pechoit par ignorance (car il estoit Docteur és droicts) s'estoit de tant oublié, que d'auoir faict tomber son Prioré en Commende, ruine de ladite Eglise. Mais la faute legerement faicte, fut promptement suyuie de repentance. Car au lieu de ce qu'il auoit esté chef audit Prioré, & en telle qualité auoit eu tout commandement sur le corps en general, & sur les membres en particulier, fut reduit à la condition de simple Religieux cloistrier: sans auoir autre siege en Chœur, que celuy qui luy estoit affecté par son rang, & ordre de reception. Et s'il auoit besoin d'authorisation, il falloit que luy, qui auoit au parauant, commandé magistralement, l'allast requerir fort humblement. Que luy tourna à si grand ennuy (ou plustost creuecœur) que tombant malade, il succomba à la violence de ses regrets. Toutesfois (auant que mourir (il fit donation de tout son bien temporel (auquel Siuignon estoit comprins) au sus-nommé messire Pierre de la Guiche: par la mort duquel Siuignon, auec autres biés, est escheu en partage à messire George de la Guiche, Cheualier de l'ordre du Roy: duquel nous auons plus amplement parlé, en l'article precedent.

ROSSEY. Ceste seigneurie est vulgairement estimee Baronnie: & les seigneurs du lieu ont iadis fait instance, pour auoir preseance à la tenue des Estats, & autres assemblees des nobles du Masconnois. Toutesfois ie ne trouue pas que ceste querelle ait esté vuidee. Au reste, la seigneurie du Rossey est en la main, & dés long temps possedee par les seigneurs Barons de Saligny, & de la Motte sainct Iean. Desquels tombé en propos, ie ne veux oublier dire, que les aisnez de Saligny, doiuent porter le nom de Lourdin de Saligny. Qui seroit chose estrange, si le pareil ne s'obseruoit en plusieurs maisons illustres. Il est certain que iadis quiconque estoit Sire de Noyers prenoit le nom de Mile: le Conte de Laual en Bretaigne doit auoir nom Guy: le Sire de Tournon sur le Rhosne est tousiours nommé Iust. Et les Viscontes de Poligniac souloyent porter le nom de Armand, mais ils en ont faict leur surnom. Aussi dit on que le sieur Durphey en Forestz doit estre surnommé Paillard: qui est le nom d'vne illustre famille: & de laquelle fut l'vn des premiers fondateurs du Chapitre de l'Eglise collegiate sainct George de Chalon, sieur de Mursault pres Beaulne. REVENANT à ceux de Saligny seigneurs du Rossey, ils ont tousiours esté alliez en grandes maisons. Mais d'autant que ie n'ay assez suffisantes instructiós, pour les deduire autát amplemét que ie desirerois; i'ayme mieux m'en taire, que d'en dire trop peu, au gré de ceux qui en ont plus ample cognoissance.

CHIGY. Ceste maison a esté long temps possedee par ceux du nom & des armes de Choyseul, seigneurs de ce Vaulx, auquel ils ont donné le nom de Vaulx de Choyseul. Pour dire commét elle a esté separée dudit Vaulx, est à sçauoir que vn seigneur de l'Aubespin au Coté de Bourgongne eut deux filz, Aymé, & Guillaume. Aymé cóme

l'aisné

l'aisné demoura chef des armes, & seigneur du principal manoir, qui estoit l'Aubespin. Guillaume eut pour son partage la seigneurie de Greusse, & plusieurs autres biens en la Chastellenie de S. Laurens de la Roche. Les armes de l'Aubespin sont d'azur, à vn saultoir, & quattre billettes d'or. De l'aisné nous n'en auons à parler pour le present. Mais quant à Guillaume il espousa dame Claude du Vaulx de Choyseul, dame de Chigy, & de Layé : & fut le premier de ceux de son nom qui vint demourer au Masconnois. De luy & de ladite Claude yssit François de l'Aubespin, mary de Ysabeau de Bernauld, fille de Girard de Bernauld sieur de sainct Huruge, & de l'Essertot. Et eut ladicte Ysabeaul pour son partage la seigneurie de l'Essertot : & sa sœur Loyse emporta S. Huruge sur Guye. Desdits François de l'Aubespin, & Ysabeaul de Bernauld, fut filz Edouard de l'Aubespin, qui se maria auec Ieanne de Dyo, fille de Iean Palatin de Dyo, &c. Desquels Edouard, & Ieanne fut filz aisné Iean de l'Aubespin Cheualier de l'ordre du Roy, sieur de Chigy, de Greusse, de l'Essertot, &c. qui a espousé dame Guillemette de Giresme, fille de messire Antoine de Giresme, Cheualier sieur dudit lieu, de Predubut, de May en Mussien, &c. fille aussi de dame Marguerite d'Angleure, fille du Visconte d'Estauges.
E s t a n t en propos de ceux de l'Aubespin, ie ne veux passer soubs silence, que (n'en desplaise à celuy qui a compilé la vie de Gaspar de Colligny, sieur de Chastillon, & Amiral de France) ceux de l'Aubespin n'ont pas moindre part en la fondation de l'Abbaye du Miroir, ordre de Cisteaux, assise outre Saone, que ceux de Colligny. Et ont ceux de l'Aubespin plus d'honneur à la conseruation de maintes Eglises dediees au seruice de Dieu, que ceux de Colligny n'en ont puis n'agueres acquis, par la demolition d'vne infinité de Monasteres, & lieux sacrez, ruinez par ceux à l'ayde desquels lesdits de Colligny esperoyent renuerser (ou plustost aneantir) l'estat de France, & desquels ils estoyent chefz.

Lis, et Crvsilles. Ces deux seigneuries auparauant distinctes, sont icy accouplees, par ce que lors que le roolle (que i'ay prins pour guide) fut faict, elles estoyent toutes deux tombees en la puissance d'vn seul seigneur, qui fut Gaspar de Saillant sieur dudit lieu, filz de Charles de Saillant. Cestuy Gaspar espousa Françoise de Nanton, fille vnique, & heritiere de Pierre de Nanton & de N. de la Baulme de la maison de Ratte. A cause de ladite Françoise sa femme il fut sieur de Crusilles, & de tout le bien dependant de ladite maison. Icelle de Nanton mourut fort ieune, viuant encores sa grād mere paternelle, du nom de Bellecombe, de la maison de Vinzelles : & feit tous les auantages qu'elle peut, audit de Saillant son mary, qu'elle laissoit sans enfants. Par ce moyen Gaspar de Saillāt, fut sieur de Crusilles. Mais (combien qu'en secōdes nopces il espousa vne fille de Mipont, laquelle depuis fut fem-

Ff iij

Des antiquitez

Salins Corrabeuf. me de de Salins, sieur de Corrabeuf) il ne laissa aucun hoir de son corps. A raison dequoy Antoine de Saillant son frere (au-parauant designé homme d'Eglise) succeda à sondit frere Gaspar. Vray est qu'il fut empesché en la seigneurie de Crusilles, mais il en appoincta. Cest Antoine voyant ne rester en sa maison aucun fils, & l'espoir de la conseruation de ses nom, & armes consister en luy seul, laissa le train de l'Eglise qu'il auoit commencé suyure, sans neanmoins y estre lyé, ny obligé, & *Bessey.* print à femme Claire de Bessey, sœur des sieurs de Longecourt, & de Tar : sœur aussi de reuerend pere en Dieu Antoine de Bessey, Abbé de Cisteaux, & de Maisieres. Toutefois il n'en eut point d'enfans : parquoy Ysabeau de Saillāt sa sœur fut son heritiere. Elle fut femme en premie- *Moisy.* res nopces de Moisy sieur de Monts, du Folet, de la Tournelle, &c. & en *Borderie.* secondes nopces de Iean de la Borderie. Du premier mary elle eut vn fils, qui mourut constant le second mariage. Du sieur de la Borderie elle n'eut aucuns enfans : & neanmoins luy donna tout ce qu'elle peut. Tellement que tant en vertu desdites donations, que par autres actions que ledit de la Borderie y auoit, Saillant & Crusilles furent sieurs. Elle decedee ledit de la Borderie se remaria en l'heritiere de Deniset, fille d'vne *Françoise de Rubys M. Claude Patarin.* fille de Pressia. Mais en fin se voyant vieil, & sans enfans, il vendit Crusilles à Françoise de Rubys veufue de Messire Claude Patarin Cheualier, sieur de Vareilles, & Crôy, premier President au Parlement de Dijon. Par le trespas de ladite de Rubys, Madame de Senecey sa fille luy a *Crusilles est en Chalonnois.* succedé. Or combien que ladite seigneurie de Crusilles soit sur le roolle du ban, & riereban du Masconnois : si est la maison fort dudit Crusilles du Bailliage de Chalon. Vray est que quelques villages, tant qui estoiēt iadis (comme Macheron) qu'autres qui en sont encores, comme Sagy, *Lis.* &c. sont du Masconois. QVANT A LIS c'est anciē heritage des sieurs de Saillant : car desia Messire Guillaume de Saillant sieur dudit lieu, & *Chācelier de Bourgongne.* d'Espoisse, Chancelier de Bourgongne en iouyssoit. Maintenant il est *Berzé.* acquis au sieur de Berzé, saufs les droicts de sa mere Claire de Choyseul, veufue de Messire Geoffroy de Rochebaron, & femme à present *Sieur de Thon.* de monsieur de Thon du Chastellet, gouuerneur de Langres.

LA BAZOLLE, LE BANCHET, ET SIGY. LA BAZOLLE, LE BANCHET, SIGY, &c. sont seigneuries iadis possedees par diuers seigneurs, desquels Girard de la Magdelaine, Bailly d'Auxois, &c. les a acquises, & laissé à ses enfans. Pource est-il de be- *De la Magdelaine.* soin d'en parler separément. LA BAZOLLE doncques fut iadis à ceux du nom, & des armes de Damas, dōt le Baron de Marcilly en Cha- *Marcilly.* lonnois est chef : & (comme tel) signe absoluëment Damas : & les autres *Damas.* de Damas. Leurs armes sont d'or à vne croix niglee, ou ancree de gueu- *Armes de Damas.* le. Le dernier sieur de la Bazolle, du nom de Damas fut Edoüard de Damas, qui mourut au seruice du Roy, sans laisser aucuns enfans. Par sa *Seneuille.* mort sa sœur vnique fut son heritiere, & mariee à vn de Seneuille du Dauphiné. Estant decedé ledit de Seneuille elle se remaria au sieur de

Belarbre

Belarbre, beau, grand ieune homme : mais si mal accoustumé, que sa fin fut la couronne de ses œuures. Auāt que mourir il auoit esté autheur de la vendition de la Bazolle, faicte par sa femme, au susdit sieur de la Magdelaine Bailly d'Auxois, desia souuent nommé. {Belarbre. LaBazol le vēdue.}

LE BANCHET appartenoit, & estoit le tiltre d'Edoüard de la Magdelaine sieur aussi de S. Didier, qui decedant sans enfans fut enterré à nostre Dame de Paris, dedans l'Eglise, non trop loing de la porte par laquelle on va de ladite Eglise au Cloistre des Chanoines. Par son decez, sa succession escheut à son frere, souuent nommé Bailly d'Auxois. SIGY, que le vulgaire dit Chigy, & pour difference du Chigy de l'Aubespin, y adiouste le Chastel: appartenoit iadis à ceux de Trezettes. Et noz anciens qui les appelloient aussi tous deux Chigy, nommoient celuy de l'Aubespin Chigy de Greusse, & cestuy (duquel il s'agit à present) Chigy de Trezettes. CEVX qui ont inuenté ceste nouuelle addition le Chastel, ont suiuy vn vieil erreur des notaires de Bourgongne, qui pensent mieux parler François en disant Chastel, que s'ils disoiēt Chasteau. Et neanmoins s'ils l'entendoient bien, ils sçauroient qu'il y a autant de difference entre Chasteau, & Chastel, qu'il en y a entre *Castrum*, *& Castellum*. Et que Chastel n'est que le diminutif de Chasteau. Il y a vn puits à Sigy, qui est fort profond: & a duré fort long temps ceste superstitieuse opiniō, que si on en eust prins de l'eau pour faire lexiues, voire pour abbreuuer cheuaux, nectoyer bottes, faict meslange auec ordures, tel puits deuenoit à sec, & tarissoit pour quarante iours. Mais il a esté cogneu que la facilité qu'il auoit à se tarir, faisoit les hommes de leans diligens à en conseruer l'eau, & garder qu'elle ne fust employee à tous vsages. Ceste seigneurie de Sigy auoit esté principalement acquise des deniers du sieur Chantre de Besançon du nom de la Magdelaine: apres son trespas il aduint à Madame de Pleuuot fille du sus nommé Bailly de Auxois: laquelle mourut femme du sieur Côte de Bennes. A present vn sien fils, sieur de Rochefort, en est seigneur. {Le Banchet. Sigy le Chastel. Trezettes. Chigy de Greusse. Chigy Trezettes. Chastel, & Chasteau. Du puits de Sigy. Pleuuot. Rochefort.}

CHASSIGNOLES. En ceste seigneurie y a deux maisons, desquelles les seigneurs ont eu grands differens, pour sçauoir auquel le tiltre de sieur de Chassignoles deuroit appartenir. Ceux de Moulins sur la rescōce du nom, & armes de Busseul, sont sieurs de l'vne desdites maisons, & (à vray dire) de la plus ancienne. Car celle des Petits (laquelle en son propre, & ancien nom s'appelloit Oyselet) a esté acquise, & bastie modernement par Clement Petit Esleu de Mascon. Qui espousa vne riche femme, & n'en eut aucuns enfans. Le bien de ladite femme fut cause que l'aisné Trignac, Gentilhomme de Poictou, lors homme d'armes en la compagnie de mōsieur l'Amiral de Brion, Gouuerneur de Bourgongne, l'espousa, apres le decez de sondit premier mary. Ledit Clemēt Petit laissa trois heritiers freres, desquels l'aisné fut Frāçois: qui desuoyé de toutes bonnes religion, & façons, se retira à Berne, s'y maria, & de- {Chassignoles. Moulins Busseul. Les Petitz. Oyselet. Trignac.}

Ff iiij

meurant deuāt le gros horologe, eſtoit appellé le grand François. Il ſe voulut meſler des ſciences noires, & de l'Alkimie, laquelle eſt ordinairement accompagnee de la fabrication de faulſe monnoye. LE SECOND fut Claude Petit ſieur des Murgiers, & la Bertenāche: qui n'eut point d'enfans legitimes: & feit donation deſdits Murgiers & la Berthenanche à Meſſire George de la Guiche Cheualier de l'Ordre du Roy, ſeigneur de Siuignon. LE TROISIESME Gabriel Petit, qui vendit la ſeigneurie de S. Priué au ſieur de ſaincte Helaine: & depuis fut nommé ſieur de Precy ſous Dondain: & en fin ſe retira à Enard. Mais pour auoir voulu trop vſer de ſes volōtez, il luy eſt meſ-aduenu par iuſtice. Quant à l'autre maiſō poſſedee par les ſieurs de Moulins ſur la reſconce, ie parleray d'eux en l'article dudit Moulins. Au reſte eſtāt le ſieur de Chaſſignoles le dernier au tiltre de la Preuoſté S. André, ie finiray par luy ce Chapitre.

Les Murgiers.
La Berthenanche.
Meſſire George de la Guiche.
S. Priué.

La Chaſtellenie du Bois ſaincte Marie.

LE BOIS SAINCTE MARIE eſt de l'ancien dommaine des Contes de Maſcon: en l'hiſtoire deſquels il ſe trouue, qu'ils y faiſoiēt forger monnoye, auſſi bien qu'à Maſcon. Ce qu'a eſté pareillement continué ſous les Rois intermediatz entre les Rois Empereurs, & la race de Hugues Capet. En ceſte Chaſtellenie ſont les maiſons cy apres inſerees ſelon l'ordre du roolle ſus mentionné.

Chambre de monnoye au Bois S. Marie.

DYO eſt vne des plus anciennes, & illuſtres maiſons de tout le Maſconnois. Et quiconque conſiderera bien le baſtiment & pourpris du chaſteau de Dyo, trouuera qu'il a les marques, ſuiuies de la cōſtruction d'vne bien grande, & ſeigneuriale maiſon. Auſſi les ſeigneurs du lieu ſont extraicts de la tres-illuſtre maiſon de Bourgōgne, premier fleuron de la Couronne de France. Ils portent les armes de Bourgongne ſi pures, qu'il n'y a difference aucune, ſinō que le meſme blaſon que ceux de Bourgongne portoient en cotices, ceux de Dyo le portēt en faces: & ce que les Princes Bourgongnons portoient en trauers (cōme parle le vulgaire) ceux-cy le portēt tout droit: qui eſt d'or, & d'azur, bordé de gueule. OR n'y a il qui ne ſache, que les deux Bourgōgnes iadis vnies ſous vn meſme ſeigneur, ont eſté diuiſees en Duché, & Conté: & que cōme la Conté(que l'on a ſurnommé franche)a quelque-fois eſté vnie à la Couronne de France, auſſi en a elle eſté (cōme encores elle eſt) par diuerſes fois longuemēt ſeparee. D'auantage c'eſt choſe ſceüe par tous, que les Contes de Bourgōgne, ſe qualifioient Palatins. D'autāt doncques que ceux de Dyo ſont deſcenduz des Contes de Bourgongne Palatins, quiconque(du nom & des armes) eſt ſieur de Dyo, a ce priuilege de s'intituler Palatin de Dyo. I'AY trouué par anciens tiltres, & documēts, que Meſſire ANTOINE Palatin de Dyo Cheualier, ſieur de S. Beurry, &c. fut fils d'vne fille de Bourbon, & mary d'Alis de Breſſes, Dame heritiere dudit

Dyo.
Les ſieurs de Dyo extraictz des Contes de Bourgōgne.
Armes de Dyo.
Contes de Bourgongne Palatins.
Palatin de Dio.
Bourbō.
Breſſes.

de Mascon.

dudit lieu. Surquoy est à noter que combien que l'ancienne Baronie de Bourbon soit esté erigee en Conté, & finablement en Duché, en faueur des Princes qui (outre la possession) en ont prins le nom: si est-ce que le bien primitif de ladite ancienne Baronnie fut partagé entre deux freres, Anseaulme, & Archimbault. Tous deux s'intituloient Barons de Bourbon: & chacū d'eux bastit vne place nōmee Bourbon. Celuy d'Anseaulme soit du nom de son fondateur, soit pource qu'il appartenoit à l'ancié, fut surnōmé Bourbon l'ancien, & (par corruptiō de langage) l'Ancy. Comme aussi celuy d'Archimbault fut, & est encores dit Bourbon l'Archimbauld. Cest Archimbauld eut vne fille de si rare, & excellēte beauté, que Robert Conte de Clermont, autheur de la race des Princes du nom de Bourbon, en fut extremement amoureux: & n'en pouuant autrement iouyr, l'espousa: chose que i'ay autrefois dit auoir merueilleusement despleu au Roy S. Loys son pere. Mais pource que les descendās dudit mariage sont assez suffisamment deduicts par plusieurs excellens personnages: aussi que m'y arrester à present n'est aucunemēt necessaire, ie laisseray ledit Archimbauld, pour parler du prenōmé Anseaulme son frere. Il eut plusieurs enfās, & sa race peupla tāt, que maints de leurs successeurs se retirerēt en Bourgongne. Entre autres vn fut seigneur de la Boulaye en Autunois, vn autre de Montperroux, dont nous parlerōs tantost. PIERRE Palatin de Dyo, filz des sus-mentionnez Messire Antoine, & Alis, espousa Alienor de Maubec, fille de Messire Hugues de Maubec sieur dudit lieu, & de Ieanne de Montlaur, sœur de Frāçois de Maubec, nommé depuis Loys sieur de Montlaur. Qui faict croire que ledit François acceptant la seigneurie de Montlaur, fut tenu laisser son propre nom, & prendre celuy de Loys. Du susdit mariage yssit MESSIRE IEAN Palatin de Dyo Cheualier, sieur de S. Beurry, de Bresses, Regny, & Baron de Montperroux. Sa femme fut Marie de Traues, fille de Messire Iean de Traues Cheualier, & de Catherine de Poquieres dit de Belarbre, sieur & dame de la Porcheresse, &c. MOYENNANT ledit mariage, Messire Philibert de Bourbon oncle des deux mariez, dōna audit Iean, les deux tiers de sa Baronnie de Montperroux, à condition que ledit Montperroux, & la seigneurie de Vesure, demeureroient vniz, pour estre le partage du second fils de Dyo. Depuis l'autre tiers de Montperroux fut acquis par le susdit Iean Palatin de Dyo, de George de Poquieres sieur de Belarbre, & de Pierre, & Pregent de Poquieres ses freres. Ce Iean Palatin de Dyo eut vn frere nōmé Antoine. OVTRE la donation de Montperroux (dont nous venons de parler) Mess. Philibert de Bourbon (duquel Messire Miles de Bourbon fut frere) donna encores à sondit nepueu Iean Palatin de Dyo, certaine rente à la Roche, acquise de ses cousins Hugues, & Simon de Loges sieurs dudit lieu, & de la Boulaye. IAQVES Palatin de Dyo fut fils desdits Iean, & Marie: & fut l'vn des plus accōplis gentilshōmes (sans grandes lettres) que i'aye veu. Et diray

Baronnie de Bourbon.
Partage de Bourbon.
Bourbon l'ancy.
Bourbon l'Archimbauld.
Robert Conte de Clermōt.
S. Loys.

La Boulaye. Mōtperroux. Maubec. Mōtlaur. Changement de nom.

Traues.

Phil. de Bourbō.

Mess. Miles de Bourbō. La Roche. Loges la Boulaye. De Iaques de Dyo.

de luy, qu'en toutes compagnies il estoit tantost cogneu grād seigneur, fort affable, gracieux en propos, & bien hôme de biē. Il eut deux sœurs, Ieanne, & Antoinette. Ieāne fut femme d'Edoüard de l'Aubespin sieur de Chigy, de Layé, Greusse, &c. Antoinette mariée à Ieā de Busseul sieur de Moulins sur la Rescôce, Logieres, &c. Iaques print femme en la maison de la Guiche, & espousa Ieanne fille de Messire Pierre de la Guiche Cheualier sieur dudit lieu, de Chaulmont, &c. laquelle le feit heureux en lignee, & pere de douze enfans, six fils, & six filles. L'aisné nommé Pierre, mourut en fleur d'aage, sans auoir esté marié. Le deuxiesme fut Iean Palatin de Dyo, mary de Loyse de Châtemerle, sœur de Marc sieur de la Clayette, Vougy, &c. de laquelle il a laissé vn fils decedé en fleur d'aage, & deux filles. LE troisiesme Claude de Dyo, Cheualier de l'Ordre du Roy, Baron de Montperroux : mary de Peronne de Malain de la maison de Lus : au parauant femme de Iehan de Rochebaron sieur de Ioncy: par le decez duquel elle iouyt de deux tiers de Ioncy. LE quatriesme George de Dyo, Cheualier de Malte, qui mourut cōbatant vaillamment sur les galleres de la religion, contre les Turcs. LE 5. Philibert de Dyo sieur de la Roche pres de Saulieu: qui par ses sçauoir, & vertuz fait Conseiller en la grand chambre, a esté honoré de l'estat de President en la premiere châbre des Enquestes au Parlemēt de Paris: & ce du propre mouuemēt du feu Roy Charles IX. LE 6. Iaques de Dyo Cheualier de Malte, Ambassadeur aupres du Roy, pour sa religiō: Cōmandeur de Charrieres, & de saincte Anne en Lymosin. QVANT aux filles, l'aisnee Claudine de Dyo fut maryee auec Claude de Môtaigny sieur dudit lieu, & d'Angleure. La deuxiesme Antoinette de Dyo, premieremēt religieuse à S. Andoche d'Autun, fut Prieuse de S. Iulien les nonnains. Deux autres furēt religieuses à Marcigny, & deux à Moulins en Bourbonnois.

LE VAVLX DE CHOYSEVL est par corruption de lāgage dit, le Vaulx de Chyseul. Quant à Choyseul, le mot s'estend sur plusieurs familles nobles: entre autres sur ceux de Lācques, & de Clemont. Au tēps passé il y auoit principalement par deçà deux maisons dudit nom: l'vne en Bourgongne, l'autre en Masconnois. Celle de Bourgongne fut Traues (les anciens tiltres la nōment en vieil Bourgōgnon Troüe.) Le Chasteau dudit Traues a esté ruiné par authorité du Parlement de Dole, en hayne de François de Clermont, lors sieur dudit Traues, qui tenoit le parti du Roy de Frācē son Prince naturel. Es tiltres esquels i'ay veu Traues estre dit Troüe, i'y ay aussi leu, que Henry sire de Brancion (fils de ce tant renōmé Iosserād de Brācion, sire dudit lieu, & sieur de tant d'autres seigneuries que l'abōdance de ses biēs luy dōna le surnom de Gros) ayāt vēdu à Hugues Duc de Bourgōgne, ses seigneuries Brācion, Beaumont, la Preuiere, &c. Marguerite de Brācion, femme de Bernard de Choyseul Escuyer, fils de Mess. Robert de Choyseul Cheualier sieur de Troüe, de l'authorité dudit Bernard son mary, loüa, approuua, & ratifia telle vendition faicte par sondit pere Henry, pour le pris de neuf mille liures Dijonnoiſes en argent contant, & la ſeigneurie de la Porcheroſſe, que nous diſons preſentemēt la Porchereſſe. Eſtant entré en propos de Ioſſerād de Brācion (non ſans cauſe dit le Gros, cōbien que ſon pere, ny ſes enfans n'ayēt iamais ainſi eſté nōmez, ains puremēt de Brācion) il ne me ſemble impertinēt, & croy que les lecteurs (ſi tāt eſt que quelqu'vn daigne lire ce mien recueil) aurōt à plaiſir vne briefue digreſſion que ie vois faire pour ſon regard. Ce que ie fay d'autāt plus volōtiers, que (ſelō que ie ſuis couſtumier me plaindre) peu de noms propres des lieux, & perſonnes de noſtre Bourgongne, ſe trouuēt fidelement rapportez, du moins imprimez, és hiſtoires expoſees en public. Notamment de tous ceux qui ont fait mētion de Ioſſerand de Brācion, il n'en y a pas vn (que ie ſache) qui n'ait fait faute en ſa nomination, vrayes qualitez de luy, & de ſes ſeigneuries. Ie laiſſe à part l'erreur de ceux qui ont pēſé que Gros fuſt ſon ſurnō, cōbien que ce ne fuſt qu'vn ſignal, & differēce, tels qu'en noz Rois Le brief, Maigne, Debōnaire, Chaulue, Begue, Simple, D'outremer, Fait-neāt, Capet, &c. mais au reſte (ſans nōmer perſonne) de pluſieurs autheurs qui ont parlé de Ioſſerād de Brācion, aucuns ont pēſé qu'il eſtoit yſſu de la maiſon de Bourgōgne: mais celà ne ſe peult prouuer, par aucū valable documēt, ny teſmoignage ſās exceptiō. Il y a auſſi quelque perſonnage de louable diligēce, qui ayāt leu en certains tiltres Latins, que Ioſſerād eſtoit *Dominus Brancidunī*, a traduit *Brancidunū* Brācedune: adiouſtāt qu'il fut mary d'vne Marguerite de Bourbō, de la vielle race des Archābaudz. Si paſſant par le Chalōnois (cōme ie ſuis certain qu'il y a paſſé) il ſe fuſt enquis de *Brancidunū*, il euſt apprins que c'eſtoit Brācion: qui (depuis l'acquēſt duquel nous faiſiōs n'agueres mētion) fut incorporé à la Duché de Bourgoigne, & icelle vnie à la courōne de Frāce, deuint de Ducale, Chaſtellenie royalle. Ie ne veux oblier, que les Imprimeurs de l'hiſtoire du Roy S. Loïs, cōpoſee par le ſire de Ioinville, Seneſchal hereditaire de Chāpaigne, ont par ignorāce, ou biē par nōchalāce, qualifié le premētionné Ioſſerād, ſieur de Bracon, au lieu de Brancion: & dōné occaſion à pluſieurs autres de tōber en meſme erreur. Ledit Ioſſerād eut vn frere ſieur d'Vxelles nōmé Bernard, & dit le Gros, ſelō qu'il ſe peut lire en Pierre venerable Abbé de Cluny au liure des miracles. Mais celà ne prouue pas que pourtāt le ſurnom deſdits freres fut le Gros. Au contraire ſert ce que i'ay dit, que ny leur pere, ny les enfans de Ioſſerād, q̄ furēt Henry, & Marguerite, ne furēt onques ſurnōmez Gros ains de Brācion puremēt, & ſimplemēt. Lequel ſurnom de Brancion les collateraux ont gardé, & les deſcēduz d'iceux le gardēt encores. Ce dit, ie reuiē à noſtre principal propos de ceux de Choyſeul. SOIT que Robert, & Bernard de Choyſeul ſieurs de Traues ayēt eſté les trōcz, & ſouches des maiſons premētionnees, Traues, & le Vaulx de Choyſeul : ſoit que le Vaulx de Choyſeul ayt ſa ſource d'autrepart: il eſt certain au reſte que ceux de Traues à traict de tēps ont laiſſé le nom de Choyſeul ſans en laiſſer les armes, & ſe ſont nōmez de Traues. Eſt neaumoins aduenu

La Porchereſſe.
Contre l'erreur au faict de Ioſſerand de Brācion.

Brācidunū en Latin eſt Brancion en Frāçois.

Brancion Chaſtellenie royalle.
Hiſtoire du ſire de Ioinuille.
Bracon pour Brācion.
Bernard de Brancion ſieur d'Vxelles Ioſſerand n'auoit pas nom le Gros.
De ceux de Traues.

que la seigneurie de Traues tōba par mariage, à vn puisnay de Clermōt d'Anjou, duquel la brāche n'a plus aucun hoir masle. De ceux qui retindrēt les armes de Choyseul, & en laisserēt le nom, pour prēdre celuy de Traues, furēt ceux de la Porcheresse, & de Vaultour: ensemble ceux de S.Vruge, & de Dracy le fort. Et quāt à ceux du Vaulx de Choyseul, ils retindrēt aussi les armes de Choyseul, q̄ sont (pour laisser les vieils termes) vne croix d'or, en chāp d'azur, auec vingt billettes d'or, posees cinq à cinq sur chacū quartier. Toutesfois ceux du Vaulx de Choyseul auoient (pour difference) osté vne billette de chacun des quartiers inferieurs. Finablemēt la maison, terre, & seigneurie du Vaulx de Choyseul est aduenuë aux sieurs Barons de Marcilly Damas. Et par partage modernement faict, est escheüe au sieur de Thiange.

Clermōt d'Anjou.
Armes de Choyseul.
Differēce és armes du Vaulx de Choyseul.
Marcilly Damas.
Sieur de Thiange.
LA CLAYETTE.
Chantemerle.
Merlo, ou Mello.
Chantemerle.
Chasteau Perroux.
Sieur de l'Espinasse.
La Clayette bastie à neuf.
Diligēce à bastir.
Sieur de la Bazolle.
Cōme la Clayette vint à ceux de Chantemerle.

LA CLAYETTE. Les sieurs de cette maison sont du nom, & armes de Châtemerle, lesquelles sont de mesme blason que celles de Merlo: assauoir d'or, à deux faces, & neuf merlettes de gueule. Châtemerle dōt ils portent le nom, est en Bourbonnois. Pierre de Chantemerle partageāt auec sa sœur, eut Chantemerle, & elle Chasteauperroux. PIERRE eut à femme vne fille de l'Espinasse: dont yssit PHILIBERT de Châtemerle, qui demoura lōg tēps en la tutelle, & curatelle du sieur de l'Espinasse: & en fin mourut Seneschal du Bourbōnois. Pendāt sa minorité, la Clayette (qui n'estoit qu'vne maison basse) fut rebastie tout à neuf. Le sieur de l'Espinasse feit faire le donjon, muny de quatre grosses tours rondes, & deux corps de logis entredeux, auec la chaussee de l'estang. Tout lequel bastimēt fut faict en vn an. Chose qui se trouueroit incroyable, si les cōptes des fraiz & despens ne testifioient que ce fut depuis vne feste de Toussaincts, iusques à l'autre prochainement suyuāt. Tel bastimēt mesmement la chaussee despleut au sieur de la Bazole, du nom, & armes de Damas. Pour dōcques saouler son despit, il laschoit l'eau de son estang, & par la rauine, & impetuosité d'icelle, ruinoit le nouueau estang de la Clayette. A quoy le sieur de l'Espinasse remedia, par ledit bastimēt. Aduint que Philibert de Chantemerle deuenu maieur, demanda reddition de compte audit sieur de l'Espinasse, son oncle maternel, & curateur. Ce que ne se peut obtenir par amytié, fut recherché en rigueur de iustice. La Cour saisie de ceste matiere, condamna le sieur de l'Espinasse en grosses sommes de deniers, payables dans vn temps prefix. Fut dit par mesme arrest, qu'où il ne payeroit l'adiugé dans le terme prefix, la seigneurie de la Clayette seroit acquise audit Philibet, ainsi le consentant sondit curateur. Le tēps expiré, & le payement non faict, Philibert s'empara de la maison & seigneurie de la Clayette, suyuant l'arrest. La belle assiette du lieu, & les commoditez prochaines, furent cause qu'il y feit demourance plus ordinaire. Successiuement il s'adonna à la suytte de la Cour, & fut Chambrelan du Roy Charles septiesme. Mort lequel il entra au seruice du Duc Iean de Bourgōgne, en qualité de Gouuerneur de Philippe son fils, depuis Duc, & surnómé Le bon. En fin il mourut à Dijon, & gist en l'Eglise nostre Dame, où il a fait belles fondations. Loïs de Chantemerle fils dudit Philibert, fut homme d'affaires, & de credit, Bailly de Mascon. Il eut à femme Françoise de Chastellus : & en eut Hugues, Estiennette, & Françoise. Estiennette fut premiere féme de Iaques d'Amanzé, seigneur dudit lieu, & de Choffailles. Françoise fut premierement femme du seigneur Baron de Lus en Bourgongne. Et depuis en secondes nopces, du seigneur de Perrigny: duquel elle eut vn fils, Capitaine de la Porte chez le Roy François premier du nom, & grand Preuost de France. Hvgves fut Sommelier de corps, c'est à dire premier Gentil-homme de la chambre de Charles Duc de Bourgongne. Il eut cinq enfans legitimes, & vn donné. Les legitimes furent Humbert, Philippe, Iaques, Françoise, & Renee: & le donné fut Marc. Hvmbert fut nourry aux guerres d'Italie, soubs le seigneur de Rauastain. Depuis fut maistre d'hostel des Rois Loïs 12. & François 1. Il espousa Anne de Bellenaue, dont il eut Marc, Antoine, Iean, Pierre, Loïse, & Ieanne. Philippe frere dudit Humbert, fut enseigne de cinquante hommes d'armes, ou (selon aucuns) de l'vne des compagnies des Gentils-hómes de la maison du Roy, soubs la charge du seigneur de Boisy. Il fut seigneur de Voulgy, en prenant le nom, & les armes de Moles. Fut aussi seigneur de Nay, & de Montpresentin. Iaqves fut Religieux de Cluny, puis Abbé de Regny pres Vermanton. Françoise Religieuse à la Voyne. Renee Religieuse à Marcigny. Et quant aux enfans de Messire Humbert de Chantemerle cheualier seigneur de la Clayette, Marc l'aisné, & principal heritier, fut par le Roy Charles neufiesme, fait cheualier de son ordre, & gouuerneur de Charrolois. Sa premiere femme fut de la maison de Boucal en Berry, & n'en eut point d'enfans. En second mariage il espousa Claude de Damas, fille de Messire Iean de Damas, seigneur Baron de Digoine en Charrolois, &c. & eut par elle la seigneurie du Cheslart en Viuarets. De ce second mariage sont yssus Claude, Philibert, Iean, Minerue, Peronne, & Alis, beaux enfants, & de bonne expectation. Antoine de Chantemerle frere dudit Marc fut seigneur de Montpresentin : suyuit le party des reuoltez contre le Roy : print à femme la Dame de Banigon : & ne la feit pas longue. Iean fut tué deuant Dinan, quand le Roy Henry second l'assiegea & print. Pierre cheualier de Malte mourut en Sicile, estant en expedition pour le seruice de leur religion. Loïse fut femme de Iean Palatin de Dyo, comme dit a esté en l'article de Dyo. Ieanne mariee au Capitaine Bourg de Forests. Voilà quant aux legitimes. Reste à parler de Marc bastard de la Clayette, donné de Messire Hugues de Chantemerle, pere de Humbert, pere de Marc, de Antoine, &c. Ce donné (qui ne sçauoit ny lire, ny escrire) fut si vaillant hôme, & heureux Capitaine, qu'il deuança en faueur & credit ses freres legitimes. L'ignoráce des lettres n'empescha qu'il ne fust recogneu pour

Chantemerle Bailly de Mascon.
Chastell°.
Amanzé
Choffailles.
Lus.
Perrigny.
Sómelier de corps.

Bellenaue.

Voulgy.
De Moles.

Enfans de Humbert de Chantemerle.
Boucal.
Digoine Damas.
Le Cheslart.
Enfants de Marc de Chantemerle.
Montpresentin.
Banigon.

Dyo.

Bourg.
Bastard de la Clayette.

Gg

bon homme de guerre, accort en affaires, & insigne courtisan. Comme tel, il fut fait Lieutenant de Roy au siege de Fontarrabie. D'auátage messire Charles de Bourbon Conestable de France, qui auoit soubs luy quatre compagnies, chacune de cent hommes-d'armes, le feit Capitaine de l'vne desdites compagnies: & neátmoins il ne s'intitula iamais que Lieutenant dudit seigneur de Bourbon en ladite compagnie. Le Roy François premier du nom luy donna au commencemét le reuenu de la terre & Chastellenie du Bois saincte Marie, fort pres de la Clayette, puis le feit Gouuerneur de l'Auxerrois: & en fin luy octroya les fruicts, & reuenu de la Conté d'Auxerre: mais preuenu de mort, il n'en ioüyt pas long tēps. Toutes ces faueurs, & bien-faicts arguent qu'il estoit homme de seruice, & d'entendement.

VOVLGY.   VOVLGY. Il peut estre cogneu par l'article precedent, que Messire Humbert de Chantemerle cheualier seigneur de la Clayette eut vn frere qui fut seigneur de Voulgy, en prenant le nom & les armes de Moles, faillis par le decez d'vn sien oncle. Or est-il à sçauoir que ce seigneur de Voulgy estoit nommé Philippe selon que nous auons predit: & fut vn braue, & vaillant Gentil-homme. Comme à tel, le Roy François premier ordonna (& en son absence) que l'enseigne de celle des compagnies de Gentils-hommes de sa maison à laquelle le seigneur de Boisy commandoit, fut baillee. Il eut deux fils: desquels l'aisné luy succeda en la seigneurie de Voulgy: l'autre fut moyne, & Prieur de Ioingny sur Yonne. Ledit aisné mourut sans enfans, & pourtant Marc de Chantemerle luy succeda. FAVLT noter que ce n'est pour raison de Voulgy qu'il est icy mis sur le roolle du ban, & rierebam du Masconois, (car Voulgy n'en est pas) ains pour le regard de Nay.

Moles.

Nay.

AMANZÉ.   AMANZÉ. Estant ceste maison des anciennes, & remarquables du Masconnois, ie n'ay craint d'importuner ceux desquels i'en esperois apprēdre quelque chose ancienne. Tout ce que i'en ay peu sçauoir est, que IAQVES d'Amanzé espousa en premier mariage Estiennette de Chantemerle, fille de Lois de Chantemerle, seigneur de la Clayette, & Bailly de Mascon: & de Françoyse de Chastellus. Dont yssit Iean d'Amanzé fils vnique. Apres le trespas de ladite de Châtemerle, ledit Iaques d'Amanzé print à femē seconde Philippe de Damas fille de Robert de Damas, seigneur de Digoine, & de Catherine de la Guiche. Aucuns disent que ledict Iaques d'Amanzé espousa la vefue de Iean de Damas seigneur de Digoine: & qu'elle estoit yssuë de la maison de Brenes: disent d'auantage que de ce second lict estoit né François d'Amanzé: mais ils se trompent. Est vray toutesfois que ladite Philippe de Damas auant qu'estre mariee audit Iaques d'Amanzé, estoit vefue de Charles de Damas seigneur de Brenes, & en auoit eu vn fils, qui par ce moyen estoit frere vterin de François d'Amanzé fils de ladite Philippe & dudit Iaques en secōdes nopces. IEAN & FRANÇOIS d'Amanzé freres de pere, mais de diuerses meres

Chantemerle.
Chastellº.

Damas Digoine.
La Guiche.

Brenes.

meres feirent partage ensemble. A Iean aduint la terre d'Amanzé, auec autres pieces. Et à François escheut Choffailles, &c. De ceux de Choffailles nous en dirós apres. IEAN d'Amázé seigneur dudit lieu sallia par mariage auec Beatrix Micte de Cheurieres: de laquelle il eut IAQVES, Claude (Doyen de S. Iean de Lyon) Guillaume, Pierre, Charles, Iean, & autres enfans masles, auec plusieurs filles, le tout faisant le nóbre de xxj. enfans. IAQVES d'Amanzé mourut deuant Pauie, quád le Roy Fráçois fut prins. GVILLAVME d'Amanzé Lieutenát de Monsieur de Randan, mourut ayát esté blessé à la iournee, & assemblee de l'Empereur, & du Roy Henry 2. à Ráti. CHARLES Cheualier de Malte est mort entre les mains des Maures. IEAN ayant l'vne des enseignes Colónelles en Piedmót, mourut à la iournee de S. Quétin. PIERRE d'Amanzé au cómencemét preparé pour estre homme d'Eglise, se voyant seul de sa maison, fut conseillé de se marier: ce qu'il feit, & espousa la sœur de Lourdin de Saligny, Baron dudit lieu, du Rossey, & de la Motte S. Iean, parente des seigneurs de Colligny. Ce parentage fut moyen, & occasion aux seigneurs Admiral de Chastillon, & d'Andelot, de le tirer en leur party. Car luy alleguants que parentage est premier qu'hommage, ils diuertissoiét son sang de sa fidelité. Ceste persuasion accompagnee d'vne infinité de caresses, eut pouuoir de tirer ledit seigneur d'Amanzé en leur party, pendant qu'ils estoient autheurs & promoteurs des troubles en France: & fut cause qu'il accepta la lieutenáce en la compagnie dudit seigneur d'Andelot. La faueur q̃ ledit seigneur d'Amanzé prestoit à la coniuration, ne peut si tost le diuertir de la fermeté de sa premiere croyáce, & religion Catholique: en laquelle il auoit esté si bié teinct que cóbien qu'il sabstint de manifester sadite croyance par signes exterieurs, si ne laissoit-il de souffrir, qu'en l'Eglise parochialle d'Amanzé (fort proche de sa maison) l'exercice de la religió eust lieu, tout ainsi que sil n'eust iamais esté parlé d'autre. Voire que ses domestiques auoient (par sa souffrance) liberté de suiure la foy, & religion de leurs peres. Les Ministres de la religion pretenduë reformee (qui ne preschent rien tant, & ne desirent rien moins que liberté de consciences) entreprindrent de renger ledit seigneur d'Amanzé si expressément en leur suitte, qu'il luy seroit force abjurer toutes les faueurs qu'il souloit porter à l'Eglise d'Amanzé, de laquelle il auoit esté Curé, & auoit fait serment solennel de la maintenir, & en conseruer les droicts. A ces fins ils le prescherent de telles sortes, qu'il consentit de tenir maison ouuerte chez luy, pour receuoir tous venants à l'acte qu'ils honnorent du nom de Cene. Depuis qu'il eut mangé le morceau de contradiction, ses modesties, & gracieusetez se tournerent en aigreurs, sa patience en fureur: tellement qu'au lieu qu'il auoit tousiours esté fort accostable, & humain, ses propos estoient pleins de menasses contre les Catholiques, la mort estoit signifiee aux Prestres, & ses subiects n'attendoiét q̃ la subuersió de leur Eglise. Mais soit pour querelle publique, soit pour particuliere, Dieu

Micte, de Cheurieres.
XXI. enfans.
Iournee de Ranti.
Bataille S. Quentin.
Saligny. Colligny.
Amanzé fait huguenot.
Parentage premier q̃ hómage.
Seigneur d'Andelot.
Amanzé n'estoit Huguenot maling.
Ministres Caluiniés.
Morceau de contradiction.
Changement du seigneur d'Amanzé.

permit qu'vn iour, ainsi qu'il sortoit de sa maisõ, pour aller en son iardin, il fut chargé de quelques gens, ses ennemis, qui le tuerent sur le champ. Ce fut vn grand dommage de sa mort: car la premiere bonté de son naturel faisoit esperer ceux qui le desiroient ainsi, que les freres de Coligny morts, (par lesquels il auoit esté tiré au susdit desvoyement) il pourroit retourner au troupeau de l'Eglise, duquel il auoit esté seduit. IEAN d'Amanzé, son fils vnique, & heritier (en faisant mariage à ses sœurs): auoit esté instruict, & institué au Caluinisme; mais Dieu luy a fait tant de grace, que de soy-mesme il s'en est departy. Et ne semble estre aduenu sans miracle, qu'vn si ieune gentil-homme, de treize à quatorze ans, soit ainsi reuenu à l'vnion de la bergerie Catholique, Apostolique & Romaine.

LA BVSSIERE, & S. SORLIN sont seigneuries esquelles dés long tẽps les seigneurs de la Palice pretendent droict. La Bussiere a esté autresfois maison bien forte. Durant les guerres de France & Bourgongne, elle fut assiegee par le seigneur de Thoulonjon, Baron de Senecey, & Mareschal de Bourgogne. Mais celuy qui la gardoit, ayant cõposé de la reddition de la place, donna la trousse audit Mareschal. Car au lieu de luy liurer le chasteau, suiuant sa promesse, il luy dressa vne si forte embusche, qu'il le print, & emmena prisonnier à ladite Bussiere: d'où il eschappa, par eschange de sa personne, contre celle du Conte de Ventadour prisonnier de guerre des Bourgongnons. Ceste finesse fut cause que peu apres les Bourgongnons ruinerent ledit chasteau de la Bussiere. La fille du President le Viste, femme du Bailly Robertet, a long temps tenu lesdites pieces. Finablemẽt Philippe Paphi seigneur de Neronde, Bailly de Mascon, acquist la terre de la Bussiere. Mais mourant sans enfans, vn sien parent de l'anciéne maison des Laurencins de Lyon, luy a succedé. ET quãt à S. Sorlin, le seigneur de Rochebaron en est seigneur par achapt.

MATOVR, ET CHASTEAV TYARD ne sont qu'vne seigneurie appartenant au seigneur de Courcenay: qui l'eut de son oncle paternel, le Capitaine Fouldras. Ce seigneur de Courcenay nommé Iean de Fouldras, & le seigneur de Coutanson furent freres, & enfãs de Iean de Fouldras, & de Anne de Senetaire, fille de Iean de Senetaire, & Loïse de la Gardette. IEAN de Fouldras pere fut fils de Antoine de Fouldras, & Antoinette des Serpés. Et quãt à Iean de Fouldras à present seigneur de Courcenay, &c. il a pour femme Ieanne de Traues fille de Antoine de Traues seigneur de Dracy le fort en Chalonnois, & de Renee Gyard, fille de Iaques Gyard seigneur de Passy, & de Françoise de Blanchefort, de la maison de S. Iean Verin. Antoine de Traues fut fils de Iean de Traues, & de Loïse de Bernauld, laquelle eut en son partage S. Vruge sur Guye. LE susdit Iean de Fouldras presentement seigneur de Courcenay, &c. a eu plusieurs enfans de Ieanne de Traues sa femme. Entre autres IEAN de Fouldras, auquel son pere dõna Courcenay, Matour & Chasteau Tyard, en traictãt le mariage de luy, auec vne fille de la maison de Chãpestrieres

de Mascon.

en Auuergne. Laquelle decedee, a laissé vn fils, nommé Estiéne de Fouldras. Et ledit Iean s'est marié en secondes nopces auec Claude du Pelou, fille du seigneur du Pelou pres Anonnay. Theode de Fouldras, Chanoine en l'Eglise S. Pierre de Mascon, College de Gentils-hommes. RENÉ de Fouldras seigneur de S. Vruge sur Guye: duquel est femme Diane de Tyard, fille de Claude de Tyard, & de Guillemette de Mongōmery seigneur, & Dame de Bissy, Braigny pres Verdun sur Saone, Charnay, &c. lequel Claude estoit frere germain de Reueréd pere en Dieu Messire Pōtus de Tyard Euesque de Chalon. Leur pere fut seigneur de Bissy, & de Marchiseul, Lieutenant general au Baillage du Masconnois: & espousa vne fille du Chācellier de Ganay, qui estoit natif de Charroles. L'ayeul paternel desdits freres de Bissy fut premier Presidēt au Parlemēt de Dole: mary d'vne fille de Veré, & frere d'vn Escuyer d'Escuyrie de Philippe Archiduc d'Austriche, Roy d'Espaigne, pere de l'Empereur Charles 5. ANTOINE de Fouldras a eu le partage de son oncle paternel seigneur de Contanson, decedé sans enfans. La féme dudit Antoine, est de la maison de Montaigny en Lyonnois, dont nous auons à parler cy apres en l'article d'Angleure. Ie ne veux omettre q̃ les susdits seigneurs de Courcenay, & de Contanson, eurent vne sœur, mariee au seigneur de Marigny en Charrolois, du nom, & des armes de VICHY, qui en eut vn fils, & vne fille: desquels le fils mourut en fleur d'aage, sans auoir esté marié: la fille fut femme du seigneur de Perrigny. Le seigneur de Courcenay a eu plusieurs autres enfans que ceux que i'ay nommé, mais (combien que ie les congnoisse fort honnestes gentils-hommes) ne sçachant leurs noms, ie les prieray m'excuser, si ie ne fay plus amplement memoire d'eux. Les armes de Fouldras sont d'azur, à trois faces (le vulgaire dit feces) d'argent.

L'ESTOILLE, ET FOVGIERES. Cōbien que ces deux seigneuries soient separees sur le roolle que nous suyuons: si est-ce qu'estans n'agueres à vn seul seigneur, entre les enfans duquel elles ont esté partagees de sorte, que N. de Fougieres l'aisné fut seigneur de l'Estoille, & Girard de Fougieres eut ladite seigneurie de Fougieres, ie n'en ay voulu faire qu'vn article, pour ne disioindre deux si bons freres, estimez grandement des grands, & bien-aimez d'vn chacun. GIRARD de Fougieres (pere des freres auant-nommez) fut seigneur de l'Estoille, & de Fougieres: & frere de Claude de Fougieres, Cōte Chanoine de S. Iean de Lyon: il eut pour féme Ieanne de Chandieu, fille de Iean de Chādieu seigneur de Pole, & de Françoise d'Amāzé, tante de Claude d'Amanzé, Doyen dudit S. Iean de Lyō. GIRARD de Fougieres à present seigneur dudit Fougieres, a sa féme du nom de Busseul, & n'en a point d'enfās. Il a beaucoup trauaillé durās les troubles, pour remettre, & puis cōseruer Mascō en l'obeissāce du Roy. Il eut premieremēt vne compagnie dedās ladite ville: puis y cōmanda en qualité de Gouuerneur, auec hōneur, & grand contantemēt des citoyēs. Les armes de Fougieres sont d'azur, à vn chef lozangé d'or, & de gueule.

Du Pelou.

De Tyard. Mongommery.

Euesque de Chalō. Bissy. De Ganay Chācelier.

Veré.

Mōtaigny Angleure.

Marigny en Charrolois. Vichy. Perrigny.

Armes de Fouldras.

L'ESTOILLE, & FOVGIERES.

Chandieu Pole. Amanzé. Busseul.

Armes de Fougieres.

Gg iij

Des antiquitez

LE TERREAV estoit anciennement de la maison de l'Espinasse, aussi bien que Siuignon. Mais n'estant demouré de la brâche du Terreau, que vne fille, vn de la maison de Pressia, portant le surnom d'Andelot, autrement Du bois, l'espousa: & en fin ne laissa aussi qu'vne fille: laquelle fut nourrie auec Françoise de Vergyé sa tâte, femme de Gabriel de S. Iulien seigneur audit lieu, & de Balleurre, Chastenay, &c. Aduint que le Marquis de Rothelin, faict Gouuerneur de Bourgongne, moyenna que sa compagnie d'hommes d'armes y fut mise en garnison, afin de l'auoir pres de luy. Desdits hommes d'armes plusieurs estoient de sa maison, & en ceste qualité estoient plus fauoris. Les ayant doncques en affection, il leur practiqua des heritieres: & les acasa si bié qu'encores plusieurs bonnes maisons sont possedees par leurs successeurs. De ce nombre vn gétilhomme Poicteuin, surnommé le Roux, feit si bien enuers les parens de l'heritiere du Terreaul, que (tant en faueur dudit de Hoschberg, Marquis de Rothelin, son Capitaine, que pour le respect de ses particulieres vertuz, elle luy fut accordee, & donnee en mariage. D'eux yssirent cinq fils, Claude, Pierre, & Iaques, moynes à Cluny, & à Tournus. Claude fut grád Vicaire à Parey le Monial. Pierre (apres auoir esté compagnon d'ordre à Cluny) fut transferé à Tournus, & fait grand Prieur, & Aumosnier audit lieu. Iaques fut Religieux à Tournus, & homme de grand esprit, s'il eust esté bien aresté. Loïs fut Chanoine de S. Pierre de Mascon. Et Remond (laissé pour le monde) espousa N. de Montregnard, sœur de Pierre Baron de Montbelet, duquel cy dessus est faite mention. Elle estoit aussi sœur du seigneur de Montregnard, qui donna son bien à Messire Iaques d'Albon seigneur de S. André, Mareschal de France. Dudit Remond le Roux & de ladite de Montregnard, sont yssuz Pierre seigneur du Terreau, qui a prins fême au Dauphiné, en la maison du Mouchet: Charlotte mariee en prémieres nopces au seigneur de Genelart: & en secondes nopces à Messire Iean de Garadour, cheualier de l'ordre du Roy, seigneur de l'Escluse pres Belle-ville en Beaujolois: & Claude premierement femme de Claude naturel seigneur de Grauains, Villon, Ville-neufue, &c. qui mourut combattant pour le seruice de Dieu, du Roy, & de sa courône, en vne rencontre en Auuergne, contre les Huguenots, desquels Poncenat estoit chef, & y fut tué. Depuis ladite Claude s'est mariee au seigneur de Locatel. Faut icy noter que ce n'est pour la piece du Terreau, que le seigneur dudit lieu est appellé au Riereban du Masconnois: car le Terreau est en Charrolois.

SANCENIER est maison du seigneur de Tremont, du nom, & des armes de Semur. La souche de leur surnom est Semur en Bryónois: qu'ils tiennent auoir esté vn partage de la maison de ce Guillaume Duc d'Aquitaine, que ie ne veux dire fódateur (ainsi que plusieurs ont pésé) mais instaurateur de l'Abbaye de Cluny. Disent d'auantage que leurs cottices d'argét, & de gueule, ou (comme on dit de celles de Lancelot du lac) d'argent,

Marginalia:
LE TERREAV.
l'Espinasse.
Pressia d'Andelot.
Françoise de Vergyé Dame de Balleurre.
Marquis de Rothelin.
Le Roux marié à l'heritiere du Terreau.
Montregnard.
Du Mouchet.
Garadour l'Escluse.
Naturel Grauains.
Rencôtre à Congnac pres Gannat 1568.
Locatel.
SANCENIER.
Tremont.
Semur.
Semur en Brionnois.
Guillaume d'Aquitaine.
Cluny.
Armes de Semur.

de Mascon. 355

gent, & de bel If, sont les armes dudit Duc Guillaume, & d'vn de ses des- Lancelot
cendās Conte de Brionnois. Le seigneur de Sancenyer ayeul du seigneur du Lac.
de à present, eut vne sœur mariee à Messire Laurens de Gorreuod Cheualier de la toison d'or, grand Maistre d'Espaigne, Côte du Pôt de Vaulx, Gouuerneur de Bresse, &c. Ledit seigneur grād Maistre ayant perdu Loïs de Gorreuod son nepueu, & esperé heritier, qui mourut en Espaigne, fort ieune, se resolut de prendre vn autre sien parent, & de son nom, pour mettre en place du defunct. Ce fut Iean de Gorreuod, sieur dudit lieu. Et afin que son intention pleust mieux à sa femme, aduisa de dresser le mariage de sondit nepueu, auec Claude de Semur, fille du sieur de Sancenyer, frere de sa femme: & leur laisser tous leurs biés. Ce faict, de leur mariage sortirent plusieurs enfans. Notamment messire Laurens de Gorre- Conte du
uod, Cheualier de l'ordre de Sauoye, Conte du Pont de Vaulx, Gouuer- Pont de
neur de Bresse, &c. Fraçois de Gorreuod, Vicõte de Salins, &c. Reueréd Vicôte de
Pere en Dieu Messire Antoine de Gorreuod Euesque de Lausane, Abbé Salins.
de S. Paul de Bezançon, &c. le susmentionné sieur de Sancenyer, eut aussi Euesque
vn fils nommé Antoine de Semur Cheualier de l'ordre du Roy, sieur de Gouuer-
Tremont, Sancenyer, &c. Gouuerneur de Mascon: & tāt aymé de la no- neur de
blesse, qu'il a esté leur Esleu par l'espace de presque neuf ans: encores que Mascon.
le tēps ordinaire des Esleuz ne soit que de trois ans. Et croy que s'il n'eust esté preuenu de mort, encores eust il esté continué pour autres trois ans, Sercy.
tant il estoit aggreable. Il print femme en la maison de Sercy, & espousa laquelle de Sercy Dame dudit lieu, dont nous auons faict mention en l'article de Sercy. Leurs enfans sont Claude de Semur sieur dudit Sercy, Tremõt, & Sancenyer. René, qui desire entrer au train de l'Eglise: Miner- Chassi-
ue veufue du sieur de Chassigny, & de Banain. Et vne autre ieune fille. Le gny, &
prenommé Claude de Semur sieur de Sercy, &c. est mary de N. de Da- Marcilly
mas, sœur du sieur Baron de Marcilly. Antoine de Semur Gouuerneur de Damas.
Mascõ eut encores deux sœurs: l'vne fut mariee au sieur de sainct Chri- S. Christofle, dont sont issus plusieurs enfans: l'autre est religieuse, & Prieuse de Neufville.
Neufville en Bresse. ANGLEV

ANGLEVRE. Il ne seroit (par auenture) hors de propos, d'estimer que RE.
ceste seigneurie fust iadis partie de ceux d'Angleure: desquels les vns por- d'Angleu-
tent en leurs armes des sonnettes sans nombre: les autres adioustét soubs re.
chacune sonnette vn croissant. Et par là inferer, que les seigneurs dudit nom d'Angleure ayās possedé ladite piece, luy ont laissé leur nom. Quoy Mōtaigny
qu'en soit, Angleure appartient aux sieurs de Montaigny en Lyonnois: en Lyon-
desquels Claude de Montaigny, n'agueres decedé estoit heritier. Luy fils Vinet.
d'vne fille de la maison de Vinet, sœur du sieur Abbé de sainct Ruf (vul- S. Ruf.
gairement dit sainct Rus) pres Valence, espousa Claudine de Dyo, fille Dyo.
aisnee de Iaques Palatin de Dyo: & en a eu plusieurs enfans, dont les fils (pour n'auoir faict partages entr'eux) ne sont distinguez par tiltres de di- Dugnyé,
uerses seigneuries. Et quāt aux filles, l'aisnee fut femme du sieur Dugnyé alias Ou-
Gg iiij gna.

(dit en vulgaire d'Ougna) au Conté de Bourgongne, Gentilhôme signalé, des plus accouſtumez au maniemēt des armes, & dextre à la cōduicte d'icelles. Ayant laiſſé enfans à ſon mary, elle mourut auant qu'auoir attainct l'an trentieſme de ſon aage. Vne autre des filles de Montaigny, a pour mary Antoine de Fouldras, ſieur de Coutanſon, fils du ſieur de Courcenay, cōme il a eſté touché en l'article de Courcenay. De ceux de Montaigny ſera encores parlé en l'article de Champrond cy apres.

Fouldras Coutāſon.

L'ESTANG. Le ſeigneur de ce lieu eſt du nom, & des armes de Semur: deſquelles nous auons dict quelque choſe, quand nous parlions de Sancenyer.

L'ESTANG. Semur.

LE SIEVR de Marcilly, à cauſe de la ſeigneurie de Vaulx. La maiſon de Marcilly a eſté longuement poſſedee par ceux de Gulces, qui ont eſté cauſe que ceſte ſeigneurie de Marcilly (à la difference de pluſieurs autres Marcillys) eſtoit nommee Marcilly de Gulces. Depuis la maſſe de l'hoirie fut diuiſee en pluſieurs parcelles, dont le Brueil a faict vne branche. Celuy qui fut ſieur dudit Brueil, eſpouſa vne fille de ſainct Amour, heritiere de la maiſon de Cipierre: dont ſortirēt pluſieurs fils, & filles. Des fils i'en ay cōgneu quatre: c'eſt à ſçauoir meſſire Philibert de Marcilly, Cheualier de l'ordre du Roy, Capitaine de cinquāte hommes d'armes, Gouuerneur d'Orleans, ſieur de Cipierre, &c. Luy ayant eſté choiſi par le Roy Henry deuxieſme pour Gouuerneur de ſon fils Maximilien Charles, cōtinua encores ſon Gouuernemēt, iceluy deuenu Roy fort ieune, nommé Charles neufieſme. Auſſi (à la verité) meritoit ledit ſieur de Cipierre telle charge, & ſ'en ſçauoit acquitter ſi dextremēt, que (pour ce regard) il eſtoit craint, & neantmoins bien fort aymé de ſon maiſtre. Ceux qui ont cōgneu ledit ſieur de Cipierre, ne me peuuent nyer, que la France receut vn grand dōmage, & le Roy perdit vn ſeruiteur treſneceſſaire, quād il mourut, en prenant l'eau de Spa, au pays du Liege. Le deuxieſme fut Reueréd Pere en Dieu meſſire Pierre de Marcilly Eueſque d'Autū, Abbé de Mortemer en Normādie, & Prieur de S. Symphorien lez Autun. Le troiſieſme fut Abbé de Cheri en Champaigne, & Doyen d'Autun. Le quatrieſme eſtoit Cheualier de l'ordre de ſainct Iean de Ieruſalem: que nous diſons à preſent Cheualier de Malte. Voylà quant à la brāche du Brueil, & de Cipierre. Quāt au ſieur de Marcilly chief des armes (que ſont en face ſix pieces d'or, & de ſable, à vn bord de gueule: ſans lequel bord ce ſeroient les armes pures de Buſſeul) il ne laiſſa qu'vne fille, qu'vn Gentilhomme du Dauphiné, de la maiſon de Marteau eſpouſa. Ses enfans ont prins le nom de Marcilly.

MARCILLY. Gulces.

Marcilly de Gulces.
Du Brueil.
S. Amour.
Cipierre.

Du ſieur de Cipierre.

Roy Charles IX.

L'eau de Spa.
Eueſque d'Autun.

Abbé de Chery.

Armes de Marcilly.

Marteau.

LES autres ſeigneurs nōmez au Chapitre de la Chaſtellenie du Bois ſaincte Marie, m'excuſeront (ſ'il leur plaiſt) ſi ie ne fay article de chacun d'eux: Ie leur prie croire, que ſi i'euſſe eu quelques inſtructions pertinentes, & dignes de les eſcrire, ie n'euſſe eſpargné ma peine: ains euſſe eu fort à cher de les rendre contens, & auoir eu ceſt heur de n'obmettre perſonne.

Excuſe de l'autheur.

sonne. Aussi aymé-ie mieux qu'on m'impute l'ignoráce de leurs affaires, que ce qu'on pense qu'ils soient indignes d'estre icy nommez.

La Chastellenie de Chasteau-neuf.

CHAVFFAILLES est vn partage faict à vn puisné d'Amanzé. I'ay trouué par memoires recueillis de bonne-part, que Iaques Robert, & Pierre d'Amanzé freres, auoient tous trois esté designez hommes d'Eglise: & que tous trois furent (ie ne sçay si tout en vn temps, ou si successiuement) Contes Chanoines de sainct Iean de Lyon. Mais Iaques estant encores fort ieune, & non lyé par susception d'ordres sacrez, fut retiré dudit estat de l'Eglise, pour entrer en la place de son frere aisné, nouuellement decedé sans laisser enfans. Celà s'appelloit anciennemét susciter la semēce de son frere: sans toutesfois qu'aucunes loix escriptes ayēt par celà entendu, que le frere deust espouser la femme de son frere. Car espouser la femme du frere, n'est pas susciter la semence du frere: mais le frere de par pere, & mere suscite la semence de son frere, quand luy qui est de mesme sang, & substāce, met peine à auoir des enfans de quelque femme que ce soit: attendu que la femme du frere ne sert à la suscitation de la semence du defunct, duquel ladicte semence ne peut estre viuifiee par vn autre apres sa mort. I'ay dict (en l'article de la Clayette) que IAQVES d'Amāzé, espousa en premieres nopces Estiennette de Châtemerle: de laquelle il eut Iean d'Amanzé, duquel sont descendus les seigneurs d'Amanzé selon qu'il est declaré en leur article. Depuis il eut en second mariage, Philippe de Damas, fille de Robert de Damas sieur de Digoine, & de Catherine de la Guiche. Laquelle Philippe estoit desia veufue du sieur de Breues, & en auoit vn fils. DE IAQVES d'Amāzé, & Philippe de Damas issit François d'Amanzé, qui par partage faict auec Iean d'Amanzé, son frere de pere, eut pour sa part la terre de Choffailles: & fut mary de Catherine de Semur, fille de Loys de Semur, & de Ieanne de Sugny, pere, & mere de François d'Amanzé, pour le present sieur de Choffailles. Ce dernier François d'Amanzé fut premierement marié auec Françoyse de Traues, fille d'Antoine de Traues, sieur de Dracy en Chalōnois, & sœur de Ieanne de Traues, femme du sieur de Courcenay: & a eu de ladicte Françoyse plusieurs enfans, desquels l'aisné est Guillaume d'Amanzé, qui n'agueres a prins à femme Françoyse de la Guiche, fille de messire George de la Guiche Cheualier de l'ordre du Roy, & sieur de Siuignon, duquel est cy dessus parlé.

CHAMP-ROND. Ceux de Champrond sont du nom & des armes de Vichy. Tel surnom leur est venu d'vne petite ville sur Loyre, nōmee Vichy. Leurs armes sont de Vair purement: qui suffit dire, quand le Vair est d'azur sur argent. Le mot de Vair est ancien: & combien qu'il puisse estre representé par ces dictions Latines *ex variis*, si n'est-ce pleinemēt, & suf-

marginalia: CHOFFAILLES. Amanzé. — Susciter la semēce du frere, que c'est. — Chantemerle. — Digoine Damas. La Guiche. Breues. — Semur. Sugny. — Traues. — La Guiche. — CHAMP-ROND. Vichy. Armes de Vichy.

fisamment. Cefte maifon de Champ-rond eft la fouche principale des autres familles du nom, & armes de Vichy: au nôbre defquelles eftoient Marigny en Charrolois, & ceux du jeu en l'Autunois. Plus recentement le bien, & cheuance du fieur de Champ-rond fut partagé entre deux freres: defquels l'vn eut Châp-rond, & autres pieces, l'autre Cheuenifet, &c. En fin toutesfois le tout eft confolidé, & retourné en la puiffance d'Antoine de Vichy, fieur defdits Champ-rond, Cheuenifet, &c. Gentilhôme fage & vertueux. Theode de Vichy Doyen de fainct Iean de Lyon, eftoit fon oncle, frere de Carados de Vichy, pere dudit Antoine. Lefquels deux, enfemble le fieur de Cheuenizet, le fieur Prieur de la Voulte de Chillac, & autres, furent enfans d'Antoine de Vichy, & de Germaine de Montaigny. ANTOINE dernier nommé fut fils de Claude de Vichy, & de Marguerite de la mer. CLAVDE fils d'Antoine de Vichy, & d'Antoinette de Soubsterrain. La fufdicte Marguerite de la mer fut fille de Chriftofle de la mer, & Marguerite de fainct Quentin. Et quant à Germaine de Montaigny, elle fut fille de Iean de Montaigny, & d'Yfabeau Marefchal: Iean de Montaigny fils de Guichard de Môtaigny, & de Marguerite de Reffin. Yfabeau Marefchal fut fille de Loys Marefchal, fieur Depinac, & de Ieanne de S. Chaulmont. Eft à remarquer que les feigneurs de Champ-rôd ont efté quafi toufiours foingneux, qu'il y euft en leur maifon des Antoines, & des Carados: & fil y a eu quelque interruption en ce fuccez ordinaire, la mort des aifnez en aura efté caufe. Le pere du prefentement fieur de Champ-rond auoit nom Carados, & luy Antoine. Pour continuer cefte obferuance, luy auoit voulu que fon fils aifné, procreé de N. de S. Symphorien, de la maifon de Chamouffet, fa femme, euft nom Carados. Mais ce fils apres auoir efté quelque peu d'annees en mariage auec Anne de Môtjournal, fille de Claude de Montjournal fieur dé Sindrey, & de Françoyfe de l'Aubefpin de la maifon de Chigy, eut pour fon tiltre la feigneurie de Cucurieux: & eft decedé, ne laiffant qu'vn fils, feul foulas du pere grand: qui a porté (comme auffi ont faict tous ceux qui le congnoiffoient) fort amerement fon trefpas. De vray c'eftoit vn ieune Gentilhomme bien nay, & bien accouftumé. I'adioufteray pour le regard de Claude de Môtjournal fieur de Sindrey, que fon aifné, eft le fieur de Precors en Bourbonnois. Et que luy (apres le decez de ladicte de l'Aubefpin fa premiere femme, feft remarié auec Marie du Tartre, Dame du Thil en Chalonnois, & de Trezettes en Beaujoulois. Ses vertuz, & bonnes lettres m'ont commandé dire cecy de luy comme en paffant.

VERPRÉ. Ceux de cefte maifon fe nomment de Damas, & portent femblables armes que ceux de Marcilly Damas en Chalonnois: qui font d'or, à vne croix nillee, ou ancree de gueules. Plufieurs freres en ladicte maifon ont faict diuers partages. De là font iffuz les fieurs de Marey, & des Plantais. Entre lefquels fe trouue le fieur de fainct Rieran Cheualier de l'ordre du Roy, Capitaine du Chafteau de Beaulne, qui a prins alliáce

en la

de Mascon.

en la maison de Saulx : espousant la fille du gros Vantoux, sieur de Torpe, Capitaine de la ville d'Auxonne, &c. frere aisné de messire Claude de Saulx, Cheualier de l'ordre du Roy, Capitaine de cinquante hômes d'armes, Lieutenant particulier du Roy en Bourgongne : sieur de Vantoux, Sainct Seigne sur Vigéne, &c. Si le vieil liure des preuues des Chanoines de sainct Pierre de Mascon n'eust esté bruslé, ou (au reste) perdu par les troubles, i'eusse peu apprédre quelque chose de plus, des anciens de Verpré : mais faute de guide, & de certaines instructions, me côtraingnent finir à tant. On me pourroit obiecter que ie n'ay esté curieux rechercheur desdicts aduertissemens : mais quand ie le confesseray, ie diray aussi qu'en tout ce recueil il n'y a que trois, ou (au plus) quatre maisons, pour le regard desquelles i'aye requis estre aduerty. Et me suffit d'auoir ouuert le pas, en esperance que quelque plus diligent que moy parfournira ce que ie n'ay peu accôplir, au contentement d'vn chacun. Il ne m'eust esté honneste de publier mon intention, pour mendier secours.

Saulx Vétoux. Torpe.

LE PALAIS est tenu, & possedé par ceux du nom, & des armes de Digoine : qui portent d'argent, & de sable en Eschiquier. Et quant à Digoine, il est en Charrolois, & appartiét à ceux de Damas. CLAVDE de Digoine dernier decedé sieur du Palais, de celle qualité de Gentilshommes qui bien nays, & bien creez, ayment mieux paroistre par leurs bienfaicts, que par leur beaucoup dire, & piaffes : fut choysi par le tresillustre, & tresmagnanime Prince, & defenseur de la foy Catholique François de Lorraine, Duc de Guyse, pour estre Mareschal des logis, en sa compagnie de cent hômes d'armes : Qui est l'estat auquel il est plus requis employer personnages de bonne conscience, & inoffensible integrité. Il fut fils de HVMBERT de Digoine, & de Catherine de Busseul : ladicte Catherine fille de Iean de Busseul sieur de Sarrie, & de Marguerite de Tenarre, fille de Ieanne de Vichy, Dame de Soubsterrain. Et ledit Iean de Busseul fils d'Amphorien de Busseul, & de Philiberte de l'Espinace. HVMBERT de Digoine fut fils de François de Digoine, & de Loyse Choux : laquelle Loyse fut fille de Iean Choux, & de Ieanne de Rochefort, Dame dudit lieu : au parauant femme de Loys d'Artus sieur de Courcheual. FRANçois de Digoine fut fils de Loys de Digoine, & de Guillemette de Châpigny. AV RESTE Claude de Digoine susdit a laissé de sa femme Claude de Villers, fille de François de Villers, sieur dudit lieu, & de Boncourt le bois pres de Nuiths soubs Beaulne, & de Françoise de Brancion, fille du sieur de Visargét, de Pernan, &c. plusieurs enfans ieunes, mais de bien bonne esperance. Messire GVILLAVME de Digoine Doyen de Semur en Briônois, & Chanoine de sainct Pierre de Mascon, frere dudit Claude, sert ausdits enfans de si fidele administrateur de leurs biens, que c'est heur singulier ausdits enfans d'auoir vn tel oncle, & à luy eternel honneur.

LE PALAIS. Digoine, & les armes.

François Duc de Guyse.

Estat de Mareschal des logis.

Busseul Sarrie.

Tenarre. Vichy.

L'Espinace.

Choux.

Rochefort.

D'Artus Courcheual.

Champigny.

Villers Bôcourt.

Brancion.

Doyen de Semur.

MOVLINS sur la Recônce. Ceux qui ont tant de fois, & sur plusieurs

MOVLINS sur Recônce.

Busseul. articles de diuerses maisons, ouy repeter le nom de Busseul, peuuent facilemét iuger, que ceste famille a esté riche en biens, & nombreuse en personnes. Par là aussi se peut congnoistre, que si tous les biens que ceux de Busseul ont tenu, estoient à vn seul seigneur, il surpasseroit en reuenu, les facultez du plus opulent Gentilhomme qui soit au Gouuernement de Bourgongne. Or entre tant de maisons desquelles les seigneurs portent **Sieur de Moulins chef des armes de Busseul.** le nom, & armes de Busseul, ceste cy est la premiere, & le sieur chef des armes: lesquelles i'ay dict en l'article de S. Sarnin estre six pieces d'or, & de sable en faces. On nomme ce Moulins sur la Reconce, à la difference des **Armes de Busseul.** autres maisons nommees Moulins. Touchant la Reconce c'est vne peti-**Reconce.** te riuiere qui y passe, venát de Charroles, & se va perdre en Loyre, pres du port Digouyn. I E A N de Busseul sieur dudit Moulins, de Logieres, de **Dyo.** Chassignoles, &c. espousa Antoinette de Dyo, sœur de Iaques Palatin de Dyo, dont a esté faicte mention en l'article de Dyo. De ce mariage sont issus Iean, Claude, Iaques, &c. de Busseul, Iean fut Chanoine d'Autun. **Bernault** Claude espousa Aymee de Bernault, fille du sieur de Montmor: dót sont **Mótmor.** procedez les à present sieurs de Moulins.

I E P O V R R O I S poursuyure le reste des maisons contenues, & nommees au roolle que i'ay suiuy : & en parler de gros en gros : mais ce que i'en puis sçauoir est si peu, que nul n'en pourroit estre d'autant satisfaict. Celà me contrainct de m'en deporter. Entre autres ie pouuois parler des **Chapitre de Chalō.** seigneuries que L E Chapitre de Chalon (auquel il a pleu à Dieu me cóstituer, en rang de premiere dignité) tiét enclauees dedans le Bailliage du Masconnois : qui sont Boyer pres Tournus, & la Rochette pres S. Gen-**Boyer. La Rochette.** goulx. Lesquelles terres & seigneuries, ont si expresses marques, & qualitez de Baronnies, que n'agueres les appellations des Iuges Chastellains d'icelles, ne se traictoient ailleurs qu'à Chalon en premier ressort, par deuant certain nombre de Chanoines de l'Eglise Cathedrale dudit lieu, in-**Chapitre auoit des Auditeurs au lieu des Iuges mages.** stituez par Chapitre, & nommez Auditeurs: qui signifioit autát que Iuges mages, ou Baillis. S'il aduenoit que quelqu'vn, non las de plaider, se portast pour appellant de leur iugement, telles appellations alloient sans moyen à la Cour souueraine. C'est à dire sans que les Baillis Royaulx, ny **Droict special.** leurs Lieutenans, en eussent aucune congnoissance. Tel droict soustraict au Chapitre, est neátmoins demouré à l'Euesque de Chalon, en ce qui est **Dōmaine de l'Euesque de Chalon.** de son ancien dōmaine. Lequel bien recherché se trouuera d'vne & mesme nature, que le bien ancien de Chapitre. Qu'ainsi soit, ceux qui ont l'esperit erudit en l'ancienne police Ecclesiastique, sçauét que l'Euesque **Ancienne police és Eglises Cathedrales.** & le Chapitre estoiét iadis communs en biens, viuoient en commun, & ledict Euesque estoit lors chef de Chapitre, & non le Doyen, comme de present. Depuis les Euesques voulurent auoir table separee de celle du **Desvnion entre l'Euesque & Chapitre.** Chapitre. Ceste separation de table occasionna la diuision des biés. L'Euesque emporta vn tiers tout fránc de la masse de tout le bien, & reuenu de Chalon, Chapitre eut les deux autres tiers. Et fut le bien des vns, & des

autres

de Mascon. 361

autres d'vniforme nature, & mesme qualité. Sans que iamais les droicts des vns, ny des autres ayent esté mis en difficulté, sinon depuis que les Rois ont faict leurs offices de iudicature venaulx. Deslors ceux qui les ont acheté cherement, n'ont cessé de remuer toutes pierres pour amplifier la iurisdiction du Roy, tant & si auant qu'il leur a esté possible: afin que plus grand profit leur en reuint, au dōmage de qui que ce fust. ENTRE les pieces que l'Euesque de Chalon choisit pour son partage, fut la moytié de la ville de Chalon, diuisée d'auec l'autre moytié appartenante au Roy, par la grād' ruë, qui trauerse ladicte ville, depuis le pont iusques à la porte de Beaulne. Laquelle moytié ledit Euesque a, & doibt auoir, en telle prerogatiue & authorité (i'excepte tousiours la souuerainneté) que le Roy a la sienne. Qu'ainsi soit, le Duc de Bourgongne n'y auoit que le droict de Iean Conte de Chalon, qui le luy auoit vendu: au lieu du Duc est entré le Roy, sans y auoir fait vne seule once d'acquisition dauantage. L'Euesque, & Chapitre de Chalon estās encores en communion de biēs, acheterent leur moytié de Geoffroy de Douzy, qui estoit aussi Conte de Chalon: & qui vendit ladite moytié, pour aller en expedition en la Terre saincte: & leur transporta tous les droicts qu'il auoit en icelle. Le susdit Conte Iean n'en vēdit pas dauantage. Aussi a il esté vn tēps (& noz ayeulx le peuuēt auoir veu) qu'en toutes cryees publiques on cryoit de par Mōsieur l'Euesque, & de par Monseigneur le Duc. Mais depuis que les Rois se sont faicts Ducz de Bourgongne, la raison a voulu, qu'en celle moytié qui est puremēt au Roy, on y criast simplemēt de par le Roy: & en la Terre de l'Eglise, de par le Roy, & de par Monsieur l'Euesque. Encores bien souuent l'Euesque y est oublié, tant l'authorité de l'Eglise est peu reueree.

<small>Venalité d'offices Royaulx.
L'Euesque seigneur de la moytié de Chalon.
Diuisiō de la seigneurie de Chalō entre le Roy, & l'Euesque.
Iean de Chalō vēdit au Duc de Bourgōgne sa part de Chalō.
Geoffroy de Donzy vendit à l'Euesque sa part de Chalon.
Chose remarquable.</small>

POVR reuenir au partage susdit, l'Euesque eut la moytié de la ville de Chalon, dont nous venons de parler, la Baronnie de la Salle en Chalōnois, la seigneurie de Champforgeul, Fontaines, hors-mis les dismes, &c. Et le patrimoine de sainct Loup, Euesque de Chalon, auec autres pieces, escheurent aux Doyen, & Chapitre. Or si les Contes de Chalon ne recongnoissoient les Rois, sinon en la seule qualité de souuerains (d'autant qu'ils releuoient en fied des Ducz de Bourgongne) aussi ne faisoient pas sainct Loup, ny ses predecesseurs barons de Boyer: duquel, & desquels le Chapitre est entré és droicts, noms, & actions. A ces raisons, ny lesdits de l'Eglise de Chalon, ny leurs subiects, ne subissoient (en aucune sorte que ce fust) iugement par deuant autre Iuge Royal, que le Conseil du Prince, ou la Cour de Parlement. Mais d'autant que les terres & seigneuries que lesdicts Doyen, & Chapitre de Chalon ont eu de l'hoyrie de sainct Loup, seront plus amplement specifiees, en vn autre traicté que i'espere dresser des Antiquitez de Chalō (s'il plaist à Dieu me prester vie, & santé) ie m'en tairay pour le present.

<small>La Salle.
Chāpforgeul.
Fōtaines.
Patrimoine S. Loup.
Boyer.
Conseil du Prince.</small>

AYANT dōques esbauché la recherche des maisons illustres du Masconnois (du moins de celles qui paroissent mieux, & desquelles i'ay meil-

Hh

leure congnoiſſance)ſi vn autre, plus diligēt que moy, y vouldra exactement employer ſon loyſir,& mieux polir ceſte beſongne, le publicq luy
en ſera tenu, & ie luy feray honneur, auec action de graces. Ce pendant
apres m'eſtre longuemēt promené aux champs,ie vois rentrer en la ville,
& pourſuyure le reſte de mes promeſſes.

Police de Maſcon.
Six Eſcheuins à Maſcon.
Iour pour creer Eſcheuins.
Nombre de Politiques.

LE REGLEMENT que le Roy a mis en la police des villes, eſt treſ-
bien obſerué à Maſcon.La ville a ſix Eſcheuins: deſquels l'vn eſt homme
de Conſeil, &(comme on diſoit anciennement) ſage en droict. On les
cree tous les ans,le iour de feſte ſainct Thomas Apoſtre xxj. Decembre.
Et volontiers on cōtinue vn, ou deux des anciēs, qu'on ſçait eſtre mieux
informez des affaires:afin d'inſtruire les nouueaux.Le Roy a voulu qu'a-
uec ces ſix Eſcheuins d'antique inſtitution,ſix autres notables perſonnages de la ville,fuſſent choiſis pour l'ordre,reglement,& prouidence ſur la
Police. Et ces derniers doibuēt eſtre chāgez de ſix mois en ſix mois. A ce
nombre de xij.Politiques,ſont adiouſtez vn Procureur, & vn Greffier.

Iuſtice,& Police iadis vnies.
Preuoſté de Maſcō.
Maires.
Chaſtellains.
Nouueautez de Cour.
Police ne peut eſtre ſans Iuſtice.
NOTA.

AV TEMPS paſſé la Police eſtoit en tous lieux accōpagnee de Iuſti-
ce.Et auāt que le nom des Huguenots fuſt ouy,la Police de Maſcō eſtoit
vnie à la Preuoſté;comme au ſemblable elle eſtoit attribuee aux Mairies,
és villes qui ont des Maires : & aux Chaſtellains là où la Chaſtellenie eſt
premier degré de iuriſdiction. Depuis ceux qui en Cour penſent eſtre
inutiles aupres des Rois, ſils ne remuent meſnage, & forgent nouuelles
inuentions,pour aneantir les anciens eſtabliſſemens,deſquels la cōſerua-
tion bien-heuroit iadis la France, ont penſé que la Police peut eſtre ſans
Iuſtice. Si ay-ie apprins d'ailleurs,qu'vn homme, ſoit Magiſtrat, ſoit autre,ne ſçauroit bien commander,ſil n'eſt aymé des bons,& redoubté des
mauuais : & qu'il ne ſera iamais craint, ny redoubté, ſil n'a puiſſance de
chaſtier. Qu'il crie,qu'il tance tant qu'il vouldra, il trouuera vray ce que
dit vn Poëte: *Vana eſt ſine viribus ira.* Mais qu'eſt il beſoin nous eſbahir
des mutations & changemens ? puis que nous n'ignorans pas, que cōme
le Ciel eſt en mouuement perpetuel, & comme les Planettes nous con-
traignent ſouffrir leurs bonnes, ou mauuaiſes influences, induiſantes
abondance, & paix, ou cauſantes ſterilité, famine, & guerre : auſſi nous

Ce que nous ſouffions, noz pechez l'ont merité.
Le cœur du Roy eſt en la main de Dieu.
Moyēs de vaincre Dieu.

faut-il penſer eſtre neceſſairement au mōde, pour(vueillions, non vueillions) ſouffrir ce qu'il plaiſt aux ſuperieurs que Dieu nous donne. Il ne
ſert de rien crier,& tempeſter contre eux : & encores moins ſe preparer à
reuoltes. Car eſtant certain que le cœur du Roy eſt en la main de Dieu;
qui le faict miniſtre de ſa Iuſtice,pour la punition de noz meſfaicts:pen-
ſons nous,par voyes irregulieres, forcer ce que Dieu guide, & meult cōme il luy plaiſt ? Sçachons que quand il plaira à Dieu nous en faire dignes, l'Eſtat ſe conduira à noſtre ſoulagement : & le Roy aura des Conſeillers tels que nous les deſirons. Dieu ne craint,ains ſe mocque, de noz
efforts:mais il ayme,& ſe rend vaincu par humbles,& deuotes prieres.

POVR

de Mascon.

Pour reuenir du general au particulier, & reprendre nostre propos de Mascon : il est certain que dés le commencemēt, Mascon a eu vn Preuost, qui auoit telle iurisdiction en ce lieu, que les Iuges Chastellains ont eu, & ont encores, ailleurs. Oultre le Preuost (qui estoit premier Iuge) les Contes de Mascon auoient des Vicontes, ausquels nous pourrions accōparer noz Iuges mages, Iuges d'appeaux, ou Baillis. A eux asseroit iuger les appellations emises, tāt du Preuost, que des autres Chastellains, ressortissans immediatement par deuāt eux. En ce temps là il n'aduenoit (sinon fort raremēt) que la Cour des Pairs (par laquelle les appellations estoient vuidees en souueraineté) eust congnoissance d'aucunes matieres, & proces du Masconnois. Les seigneurs (chacun en son particulier) prenoient la peine d'entendre les differēs de leurs subiects : & (comme bōs peres de familles) les appoinctoiēt, de façon qu'ils les rēdoient amis & cōtens. Pour les diuertir de plaider, ils les contenoient en leur debuoir, & (sur tout) en l'exercice de leur vacation : ne permettans que l'infinité des Harpies, nees, & introduictes au dommage d'autruy, profitassent, & s'enrichissent de la follie de leurs subiects. Lors le Vicōte, ou Bailly du Conte, alloit tenir ses assises à tour de Roolle, & en temps indict, & prefix, és Chastellenies du Conté Masconnois, sans que les subiects eussent la peine d'aller chercher iustice à Mascon. Ceste obseruance n'estoit particulierement propre aux Masconnois : ains tous les lieux de ce Royaume, ou Bailliages ont esté establis, en vsoient de mesme sorte. Mais on a pēsé que la reputation des Iuges seroit plus grande, s'ils donnoient la fatigue au peuple de les aller chercher, que si eux s'alloient presenter au peuple, pour l'ouyr en ses clames, & l'appoincter en ses differens. Ou cela est aduenu depuis que le Parlement n'a plus esté ambulatoire : & (peut estre) qu'à son imitation, les Baillis se sont arrestez au lieu de leur principal siege.

Ie ne veux oublier que iadis (& encores n'y peut pas auoir si long temps, que nous ne l'ayons veu) plusieurs villages du Chalōnois estoient hommes du Conté de Mascon, ses iusticiables en seconde instāce, & ressortissans par deuant le Bailly du Masconnois. En ce nōbre estoit Fontaines, Ruilly, Champforgeul, Farges, Alerey, &c. iusques au nombre de dixsept villages. Voire que celle portiō de la ville de Chalō, qui (par corruption de langage est nōmee Massonniere, cōbien qu'elle deuroit estre dicte Masconniere, estoit du Masconnois. Au milieu d'icelle est encores presentement vne pierre, sur laquelle se faisoient les subhastations, & deliurāces des choses vēdues, & deliurees par authorité du Bailly de Mascō. Et combiē que les Politiques de Chalon ayēt faict tout ce qu'ils ont peu, pour conuertir la place du iadis marché publicq Masconois, en vn marché aux porceaux de leur ville, si n'en ont ils iamais sceu venir à bout. Il semble que le Genius Masconnois y ayt faict resistēce. Vn autre tesmoignage que ladicte Massonniere ayt esté Masconnoyse luy reste encores : c'est que là on vse de la pinte, & mesure à vin de Mascon, dicte autremēt

Preuost de Mascon.

Vicontes.

Cour des Pairs.

Debuoir des Seigneurs.

Les paysans plaidarts fuyēt le labeur.

Assises des Baillis.

Ordre perpetuel.

Villages enclauez au Chalōnois.

Masconiere dicte la Massonniere.

Resistance du Genius Masconnois.

Hh ij

la pinte fainct Loys. Dauantage, il n'y a pas long temps que tant la Maſſonniere, que les villages enclauez, dont mention eſt faicte cy deſſus, ne receuoient leurs quotes des departemens faicts pour les fouages, & autres ſubuentions, par les Eſleuz generaux des Eſtats de Bourgongne: ains ils auoient leurs Eſleuz particuliers, qui leur faiſoient leurs quotes. Les derniers Eſleuz erigez en offices, auſdicts fins, furent Maiſtres Iean le Queulx, & Claude Boutenery. Le premier a longuement & diligemmēt exercé l'eſtat de Greffier és Cours Royalles: & le ſecōd de Secretaire Epiſcopal à Chalon. Eux viuans leurs Elections furēt ſupprimees, à l'inſtance & pourſuitte des Eſtats de Bourgongne.

<small>Eſleuz particuliers pour les enclauez.
Iean le Queulx.
Claude Boutenery.
Eſleuz ſupprimez.</small>

DEPVIS que premierement la Conté de Maſcōnois, &(long temps apres) la Duché de Bourgongne, & terres adiacentes, furent vnies à la couronne de France, l'Eſtat de la Iuſtice y a bien prins autre train, que celuy que nous diſions tantoſt. Tous les enclauemēs premētionnez oſtez, & attribuez au Bailliage de Chalon: les Roys ont dauātage diminué l'authorité des Baillis de Maſcon, en ce qu'ils leur ont oſté le pouuoir de ſe ſubſtituer des Lieutenans: & ont faict eſtat de diſpoſer, & prouoir des Lieutenances generales: qui à preſent ſont en taxe, & en faut faire finācc en la recepte des parties caſuelles. Encores n'a celà ſuffit: on a dauantage inuenté des Lieutenās particuliers, & des Aſſeſſeurs, qualifiez du nom de Conſeillers, erigez en offices. Au lieu que les Iuges au tēps paſſé ſouloient auoir gages, pour ſalaire de leurs labeurs, le ſort a eſté changé: de façon que la bonté, la vertu, & le ſçauoir ne ſont plus en pris: la finance ſeule, & l'argent contant ſont reſpectez: & ceux là qui les fourniſſent, & apportent, ſont preferez ſur tous les autres. Non ſeulement les Eſtats des Iuges, courent ceſte fortune, mais auſſi l'Aduocat du Roy, ſon Procureur, & ſes Sergens, ſeroient forcloz, & excluz du Parquet, pour y tenir rang de par le Roy, s'ils n'auoient faict les fraiz, ſans leſquels nul n'eſt plus magiſtrat, ny officier. Bref il ne tient quaſi plus à rien, qu'on ne puiſſe dire auec Veſpaſien, Prince mechanique, & auare: *Lucri bonus odor ex quauis re.*

<small>Pouuoir des Baillis diminué.
Lieutenāces generales miſes en taxe.
Lieutenās particuliers.
Cōſeillers és Bailliages.
Mutation dommageable.
In pretio pretium.
Aduocat du Roy.
Procureur du Roy.
Sergents Royaulx.
Veſpaſien Prince mechanique.
De la venalité des offices, & eſtats.</small>

CHACVN ſçait que le ſainct Eſprit a dit, que qui n'entre en la Bergerie (c'eſt à dire en commandement) par la porte (qu'on interprete voye de droict) il eſt larron, & brigand. Et toutesfois puis que les Rois ont condamné la porte ancienne, & voulu qu'on ſe face vn pont d'argent, pour entrer par le guichet, ſur lequel eſt eſcrit:

Ipſe licet venias Muſis comitatus Homere,
Si nihil attuleris ibis Homere foràs:

Il eſt force en faire comme les Leſbiens: qui congnoiſſans leurs pierres trop dures pour ſouffrir d'eſtre taillees à l'eſquarre, vſoient de reigles de plomb, pliantes à volonté. Auſſi vne infinité d'hommes (apres auoir congneu, que le dire de certain Poëte, eſtoit reuenu en obſeruance, comme ſi le tour & retour du Ciel l'auoient ramené:

<small>Reigles Leſbiēnes.
Ouide.</small>

In pretio pretium nunc eſt, dat cēſus honores, ont prins cōſeil vers Paſquin,
qui dit,

qui dit, que chacun faict ce que faict chacun. Et ont esté cōtraincts aller à l'offrade, souffrir le taux mis aux offices, & donner l'herbe, & les mains vaincuës. Ce que ne doit tourner à coulpe, sinon pour le regard de ceux qui barrent tellement les chemins aux desireux de faire profiter leur sçauoir à la Republique, & paroistre quelque chose en icelle, qu'il est force entrer és cordages qu'ils ont tendu: ou du tout demourer personnes priuees, & n'auoir iamais autres qualitez, que celles qu'ils ont rapporté en naissant. EN NOSTRE Masconnois celà est desia tant passé en coustume, qu'on ne le trouue plus estrange. De façon que vacant vn office, nul n'a peur d'estre reputé incapable de le porter, pourueu qu'il ayt sa finance bien preste.

Apophthegme de Pasquin. Necessité fait d'excuse.

Cōmunis error facit ius, disent-ils.

IE PVIS toutesfois affirmer, & auec verité dire, que Mascon a eu cest heur, que (combien que les offices, tant de premiere, que de seconde liste soient venaux, comme au reste de toute la France) si est-ce que nul n'en a esté prouueu (de nostre souuenance) qui n'ayt esté tel, que le pays s'estimoit heureux de l'auoir.

Heur de Mascon.

NOVS auons veu en l'estat de Lieutenant general, maistre Iean Florette, homme duquel l'erudition estoit admirable, & qui en l'exercice de Iudicature, & practique a eu peu de semblables. IEAN de Tyard seigneur de Bissy, & de Marchiseul luy succeda: & fut son Magistrat si digne, loüable & gracieux, qu'il a pleu à chacun. IEAN Boyer son gendre, seigneur de Tremoles, Champlecy, Saillant, &c. tint longuement la Lieutenāce: & l'abdication qu'il en feit (pour s'exempter, non seulement des molesties, mais aussi des parties que les reuoltez, qui se disoiēt reformez, ne cessoient de dresser cōtre luy) eust esté fort regrettable à tous les ordres du Masconnois (desquels il estoit vniquement aymé & hónoré) si sa prudēce n'eust reluy en ce, qu'il aduisa de mettre & laisser en sa place, son beau-frere M. PHILIBERT Barjot, seigneur de la Salle, &c. en la personne duquel tāt de vertuz, suffisances & graces concurrēt, que outre la docte facilité qu'il a en son bien-dire, chacun admire sa prudence, loüe son art, & le diligēt soucy, accompagné d'vn trauail incroyable, pour cōtenir en paix tāt d'humeurs discordans, dont Mascon est remply: & tous s'esbahissent comme sa vigilance a peu suffire, en l'absence des Gouuerneurs, pour retenir ce peuple meslé de si grand nombre de mal-meuz, & mal contens, que les obeïssans ne leur eussent sceu resister: ny pas les arrester en la fidelité que bons subiects doibuent rendre à leur Roy.

Lieutenās generaux. M. Iean Florette. Le seigneur de Bissy. M. Iean Boyer seigneur de Champlecy, &c.

M. Philibert Barjot seigneur de la Salle, &c.

Sage conduicte du seigneur Lieutenāt general.

LE LIEVTENANT general est secondé par M. Gratien Chandon Lieutenant particulier, homme qui embellit son estat de la prestance de sa personne: & qui laisse en doubte, lequel le rend plus recommandable, ou son eloquence enrichie de diuersité de sçauoirs: ou le parentage, & alliāces, qu'il a auec les hommes du premier ordre, & plus antique bourgeoysie de Mascon. L'ADVOCAT du Roy issu de ceux d'Ecriuieux, maison de Sauoye és racines du mōt du Chat, a succedé à son pere, & en

M. Chandon Lieutenāt particulier.

M. d'Ecriuieux Aduocat du Roy.

l'eſtat,& en l'integrité:qui ioincte à ſon ſçauoir,& continuel eſtude, fait qu'il ſe conduit ſi dextrement en ſa charge,que n'oubliant rien de ce qui tend à la conſeruation des droicts Royaux,c'eſt bien à ſon grand regret, ſi le peuple eſt contrainct ſouffrir nouueautez. A Y M É de Rymon ſeigneur de Champgrenon, Procureur du Roy au Maſconnois, a ceſt honneur,qu'ayant eſté en ſa ieuneſſe fort bien inſtitué és lettres Grecques & Latines,elles luy ont facilité l'accez à toutes ſciences:meſmemét à l'intelligence des loix : eſquelles apres auoir acquis grãde reputation,il les ſçait practiquer auec ſignalee equité, accompagnee de telle doulceur, qu'elle ne deroge rien à la grauité requiſe.

Procureur du Roy.

IE NE PVIS, ny ne doibs paſſer ſoubs ſilence,l'aornement,& ſingulier luſtre,que les ſeigneurs Bernards(hommes nourris à la vertu)donnét à leur Maſcon. Notamment Monſieur le Doyen en l'Egliſe Cathedrale dudit lieu,Conſeiller en la grand' Chambre de la Cour ſoueraine de Paris : ſur lequel les lettres,les dignitez,& eſtats,n'ont peu tant gaigner, que d'alterer, eſtranger, ou diuertir de l'integrité de ſon naturel, vne naïfue doulceur,& propre benignité, qui le rend aggreable à tous ceux qui l'accoſtent. SON frere ſeigneur de Marbé a tant trauaillé, & trauaille ſans ceſſe, pour la conſeruation, & ſalut de ſa patrie, en qualité de Capitaine nommé par la ville,& inſtitué par le Roy, qu'il ne faut doubter, que ſans ſon aſſidue ſollicitude, & vigilance, aydee du Magiſtrat, Maſcon ſe fuſt long temps a faict Canton, par les menees, & practiques des foryſſus d'icelle,aſſiſtez des moyens de ceux qui les ont retiré.A la meſme conſeruation de Maſcon a donné grand ayde, auec côtribution de veilles, & ſoucis infinis,le ſeigneur de Chaſtenay,frere dudit ſeigneur de Marbé : & ne peuuét eſtre mieux comparez(pour ce regard)qu'à Caſtor & Pollux : car iamais l'vn ne repoſoit, que l'autre ne fuſt tédu à la garde de la ville, pour inciter les habitans à leur deuoir enuers le Roy,& leur patrie.Le quatrieſme eſt le ſeigneur de VALENTON, l'vn des Eſleuz des aydes pour le Roy au Maſconnois. Qui eſt perſonnage fort poſé,& de tout téps ſi raſſis,qu'vne ieuneſſe tant modeſte,rëd chacun eſmerueillé.Ses Con-eſleuz de Meaulx,& de la Porte,ont ſinguliere louange,par leur bône verſation en l'exercice de leur charge. Et quát au Greffier Guerin : ce n'eſt petit hôneur à luy,que né de parens vertueux,mais de moyenne fortune, apres auoir attaint ce poinct d'eſtre Secretaire du ſeigneur de Tauanes Mareſchal de France, Lieutenant du Roy en Bourgongne, il a ſi prudemment conduit ſes affaires qu'il ſ'eſt acquis le Greffe du Bailliage de Maſcon : & le manie de façon que bien aymé de tous,il ne ſ'efforce à rien tát,que faire plaiſir à vn chacun. S'IL me falloit nommer icy toutes les perſonnes,deſquelles les vertus, & noms ſont dignes d'en faire memoire, il me fauldroit emprunter le roolle du Collecteur des ſubſides, & le ſuyure ſans nul oublier. Car combien que tous ne ſoient d'eſgal merite, ny de meſme croyance, & que les raiſons que ie pourrois auoir d'en bien dire,ſoient re, soient diuerses: si se trouueroit-il, que tout bien & de toutes pars soingneusement examiné, il y a en tous, en general, & en chacun en particulier, quelque chose remarquable, & digne de recōmendation. Mais (pour n'entrer en ceste plus fascheuse q̃ necessaire curiosité) ie diray sommairemẽt, qu'il ne fut oncques que Mascon n'ay produit personnages de signalee grandeur. Entre lesquels furent iadis trois seigneurs nōmez Hugōnets. Le premier messire Guillaume Hugōnet, cheualier, sieur de Saillant, d'Espoisses, Mōtpaon, &c. Chancelier de Bourgōgne soubs le Duc Charles. Les deux autres Estienne, & Philibert Hugōnets, oncle, & nepueu, tous deux consecutiuement Euesques de Mascon, & le dernier Cardinal. En leur rang peut estre mis Reuerend pere en Dieu Messire André Dormi, presentement Euesque de Boulongne sur la mer. Q V A N T à la Iustice, la Cour souueraine du Parlement de Paris a dés long temps esté bien fournie de Presidents, & Cōseillers natifs de Mascon. Ceux qui sont decedez auant que i'en eusse peu auoir congnoissance, ne seront icy rapportez: mais (au reste, oultre le susdit seigneur Bernard) i'y ay veu les seigneurs Tauel (iadis Potestat de Milan) de Lyon, & Florette Conseillers: Dormy President en ladite Cour: de Lyon le fils President ésMonnoyes: & voyons les seigneurs Bulyon, & Chandon Maistres des Requestes. F A I C T aussi grandement à l'honneur de Mascon, que le Reuerendissime Cardinal Emard (encores qu'il fust Euesque d'Amiens, aussi bien que de Mascon) ne voulut estre dit Cardinal d'Amiēs, ains Cardinal de Mascon. I E pourrois aussi dire que Messire Philibert de la Ferté cheualier, vnique President au Parlement de Bourgongne, seant à Dijon, estoit nay à Mascon; & y a faict bastir vne belle maison, deuant la place où fut la croix S. Girard, au voisinage de S. Pierre. D'icelle maison le seigneur de S. Sarnin tient vne portion par acquest, & M. Charles d'Ecriuieux Aduocat du Roy a le reste par droict d'hoirie. Mais pour n'estre fascheusement curieux de l'enumeration de tant de personnes de marque natiues de ce lieu, ie puis repeter que si certains estrangers n'eussent apporté corruption aux bonnes mœurs, & syncerité de quelque nombre d'habitans, Mascon seroit encores l'vn des plus aggreables seiours, que l'hōme amateur de repos & tranquillité d'esprit pourroit choisir. O R Dieu par sa saincte & digne grace vueille conseruer les bons, & amateurs de paix: & amener ceux qui sont desuoyez de l'vnion Catholique, à la cognoissance de leur erreur, auec amendemēt de leur presumption, afin que tous vnanimement, & sans discord, ny rancune, nous puissions loüer son sainct nom, faire seruice au Roy, & maintenir la ville en son entier.

Au seul Dieu honneur & gloire.

Messieurs Hugōnets.
Chācelier Hugōnet.
M. Estiēne Hugōnet Euesque de Mascō.
Cardinal Hugōnet.
M. André Dormy Euesque de Boulōgne.
Cōseillers en Parlement Masconnois.
Maistres des requestes.
Cardinal de Mascō.
M. de la Ferté premier President à Dijon.

Estrangers ont gasté les Masconnois.

DISCOVRS
DES ANTIQVITEZ
DE LA VILLE, ET CITE
DE CHALON SVR SAONE.

AVEC VN

RECVEIL DE CE QV'IL A ESTE' POSSIBLE
recouurer des iadis Euesques, & affaires des Eglises dudit
lieu de Chalon.

*PAR PIERRE DE SAINCT IVLIEN DE LA
maison de Balleurre, Doyen de Chalon, & grand
Archidiacre de Mascon.*

A PARIS,

Chez NICOLAS CHESNEAV, ruë sainct Iaques,
au Chesne verd.

M. D. LXXXI.

AVEC PRIVILEGE DV ROY.

ILLVSTRI NICOLAO BAVFFREMONTIO
Seneceii domino, et Baroni, Crvsilliarvm
Toparcho, Conchiliati ordinis Equiti, Regis à
secretioribus Consiliis, Prætori
Cabilonensi, &c.

Debeat vsque licet Burgundia plurima multis,
Vni est debitrix plus tamen ipsa tibi.

371

A MONSIEVR MONSIEVR
LE BARON DE SENECEY, CHEVALIER DE
L'ORDRE DV ROY, CONSEILLER AV PRIVÉ
CONSEIL, BAILLY DE CHALON, &c.

ONSIEVR, c'est chose confessee par vn chacun, que la doulceur du pays a en soy ie ne sçay quoy de si agreable, qu'il n'est possible (ie ne diray l'oublier) mais n'auoir enuye d'y viure, & mourir. De façon que ceux qui s'en esloingnent, ou pour chasser, ou pour pescher quelques biens, semblent plustost entrer en vn exil volontaire, & se bânir eux-mesmes de leurs maisons, que viure en liberté, & de franc courage, dehors de leur terroir. On dira tant qu'on vouldra, que toute terre est le pays de l'homme magnanime : iamais toutesfois homme n'a esté trouué si constant, que l'absence de sa maison, de sa famille, de ses amis, & voisins, ne luy ait esté intollerable. Et si ces paroles ont esté bien trouuees, pour cōsoler ceux, qui par force sont bannis de leur pays : si ne puis-ie croire, que telle consolation soit entree si auant en leur esprit, qu'elle leur ait peu apporter contantement. Themistocles (duquel les victoires ont merueilleusement illustré Athenes) s'estant retiré vers Artaxerxés Roy de Perse, pour decliner l'enuie que plusieurs ses Concitoyens luy portoient, se veid si bien traicté par l'estranger, qu'il ne s'estoit iamais veu mieux caressé à Athenes : car ce Roy Persan luy presenta la Generalité de son armee : mais preferant l'amour qu'il portoit à son païs, à la vengeāce qu'il eust peu prēdre de ses enuieux, il ayma mieux mourir, que d'offenser par armes sa patrie : & la charité qu'il deuoit à icelle, luy feit boire le sang de taureau, dont il mourut. Vlyssés (que Homere auoit choisy, pour (soubs tel nom) dresser vn modelle de bien-disance, experience, & sagesse) estant fauorit de Circé, & de Calypso, iusques à luy promettre de le rēdre immortel, s'il vouloit demourer : fut tellement sollicité par la souuenance de son Ithaque (laquelle neantmoins n'estoit, dit Ciceron, qu'vn petit nid, attaché à des rochiers) qu'il aima mieux y retourner, que viure exempt de mort autre part. Des plus grāds regrets qu'Ouide face en son exil, cestuy en est vn, qu'il ne luy estoit permis mourir, ny estre enterré en son païs. Soucy qui sollicita pareillement quelques Patriarches de l'ancien testament. A la verité l'amour du païs est vne doulce chose : Et ne fut iamais qu'on n'estimast l'heur d'estre nay en certain lieu, & qu'il ne tirast consequence d'obligation & deuoir à iceluy. Notamment les Ethniques, conduits simplement de la lumiere naturelle, priuez au reste de la vraye cognoissance d'vn seul Dieu, en ont laissé les preceptes par escrit. I'alleguerois icy ce que le grand Africain en commande en ce fragment des liures de la Republique de Cice-

ron; qui nous reſtant (comme pour eſchantillon) nous tient en grandiſſime regret, de la perte du ſurplus. Ie repreſenterois quelques autres paſſages, ſeruans à meſme propos: mais que ferois-ie, ſinon ce qui eſt au prouerbe, Porter des Cheueſches à Athenes? ou (comme on dit en France) Porter des Peſches à Corbeil? Veu que l'abondance de voſtre ſçauoir, & voſtre eſtude(ſi ordinaire, que iour aucun ne vous eſchappe, ſans en auoir employé quelque portion à la lecture des bons liures) vous rendent tres-inſtruict de tout ce que i'en pourrois produire, & alleguer? Ioinct que ſi les liures, & la longue experience, que vous auez des affaires d'Eſtat, ont formé en vous vne theorique, & art de ſçauoir aimer le païs, pour luy profiter: la pratique, & les effects qui en ſont reſultez, ont fait paroiſtre, auec excellents profits à toute la Bourgongne, que(ſans auoir diminué vn grain de l'obeïſſance, & ſaincte affection que vous auez voüé au Roy, & à l'auancement de ſes affaires) vous auez fait paroiſtre que le bien du Roy, ne peut, ny ne doit eſtre ſeparé de l'vtilité publique: dont voſtre patrie a receu tant de ſecours, qu'il ne ſera iamais que tous les Eſtats ne vous en demourent infiniement obligez, & tenuz. Et ſi (comme l'enuye eſt vice plus particulier en Bourgongne) il eſt vray, que voſtre gloire, honneurs, & proſperitez, creuent le cœur à quelques-vns, qui vous voyent plus aimé, cheri, loüé, & eſtimé qu'ils ne ſont; à eux en demoure le deſpit, & la honte de ne ſçauoir ſi bien faire: & à vous perpetuel honneur pour voz biens-faicts au païs en general, & particulierement pour plus ſage conduicte en voz affaires, qu'ils ne deſireroient. Or Monſieur, apres que par ſix ans vous euſtes continué le triennal du Tribunat, durant voſtre election pour la nobleſſe de Bourgongne: & que à diuerſes fois, vous vous fuſtes employé de ſinguliere affection, en pluſieurs commiſſions, pour les affaires publiques, au grandiſſime ſoulagement du Clergé, de la Nobleſſe & du peuple: apres auſſi que vous nous euſtes incité Mõſieur de Miſſery voſtre nepueu, & moy, à nous employer pour noſtre patrie, & apprendre la vertu, & le vray labeur de vous: il aduint que tous deux, en vne meſme tenuë d'Eſtats, fuſmes Eſleuz, luy pour la Nobleſſe, & moy pour les gens d'Egliſe. Exerceant telle charge, ce peu de congnoiſſance que i'euz des affaires de Bourgongne, augmenta en moy la volonté que i'auois touſiours eu, d'eſcrire quelque choſe, non ſeulement de la vraye origine de noz Bourgongnons, mais auſſi de l'antiquité de leurs Eſtats: tant il me deſplaiſoit, que(oultre noz voiſins) noz Compatriotes meſmes ſe ſoient laiſſé mener par le neds, iuſques à preſent, par quelques hõmes eſtrãgers: qui pour ſçauoir la plus ſeure etymologie du nom des Bourgongnõs, ſ'en ſont addreſſé à d'autres eſtrangers, qui n'en eſtans informez, & la verité leur defaillant, ſe ſont aidez de telles coniectures, qui ſe ſont plus promptement preſentees. Autres auſſi ont (afin que ie parle comme eux) mis vn crible ſoubs les mains de ceux qui ſ'eſſayoient tirer du laict d'vn boucq, & recouru au ſecours vers les Grecs: qui iamais n'auoient ſceu ſ'il y auoit des Bourgongnons au monde, comme auſſi noz anciens Bourgongnons ne ſçauoient ſ'il y auoit des Grecs. Que ſi (au ſemblable) ils ſe fuſſent enquis de noz vieux Bourgongnons, d'où les Grecs auoiẽt prins leur nom, ils euſſent peu reſpondre, que c'eſtoit des pierres à pauer, & à eſguyſer, que nous appellõs Graiz: & l'vn euſt eſté auſſi veritable que l'autre. Mais

Epistre.

telles sottises, & lourderies ont esté practiquees si anciennemēt, que la possession en est inueteree: & l'abus (interpreté vieil erreur) n'est facile à extirper. Psammetichus Roy des Egyptiēs, a esté des premiers qui s'y sont abusez. Luy (cōme dit Herodote) desireux de sçauoir quel lāgage estoit le premier, & pl⁹ anciē de tous, pēsoit le pouoir apprēdre, en nourrissant deux enfās si soingneusement, qu'ils ne peussent ouyr parler personne: estimāt que le lāgage qu'ils parleroiēt naturellemēt, se trouueroit estre celui des premiers hōmes. Pour satisfaire à sa curiosité, il feit nourrir ces deux enfans par des Chieures, sans que personne parlast à eux. Ayants attaint l'aage de deux ans, & laissez un peu en appetit, le pastre qui en auoit la charge, veid qu'ils luy tendoiēt les bras, & crioiēt Bech. Psammetichus plus grād seigneur, & riche, que bien sage, depescha gēs par tous païs, pour sçauoir que Bech pouuoit signifier. Les enuoyez trouuerēt en Phrygie, qu'il signifioit du pain. Ce sceu par le Roy Egyptien, il iugea, que ces enfans demādoient du pain en lāgue Phrygienne: & par là cessa l'opiniō, que les Egyptiēs auoiēt, d'estre les plus anciēs, voire premiers de tous: auec cōfession que les Phrygiēs estoiēt auāt eux. Or cōbien cest argumēt fut friuole, ie le laisse à pēser à tous hōmes de bon esprit. Les enfās n'auoiēt ouy voix, que celles des Chieures & des Brebis: & ne fut de merueille s'ils auoiēt apprins à les imiter, & crier Bech, ou bez. Au reste si Psammetichus eust enuoyé en Italie, il eust trouué que Becco signifie un Boucq, & que par trāslation il est employé pour un que les Bourgongnōs appellēt Couppault, ceux de Roüen Cornard, & le vulgaire abusiuement Cocu. S'il eust fait passer iusques és Gaules, il eut sceu que tous oyseaux y ont bec. Ces inutiles curiositez de chercher l'origine des mots des anciennes lāgues, hors du païs auquel icelles lāgues sont, ou ont esté dés le cōmencement en usage, me semblent tant fades & indiscretes, que ie m'esbay cōme il y a des hōmes biē en ceruelle, qui daignēt s'y arrester. Non que ie vueille reprouuer celle partie de la Grāmaire qu'on dit Etymologie: mais (oultre ce que i'ay dit souuēt, que leur Laurens Valla l'estime trōpeuse) que sert-il d'estre curieux, où la curiosité n'est pas requise? Qui se voudroit assubiectir au rassottement de plusieurs, nous n'auriōs cōme point de mots primitifs: tous seroient deriuez de quelque dictiō estrāgere, qui (pour la similitude que les lāgues ont entre elles, cōme estās sœurs) auroit quelque conformité auec les mots desquels il seroit questiō. Trouuant donc le nom des Bourgongnons (peuple tant ancien, que leur cōmencement ne peut estre referé à autre source, qu'à celle qui est cōmune à tous les premiers Gaulois) auoir esté desguisé, & mis sur l'eschaffaut historial, pour dictiō mendiee des Grecs: ie n'ay peu souffrir qu'ils soiēt estimez si belistres, que d'auoir esté contraincts coquiner un nom en Grece. Si les Alemāds refusent d'auoir les Romains pour parrains, & pour ce regard reiettent l'opiniō de Strabo: pourquoy nous cōtraindront-ils (sans authorité d'aucun anciē) de nous dire filleuls des Grecs? Si non-obstant quelques-uns sont encores opiniastres en telle croyance, i'ay pensé necessaire mōstrer qu'ils sont fort esloingnez de la verité: & que noz Bourgongnons ont prins la raison de leur nom en leur propre fond, & terroir. Ce que i'ay clairemēt verifié en mō recueil de l'antiquité, & vraye origine des Bourgongnons, & des Estats de Bourgongne. Et ne puis assez m'esbayr, cōme cela a esté teu iusques à present, par tant d'hōmes, non seulement doctes,

Ii

mais aussi diligents en l'histoire: veu que les lieux mesmes (comme s'ils en parloiēt) en rendent irreprouuable tesmoingnage. Tel labeur toutesfois ne m'eust à plain satisfait, si ie n'y eusse adiousté vne particuliere recherche, de l'ancien estat, & affaires de la ville de Chalon, siege de vostre Baillage, & chef de la Prouince de laquelle vous (Mōsieur) estes vn des plus signalez membres, tant pour vostre regard (cōme natif au Chalōnois) qu'à raison de vostre Illustre Barōnie de Senecey, ne cedant en dignité, & honneurs anciens, à aucune des autres de toute la Bourgongne. Oultre ce que le desir que i'ay eu de trauailler en ceste part, m'est beaucoup creu par voz doctes & amiables exhortations: i'y ay aussi esté poulsé, par la recordation du vieil prouerbe, qui cōmande d'illustrer, & embellir la Sparte (c'est à dire le païs) ou l'on est receu. Ce qui ne se peut mieux esclarcir, que par le dire de Ciceron: qui nous assigne deux païs: l'vn auquel nous sommes nays: l'autre auquel nous sommes bien venuz. Suyuāt lequel aduis, si ie veux entrer en cōsideration pour mō particulier: ie me trouueray tousiours Chalonnois. Car estant nay à Ballcurre, au diocese & Baillage de Chalon d'vne part, & receu Doyen & Chanoine en l'Eglise Cathedrale dudit Chalon, domicilié dedās l'enclos de la ville, i'ay de toutes parts plus que necessaires occasions de recognoistre cōbien ie dois à madite doublement patrie: combien ie suis tenu de trauailler, pour son illustration, pour l'esclarcissement de ses choses plus rares, & dignes n'estre laissees au goulfe d'oubliance. Ce que m'estant essayé faire, selon mon petit pouuoir, i'ay dressé deux discours des antiquitez de la ville de Chalon. Par le premier i'ay sommairement dit ce que dés lōg temps i'auois recherché à ces fins. Au second ayant receu tant de bonté, & d'amitié de Monsieur Naturel Docteur és Droicts, Chātre, Chanoine, Official & grand Vicaire à Chalon, Thesaurier en l'Eglise de Langres, Prieur de S. Iulien en Gerais, & de Baulme la Roche, vostre bon amy, & mon autant que frere, que d'auoir eu communication des labeurs qu'il a employé apres la perquisition des noms, temps, & gestes des Euesques de Chalon; i'ay tiré de son œuure Latin, la pluspart de ce qu'il en auoit recueilly. Non toutesfois que i'aye traduit tout, ny de mot à mot, ce qui est en son liure: ains prenant ce qui m'a semblé plus necessaire, & y adioustant d'ailleurs ce que i'estimois pertinent à la matiere mise en termes. Doncques vous Mōsieur ayāt esté cause de l'employ du temps que i'ay mis apres ce labeur, & vous estāt d'ailleurs infiniment tenu, pour beaucoup de secours, plaisirs & amitiez, que i'ay receu de vous, i'ay pensé ne deuoir moins faire, que de vous offrir ces deux petits traictez ioincts en vn: afin que couuerts de la protection du nom de vostre Illustricité, ils sortent plus hardiment en publicq, & qu'ils craingnent moins les traicts de l'enuie, que ie disois tantost vice trop familier à noz Bourgongnons. Il vous plaira accepter ce petit present, aussi aggreablement, que de syncere volonté, & cœur tres affectionné le vous voüe & dedie

    Vostre bien seruiteur, humble, & obeïssant amy P. DE S. IVLIEN, Doyen de Chalon.

DIS-

Le vray pourtraict de la ville de Chalon.

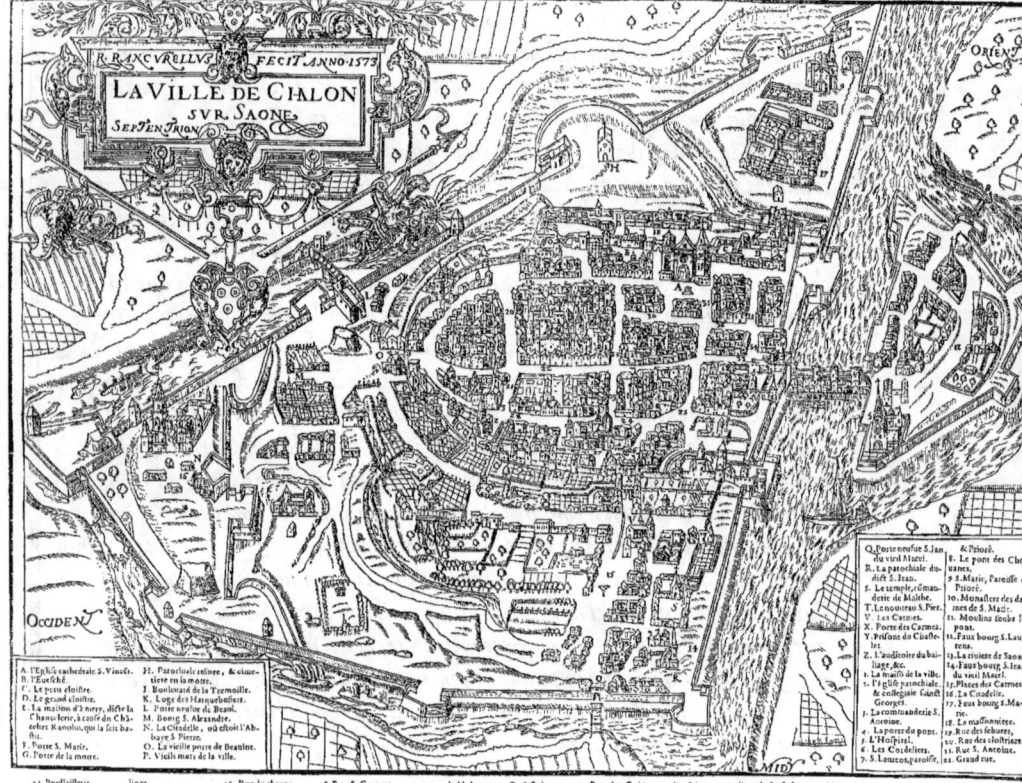

DISCOVRS
DE L'ANTIQVITE
DE LA VILLE, ET CITE
DE CHALON SVR SAONE.

PAR PIERRE DE SAINCT IVLIEN DE LA maison de Balleurre, Doyen de Chalon, grand Archidiacre de Mascon.

HALON (que par inueteré erreur, plusieurs escriuent par aa, sans congnoistre, & obseruer la difference qui est entre Chaalons, ville en la Champaigne Françoise, & Chalon en Bourgongne) est tres-ancienne Cité, de laquelle l'Euesque est le troisiesme entre les suffragants de l'Archeuesque de Lyon. Et ne se faut esbayr, si le nom de Chalon est mal mené par quelques François, qui semblent auoir entreprins depraüer la pluspart des noms propres du païs, des villes, & Noblesse de Bourgongne: Car par quel mot Latin elle fut iadis appellee, les plus authorisez n'en sont assez bien resoluz. Ie ne puis diuiner quel nom Cesar luy a donné, & seroit mal aisé faire recherche de si hault: mais ie sçay que les imprimeurs des memoires d'icelui n'en sont pas d'assez bon accord. L'vn la nomme *Cabillonnum*, l'autre *Cabillunnum*: aucuns n'y mettent qu'vne *l*, autres (voulants Grecizer, ou Gasconnizer) ont imprimé *Cauillonnum*, & quelques-vns *Cauillunnum*. Voilà comme par tels tracasseurs, irresoluz à eux-mesmes, nous auons perdu le vray mot, duquel a vsé Cesar, pour signifier Chalon. Il n'y a faute d'hommes qui nomment Chalon *Cabillona*; Amm. Marcellinus en fait vn accusatif; & appelle les hômes du lieu *Cabillones*. Raph. Volaterran semble auoir apprins des anciens Conciles, que Chalon fut anciennement dicte *Nouiodunum*: mais ie ne sçay point d'autres autheurs qui l'ayent escrit. Et combien que nous ayons pres de Chalon vn village, dit en nostre vulgaire *Neufuelle* (les François diroiét Neuf-ville) & encores vn autre appelé Ville-neufue; qui pourroient auoir conformité de signification auec *Nouiodunum*: si n'auons nous aucune occasion de penser qu'en l'vn, ny en l'autre de telz villages,

CHALON.
Erreur vulgaire.

Chalon Cité.

Le nom de Chalon mal-mené.

Cesar.
Le nom Latin de Chalon tracassé.

Amm. Marcellinus.
Raph. Volaterran.
Nouiodunū.
Neufuelle.
Ville-neue.
Neuers.
Erreur notable.

Ii ij

ait iamais esté le siege Episcopal du Chalonnois. A ces causes tel nom me semble plus proprement deu à Neuers, qu'on estime *Nouiodunum ad Ligerim*. En non moindre erreur sont tōbez, ceux qui ont pensé que *Cabilon* (c'est le nom Latin pl⁹ propre & plus vsité pour signifier Chalō) n'estoit autre que *Caballio*, ou *Cabellio*, que nous interpretons Cauaillon. Mais cōme en ceste part Antonin & Strabo (selon le rapport de Volaterran) ont esté mauuaises guides, aussi ont-ils esté causes que plusieurs se sont fouruoyez en les suyuant. Ie plainds que celuy par le bien-faict duquel nous auons les Conciles redigez en deux tomes, soit trouué en ce nombre.

Neuers.
Erreur notable.
Antonin. Strabo.
Compilateur des Conciles.

Av reste, si nous auions aussi peu de respect à verité, que la plus-part des estrangers, & notamment les Grecs; nous pourrions dire, que és plus anciennes expeditions, voyages & conquestes des antiques Gaulois, ceux de Chalon entretent si auant en Asie, auec les fondateurs des Galates, & gaignerent tant de païs, qu'en tesmoingnage de leur domination, ils donnerent leur nom au fleuue CHALON, duquel Xenophon fait mention au premier liure du voyage du ieune Cyrus. Mais nous ne sommes si impudents que les Grecs: qui abusans de la commodité de leur langage (comme ie l'ay dit amplement ailleurs) ne laissent peuples, villes, riuieres, ny montaignes, en la plus-part de l'vniuers (encores que les leurs n'en ayent iamais eu congnoissance) à qui ils ne trouuēt vn nom de leur creu, ou (du moins) etymologie Grecque. Nous n'ignorons pas, que cōme les Grecz ont vn mot (à vne lettre pres) semblable à celuy de Mascō, aussi ont les Hebreux vne diction semblable à celle de Chalon: mais ja ne m'aduienne pourtant de penser que les Grecz, ny les Hebreux, ayent esté Parrains de Mascon, ny de Chalon. Ia ne soit que ie croye noz vieux Gaulois auoir eu faute de chose (quelle qu'elle soit) qu'ils ayent esté contraintz aller mendier, ny emprunter en Grece. Bien sçay-ie, que les Grecs (apres que les Pheniciens eurent inuenté le nauigage, & ouuert la trafficque par mer) ont esté les premiers escumeurs de mers, & Pirates: & (pour en parler à la verité) qui n'ayants gueres à faire chez eux, sont allé troubler le repos, & supplanter la benediction aux autres peuples moins rusez, qui ne sçauoient pas bien, quelle estoit la valeur des choses plus speciales dont nature les auoit doüez. De ce font foy les voyages des Argonautes, le saccagement de Colchos, & le rauissement de la Toyson d'or. Ie croy bien d'auantage, que comme les Portugalois, Espaignolz, & autres, qui sont allé insidier aux richesses Indiennes (car ce mot d'Indes est employé à toutes fins, soit du costé du leuant, soit deuers occident; soit deuers midy) n'ont tousiours esté soucieux d'apprendre des habitās des Regions qu'ilz descouuroient, comme chacun païs, coste, goulfe, promontaire, Isle, port, ou plage s'appelloient: ains ilz leur ont imposez telz noms en langage Portugalois, Espagnol, ou autre, autant propres

Chalon fleuue.
Xenophō.
Presumption des Grecz.

Macon mot Grec.

Chalon.

Des Grecs.

Comparaison fort pertinēte.
Portugallois & Espagnols.
Coustume des premiers descouureurs de païs.

pour

pour en conseruer la memoire, & les recognoistre és subsequentes nauigations qu'ils designoient; que pour acquerir perpetuel honneur, par marques de les auoir les premiers descouuert. A ce s'adiouste, que non contans d'en auoir dressé Cartes particulieres, pour s'en seruir en leurs speciales negotiations, ils ont esté soingneux de semer, & publier leurs labeurs: & les hommes curieux de choses nouuelles, leur ont aidé à obtenir rang entre ce qu'on peut, & doit iuger digne non seulement d'estre veu & cogneu, mais aussi d'estre adiousté aux tables Cosmographiques, vieilles mappes du monde, & representations du globe de l'vniuers. En ceste façon les Grecs ayans esté (comme i'ay dit) les premiers (apres les Phœniciens) grands voyageurs, & negotiateurs par mer, ont (pour leur particuliere vtilité, & comme pour memoires, remarqué, & nommé en leur langue, les lieux où ils ont passé & abordé. Eux doncques qui ne cedent à aucune autre gent en diligence d'escrire, & publier tout ce qu'ils ont pensé pouuoir seruir à leur acquerir honneur, & faire à l'exaltation de leur representation, ont obscurcy toutes anciennes appellatiõs, pour mettre les leurs en place. Tels escrits & publications d'iceux, faicts en vn temps que les païs oultragez n'auoiẽt encores point de repulse (d'autant qu'ils ne se soucioient de mettre la main à la plume) les histoires, & Cartes Corographiques des Grecs, ont esté receuës sans contredit. Ce pendant il est aduenu qu'vne infinité d'hommes doctes, & de signalee erudition, amorcez du beau parler desdits Grecs, leur ont presté croyance. Le bon S. Hierosme tombant sur ce propos, dit que qui se vouldra arrester aux escrits des plus fameux autheurs, on congnoistra qu'ils tiennent, que presque toutes les Isles, & tous les peuples voisins de la mer, ont esté possedez par les Grecs. La presumption de ceste possession viẽt, de ce que les noms propres des particularitez desdites Isles & païs estoiẽt purs Grecs. Qui est autant que qui diroit toutes les Isles & riuages de la mer, des païs descouuerts par les Portugalois & Espagnols, estre peuplez de gens natifs de Portugal & d'Espaigne: pour-ce mesmement que les Cartes Topographiques des païs desquels puis quelque tẽps on a dressé vne quatriesme partie du monde (voire fait vn nouueau monde) ne sont semees, ny les riuages des mers y depeinctes bordees, pour la pluspart, que de noms, & mots purement Portugalois, & Espagnols. Toutesfois qui entrera en ces païs descouuerts nouuellement, il trouuera que les lãgages de Portugal & d'Espagne sont aussi peu entenduz, & practiquez par les naturels habitans desdites contrees, que le Grec, & le Latin estoient cogneuz, & en pris és Gaules, auant les Alpes ouuertes: & lors que (comme dit Amm. Marcellin) ces parties estoient encores cachees comme Barbares. Et s'il fault examiner plus exactement la licence des Grecs: il est facile congnoistre qu'ils se dispensoient de nommer les Rois des Perses, d'Assyrie, d'Ægypte, & cæt. par leurs propres noms, & qu'ils leur en forgeoient à leur appetit: selon

Diligence des Grecs.

S Hierosme.

Amm. Marcellinus.
Licence des Grecs.

Ii iiij

que tout homme le difcourira, qui voudra conferer les noms defquels noftre Bible a vfé, auec ceux qui font mentionnez és hiftoires Grecques, compofees par Grecs naturels.

CE propos feroit fort long qui le voudroit fuyure, & continuer: & neantmoins ie ne le puis finir, fans dire qu'il eft mal feant aux hommes de fens, & d'erudition, de vouloir chercher etymologies Grecques aux noms propres des nations eftrangeres: & encores plus de penfer que le langage Gallique (duquel prouiennent quafi tous les noms propres des peuples, & des villes des Gaules, mefmemét ceux qui eftoiét defia ouys, auant le temps des Cefars) foit fils legitime, ou baftard du Grec. Plus meurement, & prudemment en parle Gaudentius Merula, qu'autre autheur que ie congnoiffe. Son dire (defia par moy allegué autre part) eft tel: *Nec audiendi funt Græci, qui talia nomina pro linguæ fuæ commodo deprauarunt, ficut & alia multa, aufi Barbaris nominibus Græcas etymologias apponere.* Entre vne infinité d'hommes qui pechent en cefte part, tient lieu de Capitaine Beatus Rhenanus, que ie fuis couftumier nommer vn autre Attila, & fleau de l'hiftoire des Gaulois, François, & Bourgongnons. Qu'ainfi foit, quiconque fera bien foingneux de prendre garde au but de fon intention en fes liures de ce que concerne la Germanie, & annotations fur Tacitus, il congnoiftra fort clairemét, qu'il ne feftudie à rien tant, qu'à extenuer tout ce que pourroit appartenir à l'honneur des anciens Gaulois: faire croire que la race en eft perduë: & que les François, & Bourgongnons (defquels il ne peut nyer les Gaules eftre peuplees) font peuples vrayement Germains. Du nom des François, il en femble ignorer l'occafion, tres-foingneux ce pendant d'impugner, & deftruire l'ancienne opinion. Et quant à la caufe du nom des Bourgongnons: il f'efforce en fes annotations fur Tacitus, de confirmer ce qu'en a efcrit Paulus Orofius, homme Efpagnol demourant en Afrique. Mais (reuenu à foy-mefme) il en parle bien autrement au premier liure de fes recueils, de ce que fait pour le regard de la Germanie pag. 52. du mien. Ses mots font: *C. Plinius Burgundiones primi Germanorum generis, hoc eft Vandalici facit, eos inter vltimos Septentrionis populos referens: vt planè vetuftius nomē arbitrer, quàm quod primùm Cæfaris, Tyberiíque ætate natum fit, à Burgis, hoc eft caftellis limitum. Quam opinionem fecutus Orofius, innumeros qui fubfcriberent reperit.* Or puis qu'en cefte derniere allegation il ne peut croire, que les Bourgongnons ayent la raifon de leur nom des Bourgs, qu'il interprete Chaftels: pourquoy ofe vn autre, fon bien affectionné, affirmer que les Bourgongnons ont indubitablement efté nommez de πύργος diction Grecque? Pourquoy dirós nous Mafcon eftre mot Grec, & Chalon Hebraïque? Rhenanus fe fafche côtre Strabo, & autres, qui ont efcrit les Germains auoir efté ainfi nómez, pour ce qu'ils eftoiét freres des Gaulois defquels luy (Allemád) tiét le party, & ne les aggreant freres, les veut faire peres. Dauantage il employe tous fes pouuoirs, pour contredire, & aneantir

---

Du langage des Gaulois.

Gaudétius Merula.

Beatus Rhenanus.

Intention de Rhenanus.

Paulus Orofius.

Argument retorqué côtre Rhenanus.

aneātir ladicte croyance, mettant en auant vne autre inauidite opinion, & germanesque etymologie, disant: *Dignissimũ est obseruatu, Germanos nõ dictos esse, quod tanquam fratres essent Gallorum, ceu docti multi hactenus crediderunt: sed quod egregios viros præstiterint. Est enim merè Teutonica dictio, ex particula gar, seu ger, quod totum, seu robustum (vnde & Caroli nomen) & man, quod significat virum, conflata.* Pour fortifier son dire, & luy donner couleur de verité: comme les lapidaires font, quand ils donnent la fueille à leurs pierres, il adiouste: *Valde autem maioribus nostris arriserunt à Mano deductæ appellationes. Sic enim Marcomani dicti sunt, sic Alemani, sic Nortmani. Siquidem cùm à se ipsis inuēto nomine fuerint vocati, ceu scribit Tacitus, verisimile est id vocabuli patriam linguā referre. Nisi verò quis putat veteres Teutonas tam elegantiæ fuisse studiosos, vt legatos Romam miserint, nomen à Ro. Senatu quo se vocarent petituros, elegans scilicet, & merè Latinum. Non tam bellé conueniebat inter Teutonas, & Romanos.* Toutes ces raisons ne satisfaisantes à luy mesme, il viēt aux verisimilitudes (qui ne sont qu'ombres de verité) & dit: *Quin verisimile est, si quod vocabulum Romani indidissent, nõ accepturos fuisse, vt τὰ ἰωθυχϕεια cuilibet genti pulchriora videntur, &c.* Le reste de son dire est negation, & contestation tendant à s'en faire croire de priuee authorité.

Or si le mis en auant par Rhenanus, est receuable, & tenu suffisant pour impugner l'ancienne opinion de tant d'hommes, que luy mesme qualifie doctes, combien plus est admissible ce que de la part des Bourgongnons en general, & de toutes les bien anciennes villes de Bourgongne nous proposons: sçauoir est, qu'ils ne furent iamais si amateurs des Grecz, ny de leur langue, que de se parer de leurs dictions, ou enuoyer en Grece querir des Parrains, pour les nommer? Autant en puis-ie dire, contre ceux qui vouldroient estre trop opiniastres à croire que Chalon soit diction Hebraïque, en tant que concerne le nom de la ville de Chalon, de laquelle nous traictons à present. Et pour à peu de propos finir ce different, nous extrairons d'vn plus long discours traicté par nous ailleurs, que les langues se ressemblent comme sœurs: mais (si tant est que la langue primitiue soit perdue, comme quelques-vns le tiennent) nulle des autres ne se peut dire mete, ny auoir sied dominant, sur celles des autres nations.

Apres auoir declaré comme estrangement les mots François, & Latins signifiants Chalon sont malmenez, & tracassez: ie ne veux celer, que cōbien que la Preuosté de Bussy soit à present des dependances du Chalonnois, si est-ce que plus anciennement les lettres a & l, obmises, on appelloit l'estendue de ladicte Preuosté, & quelques finages voisins, Terre de Chaōnois. Mais quant à en rechercher l'etymologie, ayant apprins de Laurens Valle qu'elles sont trompeuses, ie ne seray iamais celuy, qui le premier s'y rōpra la teste. Laissee donc la contention des noms, & venant à la chose signifiee: le plus ancien tesmoignage que nous ayons de l'anti-

Preuosté de Bussy.
Chaōnois.
Lauren. Valla.

quité de Chalon, eſt celuy de Ceſar. Qui neantmoins n'en dit autre choſe, ſinon qu'il eſtablit Q. Tullius Ciceron, & P. Sulpitius à Chalon, & Maſcon, au pays des Heduois, ſur la riuiere Arar, pour donner ordre aux prouiſions de bledz : & que luy reſolut de paſſer l'hyuer à Bibracté. Laquelle authorité ne peut valoir à autres fins, que pour congnoiſtre que Chalon eſt des plus anciennes villes du Canton des Heduois, à preſent comprins ſoubs l'appellation de Bourgongne, par les moyens que nous auons à deduire autre part. Av reſte combien que le mot des Autunois paſſe vulgairement en change du vieil mot des peuples Heduois : & que la riuiere Arar ſoit pour vray noſtre Saone : ſi n'eſt petite la queſtion, ou eſtoit alors Bibracté. Ne voulāt toutesfois mettre la faucille en la moiſſō d'autruy, ie delibere laiſſer expliquer ceſte fort emmeſlee difficulté à tāt d'excellens eſprits dont le pays Autunois eſt copieuſemēt peuplé. Ioinct que i'ay ouy dire que les ſeigneurs Cheruot Châtre en l'Egliſe Cathedrale d'Autun, & du Pin Doyen d'Aualon, ont diligemment trauaillé pour eſclaircir ceſte beſongne : & que ſi leurs labeurs ne ſont mal tōbez apres leurs decez, ils pourrōt eſtre publiez à l'vtilité du publicq. N'eſtant donques mon inſtitut traicter d'Autun, ie me cōtenteray de ſuiure mon entrepriſe, tendant à parler des antiquitez de Chalon, tant pour le regard du ſpirituel, que du temporel. Et ſeruira (pour ce que concerne le ſpirituel) mettre en euidēce, ce que i'ay peu recouurer des premiers temps, & par qui la foy, & religion Chriſtienne furent premieremēt introduictes au Chalonnois : à quoy nous adiouſterōs quelque choſe de l'ancien eſtat Eccleſiaſticque, & des Egliſes : Et (pour l'eſgard du temporel) ſoubs quels ſeigneurs la Iuſtice y a eſté, & eſt encores adminiſtree : ſans oublier quelle a eſté l'antique, & quelle eſt encores modernement la police ciuile.

CHALON doncques (iouſte le propos de Ceſar, recité cy deſſus) ville fort ancienne, aſſiſe ſur la Saone, & en pays ſi fertile, que là eſtoit le Magazin de bleds pour l'armee Romaine. Et ce que depuis Amm. Marcellinus en a dit, faict preuue de ſon amplitude : d'autant que ce lieu fut choiſy, pour y aſſembler l'armee de l'Empereur Conſtātius : laquelle mutinee, pource que les munitions ne leur auoient eſté apreſtees (cōme leur eſtat ordinaire le portoit) fut fort mal-ayſee à appaiſer. Le reſte des plus anciēs affaires Chalōnois nous eſt incōgneu, par l'emulation, & maligne volonté des Romains, producteurs de ceſte calamité. Car non cōtens de reduire les pays eſtrāgers en leur obeiſſance, ils deſtruiſoient, ou emportoient à Rome, les ſingularitez d'iceux : aneantiſſoient toutes les choſes eſcrittes, & non eſcrittes, qui pouuoient rendre teſmoingnage de la vertu des iadis y habitans : de peur que les cœurs de ceux qui reſtoiēt, ne fuſſent par marques de ſouuenāce ſollicitez d'eſtre imitateurs de la vertu de leurs anceſtres, & induicts à recouurer leur liberté. Qui pis eſt, ils mettoiēt en ſi grande vogue leur langage Romain, que les peuples vaincuz eſtoient forcez ſ'abſtenir de celuy de leurs pays : & contraincts apprendre à parler

Ceſar.
Arar.
Antiquité de Chalō.
Autunois, & Heduois.
Arar la Saone.
Bibracté.
Les ſeigneurs Cheruot, & du Pin.
L'Autheur a changé d'aduis.
Propoſition.
De Chalon.
Amm. Marcell.
Armee de Conſtantius à Chalon.
Contre les Romains.

autrement

de Chalon. 381

autrement que leurs peres & meres ne leur auoient enseigné, pour(côme noz maieurs disoiét)parler Roman. Celà est cause que iusques au retour des Bourgongnôs, au lieu où auoit esté leur ancien Bourg Ongne(certaine & seule vraye occasion de leur appellation, ainsi que i'espere vne autre fois plus amplemét môtrer, & faire toucher côme au doigt) ou l'histoire d'iceux Bourgongnôs est demouree sepulie en profonde oubliance: ou elle a esté malignemét traictee par les estrangiers, perpetuels ennemis de l'honneur des Gaulois, Fraçois, & Bourgongnôs. Ie ne leur en sçay toutesfois si mauuais gré(d'autát qu'ils fauorisent leur cause) q̃ ie fay à plusieurs Fraçois naturelz : qui(côme charmez & ensorcelez du nom & beau langage de tels noz hainneurs) se liguét si opiniastremét auec eux, qu'ils ayment trop mieux, que toute l'histoire de ces trois si illustres peuples demoure mácque, ou plustost du tout esteincte, que d'en croire autres, que les Grecz, Romains, ou modernes Allemáds. Mais reseruant ce discours à plus pertinente cômodité, il me reste presentemét à dire, que Chalon demoura, iusques au téps d'Attila, la plus insigne de toutes les villes à presét côprinses soubs le nom du Duché de Bourgogne. Car quát à Dijon (ville en ce téps presént capitale dudit Duché)elle a esté bastie tard, par l'Empereur Aurelien, qui des ruines du vieil Bourg Ongne (c'est à dire Bourg des Dieux) bastit vn Chasteau, que aussi du nom d'iceux Dieux il nóma D I V I O: selon que plus amplemét le racôptent Gregorius Turonésis, & Aymoinus Monachus, qui mettét la descriptió dudit Chasteau. Et pour le regard d'Autun(que Tacitus dit chef de la Prouince)il estoit reduit à si peu, qu'il ne montroit plus, que (côme dit Amm. Marcellinus) la marque de la vieille amplitude de ses murs. Mais le premétionné Attila entrát furieusemét és Gaules, & trouuát(côtre son espoir) les Fraçois, & Bourgôgnons en mauuaise volôté, de luy rien ceder, de ce que(côme peuples de tous téps voisins, côfederez, & amis)ils auoiét côquesté sur les Romains, & dont bon gré, maugré iceux ils s'estoient rédus possesseurs : entreprint gaigner par force d'armes, ce que luy estoit tout à plat refusé. En ceste deliberation passant à la desesperade auec cinq cens mille hommes, par la Chápagne, & Bourgôgne, il ruina entre autres villes Chalon, & Mascon, pédant que Gôdioch, Roy de Bourgôgne, estoit en câpagne auec ses forces, pour se ioindre à la masse de l'armee, que Ætius (aydé de Merouee Roy des François, & de Theodoric Roy des Visigoths) assembloit pour côbattre ce cômun ennemy Attila (côme il feit) és cháps Catalauniques.

CHALON releué à la lôgue de cest infortune, demoura en assez heureux repos, iusques au téps de Clotaire premier, que l'vn de ses fils, nómé par Greg. Turoné. Chramnus, & par Paulus Æmylius Granus, l'assiegea, l'emporta d'assaut, & luy dôna le sac. Pour celà toutesfois la ville de Chalon ne perdit gueres longuemét son ancienne splédeur. Car Clotaire decedé, & la Monarchie des Gaules diuisee en quatre, le Royaume de Bourgôgne escheut en partage au Roy Guntchram, ou Gontran: lequel esleut Chalô pour sa Cité Royale, & Ville de son plus ordinaire seiour. Il fonda

Parler Roman.
BOVRG ONGNE.
Contre quelques modernes François.
Chalon premiere ville de Bourgongne.
Attila.
Dijon.
Aurelien Empereur.
Antiquité non vulgaire.
Greg. Turonen.
Aymoin° Monachus.
Autun.
Tacitus.
Amm. Marcell.
Attila entré és Gaules.
François & Bourgongnôs amis.
Maulx faicts par Attila.
Gondioch Roy de Bourgongne.
Bataille és cháps Catalauniques.
Clotaire 1.
Chránus.
Sac donné à Chalon.
Royaume de Bourgongne.
Roy Gontran.
Chalô Cité Royale.

bien pres d'icelle(és terres toutesfois d'oultre Saone, ou(comme on l'appelle)ressort de sainct Laurés, sur les marches des confins des Sequanois, l'Abbaye de S. Marcel, à present reduicte en Prioré dependant de Cluny. Il ordonna y estre enterré:ce que fut accomply. Mais par les troubles, suscitez, soubs faux pretexte de religion, l'an mil cinq cens lxij.son sepulchre fut violé,& ses os(pour la pluspart)espars çà,& là.

L'Abbaye S.Marcel.
Troubles 1562.
Du Monastere sainct Marcel.

PVIS que nous sommes tōbez en ce propos du Monastere S.Marcel, fondé par le ROY Gontran, ce ne sera pas(cōme i'estime)chose impertinente, de declarer icy, comme les Rois plus anciens, qui se mesloiēt de fonder Monasteres, & autres lieux de deuotions, n'y employoient gueres autre chose, que leur authorité, & commandemēt:enioingnās au reste l'execution, & fraiz de la fabrication à leurs subiects:selon qu'il sera facile iuger, par l'estat de la disposition du bastiment,& ordonnance de l'edifice,que i'ay trouué és extraicts du Cartulaire dudict Monastere S.Marcel, faicts par mon bon seigneur, & comme frere, messire Pierre Naturel, Chantre & Chanoine, Official & grand Vicaire à Chalon.Le texte est tel:

Façon ancienne de bastir Monasteres.
Monsieur Naturel.

DIVINA *disponēte gratia, Seruus seruorū Domini* GVNTRANNVS *Rex, regnāte Deo, Vniuersis Sanctæ matris Ecclesiæ filiis Salutē. Quoniā culpis exigētibus, tū ob immoderatā Principū ingluuiem, tum ob negligentiam Prælatorū,& incuriā, cœlestibus fundatas obsequiis Ecclesias,(heu)pessundari dolens video, indeq̄, doleo:Nec me cūctis pro velle efficacè sentio:unā saltē(ne ad Dominicā arcā manu vacua redeā)pretiosissimi videlicet martyris Marcelli Cabilonēsis, quam ei Deo donāte cōstruximus Basilicā, & solidioribus ditare prædiis, & ordinationibus munire,& officiis disponimus.Cēsemus ergo Regaliq̄ authoritate roboramus, vt ibi manētes serui hospitale cōstruant. Solariū verò,cum caminata,illi de Gergeiaco,& de Alciato faciāt.Illi autē de Mercureis,& de Canopis Lobiā ædificēt. De Floriaco quoque introitus Ecclesiæ, & Secretarij, atque Thesauri, Monachi ibidē demorātes,operatores mittat. Illi de Vermiaco ad claustri introitū præparādum dirigātur.Porticū S.Petri illi de Rosiaco dimidiā:illi de Berineis, & de Tapariaco,& de Blaico dimidiā partem. Cellariū illi de Areo,& de Ogniaco,& de Liliaco cōstruant. Qui verò Frenis,& Lingis habitāt,Refectoriū faciant,& de Scociolis,& de Oriengiis,& de Aquis cætera peragat necessaria. Hæc autem sic disponimus, vt quicunq̄ ea turbauerint,de vita libro deleātur.*AMEN.De rēdre telle ordonnāce en Frāçois, il n'est pas possible:car des villages y denommez, les vns ne sont plus, & de plusieurs les appellatiōs sont chāgees. Mais suffire doibt q̄ anciennemēt les Rois choisissoiēt le lieu, diuisoiēt les charges des edifices, cōme encores obseruēt les Cōmissaires des fortificatiōs, quād ils imposent à chacune paroche, ou village, certain nōbre de toises.

Concile à S.Marcel. S.Maurice en Chablois. Aym. Monachus.

FAICT, & perfaict le Monastere S.Marcel,le Roy Gontran cōuoqua vn Synode de vnze Euesques, par l'aduis desquels(iouxte l'intention du Roy)fut ordonné, que l'ordre du seruice diuin(mesmemēt quāt à la psalmodie)s'obserueroit à S.Marcel, à l'vsage du Monastere de S.Maurice en Chablais: selon qu'il est recité par Aymoinus Monachus au chap.81. de

son 3.

de Chalon. 383

son 3.liure.Gregorius Turonen. fait mention dudit Concile au 27. chap. de son cinquiesme liure:mais il parle autrement de ce que y fut traicté. {Greg. Turonen.}

IE pourrois icy faire vne digression sur les deux songes du Roy Gontran, l'vn de ce qu'il pensoit estre aduenu à son frere Chilperic, apres sa mort: mais d'autát qu'il est recité par Greg. Turonen. Ie prie les Lecteurs l'apprendre de luy. L'autre songe est racópté par Paulus Diaconus liure 3. de son histoire des Lombards chap. 17. lequel(en somme) est, que le Roy Gótran lassé du trauail de la chasse, s'endormit, reposant sa teste au gyron d'vn de ses plus familiers domestiques. Estát ainsi, celuy sur lequel il dormoit veid vne petite beste bláche comme vne hermine, sortir de la bouche du Roy: laquelle courát vers vn prochain ruisseau, estoit fort en peine de le passer. Le Gétilhomme meu de pitié du trauail de ceste petite beste, presenta son espée nuë, & sur icelle elle passa. Ce faict, elle courut vers vne montaignette, & y entra par vn pertuis, seiourna quelque peu, puis se vint refourrer en la bouche du Roy. Gontran esueillé, compta qu'il auoit passé sur vn pont de fer, & estoit entré en vne montaigne, en laquelle il auoit trouué vn tresor de valeur inestimable. Luy racóptant ce songe, son Gentilhomme luy declara ce qu'il auoit veu. Conferát doncques le tout ensemble, il pensa tels aduertissemens n'estre à mespriser. Pource feit-il terrailler, & foüiller si auant en la montaigne, & à l'endroit du creux par où la petite beste estoit entrée, qu'il y trouua vne fináce incredible. Rendues graces à Dieu, il luy voüa la decime de tout l'or trouué. Doncques de la part reseruee à Dieu, il en feit faire vn Ciboire d'or massif, & d'excellente manufacture. Son intention estoit de l'enuoyer en Hierusalem, offrir au sainct Sepulchre. Mais la difficulté des chemins ne le permettát, il donna tel Ciboire à l'Eglise sainct Marcel, fondee par luy peu parauant, en vn village dit *Vbiliacus*, pres Chalon: auquel dés la premiere publication de l'Euangile en la Prouince Lyonnoise, les nouueaux Chrestiens auoient dressé vne Chapelle, dediee à l'honneur de Dieu, soubs l'inuocation de sainct Pierre. {Songes du Roy Gontran. Paulus Diaconus. Decime vouee à Dieu, par vn Roy. Ciboire d'or. Vbiliacus. Chapelle soubs l'inuocatió S. Pierre.}

DEPVIS le regne du Roy Gontran(durant lequel Chalon estoit la ville Royale) le nom de Chalon ne se trouue gueres nómé par les historiens, iusques au temps du Roy Charlemaigne, qu'vn Concile y fut tenu, selon que nous le reseruons à dire, en temps plus opportun. VRAY est que quelques-vns sont d'opinion, que Thierry Roy de Bourgógne, ayát vaincu par deux fois son frere Theodebert Roy d'Austrasie, l'enuoya prisonnier à Chaló: où il fut mis à mort, par les practiques de Brunechilde: mais Aymoinus Monachus(qui fut plus prochain de ce téps là) tenant le contraire, & auec luy bon nombre d'autheurs dignes de foy, i'en laisseray croire au lecteur ce qu'il luy plaira. ET quant à ce que regarde Charlemaigne, & le Cócile tenu de son temps à Chalon, nous differós d'en parler, iusques à ce que nous soyós en propos des Euesques, & choses Ecclesiastiques de Chalon: qui sera la seconde partie du present traicté. {Chalon ville Royale. Theodebert prisonnier à Chalon. Brunechilde.}

Des antiquitez

Loys Debonnaire.

DONCQVES pretermises toutes autres choses, pour venir à ce qui aduint à Chalon, regnāt l'Empereur & ROY Loys DEBONAIRE fils de Charlemaigne: ie ne me trouue sans difficulté, ayant à me demesler de tant de diuerses opiniōs, sur sa destitution de l'administration des affaires du regne, & de l'Empire; & sur ce qu'on tient qu'il fut tondu, & faict Moyne à Soissons.

Histoire bien fort embarrassee.

ENTRE plusieurs autheurs, qui ont escrit les faicts & vie de l'Empereur Loys premier surnommé Debōnnaire, i'en trouue plusieurs, qui ne font aucune mētion qu'il ayt esté desmis du Royaume, & Empire: & moins qu'il ayt esté tondu, & faict moyne. Toutesfois cecy n'estāt affirmé par Aymoinus Monachus seulemēt, mais aussi par tāt d'autres, qu'il ne seroit raisonnable les desdire: si est-ce q̄ les causes pourquoy on proceda contre ce bon Empereur si rigoureusement, ne sont vniformemēt declarees.

Aymoinus Monachus.

Bernard Conte de Beziers.

Aucūs (comme les plus fauorisez des Princes sont subiects à l'enuie, & exposez à calomnies) mettēt en faict que Bernard Côte de Beziers, grand seigneur, puissant & valeureux, fut appellé par l'Empereur, pour auoir la surintendance de ses affaires, & le gouuernement de son petit fils Charles. Afin doncques qu'il fust pres du Roy, auec tiltre d'hōneur, & de grandeur, il fut (dit Aymoinus) faict grād Chambellan (on deburoit dire Chambrelan) & ce que les modernes Empereurs ont nōmé en leur estat Sommelier de corps. Aucuns ont voulu dire, qu'il fut faict Maire du Palais. Telle promotion de Bernard, ou Berard, fut extreme creuecœur à ses ennemis. Mais se sentans insuffisans d'eux-mesmes, ils feirēt leur querelle cōmune à vn plus fort. Ce fut à Pepin Roy d'Aquitaine, & à ses freres. Ne pouuans toutesfois l'accuser de crimes vrais, ils en controuuerēt de faux: mettans en auant, qu'il n'estoit possible, que Bernard eust si absolu pouuoir au maniement des affaires de tout l'Empire, sans auoir enchanté & ensorcelé l'Empereur. Disoient dauātage que les trop familieres priuatez, qu'il auoit auec la Royne, la rendoiēt suspecte d'impudicité.

Chambellan.

Pepin Roy d'Aquitaine.

Iudith Royne.

QVANT à la Royne, presque tous autheurs sont d'accord qu'elle eut nom Iudith, fut seconde femme de Loys, & mere de Charles, qui depuis fut surnōmé Chauue. Mais si quelques-vns ont ignoré de qui elle fut fille, & autres l'ont teu: Aymoinus nōme le pere Welpon, & Tritemius le qualifie Duc de Bauieres.

Vvelpon Duc de Bauieres.

CE fut chose facile aux ennemis de Bernard de faire croire à Pepin ce dont il n'estoit rien. Car l'esprit de Pepin y estoit disposé, pour le grand mescontentement qu'il auoit contre son pere: d'autāt que vieil, & n'ayant faute d'enfans, il s'estoit marié à vne ieune femme, de laquelle, & du fils qu'il auoit d'elle, il estoit si assotté, qu'il ne pensoit que de faire ledit Charles grand, au desauantage des premiers.

Dissimulation mal simulee.

PEPIN doncques arma gens en bon nōbre: & pource qu'il n'eust esté honneste ny raisonnable, qu'il eust declaré son intention estre de courr sus à son pere: il feit publier, que c'estoit à Bernard, à qui il en vouloit. Cōme s'il estoit possible de chaster, ou oultrager le bien aymé seruiteur d'vn seigneur, sans quant & quant offenser le Maistre. Ceux qui cōmencerent noz guerres

Comparaison.

noz guerres Ciuiles vsoient de mesmes termes: mais comme Bernard mis hors de Cour, l'animosité des enfans fut congneuë proceder contre le pere, ainsi morts ceux qu'on pretexoit causes des deniers troubles: ce fut premierement auec la Royne mere; puis auec le Roy mesme, que les esmeuz ont osé capituler. En telle opinion Pepin marcha iusques à Orleans. Odon gouuerneur du lieu considerant que les fils, & heritiers d'vn pere, sont quasi seigneurs de son bien, ne feit point de resistance. Mais Pepin qui ne l'aymoit pas, le meit hors de son gouuernement, laissant Matfroy en sa place. Ce fait, il passa outre iusques à Verberie, pres Compiegne, faisant tous actes d'hostilité. L'Empereur aduerti que toute ceste coniuration tournoit visage contre luy, contre sa bien-aymee Iudith, & côtre Bernard: aduisa de faire retirer Bernard à seureté: & feit mener sa Iudith à Laon, au Monastere Nostre-dame, qu'il pensoit lieu de franchise: mais il se trompa bien. Car toute coniuration ayant celà de propre, que rien ne luy est bô, ny sainct, sinon ce que fauorise sa cause, les coniurez entrerent par force audit Monastere, & en tirerent par violence l'Imperatrice Iudith. Elle fine & accorte (se voyant à la mercy de ses ennemis, qui auant que la faire mourir, la menassoient de diuerses cruautez) plaida si bien au gré de ses aduersaires, qui croyoient ayséement ce qu'ils desiroient, qu'elle eut permission & temps pour parler à l'Empereur: asseurant que (veuë la pieté dont il abôdoit) elle luy persuaderoit ayséement de renoncer au Monde, & se faire Moyne: promettant (quant à elle) que quoy qu'il aduint elle se rendroit religieuse. Conduite doncques vers l'Empereur, auec licence de parler à luy en secret, voire de coucher ensemble: il est à presupposer qu'elle luy donna aduis sur ce qu'il auoit à respondre à ceux qui le presseroient de quitter l'Empire & le regne, pour prédre parti auec Dieu, & viure solitairemeńt en quelque religion.

LEVR abbouchement finy, elle impetra de luy, que (pour sauuer sa vie) elle se peust retirer en vn Monastere de Moniales. Celà obtenu, elle iecta sur son chef vn voile de Nonnain, & ainsi attournee s'en retourna vers les gês de Pepin, ausquels l'Emp. demanda iour d'auis sil se rédroit Moyne, ou non: sçachant biê que sil se pouuoit defaire d'eux, ou le têps romproit leurs animositez, ou quelque accidét suruiendroit par lequel eux-mesmes diuisez, tomberoient en contentions. Ioinct qu'il esperoit que si l'vn de ses filz estoit mal meu contre luy, les autres deux luy demoureroient obeyssans, & protecteurs. Ce pendant la Royne (qu'on se contenta de veoir voylee) n'eut autre mal, sinon qu'elle fut confinee à Poictiers, au Conuent saincteCroix, Monastere de saincte Radegunde. Tous ces mesnages de Cour estans venuz aux oreilles de Lothaire Roy d'Italie, designé Emp. & fils aisné de Loys, il vint à Côpiegne trouuer sô pere, qui luy feit assez bô recueil: il s'enquist comme le tout estoit passé, mais ce qu'il ne s'esmeut aucunemêt, pour auoir raison des torts & vio-

Kk

lences faictes à l'Empereur, feit croire à vn chacun, qu'il n'en estoit trop mal-contant. L'vsance d'alors estoit telle que tous les ans vne fois, pour le moins, se tenoient les Estats generaux, accompaignez des grands iours. Aduint donques qu'en l'an huict cens trente, l'Empereur assembla les Estats à Mayence, selon d'aucuns, & à Spire selon les autres. Là les François Allemands, & Austrasiens (ouyes les plainctes de l'Empereur) furent meuz de si iustes causes d'indignation contre les cõspirateurs, partisants de Pepin, que tous furent punis exemplairement, ou releguez en exil. Ce faict, il enuoya querir sa femme Iudith, au Monastere de Poictiers: & neaumoins ne la remit en son premier estat de Royne, iusques à ce qu'elle se fust purgee des cas qui luy estoient imposez: ce qu'elle feit, & au contentement des Iuges Commissaires, qui la declairerent innocente. Et lors elle fut restituee de toutes parts en son integrité. L'annee suiuante à l'assemblee de Theonuille, comparut Bernard, ou Berard Conte de Beziers, qui durant l'ardeur des troubles de la Cour, s'estoit par commandement de l'Empereur retiré en Espaigne, à laquelle confinoit son gouuernement. Ayant requis audience à l'Empereur, il parla hautement deuant toute l'assemblee: protestant n'auoir faict en la maison de l'Empereur chose contraire à l'honneur d'vn Gentilhomme, & homme de bien: & que si quelqu'vn auoit dit autrement (sauf l'honneur de l'Empereur, qu'il n'entendoit greuer ny offenser, il auoit faulsement & laschement menty: offrant le maintenir par combat singulier de sa personne, à celle de qui se presenteroit contre; selon la loy des François: s'il plaisoit à l'Empereur le luy permettre. Nul ne se presenta pour accepter le combat: mesmement Pepin, qui estoit bien aduerti du mot que Bernard auoit à dire, ne voulut comparoistre aux Estatz, encores que son pere l'y eust expressement faict assigner. N'ayant doncques Berard aucun pour partie, il fut admis à estre creu de son innocence, par serment solennel qu'il offrit prester, & que de faict il presta. Voylà comme les deux personnes principalement accusees, furent publiquement declarees innocentes, à l'expresse confusion de leurs aduersaires. Pour celà toutesfois ne cessa la conspiration. Les trois freres liguez ensemble, ne pouuoient comporter les faueurs que l'Empereur leur pere faisoit à son petit fils Charles: lequel il s'essayoit auantager le plus qu'il luy estoit possible. Pour abbreger le compte, ils dresserent vne grosse & puissante armee contre leur pere, & le pere (pour sa defense) vne autre contre ses enfans. Le Pape suruenãt faict cesser toutes hostilitez: mais auant l'execution d'accord, il se retire. Les armees s'approchent, & les parties se rencõtrent: mais (à veuë d'œil) tous ceux du parti de l'Empereur l'abadonnoient, & se retiroiẽt en l'armee des freres. L'Empereur se voyãt delaissé, & craignãt estre assailli de la populace, fut cõtrainct accepter le parti que ses enfans luy presenterẽt, de se loger en leur camp. Où il ne demoura gueres, que sa Iudith luy fut

fut enleuée: & meneé au pauillon de Loys Roy d'Alemaigne. Peu apres
Lothaire se saisit de la personne de son pere, & de Charles encores petit
enfant: qu'il logea en vn pauillon à part, & leur donna bône & seure garde. Iudith fut depaïsee, & menee à Tortonne en Italie: & Charles fut
transporté au Chasteau de Prouins en Brie. Encores que Lothaire feist
de grandes promenades, vsant en France de plain pouuoir de Roy, si
n'abandona-il de gueres loing son pere: lequel en fin il redit à Soissons.
Là sans l'oüir, ny examiner, sans qu'il confessast le faict qui luy estoit imposé, & sans qu'il en fust conuaincu, il fut condamné à se desceindre du
bauldrier militaire, poser les armes, deuant les corps de sainct Medard
confesseur, & sainct Sebastien martyr, & les laisser deuant l'Autel. La
fin de l'execution de sentence fut, qu'ils le vestirent en Moyne: le re-
clurent en vne maison, & luy donnerent grosses gardes. Iamais les bons
& naturels subiects de l'Empereur Loys ne furent si faschez, que quand
ils sceurent le rude traictement faict à leur bon Prince. Entre autres
VVarin ou Guerin Conte de Chalon, feit de grandes poursuittes,
pour gaigner gens, & ny espargnoit argent, remonstrances, & sollici-
tations, tant qu'il tira plusieurs grands Seigneurs, chefs de Prouinces,
& autres à sa deuotion, pour le secours de l'Empereur. Tous lesquels
s'obligerent par serment de n'espargner personnes & biens pour la deliurance, & restitution dudit Empereur. Autant en faisoient de leur costé le Conte Egebard, Guillaume Connestable, le Chambrelan Berard, & plusieurs autres. De façon que Lothaire parti d'Alemaigne
pour aller à Paris, & y mener son pere, auec l'habit qu'il l'auoit contrainct prendre, ayant mandé à tous les grands seigneurs, qu'ils eussent à luy aller au-deuant, trouua qu'ils y allerent: mais en intention
de le prier de deliurer l'Empereur, le remettre en ses anciens droicts,
& honneurs, & tel le leur donner: & s'il osoit en faire refus, le y contraindre par les moyens que Dieu leur auoit mis en main. Lothaire aduerty de ceste deliberation, & ne se sentant fort pour resister à deux
grosses armees, prestes à luy courir sus, si le bon Empereur n'eust mis
les choses en meilleurs termes: commença à filer doux, & entrer
en capitulation. Entre les deputez des poursuyuans le restablissement
de l'Empereur, fut VVarin, Conte de Chalon, lequel soustint si affe-
ctionnemét les droicts de son bon Prince, qu'il redit Lothaire honteux,
& confus. L'assemblee se faisoit à sainct Denis en France, ou Lothaire
s'estoit arresté, pour pacifier les Princes mal meuz contre luy. Donques
Lothaire se voyát vaincu de l'efficace des raisons qui luy furent propo-
sees, print remord de côscience, & se repentit des rigueurs qu'il auoit tenu à son pere, & (comme il n'y a si lourde faute à laquelle on ne puisse
trouuer excuse) allegua, que l'Empereur auoit esté condamné par les
Estats, que les Estats s'assemblassent pour l'absouldre. Sur ce prenant
congé de son pere, il se departit, & si passant par la Bourgôgne, s'arresta

*Iudith em-
menee à Tor-
tonne.*

*Charles
transpor-
té à Prou-
ins.*

*Loys De-
bonnaire
mal trai-
cté.*

*VVarin
ou Gue-
rin Conte
de Chalô.*

*Contes
partisans
de Loys
Debônai-
re.*

*S. Denis
en Frâce.*

PP. Gregoire 4.

& feit sejour à Viéne en Dauphiné. OR EST-IL à noter que Pape Gregoire fauorisant le parti des fils de l'Empereur, s'estoit vanté qu'il excomunieroit non seulement l'Empereur, mais tous autres qui refuseroiét d'obeyr à sa volonté, & à celles desdits fils : dequoy aduertis les Prelats de France, luy feirent sçauoir qu'il n'eust à penser telle chose : & que s'il l'entreprenoit, il s'en retourneroit luy-mesme excommunié en Italie.

Brauade des Prelats au Pape. Cóscience de Loys Debónnaire.

Toutesfois l'Empereur (conscientieux outre mesure) craignit que le Pape n'eust en secret, ou en appert effectué quelque chose de ses menasses. Et pource sollicité de reprendre sans cerimonie le bauldrier de Cheualerie, & les ornemens Imperiaux, qui luy auoient esté ostez iniustement, ne voulut suyure ce conseil : ains le Dimanche sequent voulut estre reconcilié à sainéte Eglise, par le ministere des Euesques, consentit aussi d'estre par eux receinct de son ancien bauldrier, & que la couronne Imperiale luy fust remise sur la teste. Ce qui pleut tant à tous les assistans, que iamais ils ne furent veuz si ioyeux & plains d'alegresse.

L'Empereur restitué.

LE LONG arrest que i'ay faict à discourir ceste portion de l'histoire du Roy & Empereur Loys Debonnaire, fils de Charlemaigne, pourroit à quelques-vns sembler superflu : mais escheant à parler de VVarin, ou Guerin Conte de Chalon, & notamment de sa loyauté enuers son Prince, auquel il fut autheur de recouurer auec la liberté, l'administration & iouyssance de ses Estats, qui luy auoient esté tolluz, il a esté cóme necessaire declarer combien grands, & par gens de grand pouuoir auoient esté les attemptatz contre le Debonnaire, à fin que plus illustre paroisse l'authorité & puissance du Conte de Chalon, par laquelle il a peu renuerser telles & si puissantes entreprises. Ioinct que (comme i'ay encores à repeter ailleurs) ie n'ay leu en aucun autheur de l'histoire des François, les causes des disgraces aduenuës à cest Empereur, & rudesses faictes à sa femme Iudith, auoir esté suffisamment declarees. Vn seul Tritemius en ses Chroniques *Monasterij Hirsaugiensis* (ie suis contrainct dire ainsi, (ne sachant le mot vulgaire) me semble en auoir parlé plus pertinemment. Il dit doncques : que l'an huict cens trente huict, le quinziesme des Calendes d'Aoust, sainct Frideric huictiesme Euesque en l'Eglise d'Vtrecht estant au vestiaire de ladite Eglise, & y faisant ses prieres particulieres, apres auoir dit Messe, fut assailly par deux satellites à ce loüez par l'Imperatrice Iudith, & cruellement tué en la place. La cause fut, pource qu'iceluy Euesque auoit dit à l'Empereur, Il ne t'est pas licite auoir pour femme Iudith, fille du Duc de Bauiere, ta prochaine parente : aduise de la laisser, ou ie t'excommunieray de l'authorité du Dieu tout-puissant. Iudith irritee de telles paroles, moyenna peu apres que ce sainct trompette de verité fust mis à mort. Gregoire Pape quatriesme du nom, aduerti d'vn excés si cruellement commis, ordóna à l'Empereur Loys qu'il eust à se retirer en vn Monastere à Soissós, pour y faire penitéce. Et Iessé Euesque d'Amiés voila Iudith

VVarin Conte de Chalon.

Authorité du Cóte de Chalon.

Tritemi⁹.

Histoire bien remarquable. S. Federich.

Iudith fille du Duc de Bauiere. Gregoire 4. Pape.

Iessé Euesque.

vne

„ vne autre Herodiade) de l'habit de nonnain. Loys eut de ceste Impe-
„ ratrice, Charles surnómé le Chaulue, qui depuis en l'an de nostre Sei-
„ gneur 876. fut fait Empereur. Il le cóstitua Duc de Bauiere, Souaue, &
„ Bourgógne, ses autres enfans de sa premiere féme n'en estás trop có-
„ tás. Finablemét l'an 840. l'Emp. Loïs ayát paracheué sa penitéce, &c.

VOYLA ce que dit Tritemius du mariage illicite de l'Empereur Loys Debonnaire auec sa Iudith: qui me semble plus veritable, & plus conforme au train cómun de la Iustice Ecclesiastique, que tout ce que les autres en peuuét auoir dit, accusans non seulemét les enfans dudit Empereur de son premier lict, mais aussi tous les Estatz de Fráce en general, d'vne rigueur, & violéce au parauant non ouye, & plus qu'indigne de la naturelle courtoisie des François, enuers vn Roy, qui par la benignité de ses actions & deportemens a merité le tiltre de Debonnaire.

QVANT à ceux qui ont voulu imputer aux Prelatz, & gens d'Eglise la conspiration cótre le susdit Empereur Loys, il ne faut trouuer estrange que leur instructeur Sathan leur ayt inuenté ce mensonge: car c'est sa coustume d'en fournir abondamment à tous ceux qui se rengent de son costé, pour abbayer à l'Eglise, laquelle ils ne peuuent non plus mordre, que les chiés la Lune. Et s'ils tourmentent, & font beaucoup de persecutiós aux Ministres de l'Eglise catholique, il est certain q̃ petit à petit Dieu dissipe leurs cóseils, & ne permet que leurs entreprises ayét l'heureux succez qu'ils se sont designé: ny q̃ leur butin, & pillage leur aye fait lóguement profit. Ie sçay que Iean le Maire de Belges, hóme de grande lecture, & de tres-diligent labeur, a tenu ceste derniere opinion en son traicté des schismes, & Cóciles. Mais comme il est certain que tous hómes doctes, & malcontens, quád ils ont esté pauures, n'ont peu exercer leur reuáche, sinon auec la plume, & sur le papier, qui souffre tout, aussi est-il dangereux adiouster foy à telles manieres de gens. Et il y a causes trop aparétes (voire sceuës quasi d'vn chacũ) par lesquelles le tesmoignage de Platine, Laurens Valla, Iean le Maire, &c. ne doit estre receu, quád il est question de parler des Papes, ny de tout l'estat Ecclesiastique de l'Eglise Romaine. Ioinct q̃(quád à ce qu'est dudit Iean le Maire) tous ceux qui l'ont priuément congneu, sçauét qu'à l'infirmité de sa ceruelle, le vin adiousta tant, qu'en fin il mourut fol, & transporté, en vn hospital. Et si luy, & Agrippa ont esté amys, la parité de condition auoit concilié entr'eux ceste amitié: & la fin de l'vn & de l'autre a descouuert que leur sçauoir auoit esté tres-mal en-vaisellé.

SORTANT de ce propos, i'estime que tous ceux qui liront le discours de ceste histoire de l'Empereur Loys Debonnaire, iugeront, que la coustume estát telle iadis en l'Eglise Catholique, que les pechez publiques & scandaleux estoient pugnis publiquement: & que tant plus grands, & esleuez en dignitez estoient les personnages, plus apparente, & notoire estoit leur satisfaction, & volontairement receuë. Qui sera vn seur moyen pour cognoiſtre auſſi, que non par conſpiration des Eſtatz, ny deſnaturee mauuaiſe volôté des enfans enuers le pere, l'Empereur Loys fut deſceinct du bauldrier cheualereſque, & deueſtu des habits Impe-riaux, & confiné à temps en vn Monaſtere: ains par voye de iuſtice or-dinaire, au iugement de laquelle il ſe ſubmit auſſi volontairement, que Theodoſe ſouffrit les portes de l'egliſe luy eſtre fermees par S.Ambroi-ſe: ou que Federic Barberouſſe permit que Pape Alexandre (l'arrogance duquel n'eſt toutesfois à prouuer) luy meit le pied ſur le col, &c. Mais il eſt temps reuenir au fil de noſtre diſcours de Chalon.

<small>Theodo-ſe.
S. Am-broiſe.
Federich.
Barbe-rouſſe.
Pape Ale-xandre.</small>

<small>VVarin Conte de Chalon.</small>

VVARIN, ou Guerin Conte de Chalon, & de Maſcon, ayant digne-ment faict le deuoir d'homme de bien, & vſé l'office de loyal & fidele ſubiect enuers ſon Prince Loys Debonnaire (pour la deliurāce duquel il auoit ſi brauemēt parlé à Lothaire, fils aiſné dudit Empereur, qu'il ſ'en pouuoit contenter) craignit qu'iceluy Lothaire deſchargeaſt les choleres de ſon meſcontentemēt ſur luy, & ſur ſa ville de Chalon. Pour doncques euiter toutes entrepriſes, que les partiſants de Lothaire pour-roient dreſſer, il proueut Chalon de choſes neceſſaires, & d'vne bône & forte garniſon, Lothaire ſ'en doutant, penſa paruenir, & ſurprēdre Cha-lon: mais il y faillit: & voyant ſes ſecrettes practiques deſcouuertes, laiſ-ſa les ruſes, pour venir apertement à la force. A ceſt effect il vint deuant la ville, & l'enuironnant de gens, feit faire le gaſt par tout le voiſinage. L'aſſault fut renouuellé par cinq iours, & en fin la ville fut réduë par cō-poſition. Mais la diſcipline militaire aneantie, par l'audace, & inſolence, du Soldat, peu craignant le General de l'armee, fut cauſe que les articles de la Capitulation enfraincts, & la foy publique violee, rien par apres ne demeura exempt de calamité. Tout fut ſubmis à ſi effrenee volonté, que toutes loix diuines & humaines y furent offenſees. Les ſanctuaires des egliſes profanez, pour ſeruir au pillage: la maiſō de la ville, & toutes les armaires des Archiues publiques rauages: & chacū en ſon biē parti-culier, priué de ſes propres facultez. Pour chef d'œuure d'hoſtilité, & perfection de mal faire, toute la ville fut aneantie par feu ſi violent, que rien n'en reſta d'entier, fors vne chappelle, fondee en l'hōneur de Dieu, ſous l'inuocation de S. George.

<small>Siege de-uāt Cha-lon.</small>

<small>Chalon pillé, & ſaccagé.</small>

<small>Chalon bruſlé.</small>

<small>Chappel-le ſainct George.</small>

<small>Aymoin' Mona-chus.</small>

AYMOINVS Monachus penſe excuſer Lothaire, de ce que Chalon (ſ'eſtant renduë à luy par cōpoſition) fut (cōtre le droit des gens) expoſee au pillage, & finalemēt bruſlee: Mais ſes excuſes ſōt trop froides: & euſt mieux valu, pour Chalon, & Maſcon, que deſlors il euſt deſia eſté Moy-ne (cōme depuis il fut) que cōducteur d'vne armee, à laquelle il ne pou-uoit cōmander, & ne ſçauoit ſe rēdre craint & obey. Mais les iours ſont venuz, qu'il faut plus ſ'accōmoder à ſouffrir, que ſ'amuſer à deplorer la miſerable condition, à laquelle nous ſommes reduicts, par les imperfe-ctions de ceux, qui (indignes d'auoir le nom d'hōmes, par ce qu'ils viuēt en beſtes, ſeruans à leur appetit) ſont pois inutile ſur terre, & ne ſemblēt
auoir

<small>Cōtre les ennemis de la cou-ronne de France.</small>

auoir le pouuoir en main, sinon pour tout gaster, reuerser, & côfondre.

Av TEMPS que Chalon fut ainsi mal traicté, les Contes Lambert, & Matfroy, liguez auec plusieurs grands seigneurs rebellez côtre l'Empereur Loys, s'estoyent emparez de la Normandie, & pays adiacent: en deliberation de les tenir sans recognoissance de seigneur souuerain. Ce que ne pouuants souffrir le Conte Ode, (aucuns le nomment Vode) & ses partisants, fideles seruiteurs de la Couronne de France, prindrent les armes, pour remettre les pays saisiz en l'obeyssance du Roy Empereur. Mais (comme il aduient bien souuent, que ceux qui pensent auoir bonne cause, s'appuyent sur la iustice d'icelle: & cuidants traicter les affaires à la bonne foy & sans dol, se trouuent deceuz par gens cauteleux & rusez) Ode (ou Vode) & ses trouppes furent surprins si à l'improuiste, que luy & son frere tuez, tous ses gens furent rompuz & deffaicts. Et toutesfois les victorieux picquez en leur conscience d'vne poignante synderese, se sentoyent assailliz de la reputation de double meffaict; se cognoissants coulpables, tât de crime de rebellion, que du massacre commis en vne si notable côpagnie de fideles seruiteurs du Prince, que eux mesmes estoyent tenuz recognoistre & seruir. Ce que pourtant ne leur donna meilleur aduis, ny conseil de se reconcilier à celuy qu'ils auoyét offensé: ains comme iugeants leur delict trop grand, penserent qu'ils ne pourroyent trouuer grace. Et en ceste obstination aymerent trop mieux practiquer vn nouueau seigneur, qu'esperer en la bonté & misericorde de leur ancien & droicturier Prince. Ainsi embarrassez de felonnie, & ne s'en pouuants desaisir, ils enuoyerent vers Lothaire (chef de tous mutinez contre son pere) pour estre receuz en sa protection, en laquelle ils offroyent se renger. Pour à ce paruenir, ils ne comptoyent à iniquité, de promettre audict Lothaire de le faire heritier de son pere, encores tout viuant. Ce ieune homme enyuré d'esperance des grâdeurs qu'on luy promettoit, & desia imbeu d'esprit d'ingratitude & desobeyssance, acceptant les offres que les rebelles luy faisoyent, n'eut respect à ce que la querelle qu'il entreprenoit fauoriser, estoit contre son pere, & côtre les droicts de l'estat, que tout Prince de bon sens doit fauoriser, sans esgard au profit d'autruy, pour fortifier sa cause. Car si vn peuple se reuolte, & entreprend disputer auec son Prince les armes au poing, tous autres Princes se doiuent formaliser pour luy oster les armes, & pour le ramener à son debuoir: à fin que estant acquieté, il puisse humblement requerir à son Prince, ce qu'il ne luy est licite extorquer par force. Vray est que si les Princes souuerains, qui se sont employez à desarmer le peuple mutiné contre vn de leurs voisins, cognoissent l'oppression & iuste mescontentement des subiectz, ils ne doiuent cesser, que le tout remis en bon accord, l'vne & l'autre partie demourent contens. Et (comme tous Princes sont establiz de Dieu, plus pour faire iustice, que pour faire la guerre) ne se retirer, que à chacun ne soit rendu

Lambert. Matfroy.

Normandie occupee.

Ode, ou Vode.

Defaicte de loyaux seruiteurs de Loys.

Resolution d'hômes desesperez.

Loy des Princes.

Temperament requis.

Kk iiij

ce que luy appartient : à sçauoir l'obeyssance au Roy, & au peuple les soulagemés, priuileges, & immunitez qu'il a acquis au pris de son sang, pour le seruice de son Roy & de la Courône, que ses estats luy ont mis sur la teste. Sur tout est besoing que les Princes sçachét (& s'ils refusent le sçauoir) l'euent (vray chastie-fol) le leur fera griefuement sentir, que c'est abus de practiquer vn peuple par voyes indeuës & illegitimes: estant chose certaine, & dont tous temps portét vray tesmoignage, que ceux qui sont infideles à leur Prince naturel, ne seront iamais bien loyaulx; ny longuement obeyssants à vn autre. Sans consideration de tout cela, Lothaire gaigné par les suasions des rebelles, & vsurpateurs des Prouinces de son pere, rompit son entreprinse de se retirer en Italie, & pour aller trouuer ceux qui le desiroyent pour leur chef, print (au partir de Chalon, & Mascon) son chemin à Autun, & delà à Orleans. LE RESTE de cette narration ne seruant à nostre principal propos, peut estre prins des autheurs qui l'ont traicté. Quant à moy ie retourne à Chalon.

Maxime en l'estat.

MISERABLE fut l'estat de Chalon aprés le sac, & le feu. Et neantmoins ny la rage d'Attila, ny le desespoir de Crannus, ou Granus, ny le despit de Lothaire ny l'ancien rauage des Sarrazins, ny les plus recentes fureurs des Hongres & Rotturiers, n'ont peu abolir entieremét les enseignes & marques, par lesquelles on peut cognoistre que Chalon est celle memorable Orbandale, iadis tant chantee par noz anciens Romans, & vieils historiens François. Les trois cercles de brique dorec, desquels tout Chalon estoit bandé, & ceingt, se monstrent encores és lieux où les vieilles & premieres murailles (que le vulgaire dit d'ouurage Sarrazin) ont quelque chose d'entier : specialement deuers la porte des Carmes, & deuers celle portion adioustee au vieil Chalon, que l'on souloit appeller la Masconniere, & qu'on dit à present par corruption de langage la Massonniere : dont nous auons parlé plus amplement en noz memoires de la ville de Mascon. A nostre opinion consent aussi, que pour cause, & en memoire des trois cercles qui ceingnoyent Chalon, lors qu'elle estoit nommee Orbandale, ladite ville de Chalon a encores en ses armoiries trois cercles d'or. VRAY EST que du temps que les armes de Bourgongne estoyent cotices d'or, & de gueule, les trois cercles d'or des Chalonnois estoyent en champ de gueule, ainsi que les trois cercles d'argent de Mascon sont encores à present. Aussi est-ce chose digne d'estre remarquee, que la plus part des anciens gentils-hommes Bourgongnons auoient (& leurs successeurs ont encores) le champ de leurs armes de gueule. Ie ne puis promettre que ie sçache les noms de tous : mais pour trente ou quarante des bien signalez, ie les pourrois icy nommer : & l'eusse faict, n'eut esté que omettant quelqu'vn de ceux que ie ne sçay pas, i'eusse peu engendrer plus de mescontentement, qu'on ne m'eust sceu de bon gré de tous les nommez. Ioint que le

Diuerses ruines de Chalon.

Orbandale Chalō.

Chalon iadis bandé de trois cercles d'or.

Masconniere.

Armoiries de Chalon. Armes de Bourgongne. Armoiries de Mascon. Les Bourgongnós anciens portent de gueule.

de Chalon.

que le rang des nobles de Bourgongne n'estant desiny & certain, (car en leur chambre des Estats ils seent comme ils se trouuent, que i'appelle seance de recontre) ie ne les sçaurois nommer sinon l'vn apres l'autre, &(l'enuie estant vice nationnal des Bourgongnons)ie pourrois offenser quelqu'vn, en le faisant preceder par quelqu'autre qu'il estimera luy deuoir estre inferieur. MAIS depuis que les Cotices de Bourgongne furēt blasonnees à la Françoise, d'or, & d'azur, à vn bord de gueule (qui fut quand Henry de Frāce, filz de Hugues Capet, auāt que d'estre Roy, fut Duc de Bourgongne: ou bien, selon d'autres, quād Eudes aussi Duc de Bourgongne commença à quereller la couronne de France, à cause de sa femme Ieanne de France, fille aisnee du Roy Philippe le Long) la ville de Chalon, tresprompte de tout temps de s'accommoder à ce que elle pense plaire à son Prince, print or, & azur en faueur de son Duc. *Armes de Bourgōgne au blason de France. Henry de France. Eudes Duc de Bourgongne Chalon chāge le blason de ses armoiries.*

QVANT à l'anciéne assiette, & plus vieille forme de la ville de Chalon, son terrain a tant & si souuent esté remué, qu'il ne seroit seulement malaisé, mais aussi impossible remarquer son premier, & plus antique plant. Car (outre ce que nous auons bonne certitude de Chalon cinq voire six fois ruiné) encores depuis le trespas du bon Roy Loys douziesme, elle a esté si tracassee, par treize, ou quatorze fortificateurs, tous differents en desseings, & la pluspart ignorants le mestier duquel ils se mesloyent, que nul ne pourroit les yeux secs contempler les desolatiōs & ruines impertinemment y faictes: ny bien prier pour ceux qui ont tant trauaillé le peuple, pour choses de si peu de fruict. SI N'EST(ce pendant) la question petite, si premierement Chalon estoit seulement ce que nous voyons encores à present clos de vieilles murailles, en forme d'escu: ou s'il s'estendoit plus outre. Aucuns sont en ce croire, que non seulement l'Abbaye de sainct Pierre (au lieu de laquelle est de present la citadelle) mais encores par dessus, plusieurs vignes & champs y estoyent comprins: & de ce n'y a faute d'indices & coniectures preignantes. Notamment beaucoup d'hommes ont pésé que l'ancien Chalon estoit en la colline de sainct Pierre: mais que la commodité de la riuiere de Saone, facilitant la traffique, a esté cause que l'on se soit adōné à bastir plus bas, & plus prés de son riuage. Autres (l'opiniō desquels est plus digne d'estre tenue) asseurent que Chalon, & ce qu'on nommoit (lors que tous tiltres se faisoyent en Latin) *Villa S. Petri*, estoyēt distincts de iurisdiction, & separez de finaiges. Aussi est-il certain, que par ancienne institution, iadis soigneusement gardee, les cimitieres estoyent hors des villes: & par consequent que sainct Pierre (ou indubitablemēt estoit le cimitiere general de Chalon) ne peut estre estimé portion de l'ancienne ville. Qui plus est, il appert par tiltres antiques & authentiques, que le marché publicq se tenoit entre la ville & l'Abbaye de S. Pierre. Au faict dudit marché fut passee transaction entre l'Abbé de S. Pierre, & les habitans de Chalon. Et porte le contract que moyennant

Chalon a receu diuerses formes. Chalon ruiné plusieurs fois. Loys XII. Roy. Chalon tracassé par diuers fortificateurs. Il n'est certain où fut premierement Chalon. Le vieil Chalon clos en forme d'escu. L'Abbaye S. Pierre conuertie en citadelle. Diuerses opinions du sit de Chalon. Institutiō ancienne de mettre les cimitieres hors des villes. Où souloit estre le marché public de Chalon.

certaines paches contenues en iceluy, le marché seroit transporté dedās la ville, hors le district, iurisdiction, & authorité de l'Abbé. AV RESTE la ville de sainct Pierre (ie suis content parler ainsi, & vser du terme de ville, duquel coustumierement vsent noz villageois, quand ils parlēt de leurs villages) estoit quelque chose de grande estendue, selon qu'il se peut colliger par les vieux tiltres de ladite Abbaye, & par ceux de sainct Vincent, ésquels il s'agit des droicts de bichenaige, & escandillonnaige appartenants au Chapitre: qui auoit vne loge prés l'hospital sainct Iaques, au faulx-bourg sainct Alexādre. Cest hospital estoit prochain du Pontet, duquel il n'est plus nouuelle: aussi les cours des eaux, qui se souloyent esgoutter dedans les vieils fossez, sont non seulement diuertis, mais empeschez par l'introductiō des iardins faicts autour des murailles, & vieux fossez, causes que les yssues de Chalon sont de toutes parts incrediblemēt bourbeuses, & fascheuses, & la ville par la priuation d'esgouts, si fangeuse, que c'est vne petite Lutece. Pour reuenir à l'hospital sainct Iaques prementionné, il fut ruiné par ordonnance de M. Charles de Bourbon Cōnestable de Frāce, faisant fortifier Chalon, lors que les Suisses descendirent en Bourgongne, & meirent le siege deuant Dijon. Soubs la loge prementionnee, & appartenāt à Chapitre, estoit vn bācq, ou estaul, dedans lequel estoyēt posees des pierres, & en icelles grauees les mesures dont on vse au Chalonnois. Ces pierres se renuersoyent, & en tournāt rendoient la graine qui y auoit esté mesuree. Toutes les mesures maniables, & portatiues estoyent escandillonnees, & adiustees à la continence desdits de Chapitre. Telle loge appartenant au Chapitre anciennement ruinee par les guerres, & l'vsage des gerles (ainsi estoient iadis nommees les prementionnees mesures de pierre) ayāt longuemēt cessé, le Roy donna vne autre place audit Chapitre pour y edifier vne loge, & remettre les gerles dont nous parlons. Mais les dernieres guerres de Bourgongne en ayāt occasionné nouuelle ruine, le Chapitre n'a tenu compte de les remettre sus.

CE DIT pour le respect des choses plus anciennes du sit & plant de Chalon: il me semble (d'autant que le spirituel est preferable au temporel) necessaire entrer en propos, comme, & par qui Chalon a esté illustré de la lumiere Euangelique, & initié à la foy Chrestienne.

NOVS auons cy-dessus touché (comme en passant) que pour signal, & tesmoignage cōbien anciennement IESVS CHRIST a esté cogneu, creu, & adoré par les Chalonnois, auant que sainct Marcel entrast au pays des Heduois, desia les precedemment baptisez auoyent au village de present nommé sainct Marcel, & qui pour lors estoit dit *Vbiliacus*, vn Eglise, ou du moins vne chappelle soubs l'inuocation de sainct Pierre. A mesmes fins dirons nous en nostre discours d'Autun, qu'auant que sainct Benigne, & ses compagnōs vinssent és pays de present comprins soubs le nom de Bourgongne, desia Faustus estoit Chrestien à Saulieu,

& Leonille

de Chalon.

& Leonille à Langres. Mais nous n'ayants assez claire intelligence de ce faict, & l'histoire demourant en ceste part sinon oubliee, du moins fort obscurcie: ie laisseray à l'esclaircir à quelque autre de meilleur loisir, ou ie la remettray à plus prompte commodité.

Tovs ceux qui ont escrit de sainct Marcel, & sainct Valerien, ou (comme ils le nomment à Tournus) sainct Valerin, tiennent pour verité, qu'ils furent compagnons de sainct Photin Euesque de Lyon, & auditeur de sainct Policarpe, disciple de sainct Iean l'Apostre. Disent d'auantage que les prenommez SS. Marcel, & Valerien, estoyent du nombre des cinquante saincts personnages, qui furent tous à la fois emprisonnez à Lyon, par le commandement d'Antoninus Verus Empereur: mais que Dieu voulut que eux deux seuls eschappassent miraculeusement: pour faire l'estat auquel ils estoient reseruez: sçauoir est pour profiter en l'auancement de la gloire de Dieu, clarification de son sainct nom, & de son filz vnique IESVSCHRIST, annonceants salut à tous ceux qui croyants seroyent baptisez. A cest effect lesdits SS. Marcel & Valerin, vindrent à Mascon, puis à Tournus, & feirent en l'vn & l'autre lieu incroyables gaings d'ames regenerees par le sacré-sainct lauemét de baptesme. Or si la rage de l'Empereur estoit adonc furieuse, les fureurs de ses officiers n'estoyent moins enragees. Ce fut cause qu'apres auoir instruict vne infinité d'hommes en la loy Euangelique, le chef de la iustice au Chalonnois, nommé Prisque, se saisit de sainct Valerin à Tournus, & l'ayant appliqué à diuers tourments, luy feit coupper la teste: comme nous auons dit plus amplement en nostre recueil des antiquitez de Tournus. Apres que sainct Valerin eut esté martyrisé, ne tarda gueres que sainct Marcel fut prins, & tourmété par diuerses especes de cruautez: tellement qu'on eust dit que le tyran s'opiniastroit à vaincre la constance du sainct homme: mais luy-mesme demoura vaincu. La prison où sainct Marcel fut mis enchainé d'vne chaine à six anneaux luy liants le col, les deux mains, le trauers du corps, & les deux pieds separement, est au coing d'vne maison Canonicale, prés la poterne dicte iadis de la Pescherie, qu'on appelle de present des Prestres. Et s'il n'estoit sceu & cogneu, que ce fut la prison sainct Marcel, on iugeroit plustost, que c'estoit vn souspiral ou de cheminee, ou d'autre chose, que vne prison. Car entre les quatre murailles, vn homme ne y sçauroit estre que debout. Ayant surmonté les furieuses inuentions, qui par diuers essaiz de cruaulté luy auoyent esté appliquees, Dieu se contenta de telles espreuues de la constance de son martyr: & sur ce receut l'ame lauee, & purifiee au sang du corps, qui la souloit porter. Ceste indoleance & priuation de mal, que sainct Marcel sembloit auoir, estant oppressé de tát de cruautez, fut cause que si quelques centeines d'hommes luy auoyét adheré quand il viuoit, plusieurs milliers se feirent Chrestiens apres sa mort. Et qu'il est par le vulgaire tenu l'Apostre, & fondateur de la foy

SS. Marcel, & Valerin.
S. Photin.
S. Policarpe.
S. Iean l'Apostre.
Cinquante martyrs.
Antoninus Verus.

Prisque.

Prison de S. Marcel.

Chreſtienne au Chalonnois:comme nous reſeruõs à dire en faiſant cy-apres enumeration des Eueſques de Chalon, & traictãt de la hierarchie Eccleſiaſtique Chalonnoiſe.

 LE MARTYRE de ſainct Marcel, ſouſtenu auec vne conſtance eſmerueillable,l'an 582.confirma ſi bien les initiez au Chriſtianiſme, que dés lors l'Euangile print haultes racines és cœurs des Chalonnois.Pour l'exercice de leur religion ils dreſſerẽt au commencement des cellules, deſquelles ſont(à traict de temps)prouenues les Egliſes principales du-dit lieu. La premiere & plus ancienne, fut dediee en l'honneur de Dieu ſoubs l'inuocation de ſainct Eſtienne:laquelle fut depuis erigee en Cathedrale : & retournant Childebert Roy de France de ſon voyage des Eſpaignes,fut par luy fauoriſee de certaines reliques de ſainct Vincent: la memoire deſquelles, & la frequence des miracles que Dieu y faiſoit, pour honorer ſon ſainct martyr, furẽt cauſe que l'inuocation de ſainct Eſtienne intermiſe,on ne parloit plus que de Dieu, & de ſainct Vincẽt. Choſe qu'il ne faut trouuer eſtrange:car il en eſt ainſi aduenu à vne infinité d'Egliſes,ſpecialemẽt à ſaincte Geneuieſue du mõt à Paris : laquelle fondee par le Roy Clouis premier, ſoubs le nom de ſainct Pierre, & ſainct Paul,changea de nom,depuis que ſaincte Geneuieſue vierge, canoniſee reluiſante en miracles,remplit les eſprits des hommes de ſi grãde admiration, qu'oubliants la premiere appellation de l'Egliſe où elle eſtoit veneree, celle de ſaincte Geneuieſue luy demoura, & demoure encores. Autant en aduint il à ſainct Vincent, fondé par ledit Childebert,qu'eſt le monaſtere dit de preſent ſainct Germain des Prez lez Paris.Ainſi auſſi en print à l'Egliſe Cathedrale de Maſcon,comme nous auons dit quand nous auons parlé de Maſcon.

 L'AVTRE & ſeconde Egliſe de Chalon, fut celle de S. Pierre, fondee au lieu que les premiers Chreſtiens Chalonnois auoyẽt choiſi pour leur cimetiere. Là fut premierement baſtie vne chappelle, en laquelle chacun alloit faire prieres particulieres pour les treſpaſſez, ſuyuãt l'ancienne inſtitution de l'Egliſe Catholique,teſtifiee par tãt de ſaincts perſonnages,& autheurs qui ont eſcrit és premiers Centenaires : qu'il eſt à iuger, y auoir plus d'impudence en ceux qui nient telles prieres eſtre Chreſtiennes, qu'il n'y a en eux de vrais reſſentiments de bonne croyance, & vraye religion. Certain deuot & religieux perſonnage captiua tant le reſte de toutes ſes intentions,qu'il ſe dedia du tout,& ſans intermiſſion,à ſeruir & prier Dieu en icelle chappelle:& s'il eſtoit cõtrainct, par la neceſſité que l'homme a de manger & boire, il ſe contentoit de ſi peu, qu'il n'y auoit rien qui peuſt empeſcher l'eſprit d'eſtre ſans ceſſe en meditation. A ce ſainct homme vn recluſ ſucceda, pour lequel les Chreſtiens d'adoncq' baſtirent vne appendice à la premiere chappelle. Puis le zele Chreſtien croiſſant : & les plus feruants en l'amour de Dieu deſireux d'accroiſtre le ſeruice en plus d'vn lieu, ſe cottiſerent

pour

Primicies d'exercice de religion au Chãlonnois.
Premiere Egliſe de Chalon.
Childebert,Roy.
Reliques S.Vincẽt.
Changemẽt d'inuocation à l'Egliſe Cathedrale.
Saincte Geneuieſue de Paris.
Clouis Roy.
S. Germain des Prez.

S. Pierre de Chalõ.

Prieres pour les treſpaſſez.

Deuot perſonnage.

Reclus.

de Chalon. 397

pour l'entretenement de six personnes, desquels la function (separee de tous actes seculiers) seroit seulement de vacquer à oraisons : & à certaines heures (ausquelles les plus deuotieux du peuple conuiendroyent) chanteroyent hymnes, pseaumes, & cātiques à Dieu. Or cōme non sans cause l'Eglise de Dieu est comparee à l'Aurore (que nous appellons où l'aube, ou le point du iour) ainsi le Christianisme prenāt de iour en iour plus hautes racines au Chalonnois, fut petit à petit illustré, de ce que les bien-croyants iugerent conuenable, pour l'honneur deu à Dieu. Par là il aduint que croissant le nōbre des deuotieux, la deuotion vint en plus grāde euidēce : & que au lieu deputé pour honnorer Dieu, le nōbre des choisiz pour le seruice ordonné pour tous, plusieurs furent introduits. De façon que à traict de temps, la Cellule premiere de S. Pierre (agrādie en vne Eglise mediocre, à laquelle estoit coniointe certaine telle quelle māsion de Religieux) fut en fin erigee en vn tres-deuot monastere, duquel Flauus, Euesque de Chalon, mis au nombre des Saincts, est tenu & reputé fondateur. Non qu'il ne y eust desia vn monastere (encores qu'il fust petit) mais d'autant qu'il rengea soubs vne reigle, les Religieux, & leur donna vn Abbé, auquel ils rendroyent l'obeyssance conuenable, & de droict. Puis (comme la vexation donne entendement, & la necessité est inuentrice de toutes choses, que l'homme a iugé non seulement profitables, mais aussi empescheantes son repos) les Abbez, & Religieux paruenuz à meilleurs moyens, que les leurs premiers, donnerent ordre de se premunir contre les incursiōs de tous ceux, qui (apres Dieu) n'ont plus designez ennemis que les gens d'Eglise. Pource (cōbien que ce fust ouurage de diuers Abbez) le monastere de S. Pierre enclos de murailles fortes, entremeslees de plusieurs belles & bien logeables tours, fut reduit en si ferme forteresse, que (sans l'inuētion du Canon) elle estoit defensible, & gardable contre tous ennemis. Mais que y a il, que la fraulde masquee de probité ne puisse circonuenir ? Estant l'Abbaye en ceste misere, que d'auoir passé par les mains de deux Cardinaux residants ordinairement à Rome, sans iamais auoir veu les clochiers du lieu dont ils prenoient le reuenu, par leur mort elle tōba si fort de fiebure en chauld mal, que ceux ausquels elle estoit commandee, ou qui la faisoyent regir par œconomat, ne se soucierent que d'en prendre les profits, enuoyants vne fois ou deux l'an, de leurs seruiteurs (hommes purement seculiers) pour les receuoir : & ne laisser aux paures Moynes, que ce que le Magistrat Ciuil ne permettoit leur estre osté. En ceste desolation, orphanité, & destitution de pere & tuteur, les Moynes assaillitz par ceux qu'on appelloit Huguenots, qui targuez du bouclier gorgonié, qui est l'authorité du Roy, (laquelle rend ses bons & loyaux subiets pierres, c'est à dire muets, & obeyssants) feirent cōmandement de par le Roy, (abusants de sadite authorité) & intimiderēt tant les Religieux (hōmes destituez de tout secours, & gēs sans repulse) q̄ gaignee l'étree, ils s'eparerent du lieu,

Six persōnages seruants à Dieu.
L'Eglise cōparee à l'Aurore.

Cellule accreüe en Eglise.

Erection de monastere.
Flauus tenu pour fondateur de S. Pierre.
Abbé à S. Pierre.

Le monastere S. Pierre fortifié.

Misere de l'Abbaye de sainct Pierre.

Ruse Huguenotique. Ægis. Saccagement de l'Abbaye S. Pierre.

Ll

& (comme ſi ce euſt eſté vn lieu de conqueſte) y exercerent toutes les cruautez, que gés de leur ſecte, deuenus les plus forts, ſont couſtumiers executer. Les lieux ſaincts non ſeulement reduits à miſerable eſtat, mais profanez de toutes pollutiõs: l'or, argent, & vaiſſeaux ſacrez, que la pieté des gens de bien & bons Chreſtiés, auoit aumoſné pour le ſeruice de Dieu, & decoration de ſon Egliſe, furẽt rauiz, & faits proye de certains plus-que harpyes: qui aueuglez d'vne eſperance de butin, ne craignirẽt d'expoſer au gendarme eſtrangier leur patrie, laquelle (ſi Dieu ne leur euſt oſté leur propre ſens) ils deuoyẽt cognoiſtre auoir en ſoy toutes les charitez, & choſes que l'homme doit penſer plus cheres, & que (cõme telles) il eſt tenu plus priſer & aymer. OR celle deplorable ruine & malheureux degaſt, aduenus à ceſte antique maiſon de pieté, & domicile de tãt de ſaincts perſonnages, eſt d'autant plus diabolique, que ayãt porté vn ineſtimable dommage à pluſieurs, à peine ſe pourroit-il trouuer vn de tous les autheurs de ſi grand rauage, qui ſe peuſt vanter auoir de reſte cinq ſolz vaillant de ſi ſacrilege butin. Au contraire, ſi ces habitants de Chalon qui allerẽt ſolliciter l'ennemy cõmun de venir ſemparer de la ville Chalõnoiſe, y piller & ſaccager les Egliſes, rãçonner leurs voiſins, qui les penſoyẽt amis, eſtimoiẽt que chaſſer les Eccleſiaſtiques, & (comme ils parloyẽt) deſnicher les pigeõs, (c'eſt à dire les ſimples) ont quelque ſcintille de ſentiment (mais ie crain que bien peu) qu'ils iugent par les fruicts, ſils ont ſatisfait à leur deſir. L'Abbaye de S. Pierre eſtoit vn lieu, auquel certain nõbre d'hommes dediez au ſeruice de Dieu, viuoyẽt en ſimplicité, ſans offẽſer le public, ny faire tort à leur prochain. Qui les euſt laiſſé au libre exercice de leur vocatiõ, le lieu fuſt demouré entier, & eux y fuſſent encores en leur ancien repos. Leur manoir eſt à preſẽt cõuerty en vne Citadelle: il y auoit iadis des Moynes, il y a maintenãt des ſoldats. Soit iugé par gens ſans paſſion, lequel eſt plus vtile à la ville, & au circonuoiſinage. Il ne fut iamais dit en vain, *Tãt gratte Chieure que mal giſt.* Gardons que la meſme Chieure n'ait trouué le couſteau qui luy ſera planté en la gorge. Les choſes ſont faictes par la permiſſion de Dieu: nous l'en deuõs loüer: cognoiſtre que nous l'auiõs offenſé: & iuger qu'il s'eſt voulu ſeruir de ſes ennemis, pour ſe venger de nous. Reſte de luy ſupplier qu'il luy plaiſe ſe contẽter d'autant, & donner grace aux Magiſtrats de veoir plus auãt, q̃ à leurs pieds: à fin q̃ leur prouidẽce ſoit (en tãt qu'il eſt en l'homme) iuſte, cõſeruatrice de tous les membres deſquels noſtre ancienne Republique Chreſtienne a eſté ſi admirablemẽt cõpoſee, que manquant l'vn des ordres, les autres ne peuuent ſubſiſter.

CELA dit pour le regard de l'Abbaye S. Pierre, ie diray en outre, que & l'Egliſe Cathedrale, & le monaſtere dudit S. Pierre, eſtoyent au commencemẽt deſeruiz par Chanoines ſurnõmez (cõme par interpretatiõ) Reguliers. De l'origine deſquels i'ay dit quelque choſe, en noſtre premier recueil des antiquitez de Maſcon. Depuis la reigle S. Benoiſt eſtãt en ſi

La ville de Chalõ liuree à Mõbrun par certains habitans du lieu.

Les trois ordres ſont neceſſaires en la Republique. Chanoines Reguliers és deux Egliſes. Reigle S. Benoiſt.

en si grande vogue, que presque tous les Colleges de Fráce en prenoyét l'habit: les deux susdites Eglises de Chalon furent du nóbre. Ceux de S. Pierre ont conserué ledit habit, & le portent encores. Mais quant à l'Eglise Cathedrale, il y a quelques centenaires d'ans qu'elle fut faicte seculiere. TELLE secularisation fut comme vn premier degré d'issue de l'ancié parc d'obeïssance, & d'vnion. Elle dóna occasió aux Euesques de se separer de table, d'auec le Chapitre: auec lequel au parauát ils auoyét leurs biens, & affaires en commun: faisants administrer leur reuenu & despense par vn Celerier à temps: qui en quelques autres Chapitres est nommé ou Courrier, ou Boursier. Les Doyens qui premierement furét nommez Abbez, & Vicaires naiz des Euesques, deuindrent lors chefz du Chapitre, & cógregation separee de table, & de biens d'auec l'Euesque, chef primitif. Tellemét que dés lors au lieu qu'on disoit Euesque, & Chapitre, ou l'Euesque, Doyen, & Chapitre; on commeça à dire simplement Doyen & Chapitre. CES nouuelles façons ne se peurent continuer longuement, sans engendrer quelques differents entre les deux parties iadis vnies, & depuis separees: & ces picques creurent en grands procez & difficultez, dót il fut force que les Princes seculiers se meslassent. Aduint quelque temps apres, que les Papes ouurirent la porte aux exemptions, & que la pluspart des Chapitres, Abbayes, & Conuents de Mendiants, & autres en Fráce, impetrerét d'estre exempts de la iurisdiction de leur Euesque, & Iuge ordinaire. Combien equitablement les hommes bien versez en l'intelligéce de l'ancienne police Ecclesiastique en soyent creuz. Ceste exemption enerua la puissance des Euesques, tát sur les assemblees Conuentuelles, que Canonicales de leurs dioceses: & confirma l'authorité des Doyens; qui (ainsi que dit est) tindrét en Chapitre la place de l'Euesque, & deuindrent chefs du Senat Episcopal.

COMBIEN que i'aye dit que les deux premieres Eglises de Chalon furét la Cathedrale, dedás l'enclos de la ville, & celle de S. Pierre bastie hors ledit enclos: si ne m'est-il loisible asseurer pour verité, que autres en ayent esté fondateurs primitifs, que la cómune contribution des deuots croyáts IESVSCHRIST. Bien sçay-ie que (comme i'ay dit) l'Eglise Cathedrale fut au commencemét dediee en l'hóneur de Dieu, soubs l'inuocation de nostre-Dame, & S. Estienne premier martyr. Mais se trouuant ruinee, ou (du moins) en fort mauuaise reparation, lors que Childebert premier du nom Roy de France reuenoit des Espaignes, il feit autant de fraiz à la reparer, & employa autant de la peine & couruees de ses subiets, qu'il en eust conuenu employer pour fonder vne nouuelle Eglise, & dresser vn nouueau Chapitre. Comme donques Romulus instaurateur de Rome, est estimé par infiniz hommes fondateur d'icelle: ainsi les mentionnez biensfaits de Childebert ont esté cause qu'il soit reputé fondateur, & que les Rois ses successeurs ayent fauorisé lesdites Eglise, & Chapitre, comme estants de leur royal-

Ll ij

Secularisation de l'Eglise Cathedrale. L'Euesque separé de table. Celerier. Doyens. Mutation mal à propos. Contentions entre l'Euesque & Chapitre.

Exéptiós. Iniquité des exemptions.

Doyens. Senat Episcopal.

Inuocation premiere de l'Eglise Cathedrale. Childebert Roy. Romulus. Pourquoy Childebert est tenu pour fondateur de l'Eglise de Chaló.

le fondation. Et neantmoins (outre le baftiment fait par contribution des villaiges du Chalonnois, en femblable façon que nous auons cy-deffus verifié de la conftructure de fainct Marcel) l'Eglife & Chapitre de fainct Vincent tiennent fi peu de directement bien-faict de la Couronne de France (i'excepte les amortiffements) que c'eft fort peu, pour vne Eglife tenue de fondation royale. Au refte nous auōs dit, que les reliques de fainct Vincent laiffees par Childebert à l'Eglife de Chalon, auffi bien que à celle de Mafcon, furent caufe que l'vne & l'autre perdit fon ancienne inuocation, & que toutes deux ont toufiours depuis efté nommees de fainct Vincent.

D'AVANTAGE NOVS difions n'agueres que en la naiffance de l'Eglife Chalonnoife, tout y eftoit de fi ferme & entier accord, que les reuenus eftants maniez, & difpenfez par vn Celerier (duquel la charge du roit autant, comme il eftoit cogneu loyal adminiftrateur de ce que luy eftoit commis) l'Euefque, ny les Chanoines n'auoyent autre foucy, que de viure pacifiquement enfemble, auoir tout en commun, & vnanimement vaquer au feruice de Dieu, & decoration de fon Eglife. Ce que s'accompliffoit d'vne fimplicité fi enflammee de charité, que les feculiers, & gens layz les auoyent en grandiffime reuerence : & ceux s'eftimoyent les plus heureux, qui plus leur departiffoyent de leurs biens. De là procederent les richeffes de ladite Eglife. Les miniftres d'icelle viuās fi fobrement, & modeftement, qu'il n'y auoit rien de fuperflu, ny reprehenfible en leurs actions : auoyent fort grands moyens d'illuftrer leur Eglife de ioyaulx, & embelliffements. Ioint que la deuotion des hommes de pouuoir ne fe pouuoit faouler de leur bailler. De ce que (l'Eglife bien fournie) leur pouuoit abonder, ils en acquirent des reuenus, & poffeffions. Et s'ils en ont eu fans les acheter, elles leur font aduenues par vn moyen qui a efté longuement practiqué en l'Eglife primitiue: qu'eftoit que quiconque fe donnoit à l'Eglife, y donnoit auffi fes biens, ou bien par difpofition de derniere volonté de perfonnages riches, & puiffants en biēs: comme S. Loup Euefque de Chalon, qui demouré feul hoir de la maifon des Barons de Boyer prés Tournus, laiffa par fa derniere difpofition tous fes biens à l'Eglife Cathedrale, en laquelle il auoit tenu rang d'Euefque.

Pieté ancienne.

Difpenfation Ecclefiaftique.
Comme l'Eglife eft paruenue aux biens.
S. Loup Euefque de Chalō.

Hiftoire notable.

I'AY LEV en vne vieille hiftoire des Auuergnats, que les Republiques des Gaules apres auoir fecoué le ioug des Romains, & recouuert leur anciēne liberté, ne penferēt pouuoir eftre mieux gouuernees, q̄ par leurs Prelats. En quoy eft à cognoiftre que la forte affection, de laquelle ils embraffoyēt adoncq' la religiō Chreftiēne, les induifoit à honorer les Euefq̄s d'vne part, & le defir de repos, pour fe releuer des trauaux & afflictions precedētes : & pour trouuer, par le benefice d'vne haute paix, les moyēs de fe reffourdre, par reftauratiō & reftabliffemēt tāt de la pieté, que de la iuftice, leur confeilloyent (au refte) de remettre le pois, &
la gran-

Religion ancienne.

de Chalon. 401

la grandeur des affaires d'estat, entré les mains de personnes, desquelles l'aage meur fust accompagné de sanctimonie, & exempt des turbulences, qui auoyẽt esté causes que la patrie, & les Gaules vniuersellemẽt auoyent souffert tant de calamitez. Comme donques (à ces fins) le bon & sainct Euesque Sidonius fut fait chef des Auuergnats, & que pour le maniement des affaires que l'euent pourroit susciter au faict des armes (s'il estoit force y reuenir) il feit son frere le sieur de Polligniac son Lieutenant, & Viconte: ainsi en aduint-il à plusieurs Euesques; que leurs Diocesains choisirent pour leurs Contes, & Gouuerneurs. Quoy faisant il semble que les Gaulois eussent apprins, par la frequentation qu'ils auoyent eu auec les Romains, par quels moyens la Republique Romaine auoit esté mise en splendeur de plus longue duree, soubs le regne de Numa Pompilius, qu'elle n'eust esté si Romulus eust laissé vn successeur aussi cupide de remuemens & maniemens des armes, que luy auoit esté. Il semble (dy-ie) qu'ils croyoyent (comme la verité est) que la felicité d'vn pays ne depend moins de l'obseruance de la pieté, & iustice, que des grãds & excellẽts faits d'armes: desquels (horsmis qu'ils seruent quelquesfois, pour descharger le pays, quãd il est greué de multitude, & sur tout de faitneants) ne resulte que inhumanitez: soubs lequel mot ie pense comprendre tout ce que se peut trouuer contraire à l'intention pour laquelle Dieu a mis l'homme en ce monde. Ioint que si en quelque endroit ce rien (que nous appellons Fortune) mõstre son inconstance, c'est (sur tout) és actions belliques, qu'elle ne permet estre perpetuellemẽt heureuses: ains si entremeslees de disgraces, que si bien les Romains (viuãt leur Romulus) eurẽt quelques bõs heurs, il n'estoit certain (aduenant que Numa eust esté de mesme humeur) que Rome ne souffriroit quelque eschec à la longue, comme depuis elle a faict, apres auoir attaint vne grãdeur, que les volleries, brigãdages, & rapts des premiers, soiẽt fõdateurs, soiẽt restaurateurs d'icelle, ne pouuoyẽt esperer.

OR LES GAVLES reduittes à ces termes, plusieurs choses nous font croire, que les Euesques de Chalon eurent autãt de pouuoir sur les leurs, que Sidonius de Polligniac, ou (iouxte le Latin) d'Apollinar, en eut sur ses Auuergnats, & Veleyés. Aussi toꝰ tiltres, & anciẽs documẽts, esquels il s'agit des authoritez de l'Euesque de Chalon, font foy, que la Conté de Chalon est du fied de l'Euesque: & par consequent qu'il a tel droict sur le Conte, que le seigneur sur son vassal. Ainsi l'ont recogneu, & aduoüé tous les anciẽs Contes. Si toutesfois quelques modernes ont fait refus d'en ester au vray deuoir: ce a plus esté par volonté, que auec raison. Et leur bon naturel a esté desuoyé par la malice de leur Conseil.

DEPVIS ce temps-là a esté mise en practique la fable d'Esope, du Corbeau, & du Renard: comme le Renard (voyant que le Corbeau auoit gaigné vn formaige, & qu'il le tenoit au bec, sur vn arbre si hault, qu'il ne y pouuoit atteindre) eut recours à ses accoustumees ruses,

S. Sidonius.
Viconte de Polligniac.
Euesques Contes.

Numa Pompilius. Romulus.

Inhumanité.

Fortune inconstante.

La Conté de Chalõ du fied de l'Euesque.

Fable d'ęsope.

Ll iij

disant qu'iceluy Corbeau auoit la voix la plus harmonieuse que oyseau qu'on cogneust, & pource le prioit de chanter: sçachant (comme il aduint) que s'il entreprenoit chanter, le formaige tomberoit, & luy seroit tout prest pour l'amasser, & s'en saisir: ainsi infiniz Renards, (du nombre de ceux qui endommagent la cloison de l'heritage de Dieu, & qui vont faire leurs terriers en sa vigne) ont voulu prescher, dire, & persuader que pauureté estoit la vraye compagnie de l'Eglise, & que comme y necessaire, elle y doit estre perpetuellement adherente: pretendants par là (mais faussement) que la pauureté Euangelique soit ne rien auoir: comme si (ce que nous reprochent noz plus ennemis capitaulx) l'Euangile estoit vne loy de belistres, & comme s'il estoit deffendu aux Chrestiens d'auoir des biens, en viure auec actions de graces, sans y apposer leurs cœurs, ny s'y tant affectionner, qu'on en oublie son deuoir. Cependant toutesfois, il n'y a eu faute d'hommes simples, qui ont (comme le Corbeau) lasché leurs prinses, & choses bien acquises: mais ils n'ont si tost ouuert le bec, que le formaige leur est cheut, & les Renards (c'est à dire les plus cauts) l'ont amassé, & en ont fait leur profit, sans scrupule de conscience. Tellement que eux qui souloyent blasmer en leur frere Chrestien la possession des biens temporels, s'en sont donnez par les ioües, sans plus disputer si c'est Chrestiennement faict, ou non. L'Euangile repugnoit qu'vn autre l'eust, mais d'eux il s'en taist: cöbien que la primitiue des Chrestiens soit generale & vniforme.

PAR LA aduint que quelque Euesque de Chalon se defeit du tiltre & administration de la Conté dudit lieu, & l'infeoda à vn lay. En quoy il imita l'excellent Capitaine, auquel on attribue ce propos: *I'ayme mieux commander à ceux qui ont de l'or, que d'auoir l'or moy-mesme.*

QVOY qu'en soit, du temps du Roy Loys le Ieune, vne sorte de volleurs & brigands s'esleua en France, nommez Brabançons, ennemis iurez des Eglises, & des Ecclesiastiques: l'vn de leurs chefs estoit Guillaume Conte de Chalon. Le Roy prenommé (apres l'auoir sommé de se departir de ses vicieuses façons) s'arma contre luy, le priua de sa Conté, & la diuisa en deux. Il donna l'vne des moitiez au Duc de Bourgongne: l'autre au Conte de Neuers: selon que le rapporte Aymoinus Monachus au 55. chapitre de son cinquiesme liure.

LA MOITIE qui fut donnee au Conte de Neuers aduint, à traict de temps, à vn puisnay de ladite maison de Neuers, qui fut aussi Baron de Donziois: & de luy descendit Geoffroy de Donzy. Ce Geoffroy desireux de faire le voyage de la terre saincte, & (cöme il est à croire) n'ayāt d'argēt en bourse, ce qu'il estimoit necessaire, pour se faire paroistre par despēse, en l'expedition qui se presentoit, mit en vēte sa moitié de ladite Conté. Pour fauoriser son oncle Sauaric, Conte pour l'autre moitié, il s'addressa premierement à luy. Mais Sauaric ne se sentant assez pecunieux, pour prōptemēt fournir la sōme demādee, il en parla à l'Euesque

VValterius

VValterius(nous pourrions dire Gaulthier)& à son Chapitre: qui tombans d'accord auec le Conte Geoffroy, luy en payerent deux cens onces de fin or: l'once estimee pour lors quarante solz. La plus-part dudit or leuee du tableau de sainct Vincët. Il y a au Latin *quas de tabula S. Vincentij corraserat*: & pource que ce mot *Tabula* a diuerses significations, l'ayant exposé tableau, ie n'empesche qu'on le puisse interpreter table, & dire que le susdit Euesque les auoit assemblé de longue main en retranchant du viure ordinaire de luy, & de ses Chanoines: car lors encores l'Euesque estoit chef du Chapitre, & superintendant des biens, & facultez d'iceluy. *Tabula* aussi pourroit signifier le tronc, & bancque des offrandes: lesquelles (la pieté estant encores en son entier) estoient d'vn incroyable profit: & maintenant(que la crainte, nourrice de la religion est aneantie) il n'en est plus aucune nouuelle.

Gaulthier Euesque. Achapt de la Côté de Chalon.

LES LIMITES de la chose venduë furent, dés les croix plantees outre le village sainct Marcel, iusques au port de Lus, suyuant le cours d'vne petite riuiere, dicte au tiltre Latin *Talieta*. Dés le pont de Deroupt, iusques au pont de Champforgeul, & selon que tout le finage dudit lieu s'estend, iusques à la forest dicte Vesure des Chanoines, en retournant aux croix sus-mentionnees. Ce sont les motz d'vn tiltre trouué au Thesor dudit Chapitre. Depuis selon que ce premier achapt fut augmenté, les bornes de la Iurisdiction de l'Euesque, & chapitre ont esté diuerses.

Limites de la seigneurie de Chalõ tenuë par l'Eglise. Talieta flumare.

ET QVANT à la forest de Vesure des Chanoines, lõg temps a qu'elle fut couppee, essartee, & mise en prayrie, qui dure iusques pres du village de Crissey. Icelle est à present reduicte en la totale Iustice, & omnimode seigneurie du Doyen de sainct Vincent de Chalon: sauf que chacune seyture desdits preyz, doit chacun an cinq solz de cése au Celerier de ladite Eglise.

Forest de Vesure des Chanoines. Iustice du Doyen de Chalon.

QVELQVE temps apres le Duc de Bourgongne, non content de sa moitié de Chalon, donnee à son predecesseur, & ancestre (comme dit a esté) par le Roy Loys le ieune, voulut pretendre le tout luy appartenir. Lors les Rois(comme souuerains) auoient encores cognoissance des actions que les Ducs de Bourgongne intentoient, en leur propre & priué nom, contre qui que ce fust: notamment l'Euesque de Chalon vsoit de gardienne, & en ce nom auoit ses causes commises par-deuãt le Roy ou ses Iuges ordinaires en premiere instance, & souuerains en dernier ressort. Quoy qu'en soit, le Duc de Bourgongne intenta vne action cõtre ledit Euesque, au faict des droicts de la proprieté, & iurisdiction de l'autre moitié du Conté de Chalon, acquise des ayants droict du Conte de Neuers, selon que dit est, auec Aymoinus Monachus au lieu pre-allegué.

Trouble par le Duc de Bourgongne.

Garde gardiéne.

Aprés long traict dudit procez, le Duc Hugues de Bourgongne premier du nom (auant que de laisser le monde, & se retirer à Clugny) en

Hugues Duc de Bourgõgne.

Ll iiij

transigea auec l'Euesque de Chalon, au profit de l'Eglise. Estant tombé en mention de ce Duc, que quelques vns confessent bien auoir esté retiré audit Cluny, pour y viure en solitude, mais nyent qu'il y ayt prins l'habit, ny qu'il y ayt esté Moyne : i'ay pensé qu'il ne seroit impertinent d'en faire cognoistre la verité, par le moyen de son Epitaphe qui est tel audit Cluny.

Si Hugues de Duc fut moyne à Cluny.

Epitaphe du Duc Huges.

> Hic requiescit celebrandæ memoriæ,
> magnusque sæculi contemptor Hugo olim
> Dux Burgundiæ, postea Sacerdos, &
> Monachus huius sanctæ Ecclesiæ Cluniacensis.
> Anima eius requiescat in pace. AMEN.

Cest Epitaphe sert de preuue suffisante que ledit Hugues fut prestre, & moyne en l'abbaye de Cluny.

MAIS pour reuenir à la transaction de laquelle nous estions en propos: Vignerius (homme docte, & diligent en la recherche de ce que concerne l'histoire de Bourgôgne) dit que l'Euesque de Chalô, molesté par le Roy, au fait de sa Iurisdiction, s'ayda d'icelle transaction. Et i'ay sceu d'ailleurs, que l'Euesque eut arrest pour luy, & qu'il obtint en tout, & par tout : hors-mis que le nom, & tiltre de Conte ne luy fut pas laissé. Mais il est implicitement assez Conte, qui a le Conte (de quelle qualité qu'il soit) pour son vassal.

Vignetiº.
Pour l'Euesque de Chalon.
L'Euesque de Chalon n'a tiltre de Côte.

EN VERTV des transaction, & arrest prementionnez, les Euesques de Chalon ont ioüi sans contredit de la moitié de Chalon en proprieté, auec plenitude de toº droicts, hors-mis la souueraineté: & ont eu droit de fied sur l'autre moitié, iusque au temps du Roy François premier du nom, comme nous auons à dire autre part. Pour verifier la iouyssance desdits Euesques, sert vn tiltre de transaction & concorde passé entre R. pere en Dieu Messire Durand Euesque de Chalon, & son Chapitre d'vne part, & Mes-dames Alis de Vérgy (à laquelle Eudes Duc de Bourgongne, troisiesme du nom, auoit laissé le gouuernement, & ballisterie du ieune Duc Hugues leur fils) & Beatrix Contesse de Chalon: du temps que l'Euesque, & le Chapitre pour vne moitié, le Duc, & le Conte, ou Contesse, pour l'autre moitié estoyêt respectiuemêt Contes, & seigneurs de Chalon. Mais puis-que i'ay obmis d'inserer les tiltres precedans, il vaut mieux que i'insere icy ladite Concorde : qui est telle.

Roy François premier.

Les sieurs de Chalô.

Ego D. miseratione diuina Episcopus, & Capitulũ Cabilonens. & Ego A. Ducissa Burgundiæ, & Ego B. Comitissa Cabilonens. Omnibus notum facimus, quòd nos elegimus Duodecim Dictores, qui iuramento præstito, nos super consuetudinibus, & iure, quod vnusquisque nostrum habeat apud Cabilonem certificarent. Qui in hunc modum concordauerunt. Claustrum durat vsque ad furnum au Cot, & dimidium vicum Iudæorum, & dimidiam Sagonam, quantum Claustrum durat, à ponte Molendinorum, vsque ad pontem sanctæ Mariæ, & medietatem Dobiez vsque ad turrem Domini Verduni. Icy est remarquable que Chapitre

Trãsactiõ notable.

Estenduë du Cloistre.

de Chalon. 405

tre est nommé entre les seigneurs à Chalon : & leur portion de seigneurie comprinse dedans l'enclauement du Cloistre, la continuation de ladite Concorde le verifie d'auantage en ces motz: *Duodecim seruiētes sunt in Cabilone: tres illorum sunt Episcopi, & tres Capituli, & tres Ducissæ, & tres Comitissæ. Isti possunt retinere homines apud Cabil. & liberi sunt ab omnibꝰ coustumis, nec debent applegiare de forefacto suo, nisi corā Domino suo vnusquisque. Claustrū est enim Episcopi: & habet in eo iustitiam suam. Ducissa etiam, & Comitissa habent in eodem iustitiā. Ita tamen quòd nō possunt vadiare in Claustro. Sed quando ille qui forefecit recedit à Claustro, tunc possunt emendā leuare, secundum quod forefecit. De paruis forefactis nō debent emendā leuare dictæ Ducissa, & Comitissa, nisi inde clamorem habuerint. Vel si Præpositus Episcopi emendam inde leuauerit: & si ita fuerit, tunc possunt emendam leuare famuli earum. Si alienus homo venerit in Ciuitatem, & hospitatus fuerit penes aliquē eorum qui possunt retinere homines, illius Domini erit. Si autem non fecerit Dominum infra annū, & diem, erit Ducissæ, & Comitissæ. Si aliquis probetur esse fœnerator per testes idoneos, totum mobile ipsius erit Ducissæ, & Comitissæ, quod tunc habebit: & similiter quotiēscunque alias probabitur esse fœnerator. Dictores verò illū solum fœneratorē intelligūt, qui solidū, vel librā per ebdomadā, vel mensem, vel annū, pro denario, vel denariis eiusdē monetæ, vel alterius accōmodat, Ludo excepto. Ita quod de retroactis, vsque ad confectionem chartæ, non posset aliquis super hoc conueniri. Alio modo non intelligitur esse fœnerator. Et debet probari de vsura ad turrim nouā: & de omnibus forefactis Claustri venietur similiter ad turrim nouā. Et de aliis forefactis extra Claustrū venietur ad Præpositos Ducissæ, & Comitissæ, & Vicecomitis: & in omnibus emendis Ducissæ, & Comitissæ, habet Vicecomes tertiam partem. Sed Præpositi Ducissæ, & Comitissæ possunt quittare, vsque ad quatuor denarios. De omnibus qui possunt retinere apud Cabilonē homines, nullus potest retinere hominem alterius in Cabilone, vel appendiciis, nisi iustè, & pacificè fuerit homo, à domino suo separatus. Magnæ stratæ mercatorū, per aquā, & per terram sunt Ducissæ, & Comitissæ. Iustitia villæ sancti Laurētij, & Deschauenes, & sanctæ Mariæ, sunt Ducissæ, & Comitissæ: salua libertate Ecclesiarū, & Cimiteriorū, & Pontenariorum Episcopi. Homines de Cabilone non debent pedagiū circa tres leucas extra Cabilonē. Et si Episcopus vel Ducissa, vel Comitissa, vel ille qui pro negotio Capituli mitteretur, voluerit ire per aquā: capient de nauigantibus Dominorum pro voluntate sua, saluis expensis eorundē. Nec Ducissa, nec Comitissa super Episcopū, vel Capitulū, vel suos, possūt aliquid alleuare, nisi de assensu eorū. Et de residuo facient voluntatē suā: & si clamor venerit ad Episcopum, faceret inde quod ad se pertinet. Si crietur pro cōmunitate villæ, criari debet assensu Episcopi, & Capituli, Ducissæ, & Comitissæ, & Vicomitis in Claustro, & villa. Alias extra Claustrum, ex parte Ducissæ, & Comitissæ, & Vicecomitis. Et iustitia sanctæ Crucis, & sancti Martini, & sancti Alexandri est Episcopi. Et quicquid Ducissa apud Cabilonē & appendiciis, in quo partitur cū Comitissa, est de feodo Episcopi. Si verò aliquid est omissum, super quo nō est à Dictoribus definitū: per eosdē Dictores, vel per alios, quos Episco-*

Douze seigens à Chalon, & de qui ils sont.
Cōme le Duc, & Cōte ont Iurisdiction en Cloistre.
Des hommes des sieurs.

Des vsuriers.

Que c'est qu'vsurier.

Vicōte de Chalon.
De dōner les arrests.
Des chemins marchands.
S. Laurēs.
Les Chauenes.
Saincte Marie.
Franchise de peage.
De faire imposts.
Des criees publiques chose remarquable.
S. Croix.
S. Martin.
S. Alexandre.
La part du Duc & Conte sont du fied de l'Euesque.

pus, & Capitulum, & ducissa, & comitissa eligent, debet terminari. Actum est hoc Anno ab incarnatione domini millesimo ducentesimo vicesimo primo, mense Augusto: Die Iouis post festum beati Bartholomei.

Chose cōtre toute cōmune façon.

A V A N T que i'eusse leu le tiltre sus-escrit, ie trouuois fort estrange, quand on me disoit, que du temps des Ducs de Bourgogne on souloit faire les criees, & proclamations publiques en la terre de l'Euesque, de par Mōsieur le reuerend Euesque de Chalon, & de par Mōseigneur le Duc: mais la lecture du susdit tiltre m'a apprins (& depuis ie l'ay sceu, comme dit est) que la moitié de Chalon est de la seigneurie de l'Euesque, & l'autre (qui est de la iurisdiction du Roy, comme ayant le droict des Ducs) est mouuante, & tenuë en fied dudit Euesque. Ainsi, qu'il est seigneur de toute la ville de Chalon, à sçauoir, de l'vne des moitiez, qui luy est propre, & de l'autre, comme en ayant le fied dominant.

l'Euesque sieur de Chalon.

Vignerius.

Transaction sur la seigneurie de Chalon.

I'A Y D I T, & sur ce allegué l'authorité de Vignerius (homme docte, & diligent en l'histoire) que l'Euesque de Chalon estant molesté par le Roy, au faict de sa Iurisdiction, auoit employé la transaction faite iadis entre Hugues premier du nom Duc de Bourgongne, & vn autre Euesque de Chalon: & qu'en vertu de ladite transaction, l'Euesque auoit obtenu ses fins. L'execution de l'arrest fut telle, que ledit Euesque confirmé seigneur de Chalon, la proprieté de sa iurisdiction fut limitee selon les confins mentionnez en l'instrument de Concorde cy dessus transcrit. Et d'auantage fut adiousté pour plus claire intelligence de la diuision entre l'Euesque, & le Conte (soit Roy, soit Duc, soit simplemēt Conte) que depuis le pied du pōt de Saone (qui n'estoit encores de pierres comme il est: & sur lequel sont de present ces vers Latins:

Pont de Saone.

Quem cernis rigido constructum marmore pontem,
Antè fatiscebat lignea congeries.) prenant la moitié des ruës, qui vont droict à la porte par laquelle on va à Beaulne, celle portion qui est du costé de l'Eglise Cathedrale, seroit à l'Euesque & au Chapitre: l'autre plus prochaine de Chastelet, seroit du Prince, & neantmoins du fied de l'Euesque.

Meslāge de Iurisdiction.
Liberté notable de s'aduouër hōme de qui veult le nouueau venu.

F A V L T noter que l'ancienne loy Chalonnoise, entremesloit quelque peu les Iurisdictions: d'autant que de toute ancienneté, tous nouueaux venuz habiter à Chalon, auoient ceste liberté de s'aduouër hommes ou de l'Euesque, ou de Chapitre, ou du Duc, ou du Conte: en quelque part de la ville qu'ils fussent habitans. Vray est, que si auant l'an & iour ils ne s'estoient aduoüez, & inscripts au roolle, & registre de l'vn desdits seigneurs, celuy riere lequel au bout dudit an & iour il se trouuoit tenir feu & lieu, coucher & leuer, les pouuoit pretendre & maintenir ses hommes.

Hommes de Chapitre.

L A gracieuseté dōt le Chapitre vsoit enuers ses hōmes, faisoit q̄ plustost ceux qui auoient à choisir seigneur, s'aduoüoient hommes dudit Chapitre. Aussi ne payoient-ils pour toute redeuance, que demye liure

de

de Chalon. 407

de cire de rente annuelle: encores la bôté des Chanoines la modera puis apres à vn quarteron: selon que les actes Capitulaires en font indubitable foy.

N'EST à omettre que (comme nous esperons dire cy apres) du têps que les foires des Brandons (vulgairement des Bordes) & du moys de Aoust, estoient encores à Chalon, les sieurs Doyen, & Chapitre de l'Eglise Cathedrale, acheterent de Odet de Fontaine, la quarte partie des redeuances deües pour raison des marchandises mises en foyre. Mais d'autant que celà sera mieux sceu & entendu par la teneur du tiltre sur ce expedié, i'ay mieux aymé en mettre icy la copie, quod'en faire vn abbregé. *Vniuersis præsentes literas inspecturis, ego Odetus Præpositus de Fontanis Domicellus, filius quondā Domini Guillermi de Fontanis militis defuncti: Notū facio, quòd ego non vi, non dolo, non metu ad hoc inductus, nec in aliquo circunuentus, sed spontanea voluntate mea non coactus, pro necessitate mea, & vtilitate euidenti, vēdo, cedo, cōcedo, delibero, & penitus quitto pro me, & heredibus meis, liberè in perpetuum, sine retentione, & reclamatione aliqua in posterū Venerabilibus viris Decano, & Capitulo Cabilonens. & eorū successoribus, quartā partem omnium rerum, quæ hic inferius annotantur. Quā partiūtur cum Domino Iocerando de Saudone milite in medietate, & cum Rectore Domus Dei de Giureio, pro alia quarta parte. Quam quartā partē venditam cū prædictis Domino Iocerando, & Rectore singulis annis in magnis nundinis Cabilon. percipere consueui. Quæ quidem res tales sunt. Primo videlicet de quolibet quintallo piperis, quod vēditur in grosso, vna libra piperis. De quolibet Estacenario qui vendit in minuto, vnus quarteronus piperis. De quolibet mercerij stallo quatuor denarij præterquā de hominibus Domini Episcopi Cabil. De quolibet stallo cufariæ duo denarij. De quolibet stallo burserij quatuor denarij. De quolibet stallo sutoris quatuor denarij. De quolibet stallo ferreteriæ quatuor denar. De qualibet sella vēdita duo denarij. De qualibet sella deaurata vēdita quatuor den. De quolibet freno deaurato quatuor den. De qualibet duodena pelliū corduani duo denarij. De qualibet duodena pellium de bazena vnus den. De qualibet duodena de megeiz vnus den. De quolibet balone calibis quatuor den. De qualibet pecia cupri non operata, quatuor den. De centū lāceis vna lācea. De quolibet stallo corderij vnū capistrum, vel duo den. De centū potis vnus potus. In quibus omnibᵒ, & singulis prædictis quartam partē in prædictis magnis nūdinis Cabilon. percipere cōsueui, &c.* PAVLÒ POST. *Hanc autem venditionem ego Aalis vxor dicti Odeti volo, laudo, & cōcedo dictis Decano, & Capitulo, & quicto eisdem quicquid iuris habeo in omnibus & singulis prædictis ratione dotis, dotalitij vel ratione alia qualibet, &c.* SVB FINEM. *Nos verò Guillelmus miseratione diuina Cabilon. Episcopus, de cuius feudo mouent omnia, & singula prædicta nomine sedis Episcopalis Cabilon. volentes liberalitatem nostram in dictos Decanum & Capitulum extendere, & exercere dictam venditionem, volumus, laudamus, & concedimus pro nobis, & successoribus nostris: & feudum prædictorum eisdem Decano & Capitulo in perpetuum remittimus, anullamus, & mortificamus. In cuius rei testimonium pro*

Redeuāce des hōmes du Chapitre.

Foires de Chalon. Odet de Fontainnes.

Droict de Chapitre sur les foires de Chalon. Iocerand de Saudon. Maison Dieu de Giury.

Guillaume Euesque de Chalon. Fief de l'Euesque.

Des antiquitez

nobis, & ad requisitionē dictorum Odeti, & Aalidis sigillum nostrū præsentibus literis duximus apponendū. Datum tertio nonas Iulij, Anno Domini M.CC. *nonagesimo.* Ce qu'est retraché desdites lettres importe trois articles de choses vëdües audit Chapitre: l'vne est de quinze solz viennois de cense annuelle, sur le four dit de Myelle, situé à Chalō iouxte la maison de Guillemin Bonuallot: l'autre de dix solz vienn. de cēse sur la vigne de Rochefort, appartenant à Regnauld Berers, & aux enfans de feu Iean Gasteau. Le tiers est de cinq solz cinq den. & maille, de menües censes annuelles, deües & assignees sur certaines maisons de Chalon: & lesquelles censes se partagēt auec les enfans feu Messire Pierre Desree Cheualier. Le tout mouuant, & tenu en fied du R. Euesque de Chalon, à cause de son siege Episcopal.

<small>xv. s. viēn. de cēsē.
x. s. vienn. de cense.
Vigne de Rochefort.
v. s. v. deniers de cense.
Fied de l'Euesque</small>

TELLE estoit l'authorité & seigneurie de l'Euesque, & Chapitre de Chalō, que les habitās de la ville ne pouuoiēt faire impostz sur eux, que ce ne fust de l'expres cōgé, licēce & permission desdits Euesque & Chapitre. Notāment les murs de la ville de Chalō estans fort ruinez, les fossez répliz, & les chemins & voyes publiques en tres-mauuais ordre, il n'estoit questiō vser d'impositiōs par tiers sur les Eglises, sur les habitans dedans la ville, & sur le plat païs à trois lieües d'icelle ville. Ains y estoit pourueu comme il apperra par la copie du tiltre icy transcript.

<small>Droicts seigneuriaux de l'Euesque & Chapitre.</small>

NOVS Iean par la grace de Dieu Euesque de Chalon, Doyen & Chapitre dudit lieu, faisons sçauoir à tous, que ouye la supplication, & requeste à nous faicte par noz bien-amez les bourgeois, & habitās de la Cité de Chalon: disans que les murs & fossez ordōnez pour la forteresse, & defense de ladite Cité, sont si descheuz, & si gastez, que ladite Cité pourroit estre en proye, si remede n'y estoit mis briefuemēt. Et aussi les chaintres, chemins, & voyes publiques enuirō ladite Cité sont en si mauuais poinct, & dōmages, que les cheuaux, charrettes, marchand:ses, viures, & autres necessitez ne peuuent bōnement venir en ladite Cité, ny yssir d'icelle sans grand peril. NOVS euë la deliberatiō surce, auōs octroyé & octroyōs de grace especial, esdits bourgeois & habitans le peage, ou barrage à leuer, & receuoir en ladite Cité, & en ses circōstances par deux personnes, auec celuy qui est, ou sera deputé pour l'octroy semblable, fait à grād & excellent Prince Mōsieur Iean de Frāce, ayāt le bail, & gouuernemēt de la Duché de Bourgōgne. Desquelles l'vne desdites deux personnes sera eslite par les gēs de noº l'Euesque, & l'autre par les gēs de nous Chapitre dessusdit iusques à trois ans, cōmencez à compter, de la date de ces presentes lettres. Pour cōuertir les leuees qui faictes en seront, par lesdits deputez, és refectiōs desdits murs, & fossez: & reparatiōs des chaintres, chemins & voyes publiques d'enuirō ladite Cité. Par telle maniere, que ceux qui serōt deputez par noz gēs, & ceux qui sont, ou serōt par les gēs dudit Mōs. le Duc, promettēt, & soyēt tenuz chacū an, durāt les trois ans, à rēdre bō & loyal cōpte par deuāt nous, ou noz gens, ensemble le Bailly dudit Mōsieur le Duc, ou son Lieutenāt à Chalon, des receptes, leuees, missions, & ouurages dudit barrage, & par leurs propres sermentz, à l'vz, & profit de ladite forteresse. Sans en rien cōuertir en autres vsages.

<small>Touchāt la reparation des murs, fossez, & chemins.

Permissiō de leuer peage pour trois ans.
Iean de France Duc de Bourgōgne.</small>

Et

de Chalon. 409

Et n'eſt pas noſtre volõté, ny intētion, que pour choſe qui ſoit faicte, ou dicte en ces preſentes lettres, preiudice, ou droict nouueau ſoit acquis à nulle perſonne, & cõ-prinſe encõtre l'autre: ains tous droicts anciens, & deuant ces letrres gardez, de-mourēt en leur bõ eſtat. Mandãs & cõmandans à tous noz Iuſticiers & ſubiects, tant cõme toucher nous peut conioinctemēt, ou diuiſemēt: prians, & requerãs tous autres, qu'en faiſant les choſes deſſuſdicts, obeiſſent à ceux qui deputez y ſeront de par nous, ou par noſdits gens: & leur donnēt conſeil, confort & ayde, ſi requis en ſont. Donné ſoubs noz ſeelz le x. iour de Iuillet, l'an mil trois cens cinquante.

PAR la teneur du tiltre ſus eſcrit appert aſſez cõbien eſtoit grãde l'au-thorité de l'Eueſque, & du Chapitre de Chalõ, & de quelle qualité eſtoit leur ſeigneurie, veu qu'ils pouuoiēt impoſer peage: & q̃ le receueur de Mõ-ſieur le Duc pouuoit eſtre aſſigné par deuant eux, en reddition de cõpte.

AV reſte la iuriſdiction de l'Eueſque, & du Doyen & Chapitre, n'eſtãt premieremēt diuiſee, mais poſſedee en cõmun, eſtoit d'vne meſme natu-re. Et cõbien que le nom, & tiltre de Conte de Chalon fuſt reſerué au ſei-gneur de l'autre moytié de Chalon, ſur laquelle la part de l'Eueſque, & Chapitre dominoit, d'autant que (comme il eſt verifié) le Conte en eſtoit vaſſal: ſi eſt-ce que ladicte iuriſdictiõ eſtoit de meſme, & ſemblable qua-lité que celle du Conte. Car cõme le Cõte auoit ſon Iuge Chaſtellain, du-quel les appellatiõs alloiēt par deuãt le Bailly dudit Cõte, & du Bailly par deuãt le Duc; comme ayant droict de ſouuerainneté; & à faute de ce, par deuant le Roy, ou ſa ſouuerainne Cour de Parlemēt de Paris, dicte Cour des Pairs: Ainſi la iuriſdictiõ de l'Eueſque, & du Chapitre (quãt au tēpo-rel) auoit deux degrez de iuriſdictiõ. Et le Bailly du Conte n'euſt oſé pre-tédre cógnoiſſance des appellatiõs procedees des Iugemēts du Bailly de l'Eueſque, ou Chapitre. D'autant que ſi *par in parē nõ habet imperium*, tant moins le Bailly du ſeigneur ſur le Bailly du ſurſeigneur, que nous appel-lons ſeigneur du fied dominant.

ICY cõbien que ie recongnoiſſe vne faute toute euidente, & erreur en matiere d'eſtat, cõmiſe par ceux qui ont cõſeillé au Roy, & moyéné auec effect q̃ chaſque ſeigneur n'euſt en vn lieu qu'vn degré de iuriſdiction: ſi ne ſçay-ie bonnemēt à qui pluſtoſt en attribuer le tort, ou à la loy du Cõ-ſeil priué, laquelle porte q̃ tout hõme (auãt que d'y eſtre admis, ny receu) doibt iurer, que (delaiſſees toutes autres affectiõs) il veillera, trauaillera, & s'employera en tout, & par tout, pour le ſeul profit & vtilité du Roy: ou la preſumption de ceux qui s'eſtimans d'eux meſmes aſſez ſuffiſans pour dõner loix au mõde vniuerſel, & dreſſer vn modelle de perfaicte Monar-chie, ſur les loix, & Republique de Platon, meſlangees auec les Politiques d'Ariſtote, n'ont prins la peine d'entēdre, & moins daigné ſçauoir l'vtili-té des anciés eſtabliſſemens Galliques, & Frãçois, & combien il eſt peril-leux deſuoyer les affaires de Frãce de leur ordre poſé, & aggreé: & cõbien attempter ſur les droicts des hõmes de premiere qualité, és deux princi-paux eſtats eſt faire breſche à l'obeiſſance que les intereſſez ſont (au reſte) tenus porter à leur Roy. IE puis coniecturer, que les premiers péſoient

Mm

La iuriſdi-ction de l'Eueſque non diui-ſee d'auec celle de Chapitre.
Le Conte vaſſal de l'Eueſque.

Deux de-grez de iu-riſdiction.
Le Bailly du Conte ne cõgnoiſ-ſoit des ap-pellations des Iuges de l'Eueſ-que & Chapitre.
Contre ceux qui ont faict oſter le double de-gré de Iu-riſdiction.
Loy du Conſeil priué.
Contre quelques mauuais Cõſeillers.
Mutations dangereu-ſes.

satisfaire à ce que leur serment portoit en eneruát, ou pluſtoſt ſouſtrayát la iuriſdictió des Prelats, & hauts ſeigneurs, pour engreſſer celle du Roy. Et q̃ fondez en vne vulgaire maxime, q̃ facilement toutes choſes retournét là d'où elles ſont parties: ils ont péſé que tel retranchemét d'vn degré de iuriſdiction, pourroit eſtre vn acheminement pour leur faire encores perdre le ſurplus. Mais ſe trópans les premiers, ils ont par apres trompé le Roy, quád ils luy ont voulu faire croire, que toutes Iuſtices ſót à luy. Car ſi bien il eſt chef de la Iuſtice (qu'on ne luy peut nyer) ſi n'eſt-ce pourtát à dire qu'elle ſoit toute à luy, autremét qu'en protection, mais non pour la faire ſi propremét ſienne, qu'autre que luy n'y ayt rien. Il n'y a hóme bien entédu qui ne ſçache, que cóbien que pluſieurs grãds ſeigneurs ſoiét entrez au fied, & obeiſſance du Roy, ſi n'ont ils pourtát fait cóme les Moynes du paſſé, & ne luy ont donné eux, & leurs biés. Il y a grãdiſſime difference entre vn bien tenu du Roy, & bien releuát du Roy: & ceux qui confondent ces manieres de parler s'abuſent lourdemét. Car le bien eſt tenu, quand il prouient de bien-faict: & tous les fieds n'ont eſté donnez par les Rois: ains la pluſpart de leurs vaſſaux (car feodal, & vaſſal ſót relatifs) ſont de leur propre, pure & bóne volóté deuenuz hómes des Rois. Ainſi c'eſt faillir en faict & en droict, de dire que les Iuſtices ſont venues du Roy, & qu'elles ſont ſubiectes à retour. Ie ſçay que és terres du dómaine du Roy les Ducz, & Contes n'eſtoiét que ſes Officiers: mais on ne me ſçauroit verifier que le Roy fuſt vnique ſeigneur proprietaire és Gaules, & depuis en Fráce: & qu'il n'y euſt point de Ducz, Contes & ſeigneurs, qui tinſſent biens autrement qu'en office. Au contraire le ſeigneur de Iouinville en ſon hiſtoire du Roy ſainct Loys, montre aſſez que la Cóté de Champaigne n'eſtoit mouuante de la couronne de France, ny luy (Seneſchal hereditaire de Champaigne) homme du Roy.

C'ESTOIT iadis l'vne des plus apparétes marques de Duc, Cóte, haut Baró, &c. quád ils auoiét deux degrez de iuriſdictió: & auoir Bailly n'appartenoit qu'aux ſeigneurs de fied de haut Ber, c'eſt à dire releuát nuëmét du Roy. Surquoy eſt à ſçauoir qu'en ceſte part releuer ne concerne la nature du fied, mais de la iuriſdiction: Car anciennement tous ſeigneurs de fied de haut Ber (que les vieils autheurs interpretẽt Barós) auoiét ce droit, preeminécc, & authorité, que les appellations de leurs Baillis alloient immediatemét en Parlement à la Cour des Pairs. Leſdits ſeigneurs creoient notaires en leurs terres, auoiét leur ſeellé, dónoiét ſauuegardes entre leurs ſubiects, faiſoient appoſer brandons, leſquels il n'eſtoit licite enfraindre: nul officier du Prince n'euſt oſé entreprédre exercice de ſon eſtat en la iuriſdictió du ſeigneur de la qualité premiſe. Et ſi qlqu'vn l'euſt entreprins, il eſtoit cóſtitué priſonnier, & códamné à groſſe amẽde. Ie ſerois lóg, ſi ie voulois faire denómbrement des droits ſeigneuriaux des ſeigneurs de fied de haut Ber: & celà ne ſeruiroit de beaucoup à la matiere entrepriſe. Si toutesfois quelqu'vn les deſire ſçauoir, il les pourra apprendre de M. Iean Bouteillier en ſa ſomme rural, au chap. du Ber, ou Baró. Et ſurce ie termineray

---

Le Roy chef de la Iuſtice, mais non ſeul proprietaire.

Bien tenu, & releuãt du Roy, ſont deux.

Erreur.

Ducz, & Contes au dómaine du Roy ſont Officiers.

Ducz, & Contes en proprieté.

Le ſeigneur de Iouinville. Conté de Champaigne.

Deux degrez de iuriſdiction marque de grandeur.

Fied de haut Ber. Que ſignifie releuãt.

Ber eſt à dire Baró.

Droicts des Barós.

de Chalon.

neray ceste digressiõ, & diray que c'est vne belle chose que d'obseruer, & cõseruer ce qu'a esté biẽ estably par l'antiquité, & grãd preiudice aux affaires d'vn Prince, quãd ceux qui ne cõgnoissent pas bien l'imperfection de leur ceruelle, ont trop grãd pouuoir de s'en faire croire. Le pretexte de la sublation de deux iurisdictiõs en vn lieu, a apparẽce de pitié du pauure peuple : mais il eust esté plus vtile, que les subiects eussent examiné leur droict par deuant le Iuge ordinaire, & le Bailly de leur seigneur, que de passer par vn Bailliage royal : ou (oultre les Lieutenãs general, & particulier) sont erigez Conseillers, à la grande foule d'vn chacun, & si excessif espuysement d'argent. Ioinct qu'icy les Greffiers estans fermiers, ne peuuent faire bon marché, de ce que leur couste bien cher. Ie reuien dõcques à la iurisdiction de l'Euesque, & Chapitre de Chalon. Bailliage royal.

OVLTRE tout ce que dit est, pour marque de iurisdictiõ, & authorité que l'Euesque, Doyen, & Chapitre susdits ont sur toute la ville, & faulxbourgs de Chalon, & qu'encores ils deuroiẽt auoir, est le droict de quintaines, & ban de non vendre vin par certains iours prefix, & limitez de si long tẽps que le cõmencement n'en est certain. Mais il se sçait bien que si durãt les quintainnes, & ban susdit, quelqu'vn se fust hazardé de vendre vin és iours de l'Euesque, ou du Chapitre, les officiers de celuy qui estoit en sesdits iours, auoiẽt pouuoir de congnoistre du malfaict, faire le procez à l'infracteur des droicts seigneuriaux premis, & le cõdamner en l'amende : icelle amende appartenant à celuy qui estoit en ses iours, encores que le mesuz eust esté cõmis en la terre, & iurisdictiõ d'vn autre seigneur. Le Roy (entré au droict du Duc de Bourgongne, Conte de Chalon) n'a durans ses quintainnes, & bans, que quatre broches : l'Euesque huict, & Chapitre douze. Les temps des quintainnes, & ban de Chapitre estoit de quinze iours : commençans le Dimanche auant la my Caresme. Plusieurs (& mesmement ceux qui y pouuoient, & deuoient remedier) ont esté contens de laisser perdre au Roy le droict qu'il auoit en ceste part, afin que par mesme train l'Eglise descheust du sien. Droict de quintaines, & ban de vin. Priuilege notable. Droict du Roy. Droict de l'Euesque. Droict de Chapitre, & tẽps de son ban. Nuyre à autruy, sãs se faire profit.

IL ME souuient d'auoir dit que iadis l'Euesque, & le Chapitre auoiẽt tout en cõmun : I'ay aussi faict mẽtion que les Euesques voulurent auoir table separee : Celà fut cause que la masse totale du biẽ, & reuenuz de l'Eglise S. Vincent fut partagee entre lesdictes parties. Notamment le grãd Cloistre (qui est la partie de Chalõ appartenãt à l'Euesque, & Chapitre) fut diuisé de façon, que Chapitre eut son petit Cloistre separé du grand : lequel petit Cloistre comprend toute la structure de l'Eglise S. Vincent, auec la moytié de la ruë qui est entre ladite Eglise, & la maison Episcopale, iusques au deuãt d'icelle Eglise : & dez là iusques au four de Chapitre, qui estoit en la maison, au coing de laquelle est la prison S. Marcel, faicte en forme de tuyau de cheminee, ou souspirail de caue : le tout tẽdant par le milieu du paué, iusques à la poterne iadis dite de la Pescherie, & maintenant des Prestres : & d'illec à la Tour du seigneur de Verdun, appellee depuis la maison d'Emery, bastie par le Chancellier Raoulin, & apparte- L'Euesque & Chapitre separez de table. Le grand Cloistre diuisé en deux Cloistres. Estendue du petit Cloistre. Tour du seigneur de Verdũ.

Mm ij

nant de préſent au Chapitre. Dés ladicte maiſon, faiſant vn coing dudit petit Cloiſtre, faut retourner au premier coſin & limite, qui eſt la moytié de la ruë entre l'Egliſe, & la maiſon de l'Eueſque. Ainſi ce petit Cloiſtre de Chapitre comprend toute l'Egliſe, le Cloiſtre où ſe font les proceſſions, la maiſon Decanale (en laquelle ſont les priſons de Chapitre, & neuf belles & amples maiſons Canonicales, dont ladite maiſon d'Emery, ou Chanceliere eſt vne.

Eſtendue du grand Cloiſtre.

LE grād Cloiſtre Epiſcopal eſt (hors-mis le petit Cloiſtre de Chapitre) tout ce qui eſt comprins par le demy cercle des murailles de la vieille ville, dés le pont iuſques à la vieille porte de Beaulne. Et eſt ceſte demie enceinte comme vn arc, duquel la corde ſoit la moytié de la ruë des Iuifs, dicte de preſent la grand' ruë, tirant de ladite vieille porte de Beaulne, au pont des moulins ſur Saone. Oultre leſquels limites eſt la moytié de ladite riuiere de Saone dés ledit pont, iuſques au droict du foſſé de la ville, du coſté du faulxbourg ſaincte Marie.

Rue des Iuifs.

QVAND tous les droicts ſeigneuriaux que nous auons cy deſſus declaré, & mōtré appartenir aux Doyen & Chapitre de l'Egliſe Cathedrale de Chalon, ſerōt reduits & vnis enſemble, ie ne ſçay de quel front aucun homme, quelque impudent & ennemy de l'Egliſe qu'il puiſſe eſtre, oſeroit nyer qu'ils ſoiēt ſeigneurs en la ville de Chalon : & cōme tels, dignes d'eſtre reſpectez & reuerez par les habitans de ladite ville. I'en pourrois dire d'auātage, & extraire de la grāde enqueſte & ſentēce rendue contre R.P. meſſire Oliuier de Martroil, iadis Eueſque de Chalon : qui ayāt fort tormenté par procez les Doyen, & Chapitre de ladite Egliſe (contre leſquels il a touſiours eſté condamné) a eſté cauſe de leur faire prouuer, & verifier, & par conſequent eſclaircir leurs droicts : Mais ce n'eſt à preſent qu'il eſt qſtion dreſſer denōbremēt deſdits droicts ſeigneuriaux de Chapitre : pource m'en deporteray-ie, pour parler des autres Egliſes de Chalō.

Oliuier de Martroil, ou de Martrois Eueſque.

L'ORDRE requiert qu'apres auoir parlé des Egliſes S. Vincent (qui eſt la Cathedrale) & de celle de S. Pierre (qui eſt demouree reguliere) ie diſe quelque choſe de celle de S. George : laquelle ne fut au commencement qu'vne Chapelle (ainſi l'appelle Aymoinus Monachus) & fut exēpte du feu que Chalon ſouffrit, quand Lothaire fils aiſné de Loys Debonnaire, deſchargea ſur Chalō la cholere qu'il auoit cōtre Vvarin, ou Guerin Cōte de Chalon, ſelon que le tout eſt amplement deduit cy deſſus. Depuis elle deuint Egliſe parochiale, qui eſt le premier, & plus ancien tiltre des Egliſes ſubalternes, naiſſant le Chriſtianiſme. Telle paroche (ce mot, comme infinis autres, ſignifie ſelon l'intention de l'Egliſe Catholique, & non ſelon ſa primitiue ſignification, du tēps qu'il eſtoit purement Payen) eſtoit en premiere inſtance dependante de l'Abbaye de ſainct Pierre lez Chalon ; & l'Abbé dudit ſainct Pierre preſentoit le Plebain (que nous appellons Curé) à l'Eueſque, qui l'inſtituoit.

L'Egliſe S. George. Aymoinus Monachº. Chalon bruſlé.

S. George Egliſe parochiale. Paroche.

Odard de Montagu fondateur du Chapitre ſainct George.

ESTANT Eudes quatrieſme du nom Duc de Bourgōgne, Odard de Montagu Cheualier extraict de ladicte maiſon de Bourgongne, dont il

portoit

de Chalon.   413

portoit les armes, auec vne engresleure sur le bord, pour differéce, (ayant espousé Ieanne de saincte Croix, dont issit Henry de Mótagu) abádonna ses maisons des cháps, pour se retirer en la ville de Chalon, où ses predecesseurs (à l'imitation de plusieurs autres Gentilshommes du pays) auoiét vne maison ioingnant à l'Eglise S. George. Touché de deuotion, il entreprint de fonder en icelle Eglise vn Chapitre de 13. Chanoines, & 13. prebédes: l'vn desquels seroit Doyen, & auroit soing, & correction sur les autres. Et pource que son intétion estoit que la Cure fust vnie audit Chapitre: il conuint auec l'Abbé de S. Pierre, que l'vn des Chanoines auroit le tiltre de Curé, & que la prebende d'iceluy seroit en la presentation dudit Abbé, ainsi que la Cure souloit estre. Celà accordé, il feit supplication à Pape Iean xxij. seant en Auignon, au faict de l'erection dudit Chapitre: & elle luy fut accordee, auec cómission à R. P. en Dieu Bertold de la Chapelle, Euesque de Chalon, en date du ix. Auril 1323. pour executer ladite erection. Ce qu'il feit. Oultre le reuenu ancien de la Cure, le fondateur ne donna que neuf-vingts liures tournois de rente annuelle, & perpetuelle, assignee selon qu'il est porté par les lettres dudit Odard de Montagu. Le fondateur s'est reserué la presentatió aux prebédes. Et ont ses successeurs tát gaigné sur l'Abbé de S. Pierre (par la faute des Commédataires) que la prebéde reseruee, suyt à present la nature des autres. Les tiltres de l'erectió susdicts portét, que le tout fut faict du cósentemét d'Odo Duc de Bourgógne, parét dudit Odard: mais ce n'est en cest endroit seulemét, ains en plusieurs autres, que les noms de Eudes, & Ode se trouuent confonduz.

<small>Fondatió de Chapitre à sainct George.
De la cure S. George.

Pape Iean 22.
Bertold Euesque.

Premiere rente du Chapitre S. George.</small>

L'EGLISE S. George deuenue Collegiate, la Noblesse du Chalonnois print opinion d'y dresser vne Confrairie de S. George, en laquelle entrerent tous les Cheualiers d'armes du pays: hors-mis ceux qui auoient leur Confrairie particuliere à S. George lez Seurre, & ceux aussi qui auoient la leur à S. George de Mancey, entre Tournus, & S. Gengoulx. Le patronnage des prebédes S. George de Chalon, apres ceux du nom de Mótagu, vint à ceux de Paillart seigneurs de Muresault: puis à traict de temps aux Ducz de Longue-ville, à cause de la tour de Montagu, situee sur les murailles de la ville, derriere S. George de Chalon, n'agueres vendue par le Duc de Nemours, de la maison de Sauoye, qui s'est reserué la susdite presentation de prebendes, & l'a trásferé à sa terre, & Baronnie de Chaigny. AVTRE Eglise n'y a dedás le vieil enclos de Chaló, que lesdictes Cathedrale S. Vincent, & Collegiate S. George, sinon celle de la Commanderie S. Antoine, posee si vis à vis de l'Eglise S. George, que de l'vne on veoit facilemét le grád autel de l'autre: celuy de S. Antoine torné cótre l'Oriét, & celuy de sainct George contre le soleil couchant. Chose non si ancienne, que plusieurs ont pensé. Car messire André de Poupet Euesque de Chalon (qui fut receu l'an 1481.) aduerti par les Chanoines de sainct George, de l'incommodité que leur Chœur souffroit à cause du bruict des charrois, leur permit de transporter leur grand autel, & leur Chœur

<small>Confrairie S. George.
S. George lez Seurre. Mancey.

Seigneur de Paillart.
Tour de Montagu.
Iacques de Sauoye Duc de Nemours.

Sainct Antoine.

Autel contre le soir.
André de Poupet Euesque de Chaló.</small>

Mm iij

deuers le soir, ce fut le 22. de Iuin 1 4 8 6. Quant à la Commanderie de sainct Antoine, il n'est certain qui l'a fondee.

<small>Quatre Priorez.
S. Cosme.
Saincte Croix.
Saincte Marie.
S. Laurens.</small>

Es FAVLXBOVRGS (oultre les Parochiales) estoient quatre Priorez, posez comme en croix, autour de la ville. Ils souloiét estre Monasteres: à sçauoir sainct Cosme, qui dependoit de Cluny: Saincte Croix, de sainct Pierre de Mascon: Saincte Marie, de sainct Benigne de Dijon: & sainct Laurens, de l'isle Barbe pres Lyon. Les fortificateurs (ou plustost maistres de ruines) en ont demoly trois, & le quart est reduict à mauuais party. DE MENDIANS il n'en y a que deux Couuéts: vn des Carmes

<small>Carmes.
Cordeliers.
Philippe Duc de Bourgongne.
Moniales à saincte Marie.
Citadelle.</small>

au faulxbourg de sainct Iean du vieil Macel: qui n'a certain fondateur: & vn de Cordeliers au faulxbourg sainct Laurens, œuure du bon Duc Philippe de Bourgógne. Aussi y a il au faulxbourg de saincte Marie vn Monastere de Moniales, lequel estoit iadis de saincte Clere, depuis sont deuenues Vrbanistes: Pape Vrbain leur ayát permis porter l'habit de sainct Benoist. Ie ne veux taire au reste que la construction de la Citadelle n'a seullement ruiné les bastimens du Monastere S. Pierre, & du Prioré de saincte Croix, mais aussi l'Eglise parochiale de S. André y est ensepuelie.

APRES auoir dit ce que dessus des Eglises de la ville, & faulxbourgs de Chalon, ce lieu pourroit requerir que nous feissions quelque métion des Chefs, & superieurs en l'estat Ecclesiasticq', & mesmement des Euesques de Chalon: pour en dresser vn Catalogue, ainsi qu'il se trouue auoir esté faict par plusieurs, pour le regard d'autres dioceses. Mais sçachát que

<small>Monsieur Naturel Chantre Official &c. à Chalon.</small>

Monsieur Naturel Chantre & Chanoine en l'Eglise Cathedrale, grád Vicaire & Official en l'Euesché de Chalon, & Thesaurier en l'Eglise de Lágres, mon bon confrere & singulier amy, a employé vne fort soingneuse diligéce en la recherche desdicts Euesques, i'espere à la fin de ce discours, mettre en vn traicté à part, & rendre François, ce que doctement il en a recueilly en Latin. A tant dócques ie me deporteray de ce que touche le spirituel, & affaires Ecclesiastiques, pour venir à ce que concerne le temporel, & negoces seculiers.

<small>Duc, & Conte.</small>

ENCORES que la pluspart des hommes serieux tiennent que Duc, & Conte soient noms d'offices, plustost que de dignitez: si est-ce que celà se doibt entendre és terres qui sont purement du dommaine du Prince:

<small>Contre les tyrániques interpretes de la loy Bene à Zenone.
Roy des Turcz.
Grand seigneur.
Dieu seul est le Grád seigneur.</small>

mais (selon que i'ay desia touché cy dessus) ce seroit lourdement errer en l'histoire, & congnoissance des affaires du passé, de péser que tout ce qui est en la souueraineté, & soubs la protection d'vn Roy, ou autre Potentat, luy soit si propre, qu'il puisse disposer de l'vtilité comme il luy plaist: creer, & desmettre les seigneurs à volonté, & tádis qu'il luy semblera bó, comme on faict de quelques offices és iurisdictions de premiere instáce. I'ay bien sceu qu'en Turquie tous fonds sont proprietairement au Roy des Turcs, qu'aucuns (assez mal Chrestiennemét) appellent le Grand seigneur, car tel nom appartient à Dieu: & que és pays dudit Turc nul (fors luy) n'a vn seul iournal de terre, que en vsusfruict, ou à tiltre de precaire.

Mais

de Chalon.

Mais que celà ayt iamais eu lieu és Gaules, il n'y a autheur qui l'ait escrit. Au contraire il est bien certain, que quelque seruitute que les Gaulois ayent souffert, & quelque rude traictement qu'ilz ayent receu des Romains, soubz les premiers Empereurs: si n'ont-ils esté sans plusieurs seigneurs du païs, sans hommes de grands pouuoirs, ny sans infinies personnes, qui estoient proprietaires de possessions. Ainsi maints Princes ont esté seigneurs proprietaires de Bourgongne, encores que le Roy en fust souuerain. En ce temps là les Rois n'ayans autre reuenu que leur domaine (qui tousiours a esté grand) il n'estoit nouuelle ny mention de tailles, taillon, ny autres impositions. Les haults Barons de Fráce tenoiét leurs terres en telle franchise, que font de present les leurs, les Princes de l'Empire. Car (horsmis qu'ils estoient subiects seruir, & suyure le Roy, quand il faisoit ses mandemēts, & se trouuer és guerres auec tel nombre d'hommes que leur fied deuoit) le Roy n'auoit que pretendre, demander, ny leuer sur eux, ny sur leurs hommes. Si toutesfois quelques affaires suruenoient, & qu'il fust force soustenir, & repousser l'effort des ennemis, ou necessaire entreprendre vne guerre: celà se proposoit aux Estats, qui se tenoient chacun an. Et si les causes estoiēt trouuees raisonnables, il n'y auoit deputez de Prouinces qui ne feissent offres tant raisonnables, que les moyens de se defendre, ou assaillir, ne manquoient point par faute de contribution. Mais si les commis du Roy proposoient choses impertinentes, les Estats ne failloient de respōdre, ce qui fut dit à Charles dernier Duc de Bourgongne, quand il demanda estre aidé d'argent, pour faire la guerre aux Suisses: la guerre n'est pas necessaire, il n'est besoin que les Estats y contribuent: ny que le peuple soit molesté, pour vne querelle si mal fondee, qu'il n'y a esperance qu'elle doiue reüssir à bonne fin.

Souuerain & proprietaire sont deux.
Haults Barons.
Deu des Barons.
Franchise Françoise. Coustume antique.
Charles de Bourgongne. Apophthegme.

Svyvant nostre premier propos, le païs de Bourgógne a tousiours esté tenu par seigneurs de telle marque, qu'ils en ont fait les fruicts leurs: & que horsmis le deuoir de souueraineté, les Rois de France n'y auoient que veoir ny que cognoistre. Ce que les anciens Ducz, precedants le tēps du Roy Iean, se qualifioient Ducz par la grace de Dieu, battoient monnoye de toute espece de metaux monnoyables, donnoient graces, libertez, immunitez, franchises, exemptions, & auoient leur Conseil, qui iugeoit en souueraineté, és seances alternatiuement tenuēs à Beaulne, ou à S. Laurens, auec infinis autres droictz, que nous appellons de present Royaulx, monstre assez qu'ilz estoient vrayement Ducz à haults fleurōs: & qu'il n'en y a plus en France de telle qualité. LAISSEZ noz anciens Rois de Bourgongne (tant ceux desquelz Clothilde, Royne vindicatiue oultre mesure, feit faillir la race masculine: que Gōtran, & autres qui ont esté Rois apres luy) s'il fault venir à Pepin, pere de Charlemaigne, nous trouuerons que luy non encores Roy de France: ains seulement Prince des François (que i'interprete chef du maniement des armes, & premier

Droits des anciens Ducs de Bourgóg.
Cōseil des Ducs de Bourgóg.
Ducs à hauts fleurons. Clothilde. Gontran. Pepin Prince des Fráçois.

conducteur de la Noblesse Françoise au fait des guerres: & ce que nous appellons de present Lieutenant general du Roy:luy(di-ie)seigneur simplement de ses païs patrimoniaux, entre lesquelz estoit Bourgongne: auoit, & vsoit de droicts equiparables aux Royaux, horsmis la souueraineté. Entre vne infinité de verifications qui s'en peuuent faire, les lettres patentes dudit Pepin, confirmatiues des priuileges, exemptions & immunitez donnez à l'Eglise de Mascon, par les Princes precedents, en doiuent faire foy: & nous en eussions icy rapporté la teneur, si elle n'eust esté transcripte en nostre discours des antiquitez de Mascon.

Pepin seigneur de Bourgongne.
Pepin confirme les priuileges de l'Eglise de Mascō.

COMME Pepin se deffeit de Bourgongne, il ne se trouue pas. Et neatmoins noz vieilles histoires tiennent, que regnant Charlemaigne, Samson estoit Duc de Bourgōgne, & l'vn de ces Pairs de France, qui morts à Ronceuaulx, furent portez, & enterrez à Arles. Failly Samson, la continuation de l'ordre des Ducz de Bourgongne de son estoc faillit aussi. Ie serois lōg en mes propos, si ie voulois insister sur toutes les interruptiōs de legitime hoirie des Ducz de Bourgongne: mais encores plus mal-aisé me seroit d'esclarcir les querelles qui suruindrent apres Pepin, entre la maison de France, & celle d'Ardennes, pour raison de la seigneurie de Bourgongne. Les historiens, Croniqueurs, & Annalistes François, font bien quelque mention de Beuues d'Ardennes, & de son fils Boson, proches parens de Girard de Rossillon: ilz n'oublient de dire sommairemēt qu'il y eut differens entre eux d'vne part, & Richard d'Autun d'autre: mais du droict des parties ils en parlent si sobrement, qu'il semble que l'authorité Royale fauorisant Boson, soit la meilleur piece qu'il aye peu produire. La vraye, & historiale verité est bien contraire à tout cela. Noz escriuains en ont parlé comme il leur a pleu, aussi bien que de Loïs, & Carloman, que tous declarent bastardz, & neantmoins confessent que Loïs le Beguc leur pere les eut de Ansgarde sa femme espousee: laquelle il fut contraint repudier pour contenter son pere. Si celà les rēd bastards, ie le laisse à iuger aux Canonistes. Mais n'ayant entreprins à present d'escrire que de Chalon, ie me retireray de ceste grand mer de l'histoire Frāçoise, & Bourgongnonne, pour reuenir au bord de la Saone, & rentrer à nostre Chalon.

Sāson Duc de Bourgongne.

Beuues de Ardennes. Boson. Girard de Rossillon. Richard d'Autun. Loys, & Carloman non bastards. Loys le Begue. Ansgarde.

NVL ne pourroit desirer plus que moy esclarcissement en l'histoire de noz Contes de Chalon: mais ceste matiere est sepuelie en si profonde ignorance, que ie ne trouue moyen de pouuoir satisfaire au desir d'autruy, ny au mien. Auec celà ie ne fus iamais(comme plusieurs que ie sçay) si hardy, que i'aye osé(parlant le premier des choses non sceües, ny congneuës) entreprendre de m'en faire croire: mais si quelqu'vn m'a fait le frayé, &(comme on dit és monts)la challa: ie ne crain d'y passer, & suyure ma guide. Or est-il que nul(que ie sçache) n'a encores escrit particulierement des Contes de Chalon: & si quelques-vns de leurs noms sont espars par noz histoires, iamais Isis n'eut tant de peines à ramasser les

Isis.

pieces

de Chalon. 417

pieces que Typhon auoit fait de son Osiris, qu'il m'en faudroit auoir pour les recueillir. Encores quand ie les aurois assemblé, ne sçaurois-ie trouuer entre tant de morts, lesquelz sont peres, lesquels sont fils : s'ils estoient Contes en tiltre, ou en Commande, que i'interprete, s'ils possedoient la Conté en proprieté, & par hoirie, ou achapt : ou s'ils ne la tenoient qu'en office, & par bien-faict du Prince, la leur ayant donné à vie. *Typhon. Osiris. Difficulté en l'histoire des Côtes de Chalon.*

Qvoy qu'en soit toutesfois, il me semble que ceste partie de l'histoire Chalonnoise ne doit estre du tout pretermise, & qu'il est necessaire en dire quelque chose. Mais si ie ne puis en cest endroit tout ce que ie vouldrois bien: il plaira aux Lecteurs (si quelques-vns daignent lire cest escrit) se contenter de ce que ie puis. Vn autre pourra mieux polir ce que ie ne fais qu'esbaucher.

Ce que cy dessus dit est du droict que Pepin auoit en la Bourgógne, passé au pouuoir de Samson, se peut repeter icy : pour dire qu'il n'est declaré par aucun autheur, comment apres le trespas dudit Duc Samson, la Bourgongne escheut à Lois Debonnaire. Et neantmoins nous auõs tesmoingnages bien certains, que ledit Loïs Empereur & Roy donna à son fils Charles (depuis surnõmé le Chauue) les Duchez de Bauiere, de Soüaue, & de Bourgógne. Aussi tous sont d'accord qu'en ce temps-là Warin, ou Guerin (encores que Paulus Æmylius le nomme Anseaulme) estoit Conte de Chalon, selon qu'il est souuent cy deuant declaré. Il se trouue par les tiltres de l'Eglise Cathedrale du lieu, qu'il estoit aussi Conte de Mascon: & que luy, & Eue sa femme (aucuns la nomment Albane) furẽt fondateurs de Cluny: chose bien contraire à l'opinion commune: par laquelle vn Guillaume Duc d'Aquitaine est tenu pour fondateur de ladite Abbaye: comme nous auons dit en noz recueils des antiquitez de Mascon. A Vvarin succeda Alderan, duquel est faicte mention en vn tiltre du Prioré S. Marcel lez Chalon. Ledit tiltre daté de l'an 872. cinquiesme du regne de Charles le Chauue, & de son Empire le 3. laquelle date ne conuient à la supputation du seigneur du Tillet, accommodee à l'histoire des François de Paulus Emylius. Car ledit sieur du Tillet quote l'annee 872. trẽte & deux du regne de Charles le Chauue. Mort Alderan Lambert fut Conte, & ne se trouue de luy, sinõ que sa femme eut nom Aalis: & qu'apres le trespas dudit Lambert elle se remaria auec Geoffroy: lequel auec sa Conté ioüyssoit du reuenu du Prioré de S. Marcel. Mais estant aduenu que les Hongres (apres auoir rauagé la Germanie) fussent passez par la France, pour aller en Italie, & ce enuiron l'an 963. regnant Lotaire, selon d'aucuns, ou 899. selon les autres, qui seroit du temps des differents qui furent entre Charles le simple, & Ode l'Angeuin, qui est aussi nommé Eude: quasi toutes les plus renommees Eglises de Bourgógne saccagees & ruinees, les Monasteres de S. Pierre, & de S. Marcel lez Chalon furent du nombre. Geoffroy doncques mis hors d'espoir de les *Sãson Duc de Bourgongne. Loys Debonnaire. Charles le Chaulue. Vvarin ou Guerin Conte de Chalon. Vvarin Conte de Mascon. Fondation de Cluny. Alderan Conte. Sieur du Tillet. Lambert Conte. Aalis Contesse. Geoffroy Conte. S. Marcel ruiné. Hongres rauageurs. Ruine d'Eglises.*

pouuoir restaurer, donna le regime, administration, & reuenuz dudit Monastere sainct Marcel, à Mayeul Abbé de Cluny (au-iourd'huy tenu pour Sainct) & luy quitta ce qu'il y auoit. Les lettres de Thibauld Conte de Chalon, testificatrices de tout ce faict m'ont semblé dignes d'estre icy inserees: & pour-ce ie les y ay transcript.

S. Mayeul Abbé de Cluny.
Thibauld Conte.

EGO in Dei nomine Theobaldus Comes Cabilonensis omnibus filijs Sanctæ Ecclesiæ in Domino Salutem. Audiui à prædecessoribus meis, & vicinis antiquis viris: quòd nobilissimus Comes Gauffredus, qui post mortem præstantissimi, & Christianissimi Comitis aui nostri Lamberti accepit eius coniugem auiam meam Adheïdem Comitissam, accessit ad beatæ recordationis Abbatem Mayolum, & commendauit illi Monasterium in suburbio Cabilonensis ciuitatis, à Guntranno nobilissimo, & religioso Rege magnificè constructum, vbi requiescit corpus beati Marcelli Martyris: eo tenore vt Religionem Monastici ordinis, quæ penè abolita fuerat, reformaret: iura, & possessiones ad ipsum locum pertinentes excoleret. Et vt ipse, & successores eius Cluniacenses Abbates perpetualiter haberent, & possiderent. Hanc autem commendationem, siue donationem fecit supradictus Comes Gauffredus Domno Mayolo, cum consilio Coniugis suæ, & filij eius Hugonis tunc Clerici, postea Episcopi: annuente, & laudante Almerico Duce. Postea verò regnante Serenissimo Rege Roberto, auunculus meus Domnus Hugo, Comes, & Episcopus, præsente ipso Rege, Comitibus, & Episcopis istius patriæ, supradicti Monasterij donum tradidit Domno Odiloni Abbati, successori Abbatis Mayoli, vt ipse iure antecessoris sui locum haberet, teneret, & possideret. EGO verò gratia Dei Comes Theobaldus, quòd antecessores nostri, & parentes Deo, & Sancto Petro, & loco Cluniacensi dederunt, laudo, volo, & confirmo. Et vxori meæ, & meis fidelibus laudare, & firmare facio: & quandiu vixero testis, & adiutor ero. Post meum decessum qui contra hanc restitutionem venerit, iram Dei omnipotentis incurrere sese non dubitabit. S. Theobaldi Comitis, qui hoc testamentum laudauit, atque firmauit, suósque fideles, & amicos firmare præcepit. S. Ermentrudis eius coniugis. S. Hugonis de Montpaon. S. Ansedei de Nauiliaco. S. Tetardi de Raon. Le tiltre susdict faict assez entendre, que lors les Contes de Chalon estoient proprietaires, qu'ilz venoient par succession, & non (comme plusieurs ont pensé) en qualité d'Officiers, y establiz par le Prince. Est aussi audit tiltre faicte mention d'Almeric Duc de Bourgongne, duquel ie ne suis souuenant auoir leu ailleurs le nom. Au reste reuenant au Conte Geoffroy: il appert par-ce que dessus qu'il eut vn fils, lequel fut nommé Hugues Conte & Euesque: & viuoit du temps du Roy Robert. A luy succeda THIBAVLD au Conté de Chalon, comme son plus proche heritier: & eut vn Viconte qui est dit Robert par les tiltres du Monastere sainct Marcel, auquel il feit plusieurs biens. Est aussi bien remarquable que ledit Conte Thibauld se dit par la grace de Dieu Conte. Car telle façon de parler

Tiltre notable.

Hugues Euesque & Conte.
Almeric Duc.
Roy Robert.
Odilon Abbé.
Thibauld Conte.

Almeric Duc de Bourgongne.

Thi. Côte. Robert Viconte.

Thibauld par la grace de Dieu &c.

de Chalon. 419

parler n'est vsurpee, que par ceux qui pretendent ne tenir que de Dieu, & de l'espee. Ioinct que donner, & transferer le droict d'vn Monastere faisant chef de par soy, à vn Abbé de Cluny: & d'Abbaye electiue, le reduire en Prioré collatif, n'est œuure de seigneur subalterne. Or ce Conte Thibauld eut vn fils aussi Conte de Chalon, Prince fort amateur des Eglises, & gens seruants à icelles. Pour doncques fauoriser la restauration que les Abbez de Cluny auoient entreprins du Monastere sainct Marcel, il donna aux freres faisants le seruice en iceluy, les lacs qui sont entre Chalon & S. Marcel, appellez vulgairement les Orlans: sur lesquels estoient iadis ponts de pierres, auec chaussees d'vne part & d'autre: pour venir à pied sec, quand les eaux sont espanchees, iusques ausdits ponts, tant du costé de Chalon, que deuers S. Marcel. Ces ponts ruinez du téps que nous auons dit les Hongres auoir rauagé la Bourgongne, & destruit le Monastere S. Marcel, n'ont iamais peu estre restituez: par-ce que la Bourse d'vn homme seul (quant à ceux qui y auoient interestz) ne s'est trouuee suffisante: & les Princes prenent bien les deniers des haults passages, reuë, & traicte foraine: iadis introduicts pour les reparations des chemins, refection des ponts, & curees des riuieres: mais de satisfaire aux charges il n'en est plus nouuelle. Aussi les chemins sont effondrez, tellement qu'on n'en peut sortir: les ponts ruinez, au danger de la perte d'vne infinité de personnes, contraintes se hazarder à l'espreuue de la profondité des eaux. Et quant aux riuieres, faulte de les curer (comme iadis on souloit, & comme faisoient les Romains, qui auoient sur chacune riuiere des Commissaires particuliers, & Officiers exprez, pour les nettoyer, curer, rendre la nauigation non seulement libre, mais aussi aisee, & empescher (tant que l'art & industrie humaine peut suffire) les debordemés d'icelles: la meilleur partie de la Bourgongne est tous les ans, infiniement trauaillee, & appauurie par les ordinaires creuës, & exondations de la Saone, fleuue limoneux, tant plein de butin & ordures, que son bassin ne peut plus contenir les eaux qui y souloient entrer. Brief nous n'auons plus de Brunehault, pour faire des ponts, & leuees. Et semble que les charitez publiques soient bannies de la Chrestienté, & releguees en Turquie: ou les Sultantz, Sultanes, & Bassats, ou (comme le vulgaire parle) Baschats, pensent acquerir repos à leurs ames, par edifier des Mosquees, fonder des hospitaux, & bastir des ponts, chaussees, & leuees, auec cest honorable, & digne inscription, VTILITATI PVBLICÆ.

Lacs & Orlans de S. Marcel.
Ponts de pierres aux Orlans.
Desordres suruenuz.
Coustume Romaine.
Cause des creües de la Saone.
Brunehault.
Charitez des Turcz.

Qv'il y ait eu vn pont sur les Orlans, non seulement le fondement des piles tout apparent, en est manifeste tesmoing; mais aussi il est certain que les piliers anciens soustenants ledit pont, ayants pour la pluspart esté brisez, quelques-vns resterent entiers, qui ont esté mis en œuure, en vn bastiment de la maison du Prieur, qui est entre le Cloistre, & la porte par laquelle on entre en ladite maison. Vne pile fut

Piles du pont des Orlans.

Des antiquitez

Idole és Orlans. reseruee, sur laquelle souloit estre vn Idole de Payens, & tout ioingnant vn tronc, ou bancque, où les Ethniques mettoient leur deuotion, & ce qui y estoit mis estoit conuerty au profit des sacrificateurs, & ministres de l'Idole. Apres que le Christianisme fut receu, ledit Idole reiecté, la pieté des Chrestiens a mis en place vne image de nostre Dame: mais de plot **Image nostre Dame.** pour mettre les offrandes, il n'en y a point eu. Depvis que les Prieurs **Prieurs de S. Marcel.** S. Marcel (qui ont succedé aux anciens Abbez dudit lieu) ont voulu auoir table separee de leurs Religieux, & qu'ilz ont desdaigné viure en cōmun (comme leur reigle & profession les y oblige) ils ont choisy le plus clair, plus seigneurial, & mieux reuenant: & en ont magistralement fait leur part. Au partage du Conuent, & Religieux est escheu d'auoir lesdits Orlantz: portion si Orualeuse, & subiecte aux hazards des creuës, & impetuositez d'eaux, que les fraiz qui en resultent surmontent tous les profits qu'on en pourroit tirer. Ce qu'ayant esté veu, & sceu par quelques anciēs Gouuerneurs de Bourgongne, viuans du temps que le pretexte du seruice du Roy auoit moins estouffé la pieté, ilz ordonnerent que la charge **Entretenement des planches des Orlās.** de l'entretenement des planches sur les Orlantz ne pouuant estre soustenuë par le Conuent, & Religieux de S. Marcel (desia extenuez oultre mesure) seroit supportee pour la moitié, par les habitans au mandement **Subiets de S. Marcel.** de S. Marcel. Car anciennement tous les subiectz de S. Marcel estoient de main morte, taillables, & courueables à volonté. Et si quelque Prieur (pour son profit particulier) les auoit affranchy; il n'estoit pourtant raisonnable que ce qu'ilz deuoient faire pour l'vtilité publique vint à cesser. Voilà quant aux Orlantz, l'vn des prochains, & plus frequentez passages des enuirons de Chalon.

Le Conte de Chalon que nous auons dit fils du Conte Thibauld, & auoir donné les Orlantz aux Religieux de S. Marcel, incita en ceste maniere de donner, la façon dont auoit vsé auparauant le Conte Geoffroy son predecesseur. Comme doncques ledit Conte Geoffroy se trouuant au Nouiciaire de Cluny, donna au Monastere S. Marcel certain village de Batuens (on ne sçait plus que c'est) & ce du consentement du Conte **Façon antique de donner à Dieu.** Guy: & faisant ce don, baisa l'autel & meit le tiltre de ladite donnation sur l'autel: ainsi en feit cestuy Conte nommé Hugues. Forme de donner **Hugues Conte.** fort ancienne: & qui s'appelloit *Scotatio*: dont Pape Innocent 3. fait men**Scotatio.** tion au second Chapitre *de consuet.* en l'Epistre decretale à l'Archeuesque **Ermangarde Contesse.** & Chapitre de Lyon. Dudit Hugues ne se trouue autre chose que ie sçache. Pourroit toutesfois estre que Ermangarde (que i'ay leu Contesse de Chalon, enuiron le temps que Hugues en estoit Conte) fut femme du**Gilbert Conte.** dit Hugues: & par consequent que Gilbert (bien verifié fils de ladite Ermangarde) fut aussi fils dudit Hugues. Quoy qu'en soit, ie ne trouue apres Hugues autre Conte de Chalon, que ladite Ermangarde, & son filz **Raoul le Bourgongnon.** Gilbert: que les tiltres de S. Marcel testifient auoir esté, regnant Raoul le Bourgongnon. Mais il est necessaire que de deux choses, l'vne soit: sçauoir est uoir est, ou qu'ilz ont vescu plus que le cours de la vie commune ne porte, ou que nous auons perdu les noms des Contes qui ont esté entre Gilbert & Sauaric. Quant à SAVARIC, nous auons dit cy deuant qu'il estoit oncle de GEOFFROY DE DONZY: & qu'eux deux estoient par moytié seigneurs de Chalon: mais le tiltre de Conte appartenoit à Sauaric. Ie trouue d'auantage par les memoires de monsieur Naturel, duquel cy dessus est faicte mention, que Sauaric fut Conte de Chalon du temps de Hugues Archeuesque de Lyon: ce qu'il prouue par vn tiltre de l'an mil quatre vingt dixhuict, regnant Philippe premier du nom. AV LIEV de Geoffroy de Donzy entra à l'Eglise cathedrale de Chalon, par l'acquest que Gauthier Euesque, & Chapitre (lors communs en biens) en feirent de luy, allant au voyage de la terre Saincte, entreprins par Godefroy de Bouillon: & fut faicte la plus-part du payement des lames d'or leuees du tableau du grand Autel de ladite Eglise: selon qu'il a desia esté touché cy deuant.

ICY aurois-ie singulierement bon besoing, non du filet de Ariadne (car tant s'en fault que ie trouue multiplicité de chemins, que tous entierement me defaillent) mais plustost d'vne bonne & seure guide, qui (comme és deserts de Lybie) me peust conduire par vn païs, où aucunes voyes n'apparoissent, & ne se trouue aucun frayé, ny marques de pas desia tracez. Ie ne sçay autheur quelconque qui ayt escrit des Contes de Chalon prenommez: ains ils ont esté soigneusement cherchez, & trouuez és tiltres de Cluny, de sainct Marcel, & des Eglises de Chalon. Et neantmoins ie ne trouue documents qui me puissent enseigner qui fut pere, ny filz de Sauaric. Ces choses antiques ont esté par trop negligees par noz predecesseurs.

S'IL EST PERMIS vser de coniectures en choses non sceuës, ny resoluës: ie ne douterois de dire, que par le trespas, ou vente que Sauaric feit de sa Conté, Chalon vint en la puissance du Duc de Bourgongne. Ce qui me le fait croire, est vn vieil memoire, que i'ay trouué parmy mes recueils, & amaz: lequel porte, qu'vn Duc de Bourgongne (le nom n'y est pas) donna la Conté de Chalon à vn sien fils puis-nay: & que ledit fils print pour ses armes, la tierce partie des vieilles armes de Bourgongne: qu'estoient Cotices d'or, & de gueule. De telle tierce partie, il en feit vne bande d'or, & champ de gueule: que non seulement les Contes de Chalon, ains tous ceux de leur nom ont retenu. Car quant au Cornet qu'ils y ont adiousté en escartelage, & poincts d'eschiquier en escusson sur le tout, ce sont alliances.

QVE LES anciennes armes de Bourgongne fussent Cotices d'or, & de gueule, ie l'ay appris de l'oraison que R.P. en Dieu Messire Ieā Germain lors Euesque de Neuers, depuis de Chalō, & Chācelier de l'ordre de la Toison d'or, Ambass. du bon Duc Philippe de Bourg. au Cōcile de

Sauaric Conte.
Geoffroy de Dōzy Conte.
Monsieur Naturel.

Gauthier Euesque acquist la moitié de Chalon.
Voyage de Godefroy de Bouillō.

filet d'Ariadne.

L'histoire des Contes de Chalon n'est publiee.
L'origine de Sauaric ignoree.

Le Duc de Bourgōgne Cōte de Chalō.

Armes des Cōtes de Chalō.

Armes de Bourgōgne.
Mess. Ieā Germain Euesque de Chalō

Conſtāce, terminé à Baſle, y feit, quand il requeroit pour ledit Duc ſon maiſtre le premier rang de ſeance apres les Rois: ce qu'il obtint, les Princes Electeurs non Rois pretendans ledit premier lieu apres les Rois. Il fut doncques dit, qu'és actes de l'Empire, leurs Pancartes leur donnoiēt le rang qu'ils demandoient: mais és congregations vniuerſelles de la Chreſtienté, le Duc de Bourgōgne les deuoit preceder. Semblable raiſon eſt celle qui regarde les Pairs de France: qui ne doiuent eſtre precedez par aucun Prince, au Sacre & couronnement du Roy. Mais hors leſdits actes, ils ne retiennent ſi expreſſement ledit rang.

<small>Le Duc de Bourgougne premier Prince apres les Rois. Des Electeurs de l'Empire. Des Pairs de Frāce.</small>

IE SVIS auſſi contrainct confeſſer ne ſçauoir qui fut celuy Conte de Chalō premier de ſon eſtoc, qui fut autheur du ſurnom de Chalō, & qui laiſſa à ſes ſucceſſeurs les armes telles que nous auons dit. Et quant au Cornet adiouſté en eſcartelage, il eſt des Princes d'Oranges. I'AY EN main copie de la Chronique de S. Benigne de Dijon: par laquelle ie cognois, q̄ tous ceux qui ont traicté les affaires de Bourgōgne, & la genealogie des Princes Bourgongnōs, ſe ſont bien ſerui de ladite Chronique, & des tables extraictes d'icelle. I'y trouue, qu'en l'an 1180. fut faict certain accord, entre Guillaume par la grace de Dieu Conté de Chalon d'vne part, Thibauld Abbé de Cluny, & Ieā Prieur de Pared le Monial, & de Thouïllon d'autre-part: par iceluy (entre autres choſes) les hommes de Cluny ſont frācs de peages en toutes les terres dudit Conte. Ce traicté fut faict l'an deuxieſme du regne de Philippe Roy de France, qu'eſtoit de noſtre ſalut 1062. Audit accord le prenommé Conte Guilme faict mention de Hugues, & Thibauld Contes de Chalon, ſes predeceſſeurs. Et pourroit eſtre que ces Contes Hugues, & Thibauld ſoyēt ceux deſquels n'agueres nous faiſions mention. Se trouue d'auantage qu'en l'an 1205. les meſmes Chroniques de S. Benigne de Dijon rapportent Beatrix Conteſſe de Chalon, fille vnique de l'auant-nōmé Guillaume Conte de Chalō, & femme du Prince Alexādre, frere puiſnay de Ode troiſieſme du nom, Duc de Bourgongne, auoir confirmé l'accord faict entre ledit Conte Guillaume ſon pere, & les Abbé de Cluny, & Prieur de Pared ſuſdit, touchant les hōmes de Cluny francz de peage.

<small>Princes d'Orenges. Chronique de S. Benigne.</small>

<small>Guillaume Cōte.</small>

<small>Hommes de Cluny francs de peage autour Chalon.</small>

<small>Beatrix Conteſſe. Alexādre de Bourgongne.</small>

IE NE ſuis ſeul que ceſte Conteſſe Beatrix tient en peine: aſſez d'autres ſe trouuent empeſchez à ſçauoir de qui elle fut femme. Outre l'opinion ſuſdite, il n'y a faute d'autheurs qui penſent que veritablement Eſtienne Conte de Bourgongne (celuy qui pacifia auec Othon, Duc de Meraine les differens du Conté de Bourgongne) fut mary de ladite Beatrix: & qu'il en eut Iean Conte de Chalon.

<small>Difficulté touchant Beatrix. Eſtienne Conte de Bourgōgne. Iean de Chalon. Pluſieurs du nom de Iean Cōtes de Chalon.</small>

DE VERITE' ie trouue qu'en meſme temps vn Iean fils du Conte Eſtienne eſtoit Conte de Chalon: & vn Iean fils de Beatrix ſemblablement Conte dudit lieu. Et d'autāt que la verité de l'hiſtoire ne reçoit en meſme temps deux Contes, tous deux nōmez Iean: il y auroit raiſon de n'en faire qu'vn, fils deſdits Eſtienne, & Beatrix. QVANT à Iean Conte de de Chalon, fils d'Eſtiéne, ceux qui modernement ont traicté de l'hiſtoi- re, & des affaires de Bourgongne n'en font doute. Et quant à Iean Con- te de Chalon filz de Beatrix ſuſdite, i'en ay certitude par les anciens til- tres de l'Egliſe cathedrale de Chalon, qui tous (quand il eſt queſtion dud̄it Conte Iean) le rapportent filz de la Conteſſe Beatrix. Notamment entre diuers traictez, faicts auec ladite Beatrix, ou ledit Iean, par les Doyen, & Chanoines de Chalon, ſen trouue vn, au faict de la terre de Chonnois, que nous appellons la Preuoſté de Buxi: duquel ie mettray icy les motz qui ſeruent à l'hiſtoire. *Nos Ioannes Comes Cabilonenſ. Vniuer-ſis notum facimus, quòd nos literas Beatricis Dominæ, & matris noſtræ, ſigillo eius, & ſigillo Reuerēdi Patris Roberti quondam Epiſcopi Cabilon. ſigillatas tenuimus, vidimus, & inſpeximus, & in præſentia noſtra multotiens legi fecimus. Quarum tenor talis eſt.* N O T V M *fiat vniuerſis præſentibus, & futuris, quòd cùm ego Beatrix Comitiſſa Cabilonenſ. & mei pariter multa damna & grauamina indebita feciſſemus Canonicis Cabilonenſ. & hominibus eorum in poteſtate de Chonnois, & alibi, &c.* Tout ce tiltre eſt vne reparation des entrepriſes indeuës, faites par les Officiers de Buxi, és terres, & ſur les hommes de Chapitre. Et ce qu'en fut tranſigé en l'an mil deux cens deux. le XIIII. des Calendes de Ianuier, entre ladite Conteſſe Beatrix, & ledit Chapitre, fut confirmé, ratifié, & approuué par le ſuſdit Iean Côte de Chalon au moys de Feb-urier, l'an 1231. à Chalon.

OR EST-IL à ſçauoir que les premiers Ducz de Bourgongne de la race de Hue Capet, eſtoient puiſſans Princes, fils eſtoient bien vouluz, & bien d'accord auec leurs haults Barons, & perſonnages de pouuoir: mais ſi les Bourgongnons auoiēt occaſion de garbuger auec leur Duc, ils luy rendoient bien peu d'obeïſſance. Le different du Duc Hugues de Bourgongne, auec le ſieur de Vergy meu l'an 1184. en fait foy. Auſſi n'a-uoient leſdits Ducs aucuns vaſſaux: ains tous les hauts Barons preten-doient tenir leurs terres plus frachement, que le Duc meſme ſa Duché. Car le Duc tenoit en fied du Roy, & eux ne tenoient que de Dieu, & de l'eſpee. Auſſi auoient-ils leurs ſeelz, auſquels eſtoiēt grauez Cheualiers l'eſpee nuë au poing, & en l'eſcu eſtoient les armes du ſeigneur particu-lier. Celà faſchoit fort les Ducz, & leur eſtoit dur, veoir tant de libres ſeigneurs, és enclauemens de leur Duché. Pource aduiſerent-ils les moyens de les obliger à eux, & les ſe faire vaſſaux. Ce qu'ils feirent ou par argent, ou par eſchanges. Le premier droit de fied qu'ils acquirent, fut ſur la grand' cenſe de Thalmey. Et en fut acheteur le Duc Robert en l'an mil CCXCII. ENTRE pluſieurs autres notables acqueſts fut celuy de la Conté de Chalon: que generalement tous autheurs tiennent auoir eſté fait par Hugues 4. du nom Duc de Bourgōgne, & Alis de Vergy ſa mere: & nōment le vēdeur Iean Conte de Chalon, filz d'Eſtienne Con-te de Bourgongne: Aucuns diſent que ledit Duc Hugues acquiſt ladite Côté de Chalon par eſchange, ſi importāt qu'il ſen feit releuer. Et dura

Iean Cō-te de Chalon.

Chōnois.

Buxi terre de Chon-nois.

Le Prince bien-ay-mé eſt bië obeï. Hugues Duc de Bourgō-gne. Sieur de Vergy. Haults Barons. Libres ſei-gneurs. Acquiſi-tion des fiedz en Bourgō-gne. Grand cē-ſe de Thal-mey. Robert Duc. Conté de Chalō ac-quiſe. Hugues Duc. Alis de Vergy Du-cheſſe. Ieā Côte de Chalō.

Nn ij

telle querelle iusques en l'an 1275. que son filz Robert second du nom Duc de Bourgongne en accorda auec ses contradicteurs.

Deux Ieās Côtes de Chalon. Otho, & Estienne Côtes de Bourgō-gne.

CESTE partie de l'histoire Chalonnoise me semble perplexe, & fort mal aysee à expliquer, à cause des deux Ieans dessus-mentionnez, qui tous deux s'intituloient Contes de Chalon. Et croyrois (sauf meilleur aduis) que comme en vn mesme temps Otho de Meraine, & Estienne se qualifioient tous deux Contes de Bourgongne: aussi la Conté de Chalon (sans y comprendre la part de l'Euesque, & du Chapitre) estoit diuisee en deux, entre lesdits deux Ieans Contes de Chalon : & que le Duc Hugues, & Alis sa femme n'en acquirent qu'vne part faisant le quarr du totage. Ce que se peult cognoistre par le tiltre cy dessus inseré, portant la diuision de la ville de Chalon, entre Durand Euesque de Chalon, & le Chapitre, Alis de Vergy Duchesse de Bourgongne, & Beatrix Contesse de Chalon. Notamment par ces motz: *Et quicquid ducissa apud Cabilonem, & appendices, in quo partitur cum Comitissa, est de feodo Episcopi.* Là il n'est question de la moytié de Chalon, à laquelle par l'ancienne infeodation, estoit annexé le tiltre de Conte. Ladite moitié partissable par indiuis entre la Duchesse, & la Contesse. Cependant il me semble bien qu'on peut cognoistre par autres tiltres, que le Duc Ode (suiuant le coustumier de ceux qui ont enuie de ioindre la terre d'autruy auec la leur) faisoit infinies caresses à ladite Contesse Beatrix : voire luy ouuroit sa bourse, pour y mettre la main si auant qu'elle voudroit. Entre plusieurs indices, nous en auons vn au Thesor des tiltres de l'Eglise cathedrale de Chalon. C'est vne plaigerie que ledit Duc Ode fait pour ladite Contesse enuers le Chapitre dudit Chalon : la teneur de l'obligation est telle: *Ego Odo Dux Burgundiæ, omnibus notum facio per præsentes literas sigillo meo munitas: quòd Capitulo Cabilonens. teneor in toto de Capitalibus eorum, pro damnis eidem à Cabilonens. Comitissa factis, &c.* peu apres. *Ex mandato autem meo Domini Eduens. & Cabilonens. Episcopi, de mea terra tenebuntur facere iustitiam, si pactum istud non tenerem, sicut bona fide est prolocutum, & expressum. Actum anno gratiæ M. CC. X. mense Decembri.* SI EST-CE que Iean Conte de Chalon (que nous auons verifié fils de la Contesse Beatrix) se trouue auoir retenu long temps apres sa qualité de Conte de Chalon. Pour certification de celà, i'ay en main vn tiltre que les Seigneurs de Chalon vniz ensemble, feirent droict à certains plaintifs, contre les Bouchiers ordinaires de Chalon, sous ces motz: *Nos VVillermus miseratione diuina Cabilon. Episcopus, A. Decanus, & Capitulū Cabilon. Odo dux Burgūdiæ, & Ioānes Comes Cabil. Vniuersis præsentes literas inspecturis significamº: quòd cùm quidā Carnifices, nostri homines, siue in potestate nostra positi diceret, & affirmaret, se posse vēdere carnes in Ciuitate Cabil. & nō alios istud posse. Nos cognouimus istud non esse verū, sed peccatum, & introductū in totius Ciuitatis præiudiciū & grauamen. Quare voluimus, & statuimus, quòd quicunque in Ciuitate Cabil. & extra muros vendere voluerit, quòd liceat eidem carnes vendere.*

Diuision de la ville de Chalō.

Chalō du sied de l'Euesque.

Ode Duc.

Iean Côte de Chalō.

Côtre les bouchiers de Chalon.

Dum

Dum tamen ibidem moram per annum, & diem fecerit, erga aliquem nostrum, vel illorum qui in dicta ciuitate possunt homines retinere. Liceat etiam in villa sancti Petri carnes vendere. Si quis verò contrauenire præsumeret, nos per sacramentum nostrum illum facere desistere tenemur: & hanc cõstitutionem facere firmiter à nobis, & à nostris successoribus in perpetuum obseruari. In cuius rei memoriam præsentem chartam Sigillorum nostrorum impressione corroborauimus in testimonium veritatis. Actum est hoc anno Domini M.CC.XXXII.

PAR LES tiltres cy dessus transcripts entierement, ou en partie, il appert assez que Iean Conte de Chalon estoit filz de la Contesse Beatrix, fille de Guillaume Conte dudit Chalon. Et est notable, que cõbien que ledit Iean ne s'intitulast que Conte de Chalon: si est-ce que par apres il se qualifia Conte de Bourgongne, & de Chalon: selon qu'il m'en appert par tiltres de luy, en date des annees mil deux cẽs trentecinq, & mil deux cens trente-six, que i'eusse icy rapportez, n'eust esté que celà n'eust de rien serui. Iean Cõte de Chalon. Beatrix Cõtesse.

POVRROIT estre que quand Robert deuxiesme du nom Duc de Bourgongne appointa de la lesion que Hugues son pere pretendoit auoir eu en l'eschange faict auec le Conte de Bourgongne, lors qu'il acquist la quarte partie de Chalon: & dõt (comme dit est) ledit pere nommé Ode s'estoit faict releuer, eut pour supplément dudit eschange, ou autrement, l'autre quart de Chalon. Mais ces choses me sont si obscures, qu'il m'est plustost force venir aux presumptiõs & coniectures, que penser parler par asseurance. Qui pis est, ie trouue, vn Iean, filz de Iean. Robert Duc. Iean filz de Ieã, & tous d. ux Cõtes de Chalon.

QVOY qu'en soit, il est au reste certain que les Ducz de Bourgongne, & apres eux les Rois de Frãce, sont deuenuz Contes de Chalon. Et n'aduint iamais aux Ducz d'entreprendre chose aucune cõtre les Euesques, & Chapitre, en leur portion: de laquelle iceux Ducz ont sans cõtredit confessé, & recongneu leur moitié estre mouuante. Les trois premiers Rois qui ont iouy en proprieté de la Bourgõgne en sont demourez aux mesmes termes. Mais venant le Roy Frãçois premier à la Couronne, le Chancelier Du prat s'estoit mis vne opinion en teste, que toutes iustices & iurisdictions estoiẽt venuës du Roy, & qu'il falloit qu'elles luy retournassent. Ioint qu'il auoit sceu, que quand le Roy Loys onziesme s'establissoit paisible possesseur de Bourgongne, ses gens auoient mis empeschement à l'Euesque de Chalon, & s'estoient emparez de la iurisdiction d'iceluy. Mais il n'auoit sceu (où il dissimuloit sçauoir) que l'Euesque d'adonc (qui estoit du nom de Popet, de la maison de la Chaulx) apres auoir (cõme i'ay desia dit) exhibé au Conseil du Roy la transaction passee sur ledit different, entre vn sien predecesseur Euesque, & le Duc de Bourgongne, il auoit esté renuoyé en paix, pour iouyr de sadite iurisdiction comme ses predecesseurs. Si ne voulut ledit Chancelier du Prat, que le Roy François feist le deuoir de fied qu'il estoit tenu faire, & que ses predecesseurs auoient faict: ains dist en Chalon vient aux DVCZ puis aux Rois. Frãçois 1. Roy. Chancelier du Prat. Loys XI. Roy. Du different du Roy, auec l'Euesque. Poupet Euesque. l'Euesque obtient.

grongnant:*Sainct Antoine tous tiennent du Roy, le Roy ne tient de personne.* Ce qu'est bié vray quāt à la souueraincté, mais non absoluëment quant au reste.

seigneurs de Chalō.

Iuges ordinaires.

Bailliz ou Iuges maies.

Preuost de Cloistre.

Bailly de l'Euesque & son authorité.

Chapitre de Chalō.

Côtre les inuēteurs de l'abolition des deux degrez de iurisdiction.

APRES auoir parlé des Contes, & seigneurs de Chalon, il est comme necessaire dire quelque chose des Offices, & officiers deputez à l'exercice des Iurisdictions desdits seigneurs. Il est assez facile cognoistre, par le discours des affaires traictez cy dessus, qu'en toutes les enumerations des seigneurs de Chalon, l'Euesque, & le Chapitre estoient iadis les premiers nommez, puis le Duc, puis le Conte. Chacun d'eux auoit son Iuge en premiere instance, & son Bailly: ou (comme on les appelloit lors plus cōmunément) Iuge d'appeaux, ou Iuge maie. L'Euesque auoit son Preuost de Cloistre, qui estoit (n'y a pas long temps) l'vn des Chanoines de l'Eglise cathedrale, & neantmoins la Preuosté ne tenoit rang de dignité. Il auoit aussi son Bailly qui ne recongnoissoit (comme encores il ne recongnoist) aucun Bailly pour superieur, ains releue, & les appellations de ses iugemens releuoiēt de plain, & sans moyen, au souuerain iugemēt du Prince. CHAPITRE auoit mesmes droicts que l'Euesque: mais il ne les a pas si bien conserué, d'autant que les appellations de leur Bailly vont de present par deuāt le Bailly royal, & non plus immediatement à la Cour souueraine. Voylà en quoy l'authorité de leur Bailly est offensee, & en quoy ceux qui trouuoient mauuais tant de degrez de iurisdictions ont peché de faire les Bailliages royaux, sans souffrir que l'ancienne distinction des Bailliages des seigneurs, qui tiennent les vns leur temporel, les autres leur patrimoine en mesme qualité (i'excepte tousiours la souueraineté, laquelle ne peut icy souffrir cōparaison) que le Roy fait son dōmaine. Car l'vn & l'autre a puissāce de vie, & de mort, iustice haute, moyéne, & basse, mixte, & mere impere. Ostez ladite souueraineté, vous trouuerez le reste esgal.

Duc & Conte.

Preuost & Chastelain premiers iuges.

Train ancié de iustice.

Droict rédu sur les lieux.

Assises des Bailliz Royaux.

Des sergens.

LE DVC & le Conte ont eu selon la diuersité des tēps, ou vn Preuost, ou vn Chastellain: & par dessus, ou vn Vicōte, ou vn Bailly. Ces derniers (que i'ay desia dit auoir esté autrement nommez Iuges maies, ou iuges d'appeaux) cognoissoient de toutes appellations non seulement emises de la Cour du Chastellain de Chalon, mais aussi de celles des Iuges és Preuostez, & Chastellenies que nous appellōs de present royales. Vray que les subiects desdites Chastellenies, & Preuostez n'estoient distraits de leurs negociations, pour venir demander iustice: car les Bailliz ou leurs Lieutenans se transportoient sur les lieux, & (à tour de roolle) y alloyent tenir leurs assises. Et n'eussent osé les sergens du Prince aller adiourner, ny faire aucun exploict, és terres des autres seigneurs, sans demander permission, & assistence, à peine de l'amender. Depuis quelque temps celà a esté osté.

IE NE VEVX omettre que non seulement les Doyen, & Chapitre de l'Eglise Cathedrale de Chalon auoient en corps, & vniuersité, en la grand

grand Eglise, en leurs Cloistres, & maisons y comprinses, toute iustice, haute, moyenne, & basse : mais aussi chacun d'eux l'auoit particulierement en sa maison : & n'y auoit celuy d'eux qui n'eust des ceps, & fers pour y arrester, & faire faire le procez aux delinquants en icelles maisons priuees. Depuis par resolutiō Capitulaire fut aduisé, que (telle subjection leuee) les ceps communs seruiroyent à tous; & que les prisons du corps suffiroyent pour y emprisonner toute sorte de malfacteurs. C'est aussi à leur Iuge, & Bailly de Cloistre de faire tous inuentaires des biens des decedants esdites maisons Canonicales. Ils ont aussi droict d'aubenaige, & de successions de bastards. Et si les gens du Duc, ou du Roy, ou autres, les ont voulu troubler, ou empescher esdits droits, ou en aucun d'iceux, ils en ont eu reparation à leurs contentement. Et de ce ils ont bons documents. *Iustice des Chanoines. Droict d'Aubenaige, & successiō de bastards.*

QVANT A l'Escheuinaige de Chalon, il n'est pas fort ancien. Le Duc Hugues de Bourgongne 4. du nom, donna à ceux de Chalon leurs priuileges, en l'an 1256. au mois de Septembre. Au parauant ils choisissoyēt quelque fois quatre, quelque fois six notables personnages pour les affaires de leur ville : & les presentoyēt à l'Euesque, qui leur faisoit prester le serment de bien & fidelemēt exercer ladite charge : & de ne rien oser, ny entreprendre contre les droicts, franchises, libertez, & immunitez des Eglises, & des Ecclesiastiques. Depuis q̃ le susdit Duc Hugues eut asseuré l'eschange, par lequel le Duc Ode son pere auoit acquis la Côté de Chalon, d'vn Iean Conte dudit lieu, duquel les opinions sont si differentes, qu'il n'est possible s'en resouldre : & qu'il eut fauorisé ses nouueaux subiects des priuileges prementionnez : le nōbre des administrateurs des affaires de ville, au parauāt muable, fut arresté à quatre, à condition que les deux seroyent domiciliez en la terre de l'Euesque, & les deux autres en la terre du Duc. La ville eut aussi priuilege d'eslire vn Capitaine, gentilhomme du voisinage de Chalon : qui deuëment qualifié d'ancienne noblesse, presteroit le serment entre les mains de l'Euesque, & prendroit institution de luy. Ce priuilege d'eslire vn Capitaine, & le faire instituer par l'Euesque, fut n'agueres confirmé par Arrest du Conseil priué, rendu au profit de feu messire Philibert de Monconnis, sieur dudit lieu, Cheualier de l'ordre du Roy, &c. contre vn que le Roy auoit institué Capitaine. OR POVRCE qu'il aduenoit souuent, que les Rois ayants guerre auec quelques Princes estrangiers, & Chalon n'estant voisin d'aucun peril, les sieurs esleuz Capitaines ne vouloyent que les affaires du Prince se demeslassent sans eux, dōt escheoit qu'ils abandonnoyent leur charge, pour suyure la guerre : les manants & habitants de Chalon obtindrent du Prince, que leurs Escheuins seroyent Concapitaines : à fin que cinq peussent plus qu'vn seul : & que les charges partagees, chacun desdits Escheuins eust charge de l'vne des quatre portes de la ville. Ce que fut tresbien consideré pour lors, que la foy des hom- *De l'Escheuinaige de Chalon. Priuileges de Chalon. Serment des anciēs Escheuins de Chalon. Quatre Escheuins à Chalon. Capitaine de Chalon. Du priuilege d'eslire vn Capitaine. Mess. Ph. de Monconnis. Concapitaines de Chalon.*

Nn iiij

Des antiquitez

Cas inopiné aduenu à Chalon 1562. en May.
Chalon liuree à l'ennemy du Roy.
Saccagement des Eglises de Chalon.
M. de Tauanes.
Reprinse de Chalō.

mes estoit tressyncere, & entiere : mais en noz iours nous en auons veu aduenir trespernicieux inconueniments. Car l'an 1 5 6 2.(que fut lors de la furie des troubles de la France) la ville de Chalon fut liuree à l'ennemy, qui y pilla les Eglises, brusla les tiltres qu'il trouua, rauit les ioyaux, & argēteries, profana les sanctuaires & reliques, exercea toute sorte d'hostilité, iusques à rançonner plusieurs bons bourgeois, & viure à discretion par tout. La ville fut occupee neuf iours, & eust esté d'auantage, sans la prouidence de monsieur de Tauanes, lors Lieutenāt de Roy en Bourgongne, & depuis Mareschal de France : qui aduerty qu'on cueilloit des fascines au bois de Menuyse (appartenant à l'Abbé S. Pierre) pour faire des clayes & gabions, embuscha sa compagnie d'hommes d'armes audit bois : laquelle descouuerte par les bocherons, les meit en effroy tel, qu'ils s'en fuyrēt à la ville, où ils donnerēt l'allarme : cause que l'ennemy monta à cheual, & n'estoit pas filz de bonne mere, qui ne couroit à cheual, ou à pied contre ledit bois : mais c'estoit en tel desordre, & à la file, que les premiers repoulsez, & le Lieutenant du general tué, tous les plus hastifz à sortir de la ville, furent les plus diligēts à y rentrer. Dés

Fuitte des pillars de Chalon.

lors ledit general de la trouppe ennemie, & tous ses partisants furēt saisiz d'vne paour si effroyable, que n'ayants assez de loisir pour trousser bagaige, ils deslogerent sans trompette, le neufiesme iour de leur occupation de Chalon. Leur estonnement estoit tel, qu'ils ne sçauoyent où

Opinion populaire.

ils alloyent. Et n'y a faute d'hommes, qui ont pensé que la compagnie dudit sieur de Tauanes feit grand faute, en ne les poursuyuant. Car en l'effroy auquel ils estoyent, on en fust aisémēt venu à bout : du moins ils ne se fussent arrestez à Mascon, ains eussent fuy iusques à Lyon, ou

Aduis de M. de Tauanes.

plus outre, sans regarder derriere eux. Mais ledit sieur de Tauanes craignant que ce fust vne fuitte de loup : & que s'il les mettoit en desespoir, il les pourroit faire iouër à quitte ou double : ne voulut hazarder vne petite trouppe de gentilshommes de bonne volonté : reseruant d'auoir sa raison & des fuyarts, & de leurs associez qui occupoyēt Mascon : ce que depuis il meit en effect.

De la Citadelle.
François 1. Roy.
Desseing Royal pour fortifier Chalon.
Faute des fortificateurs.
Occasion de dresser vne citadelle.

LONG TEMPS au parauāt le Roy François premier estāt à Chalon, & visitāt le plant de la ville, pour donner vn final deseing aux fortifications d'icelle, tāt de fois recōmencees (cōme i'ay dit au commencemēt de ce discours) auoit ordōné que l'Abbaye S. Pierre (sans rien muer du pourpris d'icelle) fust enclose en vne nouuelle forteresse, qu'il vouloit estre dressee en forme de fer de cheual : entendant pour iecter l'œuure si auant, que rien ne luy peust cōmander, & qu'il cōmandast à tout l'enuiron : mesmement à vn vallon, auquel souloit estre vn estang. Lequel deseing n'ayant esté suiuy, est en danger de porter à l'aduenir infiniz fraiz au Chalonnois, pour quelque iour tout refaire. CE PENDANT le Roy extremement marry que sa ville eut esté liuree, & abandonnee au pillage à son ennemy : & desirāt obuier à telles façōs s'est accōmodé de

la forti-

de Chalon. 429

la fortification cōmencee, & a reduit tout l'ancien monastere de S. Pierre en vne Citadelle, pour s'en seruir côtre l'ennemy, & tenir soubs bride les mauuaises volontez, si les manants & habitants de Chalon prenoiēt opinion de recidiuer. Et quant à la premiere faute, elle a esté pardonnee par les Edits de pacification. Vueille Dieu que les passions des esmeuz puissent aussi aisément aquieter que le Roy le cōmande. TOVS ceux qui sçauent quelle estoit la ville de Chalon, auāt qu'on vint à exulcerer les paisibles consciences de ceux qui possedoient leurs ames en patiēce: & auant qu'on vouslust faire croire le S. Esprit s'estant endormy, auoit laissé le gouuernail de son Eglise, & abādōné le timon d'icelle aux flots de la mer, & les voiles à tous vēts: attendant que certains (plus presumptueux que Oza) eussent osé mettre les mains à l'arche d'alliáce, pēsants que (la prouidence de Dieu defaillant) elle fust destituee de secours: sçauent aussi, que s'il y auoit ville en France bien vnie, riche par amitiez & concorde, gaillarde en toute honnesteté, & florissante en biens, haut repos, probité, pieté & cōtentement, c'estoit Chalon. Sur laquelle il sembloit que Dieu eust posé vn astre influāt bon heur & prosperité: ou plustost que la diuine bonté la conseruoit soubs sa main, pour (comme il est escrit de Iob) la tenir enuirōnee de seurté, & de paix, accōpagnee de bōne volōté. Tous les Philosophes & autres, qui ont voulu descrire l'idee qu'ils auoyēt en leur esprit, pour representer vne parfaicte Republique, n'eussent sceu trouuer modelle plus propre à leur intētion, que l'estat de la ville de Chalō. Les heures de seruir à Dieu estoyēt si sainctemēt parties & diuisees, que les seruāts, & seruantes ne failloyent point d'aller au lieu d'oraisō; adoration, & actions de graces publiques de bon matin. Les maistres, maistresses, & enfants de famillēs ne failloyēt point à leurs messes parochiales, & autres heures principales, introduittes pour exercer la pieté des Chrestiēs és iours de festes, lesquelles il est perilleux employer à mal faire. Tous vieillards estoiēt peres de la ieunesse, & n'estoit moindre hōneur deferé aux anciēs à Chalō, que à Lacedemone. Les vices estoyēt tāt hays, que si quelque femme eut faict tache à son hōneur, il ne falloit qu'elle esperast pouuoir trouuer place auec les femmes de reputation, & soigneuses de la cōseruation de leur bōne renōmee. Telles femmes ainsi debouttees des bōnes cōpagnies, les autres craignoyēt encourir mesme infamie: & les hōmes debordez à turpitude & lasciueté, ne trouuoyēt commoditez correspondantes à leurs debordements. DE FAIRE vsure, ou dōner deniers à fraiz, il n'en estoit nouuelles. Les seuls Ecclesiastiques (ausquels toutes traffiques & negotiatiōs seculiers sont defendues) auoiēt quelque permission de faire profiter leur argēt: mais ce n'estoit pour en faire mestier. TOVS les Chalōnois se nōmoiēt Cousins, qui est vn mot abbregé de Cōsanguins. Laquelle façō (encores q la charité soit fort refroidie, & l'amitié anciēne diminuee) dure encores entre plusieurs. Et de là procedoit que les alliances par mariages se

Edit de pacification portant pardon general.
Combiē Chalon estoit heureux auant les troubles.
Oza.

Iob.

Ancienne police de Chalon.
Pieté singuliere.

Vieillesse honoree.
Lacedemone.
Chasteté.
Impudicité punie.
L'vsure n'estoit iadis ouye à Chalon.
Chalonnois Cousins.
Des mariages entre les Chalonois.

dreſſoyent plus par bien-vueillance, honneſteté, & eſtimation de la vertú, que par auarice. Auſſi ces mariages cōtractez ſur legitimes intētiōs, receuoyent inuiolable loyauté: & la parité des perſonnes cōſeruoit entre elles l'honneur coniugal: de façon que l'vne des parties n'auoit occaſion de deſdaigner, ou tenir l'autre en meſpris. Les enfans qui prouenoyent de ſi ſaincts & bien accordāts mariages, eſtoiēt ſongneuſement nourriz en la crainte de Dieu, inſtruits à le ſeruir & obeïr, honorer pere & mere, craindre les magiſtrats, reuerer les hommes d'honneur, fuyr les vicieux, ſe comporter auec ſes pareils ſi gracieuſemēt, qu'il leur fuſt facile eſtre aymez d'eux, & tirer louange de leur benignité, & honneſte conuerſation. LES procez eſtoyent à Chalon fort rares, & de noſtre ſouuenāce on a veu qu'à peine trouuoit-on ſix Aduocats: là où auiourd'huy on en veoid plus de quarāte, & tāt d'autres gens de plume, qu'on les tient pour vn tiers des habitants. Auſſi le Greffe du Bailliage (qui eſt admodié à preſent à plus de deux mil liures tournois) ne ſouloit valoir de profit annuel cent, ou ſix vingts liures. En ce tēps-là on pouuoit dire des Chalonnois, ce que Ouide diſoit des premiers hommes. *Nullus erat iuſtis reddere iura labor.* Mais que vaut-il de rememorer ces paſſees felicitez de noſtre ville: veu qu'elles ne ſeruent que pour augmenter noz regrets, voyants maintenāt les choſes auoir vne toute autre face? Il ſemble que noz predeceſſeurs ayent tāt vſé le bon heur, qu'il n'en ſoit point demouré pour nous. Or Dieu par ſa grace vueille appaiſer ſon courroux, & mieux fortuner ceux qui viendront apres nous.

Indole des enfants.

Peu de procez.

Greffes.

Ouide.

Mutatiō.

IE NE me puis tenir de dire d'auātage, que ſi iamais ville fut bien policiee, c'eſtoit anciennement Chalon. On euſt dit que chacun y auoit eſté logé comme par fourriers, ſelon la difference de leur vacation. Il y auoit vne rue pour les febures, vne du marché du bled, vne de la poulaillerie, vne des tonneliers, vne des cloutiers, c'eſt à dire faiſeurs de cloux, vne du change, vne de la monnoye, vne de la rotiſſerie, vne des Preſtres, vne des Nobles : & le reſte eſtoit pour les hommes de lettres, pour les anciens bourgeois, marchants de ſoyes, de draps, & autres meſtiers cois, & qui trauaillent ſans ennuyer de bruict leur voiſinage.

Police ancienne tres-excellente.
Rues diſtinguees par meſtiers.

APRES les Nobles (dōt il y auoit gros nombre à Chalon, & principalement en hyuer, qu'eſt le temps des bonnes cheres de Bourgongne) les bourgeois auoyent le premier rang d'honneur entre les habitants. Il y auoit de deux ſortes de bourgeois : & ne cōpetoit ce nom qu'aux hōmes de franche condition. Les plus eſtimez eſtoyent ceux d'ancienne bourgeoiſie: auquel nombre on cōptoit les hōnorables, deſquels (pour le moins) l'ayeul, le pere, & eux eſtoyent natifs de la ville. Les receuz bourgeois, ou (cōme on diſoit à Rome) *donati Ciuitate*, eſtoyent pareillemēt perſonnes hōnorables, ſignalees de quelque vertueuſe qualité, vtile à la choſe publique, & pour ce reſpect aſſociez au droict de bourgeoiſie. Nuls (ſinon les bourgeois) ne pouuoyent eſtre Eſcheuins, ny auoir voix,

Nobles.

Bourgeois.
Deux ſortes de bourgeois.

Priuilege des bourgeois.

de Chalon. 431

voix, ou suffrage és assemblees, & deliberatiõs faites en maisõ de ville.

Qve plus est, l'ordre estoit iadis tel entre les bonnes villes de Bourgongne, que si quelque bourgeois de l'vne desdites villes, vouloit aller demourer en vne autre, il prenoit lettres de remise, contenantes attestation de ses bons deportements, bonne fame, preud'hommie, & expresse qualité de bourgeois en la ville, de laquelle il partoit, & les portoit en celle où il alloit, asseuré moyennant lesdites lettres de remise, & d'attestation faicte en maison de ville; & scellees du seel d'icelle, que foy indubitable y seroit adioustee. Les gens d'Eglise, gens de iustice, & practiciens (encores qu'ils fussent enfants de bourgeois, n'entroyent en l'hostel de ville, s'ils n'y estoyent officiers, ou expressemét appellez, pour auoir d'eux aduis & conseil. Voire que par ancien priuilege, les gens du Duc (ausquels ont succedé les gens du Roy) sont exclus de telles assemblees : & le vulgaire ne y faisoit à receuoir : aussi admis ne y sert il que de nombre, & de crieries trop importunes. Les Centeniers apportoyent les suffrages de leur Centaine, sans permettre indiscrettemét vn confus amas de personnes, qui le plus souuent sont plus poussez de fureur que de raison. Qvand i'ay dit qu'il y auoit gros nombre de gentilshommes domiciliez à Chalon, il en faut attribuer la cause au plaisir que les Ducs & Duchesses de Bourgongne (mesmement ceux qui ont precedé le Roy Iean, pere de Philippe le hardy) prenoyent au plaisant seiour du chasteau de Germolles, distant deux lieuës Françoises de Chalon. Eux (pour profiter à la ville qu'ils habitoyent) obtindrét des anciens Ducs plusieurs beaux priuileges : notamment que les enfants des bourgeois de Chalon pourroyent estre receuz en tous monasteres & Eglises, tant d'hommes que de filles, esquels la qualité de noblesse est requise & reseruee. Aussi leur est il permis chasser à cordes, & à crys, quatre lieuës à l'entour de la ville, és terres de l'ancien domaine des Ducs. Dont est aduenu que les Chalonnois sont communement nommez par leurs voisins Nobles de Chalon. Ioint que (combien que les François & Bourgongnons ayent quasi tous ceste ordinaire loüange d'estre courtois) à la verité les Chalonnois sont autant gracieux, de franc & bon cœur enuers ceux qui abordent en leur ville, qu'autres habitants du royaume de Frãce. Qu'ainsi soit, les troubles esmeuz soubs pretexte de religion (encores qu'ils ayent esté autant impetueux qu'autres qui ayent iamais tourmenté la France) n'ont sceu tát aigrir les Chalonnois, qu'ils ne se soyent (depuis l'Edit de pacification) comportez les vns auec les autres, en si patiente douceur, que tous ceux qui l'ont sceu s'en esbahissants, leur en ont donné loüange.

Ie ne veux oublier que depuis quelques annees en ça, les Chalonnois ont obtenu du Roy vn Maire, de telle authorité à Chalon, que les Maires sont à Beaulne, & à Auxonne respectiuement. Ce mot de Maire est vn comparatif François, vaillant autant que maieur, c'est à di-

Ordre ancien.
Lettres de remise.
Gens d'Eglise, & practiciés n'estoyét admis en maison de ville.
Gens du Roy n'ẽtrent en maison de ville.
Gentilshommes demourants à Chalon.
Germolles.
Priuileges.
Nobles de Chalon.
Les Chalonnois sont courtois.
Comportement fort gracieux.
Mairie de Chalon.
Mairie.

re plus grand. A Autun le Magiſtrat correſpondant à celuy que nous appellons Maire, eſt nommé Vierg (combien que ſon vray & ancien nom ſoit Verg, Ceſar le latiniſe Vergobretus) & (ſelon que nous auons ſouuent dit ailleurs) ſignifie craint. Le Maire de Chalon eſt chef de l'Eſcheuinaige, & preſide en la maiſon de ville. A luy, & aux autres Maires eſt attribuee la police des villes, cõme auſſi deuroit eſtre la iuſtice : ſans la concomitance de laquelle tout l'effort des politiques reſte vain. Mais la malice du temps auquel nous ſommes, ayant produit ce preiudice au public, que le nombre des Magiſtrats & Officiers mis à volonté, autant qu'il y a d'hommes qui preſentent argent, autant il ſe trouue de ſortes d'offices correſpondants au pris offert : la iuſtice a eſté deſunie de la police, comme ſi l'vne pouuoit ſubſiſter ſans l'autre. I'AY vne autre raiſon en opinion, pourquoy les Maires (qui iadis auoyent en commune puiſſance le tribunal du peuple (pour le conſeruer en ſes franchiſes, priuileges & immunitez) & la Cenſure ſur les habitants, pour cõtenir chacun ſoubs l'obeyſſance des loix, & des ſtatuts politiques : ſans laiſſer aucun auoir licence de viure desbordement, & abuſer de liberté, pour faire tout ce qu'il luy plaira) ont eſté priuez de la iuſtice, ſans laquelle ils ne ſçauroyent ſe faire obeyr, & n'eſt poſſible qu'ils le ſoyent. Mais (pource que ie ne veux eſtre creu à mon mot, meſmement quand il ne procede que d'opinion) i'ayme mieux m'en taire que d'offenſer perſonne. Auſſi eſpere-ie que quand noſtre Roy (du ſalut duquel depend la conſeruation de la choſe publique, quelque choſe que les deſireux de remuements, & changement d'eſtat tiennent le contraire) cognoiſtra combien les communautez des bonnes villes de ſon Royaume (ie parle des non reuoltees) luy ſont, & ont touſiours eſté obeyſſantes : ce que leur a eſté oſté pour ſeruir au temps, & pour mettre certains Cains (perpetuellement tremblants en leur conſcience) hors de crainte d'eſtre exterminez par le peuple, duquel les Maires ſont Magiſtrat, leur ſera rendu & reſtitué. Et que ayant à plain ſceu à quelles fins tendoit ceſte diuiſion de la iuſtice d'auec la police : il ſçaura auſſi combien il eſt requis pour ſon ſeruice & le bien du public, de les reünir, & remettre toutes choſes en leur vray, deu & treſneceſſaire eſtat. Ce que Dieu luy vueille inſpirer, & donner la grace de ſi ſalutairement faire, que luy chef de l'eſtat, & les trois ordres qui luy ſont ſubiets, vniz en bonne & ſaincte volonté, puiſſent quelque iour (& bien toſt) eſtre en paix & trãquillité de conſcience, vn trouppeau ſi aggreable à ſon Sauueur, qu'il le paiſſe de ſa main, & le rempliſſe de toute benediction, à ſon honneur & gloire. AMEN.

Vierg d'Autun. Ceſar.

Police diuiſee de iuſtice.

Offices venaulx.

Les Maires eſtoyent Tribuns & Ceſeurs.

Cains.

Diſcours

DISCOVRS SECOND DE L'ANTIQVITE' CHALONNOISE: AVQVEL SERA RAPPORTE' SOMMAIREMENT, CE QVE PLVS AMPLEMENT A ESTE' DIT DES EVESQVES,
par Monsieur Naturel, Chantre, Official, & grand Vicaire audit Chalon, en son œuure Latin.

Par Pierre DE SAINCT IVLIEN, *de la maison de Balleurre, Doyen de Chalon, grand Archidiacre de Mascon.*

IL est mal-aisé, voire impossible, rédre seure raison, en quel temps les Gaules receurent premieremét le Christianisme; la diuersité des opinions estāt sur ce poinct tant differéte, que la multitude d'icelles nous laisse plus d'obscurité, que d'esclarcissement: i'estime qu'on ne deura iuger estrange, si ie me trouue mal resolu, pour asseurer quand l'Euangile commença d'estre presché, & publié en Chalōnois: & par consequent qui fut le premier Euesque: & par qui Chalon fut erigé en Euesché. Le premier poinct a esté (sinon plainement, du moins auec verité) traicté par nous en quelques autres discours: dont en repeter le desia dit, seroit comme faire seruice de choux recuits. Plusieurs tiennent pour certain, qu'auant le retour des François és Gaules, elles estoiét desia peuplees de plusieurs Chrestiés. Et quant aux Bourgongnons (au cœur desquelz Chalon est de present) les autheurs n'en doutent point. Vray est que quelques-vns ont estimé les Bourgongnons auoir esté infectez de l'heresie d'Arrius: mais qui examinera vn peu plus diligemmét la verité de leur Religion, sçaura de Nicephore en son histoire Ecclesiastique, que leur conuersion au Christianisme est si miraculeuse, qu'elle ne doit estre attribuee à gens embrouillez de faulse opinion de Dieu: & que la majesté diuine n'eust operé miracle en faueur d'vne foy si erronee. Ce que Nicephore dit des Bourgōgnons est tel: *Oultre la riuiere du Rhin est vne Isle des Bourgongnons. Ilz viuent paisiblement, & quasi tous sont charpentiers, & exerceants ce mestier en gaignent leur vie. Les Huns courants leurs terres, y faisoient grands*

L'antique histoire des affaires Galliques est mal sceuë.

De la naissance du Christianisme és Gaules.
Retour des François és Gaules.
Chalon au cœur de Bourgōg.
Contre ceux qui ont dit les Bourgongnons Ariens.
Nicephorte.
Bourgonōs charpentiers.
Huns.

Oo

dommages, & tuoyent beaucoup d'hommes. Ce nonobstant, & quelques maux qu'ils souffrissent, ils n'auoiët opinion de recourir à homme quel qui fut, ains leur intention estoit d'implorer le secours de quelque Dieu. Aduertiz doncques que le Dieu des Romains aidoit puissamment ceux qui le redoutoient: tous d'vn commū aduis prindrēt party de croire en IESVS CHRIST. Venants à ces fins en vne Cité des Gaules, ils supplioient l'Euesque de leur cōferer le Baptesme des Chrestiës. Lors luy les faisant ieusner sept iours, & ce pendant les instruisant en la foy, le huictiesme iour estants baptizez ils furent licentiez. Eux reprenants asseurance contre ceux qui les affligeoient, se hastoient de retourner allegrement: & leur esperance ne fut vaine. Car le Roy des Huns nommé Suptar ayant yurongné toute la nuict, les Bourgōgnons surprindrent leurs ennemis sans chef: & combien qu'ils fussent peu de gens, meslez auec gros nombre d'ennemis, si est-ce qu'ils en tuerent enuiron dix mille. Et tousiours depuis toute la nation des Bourgōgnons demoura de feruēte affection Chrestienne. Voilà ce qu'en dit Nicephorus: Et son dire nous asseure de deux choses: l'vne que le Christianisme estoit desia és Gaules, auant que les François y retournassent. Estant certain que les Bourgongnons reuindrent premier que les François. Et neantmoins il dit que les Bourgongnons (encores separez des Gaules par le Rhin) se transporterent en vne Cité d'icelles Gaules, pour y receuoir le baptesme des Chrestiens. L'autre est que les Bourgongnons (ayants esprouué combien l'assistance que Dieu leur auoit faict, depuis qu'ilz estoiēt deuenuz Chrestiens, auoit eu de force pour vaincre, & deffaire leurs ennemis) ilz estoient tres-feruentement demourez obseruateurs du Christianisme. Qui sont deux poincts suffisants, pour conuaincre tous ceux qui ont osé imputer aux Bourgongnons l'infection de l'heresie Arrienne. Car estant vray qu'ilz ont esté instruicts, & baptisez en vne Cité des Gaules, il est necessairement vray aussi que leur instruction fut saine, & Catholique: les Gaules ayātz ce tesmoingnage de S. Hierosme, d'auoir esté exemptes de monstres, c'est à dire d'heretiques. Ioinct que quand le grand Roy Clouis receut le baptesme, ce fut à la priere & solicitation de Clothilde sa femme, de la maison de Bourgongne. Laquelle (en matiere de religiō) conuenoit auec S. Remy, Prelat exēpt de toute suspicion d'heresie. Ainsi ceux-là se mescomptent lourdement, qui ont pensé que les Bourgōgnōs ayent esté entachez de l'erreur d'Arrius. Bien pourroit-il estre, que l'armee des Bourgongnons entrant és Gaules, fust accōpagnee de quelques Gothz, & Vandales Arriens, que lon confondoit soubz le nom des Bourgongnons, principaux en l'armee susdite: & que tels Gothz, & quelques bandes de Vandales fussent Arriens: comme en l'armee d'Antonin le Philosophe il se trouua vne legion de Chrestiens, en la guerre cōtre les Quades: laquelle fut nommee fouldroyante: & comme (de nostre tēps) plusieurs armees de Catholiques se sont trouuees meslees d'hommes d'autre religion.

LA mention que nous venons de faire de la legion fouldroyante, me presente

de Chalon.   435

presente occasiõ de dire, que auãt la miraculeuse victoire que l'Empereur Antonin, dit le Philosophe, obtint des Quades, & Marcomans, par la priere que les Chrestiens de la susdite legion feirẽt à Dieu: ledit Philosophe (mot ennemy de nostre croyáce s'il est prins sans additiõ) auoit esté assidu aduersaire de la Religion des Chrestiẽs: Contre lesquelz il auoit remis sus horribles persecutions. Notamment Zonaras (& auec luy plusieurs autres) est tesmoin, que S. Polycarpe Euesque de Smyrne (c'est celuy qui fut auditeur de S. Iean l'Apostre) receut souz l'Empire de ce Philosophe la couronne de martyre. Mais depuis que miraculeusement il eut obtenu la victoire susdite (encores que les ennemis du nom Chrestien, entre lesquelz est Dion, ayent accoustumé desrobber ce miracle, & l'attribuer faulsemẽt à Arnulphis enchãteur Ægyptien, & à son Dieu Mercure) il eut les Chrestiens en reuerence, & eut crainte de leur Dieu. Or d'autant que (apres S. Pierre, & S. Paul) S. Polycarpe a esté des principaux fondateurs de la Religion Catholique és Gaules il me semble estre necessaire (pour l'intelligence des premieres introductions de nostre foy au païs comprins à present soubz l'appellation de Bourgongne) rechercher que l'an de nostre salut cxx. Adrien commença d'estre Empereur. De son temps le sus-nommé S. Polycarpe (venant d'Asie) print port à Marseille selon Vincent de Beauuais en l'vnziesme liure de son miroir historial. Estãt à Marseille, il enuoya à Lyon S. Photin, personnage desia fort aagé: qui y fut receu, & fait Euesque: aucuns disent premier, & autres y contrarient. Quoy qu'en soit, Eusebe est autheur qu'iceluy Photin ayãt passé l'an de son aage xc. fut fait Martyr, & à Lyon. Lors de l'emprisonnement de Photin, quarante neuf autres furẽt faicts prisonniers auec luy, & tous (horsmis deux) souffrirent mort cruelle, en tesmoingnage de leur foy. Et fut l'abondance du sang respandu adoncq telle, que la Saone en deuint rouge: dont aduint que laissant son premier nom Arar, on cõmença de l'appeller en Latin *Sangona*, vray est que des Imprimeurs qui ont mis en lumiere l'histoire de Ammien Marcellin, les vns ont escrit *Sauconna*, les autres *Sanconna* la lettre de g. muee en c, ainsi qu'en Caius, & Gaius, & comme nostre vulgaire, dit indifferemmẽt Claude, & Glaude, combien que tousiours on escriue Claude.

Des deux du nombre de cinquante qui eschapperent des prisons de Lyon, nous en auons desia parlé ailleurs, & dit que leurs noms estoient Marcel, & Valerin, ou Valerien selon le Latin. Nous auons dit d'auantage, que S. Valerin euangelizant à Tournus, y fut martyrisé, & qu'apres sa passion, ses disciples dresserent vn oratoire, ou cellule, qui depuis creut en vn monastere: auquel retiree la congregation de l'Isle de Rhé, fut cause que le nom de S. Philibert leur patron est demouré.

Quant à S. Marcel, combien que nous en ayons aussi desia parlé, si est-ce que ce lieu requiert que nous en façions encores mention. Luy doncques ayant laissé son compagnon S. Valerin à Tournus, se retira à Chalõ: mais d'autãt qu'en toute la ville il n'y auoit aucune Eglise dediee

Oo ij

à Dieu, & qu'à demie lieüe Françoise de là, oultre la Saone, au pays des
Sequanois, au village de Hubillac, dit en Latin *Hubiliacus*, il y auoit vn
deuot oratoire fondé foubz l'inuocation de S. Pierre, il choisit ce lieu là
pour son habitation. Et neantmoins ne failloit de venir tous les iours
prescher, & baptiser en la ville de Chalon. Ce qu'estât venu à la cognoissance de *Priscus*, chef de la Iustice pour l'Empereur à Chalō, il le feit prēdre, & mourir de grief martyre. Les Chrestiens luy donnerent sepulture
en la Chapelle S. Pierre de Hubillac, où reluysant par infinis miracles, le
Roy Gontrand le trouua, feit enchasser son corps en vne belle & riche
chasse d'argent surdoré en plusieurs endroicts; & luy feit bastir vne belle Eglise, & deuot Monastere, en la façon que nous auons declaré cy deuant.

<small>Hubiliac°.
S. Pierre de
Vbillac.

Priscus.

Roy Gontrand.</small>

FORCE est que ce que nous venons de dire serue pour la plus-grande antiquité des affaires Chrestiens qui se trouuent au Chalonnois. Car
quant à certain brief extraict des archiues de Poligny, qui se trouue, tant
imprimé, qu'escrit à la main, où il est mention d'vn Roy Estienne, regnāt
és voisinages du Rhosne; & qu'on dit couerty par la saincte Marie Magdelaine: ceste histoire n'ayant certain autheur, manque aussi de certitude.
Toutesfois s'il est vray que ledit Roy ait tant basty & fondé d'Eglises en
l'honneur de S. Estienne premier martyr, comme tel sommaire porte: &
que l'Eglise de Lyon, celle de Besançon, & celle de Chalon en soient du
nombre, nul ne doit differer de croire que tost apres la dispersion des A-
postres, les Gaules receurent la foy Chrestienne.

<small>Commēcement du
Christianisme au
Chalonnois.
Roy Estiēne.
Saincte
Marie
Magdelaine.
Eglises de
S. Estiéne.</small>

ET neantmoins l'incuriosité de noz deuanciers a esté telle, que n'ayās
tenu compte de nous laisser de main en main memoires des affaires qui
nous ont precedé, nous sommes coulez en vn tēps, auquel plus d'hommes sont prompts à nyer, qu'à prester croyance. Et si bien Vincent de
Beauuais (homme qui a fort trauaillé à nous instruire de beaucoup de
choses, que sans luy nous ne pourrions sçauoir) a fait mētion au x. de son
histoire, chap. xxxix. d'vn Roy Estienne, qui durant l'Empire de Neron
regnoit pres du Rhosne, si ne le dit-il baptisé par S. Maximin compagnō
d'exil de la saincte Magdelaine, mais par S. Martial, Apostole des Lymosins.

<small>Malheur
de nostre
temps.
Vincent
historial.

Roy Estiēne baptisé,
incertain
par qui.</small>

TELLE negligence de ceux qui nous ont precedé bien anciennemēt,
a occasionné que la plus part des faits, & gestes des vieux Gaulois, des
François, & des Bourgongnons, passez en Allemaigne, pour decliner de
seruir aux Romains: & leur retour pour la liberté, & deliurance de leurs
antiques terres, ne sont bien clerement sceuz, & moins suffisamment entenduz. Que si quelques-vns (autres que Grecz, ou Latins, ou s'aydants
tant de leur langage, que de leur coustume, magnificatrice de ce que fait
à l'honneur de l'Empire des Grecz, ou des Romains) ont conserué chose
faisant à la gloire de quelque nation, à la verité trop plus illustre que ny
les Atheniens, ny les Citoyens de Rome, on ne destourne seulemēt l'œil
de tel-

<small>Cause
pourquoy
les Frāçois
& Bourgōgnons absentererent
les Gaules.</small>

de telle lecture, mais les oreilles delicates s'en sentent offensees, & ceux qui l'entendent tordent le nez, comme s'ils auoient beu du verjus. Ce pendant toutesfois ils lisent que Romulus & Remus sont fils du Dieu Mars, qu'vn rasoir ait couppé vne pierre aiguysoire, qu'vn veau ait parlé, que les mousches n'entroient point au temple de Hercules, que tous les Dieux du Capitole se leuerent pour faire honneur à Iuppiter, fors Terminus, & autres infinies menteries, plus friuoles que les comptes de la cigoigne: c'est offenser la majesté du peuple Romain, d'y trouuer à redire. CEVX (à mon aduis) doiuent estre iugez mauuais mesnagers, qui ont plus de soucy des affaires d'autruy, que des leurs propres. Et me semble que ce nous seroit plus d'hōneur d'illustrer nostre patrie, que d'estre soingneux de faire durer la gloire de ceux qui ne nous furēt iamais que capitaux ennemis. Et (s'il faut dire vray) les exemples de bien faire (qui sont plus à priser que ceux de bien dire) sont trop plus frequents en nostre histoire Gallique, qu'en tout le reste des nations du monde. Ie puis aussi maintenir qu'il n'y eut oncques natiō plus louëe d'humanité, hospitalité, & courtoisie que la nostre. Et quant à l'art de la guerre, les Romains (par la confession propre des leurs) l'ont apprins des Gaulois. Mais soit ce propos reserué pour vne autre fois.

LE peu de soing que noz ancestres (desquelz sans cesse ie me plains) ont eu de nous laisser par escrit quelque chose des poincts principaux des affaires de leur temps, nous a reduit en si excessiue ignorance, de ce qui seroit comme necessaire sçauoir, que (depuis que S. Marcel eut laissé l'Eglise de Chalon vefue de son cher & bien-aimé pasteur) nous ne sçauons qui en a prins le regime, pour luy dōner l'alimēt spirituel, qui est la parole de Dieu, & luy administrer les sacrements, & remedes contre nostre fragilité, par applicatiō du merite de la passiō de nostre Sauueur. Et faut (non tant de nostre bon gré, que par necessité) que nous confessiōs ne sçauoir les noms, ny le nombre des Euesques de Chalon, qui ont esté depuis S. Marcel, iusques à S. Sylueftre: que nous trouuons auoir tenu le siege Episcopal de Chalon, du temps de l'Empereur Honorius: l'an quinziesme de la domination duquel Rome fut prinse par Alaric Roy des Gothz: qui fut l'an de grace quatre cens douze.

AV reste nul n'a encores douté, que l'Eglise Cathedrale de Chalon (commencee par la pieté des premiers Chrestiens, & augmentee peu à peu, comme les autres) ayt esté dediee soubz l'inuocation de S. Estienne premier Martyr: mais Childebert Roy de France, fils de Clouis premier, reuenant des Espaignes auec plusieurs Reliques de S. Vincent (selon que Gregorius Turonensis, & Aymoinus Monachus en font mention en leurs histoires) il en laissa quelques-vnes à Chalon, & à Mascō: la renommee desquelles, & la deuotion du peuple changerent l'ancien nom d'icelles deux Eglises, en celuy de S. Vincent, comme nous auons desia dit. Le mesme Roy Childebert dōna aux Chapitres de Mascon, & de Chalon

Menteries des historiens Romains.

De non fauoriser les Romains.

Bien faire des Gaulois.
Bien dire des Romains.
courtoisie Françoise.
Les Romains ont apprins l'art de la guerre des Gaulois.
Iterement est accusee la negligēce de noz bien anciens predecesseurs.
Beaucoup d'Euesques ignorez.
S. Syluest. Euesq. de Chalon.
De la Cathedrale de Chalō.
L'Eglise dediee de S. Estiēne.
childebert Roy.
Greg. Turon.
Aymoinus Monach°.

Oo iij

Des antiquitez

Armes des Chapitres de Chalon & Mascon. Pepin. les pures, & plaines armes des anciens Rois de France, qui sont vn escu d'azur, semé de fleurs de lis d'or sans nombre. Depuis Pepin Prince des François, Duc de Bourgongne (mais non encores Roy) voulut qu'il y eut difference: & pour-ce ordonna que sur le tout Chalon porteroit vn baston pastoral en forme de sceptre de gueule: & Mascon auroit aussi sur le tout vn S. Vincent d'argent. AVCVNS tiennent qu'au-parauant le Chapitre de Chalon portoit d'azur, à vne branche de palme d'or. Cest escusson est encores à present en vne vieille petite verriere, bien hault par dessus la sepulture de feu Reuerend pere en Dieu Messire Iean Germain, Euesque de Chalon: &nous auons de la monnoye de plomb, pour payer aux Choriaux de ladite Eglise leurs distributions, qui est marquee à ladite palme. Tant ladite monnoye, que celle des Chanoines auoit iadis cours par la ville. Aussi les Celeries dudit Chapitre les retiroient en temps certain, & les rachettoient de monnoye du Prince.

Cours de la monnoye de Chapitre.

M. Naturel. N'AYANT doncques Monsieur Naturel trouué aucun, qui eust esté soingneux de recueillir les affaires concernants le spirituel des Eglises Chalonnoises, force luy a esté d'employer long temps, & vn labeur infiny à rechercher par tout où il a peu, les noms, & ordre successif de noz Euesques. Dont s'il ne s'est si heureusement expliqué qu'il eust voulu, il ne luy en peut rien estre imputé, ains à la misere des temps. IL y a en l'Eglise de Chalon vn vieil liure, dit la reigle du Chœur: il fut escrit sont plus de trois cens ans: & contient l'ordre de tout ce qui se doit faire, & dire l'annee. A la fin d'iceluy est vn Catalogue d'Euesques, tel que s'ensuit.

Reigle du Chœur.

CATALOGVS EPISCOPORVM CABILONENSIVM.

Catalogue nõ certain des Euesq. *S. Flauus, seu Flauius. S. Tranquillus. S. Ioannes. S. Sylvester. Desiderius. Legontius. Theodorus. S. Agricola. S. Veranus. S. Lupus. Antestius. Amblacus. Gelionius, vel Gilderinus. S. Gratus. Agnibertus. Vbertus. Warnulphus. Foua. Millo. Godelladus, vel Godissaldus. Gilbodus. Stephanus. Axoranus, seu Axoradus. Stacteus. Duranus. Ildeboldus. Frotgarius. Hugo. Radulphus. Lambertus. VVido. Achardus. Roclenus. Gauterius. Lotsaldus, siue Gotsaldus. Gauterius. 2. Petrus. Robertus. Durannus 2. VVillermus.* Les noms ainsi cruèment couchez, ne sont accompagnez de prefixion du temps qu'ils ont vescu, souz quels Papes, ou Rois leur administration a esté, ny combien elle a duré. M. Naturel (qui n'a laissé aucun thesor d'Eglise Cathedrale, Collegiale, ny Conuentuelle au voisinage de Chalon, qu'il n'ait visité, auec soin d'y trouuer quelque chose seruant à son intention) ne s'y est peu acquerir certitude qui le contentast: ny dont il peut asseurer les lecteurs de ses memoires: lesquelles (encores que nous ne le nommions à toutes occurrences) nous suyurons d'ores-en-auant: sans neantmoins laisser d'entremesler tousiours ce que d'ailleurs nous aurons peu recueillir nous mesmes.

Incertitude du rang & temps des Euesques.

LES

de Chalon. 439

LES trois premiers Euesques nommez au Catalogue cy dessus escrit, pretermis, par faute que ledit Catalogue ne suyt l'ordre des temps; force nous est poser en faict, que le premier Euesque de Chalon, la session duquel peut estre trouuee en téps certain, a esté S.Sylueſtre: qu'on ne peut moins que iuger auoir exercé son ministere, enuiron le téps que Theodose le ieune fut Empereur, Clodion, & Merouee Rois des François, & Gundicaire Roy des Bourgógnons. Le long temps que ledit S. Sylueſtre, & son successeur Philagrius ont tenu le siege Episcopal, en donnent connoissance, par les certitudes que nous auons à descouurir cy apres. *S. Syluestre Euesque de Chalon. Philagius Euesque.*

GREGOIRE Euesque de Tours, assez prochain du temps de sainct Syluestre Euesque de Chalon, en parle de fresche memoire ainsi, au liure qu'il a faict en l'honneur des Confesseurs, chapitre clxxxv. *Le glorieux Syluestre a regi l'Eglise de Chalon: & apres auoir exercé par quarante deux ans la charge de Pasteur, plein d'ans, & de vertus rendit son ame à Dieu. Il eut vn petit lict sousteneu de menues cordes, soubs lequel depuis que les malades auoiët vne fois, ou deux esté couchez, toutes fiebures tant quartes, qu'autres par vne vertu infuse, les abādonnoient. A ces fins ce lict transporté en la sacristie de l'Eglise, conserue sa vertu. Car plusieurs (moy present, & voyant) couppoient des petis bouts des cordes susdictes, & les portās en pays loingtain, ne les auoient si tost appliqué sur les febricitās, que les fieures ne les laissassent. Qu'ainsi soit, ma mere ayant prins vn petit bout de corde dudit lict, ne l'eut plustost faict pendre au col d'vne fille febricitante, que le mal cessant, elle ne la veid saine.* Cest Euesque Syluestre fut canonizé l'an 879. ainsi que nous reseruons à dire cy apres, en parlāt de l'Euesque Gilbod. D'auantage il est certain que le grand rauage faict par Attila és Gaules, & qu'on quote aduenu l'an 443. aduint du temps que ledit sainct Syluestre estoit Euesque de Chalon. Et tient noble, & venerable M. Iean Naisey iadis Archidiacre & Chanoine en nostre Eglise (en l'abregé non imprimé qu'il a faict des Rois de France) que lors la ville de Chalon fut ruinee rez pied, rez terre. Autant en dit on de Lyon, & d'Autun, & est bien certain que Mascon n'en eut pas moins. *Greg. Turonen. De sainct Syluestre. Du lict S. Syluestre. Experiēce bien notable. Canonisation de S. Syluestre. Gilbod Euesque. Attila. M. Iean Naisey. Ruine de Chalon.*

Nous dōcques ignorans le successeur immediat de sainct Syluestre, sommes contrains venir à celuy que nous trouuons le plus ancien apres luy. En ce rang s'offre le premier PHILAGRIVS: pour sçauoir quelque chose duquel, le seul Cōcile Epaunése nous est demouré tesmoing qu'il y assista, & soubsigna. Or ce Concile Epaunense fut conuoqué soubs Pape Gelase premier du nom, qui seoit en l'an 487. & fut le premier an de sa seance, le secōd an du regne de Clouis premier du nom. Le liure Pōtifical tient son Papat de quatre ans, huict mois dixhuict iours. Genebrard reiette sa session en l'an 492. & la quote de cinq ans, huict mois, dixsept iours, regnant Clouis le grand. Dit d'auantage que le Concile Epaunense fut assemblé le siege vacāt, par le trespas dudit Gelase. Entre plusieurs Canons faits audit Concile, le 38. est formel contre noz nouueaux sectaires, qui ont voulu faire croire que sainct Gregoire est autheur de la Messe, & *Philagrius Euesque. Concile Epaunése. Gelase Pape. Clouis premier. Genebrard. Contre les heteriques. De la Messe.*

Oo iiij

que (auant luy) il n'en estoit nouuelle. Car defendant d'entrer és Monasteres des Moniales, il est ordonné aux Prestres qui diront Messes deuant elles, de sortir incontinent icelle dicte. Et d'autre-part il se trouue defendu par ledit Gelase de consacrer que à la Messe.

<small>Paul le ieune Euesque.
Sydonius Apollinaris.
SS. Patiét, & Euphroine.</small>

Avcvns sont d'opinion que Paul le plus ieune, Euesque de Chalon, mourut aussi durant le regne du premier Clouis. & Sydonius Apollinaris en vne epistre à Dumnolus, faict mention du trespas dudit Pavlvs Iunior: & que luy decedé, trois briguoient l'Euesché de Chalon: dont aduertis sainct Patiét Euesque de Lyon, & sainct Euphroine Euesque d'Autun, se transporterent sur le lieu: où trouuans diuerses brigues, & peu de suffisance és trois contendans: sans auoir esgard aux clameurs du peuple, & faueurs des ambicieux, ils esleurent vn fort homme de bien, Archidiacre du lieu, nommé Iean. Et est cest acte tant haut loüé par ledit Sydonius, que ceux qui voudrót lire sadite epistre, trouuerót q ce n'est en vain.

<small>Iean Euesque.</small>

De l'epistre de Sydonius peuuét estre recueillies, & remarquees plusieurs choses; notamment que parlant de l'Euesque Paul, & le qualifiant le ieune, il faict entédre qu'il en y auoit eu vn plus ancié de mesme nom. Aussi que combien que le suffrage des habitans de Chalon fust requis à l'election d'vn Euesque, si est-ce que les Euesques ausquels appartenoit la confirmation de l'election, & le droict de sacrer le nouueau Euesque, pouuoient vser d'authorité, pour obuier aux brigues, & coupper chemin aux ambitieux & insuffisans, encores que le peuple les requist.

<small>Touchant le droict d'eslire.</small>

Ie ne veux (ce pendant) nyer que la difficulté qui se trouue és dates, tourmente grandemét les plus soingneux de la verité des temps: & semble (à cóferer les dates des vieilles chartres gardees és thesors des Eglises, auec les Chronologies imprimees) que ce qui est imprimé, ayt esté dressé plus-tost par art, que selon verité. Ainsi ceux qui ont dit (iouxte les tiltres de l'Eglise de Lyon) que Patient Euesque en icelle, seoit en l'an 472. & maintiennent que lors regnoit le grád Clouis, ont pour aduersaires Sigibert, Iacques de Bergome, & du Tillet, qui quotent ladite annee 472. pour 14. du regne Childeric: & laissent escrit que Clouis premier cómença d'estre Roy l'an 485. *Non nostrum inter eos tantas componere lites.* Qui plus est Gregorius Turonésis parlant de Sydonius (duquel nous faisions tantost métion) insere la narration qu'il faict de luy, au discours des choses aduenues durant le regne du Roy Childeric, pere du Roy Clouis. Qui fait croire, que ce qui aduint à Chalon apres le trespas de l'Euesque Paul le ieune (quand Iean luy fut faict successeur par authorité de Patient, & Euphroine Euesques de Lyon, & d'Autun) fut regnant Childeric, & non durant de regne de Clouis.

<small>Des dates, & supputation des temps.
Contrarieté és dates.</small>

<small>S. Agricol Euesque.</small>

Ne trouuant aucun autre nommé successeur de sainct Iean Euesque de Chalon, que sainct Agricol, il est necessaire que ie vienne à parler de luy apres les autres. Greg. Turonen. & Aymoinus Monachus ont traicté vne mesme matiere si vniformement, que la pluspart des paroles de Aymoinus,

de Chalon. 441

Aymoinus, est cogneuë prinse du propre texte dudit Euesque de Tours. Pource doncques que tous deux parlent ainsi d'accord, il me semble que le plus ancien doibt estre cité le premier. Ce que Gregoire dit d'Agricol est tel en substance: *Quant à Agricola Euesque de Chalon, il mourut en ce teps* (c'estoit sur la fin du regne de Chilperic) *& fut homme fort braue, prudent, & Senatorial. Il feit plusieurs bastimens en ladite Cité, feit faire des maisons, bastit vne Eglise, qu'il fonda soustenue de colonnes, & l'enrichit de marbre de diuerses couleurs, en œuure Mosaïque. Il fut de grande abstinence: car il ne disnoit iamais: content du seul souppé, qu'il prenoit si sobrement, que le Soleil ne sembloit auoir bougé en l'inspection du quadrat Solaire. Sa stature fut petite, mais sa biendisance fort grande. Il mourut l'an de son Episcopat quarante huictiesme: & de son aage octante troisiesme.* Ce que Aymoinus en dit, est indubitablement prins de ce que dit est. Son sens est tel: *En ces iours Agricola Euesque de Chalon, & Dalmatius Euesque de Rhodez, personnages de fort excellente sainteté, & fort diligens en l'administration de leurs charges, laisserent ce monde. D'iceux Agricola (duquel aussi est faicte mention en la vie sainct Germain Euesque de Paris) feit faire les colonnes de marbre, desquelles l'Eglise de sa Cité est soustenue, & la feit embellir d'ouurages de marquetterie.*

<small>Greg. Turonen.</small>

CE SAINCT personnage Agricol a soubsigné les Conciles d'Orleãs: à sçauoir le troisiesme par Auolus son Prestre, qui le representoit. Ce fut l'an 26. du regne de Childebert. Le quatriesme soubs le mesme Childebert, enuiron le temps de Pelagius Pape premier du nom. Et le cinquiesme enuiron le xxxviij. an du regne dudit Childebert. Il se trouue aussi au second tome des Conciles, qu'il soubsigna au Concile de Paris regnant aussi Childebert.

<small>Conciles d'Orleans.</small>

<small>Concile de Paris.</small>

DV TEMPS de sainct Agricol, viuoit en reputation de saincteté S. Desyderat Prestre reclus au Monastere de Gourdon diocese de Chalon: duquel Greg. Turonen. fait mention, où il parle de Chalon, & dit: qu'en icelle ville fut aussi Desyderat Prestre, lequel il auoit veu au Monastere de Gourdon, homme excellent en saincteté. Souuēt est aduenu que gens trauaillez de defluctions froides, causantes grãdes douleurs de dents, ont perdu leurs douleurs, par l'efficace de ses oraisons. Aussi n'estoit-il si reclus, que combien qu'il ne sortist de sa cellule, ce neantmoins qui vouloit ne le veid en icelle. Or ce sainct Desyderat illustré d'excellentes vertus, laissa ce mõde. Ce qu'ayant sceu le benoist Agricol Euesque, enuoya son Archidiacre, pour moyenner que le corps fust apporté au cimitiere de la ville: mais la resistãce des moynes de Gourdon empescha que l'Archidiacre ne peust executer sa commission.

<small>S. Desyderat Prestre. Greg. Turonen. Monastere de Gourdon.</small>

ENVIRON ces temps (voire en ces temps mesmes) le Roy Gontrand regnoit en Bourgongne. Ses faits, & generalement tout le discours de sa vie, sont si amplemēt descrits par plusieurs excellens autheurs, que ce seroit vn vain essay à moy de les vouloir esgaller en leur diligence, tant s'en faut mieux dire. Ioinct que le principal de ce que nous pourroit regar-

<small>Roy Gontrand.</small>

der, n'est sinon qu'il feit Chalon sa demourance ordinaire, & ville Capitale de Bourgongne:& qu'il fonda le Monastere de S.Marcel au voisinage de Chalon. Lesquels deux poincts ayans esté assez amplement (selon la façon, que nous obseruons en ces discours) traictez par cy deuant, il n'est besoin y employer plus de paroles.

<small>Chalõ capitale de Bourgongne.</small>

LA FIN du Chapitre 45.du 5.liure de Greg.Turonen.nous donne asseurance que FLAVVS(aucuns le nommẽt Flauius)succeda à S.Agricol, & que de Referendaire (nous disons à present maistre des Requestes) du Roy Gontrãd, il deuint Euesque de Chalon. Il s'est soubsigné au premier Concile de Mascon, assemblé du tẽps du Pape Pelagius. Et au secõd plus general que le premier. Lequel secõd Cõcile fut tenu l'an 24.du regne de Gontrand, qui fut l'an de salut 590.& 3.de Clotaire 2.du nom.

<small>Flauus, ou Flauius Euesque.</small>
<small>Conciles de Mascõ.</small>

FLAVVS trouuant que si bien son predecesseur auoir faict rebastir l'Eglise Cathedrale (comme dit est) si est-ce que le Monastere de sainct Pierre restoit en extreme desolation: il le feit restaurer tout de neuf. Qui faict que plusieurs l'ont tenu, & tiennent pour premier fondateur de ladite Abbaye.

<small>Flauus restaurateur du Monastere sainct Pierre.</small>

S. VERAN (dit par aucuns S.Verain)succeda à S.Flaue en l'Euesché de Chalon. Il seoit regnant le Roy Gontrand. Et estant aduenu que le Roy Childebert eut (apres autres) eu vn fils: sainct Veran (nommé en Latin *Veranus*) Euesque de Chalon esleu pour perrain, luy dõna nom Thierry. Et dit Greg.Turonen. que ce bon Prelat estoit en ce temps là tant plein d'excellentes vertuz, que faisant le signe de la croix sur les malades, Dieu ainsi le voulant, ils recouuroient leur premiere santé. Ces mots sont du 4. chapitre du 9.liure. Oultre lequel passage, il auoit desia nõmé ledit sainct Veran au 31.chap.du 8.liure.

<small>S. Veran Euesque.</small>
<small>S. Veran compere du Roy.</small>

CE FVT enuiron ce temps que Theodebert vaincu par son frere és batailles de Thou, & de Tolbiac, s'en estant fuy, mais prins en fin, fut emmené à Chalon, & là cruellement occis, ou empoisonné, par sa grand mere Brunechilde, selon la commune opinion: encores que quelques-vns y repugnent.

<small>Brunechilde faict mourir Theodebert.</small>

THIERRY, ou Theodoric fonda, & dota le Monastere de Losne, sur Saone, en l'honneur de la Vierge Marie.

<small>Thierry fondateur de Losne.</small>

ENTRE VERANVS,& Gelionius, ou Gilderinus ne se trouue enseignement d'aucun Euesque. Et quant à cestuy il estoit du temps de Dagobert premier du nom: duquel le regne est quoté de diuerse date par differens autheurs, mais la commune opinion emporte qu'il commẽça à regner l'an 632. De Gelionius, ou Gilderinus ne se trouue autre, sinon qu'il fut immediatement suiuy par sainct Grat.

<small>Gilderin Euesque.</small>
<small>Dagobert Roy.</small>

SAINCT GRAT, & en Latin Gratus, successeur de Gilderin, fut extraict de nobles parens, & eut son temps de seance soubs Clouis second, qui commença d'estre Roy l'an 646. Luy regnant fut conuoqué le Concile de Chalon, soubsigné par ledit Gratus, par Deodatus Euesque de Mascon,

<small>S. Grat Euesque.</small>
<small>Clouis 2. Roy.</small>
<small>Deodatus Euesque de Mascõ.</small>

Mafcon, & par plufieurs autres Euefques. Audit Concile furent arreftez dixneuf Canons, felon qu'il eft contenu au fecond tome des Conciles. Eugene premier du nom feoit alors à Rome.

CE S. Grat auoit choifi pour fa demourance, la maifon qui eft de prefent du Prieur de fainct Laurens, ioingnant l'Eglife, en l'ifle de Saone annexee à Chalon par vn pont de pierre. Leans y auoit deux cellules feparees, l'vne pour luy, & l'autre pour fa mere. Et en fa vie, & apres fon trefpas il fut excellent en miracles, felon qu'il f'entend par les leçons des matines du iour de fa fefte, celebree à Chalon le 8. d'Octobre: aufquelles ie renuoye ceux qui feront defireux d'en plus fçauoir. Finablement ledit S. Grat decedé, Lambert Conte de Chalon (du vouloir, & confentemēt de Hugues Euefque dudit lieu) moyenna que les reliques dudit fainct fuffent tranflatees au Monaftere de Pareid le Monial: ou (auec toutes les antiquitez du lieu) elles furent bruflees par les troubles que les huguenots ont puis vingt ans fufcité en France. *Logis de S. Grat. Lambert Conte. Pareid le Monial.*

REGNANT le prenommé Clouis fecond, differēt fe meut entre deux principaux Gouuerneurs, & adminiftrateurs des affaires du Royaume. Flaucat Maire du Palais, & Vvillebauld Pair, & Gouuerneur de la Bourgongne oultre le mont-iou. Flaucat ne fçachāt autrement attirer Vvillebauld pour le furprēdre, moyenna enuers le Roy, que les Eftats generaux de France furent affignez au premier iour de May prochain, au lieu de Chalon. Pour y aller Flaucat accompagna le Roy, & le faifant paffer par Sens, & par l'Auxerrois le mena à Autun: & la moyēna que Vvillebauld fut mādé. Luy ne fe fiant en Flaucat, & neantmoins ne voulant defobeïr au Roy, y vint: mais ce fut auec fi bonne, & groffe compagnie de gens de guerre, qu'il ne penfoit deuoir craindre. Flaucat en aduerty l'alla affaillir, & le tua: mais il ne furuefquit gueres. Ains eftant à Chalon, il fe meit fur l'eau, & remonta iufques à fainct Iean de lofne, & dez là alla par terre à Dijon: où il mourut, & fut enterré en l'Abbaye fainct Benigne. *Flaucat. Vvillebauld. Flaucat mort à Dijon.*

LE lendemain que Flaucat fut arriué à Chalō, toute la ville fut efprinfe d'vn fi violent enflammemēt que le feu n'y laiffa rien exempt de fa fureur: felon que le tefmoigne Aymoinus Monachus li. 4. chap. 40. *Chalon bruflé. Aymoinus Monachᵘ.*

CE lieu fera neceffairement donné à fainct Loup: qui iffu de parens illuftres, deuint Abbé du Monaftere S Pierre, prés, mais hors des murs de Chalon. La faincteté de fa vie eftoit fi pure, & la vertu de fa foy fi efficace, que Dieu faifoit miracles par luy. Cela donna occafion au Clergé, & peuple Chalonnois de l'eflire Euefque, vacant le fiege Epifcopal. Mais combien qu'il ayt laiffé plufieurs beaux, & grans biés au Chapitre de Chalon, fi eft-ce que nous ne trouuōs ny le temps certain de fa feance, ny cōbien elle dura. Ce qu'il faut attribuer à tant de fois que la ville de Chalon a efté ou deftruicte, ou bruflee. LA feigneurie de Boyer (qui eft Baronnie) luy appartenoit: comme auffi faifoient les feigneuries d'Alleriot, Damerey, Montaigny, &c. Defquelles toutes il feit Chapitre fon heritier. Et fut la *S. Loup. Boyer Baronnie. Alleriot. Damerey. Mōtaigny.*

Robert Roy.

Amortiſſemens.

donation confirmee par le Roy lors regnāt. A l'imitation duquel le Roy Robert l'approuua de nouueau, entant que de beſoin : & oultre celà amortit leſdits biens, les afranchiſſant, & deſchargeant des charges auſquelles ils ſouloient eſtre tenus par ſeigneurs lays, obligez à en rendre tel ſeruice, que la qualité des fieds requeroit. Si par la ſpoliation du theſor des tiltres de l'Egliſe de Chalon, la chartre de telle conceſſion n'euſt eſté perdue, i'en euſſe treſ-volontiers mis icy la teneur, tant pour ſeruir à noſtre propos, que pour la rareté du tiltre, & commencement d'icel-

Deux Rois de France, tout en vn temps.

le, que nous auons veu, & leu tel : *Robertus, necne Hugo eius filius, vno codémque tempore Francorum Reges, &c.* Ce que moymeſme trouuay bien eſtrange de premier aſpect : Car combien que tāt au Cartulaire de ſainct Marcel, qu'en pluſieurs autheurs, & documens, il ſe trouue des dates eſquelles Robert eſt nommé ſeul Roy : d'autres ſoubs ces mots Latins, *Regnante Hugone cum Patre ſuo Roberto* : ſi n'auois-ie point veu qu'en vne meſme Chartre deux ſe nommaſſent en vn & meſme temps Rois de France.

Sepulture de S. Loup.

SAINCT LOVP Eueſque, & Abbé de ſainct Pierre eſtant decedé, fut inhumé audit ſainct Pierre, lieu ſeul auquel il eſtoit adōcq' permis d'enterrer. Son corps demoura en ſa premiere tombe iuſques en l'an 877. 29.

Gilbod Eueſque.

d'Aouſt, que l'Eueſque Gilbod le feit deterrer, & mettre plus honorablement en vn tombeau de pierre, auec vne effigie d'Eueſque en forme de giſant. Tel a il duré long temps, & tel nous l'auons veu en grande veneration. Là affluoit iournellement gros nombre tāt de febricitans, qu'autres, qui ſ'eſtans deuotement recōmandez à Dieu, & requis l'interceſſion de ſainct Loup, trouuoient remedes à leurs infirmitez. Mais l'Abbaye de S. Pierre, ayāt eſté liuree par les adōcq' Eſcheuins de Chalon, au pouuoir des huguenots (calamité vniuerſelle de la France) fut pillee, ſaccagee, &

Ruyne & ſac du monaſtere de S. Pierre.

reduicte à tel eſtat que les Religieux deſchaſſez le diuin ſeruice y ceſſa.

L'Abbaye S. Pierre faicte Citadelle.

Qui fut vne belle, & prompte occaſion aux agents du Roy Charles ix. de ſe ſaiſir de la place, pour y dreſſer vne Citadelle, qui tiendroit deſormais, & à touſiours, la ville en ſubiection, & les habitās en ceruelle. Voilà (comme i'ay deſia dict) qu'ils ont gaigné. Ils n'ont peu ſouffrir des ſim-

Pour Moynes des ſoldats.

ples Moynes, qui ne leur feirent oncques deſplaiſir : ils ont en place des ſoldats. Sçachent qu'ils ont gaigné au chāge. Il leur reſte (mais bien maugré eux) des Chanoines : auſquels ils donnent toutes les vexations, anga-

Les gens d'Egliſe vtiles aux villes.

ries, & contrarietez qu'il leur eſt poſſible. Mais ſils les auoient perdu, alors ils ſentiroient leurs pertes. Et ſi les riches la vouloient diſſimuler, les artiſans, & menu peuple le crieroient auec larmes, & gemiſſemens: auſſi bien que maintes villes d'Allemaigne, eſquelles les hommes de meſtiers ſe ſentent griefuement de l'Eclipſe des gens d'Egliſe.

Seigneur de Villefrancon.

POVR dreſſer la ſuſdite Citadelle, fut employé meſſire Guillaume de Saulx Cheualier de l'ordre du Roy ſieur de Villefrancon, &c. qui (ayant eſté faict

esté fait Lieutenãt de Roy en Bourgongne, en l'absence du sieur de Ta-
uanes son frere puisnay, lors qu'il alla en Italie auec M. de Guise) ne lais-
sa de conseruer ledit tiltre, depuis que son frere fut de retour. Tellemét
que les Estats de Bourgongne ayants dissimulé ceste nouuelle surchar-
ge, sont à present contraints la souffrir. Luy doncques fut celuy qui pre-
mier conuertit la prenommee Abbaye de sainct Pierre en vne Citadel-
le: & pour auoir plus prompte commodité de pierres, feit demolir l'E-
glise, s'en seruant comme d'vne perriere.

 La legende de sainct Geruais du Mans martyr, & Diacre, pour-
roit donner occasion à quelques-vns de penser que sainct Loup fut du
temps du Roy Robert : d'autant que leans est contenu que la terre qui
fut appellee sainct Geruais (au voisinage de Palleau, & qui a ce nom
dudit sainct Geruais y enterré & veneré) fut donnee par ledit Roy Ro-
bert à sainct Loup, & à son Abbaye de sainct Pierre. Mais outre ce que
tiltres sans nombre se trouuent de choses donnees à sainct Vincent, par
gens qui n'ont pas esté ses contemporains à cét, voire cinq cẽs ans prés;
encores la reuelation du corps sainct Loup, soubs Gilbod Euesque, qui
seoit l'an 879. (comme nous auons à dire cy-aprés) monstre assez que S.
Loup estoit beaucoup plustost que le Roy Robert, qui ne commença à
regner que l'an 997. Entre les miracles faits par sainct Loup viuant,
cestui-cy dure encores. C'est vne fontaine ditte de sainct Loup: laquelle
ledit Sainct, estant en sa Baronnie de Boyer, fit sortir d'vne terre aride, y
plantant, & comme perceant la place, du baston sur lequel il estoit cou-
stumier s'appuyer. Ceste fontaine a telle proprieté, que plusieurs qui en
ont beu implorants l'ayde de Dieu, par l'intercession de sainct Loup, se
sont trouuez gueris des fiebures : ce que continue encores és personnes
de bonne, pure & simple croyance.

 Ce sainct personnage estoit fort soigneux des pauures prisonniers,
& sollicitoit souuent le Preuost d'auoir pitié d'eux. Mais il auoit à faire
auec vn homme maupiteux, & qui faisoit plus pour l'argent que par
prieres de qui que ce fust. Vn iour doncques que ce bon Prelat passoit
par deuant les prisons, Dieu voulut qu'incontinent, & au grand esba-
hissement d'vn chacun, les portes d'icelles s'ouurirent, & les fers cheu-
rent des pieds des enferrez : & fut libre aux prisonniers de sortir. En
memoire de ce miracle, il fut depuis permis aux Euesques de Chalon,
de tirer des prisons du Prince tel prisonnier qu'il leur plairoit chacun
an, le iour de la feste sainct Loup. Mais long temps a que l'vsaige de ce-
ste permission est aboli. La Crosse de sainct Loup estoit d'yuoire, &
est gardee bien songneusement au sanctuaire de l'Eglise Cathedrale de
Chalon : comme est aussi son anneau, lequel est d'or, & appliqué aux
yeux malades, leur donne allegement.

 Les reliques de sainct Loup ont esté en grande veneration à
Chalon, auãt que l'ancienne pieté eust esté diminuee par les faulses do-

ctrines des nouueaux sectaires. Notamment ledit Sainct estoit fort reclamé contre la violence du feu. Et si les vieulx exemples sont sortiz de la memoire des hommes d'apresent : si en y a-il en assez bon nombre qui se peuuent souuenir de deux si recents, qu'ils sont de nostre temps. Le feu se print vne fois en la rue des Cornillons, & vne autre fois à la porte de Beaulne, chez I. Machin marchant : la violence du feu estoit telle, qu'vne generale conflagration de la ville (d'autant que la plufpart des maifons de ce quartier-là font de bois) eftoit fort à craindre : quelques anciens eurent recours à l'ayde de fainct Loup : les Religieux de fainct Pierre apporterent le chef, qui fut plongé dans du vin, duquel le Prestre n'eut pluftoft afpergé le feu, qu'on le veid s'amortir petit à petit. Ce fut grande admiration à tous les affiftants, que le feu ayant gaigné vn grenier, & s'eftant prins à vn tas de fagots, cessa visiblement, laiffant les vns defdits fagots bruflez à demy, ou plus ou moins, le refte fauf & conferué.

Miracles remarquables du feu.

Cas efmerueillable.

Depvis le trefpas du Roy Clouis deuxiefme, iufques au commencement du regne de Charlemaigne, que fut l'an 769. cent six ans font paffez qu'on ne fçauroit trouuer comment, ny par qui l'Eglife de Chalon a efté regie & adminiftree. Et nous eft force paffer tout ledit temps foubs filence.

Charlemaigne.

Charlemaigne n'eftant encores Empereur, ains feulement en l'onziefme an de fon regne fur les François, & cinquiefme fur les Lombards (qui fut l'an de falut 779.) il fe trouue que à Chalon eftoit Euefque Hucbert, ou Hubert : & que à luy-mefme eftoit commis le regime & adminiftration du Monaftere fainct Marcel. De ce font foy les lettres patentes de Charlemaigne, concedees audit Monaftere, & conferuees au Thefaur d'iceluy. Defquelles i'ay bien voulu inferer icy les mots de principalle fubftance, tant pource que (comme i'ay dit ailleurs) ie n'auois pas opinion qu'il fe trouuaft en Bourgógne tiltres qu'on peuft dire de Charlemaigne, que pour preuue du nom de l'Euefque qui feoit du temps dudit Charles le Grand. La teneur en eft telle : Carolvs *gratia Dei Rex Francorum, & Longobardorum, ac Patricius Romanorũ, omnibus gentibus noftris, &c. Igitur magnificus Hubertus Epifcopus, Rectórque bafilicæ S. Marcelli, quæ ponitur fub oppidum Cabilonicæ vrbis, vbi pretiofus Dominus in corpore requiefcit, noftræ celfitudini intulit fuggeftionẽ, eo quòd anteceffores noftri, anteriores Reges, vel bonæ memoriæ Domnus, & genitor nofter* Pipinvs *quòdam Rex, per eorum præceptiones integras; immunitates ipfi Monafterio còceffiffent, vt in villas, aut fuper terras ipfius Monafterij nullus Iudex publicus, nec vlla poteftas ad caufas audiendũ, vel frida criandum, aut fideiuffores tollendum, aut manfiones, aut paradas faciendum, nec vllas requifitiones requirendum ob idem ingredi non deberet : vnde & ipfas præceptiones anteceffurum noftrorum Regum, & confirmationes eorũ iam dictus Hubertus Epifcopus nobis oftendit relegendas. Et ipfa beneficia moderno tẽpore afferit cõferuata. Sed per confirma-*

Hubert Euefque.

de Chalon. 447

confirmationis studium petiit clementiæ regni nostri, vt hoc denuo ipsi Monasterio nostra deberet authoritas cósirmare. Cuius petitionê pro mercedis nostræ augmento, plena, & integra gratia vsi, concessisse vestra comperiat magnitudo. Propterea, &c. Et vt hæc authoritas firma stabilitate debeat perdurare, subter signaculis propria manu decreuimus roborari. Signum gloriosissimi Regis. Data pridie Kalendas Maias, Anno vndecimo, & quinto regnorum nostrorum. Actum Karistalio.

SOVBS le mesme Charlemaigne fut aussi Euesque *Godissald*: apres le trespas duquel ledit Empereur enuoya à Chalon vn grand personnage, & digne, nommé *Gilbauld*, auec lettres au Chapitre pour l'eslire. Ce qu'il fut. Et eut aussi l'administration de l'Abbaye de sainct Pierre, de laquelle il fut le premier restaurateur apres sainct Flaue. Ce que se monstre assez par vne sentence rendue par Hugues Archeuesque de Lyon, au profit de Regnauld Abbé de sainct Pierre, contre Girbauld Euesque de Chalon: par laquelle l'vsaige de sepulture à Chalon est prohibé, & dit que tous enterrements de personnes decedees en l'enclos de la ville de Chalon, se feront à sainct Pierre. Ladite sentence est sans date.

AV RESTE Charlemaigne procura que de son temps fussent tenus cinq Conciles: entre lesquels fut le Chalonnois second: qui côtient 67. Canons: desquels il ne sera impertinent mettre icy le 39. à fin que si la subuersion des sectaires modernes a laissé parauenture en eux quelque scintille de cognoissance, ils se hontoyent de dire que la Messe & les prieres pour les trespassez soyent inuentions nouuelles. Le Canon est tel: *Visum præterea nobis est, vt omnibus Missarum solennitatibus pro defunctorum spiritibus loco competenti Dominus deprecetur. Sicut enim nulla dies excipitur, quâ non pro viuentibus, & pro quibuslibet necessitatibus Dominus deprecetur: ita nimirum nulla dies excipi debet, quin pro animabus fidelium preces Domino in Missarum solennibus fundantur, &c.* Ce Canon est inseré au decret de consecrat. distinct. prima.

DE LOYS DEBONNAIRE, & de son fidele seruiteur VVarin, ou Guerin Conte de Chalon, & de Mascon, nous en auons assez amplement parlé au precedent discours, & n'est besoin en rien repeter à present. Reste seulement à dire en ce lieu, que regnant Loys Debonnaire, Estienne tint le siege Episcopal: & feit plusieurs grands biés au Monastere de sainct Pierre, selon que nous auons à referer, quád il faudra parler de Gaultier Euesque.

ESTIENNE decedé, *VVarnulphus* (nous pouuós dire *VVarnoul*) entra au siege Episcopal de Chalon: qui fut Charles le Chauue estant Empereur & Roy. Qu'ainsi soit, l'an 872. (qui fut le 32. du regne dudit Chauue) luy & le Conte Alderan (duquel nous auós desia fait métion) ayants obtenu dudit Empereur la cófirmation des priuileges & immunitez tát du Monastere S. Marcel, que des lieux & villages en dependants, iceluy VVarnoul s'en alla à Rome, pour auoir du Pape Agapetus semblable

Marginalia: Godissald Euesque. Gilbauld Euesque. Du cimetiere. Concile de Chalô. De l'antiquité de la saincte Messe. Prieres pour les trespassez. Loys Debonnaire. VVarin Conte de Chalon. Estienne Euesque. VVarnoul Euesque. Charles le Chauue. Alderan Conte.

Pp ij

confirmation, qu'il auoit eu du Roy. Ce qu'il obtint, selon qu'il en appert par les lettres de concession, inserees au Cartulaire dudit S. Marcel. Entre les lieux & villages y denommez, sont *Capella in Siniciaco, in honore S. Iuliani sacrata: Gergiacum: Mercuriacum: Rosiacum in Sequanis: & villa Boserontis.* Aussi y est nommé vn port en la ville de Chalon: mais la memoire en est totallement perdue.

<small>Oruccard Euesque. Election de Boson.</small>

SOVBS le mesme Charles le Chauue fut aussi Euesque de Chalon Oruccard: qui l'an 879. (enuirō leql mourut Charles le Chauue) se trouua à l'election de Boson en Roy de Bourgongne. Laquelle election fut faite au diocese de Vienne, au Prioré de Mente. Le Latin dit *Mentala.*

<small>Gilbod Euesque. Loys, & Carlomā Rois. Charles le Gros. Priuilege d'eslire l'Euesque de Chalon.</small>

GILBOD Euesque seoit à Chalon l'an 882. le 4. de Iuin, auquel tēps regnoyēt Loys & Carloman, filz du Roy Loys le Begue. Cest Euesque se sentāt vieil, & craignāt que son siege n'escheust à quelqu'vn peu vtile à son Eueschè, employa le venerable Agelmar Euesque d'Auuergne, (on dit maintenant de Clermont) pour impetrer de l'Empereur Charles le Gros (administrant pour lors les affaires de France) que à l'aduenir, & tousiours par après les Chanoines & Chapitre de l'Eglise de Chalon eussent droict d'eslire leur Euesque, en aduenant vacation. Ce qu'il obtint soubs ces mots. *In nomine sanctæ & indiuiduæ Trinitatis.* CAROLVS *diuina fauente clementia Imperator Augustus. Si ea quæ diuinis conueniunt authoritatibus præcepto nostræ altitudinis confirmamus, supernam ob id gratiam nos promereri nullo modo dubitamus. Quocirca omnibus sanctæ Ecclesiæ fidelibus, & nostris præsentibus, & futuris notum esse volumus: Quod venerabilis Agelmarus Aruernorum Præsul, adiens genua serenitatis nostræ innotuit: quoniam Gilbodus Cauillonensis Ecclesiæ venerabilis Antistes, & reuerendus, infirmitate iam, simúlque senio confectus, non modicam metu sui obitus ciuibus, & filiis Ecclesiæ suæ inferret dolorem. Itaque nostram humiliter deprecatus est dominationem, vt præfatæ Ecclesiæ Canonicam electionem concedere deberemus. Placuit ergo nobis saluberrimæ acquiescere postulationi. Decernimus igitur, & pro Dei amore hoc eidem cōcedimus, vt obeunte pastore proprio, omni deinceps tēpore* canonicā *habeat electionem. Hoc denique quod diuino amore concessimus, nostro Imperiali præcepto cōsirmauimus, & annulo nostro insigniri iussimus.* Signum *Caroli Serenissimi Augusti. Salomon Notarius ad vicem* Lintuardi *Archicancellarij recognoui, & subsignaui. Datum pridie Idus Iunij, anno ab incarnatione Domini* DCCCLXXXII. *Imperatoris* VIII. *Imperij verò quinto. Actū apud Grindulphi villā in Dei nomine fœliciter.* AMEN.

<small>Charles le Gros. Charles le Gros Roy en Bourgongne.</small>

AVCVNS ont pensé que ce priuilege fust de Charlemaigne, mais la date y côtredit: & mōstre qu'il est de Charles le Gros, filz de Loys Roy de Germanie, filz de Loys Debōnaire. Ce Charles est par quelques-vns mis au nombre des Rois de Frāce, encores que ce ne soit sans auoir des cōtradicteurs. Tāt y a toutesfois q̃ la Bourgōgne le recognoissoit pour Roy: de façon que les cōcessiōs par luy faites, tāt aux Eglises, que villes & cōmunautez n'ont iamais esté reuoquees en doute. Quoy qu'en soit, il fut il fut neceſſairement appellé pour gouuerner l'eſtat de Fráce, & reſiſter aux incurſiõs & violéces des Normás, apres le treſpas de Loys,& Carlomá,filz de Loys le Begue. En fin il ſe deſinit tát des affaires de Fráce que de l'Empire, enuirõ cinq ans aprés qu'il en eut prins la charge. Et dit Otho Friſingẽſis q̃ ce Charles le Gros cheut finalemẽt en ſi gráde neceſſité, qu'il n'auoit pas du pain à máger: bien-heureux de tirer vne paye de ſimple ſoldat, en auſmone de ſon nepueu l'Empereur Arnoud. S'il y a differẽt entre les autheurs au faict de ſon regne ſur les François, auſſi y a il touchant ſon Empire. Car cõbien que les eſtrangiers ne tiennent tous que Loys le Begue fut Empereur, ſi le tiennent les noſtres, & auec eux Tritemius *in hiſt. Hirſaugienſi*: vray eſt qu'on ne luy dóne que deux ans. {Miſere de Charles le Gros. Arnoul Empereur. Loys le Begue Empereur.}

SEANT Gilbod Eueſque, fut tenu vn Concile Prouincial en l'Egliſe S. Laurens, au faulxbourg de Chalon outre Saone: auquel eſtoyent Remy Archeueſque de Lyon, & auec luy Addo Archeueſque de Vienne, Lindo Eueſque d'Autun, Gilbod E. de Chalon, Bernard E. de Maſcon, Leubonius Coneueſque de Lyon, & gros nombre de Chanoines, Moynes, Archidiacres, Abbez, & toutes ſortes d'hómes d'Egliſe. Lors S. Marcel eſtoit deſeruy par vn Preuoſt, & des Chanoines: qui pretédoient l'Egliſe de S. Laurés ſuſdite eſtre à eux. Le Canon & reſolution dudit faict eſt en date de l'an 873 le 21. May. Du regne de l'Empereur Charles le III. apres le treſpas de Lotaire ſon nepueu en Bourgongne. Laquelle date nous fait entendre que ce Charles fut le Chauue: auquel (comme il eſt remarqué par Gaguin) eſcheut la Bourgongne par le decez de Lotaire, filz de l'Empereur Lotaire. Et partant faut compter ledit an 3. de ſon regne de Bourgongne, & non de France. {Concile S. Laurés. Preuoſt de S Marcel. Charles le Chauue Roy de Bourgongne. Couronnemẽt de l'Empereur Loys le Begue.}

LE ſuſnómé Eueſque Gilbod moyenna auec effect, que Pape Iean 8. reuenãt de Troyes, où il auoit tenu vn Cõcile, & en iceluy couróné Empereur Loys le Begue: & faiſant à Chalõ ſeiour de vingt iours, ſe tráſporta à S. Marcel, où il releua le corps de Sylueſtre, & Agricola y inhumez: & les adiouſta au nombre des Saincts: comme auſſi feit-il de SS. Flaue, Loup, Tranſquil, Didier, Iean, Veran, & Grat Eueſques de Chalon. En ce nóbre ſe trouua auſſi Deſiderat Preſtre, en ſó viuát reclus à Gourdó. {Canoniſation de SS. Sylueſter, Agricola, Flauus, Lupus, Tráſquil, Didier, Iean, Veran, & Grat. Deſiderat.}

APRES Gilbod ſucceda Eldrad au ſiege Epiſcopal de Chalon. De ſon temps fut conuoqué le Concile à ſainct Marcel lez Chalon: auquel preſida Auſterius Archeueſque de Lyon: & y aſſiſterent Leonin de Beſançon, & Aggo de Narbóne Archeueſques. Eldrad de Chalon, Girard de Maſcon, Elizacar de Belay, & Odolard de Maurienne Eueſques. Quaſi tout ce que fut traicté audit Concile, fut la reſtitution des biens de l'Egliſe de Maſcon, occupez par force, par Raculph Cõte dudit lieu. Qui fut cõdamné de les rendre, ſur peine d'excommunication. A quoy maugré luy il ſatisfeit. Ce Concile fut tenu l'an 881. ſelon d'aucuns, & d'autres diſent que ce fut l'an 915. Et ſemble ceſte derniere opinion la plus certaine. Car l'an 881. Guntard tenoit le ſiege epiſcopal de Maſcon, {Eldrat Eueſque. Concile S. Marcel. Raculph Conte de Maſcon, Vſurpateur du bien d'Egliſe. Guntard Eueſque de Maſcon.}

Pp iij

regnâts Loys, & Carloman filz de Loys le Begue: & Girard qui luy succeda, seoit regnants Odo l'Angeuin, Charles le Simple, & Raoul de Bourgongne: soubs lequel il mourut.

ENVIRON ces temps, Guillaume Duc d'Aquitaine, & Conte d'Auergne, se voyant sans enfans, donna à Dieu & aux saincts Apostres Pierre, & Paul, sa terre de Cluny sur Grosne, situé au diocese de Mascō. Et ce en esperāce que Dieu auroit pitié des denommez en sondit testament, les mots duquel il m'a semblé deuoir estre ici mis : *Pro requie animarum senioris mei, Odonis Regis progenitoris nostri: genitricis nostræ, & chariss. coniugis meæ Ingelberga. Ea lege vt in eodem loco Monasterium regulare sub ordine S. dicti Benedicti construatur: cui Berno Abbas Balmēsis in Sequanis quādiu vixerit præficiatur. Eo verò defuncto, liberæ electionis potestas Monachis cōcedatur.* I'ay bien voulu inserer icy les mots Latins premis, pour raison du mot *Senior*: duquel ie ne puis croire que la diction Seigneur ne soit procedee: comme desia ie l'ay remarqué autre part.

FAVT ICY estre aduerty, que combien que Guillaume d'Aquitaine ait donné sa terre de Cluny, pour y bastir vn Monastere, &c. si ne faut inferer que au parauant il n'en y eust point eu. Car le vray n'est point plus veritable, qu'il est certain que auant le prenommé Duc d'Aquitaine, il y auoit desia eu vn Monastere, & des Religieux à Cluny. Ainsi ce Duc Guillaume ne se trouuera que instaurateur, & non fondateur de Cluny, non plus que si quelque Prince ou grand Seigneur prenoit deuotion de restaurer l'Abbaye, & Monastere de sainct Pierre lez Chalon, où de present est la Citadelle, ou le vieil sainct Pierre de Mascon, reduit maintenant en masures & iardins.

QVANT à Berno, il est Abbé de Baulme, extraict du sang, & race des Contes de Bourgongne: & mourut l'an 926. Odo premier Abbé du nom luy succeda. Et ce dit, que le Monastere de sainct Paul lez Rome luy estant baillé en commende, il y enuoya certain nombre de Moynes de Cluny. Lesquels contraints reuenir pour cause d'vne sedition suruenue à Rome, se saisirent de l'vrne & vaisseau auquel Cornelius Pape & martyr, auoit reduit les cēdres des corps de sainct Pierre, & sainct Paul, & l'apporterent à Cluny: où il fut mis en la Chappelle sainct Pierre le vieil, au pied de la croix, & des images sainct Pierre, & sainct Paul. L'an 1452. ledit vaisseau se trouue auoir esté visité par Odo second Abbé du nom, és presences de frere Iaques de Messey grand Prieur, Philibert de l'Alliere Secretain, & plusieurs autres: puis remis où il auoit esté prins, auec telle inscription y adioustee,

Pastor Petre gregis, cœlestis clauiger aulæ,
Diuinæ legis tu doctor maxime Paule,
Hic quorum cineres Domino præstante reponi
Testantur veteres, nobis estote patroni.

Ceste histoire est tiree d'vn vieil liure escrit à la main : auquel sont escrites

de Chalon. 451

escrites les plus memorables antiquitez de l'Abbaye de Cluny. A laquelle ie croy bien que les Romains n'adiousteront point de foy, pour ce regard. Il se list audit liure, qu'Odo premier, disciple de Berno, entra en charge d'Abbé à Cluny l'an neuf cẽs vingt six, & l'exerça dixsept ans: puis mourut à Tours: & gist en l'Eglise sainct Iulien audit Tours. Apres luy fut Abbé Aymard filz du Cõte d'Angoulesme: sous lequel Mayeul (au-parauant Archidiacre de Mascon) fut faict Moyne. Mais aduenant que ledit Aymard perdit la veuë, il pria d'estre absoulz de sa charge, & que Mayeul fust esleu en sa place: ce qui luy fut accordé. Apres telle cession iceluy Aymard vesquit aueugle neuf ans, puis fut enterré en la vieille Eglise. Quant à Mayeul il fut fait Abbé l'an neuf cens cinquante quatre, & gouuerna par l'espace de quarãte ans: puis fut mis au nombre des Saincts. L'an neuf cens nonante trois, Odille Gentilhomme d'Auuergne fut esleu, & apres cinquante six ans de son ministere mourut, & gist à Souuigny: S. Hugues luy succeda. *Aymard Abbé.*
S. Mayeul Abbé.
S. Odille Abbé.
S. Hugues Abbé.

ELDRALD decedé, Ildebod fut Euesque de Chalon. Durant sa seãce fut tenu vn Cõcile Prouincial à Tournus, en l'Abbaye dediee à Dieu sous l'inuocation de Nostredame, de S. Valerin martyr, & sainct Philibert Confesseur. Là se trouuerent Guy de Lyon, & Geoffroy de Besançon Archeuesques: Gotiscauld de Nostredame de Lausane, Rotmond d'Autun, Ildebod de Chalon, Maymbod de Mascon, & Alchier de Grenoble Euesques: auec plusieurs Abbez, Chanoines, Moynes, & autres Ecclesiastiques. Ce fut l'an de salut neuf cens quarante quatre, & seize du regne de Loys d'outre-mer. *Ildebod Euesque.*
Cõcile de Tournus.

FROTGARIVS se trouue necessairement successeur d'Ildebod en l'Euesché de Chalon: non par autre certitude que par la proximité du temps. Car eu esgard à la date du Concile de Tournus, tenu sous Ildebod, & à vne collation faite par ledit Frotgar de l'Eglise de Sauigny sur Seille, estant de la presentation de sainct Marcel, du moys de Iuin l'an sixiesme du regne de Lothaire, qui fut l'an de nostre Seigneur neuf cens soixante vn: il n'y a pas grand espace, & ne se trouue aucun Euesque entre-deux. *Frotgariᵘˢ Euesque.*

NOVS auons cy deuant fait mention du rauage que les Hongres sortis de leur pays, & ayans couru la Germanie, feirent en Frãce, passans en Italie. Il conste bien du degast par eux faict en Chalonnois, & mesmement és Monasteres S. Pierre, & S. Marcel: mais la quotation du tẽps est en differend entre les autheurs. Sigibert. Æmylius, & autres tiẽnent que ce fut enuiron l'an neuf cens soixante trois, regnant Charles le simple. Genebrard la met plustost, sçauoir est l'an huict cens nonante neuf. Nous auons aussi dit que les ruines du Monastere sainct Marcel, estonnerent tant les Contes de Chalon, qui enleuoient les fruicts, qu'ils l'aymerent mieux lascher, & le transporter à Mayeul Abbé de Cluny, que d'entreprendre l'instaurer & reedifier. *Rauage par les Hongres.*
Monasteres ruinez.
Difficultéés dates.

Pp iiij

Gens laiz portoiēt benefices

Or que les Princes & hommes laiz feissent adonc leur profit du reuenu des benefices, celà est si notoire, pour estre escrit par maints autheurs, qu'il n'en fault point douter: aussi nous l'auōs touché autrepart, & sur ce allegué Aymoinus Monachus en son 5. liure, chapitre trente quatre & quarāte quatre. A quoy ie pourrois ioindre ce que depuis en

Doyens inuentez.

a escrit Paulus Æmylius, en deux lieux de son histoire. Vray est qu'Aymoinus vse du terme receu en l'Eglise *Decanus*, & Æmylius a mieux pesé parler Latin, disant *Decuriones*. Mais tous deux conuiennent en ce que

Princes laiz Abbez.

les Princes & seigneurs reseruoiēt à eux le nom d'Abbé, & constituoiēt des grands Prieurs, dits Doyens. Et semble que nous soyons reuenuz audit temps, voyans mesmes choses pratiquees. Mais Dieu vueille que

Charles le simple Roy.

ce ne soit à tel pris pour noz Rois, que ce fut pour ceux d'adōcq. Charles le simple feit ce qu'il peut pour remettre les Eglises en leur ancien estat, & deu: & leur rēdre la liberté perduë par l'extinction des electiōs:

Le bien des Eglises ayda Capet à estre Roy

mais il ne peut: d'autāt que Robert Maire du Palais, & Hugues son frere s'en seruoient de marchepied, pour attaindre & paruenir à la Courōne. Les paroles d'Emylius meritent d'estre icy inserees: *Simplex coacto Cōcilio diuitias Pontificum sanctas esse constituit: Cœnobiorum libertas sanciri nō-*

Resistāce au sainct vouloir du Roy.

dum poterat: quòd eorum facultatibus Robertus Magister Equitum, ac Hugo fratres militem alebant, ac iam cum suæ factionis hominibus ad occupandum Regni ius enitebantur.

Geoffroy Euesque.

GEOFFROY qui en Latin se trouue nōmé & Iofredus, & Gothofredus seoit au siege Episcopal de Chalon l'an 23. du regne de Robert, qui estoit l'an de salut 1019. & dura sa charge iusques sous le Roy Héry

Concile d'Anse.

premier. L'an 1025. à la requeste de Gouslenus Euesque de Mascon Burchard Archeuesque de Lyon assembla vn Cōcile à Anse au diocese dudit Lyon: & (outre ledit Burchard) y assista vn autre Burchard Archeuesque de Vienne, Albert de Besançon, Annez de Tarātaise Archeuesques: Helin d'Autun, Geoffroy de Chalō, Hugues d'Auxerre, Anseaulme d'Aoste, Ebrard de Maurienne, & Gauslen de Mascō, Euesques. De

ces noms sōt prins d'vn extraict gardé à S. Marcel. Cōtre l'exemptiō de Cluny.

ce que y fut traicté, cōtre Odille Abbé de Cluny, & sa pretenduë exemption: nous le dirons en nostre discours de l'antiquité de Mascō, en l'article de Gauslenus, & au suyuant.

Achard Euesque.

ACHARD succeda à Geoffroy, & de Doyen fut faict Euesque sous Henry premier, & Philippe son filz, Rois de France: desquels Philippe fut sacré à Reins, viuant son pere le 23. May, iour de Pentecoste, 1059. Nous auons dit cy dessus en parlant du Cōcile Prouincial tenu à sainct Laurens, que l'Eglise dudit S. Laurens fut adiugee aux Preuost, & Cha-

S. Marcel donné à Cluny.

noines de S. Marcel. Auint depuis, que les Hongres ruinerent non seulement ledit sainct Marcel, mais aussi ladite Eglise de sainct Laurens, fondee au faulxbourg de Chalon par sainct Grat Euesque: & comme le Conte de Chalon remit sainct Marcel à Mayeul Abbé de Cluny: ainsi Achard donna ladite Eglise sainct Laurens à Ocgier Abbé, & au

Mona-

Monastere de l'Isle Barbe, pres Lyon. C'est à present vn Prioré en dependant.

EN CE temps estoit Abbé de Cluny S. Hugues: qui commença de l'estre l'an 1049. & gouuerna soixante vn ans. Il estoit du diocese d'Autun, de maison noble, & (comme disent quelques vns) yssu des Contes de Brionnois: desquelz aussi ceux du nom, & des armes de Semur, se disent extraicts. C'est ce sainct Hugues qui feit bastir l'Eglise de Cluny, ouurage de vingtcinq ans, contenant deux cens cinquante pas de longueur, & cinquante huict de largeur. Le chœur est diuisé de la nef, & a cinquante cinq pas de long, & en iceluy sont onze vingts sieges. Apres le gast faict à sainct Marcel par les Hongres, il ne fut pas fils de bonne mere, qui ne print telle part du reuenu qu'il en peust gripper. Mesmement la terre de Florey sur Osche, au diocese de Langres, fut saisie par plusieurs, qui (à l'enuy) en prindrent chacun sa piece. Mais en fin tout fut restitué. Et porte le tiltre de restitution, que ledit Florey est de l'ancienne dotation, & don fait par le Roy Gontran à sainct Marcel. Apres vn vn long narratif ces motz y sont: *Tandem tempore Domini Hugonis Abbatis, cùm eundem locum regeret Prior, in perquirendis S. Martyris rebus sagaciter promptus, factū est colloquiū in Castro quod Palluel dicitur, Burgundiorū Principum: In quibus erat Dux Hugo, & Comes VVillermus trans Ararim tenens Principatū: atque Cabilon. Comes Hugo, & multi alij inferiorum dignitatum. Tū ergo iam dictus Prior opportunū ratus, vt in conuentu tantorum virorum de iniuria Sancti patroni coqueraeretur. Et maximè quia in præfata Ecclesia Robertus Dux nuper decorosè obierat: atque hæc res plurimos populares terruerat: pro ea potissimū rogaturus accessit. Tantam ergo gratiā Dominus cooperāte Beato martyre suo tribuit, vt vnanimiter omnis cœtus Primatū instaret, quatenus sæpe dicta Ecclesia Monachis redderetur. In primis ergo Dux Hugo quicquid prædecessores eius vsurpauere in ibi dimisit, & abiecit. Deinde Cabilon. Comes Hugo, qui de eo illā iure beneficij tenere videbatur, à se repulit: de commisso quoque similiter veniā postulauit. Girardus etiā de FouuentZ, ac nepos eius Humbertus Ruffus, qui de Comite eā habebāt, similiter dimiserunt. VVido verò de Mediolano, & Hugo eius frater, partim remuneratione comodi teporalis pro hoc suscipiētes, partim quod in Monasterio sunt ambo recepti, illud quod ibi caluniosè quærere videbantur reliqueruūt. Apud VVidonē nihilominus de Sombernon auunculū suū effecerūt potiore ei partem largiēdo de aliis possessionibus, vt ipse quoque id quod prædecessores suos ibi tenuisse dicebat, relinqueret: VVarnulphus & filij eius. Odo grādis, & vxor eius: Arnulphus de Mediolano, vxor VValteri de Gurziaco, cū tribus filijs suis. Omnes isti diuersis tēporibus, diuersis occasionibus, Deo, & S. Marcello, quicquid calumniabantur, coram idoneis testibus dimiserunt: annuente id Episcopo Lingonensi Hugone: & dante licentiam mutandi quoque ipsam Ecclesiam, quocunque voluntas Prioris, & fratrum fuerit, &c.* Dieu estoit mieux craint & aymé, & la pieté des hommes estoit lors plus grande qu'elle n'est de present.

S. Laurés donné à l'Isle Barbe.
S Hugues Abbé.
Côtes de Briōnois.
Semur.
L'Eglise de Cluny bastie.

Florey sur Osche.

Palluau.
Duc Hugues.
Prince de outre Saone.
Notable du Duc Robert.

Des antiquitez

ROCLENVS succeda à Achard, & se trouue qu'il seoit en l'an 1074. notamment plusieurs instrumens faisans au profit du Monastere de S. Marcel ont esté signez par luy, S. Hugues estât Abbé de Cluny. Auquel temps certain Marquis en Allemaigne s'en vint à Cluny (sans le sceu de personne des siens, sinon de sa femme) & ayant prins l'habit de Côuers de la main de S. Hugues, s'abaissa tant que de se mettre à la garde du bestial du Monastere. Son nom estoit Herman.

Prince Allemand Conuers & porchier à Cluny.
Herman.

VVALTERIVS ou Vvalterus, qu'est Gaulthier en Frâçois, fut esleu Euesque de Chalon, l'an de grace 1800. le decret, ou acte de son electiô, gardé au thesor de l'Eglise de Chalon, est tel, que (tant pour montrer côbiê l'antiquité estoit prudête, & soigneuse en tels affaires: qu'aussi pour en conseruer la forme, cas aduenant que Dieu les nous renuoye) ie l'ay bien voulu transcrire icy. AVTHOR *nostræ redemptionis vnigenitus altissimi Patris, sibi nimirum ante totius æui principium coæternus, & côsubstantialis: cùm iam plenitudine temporis aduentente de Cælorum supernis descendens, hominem induisset in terris seruata in assumpto homine maiestate diuinitatis: expletis tandem omnibus, quæ de ipsius suscepta temporaliter humanitate, nobilissimi antiquæ legis præcones veridicis prædixerant vaticiniis: Protinus sacrosanctæ status Ecclesiæ cœpit vbique terrarum innouari saluberrimis Apostolorum doctrinis, imò magnitudine virtutum, & excellentia signorum, quæ per eos nimirû in modum operabantur diuinæ gratiæ dispensationis. Quorû videlicet sonus iuxta vaticinantis præsagiû Regis, in omnem terram est diffusus: fines quoque orbis terræ verba corû penetrasse profitetur omnis Christi fidelium cœtus. Hos itaque summos, & electos cælestis Senatores aulæ è vestigio sequuti insignes Rectores Ecclesiæ, qui ob ducatum recti itineris ad superni palatium Regis, meritò habiti sunt digni Pontificum insigniri cognomine. Ita nimirû prælibatam Ecclesiam, sibi à pastorum cômissam pastore, verbo decorare, pariter & exemplo studuerunt, vt licèt summi Pontificij reuerendo essent sublimati culmine, sibi tamen subditis eligerent prodesse potius, quàm præesse, æquissima eos regentes censura, & discreto moderamine. Verùm si quando contra prauos subditorû mores, Zelus exigebat rectitudinis moueri illo quolibet feruore districtionis: ita in mêtibus illorum virtus custodiebatur mansuetudinis, cum terrore seueritatis, vt & iram mansuetudo condiret discretionis, & eandem mansuetudinem (ne fortè dissolueretur) idê Zelus accenderet discretionis. Hos igitur tam reuerendæ vitæ Patres, tanquâ admirabiles cælestis disciplinæ censores, Nos humiles filij Sacrosanctæ matris Ecclesiæ Cabilonensis imitari potissimum cupientes: ob id maximè, quoniam eadê nostræ sedis cathedra iamdudum proprio Pastore viduata, multa & innumera à mundanis potestatibus patitur ad præsens infestationum probra: Communi assensu, & pari voto, eligimus quendem eiusdem Ecclesiæ olim Clericum, & Archidiaconum, nomine VValterium, ad culmen Pontificij præfatæ sedis Christo Domino propitiante regendum. Cuius iurisdictioni, & iugo sui regiminis, nos, nostrúmque locum tradimus disponendum, secundum Canonum, & inconuulsum totius Ecclesiæ priuilegium. Est quippe, vti in promptu habetur, generosi stem-*

Gaulthier Euesque.

Singulier acte d'election.

matis

matis prosapia ortus, peritia, non modò sacrarum literarum, verùm & mundanarum industria legum admodum eruditus: ieiunijs, vigilijs, & orationibus, ac cunctis misericordiæ operibus insignitus: probissima morum honestate præclarus: omnium virtutum matre discretione pulcherrimè redimitus: luculentissimi etiam eloquij, & apprimè disertus: Quantum quoque humanæ fragilitas conditionis admittit, omni bonitate manet conspicuus. Igitur pro tot & tantis cœlestium carismatum donis, sibi superno munere collatis, Spiritus-sancti cooperante gratia eligitur ad culmen officij pastoralis, non solùm à nobis prælibatæ Ecclesiæ filiis: verùm etiam à diuersæ conditionis Plebe cohabitante intra, & extra nostræ mœnia vrbis. Quam prosequitur etiam innumera Populi multitudo, adiacentium regionum, diuersi sexus, & ætatis. Qui omnes pariter intimis præcordiorum affectibus, & multiplicibus efflagitant votis, istius nostri electi personam (IESV annuente Domino) sublimari infula Pontificali Cabilonicæ sedis. Plerique etiam illustres, & prænobiles Ecclesiarum Dei rectores existunt quóque legitimi fautores istius nostræ electionis: videlicet Domnus Gibuinus Archipræsul eximius sacrosanctæ Cathedræ Lugdunensis, Domnus etiam Agano Antistes venerandus Ecclesiæ Heduensis, vnà cum reuerendis cœtibus vtrorumque regiminis Christi Domini gratia prouidente commissis. Religiosus etiam præsul Domnus Landricus Ecclesiæ Matiscensis, cum reuerenda concione eiusdem Cleri, annuit, & fauet, multiplici fauore, in laude istius Canonicæ nostræ electionis: sperans in Dei misericordia, sibi, suáq́ matri Ecclesiæ subueniri, in celebratione talis, tantáq́ ordinationis. His siquidem eximiis iam satis Pontificibus annectuntur Illustres Cœnobiorum Patres, huic profectò & electioni votis fauentes omnibus: inter quos nimirum extat Domnus Hugo sacri Cœnobij Cluniacens. Abbas, re vera celeberrimi: simúlque venerandus loci Trenorchiens. rector Domnus Petrus. Præsidens quoque Abbatiæ Beati Petri Cabilonicæ vrbis Domnus Rainardus: vnà cum Reuerendis fratrum vtrorumque locorum concionibus, sub Monasticæ tyrocinio disciplinæ in Christi nomine militantibus. Qui omnes procul dubio toto annisu mentis idonei existunt authores, & legitimi corroboratores istius electionis. S. Gausleni, matris nostræ Ecclesiæ Decani. S. Almadrici Lingonens. Decani. S. Gotselmi Archidiaconi. S. Hugoni Portensis. S. Engelberti. S. Gaufredi. S. Landrici Archipresbiteri. S. Guillermi. S. Petri. S. Caroli. S. Bernardi. S. Roberti. S. Lamberti. S. Hugonis. S. Letaldi, & alterius Letaldi Archipresbiterorum. S. VV. Ternensis, & matris eius Adelaidis. S. VValterij Neblensis. S. Dalmassi de Giniaco. S. Bernardi de Porta. S. Gotseranni, & Idmari fratris eius. S. Duranni Archipresbiteri. S. Ademari. S. Roberti. S. Iotsaldi.

ACTA est hæc Ecclesiastica, & generalis electio Anno incarnati vnigeniti verbi, M. LXXX. Præsidente diuina dispositione Romanæ sedi excellentissimo Papa Gregorio: Sceptra quoque moderante Regni nobilissimo Regum Philippo: Consulatu Cabiloniæ vrbis tunc temporis manente absque Terreno Principe.

Des antiquitez

Ordre de Cisteaux. Robert Abbé de Molesmes. Premier Abbé de Cisteaux. Eudes Duc de Bourgongne fondateur de Cisteaux. S. Bernard Claireuaux.

Sous ledit Gauthier esleu comme dit est, commença l'ordre de Cisteaux: duquel fut chef & autheur, vn Robert Abbé de Molesmes : qui persuadé par Hardoüin, ou (selon aucuns) par Ardaing moyne Anglois de laisser la frequence des hommes, se retira au fond d'vne forest, & commença de bastir au lieu où de present est le Monastere de Cisteaux, où il fut premier Abbé : & en receut les ornemens de la main du prenommé Gauthier Euesque de Chalon: au diocese duquel est Cisteaux. L'edificatiō de ce Monastere est attribuee à Eudes, qui aussi est nommé Ode, premier du nom Duc de Bourgongne. Celà aduint enuiron l'an mil nonante six. Quinze ans apres S. Bernard, fils du sieur de Fontaine pres Dijon, se rendit religieux audit Cisteaux, & en deuint Abbé, puis fut fondateur de Claireuaux.

Acquest de la moitié de chalon. Geoffroy de Dōzy. Hugues 1. du nom, Duc de Bourgongne. Cession de different au profit de l'Euesque. Epitaphe du Duc de Bourgongne Moyne. Iolsaldus Euesque. S. Bernard se rēd Moyne.

CE MESME VValterius, ou Gauthier fut celuy, qui (comme nous auons dit cy dessus) acheta de Geoffroy de Donzy, de la maison de Neuers, la part du Conté de Chalon, qui appartient presentemēt aux Euesques dudit lieu. HVGVES premier du nom Duc de Bourgongne voulut troubler Gauthier en l'acquest premētionné: mais (comme il estoit Prince bening & deuot) il se deporta de ses poursuittes : & par transaction faite auec l'Euesque, luy amortit ledit acquest à la charge que le nom, & tiltre de Conte seroit reserué audit Duc. Lequel peu de temps apres s'alla rendre Moyne à Cluny, & y mourut enuiron l'an de salut 1122. là est son sepulchre, auec tel Epitaphe. *Hic requiescit celebrandæ memoriæ, magnúsque seculi contemptor Hugo, olim Dux Burgundiæ: postea sacerdos, & Monachus huius sanctæ Ecclesiæ Cluniacensis. Anima eius requiescat in pace. AMEN.*

IOTSALDVS, Lotsaldus, ou Gotsaldus (car de tous ces noms se trouue-il nommé en diuers tiltres & instrumens) apres auoir esté Doyen, du temps de Gauthier, fut faict Euesque par la mort dudit VValterius : & comme il auoit esté Doyen regnant Philippe premier du nom, aussi fut il Euesque sous le Roy Loys le gros. LVY seant, S. Bernard (que nous auons dit filz du sieur de Fontaine pres Dijon) estāt encores en l'aage de XXII. ans, se rendit Moyne à Cisteaux, & auec luy XXX. de ses cōpagnons, sous Estiéne Abbé dudit lieu, successeur d'Alberic, que Robert premier Abbé de Cisteaux, retournant à Molesmes auoit fait eslire en son lieu. Ce S. Bernard (duquel la saincteté est cogneuë à tous Chrestiens) fut si soigneux de la multiplication de l'ordre auquel il s'estoit voüé, qu'il moyenna la fondation de 140. Monasteres, bastis au despens d'autruy. Sa vie, & ses miracles ont esté escrits par S. Theoderic.

140. Monasteres fondez à la requeste de S. Bernard.

Robert Euesque. Henry de Brācion.

ROBERT est congneu successeur immediat de Iotsald Euesque de Chalon, par la trāsaction & accord faict entre l'Eglise cathedrale dudit Chālon, & Henry de Brancion, duquel le pere estoit surnōmé Gros: Par lequel appointemēt Henry guerpit, ceda & quicta au profit dudit Chapitre, les noms, droicts & actiōs qu'il pretēdoit sur le Chasteau & terre

de la

de la Rochette: & Hugues Duc de Bourgongne, se constitua pleige & caution, pour ledit de Brancion: se submettant pource aux iurisdictions de G. Euesque d'Autun, Robert Euesque de Chalon, & Berard Euesque de Mascon. Ce fut l'an xj. de Loys le Gros Roy de France: & de nostre salut 1122. CESTE annee mesme mourut Ponce Abbé de Cluny: du temps duquel Calixte second du nom, Pape, fils de Guillaume Conte de Bourgongne, canoniza sainct Hugues: & pendant son seiour audit Cluny, de l'aduis des Cardinaux ses freres, ordōna que dés lors en apres, tous Abbez de Cluny seroient Cardinaux nez, encores qu'ils n'en portent les ornemens: de laquelle authorité il inuestit ledit Ponce, par la tradition de son anneau, qu'il luy meit au doigt. En fin ledit Ponce passa à Rome; en allant au voyage de la Terre saincte: & là remit entre les mains dudit Pape Calixte son Abbaye de Cluny. De sorte que lors que Balduin chef de trois mille Chrestiens, defeit soixante mille Turcs, iceluy Ponce portoit la lance auec laquelle IESVSCHRIST auoit eu le costé percé. Telle victoire aduint l'an 1124. & l'annee suyuante Ponce deceda. Par sa cession Hugues secōd fut Abbé de Cluny: mais au bout de trois mois, Pierre venerable luy succeda, & commāda à Cluny l'espace de xxxiiij. ans. Il estoit contemporain de sainct Bernard, qui en dit beaucoup de biés en ses Epistres. Tous deux trauaillerent vnanimement à confuter l'heresie de Pierre Abeillard Anglois: de laquelle les articles sont denombrez par S. Bernard en son Epistre à Pape Innocent, qui est en nombre 189. Le Concile estant assemblé à Sens, lesdits S. Bernard, & Pierre venerable confuterent si bié, & doctemēt tels articles de cest heretique, que l'assemblee les damna & condamna. Abeillard en appella au Pape: mais Innocent ayant à plein entendu le faict, feit brusler les liures dudit Abeillard, & le cōtraignit d'abiurer son erreur. Se repentāt doncques, il se rendit moyne à Cluny: où deuenu malade, il fut enuoyé à S. Marcel lez Chalon, pour chāger son aër: mais ce fut pour neant, car il y mourut. Aucuns ont voulu cōtredire à l'opinion commune que Abeillard fust moyne: & toutesfois Pierre venerable (qui fut de son temps, & qui luy donna l'habit monachal) le certifie, par l'Epitaphe qu'il luy dressa, tel que s'ensuit.

Gallorum Socrates, Plato maximus Hesperiarum,
Noster Aristoteles, Logicis (quicunque fuerunt)
Aut par, aut melior, studiorum cognitus orbi
Princeps, ingenio varius, subtilis, & acer,
Omnia vi superans rationis, & arte loquendi,
Abelardus erat. Sed nunc magis omnia vincit,
Cùm Cluniacensem monachum, morémque professus,
Ad Christi veram transiuit Philosophiam.
In qua longeuæ bene complens vltima vitæ,
Philosophis quandoque bonis se connumerandum
Spem dedit, vndenas Maio renouante Calendas.

(marginalia:) Duc pleige. Submissiō notable. Pōce Abbé de Cluny. Calixte 2. Pape fut Bourgongnon. L'Abbé de Cluny est Cardinal nay. Balduin Roy de Hierusalem. Victoire miraculeuse. Hugues 2. Abbé de Cluny. Pierre venerable Abbé. Petrus de Abeillardo. Concile de Sens. Heresie confutee. P. Abeillard abiure. P. Abeillard moyne. Epitaphe d'Abeillard.

Des antiquitez

Gaultier de Sercy Euesque.

GAVLTIER ou Vvaltier de Sercy tint la seance Episcopale de Chalon apres le trespas de Robert. Luy ayant benist vn lieu à la Mote, pour penser soulager les habitans de Chalon de faire les enterremens à sainct Pierre, & voulût dresser vn Cimitiere, eut Arlebaud Abbé de sainct Pierre pour contradicteur si vehement, que l'an 1133. il fut contrainct execrer le Cimitiere par luy de nouueau benist. L'acte de telle execration est encores de present soingneusement conserué au Thesor des tiltres de l'Abbaye de sainct Pierre,

Execratió de Cimitiere benist.

Thierry Roy de Bourgógne. Theodebert d'Austrasie. Brunechilde. Fondatió nostre Dame de Losne. Losne second siege Episcopal de Chaló.

Novs auons aucunement touché cy deuant, que Thierry Roy de Bourgógne ayant vaincu par deux fois son frere Theodebert Roy d'Austrasie, l'enuoya prisonnier à Chalon: où il fut tué par les menees de Brunechilde. Nous trouuons d'auantage que le mesme Roy Thierry, fonda le Monastere de nostre Dame de Losne sur la riuiere de Saone. Depuis Hugues Côte de Chalon(du gré, & consentement de l'Euesque d'Auxerre) donna ladicte Abbaye à l'Eglise de Chalon. Ce que Robert Roy de France loüa, confirma, & approuua soubs condition, que l'Eglise nostre Dame de Losne seroit secód siege Episcopal de Chalon, pour la celebration des ordres, & autres charges concernátes le seruice diuin. Par la mesme confirmation, il affecte ledict lieu, & veut qu'il soit propre à l'Eglise de Chalon: & pour ce regard l'exempte de toutes exactions, subsides & charges seculieres enuers les Rois, & tous autres Potentats: afin que les empeschemens seculiers né facent cesser en ladicte Eglise la loüange de Dieu, & benediction qu'il desire y estre continuees. Ceste ratification du Roy Robert, contenát priuilege, est de l'an 1032. Quatre ans apres Gaultier Euesque de Chalon, donna du consentement de son Chapitre, à l'Eglise de Cluny, specialement toutesfois à l'Eglise de Vergy, dicte de sainct Viuant (qui est vn Prioré Doyenné dudit Cluny) la prenommee Abbaye de Losne. Pour recompense de tel don l'Eglise de Vergy donna au Chapitre de Chalon, la moytié de la terre de Saules au Bailliage de Mascon, & diocese de Chalon: dont encores à present ledit Chapitre iouyst: & ceux de sainct Viuant ont l'autre moytié. Ces conuenances reciproques portent que le Prieur de Losne (qui est nommé en Latin *Lodonensis, & Lothoniensis*) sera tenu (si l'Euesque ne l'en excuse, ou dispense) d'assister à la feste & solennité sainct Vincent: où il sera aussi honorablement receu, que fil estoit l'vn des Chanoines. Semblablement les Chanoines dudit Chaló allans à Losne seront receuz par les Moynes du lieu, chacun ainsi que l'vn d'eux. Et quant à l'Euesque, les Moynes de Losne, & tous autres deseruans pour eux, luy rendront toute obeyssance, quand il yra faire le Cresme, conferer les saincts ordres, & faire autres actes Episcopaux. Ce sont les propres mots du tiltre mis en François: le Latin est seellé de trois seaux.

Roy Robert.

S. Viuant sous Vergy. Saules en Chalonnois.

Fraternité entre le Chapitre de Chaló, & Losne.

Pierre Euesque. Hugues Duc de Bourgongne.

PIERRE fut Euesque de Chalon, apres Vvalterius, ou Gaultier 2. Il se trouue de luy, que Hugues Duc de Bourgongne (duquel nous auons parlé

parlé cy deſſus)allant en Hieruſalem emprunta deux cens liures, & luy en feit ſa cedule, mais ſans date de iour, ny d'an. Dudit Duc Hugues les hiſtoires teſmoingnent qu'il feit le voyage de la Terre ſaincte l'an de grace 1163. Loys le Ieune eſtant Roy de France : & en reuint heureuſemét, apres la prinſe d'Acre. L'an mil cinq cens ſoixante cinq il y voulut retourner, mais il y mourut. *Contre les Princes, & ſeigneurs lays tenãs les beneficies. Loys le Ieune Roy.*

Du TEMPS de ceſt Eueſque Pierre, la France eſtoit reduitte à telle miſere, que le bien des Egliſes eſtoit occupé pour la pluſpart par diuers ſeigneurs laiz. A quoy la pieté du Roy Loys le Ieune donna tel remede qu'il luy fut poſſible, & en chaſtia la pluſpart. En ce nombre furent les Contes de Clermont, & de Velay, enſemble le Vicomte de Poligniac du coſté de l'Auuergne : auſquels il feit laſcher prinſes, auec reſtitution des leuees, & amendes rigoureuſes. En ce pays Guillaume Conte de Chalon ſ'eſtoit deſbordé en toutes licences contre les Eccleſiaſtiques : mais le Roy Loys le Ieune ayant dreſſé vne puiſſante armee, l'attaqua rudement : & l'ayant mis en fuytte, ſe ſaiſit de la ville de Chalon, & du mont ſainct Vincent : & confiſqua tous les biens dudit Conte : notamment ſa Conté de Chalon, de laquelle il donna la moytié au Duc de Bourgongne, & l'autre moytié au Conte de Neuers. La moytié du Duc fut depuis baillee en apanage à vn puiſné de Bourgongne, qui fut autheur de la race de ceux de Chalon : deſquels ſont prouenus les derniers Princes d'Orenges dudit nom de Chalon. Le dernier poſſeſſeur de ceſte part du Conté Chalonnois fut vn Iean de Chalon, qui la vendit, ou (comme aucuns tiennét) l'eſchangea contre Hugues quatrieſme du nom Duc de Bourgongne : & finablement elle eſt venue aux Rois, auec la Duché dudit Bourgongne. L'autre moytié de Chalon eſt demouree en la puiſſance des hoirs du prementionné Conte de Neuers, deſquels eſtoit Geoffroy Baron de Donziois, qui la vendit à l'Eueſque Gaultier premier du nom, comme nous l'auons dit cy deſſus. *Contes de Clermont & Velay. Vicôte de Poliniac. Guillaume Conte de Chalon. Confiſcation de la Conté de Chalon. Conté de Chalon diuiſee en deux. Origine de ceux du nom de Chalon. Princes d'Orenges. La Conté de Chalon reuenie à la Duché de Bourgongne. Conte de Neuers ſeigneur de la moytié de Chalon. Geoffroy de Donzy.*

A L'IMITATION des Princes & ſeigneurs auant nommez Ioſſerand ſire de Brancion, & ſeigneur d'Vxelles, qui (pour ſemblable raiſon qu'vn Empereur Charles, & vn Roy Loys furent nommez Gros) eſtoit auſſi dit le Gros : moleſta fort les terres du Chapitre de Chalon : meſmement celles qui luy eſtoient voiſines, comme Boyer, & la Rochette. Sur leſquelles il pretédoit droict d'Auoüerie & garde. Qui ſont termes, deſquels à preſent on n'vſe plus en France : mais practiquez en Lorraine, & autres pays comprins ſoubs l'appellation de Flandres & pays bas. L'affaire tombé en gros different, fut traicté par deuant le Roy Loys le ieune. Pierre Eueſque de Chalon fut commis par le Roy, pour congnoiſtre du droict des parties, & commander à celle qui ſeroit congneuë auoir tort, de ſouffrir l'autre iouyr en paix & patience. Il aduint à Ioſſerand d'eſtre commandé. Mais luy mettant les affaires en longueurs, & ne voulant obeir, nourriſ- *Ioſſerand de Brancion, pourquoy dit Gros. Ioſſerand de Brancion moleſte les terres de l'Egliſe de Chalõ, Boyer, & la Rochette. Aduoüerie.*

soit tant qu'il pouuoit ses mauuaises & tyranniques volontez. Le Roy aduerty du tout, notammēt que le sire de Brancion n'auoit voulu prendre ses admonestemés en bonne part: ny comparoistre aux assignations qui luy auoient esté donnees en Iustice: vuyda ledit different sur les pieces & enqueste de Chapitre. Par icelle estoit bien prouué (l'Abbé de la Ferté sur Grosne present, & fauorisant les affaires de Iosserand) que (auāt qu'aller en Hierusalem, où il mourut) messire Hugues de Brancion (present, consentant, & recongnoissant son frere Bernard, pere de Iosserand) auoit dit, & declaré en publicq, qu'il n'auoit aucune Iustice, aucun droict d'impost, d'exaction, ny de garde, en la seigneurie de Boyer: & que si quelqu'vne luy competoit, il la quittoit & renonçoit: defendant à ses Officiers (qui l'auoient ainsi iuré) de ne faire iamais actes de Iustice, exploicts, ny execution en son nom, ny des siens en ladite terre. Veu le tout le Roy adiugea la recreance, & pleine maintenue des choses contentieuses, à l'Eglise & Chapitre de Chalon: defendant audit de Brancion, de les y troubler, sur peine d'encourir son indignation. Donné à Tournus par la main de Hugues Chancelier, l'an de grace mil cent septante & vn.

LA GRANDEVR de la maison de Brancion, du temps dudit Iosserand se mōtre par la plainte que l'auantnommé Pierre Euesque de Chalon fait au Roy: en laquelle sont ces mots: *Iosserandus nec obsides, quos promiserat dare, nec Iudicium subire, nisi secundum consuetudinem suam, & antecessorum suorum voluit.* Qui est à dire, que ne tenant que de Dieu, & de l'espee, il ne vouloit subir iugement, par deuant aucun Iuge, ny commissaire du Roy. Aussi la terre de Brancion (de laquelle Vxelles estoit dependance) estoit enclauee entre le Chalonnois & Masconnois, sans estre de l'vn, ny de l'autre: & sans releuer à l'vn, ny à l'autre. Car le sire du lieu auoit son Conseil, qui vuydoit toutes choses en dernier ressort.

L'EGLISE de Mascon feit aussi ses plaintes au Roy Loys le ieune, contre le Conte Girard de Vienne, vsurpateur des biens d'icelle. Le Roy seant en son trosne à Chalon, luy laua bien la teste: & luy commanda rendre tout.

PIERRE Euesque de Chalon (duquel nous traictons presentement) se departit de l'action qu'il auoit intēté contre le Chapitre: au faict d'vne Prebende franche, qu'il pretendoit auoir: comme adoncques auoient les Doyen & Chantre de ladite Eglise. Il quitta tout le droict que luy, & ses successeurs Euesques y pourroient auoir & quereler: defendāt soubs peine d'anatheme à tous ses successeurs de iamais rien en demander.

ENGEBERT tint le siege Episcopal de Chalon, apres Pierre; & l'an mil cent quatre vingts deux, aux octaues de Pasques, trāsigea, & appointa certain differēt, que Pierre son predecesseur auoit meu cōtre le Chapitre: au faict de la Collation des Canonicats, & Prebendes, que Pierre pretendoit luy appartenir: & en auoit conferé vne. La decision de telle controuersie

de Chalon.

uouerſe fut commiſe aux Abbez de la Ferté, ſur Groſne, & de Flauigny en l'Auxois. Parties ouyes il fut dit que l'Eueſque moyenneroit auec effect, que le proueu par Pierre renonceroit à ſa prouiſion, & s'en departiroit. Et que deſormais ledit Eueſque ſe deporteroit de prouoir auſdits Canonicats & Prebendes. Et comme par deſpit il feit par apres refus d'inſtituer aux benefices du patronnage de Chapitre ceux qui luy eſtoient preſentez. Pape Alexandre 3. commit l'Eueſque d'Autun, pour inſtituer les perſonnes idoines, à qui Engebert refuſeroit, ou differeroit donner ſes lettres d'inſtitution. *Compromis ſur la Collation des Prebédes.*

ROBERT deuxieſme du nom eſt neceſſairement eſtimé ſucceſſeur de Engebert: Car l'an 5. de Philippe Auguſte, dit Dieudonné, qui fut l'an de grace 1185. il ſe trouue teſmoing nommé en certain teſtament que feit Gaulthier Doyen de Chalon. Le meſme an il rendit vne ſentence au profit de Chapitre, contre Anſedeus (i'euſſe peu dire Anſedieu) de la Poyuriere (que par corruption de langage on nomme l'Eſperuiere) par laquelle iceluy de la Poyuriere fut condãné, & debouté de tous les droicts par luy pretendus en la Terre de Boyer, & declaré n'y auoir du tout rien. Auſſi fut ledit Robert preſent, quand l'an 1187. Hugues par la grace de Dieu Duc de Bourgongne, & Conte d'Albon donna à l'Egliſe de Chalon cent ſols de rente annuelle, ſur le peage de Chaigny. Ce fut auſſi en ſa preſence, & luy eſtant au Chapitre de l'Abbaye de Tournus, que l'Abbé Eſtienne paſſa l'an 1202. l'affranchiſſement de la ville de Tournus: ſelon que nous auons dict ailleurs. Se trouue de luy d'auātage, qu'il fut moyeneur, & pacificateur du long different, & vieille contention dés long temps commencee entre les Doyen, & Chapitre ſainct Vincent, & les Abbé, & Conuent de ſainct Pierre de Chalon: au faict du droict de Cimitiere: & qu'il feit tant, que l'ancienne fraternité renoüee & renouuellee, les parties tomberent en accord ſi aggreable, qu'il contenta chacun. Le tiltre de ceſte pacification eſt couché d'vn bon zele, & digne d'eſtre bien gardé par l'vne, & l'autre partie. Entre les poincts plus y remarquables, l'vn eſt que l'Egliſe ſainct Vincēt eſt declaree mere, & celle de ſainct Pierre fille. *Robert 2. Eueſque. Philippe Auguſte Roy. La Poyuriere dicte par corruptiō l'Eſperuiere. Rēte pour le Chapitre ſur le peage de Chaigny. Affrāchiſſemēt de Tournus. Fraternité entre S. Vincēt, & S. Pierre. Choſe remarquable.*

DVRAN, ou DVRAND ſe trouue le premier Eueſque, apres Robert ſecōd. C'eſt à luy que Honorius Pape troiſieſme addreſſe l'Epiſtre decretale 12. qui commence, *Ex parte Epiſcopi Heduenſis, &c. De conſtitionibus.* C'eſt luy auſſi à qui Alis Ducheſſe de Bourgōgne feit hommage, de tout ce que le Duc ſon fils a à Chalon: & appelle ledit Eueſque ſon ſeigneur. Nous auons auſſi inſeré cy deſſus, vn tiltre de Concorde, paſſé entre ledit Durand Eueſque, Alis de Vergy, veufue de Eudes de Bourgongne 3. du nom, mere & adminiſtratrix des corps, & biens du ieune Duc Hugues ſon fils: & Beatrix Conteſſe de Chalon: au faict des droicts appartenans à l'Eueſque, & Chapitre, au Duc, & au Conte, en la ville, & faulxbourgs de Chalon. D'AVANTAGE Pierre Conte d'Auxerre (qui fut depuis Em- *Durand Eueſque. Fied faict à l'Eueſque de Chalon pour le Duc de Bourgongne. Pierre Cōte d'Auxerre emp. de Conſtātinople.*

pereur de Constantinople, enuiron l'an 1216. & audit Empire luy succeda Robert son fils) feit fied, & hommage de la terre de Rici, que nous nommons vulgairement Ricey: & qui anciennement estoit dicte Terre de S. Vincent. L'an 1220. du consentemét de Chapitre, cest Euesque Durand donna à Faulcon, ou Foulques Abbé de sainct Ruf de Valéce, l'Eglise de Chaigny, auec les Chapelles de Bouzeron, & de Remigny.

Fied de Ricey.
S. Ruf. Prieuré de Chaigny.

GVILLAVME vint apres Durand, & entra en charge d'Euesque l'an 1231. qui estoit l'an cinquiesme du regne de sainct Loys. De son temps le nombre des Chanoines de l'Eglise Cathedrale fut (pour raison de la tenuité du reuenu) reduit à vingt. Le statut est de l'an 1232. Les fraternitez accordees entre les Doyen & Chapitre de Chalon d'vne part, & les Abbé & Conuent de l'isle Barbe d'autre, aduindrét de son temps. Aussi feit celle dudit Chapitre auec l'Eglise S. Pierre de Mascon. Et deslors le Prieur de sainct Laurens au faulxbourg de Chalon, & celuy de saincte Croix furét admis à faire leurs sepmaines, en la celebration des grandes Messes au grand autel, comme l'vn des Chanoines. Telles fraternitez furent accordees, & iurees l'an 1231. En fin, sçauoir est l'an 1245. cest Euesque Guillaume fut trasferé à l'Archeuesché de Besançon: & laissa vn sien frere nommé Simon Doyen en l'Eglise de Chalon.

Guillaume Euesque.
S. Loys Roy.
XX. prebendes à Chalon.
Fraternitez.

ALEXANDRE de la maison de Bourgongne, fut (apres la translation de Guillaume) esleu Euesque de Chalon l'an 1245. A son aduenement il eut quelque different auec Agnes veufue de Noble Colin seigneur & Barõ de Senecey, Guyot, & Ansier ses fils, au faict de l'hospital de Grosne. Mais le tout ramené à bonne concorde, lesdits Agnes, Guyot, & Ansier confirmerent les donations faictes audit hospital par Guy, & Nicolas leurs pere & ayeul. Il augmenta le reuenu de son Euesché, par la donation qu'il feit du village de sainct Loup de Maizieres. Et fut depuis ladite donation cõfirmee par Guillaume de Montagu, nepueu dudit Alexandre, en faueur de Thibault son successeur. L'an 1250. cest Euesque seant, les premiers hommes, & principaux bourgeois de Chalon vindrét declarer, & recongnoistre par-deuant son Official, que du vouloir, & vnanime consentement de tous les Citoyens, ils auoient esleu, & deputé six preud'hommes de ladite Cité, ausquels ils auoient donné par mandemét special, la charge, & procuration de tous les affaires de la ville. Soubs condition toutesfois, qu'ils ne feront, ny entreprendront chose aucune, qui puisse desplaire, ou estre contre la volonté du seigneur Euesque, ny de son Chapitre. Par là appert que l'Escheuinage n'estoit encores introduict, ny la ville regie, & gouuernee par quatre. Alexandre trespassa l'an 1261. & le mesme an ses proches parens, & executeurs de son testament donnerent à l'Eglise & Chapitre de Chalon la seigneurie de Vignoles au Beaulnois: laquelle depuis est sortie de leurs mains, en vertu, & par la force de l'Edict d'alienation. Ledit Alexandre gist en l'Abbaye de Maizieres.

Alexandre de Bouigõgne Euesque.
Baron de Senecey.
Hospital de Grosne.
S. Loup de Maizieres.
Guillaume de Montagu.
De l'ancié Escheuinage de Chalon.
Vignoles pres Beaulne.

THIBAVLD

de Chalon. 463

THIBAVLD vint à l'Euefché de Chalon, par election, apres le tref- Thibauld
pas d'Alexádre 1261. L'an 1262. il obtint de Guillaume Sire de Montagu, Euefque.
neueu d'Alexandre fon predeceffeur, la ratification de la donnation du Guillaume
village de S. Loup de Maizieres, dont eft mention en l'article precedent. gu.

GVY fut Euefque apres Thibauld. Il fe trouue vne eftrange recon- Guy Euef-
gnoiffance de feruice luy auoir efté faicte. C'eft qu'vn Mufnier print à que.
rente vn fien moulin foubz le pont, le moulin dit du Claueaul: la redeuance emportât que le preneur feroit tenu ferrer, ou faire ferrer tous les Cenfe fort
cheuaux dudit Euefque: tât ceux de felle, que de charrette, & charriot: & eftrange.
foient fiens, ou de fes domeftiques, & gens de fa fuitte. L'an fuyuant, qui
fut 1265. en Octobre, c'eft Euefque feit côfirmer, & amortir par le Roy
S. Loys, & par Hugues Duc de Bourgongne, le don fait à l'Eglife de Cha- Amortiffe-
lon, de S. Loup de Maizieres cy deffus mentionné. L an 1268. le prenom- ment.
mé Hugues Duc de Bourgongne feit le fied audit Euefque Guy de tout Hugues
ce qu'il auoit à Chalon, du Chafteau de Brancion, Chafteau, & Bourg de Bouigon-
Verdun, & de tout ce qui luy appartenoit en la terre de Chaonois, qui eft gne.
la Preuofté de Buxy. Semblablement Odet Conte de Neuers recogneut Fied faict
tenir la terre de Rici (nous difons Ricey) du fied dudit Euefque, à caufe de du Conté
fon fiege. Et appelle ladite feigneurie terre de S. Vincent. Cefte recon- Brancion.
gnoiffance eft de l'an 1265. Iean Conte de Neuers, fils du Roy S. Loïs, Verdun.
feit pareille recongnoiffance dudit Ricey, luy eftant à S. Denis en Fran- Chaonois.
ce 1267. Il concorda auec l'Abbé de Maizieres: & par leur accord con- Fied de
uint entre eux que tout le Monaftere, auec les terres & vignes adiacentes, Ricey.
enfemble la foreft dicte de la Male raye, font du mixre, & mere impere Iuftice de
(qu'on pourroit interpreter haulte, & moyenne Iuftice) de l'Euefque de l'Euefque à
Chalon. Ce tiltre eft de l'an 1266. en May. Guy vefquit iufques en Maizieres.
l'an 1269.

PONCE filz d'Anfeaulme de Siffey, ou Chiffey, & qui auoit efté Cha- Ponce E-
noine dés l'an 1255. fut efleu Euefque 1269. qui fut le 43. du regne de uefque.
S. Loïs. La bonté des Princes d'adoncq', & leur deuotion enuers l'Eglife S. Loys.
eftoit telle, qu'ilz ne fe faifoient folliciter d'entrer en leurs deuoirs: ains
ilz s'y offroiët d'eux-mefmes. En cefte forte Iean fils du Roy S. Loïs, Côte Iean fils de
de Neuers (non content d'auoir reprins de fied de l'Euefque precedent) Roy Côte
recongneut encores, & jura audit Ponce la fidelité qu'il luy deuoit, pour de Neuers.
caufe de fa terre de S. Vincent de Ricey. Ce fut l'an fufdit 1269. Enuiron Fied de
ces temps Meffire Henry d'Antigney (on dit maintenant Antigny) fieur Ricey.
de Loüans, donna les libertez & franchifes à la ville dudit Loüans: pre- Henry de
fentz Meffires Odet Archeuefque de Befançon, & Ponce Euefque de Antigny.
Chalon: nobles Barons Philippe de Sauoye, Conte de Bourgongne Pa- Franchifes
latin, Hugon de Vienne feigneur de Paigny, du fied duquel eft la ville de Loüans du
Loüans. Lefquelz feigneurs (à la priere & requefte dudit Meffire Henry, fied de Pai-
Guillaume, & Alis fes enfants) appoferent leurs feels és lettres defdictes gny.
franchifes: lefquelles font fans date.

Qq iiij

LA Chapelle S. Martin en Gastine, souloit estre annexee à la parochiale d'Allerey: mais Ponce prenommé Euesque de Chalon feit S. Martin vne parochialle de par soy: & y erigea vn petit College, d'vn Doyen
(qui seroit Curé) & trois Chanoines: ledit Doyen en la totale disposition
de l'Euesque: & les Chanoines en la presentation du sieur de Palluaul, qui
promettoit leur assigner biens pour leur entretien. Cest Euesque mourut l'an 1273. & se trouue par plusieurs instruments que le siege vacant,
le Chapitre faisoit administrer le spirituel par ses Cōmis. Les heritiers, &
executeurs du testament dudit Ponce donnerent aux Doyen, & Chapitre dudit Chalon, la tierce partie des dixmes de Fontaines qu'ilz auoient
acheté: & ce pour la fondation d'vn anniuersaire pour ledit Ponce. Telle fondation est de l'an 1274.

College de Chanoines à S. Martin en Gastine.
Administration du spirituel de l'Euesché.
Dixme de Fontaines.

GVILLAVME Dublé (& en Latin *De oblato*) fut reuestu des ornements Episcopaux l'an 1274. Il appointa auec Robert Duc de Bourgōgne des droicts que luy, & le Chapitre auoient és foyres de Chalon: de la
liberté des hommes de l'Euesque, & de Chapitre: qui d'ancienneté, & par
tiltres mentionnez, & trāscripts cy dessus, sont libres, & exempts de tous
peages à trois lieuës la ronde de Chalon. En ladite transaction, & cōcorde y auoit vn article au faict de la succession des Prestres bastards: & libre permission à eux faicte de tester. Que si ilz decedent sans tester, l'E-
uesque succede aux meubles, le Duc, ou autre leur seigneur, a droict de
faire les immeubles siens. Si toutesfois ilz sont Curez, l'Eglise parochialle
de laquelle ilz sont Recteurs est heritiere des immeubles, sauf le droict
du seigneur: qui est à dire qu'il fault que ladite Eglise en vuide ses mains
dedans l'an & iour: afin de ne les laisser en morte-main.

Guillaume Euesque.
Robert Duc de Bourgongne.
Foires de Chalon.
Hommes de Chapitre.
Succession de bastards prestres.

L'ABBé de S. Pierre recongneut à cest Euesque, que luy, & ses successeurs Abbez sont tenuz receuoir les Euesques de Chalon la veille de leur
entree solennelle, & les nourrir, coucher, & defrayer eux, leur train, & cōpagnie, en quelque nombre qu'elle soit aduoüee de luy. Que l'Euesque
peut faire visitation de droict en ladite Abbaye de trois ans en trois ans:
& lors l'Abbé payera la Procuration. Aussi que si l'Abbé, ou ses Moynes
ont forfaict, & admonestez ne font compte de venir à amendement, ou
que les corrections regulieres n'en soient faictes: l'Euesque pourra faire
visitation extraordinaire, & chastier les delinquentz.

L'Euesque doit estre receu à S. Pierre.
Droicts de l'Euesque à S. Pierre.

CEST Euesque auoit acheté le chasteau de Palleaul de noble & venerable Durand de Palleaul, Chātre en l'Eglise d'Autun, & Chanoine de
Chalon: presents à ladite vedition Girard Euesque d'Autun, & Guichard
Euesque de Mascon. Mais Robert Duc de Bourgongne (tant en qualité
de parent & lignager, que de sieur du fied dominant) vint à la retraicte, en
vertu de la generale Coustume de Bourgōgne, rendit les deniers du principal, & fraiz necessaires: & entra au droict de l'acquereur. Ce ne fut toutesfois du temps de cest Euesque du Blé, mais Guillaume de Belleuesure
tenant apres luy le siege Episcopal.

Du chasteau de Palleaul.
Robert Duc de Bourgōg.

D'A-

de Chalon.

D'AVANTAGE, l'Euesque Guillaume *de Oblato* voyant que ce qui auoit esté introduit par vne façon ancienne, & commune quasi par tout, de sepulir les corps des Chrestiens hors des villes, auoit esté faict par bonnes considerations, mais que par aussi bonne il importoit de beaucoup non seulement aux Curez, ains aussi aux Parochiens, n'estre subiects d'aller porter & ensepuelir les corps de leurs morts, là hault, en vn lieu bien distant de la ville, comme estoit S. Pierre: il practiqua le vieil prouerbe de Bourgongne, qui dit: *Que mauuaise coustume, & gasteau se doiuent rompre.* A ces fins (comme chef de son diocese, auquel il affiert vser de puissance sur ses inferieurs, pour le bien, & commodité d'iceux, sans s'arrester au droict que quelques particuliers ont acquis par souffrance) il benist le Cimitiere de la Motte: où adoncq' estoit l'Eglise parochialle; mise de present, (& par emprunt) dedans l'Eglise Cathedrale, pour faire le seruice parochial à vn autel d'icelle. Et afin que quelque superstition n'occupast les opinions des Chalonnois, pour raison de l'execration de Guillaume de Sercy (dont cy dessus est faicte mention) il voulut estre luy-mesme enterré au Cimitiere de la Motte, qu'il auoit benist. Ce qui fut fait 1284. Des sepultures.

Cimitiere de la Motte.

QVAND vint à l'execution de ladicte ordonnance testamentaire, & enterrement dudit Euesque, au Cimitiere de la Motte, il y eut contradiction expresse, & oppositions formees de la part des Abbé, & Conuent de S. Pierre. Mais nonobstant, & sans preiudice d'icelles, l'enterrement fut faict à la Motte, & le Cimitiere y est encores auiourd'huy.

GVILLAVME DE BELLEVESVRE, au-parauant Doyen, deuint Euesque, apres celuy de Oblato, enuiron l'an 1290. Aduint de son temps, que (comme il plaist à Dieu departir ses graces aux hommes, de façon que les vns en ont beaucoup, les autres moins: aussi faict-il aux païs en general, & à certains lieux en particulier) le lieu d'Allerey visité de l'œil de Dieu, fut illustré de diuers miracles, que la diuinité voulut monstrer, en faueur de sa chere & bien-aymee espouse, & fille, mere de IESVS CHRIST. La renommee, & frequence de tant de miracles, esmeut Guillaume de Belleuefure à dire comme Iacob, du lieu où il auoit veu l'eschelle, par laquelle les anges montoient au ciel, & en descendoient, *Vrayemet ce lieu est sainct, &c.* Pour-ce le voulut-il honorer de tant, que de reunir l'Eglise de S. Martin en Gastine, à celle de nostre Dame d'Allerey: & transferer audit Allerey, les Doyen & Chanoines, que l'Euesque Ponce, & le sieur de Palleaul, auoient fondé audit S. Martin. Et de ce non content, fonda, & adiousta encores quatre autres Chanoines, l'an 1301. qui fut l'annee de son trespas. Maintenant il n'est plus aucune nouuelle desdits Doyen, & Chanoines, soit d'Allerey, soit de S. Martin en Gastine. Guillaume Euesque.

Miracles.

College à Allerey.

LE different meu par l'Abbé & Conuent de S. Pierre, pour cause du Cimitiere de nouueau erigé, & de l'enterrement du feu Euesque, fut appaisé par Guillaume de Belleuefure; qui pour-ce donna ausdicts Abbé, & Conuent, les Cures de Ciel, pres Verdun, S. Martin en Bresse, & de Accord au fait des sepultures. Cures données à S. Pierre.

Marigny en Chatrolois. L'an 1296. en Decembre il donna aussi à l'Eglise de Chalon,(estant si extenuee, que les Chanoines souffroient extreme disette)les Cures de Bussy,& de saincte Heleine:à la charge d'y commettre vn prestre, qui feroit le seruice, & auroit ce qui seroit iugé raisonnable pour l'entretien du commis à ladicte desserte:& lequel on a nommé Vicaire perpetuel. Or estoit de ce temps là, la pieté des Parochiens si charitable, que le peuple aumonnoit plus aux ministres, qu'eux, ny leurs familles n'eussent sceu despendre. Ioinct que les Prestres d'adoncq n'estoient pas pauures: ains falloit necessairement qu'ilz fussent fort bien titulez: & leurs tiltres non faincts, empruntez, ny baillez auec contre seurté. Aussi les Euesques nourriz alors és Chapitres, auoient si bonne congnoissance de leurs oüailles, qu'ils sçauoient, iusques à vn, les facultez de tous les Prestres. Et n'eussent pas passé, ny promeu aux sainctes ordres, vn personnage qui n'eust eu bon & legitime moyen de viure, sans deshonorer son grade, & avillir son ministere. Si toutesfois il se trouuoit quelque ieune homme, en l'esprit duquel on veist reluyre certaines flammesches de probité, & neantmoins sa pauureté telle, qu'il n'y eust esperance de pouuoir trouuer fond du sien, pour luy dresser vn tiltre suffisant à venerable entretien de sa qualité, luy deuenant Prestre: lors (s'il estoit d'aage competant) l'Euesque le prouoyoit d'vn benefice, qu'il tenoit en tiltre: ou (s'il estoit moins auancé d'aage, que le requis, pour estre Prestre) on le commettoit à estre Maistre, ou Subalterne, és Escolles des villes, ou villages, ausquelles nul ne pouuoit estre admis, ny receu, sans lettres, & expresse commission du sieur Châtre en l'Eglise de Chalon. Il y auoit encores vn autre moyen pour lesdicts pauures. C'estoit de les priuilegier du port de l'eau beniste les Dimanches par les maisons: ou estre Clercz des Vicaires. Le port de ladicte eau beniste a auancé deux grands personnages, de fort differente humeur. L'vn fut Messire Iean Germain, natif de Cluny, qui (ayant porté l'eau beniste à nostre Dame des Paneaulx, paroche dudict Cluny, deuint Docteur en Theologie, Euesque premierement de Neuers, puis de Chalon, Chancellier de l'ordre de la Toyson, soubz le bon Duc Philippe: & a laissé plusieurs œuures, rendantes tesmoingnage de son sçauoir & excellence d'esprit. L'autre fut Antoine du Prat, qui grauissant de degré en degré paruint à estre Chancellier de France; & faict Prestre, & Cardinal, trouua moyen de deuenir Legat en France.

R E V E N A N T à ce qui est plus expressément de nostre propos, le Curé, ou Vicaire perpetuel de Bussy, print ladicte Cure à desseruir, auec charge & obligation de rendre au Celerier de Chapitre tous les ans quatre-vingtz francs, à sçauoir quarante francz à chacun Synode. Et celuy de saincte Helene dix bichotz de froment mesure de Chalon. Telle

Vnion de Cures au Chapitre.

Vicaire perpetuel.

Maistres d'Escolles.

Porteurs d'eau beniste.
M. Iean Germain.

Antoine du Prat.

Cure de Bussy.

Cure saincte Helene.

fut

de Chalon. 467

fut la premiere conuention, si elle à esté immuee, ie ne sçay par quel droict.

EN ce temps l'Archidiacre de Tournus en l'Eglise de Chalon, remóstra audit de Belleuefure Euesque, la tenuité du reuenu de son Archidiaconé, non suffisant pour en faire les charges, & honorer ladite dignité. Pour à quoy prouoir, il vint audict Archidiaconé la Cure de Nanton; à condition d'y auoir & tenir vn Vicaire perpetuel, qui satisferoit aux charges & functions du Curé: & lequel seroit institué par ledict Euesque, & par ses successeurs Euesques. Celà fut faict l'an 1296. A present ledict Archidiacre n'a plus à Nanton, que le droict de Presentation à ladite Cure: & seize francz de patronnage qu'il reçoit és deux Synodes. Ce que ie sçay, comme ayant possedé ledict Archidiaconé, par le bien-faict de feu Reuerend Pere en Dieu Messire Antoine Arlaud Docteur en Theologie, Confesseur de la Royne mere, & Euesque de Chalon: mais ie le quittay, pour accepter le Doyenné. Tel droict de Patronnage fut depuis refusé par vn modernement Curé: mais estant mieux informé, il recongneut ledict Patrónage, entre les mains de R.P. Frere Iaques Fourré Euesque, &c. au profit de noble & venerable Messire Claude Naturel Archidiacre de Tournus, & Chanoine en l'Eglise Cathedrale de Chaló. Ce fut l'an 1577. & est telle recongnoissance mise sur le Registre des actes publiques, par Simon Labouquet Notaire, & commis du Secretaire Episcopal.

L'AN 1297. fut assemblé le Concile general à Lyon, soubz Boniface viij°. qui congnoissant combien licentieusement les Rois entreprenoient sur l'estat Ecclesiasticq, trauaillants les personnes d'iceluy de subsides insupportables: condamna telles façons defendant tant aux Rois, de les continuer, qu'aux Ecclesiastiques de les souffrir, & payer sur peine d'excommunication. Ce decret contenu, & rapporté c. 3. de *Immun. eccl. in 6.* fascha si fort le Roy Philippe le Bel, que luy irritant le Pape, & le Pape luy: tous deux sortirent des termes de leurs deuoirs. Car le Pape exceda les limites de bien & paternellement commander; & le Roy outrepassant la modestie filialle, y adiousta oultrage: selon que les Epistres de l'vn, & de l'autre en font foy: lesquelles nous eussiós peu inserer icy: mais voulsist Dieu qu'il n'en y eust que mon exemplaire, & que ie le deusse mettre au feu: afin de faire perdre (tant s'en fault que ie vueille nourrir, & faire viure) choses de si mauuais exemple. Depuis (cóme l'amour descéd plustost qu'il ne monte: & que les peres aiment mieux leurs enfants, que les enfants leurs peres) Pape Boniface desirant regagner le filz qu'il auoit perdu, accorda en faueur du prenommé Philippe le Bel, vne Bulle, que les Rois de France nommerent depuis la Bonifaciéne: ressuscitee du téps du Roy François premier, employee iusques à quatre (& quelquesfois plus) decimes: & par ses neueux (c'est à dire filz de son fils) tant, & si auant, que (sans se contenter de l'ancienne decimation) on est desia quatre fois

Archidiacre de Tournus.
Cure de Nanton.
Patronnage de Nanton. L'Autheur a esté Archediacre de Tournus.
M. Cl. Naturel Archediacre de Tournus.
Cócile de Lyon. Bonifacius 8.
Immunité des Ecclesiastiques. Roy Philippe le Bel.
Bulle Bonifaciéne. Introduction des Decimes Royalles.

venu à proceder à l'alienation des fonds, pour les faire sortir hors des mains de Dieu, auquel ilz auoient esté donnez, en nourriture des Ministres de son sanctuaire: aux fins qu'en nourriz & substantez, il eussent plus d'affection de prier Dieu pour leurs biens-faicteurs. Icy se pourroit dire du Roy, ce qu'vn Romain disoit du Pape: *Pan poteras alia ditior esse via*. Mais (pour reuenir à Philippe le Bel) il n'y a faulte d'arguments, pour croire, que (l'excommunication estant à craindre, soit iustement, soit iniustement proferee) la malediction iettee contre iceluy Philippe le Bel, & le Royaume de France mis soubz interdict: ne souffrirent promptement la peine, ains fut reseruee (comme au fils nay de Dauid, & de Bersabee) és enfants dudit le Bel, qui tous trois moururent sans laisser hoir masle de leurs corps. Et quant au Royaume, la fille repoulsee, & deboutee de la succession de son pere (encores que ce fust auec droict, grandissime raison, & fort sage preuoyance) fut cause qu'il tomba en si cruelles guerres, que quand on les pense esteinctes, tousiours quelques flammesches du brazier couué soubz la cendre en renaissent, qu'on ne sçauroit si peu remuer, qu'elles ne soient suffisantes pour produire vn incroyable embrasement. Dieu vueille que la malediction vne fois iettee, n'aye iamais ses effectz plus que celle fois.

L'iniquité des peres vengee sur les enfans.
Trois filz de Philippe le Bel morts sans filz.

L'EVESQVE de Belleuesure ne fut moins auantagé en sens, & suffisance, qu'il estoit de noble parentage. Par son testament faict au mois de Nouembre 1301. il esleut sa sepulture en l'Eglise Cathedrale S. Nazare d'Autun, pour y estre enterré aupres d'Anseaulme iadis Euesque d'Autu, & de Henry de Montbeliard son frere: desquelz les corps sont enterrez derriere l'autel de S. Iean de Crote en ladicte Eglise. Et quant à ses meubles, il en feit le Chapitre de Chalon son heritier seul pour le tout.

L'Euesque Belleuesure enterré à Autun.

DEPVIS le mois de Nouembre (que le sus nommé de Belleuesure mourut) iusques au mois d'Auril suyuant, le siege Episcopal vaqua: selon qu'il appert par plusieurs tiltres, & instruments passez durant ledict inter-Episcopat, le Chapitre estat administrateur du spirituel de l'Euesché.

Siege vacant.

ROBERT DE DESISE, du diocese d'Autun succeda au susdict Guillaume de Belleuesure: & se prouue sa session, par actes, & instrumets des annees 1302. 1303. 1304. & 1307. Il y auoit vn grand embarrassement entre l'Euesque & le Chapitre de Chalon, au faict des Vidamies: qui sont certaines Terreries dudit Chapitre: ausquelles iceluy Chapitre presetoit, & l'Euesque instituoit: ce que Guillaume de Belleuesure auoit cedé, & remis audit Chapitre, se reseruant neantmoins certaine somme de reuenu annuel sur lesdites Vidamies: cest Euesque Robert en remit, & quitta la moitié: consentant qu'elle fust conuertie en augmentation des distributions quotidiennes. Il remit (en oultre) & ceda audict Chapitre, le fied que chacun prouéu d'vne desdites Vidamies, estoit tenu faire à l'Euesque, auant que d'en pouuoir apprehender la possession actuelle, & reelle: & voulut que les appellations des Iuges des Vidamies,

Robert Euesque.

Vidamies.

Biens-faits au Chapitre.

fussent

fuſſent releuees & traictees par deuant les Auditeurs(qui eſtoient iuges d'appeaux)de Chapitre: & non par deuant ſon Bailly temporel. *Auditeurs de Chapitre.*

CEST Eueſque enrichit le ſiege Epiſcopal de pluſieurs reuenuz par luy achetez à Condemenes, à Alerey, à Cheuigny, aux deux Pucez, & à Verdun. L'an 1315. au moys de Iuin, il feit ſon teſtament, par lequel il ordonna eſtre enterré deuant l'Autel S. Laurens en l'Egliſe cathedrale: où il auoit fondé deux Laurentins, c'eſt à dire deux Chappellains, inſtituables par luy & par ſes ſucceſſeurs Eueſques. Et s'il ne pouuoit eſtre commodement enterré audit lieu, non encores dedié, pour y auoir Cimitiere, que ſon corps fuſt ſepueli à la Motte, deuant le grand Autel, & à la dextre du ſepulchre de feu Guillaume *de Oblato*. Il auoit auſſi faict dreſſer en la maiſon Epiſcopale de Chalõ, vne Chappelle, ſous l'inuocation de S. Vincent, & des ſaincts Eueſques dudit Chalon. *Achaptz dudit Eueſque. Teſtamẽt. Laurentins.*

BERTOVLD (c'eſt à dire Barthelemy)de la Chappelle, fut ſucceſſeur de Guillaume de Belle-veſure. Sa ſeance eſcheut au temps qu'Odo, ou Eudes, Duc de Bourgongne, filz de Robert & d'Agnes, fille de S. Loys, eſtoit en la balliſterie, ou(pluſtoſt) garde noble de ſa mere. Et fut ledit Bertould preſent au teſtament de ladite Agnés: par lequel elle laiſſa à l'Egliſe de Chalon, ſoixante ſolz tournois de rente annuelle pour vn anniuerſaire à ſa deuotion. Auec ceſt Eueſque fut terminee la difficulté qui de long temps eſtoit mal accordee entre les Eueſques de Chalon, & les ſieurs Barons de Senecey, au faict de la Chappelle de Graoſne. Meſſire Guillaume de Senecey, & Madame Marguerite de Frelois ſa femme, en auoient tellement appoincté auec l'Eueſque Robert, predeceſſeur de ceſtuy, que chacun en cuidoit eſtre bien d'accord: Mais d'autant que tel accord n'eſtoit que verbal, & qu'il n'en conſtoit par eſcrit, ce fut à recommencer. Finablement ceſte derniere tranſaction fut celle qui donna reſolution audit affaire. Notamment elle fut confirmee l'an mil trois cens ſeize, le troiſieſme de Iuin, par meſſire Iean de Senecey, Chanoine de Lyon & grand Vicaire audit lieu, pour Pierre de Sauoye, Reuerendiſſime Archeueſque de Lyon, qui en fut requis, par la ſuſdite Marguerite de Frelois, ſa belle ſœur. *Bertould Eueſque. Accord auec les Barõs de Senecey. Chappelle de Graoſne.*

BERTOVLD (pour plus honorer ſes Archipreſtres, & par conſequẽt donner plus de pois & de luſtre à ſes Synodes) vnit à chacũ deſdits Archipreſbyteratz vne Cure: ſçauoir eſt à celuy de la Mõtaigne, l'Egliſe de Buxi: à celuy de Tournus la Cure de Meſſey: à l'Archipreſtré de Demigny, l'Egliſe parochialle de Ruilly: à celuy de Breſſe, Orme, & ſon ſecours de Simandres: & au Doyenné Rural de l'Oſcheret, l'Egliſe de Longecourt. *Vnion de Cures aux Archipreſtrez.*

NOVS auons deſia fait ample mention de l'erection du Chapitre de l'Egliſe S. George, fondé par la pieté & deuotion de Meſſire Oddard de Montagu, Cheualier extraict de la maiſon de Bourgongne. Et ſi nous n'en euſſions fait article cy deſſus, c'euſt eſté icy le lieu d'en *Chapitre de ſainct George. M. Oddard de Mõtagu.*

Rr

parler: d'autant que ce fut sous, & par cest Euesque, que ladite erection proceda.

E ENVIRON ce temps, sçauoir est l'an 1327. Bertould fut present au Chapitre general de la Toussaincts, tenu par les Doyen & Chanoines de Chalõ: où diligémēt examinees les facultez & reuenus dudit Chapitre, fut resolu que le nōbre des Chanoines seroit reduit à xxv. Et que outre tel nombre nul ne pourroit estre admis, ny receu. Lequel statut (confirmé par Bulles Apostoliques) dure encores à present.

<small>xxv. Chanoines.</small>

ALORS aussi Philippe de Valois desirant exiger vne decime generale sur les Ecclesiastiques, & l'argenterie des Eglises en fut empesché par le Pape: & (par despit) le Roy saisit & print to⁹ les reuenuz des Cardinaux. Aussi auoit-il pour cōseil & Procureur general en la Cour de Parlemēt Pierre des Cugnieres, autrement du Coingnet, homme de vehement (mais paradoxal) esprit: qui ne se souciant de fauoriser à tort & à trauers la cause du Roy son maistre, feit vne elegante harangue, pour persuader que le glaiue de S. Pierre n'estoit que spirituel, & que quāt au temporel, qu'il n'appartenoit aux Ecclesiastiques en auoir aucune cognoissance, tant s'en faut administration, proprieté & possession. A quoy fut si doctement & pertinemment respondu par Bertrand E. d'Autun, que Pierre de Cugnieres prins en son propre & priué nom, fut declaré impertinent en son pretendu, ridicule en ses conclusions: & qu'en perpetuelle memoire de son absurdité, seroit mis en toutes Eglises cathedrales vn marmouzet, contre le museau duquel on esteindroit des bougies pour le rendre plus noir, & seroit nommé Maistre Pierre du Coingnet. Celuy de Nostre-dame de Paris a eu si grande vogue, qu'il a estouffé la renommee des autres. Le paradoxe toutesfois dudit Coingnieres n'a māqué d'hommes, ausquels il a tant pleu, que plusieurs (desirans nuyre à l'estat des Ecclesiastiques) s'en sont voulu seruir en leurs escrits: & l'amplifier de nouuelles augmentations. Mais qu'y a-il que la redondance d'esprit, ou vne depiteuse animosité ne soit veuë entreprendre? Le ballon nō gonflé ne peult estre poulsé bien loing, & y fust employé le bras Herculien: mais quand il est bien plein de vent, il roule de soy-mesme. & ne faut qu'vn autre grand vent en l'air, pour faire voler celuy qui est enclos pour peu poulsé qu'il puisse estre. Ainsi est-il de l'opinion, partant d'vn esprit bien nourry aux lettres: si elle trouue faueur, son enfleure la fera voler: mais si elle est mal receuë, iamais inuenteur ne fut plus reduict au petit pied. Tellement que quiconque voudra que ses opinions soyent permanentes, il les faut estamper, ou estançonner de deux potences, qui sont verité & equité: & lors paix (qu'est le consentement publicq', interuiendra, si la foy, & croyance commune, n'y font resistance.

<small>Philippe de Valois.</small>

<small>Pierre des Coignieres, dit du Coingnet.</small>

<small>Comparaison.</small>

<small>Conseil aux inuēteurs.</small>

POVR rentrer en propos de nostre Euesque Bertould, il vesquit iusques à l'an de grace 1333. Et lors en faisant ses obseques, & enterrement,

les

les moynes de sainct Pierre esmeurent tel tumulte & scandale, que le Roy en aduerti, donna commission au Lieutenant de Mascon d'en informer: pource que le Lieutenát de Chalon, present ausdites obseques, & se plaisant en la contention suscitee, auoit negligé d'y mettre l'ordre digne de son estat.

Tumulte fort impertinét.

Hvgves de Corrabeuf, au-parauant Doyen, fut, par le trespas de Bertoud de la Chappelle, esleu Euesque de Chalon. La faueur que le Chapitre luy auoit faict de l'eslire, luy commanda de l'en recompenser. Ce fut par luy quitter l'entiere iurisdiction, qu'il pouuoit auoir sur toutes personnes portans l'habit à S. Vincét, dés le plus en dignité, iusques aux moindres en dignation, & seance. Au reste, il donna vne chappe de velours rouge damasquiné semee d'estoilles d'argent ; & au milieu d'icelles vn chaton, auquel estoit enchassé vn saphir blanc, ou bleu. L'endossement de ladite chappe embouté d'vn gros floncq', ou mouschet, bien garny de perles : & le reste est enrichi de plusieurs argenteries, autant massiues que l'œuure pouuoit requerir. Somme que c'est vne fort belle chappe, & seroit encores plus, si les offrois estoient correspondans en richesse, & bien-mañufacture, à la despense & curiosité que le reste fait paroistre.

Hugues Euesque.

Remise de Iurisdiction. Chappe de Corrabeuf.

Pierre de Chalon fut successeur de Hugues, & ne vesquit pas lōguement. Vn sien frere nommé Henry estoit en mesme temps Doyen. Et se trouue q̃ Pernet leur neueu & heritier s'obligea pour eux, de quatre bichetz annuels de rête, payables à chacune feste S. Martin d'hyuer, à cause de leurs entraiges esdites dignitez d'Euesque & de Doyen. Lesdits bichetz rachetables chacun de quinze liures tourn. pour vne fois. Il eut enuie de remuer beaucoup de choses cōtre le Chapitre. Mais il n'est seul, auquel Dieu a plustost terminé la vie, que d'auoir souffert leurs animositez & mauuais desseings, tant à Chalon que par tout ailleurs: où gens affamez, ont pensé s'engresser des biens des Chapitres: Qui meilleurs mesnagers qu'eux, ont mieux sceu faire profiter le talent, qui leur estoit aduenu, par le partage du tout, que iadis ils possedoient en commun.

Pierre Euesque.

Bled d'entraige deu par les Euesques.

Chose remarquee.

Iean Amberiot natif de Dijon, fut appellé à la charge Episcopale, apres Pierre de Chalon mil trois cens quarante six. Quelque téps apres, sçauoir est l'an mil trois cens quaráte neuf, il cōfirma l'erection, & fondation de certain oratoire, ou chappellenie perpetuelle, en l'Eglise de Cuyseri, par Guillaume de Thurey, Doyé de Lyō, & Girard de Thurey Cheualier son frere. Laquelle fondation portoit, que ledit Girard (tandis qu'il viuroit) & apres son decez, ses descédans en ligne directe, sieurs de la maison dicte de Montreuost, en seroient patrons. Et que finissant ladicte ligne directe, tel droict de presentation appartiendroit au Doyen de Chalon, qui (pour lors) seroit. Toutesfois du temps de noz peres, Iean de Lugny sieur de Ruffey en Chalonnois, & Bailly de

Ieā Euesque.

Chappelles de Cuisery. Sieurs de Thurey. Montreuost. Droict au Doyen de Chalon. Iean de Lugny.

Chalon (homme qui sçauoit bien empoigner l'occasion, quand elle se presentoit) encores que notoirement il ne fust hoir desdits de Thurey en droicte ligne, sieur d'vne grande maison audit Cuisery, feit venir par authorité Apostolique, ladite Chappelle à l'Eglise parochiale dudit lieu: & du tout feit dresser quatre Concurres & vn Doyen par dessus: le droict de patronnage luy reserué.

Du Chasteau de Palluaul.
IE FEROIS mention de la cession de droict qu'Odo Duc de Bourgongne feit audit Euesque, l'an 1347. le 17. d'Aoust, du droict entr'eux contentieux, au faict du Chasteau de Palluaul, selon qu'il en conste par le Cartulaire des Euesques de Chalō. Mais les choses sont à present tant changees, que ie ne sçay qu'en asseurer.

Chose nō vulgaire.
CE FVT cest Euesque qui permit aux habitans de Chalon, le barrage & peage premis cy dessus, pour la reparation des murs & fossez de la ville, & pour rabiller les chaintres, chemins, & voyes publiques, enuiron ladite Cité. Commence ladite concession : *Nous Iean par la grace de Dieu Euesque, &c.* datees du premier de Iuillet, 1350.

Ieā Euesque.
Nostre dame de Meilo. Remiremont.
L'Euesque de Meilo sieur de Giury.
IEAN de Melloto, ou (suiuant l'appellation cōmune) de Merlo, entra au siege Episcopal l'an 1354. le 23. Septembre. Il feit son entree magnifiquement & solennellement. Il estoit sieur de Giury és montaignes du Chalonnois. Et auoit commencé vn beau bastiment à Nostre-dame de Merlo: où estoient Religieuses dependantes de Remyremont : auquel aussi appartient ledit lieu. Il fonda vn anniuersaire en l'Eglise de Chalō: & pour iceluy dōna 26. liu. assignees sur sadite seigneurie de Giury. L'an 1330. il fut transferé à l'Euesché de Clermont en Auuergne.

Ieā Euesque.
Fōtaines.
IEAN de S. Iust fut appellé pour estre Euesque de Chalon, l'Euesché vacant, par la translation de Iean de Merlo, à Clermont. Il se trouue de luy qu'il acquist du bien à Fontaines pres Chalon, & le donna à sondit Euesché: à la charge que les Euesques ses successeurs, seroiēt tenuz payer dix liures de rēte à l'Eglise de Chalon pour son anniuersaire, assigné sur ledit bien. Sa seance dura iusques à l'an 1369.

Ieā Euesque.
Salornay.
IEAN de Salornay vint apres Iean de S. Iust : & se trouue auoir tenu le siege Episcopal iusques à l'an 1373. Il auoit vn frere nommé aussi Ieā, Chantre & Chanoine en l'Eglise de Mascon: lequel il retira pres de luy, & le feit son grand Vicaire.

Geoffroy Euesque.
Philippe le Hardy feit le fied à l'Euesque.
GEOFFROY fut Euesque, faillie la charge de Iean de Salornay. Philippe surnommé le Hardy, filz de France, Duc de Bourgongne, &c. feit audit Euesque le deuoir de fied, auquel il estoit tenu tant à cause de ce qu'il auoit à Chalon & Chaonnois (que nous auons dit estre la Preuosté de Buxy) qu'aussi pour Brancion & Verdun. Ce fut l'an 1373. Outre laquelle annee il ne peut auoir vescu, attendu le temps de la seance de son successeur, Nicolas de Veris.

Nicolas Euesque.
NICOLAS DE VERIS nasquit à Pontz sur Yonne pres de Sens. Son aduenement fut d'auoir esté Chappellain de Pape Gregoire XI. qui
à la

de Chalon. 473

(à la suasion de saincte Catherine de Senes, & de Balde I.C.Perusin) retourna à Rome: laissant Auignon, où le siege Papal auoit esté transferé par l'espace de 70. ans, ou enuiron. Cestuy nostre Euesque fut Archidiacre de Sens, auant sa promotion à l'Episcopat, & eut de grands differés auec celuy qui adonc estoit Euesque d'Auxerre. D'autát qu'il pretédoit (comme Archidiacre) qu'à luy seul appartenoit, de mettre en possessió, non seulement l'Archeuesque de Sens, mais aussi tous ses Euesques suffragants, Abbez, & Prelatz qui estoient dedans les limites de son Archidiacone: qu'il faut presumer auoir esté vnique, & s'estre estédu par tout où l'Archeuesque auoit droict & authorité. Tel differét fut terminé, par le prementionné Pape Gregoire, qui n'estant encores Pape, auoit tenu ledit Archidiaconé. Imbeu doncques des droicts des parties, il iugea & sentencia au profit de l'Archidiacre. Selon qu'il est rapporté *per Ren. Chopinum, lib. 1. de sacra politia forensi*, & tout au long.

<small>Siege Apostolique remis à Rome. Pour l'Archidiacre de Sens.</small>

NICOLAS DE VERIS feit solennellement son entree à Chalon le 17. de Decembre, l'an 1374. Et fut fort bon & vtile Euesque. Il accreut le reuenu de l'Euesché & Eglise de Chalon de plusieurs beaux acquests: entre lesquels sont la moitié du port de Chauuort, & le bois Marachot en la paroche d'Alerey, acquis de Messire Girard de Longecourt Cheualier: & qu'il donna à l'Eglise de Chalon, pour faire prier Dieu pour luy. Luy seant au siege Episcopal, l'Eglise de Chalon (au parauant lambrissee de vieil lambris) cômença d'estre voultee de pierres dés le crouppon du Chœur, iusques à la grand porte. Et luy feit faire les deux premieres voultes à ses despens. Quelque temps apres, Hugues d'Orges Euesque commêça la troisiesme voulte, mais il ne l'acheua pas. De façon que (hors-mis deux cens liures contribuees par les Choriaux, & habituez) le tout a esté parfaict aux fraiz du Chapitre. Il fonda deux Chappelles à l'autel Nostre-dame, en la voulte, à main gauche du grád autel, l'vne en faueur du maistre de musique, l'autre pour le precepteur & instituteur des enfans de Chœur és bonnes lettres: à la charge d'vne grande Messe tous les iours, que l'vn desdits maistres est tenu celebrer, ou faire celebrer: & les enfans respondre, & chanter au pulpite, pour ce dressé par expres. Telle Messe est appellee la Messe des Enfans. Il feit plusieurs autres biens, tant à ses successeurs Euesques, qu'à l'Eglise de Chalon. Pour laisser les minuties, ie diray qu'il acquist, & vnit à la terre de la Salle, la Cheuance de neuf-ville, & assigna là dessus dix liures de reuenu au profit du Chapitre à la charge d'vn anniuersaire chacun an. Auant que mourir il feit faire son sepulchre assez magnifique pour le temps, & selon qu'il estoit de pierres du pays richement peintes. Et portoit l'escriture grauee à l'entour de la table, seruant de lict d'hôneur, sur lequel il estoit esleué en Pontifical, qu'il estoit le premier, qui auoit esté enterré en l'Eglise cathedrale de Chalon. Les Huguenotz côduits par vn qui depuis ioüa sur vn eschaffault à Grenoble le ieu digne

<small>Acquests de de Veris. M. Girad de Longecourt. De l'Eglise de Chalon.

Fondation.</small>

Rr iiij

Des antiquitez

de la couronne de ses actions, & mis dedans la ville de Chalon par certains habitans d'icelle, ont, si non du tout ruiné, pour le moins tant difformé ledit sepulchre, qu'ils ont là, & en maints autres lieux, montré combien ils ont de respect au droict des gens: qui est (apres celuy de nature) le premier mis en obseruance.

sepulchre violé.

GVILLAVME DE SALIGNY. Cest Euesque ne se trouue mentionné és tiltres qui restent au thesor de l'Eglise de Chalon: & le vray temps de sa seance est incertain. Tout ce que i'en ay peu apprendre, est par vn vieil Martyrologe, auquel il est nommé Euesque de Chalon: duquel le frere fut Iean de Saligny: & que M. Guichard de Salornay Prieur de sainct Pierre de Mascon, fonda pour eux vn anniuersaire, à dire le 3. de Iuin.

Guillaume Euesque.

Iean de Saligny.

OLIVERIVS DE MARTROLIO. Soit Oliuier de Martrois, soit de Martreul, estoit Euesque de Chalon, enuiron l'an 1401. Il fut homme de vehement, mais turbulent esprit: & eut de grands differens contre le Chapitre, pour péser acquerir iurisdiction tant sur les Chanoines, que Choriaux, & habituez: ensemble pour penser tout administrer, come auant la separation de tables, partage des biens, & auant l'exemptió de ladite iurisdiction donée au Chapitre par le siege Apostolique. Mais toutes les entreprinses luy ont si mal succedé, que tousiours il a esté codamné par arrests de la Cour de Paris. Dont il eut si grand despit, qu'il defendit d'estre enterré en l'Eglise de Chalon: ains esleut sa sepulture en l'Abbaïe de Maisieres, où il gist.

Oliuier Euesque.

Remueur de mesnage.

IEAN DE LA COSTE, dit en Latin *De Costa*, fut pourueu de l'Euesché de Chaló (apres le decez d'Oliuier) par Pape Benedict 13. dit parauant Pierre de Lune. Ce Iean estoit Docteur és droicts. Chantre en l'Eglise de Bayeux, & Referendaire du Pape. Sa prinse de possession par procureur est datee du premier iour d'Aoust 1405. Il eut la teste mieux faicte que son predecesseur. Et ayāt bien veu, & fait veoir, les pieces des procez que son preseant auoit suscité contre le Chapitre, pacifia le tout par vne transaction passee en Iuin 1409. Depuis, sçauoir est enuiron l'an 1413. le mesme Pape Benoist 13. le transfera de Chalon, à l'Euesché de Mendes.

Ieā Euesque. Benedictus 13.

PHILIBERT DE SAVLX. Comme auiourd'huy il est force impetrer de la beneficence du Roy les benefices, qui souloient estre electifs: & que (pour se faire cognoistre au Roy, où à ceux qui ont pouuoir de prester vne parole fauorable) il est necessaire entrer, & frequenter (voire souuent enuieillir) à la Cour: ainsi du temps que le siege Apostolique estoit reduict en Auïgnon, les Papes auoyent si grand vogue, estoient tant suiuiz, & poursuiuiz, que tousiours quelqu'vn des premiers sur le roolle, emportoit quelque chose. Aduenant donques la translation de Iean de la Coste à l'Euesché de Mendes, Philibert de Saulx se trouua prest, pour requerir, & impetrer l'Euesché de Chalon: & l'obtint.

Philibert Euesque.

Il estoit

de Chalon. 475

Il estoit (lors de son impetration) Preuost *sancti Amati*, au diocese d'Arras. Ses bulles sont en date du sixiesme des Ides de Mars, qui est le dixiesme dudit mois 1409. & de Benoist 13. l'an 14. Sans ce que les bulles dudit Euesque de Saulx furét enregistrees és papiers d'actes de Chapitre, nous n'en eussions rien : fors ce que concerne le procés qu'il eut contre maistre Antoine de Syon, lors Chastre en l'Eglise de Chaló, au faict d'vne robbe d'escarlatte, auec le chapperon fourré de menuz vairs, que l'Euesque est tenu bailler tous les ans au Chantre de ladite Eglise. Ladite cause ne fut terminee de son temps, ains fut reseruee à son successeur. Au reste il a fondé beaucoup de deuotions en l'Eglise de Chalon : & en fin fut transferé à l'Euesché d'Amiens. *Robbe du Chantre.*

IEAN D'ARSONVAL paruint à la dignité Episcopale de Chalon, vacante par la translation de Philibert de Saulx, à l'Euesché d'Amyens: l'an 1413. En laquelle annee Dieu donna si grande abondance de biens, mesmement de froment) que le bichet (qu'est la plus grande mesure de Chalon, valant huit boisseaux, qui sont seize couppes du lieu) se donnoit pour treize solz quatre deniers tournois : & par les chers temps vn seul boisseau se vend bien trois francs : voire (à credit) d'auantage. Or si tost que ledit d'Arsonval fut Euesque, il meit en son opinion de ne fauoriser les mauuaises querelles de ses antecesseurs, ou auant-sesseurs. Pource pācifia-il le procez contre le Chantre, commencé par messire Philibert de Saulx. Et cóme il se monstra de bonne volóté en ceste part: aussi trouua-il vne partie fort facile à tomber en cóposition. Dont aduint que la prementionnee robbe d'escarlatte, & chapperon fourré de menus vairs, furent reduits en argent à vingtsept frács, payables tous les ans par les Euesques, à quiconque sera Chantre de Chalon au iour feste sainct Barthelemy. Ledict d'Arsonval mourut en Aoust 1416. Mais du lieu de sa sepulture, ie ne l'ay encores peu sçauoir. *Iean Euesque. Abondance de biens. Marché incroyable. Accord auec le Chantre.*

QVELQVE temps au parauant, sçauoir est l'an 1414. fut assemblé le Concile vniuersel, en la ville de Constance sur le Rhin. Et fut ledit Concile si general, qu'il y auoit quatre Patriarches, 29. Cardinaux : 9. Euesques:170. Abbez: & Docteurs 564. Pape Iean 23. en feit l'ouuerture, & y presida, en presence de l'Empereur Sigismond. L'assemblee estoit principalement pour pacifier le scisme occasionné par trois soy disants Papes, & selon les moyens qu'ils auoyent de s'en faire croire, rompants l'vnion Chrestienne pour gaigner autant d'authorité, qu'ils pourroyent auoir de partisants & sectateurs. L'vn desdits trois Papes estoit le prenómé Iean 23. Les autres Gregoire 12. & Benedict 13. lesquels trois furent desmis de l'authorité pontificale, & Martin 5. de la maison des Colonnes à Rome, esleu & declaré vray Pape. EN ce Concile Iean Hus, & Hierosme de Prague qui dogmatisoyét l'heresie de VViclef, dés long temps códamnee, furent declarez heretiques, turbateurs de la foy & religion Chrestienne: & (comme tels) bruslez publiquemēt. Il se dit pour *Concile de Constance. Nombre de Prelats. 3. Papes. Martinus 5. Iean Hus. Hierosme de Prague. VViclef.*

R r iiij

chose admirable, que depuis le iour de Pasques iusques à celuy de la Pentecoste, arriuerent tant de personnes audit lieu de Constance, qu'on y nombra 60509. estrangiers. De ce est autheur Pontacus.

Incroyable affluence de peuple.
Mutinerie populaire.

ON compte que depuis enuiron l'an 1425. iusques à 1431. certaines communes s'esleuerent és Contez de Masconnois & Forests, contre les gens d'Eglise & la Noblesse: esmeurent grand tumulte, tuants autant de gens d'Eglise, & de Nobles qu'ils en pouuoyent atteindre, sans discretion de l'aage, ny du sexe. Ils assailloyent les chasteaux & maisons fortes, & s'ils y pouuoyent entrer les destruisoyent, bruslants les tiltres, liures terriers, & tous autres enseignemēts: sans oublier de piller les meubles, & butiner tout ce qu'ils rencontroyent. Auec tout ce (comme nulles meschantes entreprises, pour pernicieuses qu'elles soyent, ne manquent de couuerture, de façon que tout vice trouue ou raison, ou apparence de raison) ils mettoient en faict que quand il fut dit à Adam, qu'il mangeroit son pain en la sueur de son visaige, tous hommes furēt comprins en icelle malediction: & pourtāt que les Nobles n'en sont excluz, ains doiuent trauailler, s'ils veulent viure. Et quāt aux gēs d'Eglise, qu'il y auroit assez de deux Prestres en chacune desdites Contez. De façon qu'ils pretendoyent vne equalité entre les hómes, & pourtant la distinction d'estats n'estre receuable: & moins que les vns soyēt seigneurs, & les autres subiets: ou que les vns trauaillent, & les autres ne facent rien. Contre eux le Bailly de Mascon assembla les bans, arrierebans, & autres forces royales: lesquelles aydees & secondees par les deux Estats assaillız, feirent en sorte que les mutinez & rebelles furēt mis en vaul de routte, escartez comme perdriaux, & autāt qu'on en trouuoit, autāt on en tuoit. Ceste histoire est tiree du 3. tome des Conciles, pag. 257. EN pareille sorte furent accoustrez les Rustiques d'Alemaigne, esmeuz par leur chef Zuingle: qui de Ministre se voulant faire Capitaine, se mena, & quant & quant vne tresgrosse trouppe de paysants à la boucherie si cruelle, que tous furent defaicts, & les plus courageux occis aupres de Sauerne, par l'armee du Duc de Lorraine, conduitte par ses freres. Nous oyons bondonner à noz oreilles quelques murmures de preparatifs à tels monopoles: mais que les monopolistes n'esperēt pas moins que infinis autres, desquels les chastiements ont faict paroistre (mesmemēt en Fráce) que le lis y est planté de la main de Dieu, & que si bien il ne profite pas longuement és pays estrangiers: toutesfois il est tellemēt ferme en son propre & ancien lieu, que c'est folie l'en penser desplacer: & quiconque l'entreprend, inuente sa ruine. De ce nous peuuent faire sages les euents, vrais chastiefols, mesmes ce qu'est aduenu aux maisons de Bourgongne, Bretaigne, Berry, & Bourbon: desquels les Ducs estoyent estimez les quatre Archidiacres du Roy Loys XI. & luy interpretoit par lesdits noms les quatre B. des armes de Constantinople. Tout l'effort desdits quatre grands Ducs, encores qu'il eust pretexte de fauoriser le bien

Voile de malice.
Contre les Nobles.
Cōtre les Ecclesiastiques.
Esgalité pretēduē.
Bailly de Mascon.
Mutins chastiez.
Rustiques d'Allemaigne.
Zuingle. Defaite à Sauerne.
Contre les mutis.
Archidiacres du Roy Loys XI.

le bien public, qu'a-il operé? leur si lourde extermination, qu'on n'en peut dire autre, sinon que FVERVNT, d'hommes sortis d'eux, il n'en est plus de nouuelle que des neiges d'autr'an. Qui pl⁹ est admirable: le Roy (qu'ils cuidoyent destruire) est deuenu leur heritier. L'escueil auquel ils ont faict bris, est au lieu mesme où il estoit dés le cōmencement: donne contre qui voudra, la carriere est ouuerte aux fols, mais *Qui stat, videat ne cadat.* Suyure ce propos n'est pas de mon intention. Parquoy ie m'en reuoy trouuer le successeur de Iean d'Orsonual, en l'Euesché de Chalō.

Le siege vacquant par le decez du prenōmé d'Orsonual, les Chanoines de l'Eglise Cathedrale assemblez en Chapitre, auec l'obseruance des façons, & ceremonies requises, procederent à l'election du futur Euesque, par voye de compromis: HVGVES D'ORGES, au parauant desia Chanoine de Chalon, fut esleu & aggreé Euesque l'an 1416. en Septembre. Et l'an suyuant (qui fut 1417. en Aoust, il feit solennellement son entree en la cité. Il demoura Euesque de Chalon iusques à l'an 1431. en Aoust: qu'il fut transferé à l'Archeuesché de Roüen. Durant la seance dudit d'Orges, Henry Roy d'Angleterre, & pretendant le Royaume de France luy appartenir, eut tant de pouuoir en Frāce que d'imposer vne fort grande somme de deniers sur les Ecclesiastiques de France: l'Eglise de Chalon en paya pour sa quote quatre vingts liures tournois. La quittance est de l'an 1417. Icy pourroyent estre rapportees plusieurs choses concernantes ledit temps: mais mon principal but n'est que de traicter à present des Euesques de Chalon.

Hugues Euesque.

Henry d'Angleterre. Don gratuit imposé sur les Eglises.

HVGVES D'ORGES transferé (comme dit est) à l'Archeuesché de Roüen, IEAN RAOVLIN licentié és droicts, Archidiacre en l'Eglise d'Autun, d'où aussi il estoit natif, fut par Eugene Pape quatriesme du nom proueu de l'Euesché de Chalon, 1431. au mois d'Aoust. Il feit son entree en pompe solennelle le 7. Septembre, audit an, vn iour de Dimāche. En l'an 1436. voyant l'Eglise Cathedrale de Chalon en grande ruine, il feit vn tour que maintenant ne seroit pas souffert. C'est qu'il dōna au Chapitre la premiere annee des fruits de toutes les Eglises parochiales qui vacqueroient en son diocese, pour estre employez en reparatiōs de ladite Cathedrale. Il fut aussi Prieur de S. Marcel, & profita beaucoup audit Prioré. Entre autres choses il remeit en splendeur la chasse S. Marcel martyr: & d'autant que l'argent dont elle estoit composee auoit esté terny par tant de fois qu'il auoit esté forcé la cacher en terre, depuis le temps que le Roy Guntran la feit premierement faire: il l'a feit illustrer & enrichir de beaucoup. D'autant aussi que les frequētes ruines de l'Eglise S. Marcel, auoyent non seulement esté accompagnees de la demolition du tombeau dudit Roy Guntrand: mais aussi en auoyēt quasi fait perdre la cognoissance: ledit Euesque & Prieur Raoulin feit en sorte que le sepulchre recogneu, il en superedifia vn autre de belle structure, feit bastir, & fonda vne belle Chappelle, pensant laisser vne longue me-

Iean Euesque.

Annate imposee par vn Euesque.

Biensfaits de Raoulin. Chasse S. Marcel.

Tōbeau du Roy Goudrā.

moire de luy, & restaurer celle dudit Roy de Bourgongne. Mais ceux qui auoyent conspiré & iuré l'aneantissement & subuersion de toutes bonnes choses (bien marris que ayants fait du pis qu'ils ont peu, il ne leur a pas esté possible pis faire) entrerent au Prioré de S. Marcel, pillerent ce qu'ils trouuerent, rauagerent tout, & (non contents de la roupture des pierres dudit sepulchre) se meirent enraigement à deterrer les os du Roy Guntrand, & les ietter & disperser: de sorte que toute humanité oubliee il fut là cogneu, que (comme tous bons Chrestiens doiuent suruestir IESVSCHRIST) ainsi les Huguenots auoyent suruestu le diable, qui ne leur donnoit paix ny repos en leurs consciences, ains rendoit leurs actions scelereuses, horrendes & abominables. Parlez en auec ceux de la secte qui s'essayent mieux cacher leur rameau de folie, ils en font les froids: & pour toutes raisons diront que ce sont les fruits de la guerre. Mais soit passé sans confession, qu'il leur soit permis faire la guerre aux viuants, quel droict ont ils de guerroyer & porter enuie aux trespassez, il y a plus de mille ans? Ouide (tout Payen qu'il estoit) prioit que ses os reposassent mollement. Tous noz anciens peres ont laissé tesmoignage de leur intention, tendant à mesme repos. Et le sainct Esprit nomme les decedez dormants: & nostre mere saincte Eglise met tressouuent ceste parole en vsage, *Requiescant in pace*. Et toutesfois il se trouue des deterreurs de morts de propre authorité, & des volontaires gastadours de sepulchres, qui osent vsurper le nom de Chrestiens! O bon Dieu à quels temps nous auez-vous reserué! Mais vous permettez regner cest Antechrist, pour la probation de voz esleuz. Toutesfois nous esperons en vostre promesse, que vo9 abbregerez ces malheureux iours, de peur de perdre (par l'effrenee licence de ceux qui se persuadent tout leur estre licite, pourueu qu'il serue à leur cause) ceux qui se conseruent par vostre grace, en la foy de vostre saincte espouse l'Eglise Catholique.

Contre les Huguenots.

Mais reuenons à nostre Euesque Raoulin. Il feit aussi edifier vne Chappelle en l'Eglise Cathedrale qu'il fonda, & dota de bons reuenus, à la charge d'vne Messe chacun iour, qui doit estre ditte par vn Chanoine. Icelle Chappelle est soubs l'inuocation de sainct Ladre: mais vulgairement ditte Cardinalle. Il feit plusieurs autres deuotieuses fondations en la mesme Eglise: selon qu'il est amplement specifié au Martyrologe, & liure des fondations en icelle.

Fondations.

EN fin il moyenna d'estre trásferé à l'Euesché d'Autun, lieu de sa natiuité. Qui ne fut assez, car son Messire Nicolas Raoulin Cheualier Baron d'Emery, & d'Authume, Chancelier de Bourgongne, employa tellement le credit du Duc de Bourgongne son maistre, que le Pape Eugene luy donna le Chappeau de Cardinal. Sa translation à l'Euesché d'Autun, aduint l'an 1436. en Octobre.

Chancelier Raoulin.

Raoulin Cardinal.

IEAN GERMAIN (au parauant Euesque de Neuers) fut par la translation du Cardinal Raoulin à l'Euesché d'Autun, aussi transferé à celle de

Iean Germain Euesque.

de Chalon. 479

de Chalon. Nous auons dit qu'il eſtoit natif de Cluny, de fort pauure lieu: & que portant l'eau beniſte par les maiſons les Dimãches, il amaſſoit pour viure toute la ſepmaine. Ce pendant ſon naturel eſtoit ſi enclin à l'eſtude, qu'il ne perdoit aucune occaſiõ d'eſtudier & d'apprẽdre. Le maiſtre des eſcoles de Cluny voyãt reluire en ſon eſprit grand eſpoir de vertu & probité, l'inſtituoit és bonnes lettres, auec plus grande diligence que piece de ſes autres eſcoliers, encores q̃ plus riches. Lors eſtoit la couſtume des Princes & grãds ſeigneurs de nourrir & entretenir certain nõbre d'eſcoliers aux vniuerſitez. La Ducheſſe de Bourgongne aduertie du bon eſprit & deſir d'apprendre qu'auoit ce ieune enfant, le retira de Cluny, & l'enuoya à Paris. Ou(bien entretenu par elle) il profita & auança tant aux bonnes lettres, qu'il atteindit le degré de Docteur en Theologie. Ses ſçauoir & vertu l'appellerent à l'Eueſché de Neuers, & à l'eſtat de Chancelier de la Toyſon d'or, inſtituee par le bon Duc Philippe de Bourgongne. Puis aduenant la conuocation & aſſemblee generale du Concile de Conſtance, il y fut deputé & enuoyé de la part dudit Duc de Bourgongne. Là il tomba en different auec les Electeurs de l'Empire non Rois, ſur le droict de preſeance: d'autãt que leſdits Electeurs pretendoyent deuoir tenir le premier rang apres les Rois : & ſur ce alleguoyent leur Caroline. Maiſtre Iean Germain harangua ſi bien & ſi doctement (ſelon ſon temps) que ſon Duc de Bourgongne ſix fois Duc, quinze fois Conte, Doyen des Pairs de France, & ſeigneur ſouuerain en ſes pays de Bourgongne, leſquels pays auoyent iadis tiltre de Royaume, & leur foy a eſté ſi fructifiante, que (graces à luy) les Frãçois en furẽt faits Chreſtiens: fut declaré le 26. May 1433. par arreſt du Concile le premier Prince Chreſtien apres les Rois, & que(comme à tel) luy appartenoit le premier droict de ſeance és aſſemblees generales de la Chreſtienté. Sauf aux Electeurs le rang qui leur eſt donné par la ſuſdite Caroline, és elections, couronnements, & autres actes concernants le fait de l'Empereur, & de l'Empire ſeulement. Auquel arreſt ſe trouuent conformes les iugements rendus en France, quand les Pairs(ie parle des Eccleſiaſtiques) ont voulu pretendre droict de ſeance és aſſemblees Eccleſiaſtiques, en qualité de Pairs de France: laquelle ne prẽd droict que és ſacres & couronnements des Rois, & en celle Cour que l'on nomme Cour des Pairs; ou ſemblables actes & aſſemblees par authorité du Prince temporel. Mais d'autant que ces differents ſont vuidez par Cour ſouueraine, ie n'ay beſoin faire plus long arreſt ſur ce propos, ains renuoyer ceux qui en voudront eſtre mieux eſclairciz, à ce qu'en eſt porté par les regiſtres de ladite Cour. Et reuenant à noſtre Eueſque, nous diſons que non content de ſçauoir beaucoup, il a grandement trauaillé pour profiter à la poſterité par liures pleins de doctrine & bõnes reſolutions: mais ils ne ſont pas imprimez. Entre ſes œuures reſtants (car quãt aux perdus ie n'en puis rendre cõpte) ſont vn volume diſtingué en cinq

Porteur d'eau beniſte.

Germaiñ Eueſque de Neuers.
Ambaſſadeur au Concile de Conſtance.

Prerogatiues du Duc de Bourgongne.
Arreſt du Concile, ou determinatiõ.

La Caroline.

Des Pairs Eccleſiaſtiques.

Oeuures de l'Eueſque Germain.

liures, côtre l'Alcoran des Turcs: vne Mappe monde, auec le liure explicatif d'icelle, par laquelle il entéd prouuer q̃ la predicatiõ des Apoſtres a fait ouyr le ſon de l'Euãgile par toutes les parties de la terre, qui de ſõ téps eſtoyẽt cogneuës: & ce faiſant diſtribuë ſi bien les quartiers de ceſt vniuers, que l'on veoit à l'œil, où chacun deſdits Apoſtres a exercé ſa cõmiſſion. Il a dedié vn autre liure à Charles de Bourgõgne Cõte de Charrolois, par lequel il l'exhorte à l'imitation des vertus du Duc Philippe ſon pere. Il auoit eſcrit (en outre) deux liures de la Cõception de la vierge Marie: quatre ſur le liure des ſentences de Petrus Lombardus: le Theſaur des pauures, pour l'inſtruction des Curez, Vicaires, & autres ſes diœceſains: vn liure de la purgation des ames: & vn qu'il compoſa eſtant au Concile de Baſle, contre les hereſies d'Auguſtin de Rome.

Fondations notables. L'AN 1442. ledit Eueſque aſſiſté de R.P. Quentin Archeueſque de Beſançon, & Guillaume Eueſque de Verdun, Conſeilliers du bon Duc Philippe, entra au Chapitre où les Chanoines de Chalon eſtoyẽt aſſemblez capitulairement: & illec tant de la part dudit ſieur Duc que de la leur, prierent la compagnie que permis luy fuſt baſtir vne Chappelle, & y fonder choſes ſelon ſa deuotion, pour l'augmẽtation du ſeruice diuin. Ce que luy fut accordé. Ayant ladite permiſſion, il feit baſtir ſa Chappelle en l'hõneur de Dieu, ſoubs l'inuocation de noſtre Dame de Pitié: & y fonda deux Chappelains & quatre aſſiſtãts: qui ſont tenus celebrer chacun iour vne Meſſe de noſtre Dame, & icelle dire à haute voix. Et pour la dotation a donné aſſignaulx de reuenus ſuffiſants. Il a fondé dauãtage vne aumoſne fort charitable pour 30. pauures: auſquels on doit liurer chacun an, le iour feſte S. André dix robbes, dix paires de chauſſes, & dix paires de ſouliers. Et à fin que les Chappelains s'en acquittent iouxte l'intention du fondateur, les deux plus anciens Chanoines, & les deux Choriaulx, qui ſe trouuẽt premiers en reception, & les Eſcheuins de la ville ont le chois des pauures, & le contreroolle de la diſtribution. Or d'autant que quand telle fondation fut faicte, toutes choſes eſtoyẽt (ſans cõparaiſon) à trop meilleur marché que de preſent: voire que toute la fondation ordonnee pour trẽte pauures ne ſuffiroit pas pour fournir à dix: il a eſté prudemment aduiſé de liurer pour les robbes, pour les chauſſes, & pour les ſouliers reciproquement, autãt en argent que chacun eſt taxé en argent par la fondation. IL a auſſi fait baſtir vne Chappelle en l'Egliſe ſainct Mayeul de Cluny (en laquelle il auoit eſté baptiſé) ſemblable en ſtructure que celle qu'il a fondé en l'Egliſe de Chalon.

Normandie remiſe en l'obeyſſance du Roy. SEANT ceſt Eueſque, Charles ſeptieſme Roy de France luy enuoya lettres pour faire actions de graces à Dieu, de ce qu'il luy auoit pleu remettre le Duché de Normandie en ſa puiſſance, & le reünir à la couronne Frãçoiſe. Le quatorzieſme Octobre proceſſions tres-deuotes en furent faictes: & la commemoration en fut eſtablie tous les ans, le douzieſme d'Aouſt.

EN CE

de Chalon. 481

EN ce temps le Legat d'Auignon voulut eſtendre ſes facultez ſur les pays du Duc de Bourgongne: mais Philippe lors Duc y reſiſta ſi expreſſément, que le Pape defendit audict Legat telles entreprinſes. *Contre le Legat d'A-uignon.*

M. IEAN GERMAIN treſpaſſa au chaſteau de la Sale dependant de l'Eueſché de Chalon, le ſecond Feurier, iour Purification noſtre Dame, 1460. Et fut ſepuely au tombeau que dés long temps il s'eſtoit preparé, vis à vis de ſa Chapelle. *Treſpas dudit Germain.*

LES obſeques faits, il y eut grandes pourſuittes pour eſlire vn Eueſque. Meſſire Iean de Poupet licétié en droict, frere du ſieur de la Chaulx, au Conté de Bourgongne, eſtoit recommendé au Chapitre par lettres du Duc Philippe, que Meſſire Loys Moreau Cheualier preſenta: Meſſire Ferry de Cluny, y fut de la part du Conte de Charrolois: & (comme il eſtoit docte, & bien diſant) employa deux elegantes oraiſons (à diuerſes fois) pour rendre ledit de Poupet recommandable. Le Parlemét de Dole en eſcriuit auſſi au Chapitre, en faueur dudit de Poupet: & les lettres furent preſentees par Meſſire Eſtienne de Viray, Doyen en l'Egliſe de Dole. D'autre coſté pourſuyuoit Meſſire Antoine de Thoulonjon, deſia Chanoine de Chalon: & luy aſſiſtoient Meſſires Robert Damas, & Iean de Thoulonjon Cheualiers. Mais en fin Meſſire Iean de Poupet l'emporta. *Brigues pour l'Eueſché de Chalon. M. Iean de Poupet, Sieur de la Chaulx. M. Antoine de Toulonjon.*

MESSIRE IEAN DE POVPET ainſi eſleu Eueſque, luy abſent, en fut aduerty à Dole, par Chanoines expreſſément deputez l'an 1461. Il accepta l'election, & neantmoins differa de faire ſon entree ſolennelle, iuſques à l'annee ſuyuant, qu'il la feit le Dimenche apres la feſte Dieu. *Iean Eueſque.*

L'AN 1467. le Chapitre ayant aduiſé de faire vn chanté ſolennel, pour les obſeques du bon Duc Philippe, n'agueres decedé, en aduertit ledit Eueſque, qui s'y trouua, accompagné des Abbez de la Ferté, & de Maiſieres, qui luy ayderent à faire ledict office. LA cerimonie fut magnifique. Les Bourgeois de Chalon feirent tapiſſer toute l'Egliſe de drap noir, & le Chœur auoit celà de plus, que ſur le drap eſtoit vn lez de velours noir: le tout ſemé d'eſcuſſons des armes de Bourgongne. Ilz fournirent auſſi tres-groſſe quantité de torches, armoyees comme dit eſt: & les pauures qui les portoient tous veſtuz de dueil. Le lendemain le meſme Eueſque feit faire vn ſemblable chanté, & ſeruice à ſes deſpens. *Obſeques du bō Duc Philippe. Deuoir notable des Bourgeois de Chalō.*

LE meſme an il poſa ſolennellement la premiere pierre des fondements du gros clocher de Chalon. Puis ſe trouua à l'aſſemblee des trois Eſtats de Bourgongne: par laquelle luy, & l'Abbé de Ciſteaux furent commis & deputez, pour aller vers Charles nouueau Duc de Bourgongne. Audict an auſſi furent faicts feux de ioye, & allegreſſes publiques, pour la victoire que ledit Duc Charles auoit eu contre les Liegeois. Auſſi auoit adoncq' eſté le pardon à Auxonne, & gros nombre de deniers aſſemblez, en faueur du recouurement de la terre ſaincte: dont *Fondation du clocher S. Vincent. Charles nouueau Duc de Bourgongne. Victoire contre les Liegeois. Pardon de Auxonne.*

Sſ

aduerty ledict Duc, il s'en saisit, & les conuertit à tels vsages qu'il luy pleut. Mais ce luy fut vn autre or de Tholose, & iamais depuis il ne prospera.

Or de Tholose.

ANDRE DE POVPET fut fait Euesque de Chalon, la cession luy en estant faite par le prememoré Iean de Poupet: & fut receu l'an 1 4 8 0. en Ianuier. Et d'autant qu'il estoit bastard, il presenta ses lettres de dispense & legitimation à cest effect, obtenuës du Pape Sixte: lequel aussi à la requeste du Roy Loïs xj[e]. octroya à Iean de Poupet resignant grace de regrez audit Euesché, cedant, ou decedant André. Et ce pendant donna audit Iean le tiltre d'Euesque de Salon, és parties de Leuant. André donc feit son entree à Chalon, le premier iour de Iuin 1 4 8 1. Et Iean (auparauant Euesque) mourut en son chasteau de la Sale 1 4 9 1. & fut enterré en vn sepulchre qu'il s'estoit preparé en l'Eglise de Chalon, à main gauche du grand autel. André demourât seul Euesque, fut fort aymé des Rois Loïs xj[e]. & Charles viij[e]. Il receut ledict Roy Charles faisant son entree à Chalon, par la porte sainct Iean du vieil Marcel (dicte vulgairement de Maizeaulx) laquelle est du costé de Lyon: & à la porte vestit iceluy Roy d'vn surpelis & vne aumusse de Chanoine, qu'il porta quelque espace de temps, puis les donna à Noble ieune homme Pierre de Rosset, de la maison d'Amarin en Dombes: luy donnant quant & quant la premiere prebende qui vaqueroit, cõme à luy deuë (par vne ancienne coustume) à son entree.

André Euesque. Euesque Bastard. Pape Sixte.

Regrez concedé. Euesque de Salon.

Entree du Roy Charles 8. Roy habillé en chanoine. P. de Rousset d'Amarin.

ANDRE DE POVPET eut differẽd auec le Chapitre: sur ce qu'il pretendoit les distributions ordinaires luy estre deuës ainsi qu'au Doyen, c'est à dire doubles. Mais reueuu à meilleur aduis il recongneut n'en deuoir point auoir du tout: d'autãt que l'Euesque de Chalon n'est pas Chanoine & ne le peut estre: ny n'a aucune place en Chœur, que par loüage: Car il doit & paye chacun an quatre bichets de froment, mesure de Chalon, au Chapitre pour le siege qu'il luy preste. L'AN 1495. André de Poupet obtint du prenommé Roy Charles remission des sommes demandees aux gens d'Eglise, pour le droict d'admortissements: & en apporta audit an les lettres aux Estats generaux, qui se tenoient à Beaulne.

Different appoincté.

L'Euesque de Chalon n'a point de place au Chœur. Admortissements quittez.

OR est-il à sçauoir, que l'Euesché de Chalon auoit esté comme donné en garde audit André de Poupet, attendant que Iean de Poupet fils du sieur de la Chaulx fust en aage, & capable d'estre Euesque. Luy doncques paruenu à l'aage, & sçauoir competãt, André luy resigna: & le Pape Iules second en pourueut ledit Iean deuxiesme de Poupet. Et quant à André, il fut transferé à l'Euesché de Salon en Leuant, dernier tiltre de son predecesseur. Depuis, & l'an 1 5 0 4. il fut de rechef receu Chanoine, & Archidiacre de Chalon: & finablement deuint Doyen, par la cession de Messire Iean de Ianly. L'an 1506. il trespassa, & fut enterré au sepulchre que viuant il auoit faict faire.

Euesché en garde.

L'Euesque deuenu Doyen. Iean de Ianly Doyen.

Euesque bon mesnager.

TANDIS que ledict Euesque a vescu, il a fort exactement retenu ses

de Chalon. 483

ses droicts de Conseigneur à Chalon auec le Roy : & combié que de son temps la ville de Chalon fust entree en poursuittes pour auoir vn Maire, si l'empescha-il si bien qu'ilz n'en eurent point. Aussi en l'an 1492. les Escheuins auoient obtenu certaine imposition sur les allants & venants; Mais d'autant qu'ilz y vouloient comprendre les Ecclesiastiques, il la feit reuoquer. *La ville empeschee d'auoir vn Maire. Resistance aux entreprinses de ville.*

IEAN DE POVPET neueu vint à estre Euesque de Chalon, par la prementionnee cession de André bastard de Poupet. Ses Bulles Apostoliques presentees, receües & publiees, il fut mis en possessió par son Procureur le neufiesme d'Auril 1504. Et quelque temps apres il feit son entree solennelle, & fort magnifique. Ses pere & mere estoient seigneurs de la Chaulx au Conté de Bourgongne : & toutesfois il nasquit à Gand, lesdicts seigneur & Dame de la Chaulx estants en estat chez les Duc, & Duchesse de Bourgongne, residants en Flandres. Il fut soingneusement institué és bónes lettres : & n'auoit que vingt cinq ans, quand (desia Docteur és droicts) il fut faict Euesque. Autre Euesque de son temps n'a eu plus de zele à la conseruation & protection des droicts de son Euesché, que cestuy-cy. Les Iuges Ecclesiastiques souloient auoir congnoissance des actions realles, voire entre les purement laiz : la Cour de Paris les en priua par arrest de l'an 1385. selon que le rapporte *Io. Gallus quæst.* 40. Et neantmoins la congnoissance des actions personnelles leur sembloient estre reseruees : & de faict celuy de Chalon en a vsé de tout temps, & sans aucune contradiction. Aduint toutesfois que les gens du Roy au Baillage de Chalon, feirent instance pour attirer telles causes à leur siege, & les oster au Iuge Ecclesiasticq'. La cause fut traictee au grand Conseil du Roy : où l'affaire bien plaidé & debattu, & le Procureur general du Roy sur ce ouy, l'Euesque de Chalon obtint, & en est l'arrest de l'an 1515. Mais cest Euesque de Poupet deuenu merueilleusement goutteux, n'en poursuyuit l'execution. Au moyen dequoy ledict arrest est demouré infructueux. Auec ce qu'il n'y a faulte de coniectures, que luy natif des pays de l'Empereur Charles, perdit opinion d'auoir en France les faueurs necessaires, pour paracheuer ladicte execution : si expressement empeschee, par le Chancellier du Prat, que sa seule opposition mit en desespoir ceux qui eussent volontiers parfourny la besongne. *Iean Euesque. Sieurs de la Chaulx. Iurisdictió. Arrest notable.*

L'AN 1511. l'Empereur Maximilien, le Roy Loys douziesme, & quelques Cardinaulx, entreprindrent de tenir vn Concile à Pise, contre Pape Iules deuxiesme. Mais par ses menees il le feit leuer de là : & fut trásferé à Milan, puis à Lyon : & en fin demoura sans effect. Pour le rompre, le Pape assembla vn Contre-concile, dit de Latran, & excommunia tous les Prelats qui auoient assisté audit Concile de Pise, & nommémét Messire Iean de Poupet Euesque de Chalon. Mais mort ledict Pape Iules, & Pape Leon dixiesme faisant continuer ledict Cócile de Latran, les Euesques François empeschez de passer (d'autant que les passages estoient *Cócile de Pise. Concile de Latran. Euesques excommuniez.*

S s ij

tenuz par les ennemis du Roy) enuoyerent vers le Pape requerir leur absolution, & l'obtindrent, selon qu'il est escrit au troisiesme Tome des Conciles.

Euesques absoulz.

L'AN 1514. le prenommé Pape Leon dixiesme, feit publier vne Croisade auec Indulgences si amples, que chacun estoit meu d'y donner & contribuer. Quand il fut question de gaigner les pardons au iour indict & assigné à Chalon, la multitude & frequence du peuple y affluant fut telle, qu'il cōuint celebrer la Messe en vn petit pinacle, ou tourrion quarré qui est sur le crouppon de l'Eglise. Le peuple estoit aux Pasquiers, & Preys hors la ville. Et n'y a eu faulte d'hommes qui (ayants esté du nombre des spectateurs) certifioient, qu'à l'eleuation du corps de Dieu, aussi bien le veoyoient les lointains, que s'ils eussent esté aupres. Ce que i'ay bien voulu referer, pour-ce qu'en tout ce que concerne ledict S. Sacrement, tous ceux se trompent fort lourdement, qui pensent leurs sens naturelz suffisants pour en iuger: & exhorter chacun ne penser entendre ce diuin mystere autrement que par foy, fondee en parfaite asseurance que Dieu est tout-puissant, & sa parole demourera eternellement veritable.

Leon x. Croisade.

Tourrion sur le crouppon de l'Eglise pourquoy faict.

Du S. Sacrement.

L'AN 1516. fut abbouchement du Pape Leon dixiesme, & de François premier du nom Roy de France, au lieu de Boulongne la grace: où la Pragmatique Sanction abolie, le Concordat fut frabriqué. Or (comme vn mal ne vient iamais seul) cestuy fut suiuy de deux autres tresperniciēux: sçauoir est l'introduction des Decimes, & la predicatiō de Luther. De laquelle tant de sectes sont decoulees, que la vraye pieté & religion, en sont presque estouffees & aneanties.

Abbouchement à Boulōgne la Grace.

Concordat.

Decimes.

Luther.

L'AN 1522. le Roy François premier auoit esté induit de s'ayder de la Bulle que l'on nomme Bonifacienne, & ce auec excez insupportable: mais ayant ouy les Remonstrances des Ecclesiastiques, son naturel fut plus enclin les fauoriser, que suyure la volonté de son mauuais conseil.

François 1. Roy.

L'AN 1523. le vingtiesme d'Auril fut commencé le Bouleuart de la Motte à Chalon, par ordonnance du seigneur de la Tremoille, Gouuerneur de Bourgongne, duquel il a le nom: mais il aduint qu'en temps serain, & sans auoir pleu, la Saone se desborda si estrangement, que ceux qui terrailloient pour faire les fondements, furent contraincts de laisser œuure.

Bouleuart de la Tremoille.

Cas estrāge.

L'AN 1531. nostre Euesque Messire Iean de Poupet alla de vie à trespas, le troisiesme de Ianuier, en son chasteau de la Sale: & fut apporté à Chalon: ou par son ordonnance fut bastie vne Chapelle designee par ses deux predecesseurs derniers: qui auoient aussi ordonné, que chacun iour y seroit dicte, & celebree vne Messe par vn Chanoine en ladite Eglise. La Chapelle faicte & beniste, & vne belle sepulture y dressee en forme de lict d'honneur, les corps de Messire André de Poupet, & le sien y furent inhu-

Decés d'Euesque.

Chapelle des Poupetz.

de Chalon. 485

inhumez auec effigies Episcopalles, gisant sur ledict lict d'honneur. Mais les Huguenotz rompirent tout. Et sont demourees les effigies des trois Euesques de Poupet en miserable desolation. Vray est que R. P. en Dieu Messire Guillaume de Poupet Abbé de Baulme, & de Balerne, au Conté de Bourgongne, en memoire de sesdicts oncles, a fait rhabiller la chapelle, & les tombeaux, mais les effigies sont tousiours en pieces.

<small>M. l'Abbé de Baulme.</small>

LE trespas de Messire Iean de Poupet laissa grand trouble en l'Eglise de Chalon. Car les Chanoines (qui ne pouuoient ignorer la publicatiō du Concordat) auoient grandissime desir de conseruer leur droict d'election. De faict ilz procederēt par tous les preparatifz à nouuelle electiō. Mais pendant les delais Messire Girard de Vienne Cheualier de l'ordre sieur de Ruffey, Commarrain, Antigny, la Borde, Villeneuue, &c. obtint du Roy François premier la nomination à l'Euesché de Chalon, pour son frere R. P. en Dieu Frere Antoine de Vienne Abbé de Molesme, de S. Seigne, de la Ferté sur Grosne, & de Balerne au Conté de Bourgongne. Obtint aussi lettres par lesquelles estoit expressemēt defendu aux Doyē, & Chapitre de Chalon de proceder à electiō. Telles defenses notifiees, le Chapitre (cuidant que les choses pourroient reuenir à meilleurs termes, & pensant parer aux coups pour ceste fois) aduisa de faire entendre audit sieur Abbé de Molesme, &c. que s'il luy plaisoit s'aider du droict de l'election, ilz l'esliroient. Luy (qui ne se soucioient de la formalité, pourueu qu'il ne descheust de son esperance d'estre Euesque) accorda tout ce que lon voulut. Et soubz ceste promesse, & declaration, fut esleu, receu, & mis en possessiō. Son entree fut magnifique, le penultiesme de Mars 1532. Et (comme il ne fut iamais que la ville de Chalon ne fust ennemye des droicts, prerogatiues, preeminences, franchises, & libertez de l'Eglise Cathedrale) les Escheuins auoient resolu en leur maison de ville, de preceder le Clergé, & receuoir les premiers l'Euesque entrant, & luy faire les premiers prester le serment. Mais le sieur de Ruffey, seigneur de longue & bonne experience, qui estoit quatre fois Cheualier: sçauoir est Cheualier d'armes, Cheualier de l'ordre du Roy, Cheualier d'honneur de la Royne Alienor d'Austriche, & Cheualier de la Cour de Parlement de Dijon: tant de son propre motif, que par l'aduis de plusieurs personnages d'honneur, qui estoient pour honnorer l'entree, remonstrerent que faire ne se deuoit, & pour-tant il ne fut faict: ains l'Eglise eut son rang, feit ses functions, & deuoirs accoustumez.

<small>Difficulté en l'election.

M. Girard de Vienne sieur de Ruffey, &c.

Antoine de Vienne Euesque 4. fois Abbé.

Attemptats de la ville contre l'Eglise.

M. Girard de Vienne 4. fois Cheualier.</small>

CE caprice doit estre plustost excusé és Escheuins de ce temps-là, que ne fut depuis celuy d'vn Gardien des Cordeliers de Chalon: qui ne se souuenant que ceux de son ordre sont les mineurs entre les quatre mendians, & pourtant que ce n'estoit à luy de representer l'Euesque absent, ny receuoir le Roy faisant sa nouuelle entree, se presenta neātmoins au Roy Henry 2. entrant à Chalō: & ne tint à luy qu'il ne receust le Roy, pour & au nom de tout le Clergé. Mais Mōseigneur Claude de Lorraine

<small>Caprice d'vn Cordelier.</small>

Sf iij

Des antiquitez

M. le Duc de Guyse. Duc de Guyse, Gouuerneur de Bourgongne, le repoulſa, & appella l'Egliſe Cathedrale: par le Doyen de laquelle fut faite ladicte reception.

Elections abolies. Maiſon de Vienne. Moleſmes. Depvis l'election faicte de la perſonne dudict ſieur de Vienne, ont du tout ceſſé les elections à Chalon. La maiſon de Vienne eſt nommee entre les plus illuſtres des deux Bourgongnes. Ceſt Eueſque auoit commencé en ſon Abbaye de Moleſmes vne bien belle Egliſe de pierre fort blanche, & ayſee à tailler: & eſtoit l'œuure tres-auancé, quand il reſigna ladicte Abbaye à vn filz de ſon neueu, lequel il exhorta bien fort de faire paracheuer, du moins pourſuyure ſelon ſa puiſſance la ſtructure de ladicte Egliſe. Ce qu'il euſt faict, ſi les Huguenotz n'euſſent demoly ce qui eſtoit auancé. Celà aduenu, & luy ne deſirant perſeuerer en l'eſtat de l'Egliſe, a remis icelle ſon Abbaye de Moleſmes, à Reuerend Pere en Dieu Frere Anne de Giury, deſia au-parauant Abbé de S. Benigne de Dijon, & de Poultieres: & ledit ſieur reſignant eſt ſeigneur de la Borde **Sieur de la Borde.** pres l'Abbaye de Maiſieres, ſeul de ſa maiſon de Ruffey de Vienne, qui preſentement a des enfans, pour porter le nom, & les armes du chef de la famille de Vienne.

Mort eſtrãge de noſtre Eueſque. Povr reuenir à noſtre Eueſque, luy eſtant en vne maiſon dependant de Moleſmes, ſe trouua mal en ſouppant: & pour-ce fut mis en ſon lict: Ses ſeruiteurs l'habandonnerent pour aller ſoupper: luy demouré ſeul, & ſentant vn flegme qui le tourmentoit, ſe penſa auancer hors du lict pour cracher: mais (comme il eſtoit gros, court, peſant, & mal-aiſé, la teſte emporta le poids du reſte de ſon corps: dont cheant il donna lourdement de ladite teſte en terre, ſes pieds demourants enueloppez, & arreſtez aux linceux, & couuerte. Au bruit, & cry, ſes gés y accoururét: & neantmoins ne le peurent garentir de mort. Cecy aduint l'an 1551. au mois de Feurier. Qui eſt grand faute aux ſeruiteurs, de laiſſer leur maiſtre ſeul quand il eſt malade.

Leui, ſieur de Charlº. Vacant par le moyen ſuſdit l'Eueſché de Chalon, le Roy le donna à vn parent de Madame de Valétinois, lequel eſtoit de ceux de Levi, ſieur de Charlus. Il auoit toute ſa vie ſuiuy les armes, & pour fruict d'icelles, eſtoit briſé de coups. Deſirant vn final repos, ceſt Eueſché luy fut baillé: mais il n'en fut iamais proueu en Cour de Rome: ains mania 22. mois le temporel par œconomat, & le Chapitre adminiſtroit le ſpirituel. Or aduenant vacation de l'Eueſché de Meaulx, il l'obtint, comme de plus gros reuenu, & laiſſa Chalon 1552.

Loys Eueſque. Le ſieur du Mortier. Loys Gvillard frere du ſieur du Mortier, Conſeiller au Priué Conſeil du Roy, auoit eſté faict Eueſque de Tournay du temps que les Rois François en eſtoient poſſeſſeurs: puis recouura l'Eueſché de Chartres, qu'il tint fort longuement. Vacãt l'Eueſché de Chalon le ſuſdit ſieur du Mortier en fut gratifié: mais d'autant que Chartres eſtoit par trop meilleur, il trouua moyen de l'auoir de ſon frere, pour vn ſien filz, & (afin que ſondit frere demouraſt touſiours Eueſque) il le feit transferer

à Cha-

de Chalon. 487

à Chalon. Puis aduenant vacance de l'Euefché de Senlis, il s'y feit de rechef transferer: le lieu luy femblant plus commode, comme plus prochain de Paris. Ce fut le premier que nous ayons veu (de tous les Prelats au Gouuernemét de Bourgógne) qui par fon bail à ferme, admodia tout enfemble, & à gens laiz, le fpirituel, & le téporel de fon Euefché de Chalon. Dont les bons furent extremement fcandalifez, & les mauuais eurét grandiffime occafion de f'en mocquer, & deuenir pires. En fin de priué d'vn œil qu'il eftoit, il deuint, & mourut aueugle: & laiffa M. le Cardinal de Lorraine heritier d'vne fort belle maifon qu'il auoit à Paris, en la ruë fainéte Auoye. IL donna à l'Eglife de Chalon (pour le droiét de Chapelle, que tous Euefques du lieu ont par cy deuant payé) vne Chafuble, deux tuniques, ou dalmatiques, & vne chappe: dont les orfrois font de fort riche eftoffe, mais encores l'induftrieufe manufacture furmonte la matiere. Il fut mis en poffeffion & declaré Euefque de Chalon l'an 1553. & f'en deffeit l'an 1560. Droiét de Chapelle.

LA TRANSLATION de meffire Loys Guillart à l'Euefché de Senlis occafionna brigues en Cour. La Royne demanda ledit Euefché pour vn Doéteur en Theologie, fon pere Confeffeur, nommé Meffire Antoine Arlaud: & le Chácelier de l'Hofpital y afpiroit pour vn fien frere. La Royne l'obtint pour fon Confeffeur. Dont le prenommé Chancelier fe trouua tant irrité, que iamais depuis le diocefe de Chalon (qui toutesfois n'en pouuoit mais) ne trouua grace aupres de luy. Ce qui fut mieux congneu au departement des cent mille efcuz de la premiere alienation du domaine de l'Eglife. Car Autun (qui eft l'vn des plus amples diocefes de Fráce) ne fut lors quotifé qu'à mille efcuz: & Chalõ (qui n'eft que des moindres diocefes) le fut à quinze cens efcuz. A quoy le Confeil priué ayant eu efgard, & fait moderation aux Ecclefiaftiques Chalõnois de cinq cés efcuz, n'eftant le Chancelier audit Confeil: les lettres mifes fur le feau, furent par luy refufees: & me fut neceffaire luy en faire commander l'expedition, autrement ie ne l'euffe pas eu. Brigues pour l'Euefché. Chãcelier l'Hofpital. Departement inefgal.

MESSIRE ANTOINE ARLAVD natif de Codun (Terre n'agueres appartenát au feigneur de la Guiche, à caufe de fa femme Dame de fainét Geran en Bourbonnois) pour couronne de fes eftudes, fut Doéteur en Theologie de Paris. Il eftoit homme plein de fimplicité & bonté: voire telle, que appellé à l'eftat de Confeffeur de la Royne Catherine, la fuitte de la Cour luy eftoit vne croix; & viure fimplement à la table des Bourfiers de Sorbonne, fans autre fuytte que d'vn feul feruiteur, luy eftoit fingulier cõtentemét. Il fut difputateur fubtil, & des plus refolus és poinéts qui tombent plus cõmunement en queftion. De ce feit il bonne preuue au Colloque de Poiffy: où la profondité de fon fçauoir fut congneuë: & feit notoire, que la Theologie fcholaftique eft neceffaire, à quiconque veut auoir le nom & reputation de bon & bien fondé Theologien. Car les termes, reigles, & maximes de l'art bien entédues, font celles qui font Antoine Euefque. Codun. Arlaud Cõfeffeur de la Royne. Colloque de Poiffy. Theologie fcholaftique.

Sf iiij

l'homme resolu, en la profession qu'il pretend suyure. Or ce bon personnage se sentant fort vieil, & extremement attainct de maladie, supplia la Royne sa maistresse, de commettre le troupeau de sa bergerie à quelque personnage digne d'en auoir la charge: & par mesme requeste escritte, luy nomma frere Iaques Fourré Prescheur du Roy: ce qu'elle moyenna, auec effect. Aucuns trouuent mauuaise telle election de successeur: mais (oultre que l'antiquité abõde en exéples de pareil faict) la diuisiõ que les sectaires ont mis en la religiõ, ayãt produict infinis heretiques & athees, les bons & legitimes Euesques doibuent grandement craindre, que la poison de tels instables & ignorans la verité, n'apporte à leurs troupeaux vn venin & infection pires que la peste mesme. Et est bien certain que si les Eueschez de France eussent esté donnez à personnes de la qualité requise, le scisme en la religion n'eust (selon la coustume ordinaire) tiré apres soy les troubles & desordres en la Republique, & rebellions au Roy. Mais depuis que la crainte (nourrice de pieté) a esté chassee du monde, par certains affranchisseurs de consciences, qui eux-mesmes n'ont, ny ne peuuent auoir, la leur en repos: ains ont les trois furies infernales, qui les flagellent sans cesse de leurs couleuures: on a ietté là le respect que l'on souloit auoir au Roy, & à ses Magistrats: chacun a pensé estre du bois dequoy on fait les Rois. Ce que nous ont signifié les diademes, portez (vn temps a esté) par vn chacun en liberté. I'appelle diademes ces cordons de chappeaux nõ seulement agencez de fil d'or, ou fil d'argent, ains aussi enrichis de pierreries. Ceux qui les portoient se reputoiét (pour la pluspart) dignes d'estre Rois: ou (du moins) estre quelque chose plus que seruiteurs d'vn Roy. Qui leur eust faict, cõme le Senat feit à Pompee (personnage d'autre liste que tous noz cuydereaux) la France n'eust pas senty (à son grand dommage) qu'entreprendre s'habiller en Roy, est vn preparatif pour ne souffrir point de Roy. Le Senat Romain voyãt que Pompee portoit vne bande en la cuisse, & qu'il disoit que c'estoit pour cacher la cicatrice d'vne playe, receuë pour le seruice de la Republique, ne print son excuse pour valable: ains luy commanda de l'oster, declarant que quelque part que le diademe se porte, il a tousiours marque de Roy. Or n'est-il à croire, que la bande portee par Pompee, fust vne simple bande de drapeau (car les gueux en portent bien) ains que (comme il estoit bragard & magnifique, ne se grattant que d'vn doigt) c'estoit quelque bãde de façon plus que commune: comme n'agueres nous auons veu les cordons des chapeaux. Depuis (l'humeur chãgé) plusieurs de ceux qui se faisoient Rois par fantasie, voyans la France diuisee, ont laissé de porter cordons en leurs chapeaux: comme escoliers qui ont laissé la ceincture sur la robbe, & posé la zone, signal de liberté: en intention que si le Roy ne les achette aux pris qu'ils s'estimẽt, les voilà mal-cõtens. Noz peres nourriz en la crainte de Dieu, obseruance des cõmandemens de saincte Eglise, & obeïssance du Roy, n'en vsoient pas ainsi: & les Rois ne l'eussent pas souffert.

souffert. Mais (comme i'ay leu en Italien) qui ainsi le veut, ainsi l'ayt. Ledit Euesque mourut l'an 1573. en Aoust.

FRERE IAQVES FOVRRÉ natif de   (quasi és faulxbourgs de Chartres) receut l'habit de sainct Dominique au Conuent des Iacobins de ladite ville de Chartres. Et paruenu au degré de Docteur en Theologie de Paris, fut Prescheur du Roy Charles neufiesme. Son premier bien en l'Eglise, fut l'Abbaye de Liury, non trop loing de Paris. Aduenant que (comme nous auons dit en l'article precedent) son predecesseur se sentit prochain d'abandonner ce monde, pour aller à Dieu, il le recommanda à la Royne mere du Roy: laquelle impetra l'an 1573. qu'il fust nommé au Pape pour estre Euesque de Chalon, en laissant son Abbaye de Liury, à nostre Maistre Abelli, Prescheur, & puis Confesseur de ladite Royne. Faict Euesque 1574. & se voyant en authorité (à laquelle luy sorty de petit lieu, & ayant voüé pauureté, n'esperoit iamais pouuoir paruenir) se cuyda mordre par la queuë (comme on dit en prouerbe) & pensa d'entreprendre contre le Chapitre, exempt de sa iurisdiction. Mais vaincu par souure de droicts, & gaigné par honnestetez, il vesquit auec les personnes dudit Chapitre plus gracieusement, qu'on n'eust esperé, par ses commencemens. Et (si Dieu luy eust donné plus longue vie) il eust beaucoup faict de biens à l'Eglise Cathedrale. Desia auoit il accordé cinq cens francs au Chapitre pour le droict de Chapelle, qu'ont accoustumé payer tous Euesques de Chalon. Et eust donné son calice, & autre argenterie (car il en estoit bien fourny) s'il n'eust trouué que son predecesseur auoit desia laissé à ladite Eglise sa crosse, vn calice fort beau & riche, accompagné des chenettes, ou buyrettes, pour ledit droict de Chapelle. Il conuertit doncques ses premieres intentions à faire faire de la tapisserie. Et de faict il en donna pour parer les sieges du Chœur. Et par son testament auoit ordonné qu'on feit faire deux grandes pieces de tapisserie: l'vne de la figure, l'autre de la verité du sainct Sacrement. Mais il mourut 1578. & son trespas (qui fut en Ianuier) celé quelques iours par ses domestiques, leur donna moyens de sauuer & emporter tout le plus beau, & meilleur de ce qu'il auoit. Il preschoit fort aggreablement & plausiblement. Et pource fut si aymé du peuple, qu'il en porta vn incroyable dueil & regret. Sur cest argument, ie luy dressay vn Epitaphe tel que s'ensuyt:

Iaques Euesque.

Abbaye de Liury.

Nostre Maistre Abelli.

Droict de Chapelle.

Epitaphe.

Quid sibi vult populi tam magna frequentia flentis?
   Quid quod lustrali rore madescit humus?
Cur lugubre sonant triduum conflata vocandis
   Ad sacra Christicolis æra, Chorusque sacer?
Luctus quare aliqui portant insignia? tedas
   Quid iuuat illustri sic radiare die?

Ah bone Christe horum facile est cognoscere causam:
Prô dolor! agnosco funeris exequias.
Heu Cabilon viduata suo est Antistite, quo non
Vtilior potuit Plebe rogante dari.
Cui fuit orandi vis admirabilis, & cui
Hæsit perpetuò diua Suada comes.
Orba suo Cabilon bene charo Præsule, luctum
Edit, cui nullus par dolor esse potest.
Nec minui poterit, nisi successore recepto,
Quem Plebs amisso sentiat esse parem.
Fac Deus ereptum fœlice quiescere sorte,
Et successorem da Deus alme bonum.
1 5 7 8.

His versibus animi ægritudinem, quam de præmatura morte Reuerendi Patris D. Iacobi Fourré, Doctoris Theologi Parisiensis, & Cabilonensium Episcopi meritiss. contraxerat, minuere conabatur Petrus Saniulianus Balleurreus, Cabilonensis Ecclesiæ Decanus. Obiit xx. Ianu. M. D. LXXVIII.

Pontus Euesque, seigneur de Bissi.
APRES le trespas dudit seigneur Fourré, Reuerend pere en Dieu Messire Pontus de Tyard seigneur de Bissy, obtint du Roy Héry troisiesme, d'estre par luy nommé au Pape Gregoire treiziesme pour estre proueu de l'Euesché de Chalon. Ce que aduint. Ses expeditions receües, no- *M. P. Naturel.* ble & venerable Messire Pierre Naturel son grand Vicaire & Official, desia Chantre & Chanoine en l'Eglise Cathedrale, fondé de procuration expresse dudit seigneur Reuerend, print possession pour luy le seiziesme iour de Iuin mil cinq cens soixante & dixhuict. Puis il vint en personne à Chalon, où il feit son entree le dernier iour de Decembre audit an heure de Vespres. Auquel iour il presta le serment accoustumé au Chapitre: & fut receu par moy Doyen de ladite Eglise Cathedrale. Il feit l'office à Vespres: & le lendemain premier iour de Ianuier, dit & celebra sa premiere Messe au grand autel, & feit l'office pareillement tout ledit iour. Ses vertuz & sçauoir l'ont poussé audit degré. Car luy desireux de viure en repos, en contemplation & estude, ayant prins le nom de solitaire, & pour deuise *Solitudo mihi prouincia est*, s'estoit acquis vn si rare sçauoir, *Roy Charles ix.* en tout ce en quoy il s'estoit voulu employer, que le Roy Charles ix. (Prince d'admirable esprit, & d'incredible esperance, si Dieu luy eust permis viure, apres auoir ietté l'escume du bouillon de sa ieunesse, plus actiue & vehemente en ses exercices, que le naturel des autres Princes n'est coustumier se montrer) en ayant eu aduis, ne cessa de le solliciter par personnes à ce choisies, qu'il ne l'eust attiré à sa suytte & seruice. Le Roy decedé

cedé(cuydant estre absouls des trauaulx que produit la suytte de la Cour) il se retira en sa bien-aymee solitude. Mais ce fut pour bien peu de temps. D'autant que Henry troisiesme du nom Roy de France & de Polongne, le rappella au mesme office & fonction, à quoy il auoit esté employé par le feu Roy. Ayant obey à son Roy, il aduint que l'Euesché de Chalon vacant luy fut donné pour loyer de ses vertuz & sçauoir. Ie sçay (ce pédant) que Velleius Paterculus apres auoir faict mention des hommes de merite entre les Romains, venant à ceux de son temps, en parle ainsi: *Penè stulta est inhærentium oculis ingeniorum enumeratio: nam viuorum vt magna admiratio, ita censura difficilis est.* Et neantmoins les labeurs dudit seigneur Reuerend mis en veüe d'vn chacun, donneront aux presens, & à venir fidele tesmoingnage de l'excellence de son sçauoir. Surce ie mettray fin au present discours: suppliant ceux qui le liront m'excuser, si le Catalogue & contenu des Euesques de Chalon, n'est si complet qu'ils desireroient: ny diligence, ny labeur propre, ou emprunté, n'en ont peu recouurer d'auantage.

Roy Henry 3.

F I N.

RECVEIL
DE L'ANTIQVITE
ET CHOSES PLVS ME-
MORABLES DE L'ABBAYE,
ET VILLE DE TOVRNVS.

PAR PIERRE DE SAINCT IVLIEN DE LA maison de Balleurre, Doyen de Chalon, & grand Archidiacre de Mascon.

A PARIS,

Chez Nicolas CHESNEAV, ruë sainct Iaques, au Chesne verd.

M. D. LXXXI.

AVEC PRIVILEGE DV ROY.

A REVEREND PERE EN DIEV, ET ILLVSTRE SEIGNEVR MONSIEVR FRANCOIS DE LA ROCHE-FOVCAVLD, DE LA MAISON DE RANDAN, Abbé de Tournus, & Maistre de l'Oratoire du Roy.

MONSIEVR, S'il y a chose aucune digne d'admiration, ceste doibt estre singulierement remarquee, comme il s'est peu faire, que Dieu (auquel seul appartient plus proprement d'estre dit bon, & pere, & qui a mis en nous portion de sa lumiere, pour illustrer noz esprits, & les rendre capables de la congnoissance, tant des choses haultes & celestes, que des profondement cachees & secrets de nature) ayt esté non seulement mescongneu de plusieurs, & abandonné par les aucuns; mais aussi nyé par certaine sorte d'hommes, qui non contens d'en mal sentir, ont imbeu, ou plustost infecté, tous ceux qu'ils ont peu tirer en leur damnable opinion. Certainement combien que ie louë que Diagoras, & Protagoras (comme Athees) ayent esté chassez hors des villes, & Republiques; si ne puis-ie non trouuer estrange, qu'aucuns se soyent mescomptez de tant, que de les auoir daigné du nom de Philosophes: veu qu'en leur esprit habitoit plustost la hayne, que l'amour de sapience, confessee par toutes religions, fils, ou filles de Dieu. De l'erreur de ceux-cy sont fort prochains, non seulement ceux, qui pensent que Dieu demourant ocieux, en la contemplation de sa gloire, laisse toutes choses courir la carriere de leur destin, presceu si necessairement en l'eternité, que rien n'y peut estre destourné, changé, ny immué: mais aussi leurs symmystes, qui tiennent que Dieu viuant en sa beatitude, desdaigne les choses sublunaires, & tient noz miseres indignes que sa Maiesté s'abaisse, pour les considerer. Aucuns ont laissé par escrit (i'oserois dire que si ce n'est sans authorité, si est-ce sans raison) que l'Epicure estoit de l'aduis de ces derniers. Mais quiconque examinera sans passion, & sans s'asseruir au dire de ses hayneurs, quel a esté le discours de ses actions, quelles ses accoustumances, & maniere de viure, iugera mieux de ses vertus, que ceux qui ont ainsi parlé de luy, & qui ont interpreté plus

Dieu bon, & Pere.

Mescongnoissance de Dieu, par plusieurs.
Contre les Athees.
Diagoras, Protagoras.
Philosophie.
Prochains de l'atheisme.

Paradoxe de l'Epicure.

Tt ij

charnellement sa volupté, qu'il ne pensa oncques. De ma part i'estime que si luy, Socrates, & Pythagoras eussent esté illustrez de la lumiere Euangelique, l'austerité de leur vie, le mespris du monde, & l'employ de leurs meditations, leur eussent acquis grace de Dieu, pour estre escrits au liure de vie, & tirez en la societé des Esleuz. Mais ils ne sont seulz ausquels l'enuie, & insatiable cupidité de mesdire, ont suscité horribles calomnies, accompagnees d'impostures si palliees, & agencees par artifice de paroles, que non seulement le vulgaire, mais plusieurs dignes personnages les ont prins pour verité. De façon que le nom d'Epicure rendu odieux, Socrates tenu pour vn resueur, & les symboles de Pythagoras tournez en mocqueries: il se congnoist que dés long temps les hommes de diuerses sectes se reprochent l'impieté les vns aux autres.

<small>Ce que máquoit à l'Epicure, Socrates, & Pythagoras.
Contre Laertius, Lucien, & autres de leur humeur.
Coustume infallible.</small>

Monsieur vous pourriez, & non sans cause, vous esbayr où tend ceste commemoration d'opinions de Philosophes, traictees paradoxalement: si ie ne vous declarois sur ce mon intêtion. Pour doncques en venir là: ie vous diray, que ne me pouuant assez esmerueiller de la grande (voire immesurable) bonté de Dieu: & mes sens n'ayans suffisance, pour dignement loüer & admirer sa saincte prouidence, tant generale & eternelle, que particuliere, & prouoyante aux necessitez quotidiennes, & iournels accidens, i'ay esté poussé en ce discours. Et entre plusieurs occasions que i'en ay, vostre Tournus m'a singulierement faict paroistre, que Dieu (gueres souuent) n'enuoye affliction, que consolation tost ne la suyue. Qu'ainsi soit, la fureur de ceux qui se ventent de religion reformee (ainsi dicte plustost par antiphrase, que vrayement) ayans mis vostre Abbaye, & tous les autres lieux dediez à Dieu en la ville de Tournus, en telle desolation, qu'il n'est croyable les Assyriens auoir pis faict en Hierusalem, ny les Goths à Rome: Dieu soingneux de son espouse l'Eglise Catholique, contre laquelle il a promis que les portes d'enfer (qui sont les heresies) ne pourront preualoir, a permis que tel desordre aduint de vostre temps: sçachant que vostre illustre vertu, & signalee pieté, ne permettroient, que tels lieux saincts, consacrez d'ancienneté aux ministeres diuins, & exercices de deuotion, demourassent long temps sans estre restablis. A quoy vostre liberalité a si bien proueu, que les temples materiaux reparez, & rendus à leur antique splendeur, si (iouxte la Prophetie) le sacrifice ordinaire & continuel a cessé, ce a esté par si petite espace de temps, qu'il ne semble estre aduenu, sinon pource qu'il auoit esté predict. A la verité l'honneur de ce bien-faict est grand, & la promptitude d'affection que vous auez eu, de vous rendre obeissant à l'inspiration dont la prouidence diuine a touché vostre zele, merite bien d'estre mise entre les plus serieux, & signalez exemples de nostre temps. Mais ce ne vous a esté assez d'auoir employé vostre munificence sur les temples, & structures immobiles: vous auez aussi voulu qu'elle s'estendist sur les temples viuans; departissant plus du tiers de vostre reuenu en aulmosnes, si charitablement distribuees, qu'infinies personnes ont esté rachetees de la faim, que Pompee escriuoit au Senat Romain estre la plus miserable

<small>Affliction trouue cósolation.
Desolatió de Tournus par qui.
Qui sont les portes d'enfer.
Sacrifice assidu a cessé.
Bastir en temples viuans.
Pôpee de la faim.</small>

mort

Epiſtre. 497

mort de toutes. Cent filles & plus, tiennent de vous la conſeruation de leur honneur, pour auoir eſté mariées à voz deſpens. Infinis orphelins, & autres pauures enfans, vous doibuent leur vie: par-ce que s'ils n'euſſent apprins meſtiers à voz fraiz, pauureté les eſtrangloit pour la pluſpart, & les autres demouroient miſerables ſur terre, inutiles pour eux, & moleſties non ceſſantes aux portes de leurs voiſins. Qui maintenant pourra nyer la prouidence diuine? qui differera de croyre que Dieu a ſoucy des hommes? Exuperius Euéſque de Tholoſe eſt loué d'auoir ſi bien diſtribué aux pauures les vaiſſeaux de l'Egliſe, qu'il falloit porter aux malades le corps de IESVS CHRIST en vn panier d'ozieres, & le ſang en vn vaiſſeau de verre. La louange eſt pour ce faict grande à Exuperius: & neantmoins il ne donnoit rien du ſien, ny de ce que luy eſtoit acquis en propre. Mais ſi ſainct Hieroſme (preconiſeur de tel bien-faict) viuoit, & ſçauoit que vous (de qui l'eſprit n'a iamais eſté tourné, pour quelque occaſion que ce ſoit, à vſer des ioyaux donnez par la pieté de pluſieurs perſonnes, pour la decoration des Egliſes, autrement que la volonté de ceux qui les ont donné portoit) auez trouué voz Egliſes, tant Abbatialle, que Parochiales, deſnuées de tous ornemens & argenteries: le tout pillé, & vollé par ceux qui en parloient comme Iudas de l'onguent de la Magdelaine; & diſoient que tel or & argent morts & inutiles, ſeroient mieux employez aux pauures: mais quand ils en furent ſaiſis, ils ſe garderent bien de les leur donner, ains ont le tout tellement dilapidé, & confondu, en guerres contre Dieu, contre ſon Egliſe, contre le Roy, la couronne, & Royaume de France, que ce qui auoit eſté donné, & dedié pour le ſeruice de Dieu, & decoration de ſon Egliſe, a eſté profané, monnoyé, & (contre les loix du Royaume) tranſporté par eſtrangers, appellez par ceux qui non contens d'auoir deſtruict, & ſaccagé les Egliſes, ont eſpuyſé l'eſpargne du Roy, & mis le pauure peuple en telle deſolation, qu'il ne luy reſte que les plainctes, larmes, & deſplaiſir d'auoir eſté nays en temps ſi calamiteux & miſerable: & à la France vn perpetuel regret & repentir, d'auoir nourry & eſleué de la doulceur de ſes mammelles, ceux qui ont eſmeu telles contentions, & eſté autheurs de tant de troubles, cauſes de ſes malheurs. Vous (Monſieur) n'auez faict largeſſe de l'argenterie ſacrée: ains ce que vous auez donné (montant tous les ans de quatre à cinq mille francs) a eſté de ce qui vous eſtoit propre & affecté: de ſorte que (ſelon l'vſage commun) vous en pouuiez diſpoſer ſans contredit de perſonne viuante, ainſi qu'ont faict voz auant-Abbez, & que font ordinairement tous les Prelats & gens d'Egliſe. Mais il a ſemblé à Monſieur de Mairemouſtier voſtre oncle, à Madame de Randan voſtre mere, & à vous, que vous reſeruant ſeulement ce qui eſtoit neceſſaire pour voſtre entretien aux eſtudes, & deffray de voz domeſtiques ordinaires, le reſte eſtoit deu aux ſubuentions, que noz malheurs forcent le Roy leuer ſur l'Egliſe deſfouoriſée, & deſcheuë de ſes anciennes immunitez, aux reparations, & aux pauures. De façon, que ſi à l'imitation de SS. Ioachin & Anne, les Eccleſiaſtiques ſouloient dire:

marginalia: Exuperius Eueſque de Tholoſe. — S. Hieroſme. — Iudas. — Fruict du pillage des Reliquaires. — Loix du Royaume offenſées. — Liberalité du ſeigneur Abbé de Tournus. — Monſieur de Mairemouſtier. — Madame de Rãdan. — SS. Ioachi, & Anne.

Tt iij

Nos nostras partimur opes, pars optima templo,
Altera pars inopi, seruit pars tertia nobis:

Partage du fruict des Benefices.

Pauureté des Ecclesiastiques d'apresent.

Pauureté Euangelique qui n'est pas rien auoir.

Bonne dispésatiō en l'Abbaye de Tournus.

Façon de mauuais Abbez.

Prebende Theologale.

Prebende Scholastique.

Religieux de Tournus doiuent estre nobles.

Balleure voisin de Tournus.

Monasteres Cimitieres des Gentilshommes.

Loys l'Alleman.

Hugues de Fitigny.

Iean de Toulōjon.

Il faut à present souffrir au Roy faire les parts, & aduiser ce que nous restera: afin de diuiser le restat en trois, reseruer la meilleure part pour les procez, autant pour les reparations : & du surplus viure auec les pauures : Quia pauperes facti sumus nimis. A ceste pauureté n'auoient prins garde, ny eu esgard les Cardinaux Abbez de Tournus auant vous, qui pleins de biens & de grandeurs, n'en faisoient pas fort grand estat. Mais tant s'en faut que vous ayez pensé (comme les expres ennemis de l'Eglise) que la pauureté Euangelique (de laquelle est tiree la pauureté Monachale) soit ne rien auoir : que laissant en vostredicte Abbaye les riches Offices en tel reuenu que vous les auez trouué : les autres oppressez de charges, ont esté par vous augmentez : de sorte, que chacun ayant pour honnestement viure, sans excez, & la frugalité par tous gardee, le Conuent a à loüer Dieu d'auoir vn tel Abbé, & vous (Monsieur) auez occasion de singulier contentement, de sçauoir qu'en vostre Abbaye Dieu y est bien seruy, la discipline Ecclesiastique soingneusement obseruee, & que la vie de voz religieux ne scandalise voz subiects. A tant de biensfaicts s'adiouste, que au lieu que plusieurs Prelats se deschargent de Prebendes, & font profit de la rescision, & retranchement des liuraisons, vous auez augmenté l'ordinaire de vostre Monastere de deux Prebendes : l'une pour vn Theologal, au profit de tout le peuple de Tournus : l'autre pour vn maistre d'escole à l'instruction de la ieunesse. Choses tant loüables, que vostre liberalité demourera en benediction par tous aages. Et certes le lieu auquel vous commandez, est digne de faueurs. Car par vne coustume si ancienne que les commencemens en sont ignorez, il a esté obserué par voz predecesseurs Abbez, de ne mettre leans aucun Religieux, qui ne fust qualifié de noblesse. Laquelle qualité tenant les hommes qui l'ont en craincte de mal faire, pour l'amour de vertu, a aussi induict les Citoyens à les estimer & aymer. Or d'autant que nostre maison de Balleurre est voysine de vostre Abbaye de Tournus : & que mes predecesseurs (suyuant vne ancienne façon, qui se practiquoit par la Noblesse) y ont choysi par deuotion leur sepulture : comme au Monastere plus prochain : auquel ils ont eu dés tous temps, maints bons parens & amis : mesmement trois Abbez consecutifs : sçauoir est Loys l'Alleman de la maison d'Arban, Hugues de Fitigny, & Iean de Thoulongeon : & oultre iceux Abbez, si grosse tourbe de Religieux, que l'enumeration m'en seroit impossible : & la proximité du voysinage, & la frequente conuersation que i'ay eu auec mes bons parents, & singuliers amis Messires (ainsi sont qualifiez les Religieux de Tournus)

Epistre. 499

nus) *Antoine de Courant*, soubz-Prieur, & Enfermier : & *Antoine de Veré* Chantre audict lieu, personnages d'honneur, & de sçauoir : & oultre cela, fort bien versez en la congnoissance des antiquitez de leur Monastere : me furent commoditez de satisfaire à la curiosité que i'ay eu dés ma ieunesse, de rechercher les choses anciennes. Leur authorité, & pouuoir feirent qu'il me fut permis veoir, & auec tel loisir qu'il me pleut, les Pancartes, tiltres, liures, & autres enseignements, dont le Thesaur de vostre Abbaye estoit copieusement fourny pour lors : mais n'ayant autre desseing, que d'en contenter mon esprit, & ne pensant en iamais venir là, où ie suis entré ; ce me fut assez de retenir en memoires ce qui me sembloit plus singulier. Et ce tant incurieusement, que si depuis ie n'eusse esté excité par M. *Tamisier* Tournutien mon bon amy, & autres bonnes partz, mesdicts memoires eussent esté plustost consommez que reueuz. Il aduint doncques ces annees passees, que le sieur de *Belleforest* (personnage auquel la France doit beaucoup) voulant mettre en lumiere son œuure de la Cosmographie vniuerselle, les Imprimeurs d'iceluy inuiterent par lettres imprimees, tous amateurs de leur patrie, de contribuer quelque chose seruant à l'illustration d'icelle, & des lieux signalez dont ilz auoient congnoissance & memoires. Telles lettres me furent communiquees par Reuerend Pere en Dieu Monsieur l'Euesque d'Autun : qui y adiousta prieres d'essayer ce que ie pourrois declarer à la posterité des choses plus antiques, & plus remarquables de son Autun. Ce que ie ne luy ay peu, ny deu refuser : encores qu'il eust infinis bons esprits, qui s'y fussent peu employer auec meilleurs moyens. Fueilletant mes vieux brouillarts, esquels estoient par-cy par-là, quelques fragments des recherches de diuerses antiquitez : plusieurs de celles de vostre Tournus me tomberent en main. L'excellence du lieu, les anciennes amitiez, & bien-vueillances que i'y auois acquis, & les exhortations de M. *Pierre Tamisier* Tournusien (homme de singulierement gentil esprit) me contraingnirent auoir pitié des miseres que non seulement le Monastere, mais aussi la ville de *Tournus*, auoient souffert de ceux qui (n'ayants d'hommes que la semblance, & ne parlants que de reformer autruy) n'ont iamais sceu commander à eux-mesmes : Et (puisque la deformité que les lieux auoient receu, ostoit la congnoissance du lustre & splendeur precedents) me forcerent de dresser vn brief sommaire, representatif des choses passees : afin que si le sac donné à *Tournus*, a tasché faire perdre la memoire, ce que i'en ay conserué la face reuiure, & preserue tant de choses remarquables, & qui sont à l'honneur dudict lieu, d'estre sepuelies au goulfe d'oubliance : le tout en intention de le dedier à vostre illustre Seigneurie, à laquelle i'ay dés long temps voüé tres-humble seruice. Il vous plaira

M. Antoine de Courant.
M. Ant. de Verey.

Sieur de Belleforest.
Cosmographie vniuerselle.

Monsieur l'Euesque d'Autun.

M.P. Tamisier.

Tt iiij

MONSIEVR, auoir ce mien petit labeur pour aggreable, & ce fera m'accroiſtre l'affection d'oſer plus grande choſe, ſoubz le bouclier de voſtre protection. Ce pendant ie prieray Dieu (duquel la ſaincte prouidence vous a faict digne Abbé de Tournus) qu'il luy plaiſe augmenter en vous ſes graces, & faueurs, pour la clarification de ſon nom glorieux, & à l'illuſtration de ſon vnique, & bien-aymee eſpouſe l'Egliſe Catholique. De Maſcon ce 25. de Septembre 1 5 7 8.

Voſtre bien humble, & obeïſſant
ſeruiteur, P. DE S. IVLIEN,
Doyen de Chalon.

DE

PIERRE TAMISIER DE TOVRNVS, SVR LE DISCOVRS ET TRAICTÉ DE LADITE VILLE, FAICT par monsieur DE SAINCT IVLIEN, de Balleurre, & plant d'icelle ville.

SONNET.

Tovrnvs bien que tu sois en lieu fertil assise
Riche de bleds, de vins, & de commoditez,
De riuiere, ruisseaux, fontaines, bois, & prez,
Et de tous autres biens que plus on loüe & prise:
Si est-ce toutesfois qu'vn los qui eternize
Par les doctes escrits les villes & citez,
Manquoit au plus fertil de tes fertilitez,
Et du ciel ne t'estoit ceste faueur acquise.
Mais ore vn tien voisin qui t'ayme d'vn vray cœur
Prié par moy ton fils soigneux de ton honneur,
Par son discours & plant te sacre à la memoire.
Et son heureux labeur s'acquiert en ce faisant
Le los de bon voisin, à moy de bon enfant,
Et à toy, & aux tiens vne immortelle gloire.

A LADITE VILLE DE TOVRNVS.

Ie croy que de ton nom l'origine premiere
Deriue de Turnus chef des Rutuliens,
Lequel encontre Ænee, & contre les Troyens
Arma sa main vaillante, & sa force guerriere:
Mais le temps qui ternit le lustre & la lumiere
Qui pourroit esclairer les faicts des anciens,
De le sçauoir au vray nous oste les moyens,
Et couure de ton nom la gloire deuanciere.
Et encor il seroit presques enseuely
Dans le centre profond d'vn eternel oubly
Si DE SAINCT IVLIEN des rayons de son liure
N'ostoit le plus obscur de tes obscuritez,
Donnant quelque lumiere à tes antiquitez,
Et en faisant icy la plus grand part reuiure.

ú

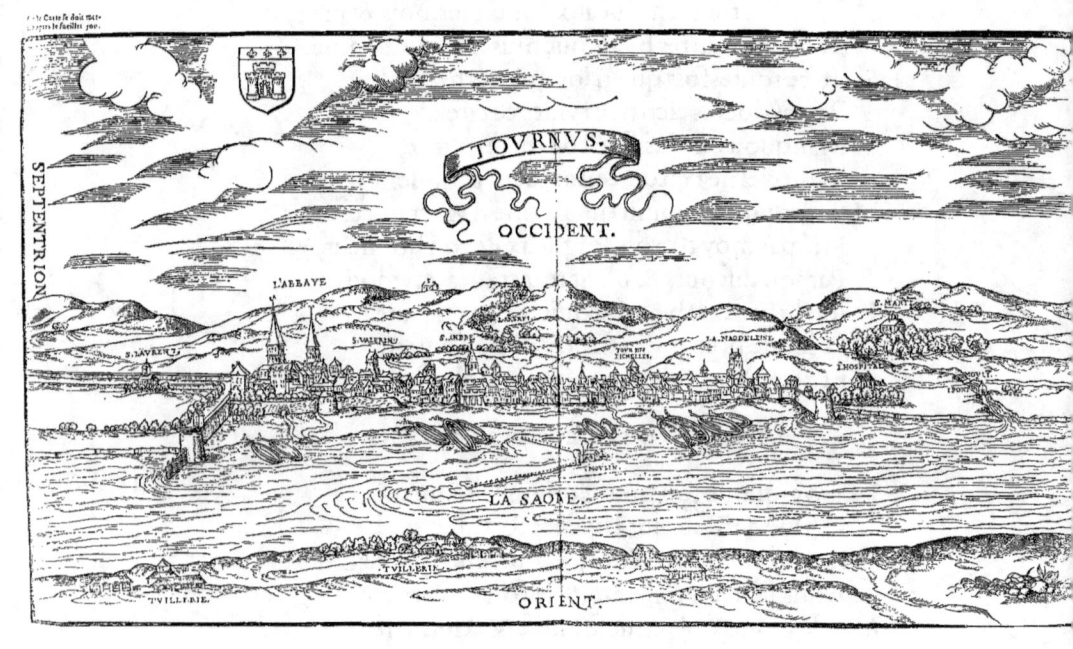

A TRES-ILLVSTRE PRELAT MESSIRE
François de la Rochefovcavlt
Abbé & Seigneur de Tournus.

Si pour estre à seigneur illustre de lignee,
   Plus illustre en sçauoir, tres-illustre en vertu,
   Et de celestes dons largement revestu.
   Vne ville peut estre heureuse & fortunee,
Tournus peut à bon droict se vanter d'estre ornee
   De cest heur singulier, de mainte autre incongnu,
   Et mille fois du bien qui luy en est venu
   Doit loüer & benir l'an, l'heure, & la iournee.
Aussi recongnoissant la grace & la faueur,
   Qu'elle & les siens ont eu d'auoir vn tel seigneur
   Elle d'vn cœur entier vous ayme, honnore & prise
Et prie Dieu qu'vn iour le loyer qui est deu
   A voz rares vertuz, vous soit si bien rendu,
   Que soyez mis au rang des plus grands de l'Eglise.

AVDIT SIEVR DE SAINCT IVLIEN
svr la peine qv'il a prinse
de recueillir les antiquitez de Tournus.

Celvy seme son grain en vn champ tres-fertile
   Qui en tire au centuple vne belle moisson,
   Et voit multiplier sa semaille & façon
   Par vn air gracieux qui sa manne y distille:
Ainsi peut iustement le dire nostre ville
   De toy qui fus iadis son aymé nourrisson,
   De toy qui ne suyuant vne ingrate leçon
   Pour vn plaisir receu luy en rends mille & mille.
Si l'Ethnique autre-fois à l'immortalité
   A consacré le droict de l'Hospitalité,
   Et a creu que les Dieux en faisoient recompense,
Nous qui sommes Chrestiens le deuons croire aussi:
   Et toy enuers Tournus le pratiques ainsi
   Recompensant tel droict en centuple abondance.

DE TOVRNVS, VILLE
SITVEE SVR LA RIVIERE DE SAONE.

Par Pierre DE SAINCT IVLIEN, *de la maiſon de Balleurre, Doyen de Chalon, & grand Archidiacre de Maſcon.*

NTRE les choſes plus couſtumieres de rendre vn lieu recommendable, les Latins en nomment deux comme principaux elements, *Solum, & Cœlum.* Et n'eſt la loüange vulgaire, quand on peult dire d'vne ville, ou contree, qu'elle eſt en bon aër, & a ſon fond ſuſceptible de toutes choſes neceſſaires à la vie de l'homme. Quelques terres ſont heureuſes en la production de bons vins: aucunes ont la gloire d'eſtre excellentement fertiles en rapport de froments: les eaux, & prairies anobliſſent maintes regions: mais pour vignoble genereux, terres à froment, eaux, prairies, & tout ce qui eſt principallement requis à vn lieu qu'on deſire eſtre bien pourueu des choſes deſirables pour commodément viure, peu de lieux ſe pourroient parangonner au terroir auquel Tournus eſt ſitué. Telle ſienne fertilité, auec l'amenité du lieu, & la vertu, honneſteté & facilité de mœurs des habitans, m'ont inuité, & quaſi contrainct, ne me taire des antiquitez, & auancements d'icelle. Sur tout la dignité, & recommendable excellence de l'Abbaye commencee en ce lieu par la pieté publique, fondee par les Rois Empereurs, augmentee par leurs ſucceſſeurs Rois, maintenuë par la prudente œconomie des bons Abbez, conſeruee par la ſainóteté & deuotion des Religieux, & enrichie par les biens faits des hommes craingnants Dieu: m'a ſemblé bien meriter que i'en diſe quelque choſe. Que ſi quád i'en diſcoureray, ma deductió n'eſt ſi pleine, que les Lecteurs en puiſſent auoir contentement: ie leur ſupplie auoir eſgard qu'apres la piſtole, & le feu des Huguenotz, qui ont tenu, & (par conſequent) pillé, & ſaccagé ladicte Abbaye de Tournus (ſeule conſeruatrice des tiltres, & documents de ſon antiquité) il eſt impoſſible que deſireux d'en eſcrire, ie puiſſe trouuer matieres aſſez ſuffiſantes pour ſatisfaire à mon deſir: & moins à l'expectation des curieux de ſçauoir les

Elements de fertilité.

Pays diuerſement heureux.

Tournus terroir tres fertile.

L'Abbaye de Tournus.

commencements, & progrez de choses dés long temps si prisees. Ayant toutesfois dés ma ieunesse visité le Thesaur & archiues d'icelle Abbaye, & conserué quelques extraicts des poincts que lors i'estimois plus remarquables, & depuis recouuert comme quelques ays & tablatz du naufrage: il m'a semblé ne les deuoir laisser abysmer au goulfe d'oubliance, ains les rendre notoires au publicq', pour son vtilité, & satisfaction de ceux qui desireront les sçauoir. En laquelle intention i'en diray ce que s'ensuit.

Situation de Tournus. Plant de Tournus. Saone riuiere.
ENTRE Chalon & Mascon, quasi au milieu des deux, est vne iolie petite ville nommee Tournus, assise aussi commodément, & en fond aussi fertile, que lieu qui soit en tout le voisinage. Elle est beaucoup plus longue que large: mais sur tout bien orientee. La riuiere de Saone (estimee iadis plaisante & aggreable sur toutes les riuieres des Gaules; mais à present deuenuë importune, à cause de l'excez de ses debordemens trop frequentz) la flancque de tout l'vn de ses lez, deuers le matinal. En teste elle est exposee à la bise, que l'on nomme nettoyeur de l'air. Au surplus on la veoid aucunement clause d'vn costé de montaignes, qui la defendent, & couurent des mauuaises vapeurs, que le soleil couchant est coustumier produire és lieux qui luy sont exposez. Toutesfois le prospect n'est si racourcy, ny telles montaignes tant prochaines de la ville, qu'elles (fort peuplees de vignes productrices de vins tres-excellents) ne laissent vne belle & spacieuse campagne de terres plus fertiles que les autres des finages circonuoisins. OVLTRE la Saone est vne bien belle & ample prairie, garnie de saules de tres-grand plaisir, & profit incroyable.

Du nom de Tournus. Turnus. Tournon, & Tours. Diuisiō de Tournus.
LA difficulté que i'aurois de verifier que Tournus ait eu son nom de ce Turnus filz d'Æneas Syluius, auquel aucuns referent la denominatiō de Tournon, & de Tours, me gardera de m'y fonder plus auant. Ains (sans repeter les choses de si hault) diray que ce qui est auiourd'huy enclos de murs communs, & comprins soubz vne appellation de Tournus, estoit iadis diuisé en trois parties: *Trenorchium Castrum: Tornutium villa: & Cella sancti Valeriani*: selon qu'il est bien expressement porté par vne Chartre de Charles le Chaulue Roy & Empereur, de laquelle nous insererons la copie cy apres. *Trenorchium Castrum* est ce que de present on appelle la Magdelaine: duquel costé est encores vne porte, dicte la porte du chastel. Les Romains nommoiēt ce Chastel *Horreum Castrense*. Au reste, *Tornutium villa* est auiourd'huy la plus belle, plus frequentee, & plus marchande portion de la ville moderne, & ce qu'on dit la Paroche S. André. *Cella sancti Valeriani* est l'Abbaye posee sur vn relief deuers Septentrion, & au lieu plus eminent que tout le reste du comprins souz le nom de Tournus. Elle est enclose par mesme continuation de murs par dehors, auec la ville de Tournus, & neantmoins separee par murailles particulieres par dedans. Sa forme (quant à la closture) est ronde: & n'estoit

Tornutium Castrum.
Horreum Castrense.
Tornutium villa.
Cella S. Valeriani.

de Tournus. 503

ſtoit la belle apparence de l'Egliſe, & de ſes deux clochers hault eſleuez en façon de Pyramide, ladicte Abbaye ſembleroit pluſtoſt vn chaſteau, ou vne citadelle, qu'vne Religion. Car (à la verité) le lieu eſt par trop eſtroict, pour la dignité, & reputation qu'il a: comme faiſant chef de par ſoy, & comme eſtant mere & matrice de maints beaux & riches Priorez en Bretaigne, Poictou, Anjou, le Maine, Auuergne, Velay, Dauphiné, Maſconnois, Bourbonnois, &c. qui en dependent, & dont l'Abbé de Tournus a droict de diſpoſer. *Tournus chef par ſoy. Maints Priorez ſoubz Tournus.*

Comme telz Priorez ſituez en ſi diuers & loingtains païs, ſont venuz en la collation de l'Abbé de Tournus, ſera declaré, apres que i'auray dit d'où vint que ceſte Abbaye fut au commencement nómee de ſainct Valerien: ou (comme le vulgaire parle, & que nous dirons deſormais) S. Valerin. *S. Valerin.*

Dv temps d'Antoninus Verus Empereur fut ſuſcitee vne tres-cruelle perſecution contre les Chreſtiens: durant laquelle aduint que cinquante profeſſeurs de la foy furent mis en eſtroicte priſon à Lyon. En ce nombre furent S. Marcel & S. Valerin. Leſquelz Dieu reſeruant pour l'aduancement de ſon Euágile, & illuſtration de ſon ſainct nom, és païs voiſins de la Saone, deliura, non ſans tel miracle que celuy qui eſt recité de S. Pierre és Actes des Apoſtres: & leur donna moyen d'eſchapper. Tellement que (comme nous auons dit autre-part) ſainct Marcel paſſant oultre, S. Valerin demoura à Tournus. Là annonçeant le Royaume de Dieu, acquis par la mort de Iesvs Christ ſon filz vnique, & preparé à tous vrayement croyants en luy, il feit vn grandiſſime profit, & attira pluſieurs ames à ſalut. De ce aduerty *Priſcus*, lors chef de la Iuſtice, ou (comme nous parlons à preſent) Bailly au Chalonnois, ſe tranſporta à Tournus: ou d'abordee il penſa eſtonner le ſainct homme. Mais le voyant ferme comme vn roc, certain en ſa foy, & conſtant en ſes propos, il vint des paroles à l'execution. Si que (apres l'auoir faict hault eſleuer au cheualet) il le feit tout deſchirer à coups d'ongles de fer: puis en fin ordonna la teſte luy eſtre oſtee: ce qui fut executé promptement. Et tiennent les habitans de Tournus, que ce ſainct homme receut la couronne de martyre deuant vne maiſon, qui depuis a eſté des Verjus: de laquelle la Cour de Parlement de Paris a eu conſecutiuement de noſtre temps deux excellents perſonnages: M. Iean Verjus oncle Preſident, & M. Iaques Verjus neueu Conſeiller: tous deux Chanoines de noſtre Dame de Paris, & de S. Vincent de Maſcon. En l'auant-ſeul d'icelle maiſon des Verjus à Tournus, on monſtre deux pierres en façon de tombes, mais celle qui eſt deſſus moindre que l'autre. Celle qui eſt deſſoubz eſt eſtimee auoir eſté arrouſee du ſang de S. Valerin, lors que ſur elle il eut la teſte coupee. L'autre moindre ſeruát de couuerture, afin que l'apparéce des gouttes dudit ſang fuſt cóſeruee ſans profanatió: ainſi qu'à Rome, ſur les degrez de ſaincte Praxede deux petites barres de fer en croiſee, *Antoninus Verus. Cinquáte martyrs. S. Marcel, & S. Valerin. S. Pierre. S. Valerin à Tournus. Priſcus. Conſtáce de S. Valerin. Maiſon des Verjus. M. Iean Verjus Preſident. M. Iaques Verjus Cóſeiller. S. Praxede.*

font fichees, & employees à semblable effect. Encores que lefdictes pierres ne feruiffent à aucune chofe qu'vn Caluinien peuft interpreter efpece de fuperftition : fi ne fçay-ie fi les Huguenotz (creatures des Caluiniftes) auront laiffé telles pierres exemptes de leurs fureurs.

Huguenotz.

Qvoy qu'en foit, les nouueaux Chreftiens de Tournus, que fainct Valerin auoit enfanté à IESVS CHRIST, furent merueilleufement contriftez, d'auoir perdu celuy, qui leur auoit efté pere fpirituel, & qui leur auoit ouuert les yeux de l'efprit pour congnoiftre leur falut, donnerent au corps fainct la plus honorable & digne fepulture, que la condition du temps leur peuft permettre. Ce fut au lieu, où viuant il faifoit fon ordinaire demourance. Par fucceffion de temps, croiffant le Chriftianifme, les habitans de Tournus baftirent là vne Cellule, ou petite Chapelle en l'honneur de Dieu, & foubz l'inuocation dudict S. Valerin. De temps en temps elle creut en vn petit, mais fort deuot Monaftere : auquel il y auoit defia des Moynes lors que Charles le Chaulue donna Tournus au venerable Abbé Geilo, comme nous auons à declarer cy apres.

Sepulture S. Valerin.

Premiere Cellule de S. Valerin. Monaftere foubz l'inuocatiõ de S. Valerin. Charles le Chaulue. Venerable Geilo.

CHARLES LE CHAVLVE que nous venons de nommer, mect (par fa Chartre fus-mentionnee, & dont la teneur fera inferee cy apres) Tournus *in Pago Cabilonenfi* : que nous ne pouuons mieux interpreter qu'au diocefe de Chalon. Car fi nous prenions *Pagus* (comme Cefar) pour vn Canton, ou (comme autres) pour Iurifdiction, ou mandement, nous tomberions en inconuenient : d'autant que combien que Tournus foit au diocefe de Chalon, fi eft-il du Baillage de Mafcon dés la premiere inftitution, & diuifion des Prouinces en Bailliages. Et feftend le Baillage de Mafcon iufques au pont de Rougepont : foubz lequel paffe vn ruiffeau, qui fepare le Chalonnois d'auec le Mafconnois. Auffi ne fut il oncques que Tournus ne fuft fubiect aux aydes du Mafconnois.

Tournus eft in Pago Cabilonenfi. Que c'eft que Pagus.

Eftendue du Baillage de Mafcon.

ESTANT l'Abbaye la principalle partie de Tournus, & dont le refte depend : l'ancienne fainctété du lieu, caufe que les autres hameaux, & parcelles prementionnees font creües en vne ville, me femble meriter, que ie traicte premierement d'elle, & confequemment de la ville. Ioinct qu'ayant promis cy deffus declarer comme tant de beaulx Priorez, fort elloingnez de Tournus, fe trouuent eftre de la collation de l'Abbe dudit Tournus, il m'eft force accomplir ma promeffe. Pour doncques m'en acquitter, il eft neceffaire repeter les chofes vn peu de hault. Mais comme ce ne fera fans fruict, & plaifir, auffi fera-ce le plus briefuement que l'amplitude & excellence de la matiere le permettront.

IL fe trouue par anciens recueils des chofes concernantes les antiquitez de l'Abbaye de Tournus, que l'an de grace 642. eftant Dagobert Roy de France, fainct Philibert faifoit profeffion des armes. Mais (comme vn autre fainct Martin) ennuyé de telle maniere de viure,

Hiftoire fort antique Dagobert Roy. S. Philibert

& vfant

de Tournus. 505

& vſant du conſeil de ſainct Oüen Archeueſque de Roüen, il ſe rendit Moyne. Et combien que du faict tous en ſoyent d'accord, ſi eſt-ce que tous ne conuiennent pas du lieu. Aucuns diſent que ce fut *in Monaſterio Robacenſi*: que i'interprete le Monaſtere de Robec: & eſtime n'eſtre autre que celuy qu'on dit de preſent ſainct Oüen, dedans la ville de Roüen: lequel eſtoit nommé de Robec, à cauſe d'vne petite riuiere appellee Robec, laquelle y paſſe. Autres eſtiment qu'il print l'habit de Moyne à Lyſieux, d'où il eſtoit dioceſain, natif *in vico Heliſano*. Quoy que ſoit, il creut en ſi grande reputation de ſainateté & bonne vie, que vacquant le ſiege Abbatial, il fut contraint entrer en la charge d'Abbé. Croiſſants les honneurs & dignité, l'amitié croiſſoit auſſi entre S. Oüen & luy: & à la ſuaſion dudit ſainct Oüen, ſainct Philibert fonda l'Abbaye de Iumieges au territoire de Roüen, en laquelle il commãda pour quelque temps, à fin d'y planter la pieté & l'obſeruãce reguliere. Quoy que maiſtre Nicole Gilles die icelle Abbaye de Iumieges auoir eſté fondee par ſaincte Bauldour, femme de Clouis deuxieſme. Il pourroit toutesfois bien eſtre que ſainct Philibert ait fondé ladite Abbaye aux fraiz de ladite ſaincte Bauldour, & qu'elle luy bailla ſes ieunes Eneruez. En apres ſortant de là pour profiter aux autres Religions qu'il alloit viſiter, il arriua en Poictou où il fut receu honorablement par Anſoald lors Eueſque de Poictiers: duquel il impetra non ſeulemẽt permiſſion de baſtir vn Monaſtere en l'Iſle de Rhé, mais auſſi contribution de deniers pour vn ſi bon œuure.

C E S T E Iſle de Rhé eſt par tous les anciens enſeignements que i'ay peu veoir, nõmee *Herus Inſula*, ou *Inſula Herenſis*: & l'Abbaye depuis reduite en Prioré (comme vne infinité d'autres en France) à traict de tẽps, & par corruption de langaige (choſe trop frequente) a eſté vulgairemẽt par les circõuoiſins, vſants de langaige Poicteuin, dicte Ner mouſtier: & correſpondamment en Latin *Nigrum Monaſterium*. Or comme il ſoit fait que au lieu de Her on ait dit Ner, il eſt malaiſé le diuiner: ſinon que celà eſt aduenu par telle licence que les Poicteuins ſe ſont donné de dire Ner pour Noir: ou bien que la ſimplicité des bonnes gens du temps paſſé s'eſt abuſee en la conformité des lettres H, & N, en lettres Romaines quarrees: & de h, & n, en lettres de forme, ne differentes ſinon de l'haſte de h, laquelle leuee conſtitueroit n. Et quant à Her tiré de Herus, il eſt compoſé des meſmes lettres que Rhé: & n'y a que la tranſpoſition d'icelles qui en rẽde le ſon diuers. De façon qu'on peut y cognoiſtre vn anagrammatiſme. Au reſte ceux qui auront à traicter plus expreſſemẽt de l'Iſle de Rhé, y ont à remarquer pour choſe rare, que le Conte dudit lieu ſe qualifie Conte, Baron, & Doyen de Rhé: & que par ſemblable deprauation de langage, que celle dont nous venons de parler, on prononce Rhetz au lieu de Rhé. Mais reprenons noſtre propos.

I L S E T R O V V E dauantage és vieux memoriaulx de l'Abbaye

S. Oüen de Roué.
S. Philibert Moyne.
Monaſtere de Robec.
L'Abbaye S. Oüen.
Robec riuiere.
Lyſieux.

Iumieges fondee par S. Philibert.
Nicole Gilles.
Saincte Bauldour.
Eneruez.

Anſoald Eueſque de Poictiers.
Iſle de Rhé.

Herus Inſula.

Ner mouſtier.
Ner, pour Her.

Anagrammatiſme.
Conte de Rhé Baron, & Doyen. Rhets, pour Rhé.
Autre hiſtoire fort antique.

Vu

de Tournus, que enuiron le temps que sainct Philibert faisoit bastir en l'Isle de Rhé, vn Prince Leuantin desirant obuier à la frequence des meurtres qui se commettoyent trop licentieusement en ses pays, feit vne loy que tout homicide seroit (sans espoir de grace) condamné à mort, ou (pour le moins) à exil perpetuel, qu'on interprete mort ciuile. Quelque temps apres la publication de telle loy, aduint que Lucius filz vnique de ce Prince, s'exerceant à tirer de l'arc, donna (contre son esperance) en la temple d'vn ieune homme, qui en mourut bien tost apres. Et fut la seuerité du pere si rigoureuse, qu'il n'y eut iamais ordre de le fleschir par prieres, supplications & remonstrances des haults Barons de sa Cour. Pour tout expedient fut donné le chois aux grands seigneurs, ou de la mort de Lucius, ou de son bannissement perpetuel. Le bannissement fut preferé à la mort. Pour partir on luy donna vaisseaux & prouisions necessaires. Sur tout Lucius (en l'esprit duquel reluisoit vne singuliere pieté & deuotion) impetra de son pere plusieurs sainctes & dignes reliques gardees en memoire de la passion de nostre Seigneur IESVSCHRIST, au mystere de laquelle elles auoyent seruy. Lucia sœur de Lucius voyant son pere obstinement resolu en l'obseruáce de la loy promulguee, sans que pitié naturelle eust pouuoir de l'en retirer, delibera de n'abandonner son frere, ains luy estre compagne inseparable en toutes fortunes. Ils s'embarquerent, & exposez soubs la main de Dieu, à la mercy des vagues & des vêts, sortirent de la mer Mediterranee par le destroit Gilbathar, pour entrer en la haulte mer. Nauigants doncques par le grand Ocean, & escapolants le reste des Espaignes, à la part de Portugal, puis de Gallice, vindrent en fin surgir en la coste de Poictou. Receuz par la benignité des habitants, ils s'arresterent: & trouuants le pays fort à leur gré, y bastirent vne place, qui de leur nom fut appellee Luçon. Là ils poserent les reliques & memoires qu'ils auoyent apporté de Leuant.

Av bruict de telle arriuee d'estrangiers, & renom de la dignité de si precieuses reliques, vint celle part sainct Philibert: qui feit tant par ses exhortations que Lucius print deuotion d'estre Moyne: & à cest effect s'en alla auec luy en l'Isle de Rhé, où il emporta la pluspart de ses reliques. Et quant à Lucia, ayant esté preschee par le mesme sainct Philibert, & persuadee de suyure la vie contemplatiue: elle conuertit leur nouueau bastiment en vn beau & deuot Monastere de femmes, où elle paracheua ses iours en bien grande reputation de femme vertueuse & saincte.

LA DEVOTION que le peuple Poicteuin auoit à ces reliques, donna grand bruict à l'Isle de Rhé: & la renommee s'espancha fort loin des miracles qui s'y faisoyent iournellement. Si que deuenuë riche & opulente, le Monastere y basty perseuera en grandeur iusques au temps de Loys Debonnaire filz de Charlemaigne: durant le regne duquel

quel les Normans, ou (comme l'on escriuoit) Northmants, renouuellants les pilleries & rauaiges qu'ils auoyent commencé exercer du temps de Charlemaigne, feirent de merueilleux degasts & dommaiges és costes de Neustrie, Bretaigne & Poictou, mesmement és enuirons de l'Isle de Rhé.

HILBOD qui auoit succedé à Arnoul en l'Abbaye de Rhé, l'an XI. apres le trespas de Charlemaigne, eut recours à Pepin Roy d'Aquitaine, duquel il esperoit protection & garde. Mais le Roy plein de grands empeschements n'eut les moyens d'y entendre. A raison dequoy Hilbod faisant de necessité vertu, se meit à fortifier son Abbaye, la ceindre de murs, garnir de defenses, & reduire en forme de chasteau. Mais en vain. Car combien que son Monastere fust reduit en forteresse, si n'auoyent ses Moynes acquis cœurs de soldats, ny la vaillance necessaire pour soustenir les efforts, & resister à la puissance des Normans. Et quãt à Pepin, il en vsa selon la coustume des Rois: qui ordonnent le gast estre faict és lieux qu'ils ne peuuent garder.

DONCQVES l'Abbé Hilbod se voyant destitué de tous moyens, & hors de tout espoir de pouuoir garder sa place, fut contrainct serrer bagaige. Sur tout il meit ordre que les reliques & memoires apportees de Leuant par le Prince Lucius, & le corps sainct Philibert, furent seurement conduits en terre ferme, en l'vne des plus prochaines dependances du Monastere de Rhé. Telle translation du corps sainct Philibert, auoit quelque mutation & semblance du soing que les enfants d'Israël eurent de ne laisser les os du Patriarche Ioseph en Egypte, ains (suyuant son ordonnance) les emporter auec eux en la terre de promission. De ladite Obedience de Rhé les susdites reliques furent portees d'autre Obedience en Obedience, auec suitte de miracles infiniz. Et dura ceste longue & fascheuse peregrination XXVII. ans.

Ce PENDANT Pepin Roy d'Aquitaine vint à deceder, laissant deux filz: desquels l'aisné auoit le nom de son pere, & le vouloyent les Barons (c'est à dire seigneurs) du pays prendre & couronner leur Roy. Mais Loys Debonnaire vaincu des prieres de sa Iudith, y alla en personne, se saisit du Royaume, & le donna à Charles son dernier filz, qui depuis eut le surnom de Chaulue. A ce Charles paruenu à grandeur s'addressa l'Abbé Hilbod, & obtint de luy quelques hameaux & gaignages: puis passa de ce siecle à l'autre.

AXENIVS succeda à Hilbod: qui l'an sixiesme de son administration fut contraint (pour euiter les rauaiges que les Normans continuoyent en Poictou, mesmement és lieux prochains de la mer) se retirer à Cunauld, que le Roy Charles le Chaulue auoit donné à sainct Philibert, à la requeste du Prince Iunien. De Cunauld Axenius se transporta à Mesciac, Monastere dependant de Rhé, & là rendit l'ame à Dieu.

Northmans volleurs.
Rauaiges des Normãts.
Hilbod Abbé.
Pepin Roy d'Aquitaine.
Monastere de Rhé fortifié.
Moynes ne sçauroyent faire estat de soldats.
Coustume des Rois.
Le Monastere de Rhé abandonné.
Translation du corps de S. Philibert.
Os de Ioseph.
Peregrination de 27. ans.
Trespas de Pepin.
Loys Debonnaire se saisit d'Aquitaine.
Charles le Chaulue.
Axenius Abbé.
Cunauld. Iunien.
Mesciac.

V u ij

Des antiquitez

Ermentaire Abbé.
Congregation de l'Isle de Rhé.
Berno Abbé.
L'Isle de Rhé occupee & ruinee.

APRES LVY fut Abbé Ermentaire: qui (combien que luy & ses Religieux residassent à Cunauld, retindrét tousiours & ne changerent iamais leur ancien nom de Congregation de l'Isle de Rhé. Cest Ermentaire ne vesquit en la dignité d'Abbé d'icelle congregation que cinq ans. En son lieu fut mis Berno homme saige, vertueux & bien aymé, nõ seulement des siens, mais aussi de tous les Estats du pays. Si eust sa probité ceste defaueur que luy estant Abbé, l'Isle de Rhé demouree deserte & deshabitee dés long temps, fut occupee par les Normans: qui ne trouuants au Monastere que l'Eglise, & les logis vuides, vserent (comme ils estoyent barbares, payens, & ennemis des lieux dediez à Dieu) de toutes hostilitez dont ils se peurent aduiser. Non le feu, non les beliers y furent espargnez. Et ne se contenta leur fureur que tous les bastiments ne fussent ruinez. Soubs cest Abbé Berno vn ieune homme

Geilo filz du Conte Geilo fait Moyne.

nommé Geilo, filz du Conte Geilo, ayant consideré la saincteté de vie, la pieté & grande deuotion de l'Abbé, & Religieux de la Congregation de l'Isle de Rhé, retirez à Cunauld, eut volonté de se retirer du monde, pour auec eux vacquer à la vie contemplatiue: & de faict se feit Moyne. Il se porta si vertueusement audit estat: & acquist reputation de si entiere preud'hommie, que Berno venant à deceder, force luy fut (tant l'en pressent les freres) accepter la charge d'Abbé.

Geilo Abbé.

CE GEILO personnage de belle prestance gaigna ce poinct, que il n'est nommé par aucun, ny ne se trouue mention faicte de luy, qu'on ne luy donne le tiltre de venerable. Au reste il se peut cognoistre qu'il estoit haultement apparenté, par ce que nous auons dit qu'il estoit filz de Conte: que les hommes plus serieux estiment auoir esté ce que nous disons à present Bailly. Luy doncques considerant que l'espoir de iamais retourner en l'Isle de Rhé (dont il auoit le tiltre d'Abbé) estoit perdu, exposa ses miseres à Charles le Chaulue: qui luy donna la ville sainct Portian (le vulgaire dit sainct Porsain) en Auuergne, sur les marches de Bourbonnois. Et fut ce don du vouloir & consentement d'Adalgaire Euesque d'Autun: confirmé par le Pape Iean huictiesme. A sainct Portian furent transportees les reliques, & les Religieux transferez. Mais pource que le lieu estoit moindre qu'il conuenoit pour tant de Moynes, Geilo fut contraint bastir aupres vn autre Monastere, qui par occasion fut nommé *Britannia*.

Venerable Geilo.
Charles le Chaulue donna S. Porsain à Geilo.
Adalgaire Euesque d'Autun.
Pape Ieã VIII.
Britannia Monastere.

OR TOVS ceux qui nous ont laissé fidele tesmoignage des actions des Rois Empereurs, tant ceux desquels les noms sont incertains (comme le Moyne Anonime qui a escrit les vies de Pepin, Charlemaigne, & Loys Debonnaire) que ceux des noms desquels on ne doute point: tiennent pour certain qu'iceux Rois (suyuant l'ancien establissement des vieux Gaulois) tenoyent du moins vne fois l'an les Estats generaux de France, auec Cour ouuerte & planiere. Non que tous les François y allassent indifferemment: mais de chacune Prouince certains Ecclesiastiques,

Cour planiere tenue par les Rois.

de Tournus. 509

fiastiques, certains Nobles, & certains du tiers Estat estoyent deputez auec pouuoir. Sans eux & sans leur consentement exprés, les Rois (encores qu'ils eussent en leur Conseil Prelats, haults Barons, & saiges en droict) n'estoyent coustumiers rien innouer, & moins entreprendre. Ou si se departants de l'ordre ancien & regulier, ils vsoyent de volonté (qu'aucuns couurent de plenitude de puissance) il s'en ensuyuoit grandes perturbations en l'Estat : comme nous declarerons plus amplement ailleurs. *Estats generaux de France. Conseil des Rois. Plenitude de puissance.*

ALLANT le venerable Geilo à vne d'icelles assemblees, il passa par Tournus, & visita les freres de l'Abbaye sainct Valerin. La saincte conuersation d'iceux, & l'amœnité du lieu luy pleurent tant, qu'il entra desir de s'y accommoder. Pour y paruenir il moyenna si bien en Cour, à l'aide de ses parents (dont il auoit beaucoup) que Charles le Chaulue luy donna non seulement les sus-nommees trois parties, desquelles la ville de Tournus est à present composee : mais d'auantaige plusieurs villages, droicts, franchises, immunitez, & priuileges ; portez par ses lettres patentes : desquelles i'auois intention recueillir sommairement les poincts principaulx : mais i'ay depuis pensé qu'il valoit mieux en mettre icy l'entiere teneur, tant en faueur des hommes studieux d'antiquitez, que pour plus seure attestation des choses y contenues. Elles sont telles : *In nomine Sanctæ & indiuiduæ Trinitatis. Carolus gratia Dei Rex. Si locis diuinis cultibus mancipatis, ac seruorum Dei necessitatibus emolumentum Regiæ celsitudinis exhibemus, nobis hoc profuturum, ad præsentem vitam facilius transigendam, & ad futuram beatitudinem facilius obtinendam, nullatenus dubitamus. Quocirca nouerit omnium sanctæ dei Ecclesiæ fidelium, nostrorúmque præsentium, ac futurorum industria, quoniam intimante Geilone venerabili Abbate, ad nostræ celsitudinis notitiam venit, quia Monachi Beatæ & intemeratæ, sempérque virginis Mariæ, inclytíque Confessoris Christi Philiberti, non habentes locum quietudinis, reliquias præfatæ Dei genitricis, corpúsque iam dicti Confessoris, Paganorum truculentos impetus fugientes, per diuersa loca vectitando deportarent. Et ideò nos ob amorem Dei, & præfatorum Sanctorum patrocinia, æterna´q; remunerationis præmium, necnon & eleemosynam domini, & genitoris nostri Ludouici Piissimi Augusti, & inclytæ genitricis nostræ Iudith, ac pro salute nostra, charissimæq; Coniugis, & prolis, memoratæ Dei genitrici Mariæ, ac almifico Christi Confessori Philiberto Herensi, necnon & Geiloni venerabili Abbati congregationíque sibi commissa, Abbatiam Sancti Valeriani martyris, quæ est in Pago Cabilonensi, super fluuium Sagonam, vbi etiam idem venerabilis Martyr corpore quiescit : & Castrum Trenorchium, quod est ex eadem Abbatia : seu & omnes res, quæ olim à fidelibus Christianis prædicto Martyri collatæ sunt, quolibet modo inde abstractæ sint & Turnuncium villam, cum familia vtriusque sexus, & omni re ad se pertinente : & Bisiacum villam (quæ est in Pago Lugdunensi) quam tenet Ingelgarius, cum mancipiis, & omni re ad se pertinente : & Casia-* *Tournus. Abbaye S.Valerin. Tournus donné à l'Abbé de la congregation de l'Isle de Rhé. Pancharte de la donatiõ de Tournus par Charles le Chaulue. Monachi Beatæ mariæ,& S. Philiberti sine certa sede. Ludouicus Piissimus Aug. Iudith Augusta. Philibertus Herensis. Abbatia S.Valeriani. Castrum Tornutium. Tornutiĩ villa. Bisiacũ. Casiacũ.*

Vu iij

cum villam, quæ est in agro Belzinensi, cum mancipiis, & omni re ad se pertinente, cum omni integritate, & plenitudine æternaliter ad habendum, & iure Ecclesiastico possidendum condonamus, & condonando concedimus. Condonamus etiam sacratissimæ virgini Mariæ, Beatóque Confessori Philiberto, ad restaurationem loci superius dicti, ob deprecationem Bosonis Comitis charissimi nostri, pro eleemosyna nostra, ac dulcissimæ coniugis filiæ eiusdem Bosonis, Cellam Sancti Romani, quæ est in Pago Matisconensi, super fluuium Sagonam, cum Ecclesiis, villis, mancipiis vtriusque sexus, & cum omni re ad se pertinente. Eo videlicet modo, & tenore, vt præfati Sancti, & præfatus Abbas Geilo, suíque successores, has res perpetualiter habeant, & possideant. STATVIMVS etiam vt præfatus locus caput habeatur omnium rerum quæ ei à nobis, aut à fidelibus Christianis olim collatæ sunt, & omnia hæc loca, id est Asignarias, quæ sunt in Pago Sanctonico, cum omni sua integritate: & in Pictauensi territorio Cellam S. Prudentij, cum omni sua integritate: & in Pago Andegauensi Conolium, cum omni sua integritate: & in Pago Cenomanico Bussiolum, cum omni sua integritate, memorato loco deseruiant, in Monachorum vsibus, & pauperum necessitatibus. CÆTERVM eidem congregationi licentiam concedimus desuper se eligendi Abbatem secundum regulam S. Benedicti, sicut hactenus tempore patris, auíque nostri semper habuerunt. Annualem quoque mercatum per dies quatuor Missa S. Philiberti de transitu, & Monachi habeant concedimus. Scitimus autem vt omne toloneum ipsius mercati ipsi Monachi habeant, & super hoc à nulla iudiciaria potestate impediantur, aut inquietentur in aliquo. Immunitatem quoque sexcentorum solidorum, quam genitor meus Ludouicus Augustus, & Carolus auus meus Imperator, & proauus Pipinus eis concesserunt, concedimus, atque indulgemus. Cuius immunitatis infractor sexcentorum solidorum culpabilis iudicetur. Et quicquid exinde ius fisci nostri sperare poterat, luminaribus ipsius Ecclesiæ totum concedimus. Nos autem præcipimus vt nullus nostrorum, vel successorum nostrorum Comes, aut Vicecomes, seu Vicarius, aut missus discurrens, in prædicta immunitate à nobis, aut antecessoribus nostris Ludouici, Caroli, atque Pipini, seu & antecessorum illorum concessa exquirere, aut mansionaticum, aut paratam, aut parafredum, aut eulogias præsumant, neque præsumat horum quisquam ab eorum seruis, colonis, seu francis, super eorum terram commanentibus exigere, in publicis mercatis, siue de fratrum negotiis, siue de suis toloneum, aut vllam redhibitionem, seu exactionem, neque in mari, aut Rhodano, seu Sagona, aut Dou, vel Ligeri fluminibus nauigantibus, aut littoribus commorantibus requirere audeat, aut præsumat, aut nauaticum, aut cespitaticum, aut salutaticum, aut pontaticum, neque in terra rotaticum. VNDE hoc nostræ altitudinis præceptum fieri, prædictóque Geiloni Abbati dari iussimus: per quod ipse, suíque successores memoratas res, quas modo concedimus, & de præterito concessas habemus, iure perpetuo teneant, & possideant. VT AVTEM hæc nostra munificentiæ largitio in Dei nomine firmitatis obtineat vigorem, manu nostra propria eam firmauimus, & bullis nostris subinsigniri iussimus.

Boso Comes pater Augustæ. Cella S. Romani. Abbatia Trenorchiensis sit caput omnium quæ ad congregationem Herensem pertinebant. Asignariæ. S. Prudentius. Conoltú. Bussiolú. Ius eligendi Abbatem. Nundinæ. Teloniú. Immunitas, &c. Series progenitorum. Immunitatum expressio.

Signum

de Tournus.

Signum gloriosissimi Regis. Ebbo presbyter ad visum, & talem recognouit. Data XIIII. Cal. Aprilis: Indictione octaua, anno XXXV. *regnante Carolo gloriosissimo Rege, & in successione regni Lotharij anno sexto. Actum in sancto Dionysio in Dei nomine fœliciter. Amen.* Le seing dudit Roy Charles le Chaulue est tel ∴ A ces lettres pend vn seel d'or, ou (comme il est dit par les vieils tiltres de Tournus) vn besan d'or: qui a d'vn costé la medaille d'vn Roy en relief, iusques à la ceinture, & de l'autre le nom d'iceluy en lettres Romaines quarrees, mais bien fort vsees, & mal-aysees à lire. — Seel d'or dit Besan.

Entre plusieurs choses notables en ladite Chartre, cecy me semble digne d'estre remarqué, que Boson y est nommé pere, & non frere de la femme de Charles le Chaulue: ce qui ne peult estre, qu'iceluy Boson ne fust desia aagé, & par consequent est besoin inferer necessairemét qu'il y a eu deux Bosons: sçauoir est cestuy, & son filz Roy d'Arles, par la mort duquel Berauld de Saxongne s'empara de Sauoye, & Humbert Blanches-mains du Daulphiné. Autrement il seroit force confesser (ne constituant qu'vn Boson) qu'il eust vescu plus de cent ans. Et accordant deux Bosons nous mettrons d'appointement messieurs de Vienne, & de Charlieu (Prioré au diocese de Mascon) desquels les premiers m'ont autres-fois mōtré en leur Eglise cathedrale vn sepulchre de Boson: duquel l'Epitaphe commence ainsi: *Regis in hoc tumulo requiescunt ossa Bosonis, &c.* Er les autres se ventent d'vn Boson, qu'ils appellent le Roy Beuf: & en ont vne bonne fondation. Pourroit toutes-fois bien estre que la sepulture de Boson soit à Vienne, & celle de Beuues d'Ardénes son pere soit à Charlieu. — Boson pere, nō frere de l'Imperatrix. Deux Bosons. Berauld de Saxōgne. Hubert Blanches mains. Vienne. Charlieu.

Appert d'auātage, que le Monastere de l'Isle de Rhé est le vray fond & propre heritage de sainct Philibert: mais qu'estant le lieu ruiné par les Normans (que quelques noz histoires nomment aussi Danois) & l'Isle renduë inhabitable, & l'Abbé de Rhé, & sa congregation, furent cōtraincts prendre parti là où ils le peurēt trouuer, pour y viure à seureté, en attendant resource de leurs miseres: & iusques à ce qu'arrestez à Tournus par le bien-faict de Charles le Chaulue, ce lieu deuint chef, & comme fied domināt sur tout ce qu'appartenoit à l'Abbé & conuent de la congregation de Rhé, tant en principal, que dependances & accessoires. Vray est que (comme il est aduenu à l'ordre de Cluny) plusieurs Abbayes se sont rengees audit ordre, & mises en l'obeïssance & collation de l'Abbé, chef dudit ordre: auquel nōbre sont Gigny, Nantua, S. Marcel lez Chalon, &c. & ne sont plus que Priorez collatifs. Ainsi en est-il aduenu non seulemét au monastere de l'Isle de Rhé, dit de present Noir Moustier, mais aussi à S. Porsain, Cunault, le Godet, Lodun, &c. — L'Isle de Rhé premier & principal fōd de la cōgregation trāsferee à Tournus. Normās dits Danois. Maintes Abbayes sont deuenuës Priorez collatifs. Gigny, Nantua. S. Marcel.

Au reste (reuenant au texte de la Chartre sus escritte) ceux qui ont esté soigneux de l'histoire de Charles le Chaulue, ne trouueront estrange qu'il face icy le papelart: Car estant des Rois superbes le trop plus outrecuidé, par le tesmoignagne de tous ceux qui ont escrit de luy, ce n'est — Charles le Chaulne fait du Pape.

Vu iiij

512   Des antiquitez

Cõfusion des deux glaiues.
Osias.
Le Chaue dispose du rãg des Benefices.
Recours a l'authoritié du Pape.
Pape Ieã viij.
Cõcile de Troyes.
Loys le Begue.
Bulles en escorce.
Chancelier Oliuier.

de merueille, s'il a estimé sa gainne capable des deux cousteaux, qui causerẽt la ladrerie à Osias, & à d'autres qui se sont voulu ingerer de les manier. Ce n'est de merueille (di-ie) s'il se mesle de disposer de la Hierarchie & ordre des beneficces, & s'il ordõne que Tournus seroit chef des Priorez nommez en ses lettres de Chartre. Aussi ne s'y sont du tout fiez les Abbez & Conuent de Tournus: ains ils obtindrent depuis de Pape Iean viij. du nom plusieurs beaux & amples priuileges, & confirmation non seulement du faict susdit, mais concernans maints autres chefs: le tout donné & expedié au Cõcile de Troyes en Champaigne, lors que Loys, dit le Begue, filz dudit Chaulue fut couronné Empereur. Les deux Bulles sur ce depeschees sont escrites en escorce collee fort dextrement sur toille & la forme des caracteres si estrange, que feu le Chancelier Oliuier, n'estant encores que Chancelier d'Alençon (assistant à Madame Marguerite d'Angoulesme Royne de Nauarre sa maistresse, à laquelle feu Messire Antoine de Corant de la maison de la Motte pres Verjon, Sous-prieur & Enfermier de Tournus, les montroit) confessa n'auoir iamais rien veu plus rare, ny plus singulier.

Confirmations de Priuileges.

Telz priuileges & confirmations ont esté reiterez par plusieurs autres Papes, desquels les Bulles Apostoliques sont cõseruees au Thesaur de Tournus. Et si les Papes leur ont esté liberaux de cõcessions, les Rois n'ont eut moindre deuotion enuers ladite Abbaye faisant chef d'ordre

Chapitre general de Tournus.
Professions.

de par soy, & qui auoit particulierement son Chapitre general, auquel tous les Priorez en dependans, estoient tenus enuoyer chacun an: & n'y auoit en toute la congregation de l'Isle de Rhé (dont Tournus estoit chef) que le seul Abbé, ou son Vicaire, qui peust admettre les religieux dudit ordre & congregation, à emettre profession.

Henry 1. Roy.
Philippe couronné Roy.

Entre les Rois qui ont confirmé & amplifié de donations la teneur de la Chartre de Charles le Chaulue copiee cy dessus, fut Héry premier du nom Roy de France: duquel les lettres patentes sont de l'an de salut M.LIX. & de son regne le XXIX. le mesme iour que Philippe son filz fut couronné Roy de France. Aussi le Roy Philippe estant à Autun l'an M.C.XCVI. & de son regne le XXXVI. vsa de mesme munificéce, presens & signans auec luy Raoul Conte de Vermandois Grand-maistre: Guillaume, Bouteillier, ou (comme on dit maintenãt) Eschançon: Matthieu

Cõnestable.
Charles v. Roy.
Charles vij. Roy.

Chambrelan: & Matthieu Connestable, ou bien grand Escuyer: car le mot *Constabularius* se trouue auoir signifié l'vn & l'autre. Charles cinquiesme conceda ses lettres patentes à mesmes fins à l'Abbé & Conuent de Tournus, à Paris M.CCC.LXVII. au moys de Decembre. Autant en feit Charles septiesme, l'an mil quatre cens trente neuf: & de son regne le dixseptiesme: au lieu de Lyon, luy estant en son Conseil, auquel aussi estoient Messieurs les Ducz de Bourbon, & Charles d'Anjou Conte du Mans: & les Contes de Tancaruille, & de la Marche: les Archeuesques de Thoulouze & de Vienne: l'Euesque de Maguelonne: le Mareschal

de

de Tournus.

de la Fayette: Maistre Iean Rabatelli President au Parlement: les sieurs de Chaulmont, de Precigny, & de Coëtini & plusieurs autres.

AV RESTE, le venerable Geilo ayant obtenu les lettres susdites du Roy Charles le Chaulue, alla (en vertu d'icelles) prendre possession de Tournus: & ses religieux y porterent les reliques, desquelles est cy dessus faicte mention. Quelque temps apres ce venerable Geilo fut faict Euesque de Lãgres: & mourut durãt le regne de Loys, & de Carloman. Gaulthier luy succeda en l'Abbaye de Tournus: & au bout de huict ans Blitgaire. *Geilo E. de Langres. Gaulthier Abbé. Blitgaire Abbé.*

LE LIVRE ancien de Tournus contient que ce Blitgaire Abbé obtint plusieurs grands biens de Loys, filz d'Odon l'Angeuin Roy de Frãce. Mais d'autant que toutes noz histoires s'accordent, que ce Roy Angeuin n'eut point d'enfans qui le suruesquissent, i'estime que celuy qui a escrit ledit liure se soit mesconté: & qu'il n'a deu interpreter ces bienfaicts estre procedez de la liberalité d'vn Loys Roy de France, ains de Loys filz de Boson Roy de Bourgongne. *Loys filz du Roy Odon. Erreur. Loys filz de Boson. Erué Abbé.*

APRES Blitgaire entra en charge d'Abbé de la Congregation de Rhé, transferee à Tournus, Erué, homme fort diligent à accroistre le reuenu & authorité de son Abbaye. Entre autres choses il obtint d'Arman, filz d'Arman sieur de Poligniac Viconte de Velay, beaucoup de biens, desquelz est creu le Prioré de la Voulte de Poligniac: ou (comme les plº curieux escriuẽt) Apolligniac: duquel l'Abbé de Tournus a l'entiere disposition. Et est icy à noter, que par ancienne institution, tous les sieurs de Poligniac doiuent estre surnommez Arman: comme les sieurs de Tournon doiuent estre nommez Iust: ceux de Laual en Bretaigne Guy: & ceux de Saligny Lourdin, &c. *Armã de poligniac Viconte de Velay. La Voulte de Poligniac. Le sieur de Poligniac doit estre surnõmé Arman.*

ERVE' decedé, Guicheran fut esleu en son lieu: & la premiere annee qu'il fut Abbé, soulagea auec liberalitez & ausmosnes, infinies personnes reduictes à miseres, par l'excessiue sterilité, cause d'vne vehemente & generale famine par toute la Bourgongne. *Guicherã Abbé. Charité de Guicheran.*

LVY MORT, l'Abbaye de Tournus tomba en grands differens auec Gislabert (qu'aucuns nomment Gilbert) Duc de Bourgõgne. Leurs difficultez prouindrent de ce que comme les Princes sont coustumiers de s'affectionner à petis compagnons: ainsi Gislabert (vsant encores d'vne autre maxime des Princes; cuidans tout leur estre licite: auec opinion que ce soit cas de crime de resister aux licences qu'ils se donnent) s'opiniastra au soustenement d'vn, qui (pour toutes suffisances) n'auoit que la faueur de la Cour. Le Duc fauorisoit vn vault-neant, & hõme de mainmorte (condition indigne de toutes bonnes & grandes qualitez) contre les Religieux & Conuent de Tournus. Et estoit ceste faueur de Gislabert fondee en si grãde opiniastreté, que (fust à tort, fust à droict) il vouloit que son fauorit nommé Guy, natif du diocese de Langres, fust esleu Abbé de Tournus, où il auoit esté receu & nourry. Les autres religieux *Gislabert Duc de Bourgõgne. Vicieuse coustume des Princes. Guy moyne de Tournus.*

opposoient que toutes electiós doiuent estre libres, & que l'vn des prin-

Serment des religieux de Tournus. cipaux articles du serment qu'ils sont tenuz prester à leur reception, est qu'ils iurét qu'ils ne sont point extraicts de personnes mainmortables: ainsi que non seulement Guy n'estoit indigne d'estre Abbé, mais aussi d'estre nombré entre les religieux de leans. Ces altercatz exciterent vne miserable Tragedie.

Les Princes croyét de legier. GISLABERT n'eust (comme i'ay desia touché) pas pensé estre Prince, si (iouxte leur coustume) il n'eust creu de legier: & si les premieres impressions ne luy eussent semblé les plus vrayes, & plus dignes de faueur. En estant logé là, il entreprint le soustenement de la querelle de Guy (qu'il auoit en opinion d'homme d'honneur & de merite) & n'espargna ny messages, ny lettres de son cachet & de son grand seel, pour adiurer & coniurer les moynes de luy obeïr. Et aux paroles, escritures & cire, adioustoit horribles menaces. Mais si les poursuittes furent aigres, la resistance en fut tant plus vertueuse. En fin quand les religieux cogneurent que (la raison mise à part) le Duc vouloit vser de volonté, & y ad-

Digne resolution pour lois. iouster la force: ils resolurent d'vne entiere, & cóstante determination, de ne souffrir que la puissance seculiere exerçast aucune iurisdictió, sur personnes qui auoient renoncé au monde. A ces fins ils se determinerent de delaisser & abandóner au Duc & à son fauorit, tout ce surquoy il pourroit pretendre droict: qui consistoit en maisons, heritages, cens & autres biens temporelz: & sans abandonner les pays du Prince souuerain (qu'estoit le Roy) se retirer à S. Porsain, d'où auát que venir à Tour-

Retraicte des religieux de Tournus. nus ils estoiét partis. Venans doncques à l'execution de leur entreprise, ils s'en partirent de Tournus auec les Reliques & corps saincts qu'ils auoient apporté de l'Isle de Rhé. Et pour certaines causes prindrent leur chemin par Mascon: où ils furent fort gracieusement & humainement

Leotald Conte de Mascon. receus par Leotald, Conte de Mascon: qui (comme Seigneur deuot & craignant Dieu) desiroit de tout son cœur les arrester, & en ceste esperáce les entretint bóne espace de temps. Mais le Duc Gislabert aduerti de l'intention du Conte, luy enuoya message expres, pour le sommer de mettre les Religieux de Tournus hors de ses terres, & Conté du Mascónois: autrement qu'il se resolust d'auoir la guerre. Ceste denonciation tint longuement le Cóte en perplexité. Car d'vn costé la deuotion qu'il auoit aux reliques sus mentionnees, luy faisoit trouuer grief de les laisser esloigner: & d'autre-part la fureur de Gislabert, Prince puissant & vindicatif, luy occasionnoit crainte: ne se sentant suffisant pour luy resister. En ceste ambiguité il cómuniqua les lettres du Duc aux religieux, qui auoient reprins leur ancien nom de la Congregation de Rhé. Lesquels (apres auoir remercié le Conte de la gracieuse hospitalité dont il auoit vsé enuers eux) luy prierent de ne mettre sa personne, son estat, ny ses hommes en danger pour eux: & qu'ayant de Dieu si bons gaiges, ils ne pouuoient douter de son ayde & assistance. Licentiez doncques ils

pour-

poursuyuirent leur chemin, & allerent à S. Porſain.

 O BON DIEV que tu es admirable! tes conſeils ne peuuent eſtre cogneus, tes voyes ſont inueſtigables: les effectz de ton courroux, quád tu es irrité de noz offenſes, procedent lentement à la punition : mais la rigueur de tes verges ne laiſſe de ſe faire rudement ſentir. Maints qui confeſſent que le deshonneur faict à l'Arche d'alliance, par ceux qui luy paragonnerent leur Dagon, fut puny: & que pour guerir les Azotiens, & Accaronites furent contraincts afficher à l'Arche des ſimulachres d'or, ne ſçauroient bonnement(& ſans impudence) nyer, que les choſes qu'il a pleu à Dieu permettre ſeruir d'inſtrumés de noſtre redemption, par auoir eſté employees au myſtere de la douloureuſe paſſion de IESVS-CHRIST, ne ſoient d'autant plus venerables, comme ayant entré en ſa precieuſe chair, & eſté arroſees de ſon tres-digne ſang, elles ont acquis de dignité, par la dignité de chair & ſang ſi ſaincts & ſi venerables. On ne peult auſſi douter que la frequence des miracles aduenuz à la reuelatiõ des Saincts, & le recouuremét de gueriſon par infinies perſonnes, aux memoires & tombeaux des decedez en grace, ne ſoyent vrays teſmoignages, que les benoiſts amis de Dieu ſont honorez par luy de la vie heureuſe en gloire eternelle : & que leurs corps (dignes temples du S. Eſprit) n'ayent eſté par prouidence diuine mis en riches chaſſes, & ſeparez du reſte des mortz, à fin que ces monumếts, eſueillết noz ſens à nous ſouuenir d'eux, les loüer, imiter & prier: à fin auſſi qu'eux glorifiez & deuenuz comme Anges, qui voyent tout, ſçauent tout, & peuuent tout(ſelon la grace que Dieu leur communique de ſon intelligéce, ſçauoir & pouuoir) n'ayent pour neant la charité en reſerue, ains l'exercết enuers nous, & pour nous par interceſſions : tendantes à ce que Dieu (qui veult eſtre requis) appaiſe ſon courroux, aye pitié de nous, & conſerue noſtre eſpece, iuſques à ce que le nombre des Eſleuz ſoit complet: & que d'eux puiſſe reſulter ce corps myſticq', duquel nous deſirons (& face Dieu que nous ſoyons dignes) d'eſtre membres, vniz à noſtre chef IESVS-CHRIST.

 Or n'eſtoit petit le nombre des Reliques venerables, pour auoir eſté inſtrumens de la ſouffrance & douloureuſe paſſion de noſtre Seigneur & Saulueur, qui apportees de Leuant en l'Iſle de Rhé, auoient eſté tranſportees à Tournus. En la ſuytte d'icelles eſtoiết pluſieurs corps saincts, ſignalez de miracles, & deſquelz la Canonization n'auoit eſté, ny precipitamment, ny indiſcrettement, ny vulgairement faicte. La Bourgongne priuee de ſi riches ioyaux, par le temps de trois ans, que les ſus-mentionnees Reliques furent à S. Porſain, ſouffrit incroyables deſaſtres & perſecutions eſtranges. Outre ce que la terre degenerant de ſa naturelle fertilité, ne rapportoit comme rien: non ſeulement les beſtes ne ceſſoiết de produire des monſtres, & des animaux diſſemblables à leurs eſpeces, mais auſſi les femmes ou auortoient en enfantant, ou deliuroient de choses si horribles, que leur fruict sembloit estre nay, pour donner frayeur & espouuantement.

Hongres rauageurs. LE Tyrant Gislabert cause de tant de maulx, & prouocateur de l'ire de Dieu, ne fut exempt de iuste punition. Car (outre le rauage des Hongres, qui desbordez de leurs limites, apres auoir trauersé grāde portion d'Allemaigne, accablerent quasi les pays, & l'estat de ce Duc) il perdit pendant ce temps, tous ses enfans masles. Et (qui fut accidēt admirable) comme vn iour qu'il estoit en assemblee solennelle, tenāt Cour planiere, vn sien neueu, filz de sa sœur, ieune homme de gentil esprit, beau personnage, & duquel non le Duc seulement, mais tous les estats du pays *Mort horrible d'vn nepueu du Duc.* auoient tres-bonne esperance, luy presentoit la couppe au festin, il fut soudainement surprins d'vn cruel & estrange tourment: & apres auoir esté par quelque espace de temps si horriblement affligé, qu'il ne crioit moins hault, qu'espouuentablement, il cheut tout roide mort sur les quarreaux du paué de la salle: au grand estonnement de l'oncle, frayeur & esbayssement d'vn chacun.

Afflictiō cause de bō aduis. Ces afflictions generales aux pays de Bourgongne, & ces calamitez domestiques plus particulieres à la maison du Duc, furēt cause que luy, qui au-parauant (comme ignorant de la vertu, & du don de Dieu) negligeoit les plaintes & remonstrances du publicq', fut touché au cœur: & *Le Duc reuient a bō fruict.* que ces tristes accidens luy feirent sentir, qu'il estoit de besoin se conuertir à Dieu, s'humilier deuant luy, & par deuotes prieres appaiser son courroux. A ces fins il depescha lettres aux Euesques de Bourgongne, pour les exhorter & prier de s'assembler en Concile, & vouloir auiser de se mettre tant eux que leurs diocesains en deuotion, pour fleschir & appaiser l'ire de Dieu, & se reconcilier à luy.

Concile national. Bourgōgne faict nation. Concile à Tournus. Assēblez au Concile. L'an 944. le Concile national (car pour lors Bourgongne faisoit nation, & encores faict en plusieurs Vniuersitez de loix) fut assemblé à Tournus, & tenu en l'Eglise Abbatialle: où assisterent plusieurs Archeuesques, Euesques, Abbez, Docteurs, Chanoines & autres. De ce nombre furent Guy Archeuesque de Lyon, Geoffroy Archeuesque de Besançon, Gouiscale Euesque de Lausane, Rotmond Euesque d'Autun, Hildebod Euesque de Chalō, Maymbod Euesque de Mascon, Alchier Euesque de Grenoble, &c. Là fut prudemment aduisé des causes de telle assemblee: & (comme ces vnanimitez d'opinions entre plusieurs hō*Resolutiō du Concile.* mes congregez au nom de Dieu, ont quelque vray ressentement d'inspiration diuine) toutes lesvoix se resolurent en vne commune & publique, que les torts faicts aux religieux absens de Tournus, & que la distraction des sanctuaires estoit cause des maulx que la Bourgongne enduroit. Et pour ce tendoient tous à la reparation de telz griefz, & reuocation des Reliques.

Rappel des Reliques. Pour y satisfaire furent choisis deux notables personnages, hommes d'Eglise, signalez de quelque dignité, & au reste doctes & bien enlangagez.

de Tournus. 517

gagez. Ces deputez allerent à S. Porſain : & feirent tant enuers les Reli- | Enuoyez aux Religieux à S. Porçain.
gieux de la Congregation de Rhé retirez audit S. Porſain, qu'ilz conſen-
tirent de reuenir à Tournus, & y remporter les ſanctuaires qu'ilz en a-
uoient retiré. Ceſte reſponſe entenduë par les Prelatz, & Sieurs qui en
eſtoiēt en attente, leur pleut tant, que rien ne leur euſt peu eſtre plus aggreable. L'Archeueſque de Lyon, & les Eueſques de Lauſane, & Greno-
ble, ſe retirerent par diuers chemins chacun en leur dioceſe. Mais l'Ar- | Beſançon dicte iadis Chryſopolis.
cheueſque de Beſançon (nommee és anciens memoriaux de Tournus
Chryſopople) les Eueſques d'Autun, Chalon, & Maſcon (riere leſquelz la
perſecution eſtoit plus cruelle) determinerent ne bouger du lieu, qu'ilz
ne veiſſent les Religieux de retour, & les memoires, reliques, & corps
ſaincts remis au lieu ancien, & choiſy, pour les y arreſter, & honorer.

S I toſt que les ſanctuaires approcherent Tournus de demie lieuë, les | Proceſſiōs au deuant des Reliques.
Eueſques feirent trois trouppes, & allerent ſeparémēt au deuant en pro-
ceſſion. La premiere fut de l'Eueſque d'Autun, & de ceux de ſon dioceſe,
qui l'auoient ſuiuy. La ſeconde de l'Archeueſque de Beſançon, & de ſes
trouppes. Et la troiſieſme, & derniere, des Eueſques de Chalon, & Maſcon, accompagnez de leurs dioceſains. En ceſt ordre furent ramenez les
Religieux à Tournus, & les choſes ſainctes poſees auec honneur, & de-
uotes ceremonies, au lieu où elles eſtoient au-parauant. Or comme la | Aucuns lieux plus ſaincts que autres.
puiſſance de Dieu ſe manifeſte où il luy plaiſt : & que (combien que par
la premiere benediction que Dieu donna à tout ce qu'il auoit creé, toutes Creatures furent beniſtes) ce neantmoins certains lieux ſont ſancti-
fiez, par graces, & benedictions particulieres : ſelon que le teſmoingna
Iacob : qui apres auoir luicté auec l'Ange (comme ſ'il fuſt ſorty d'vn pro- | Iacob.
fond ſommeil) ſ'eſcria, *Vrayement ce lieu eſt ſainct, & ie n'en ſçauois rien* : ainſi | Dit de Iacob.
depuis la premiere arriuee des Reliques, & ſanctuaires prementionnez
au lieu de Tournus, ces dignes, & precieuſes choſes (encores qu'elles fuſſent inanimees) eurent quelque pluſgrand contentement d'y eſtre, que
autre-part : & les Anges tutelaires de Tournus, receurent ſi grande ioye, | Anges tutelaires.
d'auoir ſoubz leur protection Reliques ſi rares, & tant exquiſes, que l'indignation qu'ilz auoient de les veoir tranſporter, cauſoit aux enuirons
perſecutions, & leur retour contentement, auec abondance. Et fut choſe
bien remarquee, que deſlors que les Reliques furent arriuees dedans le
territoire de Tournus, toute la Bourgógne ſentit vne quaſi reſpiratió de | La Bourgongne ſoulagee.
ſes malheurs, & vne (cōme interne) conſolation. On ſ'apperceut (cōme à
l'œil) que la terre auoit recouuert ſon ancienne fertilité : & les femmes ſe
trouuerent exemptes du mal, & de la peur qu'elles ſouloient auoir.

Q V A N T au Duc, il enuoya ſon vœu à Tournus, auec ſes lettres pa- | Le Duc Giſlebert confirme les priuileges de Tournus.
tentes, par leſquelles (oultre la confeſſion de ſa faulte) il vſe d'acte autant
que ſouuerain : en ce qu'il confirme les priuileges donnez à icelle Abbaye par tous Princes, meſmement par ſes predeceſſeurs : adiouſtant

X x

Charles le Chaulue. (combien que Charles le Chaulue l'auoit desia concedé) qu'il vouloit, & ordonnoit tant pour luy, que pour ses successeurs Ducz de Bourgongne, que les Religieux de Tournus puissent iouyr à plain, & sans empeschement d'aucune Iurisdiction seculiere, du priuilege d'election, & autres droicts, libertez, franchises & immunitez: lesquelles il confirme, approuue, & concede de nouueau en tant que de besoing.

Priuilege d'election.

Procession votiues. Av reste les Euesques statuerent & ordonnerent, que tous les ans viendroient vne fois processions de leurs diœceses, (sans toutesfois prefixion de iour) en l'Abbaye de Tournus: mais quant aux Paroches circonuoisines, qu'elles seroient tenues y venir processionnallement, le sixiesme iour apres celuy de l'Ascension de nostre Seigneur. Ce que par bien long-temps fut continué : puis interrompu par les guerres; & en fin delaissé par refroidissement de deuotion. A present il n'y a plus que certaines Paroches qui y aillent, & soient comme fragments de l'ancien establissement: encores ces Paroches sont telles, que ou l'Abbé, ou bien quelque Officier claustral de Tournus en sont Curez primitifz, & y ont des Vicaires perpetuelz.

Apres la vuidange du different que l'outrecuidé Gislabert Duc de Bourgongne auoit dressé aux Religieux de Tournus: & lequel fut terminé par le propre acquiescement d'iceluy : le Monastere demoura en grande authorité, & reuerence. Non seulement ceux qui auoient senty les afflictions sus-mentionnees, mais aussi qui n'en auoient que ouy parler, confessoient que le doigt de Dieu leur assistoit si expressément, que ceux qui les auoient en honneur, prosperoient: & ceux qui les mesprisoient, receuoient dommages. De là proceda vn grand bien.

D'afflictiō grand bié. Car des Princes, les vns furent retenuz par crainte, & par ce moyen perdirent l'enuie de succeder aux malices, mauuaises creances, & tyranniques accoustumances de ce faulx germe de Prince Gislabert: les autres meuz de deuotion, & congnoissants que nul ne persecute l'Eglise, qu'il ne soit persecuté de Dieu, feirent de grāds biens au Monastere de Tournus. D'autre-part les Prelatz, & à leur exemple la Noblesse, & les gens du tiers Estat, donnerent grands auancements & prospererent fort les affaires de ladicte Abbaye.

Hildebod Euesque de Chalō. Av temps du Concile de Tournus, Hilbod (duquel est cy dessus faicte mention) estoit Euesque de Chalon: & pourtant (selon l'vsance d'alors) chef de son Chapitre: auec lequel il estoit en communion de biens:

S. Loup. E. de Chalō. n'ayant (comme depuis il a esté mis en practique, & tres-mal) table, ny reuenu separé : ains tout en commun à l'Apostolique. Or est-il que long

Renoncer au monde. temps au parauant, sainct Loup iadis Euesque de Chalon, personnage si sainct & entier, que ayant renoncé au monde, il ne pensoit auoir pere,

S. Loup gentil-hō-me. ny mere, que l'Eglise qui l'auoit receu, esleué, & nourry : ny freres que ses Confreres dediez au seruice d'icelle : & (combien qu'il fust de noble

& gran-

de Tournus.

& grande maison) si pensoit-il, que ce seroit contreuenir directement au texte Euangelique, defendant de regarder derriere soy (qui est à dire à ses parents, & au monde, quand on les a delaissé pour suyure l'estat de l'Eglise) si ses biens (beaux & grands) tomboient en autres mains, que de ses successeurs Euesques, Chanoines, & Chapitre de son Eglise. Pour-ce les feit-il ses heritiers: & entre autres ses grandz biens, en fut sa Baronnie de Boyer, encores à present possedee par le Chapitre de Chalon. Ses anciens limites & confins s'estendoient fort pres de Tournus: voire si pres que le grand chemin qui est entre la Chapelle sainct Laurens, & l'Abbaye descendant au Pasquier d'enhault, tirant à la riuiere de Saone, faisoit la separation du territoire de Tournus, & de Boyer. L'Euesque Hilbod, pour ne demourer seul sans bien-faire à l'Abbaye de Tournus, donna, ceda, & transporta à sainct Philibert, & à son Monastere tout ce qui est entre ledict grand chemin & le ruisseau venant de Barraban. Comme oultre lesdictes bornes Tournus a acquis ce qui est plus auant que le ruisseau prenommé, iusques aux bornes de pierre, plantees du gré des parties, ie ne l'ay encores peu sçauoir. Bien ay-ie ouy dire aux plus anciens, que celle maison seule qui est plus prochaine desdicts limites, est appellee Grange, (on diroit en France Metairie, ou Gaignage) pour-ce que c'estoit vn Grangeage du Monastere de Tournus, sur lequel desia d'antiquité Boyer n'auoit aucun droict, soit de Iustice, soit de directe, soit de dixmerie.

_{Heritiers de s. Loup. Boyer pres Senecey. Vieil limite du finage de Tournus & Boyer. Don faict à Tournus par l'Euesque Hilbod. Nouueau limite de Tournus. Ruisseau de Barraban. La Grange Grimoud.}

CESTE donation, & transport faictz par l'Euesque Hilbod à l'Abbaye de Tournus: & confirmez par son Senat, le Chapitre de Chalon: augmenterent de beaucoup les finage, dixmerie, & Iustice de Tournus du costé du North, ou Septentrion: selon qu'il appert par les pierres mises pour bornes (le vulgaire dit bômes) entre lesdictes terres de Tournus, & de Boyer, qu'on ne peut douter auoir toutes deux droict de double Iurisdiction: encores que la Philosophie de quelqu'vn, plustost que son sçauoir en matieres d'Estat, leur ayt faict souffrir Ecclipse: que nous esperons (la lunaison passee) deuoir estre restitué en sa premiere splendeur: si les memoires du Chancelier du Prat, Canonisez par Poyet, ne sont pour miracle en l'Estat, que toutes les Iustices, riuieres bannales, moulins, & fours bannaulx, soient adiugez au Roy: & que les Colombiers, & Garennes y soient adioustez. Qui est ce que souuent a esté dit contre les mauuais Conseillers d'Estat, qui font tant enfler la ratelle, que le corps en demoure phthisicq'.

_{Double degré de iurisdictiō. Desseings iniques. Contre les mauuais Cōseillers d'Estat.}

LORS que Hilbod Euesque de Chalon, feit les faueurs prementionnees au Monastere de Tournus, Aymin estoit Abbé, au lieu du turbulent Guy, que Gislabert auoit en vain voulu (fust à droict, fust à tort) faire Abbé. Aussi fut-ce durant ceste contention, que les Hongres (desquelz nous auons parlé cy deuant) entrerent en Bourgongne,

_{Aymin Abbé. Hongres en Bourgongne.}

Xx ij

Des antiquitez

Tournus ruiné.
& ruinerent les plus sainctz lieux, & plus renommees Abbayes de tout le pays: entre lesquelles Tournus ne se trouua exempt, ains courut telle fortune que les autres. Et (comme vn desastre n'aduient iamais seul) s'y adiousta vne tres-cruelle famine, de laquelle la Bourgongne fut terriblement persecutee.

Famine en Bourgōg.

* Av bout de la xviij^e. annee de sa Prelature, Aymin (personnage fort aymé, à raison de la virile resistance qu'il auoit fait au Duc Gislabert) vint à mourir: & en son lieu entra Erué ij^e. du nom, Abbé de la Congregatiō de Rhé, reduicte à Tournus. Mais cest Erué ne dura gueres: ains mourant laissa Estienne pour successeur: lequel est l'vn de la douzaine des bons Abbez de Tournus. Il commandoit l'an 960. Et se trouue de luy, que comme le corps S. Valerin eust (selon que nous l'auons dit au commencement) esté sepulturé par les premiers Chrestiens du lieu, ainsi que le temps d'adoncq le permettoit: & depuis mis en vn monumēt, en façon d'arche de pierre: l'Abbé Estienne (meu de singuliere deuotion enuers le corps sainct) le transfera dudit second monument de pierre, & le mit en vne chasse d'argent: & quant au chef (que i'ay veu fort gros, au respect de ceux des hommes de maintenant) il l'enchassa en argent, le plus conuenablement qu'il peut, pour representer la teste couppee d'vn personnage de l'aage & corpulance dudit S. Valerin: icelle teste soustenuë d'vne base en forme d'espaules & parties adherantes en l'homme iusques à la poictrine: & le tout couuert de lames d'argent. Autant en feit-il du chef, & corps de S. Portian, que nous disons en vulgaire S. Porsain. Qui plus est, ne pouuant sans grand creue cœur, voir plus longuement les ruines que les Hongres auoient faict en son Monastere, il ne reedifia pas seulement l'Eglise, mais aussi reprint de fond en cime tous les anciens maisonnements, & les rebastit tout à neuf. Chose qui seroit mal-aisee à croire. Car les bastiments sont si amples, & de telles estoffes, qu'à peine vn Roy l'oseroit entreprendre. Mais la pieté, & deuotion dēs personnes d'alors estoit si grande, & les iournees des ouuriers à si bon marché, qu'il estoit adoncq' aisé faire, ce que maintenant nous estimeriōs impossible.

Erué ij. Abbé.

Estienne Abbé.

Le corps S. Valerin enchassé.
Chef de S. Valerin.

Chef, & corps de S. Portian.

L'Abbaye de Tourn^s rebastie à neuf.

Facilité de bastir iadis

Estienne mort, Odo luy succeda, & à cestuy Wago: duquel l'an 18. le iour feste S. Vital, le feu se print de telle & si grande vehemence en ladicte Abbaye, que tout embrasé, non seulement les meubles du dortoir, & refectoir furent bruslez, mais aussi (ce pédant que chacun estoit empesché à sauluer les sanctuaires & reliques) le feu gaigna la librairie (tenuë pour l'vne des plus belles, & amples du Royaume) & la brusla toute. Quant au Thesaur, encores qu'on feist extreme diligēce de sauluer les tiltres, tāt du Monastere, que des maisons nobles circōuoisines (car c'estoit adōcq la coustume, que chacune bonne maison de Noblesse auoit ou vn coffre, ou vne quaisse, au Thesaur de la plus prochaine grosse Eglise, en laquelle aussi les seigneurs d'icelles auoient leur sepulture) si se perdit-il

Odo Abbé.
Vuago Abbé.
L'Abbaye de Tourn^s bruslee.

Librairie gastee par feu.

Coustume antique.

plusieurs

de Tournus. 521

plusieurs Chartres, lettres de donations, & fondations priuileges, & autres enseignements de bien grand importance. Au nombre des tiltres perduz, par la vehemence du feu, furent ceux des bien-faicts au Monastere de Tournus, par deux Euesques de Mascon Adon, & Milon: portans donation des dixmes de toutes les Parochialles qui dependoient, & sont encores du Patronnage de l'Abbaye de Tournus. En laquelle perte les Abbé, & Religieux eussent souffert interestz irreparables, si la pieté des Euesques subsequents n'eust esté plus grande, que le desir d'augmenter leur reuenu: ou si lors on eust practiqué les admodiations comme depuis: ou si (finablement) la charité, & deuotion du peuple, n'eust esté plus feruente que auiourd'huy, qu'on veoid les deuoirs à Dieu, & à ses ministres, estre ordinairement denyez. *Adon, & Milon Euesques de Mascon.*

APRES le decés de Wago, Bernier fut esleu Abbé: & de son temps se battoit monnoye à Tournus: de façon que d'icelle monnoye Tournugeoise infinité des tiltres font mention. Au reste son administration fut si bonne, qu'il repara ce de l'Eglise bruslee, & des principaux lieux reguliers, que son predecesseur Estienne n'auoit eu loisir de rebastir. Ce faict, il moyenna que le nouuel œuure fut dedié le 4. des Calendes Septembre 1018. par I. Euesque d'Auxerre, Geoffroy Euesque de Chalon, & Gauslenus Euesque de Mascon: Robert regnant en France. A la dedicace fut present Hugues Conte de Chalon, qui obtint de l'Abbé Bernier l'estandart de S. Philibert qui adōcq luy estoit necessaire. Pour n'en estre ingrat, il donna audict Abbé, & à son Conuent, vn village lors nommé Isleis, lequel est assis sur Saone. Auec les appartenances de tel village, il adiousta don de la riuiere, & droict de pesche en la Saone, depuis le lieu dit *Filiolus*, & Poyrier du Conte, en tirant en bas. L'estenduë de laquelle riuiere & pesche, est limitee par autres riuieres deuers matin, & Septentrion: & par chemins publiques deuers soir, & midy. Sur ceste donation ont esté dressez procez aspres, & de coustz excessifz entre la ville de Chalon, & les Abbez de Tournus. Les motz de pesche, & de pescher diuersement interpretez par chacune des parties occasionnoient ce different. L'vne disoit que droict de pesche, & de pescher estoient tout vn. L'autre maintenoit que droict de pesche est general: s'estendant à toutes sortes de pescher: tant faire barres, ceingnes, qu'employer toutes autres manieres d'engins, propres à prendre poissons: mais que pescher ne s'entendoit qu'à la ligne, claueaux, nasses, & telles moins importantes façons de pratiquer l'estat de pescheur. Ioinct que tous deux se trouuoient fondez en tiltres, & concessions de Princes: qui est faulte trop insigne, quand les Secretaires d'estat font à deux depesches d'vne mesme chose: & aux Chanceliers vergongne de les seeler. Car quant aux Princes, chacun sçait que leur coustume est de ne rien refuser, s'il ne leur est bien notoire que les cōcessions ne sont pas raisonnables. Aussi leurs rescriptz, & mandemēts sont ordinairement addressez à Magistratz, & Officiers auec la clause

Bernier Abbé. Restauration de l'Eglise de Tournus. Desdicace de l'Eglise de Tourn° par qui. Robert Roy. Hugues Conte de Chalon. Estandart S. Philibert. Don de la riuiere & droict de pesche limité. Procez pour le droict de pesche, contre la ville de Chalō.

Don de mesme chose faict à deux. Coustume des Princes.

Xx iij

ordinaire s'il vous appert. De façon que la verification, & enterinement rendent lesdicts mandements vallables. Ayans doncques passé par tant de mains, s'il y a faulte, il ne la fault attribuer aux Princes : ausquelz les nourrices apprennent à dire ouy: & leur liberalité consiste à ne rien refuser s'il leur est possible: ains en sont coulpables les Secretaires premierement, puis leur Chancellier, & finablement les verificateurs des octrois. Ne fault pourtant penser que les parties impetrantes soyent tousiours sans dol: estant bien certain que souuent faisant dresser la confirmation de leurs anciens priuileges, dons & concessions, elles y entassent, & coulent insensiblement quelques articles, qui n'estoient pas és lettres primitiues & originalles: & les Secretaires, ny leurs Clercz, qui n'y ont interestz, ne se soucient de côtreroller, & moins collationner les premieres lettres auec les nouuellement dressees. Voilà comme les Secretaires d'estat (qui se disent Officiers de la Couronne: afin de ne pouuoir estre destituez par la suruenuë d'vn nouueau Roy : & pour s'aduoüer seruiteurs d'vne chose immortelle, ne descheent par la mort de tant de Rois qu'ilz seruent) s'acquittent legeremét de leurs charges. Et neantmoins pour faciliter le debuoir de leur function, il auoit esté prudemment aduisé que tout l'estat, & affaires du Roy seroient diuisez en quatre, & que chacun sçauroit les prouinces ausquelles, & desquelles il auroit à faire depesches. Qui estoit ordre certain, pour moyéner qu'ils peussent faire Protocolles, & registres de toutes leurs expeditions. Mais il est aduenu que l'vn ne craint de faire depesches aux personnes, & communautez d'vn pays, duquel vn autre a la charge. Et ces permixtions, ou entremises leur seruent souuent d'excuses. Au semblable si quelques lettres moins equitables ou (pour vray dire) iniustes, se trouuent auoir passé soubz le seel de la Chancellerie, quand elles viendront en euidence, on ne manquera d'opposer, qu'elles ont esté desrobbees sur le seau. Tellement que de toutes parts se trouue vray ce qui a esté dit : *Omne vitium habet patrociniū suum*. Et par tout se trouue excuse.

O R (pour reuenir à nostre texte) le different meu entre la ville de Chalon d'vne part, & l'Abbé, & Conuent de Tournus d'autre, auquel chacū d'eux respectiuement estoit fondé en tiltres, & concessions de Princes, bien expediees, & verifiees deuëment, dura fort longuement: & iusques à ce que M. le Reuerendissime Cardinal de Tournon Abbé de Tourn⁹, s'estant retiré audict Tournus, apres le trespas du Roy François premier, que les affaires de Cour receurent nouuelle forme : & les anciennes faueurs furent changees en nouueaux maniements. Lors ledict Cardinal se voulut bien exactement enquerir de tout ce qui concernoit les differents de ladicte Pesche, & droict de pescher és lieux contentieux. Il sceut tant par les bien anciens Pescheurs de Tournus, & de la Colomme, & par les plus vieillards du circonuoisinage, qu'autresfois la riuiere auoit esté bornee & limitee, entre les Chalônois, & l'Abbé, & Côuent de Tourn⁹:

mais

de Tournus.   523

mais que par les guerres d'entre les Roys, & les Ducz de Bourgongne, telles bornes & limites auoient esté abbatues, à l'instance & poursuitte des Pescheurs de Chalon, qui pretendent auoir droict de Pesche, & pescher en la riuiere de Saone, quatre lieües au dessoubs de Chalon. Sceut d'aduantage ledit Cardinal, que l'vne des bornes prealleguees(le vulgaire les nomme bommes) auoit, non trop long temps au parauant, esté veuë, quand l'eau estoit bien basse: & que les pastres, & enfans gardans le bestial, l'auoient descouuerte en se baignant. Le Cardinal (homme meur & sage, selon qu'il a tousiours esté congneu, notamment au maniemēt des grands affaires) ne voulut se fier legerement à tels propos, craingnāt que les vns parlassent pour le gratifier, & les autres pour quelque esperāce de profit. Attenduë doncques la seicheresse de l'esté, il feit prouision d'vrinateurs & plongeurs, & les mena au lieu où dit luy auoit esté la pretēdue bōme estre cachee. Icelle trouuee & recongneuë, il ne permit qu'elle fust remuee: aussi (à la verité) la pierre estoit fort grosse, & d'vne pesanteur mal aisee à mouuoir. Ce faict, il presenta requeste à la Cour du Parlement de Bourgongne seant à Dijon, par deuant laquelle le proces se traictoit: la requeste tendoit principalement à vne descente en place, & veuë de lieu. Celà accordé M. Tisserand l'vn des plus anciens, des plus doctes, & practicqs Conseillers de ladite Cour fut commis. Assignation donnee à partie, & la iournee venue, la cause fut tenue sur le lieu: où l'excelléce des personnes presentes, & le bruict de l'importance du faict auoient incité vne incroyable assemblee de toutes sortes de personnes. Et l'assistance que plusieurs Gentils-hommes faisoient audit seigneur Cardinal luy cuyda estre preiudiciable, comme induisant suspicion de force. En fin par ordōnance du Commis, la pierre terminale fut (combien qu'à grādissime peine) tiree de l'eau, & conduicte à bord. Lors fut congneu que d'vne part il y auoit vn escusson, mais si effacé qu'on ne pouuoit bonnemēt discerner si c'estoient les armes des vieilz Ducz de Bourgongne, ou les armoyries de la ville de Chalon: & croyrois que ce costé là estoit celuy sur lequel l'eau courant auoit eu plus d'action: & l'autre part la grosseur du relief, & ce qu'il estoit enfoncé en terre, auoit trop mieux conserué l'effigie d'vn Moyne, qui portoit vn oyseau sur le poing. Pour finir ce lōg propos ceste veuë de lieu (auec les autres pieces fournies audit proces) seruit de beaucoup pour la verification du pretendu de l'Abbé, & Conuent de Tournus. Qui de faict eurent Arrest à leur profit. Et pour l'execution d'iceluy autres pierres furent plantees au lieu où de present elles sont, sur le riuage de la Saone, par dessus la Colomme. Oultre ce que l'Abbé & Conuent de Tournus faisoient fondement en l'instance susdite de la premétionnee donation du Conte Hugues de Chalon; encores auoiēt la confirmation d'icelle donation, par Hugues Duc de Bourgongne, fils du Duc Ode, & de Alis de Vergy, faicte à la requeste de Iean Conte de Chalon l'an mil deux cens trente trois. Ils iustifioient aussi de deux autres confirmations

Borne trouuee.

Veüe de lieu.
M. Tisserand Conseiller à Dijon.

Nota d'vne pierre limitante.

Moyne portāt l'oyseau sur le poing.
Arrest au faict de la pesche.
Bornes plantees.
Hugues Conte de Chalon.
Hugues Duc de Bourgongne.
Iean Cōte de Chalō.

X x iiij

Des antiquitez

Roy Iean. — de Iean Roy de France, l'vne de l'an 1361. l'autre 1362.

Concorde entre les Religieux de Tournus, & ceux de Rhé.
Dido.
Vnũ faciamus vtranque.
Inuocatiõ de S. Valerin.
Petite Eglise de S. Valerin par qui fondee.

S'IL n'a esté cy dessus suffisamment exprimé, si est-il à sçauoir, que par la capitulation faicte entre les Religieux de sainct Valerin de Tournus, & le venerable Geilon Abbé de la congregation de l'isle de Rhé, lors que (iouxte le dire de Dido en Virgile) ils ne feirent des deux qu'vne: il auoit esté expressément conuenu, que l'Abbaye de Tournus, sans chãger de nom, ny d'inuocation, retiendroit l'appellation de sainct Valerin. Toutesfois pource que tel conuenu ne se pouuoit obseruer, obstant que le vulgaire (auquel il est mal aysé, voire impossible donner loy) auoit tant gaigné, que icelle Abbaye estoit communement appellee sainct Philibert: auant que proceder à la dedicace susdicte, Bernier feit bastir vne autre petite Eglise, & icelle dedier soubs l'inuocatiõ de sainct Valerin. Telle Eglise est dedans la ville, & hors l'enclos de l'Abbaye. Ce faisant Bernier pensa descharger ses predecesseurs, & soy-mesme de la promesse, & conuention cy dessus métionnee: ou du moins donner ordre que la memoire de sainct Valerin demourast plus celebre, quand il y auroit vne Eglise de son nom. En ceste plus moderne Eglise de sainct Valerin, & au pourpris d'icelle, est à present le Cimitiere de la Paroche sainct André.

Cimitiere S. André.

S. Ardaing Abbé.

Famine en Bourgongne.

Av bout de vingt ans Bernier laissant ce monde, pour viure en l'autre auec Dieu, eut pour successeur Ardaing: duquel la bonne vie, & integrité de meurs fut telle, qu'apres son decez, il fut nombré entre les Saincts. De son temps la Bourgongne souffrit extreme famine & disette de viures: mais ce bon Abbé feit merueilleux secours aux pauures, & rachetta infinies personnes de la faim. En cest exercice de bon Abbé passa le temps de son administration, qui fut de dixhuict ans. Au bout desquelz l'Abbé Guillaume ne commãda que par le temps de cinq ans: puis Gyrauld par autres cinq annees. Apres lesquelles se trouue vn Abbé Frãçon, seant lequel, Pape Calixte 2. issu des Contes de Bourgongne dedia l'Abbaye de Tournus restauree de nouueau: & dõna aux Religieux l'immunité & exemption qu'ils ont. Apres Françon, Pierre fut choisi & esleu pour Abbé: &(sans point de faute) l'electiõ fut saincte & bõne: car c'estoit vn vertueux & digne personnage. Ce fut luy, qui le premier dressa les heures, la Messe, & tout ce que nous appellons communemét l'office de Nostre-dame. Et qui (auãt tous autres) meit en vsage de celebrer tous les iours vne grande Messe, en l'hõneur de la vierge Marie, & dire les heures qu'on appelle de Nostre-dame, selon la distinctiõ septenaire, approuuee depuis au Cõcile de Clermõt en Auuergne, l'an 1095. & ordõnee obseruer par tos les lieux obeissãs à l'Eglise Catholique, Apostolique & Romaine.

Guillaume Abbé.
Girauld Abbé.

Pierre Abbé.

Heures nostre Dame. Office nostre Dame trouué à Tournus.

Cõcile de Clermont.

Si cest Abbé Pierre estoit tenu pour homme de singuliere pieté & deuotion, il n'estoit en moindre reputation pour raison d'vne bõne qualité concurrente en luy, & qui est des plus necessaires à tous Prelats, qui estoit d'estre excellent Politique, & insignement bien bon mesnager. La renommee de ses bons sens, suffisances, & dexterité d'esprit, estans diuulguees

L'Abbé Pierre bon politique.

de Tournus. 525

gues iusques aux estrãgers: Alphonse Roy d'Espaigne, feit chois de luy, pour estre moyenneur de son mariage, auec Constance, fille de Robert Duc de Bourgongne, veufue de Hugues Conte de Chalon. Ce qu'il negocia auec si bon sens & prudence, que le mariage sortit son effect au bien grand contentement des parties, mesmement de ladite Constance. Laquelle (comme femme insignemêt deuote, & en ce nom coustumiere de venir souuent à pied en voyage à Tournus, pendant le temps de sa viduité) n'oublia ses ordinaires deuotions: ains en tel equipage qu'elle auoir dressé pour passer en Espaigne, vint offrir aux Reliques de Tournus vne riche Topaze: & (au reste) feit plusieurs belles donations au Monastere, lesquelles depuis le Duc de Bourgongne (à sa requeste) ratifia & confirma.

Alphonse Roy d'Espaigne. Constãce de Bourgongne. Hugues Conte de Chalon. Deuotion de Constãce Cõtesse de Chalõ. Offrande d'vne Topaze.

Iusques à cy i'ay le plus diligemment que i'ay peu, suiuy le Catalogue des Abbez de Tournus: mais ne me pouuant promettre de continuer à mon contentement, (& au gré des curieux de cest ordre successif) la suitte des autres Abbez, sans interruption: ie prie ceux qui daigneront lire ce discours, m'en vouloir excuser: & s'il y a faute, accuser les autheurs des troubles, que l'ambition & sedition, soubs faux pretexte de religion, ont occasionné en Frãce. Et (au reste) ie m'efforceray d'adiouster à ce que dessus, celà des antiquitez de l'Abbaye, & ville de Tournus, que i'en ay peu sauuer de la plus-que barbare fureur de ces hommes endiablez, par lesquelz Chalon fut surprins vne fois, & Mascon deux: auec executions que les seulz Turcz, ou Reitres vouldroient exercer.

Excuse de l'autheur sur les troubles de France. Contre les autheurs des troubles.

Encores que cy deuant nous ayons faict mention d'vne dedicace de l'Eglise de Tournus, soubs l'Abbé Bernier: si se trouue-il d'auantage, que regnant Loys le Gros, Pape Calixte second du nom, issu des Contes de Bourgongne, dedia vne autre fois la mesme Eglise, en l'honneur de Dieu, soubs l'inuocation de Nostre Dame, sainct Valerin, & sainct Philibert. Et si ce que les hommes d'adõcq' pleins de simplicité en ont laissé pour memoire du faict, merite que foy y soit adioustee; Dieu qui est coustumier choisir des lieux pour son plus special seruice, & qui dés le commencement du monde a voulu que premierement autelz, puis temples luy fussent dediez: afin que (sans preiudice des oraisons particulieres, qui luy sont deuës en tout temps, & en tous lieux, tãt en esprit, qu'en verité) il y eust des lieux où premieremét les familles, puis les hameaux, puis les communautez, & congregations des croyans par ensemble, vsassent enuers luy des recognoissances deuës, le confessant leur Dieu d'vne croyance ferme & simple, l'adorans purement, & prians humblement: le souuerain Pontife en la hierarchie Ecclesiastique, & principalement commis de Dieu, pour en ceste Eglise visible disposer des affaires, que Dieu inuisible veut estre exercez par le ministere de ses creatures visibles, lesquelles (pour ce respect) l'escriture saincte nomme ou Anges (sans autre addition) ou Anges du Seigneur, auec vne addition qui les separe

Dedicace de l'Eglise Abbatiale de Tournus. Loys le Gros. Calixte 2. Pape faict vne seconde dedicace. Reuelatiõ qu'eut le Pape Calixte disant Messe. Croyre simplement. Adorer purement. Prier humblement. Prestres nommez Anges, & Anges de Dieu.

Des antiquitez

Anges de Sathan.
Sainctété du lieu.

des Anges de Sathan: veid(en traictant le sainct Sacrement, & redoubtables mysteres du corps & sang de IESVS CHRIST)choses par lesquelles il fut faict certain que la gloire de Dieu habitoit au lieu où les sus mentionnees reliques, & corps saincts reposoient: & que sa Maiesté auoit à special plaisir d'y estre adoree, & priee en syncerité de foy.

Depuis que ceste declaration eut esté faicte par le souuerain Euesque de la Chrestienté, & qu'il eut tesmoingné, que(oultre la sanctificatiō du lieu, par les ceremonies Chrestiennes dont il auoit vsé) encores il auoit sceu par reuelation, que ledit lieu estoit sainct de l'assistance de grace qui l'accōpaignoit, ou(plustost) qui y presidoit, on ne pourroit croire combien la deuotion de tous en general, & de chacun en particulier print racines de zele, & bōne affection enuers l'Abbaye de Tournus: mais à ceux qui vouldront faire difficulté de confesser qu'ainsi soit, la grandeur des biens y donnez, & aumosnez (oultre la premiere dotation du Roy Charles le Chauue, laquelle grande pour lors) fust restee bien peu, sans la pieté d'infinies personnes, qui l'ont en augmentant illustré & enrichy.

Les Chartulaires de Tournus sont pleins de priuileges, franchises, immunitez, exemptions, & bien-faicts que les Papes, Roys, Princes, Seigneurs, Bourgeois, & Cōmunautez leur ont baillé. Lesquelz bien-faicts si ie voulois icy reciter par le menu, croistroient en vn volume plus gros que ie ne me suis designé escrire à present. Bien diray-ie, qu'entre les biē-

Guillaume Conte de Vienne, & de Mascon.
Henry de Vienne.
Iean & Ælis Cōte & Cōtesse de Mascō.

faicteurs de Tournus est compté Guillaume Conte de Vienne, & de Mascon(duquel le corps gist audit Tournus, selon qu'il est attesté, par lettres de Henry de Vienne son fils, datees de l'an 1224.) Il affranchit de tout peage en ses terres, les Abbé, & Religieux de Tournus, & leur en despecha lettres de l'an 1222. Ce que le Conte de Masconnois Iean, mary de Ælis, fille de Girard, & sœur de Henry auant-nommez ratifia, & approuua l'an 1233. Et par autres lettres à part (mais de mesme date) que iceux mariez Iean, & Ælis Conte, & Contesse de Mascon, donnerent au Monastere de Tournus leur grande Isle en Saone, situee au dessus de Mascon, nommee de present Nostre-dame de l'Isle, à cause de la Chapel-

Nostre-dame de l'Isle pres Mascon.
Huguenots.

le qui y estoit fondee: & qui a esté ruinee par les Huguenots, destructeurs de l'ancienne pieté, concorde, & vnion des François: donnerent aussi maints autres beaux droicts: mesmement de pesche & pescherie en certains endroicts de la Saone, prochains de l'Isle. Es lettres sur ce expe-

Ælis Contesse fille de Girard de Vienne.

diees sont ces mots: *Ego Ioannes Comes Matisconensis, & Nobilis Domina A. vxor mea, filia bonæ memoriæ Domini Gerardi de Vienna, &c. Actum anno Domini* 1233. Ce que i'ay bien voulu exprimer icy, par ce que tous ceux qui ont esté curieux de l'histoire Masconoise, n'ont(peut estre)pas trou-

Nicole Gilles.
Vente du Conté de Mascon.
S. Loys.

ué par escrit de quelle maison estoit la Contesse Ælis: & quant à moy ie confesse l'auoir apprins par ledit tiltre. Bien auois-ie leu és Annales de France de M. Nicole Gilles, que l'an 1239. les auāt-nommez Iean & Ælis auoient vendu leur Conté de Masconnois au Roy sainct Loys, selon que

nous

nous l'auons rapporté en noſtre recueil de Maſcon.

Enuiron ce temps, Raynald (aucuns diſent Regnauld) ſeigneur de Baugey, tenoit de grans biens du fied de l'Abbé de Tournus: & en feit hommage à l'Abbé d'adoncq', l'an 1230. en Septembre. Autant en feirent depuis Amé Conte de Sauoye, & Sibylle ſa femme Dame de Baugey, l'an 1281. Auſſi Eudes Duc de Bourgongne feit hômage, & ſerment de fidelité pour la meſme cauſe, à Nicolas Abbé de Tournus: qui fut l'an 1318. Pierre de Sauoye eſtant Archeueſque de Lyon, & Bertauld Eueſque de Chalon. I'ay d'auantage extraict des lettres patentes de Philippe Duc de Bourgongne, ſurnommé le bon, ce que ſ'enſuyt: *Philippe par la grace de Dieu Duc de Bourgongne, &c. A tous qui ces preſentes lettres verront Salut. Sçauoir faiſons, que auiourd'huy nous auons faict foy, & hommage à Reuerend Pere en* IESVS CHRIST *l'Abbé du Monaſtere de Tournus, en nom de ſondit Monaſtere, de tous les fieds que ceux de Vienne ſouloient tenir en fied d'iceluy Monaſtere de Tournus. Et luy en promettons foy & ſeruices, ſelon que le fied le requiert: & iceux fieds, ſi aucuns ſont alienez, recouurer pour noſtre pouuoir. Donné en noſtre ville de Chalon, le dernier iour de Mars, l'an de grace mille quatre cẽs xlj. auant Paſques. Par Monſeigneur le Duc T. Bonneſſeau.* Ce que nous auōs bien voulu mettre en euidence, pour certain teſmoignage, que le bien ſe montre là où il eſt; que la vertu ſe rend recommendable d'elle meſme; & que iamais Princes bien nayz, & exempts de ſuſpicion d'eſtre autres qu'ils veulent eſtre reputez & tenuz: iamais (dy-ie) Princes debonnaires (telz que les auant-nommez, & leurs ſemblables) ne preſumerent tant d'eux-meſmes, qu'ils ne iugeaſſent eſtre choſe plus que raiſonnable, de ſe ſubmettre à ce qui eſt de droict, que les loix ordonnent, & que eux-meſmes exigent des autres auec rigueur: ſans prendre ſouuenance que noſtre religion nous commande de faire à autruy, comme nous voulons qu'il nous ſoit faict. Autant eut la France de bons propugnateurs, & entierement bien affectionnez au bien public d'icelle, qu'elle a auiourd'huy d'hommes pretenduz Nobles, qui deſdaigneroient de ſ'agenoüiller deuāt vn Preſtre, ou vn Moyne, quelque Eueſque, ou Abbé qu'il fuſt, pour luy promettre foy & ſeruice, encores que de droict leurs fieds y fuſſent obligez, & expreſſement tenuz à ceſte charge.

Tandis que les hommes ont eu la crainéte de Dieu deuant les yeux, elle (comme perpetuelle nourrice de la religion) les a ſi bien alaicté & nourry, que fructifiants en ſaines conſciences, Dieu fauoriſoit leurs intentions, & faiſoit proſperer leurs actions: en ſorte que ce qu'ils requeroient en foy, auec ferme eſperāce de l'obtenir, leur eſtoit octroyé. Auſſi la foy (laquelle eſt la porte des miracles) a faict paroiſtre infinis exẽples, du contentemēt que ceux qui venoiēt en deuotion à Tournus, ont remporté: meſmemēt au faict d'obtenir de Dieu des enfans, par l'interceſſiō des ſaincts Martyrs & Cōfeſſeurs, deſquelz les memoires ſont venerees à Tournus. Entre tant d'exemples qui ſe preſentent, i'en choiſiray deux,

Reynald de Baugey, vaſſal de l'Abbé de Tournus.

Hōmages faicts aux Abbez de Tournus, & par qui.

Nicolas Abbé.

Archeueſque de Lyon.

Bertauld Eueſque de Chalō.

Philippe Duc de Bourgongne, & ſes lettres d'hōmage.

Bons Princes.

Deſdain des Preſtres.

Crainéte nourrice de religiō.

Deuotion pour auoir des enfans.

Des antiquitez

qui aduenuz en ce siecle, sont fort dignes d'estre remarquez, pour la qualité des personnes desquelles il est question.

Iean de Chalō Prīce d'Orenge. Philiberte de Lucembourg. Philibert Prince d'Orenge. Frāçois I. Roy.

LE premier est de Iean de Chalon Prince d'Orenge, lequel venu deuotement en voyage à Tournus, auec Madame Philiberte de Luxembourg sa cōpagne & espouse; & ayant promis & voüé à Dieu, que s'il luy plaisoit leur dōner lignee masculine, il auroit le nom de S. Philibert: eurēt auant que l'annee fust passee, vn beau fils; qui paruenu en aage, deuint vn des plus braues, vaillās & courageux Princes de la Chrestiēté. Il auoit enuie d'employer ses suffisances au seruice de la courōne de Frāce: & de faict fut par quelque temps expressement en Cour. Mais le Roy François I. du nom, estāt encores fort ieune, & moins soucieux de la valeur des hōmes qu'il ne luy estoit de besoin, laschoit la bride à ses plaisirs: pour la suytte desquelz certains ieunes hommes ses fauoris, qui sçauoiēt flatter, causer, & applaudir, luy ostoient le sentimēt du merite des hōmes de vertu, & de seruice: & estrāgeoient les vieux, & bons seruiteurs du feu Roy Loys xij.
ausquelz il eust esté mal seant celebrer les ieux de Flora, & follastrer auec vne ieunesse meritant mieux estre dispensee, s'il y auoit quelque licēce en ses deportemens. En ce temps, la gaillardise de la personne du Roy, la verdeur des ans, sa bōne composition de membres, & autres dispositions au seruice des Dames, doibuēt trouuer excuse s'il y a eu de la desbauche: au-

Il faut excuser ieunesse.

tremēt qui en iugera, ne se souuiēdra d'auoir iamais esté ieune: & que s'il luy eust esté aussi loisible, il n'en eust pas moins faict. Le pis fut que ce pédāt que le Roy se dōnoit des plaisirs, & permettoit plus qu'assez aux ieunes gens qui luy faisoient compagnie: les Princes, les bons Capitaines, &

Mescōtentemēt des grans Seigneurs.

les personnes signalees, voyās qu'il n'y auoit en Cour de biē veuz, & bien venus, que quelque nōbre de ieunes hōmes mieux exercez à dire, qu'à biē faire, entrerēt en secretz mescontentemés, qui depuis ont escloz de gros malheurs à toute la France. D'ailleurs les affaires d'estat, & la dignité de la courōne estoiēt maniez par vn Chācelier, lequel vint à estēdre la dignité

Puissance absoluë.

Royale en puissance absoluë, aux fins de pouuoir tout ce qu'il luy plairoit, sans craindre les remōstrāces des Princes, les modificatiōs des Cours souueraines, ny requerir le cōsentemēt des Estats. Voire que si les choses proiettees par luy eussēt esté dignes d'estre receuës, toutes riuieres, mou-

Iniques inuentiōs.

lins, fours, colōbiers, garēnes, boys, &c. eussent esté ostez aux paisibles, & anciēs possesseurs, pour les applicquer au dōmaine du Roy. Ce que deux qui l'ont suiuy, ont voulu mettre en practique: mais la bonté des Rois a surmōté leur malice. Vray est que ie confesseray tousiours q̃ la grauité de

Achitophelz.

noz pechez a suscité de nostre tēps ces Achitophelz, donnāt conseil *quasi si quis cōsuleret Deū*. Depuis les choses reduictes à quelque meilleur espoir

Non les Rois, mais leur mauuais Conseil est à blasmer.

Dieu vouldra(& ie l'en supplie hūblement) que son courroux appaisé, & la malice des mauuais Cōseilz cessee, nous voyōs (par sa saincte grace) reluire en noz Rois, & puissāces en depēdātes, la naïfue bōté de leur Royale clemence. A laquelle on ne doit attribuer les fautes qui se font en l'estat:

ains à

ains à leurs Cōseillers, mesmemēt à ceux qui esleuéz de peu, & creuz cōme potirons, n'ont rien de heroïque en leur esprit : ains le seul leuain des lettres, desquelles le propre est d'enfler. Il ne fut oncques que telz hōmes ne fussent corrupteurs de tous bons & anciens establissemens : & qu'on n'aye cōgneu, que s'il y a és autres vne once de sordidité, d'oultrecuidāce, & d'auarice, il en y a en ceux cy vn quintal. Vn millier d'ans est passé depuis que Flauius Vopiscus a biē parlé à la reuerēce de telles gēs, & mōtré, non trop loing de la fin de son Aurelien, combiē sont vrais ces motz de Diocletien, *Bonus, cautus, optimus vēditur Imperator*. Mais pource que ces propos aigrissent plustost ceux à qui ils touchēt, qu'ils ne les amēdent: ie suis d'auis de les laisser, & retourner au Prince d'Orenge. Luy sortant de France mal content (pour le peu de respect qu'on auoit à ses grandeur, & bonnes qualitez) print party au seruice de l'Empereur Charles v. & mourut deuāt Florence: laissant à tous ses successeurs peu de volōté dé iamais estre bōs François. Tel mescontentemēt se pouuoit lors interpreter, cōme celuy de plusieurs du iourd'huy, qui le prenent sans qu'il leur soit dōné : mais à la lōgue il fut cōgneu, que (pareil mescontentemēt entrant en l'esprit de plusieurs Princes, & seigneurs de premiere liste) la personne du Roy tombee en main dōt ses fauoriz ne l'eussent sceu retirer, & les affaires de France en tel desastre, que pis ne nous pouuoit aduenir. Il fut bien necessaire que Dieu nous regardast en pitié, & nous luy en deuons graces immortelles. CELA dit par vn grand, feruēt zele, & bōne affection que i'ay au bien de nostre France, honneur & prosperité d'icelle : ie laisseray ces propos, ausquelz la mētion du nom du Prince d'Orenge m'a conduit: & viendray au second des exemples proposez.

CHARLES Duc de Sauoye dernier decedé, ayant sceu que l'auāt-nomé Iean Prince d'Orége tenoit pour certain, que Dieu (par l'intercession de S. Philibert) luy auoit dōné vn fils, pésa que s'il s'humilioit deuāt la face de Dieu, en vsant de pareille deuotiō enuers luy, & son Sainct, qu'auoit faict ledit Iean de Chalō, il luy en aduiendroit tout autāt. Combien dōcques que luy, ny sa femme, ne se transportassent pas à Tournus, comme auoiēt faict les Prince, & Princesse d'Orége, si y enuoya-il vn Seigneur de sa Cour, Gentilhōme de grās biens, qui y feit vne deuote neufuaine, feit de grans presens à l'Eglise, & offrit vn gros cierge, armoyé des armes du Duc, & de la Duchesse, en vn mesme escusson. Dieu ayant pour agreable la saincte & bonne deuotiō de ce bien Catholique Prince, voulut que dedans l'an, & iour il eust vn fils, auquel (en memoire du bien receu) il ordonna le nom de Philibert estre imposé : Vray est que (en faueur du Roy Emanuel de Portugal, pere de la Duchesse) le prince nouueau né eut aussi nom Emanuel. Laquelle imposition de deux noms propres, est quasi ordinaire és pays vltramontains, & par toute l'Italie. Telle deuotion est fort remarquable, mesmemēt és Princes, & Ducz à haults Fleurons, desquelz la pluspart est bien souuēt si manque de pieté, que (quasi) le moin-

Les lettres enflent.

Fla. Vopiscus.

Diocletiē.

Prince d'Orenge.

Charles v.

Mescontētement.

Fruict du mescontētement.

Charles Duc de Sauoye.

Neufuaine à Tournus pour le Duc de Sauoye.

Cierge offert.

Emanuel Roy de Portugal.

dre de leur soucy est d'auoir souuenâce de Dieu; & presument tant d'eux, qu'il semble que celuy qui les a creez leur doibue de retour.

Emanuel Philibert de sauoye.

L'enfant qui par ce sainct moyen nasquit au Duc de Sauoye, & qui l'a de long têps suruescu, fut Emanuel Philibert de Sauoye, qui auoit vn frere plus aisné, mais il mourut auant le pere. Cest Emanuel Philibert est à present (tant par le trespas de Charles son pere, que par restitution de ses pays, à luy faicte par le Roy Héry ij. moyennât le mariage de son Altesse, celebré à Paris auec Madame Marguerite de France, sœur dudit Roy) tres-illustre Duc de Sauoye, &c.

Marguerite de France.

A Y A N T cy dessus (lors que ie parlois de l'Abbé Pierre) cessé de continuer le catalogue, & enumeration des Abbez de Tournus, pour les raisons que i'alleguois, ie suis côtrainct passer soubs silence, iusques à ce que i'aye meilleures instructions, tous les Abbez qui ont esté entre ledit Pierre, & Aymon de Corgeron: desquelz le premier estoit du temps du Concile de Clermont en Auuergne, que nous auôs dit auoir esté celebré l'an 1095. ou bien selon d'aucuns 1094. L'autre cômandoit à Tournus, regnât le Roy Charles 6. qui fut sacré Roy 1380. Vray est que i'ay faict cy dessus mention d'vn Abbé Nicolas, qui fut l'vn des intermediats entre les susdits: & auquel Eudes Duc de Bourgongne feit l'hommage prementionné 1318. qui estoit durant le regne de Philippe le long, Roy de France, & de Nauarre. Aussi ay-ie à parler tantost d'vn Abbé Estienne, qui viuoit regnant Philippe Auguste: Mais oultre ces deux, n'est à doubter, qu'il y ayt eu plusieurs autres Abbez, desquelz l'administration est escheuë, entre celles des sus-nommez Pierre & Aymon.

Aymon de Corgeron Abbé.
Côcile de Clermôt.
Charles vj. Roy.
Nicolas Abbé.
Eudes Duc de Bourgongne.
Roy Philippe le long.
Estienne Abbé.
Philippe Auguste Roy.
Aymon de Corgeron Abbé.

Or Aymon de Corgeron est celuy, qui (entre autres siens bien-faicts à l'Eglise de Tournus) y fonda celle premiere Messe, qui se dit au grand autel, & s'appelle encores de present Messe de Corgeron. Ce que au reste nostre histoire porte de luy, sera reserué, pour le dire tantost, quand nous viendrons à parler de la ville de Tournus.

Loys de la Palu dit Cardinal de Varambon Abbé.
Loys Euesque de Lausane.
Amé I. Duc de sauoye.
Côcile de Basle.
Pape Martin Colône.
Côcile de Constâce.
Côcile de Syene.
Armes de la Palu.

Apres Aymô, ie n'ay souuenâce d'auoir leu qu'autre ayt esté Abbé que Loys de la Palu, qui depuis fut Cardinal, dit de Varambon. Auant que d'estre Cardinal il fut Euesque de Lausane: & eut si grans differens auec Amé premier Duc de Sauoye, que ledit Duc en vne Epistre par luy enuoyee au Concile de Basle, l'appelle *hostem suũ*. Ce Loys estoit vray-semblablement vn suffisant personnage: les affaires esquelz il a esté employé, en rêdent bô tesmoignage. L'an 1417. il assista à la creation du Pape Martin v. de la maison des Colônois de Rome : & fut Garde du Conclaue: le Latin dit *Custos Conclauis*: ce qui aduint la derniere annee de la tenue du Concile de Constâce. Il fut aussi enuoyé pour la nation Gallicane au Côcile de Syene. Fut d'auâtage au Concile de Basle, côme dessus est dit. Pour laisser memoire de luy à Tournus, il y a fondé vne chapelle, qu'on dit encores du Cardinal de Varambon. Il portoit pour ses armes, les armes de Sauoye : la difference estoit que la croix d'argent est semee d'hermines.

Entre

de Tournus. 531

Entre ledit Loys de la Palu, & son filleul Loys l'Allemant, ie ne trouue aucun Abbé. CE Loys l'Allemant estoit de la maison d'Arban, oncle paternel, & parrain de Messire Loys l'Allemāt Cheualier seigneur d'Arban, de la Marche, Nyzel, &c. Lieutenāt de Iean de Chalō, Prince d'Orége, en sa cōpagnie d'hómes d'armes des ordonnances du Roy. Cestuy Loys seigneur d'Arban fut le dernier hoir masle de sa maison, & n'eut point d'enfans. A raison dequoy, apres son decez, Marguerite l'Allemāt sa sœur fut son heritiere : & espousa messire Iaques de Chalāt Cheualier seigneur de Varey : duquel elle eut vne fille, nōmee Marie, laquelle en premieres noppces fut femme de messire Claude de Vauldrey Cheualier fort renōmé : & en secōd mariage, de messire Philibert de Chasteau-vieux, Cheualier, seigneur & Barō de Verjon. Quāt à Loys l'Allemāt Abbé de Tournus, il fut Archeuesque d'Arles, & Cardinal; hōme de si bōne & saincte vie, qu'il fut apres son trespas tenu pour sainct, & vulgaremēt reclamé, soubs le nom de S. Loys d'Arles. A sa promotion en Euesque d'Arles, faisant cōscience de retenir l'Abbaye de Tournus, il la feit tōber és mains de Hugues de Fitigny son neueu, fils de sa sœur. HVGVES de Fitigny faict Abbé de Tournus, en eut l'administration longuemēt : aussi y feit-il de grans biēs. Car oultre les fondations, il bastit vn beau logis Abbatial, en la partie de l'Abbaye qui est du costé deuers l'Occidēt : lequel laissé en desuetude, & par faute de l'entretenir, tōboit en grandes ruines, quād Robert Cardinal de Lenōcourt Abbé de Tournus, le feit abbatre du tout : & en la place feit construire vne belle vinee, en laquelle sont les pressoirs, & les cuues, ou tinnes à mettre la vendāge. Il feit d'auātage vn singulier bien pour ladite Abbaye, en ce qu'il feit faire les liures des transumpts des tiltres de ladite Abbaye, & en si bō ordre, qu'il ne sera iamais que les Abbez, & Conuent ne luy en soiēt tenuz. Il eut vn sien frere Religieux & Chābrier de Tournus, nōmé Iean de Fitigny : mais il mourut premier que l'Abbé son frere. A raison dequoy, ledit Abbé tourna ses bōnes affections à fauoriser Iean de Thoulonjon son neueu, de façon qu'apres luy il fut Abbé. La maison de Fitigny est (à faute d'hoir masle) escheuë au seigneur Barō de l'Aubespin, de par sa femme. IEAN de Thoulonjon frere de Claude de Thoulonjon Cheualier Baron de Senecey, seigneur de Traues, de Sayncheron, &c. est surnommé le bon Abbé. Son administration tomba en mauuais temps : car ce fut du temps des guerres de Bourgōgne, quand (apres le decez de Charles dernier Duc de Bourgongne) le seigneur de Craon, hōme fort (voire trop) violent, fut commis & enuoyé du Roy Loys xj. pour s'emparer des deux Bourgongnes. Cest homme turbulent & auaricieux oultre mesure, suscita vne querelle d'Allemant à l'Abbé de Thoulonjon, & à ses moynes; leur mettant à sus qu'ils fauorisoient le Prince d'Orenge, au preiudice des affaires du Roy : & (sur ce mis en auant) se saisit dudit Abbé, & de quelques moynes, qu'il tint prisonniers, en espoir d'en tirer grosse finance. Mais messire Charles d'Amboise seigneur de

Loys l'Alleman Abbé.
Maison d'Arban.
Loys seigneur d'Arban.
Marguerite l'Alleman.
Seigneur de Varey.
Claude de Vauldrey.
Philibert de Chasteau-vieux Barō de Verjon.
Cardinal l'Alleman.
S. Loys d'Arles.
Hugues de Fitigny Abbé.
Robert Cardinal de Lenoncourt.
Transūpts.
Iean de Fitigny.
Maison de Fitigny tōbee en quenouille.
Iean de Thoulonjon Abbé.
Claude de Thoulonjon Baron de Senecey.
Seigneur de Craon.
Querelle d'Allemāt.
Charles d'Amboyse seigneur de Chaulmont.

Y y ij

Des antiquitez

Chaulmont succedant audit de Craon, ayant entédu l'innocence desdits prisonniers, les meit en pleine liberté. Celà n'a pas empesché que ledit de Thoulonjon n'ayt faict beaucoup de biens à l'Abbaye de Tournus. Car sans m'arrester aux reparatiõs faictes à l'Eglise (dõt ses armes semees par tout font foy) ie puis dire qu'il feit faire vn aussi beau logis pour l'Abbé, qu'il en y ayt point en Monastere du Gouuernement de Bourgógne. Au lieu que son oncle de Fitigny auoit basti du costé d'Occidẽt, il bastit deuers Orient fort bien, cõmodément, & de bonne estoffe. Il auoit grãd desir de rebastir au chasteau de Huchisy (qui auoit esté ruiné par les guerres, aussi bien que ceux de Pristy, & de Plottes, dependans de Tournus:) mais ayant faict prouision de materiaux pour son bastiment, & notamment de tuilles plombees, il print mal, & mourut audit Huchisy. Apres son trespas lesdits materiaux furent prins par qui en peut auoir: & de la tuille plombee la maison de Chintrey en fut couuerte. Au defunct succeda Robert de Lenoncourt Archeuesque de Reins: qui fut le premier Abbé Cõmendataire qui ayt esté à Tournus: & qui nonobstant y a faict de grãs biens. Car auec ce que la pluspart des ornemens & habits d'Eglise qui sont en ladite Abbaye de Tournus, sont de son bié-faict; il n'a rien espargné pour la conseruation des droicts appartenans aux Abbez, & Conuent de Tournus. C'est luy qui obtint l'arrest des dixmes, duquel tant d'Abbez n'auoient peu auoir droict. C'est luy aussi qui auoit acheminé le procez des main-mortes de Pristy, & la Crot à si bon train, qu'il fut aysé au Reuerẽdissime Cardinal de Tournon le terminer. Auant que mourir ledit de Lenoncourt resigna son Abbaye de Tournus à son neueu, & filleul Robert de Lenoncourt second, qui depuis fut, & est mort Cardinal. Luy qui estoit des principaux seruiteurs & Conseillers du Duc de Lorraine; & creature de Iean Cardinal de Lorraine, desirant s'accommoder en son pays, permuta l'Abbaye de Tournus, & en eut l'Abbaye de Beaulieu que tenoit le Cardinal de Tournon. Dócques François Cardinal de TOVRNON faict Abbé de Tournus, luy qui (pour lors) estoit en grand credit en Cour, fauorisa de tout ce dont il fut requis, ceux de la ville de Tournus. Il ne cessa qu'il n'eust pacifié le procez des main-mortes de Pristy, & la Crot, dont nous faisions tantost mention. Se voyant chargé d'ans il obtint du Pape, & du Roy, vne commune reserue de plusieurs Abbayes, dont il eut le nom d'administrateur perpetuel, & ses neueux en eurent les tiltres. Iaques de Tournon Euesque de Valéce, & Die fut titulaire de l'Abbaye de Tournus: mais il mourut auãt son oncle: auquel par ce moyen retourna ladite Abbaye, cõme si ledit neueu n'y eust iamais rien eu. Depuis par le decez dudit Cardinal de Tournon, Loys de Lorraine Cardinal de Guyse tint ladite Abbaye de Tournus. Mais auant que mourir il la ceda à Frãçois de la Roche-foucauld presentemẽt Abbé, auquel Dieu la vueille conseruer longuement en ioye, & en santé.

AYANT parlé de l'Abbaye de Tournus, qui est des plus anciennes du Royaume

[marginalia:]
Thoulonjon bon Abbé.
Chintrey.
Robert de Lenõcourt l'oncle Abbé, & premier Commendataire.
Arrest des dixmes de Tournus.
Main-mortes de Pristy.
Cardinal de Tournon.
Robert Cardinal de Lenoncourt.
Beau-lieu.
Cardinal de Tournon Abbé.
Iaques de Tournon Euesque de Valéce, Abbé de Tournus.
Cardinal de Guyse Abbé.
François de la Rochefoucauld Abbé.
De la ville de TOVRNVS.

Royaume de France: il reste maintenant à dire de la ville: laquelle diuisee iadis, comme nous auons declaré cy dessus, est creuë en la grādeur & forme qu'elle est de present. Ce n'est Tournus seulemēt, mais aussi plusieurs autres villes sont peu creuës à beaucoup, pour auoir esté prochaines de quelque grand apport, & lieu de deuotion. L'affluence des hommes qui venoient de toutes parts en voyage en l'Abbaye, engressa Tournus d'argent: & la richesse des habitans fut cause d'y bastir. Adoncq', & plusieurs siecles au parauāt, tout le menu peuple de Bourgōgne estoit de conditiō main-mortable: & n'en estoiēt les villes mesmes exēptes, sinon és quartiers signalez de franchise, & ruës pource nommees frāches: ou de quelque autre appellation de semblable marque, ou signification. L'vtilité de la cōditiō de main-morte estoit de tresgrād profit à ceux qui en estoiēt. Et si bien ladite cōdition est deshonneste, si a elle de si grādes commoditez pour les paysans, & gēs de plat pays, que ceux qui ont esté cōtraincts se faire affranchir, en sont bien marriz: & ceux qui ont poursuiuy leur affranchissement, ont à present grandes occasions de s'en repentir. Au tēps passé ils viuoient en cōmunion, & n'osoient se separer, qui estoit cause de leur richesse. Car mesnages bien fourniz de personnes, sont bien fourniz de trauail, & le trauail est causé de l'opulence des laboureurs. Au contraire deux maux sont suruenuz aux affranchiz: l'vn est, que maintenant les communions rompues, c'est vn ordinaire de veoir partager les bons & gros mesnages, en autant de feux separez, cōme il y a d'hommes. Et bien souuent que quelques inualides, ou faict-neant sont chef de par eux, & sont cōtraincts faire cultiuer leurs heritages par main d'autruy, & à grans fraiz, qui en fin cōsomment partie de la substance. L'autre, qu'au parauāt l'affranchissement nul ne pouuoit posseder les heritages main-mortables, s'il n'estoit de condition pareille que les habitans du lieu: & de present les gens de villes ont tant acquis esdicts lieux, que les anciens possesseurs de tout vn sinage, n'y ont quasi plus rien: & les extraicts des anciennes familles, ne sont plus que clousiers, grangers, ou mitanchers.

Qvant à Tournus (horsmis quelques maisons signalees de franchise) tout y estoit de main morte: & les Abbez ne donnoient places pour y bastir, sinon à ladicte condition. Mais l'an 1202. Estienne Abbé & sieur de Tournus affranchit tout. En faueur, & recompense de telle grace d'affranchissement, les habitans donnerēt audit Abbé, & à ses successeurs la saulnerie, les fours, le bichenage, les ventes, & les moulins qui estoient soubz sainct Laurent. Puis toute la ville fut mesuree à la toise rapinalle, tant maisons, plastres, que iardins, aux fins d'asseoir rente censiue, & seruis par chacune ruë, selon la commodité. Par le vouloir, & du cōsentemēt des Bourgeois, & habitās, les Estaults (ce sont auācemēts sur ruë, soustenuz par pilliers, souz lesquelz sont allees publiques, pour passer à couuert) payoiēt le double, cōme aussi faisoiēt les bancz de boucheries. Aucunes toyses (au reste) payoient six deniers, autres huict, autres xij.

Deuotion cause du bien des villes où il y a apport.
Peuple estoit iadis de main-morte.
Frāchises, & rues franches.
Conditiō de main-morte deshonneste, mais profitable.
La richesse des villageois cōsiste en multitude de personnes de bon accord.
Incommodité d'affrāchissemēs.

Les gēs de villes ont ruiné les villages.
Affrāchissement general de Tournus, par Estienne Abbé.
Recōpense du general affranchissemēt.
Toise rapinalle.
Assiette de redeuance annuelle.
Estaults.
Bancz de boucheries.

autres dixhuict, & quelques vnes vingt & vn denier. Il en y auoit (mais biē peu)qui payoient vingt & quatre deniers.Et se payoient lesdictes cēses chacun an, à vne chacune feste sainct Martin d'hyuer, sur peine de payer le double. Cest accord fut vuydé par transaction passee au Chapitre de Tournus,present Robert Euesque de Chalon,Innocēt troisiesme, estant Pape,& Philippe Auguste Roy de France. Ie trouue que l'an 1308. Henry Abbé de Tournus recongneut à vn Euesque Robert de Chalon, qu'il n'estoit licite à luy, ny à ses Religieux, ensepuelir(cōme que ce fust) les hommes excōmuniez de l'auctorité dudit Euesque, soit par luy, soit par son Official. Et en est ladite recongnoissance enregistree au Chartulaire de l'Euesque de Chalon,fueillet 5.

Peine du double.
Robert Euesque de Chalō.
Innocent 3.Pape.
Philippe Auguste Roy.

Les habitans de Tournus se voyans auoir acquis vne nouuelle, & quasi inesperee qualité, ne se peurent(à la longue) tant commāder, qu'ils ne s'essayassent abuser de leur franchise.Tellement que peu à peu ils dresserent entreprinses contre leur Seigneur. Et comme vne petite estincelle de feu occasionne souuent vn grand embrasement,ainsi ces commencemens de desdain d'obeïr à des Moynes, suscita de merueilleux troubles & differens,entre l'Abbé desireux de la conseruation de ses droicts & authorité d'vne part,& les habitans, qui se vouloient auantager, en surpassant les bornes de ce que leur estoit loysible.

Discorde.

Tandis que l'Abbaye de Tournus fut administree par simples Abbez Moynes, & desquelz la bonté estoit sans defense : ceux de la ville vsoient de plusieurs actes de volōté, & tout ce qu'ils entreprenoient leur sembloit licite. Mais depuis que Aymon de Corgeron vint de Moyne à estre Abbé, iouxte l'ordre d'adoncq: luy qui estoit homme de toutes heures, & qui sçauoit fort bien s'ayder(selon le besoin) & de la Crosse, & de l'Espee(qui sont les armes de l'Abbaye de Tournus) commença à vser de pouuoir magistral, & contraindre les habitans de demourer en ceruelle. Plusieurs affaires tomberent en question entre-eux, dont il conuint auoir recours aux Iuges. Ceste voye de Iustice fut la premiere essayee. Mais ceux de Tournus se congnoissans condamnez & deboutez de quelque cas qu'ils auoient bien fort en affection, dresserent vne embuscade audit de Corgeron,allant de Tournus à sa maison de sainct Romain: & luy feirent tant d'indignitez, qu'il eut occasion de s'en ressentir. Ce qu'il feit. Reuenu doncques en son Abbaye, il feit assembler ses Religieux, & leur exposa les torts qui luy auoient esté faicts. Puis (apres s'estre assez longuement plainct)se resolut en ces mots de Dauid, Pseaume 31. *In chamo, & freno maxillas eorum constringam.* Toutesfois (auant que d'en venir là)il somma, & interpella par plusieurs fois ceux de Tournus de luy faire faire reparation des excez dont on auoit vsé enuers luy. Et voyant qu'ils n'en tenoient compte,il adiousta, que puis qu'ils auoiēt commencé à sortir du train de Iustice, il aduiseroit de s'ayder du droict de nature, pour repousser force par force. La reparation tiree en longueurs,&

Trop grāde bonté fait qu'on en abuse.
Aymon de Corgeron Abbé.
L'Abbé de Tournus a en ses armes la Crosse,& l'Espee.

Force succede à faute de droict.

Dauid.

Vim vi repellere.

gueurs, & la patience de l'Abbé Aymon tournee en mocquerie entre les subiects, qui se ventoient d'auoir bien bourré le Moyne, le contraingnirent d'executer ce que de longue main il auoit pouriecté pour auoir sa vengeance. C'est que luy, qui estoit extraict de Nobles & puissants parents, assembla bien cent ou six vingtz Gentils-hommes, tous, ou la pluspart du Conté de Bourgongne, & de Bresse, qui suyuiz de quatre à cinq cens hommes de pied, entrerent de nuict en l'Abbaye, & d'icelle en la ville. Et sans que les habitans s'en apperceussent, eurent disposé corps de garde, gaigné les portes tant de la ville, que des Eglises, & empesché les aduenuës: de sorte que les habitans ne pouuoient s'assembler, sortir hors la ville, sonner le tocsain, ny secourir les vns les autres. La generalité des manans, & habitans de Tournus ainsi estonnee, on vint à forcer enuiron vne douzaine de maisons, & se saisir des personnes plus remarquees: ausquelles (selon la promesse de l'Abbé) on meit des mords d'Allemaigne en bouche, & des chapperons en teste à rebours: & en cest esquippage furent de si male heure transportez au Conté, que iamais depuis ilz n'en revindrēt. Cest excez fut (comme à la verité il estoit) trouué fort mauuais: d'autant mesmement qu'il procedoit d'vn homme d'Eglise.

Parents vēgeurs de leur parēt.

Habitās de Tournus surprins.

Chastiement trop rude.

VNE partie de ceste querele estoit prouenuë de causes fort inueterees: & l'autre estoit procedee de ce que l'an 1370. ceux de Tournus auoient commencé d'eslire vn Capitaine: & les Abbez disoient que c'estoit à eux de le nommer & instituer. Quoy qu'en soit, l'an 1396. les pénonceaux furent mis sur les portes de la ville de Tournus, en signe que Charles sixiesme, lors Roy de France, prenoit les habitans d'icelle en sa protection & sauuegarde, afin que l'Abbé de Tournus cessast de les fouler & opprimer.

Election de Capitaine.

Pennonceaux mis sur les portes de Tournus. Roy Charles vj.

IE ne veux oublier que regnant Philippe le Bel, & long-temps auparauant les sus-métionnez differēts entre les Abbez, & les Bourgeois, & manants de Tournus, Marguerite seconde femme de Charles Roy de Sicile se voyant vefue, trouua l'air de Tournus si aggreable, que pour y vser le reste de ses iours, elle feit bastir hors la ville du costé de Mascon vne maisonnette, & tout ioignant vn hospital: auquel (comme recite M. Nicole Gilles) elle seruoit, & administroit de ses propres mains (sans le faire faire par ministere de seruiteurs) les necessitez des pauures passants: leur lauoit elle-mesme les piedz, medicamentoit leurs vlceres, & playes: habilloit, & recousoit leurs vestements, & faisoit tous autres menuz seruices. Cest hospital fut (comme tous les autres lieux saincts du circonuoisinage) ruiné par ces destructeurs de toutes choses bonnes, que l'on nomme Huguenotz, durants les troubles par eux excitez en France. Toutesfois Madame de Randan, de la maison de la Myrandole, & Reuerend pere en Dieu Messire Iean de la Rochefoucault Abbé de Marmoustier, Cormery, &c. (qui pendant que Illustre Seigneur M. François de la Rochefoucauld, filz du feu sieur de Randan, & de ladicte Dame, &

Roy Phil. le Bel. Marguerite vefue de Charles Roy de Sicile. Fondation de l'hospital de Tournus. N. Gilles. Charité grande en vne Princesse. L'hospital ruiné par les Hug. Madame de Rādan. M. de Marmoustier & de Cormery.

neueu germain dudict sieur de Marmoustier estoit encores aux estudes, ne reseruoient que douze cens liures, pour l'entretenement d'iceluy, sur le reuenu de l'Abbaye de Tournus, & employoient le reste en reparations, mariages de pauures filles, & à faire apprendre à pauures garsons les lettres, ou mestier) ont faict refaire de plus belle & excellente structure ledict hospital, qu'il n'estoit au-parauant. Le tout par la peine, soing & diligence de honorable homme François Conte, Bourgeois & marchât dudict Tournus, duquel la charité enuers les pauures, & l'integrité enuers vn chacun est admirable. Aussi y ont aydé plusieurs particuliers Bourgeois, & autres du lieu. Entre autres Nobles Nicolas, & Antoine Galand pere, & filz Capitaines de Tournus y ont faict de grands biens. Le pere feit benistre le lieu, & voulut estre enterré au cimitiere: & le filz feit clorre iceluy cimitiere. Et plusieurs y ont aumosné grandz biens, dôt les pauures sont alimentez. Au reste le peuple de Tournus a tousiours eu grande reputatiô de pieté enuers Dieu, & enuers son Eglise Catholique. Et si quelques vns habitans de Tournus ont esté desvoyez de la commune croyance, la vertu du soleil de iustice, & de verité, les a eu tantost dissipé. Mais quant aux bons Catholiques, les marques de leur pieté (encores que les maistres de ruines Huguenotz, y ayent esprouué combien ilz sont ingenieux à mal-faire) n'ont peu tant estre effacees, qu'il ne reste à sainct André plusieurs Chapelles, qui sont en grand ornement à ladite Eglise. De ce nombre est celle que le susdict Nicolas Galand, & Dame Ieanne Viuienne sa femme ont faict bastir; celle de venerable Messire Pernet Ragonneau: celle de honorable Iean Crochet: celle de honorable Iean Goyon peintre: & celle de la Confrairie des Cordonniers. En toutes lesquelles (ensemble sur le grand autel) y a de beaux tableaux, de singulier & exquis ouurage, faicts de la diuinement docte main de l'excellent peintre maistre Guerard Gregoire Hollandois compatriote, & parent d'Erasme de Roterdam. Les Lapiatz, & Verjus ont aussi laissé tesmoingnage de leur deuotion, par leur Chapelle en l'Eglise de la Magdelaine.

IE ne puis passer soubz silence que lors que les differents premencionnez furent pacifiez entre les Abbé & habitans de Tournus, l'article concernant le Capitaine fut arresté: de sorte que la ville en a l'election, & presentation, mais le droict d'instituer appartient à l'Abbé, entre les mains duquel il preste le serment. Et quant au procés au faict de ce que ceux de la ville pretendoient, d'auoir droict de constituer & nommer vn Procureur Syndicq': il fut vuidé du temps que le Reuerendissime Cardinal de Lenoncourt estoit Abbé, & fut dit qu'ilz n'en auroient point. Aussi ledict Cardinal osta la follastrerie qui se faisoit le premier Dimenche de Caresme, que nous appelions iour des Brandons. A ce iour les clefs de la ville estoient remises par le Capitaine, és mains du grand
Prieur

Prieur de l'Abbaye, lequel accompagné des Religieux venoit fermer les portes, & toute la ville en armes luy assistoit, auec torches & flambeaux à qui mieux mieux. Ce soir là se faisoient maintes choses, qu'il est plus expedient taire que trop exprimer, soubz vmbre d'vn guet plus solennel.

VOILA ce que i'ay peu apprendre des affaires antiques, & modernes de Tournus: bien marry que ie n'en puis escrire plus plainement, pour le contentement de ceux qui desireroient en auoir plus ample certitude. Mais ayant faict en ceste part ce qui m'a esté possible, ie supplie les Lecteurs prendre en gré mon labeur.

F I N.

DE L'ANTIQVE HISTOI-RE ET VRAYE

ORIGINE DES BOVR-GONGNONS,

LIVRE SECOND.

PAR PIERRE DE SAINCT IVLIEN DE LA maison de Balleurre, Doyen de Chalon, & grand Archidiacre de Mascon.

A PARIS,

Chez Nicolas CHESNEAV, ruë sainct Iaques, au Chesne verd.

M. D. LXXXI.

AVEC PRIVILEGE DV ROY.

L'IMPRIMEVR AV LECTEVR.

LE second liure de l'antique histoire des Bourgongnons deuoit suyure le premier, & preceder les discours & traitez particuliers d'Autun, Mascon, Tournus, & Chalon, pour continuer l'histoire d'vn mesme fil: comme aussi le discours de Chalon deuoit estre mis apres celuy d'Autun: mais l'autheur m'ayant enuoyé peu de temps auant la derniere contagion ledit premier liure, & traitez particuliers pour les mettre sur la presse, n'ayant lors intention d'en exposer d'auantage en lumiere, & se reseruant la suitte d'icelle histoire en vn autre volume, a eu tant de loisir par les interruptions & longueurs aduenues en l'impreßion à cause de ladite contagion, qu'il a paracheué ledit second liure, & me l'a enuoyé. Il n'a peu, toutesfois, estre mis en son ordre, par-ce qu'estant ledit premier liure imprimé on auoit mis à la suitte, & fort auancé lesdits traitez. Dont ie t'ay voulu aduertir, afin que telle transposition ne te semblast estrange, pour n'en auoir entendu la cause. A Dieu.

A RE-

A REVEREND, ILLVSTRE PRELAT, ET MONSIEVR,
MONSIEVR ANNE DE GIVRY, ABBE´
DE S. BENIGNE DE DIJON, DE MOLES-
MES, ET DE POVLTIERES, CON-
SEILLER DV ROY EN SON
PRIVE´ CONSEIL.

MONSIEVR, Ce fut auec pertinente raison, que certain autheur a laissé par escrit Verité estre fille du temps. A quoy est conforme ce qui a esté dit d'ailleurs, le temps reuelera toutes choses : & rien n'est si caché qu'il ne vienne en apert. Iouxte cela, est fort prisee l'inuention de ceux qui ayants prins Verité pour deuise, l'ont faict peindre cachee en vne cauerne, en laquelle le temps la prend par la main, l'en retire, & la met en lumiere. Ie le dy pour ce que l'origine de noz Bourgongnons, & leur ancienne histoire ayant esté iusques icy, ou du tout ignoree, ou dissimulee, voire passee soubz silence, par ceux qui la pouuoient sçauoir ; vous sera au liure present mise en si claire euidence, que ceux des nostres qui en ont douté, en demoureront tout resoluz : & congnoistront leur Patrie, si les Iotes ne les en rendent oublieux. Les moyens de mettre la Verité au veu & sceu d'vn chacun, sont donnez à plusieurs : mais la volonté n'est pas cõmune à tous. Ioinct que les Peuples qui se sont contenté de l'asseurance qu'ilz auoient de leur Noblesse, illustricité d'origine, & excellence des faicts de leurs ancestres, ont esté de l'opinion des belles femmes. Comme elles (certaines de leur beauté) ne se soucient d'employer les artifices, qui pour quelque ayde qu'ilz font au naturel, l'empirent de telle sorte, que nulles vieilles sont si laides & ridees, que celles qui se sont plus fardees en ieunesse : ainsi les illustres de races, sentants leurs valeurs assez recommendables d'elles-mesmes, ne se soucient de trompettes de l'excellence de leurs faicts, ains pensent que le lustre de vertu est assez clair pour les faire congnoistre. Aussi les menteries (communes à tous ceux qui traictent l'histoire, selon Vopiscus en son Aurelien) & la flatterie (propre aux Panegyristes) desplaisent à merueilles aux hommes de vertu : & de ce est vn notable Apophthegme de Pescennius Niger, en Spartanus, disant : que c'est mocquerie de loüer les viuants ; Et encores : Qu'il vouloit estre aggreable en sa vie, & loüé apres sa mort.

AVTRES Peuples sentants leurs commencements obscurs, creuz d'incestes, rapts, brigandages, & pilleries, ont esté contraincts d'user des plus belles & mieux agencees paroles, que l'art, & l'industrie leur a peu fournir: afin d'excuser par beaux, & artificiels discours, les actions, qui laissees en leur cruë verité, n'eussent eu aucun sentiment de pieté, de religion, ny de vertu. Entre ceux-cy peuuent plus que iustement estre comprins les Romains: selon que Christofle de Longueil (homme côpté entre les mieux disants de son temps) l'a elegantemẽt deduit en certaine Oraison: & selon que leurs histoires mesmes le rendent clair & notoire à vn chacun. Aux premiers ie compare infinies nations: mais sur toutes, noz Gaulois, François, & Bourgongnons: qui soingneux de bien faire, ont mieux aimé laisser aux autres matieres d'escrire; que (comme les Grecs, & Romains) estre crieurs de la prisee, & taux de leur valeur: se chatoüiller eux-mesmes pour se faire rire: ou s'entre flatter les vns les autres : & auec l'appast, & amorce d'une biẽ aggreable diction, (comme Orpheus, ou Amphion, au son de leurs instruments) rauir les moins caults en telle admiration, que s'ils n'ont esté conuertis en pierres, du moins ils ont esté rendus stupides & muets: sans les oser contredire, ny vser de reuanche. Iamais Cyrcé, ny les Sirenes Homeriques, ne sceurent mieux blandir, pour attirer les compagnons d'Vlysses, que ces donneurs de paroles ont sceu non seulement pipper, mais aussi charmier de leur affectee diction, les esprits de toutes gens. Ie dy de toutes gens: pour-ce que la recepte de la composition de la cire dont Vlysses estouppa les oreilles de ses compagnons, se trouue perduë. Nul ne se faict plus lier au mast de son Nauire, pour estre empesché de saulter en mer, se ioindre, & s'esbaudir auec les Sirenes histoires des Romains. Ie les nomme ainsi d'autant que la diction tant belle & ornee qu'il est possible, termine (non en poisson) mais mensonges, pour honorer iceux Romains, & leur Estat: auec vn general mespris, & commune extenuation du los, & honneur deu à toutes autres gens. D'auantage nous descouurons à l'œil, que combien que les Gaulois ne puissent ignorer les torts que leur Patrie, leurs predecesseurs, leur nom, & reputation ont souffert par les Romains: si n'y a il gent, ny nation qu'ils estiment, preuuent, & honorent tant. Iamais Cleopatra ne tint si cherement en son seing, les Aspics (instrumẽts de sa mort) que noz François tiennent à present, les liures des historiens Latins, qui ont traicté les faicts des Romains, au desauätage, deshonneur, ruine, voire (si ie l'osois dire) infamie de noz ancestres les anciens Gaulois. Nul escrit n'est receu, ny approuué, s'il n'est comme esquarré, & taillé au nyueau, & à la reigle Lesbienne de telz autheurs: desquels (ce pendant) les Latins mesmes (tesmoing le preallegué Vopiscus, tesmoing Herodien, & autres) ne font compte, sinon comme de tres-elegants en paroles, mais (au reste) bien asseurez menteurs: sans espargner ceux, que le vulgaire tient en reputation d'excellents autheurs de l'eloquence historiale. Le mesme Vopiscus (qui se vente d'escrire auec bons, & seurs memoires) commence l'histoire de Probus, de telle façon, qu'il tient pour bien certain, ce que Crispus Salustius, que M. Cato, & Gellius ont laissé par escrit: à sçauoir que toutes les vertuz d'vn chacun sont autant excellentés, que l'esprit de ceux qui ont entreprins en escrire, a esté suffisant pour les magnifier... Et pourtant qu'Alexandre le grand Roy de Mace-

Epiſtre. 543

Macedone, venu au tombeau d'Achilles, dit en ſouſpirant profondement: O ieune homme, que tu es heureux, d'auoir rencontré vn ſi excellent trompette de tes vertus! Il entendoit Homere, qui a feinct Achilles autant ſoingneux de la verité, que la ſuffiſance de ſon entendement ſ'eſt peu eſtendre. Ce dit, & apres quelques propos, il adiouſte: que ſi Cn. Pompeius illuſtré par trois excellents triomphes, des Pirates, de Sertorius, & de Mithridates : & au reſte meritoirement Grand par la ſplendeur de ſes victoires: n'euſt eſté conſerué en la memoire des hommes, par les eſcrits de M. Ciceron, & de T. Liuius, il ne ſe trouueroit plus perſonne qui ſceuſt qu'il ait eſté. Autant en dit-il de P. Scipion l'Africain, & des autres Scipions. De verité la memoire eſtant labile, Dieu a donné l'eſcriture pour ſupplément. Non certes pour l'employer en menſonges, comme les Grecz, & les Romains, & noz faiſeurs de Romans fabuleux: mais afin que les actions de chacun eſcrites, par ceux qui de droict ont charge de les eſcrire, & non par qui veult, la poſterité ſoit induicte à imiter celles des vertueux; & ait occaſion de deteſter celles qui preiudiciables à leurs autheurs, ſont indignes d'eſtre ſuyuies. VOYANT doncques la doulceur de la diction des Latins, auoir mis en telle eſtime leurs hiſtoires, qu'elles ſeules receuës pour vrayes (combien que ſi on en ſepare l'ordre des Conſuls, le reſte ne ſoit quaſi que diſcours faicts à plaiſir) ie n'ay peu ne m'eſbahir bien fort, comme tant de gens de ſçauoir, & d'eſprit, ſe ſont ainſi laiſſé charmer & enſorceler, que rien ne leur ſemble digne d'eſtre nommé, ny tenu pour hiſtoire, ſ'il n'eſt fondé ſur quelque autheur Grec, Latin, ou Aleman: & ſ'il n'eſt baſty de leurs materiaux. On nous veut gehainner iuſques à là, & forcer de croire, que quand les pays de deçà les Monts eſtoient encores cachez aux Romains(qui en eurent cognoiſſance à leur perte, & inſigne dommage) les François & les Bourgongnons n'eſtoient que quelques tracaſſeries de gens obſcurs, & qui n'ont eu luſtre ny dignité, ſinon pour auoir donné aux Romains matieres de victoires & d'honneur: & que de rechercher de plus hault leurs extractions, & proëſſes, c'eſt ſe rompre la teſte à credit: ou(come diſent quelques-vns)chercher la pierre Philoſophale parmy le ſablon de la mer. Mais (MONSIEVR) ces barrieres de paille, & ces bornes de cheneuottes, ou cheneueulles, ny les deciſions de certaine maniere d'hommes, qui ſe ſont entremis de faire office magiſtral, & commander en l'hiſtoire: combien que leur rang ne ſoit que de perſonnes priuees ; & la pluſpart priuees de maintes choſes, qui leur ſeroient fort neceſſaires: ne m'a peu empeſcher d'entrer en cherche de l'origine de noz vieilz Bourgongnons, & de l'antiquité de leurs expeditions, cy deuant ignorees. Pour à ce paruenir, trouuant que les liures (eſcrits pour la pluſpart par eſtrangers mal-aduertis) ne me pouuoient bien contenter: i'ay eu recours au lieu de leur premiere naiſſance, & cauſe de leur denomination, qui eſt le Val d'Ongne: auquel peut eſtre recongneuë la place, ou fut iadis le Bourg-Ongne: & ſi le Bourg en eſt perdu, veoir neantmoins reſter encores le nom d'Ongne, qui eſt la particule plus importante, & toutesfois cy deuant plus ignoree. Ce poinct gaigné, & aduerty par vn vieil Roman qu'ilz eſtoient partis de là: ie me ſuis mis en queſte, pour les retrouuer, où qu'ilz fuſſent. Suyuant doncques leur piſte & trac, i'ay congneu qu'ilz ſ'eſtoient retirez auec les Allemans:

Zz ij

que estants là ils furent tenuz pour vrais Allemans, par ceux qui ne les congnoissoient pas bien : que dés là ils se ioingnirent auec les Vandales, & acquierent leur nom: puis auec les Gothz, & furent estimez Gothiques. En fin que retirez vers les Maressts Meotides, & descendants en Dardanie ils furent iugez, & reputez Scythes. Que soubs ce nom ils desirent en bataille l'Empereur Decius, & son fils. Puis suyuants leur victoire, qu'ils tournerent visage contre Rome : où ils eussent executé leur entreprinse de luy donner le sac, si Volusianus Gallus (certain de leur valeur) ne les eust appaisé, leur faisant Rome, & l'Empire Romain (duquel il estoit chef) subiects, & tributaires. Mais aduenant que Æmylianus leur eust fait vne escorne, contre le droict des gens, & contre la foy publique solennellemẽt donnee, ils penserent de retourner és Gaules, siege, & origine de leurs ancestres : ce qu'ils feirent par les moyens deduicts au liure suyuant, lequel (i'en suis seur) ne sera exempt de calomnie: mais i'espere que tous bons interpretes de la verité, iugeront la calomnie deuoir retomber sur les calomniateurs. Quant à ma façon d'escrire, ie la confesseray tousiours grossiere : mais de la verité de l'histoire, combien qu'elle puisse estre (comme i'ay dit) calomniee, si ne sçauroit-on l'impugner, que le droict, la raison, & l'equité ne s'en trouuent offensez. Ie m'aigris souuent contre les Romains: le deuoir me commandant blasmer leurs actions, & loüer leur diction, & eloquence. Et pleust à Dieu, que tous ceux qui se disent vrais germes des Gaulois, des François, & des Bourgongnons, se ressouuinssent des griefs, & torts, que ceux desquels ils sont extraicts ont souffert par ces bandoliers, Corsaires, & oppresseurs de toutes gens: desquels les actions plus qu'indignes d'estre sceuës à la verité, ont esté desguisees, & refaçonnees au modele d'vne digne, & loüable Republique, & leur Empire masqué, pour ressembler vne iuste Monarchie : ainsi que Xenophon (grand Capitaine, & excellent Philosophe) a escrit l'instruction du Roy Cyrus: non tant (dit Ciceron) pour seruir à la verité historiale, que pour representer quel il faut qu'vn bon Prince soit. Ainsi Ciceron a dressé vn Orateur d'enchanteur, c'est à dire inuisible, & qui ne s'est iamais peu veoir. Ainsi le Conte Balthasar de Chastillon Italien, a preparé la forme d'vn Courtisan, mais il n'en a sceu trouuer la matiere. Ainsi Thomas Morus Anglois ne sçachant lieu digne de sa Republique, l'alla establir en Vtopie. Du Cheualier Chrestien, & du Prescheur d'Erasme, i'en laisse le iugemẽt aux Theologiẽs. Reste qu'ayant dressé ce recueil des erreurs, & peregrinatiõs de noz Bourgõgnons par l'Allemaigne, Gothie, & Scythie, & de leur final arrest és pays des Gaules, comprins en general souz le nom de Bourgongne: ie n'ay voulu faillir (pour satisfaire à vne promesse que ie vous en ay autresfois fait) le vous humblement presenter : vous suppliant

   MONSIEVR, que (combien que ce ne soit chose digne de voz grandeurs) il vous plaise l'auoir pour aggreable : comme procedant de celuy qui vous baisant les mains, n'a plus grand desir que de demourer à iamais

Vostre tres-humble, & tres-affectionné
seruiteur, P. DE S. IVLIEN,
Doyen de Chalon.

L'AV-

L'AVTHEVR AV LECTEVR
AMY, SALVT.

LORS que ie commis aux presses de l'Imprimeur, mon premier liure de l'histoire de noz vieux Bourgongnons, & de l'antiquité des Estats de Bourgongne: ie protestay (Lecteur amy) qu'attendant l'edition du second liure, ie ferois comme Apelles excellent Peintre: qui ayant acheué vn tableau, le proposoit à la veuë d'vn chacun; mais caché derriere iceluy, notoit,& obseruoit quel en seroit le iugement des arrestez pour le veoir : & s'il congnoissoit auoir esté reprins auec raison, il corrigeoit sa faulte : mais si la reprehension estoit impertinente, où il le faisoit entendre au repreneur, ou du tout il n'en faisoit cõpte. Depuis que mondit liure est sorty d'auec moy, i'ay sceu qu'il a esté exposé aux yeux de maintes personnes, desquelles le iugement a esté diuers: & quasi tous ont trouué mes discours estranges, par ce qu'ils sont esloingnez de la commune opinion: & peu ont eu esgard au labeur que i'ay employé, pour faire sçauoir ce que iusques à present estoit obscur, & ignoré. I'ay sceu d'auantage, qu'entre autres choses, mes escrits ont esté taxez sur deux poincts. L'VN d'autant que ie me suis ingeré de parler des dignitez & Offices de France: veu que le sieur Greffier du Tillet, auquel les Registres du Parlement de Paris estoient commis: qui a eu communication des titres, & Chartres gardees en la Chambre du Tresor Royal, & qui n'a espargné aucune diligence, pour rechercher és archiues des plus anciennes Eglises de ce Royaume: auoit amplement, & dignement trauaillé sur ceste matiere : de laquelle il me messeoit estre quelquesfois different auec luy, qui payoit content , & moy ie mettois à credit. L'AVTRE poinct est, qu'il semble à plusieurs, que i'aye controuué ce supreme Magistrat,& sursouueraine Principauté des Gaules, laquelle i'ay dit (apres vne vieille histoire en langage Roman) auoir esté nommee des Gaulois Grand par dessus: & pour exercer laquelle, i'interprete Ambigatus de Bourges auoir esté donné aux Celtes, par le Canton de Berry, estant lors en son tour. Sur ce desirant (Lecteur amy) que soyez aduerty de mon faict, quant au premier poinct: & de mon intention, en ce que concerne le second : ie vous ay bien voulu dire ce que s'ensuit. EN premier lieu, ie proteste (& Dieu sçait que ie dy verité) que quand i'enuoyay mes escrits à l'Imprimeur (cõbien que i'eusse souuent, & en plusieurs bonnes compagnies, ouy differemment disputer maintes opinions du sieur du Tillet: & entendu qu'il auoit fort diligemment trauaillé apres l'histoire de Frãce) dont vne copie escrite à la main me fut vne fois communiquee pour demie heure: si n'auois-ie point sceu, qu'il eust escrit des rangs , & seances des Grands de

Zz iij

France. En laquelle matiere il confesse que la volonté des Rois (mesmement des modernes) a bien souuent preualu, contre l'ordre des anciennes ceremonies. Quand doncques ie suis entré en ce propos, sans autre guide que l'Autheur de la Somme rural: i'ay diuisé ceux qui assistent aux Rois, tant és assemblees d'honneur, que de Iurisdiction, en deux: à sçauoir en dignitez, & en Officiers. Les dignitez ont leur rang selon qu'ils sont plus prochains de sang, & parentage au Roy: ou selon la priorité du temps qu'ils ont esté esleuez en dignité. Car quant aux autres Rois, il aduient peu souuent qu'ils se trouuent esdictes assemblees: & s'ils s'y trouuent le rang deu aux Rois leur est conserué. Les Officiers ont leur rang certain, & designé és liures des Maistres des Ceremonies. Mais si vn Officier de la Couronne est honoré de dignité, ou dignitez, le Roy luy permet assez communément de sortir du rang d'Officier, & monter en celuy des dignitez. Si le Connestable est faict Duc, Pair de France, &c. lors il luy est permis seoir au banc des dignitez. Autãt en est-il des Chanceliers: quand faicts Ecclesiastiques, ils deuiennent Cardinaux, Legats, Patriarches, Archeuesques, ou Euesques: ils peuuent tenir le rang desdites dignitez: & mesmement és assemblees d'honneur: mais en celles de Iustice, où il conuient qu'ils proposent, remonstrent, ou prononcent pour le Roy, il faut qu'ils facent leur office: & lors ils ne montent au siege des dignitez, ains demourẽt en leur chaire aux pieds du Roy. Car d'ancien droict le siege du Chãcelier est ladicte chaire: & il souloit auoir sa banque deuant luy comme premier Secretaire, & Notaire du Roy. En Latin il estoit dit Primicerius: car quant à Cancellarius, c'est vn terme nouueau, auquel Vopiscus a donné cours, pour en auoir vsé en son Carinus. Voilà ce que i'auois à dire pour m'expliquer du premier poinct. Touchant le Grãd pardessus, supreme puissãce, & Sur-souuerain des Gaules: ceux me pẽsent de trop meilleur esprit que ie ne suis, qui se persuadent que tel Magistrat a esté controuué par moy. Pour doncques leur leuer ceste opinion, i'ay pensé necessaire de produire mes tesmoins, desquelz (oultre mon historien Roman) ie le tien, & l'ay apprins. Ils sont de telle liste, & si hors de toute exception, que ie ne crain qu'on les reproche, & qu'on y trouue à redire. Ie mettray doncques icy leurs depositions, & propres paroles.

C. CÆSAR LIB. VII. COMM. DE BELLO GAL.

Vercingentorix Celtilli filius, Aruernus, summæ potentiæ adolescens, cuius pater principatum Galliæ totius obtinuerat.

Le sieur de Vigenere en ses annotations sur Cesar, par luy mis en François, trouue ce passage vn peu scabreux: car (comme il dit, & qu'il est bien certain) si tous les Cantons des Gaules auoient tel droict de pouuoir souuerain chacun sur eux, qu'ils ne recongnoissoient point de superieur: comment se pouuoit-il faire que Celtillus, Auuergnac, eust esté Prince de toutes les Gaules; si nous ne prenons telle Principauté pour le Magistrat du Grand par dessus?

Au Lecteur.

T. Livivs Decadis I. Libro V.

Prisco Tarquinio Romæ regnante, Celtarum, quæ pars Galliæ tertia est, penes Bituriges summa Imperij fuit: ij Regem Celtico dabant. Ambigatus is fuit, &c.

Si T. Liuius eust esté bien aduerty de ceste antiquité, de laquelle il auoit ouy parler, il n'eust pas vsé du mot de Roy. Le reste est conforme à nostre pretendu, à sçauoir que lors c'estoit au tour de ceux de Berry de donner le souuerain Magistrat, & que celuy qu'ils donnerent fut Ambigatus. La force est grande és mots, quand il dit que le souuerain pouuoir estoit riere ceux de Berry: qu'ils donnoient le Roy aux Gaulois Celtiques, & que le donné par eux fut Ambigatus. Brief le mot de donner est fort pertinent à nostre intention. Contre laquelle il n'est à croire que les Berruyens ayent eu proprieté de domination, sur tous les peuples Celtiques: ains fut la principauté d'Ambigatus, telle que celle de Celtillus en Cesar.

Strabo Geograph. Lib. IIII. De Gallis.

Plurimas Ciuitatum primores gubernant, ducem vnum primis temporibus, ad annum deligentes, sicut & in bello vnus à multitudine designatur Imperator.

Voylà comme les Citez *(c'est à dire Cantons) des Gaulois estoient gouuernees par les principaux d'icelles: & que ces Gouuerneurs eslisoient vn Chef, pour vn an: ainsi que la populasse choisissoit vn Capitaine general en temps de guerre. Ce chef esleu par les principaux des Cantons, est celuy que nous disons Grand par dessus.*

L'Avthorite *de trois si excellents personnages, secondee de l'ample, & nue deduction de l'vsance ancienne, testifiee par l'autheur de l'histoire en langage Roman, dont i'ay souuent faict mention, m'a incité à escrire du Sur-souuerain Magistrat des Gaules, nommé Grand par dessus. Ioinct que la raison commande de croyre, que les Gaulois qui s'assembloient tous les ans, pour tenir vne diete, ou (que i'ayme mieux dire) les Estats generaux: auoient quelque police entre-eux; quelqu'vn qui les assembloit en lieu certain: quelqu'vn, qui presidoit, & quelqu'vn qui prononçoit les resolutions. Tout celà bien pesé & examiné, la verité sera congneuë, que les Gaulois (encores que chacun Cantö eust droict de Souuerain) auoiët pour la police, & pour l'vnion vn Prince, & Grand par dessus, auquel tous rendoient obeïssance.* A Dieu Lecteur amy.

Zz iiij

LIVRE SECOND DE
L'ANTIQVE HISTOIRE ET VRAYE
ORIGINE DES BOVRGONGNONS.

Par Pierre DE SAINCT IVLIEN, *de la maison de Balleurre, Doyen de Chalon, & grand Archidiacre de Mascon.*

AVANT-PROPOS.

LA PROMESSE que i'ay faict, à la fin du liure precedent, me semble tirer apres soy obligation si expresse, que ie n'ay voulu faillir de me mettre en deuoir de l'accomplir, selon la grace qu'il plaira à Dieu me donner. Premier toutesfois que d'en venir là, ie ne me puis tenir de protester, que si i'eusse sceu (auant la derniere main-mise au precedent premier liure) que le seigneur Greffier du Tillet eust trauaillé apres le subiect que ie traictois (encores que noz labeurs tendissent à diuerses fins: d'autāt que luy auoit entreprins escrire des dignitez, offices, & estats de France; & moy des Bourgongnons) où ie l'eusse aussi facilement preuenu, comme i'en auois bien le moyen (mō labeur ayant esté oysif en mon estude plus de six ans; & couru par les mains de mes seigneurs, & amis plus de deux autres annees) ou i eusse attēdu que ses memoires, puis son recueil, eussent esté publiez: afin d'auoir par là intelligence de plusieurs choses remarquables, que nul ne peut sçauoir, si (comme luy) il n'a eu libre entree du Tresor des tiltres de la courōne de France, & manié les registres de la Cour des Pairs, primitif Parlement de France. Mais (encores que i'en eusse souuent ouy parler, & raisonner en maintes compagnies d'hommes d'honneur, & de sçauoir) n'ayant eu tant de bien que d'auoir veu plus de demie heure ses escripts copiez à la main auant que les miens fussent commis à l'Imprimeur, pour les publier: si en quelques choses ie me trouue different auec luy, ie prie ceux qui daigneront lire ce qui est de moy, ne le trouuer estrāge. Car combien qu'vne verité ne puisse estre racomptee que d'vne sorte, si est-ce que les temps produisent tant de diuersitez, que choses pareilles ne se conduisent tousiours d'vne mesme façon. Ce que ledit du Tillet a rapporté des seances és assemblees de France, manifeste entieremēt, que non vn certain, & bien asseuré ordre y a commandé: ains que la volonté

L'Autheur proteste ne s'estre aydé en son premier liure des memoires du seigneur du Tillet.

des Rois y a le plus souuent seruy de reigle : ou la plus grande qualité de quelqu'vn luy a donné rang d'autre seance qu'à ses predecesseurs, quoy que proueuz de mesme dignité, estat, ou office. Touchât ce en quoy mô dire s'est trouué côforme à ce que dit a esté par ledit du Tillet, ie croy biê qu'il ne sera recherché : mais quât à quelques poincts que ie ne luy pourrois passer, & encores moins ceder : ie me tiendray tousiours prest d'en rédre raisons si pertinétes, que les curieux en deurôt auoir contentemét.

CELA premis, ie vois essayer d'entrer en l'accomplissement de mes promesses. Quoy faisant si ma diction est trouuee grossiere, i'espere que ma bonne affection (laquelle est du tout voüee à l'illustration de l'antiquité de ma patrie, en desir de la venger des torts qui luy ont esté faicts, par vne infinité d'hommes tât anciens, que modernes) seruira de supplement : & qu'on congnoistra, que (combien que ie me separe de ce qu'a esté iusques à present creu, & tenu pour certain) ce neantmoins ie n'abâdonneray la pure verité.

D'vne querelle meuë entre les Heduois, & Senonois, cause de bataille, en laquelle la victoire fut aux Heduois, par le moyen des Bourgongnons.
CHAPITRE I.

EMBARREES au liure precedét les friuoles raisons du nom des Bourgongnons, & montree l'etymologie que plusieurs (quoy qu'au reste tresdoctes hommes) auoient inuenté : nous sommes venuz à descouurir les restes du iadis Bourg-Ongne, vraye, & vnique cause de l'appellation d'iceux Bourgongnons. Nous auons dit d'auantage, que le lieu où fut le Bourg-Ongne, est certaine plaine, situee entre les seigneuries de Luz, & de Trichasteau : icelle plaine faisant portion d'vne contree, qui (le mot de Bourg hors d'vsage) n'est plus appellee que le Val d'Ongne : comme au semblable on dit par deçà la vallee de sainct Gengoulx : la vallee de Cluny, &c. Reste maintenant à declarer (puis que le Bourg n'est plus) quelle fut la cause, pour laquelle ce Bourg fut ruiné, & abandonné de ses propres & anciens habitans. Pour à ce paruenir, il est necessaire repeter ce dont i'ay desia parlé en mon discours de l'antiquité d'Autun, qui est en substance tel.

du Bourg-Ongne.

COMME il est mal-aisé que voisins n'ayent quelques-fois riottes & quereles entre-eux : aussi les Heduois (entre lesquelz les Autunois tenoiét principal rang, & Bibracté, que ie maintien estre Autun, en estoit ville capitale) entrerent en differét auec les Senonois, pour raison de l'Auxerrois : les vns pretédans iurisdiction sur le totage, les autres se disans l'auoir sur vne grande partie. Ceste controuerse aduint bien long temps auant l'arriuee de Cesar és Gaules. Car luy dit que de son temps les Senonois estoiét en la foy & protection des Heduois. Tant y a que la querelle fut conuertie

L'Auxerrois côtentieux entre les Heduois & les Senonois. Cesar.
Senonois en la foy des Heduois.

des Bourgongnons, Liure II. 551

conuertie en guerre ouuerte: & tous amiables compositeurs refusez, force fut d'en venir aux armes. Doncques les Senonois renduz demadeurs, espierēt leur commodité. Et sçachant les Heduois fort empeschez contre les Auuergnacz (qui auoient tiré les Sequanois en leur ligue) ils entrerent de furie és terres des Heduois: & y feirēt tant de gasts, que les plaintes, & clameurs en vindrent iusques au Verg, que le vulgaire d'à present nomme Vierg, & Cesar Vergobret. Luy aduerty feit soudain nouueaux enroollemens, dressa des cōpagnies, & esseut vn General, pour aller s'opposer aux fureurs des Senonois: car quant à luy, les loix du pays ne permettoient qu'il abādonnast la ville. Les armees rendues voisines, les cāps nō esloingnez l'vn de l'autre, il n'y eut faute de braues, & furieuses escarmouches: par lesquelles les Heduois congneurent que la vertu des Senonois estoit plus grande, qu'ils ne l'auoient cuydé. Pource leur General enuoya aux Bourgongnons, pays agencé au Canton Heduois: & leur ordōna d'enuoyer gens à son secours. Telle depesche ne peut estre si secrettement faicte, qu'vn espion la sachant, n'en donnast aduertissemēt au chef de l'armee Senonoise: qui preuoyant que les Heduois augmētez de forces, seroient trop puissans, pour en venir à bout: delibera leur donner bataille, auant l'arriuee de l'esperé secours. Toutesfois les Augures ne luy promettans rien d'heureux de toute celle lune, donnerent espoir que la suyuante seroit accompagnee de toutes prosperitez. Luy doncques (car tous les peuples Gaulois ont esté iadis remarquez pour merueilleusemēt superstitieux, & prestans foy à telle folie d'Augures) differa de donner la bataille, iusques à ce que la lune (desia en son dernier quartier) vint à estre renouuellee. D'ailleurs le General des Heduois pressoit de plus fort, en plus fort les compagnies des Bourgōgnons de le venir trouuer. La lune deuenue neufue, les Senonois se preparēt au combat. Le General de l'armee Heduoise le sçait, ordōne ses bataillons, met ses gēs en ordre, & auec vne harangue prononcee d'vne graue authorité, & d'affection fort persuasiue excita le plus qu'il peut, son armee à prendre cœur en general: & passant puis apres de rangs en rangs, n'oublioit rien de ce qu'il estimoit pouuoir seruir pour esueiller la vertu des soldats. Ses briefues & neantmoins fort preignantes paroles, animerent tellement ses gens, que leur resolution fut de vaincre, ou de mourir. Les armees ioinctes, le traict, & le iect failly, force fut de venir aux mains: & ne faut penser, que iamais combats ayent esté si furieux entre gens de diuerses nations, que ceux cy de voisins à voisins, ne voulās rien ceder les vns aux autres. Les Senonois se persuadoient pouuoir vaincre ceux, qu'il leur sembloit ne s'estre osez presenter, pour leur empescher l'entree en leurs pays. Les Heduois d'autrepart auoient en ferme affection de se conseruer en la grandeur qu'ils auoient acquis, comme estās du premier, & plus puissant Canton (Cesar dit Cité) des Gaules. Le despit augmētoit le courage: les Heduois prenans hōte, que les Senonois eussent eu la hardiesse de les venir assaillir iusques

Liguez és Gaules.

Verg d'Autun.

Loy imposee au Vergobret d'Autun.

Bourgongnous agēcez aux Heduois.

Superstition.

Cesar mōtre que Cité n'est pas vne Ville.

en leurs atres & foüyers. Aspre fut la contention, cruelle la meslee, & doubteuse la victoire. Mais en fin la multitude des Senonois, & l'ordre que leur chef auoit dóné, que tousiours gẽs frais succedassent aux lassez, cõtraingnirent les Heduois à perdre terre. Peu à peu leurs rangs vindrẽt à sourrir, plusieurs à se desbãder. Entrant doncques le Senon és troupes, se meit à tuer, massacrer, & chasser, & finalement crier victoire, victoire, à gorges ouuertes. Toutesfois cóme la querelle des Senonois estoit moins que iuste, aussi Dieu ne la voulut plus oultre fauoriser: Ains aduint en cest instant (qui fut lors q̃ l'armee des Heduois estoit quasi en vau-de-routte) que ceux du Bourg-Ongne suruindrẽt si appoinct, que donnãsvne verte attaque sur la queuë des Senonois ne pẽsans rien tel, ils les estonnerẽt biẽ fort. Sur-ce les Heduois prenãs courage, se ralliãs, & retournez au cõbat, en eurent bon marché. La fortune changea par la reprinse de cœur des Heduois, qui mal-traicterent leurs ennemis. Le hazard de la guerre tourné, ce fut aux Senonois à chercher moyens de sortir de la presse, s'ils ne vouloiẽt se laisser tuer & assommer. La difficulté de se retirer n'estoit petite, d'autant qu'ils auoient l'Heduois reuenu en teste, & le Bourgógnon à dos. En fin force fut eschapper par les flancs, & prendre la fuitte pour garant. La veheméce de l'ardeur des victorieux les induisoit à poursuiure la chasse: mais la suruenue de la nuict fort obscure les en-garda: & la prudéce du General, soingneux de ne perdre personne mal à propos, fut telle, qu'il feit sonner la retraicte, & defendre la chasse.

LE CAMP estant demouré aux Heduois auec la victoire, le General n'oublia de hault loüer les viuans: & ne priua les morts de la loüange qui leur estoit deüe: & auec ce honnora iceux decedez de sepulture conuenable au grade des personnes. Faisant discours de la proüesse & valeur d'vn chacun, il rendit aux Bourgongnons tesmoignage de leur vertu: mais sur tout du secours donné par eux si à propos, que leur retardement d'vne seule heure, mettoit l'estat des Heduois en extreme danger, & leur Republique en mauuais party.

CEVX qui ont escrit de cecy, ont dit en Latin, que du Bourg des Dieux sortit vn secours si vtile, que par eux le Canton des Heducis fut preserué de tomber en la mercy de leurs ennemis. Les liures de telz autheurs ne se trouuẽt publiez: & au reste ceux qui en ont ouy parler, n'ont peu bien iuger, qui estoit ce Bourg des Dieux, à cause que le Bourg-Ongne (que nous auons montre au precedent liure, estre le Bourg des Dieux duquel il s'agit à present) estoit si anciennement ruiné, que desia du temps de Cesar la memoire en estoit perdue, sinon sur le propre lieu, auquel nous en auõs trouué si bonnes marques, qu'il n'est plus question d'en doubter: ny de penser auec le seigneur de Chasseneu, iadis President d'Aix, que *Burgus Deorum* soit Dijon, fondé trop modernement, pour tenir lieu de place si antique.

TELLE vaillantise des Bourgógnons leur tourna à grãdissime dommage.

des Bourgongnons. Liure II.

mage. Car oultre ce que toute la haine & maltalēt des Senonois leur tōba sus, d'autant que (comme il estoit vray) sans la suruenue des Bourgongnons la victoire demouroit aux Senonois, & les affaires des Heduois en extreme danger: encores les Bourgógnons deuindrēt si fiers & hautains, que desdaignans deslors les commādemens des Heduois, ausquelz ils auoient donné leur foy, & s'estoient mis en leur protection, refuserent la pension annuelle qu'ils souloient payer, & cessérēt de tous poincts de les plus vouloir recógnoistre pour leurs superieurs. Ce que les Heduois porterēt fort impatiemmēt. Mais se sentās enueloppez d'affaires, ils aymerēt mieux dissimuler leur mescōtentemēt, que d'entreprēdre dresser tāt d'armees contre diuers ennemis. Car pour lors ils auoient en teste les Auuergnacz, les Sequanois en flancz: & ne se tenans asseurez des Senonois, ils estoiēt cōtraincts tenir grosse garnison sur celle frōtiere. Auec tout celà, ils aymoiēt mieux laisser les Bourgógnons en l'exemption par eux pretédue, que d'encourir note d'ingratitude: attendu que le bruit estoit couru par toutes les parts des Gaules, que les Heduois auoient esté rescoux aux Senonois, par la vertu & proüesse des Bourgongnons. Aussi eust-ce esté acte d'extreme mescógnoissance, si pour raison de telle quelle somme de deniers, deuë par maniere d'adueu de superiorité ils eussent couru sus à ceux ausquelz ils ne deuoient seulemēt la cōseruation de leur estat, mais aussi leurs vies, & toutes leurs fortunes. Vne autre chose estoit à craindre, c'est que les Bourgógnons ne se rengeassent du costé & party des Sequanois: auec lesquelz les Heduois auoient desia tāt d'affaires, que leurs querelles n'ont seulemēt esté causes de la ruine des vns & des autres, mais aussi que toutes les Gaules perdirēt quant & quant leur anciēne liberté, faictes Prouince, & tributaires des Romains: selō que par les discours de Cesar en ses Cōmentaires des guerres Galliques il se peut facilemēt entēdre.

Orgueil des Bourgongnōs.

Les Heduois cōtraicts dissimuler.

Affaires des Heduois.

Les dissentions des Gaulois causes de leur ruine. Cesar.

De l'accord faict entre les Heduois & Senonois, auquel les Bourgongnons ne furent pas compris: & du Grand par dessus prouué par Strabo, T. Liuius & Cesar.   CHAP. II.

COMME celuy ne merite, ny ne doibt estre nōmé sage, qui ne regarde plus loing qu'à ses pieds, q̃ i'interprete les choses presentes: aussi est-ce acte de prudēce, preueoir ce qu'on craint aduenir: & d'vne part se preparer de longue-main, pour constammēt souffrir les aduersitez qu'on ne peut euiter: & d'autre costé auec vne virile sagesse diuertir ce qui nous menasse, & que sans dextre prouidence ne faudroit de nous assaillir. Ces actes ont fait que certains Philosophes ont opposé, & fait bouclier cōtre ce qu'on appelle fortune, de prudēce & prouidēce, dont les vns ne font qu'vne, & les autres les distinguēt. Dōcques les Heduois preuoyās que dedās quelques annees, ce seroit aux Senonois à dōner le grād par dessus des Gaules:

Prudence rāpart contre fortune.

Preuoyance des Heduois.

AAa

554 De l'antiquité & origine

& que leur puiſſance eſtant lors accreuë, par l'authorité de ce Sur-ſouue-rain Magiſtrat, ils auroient grans moyens de leur beaucoup nuyre: d'ailleurs qu'ayans les Sequanois & Auuergnacz pour declarez & formelz ennemis, & l'obeïſſance des Bourgógnons mal aſſeuree, ils ſe trouueroiēt ſi enuirōnez de puiſſances enniemies & fortes, qu'à la lōgue il ſeroit mal-ayſé ſouſtenir tāt d'efforts: ils meirēt toutes ces difficultez en deliberatiō de Conſeil. La reſolution fut, qu'il eſtoit expediēt, voire neceſſaire, compoſer leurs differens auec les Senonois. Et pource que l'Auxerrois eſtoit cauſe de toute la querelle, aduiſer que l'obeïſſance & iuriſdictiō fuſt tellement partagee, que chacun en euſt ce que deu luy eſtoit, & de proche, en proche, pour euiter les difficultez que les enclauemens pourroient engendrer, & limiter le tout bien ſeurement.

Reſolutiō d'aduis.

IE VIEN de faire mention du Grand par deſſus des Gaules, duquel i'euſſe penſé auoir ſuffiſamment parlé au liure precedent; n'eſtoit que ie ſuis puis n'agueres aduerty, que (combien que pour ce regard, i'aye fondé mon dire ſur l'authorité de Strabo, & de T.Liuius, y adiouſtāt vn ſommaire extraict d'vn vieil Roman, traictāt ce faict fort à propos) ce neantmoins quelques vns ne peuuent aggreablement receuoir ce Magiſtrat ſi ancien, & neantmoins ſi peu cōgneu: de façon qu'ils penſent que ce ſoit choſe pluſtoſt controuuee, que vrayement appriſe des eſcrits, de quelque autheur que ie puiſſe nommer.

Du Grand par-deſſus des Gaules. Preoccupation.

CERTAINEMENT ie voudrois mes ſuffiſances eſtre telles, que ie peuſſe fournir du mien ſemblables choſes: mais il y a ſi lōg temps que ie ſuis auec moy, que i'aurois mal apprins à me cōgnoiſtre, ſi ie me cuydois ſuffiſant pour faire croire à tāt de doctes perſonnages dont ce ſiecle abōde, que mon inuention deuſt paſſer pour hiſtoire, & tenir lieu de verité. Bien diray-ie, que ie pēſe eſtre le premier de tous ceux qui (depuis l'inuētion de l'impreſſion) a deſcouuert ce ſingulier & remarquable traict en l'hiſtoire Gallique, du Sur-ſouuerain, & Grand par deſſus des Gaules. Et eſt bien certain qu'vne infinité d'hommes, bien doctes, ont leu les paſſages de Strabo, & de T.Liuius, que i'ay alleguez au premier liure: ſās auoir exactement peſé le dire de l'vn, & de l'autre; pour en tirer, ce que nous en auons extraict. Ce que Strabo en dit eſt que *la plus-part des Citez eſtoient gouuernees par les plus apparens & principaux d'icelles: qui iadis ſouloient choiſir vn ſuperieur: ainſi qu'en temps de guerre la Commune eſliſoit vn Capitaine en chef.* Que les Gouuerneurs des Republiques Gauloiſes, qui auoient ſouuerain commandement en leurs Gouuernemens, choiſiſſoient vn ſuperieur: n'eſt-ce pas ce que nous mettons en auāt, que les ſouuerains auoiēt vn Sur-ſouuerain, dit Grand par deſſus? Ce qu'auſſi nous auons conſequemment allegué de T.Liuius, où il parle d'Ambigatus, ne tend il pas à meſmes fins? Il dit que regnant Tarquin l'ancien, le plus ſouuerain commandement ſur les Celtes, eſtoit riere ceux de Bourges: que ceux cy donnoient le Roy à tout le pays de la Celtique, qui eſt la tierce partie des

Preuue du Grād par-deſſus par Strabo.

Le Grand par deſſus preuué par T.Liuius.

Gaules:

des Bourgongnons. Liure II. 555

Gaules: celuy qu'ils donnerent fut Ambigatus,&c. Recitant cecy au premier liure, ie difois que T. Liuius conuenoit en tout, & par tout auec noftre vieil Roman, finó en ce qu'il nómoit Roy, celuy que noftre autheur qualifie Grand par deffus, & Surfouuerain. Depuis mondit premier liure mis fur les preffes de l'Imprimeur, il m'aduint qu'eftát aux champs, i'allay veoir vn mien amy: & (d'autant que le téps pluuieux ne nous permettoit la delectation des iardins, ny le promenoir par les vergiers) ie trouuay fur vn buffet les Commentaires de Cefar, mis en François, par le feigneur de Vigenere, homme excellentement docte. Eftant (à l'ouuerture du liure) tombé fur fes annotations, où il a montré vne fingularité de fçauoir, i'en leuz tant que ie vins à celle qu'il fait fur vn paffage, prefque au commencement du vij. où Cefar dit ainfi: *Vercingentorix Celtilli filius Aruernus, summæ potentiæ adolefcens, cuius pater Principatum Galliæ totius obtinuerat, &c.* Il trouue ce traict fort chatoüilleux, & non fans caufe. Car combien que du temps de Cefar, quelques villes euffent encores des Rois, fi eft-ce que quafi tous les Cantós eftoient Republiques: & les vns & les autres auoiét droict de fouueraineté. A raifon dequoy ledit feigneur de Vigenere fe trouue iuftement efbay, comme il fe pouuoit faire, que *Celtillus* euft efté Prince fur toutes les Gaules, diuifees en tant de Cantons fouuerains. De vray qui ne fçaura que les Gaulois (oultre leur fouueraineté) auoient vn Prince Sur fouuerain, & Grand par deffus, il ne fçauroit entendre les trois paffages alleguez de Cefar, Strabo, & T. Liuius. Auffi fert-il de peu de f'enquerir fi vne chofe fe peut faire, veu qu'elle fe trouue faicte. Si que quoy que nous admirions cefte façon, fi eft-il force la confeffer. Ce dit, ie reuien à noftre hiftoire.

<small>Blaife de Vigenere.</small>

<small>Preuue du Grand par deffus par Cefar.</small>

<small>Chofe notable.</small>

A LA prochaine tenue des Eftatz generaux des Gaules, les enuoyez des Heduois pourfuyuirét tant enuers le Grád par deffus, & les deputez des Cantós leurs alliez & amis, que le differét meu entre iceux Heduois, & les Senonois propofé à l'affemblee, on trouua moyens (cóbien que difficilement) de les mettre d'accord: & furent nómez arbitres, pour diuifer l'Auxerrois entre les cópetiteurs: auec cómiffion de pláter bornes fi eminétes & durables, qu'elles feruiffét à l'aduenir, pour maintenir la paix entre ces peuples difcordás. L'accord paffé & ratifié par les Chefs, & Cófeils des deux feigneuries: toutes precedentes inimitiez furét abiurees & abolies, & amitié perpetuelle iuree folennellemét entre les parties. Vne chofe fut pretermife (& peut eftre que les concordans la voulurent bien ainfi) c'eft que les Bourgongnons ne furét pas comprins audit accord: ains fut tacitement laiffé en la difcretion des Senonois, de prédre d'eux telle vengeance, que la volonté pourroit eftre fecondee des moyens.

<small>Les Eftatz generaux des Gaules appoictét les Heduois, & les Senonois. Partage de l'Auxerrois.</small>

<small>Bourgongnós non cóprins en l'accord.</small>

LES BOVRGONGNONS aduertis de tel accord, & que eux pretermis, les Heduois auoient conuenu & tranfigé auec les Senonois: ne peurent qu'ils n'en euffent extreme mefcontentemét: & f'en plaignans par tout, le declaroient à vn chacun. Mais d'autre cofté, les Heduois faifans

AAa ij

Excuses. semblant de s'en excuser, leur disoient, qu'ils ne les auoient comprins audit accord, par ce qu'ils ne sçauoient comment les qualifier. Car de les nommer(sans plus)leurs voisins, ils ne le vouloient pas faire:& de les dire leurs subiects, les Bourgongnons n'eussent agreé telle qualité. Ainsi parlans moytié auec raison, moytié auec aigreur & despit, ils laisserent les Bourgongnós bien empeschez, & en grand soucy de prouoir à leurs affaires:d'autant mesmement que les Senonois les menaçoient à oultrace. Ie dirois presentement ce qu'en aduint : mais la difference des opinions, au faict de la ruine & destructió du Bourg-Ongne, me tiét si empesché, que ie ne sçay bonnement à laquelle adherer. Pour-ce suis-ie d'aduis faire recit de toutes deux, afin que le Lecteur suyue, & tienne pour vraye, celle qui mieux luy plaira.

L'vne des deux opinions touchant la ruine, & destruction du Bourg-Ongne. CHAP. III.

L'AVTHEVR du vieil Roman, duquel i'ay autrefois extraict la plus-part des plus antiques affaires des Bourgógnons inserez au liure precedét, & ramenez encores presentement en termes:a laissé par escrit, que venue l'annee, que(iouxte la reuolutió de la Roüe de l'Estat)c'estoit aux Senonois à dóner le Grád par dessus, & sursouuerain Magistrat des Gaules:tous les Cantons (Cesar les appelle Citez) enuoyerent leurs deputez à Sens, pour se presenter, & assister le premier iour de May, à la tenue des Estatz generaux, selon l'anciéne coustume, lors si estroictemét obseruee, que nulz y eussent osé faillir. La premiere chose qui fut executee par resolution cómune, fut que les Senonois furét declarez estre en tour de donner le Grand par dessus. Et pource fut dit qu'ils l'ameneroient, & presenteroient le lendemain à l'assemblee: afin que celuy qui sortoit de charge, print de luy le serment accoustumé, auant que se departir de la dignité: auant aussi que poser les ornemens de Magistrat, & licencier ses Ambactes assistans, & officiers de sa suitte. A ces fins les Senonois s'assemblerent en leur maison de ville. Et pource que chacun Centenier portoit le suffrage de sa Centaine, le nombre des conuenás ne fut ny excessif, ny tumultueux. Apres estre tombez d'accord, sur l'electió du futur Sursouuerain, l'vn des plus anciés, & des plus authorisez de la cópagnie parla ainsi.

MESSIEVRS, l'affection que le deuoir m'oblige porter à l'hóneur de nostre patrie;&le feruét zele de la cóseruatió du lustre de sa reputatió, me cótraignét vous remótrer vne chose, qui ne pourroit iamais estre dicte plus à propos, ny en saison plus propre que la presente. Vous sçauez auec quel soing, & diligence noz predecesseurs se sont parforcez, de tousiours maintenir leur renómee illustre, & celebre en desir d'acquerir gloire par les armes. Vous n'ignorez pas aussi l'ordre & antique establissemét dressé

par eux,

Roüe des Estatz.
Canton,& Cité tout vn.
Iour de la tenue des Estatz ordinaires.
Façon ancienne.
Ambactes.
Ordre loüable, pour euiter confusion.

des Bourgongnons. Liure II.

par eux, à ce que la ieunesse fust de tout téps bien instituee, & que chacun apprint la modestie à l'enuy, pour n'estre turbulés en téps de paix, ny molestes en téps de guerre: & sceussent si bien obeïr és expeditiõs, qu'ils fussent faicts puis apres dignes de cõmander. Sur toutes choses, noz loix ne defendent rien tãt que la faitneantise, & enroüillement de la vigueur des bõs courages. Et cõbien que la censure contre les variz, & desbauchez du train de leur vocation, & generalemẽt cõtre tous vices soit rigoureuse: si n'ont noz ancestres pensé, qu'aucune omission du deuoir fust plus chastiable que (quãt aux Capitaines) perdre vne bataille par faute, & (pour le regard des soldats) abandonner l'enseigne: & leur estoit la peine prefixe, quãd l'hõneur de la patrie estoit interessé, & demouroit engagé. Ie ne dy cecy pour taxer personne en particulier. Mais s'il vous plaist entrer en cõsideratiõ des bõnes fortunes q̃ nostre Republique a receu par tout ce siecle, & dernier Cẽtenaire: vous trouuerez qu'vne seule defaueur a troublé le lustre, & obscurcy la splendeur de noz felicitez: c'est la routte que nous receusmes il y a quelque temps, au pays des Heduois: c'est la bataille perdue en la querelle de l'Auxerrois. Quãt aux Heduois puis que nous auõs appellé en traictãt la paix, & passant noz traictez auec eux, les Dieux immortelz en tesmoingnage, ie ne seray iamais d'aduis que nous contreuenions à la foy donnee: bien sçachant qu'entre les plus grosses & lourdes offenses, le pariurement est plus hay de Iuppiter, & puny le plus griefuement. Aussi auoient les Heduois raison de defendre leur pays, que nous auions assailly. Mais au reste, qui pourroit excuser les Bourgongnons de nous auoir couru sus, auãt que nous faire signifier la guerre, ny s'estre declaré noz ennemis: Certainement ie n'ay touché le poinct de la desertion du seruice de la Republique, sinon pour mettre en ce rang l'oubly de nostre debuoir, si tant estoit que nous veinssions à dissimuler cest oultrage, que nous deuõs venger, ou ne iamais cõparoistre en publicq', sinon que la teste baissee soit la cõfession de nostre coulpe. L'ennemy est foible, & abandonné de ceux qui le souloient tenir en leur protection. Noz forces estoient suffisantes pour auoir plus que heureuse reuanche: & toutesfois nous l'auõs pretermise. Maintenãt que le souuerain commandement sur l'vniuersel des Gaules nous est escheu, laisserõs nous eschapper ceste occasion, sans nous, ie ne diray, ressentir, mais venger des oultrages receuz? Nous mãquera le cœur pour aneantir ceux qui ne sont en pris, ny en valeur, sinon par nostre insigne dõmage, & bresche faicte à nostre hõneur? Ia ne soit que volõté tant degenerãt de la vertu de noz maieurs, vienne à donner tache à nostre integrité. Le desir d'acquerir des richesses, pour en biẽ vser, n'est pas à mespriser: mais l'affectiõ de venger vne iniure receüe, est digne des hommes de grand cœur. Aduisez doncques Messieurs, que ce deshonneur huillé que nous auons receu, soit expié par si bonne reuãche, que les autheurs du malefice chastiez, la vertu Senonoise se conserue en l'honneur que ses ancestres luy ont acquis au peril de leurs vies.

Du periurement.

AAa iij

De l'antiquité & origine

Entreprinse contre les Bourgongnôs.

CE DIT, il n'y eut personne en l'assemblee, auquel il ne semblast bien que les raisons du proposant estoiét plus que cósiderables. Dont aduint (qu'auant que partir du lieu) promis fut par le designé Grád pardessus, de mettre en auant vne emigration: & conduire si bien l'affaire, que la foule du passage tomberoit sur les Bourgógnons: pour leur faire receuoir tant de dommages, que s'ils ont eu quelque ioye de la passee victoire, elle s'esuanouysse, par la recence, & grandeur de leurs pertes & defortunes. Telle conclusion prinse, il fut ordonné qu'elle seroit tenue secrette: afin que le desastre suruenant sans estre preueu, estonnast & nuysist d'auantage à ceux qui le souffriroient.

Cerimonie anciéne.

EN CESTE assemblee estoient quelques Sacrificateurs (selon l'vsance des Gaulois) qui prindrent de chacun des presens le serment de tenir soubs siléce, & taciturnité tout ce que dit y auoit esté. Tous ces discours passez entre-eux, & couuans vne mauuaise volonté enuers les Bourgongnons, qu'ils esclouyrent au grádissime interest d'iceux: ils s'appresterét, pour, auec les cerimonies requises, aller presenter leur Esleu. C'estoit vn des plus riches, & plus beaux hómes de tout le Canton: aagé de quarante cinq ans, & d'vne prestáce digne du Magistrat. De sorte que l'apparence du personnage induisoit ceux qui le voyoient à l'honnorer, & l'esperáce de l'interieur faisoit que chacun s'en promettoit beaucoup.

La beauté du personnage illustre le Magistrat.
Coustume ancienne.

LA COVSTVME d'adonc portoit que le Grand pardessus presidoit aux Estats generaux, iusques à ce que le nouueau fust presenté, receu tant par l'aduis des deputez, que acclamation du peuple, & qu'il eust presté le serment accoustumé, és mains de l'antique: qui se leuant du siege Sursouuerain, le cedoit au nouueau. Il y auoit des curieux iusques à là, qu'ils obseruoient si l'acclamation auroit esté volontaire & frequente. Et si le peuple auoit acclamé vnanimement & auec vehemence, ils prenoient coniecture, que le Magistrat seroit heureux, l'annee fertile, & accompagnee de prosperitez. Mais si la commune crioit comme par commandement, à voix espargnees, & par maniere d'acquict: ils estimoient celà prognosticq' de sinistre euenement: & que celle annee ne seroit heureuse pour le Magistrat, ny profitable au publicq'.

Obseruation.

DONCQVES deux des plus signalez deputez des Cantons estrágers, accompagnez de l'vne des compagnies des Gardes ordinaires du Grand pardessus, & de quinze Massiers, prins des trente qui communemét marchent deuát le Magistrat, alloient querir l'Esleu: qui sans autres marques de dignité, & sans autrement estre vestu, qu'auec vn habit conuenable à son ordinaire qualité, venoit à l'assemblee au milieu des deux deputez susdits. Il n'y auoit faute de trompettes, & autres instrumens de bouche, pour sonner fanfares, allegresses, & resiouïssances, iusques à la porte de la sale du Conseil. Tous les deputez seans en ordre, se leuoient debout, sans neantmoins perdre le pas qu'ils tenoient. Les Sacrificateurs (apres vn sacrifice solennel) prenoient l'Esleu, le menoiét en vne garde-robbe, & cóme Vestiaire,

Cerimonie.

me Vestiaire, où ils le reuestoient des habits & ornemēts, accompagnez des enseignes propres au Magistrat.

IE sçay que quelques-vns reprouuent non seulement les ornements Sacerdotaux, mais aussi les instituez d'antiquité pour la decoration & distinction des ordres, & Magistrats. Mais qui leur demanderoit surquoy ils se fondent, ils ne le sçauroient dire: sinon que desirants aneantir quasi tout ce qui est de l'antiquité, pour dresser vn monde nouueau, ils ne peuuent rien trouuer bien-faict, fors ce qui procede de leur part. Ce pendant nous auons l'ordonnance de Dieu, declaratiue que son vouloir estoit, que l'habit du souuerain Prestre, ceux des Euesques & Leuites, fust non seulement diuers & different de celuy des autres hommes: mais d'auantage enrichy de choses rares, excellentes & dignes d'honorer leur dignité. Telle ordonnance n'est abrogee par aucun subsequent commandement. Et si S. Pierre, & les autres en ont vsé, ou non, cela n'est exprimé par escriture saincte, ny obligeant à tenir l'vn ou l'autre. Et quand ores il seroit accordé qu'ilz n'en ont vsé, cela n'en condamneroit pas l'vsage: non plus que des temples Chrestiens. Il se trouue bien qu'ils alloiēt faire leurs prieres, & oraisons aux temples des Iuifs : mais qu'ils en ayent basty, ny faict faire, personne (qu'il soit necessaire de croire) ne l'a escrit que ie sçache. Pour cela toutesfois la construction des temples ne laisse d'estre loüee & approuuee, voire requise pour l'exercice de la Religion Chrestienne. Laquelle comparee à l'aube du iour, a receu de toutes parts esclarcissements, & les choses politiques y ont successiuemēt esté si bien establies, que l'ordre, & equité monstrent assez, que c'est œuure inspiree par le S. Esprit : car il n'y a Ange au ciel, qui sceust inuenter plus louables statuts & establissements, que ceux qui sont instituez d'antiquité : tant s'en faut que les hommes sans l'assistance dudit S. Esprit en ayent esté suffisants. Et quant à l'obseruance, les defaults qui s'y trouuent, sont du vice, corruption & deprauation des hommes: sans que rien en doiue, ny puisse estre imputé à l'autheur, ny à son ordonnance. Brief si l'ornemēt & splēdeur des choses qui se font à l'honeur de Dieu, & pour la decoration du ministere, que les personnes constituees en dignitez & offices exercent, & ausquelz ils sont legitimement appellez, comme Aaron, & Moyse, l'vn faict chef des sacrifices, & choses concernantes le culte & seruice de Dieu en son temple, & dehors: l'autre ayant superiorité en la Iudicature, que les Rabbins interpretent function Royalle; desplaisent à quelques-vns : ce n'est par faulte qui soit esdites choses, ny reprehension qu'on y puisse trouuer : Ains comme si les chassieux & tendres de veuë sont offensez par la clarté, & les viandes n'aggreent aux degoustez, sans que neantmoins la clarté, ny les viandes decheent de leur naturelle bonté, n'y restent au surplus moins necessaires: ainsi l'opinion deçoit celuy, & ceux qui se faschent & tourmentent de choses desquelles l'inuention est loüable, l'vsage necessaire, & la conseruation ne s'en peut negliger

Incident sur les ornements des constituez en dignité.

sans offense, & inconuenient. Mais qui ne craint, ne peut aymer, & qui n'ayme ne sçauroit loüer, ny bien dire des personnes, de leurs actions, ny de leurs Estats. Ce dit ie revien à nostre histoire.

Façõ louable.

LE Grand pardessus donné par les Senonois, & receu par toutes les Chambres des Estats: l'antique vint à deduire vn sommaire discours de tous les affaires suruenuz en l'annee de son Magistrat: comme il auoit executé, ou auancé ceux qui luy auoient esté laissez, lors que son predecesseur immediat sortit de charge: de quelle dexterité il auoit prouué à toutes occurrences de son temps, & en quel estat il laissoit ce qui restoit à terminer. N'oublia aussi de decouurir de gros en gros, les intelligences qu'il auoit en plusieurs endroicts: reseruant à dire au Grand par-dessus à part, ce qu'il n'estoit seur de publier en si grosse assemblee: car il s'agissoit de la constance & fidelité des vns, & du peu d'asseurance qu'on pouuoit prendre de l'amitié des autres: ce que declaré en publicq, manifestoit choses qu'il estoit necessaire tenir secrettes, & conseruer soubz siléce, de peur de perdre la commodité des vns, & faillir du tout à ce qui se pouuoit encores esperer des autres. Ce pendant il ne pretermit rien de tout ce qui se peut dire, pour la bonne continuation des affaires bien acheminez: afin que le changement des personnes en l'ordre de l'Estat, n'altere rien de la conduite requise, ny des necessaires executions.

LA succincte, mais bien troussee, harangue de l'antique, finie, & les honestes paroles, que les personnes biê creées ont coustume d'employer à l'yssuë d'vne grande & importante charge, non oubliees: le nouueau Magistrat (ne cedant en bon sens, & eloquence à son deuancier) feit vne brieue recapitulation de presque tous les poinctz touchez par l'antique, adioustant tous les plus honnestes remerciemêts de sa promotion qu'il lui fut possible: auec humble requeste d'estre excusé, s'il aduenoit que ses suffisances ne peussent correspondre à l'expectation de toute l'assemblee en general, & d'vn chacun particulierement: protestant que s'il se trouuoit quelque default en la deuë, & necessaire administration de la grosse charge qui luy auoit esté imposee, on la deura plustost imputer à toutes autres choses, qu'à faulte de cœur, ou de tres-affectionnee volonté au bien & seruice des Gaules; pour lesquelles mourir luy seroit chose tres-aggreable. Il exhorta d'auantage tous les Cantons à conseruer entiere & inuiolable l'ancienne ligue & amitié, iuree & promise solennellement entre les Citez Galliques: afin qu'entretenuës en vnion, la diuision ne puisse trouuer moyens de causer leur ruine. Puis entrant en ce lieu commun de l'heur & prosperité que l'vnion rapporte, & des calamitez que la diuision produit: conclud qu'on deuoit maintenir la concorde au peril de la vie, voire plustost eslire cent mortz (si autant de fois il estoit possible mourir) que d'en veoir la rupture. Apres celle harangue Magistralement proferee, furent leuz haultement & intelligiblement les poinctz & articles, qu'il conuenoit resouldre & determiner par Estatz: demourât
au pou-

au pouuoir du Grād par deſſus, d'en propoſer d'autres, ſ'il eſtoit beſoin; reſeruant auſſi d'ouïr les parties & d'appoincter ſur leurs requeſtes, apres l'expedition des negoces publiques.

OR eſt-il à noter, que ſur toutes nations les Gaulois ont de tous tēps eu (comme deſia dit eſt) celebre reputation d'eſtre Religieux : & d'embraſſer de ſi grande affection leur Religion, qu'ilz n'en cedoiēt à aucuns autres Peuples. Notamment ils n'entreprenoient rien, que premieremēt ilz n'euſſent prins aduis de leurs Augures : ny ne commençoient aucun affaire de groſſe importance, ſans ſe rendre les Dieux amis & propices par ſacrifices. Et iamais les deputez des Cantons ne marchoient qu'ilz n'euſſent en leur compagnie vn Philoſophe & ſacrificateur, qu'ilz nommoient Druyde : meſme en ſi grands & importants faicts que la tenuë des Eſtats Generaulx, l'Archidruyde Heduois, ou celuy de Dreux ſy trouuoient. Ce qui aduint en ceſte deputation (ou pluſtoſt dation) de Grand par deſſus. Lors furent faicts par le chef des Druydes ſacrifices ſolennels: leſquelz finiz, premierement le Sur ſouuerain, puis les deputez des Cantōs, chacun ſelon leur ordre, allerēt refreſchir entre les mains dudit grand Pontife, le ſerment de la ligue, vnion, & ſocieté : & promettre d'obſeruer de poinct en poinct tous les articles d'ancienneté conuenuz entre les liguez & confederez : ſans omiſſion de pas vne des ſolennitez & ceremonies accouſtumees.

CE faict & la pluſpart des articles reſoluz, les Senonois ſuſciterent leurs deputez, & auec eux pluſieurs autres, qui feirent remonſtrances tendantes à meſmes fins : mais quelque peu diuerſement colorees. Car les Senonois mettoient en auāt, que depuis leurs dernieres guerres, auec les Heduois, les ieunes Capitaines, hommes de maiſons, auoient tant apprins à viure inſolemment & licentieuſemēt, qu'il n'eſtoit plus poſſible de les contenir en crainte, ny obeïſſance des loix, & Magiſtrat : ains que l'accouſtumance de porter les armes, faict qu'on ne les en puiſſe deſſaiſir : & les ayants en main ils deuiennent ſi noyſifs, mutins & quereleux, que leurs excez, meurtres & violences demourants impunis, ils ne ceſſent tous les iours de oſer choſes pires; de façon que les remedes ne pouuants plus eſtre ouuerts, par les voyes ordinaires de Iuſtice, il fauldroit ou exterminer toute la ieuneſſe (d'autant que deſia ilz ont attiré à eux les encores bien ieunes, qui en les ſuyuant, prenent des plis incorrigibles) ou ſouffrir qu'vne Repub. (de laquelle les eſtabliſſements ſont fondez en la ſuitte de vertu, & practique de bien faire) vienne à eſtre conuertie en vn receptacle de gens abandonnez à tous vices, licences & deprauations : dont aduiendroit auſſi que (le mal ne laiſſant fruicts que de pertes, & deſolations) bien-toſt la Choſe publique Senonoiſe ne perdroit ſeulemēt ſon ancienne ſplendeur; mais deſcheant de toutes proſperitez, tomberoit en ruine par ſa confuſion.

MAINTS autres deputez de Cātons remonſtroient, que la deſaccou-

Gaulois Religieux.

Serments de ligue refreſchiz.

Inconueniens alleguez pour venir au poinct deſiré.

stumance d'exercer la ieunesse aux armes, & le long repos, que la diuturnité de la paix auoient produit és Gaules, estoient cause que leurs ieunes gens, en ne rien faisant, n'apprenoient qu'à mal faire : de façon que l'oysiueté, mere de tous vices, & marastre de vertu, auoit tellement corrompu la vigueur & viuacité de ceux qui deuroiét estre propugnateurs, & defenseurs de l'honneur & illustration de la patrie : que s'il aduenoit maintenant que leurs Cantons fussent assaillis, il seroit force que les anciens (qui deuroient vieillir en repos) se ressouuinssent d'auoir iadis esté gens de guerre. Car les pays ayants esté sans guerre, sont plus de trente ans, il n'y a ieune homme qui ait iamais veu ennemy en Campaigne; ny qui sçache que c'est d'assaillir, & defendre. Que le port des armes n'estant necessaire en temps de paix, il n'estoit permis en leurs Cantons. Et s'il có-uenoit s'en aider: il seroit force recourir aux vendeurs, & en acheter : ou defournir les Arcenals, qui sont reseruez pour armer les communes.

L'Oysiueté.

APRES ceux-cy quelques autres Cantons ayants requis & obtenu audience: exposerent que la verdeur des ans de leurs ieunes hommes (on les nommoit adoncq Bacheliers) n'ayants peu souffrir patiemment le repos, s'estoit mise à suyure les armes en pays estranges : & qu'en fin reuenuz chargez de butin, il n'estoit possible les faire retourner à leurs premiers mestiers:ny empescher que se voyants plus à leurs ayses, qu'ilz ne s'estoient iamais veuz, ilz n'osent plus qu'ils n'auoient iamais fait. Si que finis les moyens de despendre, & ne voulants rompre leur train ordinaire: il estoit à craindre, que finablement ils n'en vinssent là, de dire qu'il n'y aura point d'argent, où ils en trouuent. Et lors la violence tombant en jeu, les voleries & pillages des bonnes maisons, puis des villes ne tarderont à succeder.

BRIEF toutes ces remonstrances faictes par plusieurs, ne tendoient qu'à vne fin : c'est à sçauoir que par generale determination des Estatz, vne emigration & leuee de gens de toutes les partz des Gaules, & à fraiz communs, fust ordonnee, au plustost que faire se pourroit, pour l'enuoyer où les Dieux donneroient l'addresse. Et que les Senonois (ausquels ce auoit esté à donner le Grand par dessus) eussent encor' l'honneur de fournir les Chefs & Generaux des armees. Ces requisitions faictes auec vehemence d'affection, le Grand par dessus embouché par ceux de sa seigneurie parla ainsi.

MESSIEVRS, Comme nous voyons souuent aduenir, qu'és bastiments la faulte de soingneuse diligence, à rechercher tous les endroits, desquels depend la bonne structure, & conseruation d'iceux en entier, est bien souuent occasion, que les choses qu'on a negligé tenir en bonne reparation, occasionnent vne merueilleuse & tres-dommageable ruine: ainsi les Estats des Republiques requierent vne tres-grande prouidéce. Car si on se rend lent & paresseux à obuier aux premieres meuttes, qui se font contre l'authorité de l'Estat : elles prennent forces si fermes,

& les

des Bourgongnons. Liure II. 563

& les mutins croiffent en telles audaces, qu'il n'eft pas par apres au pouuoir des Magiftrats, de reparer par diligence, ce qui a efté pretermis par pareffe. Veritablement (Meffieurs) les remonftrances qui vous ont efté faictes, font de tres-grand pois, & emportent trefvrgente neceffité d'y prouuoir. Ce que ie prie & exhorte toute la prefente compagnie bien pefer, & fe refouldre de donner ordre, que faulte de prouoyance ne nous laiffe vn trop tardif repentir. Ie fuis homme que les affaires (auant que d'eftre appellé à la charge que vous m'auez donné) tiroient à plufieurs negociations, & en diuers païs : mais comme allant & venãt, les chemins m'addreffoient à paffer par les villes des Cantons plaintifz, i'entendois non feulement les defbauches qu'ilz vous ont declaré, eftre practiquees, mais encores beaucoup pires. La ieuneffe Gallique eft fort depraueé, par faulte d'eftre exercee : mais (fi mon aduis vous peut fembler digne qu'on le reçoiue) ie confeillerois, que comme Nature nous a apprins, que fi on creufe au fable de la mer (vn peu toutesfois loing du riuage) on trouuera l'eau doulce : & l'art (qui eft imitateur de la Nature) a inuenté que la mefme eau de la mer peult eftre defchargee de fon fel & amertume, en la paffant & repaffant fouuent par des tonneaux plains de fable : ainfi il feroit expedient depaïfer noftre ieuneffe, & luy enuoyer faire quelques apprentiffages & chefs d'œuures belliques en païs eftranger. Car ainfi que (pour fuyure noftre fimilitude) l'eau de la mer ne peut eftre garantie de fon amertume & falleure, fi elle n'eft diftraicte & feparee de fon tout : auffi noz ieunes gens ne pourroient eftre chaftiez de leurs mauuaifes creances & accouftumances, tandis qu'ilz feront parmy les amitiez, qui les y entretiennent. Ie confeille doncq' que (felon ce que defia long-tẽps a, il aduint és Gaules, Ambigatus de Berry tenant la Sur fouueraineté & Eftat de Grand par deffus, auquel il vous a pleu m'appeller) nous indifiõs vne emigration & leuee de gens : & que (à l'imitation des moufches à miel, lefquelles ne purgent feulement leurs ruches de faict neants : mais auffi quand elles les fentent trop pleines, en mettent hors des iectons, ou enxeins : & ces mis dehors apprenent à viure de leur labeur) nous efloingnions vn peu de nous ces defbauchez : afin que fe fentans fans appuis, ilz fe prouuoyent, apprenent à bien faire & acquerir d'autres biens, que ceux que l'induftrie, vigilance & labeur de leurs vertueux peres penfoit laiffer à enfants dignes d'en eftre poffeffeurs.

<small>Comparaifon.</small>

<small>Ambigat' Grand par-deffus.</small>

<small>Enxeins, ou Enceints.</small>

I'A Y faict mention de l'emigration dreffee du temps d'Ambigatus, afin de vous ramener en memoire l'honneur, que Bellouefus & Sigouefus, nepueux d'iceluy, lors donné Grand par deffus, par le Cãton de Berry, comme eftant en fon tour de le fournir, ont acquis à toutes les Gaules. Et pour-ce (Meffieurs) que ce me feroit hõte de vous exhorter à fuyure ce que Ambigatus confeilla de fon temps, fi moy-mefme (tenant à prefent la dignité qu'il auoit) ne reprefentois auffi fes bonnes volontez & affections enuers le publicq : i'ay (comme luy) deux nepueux, enfãs

<small>Sigouefus, & Bellouefus.</small>

de ma sœur: plusieurs les congnoissent: ce sont Brennus & Belgius: qu'il ne me seroit assez decent de haut loüer: mais si espere-ie que noz affaires publiques en seront bien seruiz, s'il vous plaist les honorer de la Generalité des armees qu'il est expedient dresser. Toutesfois(Messieurs) vo⁹ auez(sur toutes choses) à donner ordre à vn poinct: c'est que vous ayez à statuer, par ordonnance inviolable des Estats generaux, que les personnes contre lesquelles les plainctes ont esté presentement faictes, soient en premier lieu, & expressément enroollees, auec contraintes importantes necessitez de marcher soubz tel des deux Generaux qu'il sera aduisé par les Magistratz de la seigneurie de laquelle ilz sont: ie dy qu'ilz soient tenuz à peine de l'interdict, & excommunication de suyure leur Colonnel, la part que la volonté des Dieux(qui sera declaree par noz Druydes, & Augures) nous commandera. Car d'indire emigrations, & laisser les mutins & rebelles au païs, que ferions nous, sinon nous degarnir de forces, pour nourrir l'ennemy, & les intolerables malefices? DONCQVES (seigneurs Gaulois) vuidez vostre Patrie de telz garnements: nettoyez la de telle vermine: car de quelque race & maisons qu'ilz soient sortis (puis qu'ilz ne font estime de la vertu, ains embrassent les vices) on n'en sçauroit assez mal dire: & ne sont les enfants dignes d'estre aduoüez, ny estimez ce qu'ilz desirent, veu que la Noblesse de leurs parents estouffee en eux, a degeneré en vices & turpitudes.

CE propos (dit de si grande vehemence, par le Grand par dessus, que les yeux luy en estincelloient) fut affectionnémēt receu par les assistants. Pour signification de ce, le deputé premier en seance, se leua debout, feit vne grande reuerence au Magistrat, le remercia de ses bonnes volontez, & offres faictes au profit de l'vniuersel des Gaules: mesmement de ce qu'il auoit presenté Brennus & Belgius ses nepueux, pour estre Capitaines generaux des expeditions designees. Loüant telz offres, il les accepta pour son Canton: comme si desirees d'vn chacun, que nul n'y trouueroit à redire. Tous les autres deputez feirent, & dirent l'vn apres l'autre, le semblable. Apres toutes lesquelles ceremonies, fut resolu, que tout le reste de celle annee seroit employé à faire, & dresser les preparatifs necessaires, pour se trouuer prestz à marcher sur la prochaine prime-vere. Puis pour s'asseurer des Chefs, furent mandez Brennus & Belgius: qui presterent le serment requis.

VENVE la saison designee, le Grand par dessus memoratif de la deliberation prinse en l'assemblee des Senonois, le iour de son election, feit tant, que le rendez-vous fut assigné à Besançon, ville (pour lors) capitale des Sequanois. Qui fut couleur aux Senonois, de passer par le païs des Bourgongnons, & d'y exercer toutes les hostilitez, dont ilz se peurent aduiser. Or afin que leur couuee mal-vueillance fust couuerte de quelque nouueau pretexte: ilz trouuerent (ou plustost prindrent) occasion de dresser quelques quereles d'Allemans, pour vexer & tourmenter le plat païs.

Moyens de vuider le pays de vaut-riens & faictneants.

Vicieux intolerablement indignes de Noblesse.

Les generaulx prestent le serment.

Rēdez vo⁹ prins à Besançon.

Ouuertures d'hostilitez.

païs. Les palefreniers mettoient le feu és Granges & estables, & disoient celà aduenu par cas fortuit: l'inflammation se dilatoit & estendoit sur les villages & hameaux prochains: si les proprietaires & gés du lieu, cuidoiét sauuer quelques meilleurs meubles, & en ceste intention les iettoient en ruë, ils estoient incontinent prins & enleuez par le soldat Senonois. Les cheuaux & autre bestial (ausquelz on couppoit les licols & attaches, pour les retirer du feu) n'estoiét si tost hors des estables, qu'ilz trouuoiét qui les saisissoit pour les faire siens. Les cris, plaintes & doleances estoiét faicts à gens sourds, ou du moins, qui ne vouloient entendre.

SVR tout la cruaulté apparut excessiue, au sac, pillage, ruine & demolition de l'illustre & ancien Bourg-Ongne: où la fureur enragee, & rage furieuse des Soldats, & la vehemence du feu, fauorisee d'vn grand vent, meirent tout en pitoyable desolation. LES Bourgongnons (ausquelz la guerre n'auoit esté signifiee, ains estoient assaillis côtre le droict des gés) furent surprins à l'improueu, & traictez sans mercy. Au commencement ilz auoient fait quelque defense, plus en esperance de donner loisir aux vieilles gens, aux femmes & enfás de se sauuer, & pour soustenir, iusques à ce que ces personnes sans resistance se fussent allé fourrer en l'espesseur des forestz prochaines, qu'en asseurance de pouuoir resister à si grandes forces. Brief sans la suruenue de la nuict (qui feit cesser les assauts) rien ne pouuoit estre sauf du costé des Bourgongnons. L'obscurité doncques fauorisa leur retraicte: & la côgnoissance des lieux leur donna moyens, d'aller trouuer les leurs és grands bois, desquelz la Bourgógne estoit encores alors presque toute couuerte. Ce pendant le Senonois arresté au pillage, s'amusa plus, les vns à fureter par les maisons, les autres à demolir temples & edifices, en intention de faire perdre la memoire du Bourg-Ongne, puis qu'ils ne pouuoient (à leur grád regret) esteindre le nom des Bourgógnós: qu'ils ne feirét à suyure la multitude esgaree. De vray le desir des Senonois fut en ce accóply, q̃ le Bourg-Ongne aneanty, tôba en si profôde oubliáce, q̃ nuls autheurs par escrits publiez, n'en ont fait métió:

Mais quant aux Bourgongnons, leur vertu estoit telle,
Que maulgré tous assauts elle reste immortelle.

LA fureur & desir de vengeance des Senonois assouuis, par la ruine du Bourg-Ongne, & par le bruslement des villages & hameaux du terroir Bourgógnon, ils passerét la Saone, pour entrer au païs des Sequanois: & dés là suyuirét leur entreprinse, selô que tant d'autheurs l'ont escrit, qu'il n'est besoin que i'en face icy redite. Mais pour-ce que les opinions de la ruine du Bourg-Ongne, & du motif que les Bourgongnons eurent de laisser leur païs, pour passer oultre le Rhin, sont diuerses: ayant presentement desia dit l'vne d'icelles opiniós: ie suis d'aduis d'en dire encores vne autre, quelque peu differente de la premiere: & toutesfois telle, que les Bourgongnons mesmes l'ont estimé plus certaine.

Autre opinion de la ruine du Bourg-Ongne. CHAP. IIII.

Sac & pillage du Bourg-Ongne.

Droict des gens contemné.

Bourgongne iadis quasi toute en bois.

Interestz merueilleux pour les Bourgongnós.

De l'antiquité & origine

Ieä le Maire de Belges.

Cardinal de Lorraine.

L'hiſtoire des Bourgongnons negligee.

Plinius. Paulus Oroſius.

Fr. de Belleforeſt.

Coſmographie vniuerſelle.

M. l'Eueſque d'Autun.

'A y trouué l'opinion portee par le precedent Chapitre, en vn vieil Roman, que Iean le Maire de Belges (luy eſtāt Precepteur de feuz Monſieur de Balleurre mon pere, & d'vn ſien frere mon oncle, lors que tous deux eſtoiēt encores ieunes enfans) auoit laiſſé en noſtre maiſon: où il ſeroit encores, n'euſt eſté que le Reuerendiſſime & Illuſtriſſime Charles Cardinal de Lorraine eſtāt en ſon Abbaye de Cluny, & m'ayāt ouy parler de ceſte antiquité des Bourgógnós, me pria de luy cómuniquer mō Roman: ce q̃ ie feis de telle heure, q̃ iamais depuis ie ne l'ay ſceu recouurer.

M'arrestant à ce qui eſtoit porté par ledit Roman, i'ay eſté fort long-tēps en ce croire, que les Senonois auoient ruiné le Bourg-Ongne, & eſté cauſe que les Bourgongnons ſe retirerent en Allemaigne: où ilz ont demouré ſi longuement, que la ſouuenance de leur Bourg perduë, nul n'a eſté ſoingneux d'en faire recherche: & eux trouuez en Germanie, ont eſté tenuz par les plus accorts, pour Allemās naturelz. Encores (que ie plaints plus) la croyance en dure, & arrouſee d'opiniaſtreté eſt ſi fort creuë, que le menſonge veſtu de l'habit de verité, eſt priꝰ pour celle de laquelle il n'a que le veſtement. Ainſi la premiere origine des Bourgongnós ignoree, on s'en eſt fié à Plinius, & à Paul Oroſius (hommes eſtrāgers) qui nous en ont parlé ſelon ce qu'ils eſtoient de leur temps, ſans s'en enquerir d'auantage. Et bien ſouuēt noz propres Compatriotes en voulants diſcourir ſelon les liures, pechent contre la choſe meſme, par faulte de la viſiter. Mais ce n'eſt aux ſeuls Bourgongnons, qu'il eſt aduenu que la verité de leur origine ait eſté falſifiee. Et il eſt force que ce qui eſt quaſi cómun à tous, ſoit plꝰ tolerable à vn chacū. Pour-ce m'en retournāt d'où ie ſuis party, ie vois expliquer l'autre raiſon de la ruine du Bourg-Ongne.

Ayant tenu longuemēt pour bien certaine l'opinion de mon vieil Roman, il aduint que le ſieur de Belleforeſt (perſonnage auquel la Frāce doit beaucoup, tant pour la multitude de ſes eſcrits, que pour la diuerſité de ſes œuures) entreprint d'amplifier la Coſmographie de Munſterus: de façon que penſant inſtaurer vn vieil volume, il a eſté contrainct d'en faire vn tout neuf. Lors coururent lettres par la France, exhortatiues de contribuer quelque choſe des Prouinces, & villes moins cōgneuës, pour ayder à les illuſtrer, & les faire paroiſtre en ce theatre de l'vniuers. Vne d'icelles lettres me fut addreſſee par Monſieur l'Eueſque d'Autun: auec autres de ſa part, tendantes à me ſuader, & induire de fournir quelque choſe ſeruāt à la decoration de noſtre Bourgógne en general, mais principalemēt pour ſon Autun. Ledit ſieur ſçauoit que i'auois autrefois deſpendu du temps apres la recherche des antiquitez de Bourgógne, & des Bourgongnons: & par là preſuppoſoit que ie ſçauois quelque choſe de celles d'Autun. I'auois deſia plumetté deux recueils, vn de Chalon, l'autre de Maſcon. Quāt aux autres villes, ie n'en eſtois ſi voiſin, que i'en peuſſe auoir bien entiere cognoiſſance, ny ſi amples memoires qu'il m'euſt eſté
beſoing.

besoin. Ioin ct que ie sçauois, q̃ Mõsieur des Barres lors Maire, & Vicõte *M. des Bar-*
Maieur, & depuis Presidẽt de Dijon, trauailloit apres le recueil des anti- *res Presi-*
quitez Dijõnoises. Aussi ne faisois-ie doute que és autres villes n'y auoit *dent à*
faute d'hõmes de bõ esprit, & gẽtil sçauoir pour illustrer leur Sparte. CE *Dijon.*
nouueau resveil d'esprit & aiguillõ de diligẽce, feit q̃ remuãt mes brouil-
lats, & papiers de retenuës ie vins à receuoir plusieurs memoires, cõtenãs
diuerses choses recueillies çà & là, és Thesaurs des Eglises, cabinets des
gẽtils-hõmes, maisons de villes & autre-part: le tout cõparable aux fueilles de la Sibylle. Il me cõuint estriuer (i'ayme mieux dire debattre) auec la
poulsiere, pour les me souffrir lire: tãt long-tẽps ilz auoiẽt crouppy sans
estre maniez. En fin i'y trouué vn rouleau, auquel estoit enueloppé vn
memoire contenant en substance ce que s'ensuit.

 TOVS sont biẽ d'accord q̃ les Heduois assaillis par les Senonois, estoiẽt *Histoire*
en apparẽt dãger de perdre la bataille, n'eust esté q̃ les Bourgõgnons sur- *antique.*
uenãs fort opportunémẽt, arracherẽt la victoire des mains d'iceux Senonois. Est aussi tenu pour tout certain, q̃ (pour les causes cy dessus narrees)
les Heduois ne cesserẽt qu'ilz n'eussent appointé auec les Senonois: sans
cõprendre en leur accord les Bourgõgnons. Sur-ce il se dit pareillemẽt q̃
les Bourgõgnons, ayãs sceu que les Heduois, (intimidez par la prochai-
nemẽt future grãdeur des Senonois: attẽdu qu'il escherroit biẽ tost à leur
tour, de dõner aux Gaules le Grand par dessus, & q̃ le Sur souuerain Magistrat seroit de leur ville) auoiẽt fait accord auec les Senonois: vindrẽt de
leur costé à se douter, que ce qu'ilz n'auoiẽt pas esté cõprins en tel traité
de paix, auoit signification, & importance de mauuaises volõtez enuers
eux d'vne part & d'autre. Quãt aux Senonois, les Bourgõgnons ne pouuoiẽt ignorer leur inimitié: car ilz ne la celoiẽt pas: ains se faisoient pour
tout ouyr, qu'ilz la gardoiẽt bõne à ceux de Bourg-Ongne. Notammẽt
quelques amis cõmuns s'estoiẽt essayez de sonder s'il y auroit moyen de
les mettre d'appointemẽt: mais ilz n'en auoiẽt sceu venir à chef: tãt le Senonois auoit opiniastremẽt resolu de se vẽger. Quant aussi à ce q̃ regardoit les Heduois, ilz sçauoiẽt qu'ilz leur couuoient vne dãgereuse pẽlee.
Et q̃ ce seroit folie d'esperer leur protection: d'autãt qu'ilz auoiẽt abiuré
leur Clientele, refusé de leur estre obeïssans, & payer le tribut ancien. De
pẽser faire teste & resister à deux si puissans Cãtons, ils sçauoiẽt leurs forces insuffisantes, & que ce seroit temerité de l'entreprendre. Au reste de
se tourner du costé des Sequanois, ce leur seroit reproche: d'autant que
estans nagueres en la foy des Heduois, ilz leur auoient esté si aspres ennemis, qu'il ne seroit possible q̃ le Sequanois se peust iamais fier en eux.

 TOVTES ces difficultez & angusties tindrent long-temps les Bourgongnons en merueilleuses perplexitez: qui accreurent quand ilz furent
certains q̃ le Grãd par dessus estoit de Sens. Mais ilz cõmencerẽt à deses-
perer de leurs affaires, quãd ilz sceurẽt que l'emigratiõ publiee, le rẽdez-
vous estoit donné à Besançon. Car ils cogneurent par là, que ce lieu n'a-

uoit esté choisi, sinon à fin que toute la foule du passaige des armees tombast sur eux. Dont le moins qu'ils en debuoient attendre, estoit que leurs prouisions, & cueillette de toute l'annee, ne seroit tant à eux, qu'au gensdarme passagier : & leurs fourrages seroient mengez, ou (au reste) gastez. Les plus accorts craignoiét beaucoup pis: & preuoioiét que non leurs viures seulement, mais leurs vies; l'honneur de leurs femmes & filles, & la liberté de leurs autres enfans, tomberoient à la mercy des ennemis. Autres propos ne se tenoiét par les maisons, autres discours n'estoiét entédus par les rues. Tát pl⁹ le terme indict pour faire marcher l'armee approchoit, tant plus que les estonnemens croissoient. Ce que cognoissant le magistrat des Bourgongnons, pésa qu'il estoit de besoing prendre vne resolution, pour (à quelque pris que ce fust) deliurer le peuple de ces anxietez, & angoisses. Pource ayant faict sonner la trompette, & commandé à tous de se trouuer en la grand place: vn eschauffault luy fut dressé, & sur iceluy vne chaire: en laquelle il fut assis, de façō que tout le peuple estoit deuant luy, & personne derriere.

Estant doncques ainsi, il addressa son propos aux assistans : leur detestant l'ingratitude des Heduois, lesquels ayans oublié le necessaire secours, que les Bourgongnons leur auoient donné, en la iournee (il y auoit quelques annees) donnee contre les Senonois : & en laquelle les Bourgongnons suruindrent si appoincts, que sils eussent plus tardé, c'estoit faict des Heduois, & de l'estat de leur republique: les auoient laissé en l'indignation des Senonois, desquels ils ne pouuoient esperer que toute greuance, & oppression: asseurant que (comme ils sont vindicatifs d'eux mesmes) maintenant qu'ils ont le supreme Magistrat en leur ville, il falloit tenir pour infaillible, que en toutes impositions les Bourgongnons ne seroient oubliez: ains quotisez auec tel excez, qu'il n'y auroit si riche qui ne se trouuast accablé de cōtributions. Que sil y auoit espoir, que cela deust cesser au bout de l'an des Senonois, la patience pourroit estre estimee necessaire iusques audit temps: mais finie l'authorité du Senon, il escherra aux Sequanois de donner le Grád par dessus: qui fera faire entrer les Bourgongnons de fieure en chauld mal. D'auantage le Magistrat demandoit aux Bourgógnons, à quelle fin ilz pensoiét le rendezvous des armees mises sus, auoir esté dóné à Besançon, sinō pour ruiner le païs des Bourgógnós: & sils en grongnét, leur faire sentir l'aigreur d'vne preparee végeáce, auec tát d'excez & oultrages, q̃ tout cœur genereux doit plustost desirer la mort, q̃ de les attédre. Il mettoit en auát le desplaisir que ce seroit au mary de veoir forcer la pudicité de sa femme : au pere veoir violer sa fille, & l'emmener à la suitte d'vn Camp: quel creue cœur ce seroit aux femmes d'estre contraintes regarder meurtrir leurs maris, parents & amis : ou si la vie leur est reseruee, que ce soit, pour les faire languir en miserable seruitude, chargez comme sommiers des hardes, & besongnes d'vn pédart victorieux. Il adioustoit que sil pensoit la defése

vtile,

vtile, il vouldroit estre le premier qui hazarderoit sa vie, pour le salut d'vn peuple si obeïssant : mais que ce seroit temerité aux gēs de guerre, n'estās en nombre raisonnable, de s'aller faire mourir à credit, pour laisser le païs en proye à l'ennemy, exposer la vieillesse aux meurtres, abandonner les femmes à la volonté du victorieux, & donner les enfans en seruaige. De faire comme quelques desesperez du temps passé, dont les vns ont mis au fil de l'espee le vulgaire, & personnes inutiles à porter les armes, & puis se sont sauuez : les autres se sont bruslez eux mesmes, & leurs familles, auecques leurs maisons : il disoit qu'il ne seroit iamais de cest aduis. Car outre ce que le desespoir seroit trop grand, & l'ennemy ne pourroit pis faire : on tenoit pour l'vn des principaux preceptes de leur religion, de n'abandonner ne perdre à son escient la vie, iusques à ce que celuy qui l'a nous a donné (qui est le grand Dieu Iuppiter) la repete de nous. Remonstroit aussi, que ce sont choses trop cheres à vn chacun, que sa vie, & celles de ses parens & amis : que l'honneur, & pudicité des femmes, l'integrité des filles, & l'amour des enfans, pour perdre & aneantir tout celà pour vn coup. Qu'auec moins de dommage, il y auoit moyens d'euiter les subsides, & decliner la violence qu'on ne pouuoit ignorer estre preparee par l'ennemy. Qu'il luy greuoit beaucoup de declarer ce moyē, lequel ne se pourroit dire sans larmes : mais qu'ayant souuent, & longuement pēsé en cest affaire, il n'en auoit sceu imaginer vn meilleur, ny plus expedient. Lors le peuple, par vne acclamation generale, luy pria de dire que c'estoit. Sur ce est à sçauoir, que les riches, & pauures, & tous en general, aymoient tant ce Magistrat, & auoient si entiere confiance en ses vertus, qu'il ne leur eust sceu conseiller chose, qu'ils n'eussent estimé necessaire de suyure.

  Doncqves luy (qui post-posoit toutes vtilitez, & commoditez au profit, & salut cōmun) se meit à deduire que l'amour du pays auquel on est nay, tient chacun tellement lié à soy, que c'est chose tresdure de s'en absenter : & quasi impossible d'en oublier la douceur : mais que telles affections (bien seantes aux femmes, & aux ieunes gens) ne sont dignes des hommes magnanimes : ains se doibuent prudemment corriger, & virilement vaincre, mesmement quand la necessité est ineuitable, & accompagnee de contraincte. Disoit aussi que les Dieux ont expressement faict l'homme au rebours des plantes : car les arbres & les herbes ont leur racine en bas, & sont arrestees, ou retenues par la terre, en laquelle elles sont creües : mais l'homme est creature si libre, que tout le monde estant son pays, il se transporte où il luy plaist. Le desir d'amasser des richesses sollicite le marchant d'oublier la douceur de sa patrie, ne craindre s'exposer à la rigueur du froid hiuernal en Septentrion : ny aux chaleurs soubs la zone torride, & és sablons d'Afrique. La curiosité de veoir choses estranges, faict que plusieurs abandonnans le lieu de leur natiuité, vieillissent, voire meurent le plus souuent

Conseil de laisser le pays.

L'amour du pays.

L'homme plāte tournee ce que dessus dessoubz.

Tout le monde est le pays de l'homme.

en voiageât. Icy il inferoit q̃ l'amour de liberté: le soing de la cõseruation de l'hõneur des fẽmes: & la crainte de perdre pour vn coup ce que comprend toutes charitez, en tombãt en la mercy d'vn profez ennemy, doit auoir plus de pouuoir és personnes libres & soingneuses de l'honneur, que ny l'affection de veoir le monde, ny la conuoitise d'auoir de grands biens. Car l'vn ne rapportant que plaisir, l'autre que choses desrobbables, ne doiuent estre comparez à tout ce que dit auoit esté: d'autant mesmement que se conseruants en entier, il seroit permis aux vieilles gens d'acheuer le cours de leurs vies: aux hommes d'aage viril d'exercer la valeur & vigueur de leurs generositez: aux femmes & filles de se conseruer en chasteté & honneur: & aux ieunes gens seroit laissee l'esperance de rendre quelque iour à leurs enfants, ce qu'ilz ont receu de leurs peres. Il concluoit qu'il estoit expedient imiter les anciens Gaulois, qui (pour acquerir gloire par leurs conquestes) tant soubz leur Roy Galates 2. (qui vainquit les Polonois & Moscouites, & fonda les Galatas en Asie) que soubz leurs autres chefs Bellouesus & Sigouesus, qui auoient peuplé presque la moitié de l'Italie, & gaigné par force grande portion de la Germanie: où ilz ont laissé plusieurs peuples, qui ne se trouuent moins bien és enuirons de la forest Hercynie, que leurs ancestres souloient faire en diuerses portions des Gaules. Que la doulceur de la terre de Bourgõgne ne les deuoit retenir: ains postposees telles friuoles amitiez, quãd elles sont trop affectionnees: qu'ils se determinassent de passer le Rhin, & aller conquester nouuelles terres, & y viure en aise & contentement, en despit de tous ceux qui bien ne leur vouloient. Il conseilloit (ce pendant) de ne rien laisser à l'ennemy, dont il se peust preualoir, ny tirer profit. Car on ne le sçauroit mieux faire creuer de despit, qu'en luy ostant les moyens d'exercer les cruaultez, que (pour saouler son appetit de vengeance) il a desia premeditez.

Galatas 2. Bellouesus & Sigouesus.

Povr rendre responseà chose de si grande importance, le Peuple se diuisa en classes, & feirent autant de trouppes, cõme il y auoit de diuerses Iurisdictions en leur païs. Toutes choses meurement pesees, comme en la balance d'equité, il fut quasi par tout resolu, qu'il estoit besoin de se retirer hors des Gaules, auant que les armees designees s'acheminassent vers eux: mais que le plus requis estoit de brusler tout ce que le feu pourroit consommer, & mettre le reste en tant de pieces, que l'ennemy n'en peust faire aucun profit. Car les chiens qui ne peuuent pis faire, exercent leur rage cõtre les pierres. Chacune trouppe deputa deux hommes pour aller faire rapport au Magistrat, des choses traictees en leurs congregations, & de la resolution y prinse.

Resolutiõ des Bourgongnõs.

Si iamais homme receut contentement, ce fut le Magistrat des Bourgongnons, quand il sceut les volontez de son Peuple disposees selon ce qu'il desiroit. Car luy homme de valeur admirable, & d'vn cœur genereux, ne craingnoit rien tãt, que (si le vulgaire s'amusoit à faire cas de petites

des Bourgongnons, Liure II.   571

tites choses)l'espoir de sortir du païs demourast vain ; & que luy fust cõtrainct(car il ne vouloit point abandonner son peuple) d'attendre l'ennemy Senonois:& luy veoir paistre ses appetits de vengeãce, de la ruine & misere des personnes qui luy estoient plus en recommendation, que sa propre vie.

Venvz doncques les deputez, il les receut auec le meilleur accueil qu'il luy fut possible:& de nouueau leur dit tant de raisons,pour lesquelles il estoit force s'absenter, ou souffrir plus d'indignitiez, qu'il ne seroit hõneste reciter,& que tout cœur genereux auroit horreur de les entẽdre. Celà rapporté aux communes, le desir leur accreut de se soubstraire à tãt de maux : & elles cõmencerẽt à moins aymer le pays,qui designé passage aux ennemis,seroit soustenail de tãt de calamitez,s'il n'estoit abandõné.

Svr ce fut ordonné que de chacune iurisdiction(nous les nommõs Chastellenies)deux deputez seroiẽt esleuz : qui(comme Procureurs Sindicz) traicteroient de tout ce que restoit à faire, pour l'execution du depart resolu.Ceux cy confereroiẽt,& entroient en Cõseil deux fois le iour. Là le Magistrat presidoit, & oyant les proposez, y satisfaisoit de façon, que toutes obiections resolües, & difficultez vuidees, iour fut prins, & Commissaires deputez,pour mettre le feu par tout, & faire le gast si exactement, qu'il ne demourast que ce que le feu ne pourroit consommer, ny l'industrie des hommes aneantir. *Chastellenies.*

Or pour n'oublier les façons ordinaires, par lesquelles nous auons dit & redit,que de tout temps les Gaulois ont esté fort addonnez à la religion; & mesmement que sçauoir predire par les Augures & sacrifices, leur estoit adoncq' tres-familier : le Magistrat commanda aux Druydes de prẽdre Augures,& de preparer vn sacrifice solẽnel: afin que les Dieux du pays(qu'ils estoient contraincts abandonner)ne desdaignassent de les accompagner,& auoir tousiours en leur protectiõ. Les Augures rapporterent que les Dieux leur promettoient heureuse profection:& les Sacrificateurs feirẽt les plus solennelz sacrifices,qu'on auoit veu de la memoire des viuans.Ce faict,le iour pour partir fut indict,& publié par toute la terre des Bourgongnons. *Gaulois religieux.*

Cependant chacun faisoit prouisiõ de bestes de port, & de voitures : chacun dressoit attirail,pour le charroy des choses non portatiues. Et quant à ce que se pouuoit porter,il fut si bien distribué,que nul ne demourãt sans charge, les seules nourrices furent reseruees, en se chargeant de leurs enfãs, & menues besongnes d'iceux. Au reste ce qui estoit inutile,ou de plaisir seulement, estoit(combien que ce fust au regret de ceux ausquelz ils appartenoient)mis au feu:& en recompẽse nul n'estoit exẽpt de son iuste fardeau. Il ne failloit point dire, Celà n'est pas mien, ie ne le porteray pas : la raison politique estoit telle, que toutes choses vtiles & necessaires deuoient estre respectees: & le commandement public l'emportoit contre toutes exceptions particulieres. *Preparatifs pour desloger. Ordre loüable.*

BBb iiij

De l'antiquité & origine

Les Bourgongnons abandonnent leur pays, & se retirent en Germanie.
CHAP. V.

Acheminement.

DONCQVES chacun ayant mis tout son bien (fors les ioyaulx, l'or & argent portatifs) en la place publique, & és halles : & les hardes d'vn chacun marquees en presence des Commissaires, qui en faisoient registres : tous pouuoient recongnoistre, par leurs marques, ce qui estoit à eux, & ce qui ne l'estoit pas. Tous les Bourgógnons passerent au trauers des restes & ruines du Bourg-Ongne, tellemét ruiné & difformé, qu'il n'estoit plus possible prendre congnoissance, ny de la distinction des maisons, ny du lieu, où les temples souloiét estre. Les fardeaux auoient esté faicts à communs fraiz : & ils estoient en passant distribuez aux hommes & aux femmes, selon leurs validité & forces. Les gés de guerre (lesquelz seulz estoiét exépts de porter autres fardeaux, que la pesanteur de leurs armes, bastós d'hast & de iect, furent diuisez en deux bandes : l'vne qui seruoit d'auantgarde ; & en icelle marchoit le Magistrat : l'autre estoit rieregarde ; & les vieilles gens, les femmes, enfans, & le vulgaire estoiét au milieu, comme en vne bataille, entre les chariotz & bestes de port. En ces trouppes commandoient six vieillarts dispersez par quartiers, selon l'ordonnance d'vn

Nombre des Bourgongnós.

d'eux, qui commandoit à tous. La caualerie estoit sur les esles : & faisoit le tout nombre de huict vingts trois mille, sept cens tát de personnes. Il ne faut demander si au partir du lieu maints regretz, pleurs & lamentations furent faicts, pour le desplaisir que la pluspart des personnes, mesmemét les vieilles gens, & les femmes receuoient, quád l'ancienne doulceur du pays, & la presente desolation leur venoient en memoire. Les remóstrances du Magistrat auoient eu grádes forces, pour animer vn chacun à euiter les tristes euenemens que l'appetit de vengeance sollicitoit les Senonois leur procurer : mais encores estoit telle l'affection & amour de la patrie, qu'ils ne pouuoient estre desracinez du cœur des Bourgógnons. Ce

Serment solennel.

que congnoissant le Magistrat feit iurer à tous ceux de sa trouppe, que si iamais la cómodité le permettoit, ils reuiendroient en leur premier pays. Fut d'auantage dit & ordonné, pour loy perpetuelle, que tous nouueaux mariez feroient serment d'admonester leurs enfans de retourner en l'ancienne patrie des Bourgógnons. Ce pendant fut inuenté (pour euiter melancholie) que les hommes qui feroient mention d'auoir regret de leur

Inuention pour faire oublier.

lieu abandonné payeroient quelque petite & legere chose, à ceux qui les en reprendroient, & les femmes pareillement aux femmes.

Liberalité des Langrois. Germains freres des Gaulois.

CESTE grosse & desolee trouppe ayant à passer par le pays des Langrois, enuoya vers le Magistrat & Chefz du Canton, demander passage, qui fut gracieusemét accordé : voire que les Langrois les secoururét fort liberalement de viures. Peu à peu les Bourgongnós s'auancerent iusques au Rhin. Et (pource que les Gaules, & la Germanie estoient encores en
fraternité :

fraternité : & (i'oserois dire) que les Germains ne sçauoient de la guerre, que ce que les Gaulois leur en auoient apprins) ilz ne trouuerẽt point de resistence. Ioinct que lors la cõmiseration des affligez estoit si en cours, que tant s'en faut qu'on faschast les contraincts abandonner leur pays, qu'on en auoit pitié, & les fauorisoit-on de tout ce qu'il estoit possible. En ceste façon les Germains (habitans celle region, qui depuis nommee Allemaigne, a dilaté son nouueau nom sur tout ce que l'ancien mot de Germanie souloit cõprendre) aduertiz que les Bourgõgnons cõtraincts abandonner leur propre lieu, pour euiter les oultrageux assaultz qu'on leur preparoit, estimerent que ce deuoient estre gens magnanimes & de grand cœur: puis qu'ils auoient preferé la perte de leurs maisons & heritages, à l'indignité qu'on leur vouloit faire souffrir. Iugerent d'aduãtage, qu'en cœurs si genereux ne pourroit habiter desraison ny iniustice; & que non seulemẽt auoir telles gens pour voisins, mais aussi pour alliez & confederez, seroit rendre sa puissance plus forte, & ses forces plus inuincibles. Or les necessitez que les Allemans auoient autresfois enduré, leur apprenoient à auoir pitié des souffreteux.

<small>Charité ancienne.</small>

<small>Allemaigne.</small>

<small>Opinion des Allemans.</small>

LE DROICT des gens ne permettoit d'entrer en pays estranger, fust comme amy, fust comme ennemy, sans demander entree, ou signifier la guerre. Pource les Bourgongnõs enuoyerent vne honnorable Ambassade aux Allemans: & fut enioinct au Chef d'icelle, d'vser de toutes les plus honestes remonstrãces que faire se pourroit, auec suasions propres pour obtenir quelque portion de leurs pays, pour y habiter & viure auec eux, au plus grand contentemẽt & douceur de voysinage que possible seroit. Les choses furent du cõmencement vn peu difficiles, mais les alees & venues des Allemans au parc, où les Bourgongnons estoient comme campez, leur donnerent congnoissance, auec quelle modestie & gracieuseté vn si gros peuple obeïssoit à son Magistrat, & viuoit paisiblemẽt ensemble. Celà fut cause que les Allemans beaucoup plus adoulciz, se rendirenr faciles à conceder aux demandeurs portions de leurs requestes. Entre autres choses, certaines terres vaques, & forestz de grande estendue, furent donnees aux Bourgongnons pour s'y accommoder. Eux gens de grand trauail, bons ouuriers, & (pour la plus-part) Charpentiers, eurent tantost mis du bois par terre, tant pour bastir, que pour faire des chariies, & toutes sortes de besongnes propres pour labourer & cultiuer la terre. Les hõmes mechaniques, & gens de labeur estans asseurez au pays des Allemãs s'y habituerent: & peu à peu feirent si bien, que leur industrie leur donna moyens de viure. Les Allemans auoient à cher, que gens de bon esprit, & excellens ouuriers fussent leurs voisins : tant pour s'en preüaloir en leurs affaires, que pour faire apprẽdre à leurs ieunes gens à bien mettre en œuure le fer, le bois, & la terre. La conuersation des vns, auec les autres cõcilia des amitiez, les amitiez des alliances, & les alliances des obligations si estroictes, que les deux nations (à la longue) ne deuindrent plus qu'vne.

<small>Droict des gens.</small>

<small>Premier arrest des Bourgongnons. Les Bourgongnons Charpentiers.</small>

<small>Vtilité que tiroiẽt les Allemans des Bourgongnõs.</small>

Poinct notable. Et pource que le nom des Allemans estoit plus vsité par delà, que le nom des Bourgognons: tous furent comunement appellez Allemás. De sorte que cóbien que les Bourgognons arrestez en Allemaigne, se resouuenás, tousiours du serment q̃ nous auons dit auoir esté presté au partir de leur pays primitif, & renouuellé en tous leurs mariages, ayent plusieurs fois passé le Rhin, & faict maints voyages és Gaules, pour auoir libre retour **Erreur trop commun.** celle part où auoit esté leur Bourg-Ongne; si est-ce que tous ceux qui en ont escrit, n'ont iamais faict mention des Bourgongnons, ains seulemẽt des Allemans. Mais d'autant que les gens de guerre ne pouuoiẽt demourer là oysifz: & qu'il n'eust esté raisonnable que les artisans (qui auoient assez affaire à nourrir leurs familles) les eussent entretenu sans rien faire: il est de besoin sçauoir qu'ils deuindrent, & quelz moyens ils tindrent pour gaigner leurs vies.

La masse & generalité des Bourgongnons arriuez en Allemagne, tous y furent receuz: les laboureurs & gens de peine s'y arresterent: mais les gens de guerre deuindrent Vandales. CHAP. VI.

Le nom des Allemans nouueau.

NOVS auons remarqué cy deuant, que le nom des Allemans estoit nouueau, & que (au parauant) l'appellation de Germanie comprenoit aussi celle portion de pays, laquelle peculieremẽt estoit dicte Allemaigne: selon qu'il **Vopiscus.** peut estre sceu par le dire de Vopiscus, en l'histoire de l'Empereur Proculus. Depuis le mot de Germanie quasi abandonné, ou du moins laissé à ceux qui parlẽt, ou escorchẽt le Latin: la diction d'Allemaigne luy a succedé en tout, & par tout. Et cóbien que nature eust mis **Le Rhin. Cesar.** le Rhin pour separation entre les Gaulois & Allemás; (ce que Cesar a suiuy, en sa limitation des Gaules) si est-ce que nouuellement (c'est à dire de**Les Allemans deçà le Rhin.** puis le tẽps dudit Cesar) les Allemás ont biẽ fort enjambé deçà le Rhin, & acquis, ou vsurpé beaucoup de ce que le mesme Cesar auoit dit & pro**Nature prudente à borner les Gaules,** nócé estre du territoire Gallique. Si sembloit-il bien que nature ne pouuoit mieux faire entẽdre aux Gaulois la bõté de leur pays suffisante, pour leur donner contentement, sans le chercher ailleurs; que par les bornes desquelles elle auoit enceinct les Gaules: & dont ie parlois quelquefois, en vne Elegie, de laquelle le commencement est tel:

In trēs omninò diuisa est Gallia partes:
  Hanc Belgæ, hanc Celtæ, ternam Aquitanus habet.
Limitibus certis clausa est: pars margine Rheni,
  Pars gemino monte, & cætera Pontus obit.
Naturæ sapientis opus, quæ obstacula Gallis
  Ne excedant, hosti ne impetat opposuit.

Or combien que depuis ledit temps Germanie & Allemaigne soient deuenuz synonymes, si est-ce que les Germains, faisans gloire de n'auoir esté

des Bourgongnons, Liure II. 575

esté subiuguez par les Romains, si tost que les Gaulois (aussi n'estoiét-ils si prochains, ny si faciles à aborder) & ceste gloire les a poulsé en telle vanité, que de desdaigner estre dicts Germains (c'est à dire freres) des Gaulois. Et neantmoins il est certain que les plus illustres, belliqueuses, & anciennes nations de toute la Germanie, sont issues des Gaules : & ne sçauroient auoir plus grand honneur, que de verifier qu'il soit ainsi. Ce non-obstant, & non contens d'auoir corrompu la verité de l'origine du nom Germain, pour luy substituer vne nouuelle inuention de leur creu : au preiudice de la fraternité, sur laquelle sont fondees les alliances, ligues, & confederatiõs des Gaulois, auec les Princes, pays & estatz de Germanie : encores ont ils aussi depraué l'etymologie de la diction des Allemans : le tout par faute de l'intelligence de l'histoire ancienne de leurs predecesseurs. Ce n'est assez d'estre ingenieux à trouuer des verisimilitudes, il faut venir à la pure verité. *Les Germains issus des Gaulois.*

Du mot des Allemans.

TELZ deprauateurs des choses vrayes & receües, ont esté autheurs à si gros nombre d'hõmes, que la multitude en croist tous les iours, de péser que les mots desquelz les Grecz, ou les Latins ont vsé, en traictant des nations estrangeres, qu'ils appellent Barbares, soient les vocables vsitez, & receuz entre les peuples, desquelz ils entreprenoient parler. Mais pour en demourer auec la raison, il faut croire (comme ie l'ay desia dit autre part) que les Grecz (encores qu'ils ayét precedé les Romains) n'ont eu que fort tardiue congnoissance des Gaulois & des Germains : & ce pendant il n'est raisonnable de péser que les vns, ny les autres soient demourez sans nom, iusques à ce qu'il leur fust venu des Parrains de Grece, ou de Rome. Diod. Sicilien recitans ce qui aduint à Alexãdre le Grand l'an douziesme de son regne, dit que lors tout freschement les Grecz eurét congnoissance des Gaulois voisins des Thraces. Or ne peut-il estre ignoré que ces Gaulois estoient peuples Galliques, & au parauãt issuz des Gaules : & par consequent que les Gaules estoient desia ainsi nommees, auant qu'elles fussent congneües des Grecz. Oultre tout celà, il est bien certain que la premiere congnoissance que les hommes esloingnez des Gaules, ont eu de ces pays, a esté par les marchans : encores n'ont ils bien cõgneu que les lieux maritimes. Sur ce est aysé à iuger que ces marchans arriuez en quelque port, ou luy ont donné vn nom à leur plaisir (comme ont quasi tousiours faict les Portugalois, & les Espaignolz, aux Isles & terres neufues par eux descouuertes) ou ont refaçonné les mots desquelz les natifs des pays vsoient, pour les accommoder au langage Grec. Autant en peut-on dire des Romains, qui ont reformé quasi tous les noms propres des hõmes, villes, païs, &c. Qu'ainsi soit Cesar parlãt de la forest Hercinie, a bien dit que quelques Grecz en auoient ouy parler : mais il s'est bien gardé de mettre le mot du pays : aussi est-il si estrange, que (sans estre façonné à la langue, & prononciation des Allemans) il n'est possible de le prononcer. Ou doncques les marchans & autres voyageurs venans és Gaules, & en *Diod. Siculus.*

Allemaigne, ont amolly l'asperité des dictiós, ou en ont inuenté de nouuelles, remarquees de la couleur, ou de la façó de faire des hômes du lieu duquel ils ont faict mention. Cecy est si aysé à congnoistre, qu'il n'est besoin trop s'arrester en chose si manifeste. Toutesfois (pource qu'il sert à nostre propos) ie mettray pour exemple l'appellation des Allemans: qui (comme i'ay dit) estoient nommez Germains: mais pource qu'ils estoiét accoustumez à faire courses sur leurs voisins, & viure de pillages, les autheurs Grecz, qui ont traicté d'eux, & de leurs façons, leur ont inuenté le nom d'Allemans, tiré de ἀλέμδραι, qui signifie courir & vaguer. Telle est l'opinion d'Asinius hôme Italien, que Volaterran qualifie diligent scripteur des affaires d'Allemagne. Or n'est-il à croire que les Allemans eussent agreé d'estre ainsi nommez, sils eussent estimé ce mot estre creu en Grece: mais on le leur a accoustré de sorte qu'ils luy donnent vne autre interpretation, prinse de leur langage.

Etymologie du nom des Allemans.
Asinius.
Volaterrā.

L'OPINION d'Asinius sert fort à nostre propos: car les Allemans accoustumez aux courses, & faisans profession de viure de butin, eurent tantost accoustumé les gens de guerre Bourgongnons, à mesmes façons & practiques. Aussi estoit-il necessaire, qu'ils s'addonnassent à ce qu'au temps present on appelle vulgairement la picoree: d'autát que leurs prouisions faillies, ce peu de terres que toutes leurs trouppes auoient obtenu des Allemans, n'estoit suffisant, pour nourrir tát de gens: & de courir sur les amis, ce n'eust pas esté chose raisonnable.

DONCQVES apres vne tres estroicte societé & alliance, faicte & passee entre les Allemans & les Bourgongnons: auec promesses tres expresses de s'entre secourir, & ayder les vns les autres en tous besoins: les gens de guerre Bourgongnons (& auec eux quelques Allemans) delibererent d'aller chercher fortune, & ne reuenir que riches vers leurs Cōpatriotes, qui estoient demourez pour faire des essarts, & cultiuer les terres.

Bourgongnōs Allemans.

TANT errerent les Bourgongnons, faisans tousiours quelques profits, qu'ils s'esloingnerét bien fort de l'Allemaigne: en laquelle ils auoient laissé leurs gens de peine. Ils passerent la riuiere d'Albis (l'Allemant dit Elbs) tant chantee, & si peu cógneuë par les Romains: & ne cesserent d'aller, iusques à ce qu'ils paruindrent és enuirōs de Gothie, au pays des Vandales: auec lesquelz ils s'associerent, & meslerent si bien, que ceux qui en ont escrit n'en ont faict qu'vn peuple. Mais il vault mieux reseruér ceste societé pour le Chapitre suyuant.

Albis.

Bourgongnons Vādales.

Des Vandales, & de la societé, & confederation dressee entre eux, & les Bourgongnons. CHAP. VII.

Origines incertaines.

ELVY qui a dit les origines estre incertaines, me semble auoir esté si bien iugeant, qu'il n'est possible de mieux. A la verité (cōme i'ay dit ailleurs) quasi toutes choses excellentes ont eu commencemens tát obscurs, que nulle clerté, reuestue de pharot, ou lanterne de diligence, de diligence, pourroit suffire, pour en trouuer la verité. Et neantmoins si elles ont esté fondees en vertu, le lustre d'icelle vertu est si durable, qu'il ne peut estre esteinct: ains dure maulgré le temps, & la tout cósommante antiquité. La vertu est si fructifiante, que à traict d'annees elle faict de peu beaucoup: & ce beaucoup venu en congnoissance, a rauy les hommes en admiration telle, qu'ils ont esté sollicitez de rechercher l'origine de chose si rare, & si loüable. Mais si la verité n'a peu estre descouuerte: soit que les auant-nommez, le Temps & Antiquité en ayent effacé la memoire: soit que les guerres, & les troubles (suruenuz és lieux esquelz la certitude pouuoit estre recongneuë) ayent faict perdre les indices, & moyens de iuste souuenance: si est-ce que ceux qui se sont mis en queste de ce qu'ils n'ont peu atteindre, tenans à deshonneur de confesser vains leurs essays, ont tant tourné & viré, que leurs inuentions ont occupé le lieu de verité. De maniere que s'il y a matiere qui requiere les hommes estre Pyrrhoniques, & considerateurs de tout, sans rien oser affirmer, sur le simple rapport des hommes, & si les choses propres n'en rendent visible tesmoingnage: c'est où il est question des origines. Car ie ne sçay s'il sçauroit estre possible trouuer vn peuple, vne ville, vne famille, vne riuiere, vne personne, ou autre chose, quelle quelle soit, qui ayt son origine & source de son appellation si certaines, que l'amy ne s'efforce de l'illustrer par dessus le vray, & la raison: & que l'ennemy n'y trouue à redire, à quelque pris que ce soit, & sans crainte du peril de son honneur. S'il falloit verifier par authoritez, & rapport d'exemples particuliers, ce que ie dy en gros, cela nous meneroit si loing de nostre institut, que nous aurions assez affaire d'y reuenir. Ceux qui sont curieux des origines, sçauent combien la diuersité des Autheurs y a produit (ie ne diray seulement) de differences, mais de contrarietez.

AYANT doncques rencontré en ce passage les Vandales, & me semblant necessaire de dire quelque chose d'eux, pour enquerir & sçauoir d'où, qui ils furét, & la raison de leur nom: ie ne sçay à qui m'en addresser, ny en qui m'en fier. Tous les tiennét pour peuples Septétionnaux: aucús (voire la pluspart) les font voisins des Goth, s'estendans iusques à la mer Cymbrique. Autres ne leur laissent aucune habitation certaine, disans qu'ils ne s'arrestoient en vn pays: ains couroient ordinairement çà & là, où l'espoir de proye, & de butin les appelloit. Fr. Iaques de Guyse au xiiij. liure du second Tome des Chroniques de Haynauld, dit que Vandales sont coureurs en langue Teutonique & Thyoise. Que si ainsi est, & que les Allemans (selon l'ancienne opinion) ayent esté ainsi nommez d'vne diction Grecque, signifiant vaguer & courir: c'est signe qu'il y auoit bien peu de stabilité en la Germanie, & beaucoup de vagabonds, & de pillards. Oultre ces opinions, il n'y a faute d'hommes qui tirent le mot de Vandales, d'vn leur Roy nommé Vandalus: autres d'vn fleuue de

Des Vandales.

Fr. Iaques de Guyse.

Vandales.

CCc

mesme nom, passant par leur contree. Voilà auec quelle difficulté les origines se descouurent.

Sig:smõd libre Bnõ en Herberstain.
Lãgue Slauonique, & nõ Sclauonique.

SIGISMOND libre Baron en Herberstain, met en faict en son histoire des Moschouites, que les restes des Vandales sont esparses par la Germanie, oultre la riuiere Albis, deuers Septentrion: qu'elles vsent de la langue Slauonique, que le vulgaire (par corruption de langage) nomme & dit Sclauonique. Il adiouste que combien que tous les peuples qui vsent de ladicte langue Slauonique, se disent Slauons: si est-ce que les Germains (nous disons Allemans) rapportans la denomination aux seulz Vvandales, les appellẽt indifferemmẽt Vvenden, Vviden, & Vvindisch. Ce dit sommairemẽt des Vandales, me semble assez pour seruir à nostre propos. Sauf à ceux qui en serõt plus curieux de veoir ce que Alb. Krantius, en sa Vandalie, & autres en ont fort amplement escrit.

Sympathie.

TANT est que les Bourgongnons s'estans accostez des Vandales, soit que la sympathie & conformité des complexions (qui est vn grãd charme en amitié) inuitast les vns & les autres à se bien vouloir: soit que les Vandales fussent bien ayses d'auoir rencontré si braues & vaillans hommes, pour se fortifier & defendre contre leurs voisins ennemis: soit pour autres consideratiõs, trouuerẽt iceux Vandales de facile, & aisee composition à les receuoir. Et les Bourgongnons (de leur part) ne congneurẽt és Vandales aucunes façons si fascheuses, ny difficultez de meurs si malaysees à compatir, qu'ils ne trouuassent facile de s'y accõmoder. Car les hõmes de iugement bien discret ne font iamais estat, de trouuer (où qu'ils aillent) si asseuré repos, ny les commoditez si à souhait, qu'elles puissent rendre le desireux d'estre à son ayse, en tout & par tout exempt de quelque ennuy. Mais quand on se peut trouuer en vn lieu moins mal que és autres, il vault mieux s'y arrester: & (comme disoient noz vieux François) y planter la iaueline, qu'en raudant tousiours çà & là, auoir beaucoup de peines, & n'estre iamais bien.

Nul heur perfaict en ce monde.

TELLE fut la consideration de noz Bourgongnons, qui apres s'estre promenez si longuement par les amplitudes, & longues estendues des contrees de la Germanie, que les vieilz y estans morts, les ieunes estoient paruenuz à vne quassee & lasse vieillesse: faschez aussi de souffrir quasi autant de mesayse, qu'ils en faisoient endurer à ceux vers lesquelz ils arriuoient: furẽt tres-contens s'arrester parmy les Vandales, pour auoir quelquefois, où ils pourroient quãd il leur plairoit se retirer à seurté. Ce contentement qu'ils prindrent de viure auec les Vandales, les y retint par si long temps, que Plinius (ayãt charge és armees de l'Empereur Vespasien, les y trouua: & faisant tel estat, qu'il luy a pleu de cinq sortes des Germains, les a dit portion des Vindeliciens, il deuoit dire Vandales, si les Imprimeurs n'ont failly. Car ils sont du premier ordre des Germains. Mais ceste question sera traictee vne autre fois.

Secõd Arrest des Bourgongnons.
Plinius.

Les

Les Gothz se faschent du voisinage des Vandales, & Bourgongnons: veulent enuahir leurs terres: sur-ce guerre se meut: les Vandales & Bourgongnons vaincuz, sont contrainĉts se retirer en Scythie, vers les marestz Meotides. Estans là ils sont nommez & tenuz pour Scythes.

CHAP. VIII.

ENCORES qu'on ne puisse nyer, que le voisinage est cómunement accompagné de maintes commoditez, quãd il est bon: si est-il aussi tres-congneu, que quãd il est mauuais, il n'engendre seulement ennuits, mais aussi pertes si aspres, que ceux qui les souffrent, ne peuuent se contenir és termes de patience. Il aduint doncques que les Gothz (nation fiere, presumptueuse & desdaigneuse) eurent bien du commencement à gré, que les Bourgongnons nouueaux voisins, & (pour leur recence) encores aggreables, s'amplifiassent iusques à leur voisinage: voire vesquissent tellement parmy eux, que *Mamertinus* Panegyriste (mot que ie suis coustumier dire odieux en l'histoire: d'autant que flatterie est ennemie de verité) en tombant en propos, n'a crainĉt (s'il vault, si vaille) de dire, parlant à son Empereur, que les Bourgongnós estoiét de la race des Gothz. Celà neantmoins nous a seruy pour apprédre, que lors les Bourgongnós estoient si voisins des Gothz, qu'on les a cuydé tout d'vn creu.

ADVINT aussi que les Bourgongnons & Vandales (qui abondoient en serfz) auoient mis leurs heritages en tresbonne culture: & que le profit qu'ils rendoient, donna occasion aux Gothz d'en estre enuieux. Faut icy noter, que de tout temps le naturel des peuples Septentrionnaux a esté indompt, arrogant, & plein d'oultrecuidance. Ie ne veux vser du mot de Barbare, que les Grecz & Latins employent sans discretion: adaptans aux meurs & façons de faire, vne diĉtion qui de droiĉt ne s'estendoit que sur les paroles & manieres de parler. Celà faisoit que ce que chacun auoit enuie d'obtenir luy estant nyé, sembloit importer iustes moyés d'entrer en querelle: le plus puissant (comme les bestes brutes) presumant auoir droiĉt de donner la loy au plus foible.

TELLE fut la fiere, arrogante, & inique façon, dont vserét les Gothz, enuers les Vandales & Bourgongnons. Ayans faiĉt complot entre eux d'auoir, ou par gracieuse composition, ou par force, les terres des Bourgongnons & Vandales: ils enuoyerent vers eux vn Ambassadeur, accompagné d'vn Herauld: afin que si l'Ambassadeur n'obtenoit par doulces paroles, ce qu'il pretendoit, le Herauld iettant en la terre des refusans vn baston d'hast, sanglant par vn bout, & bruslé par l'autre, leur denóçast la guerre à feu & à sang. L'Ambassadeur n'ayant peu venir à chef de son pretendu, le Herauld ne faillit d'executer sa charge. La puissance des Gothz estoit fort grande: tant à raison de l'estendue de leurs pays,

Voisinage.
Gothz
Mamertinus. Panegyristes menteurs. Bourgongnons estimez à tort race de Gothz.
Du mot Barbare.
Affeĉtions brutales.
Entreprinse des Gothz.
Herauld denonciateur de guerre, & comment.
Gothie fort peuplee.

CCc ij

peuplé d'vne multitude incroyable : que pour la valeur des hommes, fort adroictz, & exercitez aux guerres.

LES Bourgongnons impatiens de brauades, & ne voulans en rien ceder mal à propos aux Gothz, meirent en cœur les Vandales, de ne se laisser impertinemment maistriser, ains vser virilement de leur ancienne valeur : pour ne ceder coüardement, ce que la magnanimité de leurs peres leur auoit acquis & conserué au peril de leurs vies. Exemples ne demouroient à alleguer, pour persuader, que non la multitude, ains la valeur des hommes produit les victoires : tellement que (disoient-ils) souuent estoit aduenu, qu'vne gaillarde & vertueuse armee, sagement conduicte, auoit mis en routte, deffaict, renuersé & passé sur le ventre à bien grosses armees. Toutesfois (afin qu'il ne tint à faute de gens, que l'iniure, qu'on preparoit leur faire, ne fust repoulsee) ils proposerent, qu'ils a-uoient gros nombre des leurs parmy les Allemans, & les Allemans mesmes, liguez auec eux en ligue offensiue & deffensiue : & qu'il estoit de besoin les aduertir(ce qu'ils feroient) pour les appeller en ayde : bien certains qu'ils ne faudroient point de venir à leur secours. Suyuãt cest aduis messages furent enuoyez en Allemaigne : & ce pendant les Bourgongnons(comme plus prochains des Gothz) & les Vandales (comme associez & asseurez que les Bourgongnons descheans de droict, le leur se trouueroit bien foible)se preparerent, pour(si l'affaire le requeroit)attendre de pied quoy, & soustenir vaillamment les efforts ennemis.

Allemans requis en ayde.

Resolutiõ des Bourgongnons & Vãdales.

CEST enuoy de messagers en Allemaigne, ne peut estre si secret, que les Gothz n'en eussent aduertissement. Mais le voyage estant long, & la resolution des Allemans incertaine, les Gothz se contenterent de tenir en ceruelle les Vandales, & les Bourgongnons, iusques à la maturité des fruicts. C'estoit la saison reseruee pour l'expeditiõ & ouuerture de guerre, que les Gothz deliberoient faire, pour commencer par la recolte. Ce pendant les Gothz n'espargnoient de despendre en espions, pour sçauoir qu'il aduiendroit de la requeste que les Bourgongnons auoient enuoyé faire à leurs gens, & aux Allemans. En fin ils sceurent que les Allemans se preparoient pour venir trouuer les Bourgongnons, leur assister en leur iuste defense, & fauoriser leur party. Qui fut cause que les Gothz estimerent qu'il valloit mieux haster la besongne & entreprinse pourpensee, que d'attendre auec trop de danger la conionction de tant d'ennemis.

Conseil descouuert.

Au desastre preparé aux Bourgongnons ayda bien fort, que eux aduertis de la deliberation des Gothz : sçauoir est qu'ils attendoient la maturité des bledz ; pour tout d'vne entreprinse chasser les Bourgongnõs de leurs maisons, & recueillir leurs moissons : iceux Bourgongnons (ne pensans auoir rien à craindre auant le temps predit) ne laisserent d'enuoyer aux champs(pour butiner selon leur coustume) vne bõne & gaillarde trouppe d'hommes bien aguerris : dont ils eurét bien faute. Car auant que leur

Inconuenient.

secours

des Bourgongnons. Liure II. 581

secours d'Allemaigne fust arriué, & que leurs ieunes gens fussent de retour: les Gothz (qui ne voulurent laisser couler tant d'occasions de bien executer leur entreprinse) sortirent en bonne ordonnance sur les Bourgongnons, qui (de leur part) estoient bien sur leurs gardes: mais en trop petit nombre, pour soustenir l'effort d'vne par trop grosse multitude d'hommes belliqueux. La vaillantise & magnanimité des Bourgongnós & des Vandales, feit (à la verité) merueilleuses resistances, encores qu'ils fussent par trop inferieurs en nombre: mais lassez de tuer gés, & le nombre des resistans tel, que quand ores ils eussent esté liez, si n'estoient les forces des deux peuples assaillíz suffisantes pour les tuer. Vn tres-vaillant Capitaine Bourgongnon voyant l'imparité des combattans, retira si dextrement ses gens file à file, par l'ayde d'vne planche, ou pontet, sur vne petite, mais bien creuse riuiere (choysie au parauant expressement pour flanquer leur armee d'vn costé: afin de conseruer ce flanc là, & empescher que le gros nombre des Gothz ne vint à inuestir leurs forces de toutes parts) que au seul peril de quelques-vns, la plus grande partie fut sauuee. Les Gothz crierent tant qu'ils voulurent victoire (& de faict le Camp leur demoura) mais si n'oserent-ils passer le ruisseau: car homme pour homme, le Bourgongnon eust tousiours eu l'auantage.

<small>Les Gothz viennent aux mains.</small>

<small>La plus grand part la meilleure surmôte.</small>

<small>Retraicte des Bourgongnós.</small>

PEV de iours apres ceste defaicte (non certes si grande que le flattart Mamertinus l'a voulu faire, & aduenue plus de trois aages auant la naissance de son Empereur) les ieunes gens de guerre Bourgongnons reuindrent de là où ils estoient allez busquer: & les Allemans diuertis par certains hommes, que les Gothz auoient expressement aposté (aucuns disent, qu'il y eut vn peu de mauuaise foy du costé des Allemans) s'en retournerent: dont les Bourgongnons furent fort indignez, & iurerent qu'ils s'en vengeroient. Les trouppes des Bourgongnons venuz d'Allemaigne, auec celles des Allemans, ne peurét oublier leurs parens & amis: ains faisans vn grand circuit, par les forests & lieux couuerts, (pour euiter les Gothz, ennemis du nom Bourgongnon) se vindrét rendre au terroir d'iceux, au plustost qu'il leur fut possible. Quant aux caresses & gracieuses receptions, il n'est besoin que i'en parle, chacun les peut assez penser. Bien est-il certain, que les Bourgongnons accreuz de gens, accreurent aussi de courage. De façon que si les Vandales eussent voulu estre de la partie, ils estoient prests d'entrer en reuãche, & assaillir les Gothz. Mais les Vandales (qui auoient esté plus rudement traictez en la bataille, que n'auoient esté les Bourgongnons: & contre lesquelz les Gothz s'estoient plus acharnez) ne voulurent plus retourner au combat: ains se resolurent de quitter leurs terres aux Goths, & cercher nouuelles habitations. Les Bourgongnons eurent telle deliberation à grandissime desplaisir: Car de demourer seulz aupres des Gothz, ce leur seroit perdre la liberté, qu'ils tenoient treschere: pour laquelle leurs vieulx ayeulx auoient abandonné leur tres aymee patrie & la doulceur des Gaules: pour laquelle (dy ie) ils

<small>Côtre Mamertinus.</small>

<small>Vandales descheuz de courage.</small>

<small>Le Bourgongnon libre.</small>

CCc iij

auoient en leurs enseignes, & deuise particuliere, vn chat: symbole de franchise, & de pure liberté.

Chat symbole des Bourgongnons.

EN CES angusties & difficultez leur Roy, & leur grād Archidruyde: (desquelz nous reseruons à dire plus amplement cy apres) feirent assembler le Conseil: afin de se resouldre de ce que chacun penseroit plus expedient. La commune opinion emporta, que les Vandales ayans fauorisé les Bourgongnons, de tout ce que leur auoit esté possible, tandis que les prosperitez auoient duré: ce ne seroit chose ny bien seante, ny raisonnable de les abādonner. Et quant aux champs & habitations, que leurs ancestres n'auoient pas eu plus d'occasion que la presente, d'abandonner leur trescher & tres-fertile pays des Gaules: & qu'il ne falloit qu'ils s'affectiōnassent plus qu'eux, à terres de trop moindre valeur. Somme il fut dit & arresté, qu'ils tiendroient compagnie aux Vandales, quelque part qu'ils determineroient d'aller. Pour le leur faire sçauoir, six des bien apparens du Conseil furent deputez & enuoyez.

Dignes cōsideratiōs.

SI l'amitié que les Vandales portoient au parauant à noz Bourgongnons auoit esté ferme & vehemente, elle accreut de beaucoup, quand ils sceurent, que la resolution des Bourgongnons tendoit si fort à leur faueur. Pour la faire entendre à tout le peuple, leur Magistrat signifia vne assemblee, en laquelle il loüa grandement, & magnifia tant qu'il peut la fidelité & l'amitié des Bourgongnons. Et (de l'abondance de la ioye qu'il en auoit) exhorta les siens, de fortifier les confederations, & amitiez qui estoient entre les deux peuples, par nouuelles alliances: de façon qu'il fut à l'auenir loysible aux Bourgongnons, d'auoir à femmes les filles des Vandales: & aux Vandales, celles des Bourgongnós. Ce que fut agreé, & approuué auec si grande faueur par toute l'assistance, que chacun loüa l'inuenteur, & l'inuention. D'autre part ce fut chose de si grand contentement aux Bourgongnons, qu'ils n'eussent peu receuoir nouuelles plus selon leur affection.

Confirmatiō d'amitié par alliances.

LES Augures prins, & les sacrifices faicts par les Vandales à leur mode: & par les Bourgongnons à l'vsage des Gaules, entre eux continué iusques à la susception du Christianisme: les Vandales, & les Bourgongnons (iouxte le sort prins par les Augures) tirerent contre Septentrion, iusques aux marestz Meotides. Ces marestz assis en Scythie (dicte par nous Tartarie) sont d'aucuns estimez force, & origine de la mer Mediterranee: combien que la plus-part des autres autheurs soit en ce croyre, que le grand Ocean entrant par le destroit de Gilbatart, entre Calpé, & Abyla (qu'on dit les colonnes d'Hercules) se fourre parmy les terres, & faict ladicte mer Mediterranee. Auant l'arriuee des Bourgongnons & des Vandales, ces Regions plaines d'eaux & de forestz, estoient, ou mal peuplees, ou deshabitees du tout. Si s'y accōmoderent-ils, de façon qu'ils y feirent tres long seiour: & telle lōgue demeure en ces lieux, leur acquit l'opinion & reputation de Scythes: selon qu'il nous reste à dire cy apres.

Paluz Meotides. Mer Mediterranee, & son origine. Colonnes d'Hercules.

Tiers arrest des Bourgongnons.

CES

des Bourgongnons, Liure II. 583

CES pays Scythiques, estants fort froids, sont doüez d'vne merueilleuse fecondité & vertu generatiue. Paulus Diaconus en traicte au commencement de son histoire des Lombards, & s'efforce de rendre raison, comme les regions Septentrionales peuuent produire tant de gens, que ceux qui traictent de leurs affaires, declarent en estre sortis & auoir couru toute l'Europe. Tant y a que les Vandales & Bourgongnons creurent en si grosse multitude, & peuplerent tellement, que la sterilité de ces pays froids & marescageux, ne peut souffrire pour nourrir tant de gens. Ioinct que les vieillards ne trouuoient pas bon, ains portoient impatiemment, que la ieunesse en s'addonnant à la faict-neantise, perdist l'exercice des armes : par lequel les Bourgongnons s'entretenoient en espoir de quelque iour retourner és Gaules, & conquester les lieux dont leurs anciens ancestres auoient premierement esté nommez Bourgongnons.

AFIN doncques que la ieunesse apprint la vertu de leurs peres, & s'exerceast au traictement des armes, pour essayer de vaincre la dureté de fortune, qui les auoit aigrement persecuté, & chassé de pays en pays, iusques aux extremitez de l'Europe : le Roy & les Princes Bourgongnons arresterent, qu'il estoit necessaire dresser vne emigration : & enuoyer vne grande partie des ieunes gens, conduicte par hommes de bonne & longue experiéce, faire leur mieux ailleurs, chercher nouuelles terres, & profiter par la vertu de leurs bras. Ceste resolution prinse, fut executee de grandissime affection. Les enroollez pour sortir du pays, surmonterent le nombre de vingt & deux mille hommes, sans les femmes & enfants. Leur premiere retraicte fut en Thrace : où ils feirent residence fort longue. Et pour-ce que (comme i'ay desia touché cy dessus) ilz estoient yssuz de Scythie (encores qu'eux se nommassent en leur particulier Bourgongnons : & renouuellassent à toutes celebrations de mariages, le vœu de leurs ancestres, auec serment de procurer le recouurement des pays iadis appartenants à leurs predecesseurs és Gaules) tous les estrangers les estimoient, & appelloient Scythes. Telle opiniastre renommee vola iusques à Rome : ou, les autheurs des histoires Romaines, l'ont apprins : & les croyants vrais & naturelz Scythes, ne les ont nommé autrement, en toute l'histoire de pres de cent ans.

DONCQVES les Bourgongnons ayants rengé la Thrace à leur obeissance, & eux croissants en Peuples infinis, furent contraincts s'estendre en Dardanie : où ilz feirent arrest, & fort long seiour. Icy fault que nous les laissions pour quelque temps : afin de parler d'vne presque vniuerselle deliberation de quasi tous les Peuples de l'Orient, & de Septétrion, pour se venger des oultrages, pilleries, violences & excez, que toutes gés (mesmement les Gaulois, & les Illyriens) auoiét souffert, par l'ambition, fast & tyrannie des Romains, fleaux de l'vniuers, & mal-voulez de tout le monde.

Pais froids font fort feconds.
Paulº Diaconus.

Faict-neátise blasmee.

Emigratiõ des Bourgógnons.

Quart arrest des Bouigongnons.

Bourgongnons tenuz & reputez Scythes.
Erreur vulgaire.

Cinquiesme arrest des Bourgongnõs.

CCc iiij

584   De l'antiquité & origine

Entreprinse generale contre le nom, & Empire des Romains, par tous les Peuples Septentrionnaux, liguez & associez auec les Oriëtaux, & auec les Daces & Illyriens. CHAP. IX.

Iniquité des Romains.

JE NE sçay auec quelle impudence quelques autheurs Latins ont osé mettre en maxime, que les Romains n'ont iamais faict guerre à aucun Peuple, qu'auec iuste cause, bonne raison, & loyal fondement d'equité. Car s'il falloit rechercher leurs actiós, dés le commencemét:

Romulus & Remus. Brigandage des Romains.

on trouueroit que desia Romulus & Remus (qu'ilz tiennent pour autheurs de Rome & du nom Romain) exerceoient brigandage: & y accoustumerent si bien les leurs, que tant plus ilz sont creuz d'hommes & de moyens, tant plus est creu leur desordonné appetit de brigander & exercer voleries. Aussi prindrent-ilz pour leurs symboles & enseignes

La Louue & l'Aigle enseignes des Romains. Sabins. Ctesiphó. Limite fatal.

non seulement la Louue (de laquelle la faim est insatiable) mais aussi l'Aigle (entre tous oyseaux le plus rauissant) marques (à la verité) dignes de ceux qui s'en sont voulu parer. Car s'il falloit commencer par les desraisonnables façons dont ilz vserent enuers les Sabins: & continuer de Peuples en peuples iusques à la ville de Ctesiphon en Perse (oultre laquelle le pas a esté si expressément defendu aux armees Romaines, que tous les chefs qui l'ont voulu outre-passer, s'en sont tres-mal trouuez) on congnoistroit que toutes nations auront plus que legitimes causes de se plaindre des assassinats de leurs naturelles & pacifiques libertez, & du rauissement de tout ce qu'ilz auoient plus à cher. Si d'autre-part on dressoit vne information contre les Romains, pour les brigandages par eux exercez és Gaules & en Germanie, tant, & si auát que leur animosité s'est peu estendre: qui pourroit faire doubte que le plus homme de bien de tous eux meriteroit (s'il viuoit) d'estre mis sur la roüe? Quel (disoit vn es-

Apophthegme d'vn Pirate. Alexandre le grand.

cumeur de mer à Alexandre le Grand) est plus-grand larron & voleur, ou celuy qui auec vn brigantin, vne fregatte ou galiotte, est au guet sur la mer, pour surprendre quelques passants & les destrousser: ou celuy qui auec vne grosse armee, entre iniustement sur vn peuple, le destruit & rui-

Loy de Nature.

ne? La loy de Nature ne permet qu'on face à autruy, ce qu'on ne vouldroit pas receuoir d'vn autre.

L'ACCOVSTVMANCE que les premiers Romains prindrét de bri-

Romains brigands.

gander, n'estants encores que bergers, engendra en eux vne habitude si ferme, que la frequétation les en ayant mis en curee, iamais ils n'en perdirét l'appetit. Croissant leur domination, tousiours le desir d'accroistre leur seigneurie s'est augmenté: de sorte que faisants gloire de la grádeur de leur Empire, leur ambition a esté insatiable. A ceste rage de courir sus à toutes nations, s'adiousta vne tres-pernicieuse inuention: ce fut de có-

La concession du triomphe fut pernicieuse.

ceder le triomphe, à tous ceux qui au dommage d'autruy auroient amplifié les bornes & limites de l'Empire Romain. Car cela tiré en coustume, ce-

des Bourgongnons. Liure II. 585

me, celuy penſoit auoir offenſé ſon honneur, qui ſortoit de charge ſans auoir acquis droict de triompher. Pour-ce les pauures pays qui n'auoiēt iamais ſceu que c'eſtoit de Rome, & qui n'auoient oncques eu affaire auec les Romains, eſtoient aſſaillis. Et ſi leurs forces n'eſtoient ſuffiſantes pour reſiſter à des legions aguerries, cōduictes par Capitaines bien experimentez: leurs Rois eſtoient menez en triomphe, les belleſſes des Citez emportees à Rome, & la contree reduicte en forme de Prouince: en laquelle on menoit des Colonies, & les anciens habitans eſtoient faits ou ſerfs, ou ſi miſerablement traictez, que pis ne pouuoient eſtre. Pitié & commiſeration n'eſtoient pas vertuz Romaines.

OR afin que (quant aux iniuſtes inuaſions des Peuples) il ne ſemble que ie m'en vueille faire croire: ie mettray icy ce que Petronius Arbiter en faict dire à ſon Eumolpus. *Contre l'ambition des Romains. Petronius Arbiter.*

Si qua foret tellus quæ fuluum mitteret aurum,
Hoſtis erat: fatiſque in triſtia bella paratis,
Quærebantur opes, &c. Au reſte, ſi l'occupation du Royaume d'Ægypte, & l'iniuſte vſurpation de l'Iſle de Cypre, teſtifiees par tant des leurs propres, ne ſuffiſent pour prouuer l'ambitiō deſordōnee des Romains: que faut-il plus y adiouſter, que l'approbation que le Senat feit de la mauuaiſe foy de Ceſar enuers les Gaulois? & meſmement enuers les Heduois & Auuergnacz, declarez & aduoüez freres des Romains? Quel plus grand aduantage eurent ces deux premiers Cantons des Gaules, de la fraternité Romaine, que Abſyrtus (autrement nommé Ægialeus) d'eſtre frere de Medee? Ceſar auoit eſté donné aux Heduois pour protecteur: eſtant receu pour tel, il ſe rendit non ſeulement leur deſtructeur, mais auſſi de toutes les Gaules. Caton fut d'aduis que le Senat deuoit ordonner Ceſar eſtre liuré aux Gaulois, pour en faire iuſtice, & expier la Rep. Romaine d'vne ſi execrable meſchanceté. Fut-il faict? ilz ſen garderent bien. Mais l'iniuſtice faicte aux Gaulois fut cauſe, que les approbateurs d'icelle, en receurent la punition meritee. Car depuis Ceſar (ſelō qu'il ſen eſtoit venté) vſa de ſi exorbitantes brauades enuers le Senat en general, & preſque tous les Senateurs en particulier, que les ayant ou fait mourir, ou deſfaict auec leur chef Pompeïus, il ſ'empara de l'Eſtat & de la Choſe publique; aneantiſſant l'ordre ancien de l'Ariſtocratie Romaine pour y dominer tout ſeul. Ce que les Romains ne pouuoient ignorer leur deuoir aduenir, Si (cōme dit Virgile des Toyens) *fata Deum, ſi mens non læua fuiſſet.* Car Suetonius Tranquillus (autheur digne d'eſtre creu) dit que Ceſar fauoriſé de ſon beau-pere L. Piſo, & de ſon beau filz Cn. Pompeïus en la diſtribution des Prouinces, choiſit les Gaules ſur toutes autres, pour des profits & commoditez d'icelles, tirer plus conuenable & propre occaſion de triompher. Dit d'auantage que Ceſar ſe reſiouïſſant d'auoir obtenu ce qu'il deſiroit, ſ'enfla ſi fort de gloire: qu'eſtant en plein Senat, où il n'y auoit faulte de gens qui l'oyoient, il ne ſe peut tenir

Ægypte & Cypre occupez iniuſtement.
Mauuaiſe foy de Iulius Ceſar contre les Gaulois.
Abſyrtus frere de Medee.

Caton.

Iniuſtice vengee.
Inſolences de Ceſar.
Pompeius. La Rep. occupee.

Virgile.
Suetonius Tranquillus.
Faueurs de Ceſar.

de dire: que au grand regret & creue-cœur de ses aduersaires, il auoit eu ce qu'il pretendoit: mais par là il donneroit ordre, que personne ne s'opposeroit plus à ses entreprinses, qu'il ne luy feist perdre la vie, &c.

Ventences de Cesar.

CE discours de Tranquillus requiert estre noté en deux chefs: l'vn portant par expres que Cesar n'auoit choisy les Gaules pour Prouince, que pour y trouuer & en tirer moyens de triompher: & non pour suyure l'intention des Heduois, ayants demandé secours au Senat Romain, contre la descente d'Ariouist, & des Germains appellez en ayde par les Sequanois, liguez auec les Auuergnacz contre iceux Heduois. Moins aussi pour obeïr au decret du Senat, qui luy auoit commandé de conseruer soubz la protection du Senat & Peuple Romain, & mettre en seureté les freres, amis & confederez d'iceux. L'autre poinct remarquable est que le mesme Cesar ayant les Gaules pour Prouince, designa incontinent de s'emparer du droict des Romains, & de l'Estat de la Chose publique.

Pourquoy Cesar choisit les Gaules.
Desir de triompher.
Ariouist.
Charges donnees à Cesar par le Senat Romain.
Intention de Cesar.

OR ce pendant que Pompeïus, esleu chef & protecteur du Senat, trauailloit pour n'auoir point de compagnon: & que Cesar combattoit pour ne point souffrir de superieur: les nations estrangeres oppressees par les legions Romaines, accablees des garnisons mises en leurs pays, & estonnees de veoir en l'administration de la iustice & reiglement de la police, vne certaine image de Senat Romain, plus signalé par les parades & vestements, que par volontez de seruir à Iustice, & profiter au Peuple, entrerent en diuerses & neantmoins necessaires considerations. Les Peuples qui auoient encores en reserue quelques moyés, pour ne souffrir que leur liberté fust du tout estouffee, ny que les Romains leur commandassent en longue robbe: en vserent tant que leur pouuoir se peut estendre, comme nous dirons tantost en parlant d'Arminius. Mais les autres, ausquelz patience estoit necessaire (par-ce qu'il leur conuenoit souffrir ce qu'ils ne pouuoient repousser) estoient aux escouttes, pour entendre qu'il aduiendroit des forces Romaines, armees contre elles-mesmes: & si les Dieux seroient promptement si iustes, que de permettre que les Romains (apres auoir volé & rauy la liberté à toutes gens) vinssent eux-mesmes à se defaire: Et si (di-ie) la grandeur de leur Empire causeroit sa ruine, de façon que les Romains demourassent accablez dessoubz.

Different entre Pompeius & Cesar.
Haines des Peuples estrangers contre les Romains.
Commander en longue robbe.
Esperance vaine.

DE'S-LORS les Gaulois (hommes nays à la liberté, & sur tout impatiés du ioug Romain) entrerét en secrettes pratiques auec les Allemás, & Bourgógnos demourez au voisinage du Rhin: tendátes icelles pratiques à se vnir, fortifier & preparer à reuoltes. Mais pour-ce q̃ la dominatiõ des Romains auoit desia prins haultes racines, & leurs forces estoiét si guerrieremét establies, q̃ trop plus puissantes forces q̃ celles des Gaulois (ausquels on n'auoit à peine laissé des cousteaux pour entamer leur pain, & trécher leurs morceaux) ny q̃ celles des Allemás & Bourgógnons: desq̃ls les gens

Gaulois amateurs de liberté.
Practiques de reuolte.
Puissance des Romains.

des Bourgongnons, Liure II.   587

les gens de guerre, & hommes de faict estoient és confins de l'Europe & de l'Asie: il fut aduisé qu'il estoit de besoin faire participants de ceste entreprinse, tous ceux qui auoient principalement interests, non seulemẽt que la dominatiõ des Romains demouraft telle, qu'elle estoit, mais aussi qu'elle creust d'auantage. Pour-ce les Allemans & Bourgongnons habitans sur le Rhin, furent semõd d'entrer en ligue auec les Gaulois, ce qu'ils ne refuserent pas, ny aussi de se determiner ennemis du nom Romain: soubz protestation toutesfois de ne se vouloir declarer auec effect, que la ligue ne fust plus renforcee, par l'adionction de tant de Peuples, qu'en se formalisant contre le Romain, on y peust plustost profiter, que sentir auec vn tardif repentir, les peines d'auoir temerairement trop osé. Ce pẽdant ilz promirent d'aduertir leurs Concitoyens Bourgõgnons & leurs associez les Vandales, retirez pour lors (comme nous auons dit) en Scythie, en Thrace & en Dardanie: promirent aussi de les exhorter, par toutes les amitiez qu'ilz portoient aux Gaules, de gaigner & practiquer le plus de Peuples qu'ils pourroient, pour aneantir non seulemẽt la domination des Romains, mais aussi le repaire de ceste nation Louuine; & aller chercher ces Aigles rauissantes iusques dedans leur nid.

LES Bourgongnons conquerants (ainsi suis-ie d'aduis les nommer, à la difference des mesnagers, & maneuures laissez au voisinage des Allemans: & ie prie les Lecteurs s'en souuenir) estans aduertis de l'ouuerture de ceste ligue contre les Romains : & sçachants combien il estoit necessaire faire prouision de grandes forces, pour matter & subiuguer vne si puissante & inueterée domination que celle des Romains: prierent leur Roy d'assembler le Conseil : afin que l'entreprinse inuentee par les Gaulois, & tresbelle en apparence, fust si dextrement cõduicte par l'industrie des Bourgongnons, que sils n'estoient que participants en la gloire de l'execution, du moins l'honneur leur demourast, d'auoir mis cœur en vẽtre aux autres nations, pour oser entrepredre chose si necessaire & si importante au bien du monde vniuersel.

LE Conseil des Bourgongnons assemblé, il n'y eut personne en la compagnie, qui (apres auoir ouy les doleances que les Gaulois faisoient par leur Ambassadeur: & les missiues que les Bourgongnõs du Rhin luy auoient donnees) ne iugeast le piteux estat des Gaules digne de commiseration : & la souffrance de l'ambition des Romains n'estre seulement indigne: mais d'auantage meriter, qu'à fraiz communs, tout le monde se bande pour leur courir sus, pour les opprimer, & pour les aneantir. Mais l'euidence du danger pour les entrepreneurs, attenduë l'incroyable puissance des Romains, & l'accoustumance que leurs legions auoient de cõbattre, & de mourir, ou vaincre, tenoient tous les opinants en ceruelle. Toutesfois l'Archidruyde & souuerain Pontife des Bourgongnons, homme fort aagé, & de prudence singuliere, accompagné d'vne grand grace de bien & disertement dire, prenant la parole leur dit :

Commencement de ligue contre les Romains.

Considerations des Bourgongnons.

Promesses des Bourgongnõs.

Bourgongnons cõquerants.

Bourgongnons mediateurs de la ligue.

Doleances des Gaulois.

Archidruyde Bourgongnon.

De l'antiquité & origine

Harangue du Siniſt. Messievrs ie loüe grandement en vous le reſſentement de pitié qui y eſt, de la miſere & affliction des Gaulois, Peuple de tout temps ſi excellent en vertuz belliques & ciuiles, qu'il n'y a autre qui puiſſe iuſtement ſ'accomparer à eux. Car c'eſt choſe digne de cœurs genereux, d'auoir compaſſion de ceux que fortune atterre pluſtoſt inconſiderément, que par aucun deffault, qui leur puiſſe eſtre iuſtemẽt imputé. Ioinct que nous eſtants primitiuement Gaulois, auons plus d'occaſion de nous côdouloir de l'affliction de ceux qui nous appartiennẽt, que non des eſtrãgers.

Obiectiõ. I'ay ouy que quelques-vns ont dit, que le mal eſtoit bien deu aux Gaulois, & meſmemẽt aux Heduois & Senonois, pour l'iniuſtice, & iniquité dont leurs anciés predeceſſeurs ont vſé enuers les noſtres: mais (ne leur en deſplaiſe) il me ſemble que c'eſt ſe ſouuenir mal à propos, de ce q̃ dés long-temps nous reſeruons à quelque commodité, qu'il plaira aux Dieux nous donner tout appoinct. Car ſi les Romains ont occupé les Gaules, & conuerty la liberté des Gaulois en ſeruitute, qu'y a il du noſtre? quel honneur, plaiſir, ou profit pouuõs nous tirer de leur mal, pour nous en reſiouïr? La grandeur des Romains nous doit eſtre ſuſpecte, & la miſere des Gaulois nous doit eſmouuoir à iuſte compaſſion. C'eſt ce à quoy il nous faut aduiſer, & non nous reſiouïr du mal que ſouffre la Patrie, à laquelle nous eſperons quelque iour retourner. Car il ne nous ſera pas ſeulement mal-ayſé, mais auſſi impoſſible, tandis que les Romains l'occuperont. Et pour les en dechaſſer (noz ſeules forces ne ſe trouuant ſuffiſantes) il eſt de beſoin recouurer aides de noz voiſins, & meurement prouoir à beſongne de ſi grãd poix & ſi haulte entrepriſe. Pour dõcques ſommairement aduiſer ſur ceſt affaire, ie trouue deux choſes neceſſaires: l'vne que nous ayons pitié des Gaulois affligez: & que l'aduerſité de fortune (qui puis tant de ſiecles nous tient en perſecutions) nous ait apprins à prendre cõmiſeration de ceux qui courent non tant meſmes, que trop pires calamitez. L'autre, donner ordre que noſtre commiſeration ne ſoit trouuee inutile, quand nous ne donnerõs ſecours à ceux qui nous le demandent auec tres-inſtantes prieres, & deſquels nous faiſons ſemblant auoir pitié. Et pour-ce que (comme i'ay deſia dit) nous ſeuls ne pouuons mettre à chef beſongne de ſi difficile execution: il me ſemble neceſſaire entendre à la ligue qui ſe preſente: & ayans pour bon & plauſible fondement, la reſiſtance à la tyrannie des Romains, attirer à la defenſe de leur liberté, toutes les nations qu'il nous ſera poſſible. Que ſi vous (Meſſieurs) aggreez les premiers ceſte ouuerture (comme ceux auſquelz les Gaulois ont prins plus d'aſſeurance, & qui en auez eſté requis ſur tous autres) i'eſtime qu'il ne ſera mal aiſé, attenduë l'equité de la cauſe; & la generale

Romains mal-vouluz. mal vueillance que toutes gens portent aux Romains, communs ennemis, oppreſſeurs d'vn chacun, & comme nays à la ruine de tout le mõde.

Scythes. Mais pour plus faciliter ceſte entrepriſe, ie ſuis d'aduis que nous en cõmuniquions auec les Magiſtrats des Scythes, qui (ſ'ils l'entreprennent) viendront

viendront mieux aux moyens de matter & dompter les Romains, qu'autres Peuples ne sçauroient. L'equité & Iustice leur sont tant en recommendation : le tort, la violence & l'vsurpation du bien d'autruy, (& tant plus de la liberté) si à contre cœur, qu'ilz ne peuuent non hair les Romains, & la tyrannie dont ilz vsent, sur tous ceux, que la rage de leur conuoitise, & la fureur de leur ambition, les contraingnent attaquer. Addressons nous aux Scythes : & en faueur de Iustice (qu'ils ont en si grande reuerence) prions les auoir pitié de tant de Peuples iniustement oppressez, par gens qui nommants Barbares tous ceux qui sçauient mieux faire que dire ; n'vsent du bien dire que pour pipper & deceuoir ; ny du faire que pour opprimer vn chacun. Prions les que pour l'honneur de Mars (auquel sur tous les Dieux ils ont singuliere deuotion, & estiment auoir esleu son domicile en leurs pays) il entreprennent faire paroistre aux Romains, que c'est contre toute verité, qu'ils ont osé publier ce grand Dieu auoir commis inceste auec vne Vestale, & que de luy soit yssu l'autheur du nom Romain. Ce pendant n'oublions de soliciter les Gothz & les Huns d'entrer en ceste ligue. Et si nous pouuons vnir tous ces Peuples à nostre entreprinse, i'espere qu'assaillants les Romains de diuers costez, leurs forces (quoy qu'elles soient grandes & estimees invincibles) ne pourront estre si resistantes, qu'elles ne donnent iour, (voire passage) de quelque costé : & qu'en fin nous ferons ce que ny noz anciés Gaulois, ny Pyrrhus, ny Annibal, ny autres, n'ont iamais sceu acheuer.

CHACVN ayant opiné en son rang ; la pluralité des voix fut trouuee conforme à l'aduis de l'Archidruyde : & pourtant la resolution & conclusion du Roy fut selon icelle pluralité. Mais pour-ce que vaines sont les deliberations & determinations des Conseils, s'il n'y a qui les execute : il fut aduisé que quatre personnages signalez en sagesse, seroient nommez & deputez : dont les deux accompagneroiét le chef de l'Ambassade des Gaulois, allant en Scythie, selon la resolution prinse comme nous auons dit : & les deux autres, auec vn Collegue dudit Ambassadeur, rebrousseroient vers les Gothz & les Huns pour les tirer en ligue. Fut aussi admonnesté l'Ambassadeur principal, qu'auant que retourner és Gaules, il luy estoit necessaire passer vers les Daces, leur fortifier le cœur, & les aduertir de la ligue dressee pour rembarrer la violence, & rabattre l'audace que les Romains prenoient de courir sus à vn chacun. Il eut aussi charge de le faire entendre aux Illyriens & Germains : afin qu'ilz ne fussent ny temeraires pour mettre leur liberté au hazard d'vne bataille ; ny pusillanimes pour se rendre du premier coup : ains qu'ilz tirassent les guerres en longueur, attédant que l'vnion des Peuples liguez, vint à entamer ses entreprinses, auec si grandes forces, que le Romain eust plus de pensement de conseruer sa ville, sa vie, sa femme & ses en-

Les Scythes equitables.

Scythes choisis chefs de la ligue.

Gothz & Huns.

Gaulois. Pyrrhus. Annibal.

Ambassade des Gaulois aux Scythes. Daces.

fants: que de moyens de courir fus aux eftrangers, pour faccager leurs villes, & opprimer leur liberté.

L'AMBASSADEVR des Gaules ne peut eftre fi diligent, ny l'importance des affaires qu'il auoit à manier & negocier auec tant de diuers Peuples, & en pays fi fort efloingnez, terminee fi haftiuement, que plufieurs annees ne coulaffent, auant qu'auoir paracheué fa commiffion. Ce pendant il eft aduenu que plufieurs Peuples, defireux de manifefter combien il leur tardoit qu'on vint aux prinfes auec les Romains, ou fe font trop haftez, ou ont trouué (à leur grand dommage) que la domination d'vn Empereur, (duquel ilz penfoient auoir bon marché, & qu'ils efperoient mettre facilemēt à raifon) eftoit fuyuie d'vn autre fi braue & fi vaillant Empereur, que leurs entreprinfes tournoient à mefchef, & leur trop grande haftiueté receuoit tres-griefue punition. Mais auant que d'en venir aux particulieres fpecifications, il vault mieux fçauoir qu'il aduint aux Ambaffadeurs Gaulois, & Bourgongnons enuoyez vers les Scythes.

> Caufes de mefchef à quelques liguez.

ENCORES que la Scythie foit de fi grande eftenduë, qu'elle eft en contention auec les Indes de l'amplitude de leurs finages: fi eft-ce que (comme dict Pline) il n'y a region de laquelle les opinions de ceux qui en ont efcrit foient plus differentes: ny les autheurs en plufgrande incertitude, à caufe de la diuerfité des Peuples comprins foubz le nom de Scythes: & le peu de moyens qu'il y a d'exactement examiner les particularitez de ces pays, eftimez quafi vn autre monde. Il me fuffira doncques (pour l'affaire que nous en auons) de dire que cefte gent, non corrompuë d'auarice ny d'ambition (qui font les racines de tous maux) auoit fur toutes autres, admirable opinion de maintenir Iuftice: & vne force infuperable d'hommes fi nays à la guerre, que les Poëtes ont eftimé la Scythie eftre le domicile de Mars. Auffi combien que cefte nation belliqueufe ayt fubiugué plufieurs fois l'Afie, & en icelle fondé les Royaumes des Parthes & des Bactriens: fi n'eft-il memoire, que iamais ilz ayent efté contraincts recongnoiftre autre feigneur que celuy qu'il leur a pleu eflire. Cyrus premier Roy des Perfes les alla affaillir, il y laiffa la tefte. Darius feit de grandes entreprinfes contre eux, mais il fut contrainct f'en retourner honteufement: Alexandre le Grand les enuoya guerroyer par vn de fes Capitaines: il y fut tué auec toute l'armee qu'il auoit en charge. Les Scythes ont bien ouy parler des legions Romaines: mais elles ne font paffees iufques à eux. Et fi les Empereurs Romains fe font quelque fois attaqué aux Peuples du voifinage Scythique, ilz y ont efté plus fouuent vaincuz, qu'ils ne font retournez victorieux à Rome. Les vrais Scythes ne les veirent iamais.

> Scythie. Indes. Pline. Incertitude de Scythie.
> Scythie autre mōde.
> Scythes iuftes & infuperables.
> Scythie domicile de Mars.
> Les Parthes & Bactriens fōt d'origine Scythes.
> Cyrus.
> Darius.
> Alexandre le Grand.
> Les Romains n'ōt vaincu les Scythes.

OR

des Bourgongnons Liure II.

Or ce fvt à ces singuliers obseruateurs d'equité, que les plaintes des iniustement oppressez par les Romains s'addresserent auec instantes requestes, qu'estant l'oppression toute notoire, il leur pleust employer leurs valeurs pour remettre tant d'illustres nations opprimees, en leur ancienne & naturelle liberté. L'Ambassadeur Gaulois (entre beaucoup de poincts, qu'il meit en auant pour esmouuoir les Scythes à commiseration) y adiousta cecy, que l'origine des Celtes (qui sont les Gaulois) auoit si grande symbolisation auec celle des Scythes; qu'vn seul Hercules Ægyptien estoit autheur des deux. Car comme d'Araxa Hercules eut Scythés (duquel les Scythes ont prins leur nom) aussi luy-mesme venant aux Celtes, eut de Galatee le vaillant Galatés: du nom duquel, & de celuy de sa mere (tant il fut bien aymé des siens) les Celtes furent nommez Galates. Et d'autant que la principale intention de Hercules fut d'employer ses forces à destruire les tyrants, & ruiner ceste maniere de gens, qui ayants l'apparence d'hommes, sont si loups en leur interieur qu'ilz n'ont plaisir qu'à nuire; & (pour leur seul contentement) envahir la liberté, troubler le repos, & deuorer la substance d'vn chacun : en ceste opinion que eux contants, ilz ne se soucient que le reste des viuants soit accablé de miseres. Ledict Ambassadeur disoit d'auantage, que les Gaulois tenants de race vn incroyable desir d'impugner les tyrants, ont desia (par plusieurs fois) enuoyé gens en Italie, dont vne trouppe conduicte par Capitaines Senonois, auoit reduict les Romains si au petit pied, que (pour toutes defenses) il ne leur restoit que le sommet d'vne colline, sur laquelle estoit leur Capitole: maison (à la verité) forte: mais non tant qu'elle n'eust esté emportee d'assault, si les plainctes des femmes & enfants des Gaulois, laissez és enuirons de Senogaille, n'eussent esmeu les maris & les peres à auoir pitié des torts, que les Venitiens leur faisoient. Ce que (& non autre chose) fut cause que les Gaulois (apres auoir possedé Rome par sept mois) accepterent la composition que les Romains leur presentoiét pour leur laisser les vies saues, leur rendre la ville, & quant & quant leurs femmes & enfants. Mais que depuis les Romains (qui n'eussent osé esprouuer apertement la valeur des Gaulois) y sont venuz par finesses: de sorte que soubz faincte de fauoriser, voire prendre en leur protection l'estat des Gaules, contre Ariouist Roy de Germanie, ilz se sont traistreusement emparez de l'estat duquel ils se ventoient estre defenseurs. Voilà comme la mauuaise foy, a vaincu la simplicité & credulité de ceux qui n'eussent iamais pensé trouuer si grande meschanceté au monde. Les faultes sont congneuës apres le faict : mais d'autant que les remedes ne sont en la puissance de ceux qui (s'ils y eussent bien pensé) n'eussent ainsi esté surprins: force leur est auoir recours à autres qui en reputation de Iustice, bonnes volontez, & inuincibilité de forces, surmontent tout le reste du

Alliáce des Gaulois auec les Scythes.
Hercules Ægyptien.
Araxa.
Scythés.
Galatea.
Galatés.
Hercules ruineur des tyrans.

Ganlois hayssent les tyrans.
Senonois.

Capitole.

Pourquoy les Senonois abandonnerent Rome.
Senogaille
Venitiens.

Ruses Romaines.

Ariouist.
Mauuaise foy des Romains.

DDd ij

monde vniuersel: pour les supplier & requerir auoir autant de pitié de la seruitute des Gaulois, comme vne si braue, vaillante & antique nation sera estimee le meriter, par tous ceux qui en ont bien bonne congnoissance.

Les Scythes sages sás lettres.
LES Scythes (pour estre Peuples fort esloingnez de ceux qui ont esté en plus grande reputation de sçauoir acquis) ne sont pourtant pas vn brin lourdauts: ilz ont les sens prompts & vifs: & le iugement plus solide que le commun ne pourroit croire. La Grece a veu en Anacharsis

Anacharsis.
(comme on peut iuger de la bonté d'vne piece de drap par l'eschantillō) que les Scythes encores qu'ilz sòient tousiours en armes & prests à combattre, ne sont toutesfois sans prudence, ny incapables de sagesse. Eux doncques ayants receu gracieusement l'ambassade des Gaulois assistee des enuoyez des Bourgongnons, & ouy fort ententiuement ce qu'ilz auoient à remonstrer, ne furent soudains à leur rēdre response: ains prindrent iour, dedans lequel ilz leurs declareroient ce qu'ilz pourroient faire pour eux.

VENV le iour nommé, les Scythes assemblez en vn bosquet dedié à

Bosquet en Latin Lucus.
leurs Dieux, feirent venir par-deuant eux Suitger Ambassadeur des Gaulois, & les Bourgongnons qui l'auoient accompagné. Là vn vieil-

Suitger Ambassadeur des Gaulois.
lard à ce deputé leur dit: qu'ilz auoient souuēt ouy dire auec quelle ambition les Romains entreprenoient dominer sur toutes gens: mais que tant de compassion ne les auoit encores touché au cœur que celle du piteux estat, auquel ilz auoient ouy, par les remonstrances de l'Ambassadeur, les affaires des Gaulois estre reduicts. Qu'ilz pouuoient dire des

Alexandre le Grand.
Romains ce que autresfois auoit esté dit à Alexandre le Grand, par vn de leurs predecesseurs: sçauoir est, que si leur Republique auoit vn

Ambition des Romains.
corps aussi grand, comme est leur ambition, ilz ne seroient assez contants de luy faire estendre les bras, pour d'vne main empoigner l'Orient, & de l'autre l'Occident: mais (s'il leur estoit possible) ils vouldroient aller chercher le lieu où le Soleil se lieue, où il se couche, & où est le repaire des Dieux. Mais comme les Geants eurent en perpetuel mespris la puissance des Dieux, iusques à ce qu'ilz sentirent la punition qui leur aduint de la diuinité irritee: ainsi les Romains ne sçauent pas

Mars & Fortune, deitez trōpeuses.
encores, que Mars & Fortune sont Deitez trompeuses, qui les ont iusques icy non seulement fauorisé, mais esleué si hault qu'elles ont peu, pour les faire deschoir auec plus grande & plus lourde ruine: & qu'il fault que leur grandeur accreuë d'iniquitez & violences faictes à toutes

Resistance necessaire au commēcemēt.
gens, deschee comme bastie sur mauuais & mal solides fondements, qui ne peuuent durer. Leur domination est venuë en cest insolent pouuoir peu à peu. Qui de bonne heure y eust trouué les remedes, & resistances que vous estes en peine de mendier & rechercher, il eust esté trop

Comparaison.
plus facile d'y prouuoir. Mais comme les inondations & rauines des

eaux

eaux, ne peuuent estre arrestées, ny empeschees, sans vne opposition de digues, leuees, & chaussees si fortes, que la terre, si elle ne les peult maistriser, du moins les areste ou destourne : aussi fault-il opposer tant de puissances à la fureur & rage des Romains, que leur pouuoir (qui vny ne sçauroit estre surmonté) puisse estre rompu & matté, quand il sera diuisé en plusieurs parcelles. Il adiousta, que tel auoit esté l'aduis d'vn leur compatriote Scylurus, qui malade au lict de la mort, mais sain d'esprit, feit venir deuant luy quatre vingtz filz qu'il auoit, & leur proposant à chacun vne trousse de flesches liees ensemble, n'en trouua pas vn qui la sceust rompre : luy tout malade & debile qu'il estoit, destiant le troussçeau, rompit toutes les flesches l'vne apres l'autre : pour faire entendre à ses filz, qu'il n'est plus grande force que d'vnion : & que tandis qu'ilz seroient vniz ensemble, nul ne les pourroit rompre : mais s'ils se diuisoient, ilz seroient aussi faciles à briser, que les flesches prinses les vnes apres les autres. Ainsi (disoit-il) les Romains prins en masse, ne peuuent estre surmontez : (tant est leur force ferme & grande) mais s'ilz sont assailliz de maintes parts, il sera force qu'ilz se diuisent, pour conseruer ce qu'ilz ont acquis à grandes sueurs, & qu'ilz craingnent de perdre : lors l'heur ne leur sçauroit si peu manquer d'vn costé, qu'il ne soit facile de les enfoncer par là. L'ouuerture faicte, & la fortune bien suyuie, on ne pourroit auoir faulte d'heureux & de ioyeux succez. Car plus de bonnes occasions se perdet par faulte d'estre bien poursuyuies, que par auoir esté mal commencees. Et il n'y a si grand empeschement d'vne entiere victoire, que de laisser respirer (que n'est que donner nouuelles forces) son ennemy. A briefuement dire, sa conclusion tendoit, qu'il falloit assaillir les Romains de toutes les diuerses parts qu'il seroit possible : & que si les peuples Septentrionnaux entroient viuement en ligue à cest effect, qu'eux (pour la singuliere pitié qu'ilz auoient des Gaulois leurs parents, oppressez oultre le deuoir) solliciteroient leurs Cousins les Perses, les Parthes, & leurs adherans, pour (à toute reste) assaillir les terres des Romains au mesme temps que les Septentrionnaux seroiét prestz à faire leurs efforts. Et si iceux Perses & Parthes auoient faulte d'aide de gens, ilz leur en fourniroient si abondamment que ce seroit assez.

Telle fut en substance la responfe des Scythes; pour l'esclarcissement de laquelle, il me semble necessaire dire, que si iceux Scythes appelloient les Parthes, & les Perses leurs Cousins, ce n'estoit sans raison. Car les vns & les autres furent Scythes de premiere origine. Des Perses nous en auons le tesmoignage de Ammianus Marcellinus au trente & vniesme liure de son histoire. Ses mots sont: *Persæ, qui sunt originitus Scythæ.* Et quant aux Parthes, Iustin au quarante & vniesme liure de son epitome de Trogus, les dit estre venuz de cer-

parthes sōt Scythes. tains Scythes bannis de leur pays:& que Parthe ſignifie banny en langage Scythique. Ce dit, ie revien à noſtre hiſtoire: pour dire que les Scythes deſireux d'eſtre trouuez veritables, tout promptement deputerent ſix hōmes des leurs pour aller (auec les inſtructions qui leur ſeroiēt baillees) vers les Perſes, & les Parthes; afin de les animer d'auantage contre les Romains, deſquelz deſia ils eſtoiēt ennemis mortls: & pour faire ligue auec les Peuples Septentriōnaux, par l'aduis & mediation des Scythes. Ce qui ne fut refuſé par les Perſes, ny par les Parthes: ains accepté de telle affection, que combien que la ligue n'euſt ſes effects, ſi toſt à beaucoup pres *Eternelle vigueur de Iuſtice. Amm. Marcellinus.* que les liguez le pretendoient: ſi eſt-ce que l'eternelle vigueur de Iuſtice, laquelle (comme dit Amm. Marcellinus) eſt aucuneſfois tardiue à prendre vengeance: mais (au reſte) eſt diligente en l'inquiſition des choſes bien ou mal faictes: ne permit qu'en fin Rome demouraſt impunie des voleries & brigandages que ſes habitants auoient exercé ſur toutes nations: ny qu'elle euſt perpetuelle iouïſſance des rapines faites par tout le monde, pour (comme elle ſe faiſoit appeller ville eternelle) ſ'en parer, *Rome dicte ville eternelle.* & en brauer à perpetuité. Iuſtice le requerant ainſi, les Peuples Septentrionnaux en feirent l'execution.

Les entrepriſes des Septentrionnaux, & des Orientaux liguez à la ruine des Romains, ne ſuccederent ſi heureuſement, comme affectionnément elles auoient eſté pourpenſees: & pourquoy.

CHAP. X.

Prouerbe. IAMAIS prouerbe fut vray; ceſtuy *L'homme propoſe & Dieu diſpoſe*, ſ'eſt trouué plus certain pour le regard des Peuples liguez, qu'il ne leur euſt eſté expedient. Car comme quand les hommes ſe voyent auoir attaint ce qu'ils n'euſſent iamais oſé eſperer, ne craingnent d'entreprendre plus que le deuoir ne requiert: ainſi tant de Peuples eſpars depuis les Eſpagnes, en tournoyant iuſques au Nil, ſe ſentants vnis en meſme volonté pour ruiner Rome, & les Romains: & tout ainſi que ſi par la ligue nouuellemēt iuree, les forces fuſſent doublees en chacun d'eux: preſumerent tant les vns & les autres, que deſia il ſe trouuoit des vendeuts à payer en eſclaues Senateurs & Citoyens Romains. Et n'y a doute, que ſi les liguez euſſent choiſy & eſleu vn General en païs commode, qui euſt eu en chacune Prouince vn Lieutenant, auec eſtabliſſement de cheuaulx diſpoſez, (ainſi que preſentement ſont noz Poſtes) afin de ſ'aduertir les vns les autres: tant de puiſſants & aguerris Peuples libres (en mettāt les armes és mains des ſubiuguez, & reduits en Prouinces) euſſēt (auec bien peu de peines) rembarré les Romains, & contraict d'obeïr

Les liguez à la ruine des Romains.

Faulte de prouidence, & de bonne intelligence. Poſtes.

à ceux

à ceux aufquelz ils n'auoient fceu gracieufement commander. Mais fi quelques fois les Perfes eftoient preparez d'entrer en guerre, les Parthes ne l'eftoient pas: & fi tous deux dreffoient vne entreprinfe, ou il y auoit difficulté, fi le General des Perfes obeyroit au Chef des Parthes: & au cōtraire, ou les Bourgongnons Scythes (que nous auons nommé Conquerans) & les Bourgongnons Allemans, ne fe trouuoient prefts pour marcher à la cadence du tabourin des autres: ou il y auoit quelque fi important empefchement, que les Romains n'eftans affailliz que d'vne part, fe fçauoient bien garentir, au grand dommage des affaillans. *Inconueniens.*

Qvand M. Craffus entreprint contre les Parthes, ils fe defendirent fi brauement (à l'ayde des Scythes) que Craffus occis, & toute fon armee defaicte, à peine refta-il vn foldat Romain, pour eftre meffager de perte fi importāte. Telle victoire ne peut aduenir fans bien groffe perte d'hōmes du cofté des Parthes: qui pouuoiēt auec iufte occafion dire, que s'ils euffent encores gaigné vne autre bataille à tel pris, ils eftoient ruinez. Ioinct que la grandeur de leur victoire les tint en telle admiration, que s'amufans à en eftre fpectateurs, ils fe contenterent d'autant. Mais ce n'eftoit lors qu'il falloit s'arrefter court. Et fi les Perfes, les Palmyreiens, Armeniens, Medes, & autres peuples liguez & confederez, euffent eu cefte intelligence, de commēcer par où les Parthes auoient acheué: il ne faut doubter que le moins qu'ils pouuoiēt faire, eftoit de chaffer les Romains hors de l'Afie maieur & mineur: & leur faire paffer à grāde hafte le bras fainct George, & mer Hellefpontique. Et fi les legions de Myfie, Pānonie, & autres euffent abādonné leurs garnifons, pour venir à garder le deftroict des Chafteaux, ou le Bofphore Thracié: ce euft efté aux Bourgongnons Scythes à leur donner en tefte, & aux Daciens & Illyriens à les charger en queüe, ce pēdant que les Germains euffent gaigné pays. Mais faute de fe bien entēdre, caufa que les mauuais accords laifferent vne mal aggreable armonie: & la ligne n'eut aucun aduantage. *M. Craffus. Gain couftangeux. Victoire mal fuyuie. Fautes en guerre.*

Depvis les liguez aduertis des diuorces & diuifions qui furuindrēt à Rome: & comme les Senateurs, & les plus auācez en pouuoir & authorité, ayans faict Pompeius leur General, eftoiēt pourfuyuiz en armes par Cefar chef du populaire: entrerēt en opinion, que ce feroit à ce coup, que l'Empire Romain fe ruineroit de foy mefme: & pource (attendans qu'il en aduiendroit) ils fe tindrent plus à requoy, fans embraffer (comme ils auoient arrefté) les affaires de la ligue de telle affection qu'il euft bien efté requis. Les Parthes fuyuirent le party de Cn. Pompeius: les Gaulois (au grand regret de leurs alliez & confederez) accompagnerent Cefar de fi fidele magnanimité, que luy mefme cōfeffoit leur deuoir la victoire qu'il obtint en Pharfalie. Auffi recompenfa il les principaux Capitaines Gaulois de l'homme Senatorial, & feit Citoyens de Rome tous les foldatz de celle legion Gallique, nommee Aloüette, à caufe des pennaches qu'ils portoient fur leurs morrions. *Guerre ciuile entre Pōpeius, & Cefar. Liguez diuifez. Gaulois caufe du gaing de la bataille Pharfalique. Recōpenfe des gaulois. Aloüette legion.*

DDd iiij

De l'antiquité & origine

La Rep. conuertie en Monarchie.
LES diſſentions Romaines n'ayans produit autre fruict, ſinon que l'Eſtat gouuerné au parauāt par pluſieurs, demoura à vn ſeul: qui conuertit la dictature perpetuelle en Empire: & ne l'ayant gueres long téps poſ-

Dictature perpetuelle.
ſedé, laiſſa moyen à ſon nepueu & heritier Octauius (auquel Munatius Plancus donna le nom d'Auguſt) de ſ'eſtablir par xij. ans Triumvir auec

Octauius Auguſt. Munatius Plancus. Trium-virat.
M. Antonius, & M. Lepidus: & par xl. autres ans Empereur, & vnique ſeigneur ſur toute la domination des Romains. La fortune de ceſt Empereur fut telle, que depuis tous ceux qui ont ſouhaitté aux Empereurs, Rois & Princes heur & felicité, ont prié Dieu leur donner (entre autres

Fortune d'Auguſt.
choſes) la fortune d'Auguſt.

IESVS CHRIST autheur de la paix ſoubs Auguſt.
LES Ethniques & Payens ignorans que IESVS CHRIST autheur de paix, & de la reconciliation du genre humain, auec Dieu ſon pere, deuoit naiſtre au temps de la plus grande & haute paix, qui fut iamais au monde: attribuent la ceſſation des armes, & la tranquillité qui aduint au temps de ladicte naiſſance, à l'heur & bonne fortune d'Auguſt Ceſar: l'an xlij. de la dominatiō duquel noſtredit ſeigneur & ſauueur naſquit d'vne Vierge, en la ville de Bethleem. Mais nous que la vraye lumiére illumine de ſon ſainct Euangile, tenons pour certain, & ſommes aſſeurez que IESVS CHRIST venant viſiblement au monde, il eſtoit neceſſaire que la paix fuſt en terre: & que la Prophetie fuſt verifiee, par laquelle il auoit

Eſaye.
eſté predit: *Ils forgeront des ſocz de charrues de leurs eſpees, & conuertiront leurs lances en faux: vne gent ne leuera le glaiue cōtre vne autre gent, ny ne ſ'exerceront plus à faire guerre.* C'eſt le dire d'Eſaye, par lequel il appert que la grace de Dieu viſitant le monde par ſon fils vnique, toutes affections de guerroyer furent aſſoppies vniuerſellemēt. Mais ce dit, il eſt beſoin reuenir à noſtre principal propos, touchāt les effetz de la ligue premétionee.

NOVS auons touché cy deſſus que les practiques de la ligue entre les Septentrionnaux & Orientaux, ne peurent eſtre ſi toſt cōductes à chef, que les guerres ciuiles des Romains terminees par la bōne fortune d'Au-

Perſes partiſans de Pōpeius.
guſt n'euſſent prins fin. Lors les Perſes (qu'on peut iuger n'eſtre lors és bonnes graces de l'Empereur, pource qu'ils auoiēt tenu le party de Pom-

Perſes des leguez les premiers en piedz.
peius, cōtre Iulius Ceſar) furent (encores qu'ils fuſſent les plus eſloingnez de Rome) des premiers en cāpaigne, pour aſſaillir les Romains du coſté de Syrie. Et combien que L. Ventidius Baſſus les euſt rōpu par trois fois,

L. Vētidius Baſſus.
ſi ne fut le triomphe qu'il en obtint (plus pour reſiouyr le peuple, & l'induire à nouuelles contributions, pour la guerre de Leuāt, que pour auoir

Triomphe lugubre, & cōcedé iniuſtement.
agrandy d'vn poulce de terre l'Empire Romain, ſelon les loix du triomphe) ſi accompagné d'allegreſſes publiques, que pleurs & lamentatiōs ne ſe feiſſent, par la plus-part de Rome, pour le dueil & regret, que les femmes, enfans, & parens faiſoient de la perte de leurs maris, peres & parens.

Perſes renforcez.
Ces victoires auſſi ne furēt ſi entiers, qu'il ne reſtaſt moyen aux Perſes de remettre ſus nouuelles armees, pour attaquer les Romains. Vray eſt que

M. Antonius.
M. Antonius, qui auec Auguſtus, & M. Lepidus auoit de gré à gré, partagé l'Empire

des Bourgongnons. Liure II. 597

gé l'Empire Romain, & pour sa part prins l'Asie, l'Egypte, & l'Orient, alla contre eux: & du commencemét (comme il estoit braue Capitaine, si les femmes, & les delices ne l'eussent corrompu) rembarra vaillamment ces entrepreneurs: mais pensant suyure fortune, pour acquerir plus grande gloire, trouua que viures luy faillirent: la pestilence & les maladies assaillirent son armee: &(qui fut le comble de ses malheurs) les Parthes venuz au secours des Perses (selon les capitulations de la ligue) le vindrent charger, comme il retiroit ses trouppes accablees de diuers maux & infinies miseres, & luy feirent souffrir vne treshonteuse escorne. Armee de M. Antonius accablee de malheurs.

D'AVTRE-PART l'esmotion estoit grande par toute la Germanie, & Allemaigne, pour oultre-passer le Rhin, & entrer és Gaules, aux fins d'en deschasser les legions, & les ministres de la tyrānie que les Romains exerçoient sur les miserables Gaulois. Desia Arminius, fils de Sigimerus (Roy en Germanie) auoit deffaict l'armee de Varus Quintilius, Lieutenant general d'August en Allemaigne: & passé au fil de l'espee tant de legions, & tant de gens de cheual, que les historiens Latins ont mieux aymé foiblir la verité du nombre, que de l'exprimer certainemét. Mais ils ne l'ont peu si glorieusement dissimuler, qu'il ne leur ayt esté force cōfesser ceste perte n'auoir esté estimee moindre entre les Romains, que la deffaicte en laquelle Crassus, & toute son armee furent mis à mort par les Parthes. Que la perte de Varus, & de ses legions fust grande, il en apparut par le regret que August en print: lequel fut tel, que (troublé de son sens) il donnoit de la teste côtre la muraille: & comme forcené, fut plusieurs iours à pleurer, & crier sans cesse: *Quintil rend moy mes legions.* Depuis Germanicus repara la faute de Varus: & contraignit les Germains & Allemans remettre leurs entreprinses à meilleur & plus conuenable saison. Arminius. Varus Quintilius. Insignes deffaictes des Romains. August quasi forcené. Germanicus.

SI LES Germains auoient remué mesnage de leur costé, aussi feirent les Aquitains de leur part, prests en armes pour assaillir celle portion des Gaules, que les Romains appelloient leur Prouince: & nous (vne lettre changee) la nommōs Prouence. Toutesfois la grandeur de l'Empire Romain estoit encores telle & si ferme, que (pour lors) elle ne peut estre esbrálee. August y enuoya M. Agrippa, qui ramena les esmeuz en l'obeïssance de l'Empereur. De sorte que (au reste) du viuant d'August l'Empire luy demoura paisible, tous peuples quois, & paix vniuerselle en tout le monde. Aquitains. Prouence. M. Agrippa. Haulte paix viuāt l'Empereur August.

AVGVST decedé, la ligue cuida remettre ses anciens desseins soubs Tiberius. Et de faict grosses reuoltes furent dressees, tant de la part des Heduois, ayans pour chef Iulius Sacrovir, que par ceux de Treues, sollicitez & conduits par Iulius Florus. A la faueur & soubs la cōduitte de ce dernier, les Allemans & les Bourgongnons du Rhin entrerent és Gaules, en espoir de remettre iceux Bourgongnons en l'ancien pays de leurs ancestres. Mais Sergius Galba deuenu Empereur apres Neron (auquel la race des Cesars faillit) les contraignit de repasser le Rhin, & retourner en Tiberius Empereur. Heduois. Iulius Sacrovir. Iulius Florus à Treues. Sergius Galba. Neró dernier de la race des Cesars.

leur Allemagne. Là ils demourerent en repos, & sans rien mouuoir, iusques apres le decez de Trajan, & Adrian Empereurs, que les Antonins furent esleuez en l'administration de la Republique.

Trajan, & Adrian. Antonins.

LES nations estrangeres eurent ces Antonins en trop moindre reuerence que leurs predecesseurs. Car combien que le premier fut par les Latins surnommé Pius (mot qui ne peut estre representé par vne seule diction Françoise: & signifie homme de bien enuers Dieu, & les hommes) si fut sa bonté & preud'hommie si mesprisee & à Rome, & és pays esträgers, qu'estant aduenue vne crainte d'auoir faute de bledz, peu s'en faillit qu'il ne fust lapidé par la cōmune Romaine. Et quāt aux estrangers, tous les liguez d'Orient, les Gaulois, Illyriens, Germains, & autres se sousleuerent de façon, que si Marc Antonin n'eust esté, quasi tout l'estat Romain estoit en proye. Si fut encores (pour ce coup) vain l'effort des liguez & confederez.

Antonius Pius.

Dāger auquel tōba Ant. Pius.

IE POVRROIS extraire de ceux qui en ont escrit plusieurs autres essais des liguez contre l'Empire Romain: mais cōme ce seroit vne recherche penible, aussi estimé-ie que mon labeur ne seroit pas trouué trop vtile. Ioinct que les hommes de lettres ont les liures desquelz il cōuiendroit que ie les tirasse: & le vulgaire n'en prendroit autre resolution, sinon que tout ainsi que les fruicts ont leur temps de maturité, aussi ont les affaires: qui s'ils sont prins hors de saison, ne peuuēt receuoir l'heureuse yssue que l'on desire, ains faut patienter: lors les cōmoditez auec le temps viendrōt si opportunement, qu'il semblera que quasi elles se presentēt. Selon celà, combien que les liguez tant des pays Septentrionaux, que des Orientaux, comme aussi les Gaulois, Daces & Illyriens, ayent souuēt (plus toutesfois particulieremēt, que tous ensemble) prins les armes cōtre les Romains, si est-ce que (selō que desia dit est) le Genius des Romains n'estoit encores las de les conseruer en heur & prosperitez. Mais depuis que les Empereurs oublierent la vertu, pour suyure (ie ne diray les delices) mais toute turpitude & fay-neantise, lors en se perdans, ils perdirēt leur Empire, & ruinerent leur Estat: comme nous reseruons à dire cy apres. Ce pendant ie vois retrouuer noz Bourgongnons Scythes, & que i'ay nommé Conquerans, en Dardanie, & en Thrace où nous les auions laissé.

Toutes choses ont leur saison.

Genius Romain.

Causes de la ruine de l'Empire Romain.

Du premier grand eschec que la ligue donna à l'Estat des Romains, par la valeur des Bourgongnons Scythes, qui assailliz en leur Dardanie, de l'Empereur Decius, demourerent victorieux: & passans oultre, rendirent l'Empire Romain tributaire. CHAP. XI.

PLVSIEVRS se sont employez serieusement, pour interpreter la Prophetie rapportee par Moyse au xvj. chap. du liure de Genese: où il est dit, que l'Ange de Dieu consolant Agar, luy predit de Ismaël fils naturel d'Abraham & d'elle, qu'il seroit homme cruel, & si desireux de guerroyer, que sa main s'attacheroit contre

Moyse.

De Ismaël predictiō.

des Bourgongnons. Liure II. 599

contre tous, & la main de tous contre luy. Ceux qui sont venuz apres la ruine de l'Empire Romain, ont reserué ceste Prophetie aux Ottomans Rois des Turcz, sectateurs de Mahumet Ismaëlite. Autres plus anciens (& qui me semblent y auoir regardé de plus clair voyás yeux) ont estimé que telle prediction concernoit plus proprement les Romains: desquelz la main, & violence s'est estendue contre toutes nations alors congneuës & descouuertes: & depuis toutes natiós se sont liguees à la ruine de l'Empire Romain. De l'amplitude de la Monarchie Romaine, sont tesmoings tous ceux qui ont escrit de l'heur & grádeur de la domination d'Auguſt. Mais comme lors Rome fut au plus hault de sa gloire, ainsi que le Soleil en son midy, aussi dés lors elle commença à descheoir. De sorte que toutes nations entrerent en si expresses reuoltes, que le repaire de la louue, & le nid des Aigles mis en pieces, & Millons: les seules ruines & mazures restent pour tesmoingnage (comme en la vallee d'Achor la mont-ioye de pierres y assemblees testifioit la lapidation & massacre du larron Achan fils de Chermi) que par iuste iugement de Dieu, ceux qui auoient esté les moins offensez, ont exécuté la punition que meritoiét voleurs & brigás de l'vniuers: telz que chacun (fors eux mesmes) ont reputé les Romains.

Ottomans Turcz. Mahumet.

Romains ont faict la guerre à tous, & tous à eux.

L'Empire Romain en son excellence soubz Auguſt.

Vallee d'Achor. Achan fils de Chermi. Romains voleurs.

Qve si le pal n'a esté planté à Rome, & le sel n'y a esté semé: du moins leur Empereur en a esté debouté & exclus: & le siege d'iceluy laissé en dispute entre l'Alleman & le Turc. L'vn se maintenant possesseur, l'autre remis au petitoire. Ce que les Augures Romains pouuoiét sçauoir & cógnoistre, depuis que leurs aigles faictes monstrueuses, commencerent à auoir deux testes. Car nature plus que sage n'a voulu que les móstres fussent aptes à generation: & la naissance d'iceux luy est tant desplaisante, qu'elle n'en peut agreer la conseruation.

L'Empire mis hors de Rome. L'Allemá, & le Turc debattent de l'Empire. Aigles mónstrueuses à deux testes.

Qvant à Rome, aucuns pourroient penser, que les pierres & autres materiaux dont elle estoit si superbement bastie: & que (pour s'en parer) elle auoit pillé & rauy de toutes parts, ne meritoient si rude traictement: ains que tát de choses excellentes deuoient estre reseruees comme pour patrons aux architectes, aux statuaires, aux peintres & aux fondeurs: ou pour le plaisir de la veuë, se resiouyssant en choses si bié faictes. Mais toutes ces considerations sont trop charnelles & humaines. Il faut monter plus hault, & cógnoistre que quád Dieu est infinimét offensé, de l'enormité & griefueté des pechez & mal-uersations de ceux qu'il a creé à sa gloire: lors il donne en son estroict cóseil sentence de punition telle qu'il luy plaiſt. Et comme entre les hommes les Iuges souuerains reseruent à eux l'interpretatió, & raison de ces motz, *Et pour cause*: desquelz il ne sert de rien aux inferieurs de disputer, ny y chercher à redire: aussi n'affiert-il aux hommes demáder pourquoy Dieu a faict ce qu'il a voulu: ny pourquoy il a permis Iob, homme iuste & patient, au diable autheur de toutes meschancetez: ny quel profit Dieu a au sang & en la perdition des meschás: ny quelle raison il y a quand Dieu se venge de ses ennemis, par

Monstres n'engendrent. Des ruines de Rome.

Punition diuine.

Comparaison.

Les cóseilz de Dieu sót secretz. Iob.

ses ennemis. Car si la clause Royale *Tel est nostre plaisir*, clost la bouche à tous les subiectz: estimons nous moindre la puissance de Dieu? faut-il que nous y trouuions à redire? Dieu a souuẽt faict paroistre, que cõdamnant quelqu'vn, il ne se contente pas que le personnage, ou peuple souffre punition: mais il veut aussi que ce qui estoit à eux (comme instrumẽs d'iniquité) soit destruict, cõfondu & aneanty. En ceste sorte punissant les Sodomites, il feit aussi perir leur ville, & toutes les richesses qui y estoient. Commandant à Saül de destruire Amalech, & de ne pardonner à rien du sien: pour y auoir failly, & auoir reserué quelque gras bestail (que neantmoins il entendoit sacrifier à Dieu) il tomba en telle disgrace que l'escriture saincte nous declare. I'ay tantost parlé d'Achan fils de Chermi: Dieu ne se contenta qu'il fut lapidé: ains fut expedient que tous ses meubles fussent bruslez, & son larrecin mis en cendres. Ie dy cecy pour montrer qu'il ne faut trouuer estrange, si Rome a couru la fortune, qu'elle auoit faict courir à Carthage, Numance, Corinthe, & infinies autres villes: Et qu'il ne faut non-plus plaindre ses somptueux bastimens, ses bellesses & ornements, qu'elle mesme a plainct ce qui estoit des autres villes. Il est escrit qu'il faut attendre d'autruy ce qu'on aura faict souffrir à autruy: parole bien remarquable par tous ceux qui vsent plus de volõté que de raison. Mais ce propos remis à temps plus opportun, ie reuien aux affaires de nostre ligue.

Sodomites.
Saül.
Amalech.

Achan fils de Chermi.

Carthage. Numance. Corinthe.

LES premiers traictz de la decadẽce & ruine de l'Empire Romain, & la plus certaine congnoissance que les nations estrangeres eurent, que les Romains pouuoient estre vaincuz, apparurent quãd Decius (ayant faict Cesar son fils, nommé cõme luy Decius) assaillit les Bourgongnons Scythes, desia espanchez dés les Paluz Meotides, iusques au Bosphore Thracien: & qui tant par mer, que par terre, donnoient la loy à tout le voisinage. L'Empereur eut au commencement fort grãd auantage, voire tel que menant ses ennemis à sa volonté, il les rengea en certains endroitz de la Dardanie, où il les tenoit assiegez à l'estroict, de façon qu'il les y esperoit affamer, & vaincre sans cõup frapper. *Desia l'Hendin* (tel estoit le nom du Roy des Bourgongnons) auoit faict porter parole à Decius, que (s'il luy plaisoit laisser aller luy & ses trouppes, ils quitteroient tout le butin qu'ils conduisoient, & se retireroient oultre le Danube, qui eñ ce voisinage là estoit nommé *Ister*. Mais Decius les pensant tenir à sa mercy, & desirant d'oster à l'Empire Romain si fascheux ennemis, impatiens de repos, & gens ne cessans de remuer mesnage, au grand interest des Prouinces Romaines: depescha Gallus Colonel des legiõs posees pour la garde du pas de Mysie: & luy bailla vne bõne portion de l'armee, pour se saisir des passages, & empescher que les enserrez ne luy eschappassent. Au cõtraire ce mesme Trebonianus Gallus enuoya consoler les assiegez, fauorisa les inuestiz, & les aduertit, que de toute leur armee ils en feissent deux trouppes: que de l'vne ils allassent attaquer l'escarmouche au Camp de Decius: & que

Decadẽce de l'Empire Romaĩ.
Decius Empereur tué par les Bourgengnõs Scythes.

Hendin nom du Roy des Bourgongnons.

Danubius Ister.

Gallus.

Gallus fauorise les Bourgongnons.

des Bourgongnons. Liure II. 601

& que l'autre fust embuschee en certaines brussailles plaines de marestz si fangeux, & de mortes si profondes, que nul n'en pouuoit eschapper. Ce que fut executé si dextrement, que Decius (braue & vaillant Capitaine) fut tout rauy, de veoir ceux qui n'agueres le requeroient de composition, venir ainsi hardiment au combat. Toutesfois estimant qu'il en rendroit bon compte, & qu'il les auroit tantost deffaicts, vint à les charger furieusement. Eux faisans semblant de fuyr, attirerent Decius, & son fils en l'embusche preparee, auec telle industrie, qu'ils auoient laissé entre eux & l'armee Romaine, certaine prayrie marescageuse, plaine de fonteuilz, sur lesquelz la terre & l'herbe trembloient (en Bourgongne nous appellons ceste sorte de marestz Crouliz) le soldat Romain y entré fut aysé à deffaire, aussi en fut-il faict cruel carnage: entre autres Decius le fils y fut tué. Quant au pere, luy se voyant en danger, ne peut estre si resolu, qu'il ne fust surprins de frayeur, auec laquelle il entra en crainte d'estre le premier des Empereurs Romains, qui seroit tombé en la puissance des ennemis. Et (comme les Romains auoient plus leur honneur en recommendation, que leur propre vie: se promettans vne heureuse felicité au Ciel, fils mouroient pour la patrie) ne voulut faire bresche à son honneur, ains il delibera se sauuer par les marestz. Mais il aduint qu'il entra si auant en vne morte & fondriere, que iamais le grand deuin Amphiaraus ne fut mieux englouty dans la terre auec son chariot, que fut Decius & son cheual. On feit tout ce qu'on peut pour en trouuer le corps, mais iamais il ne fut possible. Ains est à croire qu'vn si cruel persecuteur des Chrestiens, descendit vif aux Enfers, pour y demourer à iamais auec Cain & Iudas, en vengeance du sang innocent.

Ceste victoire obtenue par les Bourgongnons Scythes, elle n'engendra en eux si grande insolence, qu'ils n'eussent bien bonne souuenance du plaisir que Trebonianus Gallus leur auoit faict, selon que dit est. Pource ils le laisserent sauf, auec vne legion entiere, par laquelle iceluy Gallus fut bien tost apres nommé & proclamé Empereur. Au reste noz gens poursuyuans leur fortune, penserent que ce n'estoit pas assez d'auoir faict mourir l'Empereur, tué son fils, & deffaict vne armee Imperiale: ains qu'il failloit que l'honneur fust à eux, d'executer seulz ce que toute la ligue auoit entreprins. Tellement qu'ils resolurent de passer oultre, & gaigner pays tant & si auant, que Mars & Fortune leur permettroient. Les nouuelles de ceste signalee victoire espanchee par tous les pays des Bourgongnons, depuis le marest Meoticq, iusques en Thrace: & confirmees par infinis soldatz des leurs, qui chargez de butin, falloient descharger en leurs mesnages: furent cause que mesmes les Bourgongnós laissez en Scythie pour la culture des terres labourables, se vindrent ioindre aux victorieux, en opinion que ce beau commencement seroit suiuy iournellement de nouueaux exploictz, autant heureux, que

Decius le fils tué.

Amphiaraus. Deciº Empereur perdu en vn marest. Deciº persecuteur des Chrestiens. Cain. Iudas.

Recongnoissance des Bourgongnons enuers Gallus Empereur. Resolutiõ des Bourgongnós.

Résort des Bourgongnous.

EE e

ce dernier leur faifoit bien efperer. Ces nouueaux venuz furent tantoſt mis en equipage de gens de guerre, tant ils trouuerent de hardes & d'armes des demourez morts és mareſtz,efquelz auoit eſté planté le trophee de la victoire.

Trop gros nōbre de gens cauſe deſordre, ou famine.

TOVTE l'armee ioincte enſemble, reueuë fut faicte, & congneu que le nombre eſtoit ſi gros, que tant de gens ne pourroient bonnemēt eſtre conduicts tous en vne trouppe, ſans qu'il y aduint quelque deſordre, ou diſette. Pour ces cauſes, enſemble pour aduertir les autres peuples liguez de ſe mettre aux champs, chacun entrant la part par laquelle ils iugeront pouuoir plus affoiblir les Romains: ils licentierent les Vandales qui allerēt inuiter les Daces, les Gothz, & les Germains de ſe mettre en cāpagne. Ils renuoyerent auſſi leurs Bourgongnons meſnagers, meſmement les moins vtiles à la guerre. Ceux cy eurēt la charge des vieilles gēs, des femmes, des enfans, du beſtial, & de l'attirail des charrois qu'ils menoient.

Vandales.
Daces.
Gothz.
Bourgongnōs meſnagers.

Parthes, & Perſes.
Tyridatés.
Argūthis.

LES nouuelles eſtoient venues au Camp, que les Parthes & les Perſes ſe remuoient deſia à bon compte: & que entrez en Armenie, ils en auoiēt chaſſé Tyridatés: & marchoient à la cadence de Argunthis Roy des Scythes, qui de ſa part faiſoit la guerre à feu & à ſang és Prouinces des Romains. Ces aduertiſſemens engēdrerent és Bourgongnōs vne (non emulation, ny ialouſie) mais augmentation de volonté de pourſuyure leur victoire; en eſperance que les forces des Romains ainſi diuiſees, ſe trouueroient moins fortes, & moins reſiſtantes à leurs entrepriſes.

Eſpoir des Bourgongnons.

Courſes des Bourgongnons en Thrace, Macedonie, &c.
Trouppe de Bourgongnons en Aſie.

DONCQVES en ceſte deliberation ils acheuerent de courir la Thrace, entrerent en Macedonie, puis en Grece: où ils eurent plus amples aduertiſſemens du deuoir que les Parthes & Perſes faiſoient en faueur de la ligue. Et lors ils aduiſerent de ietter en Aſie vne bonne trouppe, qui ſ'en yroit ioindre à eux, & les feroit certains de l'heureuſe & admirable victoire qu'ils auoient obtenu ſur les Romains. S'il fut pourpenſé, il fut faict: & ceſte trouppe de Bourgongnons Scythes feit incroyables exploictz d'armes és pays & Citez reduictes en l'obeïſſance des Romains, en l'vne & l'autre Aſie. Si toutesfois les hiſtoires Romaines n'en cōtiennent que le moins que les Autheurs d'icelles ont peu : ſi leur eſchappe il touſiours quelque mot, par lequel (comme Pythagoras iugea par le pas la grandeur d'Herculés) on peut deſcouurir, ce qu'ils ont plus negligé, que paſſé ſoubs ſilence.

Pythagoras.
Courſes des Bourgongnons en Grece.
Deliberatiō d'aller droict cōtre Rome.
L'Empereur Gallus eſtoné des forces des Bourgongnons.
Voluſian⁹.

LA GRECE parcouruë auſſi bien que la Thrace & Macedonie ſans empeſchement, les Bourgongnons creurent en courage de paſſer oultre: pour touſiours approcher Rome, le plus pres qu'il leur ſeroit poſſible. Finablement ils entrerēt en Illyrie & Sclauonie : voire ſi pres d'Italie, que Gallus faict Empereur, (qui aſſocia à l'Empire ſon fils Voluſianus) craingnant retomber és mains qu'il auoit eſchappé, apres la deffaicte de Decius : craingnant auſſi que ſi paſſez les Monts de Tyrol, ils ſ'eſpanchoient par l'Italie deſgarnie de forces, (d'autant que les legions eſtoient ſur les frontieres

des Bourgongnons Liure II.   603

frontieres de l'Empire)Rome, & par cõsequent l'Estat (duquel il n'estoit encores assez bien asseurement possesseur) vint à tomber en mal parti : il ne regarda à quel pris il pourroit rompre ce coup, ains ayma mieux rendre l'Empire Romain tributaire aux Bourgongnons estimez Scythes (pour les raisons dictes cy dessus) que de le perdre du tout : & de la grandeur qu'il auoit attainct, reuenir à rien.

TELLES estoient les considerations de l'Empereur Gallus : mais il n'a trouué personne entre les Romains, qui ayt approuué ses raisons, ny qui les ayt voulu prendre en payement. L'estime toutesfois estrange, & mauuais qui vouldra : si ne peut-on oster l'honneur aux Bourgongnons qualifiez Scythes, d'auoir esté les premiers (depuis que Rome eut acquis le nom de triomphante, & le tiltre de ville eternelle) qui ont matté son orgueil, & qui l'ont rendu tributaire.

ICY ceux qui iusques à ores ont ignoré la valeur & vertu des Bourgongnós, songent à part eux, si quelque plus digne & glorieux faict d'armes peut estre pensé, que d'auoir tellement estonné la grandeur de l'Empire Romain, que luy (qui auoit contrainct tout le monde d'estre son tributaire) comme vaincu par admiration d'vne vertu estrangere, & qu'il souloit auoir en mespris, se soit assubiecty à payer tribut? LORS premierement (dit *Pomponius Lætus* homme Romain, qui en parle auec grand regret) d'vne ancienne libre domination le peuple Romain commença à payer tribut. Lors premierement la Republique receut le ioug, & seruitute Scythique, &c. Ie repeteray icy, que la pluspart des autheurs Latins (i'excepte les Cosmographes) ont partagé le monde en neuf ou dix parties seulement : & parlans des enclauez en icelles, ont fort rarement particularisé les gens & regions : de façon que les Parthes, Perses, Scythes, Germains, Gaulois, Espaignolz, Numides, Carthaginiés, Ægyptiens & Romains, sont termes generaux dont ils vsent, sans estre curieux de rechercher quel peuple, parmy ceux là s'est esmeu, & quel est demouré en paix & en repos. Quand *Pomponius Lætus* a dit que la Republique Romaine auoit receu le ioug de seruitute des Scythes : luy qui n'estoit ignorant de l'amplitude de la Scythie (laquelle luy mesme consent estre quasi vn autre monde) a cuidé que la dignité du peuple Romain (ie n'ay voulu dire maiesté, comme font quelques ou flateurs ou oultrecuidez : d'autant que ce mot n'appartient aux hommes, ains doibt estre reserué à Dieu) seroit offensee, s'il eust specifié quelle nation (de toutes celles que le mot de Scythe comprend) auoit forcé l'Empire Romain à luy payer tribut. Au contraire il a pensé pouuoir beaucoup seruir à l'honneur des Romains, si indefiniment il disoit que les Scythes (la plus forte, & plus inuincible sorte d'hommes qui fust lors au mõde) auoit cõtrainct le peuple Romain de luy estre tributaire. Voilà pourquoy il n'a pas dit par expres, que c'estoient les Bourgongnons Scythes. Combien que qui vouldra rebrousser les chemins, voyages & expeditiõs d'iceux Bourgon-

L'Empire Romain faict tributaire des Bourgongnós Scythes.
Gallᵘˢ blasmé d'auoir faict l'Empire tributaire.
Les Bourgongnons ont les premiers rédu l'Empire tributaire.
Grãd honneur deu aux Bourgongnós.
Rome asseruie, & faicte tributaire.
Pomponius Lætus.
Regretz de la misere de Rome.
Diuisiõ du mõde selõ les historiens.
Menuz peuples & icõgneuz, cõfuz sous nõs mieux cõgneuz.
en l'amplitude Scythique sõt comprins les Bourgongnós.
Excuse pour moidrir la coulpe.
Le mot de Maiesté doibt estre reserué à Dieu.

EEe ij

gnos, il paruiendra iufques au lieu de leur premiere origine. Celà est cause que i'aye à plaisir d'auoir souuent en memoire ces vers d'vne sylue que ie feis en la verdeur de mes ieunes ans.

Vers d'vne Sylue de l'Autheur.

Sum Burgundus ego, sed non me pœnitet huius
Nominis, hoc Aquilas quondam tremefecit, & ipsos
Pendere Romanos insueta tributa coëgit. Puis qu'il est bien prouué, que les Bourgongnons Scythes ont contrainct les Romains, (lesquelz Virgile qualifie *Rerum dominos*) & la dignité que Iustinien (encores non dessaisi des humeurs du paganisme) nomé Imperiale Maiesté, d'estre tributaires: il me semble necessaire parler au chapitre prochainemét suyuát, de la forme de la transaction, & de quelle somme estoit le tribut.

Iustinien paganise quád il dit Imperatoriâ maiestatem.

De la transaction par laquelle l'Empereur Gallus rendit le Senat, & peuple Romain tributaire des Bourgongnons Scythes: & quelle fut la somme du tribut. CHAP. XII.

De pension, & tribut.
Pension.
Tribut.

LA DIFFERENCE entre pension & tribut est si notoire, que pension se donne à vn inferieur, ou moindre en qualité, à la charge de quelque prestation de seruice: & tribut se lieue & exige de l'inferieur, par celuy qui a acquis quelque droit de superiorité. Ce que ne se doibt entendre que pour le regard des affaires d'Estat: Car au reste pension importe bien souuent partage du reuenu d'vn tiltre, auquel deux ou plus pretendent droict. Or ce que noz Bourgongnons Scythes extorqueréret de l'Empereur Gallus, n'a iamais esté qualifié autremét que tribut: & les Romains, & Latins l'ont ainsi vniformement appellé. Mais afin qu'on ne pretende que Gallus ne l'a peu imposer, il est besoin de sçauoir quelle estoit sa qualité, & s'il estoit bien ou mal fondé de pouuoir.

Pésion en general.

Gallus pouuoit imposer le Tribut.

Decius Empereur.

Nous auons exposé cy dessus que Decius Empereur ayát entreprins de chastier les Bourgongnos Scythes, de ce que sortis hors des limites de leur Dardanie, ils faisoient des courses en la Thrace par terre, & és lieux maritimes du Bosphore deçà & delà par mer, les vint assaillir en lieu si desauantageux pour luy, que oultre la perte de son armee Imperiale, luy & son fils y laisserét la vie. Nous auons dit aussi que Trebonianus Gallus son Connestable, ayant esté reserué sans offense, & auec luy vne legion complette, amassa les restes de l'armee du defunct; & qu'apres auoir mis le tout à seurté: les soldatz par luy sauuez l'esleurent & proclamerét Empereur. Oultre tout celà il escriuit au Senat, & l'aduertit tát de tout ce qui estoit aduenu à Decius, à son fils, & à toute son armee, que de l'estat auquel se trouuoient les affaires: sans oublier de s'insinuer és bonnes graces du Senat, & peuple Romain: ausquelz (en ne leur celant l'election que les legions auoient faict de luy pour leur Empereur) il offroit tout humble seruice, & promettoit la conseruation de l'Estat, au peril de sa vie.

Trebonianus Gallus.

LE SENAT

des Bourgongnons. Liure II.

LE SENAT eſtonné de la deffaicte de Decius, perte de ſon armee, & fort intimidé de l'entrepriſe des Bourgongnons Scythes, ne ſçeut à qui mieux ſe voüer qu'à Gallus, comme à celuy qui auoit les forces en main, & la faueur des legions reſtantes de l'armee de Decius. Et pour mieux l'induire à prendre affectionnement la protection du Senat & peuple Romain : ils le confirmerent Empereur, & luy donnerent le tiltre d'Auguſt. Telle confirmation & collation du nom d'Auguſt, importoit tranſlation du droict commun, & de la choſe publique, au pouuoir de l'Empereur eſleu par les legions, confirmé par le Senat, & declaré Auguſt par acclamation du peuple. Toutes ces choſes concurrentes en la faueur de Gallus, montrent qu'il eſtoit bien fondé, pour contracter & tranſiger auec les Bourgongnons Scythes : & que faict ſeigneur de la Republique, il auoit tout pouuoir (meſmement en ſi apparente neceſſité) de rendre l'Empire Romain tributaire, pour le preſeruer de beaucoup pis. *Gallus cõfirmé Empereur. Creation d'Empereur. Pouuoir de Gallus Empereur.*

DONCQVES l'Empereur Gallus conſiderant l'inſigne gaſt & rauage que les Bourgongnós Scythes, & leur ſuitte auoient faict, depuis leur Dadanie iuſques au Cap d'Iſtrie, leurs forces ſi grandes, qu'aucune puiſſance ne ſ'y pouuoit oppoſer : & que enrichiz de butin, ils eſtoient tellement creuz de courage, qu'ils deliberoient aller la teſte baiſſee droict à Rome, en intention d'aneantir auec la ville, tout l'Eſtat Romain : aduiſa (puis que les forces luy defailloient) de filer le plus doulx, & parler le plus humblement que faire il pourroit. De faict il enuoya tant de gens vers l'Hendin, & principaux des Bourgongnons ; feit tant de preſens aux vns & aux autres, qu'apres diuerſes allees d'vne part & d'autre, les Bourgongnons ſe laiſſerent perſuader, que ce leur ſeroit plus de gloire de receuoir l'Empereur, & l'Empire Romain tributaires, que d'acquerir ſur eux domination par force : & que s'ils eſtimoient l'entree en Italie facile, pourroit eſtre qu'ils en trouueroient l'iſſue tres-malayſee. *Cap d'Iſtrie. Hendin. Aduis des Bourgongnons.*

LES Bourgongnons (que nous auõs dict porter pour enſeigne & deuiſe vn Chat, auec ces motz, *Tout par amour, & par force rien* : & qui ſe fiét fort facilement à toutes gens, ſinon à ceux qui les ont autrefois trompé) ſe trouuerent aſſailliz de tant de paroles perſuaſiues, qu'en fin ils conſentirent d'entrer en capitulation. ICY tous autheurs ſont bien d'accord que les Romains furent faicts tributaires : mais tous ne ſont de meſme opinion, quant à la ſomme annuelle qui leur fut impoſee. Aucuns ont eſcrit que le tribut annuel eſtoit de cent deniers. Les autres tiennent que les Romains ſ'obligerent de payer deux cens drachmes d'or par an : laquelle petite ſomme donne aſſez à congnoiſtre, que les Bourgongnons auoient apprins parmy les Scythes, à ne tenir compte de l'or, ny d'argent, & ne combattoient que pour l'honneur : aymans mieux (comme diſoit Fabritius) commãder à ceux qui auoient de l'or, que d'auoir l'or meſme. Et eſt à croire qu'ayans ceſte gloire d'auoir les premiers rendu les Romains tributaires, ils ſ'en contenterent plus que ſ'ils euſſent acquis toutes *Chat ſymbole des Bourgongnons. Deuiſe des Bourgongnons. Naturel du Bourgongnon. De la ſomme accordee pour tribut. Le Bourgongnon cõbattoit pour l'hõneur. Fabritius. Bourgongnons ont rendu les premiers Rome tributaire.*

EEe iij

les richesses d'Italie. Car par là ils pēsoient auoir faict ce que tous les peuples Septentrionnaux de la ligue auoient en intention: qui estoit remettre les Gaules en si entiere liberté, que toutes les legions & autres gens de guerre eussent à en sortir: & les Romains à ne plus y rien pretendre, en façon quelle quelle fust.

Espoir des Bourgongnons.

LES paches & conuétions passees, signees & seellees des seins & seelz des parties, les expeditiós en furent prinses d'vne part & d'autre. Et pource que l'vn des premiers & principaux articles estoit, que les Bourgongnons se retireroient en leurs terres de Dardanie & Scythie, remettans és mains, & en l'obeïssance des Romains tous les pays & prouinces, iusques aux bouches de la Dunoë, nommee par les Latins *Danubius*, & *Ister*, eux ne pensans plus auoir d'ennemis, puis qu'ils auoient transigé auec les Romains, se preparent au retour: mais pource que ce fut auec trop grāde asseurance, & plus negligemment qu'il n'afferoit à gens de guerre: ils sceurent qu'il ne faict pas bon se fier en peuples qui ne furent oncques de bōne foy, ny obseruateurs du droict des gens. Ce qu'il vaut mieux reseruer pour le Chapitre suyuant.

Premier article de paix.

Dunoë.

Trop grāde cōfidence deçoit les Bourgongnōs.

Æmilianus Coronnel des legions ordonnees pour la garde des limites de Mysie, sans auoir esgard aux transactions susdictes, se ruë sur les Bourgongnons escartez, & trouuez sans ordonnance de gens de guerre, & en faict cruel carnage. CHAP. XIII.

EN CE TEMPS-là Rome estoit en tel desordre, que le Senat n'ayant plus qu'vne telle quelle image & representation de ce que iadis il auoit esté: les legions s'estoient emparees du pouuoir de creer les Empereurs; & bien souuét pluftost vendre leurs suffrages aux plus riches, & plus offrans, que de les donner aux plus sages, plus vaillans, & mieux merits de la chose publique, & vtiles à l'Estat. Aduenoit aussi frequentement, que si vn Capitaine ayant practiqué les legions d'vne limite, se faisoit declarer Empereur, & prenoit l'escarlatte: les autres legiós mises en garnisons és autres limites, pretendoient auoir autant de droict d'eslire vn Empereur, comme celles qui l'auoiét entreprins de leur priuee authorité. Pour les tenir en ces verdeurs d'opinions, il se trouuoit tousiours quelque ambitieux, qui gaignāt ces mutins, se faisoit eslire & donner l'escarlatte qu'il auoit desia preparee. De là aduenoit que l'Empire diuisé en autant de factions, qu'il y auoit de legions separees par prouinces & limites: & que chacune faction tenāt le party de son esleu Empereur, il en aduenoit non seulemét des meurtres & massacres, mais aussi des guerres ouuertes. Bien souuent que le plus habile & le plus estimé, estoit celuy qui s'estoit sceu plus accortement defaire de son, ou de ses competiteur, ou cōpetiteurs: ou le meilleur varlet, celuy qui auoit peu plus dextrement tuer son maistre.

Senat Romain descheu de ses antiques grandeurs.
Les legiōs faisoiēt les Empereurs.
L'Empire se vēdoit.
Brigues à eslire vn Empereur.

L'Empire diuisé.

Moyens d'asseurer l'Empire.
Indignitez.

des Bourgongnons. Liure II. 607

stre. Quelques fois aussi que les chefs des legions(apres auoir tiré de leurs Esleuz tout ce qu'ils en pouuoient esperer)estoient contents de remettre les differents des pretendants à l'Empire, à ce qui en seroit ordóné par le Senat, plustost que d'en venir aux armes. Lors eux mesmes(pour se conseruer és bonnes graces dudict Senat) se rendoient executeurs de ce qu'il auoit ordonné pour maintenir Empereur celuy à qui auroit esté decerné le nom d'August, lequel(vacant l'Empire) se donnoit par le Senat: & telle forme importoit cófirmation de la dignité Imperialle pour le nommé August: & reiection de tous les autres : si les armes ne faisoiét tort au droict. Ces façons estoient si frequentes, que les histoires escrites des Empereurs en sont toutes farcies : & combien que plusieurs en ayét nommé beaucoup, tous en quasi mesme temps pretendans se faire Empereurs: Trebellius Pollio seul a laissé l'histoire de trente, qui (ne meritás le nom d'Empereurs, ains de temeraires vsurpateurs de ceste appellatió) sont par luy qualifiez tyrants. *Confirmation d'Empereur. Trebellius Pollio des trente Tyrans.*

LES affaires Romains estans reduicts à ces miseres, ce n'est sans merueille, si combien qu'entr'eux souuentesfois maintes quereles ayent esté esmeuës & vuidees auec grande effusion de leur sang; ce neantmoins l'heur de l'Estat Romain a esté tel, qu'eux tenans tousiours pour le bon de leur Empire, se sont maintes-fois preualu de l'aide & forces des aspirants(voire liguez)à la ruine de Rome: sans par celà parer ny donner occasion à quelque Peuple que ce soit, d'en recouurer vne once de prosperité ou de meilleure fortune. Ce qui se pourroit trouuer encores plus estrange, si par vne consecution de temps nous ne voyons le mesme decoulé sans discontinuation iusques à cestuy nostre siecle. Soit toutesfois remis ce propos à autre loisir, & reuenons à nostre histoire. *L'Estat Romain plain de miseres.*

TREBONIANVS GALLVS ayant de Coronnel des legions du limite de Mysie(aucuns disent Moesie)esté fait Connestable, ou (plustost) Maire du Palais(les Latins disent qu'il fut soubz Decius *Præfectus Prætorio*) Æmylianus surnommé Lybicus(pour-ce qu'il estoit natif de Mauritanie)luy succeda au gouuernement de Mysie & Generalité des legions. Esleué en cest estat, quand il sceut que les legions de l'armee Imperialle, restantes de la deffaicte de Decius, auoient esleu Gallus pour succeder à l'Empereur mort; il ne cessa de soliciter enuers ses legions Mysiennes, qu'elles ne l'eussent de leur costé esleu leur Chef. Et comme gens venuz de petit lieu, ayants attainct grandeurs, sont si aueuglez de la splendeur de leurs dignitez, qu'ilz en deuiennent estourdis : & ne pensent leur authorité estre bien cógneuë, ny la memoire de leur Magistrat deuoir estre conseruee(car leurs maisons basties du Mammon d'iniquité, ne peuuét durer)silz ne viennent à remuer mesnage en l'Estat, renuerser les anciénes polices, dresser nouueaux establissemēts, & destruire ce qu'auparauāt auoit entretenu les hommes en bonne paix & vnion : ainsi Æmylianus se voyant(combien que non assez suffisammēt)paruenu au degré, oultre *Qualitez de Gallus. Æmylianº Lybicus. æmulation de Æmylianus. Contre les hommes venuz de peu à grádeurs. Biés hastiuemēt acquis perissent tátost. Pauures enrichiz deuiennēt turbulents & insupportables. Entreprises d'Æmylianus.*

EEe iiij

lequel il ne pouuoit monter plus hault: entreprint de deſtruire l'Empereur Gallus, & de reſcinder les actes d'iceluy. Pour commencer par vn bout, s'eſtant deſia (comme dit eſt) porté pour Empereur, & s'eſtant veſtu d'eſcarlatte, il vint à remonſtrer à ſes legions que combien que Gallus ait eſté declaré Auguſt, & que le droict publicq' euſt eſté remis entre ſes mains par le Senat, l'approuuât le Peuple Romain: ſi eſt-ce que la loy des Princes eſt telle que leur foy (quoy qu'on la nôme publique) ne peut eſtre obligee, ſi ce n'eſt en tant qu'elle faict à leur profit. Et que toutes tranſactions, accords & contracts faicts par force, ne peuuent, ny doiuent eſtre eſtimez legitimes. Dit d'auantage en continuant ſon propos, que l'Empire Romain eſtoit comparé à vn moindre d'ans: de façon que ſi vn Empereur mal-aduiſé, ou contrainct par trop importante neceſſité de ſes affaires, a juré & promis quelque choſe contraire au bien & tranquillité de ſon Eſtat, il peult employer pour ſoy, le benefice de relief qu'il concederoit audit moindre leſé: & combien que les ſubiects prennent lettres expediees en forme authétique pour les raiſons que chacun ſçait, au Prince ſuffit ſa parole pour reſtituer la Couronne de ſon Empire. Côcluant par là, que ſi bien Gallus auoit contracté & tanſigé auec les Scythes & Dardaniens (il ignoroit que ce fuſſent Bourgongnons) telle tranſaction eſtoit ſi dommageable à l'Empire Romain, que nul amateur du bien publicq', ne la deuoit approuuer: & que luy, que (diſoit-il aux legionnaires les appellant Compagnons) ilz auoient eſleué en la dignité Imperialle, declaroit & condamnoit eſtre nulle, de nulle efficace & valeur: releuant l'Empire de tout ce en quoy il pourroit eſtre tenu, par la foy publique obligee. Ce dit, il adiouſta qu'il n'eſtoit raiſonnable de permettre que ces Barbares emportaſſent telle tranſaction en leurs pays, pour en faire gloire, & la conſeruer au grandiſſime deshonneur de l'Empire & du nom Romain: ains eſtre expedient courir ſus à telz ennemis, & en tuer tant que la race s'en perde: ou (du moins) que iamais ils n'ayent enuie de reuenir.

SON dire fut ouy auec grande faueur des legions de Myſie, leſquelles preſumoiét bien tát que de ſe venter vulgairement, ſi elles euſſent eu les Scythes en teſte, ilz n'euſſent pas trouué ſi bon marché que de Gallus & de tous ſes adherans. Somme que le conſeil d'Æmylianus arreſta qu'il falloit aller attendre les Bourgongnons Scythes au paſſage de leur retour: &(ſans auoir eſgard au traicté que Gallus auoit faict auec eux) les combattre comme ennemis. Pour executer ceſte entrepriſe, Æmylianus ſe meit en campagne auec ſes legions. Et ne feit pas beaucoup de chemin, qu'il ſceut que les Bourgógnons Scythes eſtoient en Theſſalie, preſts à paſſer le mont Hæmus, pour entrer en Thrace. Ce fut là où il les demandoit & là les trouua.

LES Bourgógnons ſe confiants en leurs traictez, ne penſoiét auoir de qui ſe douter: & pour-ce alloient eſpars & moins en ordonnance de gés de guer-

---

Loy des Princes.
NOTA.
Force empeſche la liberté des contracts.
L'Empire comparé à vn moindie.
Relief du ſubiect leſé.
Relief du Prince.
Relief cótre la foy publique mal employee.
Æmylianus entreprend aſſaillir les Bourgongnons.
Theſſalie. Mont Hæmus.
Droict des gens violé par Æmyl.

de guerre:les vns çà, les autres là,selon que la commodité de loger & de recouurer viures se presentoit à vn chacun. Les Romains(qui ont tousiours eu plus de subtilitez,que de vertu)conduicts par vn Africain, homme (selon le naturel des gens de ce pays-là) abondant plus en cauteles qu'en vraye proësse:alloient tousiours en grosses trouppes, & où ilz sçauoient des Bourgongnons escartez de la masse que leur Roy Hendin conduisoit,ilz n'en auoient aucune pitié ny mercy.Le plus fort fut,quád ce vint à passer le mont Hæmus:car Æmylianus auoit embusché ses gés si à propos & à leur aduantage:que les Bourgongnons contraincts passer à la file par les estroicts & precipices,estoient facilement accablez. Leur resistance fut tant virile & vertueuse qu'il leur fut possible: mais les sommetz des montagnes occupez,l'aduátage estoit fort petit pour eux. Combien toutesfois que plusieurs mal-menez demourassent en ces roches; gueres moindre fut le nombre des Romains estenduz morts sur la place. Que si le combat se fust dressé en plaine campagne, ny les subtilitez des Romains, ny les cauteles Lybiques eussent peu empescher que Æmylianus n'eust couru la fortune de son Empereur Decius:ou que du moins il n'eust esté bien content ratifier la transaction de Gallus : voire certainement d'augmenter le tribut pour sauluer sa vie. Mais il semble que Mars & Fortune deitez tromperesses eussent amorcé les Bourgongnons de victoires & prosperitez precedentes : pour auec plusgrand interest leur faire souffrir ce desastre.Qui à la verité fut grand & si preiudiciable,que long-temps apres les Bourgongnons s'en sont senty : voire en sont demourez si bas de forces,que perdants cœur de plus rien entreprendre, ilz penserent de se sauuer, & de se retirer puis apres vers leurs Bourgongnons du Rhin,ditz Bourgongnons Allemans.

CESTE deffaicte des Bourgongnons Scythes fut & grosse & fort importante: & neantmoins l'Hendin & le Sinist, auec encores plus de trente mille hommes de combat (sans les goujats & varlets de bagage) trouuerent moyen de se sauluer: & fut cest heur grandement estimé par les Bourgongnons:selon qu'il me semble expedient declarer, pour parler desdits Hendin & Sinist.

De l'Hendin & du Sinist des Bourgongnons: & pourquoy ces noms ont esté ordinaires aux Rois,& Archidruydes des Bourgongnons.
CHAP. XIIII.

PLINIVS autheur de ce riche & non encores assez loüé thesaur de l'histoire naturelle : parlant de Dieu au vij^e. Chapitre de son second liure: ne s'en peult si bien resouldre que l'on ne congnoisse par luy,que la curiosité, ny l'employ des sens(quoy qu'ilz soient illustrez de sçauoir, & de literature) ne sont parties suffisantes,pour comprédre ce qui ne peult estre sceu ny

Les Romains plus subtils que vaillantz. Caultz Africains.

Defaicte des Bourgongnons au mont Hæmus.

Mars & Fortune deitez trõperesses.

Bourgongnons pésent de se retirer.

Les affaires des Bourgongnons nõ du tout deplorez.

Plinius.

Dieu ne peut estre congneu que par foy.

congneu que par foy. D'autant que (comme nous l'auons dit autre-part) Esaye & Trismegiste nous sont autheurs (qui ne peuuent estre improuuez, que cōbien que le serpent diabolique, qui dit à noz premiers paréts, *Vous serez sçauants*) toutesfois *si nous ne croyons, nous ne sçaurions entendre: car la croyance donne l'intelligence*. Plinius doncques parlant de Dieu selō ce qu'il en croyoit: vient à rechercher en second lieu, par quelz moyens les hommes ont acquis opinion d'estre Dieux. Et icy se resoult que profiter aux hommes, est estre Dieu mortel: & que par ceste voye on va à la gloire eternelle. Il adiouste que c'est vne coustume introduicte bien anciennement, par maniere de recongnoissance des biens-faicts receuz: de enroller au nombre des Dieux ceux par lesquelz on a profité, & receu quelque bien excellente vtilité. A ceste opinion consentent quasi tous ceux qui ont traicté des Dieux des Gentilz. Aucuns logent en second rang les Heroës ou demy-dieux: entre lesquels & les Dieux, la difference est telle que la met Diodorus Siculus entre l'Herculés des Ægyptiens, & celuy des Grecs.

<small>Esaye. Trismegiste.</small>

<small>Comment l'homme peut deuenir Dieu selon Plinius.</small>

<small>Heroës & demy-dieux. Diod. Siculus. Hercules Ægyptien. Hercules Grec.</small>

A v reste la vertu accompagnee de modestie & de beneficence, a engendré au monde si grand amour de soy, que ceux qui en ont esté doüez à l'vtilité de leurs subiects, ont tousiours vescu en la memoire de toute la posterité. Ainsi les Parthes en perpetuelle memoire de leur bon & vaillāt Roy Arsaces, ordonnerent par decret publicq', que tous les Rois ses successeurs seroient nōmez Arsaces & Arsacides. Ainsi les Rois Ægyptiens, qui auparauant estoient dicts Pharaons, furent en faueur de Ptolemeus Lagus tous appellez de son nom: & la façon en a duré tant & si longuement que les Ægyptiens ont eu des Rois: qui est iusques à Ptolemeus frere de Cleopatra, auquel les Romains volerent le Royaume d'Ægypte. Æneas Syluius filz d'Ascanius, filz d'Æneas Troyen, fut tant honoré de ses successeurs, que tous retindrent l'appellation & surnom de Syluius pour l'amour de luy. C. Cesar & August son nepueu fondateurs de l'Empire Romain, ont eu noms & titres si aggreables à ceux qui ont tenu l'Empire apres eux, qu'il n'y a eu Empereur qui ne se soit qualifié & Cesar, & August. Tous les biens anciens Princes d'Ethrurie estoient nommez Lucumons; & les Rois qui cōmandoient sur eux, Larth, ou Larthés. Ie serois long si ie voulois icy faire prolixe enumeration des noms qui en diuers pays ont esté si propres aux Rois, que le changement de Prince n'apportoit point mutation de nom: ains sembloit que la diction fust annexee à la Couronne.

<small>Arsacés. Arsacides. Pharaons. Ptolemees.</small>

<small>Æneas Syluius. Syluij. Cesar. August.</small>

<small>Lucumōs. Larthés.</small>

Or comme ceste parité de mesmes noms a amené bien souuent maints insignes mescomptes és histoires: aussi a elle esté cause que plusieurs autheurs se sont donné fort grande licence. De façon que parlants d'vn Roy des Indes, sans sçauoir son propre nom, ilz n'ont craint le nōmer ou Porus, ou Taxilés. Les Rois de ces vieux Gaulois premierement congneuz par les Romains, sont par eux nommez du nom du premier Brennus.

<small>Erreur d'aucuns. Rois des Indes.</small>

<small>Porus. Taxilés. Brennus.</small>

Brennus. Presque tous les Rois de Bythinie ont (à leur compte) esté Nicomedés: tous les Pontiques Mithridatz: tous les Assyriens Tigrains: les Perses anciens ou Darij, ou Xerxés: & les regnants du temps des Empereurs Romains Saporés. Quant au mot de Sophi, il est nouueau; comme est entre les Turcz celuy de Sultan, noms de seigneurie.

<small>Brennus. Nicomedés. Mithridat. Tigrains. Darij. Xerxés. Saporés. Sophi. Sultan.</small>

TOVT ce discours ne tend à autre fin, sinon pour faire entendre que les Bourgongnons (ou de leur propre inuétion, ou à l'imitation des autres Peuples) auoient ceste façon d'appeller tous leurs Rois Hendins, & tous leurs Archidruydes ou souuerains Pontifes Sinists. Que ces dictiós ayent anciennemét signifié entre eux, ie ne l'ay pas apprins: mais ie trouue bien, que lors que les Bourgongnons (dicts des vns Scythes, & des autres ou Dardaniens, ou Bosphorains) marchoient soubz le commandement de leur Hendin, il auoit leur Sinist pour chef de son Conseil: mesmement quand ilz deffirent l'Empereur Decius: & quand luy englouty en vne morte, ilz contraingnirent l'Empereur Gallus faire l'Empire Romain leur tributaire. Ie trouue aussi que les Bourgongnons apres auoir acquis tant d'heur & d'honneur que d'auoir accomply les choses susdits; feirent des sacrifices solennels au Dieu Mars, pour l'en remercier: & que deslors ilz promirent & vouèrent, que dés là en apres tous leurs Rois seroient nommez Hendins, & tous les Archidruydes & Princes des sacrifices Sinistz: afin que prenans souuenance de l'heur, & prosperité que les Bourgongnons auoient eu soubz ceux qui estoient ainsi nommez, ilz fussent incitez à estre imitateurs de leur vertu, & de l'augmentation de la Chose publique Bourgongnonne.

<small>Hendin Roy des Bourgongnons. Sinist Pótife. Deciº Empereur. Gallus Empereur. Mars. Vœu des Bourgongnons.</small>

DE tous les autheurs desquelz les escrits sont publiez, ie n'en sçay point qui ait parlé de l'Hendin ny du Sinist des Bourgongnons, qu'Am. Marcellinus: qui en son liure xxviijᵉ. dit qu'entre eux leur Roy est par vn nom general dit Hendin: qu'ilz ont d'ancienne institution accoustumé de le desmettre de sa dignité, si quelque meschef leur aduient en la guerre, ou si l'annee se trouue peu fertile: ainsi que les Ægyptiés ont en vsance d'imputer ces accidents à leurs Gouuerneurs. Le plus grand & principal entre les Sacrificateurs est nommé Sinist: & ioüit de sa dignité toute sa vie, sans estre subiect à aucun hazart comme les Rois. Ainsi (dit Diodorus Siculus des Gaulois) entre les Peuples plus estrangers Ire faict hóneur à sagesse, & Mars a les Muses en reuerence.

<small>Amm. Marcellinus. De l'Hendin. Ægyptiés. Du Sinist. Sinist perpetuel. Diod. Siculus.</small>

OR faut-il confesser que les Bourgongnons, apres tant d'heurs, & d'insignes felicitez, receurent vn dur & fascheux traictement au passage du mont Hæmus. Et n'est à douter que les afflictions qu'ilz souffrirent adoncq', leur feirét rabattre non seulemét le fast & orgueil qu'ilz auoiét prins de leurs victoires: mais aussi toute ioye, & quasi esperance de plus profiter par les armes. Si ne meirent-ils toutesfois en oubly ce qu'ils auoient voué au-parauant leur desastre: car tousiours depuis leurs Rois furent nommez Hendins: & leurs Archidruydes, ou souuerains Sacrifi-

<small>Les Bourgongnons descheuz d'esperáce.</small>

cateurs Siniſtz: iuſques à ce que reformez de croyance, ilz furent faicts Chreſtiens, ſelon que nous le reſeruons à dire, en lieu & temps plus propres. Ce pendant ie m'en reuois trouuer noz pauures deſolez Bourgongnons.

De ce qui aduint aux Bourgongnons, apres le mal-heureux deſaſtre ſouffert au mont Hæmus. CHAP. XV.

Nous auons remarqué cy deſſus, que les cauſes pourquoy l'Empereur Decius alla chercher les Bourgongnons dicts Scythes & Dardaniens, iuſques en leur Dardanie: furét pour-ce que tant par mer que par terre, ilz vexoient les Prouinces Romaines. Par là eſt facile à iuger qu'ilz auoiét vaiſſeaux ſur mer, auec leſquelz ilz ſauuerent leurs femmes, bagages & empeſchemens: & qu'au paſſage du mont Hæmus il n'y eut que les gens de guerre (deſchargez de tous fardeaux: pour plus expeditement eſchapper du danger qu'ilz ſceurent trop tard leur eſtre preparé) qui accompagnerent leur Hendin.

On pourroit trouuer eſtrange, que le Hendin des Bourgongnons ayant receu vne ſi importante deffaicte, ne fut (cóme la couſtume eſtoit) ou puny en ſon corps, ou (du moins) deſtitué de ſon Eſtat. Mais (oultre ce que l'excellence du perſonnage eſtoit digne de faueur) depuis que par les premieres deſtrouſſes faictes ſur ſes gens, il vint à congnoiſtre qu'il n'eſtoit hors d'affaires: & que les legions de Myſie luy tomboient ſur les bras: il ne faillit iour (quel qu'il fuſt) d'aſſembler le Conſeil, & faire toutes choſes par ſi bon aduis, que ſ'il en meſaduenoit, rien ne luy en pouuoit eſtre imputé. Ioinct que ce que dit Amm. Marcellinus de la couſtume des Bourgongnons, comparee à celle que les Ægyptiens obſeruoiét, ne fut oncques de ſi neceſſaire commandement, ou loy qu'il n'y ayt eu pluſieurs & faciles exceptions.

Doncques les Bourgongnons eſchappez de l'embuſche qui leur auoit eſté preparee, & ſauuez ſelon qu'il auoit pleu à Dieu, ſe retirerent en leur Dardanie la pluſpart: les autres remonterent contr'amont, ſelon leur meilleur commodité. Ilz portoient fort impatiemment, que les autres nations, qui eſtoient de la ligue, auoient pluſtoſt eſté aux eſcoutes de ce que les Bourgongnons remporteroiét, qu'aydants à executer l'entrepriſe par eux ſi bien commencee. Car ſi les Germains & les Daces euſſent remué quelque choſe de leur part: iamais Æmylianus ny ſes legions n'euſſent oſé abandonner leurs garniſons, ny la garde de leur limite.

Les Scythes (qui eſtoient Chefs & protecteurs de la ligue) aduertis du retour des Bourgongnons, deſquels ils ſçauoient les braues exploicts d'armes, executez contre Decius: & à quelle raiſon ils auoient amené les Romains,

Couſtume rigoureuſe

Prouidence de l'Hédin.

Nulle loy ſans exception.

Retraicte des Bourgōgnons.

Germains & Daces taxez de negligéce.

Les Scythes chefz de la ligue.

des Bourgongnons. Liure II. 613

Romains, par la transaction faicte auec l'Empereur Gallus: importát de tant que Rome, le Senat, & Peuple Romain leur demouroient à perpetuité tributaires: les enuoyerent loüer & remercier du bon & grand deuoir qu'ilz auoient faict pour le bien & auancement des affaires de la ligue. Les enuoyez eurent aussi charge de les consoler des afflictions receuës à leur retour: auec prieres de ne laisser pour celà à se conseruer en leur ancienne reputation: ne dechoir de cœurs ny de bonne esperance, que (quoy qu'il tardast) les Dieux leur donneroiét si ouuerts moyens de reuanche que le repaire de la Louue, & le nid des Aigles (ainsi estoit nómee Rome par termes de la ligue) seroient exterminez. $\quad$ Cósolatió. $\quad$ Termes de la ligue.

Tovs ces honneurs, & moictié congratulations, moictié consolations, accompagnez d'esperance, ne pouuoient garder les Bourgongnós de se plaindre, pour auoir esté laissez seulz combattre trois Empereurs Romains. Mais encores les touchoit plus au cœur, la perte de tant de gés de bien, & vaillants hommes demourez au passage des montaignes de Thrace: par la mort desquelz la puissance des Bourgongnons estoit fort diminuee. Ioinct que des trouppes des leurs passees en Asie, pour se ioindre aux Parthes & aux Perses qui couroient la Syrie, ilz n'en auoient aucunes nouuelles. Somme que la resolution des Bourgongnons fut de laisser (pour quelque temps) aux autres de la ligue essayer, auec quel aduantage plus qu'eux, ilz pourroient assaillir les Romains. Et ce pendant chercher resourse à leurs afflictions. $\quad$ Trois Empereurs romains cóbattuz par les Bourgongnós. $\quad$ Perte des Bourgongnons. $\quad$ Bourgongnons en Asie.

Or si la perte que les Bourgongnons Scythes ou Dardaniens feirét à leur retraicte fut importante: l'impieté & tres-mauuaise foy dont Æmilianus (homme particulier, & duquel la grandeur & authorité dependoit de Gallus son Empereur) furent encores plus grádes. Car les Bourgongnons saisis des transactions authentiquement passees, & auec obligation de la foy publique: ne deuoient seulement iouyr du fruict de leurs transactions: mais d'auantage demourer inuiolables, comme superieurs, voire seigneurs de leurs tributaires. Mais Æmylianus (ainsi que nous l'auons dit cy dessus) en parlant selon son humeur: quand il declara les Princes n'estre subiects à leurs serments, contre le bien de leurs affaires: & prenant authorité de releuer l'Estat Romain, de ce à quoy Gallus l'auoit obligé: faisoit acte plus digne de punition, que d'estre loüé & approuué. Car qu'estoit-il lors quád il s'ingereroit de faire acte d'Empereur, sinon personne priuee? &(pour tout potage, comme on dit communément) Coronnel des legions de Mysie? luy appartenoit-il contreuenir aux actes & à la foy publique? Mais il falloit que les Romains cótinuassent en luy, à vser de leur mauuaise foy: laquelle (comme vne autre reigle Lesbienne) plioit tousiours à leur profit. Si est-ce que par vne iuste punition de Dieu Æmylianus s'estant depuis faict approuuer Empereur par ses legions Mysiennes: elles-mesmes aduerties que Valerianus (homme d'antique Noblesse, & fort aimé pour la gracieuse ciuilité & honne- $\quad$ Droict des gens violé par Æmylianus. $\quad$ Contre Æmyl. $\quad$ Reigle Lesbienne. $\quad$ Punition d'Æmyl. Valerian9 Empereur.

FFf

614   De l'antiquité & origine

steté de ses mœurs)auoit esté esleu Empereur par les legions qui estoiét és Alpes:ne quitterent seulement cest Estradiot Africain, ains le tuerét; puis s'allerent renger soubz le commandement de Valerianus. Tellemét que le different esperé deuoir estre mesflé entre deux Empereurs, finy par la mort d'Æmylianus: son Empire ne peut estre prolongé oultre le temps de trois mois.

Æmylian⁹ tué par ses soldats.

IE pourrois icy repeter autres precedents affaires de la ligue: & deduire comme les Perses & Parthes (qui auoient auec eux vn Regiment de Bourgongnons) ialoux des excellentes victoires obtenuës par les Bourgongnos Scythes & Dardaniens contre les Romains,poursuyuirét leur conqueste de Syrie: à laquelle Valerianus voulant resister fut prins prisonnier,& son armee deffaicte par Sapor Roy des Perses: qui traicta Valerianus si indignement,qu'il le cótraingnoit se mettre à quatre pieds pour s'en seruir de haulse pied,toutes les fois qu'il vouloit móter à cheual: mais ie suis tant las, de suyure les Bourgongnons en bonnes & en mauuaises fortunes,que ie ne cherche que de les remmener és Gaules, au lieu duquel ilz prindrent premierement leur nom.

Valerianus Emp. faict prisonnier des Perses. SaporRoy Persan. Misere de Valerianus Emp.

La ligue quasi tombee en mespris,est renouuellee: & quand plus elle est auancee soubz les Galiens, plus elle est opprimee par autres Empereurs particuliers.
CHAP. XVI.

VALERIANVS Empereur prisonnier de Sapor Roy de Perse, & traicté(voire cófiné) en la misere dicte cy dessus: l'Empire mis au gouuernemét de Galienus, declaré August & associé par Valerianus son pere (auant sa captiuité)tomba en si grád desordre,qu'iceluy Empire diuisé en trente,que Trebellius Pollio qualifie tyrants: l'esperance apparoissoit grande, telle diuision deuoir produire la ruine de l'Estat Romain.Mais tous tendants à mesme fin, qui estoit de conseruer l'Empire; personne d'eux ne s'estudia de fauoriser affectionnément les nations ennemies des Romains.

Galienus Emp. oultrément dissolu. Trente tyrants. Trebellius Pollio.

Pourquoy lçs 30. Tyrans ne remuerent l'Empire.

OR les Scythes,Parthes,Perses,Dardaniés (c'est à dire Bourgongnós) Goths, Daces, Germains, Allemans & autres peuples desia dés long-téps liguez par anciennes conuenáces; voyants l'Empereur en chef mocqué & contemné des siens,à cause de ses Sardanapalismes & faict neantises: voire que trente(qu'il deuoit auoir pour loyaux & fideles seruiteurs, s'il eust esté digne de leur commander)s'estoient esleuez contre luy(chacun saisy des Prouinces esquelles ilz commandoient absolumét, sans qu'autre y fust en rien recongneu)& que de toutes ces pertes Galienus ne s'en soucioit aucunement,ny n'en perdoit pas vne heure de ses plaisirs & passe temps:delibererent d'oser plus que iamais. Et comme ilz esperoient que les diuisions qui estoient en l'Empire,leur seroient profitables; aussi iugerent-ils que l'vnion & bonne intelligence estoit entr'eux necessaire.

Les liguez. Galienus mocqué comme faict-neát.

Diuision cause ruine. Vnion cóserue.

LES

des Bourgongnons. Liure II. 615

LEs Scythes (chefz de la ligue) enuoyerent vers tous les Peuples liguez, pour leur faire entendre les commoditez qui se presentoient de pouuoir (si iamais) mettre en executiõ leurs desseings. Que Rome estoit tant persecutee de peste, que pour vn iour cinq mille hommes y estoiẽt morts: que les Romains superstitieux (si gens du monde le sont) ne sçauent de qui ilz peuuent esperer plus forte guerre, ou de Dieu, ou des hõmes: leur Empereur Valerianus estant prisonnier des Perses, voyants aduenuës de grandes ouuertures de terre & diuers tremblements: Odenatus s'estant emparé des Prouinces Orientales, Aureolus des Illyriens, Æmylianus de l'Ægypte, Posthumus des Gaules, & autres chacun de sa Prouince. Toutes lesquelles choses se faisoient en hayne & despit de Galienus, homme sur tous Luxurieux, dissolu en voluptez & excessiuemẽt prodigue en choses non necessaires. Auec toutes ces allegations ilz n'oublierent rien de tout ce qu'ilz penserent pouuoir seruir pour esmouuoir lesdits Peuples liguez à enuahir chacun de son costé, & Galienus & les Romains. D'auantage afin que les serments & articles de la ligue fussent refreschis, vne diette fut indicte en la ville d'Astac en Bithynie, lors encores entiere, & tenuë par les Scythes. Là fut resolu de faire la guerre aux Prouinces Romaines, auec tous les efforts que les confederez pourroiẽt.

L'ENVMERATION des entreprinses faictes contre l'Empire Romain par les Peuples liguez n'est facile, & icelles entreprinses seroiẽt mal aysees à assembler des autheurs qui en ont escrit. Ioinct que tous ne cõuiennent en mesmes faictz: & les vns ne se souciants qu'ilz disent, pourueu que ce soit à l'honneur des Romains, entassent tant d'affaires en vn mesme discours, qu'ilz ne gardent ny ordre, ny distinction des temps. La pluspart font Odenatus tenir le party des Romains: combien qu'il soit certain que luy Roy des Palmyreniens & Zenobia sa femme combattoient pour eux, & non pour l'Empereur Romain. Si ainsi n'eust esté, Aurelianus eust faict plus qu'iniustement aller assaillir Zenobia, la prendre & mener en triomphe, auec vn si exquis appareil qu'il surpasse toute vray semblance. Mais l'affection de triompher estoit lors si enragee, que fust de l'amy, fust de l'ennemy, il en falloit tirer gloire. Et comme les bestes les plus estranges estoient celles qui estoient les plus estimees, pour en faire monstre au peuple: aussi les personnes plus signalees en vertu & magnanimité, les plus en bruict & reputation, estoiẽt celles que les plus ambitieux, outrecuidez & cupides de gloire taschoient sur toutes autres opprimer, & fust à droict, fust à tort, les mener en triomphe: pour faire paroistre que les vertuz du triomphant ou triomphateur estoient trop plus excellentes que celles du triomphé: combien qu'il s'en faillit souuẽt beaucoup. Aussi les bien aduisez ne laissoient de recognoistre, combien fortune estoit mauuais & indiscret Iuge en telz affaires. Tellement que l'indignité que Zenobia souffroit, par defaueur de fortune, estoit plus regardee en pitié par les hommes de bõ naturel, que les sumptuositez &

Nouuelles entreprises des liguez.
Cõmoditez pour les liguez.
Romains superstitieux.
Odenatus.
Aureolus.
Æmylian°.
Posthum°.

Diette en Astac.
Guerre entreprinse.

L'histoire traitee negligentement.

Odenatus.
Zenobia.

Aurelian°.
Triomphe d'Aurelianus.
Abus des triõphes.

FFf ij

Aurelian[9] **hôme yssu de fort bas lieu.**

Hommes yssuz de lieu obscur, plus insolents.

Contre les obscurs montez en pouuoir.

magnificences d'Aurelianus n'estoiét estimees dignes de luy, fils du metayer ou granger du Senateur Aurelius. Il vsoit de la façõ ordinaire à tous tyrez du fumier des bœufs & des vaches comme luy: qui est que venuz à grandeurs, ilz ne peuuent supporter leur fortune sans se rendre insolens: & (pour faire paroistre leur authorité) profiter seulemét à quelques-vns : mais (au reste) nuire au publicq' & au particulier. Le naturel de ces gés venuz de bien peu à trop, est d'estre seueres & tetriques, pour penser faire paroistre que ce n'est plus eux qui estoient du peuple: ains que la Metamorphose d'vn n'agueres extremement pauure & mendiant faueurs ; a aussi fait en eux vne transmutation d'humeurs: pour ne plus recognoistre leurs parens opprimez de pauureté: & pour se deffaire de l'importunité de tous, ne faire cas q̃ de ceux qui ont moins besoin d'estre secouruz & aidez. Au reste c'est leur jeu de se parangonner aux plus grands: voire leur faire souffrir (s'ilz pouuoient) brauades & indignitez. Mais fortune

Obscurs trop esleuez sont subiects à dechoir.

(si fortune est admissible) est (cõme nous auons souuét dit) si trompeuse, qu'elle les esleue (le plus souuent) bien hault, pour à leur plus grande hõte & confusion les faire plus lourdement & honteusemét deschoir de leurs Estats, esquelz ilz se sont presumptueusement conduict. Brief eux s'attachans aux hommes desquelz la grandeur est inherante à fermes racines, & la Noblesse tres-illustre: il leur en prend cõme à ceux qui crachent cõtre le ciel, & le crachat leur retombe sur la face. Tel fut Aurelianus qui ne

Agathoclés.

se conduisant cõme Agathoclés: ains se mescongnoissant, fut (par la propre cõfession de ceux qui l'ont eu en si grande reputation qu'ilz le comparent à Alexandre & à Cesar) felon, sanguinaire & cruel, voire enuers le

Vices d'Aurelianus.

Aurelianus tué.

filz de sa propre sœur qu'il tua: & apres maints carnages de Senateurs designant à mort plusieurs de ses principaux Capitaines : eux pour se conseruer en vie, furent contraints de le tuer luy-mesme. Defaict d'Aurelianus Empereur plus necessaire que souhaittable, bon, ny aymable; je revien au fil de nostre histoire.

Esmotion generale des liguez.

Odenatus & Zenobia.

FAIT besoin se souuenir que tous les peuples de la ligue s'esmeurent du temps de Galienus. Notamment que les Perses & les Parthes receurét plus volontairement, que par force, Odenatus Roy des Palmyreniés : en esperance que luy & Zenobia sa femme dressans vne seigneurie particuliere, eclipseroient & diminueroient autant de l'Empire Romain. Car

Intention des liguez.

toutes les nations liguees ne tendoient à autre but, fors de ruiner les Romains à quelque pris que ce fust. Et quiconque osoit entreprendre contre eux, n'estoit si tost descouuert, qu'il trouuoit assez de gens pour luy

Pourquoy les Romains ne furent ruinez.

adherer & ayder. Que si tant d'entrepreneurs n'ont eu l'heureux succés qu'ilz esperoient ; celà est venu de ce que piece d'eux n'a eu l'intention bien tournee, au bien, & à la liberté des peuples qui leur adheroient: ains en faisoient marche-pied pour leur particuliere grandeur.

Pipperie cõmune à presq̃ toutes gens.

A la verité c'est vne cõmune pipperie : & toutesfois peu congneuë, & tard descouuerte par les pippez ; iusques à ce que (sans neátmoins perdre l'affe-

des Bourgongnons. Liure II. 617

l'affection pour laquelle ilz se sont opiniastrez) toutes choses leur defaillent, fors les plainctes d'auoir esté trompez : & les lamentations & regrets d'estre laissez & abandonnez à toute misere. Noz Gaulois se sont voüez à toutes les personnes, desquelles ilz ont esperé pouuoir estre aydez & secouruz: leurs personnes se sont employees, leurs biens n'ont esté espargnez: & rien n'a esté pretermis de ce qu'ilz pensoient pouuoir seruir à leur cause: qu'ont-ilz auancé ce pendant? rien, sinon que la misere de leur estat, est redoublee en extreme calamité. Esperants paruenir à ce qu'ilz auoient conceu en esprit, ny Sacrovir, ny Iulius Florus, ny Albin⁹, ny Posthumus, ny Tetricus, ny autres qu'ilz ont pésé choisir pour leurs protecteurs & liberateurs, n'ont fait que les ruiner & destruire : & ce pendant ces pauures gés obstinez en leur malheur, ne se soucioiét de l'exces des contributions pour la guerre : ny pas de mourir au seruice de ceux qui les paissoient de vaine esperáce. D'ailleurs les Romains qui sçauoiét assez que toutes ces entreprinses de particuliers, n'estoient que cóme de ceux qui se donnét de la teste contre le mur, auoiét à gré, & se baignoiét de veoir que ceux qui souloient opposer leurs grandeurs à celle de Rome: en pensans racheter leur liberté de la main des Romains, acheptoit nouueaux maistres. Si que contrainctz de payer les premiers, ilz se destruisoiét en faueur des seconds. A ces causes iceux Romains (qui auoiét leurs legions entretenues: & la Caualleric ordinaire) estoient souuent bié ayses de faire durer la guerre, pour mieux consommer leurs rebelles. Car les presumez mutins soubz couleur de rechercher liberté, estans affligez des deuoirs ordinaires que les Romains leuoient sur eux, estoient contraints payer: & s'ilz adheroient à quelque autre chef irrité d'ailleurs : luy pour venger ses quereles particulieres, mettoit ces amateurs de liberté en telle nasse, qu'y fourrez ilz n'en pouuoient sortir. Pour-ce conuenoit leuer gens: leuez il les falloit payer : payez il estoit necessaire leur dresser estappes à trop moindre pris que la iuste valeur ; le Peuple demourant foulé du surplus. Si les munitions ne sont donnees, l'ouerture est faite de viure à discretion: combien ceste discretion est amye, & conioincte à liberté, ceux le sçauent qui l'ont essayé. Et quand toutes ces molesties seront iustement pesees en vne balance d'equité : à Peuples subiectz que profite la reuolte, sinon pour les rendre deux fois miserables ? sinon au lieu d'vn Prince, en auoir deux ou plusieurs ? le premier est necessaire, comme legitime & fondé en droict: les autres volontaires, sont trop pl⁹ preiudiciables & de plus grands fraiz que celuy qui est ordóné de Dieu pour traicter le Peuple selon qu'il le merite.

 BRIEF combien que les Perses, & la pluspart des Peuples consinants l'Empire Romain, eussent suiuy (soit par amour, soit par force) le party d'Odenatus & de Zenobia: les Ægyptiens celuy d'Æmylianus, les Illyriens de Aureolus, les Gaules de Posthumus, & ainsi des autres : combien (di-ie) que les Bourgongnons Scythes, autrement Dardaniens

Misere des Gaulois.

Iulius Sacrovir.
Iulius Florus.
Albinus.
posthum⁹.
Tetricus.

Considerations des Romains.

Inconueniens de rebellion.

Subiects reuoltez deux fois miserables.
Seigneur necessaire.
Sr. prins de volonté.
Perses.
Odenat⁹ & Zenobia.
Æmylian⁹.
Posthumus.
Bourgongnós Scythes.

FFf iij

De l'antiquité & origine

Germains. Bourgongnons Allemans.
Amorrheiens.
Gothz & Huns ont ruiné Rome.
Commencemēts de Rome & continuation.
Vaincues les legions du Rhin Rome decheut.
François.
Attyla.
Alaric.
L'an de Rome prinse.
Romulus.

eussent faict des courses les vns en Mysie, les autres en Asie: les Germains fussent entré en Italie iusques à Rauenne: & les Bourgongnons Allemās bien auant d'autre costé en la mesme Italie: si est-ce que (iouxte ce qu'il est escrit des Amorrheiens, que leurs iniquitez n'estoient pas encores cōpletes) Dieu sembloit auoir prefix vn terme, auant lequel, toutes les forces humaines n'estoient suffisantes pour venir à bout de ruiner les Romains. Mais les Peuples desquelz le Romain se doutoit le moins (qui sōt les Gothz & les Huns) sont ceux qui executerent la volonté de Dieu sur la ville de Rome, commencee en larrecins par des Pastres, & cōtinuee en brigandages & voleries, par gens deuenuz puissants tant vestuz de sayes & de hocquetons, que de lōgues robbes. Brief les efforts de tāt de gens & de si puissans peuples liguez, ont esté de nulle ou peu durable efficace, contre vn si grand & si inueteré Empire que le Romain: iusques à ce que les legions du Rhin vaincuës & expulsees par la vertu des Bourgongnōs (qui feirent le pont aux François leurs alliez, pour entrer aux Gaules) les Huns & les Gothz conduicts par leur Roy Attyla cōmencerent de mener à outrance l'Italie: puis luy succedant Alaric, print Rome & la pilla l'an 1164. apres qu'elle auoit esté edifiee & bastie par Romulus.

D'vne fille diuineresse trouuee entre les Bourgongnons : qui fut cause qu'ils se retirerent en Allemagne.   CHAP. XVII.

Corn. Tacitus.
Allemans n'ont aucūs braues edifices.
πύργος Tour.
Hameaux.
Bourg-Ongne.
Bourgongnons Vādales, c'est à dire coureurs.
Bourgongnons sans villes, & pourquoi.
Palº Meotide.
Baccha.
Baccharides.
Diocletianus Emp.
Fille diuineresse.

Nous auons dit au premier liure: & sur-ce appellé à garant Corn. Tacitus: qui nous est tesmoin que les Allemans (auec lesquelz les Bourgongnons furent meslez) ne se soucioient d'auoir braues maisons & habitations: (tant s'en faut qu'ilz vsassent de tours ny d'autres choses ausquelles la diction Grecque πύργος peust estre appropriee) voire qu'il asseure leurs habitations auoir esté separees & esparses loing les vnes des autres: plus en forme de Hameaux que de Bourgs, ny de villes. Ce qu'estant vray (comme certes il est) il n'y a raison de penser que depuis qu'ilz eurent abandonné leur Bourg-Ongne (sans neantmoins perdre l'intention d'y retourner quelque iour) eux deuenuz Vandales (que nous auōs interpreté Coureurs) se soyent soucié de bastir des Bourgs, ny de dresser des villes: pour les abandonner à la premiere commodité qu'ilz pourroient recouurer d'accomplir leur serment presté de reuenir és Gaules, & rebastir l'ancien Bourg, cause de leur denomination.

Qvoy qu'en soit, il est (au reste) certain que s'estants reduicts au voisinage du Marest Mœotide: ilz habiterent en vn village nommé *Baccha*: duquel depuis ilz ont esté nommez *Baccharides* par quelques autheurs traictants de l'Empereur Diocletianus. En ce village nasquit vne fille, à laquelle dés sa naissance, auoit esté attribué vn esprit apte à diuinations. Elle souuent enquise par ses voisins de l'Estat des Bourgongnons entrez

és Pro-

des Bourgongnons.   Liure II.   619

és Prouinces Romaines, disoit ordinairemēt, que leur voyage seroit fort heureux pour vn temps: mais qu'en fin ils souffriroient vn si grād eschec & desastre, qu'ils seroient contraincts s'en reuenir plains de mal-contentement & de tristesses. Ceste maniere de diuinateurs a communemēt celà, que leur basse qualité, & la reputation en laquelle on les tiēt, de n'estre gueres sages: faict qu'on ne croit à leurs paroles, & n'y prēt on garde, iusques à ce que lon void aduenu ce dont ils menaçoient. Ainsi en print il aux Bourgongnons cōquerans, qui aduertiz par plusieurs fois, que leurs entreprinses seroient accompagnees d'excellente gloire: mais leur retour plus plein de dueil que de profit, prindrent souuenance de la fille Baccharide: & l'ayant faict venir par deuant l'Hendin, le Sinist & le Conseil, l'interrogerent comme elle auoit peu sçauoir ce qu'elle auoit dict. Elle ayant plus contenance de personne idiote & badine, que de sage & bien aduisee, ne feit autre respōse, sinon qu'elle diroit bien d'autres choses à sa mere. Le Conseil la renuoya, sans en faire autrement cas que d'vne folle. Toutesfois l'Hendin (homme vieil, & de fort longue experience) estima ceste promesse (quoy que badinement prononcee) ne deuoir estre si negligee, qu'on ne sceust de quelle signification elle pourroit estre. Pource feit-il venir à luy la mere de la fille, laquelle (tant vieille que les iambes ne la pouuoient porter) confessa ne sçauoir comme sa fille auoit appris à deuiner: mais que quasi tous ses discours des choses à venir se trouuoient veritables. L'Hendin la caressant & flattant auec doulces paroles, la chargea bien fort de s'enquerir d'elle des affaires de l'Estat des Bourgongnós: s'ils prospereroient où ils estoient, ou s'il leur seroit meilleur de changer de pays. La mere n'ayant rien oublié de ce que luy auoit esté dit, meit par plusieurs & diuerses fois sa fille en propos: elle ne respondoit sinon, Retournōs d'où nous sommes venuz: les Romains sont encores trop forts, allons garder nostre ancien pays.

CES propos tant de fois vniformement pronōcez, furent rapportez à l'Hendin, qui secondé de la bonne volonté & desir qu'il auoit, d'estre si heureux, que de pouuoir remmener les Bourgongnōs és Gaules, ne faillit de communiquer ces diuinations au Conseil. Plusieurs estoiēt d'aduis qu'on ne se deuoit arrester aux propos d'vne folle: Mais la plus-part touchez de mesme desir que l'Hendin, furent bien aises d'auoir trouué ceste occasion de laisser ces pays Septētrionnaux, pour aller sçauoir si les Gaules estoient autant fertiles que le commun bruict en couroit. Et pource opinerent, que ce que Dieu leur auoit reuelé par la bouche de la fille innocente, ne deuoit estre mesprisé, mais suiuy. La pluralité des opinions tendant là, l'Hendin conclud selon icelles.

LE BRVICT de ceste resolution espandu parmy le peuple, iamais gens ne furent si aises, ny si cōtens. Doncques soit que la fille fust vrayement deuineresse, fust que l'Hendin eust inuenté ceste subtilité: on ne la doibt pas moins estimer que les fictions de Solon, qui pour rendre ses

Des diuinateurs.

Fille Baccharide interrogee.

L'Hendin.

Response prophetique.

Les Gaules.

Resolutiō au retour.

L'Hendin subtil. Solon.

FFf iiij

620 De l'antiquité & origine

Minos.
Numa Pōpilius.
Sertorius.

loix agreables aux Atheniens, les alloit escrire en vne cauerne, en laquelle il se disoit auoir cóference auec la deesse Minerue: comme Minos auec Iuppiter en Crete. Ainsi persuada aussi Numa Pompilius sa religion aux Romains, leur faisant acroire qu'il auoit familiarité auec la nymphe Ægeria. Ainsi pareillement Sertorius braue & vaillant Capitaine, faisoit croire tout ce qu'il vouloit à ses soldats, soubs ombre & couleur d'vne biche blanche, qu'il se ventoit auoir eu en don de Diane, pour entendre par elle commét il se deuoit gouuerner en tous ses affaires. Il se dit d'auātage, que oultre la liberté de la chair permise par Mahumet à ses sectateurs, rien ne les attira tant que le pigeon blanc qui falloit paistre en ses oreilles, & lequel il mentoit estre le sainct Esprit. Ie ne veux mettre en ce rang Ieanne la pucelle de Vaucouleurs. Car (quoy que les ennemis du nom François veullent dire que ce fut inuention du seigneur de Bauldricourt) noz histoires Françoises en parlent autrement.

Mahumet.

Ieanne la pucelle.
Seigneur de Bauldricourt.

Pour abbreger ce compte, comme chacun se laisse aysemét persuader ce qu'il desire : ainsi les Bourgongnons creurent legerement, d'estre diuinement admonestez de retourner en Allemaigne, prédre leurs compagnons demourez sur le Rhin : & par ensemble entrer és Gaules pour y habiter, & demourer en l'ancien lieu de leurs ancestres. Et deslors commencerent à dresser les preparatifs de leur retour, craingnans (sur tout) qu'il n'aduint quelque encombrier, ou mutation de Cóseil, qui destourbast leur voyage : duquel nous parlerons au Chapitre suyuant.

Les Bourgongnons retournent en Allemaigne, en esperance de rentrer és Gaules: les Allemans refusent de les receuoir, force est combattre: les Allemans sont vaincuz. CHAP. XVIII.

Emigrations.

Emigrations iadis ordinaires.

Osyris dit Bacchus.

Mœnades.
Scythes en Asie.

Coadiuteurs de mariage.

MAINTENANT que les emigratiós ne sont plus en vsage, il pourroit estre trouué estráge, & seroit mal aisé de comprédre comme tout vn peuple pouuoit estre ainsi mené, conduict & charroyé par tāt de diuers pays. Mais celà estoit iadis si ordinaire, qu'il ne passoit quasi annee qu'il n'en aduint: & ce dōt à present nous nous esbahissons eust tourné à mocquerie, si iadis on s'en fust esbahy. Ie confesse (ce pendant) que comme les emigrations ont esté diuerses, aussi la façon n'en a tousiours esté semblable. Quand Osyris (que les Grecz ont nommé Bacchus) passa aux Indes, il menoit des filles de ioye, lesquelles de rager & faire les folles, furent nommees *Mœnades*: mesmemét apres que le vin leur auoit eschauffé la teste, & esmeu la ceruelle. Les Scythes descédans en Asie, & demourans dix ans à la cóquester, ne menoient pas leurs femmes. Aussi elles faschees de demourer si long temps cóme en viduité, inuenterent permission de prédre leurs serfs, pour coadiuteurs de mariages. Et depuis ceste façon a esté retenue en plusieurs pays Septétrionnaux.

des Bourgongnons Liure II. 621

naux. Les Gaulois qui vainquirent les Sarmates, soubs la conduicte de leur Roy Galatés second du nom, fondateur des Galates en l'Asie mineur, sçauoient bien que tous pays sont fertiles en femmes; & qu'il n'en failloit ia charroyer apres soy. Mais quád il a esté question d'vne emigration generale de tout vn peuple: comme celle des Bourgongnons, que nous auōs suiuy iusques à present: & comme celle des Suisses, que Cesar deffeit au passage du Doux: lors les vieilles gens, les hommes d'aage viril, les ieunes gens, les femmes & les enfans y ont esté comprins: & failloit que les conducteurs s'accommodassent à tous, de peur que se souciant trop des vns, les autres fussent negligez. Les Gaulois. Galatés 2. Roy des Gaules. Emigratiō geneiale. Bourgongnons. Suisses. Cesar. Riuiere du Doux.

Or l'Hendin (que i'ay desia dit homme aagé, sage, & de lōgue experience) diuisa si bien les trouppes preparees au retour, & dōna à chacune de si aduisez conducteurs, que trauersant toute l'Allemaigne (car ils alloient de Septentrion en Midy) les compagnies ne receurent aucun inconuenient, qui peust estre imputé à ceux qui en auoient la conduicte. De deduire par les menuz leur voyage, & faire diaire de leurs iournees, celà ne seruiroit de rien: par ce qu'il ne leur aduint en tout ce retour, chose si remarquable, qu'elle merite d'en faire recit. L'Hendin. Les Bourgongnons s'en retoūnent.

Approchans des terres des Allemans (ce nom ne s'estendoit encores sur tous les Germains, ains sur ceux seulement que quelques Cosmographes appellent Vindeliciens) ils n'y voulurēt entrer sans en aduertir leurs anciens hostes, cōfederez & amis. Mais tāt s'en faut que les Allemans les voulussent receuoir parmy eux (les sachans si forts, & en si gros nombre) qu'ils leur defendirent tout à trac l'entree dedās leur pays: auec declaration que s'ils s'essayoient d'y entrer malgré eux, ils mettroiēt toute peine de les en garder. Ces nouuelles furent fort dures aux Bourgongnons: qui pensans arriuer en lieu de repos, pour se soulager de leur tant long & penible voyage: se voyoiēt excluz de la faueur de ceux qu'ils estimoiēt trouuer telz qu'ils les auoient laissez, qui estoit bōs & entiers amis. Sur ce ils furent d'aduis d'y renuoyer autres Ambassadeurs, pour essayer d'obtenir par raisons, ce que leur auoit esté refusé en cholere. Ces nouueaux enuoyez vserent de toutes les remōstrances, & plus gracieuses paroles qu'il leur fut possible: mesmement protesterent de l'infraction des traictez de ligues & confederation, appellans les Dieux à tesmoings du pariure & foy violee. D'autant principalement que les Bourgongnons venoient comme amis, non pour faire dommage, ny donner fascherie aux Allemans: ains pour choisir la commodité dés long temps desiree, de combattre tous d'vn accord les legions Romaines posees sur le Rhin: & entrer és Gaules pour la liberté des Gaulois, & aneantissemēt de la tyrannie des Romains. Allemans. Vindeliciens. Reffus des Allemans. Cholere ennemie de raison. Protestations des Bourgongnons.

Toutes ces paroles eurent peu de force enuers les Allemans, & fut comme prescher à des sourdz. Plus ils furent suppliez & requis, plus s'endurcit leur obstination: si que persistans en leur premier reffus, auec pro- Obstiné reffus des Allemans.

pos pleins de fierté & de menasses, contraingnirent les enuoyez de se retirer auec desplaisir & mescontentement : mais ils ne peurent remporter autres choses. Ce que declaré à l'Hendin & aux Bourgongnons, ils trouuerent tres-mauuais: & prenans ce reffuz, auec les paroles insolentes des Allemans pour oultrage, & offense à eux faicts: ils delibererent d'obtenir par force, ce qu'ils n'auoient peu auoir par amitié. Car (disoit l'Hendin) à quel plus necessaire party nous pourrions nous renger? Nous auons esté solliciteurs, & quasi autheurs de la ligue, faicte auec tant de peuples contre les Romains, pour la deliurance des Gaules: si maintenant il aduenoit que nous nous departissions de ce que nous auons poursuiuy auec tant d'instáces, quel sera le fruict de noz labeurs, soufferts pour aneantir la domination des Romains és Gaules? Que deuiëdra l'espoir que nous nourrissons dés si long temps auec vœuz & serments de recouurer le lieu duquel nostre appellation est prouenue, & recouurer les heritages de noz ancestres? En quelle reputation demourera nostre honneur, si nous faulsons nostre foy donnee aux Gaulois, auec promesse de les secourir? Sera-il dit que nous qui auons deffaict les armees Imperiales, & rendu Rome tributaire, nous estonnions des brauades de ces brutaux Allemans? Si ceste maniere de gens nudz nous estonne, auec quelle asseurance oserons nous attaquer les legions Romaines armees & aguerries, & entreprendre leur faire abádonner la garde du passage du Rhin? Osons, osons entrer vaillamment sur ces Allemans, & puis qu'ils nous mescognoissent pour amis, ne les recognoissons plus noz cófederez ny inuiolables. Portons pour enseignes les traictez de nostre ancienne alliance & cófederation, & ie m'asseure qu'ils ne les verront si tost que se congnoissans en disgrace des Dieux par leur pariurement & infidelité, leurs yeulx s'en esblouyront, le cœur leur manquera de cótredire, ce qu'ils nous ont deu accorder. Qu'il soit necessaire en venir là, l'estat auquel presentemét nous sommes reduicts le vous doibt faire congnoistre. Car demourans cóme campez icy, que y pouuós nous esperer, sinon pauureté & disette de toutes choses? De retourner en arriere, nous y trouuerons plus de peril, qu'en essayant ce que fortune nous donnera en marchant contre les Allemans. Si nous prenons la routte de noz peres, nous aurons les Gothz en teste, qui (combien qu'ils soient de la ligue contre les Romains) ne se rendront plus pitoyables enuers nous, qu'ils feirent enuers noz ancestres. De rebrousser le chemin que nous auons tenu en venant icy, ie craindrois que ayans trouué vne fois les Germains faciles, & pitoyables à nostre passage, ils se irritét s'ils voyent que de rechef nous leur tombions sur les bras. D'auantage nostre principale intention, tous noz vœuz & serments tendent & nous obligent de passer és Gaules: si nous leur tournons le doz, pésez vous que les Dieux accompagnent nostre mauuaise foy? Choisissons plus tost de mourir vaillammét en guerre, que de viure en poultrónerie & deshóneur. Ce dit il, s'adressa aux plus signalez de la compagnie,

& leur

& leur ramenant en memoire les plus remarquables actions & lieux où il leur auoit veu bien faire, continua ceste commemoration iusques aux simples soldatz: exhortant par là grans & petitz d'auoir cœur, & en ceste grande necessité, mettre peine que l'honneur des Bourgongnons fleurisse pluſtost, que de l'offenſer en tournant le dos, pour decliner le combat contre les Allemans.

IL EST de besoin ſe ſouuenir qu'il a esté dit cy deſſus, qu'au premier voyage des Bourgongnons, les gens de guerre ſe meirent en pays, pour chercher meilleure fortune: mais que les laboureurs & artiſans moins aptes au port des armes, eſtoient demourez auec les Allemás, pour défriſcher & mettre en labeur les bois, broſſailles, landes & autres portions de pays au parauát inutiles, que nous auons dit au cómencement leur auoir eſte donnees par les Allemans pour s'y accommoder. Les Bourgongnós meſlez par tát de ſiecles auec les Allemans, n'eſtoient plus diſtinguez de noms, ny de finages: ains eſtoient indiſtinctemét nómez, tenuz & reputez Allemans. Bien pourroit-il eſtre que cóme en France (meſmement és pays qui ont eſté plus lóg téps poſſedez par les Roys d'Angleterre) on ſe ſouuient bié encores de maintes races yſſues des Anglois, quoy qu'on ne les ſepare pas de la nobleſſe Françoiſe: comme auſſi en Eſpaigne ſont remarquees pluſieurs familles de caſe marrane, & neantmoins ne laiſſent d'eſtre en honneur autant que les autres Princes & Gentils-hómes Eſpaignolz: ainſi les Bourgongnons Allemans pouuoient eſtre recongneuz par eux, d'auec les autres Allemans: mais au reſte, ils n'eſtoient de ceux qui auoient voüé & faict ſerment de chercher toutes occaſions, pour retourner au pays primitif des plus anciés Bourgongnons. Et cóme tel vulgaire eſt communement appellé la lie du peuple, tant pource qu'il eſt de moindre eſtime, qu'auſſi d'autant que la lie eſt ce que trouble le vin; & le menu peuple eſt le pretexte de toutes turbulences en l'Eſtat: pource que c'eſt de ſa faueur que tous pretextes de guerres ciuiles ſont coulourez, & c'eſt de luy que chacun taſche de ſe preualoir. Quoy qu'il en ſoit, ces ruſtiques & artiſans Bourgongnons, eſtans Allemanniſez par tát de centaines d'ans, auoient du tout perdu la ſayue du Bourgógnon: le changemét de pays & de langue, auoit auſſi eſté accompagné de toutes autres tranſformations en Allemans. Tellement qu'en ceſte cótrouerſie de libre retour en ce que leur ſouloit appartenir, ces metiz tindrent auſſi affectionnement contre les Bourgongnons, que les Allemans meſmes.

LES BOVRGONGNONS eſmeuz par la remonſtrance de l'Hendin, ſ'eſcrierent vnanimement qu'on les employaſt, & qu'ils feroient bon & loyal deuoir. Et ſur ce tous ſe prepareret pour aſſaillir les Allemans, qui de leur coſté ne dormoient pas: ains eſtoient touſiours en armes, attendant que les menaſſes des Bourgongnons produiroient. Les armees faictes prochaines, l'amitié qui iadis auoit eſté iuree entre les parties, oubliee, la rage & fureur print meſme rang, que la ſocieté y deuoit tenir.

Bourgongnós portans les armes.
Bourgongnons mechaniques.
Confuſió des Bourgongnons auec les Allemans.
Maiſons en France yſſues des Anglois.
Caſes marranes en Eſpaigne.
Lie du peuple.
Menu peuple.
Soulagement du peuple, pretexte de guerres ciuiles.
Bourgongnós tráſformez en Allemans.
Metiz de Bourgongnons.
Reſolutió à la guerre.
On vient aux mains.

De façon qu'à l'abordee le traict & le gect d'vne part & d'autre feirent declaration du peu de bonne affection qu'ils se portoiét. L'Hendin mõté sur vn fort & puissant cheual gris pommelé, recouuert en Thrace, se maintenoit si gaillardement, que les ans ne diminuoient rien de sa bonne disposition, & l'accoustumance de bien faire se continuoit en ses valeurs. Ayant (comme dit est) mis ses gens en fort belle ordonnance, il ne cessoit d'aller de rangs en rangs, exhortant vn chacun à bien faire, & remonstrant que de ceste victoire dependoit l'espoir de bien tost entrer és Gaules, où les Dieux leur promettoient heureux, & tousiours durable repos.

L'Hendin exhorte ses gens.

CE DIT, & le traict failly, les gens de cheual & de pied se meslerent de si grande allegresse, & auec telle asseurance parmy l'ennemy, que ses huees & hurlemens ne le peurent garátir d'vne verte & furieuse attaque. Si ne s'en estonna l'Alleman, ains gardant constammét le pas qu'il auoit prins, soustint brauemét les efforts des Bourgógnons. Chacun chamailloit à l'enuy, & s'il en tomboit beaucoup d'vn costé, il n'en mouroit pas moins de l'autre. Le combat fut horrible, & de longue duree, sans qu'on cõgneut de quelle part la victoire deuoit incliner. Mais les vns & les autres pesle-meslez, les Bourgógnons poureuz d'espees d'armes bien tráchantes & fort poinctues, conquestees des legions Romaines, recouurerent l'auantage sur les Allemans qui ne frappans que de taille, auec des espees moulles, trouuoient fort estranges les coups d'estoc, & les craingnoient tant qu'ils ne les osoient attendre. Ioinct que le principal effort des hommes de cheual Bourgongnons, fut de donner aux cheuaux, desquelz les hommes abbattuz perdoient tout auantage. Ces deux poincts estonnerent tellement les Allemans, que surprins de frayeur, ilz cõmencerent à reculer & perdre terre. Mais ce ne fut sans bien cherement vẽdre la victoire aux Bourgongnons, qui y perdirent beaucoup des leurs, selon qu'il est testifié par Mamertinus Panegyriste, qui en parle ainsi: *Burgundiones Allemannorum agros occupauere, sed sua clade quæsitos.*

Cris des Allemans en cõbattant.

Allemans craignent les coups d'estoc.

Mamertinus.

IE SÇAY que Beatus Rhenanus ennemy profez des François & des Bourgógnons, & (tát qu'il peut) perturbateur de leurs histoires, est d'opinion que ceste entreprinse cõtre les Allemans, aduint apres que les Bourgongnós furent deffaictz par les Gothz, & chassez de Gothie. S'il dit que ce fut long temps depuis, ie le luy confesseray: mais s'il estime que ce fut incontinét apres ladicte deffaicte: il faut de deux choses l'vne: sçauoir est ou q̃ Mamertinus a parlé en Panegyriste (c'est à dire donneur de paroles) quand il a dit que les Bourgongnons furent aneantiz par les Gothz, ou que Beatus Rhenanus s'est mescompté (comme souuent) quand il a dit, que les Bourgongnons chassez de leurs terres par les Gothz, estoiẽt allez courir sus aux Allemans, & auoient cõquesté sur eux pays pour se loger, & du territoire pour y viure. Car si les Bourgongnons eussent esté si mal traictez des Gothz, que Mamertinus le faict sonner, comme eust-il esté possible,

Beat' Rhenanus.
Difficulté en ceste part d'histoire.

des Bourgongnons Liure II. 625

possible, qu'il leur fust resté asiez de forces pour aller combattre les Allemás peuple frais & entier? Mais si Rhenanus & Mamertinus n'ont qu'en cest endroit offensé la verité, Dieu le leur pardoint. Pour en dire ce qui en est, combien qu'en la bataille que les Bourgongnons perdirent contre les Gothz, plusieurs des leurs y demourerent, si est-ce que (comme ie l'ay deduit cy dessus) il leur en resta tant, que depuis ils s'estendirent dés les marestz Meotides, iusques en Thrace bien auant. Et la iournee qu'ils eurent auec les Allemans, ne fut pas dónee cét ans apres celle des Gothz. Voilà comment les histoires estrangeres sont estrangement traictees par les estrangiers: & toutesfois le François cótempteur de ce qui est de son creu, & coustumier d'admirer l'estranger, ayme mieux croire des mésonges fardees de paroles elabourees, que agreer la verité nuë, & prononcee sans fard, ny apparat par les siens. Mais si ce vice est nay auec les hommes Fráçois, il n'y a fourche auec laquelle on le peust chasser si loing, qu'il ne reuienne tousiours. On a beau crier apres les hómes doctes des Gaules, Si les Grecz, ou Latins, ou modernes Allemans n'en ont traicté, & en stile plausible, il leur semble q̃ tout ce que (au reste) on pourroit produire ne sont que fables & mésonges: au cótraire ce qu'ils pésent veritable, ne sont que pures méteries. Car l'affection de ceux qui ont escrit, est descouuerte si resoluë à l'auátage & honneur des Romains, que à quelque pris que ce soit, il faut que tous autres leur cedét, si par belles paroles on le doibt emporter. Ie suis souuenant auoir leu, que Arrianus (autheur fort signalé entre les historiens) ne peut qu'il ne trouue bien souuét estrange, que Ptolemeus, & Aristobulus (tous deux Capitaines és armees d'Alexandre le Grand) ayans escrit & laissé memoires de ses voyages & expeditiós, sont quelquesfois si cótraires en faicts, qu'il n'y a moyen de les reconcilier: & moins de iuger lequel dit vray, & lequel se depart de la verité historiale. Ce que ie ne dy par emulation, car (tant s'en faut que ie vueille debattre auec les ombres) que ie ne cherche que la pure & vraye clairté des affaires de iadis: notamment en ce que concerne l'histoire des Bourgongnons, ramenát lesquelz de Septentrion, ie vouldrois auoir peu ramener Calays, & Zethus fils de Boreas, pour chasser de France des opinions deprauatrices de la verité historiale: & lesquelles ne contaminent moins les esprits de la plus-part des François, que faisoient les harpyies la table, & les viandes de l'aueugle Phineus. Or passons oultre.

Contre Rhenan°.
Histoire esclaircie.
Coustume des François.
Arrianus.
Ptoleme°.
Aristobulus.
Calays, & Zethus.
Harpyies.
Phineus.

La victoire ne rendit les Bourgongnons insolens, ains se comporterent fort modestement auec les Allemans. CHAP. XIX.

Q̃ V E le Mercure est entre les metaux, le Bourgógnon est entre les autres nations: il se lie & accommode auec toutes sortes de gens. Et n'y a mal au Bourgongnon (si toutesfois mal doibt estre appellé) sinon qu'il n'estime les hommes que seló leur valeur. Pour estre

Bourgongnons cóparez au Mercure.
Le Bourgógnon n'est flateur ny dissimulateur.

GGg

l'homme en authorité, en faueur, & en credit, celà ne le meut rien. Il ne considere que les pures & nues actiós des personnes, sans s'arrester à l'apparence, aux estuys & enueloppemens qu'il estime temples Egyptiens. Vne autre chose luy est fort propre, c'est que s'estát dit amy, on s'en peut asseurer, & fust-ce au peril de sa vie. Iamais il ne se separe de ses amis, s'il n'y a eu faute insigne en la foy & loyauté de ceux ausquelz il auoit mis son amitié. Mais aussi s'il est declaré ennemy, la recóciliation n'en est pas bien aisee. C'est pourquoy (comme i'ay dit autresfois) les Bourgongnons ont esté dés long temps, & sont encores estimez mauuais Courtisans: car leur naturel n'est pas de dissimuler, & encores moins de flatter & souffrir choses indignes, pour du bien, & pour de l'argét. Et si entre les Bourgongnons quelques-vns se trouuent disposez au contraire, les meslanges de sang par alliances, auront produit telle corruption du vray & ancien naturel Bourgongnon.

{{marginalia: Le Bourgongnon amy entier. Bourgongnós mauuais ennemis. Bourgongnós mauuais Courtisans.}}

CESTE genereuse vertu de constáce en amitié & fermeté d'affection enuers ses amis, ne fut ny ne se trouua perdue entre les Bourgongnons: qui pour auoir (encores que non sans grádissime perte de bien bós hommes) obtenu difficilement victoire sur les Allemans: auec les maieurs desquelz leurs ancestres auoient iadis traicté alliance, confederation & fraternité: ne penserent deuoir s'enorgueillir, ny deuenir plus insolens, pour vser plus cruellement de leur victoire. Le Sinist ayant faict à leurs Dieux les sacrifices propices & accoustumez apres la bataille gaignee, leur auoit faict vne exhortation & remonstrance de se comporter modestement, & sans insolence en ceste victoire, en laquelle il maintenoit auoir esté plus perdu que gaigné. Car le but & singulier desir des Bourgongnons estant reduict à ce seul poinct, de trouuer moyens de passer le Rhin, pour entrer és Gaules: &(en mettant les Gaulois en liberté, par aneantissement de la tyrannie Romaine) recouurer les terres & pays, qui furent aux premiers Bourgongnons: autant de forces estoient perdues, comme d'hommes estoiét mortz en la bataille, tant d'vne part que d'autre: les Bourgongnons & les Allemans estans peuples plus singulieremét choisiz par les Dieux, pour mettre à chef œuure si excellente, que de rendre la liberté aux Gaules.

{{marginalia: Modestie en la victoire. Sinist.}}

TELLE remonstrance donna fort à penser & à l'Hendin, & à tous les chefz des Bourgongnons: qui commençans lors de trouuer vray ce que le Sinist auoit declaré, estimerent leur victoire plus dommageable que fructueuse. Mais ce que necessité auoit contrainct faire, leur sembloit excusable: & le tort du toutaige deuoir estre attribué aux Allemás, qui (comme empeschans le cours des destinees) auoient souffert peine digne de leur resistence. Toutesfois pource que la congnoissance des fautes est inutile, si l'on ne vient, sinon à les reparer (car le plus souuent il est impossible) du moins à garder que plus grand inconuenient n'en aduienne:

des Bourgongnons. Liure II.

aduienne, & se chastier de plus y retourner. L'Hendin fut d'aduis d'entrer en Conseil, pour chercher tous moyens possibles de se reünir auec les Allemans, afin que refaicts d'vne part & d'autre, & le temps abolissant les pertes, leur vertu vnie fust plus forte que diuisee: afin (aussi) que vniz, ils peussent auec plus grād auantage faire teste aux legions Romaines, pour assaillir lesquelles il ne falloit rien oublier.

L'AFFAIRE bien debatu, & les opinions recueillies, il fut resolu, que puis que les Dieux auoient donné la victoire aux Bourgongnons, il ne falloit la negliger, sans en vser auec insolence. Mais d'autant qu'vn bien faict bien employé, ne doibt iamais estre perdu: ains que toutes personnes bien nees doibuent estre souuenantes de qui elles ont profité: & (s'il leur est possible) le recongnoistre plustost auec vsure, que de l'oublier auec ingratitude: qu'il estoit raisonnable se souuenir de la vieille & antique benignité, dont les Allemans vserent enuers les Bourgongnons: quant à leur premiere emigration, ils n'auoient plus de chez-eux. *Considerations bōnes.*

SVYVANT ceste resolution les Bourgongnons vsans de leur victoire, se rendirent maistres du pays, se saisirent des habitations des Allemās, desarmerent les vaincuz trouuez, & feirent semblant de proceder à choses beaucoup pires. Ce pendant ils auoient leur leçon, & se garderēt bien de oultre-passer ce qui leur estoit permis. Car en discipline militaire & ciuile, & iuste obeissance enuers les loix & le Magistrat, les vrais Bourgongnons n'en ont iamais cedé ny aux Scythes, ny à toutes les autres nations amatrices de Iustice & de Police. *Obeyssāce des Bourgongnōs.*

LES principaux du bon des Allemans retirez en certains fortz, lesquelz toutesfois ils ne pouuoient longuement tenir, par faute de prouisions, se contenterent d'euiter les premieres fureurs du victorieux: en esperance que les chaleurs refroidies, ils trouueroient encores le Bourgongnon non oublieux de sa naturelle bonté. Pour doncques essayer quel fruict receuroit leur espoir, ils enuoyerent vers l'Hendin demander trefues de dix iours, pour parlementer & aduiser par ensemble de s'accomoder les vns les autres: & ramener à quelques bons termes, ce que par leur temerité estoit aduenu à leur confusion. C'estoit là où l'Hendin, le Sinist, & les Bourgongnons les attendoient: & furent tres aysés que ceste occasion leur presentoit les moyens de faire pour les Allemans, ce que autrement ils ne tenoient estre raisonnable de leur presenter: estant comme pour reigle generale, que qui veut accord le doit demander: & qui a affaire du feu, le doibt chercher: d'autant (aussi) que c'est du victorieux, que le vaincu doibt prendre la loy. Les Ambassadeurs des Allemans gracieusement receuz, & auec honneur; obtenu ce qu'ils demandoient, touchant les trefues; furent renuoyez bien contens, & auec bonne esperance d'auoir mieux. *Preparatifs de paix.*

DVRANT ces treues les affaires furent si modestement conduicts *De grand guerre grād paix.*

d'vne part & d'autre, que les Bourgongnons apres auoir choisi des terres des Allemans, ce que leur pouuoit iustement suffire, quitterent de pleine & bonne volonté le surplus. Celà esbahit & contenta tout ensemble les Allemans: de telle façon, qu'ils furent contrainéts loüer la modestie des Bourgongnons, bien marris qu'ils ne les auoient dés le commencement agreé pour voisins & amis, veu qu'ils leur auoient esté si debonnaires en la victoire. Sur tout ils regrettoient bien fort d'auoir esté vaincuz, non seulemẽt en guerre, mais aussi en honnesteté & courtoisie, par ceux desquelz la vertu montre suffisammẽt qu'ils peuuent estre amis necessaires. Pource ils eurent tant agreable l'accord que les Bourgongnons leur presentoient, qu'encores offroient-ils de se submettre à beaucoup plus.

De l'accord faiét entre les Bourgongnons & les Allemans: & de la diuision de leurs quartiers, pour viure mieux en paix. CHAP. XX.

Amitié renoüee est plus forte.
Les Bourgongnons & Allemãs seünis.

ON DIT communement que les differens suruenuz entre amis, s'ils sont appaisez, renforcent l'amitié. Ainsi en aduint-il entre les Bourgongnons & Allemans: Car ces deux peuples iadis fort amis, tombez en querelle, & puis apres appoinétez, dresserent vne societé & cõfederation si entiere, qu'elle valut pour trouuer moyen de rompre en fin les legions Romaines mises à la garde du passage du Rhin, & remettre les Gaules en leur ancienne liberté. L'occasion du discord est declaree au chapitre precedent: la cause de leur reintegration en amitié, a aussi esté touchee: sçauoir est, d'autant que les Bourgonnons deprouueuz de demeures, ayans esté contrainéts entrer de force és terres d'Allemaigne, faisoient cõscience d'entreprendre d'auantage: veu que iadis leurs ancestres, apres auoir abandonné les Gaules, auoient esté fort gracieusement & humainement receuz par les Allemans. Et ceste modestie des Bourgongnons, lors mesmemẽt que(s'ils eussent suiuy leur victoire)ils pouuoient faire beaucoup pis, obligea tant les Allemans, de reprendre & renoueller la bien vueillance & beneficence dont leurs ayeulx auoient vsé, qu'ils se hontoyerent d'y auoir contreuenu. Mais la penitence receuë, leur sembla auoir effacé le peché. Les affaires bien pesez d'vne part & d'autre, chacun se repentãt de ce qui estoit interuenu, ils se meirent en si grand deuoir les vns enuers les autres, que c'estoit à qui vaincroit son voisin par honnesteté. Iamais

Nolains, & Neapolitains.
Q. Fabius Labeo.

les Nolains & Neapolitains trompez par Q. Fabius Labeo, ne furent en plus grande volonté destroicir les limites de leurs finages, que les Allemans & Bourgongnons. En fin pour terminer telle contention d'honnesteté, ils deputerent des preud'hommes, qui plãteroient des bornes & limites entre les territoires des deux peuples. Ce qui fut si heureusement

Iulien l'Apostat.

mis à chef, que venant l'Empereur Iulien dit l'Apostat, en Allemagne, les
pierres

des Bourgongnons Liure II.

pierres bornieres y estoient encores : tesmoing Ammianus Marcellinus, qui en escrit ainsi: *Cùm ventum fuisset ad regionem cui Capellatij, vel Palas nomen est, vbi terminales lapides Allemanorum, & Burgundorum confinia distinguebant, castra sunt posita, &c.* De telle apposition & plantement de bornes parlant Rhenanus, dit qu'icelles pierres seruoient de beaucoup pour conseruer la paix entre les deux peuples. *Amm. Marcellinus. Pierres botnieres mises être les Bourgongnons & Allemãs. Rhenan".*

Toutes vieilles causes de ressentement mises à neant par vne publication d'oubliance d'iniures, les Bourgõgnons demourerẽt fort long temps en bonne & haulte paix au pays d'Allemaigne. Ce me faict croire que les modernes, aduertiz de ceste vnion & amitié d'entre les Allemans & Bourgongnõs, ont esté meuz de croire que les Bourgongnõs estoient naturelz Allemans : & que Plinius parlant d'eux, les auoit faict portion des Vindeliciens : combien que (à la verité) le mesme autheur les ayt dit Vandales, pour les raisons mises & deduictes cy dessus. Vray est que certains mediateurs ont pensé qu'il ne les failloit ny nommer Vindeliciens, ny Vandales, ains par vn mot approchant des deux Vindiles. Telz corrupteurs de textes, ne troublent pas seulement l'intelligence des histoires: ains empeschent beaucoup ceux qui s'efforcent de les restituer. Cecy (auec infinies autres occasions) me faict loüer l'aduis du docte & diligent Glarean: lequel en ses annotations sur le sixiesme Commentaire de Cesar de la guerre Gallique, parle ainsi : *Ego planè in ea sum opinione, Romanos scriptores in omnibus hisce describendis locis, sæpe vulgi famam secutos: ac incomperta pro compertis, quemadmodum de remotissimis regionibus temere mentiendo fieri solet, tradidisse.* Toutesfois qui vouldra (pour le regard de Plinius) mettre la faute, ou premierement sur les escriuains, ou secondairement sur les correcteurs d'imprimerie, il ne m'y trouuera trop repugnant. *Cause d'auoir creu les Bourgongnons estre Allemans. Plinius. Vindeliciens. Vandales. Vindiles. Glarean. Digne sentence.*

Or les Bourgongnons reconciliez auec les Allemans, & pierres posees en leurs finages, pour diuiser les territoires : les vns & les autres desirerent que telle pacificatiõ fust corroboree de quelque plus estroict lyen que la simple amitié. Pource fut-il aduisé, accordé, & arresté que dés lors en auant les Bourgongnons seroient receuz & admis à prendre alliances par mariages auec les filles & veufues des Allemans, & les Allemans au semblable auec celles des Bourgongnons. Telle inuention fut tãt agreable aux vns & aux autres, que plustost l'Alleman prenoit vne Burgõnotre, & le Bourgongnon vne Alemãde qu'autrement. Et ceste permixtion de sang engendra des amitiez indissolubles. Qui plus est, l'vnion de ces deux peuples deuint telle, que les estrangers n'en faisans distinction, ont confondu la difference qui estoit entre eux, nommans le tout indistinctement Allemans: A raison dequoy l'histoire des Bourgongnons a esté fort obscurcie, & demoure mal aysee à esclaircir. *Amitié renforcee d'alliãces. Permixtiõ de sang. Cõfusion du nom des Bourgongnons auec l'Alleman. Erreur vulgaire.*

De la premiere rentree des Bourgongnons és Gaules.
CHAP. XXI.

Dieu abãdonne les mauuais Princes.
Crainte nourrice de vertu.
Contre les Prínces impudiques.

IL A ESTé tresbien dit, & de bonne part, que quád Dieu veut punir vn peuple, il separe sa grace de la conduicte du Prince, pour le laisser en la main de son cõseil: selon lequel abandonnant la crainte nourrice de vertu, il se laisse couler en toute turpitude & impudicité. Cecy estant aduenu en infinis Royaumes, il a esté (ce pendant) remarqué, que les Rois trop addonnez aux voluptez, sont deuenus si arrestez au plaisir de leur sensualité, que (ne se souciant d'autres choses) ils negligeoient le deuoir de leur function: laquelle negligee dõnoit audace à quelques vns de les desdaigner, & finablement à vn de s'emparer de l'Estat. Ainsi par la lasciueté,

Sardanapalus.
Arbacés, ou Arbactus.
Tarquin l'orgueilleux.
Childeric Roy de France.
Merouee.

fay-neantise & effemination de Sardanapalus, faillit le regne des Assyriés, & Arbaces, ou (selon aucuns) Arbactus se saisit de la domination, & la trãsporta aux Medes. La paillardise de Tarquin l'orgueilleux donna fin au regne des Romains: & rendit le nom de Roy si odieux, que iamais depuis ils n'en voulurent ouyr parler. Ceux qui ont escrit de Childeric Roy de Fráce premier du nom, montrent assez que la splendeur des proüesses & valeurs de Merouee son pere, estouffees par ses desordres & lubricitez, il ne fut seulement hay, mais dechassé par les François, de sorte que cõme profuge & fuitif, il fut longuemẽt absent de son pays. De luy parle ainsi

Nicole Gilles.

Nicole Gilles en ses Annales & Chroniques de Fráce: *Childeric en l'an 461. pour son insolence, & pour la lubricité effrenee, luxurieuse & mauuaise vie qu'il menoit au commencement de son regne, en quoy il employoit tout son temps, & prenoit les femmes & les filles des Nobles, Bourgeois, Marchans, & autres du Royaume, qui luy plaisoient pour en faire sa volõté: en quoy il employoit & consommoit tout son temps, & sa cheuance: & pour y fournir leuoit grandes tailles, emprunts, & exactions indeuës sur le peuple: & ne prenoit point garde aux affaires de son Royaume, cheut en la haine & mal-veillance des François, qui sont gẽs d'austere courage: lesquelz delibererent ensemble de le prendre, & le mettre en tutelle, & punir & chasser aucuns ieunes & mauuais Conseillers qu'il auoit autour de luy. Et quand il s'apperceut qu'ils luy vouloient courir sus, il demanda conseil à vn sien Baron & amy familier nommé Guynemaud, qui luy cõseilla qu'il s'euadast, & donnast lieu à l'ire des François, &c.*

Childeric dernier Roy de la race des Merouinges.
Pepin faict Roy.
Loys fay-neant faict moyne à S. Denis.

Vn autre Childeric troisiesme du nom Roy de France, homme addonné à luxure, lasciuité & fay-neantise, fut le dernier de la race des Merouinges. Et faict moyne (comme indigne de la Couronne.) Pepin fils de Charles Martel fut faict Roy en son lieu, par les moyens portez par noz histoires. Pour quasi mesmes raisons Loys surnommé fay-neant fut aussi deposé de l'Estat Royal de France. Et (pource que n'a esté la façon des François de tuer leurs Roys) fut faict moyne à sainct Denis.

INFINIS exemples pourroient estre tirez des histoires, pour montrer combien

des Bourgongnons. Liure II. 631

combien la lubricité & effemination des Princes, (laquelle couſtumierement procede de faict neantiſe, & la nourrit) leur apporte de preiudices & de malheurtez: mais ce propos ayant expreſſément eſté entamé, & mis en auant pour venir à parler de Gallienus Empereur, de tous les laſcifs le plus impudique, & de tous les meſpriſants leur deuoir le plus contemptible : eſt à ſçauoir que les deſordres de ſa vie (combien qu'il fuſt nay vaillant homme, s'il n'euſt depraué ſon naturel) furẽt cauſe que nulz hommes de cœur le voulants recongnoiſtre pour ſeigneur: tant de vaillants hommes (voire iuſques aux femmes) ſe ſeparerent de ſon obeiſſance, que les hiſtoriens Latins font nombre de trente tyrants, qui chacun de ſon coſté s'attribuerent droict d'Empereurs, ſans plus le confeſſer Monarque. *Neque enim* (dit Trebellius Pollio) *quicquam eſt ad audaciam malis, ad ſpem honorum bonis promptius, quàm quum vel malus timetur, vel diſſolutus contemnitur Imperator.* La fortune (dit le meſme autheur) fut lors ſi mauuaiſe & ſi cruelle, que d'vn coſté les tremblemens de terre, & les ouuertures d'icelle eſtõnoiẽt vn chacun: d'ailleurs la peſtilence eſtoit ſi vehemente en la ville de Rome, & és citez d'Achaïe, qu'on faiſoit compte de cinq mille hommes morts en vn iour.   Valerianus pere de Gallienus eſtoit en Perſe priſonnier de Sapor, & traicté auec tant d'indignité qu'il ſeruoit de montoir au Roy victorieux quand il vouloit monter à cheual. La pluſpart des Gaules occupee; Odenatus en armes, & deſia Empereur de preſque tout l'Orient: Aureolus tenãt en effroy l'Illyric: Æmylianus ayant l'Ægypte à ſa deuotion : les Gothz apres s'eſtre emparez de la Thrace, faiſants le gaſt en Macedoine; Theſſalonique par eux aſſiegee: & au reſte toutes choſes eſtants par tout en grandiſſimes troubles, ſans eſperance d'en pouuoir veoir la fin. Toutes leſquelles choſes ſe faiſoient par deſpit de Gallienus, homme tres-luxurieux, & (ſi les affaires le luy permettoient) preſt à toutes choſes deshonneſtes. Ce pendant quand on luy apportoit nouuelles de la perte d'Ægypte il n'en faiſoit cas : ains diſoit ſeulement: Et quoy: ne nous paſſerons nous pas bien d'auoir du lin d'Ægypte? Si on luy parloit des gaſtz d'Aſie : Et bien (diſoit-il) ne ſçaurions nous eſtre ſans eſcume de nitre ? Apres auoir perdu les Gaules, on dit qu'il ſe print à ſoubz rire & à dire : La Republique mancque-elle de ſeureté, ſi elle n'a des hocquetons bordez? Semblablement faiſant pertes de tous les coſtez du monde, on euſt dit qu'il ne perdoit choſe aucune dont il deuſt faire cas: tant il auoit les ſens ſtupides, & comptoit à peu les dommages qu'il receuoit.

C E fut au temps de ce Gallienus, filz de Valerianus, que toutes les nations liguees enſemble au preiudice du nom & du Peuple Romain, entrerent en eſpoir de paruenir au but de leurs intentions. Ilz ne pouuoient penſer que l'Empire Romain tant diuiſé, & les chefz de guerre tant mal d'accord auec l'Empereur, ne fuſt ayſé à ruiner & deſtruire. Et ſans point de faulte ſi Odenatus n'euſt embraſſé la vengeance de Valerianus pri-

Gallienus Empereur.

Trente tyrants.

Trebellius Pollio. Digne ſentence.

Valerianꝰ reduit à grande miſere. Odenatus. Aureolus. Æmylianꝰ. Les Goths.

Indignitez de Gallienus.

Liguez remis en eſpoir.

Odenatus.

GGg iiij

sonnier: & que sans respecter Gallienus, il eust voulu simplement faire ses besongnes, selon que Zenobia sa femme le luy conseilloit: ny luy, ny son filz Herodés n'eussent esté proditoirement tuez: ny Zenobia menee contre tout droict en triomphe à Rome, par l'impudent Aurelianus: ny les Perses & Parthes n'eussent pas esté empeschez de fauoriser les affaires de la ligue, tant bien instruicts, que ce que l'Empire Romain a surduré, est deu à Odenatus seul & pour le tout.

<small>Zenobia.
Herodés.
Aurelian⁹.
L'Empire Ro. conserué par Odenatus.</small>

ESTANT entré en mention des appareils de la ligue & preparatifs des liguez, il est de besoin adiouster à ce que nous en auons dit cy deuāt, que Valerianus Empereur prins prisonnier des Perses, & reduict à la misere cy dessus racomptee: les Scythes constituez chefz de la ligue, aduertirent de toutes parts & distribuerent à chacun Peuple les charges necessaires pour mettre en effect les entreprinses pourpensees. Les Perses & les Parthes eurent commandement de combattre les legions d'Orient: les Gothz & autres gents Septentrionnalles furent deputees pour la cōqueste de l'Illyric, en esperance que les Daces impatiés du ioug Romain se rengeroient de leur part. Les Bourgongnons mediateurs de la ligue, receurent à leur charge de practiquer les Germains & les Allemans, aux fins de leuer les legions Romaines de leurs garnisons sur le Rhin, & induire ou contraindre Tetricus à rēdre la liberté aux Gaules. Pour à quoy plus puissamment satisfaire, iceux Bourgongnons reuoquerent d'Asie, celle bande des leurs qui allee au deuant des Perses, auoit en passant pillé le riche temple de Diane en Ephese. Or veoy ie bien que quelques remueurs de besongnes, & du nombre de ceux qui hardis à reprēdre, sont tardifs à mettre quelque chose du leur en euidence: & desquelz l'ancre est comme celle des Poulpes & des Seiches, qui ne sert que d'obscurcir & troubler: reffuseront de croire que celle trouppe de gēs de guerre, qui (pour nuire aux Romains) se promenoit par l'Asie mineur, & pilla le tēple de Diane Ephesienne, fust de Bourgongnons. Mais quād il leur plaira prendre raisons en payement, ilz sçauront que l'auant allegué Trebellius Pollio, traictant ceste matiere en la vie des deux Galliens, ne sçachant le vray nom des Bourgongnons dit ainsi d'eux: *Scythæ autem, hoc est pars Gotthorum, Asiam vastabant.* De quel autre peuple se peut cecy mieux entendre que des Bourgongnons? Lesquelz selon que nous l'auons dit & redit, estants en Gothie, ont esté estimez Gothz, tesmoing Mamertinus: & chassez de là, & retirez aux paluz Meotides, puis en Dardanie, furent reputez Scythes?

<small>Scythes chefs de la ligue.
Perses & Parthes.
Gothz.
Daces.
Bourgongnons.
Germains.
Allemans.
Tetricus.
Bourgongnons d'Asie.
Temple de Diane en Ephese bruslé.
Preoccupation.
Ancre des Poulpes.
Trebellius Pollio.
Bourgongnōs estimez Goths
Mamertinus.</small>

DONCQVES les Bourgongnons ayants prins à leur charge la conqueste du Rhin, & s'estants promis l'aide & faueur des Allemans: puis au lieu de celà les trouuants plus mal-affectionnez qu'ilz n'auoient esperé, furent contraincts proceder auec les Allemans ainsi que nous l'auōs exposé cy dessus. Sur quoy fault croire que les Bourgongnons accoustumez à ne rien souffrir mal à propos, eussent trop pirement traicté les Al-

<small>Bourgongnons entreprennēt la conqueste du Rhin.
Les Bourgongnons pourquoy</small>

lemans

des Bourgongnons. Liure II. 633

lemans vaincuz, qu'ilz ne feirent, s'ilz n'eussent voulu reseruer leurs forces, pour choses plus importantes : & si ilz n'eussent eu intention de se preualoir d'iceux.

TANT y a que la guerre & inimitié d'entre les Bourgongnons & Allemans, conuertie en vne plus chere & estroicte amitié que iamais : iceux Bourgongnons proposerent aux Allemans leur desseing de s'employer pour rendre le trafficq libre entre les Gaulois & les Germains : ce qui ne se pouuoit faire sans desnicher les legiõs Romaines de la garde du Rhin: chose (à la verité) de difficile executiõ : mais qu'aux hardis entrepreneurs la fortune prestoit plus volontiers faueur, qu'à ceux qui mal resoluz, sõt coustumiers d'appeler prudence, ce que manifestement n'est que pure couardise. Les Allemans du tout preparez à ce qu'il plairoit aux Bourgongnons, loüoient leur entreprinse, & ne reffusoient de se rendre participants du peril & hazard qu'il conuiendroit essayer, pour mettre à chef chose tendant à si grand bien, que de rendre le Rhin libre, & remettre en vigueur l'ancien commerce des peuples d'vne part & d'autre. Mais ilz alleguoient que pour l'accomplissement de chose si importante, il estoit necessaire faire bonne prouision d'hommes, afin que toutes difficultez vaincuës, on se peust asseurer d'obtenir la victoire. Adonc fut aduisé de semondre les Vandales, pour estre de la partie.

SVR ce aduint que la verité de la mort de Gallienus fut entenduë : & (qui pis est) que Claudius (homme autant plein de valeurs, que Galliẽ auoit esté vicieux & impertinent) auoit esté choisy pour releuer l'Empire & luy rẽdre son ancienne splendeur. Ce qui tourna fort mal à propos pour les liguez. Car comme les Peuples Septentrionnaux (principalement les Gothz) eussent dressé vne armee terrestre de seize vingtz mille hommes : & equippé vne autre armee nauale de deux mille vaisseaux : l'heur de Claudius (Empereur nombré entre les excellents) fut tel, que l'armee terrestre vaincuë, la nauale fut defaicte : si (toutesfois) nous en deuons croire le sus nommé Trebellius Pollio. Car l'affection dequoy il en parle à l'honneur de Claudius, pour complaire à son Empereur Constantius, est telle, qu'elle semble oultre passer le deuoir d'vn vray historien.

D'AVANTAGE ce qui rend les histoires des Empereurs de Rome moins receuables, est que l'on congnoit trop facilement que l'excessiue affection q̃ les autheurs d'icelles ont de haut loüer les affaires Romains, les contrainct d'en dire choses hyperboliques : ioinct que de leur temps l'ancienne conseruation de la verité des faicts, gestes & actiõs publiques n'estoit plus entretenuë. Les Põtifes ausquelz il appartenoit de faire Registres, Diaires, & Annales des heureux & mauuais succez du peuple Romain, auoient cessé leur function : & les Commentaires des Empereurs dressez de telle façon, que toutes choses tendãtes à leur honneur, estoiẽt magnifiees : & les aduersitez teuës, ou dissimulees. Ce que ayant esté bien

doux enuers les Allemans.

Commutation de guerre en amitié.

Couardise quelquesfois interpretee prudence.

Vandales.

Mort de Gallienus. Claudius Empereur.

Victoire de Claudius Emp. contre les Gothz.

Trebellius Pollio vn peu suspect. Cõstantiº.

Causes de suspicions contre les historiens de la suitte de Suetone.

Pontifes legitimes scripteurs des Annales, &c.

Ruse pour supprimer la verité.

Dion.
Propos notable.

congneu par Dion: & que la guide des Diaires, & Annales publiques lui defailloit, il parle ainſi du reſte de ſon hiſtoire: *Cæterùm quæ poſtea res geſtæ ſunt, eodem modo quo ſuperiorum temporum acta perſcribi non poſſunt. His enim omnia quæ vel procul ab Vrbe agerentur, Senatui, Populóque recitabantur, ideóque multi ea ſtylo perſequebantur: & quamvis non deerant, qui metui, aut gratiæ, inimicitiǽq̨, vel amicitiæ in condenda hiſtoria aliquid tribuerent: tamen apud reliquos, ac in publicis Commentarijs veritas reperiri quodammodo poterat. Verùm à tempore immutatæ Reipublicæ, quia plǽráque occultè agi ceperunt, parum fidei eorum narratio inuenit: quinetiam ſi quid apertè ac publicè ageretur, tamen ei quoque non multum certitudinis, rei quippe non ſatis exploratæ tribuitur.*

Noſtre ſiecle a quelque image de ce téps-là.

EST enim ſuſpicio, omnia dici, agíque ad arbitrium Imperatorum, eorúmque qui horum ſunt potentiæ comites: inde fieri, vt multa conficta diuulgentur, multa quæ verè acta ſint, ignorentur, denique omnia ſecus quàm euenerint, edantur. Iam ipſius etiam Imperij moles, &c.

Les hiſtoires Latines ne contiénent toutes verité.
Dion.
Fl. Vopiſcus.
Herodianus.
Intention de l'autheur.
Hereſie en l'hiſtoire.

DE maniere que ce n'eſt entierement és hiſtoriens Latins qu'il fault chercher la verité: tant pour-ce que nous venons d'alleguer de Dion; que eu eſgard à ce que Flauius Vopiſcus en dit au commencement de la vie d'Aurelianus Empereur: & auſſi bien peſé ce que tout à l'entree de ſon premier liure Herodianus en a certifié. Si toutesfois ie m'y ſuis arreſté iuſques à cy, & m'arreſteray encores cy apres: ie prie les Lecteurs tenir pour certain, que ce n'a eſté ny ſera pour croyance que ie leur dône: ains pour ſuyure leur ordre, & encores plus expreſſement pour ſatisfaire à infinis hommes, qui ne penſent aucunes hiſtoires eſtre vrayes, ny dignes d'eſtre creuës, ſi elles ne ſont fondees ſur quelque autheur Grec ou Latin, & confirmees par leurs eſcrits. Qui eſt vne hereſie ſi grande en l'hiſtoire, que par conſequent il fauldroit croyre qu'il n'y a peuple digne de louange & d'honneur que les Romains: les autres demourants ſans eſtime & reputation: & reputez Barbares, legers, & inconſtants, pour-ce ſeulement, que (trop amateurs de leur liberté) ilz n'ont voulu ſouffrir le ioug Romain; l'auarice des Proconſulz & Preteurs; ny l'inſolence des legionnaires. Mais ceſte matiere meritant vn œuure propre & particulier, ie ſuis d'aduis de la laiſſer, pour ſuyure le texte de noſtre hiſtoire.

Inconuenients de croire aux hiſtoires Latines.

Fl. Claudius Emp.
Les effects des liguez ſuſpenduz par Claudius.
Il importe beaucoup d'auoir vn Prince genereux.

FLAVIVS CLAVDIVS faict Empereur, & le ſort changé, d'autant que d'vn mol, laſcif & faict neant Empereur Gallienus, la ſouueraine puiſſance eſtoit eſcheutte à vn vaillant, ſage & magnanime guerrier: par lequel les forces que la ligue auoit plus mis en prompt, furent rembarrees & deffaictes: tous les preparatifs des autres liguez furent tenuz en ſuſpens, & l'ardeur que tous auoient d'aſſaillir l'Eſtat Romain, ce pendant qu'il auoit pour chef vn effeminé, laſche & villain paillard, vint à ſe refroidir. Tant il importe à vn Peuple non ſeulement pour ſa reputation, mais auſſi pour ſa ſeureté d'auoir vn Prince genereux, & duquel les actions

ſoyent

des Bourgongnons. Liure II.

foient dignes d'eftre imitees. Car c'eft chofe certaine, que le Prince tombant en mefpris(ce qui ne peult aduenir que pour fes vices) la nation à laquelle il commande, ne peut eftre eftimee des proches, ny des loingtains. *Les vices des Princes infamene les fubiets.*

TELLE foudaine mutation d'vn Gallienus lafche, & diffolu paillard, en vn Claudius tres-experimenté Capitaine & valeureux combattant, euft entierement deftruict l'efperance que les liguez(& principalement les Bourgongnons) auoient de profiter lors que l'Empire Romain diuifé, le corps en eftoit fi mal conduit que d'eftre foubzmis à vn vault rien: fi la domination de Claudius n'euft efté reduite à deux ans feulement. CE terme fut court: mais(ce pendant) il executa fi grandes chofes, que Aurelianus luy fuccedant n'eut (quafi) autre peine que d'acheuer ce qu'il auoit defia fort auancé. *Antithefe. Claudius ne regna q̄ deux ans. Aurelian' Empereur.*

OR(reuenant à noz Bourgongnons) nous auons dit, qu'entre eux & les Allemans il auoit efté refolu de ne fe mettre au hazard d'affaillir les legions Romaines, mifes en garnifons fur les riuages du Rhin, fans vn bien dreffé preparatif d'hómes, & de toutes chofes requifes pour fi haute & difficile entreprinfe. Auffi auoit porté leur refolution d'inuiter les Vandales pour eftre de la partie: mais comme entre la bouche & la cuillier il aduient maint encombrier: ainfi aduertis de la mutation foudaine aduenue en l'Empire Romain (felon que nous venons de dire) il changerent d'aduis, quant à mander les Vandales: mais(au refte) ayants aduerty les Scythes & les Gothz, qu'ilz ne fauldroient d'entrer és Gaules dans l'annee en laquelle ilz eftoient, & fe voyáts fur la fin de l'Efté, ilz n'y voulurent faillir. Car combien que Vopifcus en fon Proculus donne cefte attainĉte aux François, qu'en riant ilz font couftume de tromper, le naturel du Bourgongnon eft tout autre: d'autant qu'il eft fi ferme en fon propos & conftant en fes promeffes, que ce qu'il faict par conftance, luy eft quelques-fois imputé à opiniaftreté. Et de vray c'eftoit iadis vn dire commun en France, que la parole d'vn Bourgongnon, valoit vne obligation. *Vandales. Prouerbe. Vopifcus des François. Naturel du Bourgongnon. Pourquoy les Bourgongnons font reputez opiniaftres.*

AYANTS doncques refolu d'entrer és Gaules, ilz fe garderent bien de paffer pres des villes de Majence, Treues, Strafbourg, Spire, & autres efquelles eftoient pofees les garnifons Romaines: ains trauerfans le plus fecrettement que faire peurent, plufieurs grands bois & foreftz, gaignerent les lifieres des Suiffes (aufquelz Bafle n'eftoit encores attribuee) & trouuants le Rhin fort bas, le gayerent facilement. Iamais les Grües ny les Oyes fauuages en paffant les montagnes Acrocerauniennes, ne furét fi bien confeillees par nature, de mettre des pierres en leur bec pour empefcher que par leurs voix elles foyent defcouuertes des Gerfaulx, qui ont leurs nids en icelles montagnes, & autrement les pourfuyuroient à oultrance: que les Bourgongnons follicitez de conduire heureufement leur entreprinfe, furent foingneux de celer leur expedition, iufques à ce *Par où les Bourgongnons entierent és Gaules. Bafle. Comparaifon.*

que ioincts auec les Gaulois, ilz euſſent dreſſé practiques pour ne plus craindre les legions: leſquelles n'eſtoient moins en peine de ſvnir & cōſeruer, que les Bourgongnons auoient de paſſer quoyement. Car il auoit eſté conuenu entre les Bourgongnons & les Allemans, que ſi les legiós Romaines(leſquelles eſtoient fort mal complettes)abandonnoiēt leurs ſtations & garniſons, les Allemans ne fauldroient de donner la part où ilz verroient iour.

Entrepriſe.

De diſcourir iournees à iournees le voyage des Bourgongnons marchants ſerrez & ſur leurs gardes, ce ſeroit labeur non ſeulemēt mal plaiſant, mais auſſi ſans fruict. Tant y a qu'ayants paſſé le Rhin, & peu à peu paruenuz aux mōtagnes qui ſont comme rameaux du Mont jou: ils cōmencerent deſlors à quaſi odorer vn air bening & ſouhaittable, qui par vne indicible faculté, leur donna tant de contentement, que les peines precedentes oubliees, ilz penſerent tel plaiſir deuoir augmenter d'autant plus qu'ilz ſe feroiēt plus voiſins du lieu auquel ilz aſpiroient: qui eſtoit la plaine où ſouloit iadis eſtre le Bourg-Ongne, duquel leurs anceſtres leur auoient laiſſé l'appellation de Bourgongnós. Aucuns(pour ſe mieux chatoüiller de lieſſe)loüoient des hómes anciens, qui par les menuz leur deſchiffroiēt toutes les places & endroits ſur leſquelz la veuë ſe pouuoit eſtendre. Somme rien ne leur ennuyoit tant, que l'empeſchemēt de paruenir où leur œil auoit deſia attaint. Ce qui ne tarda pas beaucoup à ſucceder. Mais trouuás à leur arriuee au val d'Ongne, qu'à peine ſe pouuoiēt recongnoiſtre marques que là euſt eſté vn Bourg, ny pas vn bien petit village: ilz ne peurent moins que de deteſter la mauuaiſe volonté des Senonois, qui auoit contrainct les propres habitans de ce Bourg, d'eſtre cruelz enuers le lieu de leur naiſſance. Toutesfois pour-ce que les lamētations & regrets en telles matieres, ſeruent de fort peu ou du tout de riē: le Siniſt indict trois iours de ſupplications: & ce pendant feit ſacrifices ſolennels aux Dieux du pays, exhortant toutes ſortes d'hommes de parenter à leurs anceſtres. Ce qui fut faict de telle & ſi grande affectiō, que rien ne fut oublié des ceremonies lors accouſtumees pour les parents decedez.

Mont jou.

Bourg-Ongne.

Marques de recongnoiſſance du Bourg-Ongne effacees.
Contre les Senonois.
Siniſt.
Supplications indictes.
Parétatiō.

Mises à fin les ceremonies qui lors ſembloient neceſſaires, tant enuers les Dieux, pour les ſe rendre propices; qu'enuers les deffuncts, pour leur prier repos: ce fut(au reſte)à pēſer de s'habituer: &(à ces fins) rebaſtir le Bourg-Ongne. Nous auons cy apres à alleguer de bons & ſuffiſants autheurs, que les Bourgongnons eſtoient pour la part charpētiers & architectes. Ce tenu pour certain: & nul ne pouuant ignorer que la Bourgongne a eſté nommee par tiltres ſpeciaux, mere des foreſtz, mere des eaux & mere des chefs-d'Ordres: il ne faut douter que la matiere eſtant prompte, les ouuriers ne furent lents à la mettre en œuure. A vray dire, il ne tarda gueres que le Bourg-Ongne fut reedifié: & ſi ce ne fut auec autant de belleſſes & ſuperbes baſtiments que le precedent: pour le moins ce fut

Ceremonies.
Entrepriſe de rebaſtir le Bourg-Ongne.
Bourgongnós charpentiers.
Bourgongne mere des eaux, des foreſtz & des chefs d'Ordres.

des Bourgongnons. Liure II. 637

ce fut tant que suffire deuoit aux nouueaux habitants : lesquelz s'y accommoderent auec tel contentement que les personnes en reçoiuent, quand elles sont à leur souhait.

De l'Estat des Gaules, lors que les Bourgongnons y rentrerent pour la premiere fois. CHAP. XXII.

CEvx qui ont dit que le Prince est comme vn Astre luysant, qui par son lustre donne influence à son Peuple, ne se sont aucunement mescomptez. Car vn Prince duquel la generosité est accōpagnee des vertuz necessaires pour bien-heurer luy, son Estat, & ses subiects, ne peult qu'il ne soit craint & redouté de ses ennemis & aymé de son peuple. Mais si orgueil marche deuant eux, honte, & dōmage le suyuent de pres : si aussi desordre & folle despense sont chez luy, encores que la prodigalité prēne masque de liberalité, elle ne pourra tant estre desguisee, que les clair-voyants ne la recongnoissent & interpretent telle qu'elle est. Cecy regarde Gallienus, qui venu à l'Empire Romain par la vertu de son pere, s'estudia si peu à la representer par actions dignes d'vn Prince, que tous historiens (encores que les scripteurs des vies des Empereurs, les fauorisent de tout ce qui leur est possible) sont plus assiduz à regretter le malheur de la Republique Romaine, d'auoir esté subiecte à vn tel vaut_rien, qu'ilz n'ont peu trouuer de moyens pour rendre l'excés de ses vices, & licences excusable. Trebellius Pollio au commencemēt de son liure des trente Tyrants, dit de Gallien que non seulement les hōmes, mais aussi les fēmes l'auoient en desdain & mespris. Et au traicté qu'il a fait expressément de luy, auquel il le peinct de toutes les couleurs propres à vn dissolu, & pl⁹ que trop vicieux Prince : il vse de deux traicts que i'estime fort remarquables. Par l'vn il faict entendre que de son temps le mot de majesté fut appliqué aux Empereurs : par l'autre qu'il donnoit pris pour se faire baiser les mains : mesmemēt aux Matrones & femmes de maisons, ausquelles il payoit pour ledit baise mains quatre escus de son nom, c'est à dire quatre Galliens. Le reste de ses indignitez est porté par le mesme texte. Et par là nous faict congnoistre que comme Iules & Auguste Cesar reffusoient les tiltres trop superbes, (encores qu'ilz les eussent merité) ainsi les Princes les plus indignes, se sont faict estimer Dieux, Majestez, & ont prins qualitez si impertinentes, que Dieu en a esté irrité, & les hommes scandalisez.

Or chacun (dés les plus grands iusques aux plus petits) ayant l'Empire Romain en hayne, à cause que le possesseur d'iceluy en contaminoit l'excellence : ce fut à l'enuy que les premiers & principaux Officiers de l'Empire, se separerent de son obeissance. Entre autres (afin que ie ne touche que ce qui nous regarde) Posthumus (homme tres-vaillant en temps de guerre, & ferme conseruateur de sa dignité & reputation en temps de

Le Prince est comme vn Astre à son peuple.

Apoph-thegme du Roy Loys xij.

Gallienus.

Trebellius Pollio.

Maiesté.

Baiser les mains.

Des tiltres superbes.

Gallien rendoit le nom Romain odieux. Posthum⁹.

HHh

De l'antiquité & origine

Gallienus Saloninus.
paix:& lequel Gallienus auoit choisy, comme digne d'auoir son filz Gallienus Saloninus en gouuernement) fut pressé par les Gaulois (ausquelz il commandoit comme Lieutenant general de l'Empereur, en leur pays) de se departir de l'obeïssance de Gallienus, à qui ilz vouloient excessiuement mal. Ilz luy conseillerent aussi de ne se plus porter pour Lieutenãt, ains pour Empereur en chef. Et se dit què certains soldats apostez meirẽt

Saloninus tué, & pourquoi.
à mort Saloninus pour deux raisons:l'vne afin que Posthumus desperast de pouuoir iamais auoir le pere pour amy: l'autre à ce que Posthumus fust contrainct de cesser les reffus, que iusques lors il auoit faict de se declarer Empereur és Gaules, & y prendre l'escarlatte. Brief l'Infant mort

Posthumꝰ Empereur és Gaules.
& les legions riere lesquelles estoit la force, & les Gaulois qui fournissoient la solde, le receurent pour souuerain auec admirables allegresses. Posthumus iouït des Gaules par l'espace de sept ans: durants lesquelz il fortifia & meit en bonne reparation & defenses les villes principales.

Cause de la mort de Posthumꝰ. Lollianus.
Mais (comme les honneurs changẽt les mœurs) Posthumus deuenu par ses promotions plus haultain & plus seuere que de coustume, Lollianus aduisa de s'en defaire: & par sa mort de s'emparer de son Estat. Et afin que le filz (nommé aussi Posthumus) n'empeschast la paisible iouïssance: on luy feit courir mesme fortune.

Victorinus. Victorina Auguste.
LOLLIANVS (à peine paisible de l'Estat de Posthumus) trouua qui luy feit de tel pain souppe. Ce fut Victorinus, filz de Victorina ou Victoria, tant aymee des soldats, que (oultre ce qu'elle fut honoree du nom d'Auguste) on l'appelloit aussi la mere du Camp. Ce Victorinus estoit vn des plus dignes hommes qui fussent de son temps: vne seule chose e-

victorinus luxurieux.
stoit en luy reprehensible: c'est qu'il faisoit l'amour à toutes femmes: & ne laissoit aucune belle femme de soldat, qu'il n'en tirast plaisir s'il luy estoit possible: dont aduint qu'vn greffier (ie dirois volontiers fourrier) le tua. Son filz n'en eust pas moins: de peur qu'il trouuast moyen de venger la mort de son pere.

Marius Emp.
A VICTORINVS succeda Marius forgeron, mais ce ne fut que pour trois iours: car vn sien compagnon le tua en luy disant: Voicy l'es-

Entree des Bourgongnons és Gaules.
pee que tu as forgée. Enuiron ce temps les Bourgõgnons rentrerẽt pour la premiere fois és Gaules, selon que nous disions au Chapitre precedẽt. Et lors Victoria ou Victorina (ne voulant demourer sans support, apres la mort de son mary & de son filz) follicita vn sien allié nommé Tetricꝰ,

Tetricus.
Senateur Romain, & desia chef des legions mises en garnison és Gaules de prendre le tiltre d'Empereur. De faict elle feit tant enuers les soldats qu'il fut salüé & nommé Auguste: & son filz appellé aussi Tetricus fut

Aurelianus venu de fort petit lieu. Deshõmes obscurs venants à grandeurs.
faict Cesar. Tous deux commanderent longuement és Gaules. Mais en fin Aurelianus Empereur, qui auoit succedé à Claudius, ne mesfeit le naturel des hommes de bas estat: qui venuz à grandeurs, ne s'y sçauent modestement conduire: ains estiment leur authorité ne point paroistre, si elle n'est accompagnee de rigueur, seuerité, piaffe & du preiudice ou dõmage

des Bourgongnons. Liure II.

mage d'vn chacun. Aurelianus doncques vint és Gaules, expressement pour combattre Tetricus, & renger le pays en son obeïssance. Tetricus (se voyant mal obey de ses soldats, & ne pouuant comporter leurs insolences) se rendit de propre volonté. Mais Aurelianus qui ne prenoit rien en bonne part, homme rogue & impatient : feit saisir au corps le debonnaire Tetricus : & sans auoir respect à ce qu'il estoit Senateur Romain, hôme Consulaire, & paruenu au grade de Gouuerneur en chef des Gaules, le mena (& auec luy son filz) au mesme triomphe auquel fut aussi triomphee Zenobia femme d'Odenatus Prince des Palmyreniens, auec ses deux enfans Herennianus & Timolaus: sans considerer que sans ledit Odenatus, qui auoit fait teste à Sapor & aux Perses, en esperance de recouurer l'Empereur Valerianus prisonnier, duquel son filz Gallienus ne tenoit compte: il estoit certain que la Chose publique & l'Empire Romain, fussent tombez à la mercy des peuples estrangers. Voilà comme les paruenuz de fort peu à quelques grandeurs, entrent en mescongnoissance d'eux-mesmes: & ne se soucient à quelque pris que ce puisse estre, qu'ilz se facent craindre & redouter. A quoy Dieu a aussi si bien pourueu, que telles gens ou meurent sans laisser hoirs masles : ou s'ilz en laissent, la succession ne dure pas iusques aux troisiesmes sans scandale, honte & ignominie.

Indignité faicte à vn Senateur Romain.

Zenobia. Odenatus. Herennianus. Timolaus. Mescongnoissance d'Aurelianus.

Richesses tost amassees ne sôt de duree.

AVRELIANVS ayant faict si grande playe à son honneur, que d'auoir mené en triomphe vn Senateur, & autresfois Consul Romain: & la femme & les enfans d'vn, graces duquel il se deuoit recongnoistre Empereur : donna pour raison du premier si grand mescontentement à tout le peuple, voyant ses Senateurs ainsi traictez : & esmeut à cause de l'autre tous les spectateurs à si pitoyable compassion, que toutes les magnificêces de son triôphe, lesquelles (à la verité) furent superbes, en furent moins estimees : & luy rendu moins aggreable. Ce qu'il recongneut fort bien: & pensant amender ses faultes, laissa à Tetricus la plaine & entiere iouïssance de ses anciens biens : & (pour ne le laisser sans honneurs) le constitua correcteur de la plus part de l'Italie. ET quant à Zenobia il ne luy laissa seulement la vie: mais d'auantage luy donna vne cheuance à Tyuoly: où elle s'accoustuma à viure comme les Dames Romaines, prenant soing de bien nourrir & esleuer ses enfants.

Contre Aurelianus.

Tetricus restably en quelque honneur. Zenobia reduicte auec quelque moyé à Tyuoly.

LAISSANT à parler d'Aurelianus iusques à vne autre plus propre occasion : il me semble téps de dire, que les Gaules ayans esté regies & gouuernees cóme vn Empire separé du Romain par Posthumus, Lollianus, Victorin', Marius & Tetric': les Gaulois auoiét côceu certaine esperáce, qu'icelles Gaules ne seroient iamais plus revnies audit Empire Romain. Ce q s'estás aussi persuadé les Bourgógnos, auoiét hasté leur venuë, pour ne riê espargner de leurs moyés, afin q les Gaules (ausqlles ils voüoiét leur seiour, comme las de plus rauder par le môde, incertains de bien asseuree demouráce) recouurassêt leur antique splédeur & liberté: sans permettre

Empire particulier és Gaules.

Occasion de la venue des Bourgonguons.

HHh ij

que les aigles Romaines(pires & plus cruelles que celle de Prometheus) leur rongeaſſent inceſſamment les entrailles : & feiſſent renaiſtre leurs tourments en ne les pouuant mettre à fin, ny ſe ſaouler de les tenir ſoubs griffes.

Aigles Romaines.
Aigle de Prometheus.

TEL eſtoit lors l'Eſtat des Gaules, que toute l'authorité & commandemét ſaiſis & vſurpez par les Romains: il ne reſtoit aux Gaulois qu'vne contrainéte & plus que neceſſaire obeïſſance. Neceſſaire ay-ie dit; car la moindre ſuſpition qui pouuoit naiſtre contre vn Gaulois, fuſt iuſte, fuſt iniuſte, n'importoit moins, que confiſcation de corps & de biens. Et quant à ſaſſembler en corps de villes, il n'en eſtoit nouuelles : voire que ſix parlementans enſemble, eſtoient ſuſpects de conſpiration : ſi vn Romain ſignalé de quelque grade, n'eſtoit faict participant de tous leurs propos & affaires. Il falloit doncques que les deſireux du recouurement de leur liberté: & plus affectionnez au bien publicq', allaſſent de nuict de maiſons en maiſons porter propos, receuoir aduis, & entre deux ou trois reſouldre de toutes occurrences, ſi dextrement que les Magiſtratz Romains ny leurs Mouſchards n'en peuſſent rien apparceuoir. Les Gaulois tenuz ainſi à l'eſtroict, & les Bourgongnons encores plainement libres, negocioient ainſi par enſemble obſcurement. Les Bourgongnons prouueuz d'armes, en fourniſſoient les Gaulois ſecrettement: non qu'elles fuſſent miſes és iadis maiſons de villes: mais ou diſtribuees aux particuliers ou retirees en certains lieux non ſuſpectz, & dont on ne ſe pouuoit douter.

Eſtat des Gaules.
Miſeres des Gaulois.
Intelligences ſecrettes.

RIEN ne peult eſtre ſi ſecret, que quand pluſieurs en ſont participâts, il n'aduienne à quelqu'vn de ne ſ'en pouuoir taire. Ainſi en print-il à certains Gaulois: qui faicts familiers de Tetricus, & aduertis qu'Aurelianus venoit en armes pour luy courir ſus: penſerent ſe rédre officieux enuers luy, ſilz l'encourageoient de tenir bon: & ſi pour l'y induire, ilz luy conſeilloient de ſe ſeruir de la vertu des Gaulois: leſquelz ont bien peu eſtre deceuz ſouz ombre de bonne foy enfrainte par Ceſar : mais en batailles rengees, & par force aperte, n'ont iamais cedé à aucune nation. Entrez en ces propos, & l'affection les eſchauffant ; ilz ne peurent ſe garder de declarer à quelles fins tendoit l'arriuee des Bourgongnons ; les ligues, & practiques qu'ilz auoient dreſſé auec les Allemans & Germains : & d'auantage les ſecrettes menees dont les Gaulois & iceux Bourgongnons eſtoient en termes.

De penſer bien faire, mal en vien.
Secrets reuelez.

TETRICVS (qui a touſiours eſté tenu pour vn bien bon homme, mais peu reſolu & moins determiné) aduerty certainement qu'Aurelianus (perſonnage magiſtral, autheur de ſa fortune, & d'autant plus ſuperbe & inſolent) le venoit attaquer, perdit toute aſſeurance : tant l'opinion qu'il auoit prins d'Aurelianus, le tenoit en effroy, & le peu d'obeïſſance qu'il tiroit de ſes ſoldats luy donnoit de deſeſpoir : dont aduint ce que nous dirons au Chapitre ſuyuant.

Aurelia-

des Bourgongnons. Liure II. 641

Aurelianus Empereur arriué és Gaules, se saisit de Tetricus, remet les legions en son obeissance, ruine le nouueau Bourg-Ongne, & des ruines d'iceluy construict Dijon.

CHAP. XXIII.

LE SOVVERAIN distributeur de graces les a si bien departy, que nul, ou peu en ayants ce qu'ilz en vouldroient desirer : nul toutesfois n'en est du tout si desprouueu, qu'il n'en ayt dequoy loüer son Dieu. Et entre les hommes la bonté est tellement diuisee, que tel est bon en particulier, qui n'est ny bon Citoyen, ny bon Magistrat : & tel est bon Magistrat, qui n'est ny bon en son priué, ny aussi bon Citoyen. Ainsi Tetricus particulierement, & de soy-mesme bonne personne & loüable Senateur, n'auoit le cœur assez hault pour estre Capitaine, & moins pour tenir rang d'Empereur. Au contraire Aurelianus auoit vne magistralle audace pour commander, & vne dexterité admirable pour se sçauoir faire obeir. Mais au reste, c'estoit vn des plus mauuais hommes, & des plus oultrecuidez que l'on eust sceu choisir. Tetricus assez aduerty du naturel de cest homme, duquel l'origine estoit si obscure, que quelques historiens ont eu honte de la descouurir : sçachant aussi que les hommes de sa liste (c'est à dire yssuz de fort petit lieu) sont ordinairement en peine pour impugner la noblesse ancienne, & de race, afin d'extoller les hommes nouueaux : mais (sur tout) bien aduerty qu'Aurelianus se ventoit d'estre marchand tout à vn mot : qui est à dire qu'il ne menaçoit pas en vain : & (comme dit Vopiscus) s'il menaçoit ne pardonnoit iamais : pensa gaigner faueur & rendre sa cause meilleure, si s'humiliant deuant Aurelianus, se mettoit à sa mercy, & luy remettoit toutes les legions Gallicanes. Mais ayant affaire à vn homme rebarbatif, seuere, & mal-piteux, il se trouua saisy & inuesty : voire pirement traicté que vn ennemy, & fust-il capital. Moins fut espargné Tetricus le filz : qui, aussi bien que le pere fut reserué pour estre mené en triomphe. Plus modestement s'estoit comporté Seuerus Pertinax, qui apres auoir combattu & faict mourir deux de ses competiteurs en l'Empire, Æmylianus & Pescennius Niger, & le triomphe luy fust presenté, le refusa (comme dit Ælius Spartianus) de peur qu'on ne pensast qu'il eust triomphé d'vne victoire Ciuile. Or Tetricus s'estant rendu, & ayant liuré, (ie n'ay pas voulu dire trahy) les legions au pouuoir d'Aurelianus, pensa bien gaigner sa bonne grace, en luy declarant ce qu'il auoit entendu des practiques des Gaulois & des Bourgongnons : mais celà ne profita à sa cause. Toutesfois Aurelianus qui ne vouloit rié pretermettre de ce qui pouuoit seruir à sa grandeur, ne contemna les aduertissements qu'il eut du faict des Bourgongnons.

Bonté diuisee.
Tetricus.
Aurelian⁹.
Origine d'Aurelianus.
Naturel des hômes yssuz de bas lieu.
Vopiscus.
Tetricus fils.
Seuerus Pertinax fort modeste.
Æmylian⁹.
Pescennius Niger.
Ælius Spartian⁹.
Intelligences de la ligue reuelees.

HHh iij

De l'antiquité & origine

Bas Langrois.

CELA fut caufe qu'Aurelianus venu au bas Langrois, trouuant que les Bourgongnons auoient tellement reftauré l'ancien Bourg-Ongne, qu'il fembloit tout nouueau : & tenant les Bourgongnós pour Allemás naturelz, il fe fafcha de les veoir là fe ramager : & comme il eftoit hault à la main, & imperieux, commáda par vn edict primfaultier qu'on ruinaft ce Bourg, & qu'on renuoyaft telle canaille en leur pays fans les laiffer f'accommoder és Gaules. Le commandement faict, il n'y eut rien plus haftif que de le mettre en execution: de maniere que le feu mis en diuers endroicts du Bourg, bafty pour la plufpart de bois felon l'vfance d'alors, & à raifon de la cómodité que l'abondance des foreftz fourniffoit adóc, eut en brief finon confommé, du moins ruiné ledit Bourg. A raifon dequoy les Bourgongnons feparez & efcartez, aduiferent de trouuer party tel qu'ilz le peurent recouurer. La plufpart eftans (comme nous l'auons defia touché, & nous l'efperons plus amplement declarer) bocherons, charpentiers, menuyfiers, & metteurs de bois en œuure, trouuerent par cy par là où f'employer de leur meftier, & les autres fe loüerent pour labourer les terres. Mais il nous les conuient vn peu laiffer pour parler de Aurelianus, & puis nous les reprendrons tout à temps, apres auoir traité de la fondation de Dijon.

Ruine du nouueau Bourg-Ongne.

Bourgongnons efcartez.

COMME toutes chofes bonnes font plus couftumierement pofees entre deux extremitez vicieufes : auffi la Religion eft entre l'impieté & la fuperftition : mais non tant mitantiere, que la fuperftition ne luy foit pl⁹ prochaine : voire tant que c'eft chofe digne d'efbayffement, que les Romains (qui neantmoins f'eftimoient les plus fuffifans hommes de tout le monde) fe font laiffez embeguiner d'infinies fadezes, que neátmoins ilz tenoient pour Religion. Eft auffi digne d'admiration, que tous leurs hiftoriens (fi parauenture Polybe ne merite d'eftre excepté) ont fi extremement raffotté apres les prodiges : que du naturel des ratz (qui eft de róger le cuir) ilz en ont faict importance de malheur : notamment quand ilz rongerent les courrayes des boucliers dicts *Ancilia*. Suyuant ce propos, encores qu'Aurelianus fuft tel que nous l'auons dit rebarbatif, feuere & mal-gracieux, fi eftoit-il autant affectionné à fa Religion qu'homme de fon temps. Car oultre la perfecution qu'il exerçea contre les Chreftiens, penfant faire feruice à fes Dieux, encores ayant fait ruiner le Bourg-Ongne, & entendant qu'en Latin il eftoit dit *Burgus Deorum* : l'imagination forte qu'il print d'auoir offenfé les Dieux tutelaires du lieu, occafionna en luy (fort melancholique & refueur) vn fonge plain d'effroy & d'eftónement. Il le vint à examiner à fon refueil, & f'en trouua tant empefché, que deflors il voüa de rebaftir aux mefmes Dieux vn chafteau, & en iceluy vn temple duquel la pofterité auroit à iamais memoire. Sa mere auoit efté Preftreffe du Soleil, & (dit Vopifcus) elle auoit congnoiffance de ce qui deuoit aduenir : à cefte caufe il n'eft hors de propos, de croire que luy fon fils en auoit quelque reffentement.

Religion. Superftition.

Faulfe Religion des Romains.

Prodiges.

Ancilia.

Aurelianⁱ perfecuteur des Chreftiés.

Burgus Deorum.

Occafion de baftir Dijon.

La mere d'Aurelianus.

Vopifcus.

Car

des Bourgongnons. Liure II.

Car apres auoir longuement songé sur l'accomplissemēt de son vœu, & employé tous les deuins, mathematiciens & sorciers qu'il peut recouurer, il choisit le lieu où il fonda son Chasteau: & attendues quelques fauorables conionctions au Ciel, & positions signifiantes duree & prosperité; il dressa son edifice pourpensé en vn lieu sec, & air bien subtil, ayant la cōmodité de la riuiere d'Osche, qui le flancque; & du torrent de Suson qui passe au trauers, pour purger & emmener auec soy les ordures & immondices, qui autrement infecteroient & empuantiroient les maisons. Gregorius Turonensis (& apres luy Aymoinus Monachus) s'est estudié à descrire fort diligēment & le plant & la structure de Dijon: & m'ont ses motz semblé dignes d'estre traduicts en Frāçois de tel sens: I'ay pensé que ie ferois chose agreable, si ie rapportois icy la situation du lieu de Dijon. C'est doncques vn Chasteau fort de murailles, posé au milieu d'vne plaine assez allegre: la terre est fort fertile & de bon rapport: de sorte que les champs labourez vne seule fois, on y peut semer, & la terre ne laissera de rapporter en abondance. Il a deuers Midy la riuiere d'Osche, copieuse en poissons. Du costé de la Bize vient vne autre petite riuiere (c'est Suson) qui entrant par vne porte, & passant soubs le pont, sort par vne autre porte, enuironnant la forteresse d'vne eaue belle & claire: & à son sortir de la porte, rencontre des Moulins, qu'elle faict mouldre d'admirable vitesse. Dijon a quatre portes tournees aux quatre parties du monde, & tout l'edifice est aorné de trente trois tours: quant au mur, il est par embas de pierres de taille, & releué de pierre mureuse: & a trente piedz de hault, & quinze piedz d'espesseur. Le lieu estāt tel, ie ne puis penser pourquoy il n'a pas esté qualifié Cité, &c. Voilà quel estoit en son cōmencement Dijon, duquel ie parlerois plus amplement n'estoit que Mōsieur le Presidēt des Barres mon bon sieur & amy, en a si doctement & bien escrit, luy estant Viconte & Maire de Dijon, qu'il faudroit que i'empruntasse de luy, pour en dire d'auantage.

BIEN adiouteray-ie, que si Gregorius Turonensis s'est esbahy de son temps, à quoy il a tenu que Dijon n'a esté erigé Euesché, pour auoir le tiltre de Cité: il y a trop plus d'occasion de s'en esmerueiller maintenāt, veu qu'elle est deuenuë Capitale de Bourgongne, siege du souuerain Parlement, lieu designé pour la tenue des Estats generaux des Bourgongnós, qui y ont la Chambre de leurs Esleuz, & encores vne Chambre des gens des Comptes du Roy: auec tant d'excellences, que mon esprit n'est capable de les toutes comprendre, ny ma plume suffisante pour les escrire.

I'ADIOVSTEROIS icy que S. Benigne, SS. Andoche & Tyrse souffrirent martyre soubs Aurelianus: mais l'ayant desia dit autre-part, ie me passeray de le repeter. Suiuant doncques le texte de nostre histoire, est à sçauoir, que Aurelianus ayāt basty Dijon, des restes & ruines du Bourg-Ongne: ayant aussi employe tres soingneusement toutes les cerimonies & sacrifices, que sa religion luy conseilloit necessaires pour se reconcilier auec les Dieux, qu'il estimoit offensez par le gast & demolition dudict Bourg-Ongne: il voulut que son nouueau bastimēt fust nommé *Diuio*,

Lieu esleu pour fonder Dijon.
Osche riuiere.
Suson torrent.
Greg. Turonensis. Aym. Monachus.
DE DIJON.
Dijon en pays fertile.
Osche.
Suson.
Moulins.
Quatre portes.
Trēte trois tours.
Mur de Dijon.
Dijō n'est pas Cité.
Mōsieur le President des Barres.

Grandeurs de Dijon.

Preteritiō.

Dijon basty des restes de Bourg-Ongne.
Diuio.

HHh iiij

Dij, & Diui. en l'honneur des Dieux, dicts en Latin *Dij,* & *Diui* : aufquelz il auoit bafty vn fuperbe & magnifique temple.

Bourgonguós d'Afie.
Deci° Empereur.
Temple de Diane en Epheſe.
Retour des Bourgongnons d'Afie.
L'Hendin.

ENVIRON ce temps, celle trouppe de Bourgongnós, que nous auons dit eſtre paſſee en Afie, apres la defaicte de l'Empereur Decius, & par laquelle on tient que le Téple de Diane Epheſienne fut pillé : aduertie que l'Hendin des Bourgongnons auoit abádonné la Dardanie & la Scythie, pour retourner és Gaules auec ſes bandes, penſerent auoir bien lourdement failly, de ne ſ'eſtre trouué à propos pour eſtre de la partie. Mais eſtimás telle faute ſe pouuoir reparer par diligence, ilz ſe meirent en chemin pour les rataindre, ou (pour le moins) les trouuer en Allemaigne. En ceſte eſperance ils paruindrent iuſques à vne iournee du pays, que les Bourgongnons auoient conqueſté ſur les Allemans. Dés là ils depeſcherent quelques vns des leurs, pour aduertir l'Hendin de leur venue : & le ſupplier de leur vouloir faire diſtribuer vn quartier. L'Hendin fort ioyeux de ces nouuelles, leur feit entédre, que ce de pays qu'il tenoit, eſtoit deſia fort eſtroict pour ceux qu'il auoit ramené de Scythie : & qu'encores auoit-il eſté contrainct de le conqueſter à la poincte de l'eſpee, contre les Allemans. Dit d'auantage, que ſon intention n'eſtoit pas de ſ'arreſter en Allemaigne, que deſia vne bonne trouppe des leurs eſtoit paſſee és Gaules, & qu'il attendoit nouuelles de leurs exploictz, pour à la premiere cómodité conduire le reſte de ſes gens oultre le Rhin. Ce pendant que ces nouueaux arriuez fuſſent les bien venuz, qu'il leur conſeilloit de ſe prouuoir là autour, ſans touteſfois offenſer les Allemans : & qu'ayans practiqué lieu où ils pourroiët arreſter, ils temporiſaſſent iuſques à ce que tous d'vn accord ils allaſſent recouurer és Gaules l'ancien heritage de leurs anceſtres.

Bourgongnós Afiatiques.

CEST aduertiſſement porté aux Bourgongnons Afiatiques (force m'eſt vſer de ce mot, pour la difference des autres) ils trouuerent fort dur, qu'au lieu qu'ils penſoient entrer en repos, il leur eſtoit neceſſaire chercher lieu de retraicte : ce neantmoins force leur fut, faire de neceſſité vertu. Maints Bourgongnons Allemans (c'eſt à dire arreſtez en Allemaigne) allerent veoir les trouppes Afiatiques, pour leur cógratuler, & ſe reſiouyr auec eux de leur heureux retour. Entrez les vns auec les autres en pluſieurs diſcours : les nouueaux venuz ſ'enqueroiët des autres, quel chemin ils pourroient plus commodement tenir. Toutes choſes meurement debattues, ils ſe reſolurent d'aller en Vindelicie : & fuſt par amour, fuſt par force y practiquer du pays autát qu'ils en auoient beſoin, pour eſtre prochains des autres Bourgongnons, & à toutes occurrances en pouuoir auoir nouuelles. D'ailleurs les gens de guerre Bourgongnós, qui eſtoient paſſez és Gaules, voyás leur Bourg-Ongne deſtruict, & leurs peines perdues de ſ'eſtre tant trauaillez à le rebaſtir : prindrent aduis de ſe retirer en Allemaigne file à file, ce qu'ils feirent en toute diligence : & ſ'allerét ioindre aux Bourgongnons venuz d'Afie, qui tenoient Auſbourg aſſiegé : où nous

Bourgongnós Allemans.

Vindelicie.

Retraicte des Bourgongnós.

Auſbourg.

nous les laisserons pour vn peu de temps: afin de n'oublier à parler d'vne alliance, que les Bourgongnons dresserent auec les François.

Les François entrent en la ligue generale contre les Romains, & traictent en particulier auec les Bourgongnons.   CHAP. XXIIII.

Evx qui ont parlé des origines des peuples, ont (selon que souuent ie l'ay desia dict) resolu qu'elles sont incertaines. Car (s'il faut que ie le repete) quasi toutes grādeurs ont leurs principes de si obscurs commencemens, que la recherche est des vns admirablemēt mal aysee, & des autres entieremēt impossible. En ceste premiere obscurité, suiuie de temps trop plus que suffisans pour acquerir prescription d'opinion, contre tout ce qu'on en vouldroit affirmer de nouueau, chacun allume sa chandelle, voire sa torche, pour y pouuoir recongnoistre ce que son affection luy commande. Mais quand ce que la lanterne auoit faict estimer or ou argent, ne se trouue à la clairté du iour, que cuyure ou qu'estain, lors se descouure clairement & à veuë d'œil, l'abus & le mescompte. Mais l'erreur d'auoir mal choisy, ou plustost tiré en vne blanque d'opinions, n'est tousiours accompagné du pouuoir de s'en faire croire: ains la diuersité des humeurs qui commādent aux hommes, rend leurs iugemens diuers, ou (pour mieux dire) aduersaires.

M'estant dés long temps & souuent employé à la lecture des histoires, & voyant vne irreconciliable diuersité (voire contrarieté) entre plusieurs, traictans mesmes faicts, ie n'ay sceu penser autre chose (notamment de ceux qui ont escrit des François) que ce qu'on doibt estimer de la difference des veuës. Car comme l'homme de courte veuë a son horizon fort racourcy, & ceux qui voyent mieux ont leur prospect plus diffus & estendu, ainsi en a il prins aux historiens. Et pource que la matiere que nous traictons m'a amené en propos des François, ce sera seulement pour leur regard que i'employeray presentement ceste similitude.

Encores que diuerses raisons se presentent, de la cause du nom des François, si n'y a il (que ie sçache) sinon deux ou trois opinions (mais fort opiniastrement soustenues par leurs partialistes) touchant l'origine d'iceux. Les anciens ont tous pensé, que leur origine estoit Troyenne. Ainsi l'a rapporté Amm. Marcellinus, des recherches de Timagenes autheur Grec & diligent: ses mots sont telz: *Aiunt quidam, post excidium Troiæ, fugitantes Græcos, vbique dispersos, loca hæc occupasse, tunc vacua.* Lucain faict mention que desia de son temps les Auuergnatz se vantoiēt d'auoir fraternité auec les Romains, à cause des Troyens. Il dit:

Arverni Latios auss se dicere fratres,
Sanguine ab Iliaco. Et s'il faut parler des autheurs François, tous les plus anciens, & plus prochains des temps dont ils ont traicté, ne font

Origines incertaines.
Cause de l'incertitude des origines.

L'affectiō deçoit biē souuēt les curieux.

Autant de testes, autāt d'aduis.

Impossibilité d'accorder les autheurs.
La congnoissance des histoires comparee à la veuë.

Diuerses opinions du nom & origine des Françis.
François venuz des Troyens.
Amm. Marcellinus.
Timagenés.
Lucain.
Auuergnatz yssus des Troyens.
Toꝰ vieilz autheurs

difficulté d'affirmer que les François sont extraicts des Troyens. Les modernes ont pour garant Tritemius (homme qui en diligence, intelligence & vehemence d'esprit n'a eu son pareil en son siecle) il rapporte fort soingneusement de pere à fils la genealogie des Princes des François par dessus Merouee, & accommode si dextrement les temps esquelz ils ont regné, auec les dates communes, que ceux qui nient le tout en vn mot, ne sçauroient raisonner leur negation: & moins la conuertir en vne affirmatiue bien fondee, pour verifier le contraire. Quant à ceux cy, ie ne crain de dire (suyuāt ma similitude) qu'ils ont eu forte veuë, & qui a porté bien loing. Mais au reste, les autres (desquelz Beatus Rhenanus (hōme d'hier, & de l'autre iour) me semble auoir esté le chef & cōducteur) n'ayans sceu veoir oultre le temps des Cesars, ny descouurir l'origine des François, sinon à la lanterne des Romains (qui eux mesmes ne sçauent où ils en sont de leurs commencemens) leur veuë ne me semble s'estre estendue gueres loing : & que quād ils ont iugé que les Frāçois estoient Germains, pource que les Romains les y trouuerent en faisant leurs conquestes en Germanie : celà est finir son horizon trop court, & l'arrester en vn trop brief enceinct. Aucuns (pour satisfaire à leur opinion) ont eu recours à vn certain Sophiste, nōmé Dion, qui pour s'exercer en la preuue du faux, & faire montre de son esprit, a faict vne declamation de Troye non prinse: en laquelle veritablement il se faict paroistre ingenieux. Mais c'est honte à gens de bō sens, de penser que la deposition d'vn seul tesmoing non produit ny iuré, doibue seruir d'enqueste, ny que la dessus on doibue asseoir iugement, au preiudice de l'origine de tánt de Princes & peuples, yssuz (non du cheual) mais de Troye mesme. Que si celà auoit lieu, bō Dieu la grāde subuersion d'histoires qui s'en ensuyuroit! Car (afin que ie me taise des François, desquelz l'origine est contentieuse, aussi bien que celle des Bretons) à quelle incertitude seroit reduicte l'extraction des Romains, des Padoüans, des Turcz, des Chaoniens, & d'infinies autres nations? En quelle estime deurions nous auoir l'authorité de ceux qui ont escrit des arriuees d'Alexandre, & de Cesar au pays des Iliensses : & infinies autres serieuses matieres fondees sur le desastre de Troye? Faut-il pour quelques Paradoxaux, aneantir vne verité approuuee, & receuë par tous, sinon par eux?

DE MA part n'ayant autrement grand soing de resouldre si les François sont race de Troyés, selon Tritemius, ou Germains originelz, selon Rhenanus & ses sectaires, ou indigenes, c'est à dire nayz en celle portion des Gaules, qui particulieremēt nommee France, a espandu son appellation sur tout le Royaume de ses Rois, qui est l'opiniō du sieur de Conan: i'estime que du temps d'Auguste Cesar, les François estoient ces Sicambres que Suetonius, & Sextus Aurelius Victor disent auoir esté trāsferez és Gaules par luy. Et de faict sainct Remy en baptizant Clouis premier du nom Roy de France, & qu'on ne peut nyer auoir esté François naturel, l'appella

des Bourgongnons Liure II. 647

rel, l'appella Sicambrien. Mais toutes ces disputes laissees à ceux qui en sont plus curieux: ie vois reprendre mon principal institut, & poursuiure mon histoire.

 LES rudesses & tyrannies dont les Romains vsoient sur les pays reduits en Prouinces, estoient si griefues & intolerables, que les Procosulz, Preteurs, Chefz des legions & legionnaires mesmes, cognoissans les vns le temps de leur Magistrat estre court, les autres l'establissement de leurs garnisons si incertain, que le moindre affaire suruenant en l'Empire, les pouuoit appeler autre-part: ne s'estudioient sinon à faire profit, tandis que la commodité leur en presenteroit les moyens. Et si les voyes ordinaires ne suffisoient, les extraordinaires ne leur manquoient non plus que l'appetit d'en auoir. La parade de la maiesté du peuple Romain estoit proposee aux peuples: mais tant plus les proposans en faisoient compte, tant moins les forcez subiects, qui en sentoient les pernicieux effects, la blasmoient & detestoient. De façon que sans la force expresse, il n'estoit possible retenir les hommes accoustumez à la liberté, en telle obeïssance que le Romain eust voulu desirer: ains toutes leurs pensees & cogitatiõs, ne tendoient à autre fin, que de trouuer moyen de rompre la force, pour paruenir à la desiree liberté. Et pource que les pays reduicts en Prouinces (ausquelz vn cousteau de plus de quatre doigts de taillãt n'estoit permis) ne pouuoiẽt rien d'eux-mesmes: ils ne cessoient de solliciter auec larmes, les nations libres, d'auoir pitié & compassion de leur oppression. Et ces peuples ayans congneu les plaintes proceder des iustes mouuements, ne pouuoient estre si tigres, ny despouillez d'humanité, qu'ils n'en eussent compassion. Ioinct que sentans l'ambition Romaine sans bord & sans mesure, ils ne faisoient doubte, que si la puissance d'iceux Romains se pouuoit estendre aussi auant que leur volonté & ambition; leur liberté ne seroit seulemẽt au hazard de courir la fortune des autres desia reduits en Prouinces, mais encores celle de toutes gens vniuersellement. Pour doncques y donner vn but & arrest, les peuples desquelz nous auons par cy deuant faict mention, se liguerent & banderent, auec tant de solennitez, que si la force de l'Empire Romain n'eust esté endurcie & inueteree, & les nations entrees en ligue, si diuisees & esloingnees les vnes des autres, que quant aux Romains il estoit impossible les vaincre tout à vn coup: & quant aux entrepreneurs, ils ne pouuoient se vnir, ny conferer ensemble, sinon auec cours de tant de tẽps, que leurs entreprinses sceuës & esuentees, les remedes estoient donnez auant qu'elles fussent prestes d'estre executees. Et dura si longuemẽt ceste difficulté, que les forces Romaines receuantes diminution ou accroissement, selon l'inutilité ou valeur des Empereurs: les preparatifs faictz pour assaillir vn fay-neant & enyuré de paillardises, estoient reduz sans effect, par la suruenue d'vn autre braue guerrier & valeureux Empereur. Tellemẽt qu'il semble que les Monarchies, Empires & Regnes ont leurs limites & fins determinez: &

Tyrannie des Romains.
Causes de larrecins.
Voile de tyrannie.
Desir de liberté.
Ambition des Romains.
Ligue cõtre les Romains.
Difficulté de vaincre les Romains.
Les liguez trop escartez pouuoient moins.
Tant vaut l'homme, tant vaut sa terre.
Les Monarchies ont leurs durees.

(comme il est dit des Amorrheiens, que leurs iniquitez n'estoient encores venues à leur comble) les forces humaines ne sont suffisantes, pour aneantir vn Estat, si les Princes ne sont paruenuz à vne deplorable impudicité,quát à leurs corps,& extreme lascheté quant à l'esprit, ou si le peuple n'est vniuersellement corrompu.

Causes de la ruine des Empires & Regnes.
Prophetie d'Ismaël accómodee aux Romains.

Qvoy qu'en soit, il falloit que comme il auoit esté prophetisé d'Ismaël, que sa main s'estédroit contre tous : & par apres que la main de tous s'employeroit contre luy : ainsi il en print à l'Empire Romain, & à Rome mesme : & que ayant employé les griffes de ses Aigles côtre tous les peuples, qu'elles auoient peu attaquer : pour iuste reuanche tous les peuples se bandassent pour luy pincetter les serres & retrácher le vol. Ce que s'est manifesté si vray que qui le reuoqueroit en doubte, sembleroit estriuer auec la verité.

Deux sortes de Fráçois.
Amm. Marcellinus.
Salyes.
Atthuaires.
Bourgongnós inuéteurs de la ligue côtre les Romains.
Cesar.
Les Franҫois entrét en la ligue.

Les François (peuple Sicambrien, diuisé en deux sortes d'hommes, nommez par Amm. Marcellinus les vns Salyes, & les autres Atthuaires : les premiers ainsi appellez (dit-il) de leur coustume, & du nom des autres l'interpretation en est ignoree) aduertis des insignes preparatifs, que tout l'Orient, & le Septétrion faisoient, pour rópre le col à l'orgueil Romain : & que les Bourgongnons (lors qu'ils conuersoient encores auec les Scythes) auoient esté les premiers inuenteurs & solliciteurs d'icelle ligue, tát pour le desir qu'ils auoient de retourner és Gaules : desquelles leurs ancestres estoient yssuz, que pour la pitié qu'ils auoient des Gaulois, iadis peuple sur tous autres remarqué de valeurs, & depuis traistreusement asseruis par Cesar : resolurét de se distraire de la domination des Romains, ne leur plus payer le tribut accoustumé : & entrer en la premétionnee ligue, à la faueur des Bourgongnons. Et pource que les deliberations sont vaines, si elles ne sont mises en effect : tant d'allees & venues furent employees d'vne part & d'autre, qu'ils paruindrent à leur desir.

Prouerbe de l'ours partagé auant que prins.

Combien que (selon vn dire commun) ce soit chose digne de mocquerie de partager la chair de l'ours, auant qu'il soit prins : si est-ce que les Bourgongnons, receuans en la ligue les François, sembloient estre bien asseurez, que s'il aduenoit les Romains estre ailleurs tant soit peu empeschez, puis qu'ils auoient les François, les Allemans, & les Vandales pour associez, les forces des legiós Romaines posees sur le Rhin, ne pourroiét estre si fortes, qu'ils ne leur passassent sur le ventre. Doncques comme de chose bien asseuree, iceux Bourgongnons traicterét auec les François, de façon qu'iceux François ne pourroient estendre leurs conquestes à faire, que dedans les terres de la Gaule Belgique, entre le Rhin, & la Seine, iusques à ce que les Bourgongnós fussent paisibles possesseurs des pays des Heduois, & Sequanois. Mais que lors les François pourroient amplifier leurs conquestes vingt lieuës oultre la Seine.

Article d'association & ligue.
Partage des Bourgongnós.

Combien liberté est chere.

Ces articles accordez, arrestez, & passez furent enuoyez secrettemét aux deputez des Gaulois, qui (pour l'enuie qu'ils auoient de sortir de la

seruitute

des Bourgongnons. Liure II.

seruitute en laquelle les Romains les tenoiët)ne se soucyoient à quel pris ce fust, ny és mains de qui ils peussent retomber. Celà fut cause que les Bourgongnons(comme precurseurs des François)entrerent les premiers és Gaules, selon que nous dirons cy apres. *Les Bourgongnons entrerent premiers és Gaules que les François.*

TANT plus les Bourgongnons auoient enuie de mettre en execution ce que dés long temps estoit par eux entreprins, plus leur en croissoient les difficultez: les affaires des Romains prosperás, lors qu'ils les estimoiët plus prochains de leur descheutte & ruine. *L'executió des Bourgongnons empeschee.*

De ce qui aduint aux Bourgongnons qui tenoient Ausbourg assiegé, & des Bagaudes defaicts au pays Langrois, par l'Empereur Maximien, collegue de Diocletien. CHAP. XXV.

L'ENVIE que i'ay de remener les Bourgongnós és Gaules, m'a quasi faict laisser (par oubliance) deux de leurs trouppes en leur siege deuant Ausbourg. Ioinct que quand les affaires ne succedent à l'auantage de noz partisans, la cómemoration m'en est moins agreable. Pour toutesfois ne celler quelle fut l'yssue dudict siege; les historiens Latins (qui n'espargnent rien de leurs suffisances, pour rendre plus celebres par escrit les actions Romaines, qu'elles ne furent oncques en effect) se font croire que Aurelianus alla en personne leuer le siege, & mettre Ausbourg en liberté. *Siege de Ausbourg. Contre les historiens Latins. Aurelian' Empereur.*

MAIS(au reste) ie ne leur puis passer ce qu'ils disent des Germains & Allemans transportez oultre les fleuues *Nicrus*, & *Albis*. Car s'ilz eussent esté releguez là par l'Empereur Probus, comme ils le font entendre: les Germains fussent demourez en Germanie, & les Allemans n'eussent pas esté trouuez par Iulien l'Apostat en leur ancien pays, distingué par pierres bornieres, d'auec le terroir des Bourgongnons, selon que Amm. Marcellinus le recite en son xviij. liure. Et ne seroit à doubter que si les Allemás eussent esté repoulsez iusques oultre lesdictes riuieres, les Bourgongnons qui en actions belliques auoient lors toutes choses communes auec les Allemans, ne fussent demourez paisibles en leurs acquestz. Mais il ne se trouuera histoire Latine, qui face mention des Bourgongnons chassez des lieux qu'ilz auoient conquesté sur les Allemans. Ie puis dire d'auantage, que si vn Capitaine Romain (& à plus forte raison vn Empereur, ou Cesar) auoit faict pour vne aulne de conqueste: on luy en attribuoit la longueur d'vne picque. S'il estoit entré vne lieuë en pays sur les ennemis, on publioit qu'il s'estoit auancé dix iournees, voire plus, par dessus les ventres des assailliz. Telz bruits ne seruoient seulement pour allegrer le peuple Romain, & l'inciter à ne rien espargner du sien, pour la solde, & entretien des legions, & armee dont le Conquerant auoit charge: mais aussi pour luy faire obtenir le triomphe, que tous ont *Histoire mal croyable. Nicrus, & Albis fleuues. Prob° Empereur. Iulien l'Apostat Empereur. Amm. Marcellinus. Faulx bruicts s'inuëtoiët pour resiouyr le peuple romain. Ambition du triomphe.*

tant defiré, que pour y paruenir, rien ne leur fembloit trop cher. Et s'il en faut parler rondement, ie puis dire auec le docte Glarean, que les Romains ont difcouru tant librement qu'il leur a pleu de la riuiere Albis : mais que iamais aucune de leur armee ne l'a (peut eftre) veu, ou fi quelqu'vne l'a oultre-paſſé, ce a efté comme Iulius Cefar feit le Rhin, & comme luy-mefme alla en Angleterre : qui eft à dire y aller en diligence, pour tourner en cafe plus haftiuement.

Glarean. Albis riuiere.
Iulius Cefar.

SOMME que toutes les peines que les Romains & leurs Chefz fe font donné, pour tourmenter le monde tant vniuerfellement qu'il leur a efté poffible, n'ont feruy que de demonftration de leur ambition : en ce infructueufe, qu'ils n'ont faict autre chofe qu'irriter toutes gens côtre eux : & quafi les côtraindre à leur courir fus, les ruiner, deftruire & aneantir : de façon, que (Dieu fauorifant les offenfez, en leur iufte vengeance) il eft tellement mefaduenu à Rome, & à tout ce qui f'eft plus formalifé pour elle, que fa ruine reprefentant vne des plus miferables defolations que veoir fe puiffe, les quatre lettres dont elle fouloit faire tiltre de grandeur, (voire de Maiefté) S. P. Q. R. font reduictes à Si Peu Que Rien. Ie me veux taire des interpretations plus aigres & plus picquantes. Quant à la vengeance que noz peuples Septentrionnaux ont exercé fur Rome, elle eft telle, que les maux qu'au parauant nous auions receu d'elle, luy peuuent eftre prefentement pardonnez, fans qu'elle en face plus ample penitence.

Rome trop efleuee eft tôbee plus lourdement.

Ruine de Rome.

AV RESTE tous les difcours des hiftoriens qui ont efcrit des geftes & actions des Empereurs Romains, nous font affez congnoiftre, que depuis que l'Eftat de Rome fut changé de Ariftocratie, entremeflée de Democratie ; en Monarchie retenant auec foy quelque image d'Ariftocratie : les Cefars deferans encores quelques chofes au Senat, les peuples plus courageux, amateurs de liberté, & impatiens de feruitute, ne ceſſerent de remuer toutes pierres, & dreffer inuentions pour non feulement fecoüer le ioug Romain : mais trouuer les moyens d'abattre l'orgueil de cefte oultrecuidee populace ramaffee, qui extraicte de Paftres, exerçans brigandage, auoit apprins de la Louue (qu'ils portoient pour enfeigne) à viure de proye : & petit à petit f'auantager tant fur autruy, qu'il n'y auoit rien qui ne leur femblaft deu de bonne guerre. Tout homme vuydé de l'affection que plufieurs portent trop opiniaftrement aux Romains (quand ils confiderent en blot leur grandeur : fans examiner les arts, fineffes (voire mefchancetez) dont ils ont vfé pour y paruenir : les maffacres de leurs Empereurs, la tyrannie qu'ils ont exercé fur les nations debellees) iugera que les doleances des Gaulois, ont merité que les Bourgongnons, maintenant Vandales, puis Gothz, puis Scythes, puis Allemans en euffent pitié : & que tant pour les foulager, que pour empefcher le cours des entreprinfes Romaines fur les autres nations,

Mutation d'Eftat à Rome.

Extraction des Romains.
Louue enfeigne Romaine.

Bourgongnons diuerſement nommez.

auſquelles

des Bourgongnons Liure II. 651

aufquelles la liberté reftoit entiere ; iceux Bourgongnons fe foient renduz mediateurs de la ligue cy deffus mentionnee. De laquelle les Scythes faicts Chefz, les Perfes, Parthes, Gothz, Daces, Germains, Allemans, & autres eftoient partifans, fauteurs, & complices iurez fi deuotieufement, que (fi on remarque les hiftoires prementionnees) iamais les Gaules n'ont branflé en opinion de reuolte, que l'Oriēt (c'eft à dire les Perfes, & les Parthes) & le Septentrion, par les Gothz, Daces, Germains & Allemans (fans que les Bourgongnons f'y foient oubliez) n'ayent efté en armes, pour entrer fur les Romains, chacun de fon endroict. I'en ferois icy quelque fommaire enumeration : mais Suetonius, & tous les autheurs qui ont efcrit des Cefars, en font fi pleins, que les extraicts qu'il en faudroit faire monteroïent en bien gros volume.

Peuples liguez.

Poinct remarquable.

Suetonius & fa fuitte.

E N laiffant la recherche à qui en fera plus curieux, ie vois retourner à noftre hiftoire, laquelle porte qu'vn fort gros nombre de laboureurs & charpentiers Bourgongnons f'eftoit efpanché par les Gaules : & (comme ils eftoient gens de grand trauail, bons ouuriers & bons mefnagers) auoient faict tant de profits, qu'ils eftoient riches & plains d'or & d'argēt : mais d'heritages ils n'en auoient point. Or eft-il à fçauoir que l'Eftat des Gaules eftoit lors tel, que chacune Prefecture (on l'a depuis dit Conté, & maintenant nous l'appellons Bailliage) auoit vn Chef, qui commandoit en tout & par tout, fur les hommes de fa Prefecture : fauf le droict de reffort au Proconful, ou Propreteur, ou General adminiftrateur des Gaules. L'auarice de ces Magiftratz Romains eftoit telle, que f'ils ne faifoient gaing fur toutes perfonnes, ils penfoient autant perdre. Pour-ce aduiferent-ils de mettre impofition fur lefdicts ouuriers, & prendre certain pris de leurs iournees chacun mois. Ce que les Bourgongnons euffent ayfément (du moins patiemment) fouffert, fi (oultre tout celà) defenfes n'euffent efté expreffement faictes contre eux, que nulz eftrangers peuffent tirer or, ny argent d'vne Prefecture en l'autre, fans expreffe permiffion, qui eftoit moyen pour vendre ladicte permiffion : & quand & quand pour fçauoir combien chacun auoit d'or & d'argent : ioinct que le paffe-port & acquit d'vn Prefect (qui eftoit faire vn extreme tort) n'eftoit vallable, pour fortir d'vn autre Bailliage. De façon, que cefte forte de Bourgongnons n'euft fceu fortir des Gaules, pour retourner en leurs domiciles, au voifinage des Allemans, que leur argent n'euft efté decimé plufieurs fois : ce que eux ne pouuoient trouuer bon. Pour y donner ordre, ils drefferent plufieurs fecrettes affemblees, & en diuers lieux. Puis voyās qu'ils cōmençoient d'eftre defcouuerts, voire q̄ les Prefectz (qui auoiēt enuoyé vers le Gouuerneur, & adminiftrateur des Gaules, refidant en Agrippine, q̄ nous appellōs de prefent Coulógne, capitale des Vbiés, ou Weftphales) faifoiēt apprefts pour leur courir fus : ils refolurēt de ne fe laiffer furprēdre, ains faire tous aprefts pour eftre les

Eftat des Gaules. Prefectures.

Proconful.

Auarice des Magiftratz Romains.

Impoft fur les iournees.

Defenfes du tranfport de l'or, & de l'argent. Inuentiōs iniques.

Gouuerneur general des Gaules. Coulongne.

I I i ij

premiers en campagne, & amener à raison ceux qui les vouloient forcer. Leurs roolles n'estoient de moins que de douze à quinze mille hommes, sans infiniz Gaulois, qui dés long temps preparez à dresser reuoltes, promettoient d'estre de la partie. Amandus & Ælianus autheurs
de l'entreprinse, furent choisis pour Chefz & Generaux conducteurs de
la resistance contre la tyrannie. Ce qu'au parauant auoit esté tenu secret
venant en euidence, & les enseignes mises aux champs, ce fut aux Prefects & à leurs Mortepayes, à se reserrer és villes & places fortes : car de
secourir le plat pays, auquel le reuolté viuoit à discretion, il n'estoit pas
en eux.

<small>Esmotion des Bour-gongnós. Amandus, & Ælian°.</small>

<small>Tenement de châps.</small>

TELLES gens ont esté diuersement nommez. Eutropius au ix. liure
de son histoire Romaine les appelle Bacaudes. Pomponius Lætus en son
Diocletien dit Bagaudes : lequel changement de la lettre C, en G, est fort
frequent. Ainsi celuy que les vns nomment Caïus, les autres les disent
Gaïus. Et en nostre vulgaire on prononce communemẽt Glaude, combien que lon escriue Claude. Aussi apres auoir mangé quelque chose
verde ou aigre, on dit les dentz estre agacees, combien qu'on deuroit
dire acacces : de Acacia, trop plus aigre & verte que n'est le ius de pru-
nelles, que souuent on vsurpe pour acacie. Mais qu'est-il besoin s'arrester à choses si communes ? Ceux que Eutropius qualifie Bacaudes, &
Pomponius Lætus Bagaudes, Achillés Pirminius les dit Baccharides. Abbas Vrspergensis les nomme Bagarides : & Zosimus liure vj. Baucaudes :
& sainct Saluien Euesque de Marseille semble parler d'eux, quand il
faict mention des Baogandes. Ce que Achillés leur dõne le nom de Baccharides, faict congnoistre clairement qu'ils estoient du nombre de ces
Bourgongnós, qui demourans és enuirons des marestz Meotides, y bastirent le Bourg de Baccha; duquel ils furent (comme en desdaing) nommez par quelques historiens Latins Baccharides. Et c'est d'vn d'eux que
i'ay prins l'histoire de la fille Baccharide, de laquelle i'ay faict mẽtion cy
dessus, au chapitre xvij. mais plus amplemẽt au vieil Roman, duquel i'ay
souuent, tant au premier liure, qu'en cestuy cy, allegué le tesmoignage.

<small>Eutropius. Bacaudes. Pomp. Læ-tus. Bagaudes. C, en G. Caius. Gaius. Claude, Glaude. Acacia, & dents aga-cees.</small>

<small>Baccharides. Bagarides. Baucaudes. Baogádes.</small>

<small>Baccha Bourg pres les pa-luz Meo-tides. Fille Bac-charide. Vieil Ro-man.</small>

QVANT aux Baogandes dont sainct Saluien parle, auec grãde commiseration de la necessité à laquelle il les voyoit reduicts : nul ne pourroit
iuger que ce fussent le Bacaudes, ou Bagaudes desquelz nous sommes
principalement en termes. Mais aussi ne sçauroit-on nier que les Baogádes de sainct Saluien ne soient des restes des Bagaudes Bourgongnons
cy dessus exprimez. Qui me faict croire, que quãd les Latins ont dit, que
leur Empereur Maximien, qu'ils surnomment Herculien, enuoyé par
Diocletien, vint és Gaules, & aneantit la faction des Bagaudes; ils ont
esté plus soingneux de l'honneur de leur Cesar, que studieux de dire la
verité : esperans que leur authorité vaincroit tout ce qu'en pourroit estre
dit au contraire. Mais pensans tromper autruy, ils se sont trõpez eux-mesmes. Car

<small>Baogádes de sainct Saluien.</small>

<small>Bagaudes.</small>

<small>Maximiẽ. Diocletiẽ.</small>

<small>Contre les historiens Latins.</small>

mes. Car si bien l'assemblee des Bagaudes fut mise en desordre, & si les principaux de la faction, notamment Amandus & Ælianus furent defaicts par Maximien, si est-ce que la plus-part des Bourgógnons trouua moyen de se sauuer, de passer le Rhin, & se retirer vers les principales trouppes des Bourgongnons, reputez Allemans, pource qu'ils residoient pour lors en Allemaigne. Qui plus est, Zosimus en faict mention en l'histoire de Constantin, & dit en son vj. liure, que Sarus rencontré par eux au passage des Alpes, leur donna tout son butin. Au reste les Gaulois qui s'estoient rengez auec les Bourgongnons, en esperance de se deliurer des afflictions qu'ils souffroient, furent tyrannisez de toutes les rudesses dont les Romains ingenieux, & tres diligents en telles matieres) se peurent aduiser. Qui plus est, quasi tous les Gaulois en tomberent en bien mauuais party: Sur tous les soupçonnez de desirer liberté, & de vouloir secourre le ioug Romain: mesmement s'ils estoient riches, furent tenuz pour Bagaudes: ou (comme sainct Saluien les nomme) Baogandes. Mais d'autant que sainct Saluien (tesmoing sans reproche) en parle fort pertinemment, i'emprunteray ce qu'il en dit. Et (afin qu'il soit mieux entendu de tous) m'ayderay du François de Monsieur le Baron de Senecey, docte & fidele traducteur. Le texte est prolixe en l'enumeration des maux que les Officiers, & exacteurs faisoient souffrir à toute sorte de gens és Gaules: puis il adiouste: *A ceste cause d'heure à autre ils s'en vont vers les Baogandes, ou vers les Gothz, ou autres Barbares, quelque part qu'ils ayent commandement, & ne se repentent point de s'y estre retirez. Aussi ayment ils mieux soubs vne espece de seruitute viures libres, que d'estre captifz, soubs vn beau tiltre de liberté, &c.* Ce brief propos de sainct Saluien parlant de ce que se faisoit en son temps, montre suffisamment que le mot de Baogande n'importe, ny ne signifie pas gens serfz, ny redeuables: mais ayans secou le ioug de seruitute, pour acquerir liberté. Appert d'auantage que Baogandes n'estoient proprement ny Romains, ny Gaulois: ains du nombre des estrangers, qu'il appelle (selon l'vsage Romain) Barbares. Puis apres entrant plus auant en propos de ceux qui de son temps deuenoient Baogádes (qu'il interprete fugitifs) il adiouste: *Ie parle à present des Baogandes, qui despouillez, affligez, batus, & occis par des Iuges meschás & sanguinaires, apres auoir perdu le droict, & priuilege de la liberté Romaine, ont aussi perdu le nom, & le tiltre de Romains. Et ce pendant nous leur faisons reproches de leur infelicité, & leur mettós deuát leur calamité: ou plustost leur imputós le malheur qu'ils ont receu de nous. Nous les appellós rebelles, & meschás, les ayans forcé à estre crimineux & bánis. Car par quelz moyés sont ils deuenuz Baogádes & fugitifs, que par les iniustices des Iuges, par leurs confiscatiós & rapines? lesquez couertissoiet les exactiós publiques en leur profit particulier, & des impostz & subsides ils en faisoiet leur butin & pillage: lesquelz ainsi q̃ de bestes cruelles & farouches, n'ōt pas biē gardé ceux qu'ils auoiēt en charge, ains les ont deuoré: ne se repaissans pas seulemēt des despouilles des hōmes, ainsi que font les voleurs*

Defaicte des Bagaudes. Amandus, & Ælian⁹.

Zosimus. Sarus.

Gaulois tyrannisez.

S. Saluien.

M. le Barō de Senecey.

Du mot de Baogáde, ou Bagaude.

IIi iij

& brigans, ains encores les defchirans, & (s'il faut ainfi dire) humans leur fang. De là il eft aduenu qu'eftans ces pauures hommes eftranglez & maffacrez par les pilleries des Iuges, ils font deuenuz Barbares, pource qu'on ne leur permettoit d'eftre Romains. Car ils ont acquiefcé à eftre ce qu'ils n'eftoient pas, pource qu'on ne leur permettoit eftre ce qu'ils auoient efté : & ont efté contraincts de defendre à tout le moins leur vie, puis que defia ils fe voyët priuez de leur liberté. Or faict-on maintenant autre chofe que ce qu'on a faict iadis ? ne voit-on que ceux qui ne font encores Baogandes & fugitifz font contraincts de l'eftre? &c. Par les paroles fufdictes fainct Saluien f'explique affez luy-mefme. Refte à congnoiftre que Baogandes eft le vray mot duquel les Gaulois vfoient pour fignifier ces fugitifz, qui f'abfentoient des Gaules, pour fe retirer des pilleries des mauuais Iuges, & de l'efcorcherie des exacteurs. Auffi que quand Eutropius a vfé du mot de Bacaudes, & Pomp. Lætus de Bagaudes, ils ont faict ce qui eft ordinaire à tous eftrangiers : qui penfans Latinifer les dictions Galliques, ne fe rendent fubiectz de les reprefenter en leur pur naturel : ains fe contentent d'aucunement en approcher. Car (au refte) de dire que lefdicts autheurs Latins ayent mieux fceu, & mieux entendu cefte parole Gallique, que Saluianus qui eftoit nay és Gaules, & nourry en icelles, ce feroit chofe fi hors de raifon, que perfonne n'a occafion de le penfer.

Eutropius. Pomp. Lætus.
Les Latins corrompent les motz en les Latinifant.
Saluianus Gaulois.

VOYLA quant aux Baogandes, Bacaudes, Bagaudes & Baccharides, que les hiftoriens Latins tiennent auoir efté rõpuz, & defaicts par l'Empereur Maximien, enuoyé expreffemẽt és Gaules par Diocletien Iouien, requis de ce par l'adminiftrateur dudict pays, qui ne fentoit fes legions fuffifantes, pour (tout en vn temps) rembarrer les Bagaudes efmeuz, & empefcher le paffage du Rhin aux peuples du riuage Alleman: lefquelz eftoient inceffammẽt au guet, pour efpier fi les forces Romaines fe diuiferoient : & auoient intelligence telle auec les Gaulois, que fi les Empereurs n'enuoyoient tous les ans nouueaux refrefchiffemens, l'Eftat des Gaules eftoit en grand danger pour eux. Auffi les autheurs des vies des Cefars font ordinaire mention des venues des Empereurs en perfonnes és Gaules : tant la conferuation d'icelles leur fembloit importante, & le paffage du Rhin meriter eftre bien gardé, côtre les entreprinfes non feulement des Germains & Allemans, mais auffi de tant de peuples Septentrionnaux, qui liguez enfemble, portoient vne hayne irreconciliable au nom & Empire Romain.

Maximien.
Pourquoy Maximien Empereur vint és Gaules.
Ordinaire venue des Cefars és Gaules.

A TOVTES fins Maximien eftoit venu és Gaules, où apres auoir rembarré les Bagaudes, il penfoit auoir affez faict, & rien ne luy plus refter à executer. Mais lors qu'il penfoit pouuoir dormir plus feurement, groffes trouppes d'Allemans & Bourgongnõs luy tomberent fur les bras au pays Langrois, dont il fe trouua fort empefché, felon que ie referue à l'expliquer au Chapitre fuyuant.

Maximien affailly des Bourgongnons & Allemans.

De Conftan-

des Bourgongnons. Liure II.

De Constantius mary de Theodore, belle-fille de Maximien Herculien: & de la bataille que luy creé Cesar par Diocletien eut auprés de Langres contre les Bourgongnons Allemans. CHAP. XXVI.

DIOCLETIEN Empereur digne de sa charge, & auquel on ne peut rien imputer, sinon la hayne qu'il portoit aux Chrestiens : contre lesquelz il excita vne cruelle persecution: print pour Cesar, & coadiuteur Maximié: & par alliance se nommerēt le premier Iouien, & l'autre Herculien: par maniere de declaration que leur alliance seroit equiparable à celle du pere au filz. Croissants les affaires de l'Empire, à cause d'infinies trauerses que les liguez desquez nous auons tant de fois faict mention cy deuant, inuētoient: & pour raison de nouueaux ennemis de plus en plus suscitez : Diocletien feit Maximien son compagnon & le declara August. D'ailleurs il aduisa de faire deux Cesars : l'vn à sa deuotion, que fut Constātius surnommé Chlorus : & l'autre nommé par Maximianus, fut Maximianus Galerius : lesquelz oultre l'adoption qu'ilz en auoient faict, ilz voulurent estre d'auantage leurs alliez. Pour-ce leur faisant delaisser leurs premieres femmes, Diocletien feit espouser sa fille Valeria à Constantius, & l'Herculien donna sa belle fille Theodora en femme à Maximianus Galerius. Entre les affaires que Diocletien auoit sur les bras, estoit que du costé d'Oriēt Narses ou Narseus Roy de Perse auoit vne grosse armee, auec laquelle il gaignoit pays sur l'Empire Romain : Achilleus auoit troublé toute l'Ægypte, pretendant de s'en emparer: les vieilz soldars rauageoient tout en Afrique: Carausius s'estoit reuolté en Angleterre : les Allemans estoient entrez és Gaules : & les Gaulois estoient en fort grand desir de se remettre en liberté. Diocletien secondé de Galerius, alla en Orient: & Maximien Herculien accompaigné de Constantius passa és Gaules. Cestuy venant si appoint que les Bagaudes n'estoient encores tous assemblez, il les trauailla tant par courses escarmouches & rencontres : qu'il leur osta tous moyens de plus mal faire: & contraingnit se retirer.

L'INTELLIGENCE de la ligue (sur laquelle quasi toute la presente histoire est fondee) requiert auoir tousiours en memoire que iamais en Orient les Perses & les Parthes n'estoient en armes, que les Allemans, sollicitez, & encouragez par leurs alliez & voisins les Bourgongnons, ne dressassent entreprinses sur les Gaules, & feissent courses en icelles. Non pour trauailler les Gaulois desquelz, ilz estoient amis: mais pour en desnicher les Romains & leurs legions, qui tenoient iceux Gaulois en telle subiection & seruitute, que nous l'auons transcrit du texte de S. Saluien, en son v. liure de la Prouidence de Dieu. Ces miserables auoient à grand' peine permission d'achepter des cousteaux pour trancher leur pain. Et quāt à s'assembler, ilz n'eussent osé, sinō és sacrifices & prieres publiques:

Dioclétiē.

Alliance entre Diocletien & Maximien.

Maximien faict August.
Cōstantiꝰ Chlorus.
Maximianus Galerius.
Valeria.
Theodora.
Narses ou Narseus.
Achilleus.
Vieilz soldats.
Carausius.
Allemans.
Gaulois.
Diocletien en Orient.
Maximien és Gaules.
Bagaudes.

Poinct notable.

Pourquoy les Allemās entroient és Gaules.

S. Saluien.

Subiectiō estrange.

Ili iiij

ou les Officiers des Romains ne failloient iamais d'assister auec leurs archers & gardes. Brief qui lira le Lybique d'Appianus Alexandrinus, il verra comme les pays reduicts en Prouinces par les Romains, estoient tyranniquement traictez & miserablement opprimez. Encores est-il à croire, que les Gaules(qui leur donnoient insigne profit : & la conseruation desquelles leur estoit en singuliere recommendation) estoient d'autant plus tenuës estroictement, que la perte en eust esté de dommageable consequence. Mais ie revien au texte de nostre histoire.

Lybique. d'Appian⁹.

Les Bourgongnons que nous auons declaré auoir esté mediateurs de la ligue entre les Septentrionnaux & les Orientaux : à la sollicitation des Gaulois, & en pitié de leurs miseres, desquelles ilz esperoient les deliurer par force, & rendre l'antique liberté aux Gaules : auoient en soingneuse obseruance, d'enuoyer tous les ans quelques-vns des leurs en Perse, pour entendre leurs deliberations, & les rendre certains de l'Estat des Septentrionnaux, & de ce qu'ilz auoient peu promouuoir contre les Romains. C'estoit de la charge des enuoyez de passer en allant, & repasser au retour vers les Scythes chefs de la ligue, afin de prédre aduis d'eux, & les aduertir aussi de toutes occurrences. Par ainsi les affaires des vns & des autres, marchoient à vne mesme cadance. Il aduenoit (par ce moyé) ce que i'ay desia dit, que iamais les Scythes, Perses, ou Parthes n'entreprenoient contre les Romains, qu'au mesme temps les Bourgongnons, & auec eux les Allemans ne fussent en armes pour entrer és Gaules : afin q̃ les Empereurs contraincts d'y venir dōner ordre, eussent moins de forces, pour opposer aux Orientaux. De là est aduenu que tous les historiens qui ont escrit des Cesars, font ordinaire métion des courses & descentes des Allemans és Gaules. Et pourroit-on iustement sesbahyr, que iceux Allemans(soubz le nom desquelz fault le plus souuent necessairement entendre les Bourgongnons demourāts pour lors en Allemagne) battuz & repoulsez tant de fois, ne s'abstenoient de reuenir és Gaules. Mais tout esbayssement cessera en ceux qui vouldront considerer la force & efficace que la Religion a tousiours eu sur les hommes affectiōnez à icelle. Sur-ce nous auons dit, que les Bourgógnons(qu'on ne peut nyer auoir tousiours esté autant fermes en leur Religion que gens du monde : voire que pour ceste raison ils ont esté quelquesfois reputez opiniastres) auoient faict vœu de retourner és Gaules, en l'antique heritage de leurs vieux ancestres : & que non contants d'auoir voüé vne fois solennellement & en general, encores falloit-il que tous hommes en se maryants s'y obligeassent particulierement. Or ne pouuoient-ilz accomplir leurs vœux, tandis que les Romains commanderoient és Gaules. Car de metre leur Chat en cage, ce n'estoit leur intétion : qui est à dire que le Bourgongnon(sur tous autres amateur de liberté & ennemy des Romains) ne vouloit s'asseruir à leur tyrannie. Au contraire, toute leur industrie ne tendoit qu'à trouuer moyens(s'ilz ne les pouuoiét ruiner & exterminer) du moins

Obseruāce annuelle.

Intelligence des liguez.

Soubz le nom d'Allemans sōt comprins Bourgongnons. Poinct remarquable.
Force de la Religion.
Bourgongnōs pour quoy dits opiniastres.

Chat des Bourgongnons. Intention des Bourgongnōs.

des Bourgongnons. Liure II.

du moins les deschasser des Gaules, & y restablir l'ancienne liberté. En quoy s'ilz se sont courageusement & souuent employé à faulte, auec insignes pertes & dommages: l'excuse y est, que les iniquitez des Romains n'estoient encores accomplies. Et que combien que l'Estat de l'Empire Romain fust paruenu à vieillesse, si n'estoit-il encores à sa fin. Et quant aux plainctes que chacun faisoit contre leur tyrannie, il en aduint ce que autrefois i'ay escrit:

Æqua licet, non est hæc exaudita querela:
Nec dum Roma suum finem habitura fuit. Tous les effortz des Bourgongnons ne tendoient qu'à vaincre vne fois: car telle victoire leur eust apporté gaing de cause: comme depuis elle feit, selon que nous reseruons à le declarer cy apres.

Les Empires ont leurs periodes certains.

PERSISTANS doncques en leur immuable entreprinse, ilz auoient sollicité ceux des leurs, que les Romains ont qualifié Bacaudes ou Bagaudes: & les Gaulois Baogandes: de dresser reuoltes côtre les Prefects, Chefs de Iustice, & autres Officiers Romains qui cômandoient és Gaules. Ilz esperoient que le Gouuerneur en chef desdites Gaules iroit auec ses legions, pour appaiser le tumulte: & par-ce moyen que la lisiere du Rhin deschargee de garnisons, non seulemét le passage leur seroit libre, & la commodité ouuerte de s'emparer des villes limitrophes, opprimees par les licences que les soldats se donnoient: mais aussi qu'ilz pourroient enserrer icelles legions entre eux, & les prenommez Bagaudes. Mais l'administrateur Romain (homme accort) ayant entendu par ses espions, l'intention des Bourgôgnons Allemans, se tint clos & couuert en ses villes frontieres: & n'en bougea, iusques à ce que Maximien aduerty de la reuolte de Carausius, braue & vaillant Capitaine, qui s'estoit emparé de l'Estat d'Angleterre, manda querir les vieilles bandes des legiôs du Rhin pour aller combattre ledit Carausius.

Bagaudes.

Esperance vaine.

Maximien.

LORS au lieu des vieux soldatz, Constantius refreschit les garnisons de bisongnes, & nouuellement enroollez: qui (d'autant qu'ilz estoient mal practiqs, & peu accoustumez aux ruses des Bourgongnons Allemans) s'oublierent (en vn temps de recreations) de mettre bonnes gardes en vn important passage du Rhin: dont aduint que les Bourgôngnons aduertis par les hommes du pays: qui (priuez de tous moyens de nuyre aux Romains) n'en auoient pourtant perdu la volonté. Tel aduertissemét fut cause que les sentinelles esgorgees, & le corps de garde mis en pieces, les nouuelles garnisons prindrent l'effroy; & les habitans des places fortes les meirent en estat, qu'ilz en pouuoient bien rendre compte. Et quât aux Bourgongnons (estants aduertiz que leurs Bagaudes estoient rompuz & dissipez) ilz se hasterent de venir au pays Langrois, pour recueillir & mettre en saueté les espars: afin que ioincts tous ensemble ils feissent quelque braue exploit.

Constantius. Exploict des Bourgongnons sur les garnisons du Rhin.

CONSTANTIVS (que Maximien auoit laissé és Gaules, cependât

Constantius.

De l'antiquité & origine

qu'il eſſayeroit de remettre l'Angleterre en ſon obeïſſance) entreprint de combattre les Bourgongnons : & de faire contre eux ſon coup d'eſſay, pour (en l'abſence de l'Empereur) ſe monſtrer vaillant & digne Ceſar. A ces fins il vint auec ſes forces au Langrois : où il trouua les Bourgongnons en volonté de le bien receuoir. Les armees ioinctes, la meſlee ſ'en enſuyuit forte & aſpre. Mais en fin le deſaſtre inclina ſur les Romains, qui (ſ'opiniaſtrants au combat) furent quaſi tous mis en pieces. Ce que voyant Conſtantius, il n'eut rien plus prompt, que de ſe ſauuer de viſteſſe. La meilleure piece de ſon harnois furent ſes eſperons, & la plus neceſſaire : car ſ'il ne ſ'en fuſt bien aidé, il eſtoit prins. Sa retraicte fut contre la ville : & bien luy print, que ceux qui eſtoient ſur les murailles & aux creneaux, le recongneurent par l'eſcarlatte dont il eſtoit veſtu comme Ceſar. Car celà fut cauſe que chacun ſe prepara de bonne heure pour le ſauuer. De façon qu'arriuant au pied des murs, il trouua (& fort à propos) qu'on auoit aualé vne corbeille, en laquelle il entra, & à force de bras, fut tiré dedans la Cité. Si on demandoit que ſon cheual deuint : luy meſme n'en euſt ſceu rendre compte : tant il eſtoit empeſché à ſe deliurer des pourſuyuants.

On dit communément qu'il faict bon battre glorieux : car il ne ſ'en plainct iamais. De telle ſorte ont eſté les Romains. Iamais ilz ne ſe ſont confeſſez vaincuz, ny battuz, ſinon quand ilz ne l'ont peu nyer. I'ay deſia monſtré au premier liure de ceſte hiſtoire, l'impudence & effrontement de quelques autheurs Latins, qui n'ont eu honte de controuuer & mettre en rang d'hiſtoire, qu'vn banny Camillus ſortant de Ardea, où il eſtoit retiré, ſuruint à l'improuiſte, ainſi que les Gaulois eſtoient empeſchez à peſer l'or de la rançon de Rome & des Romains : qu'il meit en routte vne armee de trois cens mille hommes : & recouura ladicte rançon. Comme ſi vne ſi bragarde & vaincquereſſe armee, (laquelle (ſelon le propre teſmoingnage de ces bailleurs de bourdes) trauerſa l'Illyric, & les Pannonies : conqueſta la Grece & la Macedonie : & paſſant en Aſie, fut la terreur de tous les Rois Aſiatiques) euſt eſté ayſee à deffaire par vne poignee de gens ramaſſee ſoudain par vn banny. Polybius autheur d'autre liſte, qualité, & plus amateur de verité, que ny T. Liuius, ny tous ſes ſectaires, ſ'eſt bien gardé d'en parler ainſi : & ſi il en pouuoit mieux ſçauoir la verité, comme trop plus prochain du temps auquel Rome fut prinſe par les Gaulois, que n'eſtoit le Padoüan donneur de doctes paroles, & agenceur d'hiſtoire à ſon plaiſir. Nous auós auſſi fait paroiſtre de ce que Trogus Pompeïus, abbregé par Iuſtin, en a faict dire à Mithridatés en vne oraiſon à ſes ſoldats : en laquelle il vſe de ces mots : *nec victa ſolùm dici Romà à Gallis, ſed etiã captam : ita vt vnius illis montis cacumen relinqueretur* : NEC BELLO HOSTEM, SED PRETIO REMOTVM. I'ay (au meſme lieu) allegué Suetonius

Tran-

marginalia:
Bataille entre Cóſtantius & les Bourgongnós.
Fuitte de Conſtantius.
Conſtantius ſauué de grand danger.
Couſtume des Romains.
Fable de Camillus.
Polybius.
T. Liuius prouué menteur.
Iuſtin de Trogus.

des Bourgongnons. Liure II. 659

Tranquillus, qui desment tous ceux qui ont dit que Camillus auoit recouuert, & emporté par force l'or de la prementionnee rançon: & (d'autant que ce n'est assez de nier) il conuertit sa negatiue en affirmatiue disant que ce ne fut pas Camillus, ains Drusus, qui long temps apres remporta des Gaules l'or iadis donné durant le siege du Capitole. A vray dire l'opinion commune est la moins tenable, aussi elle ne se trouuera escritte en aucun autheur precedent l'aage, & temps des Cesars. Mais depuis que Rome fut paruenue en l'exces de grandeur soubz Auguste, la licence de hault loüer les affaires Romains augmenta, & le mespris de toutes nations fut l'exercice des hommes sedentaires, desquelz parle par expres Herodianus au commencement de son histoire. Verité du faict. Drusus. Cause de la licence de mentir en l'histoire Rom. Herodianus.

I'AVOIS tenu ladicte menterie pour vne des plus insignes que l'on peust trouuer (car quant aux veau, & vache que T. Liuius dit auoir parlé, Æsope en faict bien autant: & quant à Castor, & Pollux, que, comme s'il estoit licite aux historiens imiter les Poëtes, il compte auoir combattu pour les Romains: quant au rasoir qui couppa la pierre esgusoire, & infinies autres telles fariboles, qui est-ce qui s'y vouldroit arrester?) mais ceste retraicte de Constantius, me faict tomber en vne autre si pareille méterie, à celle que ie vien de reprouuer, qu'on en pourroit des deux faire paralelles. Contre T. Liuius. Menterie de Constantius.

OR dit le compte (car traictant de choses controuuees, il n'est impertinent vser des termes des Romans faicts à plaisir) que Constantius ayāt esté tiré auec vne corde en vne ville anonyme (car ce doit estre en Vtopie) en moins de cinq heures, il rassembla ses gens escartez, & alla attaquer si vertement les Allemans, qu'il en tua pres de lx. mille. Ie ne say doute que ceux qui ont taillé ces mensonges, & ceux qui les ont cousu, veulent qu'on croye que la ville de la retraicte de Constantius fut Langres. Mais qui aura veu l'assiette d'icelle, combien elle est de difficile accés, sinon d'vn costé: & que la ville n'est assez grande pour receuoir tant de gens qu'il en fauldroit pour tuer lx. mille hommes, il sçaura que cinq heures sont vn trop brief terme, pour depescher tant de besongnes: & que lx. mille hommes ne sont si faciles à tuer qu'à escrire. Exaggeratiō de pure menterie.

BIEN concederois-ie (s'il en falloit venir là) que Camillus osa donner sur queüe aux Gaulois se retirants de Rome, & qu'il peust defaire quelque bagage, & plus tardifs à suyure les trouppes principales: mais qu'il ayt attaqué l'armee, & conquis la rançon des Romains, laquelle estoit conduicte au milieu de l'ost: c'est estimer grues ceux ausquelz on le veut faire accroire. Autant en di-ie de ceux qui ont pesé les hommes si sotz, que de pouuoir croire; qu'vne armee defaite, mise en vau-de-routte, ait peu estre ralliee en cinq heures: & que le chef ayant fuy à toute bride, & enleué auec vne corde (qui faict iuger qu'il estoit seul) se soit en si peu de temps remis en asseurance: & en cinq heures ayt trouué assez de gens de guerre, pour aller donner la charge à vne si populeuse armee que Concessiō. Chose incroyable.

De l'antiquité & origine

Comptes à plaisir.

celle des Allemans Bourgongnons, & Bourgongnons Allemans. Icy qui ne congnoist que ce sont comptes faicts à plaisir? Car quoy que les Romains puissent (& à bon droict) estre estimez loups & regnards: si ne fault-il penser que les Bourgongnons & Allemans (hommes tres-exercitez aux armes) fussent ny brebis ny poules. De verité le iour se veoid

Méteries: & où elles tendent.

au trauers de telles menteries. Et n'est à douter que ces controuueurs de bourdes vouloient parangonner les coups d'essay & premiers faits d'armes des deux Cesars. Comme doncques il est par eux escrit, que Gale-

Galerius Max. Diocletié. Seuerité rude.

rius Maximianus ayant assailly les Perses, fut si honteusement vaincu, que Diocletien en cuida creuer de despit: & rencontré en chemin par Galerius n'en tint compte: ains souffrit qu'iceluy Galerius descendu à pied pour luy faire la reuerence, marchast quelques milles apres son chariot sans le vouloir attendre. Qui fut vne escorne qui toucha ce Cesar fort au cœur: & qui esmeut les principaux de l'armee à auoir pitié du ieune Prince, auquel Diocletien (homme militaire & seuere) auoit tenu tãt de rigueur: & faict si peu d'estime d'vn designé Empereur, que de l'auoir faict courir apres luy à pied comme vn lacquais, au deshonneur de l'escarlatte qu'il portoit. Disent d'auantage ces scripteurs Latins, que ce Galerius fauorisé des prementionnez Capitaines, assembla tant de forces, que retournant en Perse, il effaça son premier deshonneur, par vne notable & grande victoire.

Paralelle.

AYANTS ainsi r'habillé la faute de Galerius, il ne leur sembloit

Constantius.

moins requis de desengaiger l'honneur de Constantius son collegue, & autant que frere. Pour-ce ne pouuants mettre en ny la deffaicte & fuitte d'iceluy Constantius, il leur a (comme dit est) semblé necessaire effacer ceste tache faicte en l'hõneur des Romains & de leur Cesar. Mais c'a esté si mal caultement, qu'il n'y a si imbecille d'esprit qui ne congnoisse la verité y auoir esté offensee.

Contre les trop affectionnez aux histoires Ro. Liures Sibyllins.

CEPENDANT toutesfois il n'y a faulte d'hommes en France qui tiennent les fabuleuses narrations de telles gẽs pour Oracles: c'est à eux (comme aux liures de la Sibylle) que la pluspart de noz François ont recours, quand la certitude de quelque faict est mise en controuerse. Rien n'est tenu pour veritable, sinon ce qui est cõtenu en leurs liures, ou prins d'eux auec allegation de leur nom. Toutesfois ce faisants, que faisons nous sinon tacitement confirmer iuste la domination des Romains: & blasmer noz ancestres d'auoir secou leur col d'vn ioug si excellent, que ces donneurs de paroles nous veulent faire croire, quand ilz escriuent que les Gaulois & toutes autres nations deuoient prendre à hõneur d'estre vnis & incorporez à l'Empire Romain: d'estre redigez en Prouinces: & veoir en leur païs certain simulachre de la Maiesté du peuple Romain, & representation du sacrosainct Senat. Soit à chacun sa liberté franche:

Exhortation aux François.

croye chacun ce qu'il luy plaira: mais il me semble qu'il est temps de noꝰ esueiller du profond sommeil, auquel l'oubliance de nostre deuoir & de

l'honneur

des Bourgongnons. Liure II.   661

l'honneur de noſtre Patrie, nous a ſi lourdement precipité, que nous ne pouuons mettre difference entre l'amy & l'ennemy. Car il eſt certain que iamais les Romains n'ont aimé les Gaulois: n'en ont ſceu, & moins voulu bien dire: ou ſi quelquesfois ilz ont eſté cõtraincts en parler auec honneur, leur naturel forcé, n'a gueres mis de reuenir à ſoy-meſme. Que ſi ce pendant ie me ſuis aidé de leurs eſcrits, c'a eſté à faulte d'autres, & plus pour ne celer que ie les auois leu que pour y adiouſter foy. Ce que les Lecteurs bien iugeants pourront aiſément deſcouurir: & noter que i'ay eu memoires contraires. Dv reſte des affaires qui ſe pourroient recueillir d'eux: il ſera plus aiſé aux curieux de les aller trouuer, qu'à moy d'en faire extraicts, pour engroſſir ce liure. M'en deportant doncques, ie vois m'enquerir de la conuerſion & bapteſme des Bourgongnons: & toutes autres choſes pretermiſes, paſſer au temps de Valentinianus Empereur. *Excuſe de l'Autheur.*

Des Bourgongnons miraculeuſement conuertis: & que Baptiſez, ils vainquirent les Huns qui les tourmentoient deſeſperément. CHAP. XXVII.

Nous auons dit ailleurs, & n'eſt de beſoin le repeter icy, que la foy Chreſtienne (non moins cõparable à l'aurore ou aulbe du iour, que l'intelligence des eſcritures) a eu petit à petit ſes progrez, & auancements en l'Europe, & notammẽt és Gaules. Mais elle a eu lors plus de vigueur & illuſtration, quãd les Empereurs l'ont embraſſé d'affection, & qu'eux meſmes ſe ſont appertement declaré Chreſtiens. Car les Princes ſont comme eſtoiles qui donnent influences à leurs Peuples: & combien que pluſieurs ayent dit que le peuple trauaille à imiter les vices ou vertuz des Princes, ſi eſt-ce que l'honneur de ceſte ſentence appartient au diuin Platon, comme l'ayant eſcrit le premier. On dit que Tiberius Ceſar eut enuie de mettre Ieſus Chriſt au nõbre des Dieux Romains: mais Dieu qui cognoiſſoit ſon affectiõ vuide de foy, permit q̃ ſur ce le Senat s'oppoſa, & que tel affaire demoura irreſolu & ſans executiõ. Alexãder Empereur auoit l'image de IeſusChriſt en ſon oratoire, luy portoit reuerẽce, & eut en deliberation de luy baſtir vn tẽple. Les deux Philippes (encores qu'on ait eu ſiniſtre opiniõ d'eux) eſtoient eſtimez Chreſtiẽs. Iuliẽ l'Apoſtat eſtoit de ſon cõmencement Chreſtiẽ, voire (cõme diſent aucuns) moyne: mais depuis ayãt fait bãcque routte à Dieu pour ſeruir aux Idoles, & aux diables, les Chreſtiẽs n'eurẽt pire ennemy. Sõ ſucceſſeur (nõmé par aucũs Iouianus, & par les autres Iouinianus) ſe declara ſi expreſſémẽt Chreſtiẽ qu'eſleu Empereur, il proreſta ne pouuoir, eſtãt Chreſtiẽ, cõmãder à vne armee d'autre Religiõ: & n'euſt iamais accepté ladite electiõ, ſi tous ne ſe fuſſent eſcriez, qu'eux auſſi eſtoiẽt Chreſtiẽs. Les faueurs & biẽsfaits que les Egliſes Chreſtiẽnes ont receu de ſa part (ſelõ q̃ les ſcripteurs de l'hiſt. Eccl. le teſmoingnẽt) ont dõné cõmencemẽt au libre cours de l'Euãgile.

La foy cõparee à l'aube du iour.
Les Empereurs croyants ont illuſtré la foy.
Les Princes dõnent influences aux ſubiects.
Platon.
Tiberius Ceſar voulut nombrer Ieſus Chriſt entre les Dieux.
Alexander Emp.
Philippes Emp.
Iulien l'Apoſtat.
Iouianus Chreſtien.

KKk

De l'antiquité & origine

S. Ireneus.
Allemagne Chreſtien-ne.

Av parauant S.Ireneus auoit deſia teſtifié en parlant de l'vnité de la doctrine Chreſtiéne, que l'Allemaigne(i'employe icy ce mot pour celuy de Germanie)eſtoit initiee au Chriſtianiſme, & vnie en croyance auec les autres nations qu'il denombre. Qui nous fait entédre que l'initiation

Germains toſt Chre-ſtiens.

des Germains à la foy Catholique, eſt plus ancienne que pluſieurs ne ſont en volonté de le croyre. Mais quant aux Bourgongnons, ilz eurent

Bourgon-gnons.

beaucoup plus tard la congnoiſſance de leur ſalut par la lumiere Euan-gelique. L'hiſtoire tripartite liure xij. ch. iiij. & Nicephorus liure xiiij. ch.

Socrates hiſt.tripar.
Nicepho-rus.

xl. en parlent ſi vniformément, que les mots de l'vn ſont quaſi les mots de l'autre: & ſont en ſubſtance telz. *Il y a certaine gent oultre la riuiere du*

Bourgon-gnôs char-pentiers.
Huns.

Rhin, qu'on dit Bourgongnons. Ceux-là ſont fort paiſibles, & quaſi tous char-pentiers, duquel meſtier ilz gaignent leur vie. Leur pays eſtoit moleſté par les Huns qui y couroient ſouuent & tuoient beaucoup d'hommes. En tant de diffi-cultez & affaires ils n'implorerent le ſecours d'homme quelconque:ains delibere-rent ſe renger ſoubz la protection de quelque Dieu. Sur-ce aduertis que le Dieu

Dieu des Chreſtiens tres-puiſ-ſant.

des Chreſtiens eſtoit tres-puiſſant, & qu'il tenoit en ſeure garde ceux qui le redou-toient, ils reſolurent tous entre-eux de croire en IESVS CHRIST. *A ceſt effect venants en vne Cité des Gaules, ils ſupplierent l'Eueſque de leur admini-ſtrer le Bapteſme. Luy doncques embraſſant leur bonne volonté, leur enioingnit*

Ieuſne pre-cedent le Bapteſme.

le ieuſne de huict iours: & ce pendant les inſtruiſoit és principaux articles de la foy: puis les ayant baptiſé le huictieſme iour, leur permit retourner en leur pays. Armez doncques de ces armes ſpirituelles, ils ſe reputerent inuincibles: & en ceſte aſſeurance marchants contre les Tyrans qui les perſecutoient, trouuerét que Dieu

Suptar Roy des Huns.

fauoriſa leur eſperance. Car Suptar ou Vptar, Roy des Huns eſtät oultre de gour-mandiſe & yurongnerie, y ayant vaqué toute la nuict, ſes gens trouuez ſans chef furent ſi furieuſement aſſaillis par les Bourgongnons, que trois mille en deffirent

Victoire miraculeu-ſe.

dix mille. Et deſlors tous les Bourgongnons(en memoire de ce bien receu de la gra-ce de Dieu) ont tres-affectionnément eſté obſeruateurs du Chriſtianiſme. C'eſt le

Bourgon-gnons fer-mes en la foy Chre-ſtienne.

ſens des paroles de Socrates au lieu prealleguó de l'hiſtoire tripartite: & ce que Nicephorus en a dit, eſt ſi ſemblable en ſubſtance, que rien plus: ſi que telle ſimilitude de teſmoingnages eſt digne de croyance.

Que ceux qui ont penſé les Bourgongnons auoir eſté infectez de l'hereſie Ar-rienne ſe ſont bien fort meſcomptez. CHAP. XXVIII.

L'hiſtoire des Bour-gongnons mal-trai-ctee.
Hiſtoire confuſe.

SI par cy deuant ie me ſuis ſouuent & iuſtement plaind de l'hiſtoire des Bourgongnons, ſi mal-traitee, que tou-tes leurs excellentes actions, victoires & conqueſtes, at-tribuees aux Peuples auec leſquelz ilz eſtoient(en diuer-ſitez de temps) meſlez, ont eſté fort mal-ayſément di-ſtinguez & recongneuz: i'ay autant & plus raiſonnablement à me dou-loir de ceux qui n'ont craint d'eſcrire que leur croyance ait eſté ſouillee

Bourgon-gnons di-uerſement nommez.

& infectee de l'hereſie d'Arrius. Car la cófuſion de leurs actes belliques, & l'attribution d'iceux aux Gothz, ce pendant qu'ilz demouroient en

Gothie;

Gothie;aux Scythes durant qu'ilz reſidoient és enuirõs des Paluz Meo- tides & en Dardanie:& aux Allemãs tãdis qu'ilz ont conuerſé auec eux, n'importent telle & ſi preiudiciable conſequence,que fait l'imputation de l'hereſie,& accuſation d'auoir eſté honnis d'Arrianiſme.

<small>Note d'he-reſie pire de toutes.</small>

MAIS d'autant qu'il n'en fut iamais rien, la loüange leur en eſt plus inſigne,& le tort plus grand à leurs accuſateurs:entre leſquelz ie ſuis fort marry que quelques-vns des plus anciens ſcripteurs de l'hiſtoire Fran-çoiſe,ſe ſoient rencontrez.Or telz autheurs ſçachants que les Bourgon-gnons auoiẽt eſté fort long-temps comme peſle meſlez auec les Gothz & les Vandales,(qui notoirement ont eſté ſouillez des faulſes opinions d'Arrius)il leur a ſemblé qu'il ne pouuoit eſtre que la mauuaiſe compa-gnie de telz Arriens,n'euſt corrompu l'integrité de la croyãce des Bour-gongnons.A quoy il eſt facile reſpondre. Car depuis que les Gothz & les Vandales furent conuertis de l'idolatrie au Chriſtianiſme, les Bour-gongnons deſia retirez en Allemaigne,eurent bien ligue & ſocieté d'ar-mes auec eux:mais de familiere cõuerſation,ny communication au fait de la Religion,point du tout.

<small>Les Bour-gongnons à toit eſti-mez Ar-riens. Greg. Tur. Pourquoy on a penſé les Bourg. eſtre Ar-riens. Gothz. Vandalẽs. Solution.</small>

D'AVANTAGE, puiſque nous attribuons à miracle, que les Bour-gongnons ayants recours à Dieu,pour ſortir des afflictiõs que les Huns leur faiſoient,n'eurent ſi toſt receu le S.Bapteſme par la main d'vn Eueſ-que des Gaules, qu'ils furent fortifiez d'aſſeurance de ne pouuoir plus eſtre vaincuz: & de fait que trois mille Bourgongnons deffeirent dix mille Huns:il eſt force confeſſer auſſi q̃ la foy des Bourgongnons eſtoit pure,ſyncere & Catholique:car ſ'il eſt certain(cõme de verité il eſt) que Dieu n'exaulſe pas les pecheurs:& qu'en vne ame maligne l'eſprit de ſa-pience n'y entre point: pourrions nous(ſans offenſe de noſtre croyance) eſtimer,que ſi les Bourgongnons euſſent eſté heretiques,que Dieu euſt voulu operer miracle en leur faueur? Nous ſçauons que Dieu eſt Dieu des bons & des mauuais:mais combien que les bons ſoient ſes enfants par adoption,& amis d'autant qu'ilz font ſa volonté : ſi nẽ fault-il pen-ſer que les mauuais(qui ſont deſcheuz de grace)en ſoient dignes,iuſques à ce que par repentance & pardon ilz y ſoient reſtituez. Maints hereti-ques ſont ſortis du giron & obeiſſance de noſtre mere ſaincte Egliſe : mais on n'a iamais ſceu que piece d'eux ait faict miracles : ny pas (com-me dit Eraſmus) qu'ilz ayent ſceu guerir vn meſchant cheual boitteux. Que ſi quelques-vns ſ'en ſont eſſayé, ilz ſont tombez en confuſion, & ceux ſur leſquels ils l'ont penſé eſtendre, ont receu le contraire de ce qu'ilz eſperoient. Les exemples en ſont ſi vulgaires, que ie n'ay que faire les rememorer. Reuenant doncques à noſtre propos , ſi la victoi-re des Bourgongnons contre les Huns fut miraculeuſe (comme tous amateurs de l'honneur de Dieu la recongnoiſſent) il eſt neceſ-ſaire croire,que la foy d'iceux Bourgongnons eſtoit droicte & aggrea-ble à Dieu.

<small>Dieu ne faict mira-cle en fa-ueur des malcroiás.

Foy des Bourgon-gnons ſyn-cere & Ca-tholique.

L'hereti-que inca-pable d'o-perer mira-cles. Eraſmus-Rot. L'hereti-que voulãt faire mira-cle tombe en confu-ſion.</small>

De l'antiquité & origine

Clotilde Royne. Clouis Roy faict Chrestien.

QVI plus est, toutes histoires & le general consentement de tous, portent que Clothilde niepce du Roy des Bourgógnons, fut femme de Clouis premier du nom Roy de France: & n'y a personne qui ne sçache, que le plus beau ioyau qu'elle porta en France fut la foy Chrestienne : à laquelle par ses persuasions elle rengea si heureusement son mary, que luy deuenu Chrestié, a laissé en toute la posterité vne faueur du ciel tresadmirable, c'est que iamais aucun d'eux n'a esté autre que bon Catholique & vray Chrestien. De dire q̃ la Royne Clothilde fust hônie des opinions d'Arrius, iamais personne n'y a pensé. Et fauldroit quant & quát inferer que S. Remy Archeuesque de Reims eust aussi esté Arrien. Car les rapports des cóferences desdits S. Remy & Clothilde, nous font certains qu'ilz symbolisoient en croyance; & qu'vniz en foy, ilz donnerent par-ensemble les principes & enseignerent les rudiments du Christianisme, au Roy Clouis, nommé deslors premier Chrestié entre les Roys de Fráce: qui bastit l'Eglise des Apostres S. Pierre & S. Paul à Paris, dicte à present de saincte Geneuiefue du mont: où il est enterré.

S. Remy.

Clouis fódateur de l'Eglise S. Geneuiefue.

Socrates. Nicephorus.

IE ne veux omettre que Socrates & Nicephorus és lieux cy deuant alleguez rendent vniformément singulier tesmoingnage de la sincere croyance des Bourgongnons. Du premier les mots sont telz : *& ex illo tota gens feruentissimè in Christianismo permansit.* L'autre en parle ainsi. *Ex eo tempore Burgundionum gens ardenti ad Christianismum summè conseruandũ amore flagrauit.* Lesquelles authoritez sont suffisantes pour preualoir cótre l'opinion de tous ceux qui ont escrit que les Bourgongnons ont esté Arriens.

Fermeté des Bourgongnons en la vraye foy.

CE poinct tenu pour resolu, il en reste vn autre plus mal aysé à vuider, mais de beaucoup moindre importance. C'est à sçauoir en quel tẽps les Bourgongnons receurent le S. Baptesme. La quotation apposee en la marge de l'histoire tripartite est de l'an 430. aucuns tiennent que ce fut 427. & autres 401. A toutes lesquelles opinions contrarient ceux qui sont d'aduis que les Bourgongnons passerent le Rhin & entrerent és Gaules du tẽps de l'Empereur Valentinianus: & que leur entree d'adócq fut si heureuse que tousiours depuis ilz y sont demourez. La contrarieté est en ce que quasi tous tiennent qu'iceux Bourgongnons estoient encores residents oultre le Rhin, és terres des Allemans, quand ilz furent baptisez par vn Euesque des Gaules, qui les renuoya le huictiesme iour en leur pays. Or s'ilz estoient baptizez auant que d'entrer és Gaules en qualité de Conquerants : & si leurdicte entree fut sur la fin de l'Empire de Valentinianus, comme Achillés Pirminius Gassarus le remarque : ce fut long-temps au-parauant les dates cy deuant alleguees. Mais ceste difficulté n'estant gueres importante, il me suffit l'auoir remarqué, & dire qu'il sert de peu de contester du temps, puis qu'il appert de la verité du faict.

Du temps du Baptesme des Bourgongnons.

Valétinianus Emp.

Achillés P. Gassarus.

Prepara-

des Bourgongnons. Liure II.

Preparatifs des Bourgongnons pour entrer és Gaules.
CHAP. XXIX.

LES SCYTHES chefs de la ligue, les Gothz & autres nations Septentrionales confederees, efprinfes de plus-grand defir que iamais, de ruiner l'Empire Romain: eurent pour compagnons en mefme volonté les Perfes. Et pour-ce que la ligue portoit, que rien ne feroit entreprins par les vns, fans en communiquer auec les autres: afin que vniz en mefmes volontez, chacun f'efforçaft de fon pouuoir d'attaquer de fa part l'ennemy: en efperance que f'il baftoit mal d'vn cofté, les affaires pourroient fucceder heureufement de l'autre: les Gothz (comme plus prochains) eurent la charge de fignifier aux Bourgongnons, que les liguez f'appreftoient pour entrer fur les Prouinces Romaines: & qu'eux ne feiffent faulte de fe mettre en piedz, pour oultre paffer le Rhin, & affaillir les Gaules. *Scythes. Gothz. Perfes. Ligue.*

CES nouuelles furent apportees aux Bourgongnons en temps qu'ilz eftoient en mauuais mefnage auec les Allemans: tant à caufe des falines, comme du pafturage. Pour-ce fut-ce à eux à penfer comme ilz f'acquitteroient de leur deuoir, pour fatisfaire à ce qui leur eftoit enjoinct par les chefz de la ligue. Or n'eftoit-il plus pour lors mention entre eux de Hendin ny de Sinift. Depuis le baptefme par eux receu, ces motz furent mis hors d'vfage. Non qu'ilz ayent efté fans Rois (comme quelques-vns ont penfé) mais leurs Roys eftoient appellez par leur propre nom: & la dignité de Sinift abolie, ilz auoiét vn Euefque, des Preftres & Clercz, felon l'vfance de l'Eglife Oecumenique. *Bourgongnons fómez par la ligue. Hendin, & finift motz hors vfage. Bourgongnons ont eu toufiours des Rois. Euefque, Preftres & Clercs.*

LEVR Roy doncques (le propre nom eft teu par les hiftoriens) le Confeil affemblé, propofa l'importance de l'affaire qui fe prefentoit. Il infifta fur deux poincts. Le premier qu'eftants contrainctz marcher, pour n'enfraindre les articles de la ligue, qu'eux-mefmes auoient inuenté & mis en termes: il ne feroit feur de laiffer aucuns des leurs à la mercy des Allemans irritez: & lefquelz font communément trop plus dangereux ennemys que bien certains amys. L'autre poinct fut qu'il eftoit expedient fe prouuoir de forces eftrangeres: afin que ce dernier effort fuft fi prudemment entreprins, & vaillamment conduict, qu'il n'en peuft mefaduertir. Ces deux articles bien examinez, il fut refolu qu'on quitteroit entierement l'Allemaigne: & qu'auec l'armee marcheroient femmes, enfants, & le refte de leurs bagaiges: pour ofter à tous l'efperance de plus repaffer le Rhin: & rendre les gens de guerre plus encouragez, quand aux combats il y yra de toute leur refte. D'auantaige pour entrer és Gaules les plus forts, fut arrefté qu'on appelleroit les Vandales en ayde: & prieroit-on les Gothz d'enuoyer quelques trouppes des leurs. *Allemans, & leur naturel. Refolutió des Bourgongnós. Vandales. Gothz.*

KKk iij

François. Que si les François vouloient estre de la partie (selon la concorde faicte auec eux)ilz y seroient inuitez & priez.

LA resolution premétionnee fut executee par enuoyez aux Peuples sus nommez. Les Gothz & les Vandales furent fort prompts à suyure ce que les Bourgongnons auoient requis: mais quant aux Fráçois, ilz prierent d'estre excusez, pour lors: d'autant qu'vne flotte de Pictz & d'Escossois estoit sur mer, qu'ilz ne sçauoiét où elle faisoit voilles: & que (à tout euenement) ilz estoient contraincts estre en armes pour la garde de leurs haures. Bien promirent-ilz que leurs ports mis en asseurance, ilz ne feroient faulte de suyure incontinent les Bourgongnons. Ce qu'ilz feirét selon que toutes histoires le tesmoingnent. Quant à la flotte & armee de mer dont nous venons de parler, elle print port en celle portion de la grand Bretaigne, qui du nom desdicts Escossois, fut appellee Escosse: & en retient encores l'appellation.

Excuse des François. Picts. Escossois.

Grád' Bretaigne.

CEPENDANT les Samates (que nous disons à present Polonnois) chasserent de leur pays le Gouuerneur que l'Empereur Valentinianus leur auoit donné. Quelques Parthes (ausquelz l'heure tardoit de pouuoir nuire aux Romains) sestoient de gayeté de cœur, iettez en Armenie, & y auoient faict tous les maux qui sont du train & de la suitte de la guerre: mais aduertis qu'Arintheus Lieutenant general de l'Empereur les venoit attaquer, ilz se contenterent du butin qu'ilz auoient amassé: & auec iceluy se retirerent.

Sarmates, Polonois. Valétinien Emp.

Parthes en Armenie.

Arintheus.

D'AVTRE-PART Sapor Roy de Perse, ayant receu commandement des Scythes chefz de la ligue de prendre les armes, & ester à son deuoir, pour courir sus aux Romains: fut contraict se departir de l'accord que luy seul sans consentement des liguez, ausquelz il estoit obligé par serment, auoit faict auec iceux Romains. De faict il combattit les legions Romaines, print Ctesiphon, y passa son hyuer, ce pendant que Valens hyuernoit en Antioche.

Sapor cótrainct rópre auec les Rom.

Ctesiphó. Valens.

AVSSI en mesme temps certains Peuples dictz Quades, meslez parmy les Bohemes & voisins des Marcomans, ne sespargnerent à nuire aux garnisons de la Dunoë: dont Valentinianus receut grandissime desplaisir. Eux se sentants foibles & en danger d'estre recherchez, luy enuoyerent des Ambassadeurs: qui parlants plus brauement que l'Empereur n'auoit esperé, le meirent en si vehemente cholere qu'il en tomba griefuement malade. Les Medecins feirent tout ce qu'ilz peurét pour le sauuer: mais le sang restraint en luy, & ne pouuant sortir des veines, force luy fut mourir.

Quades.

Mort de Valétinié.

SI LES peuples susdicts mal animez cótre les Romains, leur faisoient du pis qu'il leur estoit possible: les Scythes Chefz de la ligue, & les Tartares leurs confederez, aduiserent de faire par dessus tous, paroistre leurs valeurs. En ceste deliberation ils se meirent aux cháps, auec si gros nombre d'enseignes desployees, qu'on eust dit Xerxes estre reuenu en l'Europe. Les

Scythes. Tartares.

Xerxés.

des Bourgongnons. Liure II. 667

pe. Les Romains auoiẽt la Dunoë, la part où elle eſt nommee Iſter, pour borne & limite de leur Empire. Là ils tenoient d'ordinaire en garniſons les legions qu'ils nommoient Myſiennes, ou (ſelon d'aucuns) Mœſiennes. Les liguez ne trouuans choſe qui les peuſt arreſter, coururẽt les deux Pannonies, interpretees à preſent Hungrie & Auſtriche: feirent le gaſt en Albanie, Theſſalie, & és regiõs circonuoiſines. Valens (qui comme nous auons dict eſtoit en Antioche) fut aduerty de tous ces rauages, & appellé en ſecours. Il vint auec grande puiſſance, & penſoit bien ayſément chaſtier ceux qu'il n'appelloit que canailles & barbares: mais (iouxte le commun prouerbe, il reſte beaucoup de ce que le fol penſe) celuy qui ſe vẽtoit de chaſtier les autres, fut chaſtié luy meſme. Les armees ioinctes en combat, le ſort & deſaſtre tomba ſur Valens, & ſur ſes trouppes. Les Romains vaincuz, furent contraincts prendre la fuytte à qui mieux mieux. La chaſſe affectionnemẽt entrepriſe par les Scythes, Valens fut rattaint entre les fuyartz, & griefuement bleſſé. A ce bruict feirẽt alte les plus deſireux de conſeruer leur Prince, & ſouſtindrent ſi conſtámment l'effort des Scythes, que Valens tiré de la preſſe, fut emporté en vne prochaine maiſonnette. Là ſ'enflammerent les animoſitez d'vne part & d'autre. Les Scythes perſiſtoient à ſuyure le cours de leur victoire: & ne taſchoient à rien tant qu'à forcer les gardes de la logette & tugurion, pour mettre en trophee les oz, & deſpouilles de Valés, auec celles de Cyrus, Darius, & pluſieurs autres grands Monarques par eux ſuppeditez. Les Romains (d'autre-part) ne ſ'eſtimoient dignes de viure, & moins de comparoir en publicq', ſi leur Empereur leur eſtoit arraché des mains. Bien euſſent-ils deſiré que la terre l'euſt englouty (cõme l'Empereur Decius) & ne ſe fuſſent ſoucié qu'il fuſt allé aux enfers par terre, ou par eau, pourueu qu'ils en fuſſent deſchargez, ſans offenſe de leur honneur.

Durant que les Scythes trauailloient pour gaigner la maiſonnette, & les Romains employoient toutes leurs forces & induſtries pour les repouſſer, les Medecins & Chirurgiens Imperiaux viſiterent les playes de Valens, & en y mettant l'appareil, il leur mourut entre les mains. Les Romains ont eſcrit, que les Scythes deſperans de pouuoir gaigner ce petit manoir, y meirẽt le feu, que la maiſonnette embraſee, & la flamme augmentee par vn vent de Biſe, la maiſon en bruſlant conſomma le corps de leur Empereur Valens. Mais ou euſſent prins du feu les Scythes? commẽt l'euſſẽt-ils peu mettre en la maiſõ, de laquelle les approches leurs eſtoiẽt defẽdues? Il eſt trop plus croyable, que les Capitaines Romains (la pluſpart Chreſtiens) eſtimás telle defaueur aduenue à vne tant braue & groſſe armee, eſtre vne iuſte punition de Dieu, enuoyee à Valens, deſerteur de la foy Catholique, & propugnateur des hereſies d'Arrius, entrerẽt en double penſement: l'vn que l'hereſie eſt ſi abominable, qu'elle ne peut eſtre mieux purgee que par le feu: l'autre que les forces des Scythes arriuantes file à file en grand nombre (l'Empereur exempt de danger par la

KKk iiij

Dunoë, Danube, & Iſter.
Legions Myſiẽnes.
Pãnonies.
Albanie. Theſſalie.
Valẽs Empereur.
Prouerbe.
Bataille liuree par les Scythes à Valens.
Scythes victorieux.
Fuytte de Valens.
Contẽtiõs reciproques.
Trophees Scythiques.
Deciº Empereur.
Mort de Valẽs Empereur.
Menterie des Romains.
La ſuſdicte menterie impugnee.
Capitaines Romains Chreſtiẽs.
Valens heretique.
L'hereſie.

mort) ce feroit fur eux que tout le fais du hazard tomberoit. Ainfi que (à toutes fins) eux mefmes feirent mettre le feu en la maifon; & laiffez les Scythes, qui f'amufoient à la veoir confommer, fe retirerent comme ils peurent. De cecy femble faire foy Pomponius Lætus Romain, quand il dit, que les Scythes ne fçauoiēt pas que Valens fuft en ladicte maifonnette. Vray eft que Lætus ne confeffe pas que Valens fut bruflé tout vif, ce que plufieurs ont efcrit: ains dit qu'il mourut en luy appliquant les appareilz: tant l'affection (voire és hommes de bien) f'efforce quelques fois contre la verité.

Probabilité.
Pomp. Lætus.
Different fur la mort de l'Empereur Valés.

Qvoy qu'il en foit, ceftuy eftant pour le moins le quatriefme Empereur Romain, que les liguez auoient faict mourir: fans mettre en ce nombre Valerianus, ny d'auantage plufieurs Empereurs particuliers, maffacrez par cy, par là: les Scythes meirent fin à la chaffe des Romains, & fe retirerent d'où ils eftoiēt partiz. Paffans par le lieu où la bataille auoit efté donnee, ils feirent fepulturer leurs mortz felon leur vfance, & brufler les Romains à la façon Romaine. Ce faict ils f'en allerent la tefte baiffee contre Conftantinople, ville capitale de l'Empire d'Orient, partage de Valens. Leur intention eftoit de mettre icelle ville en defolation, & du butin en donner curee à leurs foldatz: mais Dominique Augufte veufue de Valens, craintiue de tomber en leur mercy, racheta le fac de Conftantinople de bien groffe finance: auec laquelle les Scythes, & les Tartares fe retirerent en leurs pays.

Empereurs que la ligue a faict mourir.
Valerianus Empereur.
Bonté des Scythes.
Scythes cōtre Conftantinople.
Dominique Auguste.
Scythes renuoyez par argent.

Recitees les entreprinfes & executions des autres peuples, il eft temps de venir à l'expedition de noz Bourgongnós, fecondez des Vandales, & des Gothz. Auant toutesfois que d'entamer ce propos, il ne me femble impertinent remarquer (comme par aduertiffement) que la fortune de l'Empire Romain (fi fortune eft admiffible) a efté telle, & diuinement ainfi cōduicte, que lors que les affaires d'iceluy Empire eftoient en fi grand defaftre, qu'on en efperoit la ruine: il aduenoit que quelque valeureux perfonnage fuccedoit ordinairement aux abbaiffez, & reparoit en peu de temps, ce que maintes annees auoient mis en defordre. Nous en auons dit quelque chofe cy deuant: maintenant que Valentinianus, & Valens fe trouuēt mortz: le premier de defpit; l'autre par glaiue & par feu: il fe trouue vn Theodofius, qui releue fi vaillammēt les affaires Romains, que les playes precedentes confolidees, & les pertes reftaurees, il reftitue l'Empire en entier. Mais fa valeur & fa felicité n'efcheurēt en heritage à fes filz Arcadius & Honorius.

Fortune de l'Empire Romain.
Theodofius. Arcadi' & Honorius moîs heureux que leur pere.

De l'entree des Bourgongnons és Gaules: qu'ils f'emparerēt des pays à prefent comprins foubs le nom de Bourgongne: & que deuindrent les Vandales & Gothz. CHAP. XXX.

LA

des Bourgongnons. Liure II. 669

LA CONCILIATION des autheurs differés en opinion n'eſt ſeulement mal aiſee, mais l'entreprendre eſt dangereux, & fort ſubiect à calomnie. Pluſieurs tiennent que les Bourgongnons en nombre de quatre vingts mille hommes, ſecondez des Vandales & des Gothz, paſſerent le Rhin ſans encombrier, & ſ'arreſterent en Alſatie, que quelques vns appellent l'Auxois. Autres ont eſcrit que Valétinianus Empereur les deffeit au paſſage du Rhin. La premiere opinion eſt tant fauoriſee par tous bons autheurs, qu'elle me ſemble meriter qu'on la ſuyue. Pourroit eſtre vray (cependant) que Valentinianus meit en routte quelques compagnies d'Allemans: mais ſ'il euſt deſcófit les quatre vingts mille Bourgongnós, deſquelz nous ſommes en propos, il n'euſt eſté poſſible qu'ils ſe fuſſent peu reſſourdre, ny recouurer moyens ſuffiſans, pour (par apres) entrer és Gaules de vingt ans. Ie tien doncques pour certain, que tel bruict de leur deffaicte par Valentinianus, eſt ſubiect à quelque correction. Sainct Hieroſme, ſur la fin de ſa Chronologie, met que les quatre vingts mille Bourgongnons cy deſſus mentionnez deſcédirent és enuirons du Rhin, du temps de Valentinien. Achillés P. Gaſſarus eſt de meſme opinion: mais en oultre il tient que ce fut adoncq' que les Bourgongnons paſſerent le Rhin, & entrerét és Gaules. Proſper ſepare les Vádales des Bourgongnons, & ne ſuit pas le calcul de ſainct Hieroſme. Ie ſerois long ſi ie voulois icy rapporter toutes les diuerſitez d'opinions qui ſe trouuent en ce faict, & elles ne ſeruiroiét que pour faire paroiſtre l'hiſtoire des Bourgongnons auoir eſté pluſtoſt tracaſſee, que bien & deüement traictee. Et que de la penſer maintenant redreſſer, ſeroit ſe rompre la teſte à credit. Si doncques ie ne puis ce que ie vouldrois, force m'eſt vouloir ce que ie puis, qui eſt ſuyure ceux qui auant moy en ont eſcrit.

DONCQVES l'opinion commune porte, que Theodoſius le ieune, fils de Arcadius, eſtát Empereur, enuiron l'an de noſtre ſalut quatre cens vingt ſix, les Bourgongnons accompagnez de gros nombre de Vandales & de Gothz (que quelques autheurs nomment Alains) abandonnerent (non par force, mais volontairement) l'Allemaigne, oultrepaſſerent le Rhin: & ſ'eſtans par certain temps refreſchiz és terres Galliques, voiſines dudict fleuue, entrerent peu à peu ſi auant en pays, que les terres des Sequanois conqueſtees, ils ſ'emparerent d'vne partie du Langrois, occuperent l'Auxerrois, Autunois, Chalonnois, Maſconnois & Charrolois. Puis (croiſſant leur puiſſance) l'heur les fauoriſa de tant, qu'ils ſ'eſtédirent iuſques à la mer de Leuant: vniſſans à leur puiſſance les Lyonnois, Daulphiné, Sauoye, Valentinois & Prouence. En fin noz derniers Ducz de Bourgongne creurent en ſi remarquable grandeur, que faictz ſix fois Ducz, & quinze fois Contes, il ne leur defailloit que la Conté de Champaigne, pour eſtendre leur domination depuis les Oſtrelins, iuſques au Lyonnois & à la Sauoye. Ie diray d'auantage, que ſi Philippe ſurnommé

Reconcilier les autheurs choſe tres-difficile. Bourgongnons ſe preparent pour entrer és Gaules. Alſate, ou Auxois. Valentinianus. Sainct Hieroſine. Achillés P. Gaſſarus. Proſper. Diuerſité d'opiniós. Contrainéte à l'autheur. Theodoſi⁹ le ieune. Alains. Bourgongnós abandonnent l'Allemaigne. Sequanois. Langrois. Auxerrois. Autunois. Chalonnois. Maſconnois. Charrolois. Lyonnois. Daulphiné. Sauoye. Valentinois. Prouence. Grandeur des derniers Ducz de Bourgongne.

De l'antiquité & origine

Charles Duc de Bourgongne.
Les Bourgongnons n'eſtoient ſans Roy à leur commécemét.
Clotilde Royne.
Clouis Roy.
Charles le Chauue.
Boſon faict Roy de Bourgongne.
Richilde.
Richard Conte d'Autun.
Eſtendue du Royaume de Bourgongne.
Sauoye.
Daulphiné.
Royaume de la haute Bourgongne.
Geneue.
Raoul Roy de Bourgongne.
Intétiõ de l'Autheur.
Comment les Bourgongnons ſe rendirẽt paiſibles des pays occupez.
Etius Ro. Gouuerneur des Gaules.
Gundicarius Roy des Bourgongnõs.
Gundicarius priſonnier.

le bon, Duc de Bourgongne, euſt aggreé que ſes pays luy euſſent eſté erigez en Royaume (ce que Charles ſon fils a inſtamment pourchaſſé, & ne l'a peu obtenir) on euſt peu compter ce dixhuictieſme Royaume Chreſtien, entre les premiers, en abõdance de biens, & de bons hommes de guerre & de Conſeil.

AV SVRPLVS, c'eſt choſe ſans doubte que les Bourgongnons ont touſiours eſté gouuernez par Rois, iuſques à ce que Clotilde Royne de France, femme du grand Roy Clouis, pour contenter ſon eſprit vindicatif, en feit perdre la race. Lors la Bourgongne vnie à la Couronne de France, ceſſa d'eſtre Royaume. Et ayant paſſé par diuerſes mains, eſcheut en fin à Charles le Chauue Empereur & Roy. Qui (pour montre de ſa grandeur) inſtitua Boſon fils de Beuues Conte des Ardaines, & frere de l'Imperatrix Richilde, ou Richent, Roy de Bourgongne. Mais les contrarietez qu'il receut de Richard Conte d'Autun (que quelques-vns ont à grand tort penſé ſon frere) le contraignirent ſe retirer à Arles en Prouence, qu'il feit ville capitale de ſon Royaume de Bourgongne : lequel ſ'eſtendoit depuis Lyon iuſques à Marſeilles, & dés le Rhoſne, iuſques à Milan. Ce Boſon laiſſa ſon fils Loys Roy apres luy. Faillant lequel, furent ſuſcitees deux puiſſantes maiſons, celle des Contes & Ducz de Sauoye, & celle des Daulphins de Viennois.

IE POVRROIS faire icy mention d'vn autre Royaume de la Bourgongne ſuperieure, ou tranſ-iurane : dont aucuns tiennent Geneue auoir eſté ſiege principal, Raoul eſtát Roy, enuiron l'an de ſalut 919. Mais mon intention ne ſ'eſtendant qu'à eſcrire l'ancienne hiſtoire des Bourgongnons leurs emigrations, & moins congneues expeditions : puis les ayant ramené és Gaules (leur heureux & deſiré ſeiour) me contenter d'autant : attendu qu'il n'y a faute d'hommes d'excellẽte erudition, qui ont traicté leurs affaires, depuis leur retour d'Allemaigne, iuſques à la derniere reṽnion du Duché de Bourgongne, à la Couronne de France.

AYANT doncques (encores que non ſi dextremẽt, ny ſi elegamment que pluſieurs pourroient requerir) accomply ce que i'auois en opinion de dire des Bourgongnons : il ne me ſemble reſter, que de declarer comment ils ſe rendirent paiſibles des pays depuis nommez Bourgongne : & que deuindrẽt les Vandales, & les Gothz qui les auoient accompagnez. Quant au premier, il eſt bien certain, que Etius, ou Ætius Gouuerneur pour l'Empereur és Gaules, ſe trouua fort irrité de l'arriuee des Bourgongnons en ſon Gouuernement : & ſ'en reſſentant, entreprint de leur faire vne charge. Il attendit que les Vandales & les Gothz ſe fuſſent ſeparez des Bourgongnons, & lors ſe rua ſur Gunditarius (aucuns diſent Gundicarius) leur Roy. Qui deſireux de ſe montrer preux & vaillant, tel qu'il eſtoit, ſe fourra ſi auant en la preſſe, que enueloppé de toutes parts, force luy fut creancer priſon. Et n'y a doubte que Etius l'euſt faict mourir, ſ'il n'euſt

des Bourgongnons Liure II.   671

n'eust eu aduertissement, que d'vne part les François s'apprestoient pour entrer és Gaules : & d'ailleurs que Attila menoit apres luy vne infinité de peuples Septentrionnaux, en deliberation d'aneantir le nom & l'Empire Romain. Etius ayant ceste puce en l'oreille, cessa de penser faire mourir son prisonnier: ains aduisa de le se rendre amy & coadiuteur, pour la conseruation des Gaules. L'esprit de Gundicaire se trouuant disposé à ce que Etius desiroit, ils capitulerēt de façon que luy mis en liberté promit toute ayde, & assistance aux Romains contre Attila. Et Etius au nom de l'Empereur, permit aux Bourgongnōs de posseder paisiblement les pays desquelz ils estoient saisiz. Voilà comme les Bourgongnós furent inuestiz des terres par eux occupees.

François. Attila. Etius accordé auec Gundicaiius. Inuestiture des Bourgongnons faicte à Gundicaiius.

TOVCHANT les Vandales & les Gothz, ils passerent oultre: les premiers iusques és marches d'Espaigne en vne contree, qui de leur nom fut appellee Vandalousie, & les Gothz se retirerent en Septimanie: laquelle à cause d'eux fut nommee Languegoth, & (par corruption de langage) est presentement dicte Languedoc. Depuis les Vandales accreuz passerent en Afrique, & les Gothz enuahirent les Espaignes.

Que deuidrent les Vādales, & les Gothz. Vandelousie. Septimanie. Languegoth dicte Lāguedoc. Vādales en Afrique. Gothz en Espaigne.

C'EST ce que i'ay peu recueillir des plus anciens faictz de noz vieux Bourgongnons, suppliant les Lecteurs excuser, si la verité des faictz (que i'ay suiuy tant exactement qu'il m'a esté possible) n'est accompagnee des ornemens de bien, & disertemēt dire, comme elle meriteroit. L'enuie que i'ay eu de restaurer la memoire de noz ancestres, m'a si viuement incité de rediger par escrit, ce que auec infiniz labeurs i'en auois appris, que mettant à nonchaloir l'insuffisance de mon stile, mon affection de honnorer ma patrie, a vaincu toutes les crainctes que ie pouuois auoir, que mon langage fust trouué trop esloingné de celuy que ce siecle (studieux de l'eloquence) est coustumier requerir de ceux qui se meslent d'escrire.

De l'antiquité & origine

APPENDICE, OV ADDITION DE L'AMPLITVDE ET ESTENDVE DE LA BOVRGONGNE; extraicte de Iean le Maire de Belges, au troisiesme liure de ses illustrations de Gaule.

IEAN LE MAIRE DE BELGES homme qui (vaincue la malice de son temps, auquel les bonnes lettres n'estoient encores en cours) a esté non seulement diligent en l'histoire: mais aussi tant scrupuleux, qu'il ne luy est aduenu de rien dire, sans alleguer son autheur. Il dit doncques en la seconde partie du troisiesme liure de ses Illustrations, que Geruasius, iadis Mareschal du Royaume de Bourgõgne, du temps de l'Empereur Othon le quart, qu'il qualifie Roy de Bourgongne, en son liure intitulé du passetemps Imperial, met que selon le contenu és registres de l'Empire, le Royaume de Bourgongne estoit comprins par les limites qui s'ensuyuent.

LA PREMIERE PROVINCE DV ROYAVME DE BOVRGONGNE.

LA CITE D'ARLES metropolitaine, qui estoit le siege du Royaume de Bourgongne, auec toute la Prouince dudict Arles le Blanc en Prouence. Lequel auoit soubs luy les Dioceses, & Citez Cathedrales ou Episcopales, cy apres nommees, de l'ordre de sainct Augustin. C'est à sçauoir, la Cité d'Auignon, & son Diocese: qui depuis a esté esleué en Archeuesché, du temps du Pape Sixte. Marseille en Prouence, Tollon, Cauaillon, Carpentras, Vaison, Orenge, Tricastel. I'adiouste que le rang de l'Archeuesque d'Arles estoit anciennement grand entre les Prelatz des Gaules, selon que sainct Gregoire le faict entendre, par vne sienne Epistre à Syagrius Euesque d'Autun.

LA SECONDE PROVINCE.

LA CITE metropolitaine de Vienne, en laquelle estoit assise la Chancellerie du Royaume de Bourgongne, auec toute la Prouince de l'Archeuesché de Vienne: lequel a soubs luy les Dioceses qui s'ensuyuent, Grenoble, Valence, & Die (qui sont vniz) Morienne & Geneue.

LA TIERCE PROVINCE.

LA CITE & Archeuesché de Lyon sur le Rhosne & toute sa Prouince: laquelle contient quatre Dioceses, à sçauoir Autun, Langres, Chalon & Mascon.

LA QVATRIESME PROVINCE.

LA CITE & Archeuesché de Besançon & toute sa Prouince: laquelle contient trois tient trois Dioceses : Sçauoir est Basle en Suysse, Lausanne, & Bellay en Sauoye.

LA CINQVIESME PROVINCE.

La cite & Archeuesché de Moustier en Tarentaise, & toute sa Prouince, qui contient deux Dioceses : C'est à sçauoir Seon,& Aouste.

LA SIXIESME PROVINCE.

La cite & Archeuesché d'Ambrun & toute sa Prouince, qui contient six Dioceses : Digne,Nice,Grace,Seuere.

LA SEPTIESME PROVINCE.

La cite & Archeuesché d'Aix en Prouence, & toute sa Prouince, qui contient cinq Dioceses: C'est à sçauoir Apt,Foriul,Rege,Gap,& Sisteron.
Desquelles sept Prouinces ledict Geruasius met que le Royaume de Bourgongne estoit encloz comme de sept retz ou filez.

Vn autre autheur nommé Ligurinus, qui fut du temps de l'Empereur Federich Barberousse, & escriuit les gestes d'iceluy, met & conclud les limites du Royaume de Bourgógne en six vers Latins, cy apres escrits, qui sont presque d'vne mesme substance que le dessus narré :

Has tibi Metropoles,& primi nominis vrbes,
Chrysopolim placidam,Lugdunum,deinde Viennam,
Quæq́, tuos spumante mari Prouincia fines
Claudit,Arelatum validis obnoxia ventis.
Chrysopolim Dubius,reliquas perlabitur amnis
Maximus Allobrogum,Rhodanus dominator aquarum.

Et si nous voulons limiter autremét le mesme Royaume de Bourgongne, nous le pourrons faire par distinction de fleuues, de mer, & de montaignes. Doncques auoit-il du costé de Midy, la mer de Prouence & de Nice : deuers Orient, le fleuue du Rhin, & les merueilleuses montaignes qui separét les Gaules d'auec l'Italie : C'est à sçauoir le Mont-jou, & de Columna-jou,qu'on dit maintenant le Grand & le petit sainct Bernard, auec le mont Senis, & le mót Geneure. Deuers Septentrion, le mót Vogesus, duquel partent les fleuues de Meuse, & de Saone. Et deuers Occident, les riuieres de Loyre, & de Seine.

Et av cœur dudict Royaume estoient comprins (oultre le dessus narré) plusieurs autres nobles fleuues & montaignes : si comme le mont iura, qu'on dit la mótaigne sainct Claude : le mont des Faucilles : le mont d'Aiguebelette, du Chat & plufieurs autres. Et des fleuues, le Rhofne, la Saone, Lifere, le Doux, Yonne, la Durance auec autres infinies moindres riuieres & ruiffeaux. D'auantage le grād Lac de Laufanne, celuy du Bourget, de Nantua, des Efchetz, & affez d'autres.

DONCQVES il appert que ledict Royaume participoit de toutes les trois Gaules, Belgique, Celtique & Aquitanique. Car il cōprenoit prefque tous les fleuues, qui font feparation d'icelles Gaules entre elles. Si cōme la riuiere de Seine, qui diuife d'vn cofté la Belgique d'auec la Celtique. Et auffi font les riuieres de Saone, & de Lifere chacune en fon quartier. Et le grand fleuue de Loyre, qui fepare la Celtique d'auec l'Aquitanique.

AVSSI feftendoit la domination dudict Royaume fur trois langues principales, & differentes l'vne de l'autre. C'eft à fçauoir Germanique, Romande, ou Wallonne & Italienne. Et (comme on peut coniecturer) ledict Royaume comprenoit les pays qui f'enfuyuent: & qui de prefent font nommez ainfi, fçauoir eft: LES Duchez de Bourgōgne, de Sauoye, de Chablais & d'Aoufte. Les Principautez de Piedmont & d'Orenge. La Landgrauie d'Alfate. La Conté Palatine de Bourgongne. Les Contez de Hafbourg, de Ferrettes, de Mont-beliard, de Charrolois, de Niuernois, de Forefts, de Valentinois, de Prouence, de Geneuois & de Veniffe, c'eft à dire d'Auignon & fes appartenances. Les feigneuries de Breffe, de Salins & de Noyers. Les pays de Daulphiné, de Viuaretz, d'Auxerrois, de Vuaud, de Foucigny; & toutes les montaignes, & ligues des Suyffes.

VOYLA ce que fort foigneufement Iean le Maire a laiffé par efcrit de l'amplitude du Royaume de Bourgōgne: laquelle pourroit eftre plus fpecifiquement; mais rien mieux exprimee. Ie prie les Lecteurs (fi aucun daigne lire ce difcours des plus anciens affaires des Bourgongnons) auoir auffi aggreables fon labeur & le mien, comme de cœur bien affectionné à tous, ie le leur prefente, & le confacre à la pofterité en memoire de noz anceftres, & progeniteurs.

FIN, GRACES A DIEV.

LES NOMS DES AVTHEVRS
ICY ALLEGVEZ, ET LES MEMOIRES ET PAPIERS DONT ON S'EST SERVY.

A

Abdias.
Achilles Pirminius Gassarus.
Aelius Spartianus.
Agathias.
Aimoinus monachus.
Ammian Marcellin.
Antiquitez de Vienne.
Antonin.
Appian Alexandrin.
Ariofte.
Arrianus.
Afinius, Italien.
Atheneus.
sainct Auguftin.

B

Balthafar de Chaftillon.
Beatus Rhenanus.
Berofe.
Blaife de Viginere.
Bugnyon I.C. Mafconnois.

C

Cato l'ancien.
Cefar.
Chartulaire de fainct Pierre de Mafcon.
Chaffaneus.
Chriftofle de Longueil.
Chronique de Bourgongne.
Chronique de fainct Benigne de Dijon.
Chronique de Mafcon.
Ciceron.
Compillateur des Conciles.
Cornelius Agrippa.
Cornelius Tacitus.

D

Demochares.
Diodore Sicilien.
Dion.
Dionyfius Halicarnaffeus.

E

Erafme.
Eumenius.
Euripides.
Eufebe.
Eutropius.
Extraict d'un vieil liure de S. Ioigny de Lyon.
Extraict gardé à S. Marcel.

F

Fables d'Efope.
Flauius Vegetius.
Flauius Vopifcus.
François Balduin I.C.
Froiffart.
Fuftaillier, Aduocat Mafconnois.

G

Gaudentius Merula.
Genebrard.
Geruafius iadis Marefchal du Royaume de Bourgongne.
Gefnerus.
fainct Gregoire.
Gregorius Turonenfis.
Guillaume Budé.

H

Heliodore.
Henry Glarean.
Herodianus.
Herodote.
Hieronymus Frobennius.
fainct Hierofme.
Hirtius, ou Oppius.
l'Hiftoire de Iean le Frere de Laua'.
l'Hiftoire de la Popeliniere.
Hiftoire des Auuergnacz non imprimee.
Homere.
Horace.

I

Fr. Iacques de Guyfe.
Fr. Iean Annius de Viterbe.
Iean Bouteiller, Confeiller au Parlement de Paris.
fainct Iean Chryfoftome.
Iean Germain, Chancelier de l'ordre de Bourgongne.
Iean de Ioinuille, Senefchal hereditaire de Champaigne.
Iean le Maire.
Iean Naifey, Archidiacre & Chanoine de Chalon.
Ioannes Alexander Braffica nus.
Iofeph Hebreu.
Iuftinien.
Iuftin l'hiftorien.
Iuuenal.

L

Lactance Firmien.
Laërtius.
Laurentius Valla.
Ligurinus.
Liure de diuifiõs des gros fruits des Chanoines de fainct Vincent de Mafcon.
Liure enchaifné au trefor de Mafcon.
Lucain.
Lucien.

M

Macrobe.
Mamertinus.
Manethon.
Matthiolus.
Memoires de du Tillet greffier.

N

Nicephore.
Nicolaus Damafcenus.
Nicolas de Lyra.

O

Oppius, ou Hirtius.
Optatus.
Ouide.

P

Paulus Aemylius.
Paulus Diaconus.
Paulus Iouius.
Paulus Orosius.
Pausanias.
Petronius Arbiter.
Petrus venerabilis.
Petrus Victorius.
Philippe de Comines.
Philostrate.
Pierre Naturel, Chantre & Chanoine à Chalon.
Pierre Turel, Philosophe.
Pierre Turreaut.
du Pinet, sieur du Noroy.
Platon.
Platine.
Pline.
Plutarque.
Pomponius Lætus.
Polybius.
Polydorus Vergilius.
Prosper Aquitanicus.

R

Raphaël Volaterranus.

S

Salluste.
S. Saluianus.
Sceuola.
Sebastianus Munsterus.
Sigismond libre Baron en Herberstain.
Socrates hist. trip.
Spartianus.
Strabon.
Suetone Tranquille, & sa suitte.
Supputation de du Tillet, Euesque.

T

Testamēts, ancien & nouueau.
Thomas Morus.
Titus Liuius.
Tomes des Conciles.
Trebellius Pollio.
Trismegiste.
Trittemius.
Trogus Pompeius.

V

Valerius Anselmus Ryd.
Vignerius.
de Ville neufue, president de Ioug, pres de Tarare, en Lyōnois.
Vincent l'Historial.
Virgile.

X

Xenophon.

Z

Zonaras.
Zoroastres.
Zosimus.

TABLE DES CHOSES PRIN-
CIPALES, ET PLVS DIGNES DE MEMOIRE
CONTENVES EN CE PRESENT VOLVME.

A

Alis, Contesse de Mascon. 417
Fille de Girard de Vienne. 526
Aaron appellé à la vocation. 264
Abatos, isle. 224
Abbaye de Tourn°. 171. & 207
Abbayes deuenues priorez collatifs. 511
l'Abbé de Cluny est cardinal nay. 457
tort faict à l'Abbé de Tournus. 342
Abbé à sainct Vincent de Mascon. 234
Abbez presens. 76
façon de mauuais Abbez. 498
Abbez commendataires sont esleuz aussi bien que les titulaires. 77
Abelli, prescheur, puis confesseur de la Royne. 489
Abbouchement à Bologne la grace. 484
Abondance de biens. 475
Absens ne doiuent estre esleuz. 76
Absyrtus, frere de Medee. 585
Abus general. 85. & 138
Acacia, & dents agacees. 652
Accord auec les Barons de Senecey. 469
Accord auec la Dame de Vele. 287
Accord heureux d'vn Roy auec ses subiects. 75
Achan, fils de Chermi. 599. & 600
Achard, euesque de Cluny. 452
Achilleus. 655
Achon. 317
vallee d'Achor. 599
Achilles. 119
Acquest de la moitié de Chalon. 456
Acquests faicts par les ecclesiastiques. 118
Adalgane, euesque d'Autun. 508
Adelrannus, euesque. 273
Adiatonus roy des Sociaus. 150
Admonestement vtile. 81
Adon, euesque. 238. 278. & 521
Administratió du spirituel de l'euesché de Chalon. 464
Adrian, pape. 272
Adrian, empereur. 435. & 598
Aduertissement contre les Allemans. 62. & 263
Aduocat du roy à Mascon. 364
Aduoüerie. 459

bon Aduis des premiers François. 61
Ælis, fille de Gerard de Vienne. 255
Voyez Aalis.
Æmylianus viole le droict des gens. 613
est tué par ses soldats. 614
est faict empereur. 607
entreprent assaillir les Bourgongnons. 608
Æneas Syluius. 610
Affliction trouue consolation. 496
elle est cause de bon aduis. 516
d'Affliction grand bien. 518
Affranchissemét general de Tournus par Estienne abbé. 461. & 533
Africains caults. 609
Asiique, ville autrefois en Bourgongne. 25
s. Agricol, euesque de Chalon. 440. & 441
l'Aigle & la louue, enseignes des Romains. 584
Aigles monstrueuses à deux testes. 599
Aigles de Prometheus. 640
Aigüe-perse en Beaujolois. 320
Aisnez seuls heritiers entre les barbares. 120
Alains. 233. & 669
Alard de Mont-bellet. 325
Albanie. 667
Alberic, Conte. 280
euesque d'Albe legat. 284
Albis, riuiere. 576. 649. & 650
Alderan, Conte de Chalon. 417. & 447
Alduabis, & Alduasdubis. 218
Alexandre, pape. 283. & 390
Alexandre. 143. & 195
Alexandre de Bourgongne, euesque de Chalon. 422. & 462
Alexandre empereur. 661
Alexandre le grand dequoy se plaignoit. 46
de luy-mesme. 584. 590. & 592
Alexicacus. 218
Alexia, ou Alesia, ancienne ville, capitale des Mandubiens. 24. 217. & 218
Alexienses. 219
Alienation du domaine de l'Eglise. 108. & 119
Alis de Vergy duchesse. 423
Alise, village. 24. & 223
Alisia, ville métionnee par Diodore Sicilien. 24
nouuelle etymologie d'Alisia. 222

LLl iij

Table des matieres

Allemaigne Chrestienne.	662
Allemans & Suisses pour les Sequanois.	199
Allemans deçà le Rhin.	574
du mot des Allemans.	575.&576
Allemans.	621
leur naturel.	665
Alletey,où y a college de Chanoines.	465
Alleriot.	443
Allobrox.	36
Almeric,Duc de Bourgongne.	418
Alouette legion.	595
Alphonse,Roy d'Espaigne.	525
Alsate,ou Auxois.	669
Alsetum.	219
Aluse.	223
Amalech.	600
Amaneu de Fois,Euesque.	296
Amanzey.	339
Amanzé faict huguenot.	351
il n'estoit toutesfois maling.	ibidem.
changement du seigneur d'Amanzé.	ibidem.
Amanzé tué.	352
cas admirable du ieune Amanzé.	ibidem.
Amanzé.	350.353.&357
Amanzé,Choffailles.	349
Ambactes.	194
Ambassade en Portugal à quelles fins.	337
Ambassade des Gaulois aux Scythes.	589
Ambigatus de Bourges.	36
grand par-dessus.	563
Ambition.	131
celle des Romains.	585.&592
sainct Ambroise Archeuesque de Milan.	390
Amboise.	333
legat d'Amboise.	334
Amende du sieur de Berzé.	291
Amé,Conte de Sauoye.	153.240.&550
Amitié renouee,plus forte.	628
Ammian Marcellin,Grec naturel.	2
soldat de Iulian.	200
Amoncourt.	316
Amortissemens.	444
Amortissemens quittez.	482
Amortissement de don.	463
sainct Amour.	324.&356
Amour bonne n'est iamais sans crainete.	126
Amour du pays.	569
Amphiaraus.	601
Amplitude de l'Euesché d'Autun.	210
Amulius.	212
Anachatsis.	592
Anagrammatisme du Roy François.	61
Ancilia.	642
Andelot.	319.351.&354
armee d'Andelot.	ibidem.
sainct Andoche.	204.207.&269
André Doimy,Euesque de Boulongne.	367
André de Poupet,Euesque de Chalô.	413.&482
legitimé par le Pape Sixte.	ibidem.
chappelle de sainct André.	536
Anges pedagogues.	31
Anges tutelaires.	517
Angleure.	312.341.353.&355
armes d'Angleure.	ibid.
Annate imposee par vn Euesque.	477
Anne de France,Duchesse de Bourbon.	300
Anne Royne,Duchesse de Bretaigne.	ibidem.
Anne de Montmorancy.	127
Annibal.	161.&389
capitaine des Gaulois contre les Romains.164. & 188.	
Annius de Viterbe,hôme de rare sçauoir.	5.& 6
Anse,ville.	281
Anseaulme.	216
Ansgarde.	416
Antoald,Euesque de Poitiers.	505
Antimachus quelle estime il faisoit de Platon. 189.2	
Antiquité notable des Gaules.	117.& 120
s.Antoine.	413
Antoine Arland,Euesque de Chalon.	487
Antoine de Courant.	499
Antoine Galand.	536
Antoine de Gorreuod,Euesque de Lausanne. 355	
Antoine Duc de Lorraine.	299
Antoine de Narbonne,Euesque.	295
Antoine du Prat,Chancelier de France. 117.300. & 466	
Antoine de Toulonjon.	481
Antoine de Samur,gouuerneur de Mascon.	355
Antoine de Verey.	499
Antoine de Vienne, Euesque de Chalon, 4. fois Abbé.	485
sa mort estrange.	486
Antonin Philosophe.	434
victoire d'iceluy.	ibidem.
Antonius.	598
Antonius Pius.	ibid.
Antoninus Verus.	269.&503
Anzié.	319
Aoust,temps en France de moissonner.	154
faire l'Aoust.	154
Apophthegme.	415
Apophthegme de Diocletian.	134
& du plaisant de Claudius Empereur.	ibid.
Apophthegme royal.	71
Apophthegme du sieur de la Guiche.	335
Apophthegme de Pasquin.	365
Apophthegme d'vn pirate.	584
Apis,& sa forme.	224
Apis,& Serapis.	225
douze Apostres.	62
les Apostres vrayement riches.	105
enhardis par le sainct Esprit.	85
les Apostres estoient sans rancune.	267
Appanages.	172.&324
l'Appauuissement des gens d'Eglise les a mis à mespris.	117
Aquitains.	597
*Arar,*la Saone.	254.&380
Arbacés ou Arbactus.	136
sainct Arbain.	278

teire

de ce present volume.

terre de S Arbain. 274
donation de S. Arbain à S.Vincent. 275
la iurisdiction sur S. Arbain adiugee à l'Euesque de Mascon. 275
different pour les dixmes S. Arbain. ibid.
Arbitrage au faict des sepultures. 284
Arcadius & Honorius moins heureux que leur pere. 668
Arche d'alliance. 90. & 515
Archidiacre de Tournus. 463
Archidiacre de Sens. 473
Archidiacres du roy Loys II. 476
Archidiacres. 100
Archidruide Bourgongnon. 587
Archimbaut 216
Archiprieuse de Lanchare. 331
Architophel. 528
S. Ardaing, abbé de Tournus. 524
Arembert. 279
Areopagites. 128
l'Argenterie des eglises inuentorisee, puis saisie. 260
Argily. 214
Argunthis, roy des Parthes. 602
le filet d'Ariadne. 421
Ariminius. 597
Arintheus. 666
Arioste. 148
Ariouist. 199. & 591
Ariouist accoustumé és langues Gallique & Germanique. 9
Aristocratie. 73. & 193
Arman de Poligniac, vicomte de Velay. 513
le sieur de Poligniac doit estre nommé Arman. ibidem. & 340
Armee de M. Antonius accablee de malheurs. 597
Armes. 129
deux sortes d'hommes traictoiét les Armes. 140
les Armes, profession des Nobles. 303
Armes de Bourgongne. 392
Armes des comtes de Chalon. 421
Armes de Bourgongne. ibid.
Armes des chapitres de Chalon & Mascon. 438
Armes de la Palu. 530
Armes de l'abbé de Tournus. 534
Armoiries de Chalon. 392
Armoires de Mascon. ibid.
Arnoul, empereur. 449
Arriens. 265
Arrierebans anciens. 140
traicté d'Arras. 259
Arrest pour le chapitre de Mascon. 290
Arroux, riuiere. 225
l'Art parfaict la Nature. 125
Articles notables de la composition des Bourgongnons auec le roy. 214
Artus Coutcheual. 359
Arsaces, ou Arsacides, rois des Perses. 134. & 610
Asinius diligent scripteur des affaires d'Allemagne. 576
Assises des baillis. 363. & 426

Astronomius. 269
Astuce necessaire. 385
Astuti. 71
S. Athanase. 265
Athees. 220. & 495
prochains de l'Atheisme. ibid.
Atheniens. 45
l'Atour marque des gentils-femmes. 130
Attentats de la ville de Chalon contre l'Eglise. 485.
Attila. 212. & 671
il ruina Mascon. 233. & 236
son entrée és Gaules. 381
maux par luy faicts. ibid.
Atthuaires. 648
Auarice. 131
Auarice des magistrats Romains. 651
Auaricum, Bouges ou Viarron. 20
droict d'Aubenage, & succession de bastards. 427
l'Aubespin. 340. 346. & 358
armes de l'Aubespin. 341
Auditeurs de chapitre. 469
Auditoire royal de Mascon, ruiné. 257
Augmentation d'hommes au Parlement de Dijon. 180
Augusta. 196
Augusta Taurinorum. ibid.
Augusta Romanduorum. ibid.
Augusta Treuirorum. ibid.
Augusta Rauracorum. ibid.
Augusta Vindelicorum. ibid.
Augusta Heduorum. ibid.
Augusta, femme de Faustus. 205. & 207
August Cesar. 49. 143. & 196
quasi forcené. 597
choses Augustes. 196
s. Augustin. 265. & 266
Augustodunum, Autun. 26. & 195
Auleici, mot commun à plusieurs peuples distincts de Cantons, & de diuerses contrees. 26
Aurelian, Empereur. 381
fondateur de Dijon. 22. & 198
son triomphe. 616
ses vices & sa mort. ibidem.
Aureolus. 615
Ausbourg. 643
Austerius Archeuesque. 522
l'Autheur a eu tousiours en recommandation l'honneur des Bourgongnons. 16
il a escrit d'Autun contre son esperance. 194
l'Autheur premier Chanoine seculier de sainct Pierre. 246
il aime mieux se taire que fauoriser l'erreur. 256
l'Autheur, issu de la noble maison de Balleure. 304
il est esleu aux Estats de Bourgongne pour les gens d'Eglise. 372
a esté Archidiacre de Tournus. 467
en son premier liure ne s'est aidé des memoires du sieur du Tillet. 549

LLl iiij

Table des matieres

les vers d'vne sienne Sylue. 604
Autheurs des troubles. 60
Autel contre le soir. 413
Autun. 26.268.& 381
  elle est celle ville que Cesar nomme *Bibracte*. 191.& 194.
    Autun capitale des Heduois. 196
    elle redeuient ville principale de Bourgongne. 213
    Autun diuersement appellee. 197.& 199
    deux forts à Autun. 226
    Autunois. 193.& 380
Auuergnacs issus des Troyens. 645
l'Auxerrois contentieux entre les Heduois & les Senonois. 550
l'Auxois au diocese d'Autun. 217
  Auxois,& Alexois. 219
  mutation du nom d'Auxois. ibid.
vicomté d'Auxonne. 77
  pays respondans aux estats d'Auxonne. ibid.
Axenius,abbé. 507
Aymard,abbé. 451
Aymé de Rymon,procureur du Roy. 366
Aymon de Corgeron,abbé. 530.& 534
  Aymon,euesque. 288. prisonnier. 289
Azotiens,& Acaronites. 515

B.

Baal. 167
Bacaudes,Bagaudes & Baogandes. 652.653
Baccha,bourg pres les palus Meotides. 652
Baccharides,& Bagarides. 618,619. 652
Bacchus. 224. instituteur des herauts. 143
Baillage royal. 142.411
  amplitude du Baillage de Mascon. 310.504
  Bailliages generaux en Bourgongne,cinq. 77
Baillif de Dijon,d'Autun,& d'Auxois. ibid.& 215
Baillif de Mascon. 271.311
Baillis. 167.& 254.esgaux.309.& leur pouuoir. 310.364.
Baillis,ou iuges maies de Chalon, & de celuy de l'euesque & son authorité. 416
Baise-mains. 132
Balduin,roy de Hierusalem. 457
Balleutre voisin de Tourrus. 498
  maison noble & ancienne en Bourgongne.304
la Balme. 316
Banain. 355
Bandoche. 338
Banigon. 349
Bannerets. 146
Banniere des Bers & Barons.145. & de celle du Banneret. 146
Baptiste Alamanni,euesque. 296
Baptesme des Bourgongnons. 664
Banchet. 342.343
Barbançons. 249
Barbare. 579
Bardes philosophes. 35
Bardus. 36
Baron de Senecey. 20.& 218
Baron de Ris. 332
Baron de Montmorancy, & de Chastean-roux. 141
  du mot de Baron. 141. des Barons. 139
  contre ceux qui se disent Barons, & ne le sont pas. 158
  droicts des Barons. 410
  hauts Barons. 415.423.
des Barres,President à Dijon. 567
Bar-sur-Seine. 78
Basin Roy de Thoringe. 58
Bassompierre. 316
Batailles és champs Catalauniques. 381. celle de Pauie. 336. de Rantin. 351. de S.Quentin. ibid.& de S.Denis. 339
Bataille entre Constantius, & les Bourgongnos. 658
Baudouin Conte de Flandres. 177
Bauffremont. 313
  infeodation de Baugey. 250.237.278. & 285.
  cire offerte tous les ans pour Baugey. 250. & 251.
s.Bauldour. 505
la Baulme. 313.322.332.& 341.
la Bazolle. 342. & 343
sieur de la Bazolle. 348
Beatrix,Contesse de Chalon. 148.422.& 425
sieurs de Beaujeu & de Berzé. 291
Beau-lieu. 532
Beaulne,ville moderne. 25. & 214
entreprise de mauuais succez pour Beaulne. 215
la Beauté du personnage illustre le magistrat. 33. & 558
Beau-vau. 338
Bech,langaige Phrygien. 373
Begat , President au Parlement de Bourgongne. 18
Belarbre. 332.& 343
Belges n'entendoyent la langue Grecque. 9
Belgius. 35.36.& 161
Bellecombe. 324.325.341
Bellenaue. 349
Bellouesus,& Sigouesus. 35.36.161.563.570
Belle-ville,Abbaye. 244
  la dedicace. 286.& 287
Beluoir. 314
Benedictus 13. pape. 474
s.Benigne. 204.206.234.& 269
Benefices de deux sortes. 98
  causes de beaucoup de maux. 115
  iadis occupez par les princes. 272.& 459
partage du fruict des Benefices. 498
Beo. 326
Ber,& Baron , synonymes, 139.& 410
Berard,Euesque. 285
Berauld de Saxongne. 511
Berjots. 324
s.Bernard se rend moyne. 456.
  140. monasteres fondez à sa requeste. ibid.
Bernard,Euesque. 275
Bernard de Brancion, dict le gros.282. sieur d'Vxelles. 347. & 460
Bernard Plante peluë , conte de Mascon. 309
Bernard,

de ce present volume.

Bernard, comte de Beziers. 384
  offre le combat. 386
  est purgé. ibid.
les Bernards, personnages illustres à Mascon. 366
Bernauld. 327. 341. 352. 360
Bernier, abbé de Tournus. 521
Berno, & Bernold, n'est qu'vn. 276. 450. 508
Berose, autheur fort recommandé par diuersité de tesmoings. 5. 6. & 35
la Berthenanche. 339. 344
Bertold de la chappelle, euesque de Chalon. 413. 469. 527
Bertrand de Keneringhen. 338
Berzé. 252. 291. 312. 342
armes de Berzé. ibid.
Besançon. 289. dicte iadis *Chrysopolis*. 517
Beussent. 346
Bessey. 342
Beuues d'Ardennes, pere de Boson. 275. 308. 416
Beuiers. 320
Beuuray, montaigne. 25. & 195
Bibraste, ville capitale des Heduois, premier canton des Gaules. 25. ruinee par Cesar. 199
du Bief, mareschal. 147
des Biens de l'Eglise. 123. 250. & 452
Biens hastiuement acquis, perissent tantost. 607
Bien faire des Gaulois, brè dire des Romains. 437
Bissy. 353
Blaignac. 315
Blanchefort. 352
du Blé. 327. 329
armes du Blé. 330
Bletterans. 321
Blitgare, abbé de Tournus. 513
Bois chetif. 277
Bois de chapitre. 287
du Bois. 328
Boniface 8. pape. 467
Bonne de Bourbon. 240
Borbance, petite riuiere. 275
de la Borde. 486
Borderie. 342
Borne trouuee. 523
Bornes plantees. ibid.
Bosquet, en Latin *Lucus*. 592
Boson soy disant roy de Bourgongne. 63. 213. 274. 308. 309. 416. 448. 511. & 670
deux Bosons. 275. 308. & 511
Boucal. 349
la Boulaye. 345
Bouzeron. 462
Bouche, & main. 306
Βῦς θεός, dont Buteaux. 225
Bouibon. 344 & 345
Bourbon l'Ancy. ibid. & 216
Bourbon l'Archimbauld. 345
Bourbonnois baronnie, faicte duché. 216
Bourgeois, mot vulgaire venu de Bourg. 28. & 57
Bourgeois à Chalon de deux sortes. 430
Bouiges. 26
Bourg, que c'est. 12. 13. & 349
Bourg des dieux. 198

Bourg Sauerō doit estre dit bourg souuerain. 278
du Bourg, chancelier. 117
Bourgongne portion de la Gaule celtique. 1. & 3
  mere des ordres, forests & eaux. 14
  qu'il faut dire Bourgongne, & non Bourgoigne, &c. 28
Bourgongne est le bourg des dieux. 29
  l'admirable amplitude de pays comprise soubs ce nom. ibid.
  quelle part fait la Bourgongne en France. 69
Bourgongne heritage de Pepin. 167
Bourgongne par qui donee à Philippe le hardy. 176
different pour la seigneurie de Bourgongne. 308
royaume de Bourgongne. 381. & 670
armes de Bourgongne au blason de France. 393
la Bourgongne affligee, & pourquoy. 515. elle fait nation. 516
Bourgongne iadis quasi toute en bois. 565
estendue du royaume de Bourgongne. 670
le royaume de Bourgongne diuisé en 7. prouinces. 672
  les limites dudit royaume. 673
la cause du nom des Bourgongnons iusques icy ignoree. 7. 9. 10
Bourgongnons ne sont nommez de Bourg simplement. 27
Bourgongnōs premiers secouēt les Gaules. 167
les Bourgongnons & les François ont remis les Gaules en liberté. 194
Bourgongnons abandonnent leur patrie. 199
  entrent ès Gaules. 200
  occupent les pays des Heduois & Sequanois. ibidem.
Bourgongnons & François peuples originellement Gaulois. 232
Bourgongnons mauuais courtisans. 333
les Bourgongnons anciens portent de geule. 392
Bourgongnons non Ariens. 433. & 663. charpentiers. ibid. 573. & 662. baptisez, & bons Chrestiens. 434
Bourgongnons Allemans. 576
Bourgongnons Vandales, ibid. & 199
Bourgongnons estimez à tort race des Goths. 579. tenus & reputez Scythes. 583
Bourgongnons conquereurs. 587. en Asie. 613
Bourgongnons fermes en la foy chrestienne. 662
diuersement nommez. 663
Bourgongnons abandonnans l'Allemaigne, entrent en diuerses prouinces des Gaules. 669
Bourgongnons ont tousiours eu des Rois. 695. & 670
Bourg-ongne au diocese de Langres. 19. & 129. 198. & 550
Bourg des dieux. 21
Bourg des dieux, & Bourg-ongne n'est qu'vn. 21. 23
Bourg-ongne, & *Burgus Deorum*, tout vn. 552
sac & pillage du Bourg-ongne. 565
ne reste maintenant que le simple nom d'Ongne. 26. & 27
Boyer. 360

Table des matieres

Boyer baronnie pres Seneccey. 361.443.459.460. & 519.
Brabançons, volleurs. 249
Brancidunum en latin est Brancion en François. 347.
 Brancion vendu. 319.& 359
 chastellenie royalle. 347
 maison iadis fort illustre. 460
 Brancion n'estoit Chalonnois, ny Masconnois. ibidem.
Branges. 313
Brenduicus, euesque. 274
Brenes. 350.& 357
Brennus & Belgius. 35.37.161.564.& 610
 que Camillus les ait destroussé, est pure menterie. 37
 pourquoy ils abandonnerent Rome. ibid.
Bresse françoise. 310
Bresses. 344
Breuieres portatifs. 234
grand' Bretaigne. 666
Britannia, monastere. 508
Brief apostolique. 254.& 284
Brigues à eslire vn empereur. 606
comtes de Brionnois. 453
Bussac. 323
Brouilleurs des editions de liures, de deux sortes. 2
Bryon. 315
 sieur de Bryon. ibid.
du Brueil. 356
Brunechilde. 207.208.383.419.& 458
 elle fait mourir Theodebert. 442
Bulle du pape Adrian. 272
 Bulle Bonifacienne. 467
 Bulles d'exemption. 281
 declarees non valables. ibid.
 Bulles en escorce. 512
Burchardus, archeuesque de Vienne. 281
 requiert pardon. ibid.
Burgundia ne se trouue en aucun vieil autheur latin. 16
 on dit que Cassiodore en a le premier vsé. 27. & 29.
Busseul. 317.318.343.353.& 360
Busseul, Sarrie. 359
sieur de Moulins chef des armes de Busseul. 360.
 armes de Busseul. ibid. & 318
la Bussiere. 352
 ruinee. ibid.
preuosté de Bussy. 379
But principal de profession à vn chacun. 32
Buteau n'est iniure, mais ésployé pour iniure. 225
Buteaux. 219
Buxi, terre de Chonnois. 423

C.

Cabellio, dict en François Cauaillon. 26.& 376
Cabillonum, Cabullinum, Cauillunum, Cauillunnu, Cabillon, Cabillona, Chalon sur Saone. 26.& 376

Cæsarangusta. 196
Cadots. 322
 armes des Cadots. ibid.
Cain renouateur de toute impieté. 49.601
Caius Antonius. 128
Calais. 174
Calays, & Zethus. 625
Calcul du temps faict par les modernes à leur plaisir. 278
Caligula. 161
Calixte 2. pape fut Bourgongnon. 457
 il dedia l'eglise de Tournus. 525
 reuelation qu'il eut disant Messe. ibid.
Calomniateurs des ecclesiastiques. 305
Caluin. 102
Camillus. 37.& 161
Campus Martius. 203
Cancellarius, terme nouueau. 546
Canonisation des SS. Sylueftre, Agricole, Flau*, Loup, Tranquil, Didier, Iean, Veran, Grat & Desyderat. 449
Canonicorum Matiscon. egestas. 236
Canteperdrix, capitaine. 263
Canton & cité tout vn. 556
Cantons. 193
 leur puissance. 194
Capitaine de Chalon. 427
 Capitaine de Tournus par qui esleu. 535.536
 és Capitaines prudence est requise & necessaire. 164
Capitole. 203.& 591
Capitulation sur la reddition de Bourgongne. 178.
Caraffe, pape. 168
Carausius. 655
Carloman roy. 63.& 253
Carmentis. 46
Carmes de Chalon. 414
la Caroline. 479
Carthage. 600
Cas royaux. 142
 Cas priuilegiez. ibid.
Cases maranes en Espagne. 623
Castico. 231
Castor & Pollux. 366
Catabathme. 224
Catalaunum, Chaalons en Champagne. 26
Catalogue des euesques d'Autun. 208
Catalogue des comtes de Mascon. 254.& 256
Catalogue des euesques de Mascon. 265.& 271.
Catalogue non certain des euesques de Chalon. 438
Catherine de Medicis niepce du pape Clement. 295.& 315.
Cathelins fondez à Mascon. 317
Caton. 199.& 585
 digne opinion de Caton. 212
Cauaillon, en latin est dict *Cabellio*. 26.& 376
la Cause. 260
 Causes d'apostasie. 108
Causes

de ce present volume.

Causes de la ruine de l'empire Romain. 598. & de tout autre. 648
Celerier, Bourfier, ou Courrier. 99
S. Celfe. 206
Celtes, diction Gallique. 2.3.4.5. & 7.
Celtes & Belges. 36.129
les Celtes briefs en leur langage. 195
extention de la Celtique. 187
Celtibene. 187
Celtofcythie. ibid.
Cenfe de Mars. 56
Cenfeurs Romains. 67. & 144
Cenfures craintes. 305
Cenves. 283.312. & 313
Ceremonie obferuee en faifant vn cheualier. 147 & 148.
Cerfs, mot equiuoque. 13
Cefar auditeur d'Apollonius Rhodien. 2
 grand venteur. 3
 pourquoy il dreffa en grec fes miffiues à Q. Ciceron. 9
 Glaueau de Cefar. 34. de luy-mefme. 52. contre luy. 160. & 193
 Cefar pontife. 84. fa mort. 199
 fes iactances & les charges à luy donnees par le Senat. 586
Cefars, empereurs Romains. 134. & 610
Chabanes. 320
prieuré de Chaigny. 462
Chaalons en Champagne, nommé en latin *Catalaunum*. 26. & 268
Chalon fur Saone, comment appellé en latin. 26
 f'efcrit Chalon, non Chaalon, ny Chaalons. 302
 cité. 375. magazin des bleds de Cefar. 195
 fiege royal. 213 bruflé. 248. 412. & 443
 antiquité de Chalon. 380
 premiere ville de Bourgongne. 381
 ville royale. 383
 pillee & faccagee. 390
 diuerfes ruines de Chalon. 392
 iadis bandé de trois cercles d'or. ibid.
 Chalon change le blafon de fes armoiries. 393
 liuré à Mombrun par certains habitans du lieu. 398. puis repris par M. de Tauanes. 428
 diuifion de la ville de Chalon. 414
 il vient aux ducs, puis aux rois. 425
 Chalon fortifié. 428
 heureux auant les troubles. 429
 ruiné par Attila. 439
 capitale de Bourgongne. 442
 origine de ceux du nom de Chalon. 459
 Chalon, fleuue. 376
 Chalonnois coufins. 429. hommes fort courtois. 431
 limite entre le Chalonnois & Mafconnois. 310
Chambellan. 334. ainfi dict pour Chambrelan. 384.
 vieil gentil-homme huiffier de la Chambre des nobles. 66
 les receuables en la Chambre des nobles. 67 & 72.
 Chambre des comptes de Bourgongne. 214
Champ S. Ladre. 207
Champeftrieres. 352
Champforgeul. 361
Champigny. 329. & 359
Chamouffet. 358
Champrond. 357
 obferuation de la maifon de Champrond. 358
Chancellerie de Bourgongne. 181
 gouuerneur de la Chancellerie. ibid.
Chancelier. 170. quel eftat anciennement. 546
Chancelier de Bourgongne. 342
Chanceliers defireux de cognoiftre de tout. 73
Chanceliers de l'eftat de l'eglife. 96
Chanceliers iadis, ou Referendaires, ou premiers Secretaires d'eftat. 202
Chandee. 321
Chandieu. 316.332. & 353
Changement de nom & d'armes. 145
Chanoines reguliers à S. Pierre & S. Eftienne. 234
 ceux de S. Pierre font gentils-hommes. 243. & 296.
 de reguliers font faicts feculiers. 246
Chanoines reguliers de S. Eftienne. 247
 antiquité des Chanoines reguliers. ibid.
Chanoines de l'Eglife de Mafcon. 279
Chanoines reguliers és deux eglifes de Chalon. 398
Chanoines de Chalon reduicts à xxv. 470
Chantemerle. 323.348. 350. & 357. bailly de Mafcon. 349
Chantereaul, euefque. 295
robbe du Chantre de Chalon. 475
Chantres & eglifes. 100. & 234
pourquoy les Chantres fe promenent par le chœur. 100
Chaonnois. 379
Chappeaux fans cordon. 488
Chapitre de S. Pierre. 246
 celuy de Chalon. 360. & 426
 celuy de Tournus. 512
Chapitres à quelles fins inftituez. 98. & 101
 ils font fenats des euefques. 99
Chappelains du Tour. 279
Chapelle S. Pierre. 270
 celle de Braigny. 329
Charlemagne. 143.207.272.446
 il tranfporta les Flamands en Saxe. 55
Charles le Chauue, empereur & roy de France. 22
180.236.274.275.389.447. 449. 504. 507. 511.
512. 518. & 670.
Charles le gros, roy en Bourgongne. 448. & 449.
Charles le fimple, roy. 275. & 452
Charles 5. roy. 292. & 512
Charles 6. 152. & 530
Charles 7. roy. 174. & 512
Charles 9. roy. 356. & 490. en danger à Meaux. 263.
Charles 5. empereur. 148. & 529
Charles Dauphin. 258
Charles d'Amboife. 178
 gouuerneur de Châpagne & Bourgongne. 179

Table des matieres

seigneur de Chaulmont. 531
Charles duc de Bourgongne. 67.175.214.243.
415.481.670.
   son outrecuidance. 176
Charles duc de Sauoye. 240.241.299.529
Charles d'Ailleboust euesque d'Autun. 194.&
209
Charles de Bourbon, connestable de France. 394
Charles de Emard, euesque, cardinal de Mascon.
295
Charles. 274
Charnailles. 322
Charnay. 279
Charno. 323
   armes de Charno. ibidem.
Charrolois. 77
Charttrousse de Sillon. 287
Chaseron. 333
Chasse de S. Marcel. 477
Chastepol. 323
Chassignoles. 343
Chassigny. 355
Chasteau, & chastel. 146.& 343
Chasteau villain est erigé en comté. 330
Chasteau-perroux. 348
Chasteau Tyard. 352
les Chastelains iadis estoyent gentils-hommes.
311
   Chastellains de Mascon. 362
   Chastellenie d'Igyé. 326
   de s. Gengoulx. ibid.
   du bois s. Marie. 344
   de Chasteau-neuf. 357
Chastellenies. 571. celles du Masconois, & Pre-
uostez. 311
Chastenay. 328. & 366
Chastellus. 349. 350
Chasteré des Chalonnois. 429
Chat, symbole des Bourgongnons. 74.178.582.
605.656
Chauaigneux, & Messimieux. 317
Chauffailles. 357
Chaulmont. 335. & 358
Chauanes. 319. & 320
le Chef ne doit hazarder sa personne. 176
Chef & corps de s. Portian. 520
Cheles, religion de dames. 236
de Chenay. 323
Chery, abbaye en Champaigne. 356
Cheruot, chantre en l'Eglise cathedrale d'Autun.
380
Cheslait. 349
Cheualerie plus prisee par François, & Anglois.
ibid.
les paroles dont vsent ceux qui conferent Che-
ualerie. 148
Cheualier. 53. & 140
   Cheualiers d'armes. 147
   serment des nouueaux Cheualiers. 148
   Cheualiers faicts pres Landrecy. 149
   source de l'institution des Cheualiers d'ordre.
151

Cheualiers de s. Lazare. 153
Cheualiers de l'ordre de Bourgongne, leurs
noms & surnoms. 154. & 155
Cheualiers de la court de parlement. 179
le Cheualier chrestien d'Erasme. 544
Cheuenizet. 358
Cheurieres. 317
Cheuriers. 322
Chiens, qui nommez en l'Euangile. 113
Chiens d'vne race meilleurs qu'autres. 125
Chigny. 340
Chigy. 341
   Chigy de Greusse. 343
   Chigy Trezettez. ibid.
Chiquanerie faicte mestier. 307
Childebert Roy. 212. 233. 270. 396. & 437
   pourquoy tenu pour fondateur de l'eglise de
Chalon. 399
Chilperic roy. 102.104. & 212
Chintrey. 244. & 532
Choffailles. 339. & 349
Cholere ennemie de raison. 621
Chonnois. 423
Chorebus. 85
Choux. 359
Choyseul. 312 335. & 340
   armes de Choyseul. 348
Chrannus. 381
Chrestiens au Chalonnois auant sainct Marcel.
394
Christianisme ancien és Gaules. 266.267.433. &
434
Christianisme premier au Chalonnois. 436
Christus. 85
s. Christofle. 355
Chronique de s. Benigne. 63. & 422
   Chronique de Bourgongne. 198
   emédation des Chroniques de M. Nicole Gil-
les. 244
Ciboire d'or. 383
Ciceron. 127. du parfaict orateur. 134
Cimetiere de Chalon. 447
   execration de Cimitiere benist. 458
   Cimitiere de la Motte. 465
   Cimitiere s. André. 524
   Cimitieres anciennement hors les villes. 393
le sieur de Cipierre. 221
   Cipierre. 356
Cire offerte tous les ans. 250. 286. 293
de Cirey, conseiller au Parlement de Bourgon-
gne. 18
Ciry, Charnailles. 322
ordre de Cisteaux. 456
Citadelle dressee à Mascon. 257
   Citadelle de Chalon. 414. & 428
   Citadelles pourquoy furent basties. 169
Cité n'est pas ville. 551
   Citez Galliques. 64
   reuoltees contre les Romains. 41
Claireuaux. 456
Claude Boutenery. 364
Claude de Digoine, mareschal des logis. 359
Claude

de ce present volume.

Claude Dandelot. 287
Claude empereur. 50.633.634.& 635
Claude le Feure. 180
Claude de long-vy, euefque. 295
cardinal de Giury. ibid.
Claude de Lorraine duc de Guyse, gouuerneur de Bourgongne. 68.& 179
Claude de Lugny. 313
Claude de Momartin sieur de Belle-fon. 244
Claude Pataim, premier president en Bourgongne. 20.180.& 342
Claude Naturel, archidiacre de Tournus. 373.& 467
Claude de Toulonjon, baron de Senecey. 531
Claude de sainct Iulien cheualier de l'ordre d'Orleans. 156.& 304
Claude de Sercy. 143
Claude de Seyssel. 157
Claude de Vauldrey. 531
la Clayette. 348
Clercs renuoyez à leurs euesques. 93
on a abusé du nom de Clerc. 94
Clergé. 92
Clemence & liberalité, vertus royalles. 136
s. Clemét, eglise de Mascon. 233.234.236.& 277
sepulture de plusieurs euesques Masconnois. 271
iustice de s. Clement. 290
de s. Clement Taisey. 331
Clement 7 pape. 295
Clement, euesque de Vienne. 269
Clemon. 335
Clermont en Auuergne. 26
Clermont d'Anjou. 348
Clerus. 92
Cleruan. 333
Chenteles. 194
Clodomir occis. 213
le grand Cloistre, & petit Cloistre. 411
estendue du grand Cloistre. 412
Clotaire roy. 59.212.& 381
Clotilde royne. 59.177.212.415.434.464.& 670
Clouis 1. roy. 177.396.434.439.& 670
fait chrestien. 664
appellé Sicambrien. 646
fondateur de l'eglise s. Geneuiefue. 664
Clouis 2 roy. 271.& 442
Cluny prinse. 244. pillee. 249
dedication de l'eglise. 273
l'abbé & religieux de Cluny taschent s'emanciper. 281
nouueaux troubles de Cluny. 283
contre Cluny. 291
l'affaire de Cluny. 284
querelle de Cluny. 285
Cluny. 308.321.328.& 354. sa fondation. 417
instauration. 450. & le bastiment de l'eglise. 453
Codun. 487
rencontre à Cognac. 354
Cohors prætoria. 311

Colligny. 341.& 351
Collation des prebendes de Mascon. 246
Colloque de Poissy. 487
Colanges. 330
Colombier. 327
armee de ceux de Colombier. ibid.
Cologne la Vineuse. 292
Colonies posees par Placus à Lyon, & à Basle. 55
Colonnes d'Hercules. 582
Cominus & eminus. 156
Commencement tendant à la ruine de l'eglise. 119
Commendataires & titulaires. 76
Commenderie de la Musse. 286
Commendes odieuses. 340
sires de Comminges, & Combronde. 244
Cōmissaires des estatz de la Gaule respectez. 41
Commissaires de la cause pour enroller gens. 260
Communis error facit ius. 365
Compagnons du roy. 61
Comparaison. 119.258
Comparaison du Gaulois, & du diamant. 42
du François à l'estomach. 197
des bons iardiniers. 90. & des testamens. 112
Comparaison fondee sur le dire de Philip. de Commines. 108
Comparaison doit estre entre pareils. 135
Compte remarquable. 120
quatre sieurs des Cōptes du corps des estats. 78
Compromis sur la collation des prebendes de Chalon. 461
Comté de Mascon retournee au roy. 304
Comté de Chalon acquise. 403.& 423
confisquee. 459. diuisee. 402
Comté d'Auxerre. 78
Comté d'Armaignac. 153
charge du Côte d'estre receueur general. 168
Comté Dauphin d'Auuergne. 244
Comte. 158. nom d'office. 254
le Comte de Chalon, vassal de l'euesque. 409
Comte de Champagne. 410
Comtes de Baugy vassaux de S. Pierre de Mascon. 239
Comtes de Mascon & de Chalon. 252
des Comtes de Mascon. 254
catalogue d'iceux. ibid.
difficulté audit catalogue. 256
ils sont libres seigneurs. 299
Comtes. 167. officiers. 309
Comtes de Bourgongne Palatins. 344
difficulté en l'histoire des Comtes de Chalon. 417
Concile de Basle. 530
Concile d'Ause. 281.& 452
les euesques y assemblez. 281
Concile de Chalcedone. ibid.
Concile de Chalon. 271.283.& 447
Concile de Clermont. 524.& 530
Concile de Constance. 475.& 530
Concile Epanense. 439
Concile de Lattan. ibid.

M M m

Table des matieres

Concile sainct Laurent. 449
Concile de Lyon. 467
Concile à sainct Marcel. 382.&449
Concile de Paris. 441
Concile de Pise. 483
Concile de Troye. 512
Concile de Sens. 457
Concile de Syene. 530
Concile national à Tournus. 516
Concile de Trente. 337
Conciles de Mascon. 271.233.&442
Conciles à Orleans. 270.&441
Conciles de Tournus. 451
Concorde publique des Gaulois. 40
Concorde entre les religieux de Tournus, & ceux de Rhé. 524
Concordat. 484
Confession d'Auguste. 102
Conforgien. 321.&328
Confusion procedant de diuersité d'interpretation. 113
Confusion de peuples & nations. 623
Congregation de l'isle de Rhé. 435
contre les Coniurez. 136
Connestable. 170.&512
Connestable. 512
Conon. 128
Conseil des Pairs. 73
Conseil des ennemis de l'eglise. 114
Conseil d'estat. 169
Conseil priué. 73.169.&170
grand Conseil. ibid.
Conseil d'estat du duc de Bourgongne. 181.&415
Conseil du prince. 361
les Conseils de Dieu sont secrets. 599
Conseillers clercs, & lais. 179
Conseillers en parlement Masconnois. 367
Consules. 84
Constantius empereur. 225.655.657.&658
armee de Constantius à Chalon. 380
caprice d'vn Cordelier. 485
Cordeliers de Mascon. 324
Cordeliers de Chalon. 414
Corinthe. 600
Cormatain. 327
Coinon. 328
Corrabeuf. 342
chappelle de Corrabeuf. 471
Correcteurs des liures trop hardis. 3
Corrupteurs des noms propres. 47
Corsant. 316
s. Cosme, prioré. 414
Cosmographie vniuerselle de Belleforest. 566
Cossé. 323
Cotte. 273
Cottes d'armes. 143
Couchains. 322
Cour planiere tenue par les rois. 508. & empereurs. 64
Cour de parlement. 173
la Cour des pairs. 174

Coulongne. 651
Courad, roy de Bourgongne. 279.&280
Courad, euesque. 274
Courcenay. 352
Courgengoulx. 320
Courlaou. 318
Couronnement de l'empereur Loys le begue. 449
Courtisan de Balthasar de Chastillon. 544
Courtanson. 352.&356
Courtoisie des personnes, les rend aymables. 126
Coustance de Bourgongne, comtesse de Chalon. 525
sa deuotion, & offrande à Tournus. ibid.
Courses des Bourgongnons en Thrace, en Asie & en Grece. 602
Coustume ancienne. 147.&415
Coustume Celtique. 54
Coustume des premiers descouureurs de pays. 376
Coustume Romaine. 49
Coustume des princes vicieuse. 513
Crainte nourrice de la religion. 118.&527
de la vertu. 630
de Craon. 511
Creation d'empereur. 605
Cremeaux. 318
Creuan donné à s. Germain d'Auxerre. 208
Croisade. 484
s. Croix de Poitiers, monastere de saincte Radegonde. 385
s. Croix, prioré. 414
Cruauté. 131
Cruautez reprouables. 59
Crusilles est en Chalonnois. 341.&342
Ctesiphon prise. 666. ville de Perse, limite fatal. 584
Cucurieux. 358
la Cueille. 31
Cunauld. 507.510.&511
Cures donnees à sainct Pierre. 465.&466
vnion de Cures aux archiprestrez. 469
Cursia. 240
Cuysane. 314
Cuysery. 303
chappelle de Cuysery. 471
Cypre occupee iniustement. 585
Cyrus. 126
tué par les Scythes. 590

D

Daces. 589
Dagobert, roy. 442.&504
Dagon. 515
Damas. 342.348.349.357.&358
armes de Damas. ibid.
Damas, Digoine. 332.&350
Damerey. 443
Danger de retomber en ignorance & barbarie. 109

de ce present volume.

Darius vaincu par les Scythes. 590
Darij, rois de Perse. 611
Dates remarquables. 274
　des Dates & supputations des temps. 440
Dauid trouué selon le cœur de Dieu. 135
Dauphin, fils aîné de France. 138
　Dauphin d'Auuergne. 313
Decime vouee à Dieu par vn roy. 383
　des decimes. 119. & 484
　introduction des Decimes royales. 467
Decius 1. & 2. Euesques. 271
　Decius empereur. 667
persecuteur des Chrestiens, perdu en vn marest. 601
　tué par les Bourgongnons Scythes. 600
　Decius le fils tué. 601
Declin de l'empire Romain. 167
Dedicace de l'eglise abbatiale de Tournus. 525
　seconde Dedicace. ibidem
Defaictes insignes des Romains. 597
Demochares. 208
Democratie. 73. & 193
Demons. 31
s. Denis & ses compagnons. 269
　s. Denis en France. 387
　Denis Brulart. 180
Deodatus, euesque de Mascon. 271. & 442
Deprauation du bon naturel des François, & Bourgongnons. 58
　Deprauation de bons & legitimes instituts. 62
　Deprauation de la ieunesse Françoise. 75
Deroupt, petite riuiere. 254
du Desaccord qui est en nous, sourdent discordes publiques. 137
Desolation des affaires de Bourgongne. 177
Despenses folles. 132
Desespoir d'aucuns hommes de lettres. 115
Desordre és estats. 132. & 419
　de maux inestimable. 262
s Desyderat, prestre. 441
Deuise de Ferdinand roy des Espaignes. 195
　Deuise de la Guiche. 337
　Deuise des Bourgongnons. 605
Deuoir des seigneurs enuers leurs subiectz. 71. & 363
Deuoirs des prestres. 89
Deuotion, cause du bien des villes où il y a apport. 513
Diacres sept. 90
Diademes. 488
Diagoras. 495
temple de Diane en Ephese bruslé. 632
Dictateur Romain. 41
Dictature perpetuelle. 596
Dido. 524
Dieceses. 98
Dieu permet les tyrans. 137
　Dieu tout puissant. 265
　Dieu bon & pere. 495
　Dieu est le grand seigneur. 414
　Dieu veut estre prié. 515

il ne peut estre cognen que par foy. 609
Dieu abandonne les mauuais princes. 630
Dieu des Chrestiens tres-puissant. 662
Dieu ne fait miracles en faueur des mal-croyans. 663
estre enrollé entre les Dieux, est vn supreme honneur. 224
Difference notable entre le regne des Medes, & celuy des Perses. 38
Difference entre gentil-homme & noble. 70
Difference és noms ne diuersifie le faict. 150
Different sur l'intelligēce des escritures sainctes. 102
Different auec le doyen & chapitre de Besançon. 289
Different du roy auec l'euesque de Chalon. 425
Differens des nobles vuydez par s. Loys. 142
Difficulté de bien traicter l'histoire Masconnoise. 229
　grande Difficulté és dates. 278. 287. & 451
Difficulté en l'histoire des comtes de Chalon. 417
Difficultez qui trauaillent les Ecclesiastiques. 109
Dignitez sacerdotale & royale ioinctes ensemble. 83
Dignitez de France. 546
Digoine. 332. 333. & 357
　Digoine, Damas. 349
　les armes. 359
Dijon. 198. & 381. fondé par Aurelian empereur. 22. & 206
　situé en pays fertil. 643
　capitale de Bourgongne. 214. ville, & non cité. ibidem
Diligence requise en la recognoissance des medalles. 15
Diocletien. 529
　Diocletian & Maximian alliez ensemble. 529. & 655
　Diocletian en Orient, Maximian és Gaules ibidem.
Directe. 56
Dis. 35. & 36
les Dissentions des Gaulois causes de leur ruine. 553
Dispensation ecclesiastique. 400
Distillateurs de subtilitez. 102
Diuio, Dijon, à Diuis. 22. & 206
Diuinateurs. 619
danger des Diuisions d'Allemaigne. 221
Dixmes deuz aux ecclesiastiques. 91
　prestatiō du dixme approuuee en l'euāgile. 92
　Dixme de s. Amour. 286
　Dixme de Fontaines. 464
　arrest des Dixmes de Tournus. 532
Dom preuost d'Vtrech. 321
Dommaine de l'euesque de Chalon. 360
Dommaines distincts. 309
Domnol euesque de Mascon. 241. & 272
Don gratuit imposé sur les Eglises. 477

MMm ij

Table des matieres

Don de la riuiere, & droict de pesche limité. 521
Donatistes. 263
Donfront. 339
Dominique Auguste, veufue de Valens. 668
Doyen à S. Vincent de Mascon. 234
   Droict au doyen de Chalon. 471
   Doyens chefs des chapitres & conuents. 100. & 234
   chefs du senat episcopal. 399
   Doyens inuentez. 452
Dracon. 128
Dracy soubs Couches. 313
Dree. 311
   Dree Gissey. 328
Dreux, archisynagogue des Druides. 202
Drogo, euesque. 282. & 283
Droict des Gaulois deuoit estre obserué non disputé. 40
Droict des Leuites. 91
Droict de perie. 176
Droict d'appanage. ibid.
Droict de regale. 280
Droict de quintaines, & ban de vin. 411
Droict priué. 44
Droict public. ibid.
Droict des libres seigneurs. 460
Droict de chappelle. 487. & 489
Droict des gens. 573
Droicts seigneuriaux de l'euesque & chapitre. 408
Droicts des anciens ducs de Bourgongne. 415
Droicts de l'euesque à s. Pierre. 464
Druydes philosophes Gaulois. 35. 50. 51. & 84
   Druides chasséz de Rome. 49
   les Druides auoient rang és estats generaux des Gaules. 65
   triple function des Druides. 101
   iurisdiction des Druides. 202
Dryus. 36. 48 & 49
Dubius, ou Dubis. 218
Duc. 158. 168. & 414
   Duc & pair, ne sont dignitez ecclesiastiques. 210
   Duc de Bourgongne premier prince apres les rois. 154. & 422
   six fois Duc, quinze fois comte. ibid.
   Ducs d'Orleans & de Bourgongne, compagnons d'ordre. 155
   le Duc de Bourgongne souuerain. 182. comte de Chalon. 421
   grandeur des derniers Ducs de Bourgongne. 669
   Ducs & comtes faicts proprietaires. 167. 254. 309 & 410
   Ducs à hauts fleurons. 307. & 415
   Ducs & comtes hereditaires. 309
Duguié, alias Ougna. 355
Dulphey. 319. & 287
Dunoé, Danube, & Ister. 667
Dun que signifie. 196
   Dun le roy en Masconnois. 320
   Dun le roy en Berry. ibid.
Durant, euesque de Chalon. 461
Dyo. 312. 329. 339. 341. 344. 349. 355. & 360
   les seigneurs de Dyo extraicts des comtes de Bourgongne. 344
   armes de Dyo. ibid.

E

Eau de Spa. 356
Ebrouyn. 99
Ecclesia. 81
l'estat Ecclesiastique vilipendé. 264
   Ecclesiastiques exempts iadis de toute iurisdiction seculiere. 93
   en la grand chambre du parlement de Paris le tiers sont Ecclesiastiques. 97
   Ecclesiastiques priuez des moyens de bien faire aux pauures. 107
   Ecclesiastiques contraincts traicter les armes. 109
Edouard roy d'Angleterre. 243. 152. & 256
Edouard comte de Sauoye. 240. & 291
Effeminer les noms. 150
l'Eglise chrestienne. 85. & 97
   temporel des Eglises saisy & occupé par princes. 99
   les Eglises conseruatrices des liures. 103
   ennemis de l'Eglise semblables à Iudas. 107
   alienation du domaine de l'Eglise. 108
   hors l'Eglise n'y a salut. 81. & 122
   moyens de remettre l'Eglise en son ancienne splendeur. ibid.
   il faut croire à l'Eglise de ce dont on ne peut estre sçauant. 163
   Eglise de Sens bastie viuant s. Pierre. 205
   Eglise de Mascon estoit reguliere. 233
   il n'estoit permis à qui vouloit estre homme d'Eglise. 234
   l'Eglise agitee ne peut estre affogue. 264
   Eglise de Vienne. 268
   immunité donnee à l'Eglise de Mascon. 274
   Eglise de s. Pierre vif. 267
   Eglise premiere de Chalon. 396
   l'Eglise comparee à l'aurore. 397
   Eglise cathedrale de Chalon secularisee. 399
   comme l'Eglise est paruenue aux biens. 400
   de l'Eglise cathedrale de Chalon. 437. & 473
   d'où est venu le bien des Eglises. 99
   Eglises du roy saccagees. 428
Egypte. 84. & 223
   occupee iniustement. 585
   rois Egyptiens. 84
   Egyptiens. 45 & 220
   mysteres Egyptiens ont vn sens caché. 224
des Electeurs de l'empire. 422
notez de l'Election de l'euesque. 277
Elections supprimees. 311. 114. & 486
Eldrad, euesque de Chalon. 449
Elemens de fertilité. 501
s. Eleuthere. 269
Emanuel, roy de Portugal. 529

Emanuel

de ce present volume.

Emanuel Philibert, duc de Sauoye. 153. & 530
Emard, cardinal de Mascon. 367
   de la maison d'Emery. 330
l'Empereur mal obey en Allemagne. 221
Empereurs ennemis des lettres. 229
trois Empereurs Romains combatus par les Bourgongnons. 613
les Empereurs croyans ont illustré la foy. 661.
l'Empire Romain tributaire des Bourgongnons. 17
son excellence soubs August. 599
l'Empire mis hors de Rome. ibid.
decadence dudict Empire. 600
l'Empire Romain se vendoit. 606
les Empires ont leur periode. 657
Eneruez. 505
Enfans de Dieu, & enfans des hommes. 31
Enfans heureux, qui. 75
Enfans du Roy. 138
Engebert, euesque de Chalon. 460
Ennemis de l'Eglise. 95.107.114.119.& 250
Ennemis de la noblesse. 124
Ennemis des papes & des gens d'eglise. 389
Ennemis de la couronne de France. 390
Entree du roy Charles 8. à Chalon. 482
Enuie des estrangers sur les Gaules. 229
Enuoyez és Gaules par S. Pierre. 267
Epicure. 495. & 496
Epitaphe de Vuido, comte de Mascon. 256
   du duc Hugues. 404
   de Pierre Abeillard. 457
   de Iaques Fourré. 489
Ephores. 128
Episcopus. 81
aspirer à la dignité Episcopale n'est chose mauuaise. 105
Equites. 52
Eraclius. 205
Erreur des Grecs. 12. & de Lucien. 30
Erreur commun aux Italiens. 47
Erreur d'vn correcteur de Diogenes Laërtius. ibidem.
Erreur en guerre. 181
Erreur fort commun. 128
Erreur d'aucuns François. 150
Erreur en epitaphe. 338
Ermangarde, comtesse. 420
Ermentaire, abbé. 508
Erué, abbé de Tournus. 513
Erué 2. abbé dudict Tournus. 520
Esaü. 82
l'Escheuinage de Mascô, plus fuy que requis. 261
de l'Escheuinage de Chalon. 417. & 462
des Escheuins de Mascon. 261. & 362
les non-natifs de France, & non mariez ne doibuent estre Escheuins. 262
l'Escluse. 354
Escolles. 103
Escolles Latines erigees és Gaules. 201
Escolles Menianes. 203
Escossois, & Picts. 666

Escrits des heretiques abolis & supprimez. 264
contre ceux qui traictent l'Escriture saincte en François. 111
le prestre doit bailler l'interpretation aux sainctes Escritures. 112
Escritures sainctes diuersement interpretees. 102
d'Escriuieux, aduocat du roy. 365
Escuyers. 140
   grand Escuyer. 170
Esguerandes. 320
Esleu pour le Roy. 78
l'Esleu de l'eglise preside. ibidem.
Esleuz des Estats quand & pourquoy instituez. 63
capables d'estre Esleuz pour l'estat de l'eglise. 65
absens ne doiuent estre Esleuz. 76
Esleuz particuliers à Chalon. 311
Esleuz particuliers pour les enclauez. 364
Esleuz pour le Roy au Masconnois. 366
touchant le droict d'Eslire. 440
droict d'Eslire pour Cluny. 450
Esmotion populaire. 244
Espagnol. 164
entre Especes de mesme genre les vns excellent. 125
le port de l'Espee ne rend pas l'homme noble. 67
l'Espinasse. 332. 339 348. 354. & 359
Esprits malings. 31
Essais des cheualiers. 148
Essay d'adiouster aux trois estats vn 4. 201
l'Estang. 356
le tiers estat diuisé. 70
corruption d'Estat. 301
Estat des Gaules. 117. & 193
l'Estat Romain plein de miseres. 607
Estats generaux des Gaules tenus tous les ans. 39
trois Estats. 44
Estats composez de trois sortes d'hômes. 45
des Estats & du Roy. 58
contre ceux qui desirent la supression des Estats de Bourgongne. 64
origine de l'erection des estats & institution de leurs esleuz. 63
antiquité des Estats de Bourgongne. 63
de la loüe des Estats. 65
conuocation des Estats ordinaire & extraordinaire. ibid.
la distinction des Estats est fort ancienne. 67
Estats en armes. 72
Estats descheuz de leur pouuoir. 73
tenue des Estats. 76. & 556
Estats particuliers és pays adiacens. 77
diuers noms des Estats. 95
desordre en tous Estats. 132
Estats à Theonville. 386

MMm iij

Table des matieres

Estats à Mayence ou Spire. 386
    Estats generaux de France. 509
Esté. 148
l'Estoille. 353
    les Estoilles different entre elles en clarté. 125
Estouis. 324
Estrangiers parlent fort mal-aisément François. 110
    Estrangers ont gasté les Masconnois. 367
s. Estienne, cathedrale de Lyon. 206
s Estienne, eglise de Mascon. 233.& 234
l'eglise S. Estienne. 247
ruine de S. Estienne. ibid.
eglises de S. Estienne. 436
Estienne, roy, incertain par qui baptizé. 436
Estienne, comte de Bourgongne. 422
Estienne, euesque de Chalon. 286.& 447
Estienne Hugonnet, euesque de Mascon. 293. & 367
Estienne, abbé de Tournus. 520.& 530
Estienne prieur. 243
Estienne de long-vy, euesque. 294
Etius Romain, gouuerneur des Gaules. 670.& 671.
Etymologie trompeuse. 12
Etymologie du nom des Allemans. 576
Euangile presché és Gaules par ordonnance de s. Pierre. 267
l'Euangile receu és Gaules tost apres l'ascension. 269
Euesché d'Autun de quelle estenduë & amplitude. 210
Euesque esleu par le chapitre ne peut estre deposé. 58
Euesque d'Auxerre, cause de grand mal en Bourgongne. 69
l'Euesque de Mascon à table separee d'auec le chapitre. 234.& 411
l'Euesque de Mascon estoit plus que le comte. 249
l'Euesque seigneur de la moitié de Chalon. 361.
l'Euesque de Chalon separé de table. 399.& 411.
l'Euesque de Chalon n'a tiltre de comte. 404
l'Euesque sieur de Chalon. 406
l'Euesque de Chalon doit estre receu à S. Pierre. 464
l'Euesque de Chalon n'a point de place au chœur. 482
l'Euesque deuenu Doyen. ibid.
Euesques qui seent aux estats & leur rang. 76
Euesques conseillers nais. 96
les Euesques estoient iadis chefs des chapitres. 98.& 99
Euesques iuges. 102
Euesques d'Autun. 208
    12. d'iceux canonisez. 209
les premiers Euesques de Mascon ignorez. 270.

Catalogue des Euesques de Mascon. 271
comme les Euesques signoient. 288
beaucoup d'Euesques de Chalon ignorez. 437
incertitude du rang & temps des Euesques de Chalon. 438
Euesques excommuniez & absouls. 483. & 484
Eudes, comte de Sens. 22
Eudes, duc de Bourgongne. 393.177.310. & 530
fondateur de Cisteaux. 456
Eugene pape. 271
Euicinus, euesque. 274
Eumenius, orateur Antunois. 197.& 203
Euphronius, prestre. 207
Eusebius, euesque. 271
Eustorgius, abbé. 283
Excommunication antique. 203
Exemptions. 399
    notable contre les Exemptions. 281.& 452
Exil, mort ciuile. 506
Extraict notable de l'antiquité. 198
Exupere, euesque de Toulouse. 107.& 497

F

Fable de Camillus. 658
Fabritius. 605
Façon louable des philosophes Indiens. 48
Façon ancienne changee soubs le roy François I. 96
Façon antique de donner à Dieu. 420
Faite proterue. 90
Fait-neantisé blasmee. 585
Famine en Bourgongne. 520.& 524
Fauerges. 33
Faustus, seigneur de Saulieu. 205. 207. 270.& 394
maison de Fatigny tombee en quenouille. 531
Faute ancienne. 61
Fautes en guerre sont irreparables. 300
Feciales. 18.& 144
Federich Barberousse. 390
Ferdinand Empereur. 221
Femmes iuges des Gaulois. 164
    & la cause pourquoy. ibidem.
Feolle Disemieux. 316
Ferrieres. 313.& 323
Ferry de Cluny. 481
Ferté sur Grosne, abbaye. 460
la Fertilité des Gaules, dommageable. 229
Feus, & leurs armes. 324
porte de Feurs, non porte de fer. 325
de Feurs, euesque de Neuers, doyen de Lyon. 325
Fied de haut-ber. 139. 159.& 410
erreur aux termes de Fied de haut-ber. 140
Fied souuerain. 307
de faire deuoir de Fied aux femmes. 143
les Fieds reduits à la forme de patrimoine. ibidem.
Fied de l'euesque de Chalon. 407. 408. 461. & 463

Fiedz

de ce present volume.

Fiedz faicts par les contes & ducs de Sauoye à l'eglise s. Pierre de Mascon. 240
trois sortes de Fiedz. 250
acquisition des Fiedz en Bourgongne. 423
des Fils de famille. 67
Flauia. 200
Flaucat, maire du palais. 443
Flauigneror. 25
Flauigny. 200
Flauius tenu pour fondateur de s. Pierre. 397
Flauius, ou Flauius, euesque de Chalon. 442
Fleschir deux genoux deuant Dieu, vn deuant le Roy. 170
la Fleur de lis a representation des trois estats. 89
Fleurey. 25
Florey sur Osche. 453
liberté de Florence opprimee. 296
Florentinus, euesque. 271
Foires de Chalon. 407.& 464
Fondations royalles. 99.& autres. 473.478.480
Fontaines. 361
Force maistrise bien souuent la raison. 54
Force succede à faute de droict. 534
contre la plus part des Fortificateurs d'à present. 90
Fortune estourdie. 176
Fortune de l'empire Romain. 668
Forum Segusianorum, Furs. 26
Fougieres. 353
armes de Fougieres. ibidem.
Fouldras, Coutanson. 352.& 356
armes de Fouldras. 353
la Foy comparee à l'aube du iour. 661
Foy des Bourgongnons sincere & catholique. 663
Franc aloué osté. 301
le royaume de France hereditaire. 60
Franchelain. 332
Franchise & exemption notable. 290
Franchise françoise. 415
Franchises de Loüans. 463
le François redouble les lettres consonantes. 28
le François n'a esgard à la quantité des motz yssus du latin. 222
François Sicambriens. 62
François entrent és Gaules. 201
François & Bourgongnons, peuples originellement Gaulois. 232
François, & Bourgongnons amis. 381
pourquoy ils absenterent les Gaules. 436
François de deux sortes. 648
François 1. 147.180.241.245.295.425.428. 484.528
François 2. 71
François de Lorraine duc de Guyse. 168.& 359
François, cardinal de Tournon. 94.532
François Faulcon, euesque de Mascon, puis d'Orleans & Carcassone. 296
François de Roche-foucauld abbé de Tournus. 497.& 532
François de la Guiche. 246

François Balduin, I.C. 203.& 210
François Tartarer. 248
François comte, bourgeois & marchand de Tournus. 536
François de Belleforest, cosmographe. 499
Françoise de Rubys. 342
Françoise de Vergyé, dame de Balleure. 354
Francus. 36
Fraternité Romaine. 212
Fraternité entre le chapitre de Chalon & de Losne. 458
Fraternité entre sainct Vincent & sainct Pierre de Chalon. 461
Fraternitez. 462
s. Fremy. 320
chose estrange d'iceluy. ibid.
s. Frideric, euesque d'Vtrech. 388
Frolois. 312
armes de Frolois. ibid.
Frotgarius, euesque de Chalon. 451
Frugalité des premiers Rois. 33
Fruicts du nouueau euangile. 248.& 258
Fustaillier collecteur de l'histoire Masconnoise. 265
son omission. 266
reprins. 233.242.254.278.286.308

G

Gabriel de S. Iulien. 287.& 319
Gabriel de la Guiche. 246
Gaillac. 339
Galathas. 36.& 591
Galathas 2. roy des Gaulois. 35.36.161.& 570
Galathee. 36 & 591
Galates d'Asie. 161.& 268
Galienus empereur. 631
oultrement dissolu. 614
hay, & tué. 637 & 638
Gallus, mot Romain. 2.3 & 4
Gallus, colonnel, fauorise les Bourgongnos. 600. & par eux recogneu. 602
blasmé d'auoir rendu l'empire tributaire. 603
confirmé empereur. 605
de Ganay, chancelier. 353
Garadour, l'Escluse. 354
la Garde. 339. & Garde gardienne. 403
la Gardette. 352
Garnerans. 332.& 338
Gaspar de Colligny. 341
Gast. 61.62.& 151
Gaule diuisee en trois parties. 1
les Gaules premierement regies par rois. 34
emigrations necessaires és Gaules. 197
estat des Gaules. 193
enuie des estrangers sur les Gaules. 229
Gaules sans monstres. 305.& 414
Gaulois anciens ne parloient pas Allemād. 8.& 9
les Gaulois redoutez des Romains. 34
suffisances des Gaulois mal recongneuz par les historiens. 46
Gaulois amateurs de nouueautez. 49

MMm iiij

Table des matieres

les Gaulois ouuerts & sans malice. 160. & 211
Gaulois vrais Celtes. 187
ils ont escrit. 188. & 189
Gaulois religieux. 203. 561. & 571
Gaulois plus studieux de bien faire, que de bien escrire. 229
Gaulois catholiques. 266. & 267
du langaige des Gaulois. 376
Gaulois amateurs de liberté. 166. & 586
alliance des Gaulois auec les Scythes. 591
Gaulois hayssent les tyrans. 591
Gaulois cause de la victoire Pharsalique. 595
Gaultier, euesque de Chalon. 118. 281. 421. 454. & 458
Gauthier, abbé de Tournus. 513
Gaultier fait moine. 282
Gaultier dernier Preuost, massacré. 283
Gauslenus, euesque. 280
Gausmar de Sallornay. 242
Geilo, fils du comte, fait moine. 508
puis abbé. ibid. & 504
surnommé le venerable. ibid. & 508
Geilo, euesque de Langres, & abbé de Tournus. 513
Gelase, pape. 439
la Geliere. 321
Gemeaux de Langres. 205
Genabum, Orleans ou Gyan sur Loire. 26
s. Gengoulx le royal. 182. & 326. pourquoy ainsi nommé. 253
reserue de son bailliage. 259
donation de s. Gengoulx de Chissey, &c. à s. Vincent. 272
Generosité gracieuse merite qu'on l'honnore. 126
Gemetrye, tani tectum. 203
Geneue. 670
s. Geneuiefue de Paris. 396
Genius Masconnois. 310. & 363
Genius Romain. 598
Gentil-homme en quoy differe du noble. 70
le Gentil-homme vient de race. 129
Gentil-homme de la chambre. 334
Gentils-hommes mercadans. 130
les seuls gentils-hommes estoiét de la maison des Rois. 333
Gentils-hommes demeurans à Chalon. 431
Gens d'eglise. 82. ils ont basty & enrichy plusieurs maisons. 87
faute de Gens d'eglise és courts de parlement. 116
Gens d'eglise deuenus pauures, sont tombez en mespris. 117
les Gens d'eglise vtiles aux villes. 444
Gens laiz portoyent benefices. 452
Gens de iustice seuls à present heureux. 109
Gens de guerre. 45
Gens de poëté. 58. & 261
Gens du plat pays. 56
Geoffroy, euesque de Chalon. 452. & 472
Geoffroy de s. Amour, euesque. 293
son testament. ibid.

Geoffroy de Donzy, comte de Chalon. 118 247. 361. 402. 417. 421. 456. & 459
Geoffroy de l'Aubespin. 286
Geoffroy de Torsy. 216
Geoffroy, preuost de Mascon. 290
s. George, eglise parochiale. 412
confrarie s. George. 413
chappelle s. George. 390. & 469
George de la Guiche. 344
ses enfans. 338
s. Geran. 337
Gerard, comte de Mascon. 252
Gerard, peintre singulierement excellent. 536
Gerguia. 26
Gergoye, montagne pres de Clermont. ibid.
Gerles de chapitre. 394
Germanicus. 597
s. Germain des Prez. 396
Germains, freres des Gaulois. 572. & issus des Gaulois. 575
Germains tost chrestiens. 662
Germolles. 324. 325. 329. 431
Gerra Sicula. 225
s. Geruais du Mans. 445
Geruasius, mareschal du royaume de Bourgongne. 672
Gigny. 511
Gilbauld, euesque de Mascon. 447
Gilbert, comte. 420
Gilbot, euesque de Chalon. 275. 274. 444. 448
Gilderin, euesque de Chalon. 442
s. Girard, euesque. 275
Girard, comte. 288
Girard de Longecourt. 473
Girard de Rossillon, duc de Bourgongne. 22 & 416.
Girard de Thurey, cheualier. 471
Girard de Vienne. 100. condamné. 288. 460. 485.
Girard de Vienne vsurpateur du bien ecclesiastic. 460
Girauld, abbé de Tournus. 524
Giresme. 341
Gissey le vieux. 313. & 328
Gislabert, duc de Bourgongne. 513. & 516. 517
cardinal de Giury. 266
deux Glaiues. 93. & 512
Godefroy de Bouillon. 118. & 421
Godemar, roy de Bourgongne. 212. & 213
le Godet. 511
Godissald, euesque de Chalon. 447
Gondioch, roy de Bourgongne. 381
Gontran & Boson rois de Bourgongne. 29. 213. 381. 415. 436. 441.
songes de Gontran. 383
son tombeau. 477
Gonzague duc de Niuernois reprend Mascon. 325.
Goueuod. 319
Goscon, Turc. 246
Gothemar. 212
Gothie fort peuplee. 579

Goths

de ce present volume.

Gouuerneur. 167.168.169.& 254
Gouuerneurs. 167
Grand par-dessus des Gaules, duquel l'authorité fut annale. 42.57.198.546.& 547
du Grand-pardessus font métion les autheurs anciens. 43.554.& 555
Grand seigneur. 414
  Grand conseil. 170
  Grand escuyer. ibid.
  Grand Grece. 220
  Grands iours. 64.& 182
cardinal de Grandmont. 315.& 338
la Grange du bois. 286.& 322
chappelle de Graosne. 469
s. Grat, euesque de Chalon. 442
  logis d'iceluy. 443
s. Gratien. 269
Gratien Chandon, lieutenant particulier. 365
Grauains. 354
Grecs, producteurs d'infinis abus. 2.4.11.12
  Grecs en Egypte. 220
  presumption d'iceux. 376
  leur diligence, & licence. 377
Greffes de Chalon. 430
Greffier, garde des clefs de la chambre. 79
Gregoire 4. pape. 386.& 388
Gregoire de Tours. 271
Grenoux. 323
Greusse. 341
Grimoulds. 322
Grosne petite riuiere. 254
  hospital de Grosne. 462
estang de Grossiult. 332
Guerre entre les Heduois & les Senonois. 21
  Guerre ciuile entre Pompee & Cesar. 595
  Guerre au Masconnois. 243
Guichard archeuesque de Lyon. 287.& 290
  Guichard de Beau-jeu. 282
  Guichard de Salornay. 474
la Guiche. 331.& 335.& 350
  enfans de M. Pierre de la Guiche. 336
  Gabriel de la Guiche blessé. ibid.
  deuise de la Guiche. 337
Guicheran, abbé de Tournus. 513
Gulces. 356
Guillaume, euesque de Chalon. 407.462.464
  Guillaume comte de Chalon. 249.257.422 & 459
  Guillaume & Girard, comtes. 286
  Guillaume, comte de Vienne & de Mascon. 255 & 526.
  Guillaume, abbé de Tournus. 524
  Guillaume d'Aquitaine. 308.354.& 450
  Guillaume l'Allemant, comte. 253
  Guillaume Hugonnet, chacelier de Bourgongne. 294
  Guillaume de Saligny, euesque de Chalon. 474.
  Guillaume de Belleuesure, euesque de Chalon. 465.468.& 469
  Guillaume de Digoine, doyen de Semur. 359
  Guillaume de Montagu. 462.& 463

Guillaume Poyet. 110.117.118
  Guillaume de Poupet, abbé de Baulme. 485
  Guillaume Postel. 248
  Guillaume de Saulx, seigneur de Villefrancon. 444
  Guillaume Tabourot aduocat. 19
  Guillaume de Thurey, doyen de Lyon. 471
Gundicarius, roy des Bourgongnons. 670.& 671
Gundulphus, euesque. 273
Guntard euesque de Mascon. 252.275.& 449
Guy, euesque de Chalon. 463
  Guy, moyne de Tournus. 513
  Guy, comte de Mascon. 283
  Guy de Laual. 340
  Guy de chesne. 50
  Guy Tabourot, auditeur des comptes. 18
Guyot d'Amanges. 216
Gyan sur Lone. 26
Gyard de Passy. 352

H

Habitans és villes de trois sortes. 56. & 232
Hæmus, mont. 608
Haines des peuples estrangers contre les Romains. 586
Harbon. 36
Harpyies. 131.& 625
Hault-beis. 139.140.& 159
Haut & puissant seigneur. 145
Hedua. 194.& 200
Hedui. 194
Heduois, seigneurs quasi de toute la Gaule Celtique. 21
  premier canton des Gaules. 193.& 197
  ils appellent les Romains à secours. 199
  ont fondé Milan. 212
Helene. 126
Helie. 265
Heliodore, historien fabuleux. 6
Hendin, ou Hendinos, nom du roy des Bourgōgnons. 134.166.167.600.611.665
Henry l'empereur reconcilié au peuple. 284
Henry 1. roy. 282.& 512
  Henry 2. 68.147.& 149
  trois de ses fils rois. 132
  Henry 3 roy. 491
  Henry de France, fils de Capet. 393
  Henry, frere du comte Iean. 256
  Henry roy d'Angleterre. 477
  Henry de Antigny. 463
  Henry de Vienne. 526
  Henry de Brancion. 456
Herauld denonciateur de guerre, & comment. 579.
  charges des Heraults. 67.143 144.& 579
Heretiques incapables d'operer miracles. 663
  ne sont d'accord entre eux. 102
Heresie, note pire de toutes. 663
Hercules Egyptien, & Grec. 610.& 591
  fondateur d'*Alexia.* 218
  temple d'Hercules à Rome. 321

Tables des matieres

iustice & pieté d'Hercules. 223
Hercules Gallic.218. de Lybie.ibid. de Prodicus. 126. le Thebain fils d'Alcmena. 218
Hercules Ognios. 30
Herman, prince Allemand, conuer à Cluny. 454
Hermitage S.Claude. 203
Heroés, & demy-dieux. 610
Heur de Mascon. 365
  nul Heur parfaict en ce monde. 578
    Heur du duc Philippe, & de la Bourgõgne.175
    Heur aux enfans, les peres estans aimez du peuple. 75
Heures de nostre Dame trouuees à Tournus.524
Herus insula. 505
Hildebot, euesque de Chalon. 518.& 519
S.Hilaire. 265
Hierosme de Pragne declaré heretique. 102 & 475.
Hildebauld, euesque. 237.273.& 308
Hippias Eleus. 32
Histoire des Auuergnacs. 117
  Histoire ancienne des Gaulois ignoree. 187
  Histoire des Bourgongnons mal traictee. 662 & presque ignoree. 189
  Histoire des comtes de Chalon n'est publiee. 421.
  Histoires notables. 216. 247.301. 318. 329 & 400.
  Histoire suspecte 274.& veritable. 260
  Histoire des troubles de France par qui escritte. 303
  Histoire Masconnoise difficile à traicter. 229
  Histoire bien remarquable. 388.& fort estrange. 450
Historiens fabuleux. 6
Hommage deu à l'euesque de Mascon. 251
  Hommages faicts aux abbez de Tournus.527
Homme animal sociable. 44
  plus soigneux de l'honneur que des richesses. 75
  l'Homme est pecheur. 135
  comment il peut deuenir Dieu. 610
  l'Homme plante tournee ce que dessus dessoubs. 569
  Hommes de sçauoir mal contens. 116
  és Hommes n'y a qu'imperfection. 137
  Hommes de chapitre, & leur redeuance. 406 407.& 464.
  Hommes de Cluny francs de peage autour Chalon. 422
Homotimes Persans. 149
Hongres rauageurs. 417.516.& 519
l'Honneur adoucist le soing des rois. 134
Honorables. 57
Honorius. 200
Horace interpreté. 84
Horreum castrense. 502
l'Hospital, chancelier de France. 19
  Hospital fondé à Cologne la vineufe. 292
  Hospital de Beausne. 207
  Hospital S.Iacques. 394
  Hospital de Tournus. 535.& 536

Hubert, euesque de Chalon. 446
preuosté de Huchify. 323
Hue Capet. 99.167.214.280.& 452
Hugonnets, chancelier, & cardinal. 367
Huguenots. 504.& 536
Hugues, euesque. 283.284.471
  Hugues, duc de Bourgongne. 403.404.423. 456.458.463. son epitaphe. 456
  Hugues, comte de Chalon. 521.523
  Hugues, abbé de Cluny. 451.453.& 457
  Hugues de Farigny. 498.& 531
  Hugues d'Orges. 477
  Hugues de s.Triuier. 292
  Hugues, marquis de Mascon. 236
  Hugues, sieur de Bugey. 237.250.278.& 286
  Hugues de Brancion. 460
  Hugues, prieur. 242
  Hugues de Fontaines, euesque. 290
  Hugues Fournier. 180
  Hugues de Toify. 216
  Hugues de Loges. 215
Huille pour amende. 281
Huissier en la chambre des nobles. 66. & 70.
  Huissiers & sergens d'armes, gentils-hommes. 171
Humbert, archeuesque de Lyon. 283.& 287
  Humbert Blanche-mains. 511
  Humbert de Beaujeu. 286
  Humbert de Chantemerle, & ses enfans. 349
  Humbert de Ville-neufue. 179
Huns. 25.& 433
s.Huruge. 341

I

Ia, & Iah. 53.& 222
Iacob, & Rachel. 82.248.& 517
Iacobins de Mascon. 257.258.& 332
Ialloigny. 273
Ianly. 327
  de ceux de Ianly. ibid.
Iaphet. 35
Iaques d'Amboise, abbé de Cluny. 335
  Iaques de Chalant, seigneur de Varcy. 531
  Iaques Colin, abbé de s.Ambrois. 111
  Iaques de Dyo. 345
  fr.Iaques de Guyse. 199
  Iaques Fouríé, prescheur du roy. 488.& 489. & 490
  Iaques de Sauoye, duc de Nemours. 413
  Iaques de Tournon, euesque de Valence, abbé de Tournus. 532
  Iaques Verius, conseiller. 503
Iasius. 36
Iason. 154
Iaucourt, Villarnoud. 335.
Idolatrie inuentee par les princes temporels. 220
Ido'e és Orlans. 420
s.Iean Apostre. 205.& 435
s.Iean, eglise de Lyon. 206
s.Iean le grand. 207.& 208

Iean

de ce present volume.

Iean Amberiot, euesque de Chalon. 471
Iean de Arguel. 292
Iean d'Arsonval, euesque de Chalon. 475
Iean Baillet. 180
Iean Boyer, seigneur de Champlecy. 365
Iean Bouteiller, conseiller au parlement de Paris. 139
Iean, cardinal de Loiraine. 532
Iean de Chalon, prince d'Orange. 178. 304. 361.& 528
Iean comte de Chalon. 422. & 423.424.425. & 523
Iean, comte de Mascon. 255.289.& 526
Iean, comte de Poitiers. 258
Iean de la Coste, euesque de Chalon. 474
s. Iean Chrysostome. 267
Iean de Damas bailly de Mascon. 245
Iean Douhet. 179
Iean, euesque de Mascon. 279.& 293
Iean, euesque de Chalon. 317.440
Iean de Fatigny. 531
Iean Florette. 365
Iean de France duc de Bourgongne. 408
Iean le Frere de Laual. 303
Iean Germain, euesque. 20.205. 421.466.478. 479.481
Iean de la Guesle. 180
Iean Hus declaré heretique. 102.& 475
Iean Iaquelin. 179
Iean de Ianly, doyen. 482
Iean de Ioinuille. 142
Iean de s. Iust, euesque de Chalon. 472
Iean Iuuenis euesque, puis cardinal. 293
Iean de Lugny. 471
Iean Macet, euesque. 293
Iean le Maire. 389.& 566
Iean Naisey, archidiacre de Chalon. 439
Iean de Melloto, euesque de Chalon. 472
Iean 8. pape. 508.& 512
Iean 22. pape. 413
Iean de Poupet, euesque de Chalon. 481. & 483
Iean le Queulx. 364
Iean Raoulin, euesque de Chalon. 477. & 478
Iean de la Roche-foucault, abbé de Marmoustier. 535
Iean Rousset, apoticaire. 262
Iean, roy de France. 152. 181.176. 258. 259. & 524
Iean, fils de Roy, comte de Neuers. 463
Iean de Saligny, euesque. 291.& 474
Iean de Salornay, euesque de Chalon. 472
Iean de Saulx, dict Tauanes.
Iean de Toulonjon, abbé. 498.531
Iean de Tyard, seigneur de Bussy. 365
Iean de Veré, sieur de Vaulx. 318
s. Iean Verin. 352
Iean Verjus, president. 503
Ieanne d'Albret. 337
Ieanne de Bourgongne. 177
Ieanne la pucelle. 620

Iessé, euesque d'Amiens. 388
Iesus Christ. 60
chef de l'eglise. 81
autheur de la paix soubs Auguft. 596
le Ieu en Autunois. 358
Ieusne precedant le baptesme. 662
Ieunesse Françoise deprauee. 75.180 181
Ignorance. 34.114.121.& 123
Igny de Bizaucourt seigneur de Fontenay. 314
Igyé. 313.& 326
Ildebod, euesque de Chalon. 451
Image de nostre-Dame. 420
le sieur d'Imbercourt decapité. 294
Immunité d'Eglise. 274.& 467
Indes, pour le pays d'orient & occident. 376
Indiens philosophes. 49
Innocent 3. pape. 534
Innocent, pape 4. 257
Institution des chapitres. 98
Interdict Gallique de quelle importance. 40
l'Interpretation des sainctes escritures. 312
contre les Interpretations de la loy, *Bene à Zenone*. 414
d'Inteuille, euesque d'Auxerre. 20.68.& 69
Introduction du mestier de iustice. 201
Inuention des sciences, des metaux & instrumens. 31
Inuention reprouuee. 174
Insula Herensis. 505
Ioncy. 312.& 313
Ioseph. 82.& 151
Iosserand de Brancion. 100.285.292.302.346. 347.& 459
Iosserand de Saudon. 407
Iotsaldus, euesque de Chalon. 456
Ioudes, Montjouuent. 312
Iouianus chrestien. 661
sieur Iouinville, seneschal hereditaire de Champagne. 410
sieur de Ionuelle & Chainy. 68
s. Irenee. 269.& 662
Is sur Thille. 18.& 222
Isis deesse Egyptienne. 18. & 23.222.224.225.& 416
de Ismael prediction. 598
Ister, Danubius. 600
Italien. 164
Iubilé. 323
Iudas. 105.& 601
Iudith de France. 177
Iudith, fille du duc de Bauiere. 388. femme du roy Loys. 384.385 386.& 387
Iuifs. 83.220. 427.248.& 412
s Iulien. 323.297.269.328
Iulien l'Apostat. 200.225.649.661
Iulius Florus. 217.& 597
Iulius Sacrovir. 217.& 597
Iumieges fondee par s. Philibert. 505
Iunien, prince. 507
Ius Italicum. 233
Iurisdiction. 117.142.212.409.410.429.483.519
Iustice. 161.162. 164.165.172.182.362.403.463

Table des matieres

Iuſtinian. 604
Iuſtus, euefque. 271
Iuys. 293

L

Laboureurs & artiſans. 45
Lacedemone. 429
Lacedemoniens. 128
Lacs, & Orlans de S. Marcel. 419
s. Ladre. 206
Laiz, beneficiers & abbez. 452. & 459
Lambert, euefque. 275
Lambert, comte de Chalon. 417. & 443
Lamies. 105
Lancelot du Lac. 354
Landry comte d'Auxerre. 63. 274. & 275
Landric, euefque. 242. 283. & 285
Langey. 311
Langage François. 109
des Langues en general. 4. 7. 8. 11. & 110
Languegoth, dicte Languedoc. 671
Lanſlac. 339
Lanſuyne la grand. 24
Lantaiges. 328
Larth ou Larthes. 610
Latin hors d'vſage du temps de Ciceron. 8
Laurencia baron de Riuiere. 143. & 352
s. Laurent. 233. 234. 280
  s. Laurent, prioré. 414
  s. Laurent donné à l'Iſle barbe. 453
  s. Laurent de la Roche. 341
Laurentins. 469
Layé. 328. 329. & 341
  armes de Layé. 329
s. Lazare. 206
Leal en Breſſe. 323
Ledbauld, euefque. 280
Leduard & VVichard euefque, archichanceliers. 96. & 272
Legion fouldroyante. 434
  les Legions faiſoyent les empereurs. 606
Lemanus. 36
Leon 10. 484
Leonille de Langres. 205. 270. & 394
Leotald, comte. 236. 277. 279. & 514
Leis. 315
Leſſertot. 341
Leuees comme ſe faiſoyent és Gaules. 54
  Leuees & paué dés Chalon a Autun. 196
Leui. 82
Leui, ſieur de Charlus. 486
Liberalité & clemence, vertus royalles. 136
Liberté notable. 406
Librairie de Tournus gaſtee par feu. 520
Libres ſeigneurs. 130. 423 & 460
Licence rend les hommes pires. 131. & 136
Licinius empereur. 70. & 161
Liebauld de Lugny. 313
Lieutenances miſes en taxe. 364
Lieutenant. 168. & 310
Lieutenans generaux d'Autun. 215. & 365. particuliers. 364
Lieux plus ſaincts les vns que les autres. 517
s Ligier. 99
Ligue generale des Gaulois. 42
Limites de la ſeigneurie de Chalon tenue par l'egliſe. 403
Limites du royaume de Bourgongne. 673
s. Lin. 206
Lis. 313. 341. 342
la fleur de Lis a repreſentation des trois eſtats. 89
Liures fabuleux. 147
Liures de la religion de Numa bruſlez. 221. & des magiciens en Epheſe. 265
s. Lo. 339
Locatel. 354
Lodun. 511
Loge de chapitre. 394
ſieurs de Loges baillifs d'Autun. 215
Loges, la Boulaye. 345
ſieur de Loiſſey. 241
Long champs. 240
Longho roy des Gaulois. 36
Loſne. 333. 339. 442. & 458
Lotaire roy. 238. 247. 248. 279. 280 385. & 391
Loüange de bon roy, & le vitupere du mauuais. 136
Loüans du fied de Paigny. 463
s. Loup, eueſque de Chalon. 400. 444. 445. 446. 447. 518. 519
s. Loup de Maizieres. 462
s. Loup, releué. 274
Louue, enſeigne Romaine. 584. & 650
Loy de nature. 44. & 584
  Loy Salique. 152
  Loy de chaſteté. 300
  Loy d'appanages. 324
  Loy des princes. 321
  Loy du conſeil priué. 409
Loix des Lombards. 141
  Loix Romaines. 201. 307
s. Loys. 142. 216. 257. 288. 289. 309. 345 463. 526
Loys & Carloman, rois. 275. 416. & 448
Loys Hutin. 173
Loys fait-neant, moyne à S. Denis. 630
Loys le begue, roy. 275
Loys le begue. 416. 449. 512
Loys le gros, roy. 285. & 525
Loys le ieune roy. 100. 249. 252. 285 459
Loys d'outre-mer, roy. 235
Loys debonnaire roy. 237. 273. 305. 306. 384 387. 388. 390. 391. 447. 506. & 507
Loys 4. roy. 237. & 276
Loys 5. 167
Loys 11. 157. 177. 214. 243. 259. & 425
Loys 12. Roy. 253. & 393
s Loys d'Arles. 531
Loys, fils du roy Odon. 513
Loys, fils de Boſon. ibid.
Loys de Lorraine, cardinal de Guyſe, abbé de Tournus. 532
Loys, eueſque de Lauſane. 530
Loys

de ce present volume.

Loys seigneur d'Arban. 531
  Loys l'Alleman. 498.& 531
  Loys Guillard, euesque de Chalon. 486
  Loys de s. Iulien. 304
  Loys de la Palu, dict cardinal de Varembon, abbé de Tournus. 530
  Loyse. 313.& 325
s. Luc. 265.266.& 267
Luceius. 127
  la Lucerne. 338
Lucius Petilius. 220
Lucus, en François bosquet. 592
Lucius banny fut faict moyne en l'isle de Rhé. 506
  Lucius Ventidius Bassus. 596
Lucia religieuse. 506
Luçon. ibid.
Lucumons, princes d'Ethourie. 610
Lugdus. 36
Lugny d'Igyé. 313.316.325.& 326
  armes de Lugny. 313
Lune sixiesme. 30.& 50
Lus. 349
Luther. 102.& 484
Lycurgus. 128
Lyon. 117
Lysander. 128
Lysieux. 505

M

M Lettre bouine & mugiente. 31
  Macon, mot Grec. 376
de la Magdelaine. 330.& 342
liures des Magiciens bruslez en Ephese. 265
Magistrat souuerain des Gaules. 54
  Magistrats sacrez & inuiolables. 63
  les noms des Magistrats Romais ne se peuuét employer aux magistrats de France. 57
  deux Magistrats necessaires. 93
Magnanimité. 131.& 162
Magus. 36
Mahumet. 599.& 620
Maiesté, mot nouueau en France. 307
  quand vint en vsage. 132
  il doit estre reserué à Dieu. 603
  Maiesté humaine differe de la diuine. 131
Maignien contraint se departir de l'acquest d'Vzelles. 142
Mainmorte. 56.531.& 533
Mains. 306
Maire comparatif Gallique. 40.& 202
  Maires du palais. 63
  Maires iadis tribuns & censeurs. 432
  Maires de Mascon. 362. de Chalon. 431
Maison de ville de Chalon. 431
  Maison Dieu de Giury. 407
  Maison des Verius. 503
  Maison d'Arban. 531
  Maisons basties & enrichies par gens d'eglise. 87
  Maisons en France issues des Anglois. 623

la iustice ostee aux Maisons des villes. 261
Maistre des requestes. 367
Maistres d'escolles. 466
Malain, Lus.
Mal-contens. 60.116.& 131
Malfontaine, & Perrone. 323
Malheur du temps present. 113
Maligny. 313
Mandelot. 328
Mandubiens. 218
Mandragores. 50
Manethon. 35
Manybod d'Auignon, seigneur de Marbé, capitaine de Mascon. 366
s. Marc euesque d'Alexandrie. 247
Marc de Chantemerle. 349
Marc bastard de la Clayette. 252.269.331.349.395. 435.& 503
Marcel. 204.& 205
  prioré S. Marcel. 270.& 417
  l'abbaye s. Marcel fondee par Gontran. 382
  subiets de s. Marcel. 420
  s. Marcel donné à Cluny. 452
  chasse s Marcel. 477
Marchant. 203
Marché public de Chalon. 393.& 394
Marchiseul. 319
Marcilly. 342. Marcilly Damas. 348.355.& 356
Marconnaz. 240
Marcus agrippa. 597
Marcus Antonius. 596
Marcus Crassus occis par les Parthes. 595
Mardonius, lieutenant de Xerxes. 128
Mareschal. 238.317.& 358
Marests meotides. 16
Marey. 358
Marguerite de France, sœur du roy Henry 2. 530
Marguerite de Flandres. 177
Marguerite, veufue de Charles, roy de Sicile. 535
Marguerite l'Alleman. 531
Marguerite de Prouence. 290
Mariage du roy Henry 2. 295 & 315
Mariages entre les Chalonnois. 429
s. Marc, prioré. 414
eglise de s. Marie viuante. 269
le bois s. Marie. 344
s. Marie Magdelaine. 436
Marie de Bourgorgne. 177
Marigny en Charrolois. 322.353 & 358
Marius empereur. 658
Marmite. 117
Marmont. 322
Marques. 129. marques de haults seigneurs. 145
Marquis estoit iadis dignité personnelle. 237
  Marquis de Rothelin. 354
Mars & Fortune, deitez trompeuses. 21.& 609
  Mars, magnus. 204
Marseille, fondee par les Phocenses. 4.& 9
Marteau. 356

NNn

Table des matieres

S. Martial.	267.&269
Martigny le comte.	333.&335
s. Martin, monastere.	207.240.&282
s. Martin en Gastine.	464
Martin 5. pape.	475.&530
Martirs.	435.&503
Mascon, & son etymologie.	232
habitans de Mascon.	ibid.
Mascon ruinee par Attila.	233.235.&236
le sit de Mascon.	235.&254
ruine de Mascon.	236.&258
Mascon bruslé.	249
Mascon erigé en pairie.	258
Mascon reüny à la couronne de France.	259
Mascon gouuerné par estrangers.	260
Mascon prinse par deux fois.	263
reprise par le duc de Neuers.	325
Bailliage de Mascon. 253.	309.&336
Masconnois. 77. vny inseparablemét à la couronne.	259
Masconnois Chrestiens.	270
villages enclauez au Masconnois.	311
Masconniere, dicte la Massonniere.	310.363.&592
Massanissa.	306
Matfroy, comte.	385
Matour.	352
Matrone, & Virago, noms de dignité.	225
Matthiolus.	50
Maubec.	345
Maugyron.	316.&326
s. Maurice en Chablais.	212.&382
s. Mauris.	322
Maux causes d'infinis autres.	300
Maximianus Galerius.	655
Maxime des Rabins. 53. & maxime ancienne.	141
premier iour de May.	72.&260
s. Mayeul, abbé de Cluny.	418.&451
Maymbod, euesque.	256.&276
Medailles & monnoyes antiques.	15.&18
s. Memmin.	267
Menades.	620
Menius.	203
palus Meotides.	582
Mer.	358
Mer rouge.	224
Mer mediterranee, & son origine.	582
Meraige.	325
Mercure Trismegiste.	126
Merdery, ruisseau separát le Chalonnois & Masconnois.	310
Merlo, ou Mello.	348
Merzé.	322
Mesciac.	507
Mescontentement des grands.	528.& le fruict d'iceluy. 529
Mescognoissance de Dieu.	495
Mesdisans, reprehensibles de toutes façons.	88
Meslange de iurisdiction.	406
Mespris des personnes dignes.	300
Messe ancienne.	439
de l'antiquité de la Messe.	447
Messey.	328
Mesures publiques de Chalon.	394
Michel de l'Hospital, chancelier.	487
Micte de Cheurieres.	351
Milan fondé par les Heduois.	197.&212
siege deuant Milan.	334
Miles de Bourbon.	345
Miles de Noyers.	340
Milon, euesque.	280
Ministres par leurs vices rendent leur ministere contemptible.	104.&122
Ministres par leurs vices sont cause que leur ministere est mesprisé.	122
Ministres des mauuais princes.	253.261.&299
Ministres Caluinistes.	351
Minos.	620
Mipont.	341
Miracles remarquables.	445.446.&465
Miraults.	56
Miroir, abbaye, & de sa fondation.	341
Miseres presentes.	182.183.&241
Mithridates roy.	8
Mithridats, rois de Pont.	611
Moisy.	342
Moles.	349.&350
Molesmes, abbaye.	24.&486
Mommolus, euesque.	271
Mommorency connestable. 69. & 94. sa mort.	332
tout le Monde est le pays de l'homme.	569
Monachisme n'estoit ouuert à tous sans la licence du prince.	93
Monarchie.	73.&647
Monastere de S Pierre fortifié.	243
Monasteres d'Autun.	207
Monasteres de moniales à Autun.	207
desolateurs des Monasteres.	120
offices des Monasteres vnis à la crosse.	120
ruine de Monasteres.	245
façon ancienne de bastir Monasteres.	382
Monasteres ruinez.	451
Monasteres, cimitieres des gentils-hommes.	498
Monconnois.	314
bataille à Moncontour.	339
Mongommery.	339.&353
Moniales à S. Marie.	414
Monnoye Casinine.	282
Monnoye battue à Mascon, & au bois S Marie.	290
Monnoye du chapitre de Chalon.	438
Monnoye Turnegeoise.	521
Monseigneur.	138
Monsieur.	ibid.
Monstres.	515
Monstreuost.	471
Mons.	283
Montaigny.	353.355.358.&443
Mont-Auxois.	218.&222
Montbar.	78
Montbelet.	315
Mont Cenis	

de ce present volume.

Mont Cenis. 216.& 225
   Mont-drud, Mons Druidum. 203
   Mont jeu, Mons Iouis. 203
   Monticaino. 318.& 325
   Mont ioye. 144
   Mont-journal. 358
   Mont jouuent. 322
   Mont laut. 345
   Mont-morin. 339
   Mont-perroux. 345
   Mont-presentin. 349
   Mont-regnard. 316.& 354
   Montieuel. 317.& 332
   Mont-richard. 323
   Mont s. Vincent. 318
Morsot. 297
du Mortier, conseiller du roy. 486
du Mouchet. 354
Mouge, petite riuiere. 254.& 321
   peage de Mouge. ibid.
Moulins. 346
   Moulins, Busseul. 343
   Moulins sur Reconce. 359
Moustiers. 338
Moyen d'aquieter les Gaules. 197
Moyens de vaincre Dieu. 362
Moyne, mot deuenu iniurieux. 108.& 121
   Moyne portant l'oyseau sur le poing. 523
   Moynes ne doiuent estre curez ny euesques. 123
   Moynes ne sçauoient faire estat de soldats. 507
   des Moynes. 98
Multitude d'officiers ruine du peuple. 168.& 217
   Multitude des gens d'eglise engendre confusion. 123
Munatius Plancus. 596
les Murgieres. 339.& 344
la Musse, vulgairement appellee l'Aulmusse. 286
Mussidan. 315
Mutation de l'estat des Gaules. 41
Mutation dure. 340
   dangereuse. 87.135.& 409
Mutins esleuez, & chastiez. 476
Mysie, autrement Mœsie. 607
legions Mysiennes, ou Mœsiennes. 667
sieur de Myrebeau. 68
Mysteres Egyptiens ont vn sens caché. 224

N

Namnes. 36
Nanton. 313.332.338.341.& 467
Nantua. 511
Narbon. 36
Narouze, petite riuiere. 254
Nature prudente à borner les Gaules. 574
   Naturel, Grauains. 354
   Naturel du François. 58.& 123
   Naturel du Bourgongnon. 605
Nay. 350

s. Nazare. 206.& 267
Necessité sert d'excuse. 365
Nembroth, cause de la côfusion du parler commun. 7
Ner moustier. 505
Neron dernier de la race des Cesars. 597
   ses cinq premiers ans. 136
Neud de Gordius. 195
Neuers. 375.& 376. sieur de Neuers.263
   comte de Neuers seigneur de la moitié de Chalon. 459
Neuf-ville. 327.& 355
Neufuaine à Tournus pour le Duc de Sauoye. 529
Neuf-ville. 375
Nicetius euesque, s. Nicier. 233.235 270.& 271
Nicolas, abbé de Tournus. 291.310 527 & 530
   Nicolas de Bauffremont, baron de Senecey. 207
   Nicolas Galand. 536
   Nicolas Gilles reprins. 63
   Nicolas de Lyra. 267
   Nicolas Raoulin, chancelier de Bourgongne. 330.& 478
   Nicolas de Veris, euesque de Chalon. 472.& 473
Nicomedes, rois de Bythinie. 611
Nicostrata. 46
Nicius, & Albis, fleuues. 649
Nil. 36
s. Nizy. 328
chauanes s. Nizy. 328
Noblesse ne reçoit point de plus, ny de moins. 69. & 133
   Noblesse fille de vertu. 127
   Noblesse entre diuers peuples. 129
   le port de l'espee ne rend pas l'homme Noble. 67.& 130
   Noble en quoy differe du gentil-homme. 70
   Nobles Atheniens & Romains. 129
   licence des Nobles degenerans. 131
   Nobles Chalonnois. 430.& 431
Nombre de trois. 45
   Nombre trop gros de gens cause desordre ou famine. 602
Nom, roy & armes. 144.& 145
Nom premier de puissance est celuy des rois. 193
   le Nom des Heduois est Celtique. 194
   du Nom de Tournus. 502
   Nom des Allemans nouueau. 574
Noms desquelz la vraye raison n'est sceué. 16
Noms diuers des estats. 95
Noms de prestre & moyne tourné en opprobre. 108.121
infinis Noms de pays terminez en ïa. 222
difference ès Noms ne diuersifie le faict. 150
effeminer les Noms. ibid.
Noms & surnoms des cheualiers de l'ordre de Bourgongne. 154

NNn ij

Table des matieres

Noms diuers d'Autun.	199
deprauation des Noms Bourgongnons.	302
Normandie remife en l'obeiſſance du Roy.	480
Normans volleurs.	507
dicts Dannois.	511
Noſtre dame, egliſe collegiate.	207
Noſtre dame de l'Iſle pres Maſcon.	526
Nouiodunum.	375
Nourriture paſſe nature.	336
Nouueautez de cour.	362
Noyers en Bryonnois.	78.& 335
Numa Pompilius.	220.& 620
Numance.	600
Numitor.	212

O

Obedienceries de ſainct Pierre de Maſcon. 240	
Obeyſſance.	81
Obligation volontaire, obſeruance neceſſaire. 58	
Oblation des ſacrifices reſeruee aux preſtres.	89
de Oblato, eueſque de Chalon.	330
Obſeruance ancienne.	29.61.142.170
Occaſiō des premieres aſſemblees en Hameaux. 32	
Occaſion de murmure & deſobeyſſance.	122
Occaſion de l'erection des citadelles.	169
Octauius Auguſt.	596
Odard de Montagu.	412.& 469
Ode, duc.	424
Odenatus.	615.& 616
Odet de Foix, ſieur de Lautrech.	127
Odet de Fontaines.	407
Odilon, abbé.	418
s. Odille, abbé.	451
Odille, abbé de Cluny.	281.& 282
Odo l'Angeuin, roy.	275
Odon comte, gouuerneur d'Orleans.	385
Odo, eueſque.	291
Odo, premier abbé de s. Pierre de Maſcon. 238.279.& 520	
Odo 1. & 2. abbez.	450
Oecolampade.	102
Office & pouuoir du chreſtien.	133
Office noſtre dame trouué à Tournus.	524
Offices venaux.	180.361.364.432
des Officiers de la couronne.	139.& 237
Offices de France.	546
Offices nouueaux.	310
multitude d'Officiers ruine du peuple.	168.217
Offrande de la cité de Baugey.	252
Offrande d'vne topaze.	525
peu d'Offrandes, force baiſe-mains.	132
Ognios ſignifie diuin.	30
Ogier preuoſt de Maſcon rauy par le diable.	253
Olbius.	36
Oliuier de Martroil, ou de Martrois, eueſque. 412.& 474	
Oliuier, chancelier.	512
d'Oncieux, Montierno.	318

Ongne.	19
entre Luz & Thilchaſteau eſt Ongne.	43
Ongne en ſingulier nombre ſignifie Dieu, en plurier Dieux.	28
l'Ongnon, riuiere au comté de Bourgongne.	28
Opinion de religion.	60
l'Opinion des heretiques comparee à la toille de Penelopé.	102
puiſſance d'Opinion.	210
diuerſes Opinions des confins d'Afrique.	213
Opinions ſur la fin des miſeres.	183
Opinion vulgaire de *Bibracte*.	195
Optatus.	266
princes d'Orāges du nom de Chalon.	422.& 459
Orateur de Ciceron.	544
Orbandale, Chalon.	392
Ordonnance du Roy François 1.	130
Ordre des Gaules à la venue de Ceſar.	39
Ordre de ſeāce par antiquité de reception.	76
Ordre immué entre les cheualiers de l'ordre. 77	
Ordre de s. Benoiſt.	103
Ordre admirable en l'ouurage de l'vniuers. 124	
Ordre de l'eſtoille.	152
Ordre de la coſſe de geneſte.	ibid.
Ordre de la iartiere.	153
Ordre de Sauoye.	ibid.
Ordre de la bāde.	ibid.
Ordre de la toiſon.	154
Ordre d'Orleans.	156
Ordre de s. Michel.	157
l'Ordre en l'ancienne egliſe de Maſcon.	233
Ordre des dignitez de chapitre à Maſcon.	282
Ordre ancien des bonnes villes de Bourgongne.	431
Ordre de Ciſteaux.	456
les trois Ordres ſont neceſſaires en la republique.	398
Origine du regne.	54
Origine de l'erection des eſtats.	63
Origines incertaines.	7.15.576.& 645
Origines des troubles.	260
Orlans de S. Marcel.	419
idole és Orlans.	420
Orleans.	26
Ornemens des conſtituez en dignité.	559
Oruccard, eueſque de Chalon.	448
Os de Ioſeph.	507
Oſche, riuiere.	643
Oſery petit ruiſſeau.	218.& 222
Oſias.	512
Oſyris, dict Bacchus.	620.113.222.224.& 417
Otho, & Eſtienne comtes de Bourgongne.	424
Othomans, rois des Turcs.	599
s. Ouen de Roüen.	505
priere de s. Oyan.	275
Oyſeaux de bonne ayre.	125
Oyſeler.	343
Oyſiueté.	562
Oza.	90.& 429
Ozenay.	323

Pagus,

de ce present volume.

P

Pagus, que c'est. 504
P sieur de Paillart. 413
Paillard, surnom du sieur Durphey. 340
le Païs sur tout doux & agreable. 371
Païs froids sont fort feconds. 583
les Païsans plaidards fuyent le labeur. 363
premiere institutió des Pairs de Fráce. 62.&422
douze Pairs. ibid.
pareils au roy. 151
Pairs & euesques portatifs. 172
Pairs imaginaires. 173
Pairs ecclesiastiques. 479
conseil des Pairs. 73
cour des Pairs. 363
le Palais. 359
Palatin de Dyo. 344
la Palice. 352
la Pallu. 324
Palluau. 453
du chasteau de Palleaul. 464.& 472
Pancharte de la donation de Tournus par Charles le chauue. 509
boitte de Pandore. 301
Panegyriste, mot odieux en l'histoire. 10.17.& 579
Pannonies, à present Hongrie & Austriche. 667
trois Papes. 475
Paphy. 352
s. Paradocus. 269
Paradoxe, que prudence engendre coüardise.163
le Parc, & Senouzan. 317
Pardon d'Auxonne. 481
Parentage, premier qu'hommage. 351
Pareid le monial. 443
Paris. 36.96.& 126
l'auctorité du Parlement diminuee. 73
en la grand chambre du Parlement de Paris le tiers sont ecclesiastiques. 97
erection du Parlement de Paris. 173
Parlement de Paris troublé par guerres. 174
restauration du Parlement de Paris. 175
Parlement pour les deux Bourgongnes. 179
augmentation d'hommes au Parlement de Dijon. 180
Parlement de Bourgongne. 214
Parlemens. 169
Paroches. 98.& 412
Parthes sont Scythes. 590.& 594
Parthes en Armenie. 666
Pasquin. 246
Pater patratus. 18.& 144
Patience. 163
s. Patient, & S. Euphroine, euesques. 440
Patrimoine S. Loup. 361
s. Paul. 265. en Espaigne. 205
és Gaules. 268
Paul le ieune, euesque de Chalon. 440
Paulus Iouius. 150
Paulus Orosius. 266
Pausanias. 128
Pauureté euangelique. 106

Pauureté rend les hommes ridicules. 121
Pauureté doit estre bannie de l'eglise. 123
Pauureté des ecclesiastiques d'à present. 498
Pauures enrichis deuiennent turbulés & insuportables. 607
Peage de Mascon. 322
Peage de Chaigny. 461
permission de leuer Peage pour trois ans. 408
Peché comme accident inseparable en l'homme. 104
les hommes sont subiects à Peché. 135
noz Pechez ont merité, ce que nous souffrons. 362
Pechez publiques & scandaleux punis en l'eglise publiquement. 389
Pelagius pape. 270
du Pelou. 355
Penon, & Penonceau, leur difference. 146
Pennonceaux mis sur les portes de Tournus. 535
Pension. 604
Pepin, seigneur de Bourgongne. 207.416
prince des François. 242.172.415.& 438
gendre du comte de Mascon. 302.& 304
roy d'Aquitaine. 384.& 507
l'iniquité des Peres vengee sur les enfans. 468
Perennis soubs Commodus, 63
perfectissime. 210
Pescenninus Niger. 641
droict de pesche limité. 521.522.& 523
la perriere. 335.& 338
perrigny. 349.& 353
perses partisans de pompee. 596
les petits. 343
le peuple en la protection des seigneurs. 70
Peuples des pais chauds. 164.& des pais froids. ibidem.
Pharamond roy. 61.& 62
Pharaon. 62.& 151
Philagrius, euesque. 439
s. Philibert. 435. 504.& 505
estendart S. Philibert. 521
Philibert Barjot seigneur de la Salle. 365
philibert de Bourbon. 345
philibert de chasteau-vieux, baron de Verjon. 531
philibert de la Ferté. 179.& 367
philibet Hugonet, euesque, puis cardinal. 294
philibert de Luxembourg, prince d'Orage. 528
philibert de Monconnis. 427
philiber de Saulx, euesque de Chalon. 474
philippe 1. roy. 283.& 285
philippe 3. roy. 290
philippe Auguste roy. 249.252.288.461.530. & 534
philippes empereurs. 661
philippe 6. dict de Valois. 61.261.& 470
Philippe le bel. 173.467.& 535
trois fils de Philippe le bel morts sans fils. 468
Philippe le hardy, roy. 176.& 472
Philippe le long, roy. 530

NNn iij

Tables des matieres

Philippe, duc de Bourgongne. 20.154.175.259.
414.527.670
Philippe 2. roy de Bourgongne. 177
Philippe le ieune duc de Bourgongne. 182
Philippe de Vienne, sieur de Paigny, &c. 171.
& 310
Philippe de S. Croix, euesque. 292
Philippe Chabot, admiral de France. 179
Philippe seigneur de Bresse. 237. & 240
Philippe Melancton. 102
Philosophie, & sciences cruës és Gaules. 46
Philosophie. 495. mot ennemy des Chrestiens. 435
Philosophes Gaulois. 35
Philostrate, historien fabuleux. 6
Phineus. 131. & 625
Phocenses, fondateurs de Marseille. 4. & 9
Phormion. 127
s. Photin. 435
Phylé. 224
Picts, & Escossois. 666
s. Pierre l'Apostre. 503. a esté à Rome. 266.267
s. Pierre, eglise de Mascon. 235.239.240. & 241
demolie. 238
bruslee deux fois. 242. & 280
les chanoines de s. Pierre sont gentils-hommes. 243. & 244
s. Pierre secularisé. 246
reduction des chanoines de s. Pierre en la ville. 294
restauration de s. Pierre de Mascon. 285
le monastere s. Pierre fortifié. 397
l'abbaye s. Pierre enquoy tenue vers l'euesque. 464
l'abbaye s. Pierre conuertie en citadelle. 393. & 444
Pierre Abeillard, abiure son heresie. 457
moyne de Cluny. ibid.
son epitaphe. ibid.
Pierre, abbé de Tournus. 524
s. Pierre de Chalon. 396
Pierrecloux. 321
bruslé par les huguenots. ibid.
Pierre, cardinal d'Hostie, legat corrompu. 283
Pierre du chastel, euesque de Tulles, puis de Mascon, & Orleans. 295. & 296
Pierre des Coignieres, dict du Coingnet. 470
Pierre, comte de Sauoye. 256
Pierre, comte d'Auxerre, empereur de Constantinople. 461
Pierre du Coüard. 204
Pierre, euesque de Chalon. 458. & 471
Pierre de la Iasse, euesque. 290
Pierre de S. Iulien. 304
Pierre de Iuys, euesque. 293
Pierre Naturel, chastre & chanoine à Chalon. 382.414. & 490
Pierre de Marcilly, euesque d'Autun. 356
M. Pierre de Mont-verdun. 252
Pierre Tamisier. 499
Pierre de Rosset de la maison d'Amarin. 482
Pierre Turrel, philosophe. 218

Pierre Venerable, abbé de Cluny. 457
s. Pierre d'Vbiliac. 436
Pierre trouuee és champs d'Ongne. 29
Pierre limitante. 523
Pierres boinieres mises entre les Bourgongnons, & Allemans. 629
Pieté ancienne. 400
Pieté singuliere à Chalon. 429
Piles du pont des Orlans. 419
du Pin, doyen d'Auanlon. 226. & 380
Pisistratus. 193
Placidius euesque 233. & 270
Plaider en latin seroit vtile & necessaire. 110. 111
de Plaider en François quels inconueniens aduenus. 114
la Plainne. 320.321.
Plainte de l'eglise de Mascon contre Girard de Vienne. 460
Plaintif de Gauslenus. 281
Plancus posa à Lyon & à Basle des colonies. 55
des Plantais. 353
Platon. 84
Plebains, ou Curez. 98
Pleuot. 343
Pluralité de benefices n'est raisonnable. 123
Plutarque. 88
gens de Poeté. 261
s. Poinct. 316.317.319
Poizieux. 316
Pole. 353
Police generale des Gaules, extraicte d'vn vieil Romant. 39
Police ancienne és eglises cathedrales. 360
Police de Mascon. 362
Police de Chalon. 429.430. & 432
Poligniac. 315
la voulte de Poligniac. 513
vicomte de Poligniac, frere de l'euesque Sidonius. 401
sieur de Poligniac, vicomte de Velay. 118
s. Polycarpe. 205. & 435
Polygamie. 59
Polyphemus Homeric. 4
Pompadour. 337
Pompee. 127. vaincu & deffaict. 585
bande de Pompee. 488
Ponce 1. euesque. 285. & 463
Ponce 2. euesque. 288
Ponce, abbé de Cluny. 457
Ponceau. 317
Pontalier. 25
Pontifex. 81. & 84
Pontife & roy des Bourgongnons. 166
Pontifes Romains. 84. legitimes scripteurs des annales. 633
Pont-jeu. 247
Pont des Iuifs. 247
Pont de Saone. 406
comte du Pont de Vaulx. 355
Pont de Vele. 287
Ponts de pierre aux Orlans. 419
Pontus de Tyard, euesque de Chalon. 353 & 490

Pope-

de ce present volume.

Popeliniere, historien François.	303
Poquiere.	332
la Porcheresse.	347
s. Porsain, ville d'Auuergne.	508
Porus.	610
Posthumus, empereur. 615.638. & sa mort.	ibid.
Poupet, euesque de Chalon.	425
chappelle des Poupets.	484
Poyet.	246
Poyuitere dicte par corruption l'Esperuiere.	461
Trasectt limitum.	238
Præses prouinciæ.	168.& 254
Pragmatique sanction abolie.	484
du Prat, chancelier.	425
s. Praxede.	503
Prebendes.	103.460.462.463.& 464
Precors.	358
Prefectures Romaines.	98
Prelats pourquoy hays.	121
residence des Prelats requise.	ibid.
Prelats esleuz gouuerneurs de prouinces.	400
Prescheur d'Erasme.	544
ss. Prescheurs és Gaules.	268
President.	168.169.174.& 254
premiers Presidens de Dijon.	179
Pressia.	287.319.& 354
Prestrise primitiue. 82. honoree de tous.	84
Prestre, mot deuenu iniurieux.108.121. interprete des sainctes escritures.	112
Prestres ont esté 1015.83. leur deuoir.	89
nommez anges de Dieu.	525
Pretextatus euesque de Rouen.	102
Preuosté de Mascon. 362. de Bussy.	379
dignité du Preuost supprimee.	283
premiere dignité du chapitre de Mascon.	280. 290.& 363
Prieres pour les trespassez.	396.& 447
Prieurs de sainct Marcel.	420
Primat de sainct Pierre.	267
Primicerius.	546
Prince du senat.	138
Prince bien aymé, est bien obey.	423.& 637
des Princes. 161.123.137.220.272.309.452.661	
Priorez.	270.414.503
Prisque.	204.436.503.269
Pristy, & la Crot.	310
s. Priué.	344
Priuileges donnez.	72.259.261.272.273.290. 427.431.445.448.512.& 518
Processions.	517.& 518
Proculus, empereur.	217
Procureurs, syndics.	78
Procureur du roy.	364
Prophetie d'Ismaël.	648
Propos indiscret.	133
Propos digne d'estre remarqué.	136
Propreté.	56
Prostitution de l'honneur des femmes.	300
Protagoras.	495
Prouerbe françois.	75.119.132.165.250.301.594. 635.& 648
Prouence.	597
Prouinces du royaume de Bourgongne.	672
Prudence. 163. requise és capitaines.	164
Prudence du Turc.	221
Prudence rampart contre fortune.	553
Psammeticus, roy des Egyptiens, & sa curiosité.	373
Ptolomees, rois d'Egypte.	134.& 610
Puissance des ducz de Bourgongne.	182
Puissance des Cantons.	194
Punitions des rois.	61.250.251.& 252
Πυργος, vne tour.	12.& 618
Pythagoras.	46.220.& 496
Pyrrhus.	589

Q

Quades.	666
Qualité de tres-hault & tres-puissant.	145
sainct Quentin.	358
Querelle des Heduois. 197. & 199. de Bourgogne prescrite. 177. d'Allemans. 211. & 531. d'Orleans & Bourgongne.	153
Qui pro quo.	140
Quintus Fabius Labeo.	628
Quote ancienne de Bourgongne.	68

R

Race de Hugues Capet.	214
Raculphe compte.	252.253.309.449
Raison, ame de la loy.	307
Rameau d'or.	50
madame de Randan.	535
Rang donné à l'euesque d'Autun.	210
& aux euesques suffragans de Lyon.	ibid.
Raoulin, chancelier.	207
Raoul le Bourgongnon.	275.276.420.& 670
Raoul, sieur de Baugey.	280
Rebecca.	82
Rebelles & seditieux.	136.& 137
Recepte generale de Bourgongne.	214
Receueur general d'Autun.	215
Reclus.	396
Reconce.	360
Referendaires, maistres des requestes.	96
Reformation.	120.137.& 245
Regnauld de Vergyé, euesque.	287
Regne hereditaire. 58. inuasion du Regne.	63
Reigle S. Benoist.	398
Reigle du chœur de Chalon.	438
Reigles Lesbiennes.	364
Releuant, que signifie.	410
Reliefs.	608
Religieux de Tournus nobles.	498
Religieux pourchassans des euesch ez.	106
Religion.	220
Reliques.	506.515.516.& 517
Remigny.	462
Remiremont.	
Remond de l'Espinasse.	339
Remord de conscience.	282
Remus.	212
s. Remy.	434.& 664
René de Roche-baron.	312
Ressin.	358
s. Restiturus.	269

NNn iiij

Table des matieres

Reparation d'oultrage. 292
Reparation des murs, fossez & chemins. 408
Republique de Platon. 128
Republique de Rome occupee. 585
conuertie en monarchie. 596
Retour de duchez & comtez à la couronne. 172
Reuenu de l'eglise plus de la moitié pris par le Roy. 107
Reünion de la Bourgongne. 178
Reynald de Baugy. 251.286.&527
isle de Rhé. 505
monastere de Rhé fortifié. 507
congregation de l'isle de Rhé. 508.&509
Rhea. 161
Rhedon, abbaye en Bretaigne. 26
Rhedones, Rhenes en Bretaigne, ou l'abbaye Rhedon. 26
le Rhin. 574
Richard comte d'Autun. 213.214.308.416.& 670
la Richesse des villageois. 533
Richilde, ou Richent, royne. 308.& 670
Ricy, vulgairement appellee Ricey. 462
s. Rieran. 358
s. Rigauld. 283
Riuieres qui entrent en Saone. 254
Robacense monasterium. 505
Robbe du fils aisné. 82
Robec, riuiere. 505
Robert roy. 63.280.281.418.444.445.458.&521
Robert & Hugues son fils, rois. 444
Robert fils de s. Loys. 216
Robert, duc. 425.423.& 464
Robert, comte de Clermont. 345
Robert, vicomte. 418
Robert, cardinal de Lenoncourt. 531
Robert, euesque de Chalon. 456.&534
Robert 2. euesque de Chalon. 461.& 468
Robert, abbé de Molesmes. 456
Robert de Lenoncourt, abbé. 532
Robertel amy du sieur de la Guiche. 334
la Roche. 345
Roche-baron. 312
armee de Roche-baron. ibid.
Roche-fort. 343.& 408
la Roche Solitrey. 118.& 288
Roche-taillé. 312.& 313
Rochette. 360.& 459
Roclenus, euesque de Chalon. 454
Roissouze, petite riuiere. 254
Romans en rithme françoise quelz. 9.39.& 381
s. Romain. 277.& 281
Romains. 45. contre eux. 159.& 160
Romains diligés à se conseruer les Gaules. 166
Romains ennemis du nom Gallique. 188
freres des Romains, quel tiltre. 210
Romains bastards de leur origine. 210
leurs guerres iniustes. 211
tyrannie des Romains. ibid.
Romains brigans & volleurs. 584
mal vouluz. 588
Romains ont faict la guerre à tous. 599
les Romains plus subtils que vaillans. 609

ils ont appris l'art de la guerre des Gaulois. 437
Rome triple. 45
Rome, ville licentieuse, 49
Rome Commodiane. 100
Rome dicte ville eternelle. 594
Rome asseruie, & faicte tributaire. 603
Rome quand, & par qui prise & gastee. 618
Rome trop esleuee est tombee plus lourdement. 650
Romenay, baronnie. 292.& 310
Romulus. 113.212.399.401.& 584
Rossey. 340
Rossillon en Bourgongne. 312.& 314
Rossillon, pres Parpignan. 312
Roturiers aucũs trouuez plus mettables qu'aucuns nobles. 67
Roüe des estats. 40.43.65.77.79.80.330.& 556
Rougemont. 321.& 328
Rouure. 214
le Roux marié à l'heritiere du Terreau. 354
le Royaume de France hereditaire. 60
Royaumes donnez par les Romains. 306
Roy necessaire, ou autre qui soit autāt que Roy. 41
Roy & tyrant n'estoit iadis qu'vn. 32
le Roy chef de l'estat. 58
vn Roy demandé par les Iuifs. 83
le cœur du Roy est en la main de Dieu. 137. & 361
estre Roy des François est plus qu'estre Roy de France. 74
Roy & pontife des Bourgongnons. 166
Roy des Bourgongnons. 167
le Roy seul iuge des princes. 170
le Roy chef de la iustice, mais non seul proprietaire. 410
Roy des Turcs. 414
les Roys electifs deuenans tyrans, ont esté expulsez. 33
frugalité des premiers Roys. 33
institution des Roys. 133
quand nous serons bons, nous aurons de bós Roys. 137
premiers Roys des Gaules. 36
les Roys anciens estoient esleuz. 58
les Roys doiuent estre inuiolables. 60
contre ceux qui cuident noz Roys estre surnommez de Valois. 61
les bons Roys facilement aymez: les mauuais hays. 74
les Roys incapables de la prestrise. 83
le soin des Roys est adoulcy par l'honneur. 134.& 193
les Roys sont naiz cheualiers. 147
les Roys ennemis de libres seigneuries. 299
deux Roys de France tout en vn temps. 444
non les Roys, mais leur mauuais conseil est à blasmer. 528
Roys d'armes. 143
Rües distinguees par mestiers. 430
s. Ruf. 269.355
s. Ruf

de ce present volume.

s. Ruf de Valence. 269.355.& 462
Ruffey en Chalonnois. 313
Ruine importante à Autun. 213
   Ruine de monasteres. 245
   Ruine d'eglises. 417
   Ruines des marques d'honneur des Romains. 201
Ruse du diable pour infirmer la foy des hommes sçauans. 48
   Ruse des Romains pour dompter les Gaules. 211
s. Rustic. 269
Rustiques d'Allemagne deffaits pres Sauerne. 476
Ryneaul. 203

S

Sabath vignoble. 147
Sachins. 325
Sacrement de mariage entre Dieu & l'eglise. 265
   Sacrement de l'autel. 484
Sacrificateurs. 45
Sacrificium iuge. 89
Sacrifice assidu cessé. 496
Sagona. 254
le sieur de Saillant decapité. 294. 312.& 341
Saligny. 340. & 351
   l'aisné de Saligny se doit nommer Lourdin. 340
Salins pour le comté. 179.& 342
vicomte de Salins. 355
la Salle. 316.& 361
Salmacis, fontaine. 163
Salomon auoit le don de sapience. 135
Salornay. 317. armes de Salornay. ibid.
s. Saluianus euesque. 270
Salyes. 648
Samothés. 35.36.47.& 225
Samothées philosophes. 35.& 47
Samuel. 83
Sancenier. 354
Sanson duc de Bourgongne. 416.417
Saone, dicte Sagone. 254.435.& 502
Sapor, roy de Perse. 666
Sapores, rois de Perse. 611
sieur de Sarcy. 171
Sarmates, à present Polonois. 666
S. Sarnin. 318
Sarrasins. 236
la Sarree. 328
Sarrie. 359
Sarron. 36.& 48
Saronides philosophes. 35.& 48
goulphe Saronique. 48
Sassangy. 328
S. Saturnin. 269
S. Satur. 338
Sauary, comte de Chalon. 118.402.& 421
Sauconna. 327
Sauigny. 327
s. Sauinian. 105.& 167
Seürya. 287
Saül. 600
Saulieu. 205
de Saulx. 329

Saulx, Ventoux. 359
Sauxilanges. 333.& 338
Saye, aduocat du Roy au parlemēt de Dijon. 25
Scandinauie n'est pas isle. 17
Scipion l'Africain. 127
Scribes. 94
Scylurus. 593
Scythes ont pays de grande estendue. 590. equitables. 589
   & 668. insuperables. 590. sages sans lettres. 592
   Scythes en Asie. 620. victorieux. 666. & 667
   Scythes contre Constantinople. 668
Secretaires. 94.& 522
Seel d'or dict Besan. 511
Seelz de libres seigneurs. 145
Segusiani, les Foresiens. 26
Seigneuries de diuerses sortes. 159
Seigneuries libres és marches de Bourgongne. 302
   deuoir des Seigneurs. 71.& 363
Seille, petite riuiere. 254
Seings des euesques. 288
Seissel. 316
Semestres pour seruir Dieu & le roy. 123
Σέμνοθθει. 47
Semur en Brionnois. 216.354.356.357.453
   capitale de l'Auxois. 219
   Semur, Tremont. 327
premier Senat de France. 173
Senat Ro. deschet de ses antiques grādeurs. 606
Senatus, à senio. 180
Senecey. 323
Senetaire. 352
Senceuille. 342
Senior, diction bien remarquable. 275.& 450
Senogaille. 591
Senonois. 21.550.552.& 591
Sens. 267
Sept-chaines. 323
Septimanie. 671
Sepultures. 284.& 465
Sepulchre violé. 474
Sequanois. 199
Serapis. 225
Sercy. 318.326.331.& 355. armes de Sercy. 327
Serfs de corps. 55
   Serfs és villes. 56
Sergent royal. 142.170.171.202.364.& 416
Sergius Galla. 597
Serment peculier d'vne chacune secte. 49
   Serment des nouueaux cheualiers. 148
   Serment des religieux de Tournus. 514
Serpens. 352
Serrieres. 315 & 338
Sertorius. 620
Seuerus Pertinax. 641
Seuignon. 335
Seruitutes imposees. 54
   trois sortes de Seruitutes. 55
Sexte de la Lune. 50
Sibylle de Baulgy. 240
liures Sibyllins. 660
Sicambres. 646

Tables des matieres

Sidoniº Apollinaris, comte d'Auuergne. 117.401
Siege Apostolique remis à Rome. 473
   Siege du Parlement pour le duché à Dijon. 179
   Siege deuant Chalon. 390. & deuant Dijon. 394
Sigismond roy de Bourgongne. 212
   Sigismond, libre baron de Herberstain. 301
Sigouefus. 35.36.161.& 563
Sigy le Chastel. 342.& 343
   du puits de Sigy. ibid.
Sillon, chartrouse. 287
Simon de S. Croix, Doyen. 291
   Simon le Lepreux. 267
Simplicité trop grande, inutile pour bien administrer. 283
Sinist, nom du Pontife des Bourgongnons. 134. 166.588.& 611.
Sires. 141
Siuignon. 338.339.& 340
Siuolieres. 322
Sixte pape. 245
langue Slauonique, non Sclauonique.
Socians, peuple Celtique. 150
Société d'armes. 149. Société infidele. 260
Socrates. 163.& 496
Sodomites. 600
le Soldat doit obeir sans disputer. 164
   si Soldats doiuent auoir place en la chābre des nobles. 72
Soliduns. 150
Solon. 128.& 619
Sommelier de corps. 319
Somme rural retranchee. 139
Son accusatif. 29
Sophi, nom nouueau. 611
Soptar, ou Suptar, roy des Huns. 434.& 662
Soreau, S. Geran. 337
S. Sorlin. 352
Soubs-chantres, & maistres des chœurs. 100.& 234
Soubs-terrain. 358
Souueraineté. 56
Souuerain & proprietaire sont deux. 415
Stilicon. 200
Styx, riuiere. 163.& 224
Subdiaconat est à present ordre sacré. 94
Subiects mauuais, causes des mauuais rois. 61
   Subiects reuoltez deux fois miserables. 617
Subside du taillon. 68
   Subsides sans fin. 261
Successeur bon & necessaire. 488
Successio du duc de Bourgōgne embrouillee. 176
   Succession de bastards prestres. 464
Sugny. 357
Suuger, ambassadeur des Gaulois. 592
Sultan, nom des seigneurs Turcs. 611
Superstition. 93
Sureme. 338
Surnom des Vicomtes de Polignac. 340
Surnom du sieur Duiphey. ibid.
Surnoms des Rois. 61
Suson, torrent. 643

Syene. 224
Syluij, rois d'Albane. 610
Symon de Loges. 215
S. Symphorien. 205.207.270 & 358
S. Syluestre, euesque de Chalon. 437.& 439

T

Tabourots, hommes fort ingenieux. 18
Taillon. 68. introduction des tailles. 174
Taisey. 331
Tanais dict Don, ou Donk. 10
Tarquin Prisque. 35.& 36
Tartares. 666
du Tartre, du Thil. 358
Tauanes. 263.315.& 428
Tauues. 339
Taxites. 610
Temple d'Apollon. 203. de Cupidon, Pluton, & Proserpine. 204
Tenarre, petite riuiere. 254.323.359
Tenue des estats. 76
Teotelinus, euesque. 278
Terentius preuost. 206
le Terreau. 354
Tetricus traicté indignement. 639
Teutbert, comte de Mascon. 254.301
grand cense de Thalmey. 425
Themistocles. 128.& 371
Theoderic 2. 236
Theode de Vichy. 358
Theodose empereur. 390.& 668
Theodosius le ieune. 669
Theologie scholastique. 487
Theologiens. 181
Theotelin euesque. 250
Thespienses. 129
Thessalie. 667
Thetis, & Achilles. 163
Thibauld, euesque. 293.& 463
   Thibauld, comte. 418
Thiauge. 348
Thierry, roy de Bourgongne. 442.458
Thil. 358. Thil-chasteau, non Tri-chasteau. 23
Thomas Morus. 118
sieur de Thon. 342
sieur de Thoulonjon. 156.352
Tibere Cesar. 50.217.597.661
Tigrains, rois Assyriens. 611
du Tillet, greffier du Parlement. 545
Timon Athenien. 124
Tisserand, conseiller à Dijon. 523
Titius. 88
Toise rapinalle. 533
Tornuttum castrum. 502
Tornuttum villa. ibid.
Torpe. 359
la Tour. 316.325
   la Tour du blé. 330
   Tour de Montagu. 413
   Tour sans venin. 321
   Tour du seigneur de Verdun. 411
Tournon & Tours. 502
   Iust de Tournon. 340
             Tournus.

de ce present volume.

Tournus.	496.501.502.303.520.532.533.534.535. & 536
abbaye de Tournus.	498.501.509.520.& 521
Toyria.	326
Traian.	136.& 598
Tiaues.	303.345.347.352.357
Treboutanus Gallus.	604
Tremout.	327.& 354
Tres-haut & tres-puissant.	145
Tresorier.	254
Tieuernay.	293
Tiezettes.	343.& 358
Triarij.	311
Tribuni plebis.	84
Tribut.	604
Trignac.	343
Triomphe.	649.596.584.615.& 586
s. Triuier.	313
Trium-virat.	596
s. Trophime.	269
Tumulte d'Amboise.	71
Turnus.	502
Turreaul.	14
Tuscanelle pillee.	287
de Tyard.	353
Typhon.	417
Tyrannie des Romains.	647
Tyran.	32.33.137.614.& 631
Tyridates, roy d'Armenie.	602
s. Tyrse.	205.& 269

V

VAl d'Ongne.	19
Valerianus, empereur.	631.& 668
fieur de Valenton.	366
Valens, empereur.	666.667.& 668
Valentinian, empereur.	200.666.& 669
s. Valerien.	395.502.& 604
s. Valerin.	204.269.43.502.503.504.520.524
s. Valier.	315
Vandales.	165.618.671
Vandelouse.	671
fieur de Vantoux.	168
Varennes Nagu.	322
Varennes, & Chintrey.	325
Varulph premier prieur.	242
Varus Quintilius.	597
Vauasseurs.	157.& 158
Vauldrey.	329
Vaulx de Choyseul.	340.341.& 348
Vbliacus.	205.270.383.394.& 436
Vengeance.	59.& 199
Veuitiens.	591
comte de Ventadour.	352
Ventoux.	303.& 359
s. Veran, euesque.	442
Veré.	318.& 353
Verberie.	385
Verg,& Vierg,que signifient.	53.102.202.& 432
Verg d'Autun.	551
Vergobretus, chef des Autunois.53.Vergobret.202. & 551	
Vergongne.	53.& 202
fieur de Vergy.	423
Vergyé.	287.319.& 320
Verpré.	358
Verzey.	277
Vespasien, empereur.	364
Veuë bonne,& courte.	646
Viarron, ville en Berry.	26
Vichy.	322.353.357.& 359
Victoire.	128.198.481.595.& 662
Victorinus Luxurius.	638
Vicomtez d'Auxonne. 77. de Dijon. 78. de Mascon.	363
institution des Vicomtez hereditaires.	118
s. Vidal.	317
Vidamies.	468
Vienne, Cleruan.	255.268.& 333
Vignier, historiographe.	404.& 406
Vignoles pres Beaulne.	462
Vilarnoud.	335
Ville-conte acquis du fieur de Balleurre.	18
fieur de Ville-franche.	168
fieur de Ville-neufue premier presidét de Dijon. 20.198.& 375	
Villers Bon-court.	359
s. Vincent, de Mascon. 233.234.258.286.289.296. 297.396.& 481	
Vindeliciens.	621
Vindiles.	629
Vinet.	355
Vinzelles.	324
Virizet chasteau.	288
Viste.	352
s. Viuant foubs Vergy.	458
Vlrich seigneur de Baugy.	238.250.283.& 286
Vlysses.	371
Voulgy.	349.& 350
Voulte de Chillac.	358
fieur d'Vrphé.	293
s. Visin.	269
s. Vruge fur Guye.	352
Vtopie.	128.& 544
Vvago, abbé.	520
Vvain comte de Chalon & Mascon.236.237.254. 273.306.308.387.388.390.417.& 447	
Vvarnoul, euesque de Chalon.	447
Vvelpon duc de Bauieres.	384
Vvichardus, euesque & archichancelier.	273
Vviclef heretique.	102.& 475
Vvido, comte de Mascon.	256.& 283
Vvildebauld, pair & gouuerneur de la Bourgongne.	443
Vxelles, seigneurie en Chalonnois.	142.& 327

X

XAntippé.	163
Xerxes.	611.& 666

Y

YMbert de Beaujeu.	100.& 252
chappelle s. Yues.	291

Z

ZEnobia.	615.& 616.& 639
Zoroastres.	150
Zuingle.	102.& 476

Fin de la table.

ACHEVE' D'IMPRIMER A PARIS PAR
Henry Thierry, maistre imprimeur, le 10. iour de Iuin, 1581.

www.ingramcontent.com/pod-product-compliance
Lightning Source LLC
Chambersburg PA
CBHW071700300426
44115CB00010B/1265